民國時期文獻
保護計劃

成　果

国家图书馆 编

# 民国时期
# 图书总目

## 哲　学

国家图书馆出版社

图书在版编目（CIP）数据

民国时期图书总目·哲学 / 国家图书馆编 . -- 北京：国家图书馆出版社，2018.5
ISBN 978-7-5013-6299-8

Ⅰ . ①民… Ⅱ . ①国… Ⅲ . ①哲学—图书目录—中国—民国 Ⅳ . ① Z812.6

中国版本图书馆 CIP 数据核字 (2017) 第 291585 号


书 名 民国时期图书总目·哲学
著 者 国家图书馆 编
责任编辑 赵 嫄 许海燕 景 晶 张珂卿
封面设计 陆智昌

出 版 国家图书馆出版社（100034 北京市西城区文津街 7 号）
 （原书目文献出版社 北京图书馆出版社）
发 行 010-66114536 66126153 66151313 66173620
 66121706（传真） 66126156（门市部）
E-mail nlcpress@nlc.cn（邮购）
Website www.nlcpress.com→ 投稿中心
经 销 新华书店
印 装 河北三河弘翰印务有限公司
版 次 2018 年 5 月第 1 版 2018 年 5 月第 1 次印刷

开 本 787×1092（毫米） 1/16
印 张 45.5
字 数 1200 千字

书 号 ISBN 978-7-5013-6299-8
定 价 380.00 元

# 民国时期文献编纂委员会

# 《民国时期图书总目》编委会

# 本卷编委会

主　编：卜书庆　吴　密　桑泽轩

编　委（按姓氏笔画排列）：

　　　　王艳萍　延卫平　刘小玲　孙保珍　张新宇

　　　　索　晶　高凌云

# 出版说明

《民国时期图书总目》主要收录 1911—1949 年 9 月我国出版的中文图书，酌情收录这段时间内国外出版的中文图书，是一部大型的回溯性书目。

基于目前普查情况统计，在这段时期里，我国出版的中文图书约 20 余万种。20 世纪 80—90 年代，北京图书馆（今国家图书馆）曾编过一套《民国时期总书目》，主要收录了北京图书馆、上海图书馆和重庆图书馆收藏的中文图书，并补充了一些其他图书馆的藏书，基本上反映了这段时期中文图书的出版概貌。《民国时期总书目》由原北京图书馆参考研究部自 1961 年开始组织编纂，编委和顾问主要成员包括田大畏、王润华、邱崇丙、朱光暄等，1985 年开始分卷册陆续出版，为民国时期的书目存录、学术研究和文献保护提供了便利。前辈专家学者严谨求实的工作作风，他们为民国时期文献整理和保护事业做出的卓越贡献，值得我们永远铭记。感念于斯，我们深知责任重大，只有砥砺前行，在前辈专家学者工作的基础上不断充实和完善其内容，争取为广大读者提供一部可供参考利用的书目。

《民国时期图书总目》是在参与民国时期文献普查的各个机构的大力支持下，依托"民国时期文献联合目录"，并吸收了全国图书馆联合编目中心各省级成员馆、"大学数字图书馆国际合作计划"(China Academic Digital Associative Library, CADAL) 的主要高校成员馆以及一些专业图书馆等民国时期文献主要收藏机构的书目数据基础上编纂而成。在收书范围、书目分类、著录方式及编纂体例上，大体延续了《民国时期总书目》的做法，同时根据目前书目数据的实际情况进行了一些调整。从书目的完整性、藏书机构的代表性等各方面都较《民国时期总书目》有了显著的提高。此外，本书目一大特色是待陆续出版完成后将实现与"民国时期文献联合目录"线上数据联动，以满足在数字时代大背景下读者对于民国时期文献数据的实时便捷查找、识别、选择和获取。

本书目基本依据《中国图书馆分类法》（第四版）体系，按学科分为哲学，宗教，社会科学总论，政治，法律，军事，经济，文化、科学、教育、体育，语言文字，文学理论、世界文学、外国文学，中国文学，艺术，历史、地理，自然科学（基础科学），医药卫生，农业科学，工业技术、交通运输、航空航天、环境科学，综合性图书18卷，将分卷陆续出版。

随着时代的发展和技术的进步，图书馆编目工作发生了巨大变化，编目方式由卡片目录发展为机读目录，各藏书机构间的书目交流也日趋频繁和便捷。如何以海量的机读格式书目数据为基础，编纂一部大型的印刷本回溯性书目，对于编纂人员来说充满挑战，实施过程复杂且动态，不易掌控，而且这部书目涉及的藏书机构多、书目数据量大、图书版本情况复杂、涉及学科范围广，并且有一些图书破损严重，著录信息无从查起，需要编纂人员考证或推测，加之编纂人员水平有限，一定会有错误或不当之处，敬请读者批评指正。

本书编委会

2018 年 4 月

# 前　言

　　民国时期是中国历史上一个短暂但又十分重要的时期。这一时期，社会变化剧烈，学术思想活跃，留下了大量文献，包括图书、期刊、报纸、档案、日记、手稿、票据、传单、海报、图片及声像资料等。这些文献是反映民国时期政治、经济、社会、文化、军事等方面情况的重要资料。但是，由于种种原因，民国时期文献老化、损毁现象严重，亟待抢救与保护。自 20 世纪 80 年代以来，民国时期文献日益受到关注，抢救、保护与开发利用工作逐步展开，并取得了阶段性成果。

　　为了进一步促进民国时期文献的保护和利用，2011 年，国家图书馆联合国内部分文献收藏单位策划了"民国时期文献保护计划"，希望通过文献普查、海内外文献征集与整理出版、文献保护技术研究等工作的开展，加强民国时期文献的原生性和再生性保护。这一计划，得到了文化部（今文化和旅游部）、财政部的大力支持，并于 2012 年正式启动。

　　项目开展以来，在各收藏单位以及相关专家学者的大力支持下，各方面工作均取得了重要成果。在文献普查方面，建成"民国时期文献联合目录"系统，收录国家图书馆等 22 家大型文献收藏机构的书目数据 30 余万条，馆藏数据 60 余万条。在此基础上，2015 年 2 月，《民国时期图书总目》编纂工作正式启动，力争全面揭示普查成果，提供社会各界使用。为了做好这项工作，我们制订了《〈民国时期图书总目〉实施方案》，确定了客观著录图书信息的原则，界定了文献收录时间，规范了编纂体例与工作细则等。

　　《民国时期图书总目》是一部收集、整理民国时期图书的大型工具书，收录 1911—1949 年 9 月除线装古籍以外在我国出版的中文图书，并酌情收录这段时间内国外出版的中文图书。

　　北京图书馆（今国家图书馆）曾于 20 世纪 80 年代中期陆续整理出版了一套联合目录性质的《民国时期总书目》，被学者广泛使用。为使书目更加丰富完整、资料来源更加可靠、著录更加详细准确、分类更加合理，我们在充分吸收《民国时期总书目》成果的基础上，对书目及著录内容进行了大量的补充和校订，收藏单位数量也大大增加。

《民国时期图书总目》按学科分卷出版，同时还将发行《民国时期图书总目》数据库版，并随时补充、订正，以方便读者查检使用。

陈力

2018 年 4 月

# 凡　　例

## 一、收录范围

1. 本书目主要收录 1911—1949 年 9 月我国出版的中文图书，酌情收录这段时间内国外出版的中文图书。1911 年前印行、民国期间又连续出版的丛书、多卷书，以及 1911 年前出版、民国期间重印的图书，均予以收录。

2. 民国期间出版的期刊、报纸、少数民族文字图书及线装书等不在本书目收录范围，待另行编印出版。

## 二、著录项目

1. 著录内容：顺序号、题名、责任者、版本、出版发行、形态细节、丛书、提要及附加说明、馆藏标记，共 9 个项目。

(1) 顺序号：每一条目的顺序编号，各卷单独编号。待本套书目全部出版后，读者可以利用条目顺序号，在"民国时期文献联合目录"上，查找到该条目下所有图书的书目和馆藏详细信息。

(2) 题名：包括正题名、副题名、交替题名、合订题名、外文题名等。所有分册名、分册号、其他题名信息以及交替题名一律置于题名后的圆括号内，之间按性质用空格隔开（交替题名单独列出）。合订书（两种及以上著作合并成一册出版而又没有共同题名）依次著录各著作题名，其间用中圆点隔开。

(3) 责任者：包括著者、译者、点校者、辑注者、编者等。三人以上合著、合译的，只著录第一人姓名，后加"等"字。责任者之间以空格隔开，不同责任者的合订书，责任者之间用中圆点隔开。

(4) 版本：包括版次、版本的附加说明等。

(5) 出版发行：包括出版地（或发行地）、出版者（或发行者、印刷者）、出版或印刷年月等。

(6) 形态细节：包括册数、页数、开本、装帧等。图书中分段表示的页码，用加号相连。开本信息依据普查数据中的厘米信息转换，并参照《民国时期总书目》进行整理。未著录装帧形式的，一般为普通平装本。

（7）丛书：包括丛书名、丛书编号等。丛书项内容置于圆括号内，有多个丛书名时，分别置于各自的圆括号内。

（8）提要及附加说明：包括图书的内容提要、题名及责任者的补充说明、适用范围以及其他著录内容的补充说明。根据实际普查情况有部分书目未提供提要及附注等。

（9）馆藏标记：提供书目数据的各公共图书馆、高校图书馆及专业图书馆等收藏单位的简称，并分别按各收藏单位简称的汉语拼音排序。为了最大限度地涵盖民国时期图书的出版发行情况，本书还收录了一些来自《民国时期总书目》和其他出版物的书目信息，由于无对应普查馆，所以无馆藏标记。

2. 著录标准：依照中文图书著录规则，以题名页、版权页为主要信息源，同时参考其他信息源。以客观著录为基本原则，并对相关内容进行必要的规范化处理。

3. 原书著录项目缺漏，由编纂者考证推测添加的著录内容，加方括号以示区别，提供参考。

## 三、分类与编排

1. 本书目按学科分卷，分册编辑出版。按照书目数量的多寡一个学科编成一册或多册；或由若干学科合成一册。

2. 本书目依据《中国图书馆分类法》（第四版）进行分类，并根据具体情况设置详简不同的类目名称。

3. 本书目类目不作交替和互见。包含两种以上学科内容的图书，按主要内容归类。

4. 本书目把《四部丛刊》《丛书集成》和《四部备要》三套丛书统一放在"综合性图书"卷。

5. 本书目各卷在划分类目的基础上，依次按照题名、责任者和出版者三个项目汉语拼音音序编排。三个项目完全相同的，原则上合并为一个条目，计为一种；个别上述三个项目相同但内容差异较大的，则析为单独条目。

6. 同一条目下作品的不同版本，原则上按出版时间先后排序，同时兼顾版次顺序。

7. 在编排上，为集中同一责任者的同一作品，凡使用不同笔名和署名，以及有不同中译名的外国原著者，一般选用较常见的署名，不拘于本名和标准译名，必要时在附注中说明。

## 四、索引及用字

1. 本书目各卷都附有汉语拼音为序的题名索引以及题名首字汉语拼音检索表。

2. 本书目使用的汉字除了按规定必须使用的繁体字和异体字外，均以现行的简化字为标准。

# 本卷编制说明

一、本卷主要收录 1911—1949 年 9 月我国出版的有关哲学、心理学方面的中文图书，并酌情收录这段时间内国外出版的此类图书，共计 4830 种。

二、本卷分为哲学总论、哲学理论、世界哲学、中国哲学、亚洲哲学、欧洲哲学、美洲哲学、逻辑学（论理学）、伦理学（道德哲学）、美学、心理学等 11 个类目，在 11 个类目下，又分为马克思主义哲学等 53 个细目。

三、本卷收入的图书归类主要依据《中国图书馆分类法》(第四版)，并根据民国时期图书具体情况分编。凡属学科界限不清或有争议者，一般归入上一级类目或按照主要内容归类。

四、本卷图书基本上依题名、责任者、出版者相同的原则划分条目，每一条目计为一种。

五、各类目图书的排序，原则上依次按照题名、责任者、出版者三个项目汉语拼音音序编排。同一条目下的不同版本，按出版时间先后排序，兼顾版次顺序；个别出版发行信息不全的图书，放在该条目的最后。

六、提要及附注说明主要揭示图书的内容、适用范围、题名、责任者的补充说明等信息。

七、本卷部分图书中无题名页、版权页等著录信息源，还有一些图书破损严重，因此某些著录项目存在空缺，或由编纂者推测考证后加方括号注明。

# 本卷收藏单位简称表

| 收藏单位简称 | 收藏单位全称 |
|---|---|
| 安徽馆 | 安徽省图书馆 |
| 北大馆 | 北京大学图书馆 |
| 北师大馆 | 北京师范大学图书馆 |
| 重庆馆 | 重庆图书馆 |
| 川大馆 | 四川大学图书馆 |
| 大连馆 | 大连市图书馆 |
| 大庆馆 | 大庆市图书馆 |
| 东北师大馆 | 东北师范大学图书馆 |
| 福建馆 | 福建省图书馆 |
| 复旦馆 | 复旦大学图书馆 |
| 甘肃馆 | 甘肃省图书馆 |
| 广东馆 | 广东省立中山图书馆 |
| 广西馆 | 广西壮族自治区图书馆 |
| 贵州馆 | 贵州省图书馆 |
| 桂林馆 | 广西壮族自治区桂林图书馆 |
| 国家馆 | 国家图书馆 |
| 河南馆 | 河南省图书馆 |
| 黑龙江馆 | 黑龙江省图书馆 |
| 湖北馆 | 湖北省图书馆 |
| 湖南馆 | 湖南图书馆 |
| 华东师大馆 | 华东师范大学图书馆 |
| 吉大馆 | 吉林大学图书馆 |
| 吉林馆 | 吉林省图书馆（吉林省少年儿童图书馆） |
| 江西馆 | 江西省图书馆 |
| 近代史所 | 中国社会科学院近代史研究所 |

| 收藏单位简称 | 收藏单位全称 |
|---|---|
| 辽大馆 | 辽宁大学图书馆 |
| 辽宁馆 | 辽宁省图书馆 |
| 辽师大馆 | 辽宁师范大学图书馆 |
| 南大馆 | 南京大学图书馆 |
| 南京馆 | 南京图书馆 |
| 内蒙古馆 | 内蒙古自治区图书馆 |
| 宁夏馆 | 宁夏回族自治区图书馆 |
| 农大馆 | 中国农业大学图书馆 |
| 青海馆 | 青海省图书馆 |
| 清华馆 | 清华大学图书馆 |
| 人大馆 | 中国人民大学图书馆 |
| 山东馆 | 山东省图书馆 |
| 山西馆 | 山西省图书馆 |
| 上海馆 | 上海图书馆（上海科学技术情报研究所） |
| 绍兴馆 | 绍兴图书馆 |
| 首都馆 | 首都图书馆 |
| 四川馆 | 四川省图书馆 |
| 天津馆 | 天津图书馆 |
| 武大馆 | 武汉大学图书馆 |
| 西交大馆 | 西安交通大学图书馆 |
| 云南馆 | 云南省图书馆 |
| 浙大馆 | 浙江大学图书馆 |
| 浙江馆 | 浙江图书馆 |
| 中科图 | 中国科学院文献情报中心 |

说明：

1. 本表按收藏单位简称汉语拼音音序排序。

2. 简称规则：公共图书馆一般以行政区划名称加"馆"字简称，如吉林省图书馆简称为"吉林馆"；高校图书馆以高校简称加"馆"字简称，如北京大学图书馆简称为"北大馆"；其他类型图书馆以常用简称为准，如中国科学院文献情报中心简称为"中科图"。

3. 本书目中所收录的首都图书馆的部分馆藏，来源于"北京市公共图书馆联合目录"。

# 目　录

1

# 哲学总论

## 00001

**不彻底原理　卢信著**
上海：商务印书馆，1929.3，178 页，32 开
上海：商务印书馆，1930.7，185 页，32 开
上海：商务印书馆，1933，324 页，32 开
上海：商务印书馆，1934，再版，324 页，32 开
　　本书从我之觉悟、人生之意义、人类平等、公理与强权、革命、群众运动、舆论、平民主义、社会主义、民主政治、代议制度、职业联合、恋爱与自由、宗教之作用、科学与人类、中国民族之特性、孔孟老庄之学说、今后人类之趋势等方面论证不彻底原理。
　　收藏单位：重庆馆、东北师大馆、广东馆、国家馆、河南馆、湖北馆、湖南馆、江西馆、南京馆、上海馆、绍兴馆、首都馆、天津馆

## 00002

**不彻底原理　卢信著**
上海：泰东图书局，1929，178 页，32 开
　　收藏单位：广东馆、国家馆、吉林馆、上海馆、浙江馆

## 00003

**不彻底之意义　卢信著**
上海：商务印书馆，1930.10 印，60 页，22 开
　　本书共 12 部分，内容包括：原理与定义、原理与主义政策之异同、人生问题、时间与空间、哲学与宗教之起原、人类心理之变迁、儒家之折衷主义、大同与排异等。
　　收藏单位：国家馆、吉大馆、上海馆

## 00004

**饭后哲学　（英）娇德（C. E. M. Joad）（英）斯特拉琪（John Strachey）著　伍光建译**
外文题名：After-dinner philosophy
上海：商务印书馆，1931，18+99 页，32 开

上海：商务印书馆，1933，国难后 1 版，18+99 页，32 开
　　本书共 8 章，内容包括：勇敢不过是一种畏葸、无论那一本书并不见得比任何其他一本书好、进步的意义人不见得比猴子好、你不能作你不要作的事也不要你所不能作的事、物无存在惟有你想及物则有存在、物品是永远不变的、真就是美美就是真、逻辑的谜。著者"娇德"原题：若特。
　　收藏单位：重庆馆、东北师大馆、广东馆、贵州馆、国家馆、黑龙江馆、江西馆、辽宁馆、南京馆、上海馆、首都馆、天津馆、浙江馆

## 00005

**海天集　杨廉辑**
上海：北新书局，1926.12，342+24 页，22 开
　　本书收录：《从译本里研究佛教的禅法》（胡适）、《答某君论判断二成分说》（陈大齐）、《社会科学之自由意志问题》（陶孟和）、《佛学书目》（邓高镜）、《价值哲学之研究》（罗倬汉）等论文。
　　收藏单位：重庆馆、东北师大馆、广东馆、国家馆、江西馆、近代史所、南京馆、山西馆、上海馆、天津馆

## 00006

**简明哲学辞典　（苏）罗森塔尔（М. Розенталь）（苏）尤琴（П. Ф. Юдин）著**
中原新华书店，1949，22+272+13 页，32 开
　　本书书前有前记。书末附英文哲学术语索引。据苏联 1939 年版原著译出。
　　收藏单位：湖北馆

## 00007

**简明哲学辞典　（苏）罗森塔尔（М. Розенталь）（苏）尤琴（П. Ф. Юдин）著　孙冶方译**
邯郸：华北新华书店，1948.9，22+272 页，32 开
邯郸：华北新华书店，1949，22+272 页，32 开，精装
　　本书为了便利阅读和研究《联共党史》第 4 章第 2 节"关于辨证唯物主义和历史唯物主义"及马克思列宁主义哲学之其他古典

著作编写。目录中的名词术语按照首字的笔画排列为 1—25 画。

　　　收藏单位：贵州馆、国家馆、南京馆、山西馆、天津馆

**00008**

**简明哲学辞典**　（苏）罗森塔尔（М. Розенталь）（苏）尤琴（П. Ф. Юдин）著　孙冶方译

华中新华书店，1949 翻印，22+272+12 页，32 开

　　　收藏单位：重庆馆

**00009**

**简明哲学辞典**　（苏）罗森塔尔（М. Розенталь）（苏）尤琴（П. Ф. Юдин）著　孙冶方译

济南：山东新华书店，1949.7，22+272 页，32 开

　　　收藏单位：国家馆、山西馆

**00010**

**简明哲学辞典**　（苏）罗森塔尔（М. Розенталь）（苏）尤琴（П. Ф. Юдин）著　孙冶方译

孙冶方［发行者］，1940.5，210 页，32 开

孙冶方［发行者］，1941.8，再版，210 页，32 开

孙冶方［发行者］，1942.5，3 版，210 页，32 开

　　　本书著者"罗森塔尔"原题：M. 洛静泰尔。

　　　收藏单位：重庆馆、国家馆

**00011**

**简明哲学辞典**　（苏）罗森塔尔（М. Розенталь）（苏）尤琴（П. Ф. Юдин）著　孙冶方译

北平：新华书店，1949.5，272 页，32 开

　　　收藏单位：重庆馆

**00012**

**简明哲学辞典**　（苏）罗森塔尔（М. Розенталь）（苏）尤琴（П. Ф. Юдин）著　孙冶方译

上海：新知书店，1940.3，210 页，32 开

桂林：新知书店，1941，再版，210 页，32 开

［桂林］：新知书店，1942，3 版，210 页，32 开

上海：新知书店，1947，210 页，32 开

大连：新知书店，1948，210 页，32 开

大连：新知书店，1949，再版，210 页，32 开

　　　本书著者"罗森塔尔"原题：M. 洛静泰尔。

　　　收藏单位：重庆馆、东北师大馆、国家馆、近代史所、山东馆、上海馆、首都馆、天津馆

**00013**

**简易哲学纲要**　蔡元培编

外文题名：Outline of philosophy

上海：商务印书馆，1924.8，142 页，32 开

　　　本书为现代师范教科书。据德国文德而班著《哲学入门》和日本宫本和吉的《哲学概论》二书编译而成。论述哲学及其所讨论的问题。共 5 编，内容包括：绪论、认识问题、原理问题、价值问题、结论。书末附译名检对表。

　　　收藏单位：重庆馆、东北师大馆、广东馆、广西馆、国家馆、河南馆、吉林馆、天津馆

**00014**

**今日四大思想家信仰之自述**　胡适等著　向真等译

上海：良友图书印刷公司，1931.9，[110] 页，64 开（一角丛书 1）

上海：良友图书印刷公司，1931，2 版，[110] 页，64 开（一角丛书 1）

上海：良友图书印刷公司，1931.12，3 版，[110] 页，64 开（一角丛书 1）

　　　本书译辑胡适、韦尔斯、爱因斯坦、杜威四人谈本人信仰的文章。原载美国《论坛》（Forum）月刊 1931 年第 1—10 期。书前有赵家璧撰篇前。

　　　收藏单位：国家馆、吉林馆、江西馆、山东馆、上海馆、天津馆

**00015**

**李石岑论文集（第 1 辑）**　李石岑著

外文题名：Shih-Tsen Lee's essays. Volume 1

上海：商务印书馆，1924.4，220 页，22 开

上海：商务印书馆，1926，再版，220 页，22 开

上海：商务印书馆，1927，3 版，220 页，22 开

上海：商务印书馆，1935，国难后 1 版，220 页，22 开

本书收入哲学论文 12 篇:《挽近哲学之新倾向》《尼采思想之批判》《柏格森哲学之解释与批判》《倭伊铿精神生活论》《艺术论》《宗教论》《本能论》《美育论》《英德哲学之比观》《社会改造之哲学》《教育哲学概述》《现代哲学杂评》。书前有自序《思想方法上之一告白》。书末有人名索引。

收藏单位：重庆馆、东北师大馆、广东馆、广西馆、国家馆、湖南馆、吉林馆、江西馆、辽宁馆、南京馆、首都馆、武大馆、浙江馆、中科图

## 00016

**历史哲学与人生哲学　景幼南著**

安庆：国立安徽大学出版组，1947，再版，[89] 页，22 开

收藏单位：安徽馆

## 00017

**南大戊辰哲学论文集　岭南大学哲学研究委员会编**

广州：岭南大学哲学研究委员会，1928，258 页，22 开

本书论文分成 4 类：通论、历史问题、社会问题、人生问题。

收藏单位：国家馆、湖南馆、吉林馆、上海馆

## 00018

**前奏曲　彭康著**

上海：江南书店，1929.6，163 页，32 开

本书收入论文 7 篇:《哲学底任务》《思维与存在——辩证法的唯物论》《唯物史观中的几个问题》《思想底正统性与异端性》《厌世主义论》《科学与人生观》《"奥伏赫变"的意义》。

收藏单位：重庆馆、东北师大馆、国家馆、近代史所、首都馆、浙江馆、中科图

## 00019

**青年与哲学　姜学潜著**

长春：五星书林，1943.7，174 页，32 开（青年丛书）

本书对哲学的概论、哲学史和哲学流派的几个分歧问题均加以介绍，以作为青年哲学学习之用。共 7 部分，内容包括：青年与哲学、哲学以前、哲学的三个问题、哲学的发展（东西哲学的比较）、存在问题、认识论问题、人生问题。书前有序言。

## 00020

**什么是哲学　张翼人编**

上海：经纬书局，80 页，50 开（经纬百科丛书）

本书认为哲学是统一的人生观与宇宙观，具体分为 5 个领域：逻辑、美学、伦理学、政治学、形而上学。书前有绪言。

收藏单位：重庆馆、南京馆、上海馆

## 00021

**通俗哲学讲话　沈志远　平心等著**

上海：一心书店，1937.3，202 页，32 开

上海：一心书店，1937.4，再版，202 页，32 开

本书分 5 讲（专题）。第 1 讲为研究哲学之先决问题，共 6 篇；第 2 讲为构成哲学之四大体系，共 4 篇；第 3 讲为辩证法唯物论底论调，共 2 篇；第 4 讲为唯物辩证法诸法则及其他，共 9 篇；第 5 讲为以唯物辩证法观点出发底五则批判，共 5 篇。书末附编后。

收藏单位：广西馆、国家馆、首都馆、天津馆

## 00022

**文化新介绍（哲学）　王世栋辑**

北京：北京大学出版部，1920.6，160 页，18 开

本书收入:《对中国今日谈哲学者之感想》（傅斯年）、《哲学系统》（胡适）、《实验主义》（胡适）、《杜威思想论》（胡适）、《三论问题与主义》（胡适）、《欧战与哲学》（蔡元培）、《实验主义，理想主义，物质主义》（蒋梦麟）、《泰西哲学问题及派别之大概》（吴致觉）、《欧洲哲学的派别》（白华）、《近世哲学的新方法》（何思源）、《新唯实主义》（何思

源）、《德国哲学之四大倾向》（李石岑）、《倭铿精神生活论》（李石岑）、《罗素》《杜威》等文章。书中各篇系转录自《新潮》《上海时事新报》《民铎》《新青年》等民国报刊。

## 00023

**文化新介绍（哲学）** 王世栋辑　尚学会编辑部编

北京、济南：尚学会，1920，160页，18开

> 收藏单位：广东馆、南京馆、首都馆

## 00024

**西洋哲学与科学思想** 谢幼伟编

明德社学术研究班，1937，134页，16开

本书为明德社学术研究班讲义。共8章，内容包括：常识、科学、哲学，科学之方法，哲学之方法，外界之探讨，内界之探讨，认识之探讨，科学与人生，一种人生观。

> 收藏单位：上海馆

## 00025

**现代哲学名著述评** 谢幼伟编著　中国哲学会西洋哲学名著编译委员会主编

上海：正中书局，1947.4，258页，25开

本书收集对现代中外哲学名著的述评文章10余篇。内容包括：导论（《中国传统哲学之特征》《现代西洋哲学之背景》《现代西洋哲学之特征》）、《熊十力新唯识论》《贺麟近代唯心论简释》《章士钊逻辑指要》《杜威逻辑探究的理论》《泰戈尔"人的宗教"》等。

> 收藏单位：重庆馆、广东馆、国家馆、南京馆、山东馆、上海馆、浙江馆、中科图

## 00026

**现代哲学评论集** 范祥善编辑

上海：世界书局，1930，[445]页，32开（现代新文库2）

上海：世界书局，1930，再版，[445]页，32开（现代新文库2）

本书收入28篇评论文章。内容包括：《现代的哲学》（西田几多郎）、《罗素自叙思想的发展》（束疑）、《我们对于西洋近代文明的态度》（胡适）、《民生主义之哲学方面的研究》

（余愉）、《新创化论》（张东荪）、《伪智识阶级》（陶知行）、《唯心论》（余文伟）、《目的与方法》（孟和）等。

> 收藏单位：重庆馆、东北师大馆、广东馆、广西馆、国家馆、江西馆、南京馆、上海馆、天津馆、浙江馆、中科图

## 00027

**新哲学** 褚柏思著

南京：白雪出版社，1947.8，84页，36开

本书分两编。绪论讲述哲学的定义、领域、分类、中西哲学之异同及形式逻辑与辩证法，本论介绍宇宙论、人生论及方法论。书前有小序。书末附有《中国的道及其道统》。

> 收藏单位：广东馆、广西馆、南京馆、上海馆、浙江馆

## 00028

**新哲学辞典** 沈志远编著

北平：笔耕堂书店，1933.9，292+[31]页，25开

本书为辩证唯物主义哲学辞典。书末附录中外名词索引、英汉索引。

> 收藏单位：东北师大馆、福建馆、国家馆、黑龙江馆、南京馆、山西馆、上海馆、首都馆、浙江馆、中科图

## 00029

**新哲学的体系** 王淑陶著

澳门：香港华侨工商学院澳门出版部，89页，32开

本书内容包括：物在科学上、心与心理学、生和心物、历史的新观点、生的则律等。

> 收藏单位：重庆馆

## 00030

**新哲学论丛** 张东荪著

上海：商务印书馆，1929，467页，18开

上海：商务印书馆，1934，国难后1版，467页，18开

本书汇集论文13篇，内容包括：《一个雏形的哲学》（上、下）《共理与殊事》《因果与数理》《唯用论》《新实在论》《批判的实在

论》《感相论》《相对论的哲学》《层创的进化论》《批评罗素对于柏格森的批评》《休谟哲学与近代思潮》《出世思想与西洋哲学》《由自利的假我到移欲的真我》（上、下）。正文内有参考书目。

收藏单位：重庆馆、东北师大馆、广东馆、国家馆、河南馆、湖南馆、江西馆、近代史所、南京馆、上海馆、首都馆、天津馆、浙江馆

00031

**新哲学论集　艾思奇著**
上海：读者书房，1936，278页，32开（丛书月刊2）
上海：读者书房，1936，再版，278页，32开（丛书月刊2）
汉口：读者书房，1938.5，278页，32开（丛书月刊2）
桂林：读者书房，1939，278页，32开（丛书月刊2）

本书收入作者1933—1936年的论文，共3部分：哲学之部，包括《论黑格尔哲学的颠倒》《抽象作用与辩证法》《从新哲学所见的人生观》《直观主义与理知主义》《理知和直观之矛盾》等；文学之部，包括《论文学的素材题材和主题》《文艺的永久性与政治性》《诗人自己的道路》《论文学的鉴赏》；自然科学之部，包括《现代自然科学的危机》《形而上学与现代科学》《进化论与真凭直据》。书前有作者序。

收藏单位：重庆馆、东北师大馆、广东馆、贵州馆、国家馆、黑龙江馆、湖南馆、吉林馆、江西馆、近代史所、南京馆、山西馆、绍兴馆、首都馆、中科图

00032

**新哲学社会学解释辞典　胡明总校阅　辞书编译社编辑**
上海：光华出版社，1947.7，675+43页，32开（人民社会百科全书1）
上海：光华出版社，1949，675页，32开（人民社会百科全书1）

本书以辩证唯物论及历史唯物论的观点，

介绍哲学、社会学、论理学、心理学、宗教学的概念，以及天文学、物理学、化学、生物学、地质学等方面的知识。词条按首字笔画多少排列。书末有条目索引。

收藏单位：重庆馆、东北师大馆、广东馆、贵州馆、国家馆、近代史所、南京馆、上海馆、首都馆、中科图

00033

**新制哲学大要　谢无量编**
上海：中华书局，1914.5，50+12页，25开
上海：中华书局，1915，再版，50+12页，25开
上海：中华书局，1918.8，4版，50+12页，25开
上海：中华书局，1922.7，8版，50+12页，25开

本书为师范学校适用。介绍哲学的基本概念及各种学派。包括绪论及知之哲学（观念论、认识论）、实在体之哲学（物之实体哲学、心之实体哲学、人生哲学）两编。书末附译名对照表。编者原题：谢蒙。

收藏单位：河南馆、江西馆、南京馆、上海馆、首都馆、浙江馆

00034

**新制哲学大要参考书　谢无量编**
上海：中华书局，1914.5，136页，25开
上海：中华书局，1915，再版，136页，25开

本书是《哲学大要》教科书的参考书。根据《哲学大要》的各章节作了较详细的说明。分为两部分：知之哲学（观念论、认识论）、实在体之哲学（物之实体哲学、心之实体哲学、人生哲学）。书末附录泰西哲学家年代略考。编者原题：谢蒙。

收藏单位：湖南馆、辽宁馆、南京馆、山东馆、首都馆、浙江馆

00035

**造化通（初编）　阮印长著**
安化：弥山游天阁，1935，222页，25开（弥山游天阁丛书）

本书共18章，内容包括：导言、宇宙与人生、易理融通万法易象含摄万事、大易高深与简易、大易先天八卦与后天八卦、易卦六十四圆图通古今盛衰方图通万国治乱、阴

阳消息顺逆之原理、干支推命之肤浅、古代天文宿曜分野之谬误、太阳为非恒星之观察、磁针准地之阴阳银河准天之阴阳、顺时而进之磁针、星图步天歌之改定、行星推步引端、众星运行与天时气象通、众星运行与人事盛衰通、佛圣贤凡之差别、人天问答。

收藏单位：重庆馆、国家馆、南京馆、浙江馆

## 00036

**哲理与心理　谢幼伟等著**

[南京]：正中书局，1948.2，174 页，25 开（思想与时代丛刊 3）

本书收入 10 篇论文，内容包括：《心理学与哲学》《爱智的意义》《论心的重要》《辨性》《论玄学方法》《谈价值意识》《心理学在军事上之应用》等。

收藏单位：重庆馆、广东馆、国家馆、吉林馆、南京馆、上海馆

## 00037

**哲学常识　邓评著**

习作出版社，1941，90 页，36 开（常识丛书）

收藏单位：南京馆、首都馆

## 00038

**哲学常识　亦石著**

上海：神州国光社，1931，64 页，32 开

上海：神州国光社，1933，再版，64 页，32 开

本书介绍"哲学"一词的语源、哲学与科学的关系、哲学与物质的关系、哲学的发生及其两营垒，以及本体论、认识论、方法论的基本范畴。

收藏单位：广东馆、国家馆、南京馆、上海馆、浙江馆

## 00039

**哲学初步　范寿康编**

上海：商务印书馆，1924.7，102 页，50 开（师范小丛书）

上海：商务印书馆，1931.4，再版，102 开（师范小丛书）

本书对哲学、哲学史作了概要的介绍。共 3 编，内容包括：哲学略说、西洋哲学史略说、最近西洋哲学思潮略说。

收藏单位：广东馆、广西馆、国家馆、吉林馆、上海馆、天津馆

## 00040

**哲学初桄　（英）剌普脱（A. S. Rappoport）著　陈训炤译**

外文题名：A primer of philosophy

上海：商务印书馆，1929，135 页，25 开

本书为哲学概论性质的图书。共 3 篇 18 章，内容包括：哲学之意义及其内容、哲学之沿革及其趋势、哲学之派别及其问题。

收藏单位：重庆馆、东北师大馆、广东馆、广西馆、国家馆、吉林馆、江西馆、南京馆、山东馆、山西馆、上海馆、首都馆、天津馆、浙江馆

## 00041

**哲学辞典　樊炳清编**

上海：商务印书馆，1926.5，65+1008+[53] 页，25 开

上海：商务印书馆，1930.5，再版，65+1008+[25] 页，25 开

上海：商务印书馆，1934.2，缩本，65+1008+[25] 页，50 开

上海：商务印书馆，1935，缩本再版，65+1008+[102] 页，50 开

上海：商务印书馆，1935，缩本 3 版，65+1008+[25] 页，50 开

本书搜集欧洲哲学名词，按汉字笔画多少排列。每一名词都有英、法、德文对照。书前有汉字笔画目次表。书末附有《哲学辞典补遗》。1926 年初版封面题名：哲典。

收藏单位：重庆馆、东北师大馆、广西馆、国家馆、河南馆、湖南馆、吉林馆、近代史所、辽大馆、南京馆、山东馆、山西馆、上海馆、绍兴馆、首都馆、浙江馆、中科图

## 00042

**哲学大纲　（美）坎宁亨（G. W. Cunningham）著　庆泽彭译**

外文题名：Problems of philosophy

上海：世界书局，1933.11，[16]+346 页，25 开，精装

上海：世界书局，1936.10，2 版，346 页，25 开，精装

本书共 6 编，内容包括：常识科学与哲学、智识活动的问题、物质问题、生命的问题、心的问题、价值问题。

收藏单位：重庆馆、贵州馆、国家馆、江西馆、近代史所、南京馆、上海馆、首都馆、中科图

## 00043

**哲学到何处去　叶青著**

外文题名：Where is philosophy going?

上海：辛垦书店，1934.12，237 页，25 开

本书讨论哲学的一般问题。论及哲学与科学的关系，以及从黑格尔到费尔巴哈的继承关系。共 4 部分，内容包括：概论、理论的考察、历史的考察、结论。书前有作者序。书末附录《关于哲学的存废问题》。

收藏单位：重庆馆、东北师大馆、广西馆、国家馆、江西馆、南京馆、山东馆、上海馆、首都馆、天津馆

## 00044

**哲学的复活　林祝敬著**

上海：开明书店，1936.6，134 页，32 开（开明青年丛书）

本书分 10 章简述哲学的定义、分类、研究方法诸问题。

收藏单位：广东馆、广西馆、国家馆、江西馆、南京馆、上海馆、首都馆、天津馆、浙江馆

## 00045

**哲学的概念　程野声主编**

香港：真理学会，1949.7，22 页，大 64 开（民众读物小丛刊 48）

本书收入文章两篇：《哲学的概念和部份》《漫谈哲学》。

收藏单位：国家馆

## 00046

**哲学的研究　曾昭铎著**

上海：群学社，1928，142 页，32 开

本书共 10 章，内容包括：感觉资料和物体、本能与感觉资料之关系、论心的观念与认识、论经验知识与先天知识、统一的知识和单一的知识、哲学应有的趋势等。

收藏单位：国家馆、首都馆

## 00047

**哲学发凡　侯书勋编**

上海：商务印书馆，1914.6，56 页，25 开

上海：商务印书馆，1914，2 版，50 页，25 开

本书为师范学校新教科书。分总论与分论两部分，论述哲学定义、渊源、形态，以及自然哲学、人生哲学、智识哲学等问题。

收藏单位：国家馆、河南馆、江西馆、上海馆、首都馆、浙江馆

## 00048

**哲学概论　常守义著**

北平：明德学园，1948.3，361 页，22 开（哲学丛书 第 1 编）

本书对哲学所涉及的许多问题加以讨论。共 9 部分，内容包括：总论、论理学、批判学、本体学、宇宙学、心理学、神义学、伦理学、哲学史。书末附有哲学术语。

收藏单位：东北师大馆、国家馆、吉林馆、山东馆、山西馆、上海馆、天津馆

## 00049

**哲学概论　（美）杜兰特（Will Durant）著　詹文浒编译**

外文题名：The mansions of philosophy

上海：开明书店，1931.12，20+713 页，28 开

本书共 9 编，内容包括：绪论、论理学与认识论、形而上学、伦理问题、美学、历史哲学、政治哲学、宗教、人生的究极，论及哲学的各个分支学科。书前有作者和译者序各一。著者原题：威尔杜伦。

收藏单位：重庆馆、东北师大馆、广东馆、国家馆、吉林馆、江西馆、南京馆、上海馆、天津馆

## 00050

**哲学概论　冯智慧编译**

广州：广东高等师范学校学生贸易部，1919.1，146页，25开

本书据日本桑木严翼博士的著作编译。对哲学的定义、实质、研究方法、渊源、形态，以及知识哲学、自然哲学、人生哲学均加以阐述。共6章23节。书前有编译者序。

收藏单位：国家馆、南京馆

## 00051

**哲学概论　（日）金子筑水著　彭信威译**

上海：神州国光社，1930.8，225页，25开

上海：神州国光社，1931.12，再版，225页，25开

上海：神州国光社，1947.4，再版，225页，25开

本书分序论和本论两部分。序论部分共4小部分，内容包括：哲学概论的本领、哲学概念的变迁、哲学的概念、哲学的分类；本论部分共5编，内容包括：认识论、实体论、伦理哲学、艺术哲学、宗教哲学。书前有著者自序。著者原题：金子马治。

收藏单位：重庆馆、广西馆、贵州馆、国家馆、河南馆、黑龙江馆、南京馆、山东馆、山西馆、上海馆、首都馆、天津馆、浙江馆

## 00052

**哲学概论　李相显著**

北平：世界科学社，1947.1，[18]+208页，32开（世界科学社丛书）

本书概述中国哲学及西方哲学的主要问题、发展历史，以及中西哲学的会通。共5篇，内容包括：绪论、方法论、人生论、知识论、本体论。书前有唐嗣尧及作者序。封面有张东荪题签。

收藏单位：东北师大馆、国家馆、吉林馆、近代史所、南京馆、首都馆

## 00053

**哲学概论　（法）马里旦（J. Maritain）著　戴明我译**

外文题名：An introduction to philosophy

上海：商务印书馆，1947，334页，32开（甘露丛书）

本书分两部分，第1部分为哲学的性质，内容包括：严格意义的哲学以前的哲学思想、苏格拉底以前的哲学家、诡辩派与苏格拉底、柏拉图与阿里斯多德、哲学的定义、哲学与特殊科学、哲学与神学、哲学与常识；第2部分为哲学的分类，内容包括：哲学的主要分部、论理学、算学哲学与自然哲学、批判论（认识论）、本体论（本质、实体与偶然、实在与潜在）、神证学（自然神学）、艺术哲学、伦理学、结论。

收藏单位：重庆馆、广东馆、国家馆、南京馆、上海馆、首都馆

## 00054

**哲学纲要（原名，简易哲学纲要）　蔡元培编辑**

外文题名：Outline of philosophy

上海：商务印书馆，1924，订正本，142页，32开

上海：商务印书馆，1931，订正2版，142页，32开

收藏单位：黑龙江馆、湖南馆

## 00055

**哲学纲要　黄忏华编**

外文题名：Outline of philosophy

上海：商务印书馆，1922，79页，25开

上海：商务印书馆，1922，再版，79页，25开

上海：商务印书馆，1925.1，3版，79页，25开

上海：商务印书馆，1925.12，4版，79页，25开

上海：商务印书馆，1929.10，5版，79页，25开

上海：商务印书馆，1933.4，国难后1版，79页，25开

本书为师范学校用书。介绍哲学的基本概念，以及认识论、本体论中的不同派别及其观念。

收藏单位：重庆馆、广东馆、国家馆、河南馆、黑龙江馆、南京馆、首都馆、天津馆、浙江馆、中科图

**00056**

**哲学及其根本问题　范寿康著**

上海：开明书店，1930，351页，32开

上海：开明书店，1936，再版，351页，32开

　　本书作者认为哲学的根本问题在于讨论认识论、伦理、道德及审美观念。共4部分，内容包括：绪论、真、善、美。书前有自序。书末附录《康德知识哲学概说》《康德道德哲学概说》《康德审美哲学概说》等。

　　收藏单位：重庆馆、东北师大馆、广东馆、国家馆、河南馆、吉林馆、江西馆、辽大馆、南京馆、上海馆、首都馆、天津馆、浙江馆

**00057**

**哲学讲话　公孙起孟著**

上海：群众图书公司，1934，176页，25开

　　本书共6章，内容包括：怎样研究哲学、我们能研究和何以要研究哲学、哲学是什么、关于宇宙之问题及解答、关于知识思想及其他、一个人生观。书前有自序。

　　收藏单位：重庆馆、国家馆、南京馆、首都馆

**00058**

**哲学解蔽论　孙渠著**

上海：中华书局，1945.10，96页，32开

　　本书共6章，内容包括：本体、现象、知识、人生、科学、哲学，论及哲学所讨论的问题。

　　收藏单位：重庆馆、广西馆、国家馆、江西馆、辽宁馆、南京馆、上海馆、天津馆、浙江馆

**00059**

**哲学论丛（第1集）　北京大学哲学会编辑**

北平：著者书店，1933.5，278页，32开

　　本书收入：《评论近人考据老子年代的方法》（胡适）、《辩〈老子〉非战国后之作品》（马叙伦）、《再论〈老子〉成书年代》（钱穆）、《从先秦学术思想变迁大势观测老子的年代》（熊伟）、《王充的思想及方法》（郝瑞桢）、《释道安时代之〈般若〉学述略》（汤用彤）、《黑格尔与宗教》（张颐）、《因果问题与现代物理学中的因果观》（焦步青）等论文。书前有胡适的卷头语。

　　收藏单位：国家馆、湖南馆、山西馆、首都馆

**00060**

**哲学论文集　景昌极著**

上海：中华书局，1930.2，2册（640页），32开

上海：中华书局，1931.8，再版，2册（640页），32开

　　本书收入讲义和论文，分成总论之部——玄学之部、认识论之部——唯识之部、价值论之部——伦理之部3部分。包括《因与果——神学玄学科学之异趣》《文学与玄学》《实践与玄谈》《信与疑》《能所双忘空有并遣的唯识观》《见相别种辨》《唯识今释补义》《见相别种未释之疑》《名家公孙龙子之唯象主义》《评郭任远人类的行为——意识与行为》《苦与乐》等。

　　收藏单位：重庆馆、东北师大馆、广东馆、广西馆、国家馆、湖南馆、江西馆、南京馆、山东馆、上海馆、首都馆、天津馆、浙江馆

**00061**

**哲学论文集　彭基相　余文伟著**

上海：北新书局，1927，264页，32开

　　本书分上、下两卷。收入论文：《现代中国思想》《罗素论二十世纪的哲学》《与黄建中先生论西洋最近哲学趋势》《再质黄建中先生》《与新实在论相反对的几种理论》《外在关系论》《逻辑的性质》《哲学的性质》《佛洛衣特派心理学及其批评》《心理学与政治》《太戈尔的思想及其批评》《逻辑发展上重要阶段》《道德学中的体制》《批评主义的概念》等。

　　收藏单位：国家馆、上海馆、天津馆、浙江馆、中科图

**00062**

**哲学门外谈　麦园著**

重庆：读书出版社，1941.1，132 页，32 开

重庆：读书出版社，1941.7，再版，132 页，32 开

上海：读书出版社，1946.5，沪初版，132 页，32 开

　　本书收入论文 6 篇：《哲学门外》《大千世界》《人间天上》《精神文明》《天理良心》《学而时习》，其中 4 篇在《学习》半月刊上刊载过。

　　收藏单位：重庆馆、东北师大馆、广东馆、贵州馆、国家馆、吉林馆、南京馆、山东馆、上海馆、首都馆

**00063**

**哲学入门　（日）稻毛诅风著　华文祺编译**

外文题名：An introduction to philosophy

上海：商务印书馆，1920.11，[265] 页，25 开

上海：商务印书馆，1921.3，再版，[265] 页，25 开

上海：商务印书馆，1922.7，3 版，[265] 页，25 开

上海：商务印书馆，1926.4，4 版，[265] 页，25 开

上海：商务印书馆，1929.4，5 版，[265] 页，25 开

　　本书据稻毛诅风的《教育者之哲学》一书编译。介绍教育者与哲学、哲学之概念、哲学之内容等。

　　收藏单位：重庆馆、广东馆、广西馆、国家馆、河南馆、南京馆、上海馆、首都馆、天津馆、浙江馆

**00064**

**哲学入门　沈飞达著　桑春明译**

大连：关东出版社，1942，92 页（读书丛刊）

　　本书共 4 章，内容包括：认识论、形而上学、伦理学、哲学史摘要。

　　收藏单位：吉大馆

**00065**

**哲学上之讨论　张东荪等著**

上海：商务印书馆，1933，98 页，50 开（东方文库 续编）

上海：商务印书馆，1934，再版，98 页，50 开（东方文库 续编）

　　本书收入论文 3 篇：《现代哲学鸟瞰》（张东荪）、《英德哲学之比观》（李石岑）、《科学与哲学》（张东荪）。

　　收藏单位：重庆馆、东北师大馆、广东馆、国家馆、河南馆、湖南馆、南京馆、山东馆、上海馆、首都馆、天津馆、浙江馆

**00066**

**哲学缩型　常守义著**

北京：北堂遣使会印书馆，1943，13+211 页，26 开

　　本书共 9 部分，内容包括：哲学总论、论理学、批判学、本体学、宇宙学、人类学、神义学、伦理学、哲学史。

　　收藏单位：国家馆、吉林馆、首都馆

**00067**

**哲学提纲（灵性学）（清）李问渔著**

上海：土山湾印书馆，1914，12+192 页，32 开

上海：土山湾印书馆，1931，3 版，182 页，32 开

　　本书含 94 个学题，分为论悟司（De intellectu humano，今译为悟性）、论始意缘起（De origine idearum，今译为理性）两部分。南京主教惠重准。

　　收藏单位：国家馆、吉林馆

**00068**

**哲学提纲〔伦理学〕（清）李问渔译**

上海：土山湾印书馆，1921 重印，282 页，32 开

　　本书分上、中、下 3 卷，含 79 个学题，每一学题下又分发明（即论题）、证理、释难、推理、备览等，以解析学题，其内容大都来自教会伦理，许多概念均附有拉丁原文。

　　收藏单位：国家馆、绍兴馆

**00069**

**哲学提纲〔名理学〕（清）李问渔译**

上海：土山湾印书馆，1916 重印，132 页，32开

本书共 3 卷，内容包括：学问总论（即思想之例）、辨理之据、布置之法（即布置法）。附《演说规略》。1908 年初版。

收藏单位：贵州馆、国家馆、南京馆、上海馆、首都馆

**00070**

**哲学提纲（生理学）**（清）李问渔译

上海：土山湾印书馆，1914 重印，121 页，32开

上海：土山湾印书馆，1927，3 版，114 页，32 开

本书含 27 个学题，按内容分为总论生理、论植物生理、论生原、论生原由来、论动物生理、论动物性发、论物类原始等。附《天演论驳义》。

收藏单位：国家馆、南京馆

**00071**

**哲学提纲（天宇学）**（清）李问渔著

上海：土山湾印书馆，1916，102 页，32开

上海：土山湾印书馆，1935.9，3 版，99 页，32开

本书含 37 个学题，共 8 章，内容包括：世界惟一、宇宙伸张、天宇伦序、动与时、论天地原因、天宇古远、万物终向及其美备、形体内积。

收藏单位：国家馆

**00072**

**哲学提纲（原神学）**（清）李问渔著

上海：土山湾印书馆，1928 重印，123 页，32开

本书含 31 个学题，内容包括：天下人之公意知有造物主其意不能误故造物主实有、造物主独一无二、造物主永远常存、造物主掌治世界万物、造物主掌治世界特注意于人等。

收藏单位：国家馆、吉林馆

**00073**

**哲学问答**（日）松本悟郎著　唐开乾译

上海：商务印书馆，1931，128 页，44 开（百科问答小丛书）

本书以问题形式讨论哲学的一般性问题。共 3 编，内容包括：总论、实在的问题、认识的问题。

收藏单位：国家馆、河南馆、浙江馆

**00074**

**哲学新讲**（日）佐藤庆二著　韩护译

大连：关东出版社，1942，190 页，32 开（读书丛刊）

本书共 4 部分，内容包括：哲学的价值，讨论哲学的对象与任务；哲学的本质，讨论科学与形而上学问题；哲学思想之史的发展，讨论了中国、印度与欧美哲学之发展；实践的诸问题，讨论了社会、历史、经济、道德、法律、艺术、宗教等问题。书前有译者序。

收藏单位：东北师大馆、国家馆、吉林馆、浙江馆

**00075**

**哲学研究**　上海光华大学哲学会编

上海：中华书局，1931.6，1 册，25 开

上海：中华书局，1940.10，再版，1 册，25开

本书为光华大学论文集。收入文章：《苏格拉地以前之希腊哲学》（张东荪）、《逻辑革命》（沈有乾）、《周易之伦理思想》（姚步康）、《墨子兼爱非爱无差等辩》（杨大膺）、《霍布霍士论伦理发展之途径》（钟锜译）、《克洛斯底自由论》（钟国华译）、《身与心》（蒋竹庄）、《哲学与科学》（张东荪）。

收藏单位：重庆馆、广东馆、国家馆、吉林馆、江西馆、南京馆、山东馆、上海馆、首都馆、天津馆、浙江馆、中科图

**00076**

**哲学与论理**　胡适等著　教育杂志社编

上海：商务印书馆，1925，113 页，50 开（教育丛著79）

本书收入论文：《中国哲学的线索》（胡适）、《知识之本质》（张东荪）、《人生哲学大要》（李石岑）、《近代论理学底趋势》（金福

忍）、《论理学之派别》（严既澄）。

收藏单位：重庆馆、广西馆、国家馆、山东馆、上海馆、首都馆、天津馆、浙江馆

**00077**

**哲学与社会科学　中学生社编**

上海：开明书店，1935，199页，32开（中学生杂志丛刊16）

本书收入论文13篇:《哲学与社会科学》（祝伯英）、《唯心哲学浅释》（朱光潜）、《当作认识论的辩证法》（刘叔琴）、《论现代批评的职务》（林语堂）、《我们生活中的主观性》（倪文宙）、《行为"合理化"》（高觉敷）、《过失心理学》（高觉敷）、《说梦》（高觉敷）、《致梦术》（胡伯恳）、《弗洛伊特说与性教育》（高觉敷）、《青年与性育》（金仲华）、《研究社会科学何以要应用统计法》（庄干之）、《自然科学与社会科学研究法的差异》（吴清友）。

收藏单位：广西馆、国家馆、湖南馆、江西馆、南京馆、上海馆、天津馆、浙江馆

**00078**

**哲学与生活　艾思奇著**

上海：读书生活出版社，1937.4，180页，32开

上海：读书生活出版社，1937.6，再版，180页，32开

重庆：读书生活出版社，1939.8，3版，164页，32开

重庆：读书生活出版社，1939.12，4版，164页，32开

上海：读书生活出版社，1940，5版，164页，32开

上海：读书生活出版社，1941，6版，164页，32开

本书为时论和杂文汇集。共3部分：哲学问题、民族问题、生活问题。

收藏单位：北大馆、重庆馆、广东馆、国家馆、吉林馆、近代史所、南京馆、上海馆、首都馆、天津馆、中科图

**00079**

**哲学字汇　（日）井上哲次郎　（日）有贺长雄增补**

东京：东洋馆书店，1942，再版，改订增补，283页，32开，精装

本书为哲学英汉词典。

收藏单位：国家馆

**00080**

**哲学座谈　曹达编**

上海：青年书店，1936，202页，32开

上海：青年书店，1937.1，202页，32开

收藏单位：重庆馆、贵州馆、国家馆、吉林馆、上海馆、中科图

**00081**

**真美善论　刘式经著**

出版者不详，[1919]，92页，22开

本书运用德国哲学家康德和心理学家赫尔巴特（Herbart）的理论，泛论哲学应是研究真（认识论）、善（伦理学）、美（美学）的综合学问。分序以及真、善、美几个部分。书前有蒋维乔序。

收藏单位：国家馆、首都馆

**00082**

**自力更生论　李秋心著**

西安：青鸟月刊社，1945，44页，32开

本书为作者学习哲学的心得体会。内容包括：本体论（本体是静的我体、空间与时间、我体是不会消灭的）、进化论（进化的原理、生死定律、变的定律）等。书前有作者序。

收藏单位：重庆馆、南京馆

**00083**

**宗教·哲学·社会主义　（德）恩格斯（Friedrich Engels）著　林超真译**

上海：沪滨书局，1929.10，218页，32开

本书收入恩格斯的3部著作：《原始基督教史论》《空想社会主义与科学社会主义》《费儿巴赫与德国古典哲学的末日》。

收藏单位：重庆馆、国家馆、吉林馆、南京馆、天津馆、浙江馆

00084

**宗教·哲学·社会主义** （德）恩格斯
(Friedrich Engels) 著　林超真译

上海：亚东图书馆，1934.3，372 页，32 开

上海：亚东图书馆，1936.3，再版，372 页，32 开

上海：亚东图书馆，1949，4 版，372 页，32 开

收藏单位：东北师大馆、广西馆、贵州馆、国家馆、湖南馆、吉林馆、近代史所、辽大馆、南京馆、上海馆、天津馆、云南馆、中科图

00085

**综合哲学讲话**　宋恒忠著

重庆：国民图书出版社，1941，[13]+56 页，44 开

本书共 12 讲，内容包括：哲学是什么、传统哲学之各类型、宇宙之性质、认识形态及二重性、社会性质及其基本条件、社会内部关系及其演变、人之两种性质、自我创造与人格完成等。著者原题：宋垣忠。

收藏单位：重庆馆、广东馆、贵州馆、国家馆、湖南馆、吉林馆、辽宁馆、南京馆、上海馆、浙江馆

00086

**综合哲学讲话（由唯生的观点发展之新哲学体系）** 宋恒忠著

洛阳：大华书报供应社，1939，38 页，44 开

收藏单位：重庆馆、南京馆

00087

**最新哲学辞典** （苏）罗森塔尔（М. Розенталь）（苏）尤琴（П. Ф. Юдин）著　胡明译

上海：光明书局，1940，267 页，36 开

上海：光明书局，1941.1，3 版，267 页，36 开

本书为《简明哲学辞典》的另一译本。

收藏单位：国家馆、南京馆、上海馆

# 哲学理论

00088

**从唯心论到唯物论** （俄）普列汉诺夫（Г. В. Плеханов）著　王凡西译

上海：沪滨书局，1930.2，143 页，22 开

上海：沪滨书局，1936.5，143 页，22 开

本书阐述黑格尔和费尔巴哈的主要哲学观点，以及辩证唯物主义哲学的形成。

收藏单位：重庆馆、国家馆、吉林馆、南京馆、上海馆

00089

**从唯心论到唯物论** （俄）普列汉诺夫（Г. В. Плеханов）著　王凡西译

上海：亚东图书馆，1930.5，141 页，32 开

上海：亚东图书馆，1936.5，141 页，32 开

上海：亚东图书馆，1940.10，5 版，141 页，32 开

收藏单位：重庆馆、广西馆、贵州馆、国家馆、吉大馆、近代史所、南京馆、上海馆、首都馆、浙江馆

00090

**大众新哲学**　戈人著

天下书店，1939.10，194 页，32 开

本书分上、下两编。上编为新哲学的理论，共 12 部分，内容包括：新哲学值得重视的论证、新哲学的解释、两大类的世界观、认识真理的难关、认识真理的标准、唯心论的病根、辩证法唯物论的任务、唯物辩证法三法则等；下编为新哲学的实践，共 9 部分，内容包括：大众新哲学的先决条件、大众新哲学者的当前任务、逆境的认识与应付、从变动中去理解世界等。

收藏单位：上海馆

00091

**大众新哲学（新兴哲学入门）** 戈人编著

上海：博文书店，1939.11，10+194 页，32 开

收藏单位：重庆馆、广东馆

**00092**

**简明新哲学教程** （美）塞尔萨谟（H. Selsam）著　吕见平　周建人译

上海：珠林书店，1946.7，123页，32开

　　本书据布鲁克林学院的教师塞尔萨谟著《什么叫哲学》（1938年版）一书译成。通过通俗地讲述一般哲学原理、哲学史和唯物论与唯心论，介绍了辩证唯物主义。共5章，内容包括：哲学为了谁、唯物论与唯心论、永恒与变化、科学的意义、历史与自由。书末有译者后记。译者"周建人"原题：克士。

　　收藏单位：重庆馆、东北师大馆、广西馆、贵州馆、国家馆、上海馆、首都馆

**00093**

**如何研究哲学**　艾思奇著

上海：读书生活出版社，1936.8，67页，32开

上海：读书生活出版社，1936.11，再版，67页，32开（角半小丛书）

重庆：读书生活出版社，1939.6，再版，增订版，63页，32开

重庆：读书出版社，1940.3，4版，64页，32开

重庆：读书出版社，1940.8，5版，增订版，63页，32开

　　本书共5部分，内容包括：先认清楚"为什么"、哲学史和哲学概论的读法、怎样辨别正确的哲学、怎样建立自己的哲学、必须同时研究社会科学。书末附录《哲学研究大纲》《怎样研究自然科学》。

　　收藏单位：重庆馆、广东馆、国家馆、吉林馆、南京馆、上海馆

**00094**

**师范新哲学**　夏锡祺编

上海：中国图书公司，1914，62页，22开

　　本书论述哲学的定义、渊源及其研究方法、思想态度。书前有编辑概言。

　　收藏单位：广东馆、国家馆、首都馆、浙江馆

**00095**

**思想的出路**　谢幼伟著

广州：现代问题丛刊编辑部，1949，46页，32开（现代问题丛刊2）

　　本书共6篇，内容包括：新解放、时代的危机、理想与现实、目的与手段、唯物论述评、罗素评马克斯。

　　收藏单位：广西馆、贵州馆

**00096**

**天人四论**（一名，新哲学体系）　苏渊雷著

北碚：黄中出版社，1944.10，订正1版，122页，32开（钵水斋丛书）

　　本书作者提出新宇宙论、新认识论、新历史观、新人生观，把进化论、唯物论及民生主义等观点杂糅在一起。

　　收藏单位：重庆馆、国家馆、南京馆、上海馆

**00097**

**由唯心论到唯物论**　（俄）普列汉诺夫（Г. В. Плеханов）著　高晶斋译

上海：新生命书局，1930，87页，32开

上海：新生命书局，1932，再版，87页，32开

上海：新生命书局，1934，3版，87页，32开

上海：新生命书局，1940，5版，87页，32开

　　本书阐述黑格尔和费尔巴哈的主要哲学观点，以及辩证唯物主义哲学的形成。封面著者题：普勒哈诺夫，题名页著者题：蒲列哈诺夫。

　　收藏单位：重庆馆、东北师大馆、广西馆、国家馆、湖南馆、南京馆、上海馆、浙江馆

**00098**

**怎样研究哲学**　王特夫著

上海：三江书店，1936.7，218页，32开，精装

　　本书共9章，内容包括：哲学是什么性质的一种科学、为什么应当研究哲学、哲学研究中实证的和经验的方法、怎样进行分析的研究、怎样进行综合的研究、如何作批判的研究、研究的进行步骤、哲学纲要等。

　　收藏单位：重庆馆、广东馆、贵州馆、国家馆、黑龙江馆、吉林馆、江西馆、南京馆、天津馆、浙江馆

**00099**

**哲学 ABC    张东荪著**

上海：ABC 丛书社，1929.1，116 页，32 开
（ABC 丛书）

上海：ABC 丛书社，1930，再版，116 页，
32 开（ABC 丛书）

上海：ABC 丛书社，1933.4，4 版，116 页，
32 开（ABC 丛书）

　　本书共 4 章，内容包括：哲学是什么、哲学与科学、哲学上各种学说的型式、总结。书前有例言。书末附录《怎样读哲学书》。

　　收藏单位：重庆馆、东北师大馆、广东馆、国家馆、河南馆、湖南馆、吉林馆、江西馆、南京馆、上海馆、首都馆、天津馆、浙江馆

**00100**

**哲学导论　（美）布赖特曼（E. S. Brightman）著　杨枝嵘　黄毂仁译**

外文题名：An introduction to philosophy

上海：商务印书馆，1930.2，283+[32] 页，22 开（燕京大学丛书）

上海：商务印书馆，1934.3，国难后 1 版，283+[32] 页，22 开（燕京大学丛书）

　　本书论述哲学讨论的一般问题，评介一些重要哲学派别的观点。共 11 章，内容包括：哲学的精神、我们如何辨别真伪、我们的观念如何论及实在、什么是具有体质的物、什么是普遍和价值、什么是意识、几个主要的宇宙观、宇宙是个机械么、宇宙有目的么、宗教底价值在人生有什么位置、哲学之实际的价值是什么。书前有作者的中文本序及原序。书末附英文参考书目、字汇等。著者原题：布来脱曼。

　　收藏单位：重庆馆、广东馆、贵州馆、国家馆、江西馆、南京馆、上海馆、首都馆、天津馆、中科图

**00101**

**哲学导论　罗鸿诏编**

上海：商务印书馆，1934，207 页，32 开，精装（学艺丛书 14）

　　本书据德国文德尔班著《哲学导论》

（Einleitung in die Philosophie）一书编写。共 6 章，内容包括：哲学之概念、哲学之方法、实在问题（形而上学）、认识问题（知识哲学）、价值问题（文化哲学）、结论——实在与价值。

　　收藏单位：重庆馆、广东馆、贵州馆、国家馆、湖南馆、江西馆、南京馆、上海馆、首都馆

**00102**

**哲学概论　陈大齐著**

北京：北京大学出版部，1918，178 页，25 开

北京：北京大学出版部，1919，2 版，178 页，25 开

北京：北京大学出版部，1920.8，3 版，178 页，25 开

北京：北京大学出版部，1922.7，4 版，178 页，25 开

北京：北京大学出版部，1924，5 版，178 页，25 开

　　本书讲述一般哲学概念、基本派别及其观点。共 3 篇，内容包括：绪论、形而上学、认识论。

　　收藏单位：重庆馆、东北师大馆、国家馆、湖南馆、南京馆、山东馆、天津馆、浙江馆、中科图

**00103**

**哲学概论　陈大齐著**

北京：北京书局，1928.8，6 版，178 页，25 开

　　收藏单位：重庆馆、东北师大馆、贵州馆、国家馆、山东馆

**00104**

**哲学概论　陈大齐著**

北平：好望书店，1932.9，178 页，25 开

　　收藏单位：广东馆、国家馆、吉林馆、首都馆

**00105**

**哲学概论　范锜著**

上海：商务印书馆，1933，220 页，25 开，精装（大学丛书 教本）

长沙：商务印书馆，1933.9，240页，25开（大学丛书 教本）

上海：商务印书馆，1934.3，220页，25开（大学丛书 教本）

上海：商务印书馆，1935.5，3版，220页，25开（大学丛书 教本）

长沙：商务印书馆，1940，5版，240页，25开（大学丛书 教本）

上海：商务印书馆，1947.2，6版，240页，25开（大学丛书 教本）

上海：商务印书馆，1948，7版，240页，25开（大学丛书 教本）

上海：商务印书馆，1948.8，8版，240页，25开（大学丛书 教本）

上海：商务印书馆，1949.3，9版，240页，25开（大学丛书 教本）

　　本书讲述哲学的一般问题。共7章，内容包括：哲学思想之进展、哲学概念之解释、哲学研究之价值、哲学研究之方法、认识论、实在之问题、人生之问题。书前有作者序。

　　收藏单位：重庆馆、东北师大馆、贵州馆、国家馆、河南馆、吉林馆、江西馆、辽大馆、南京馆、山东馆、上海馆、绍兴馆、首都馆、天津馆、浙江馆

## 00106
**哲学概论　（日）纪平正美著　彭学浚译**
彭学浚 [发行者]，1923.11，308页，32开

　　本书除绪论（哲学之概念）外，共3编，内容包括：实有论、认识论、行为论（理想论）。

## 00107
**哲学概论　李石岑著**
上海：世界书局，1933，393+10页，25开
上海：世界书局，1934，再版，393+10页，25开，精装

　　本书据在暨南大学讲授哲学概论的讲义整理而成。概述哲学涉及的概念、范畴、分类、研究方法，以及哲学所研究的主要问题。共4编，内容包括：绪论、形上学、认识论、新唯物论。书前有自序。书末附中西人名索引。

　　收藏单位：重庆馆、东北师大馆、广东馆、国家馆、黑龙江馆、湖南馆、近代史所、南京馆、上海馆、首都馆、浙江馆、中科图

## 00108
**哲学概论　刘以钟著**
上海：商务印书馆，1920，122页，25开
上海：商务印书馆，1921，3版，122页，25开
上海：商务印书馆，1923，4版，122页，25开
上海：商务印书馆，1924，5版，122页，25开
上海：商务印书馆，1927.6，6版，122页，25开，精装
上海：商务印书馆，1929，7版，122页，25开
上海：商务印书馆，1930，8版，122页，25开

　　本书为师范学校用书。论述一般哲学问题，包括哲学的定义及性质、本体论、认识论等。

　　收藏单位：重庆馆、东北师大馆、广东馆、广西馆、贵州馆、国家馆、河南馆、湖南馆、江西馆、南京馆、上海馆、首都馆、天津馆、浙江馆

## 00109
**哲学概论　马哲民著**
重庆：朝阳学院，118叶，22开，环筒页装

　　本书讲述哲学的一般问题。共5章，内容包括：哲学上的两条路线、观念论之主要形态、形而上学的唯物论、认识论的各问题、对立性之统一及斗争的法则。

　　收藏单位：重庆馆

## 00110
**哲学概论　温公颐编译**
上海、长沙：商务印书馆，1937，[10]+381页，26开（大学丛书）
上海：商务印书馆，1940，[10]+381页，26开（大学丛书）
上海：商务印书馆，1940，再版，[10]+381页，26开（大学丛书）
重庆：商务印书馆，1945.12，再版，[10]+381页，26开（大学丛书）
上海：商务印书馆，1947，4版，[10]+381页，26开（大学丛书）

上海：商务印书馆，1948.2，5 版，[10]+381 页，26 开，精装（大学丛书）

上海：商务印书馆，1949，6 版，[10]+381 页，26 开（大学丛书）

本书以美国新黑格尔学派哲学家康宁汉的《哲学问题》（Problems of philosophy）一书第 2 版为蓝本，并采纳了北大教授张真如及泡尔生（F. Paulsen）的观点编译而成。内容包括：知识篇（认知之诸路、判断为认知之方式、判断为认知方式之基础、判断对象之性质及其情状、判断之确实性、思想之自由）、范畴篇（物质、空间与时间、演化、心灵、社会）、价值篇（评价与价值及各种价值、美之价值、善与自由意志、善之保存）等。

收藏单位：重庆馆、东北师大馆、广东馆、贵州馆、国家馆、湖南馆、江西馆、辽大馆、南京馆、山东馆、上海馆、首都馆、浙江馆

00111

**哲学概论　张益弘著**

上海：辛垦书店，1936.4，231 页，22 开

本书共 6 章。先讲哲学的定义、性质、作用、起源、方法、分类，后谈认识论、本体论、宇宙论、人生论。书前有作者序言。

收藏单位：广西馆、国家馆、南京馆

00112

**哲学概论　邹谦著**

长沙：湖南大学通讯处，1933.9，32+576+42 页，25 开

本书论述哲学的产生、发展、定义、研究方法，以及哲学的内容、认识论、实在论和价值论。

收藏单位：广东馆、国家馆、湖南馆、中科图

00113

**哲学概论　邹谦著**

上海：中华书局，1935.2，[22]+320 页，25 开

收藏单位：重庆馆、东北师大馆、贵州馆、国家馆、湖南馆、吉林馆、江西馆、南

京馆、上海馆、天津馆、浙江馆

00114

**哲学阶梯　刘强编**

上海：商务印书馆，1930.7，178 页，32 开

上海：商务印书馆，1933，国难后 1 版，147 页，32 开

本书泛论哲学的一般问题。共两卷，第 1 卷为哲学之范围，论述哲学的定义、哲学与其他科学之关系；第 2 卷为哲学问题，提出本体、宇宙、精神、认识、价格、伦理、社会进步、政治 8 个问题加以论述。书前有作者叙。

收藏单位：重庆馆、东北师大馆、广东馆、广西馆、国家馆、黑龙江馆、湖南馆、辽大馆、南京馆、山东馆、上海馆、首都馆、天津馆、浙江馆

00115

**哲学论战　叶青编**

上海：辛垦书店，1935.3，733 页，22 开

本书内容包括：论未来的哲学——新唯物论、思想的论坛上几个时髦问题、辩证法的各种问题、辩证法与自然科学等。

收藏单位：重庆馆、东北师大馆、国家馆、近代史所、山东馆、首都馆、浙江馆、中科图

00116

**哲学提要　沈文华编**

上海：世界书局，1930，129 页，32 开

上海：世界书局，1931.10，2 版，129 页，32 开

本书共 4 章，内容包括：总说（哲学的价值、定义、分类）、认识论、玄学或本体论、哲学思想的变迁。

收藏单位：重庆馆、广东馆、广西馆、国家馆、江西馆、南京馆、上海馆、天津馆、浙江馆

00117

**哲学通论　范寿康编**

上海：中华书局，1935，[14]+192 页，32 开（中华百科丛书）

上海：中华书局，1941，3 版，[14]+192 页，32

开（中华百科丛书）

　　本书分为 13 章，泛论哲学研究的一般问题。先论述哲学概念、研究方法，然后分认识论、自然哲学两编，论述认识论的起源及本体论、宇宙论等。书前有作者序。书末附中西文名词索引。

　　收藏单位：重庆馆、东北师大馆、广东馆、贵州馆、国家馆、黑龙江馆、湖南馆、江西馆、南京馆、山东馆、上海馆、天津馆、浙江馆

00118

**哲学新论　景幼南著**
南京：南京书店，1932.5，[458] 页，25 开

　　本书共 5 章，内容包括：哲学总论、知识哲学、宇宙哲学、人生哲学、历史哲学。书前有缪凤林及作者序。

　　收藏单位：重庆馆、广东馆、广西馆、国家馆、南京馆、上海馆、首都馆、天津馆、浙江馆、中科图

00119

**哲学新论　刘杰著　民族革命理论及实施研究院编辑**
抗战复兴出版社，1940.11，[22]+226 页，36 开

　　本书共 6 章，内容包括：绪论、哲学派别的分释、三一权衡的认识事物、事物的生存毁灭与演变、怎样推进社会改造世界、结论。作者强调中国传统思想"中"的"积极性、责任性、革命性"。书前有许秀岩《关于哲学新论》。

　　收藏单位：重庆馆、广东馆、国家馆、南京馆、山西馆

00120

**哲学要领　（德）科培尔（Kobell）讲　（日）下田次郎述　蔡元培译**
外文题名：Principles of philosophy
上海：商务印书馆，1913，4 版，84 页，32 开
上海：商务印书馆，1914，5 版，84 页，32 开
上海：商务印书馆，1916，6 版，84 页，32 开
上海：商务印书馆，1919，8 版，83 页，32 开

上海：商务印书馆，1921，9 版，83 页，32 开
上海：商务印书馆，1924.11，10 版，83 页，32 开
上海：商务印书馆，1927，11 版，84 页，32 开

　　本书据下田次郎日文笔述东京帝国大学教授、德国学者科培尔讲稿译成，论及哲学概念、类别、系统。除绪论外，分 4 章。书前有中译者序。书末有中西人名表。

　　收藏单位：重庆馆、广东馆、广西馆、国家馆、江西馆、南京馆、首都馆、浙江馆

00121

**哲学要论　赵纪彬著**
上海：中华书局，1948，190 页，32 开

　　本书分 9 章阐述名实与天人、个体与种类、事物与理则、性质与分量、内容与形式、物如与物象、关系与因果、有无与动静、对反与自同等问题。

　　收藏单位：重庆馆、东北师大馆、广西馆、国家馆、吉林馆、南京馆、上海馆

00122

**哲学之基础研究（上篇）　陈受中编译**
太原：蔚华印刷厂，1936.1，284 页，22 开

　　本书包括诡辩学派、苏格拉底、柏拉图等 20 多个章节的内容。

　　收藏单位：南京馆、山西馆

00123

**自修新哲学初步　朱波著**
金华：浙江文化工作社，[1940—1949]，88 页，32 开（初学社会科学丛书）

　　本书内容包括：过去哲学为什么这样难懂、哲学所研究的是什么、我们为什么要研究哲学、哲学上的根本命题、新哲学的认识论等。

　　收藏单位：江西馆、浙江馆

# 马克思主义哲学

00124

**辩证法唯物论与历史唯物论**

武昌：改造社，1949，116 页，36 开（改造丛书 第一辑 4）

本书共 3 章，内容包括：唯心论与唯物论、辩证法唯物论、历史唯物论。书末附录《辩证法唯物论与历史唯物论研究大纲》。

收藏单位：国家馆

00125

**辩证法唯物论与历史唯物论（第三部分 马克思主义的辩证法）**
出版者不详，140+14 页，32 开

收藏单位：广东馆

00126

**辩证法唯物论与唯物史观 吴黎平编译**
上海：心弦书社，1930.12，388 页，32 开
上海：心弦书社，1932.5，再版，388 页，32 开
上海：心弦书社，1937.5，3 版，388 页，32 开

本书据芬格尔特（Fingert）、薛尔文特（Schirwindt）的著作编译。分为辩证法的唯物论和唯物史观两部分，共 8 章，内容包括：唯物论与唯心论、辩证法唯物论、自然及社会中的规律性、生产力与生产关系、阶级及阶级斗争的学说、国家及政权的学说、意识形态、社会发展的学说。书前有道平序。编译者原题：吴理屏。

收藏单位：重庆馆、东北师大馆、国家馆、黑龙江馆、吉林馆、南京馆、上海馆、首都馆

00127

**辩证法与唯物史观 （苏）特拉森堡著 陈代青译**
上海：金马书堂，1930，216 页，32 开

本书分辩证法与唯物论两篇。上篇 5 章，论述了唯物论、规律性、辩证法等问题；下篇 8 章，论述了社会之连系、社会之结构、技术与经济、社会之发展等问题。

收藏单位：重庆馆

00128

**辩证唯物论与历史唯物论 博古译**
[沂水]：大众社，1940.1，99 页，32 开（青年丛书 4）

本书即《苏联共产党（布）史简明教程》第 4 章第 2 节"辩证唯物主义与历史唯物主义"。

收藏单位：国家馆

00129

**辩证唯物论与历史唯物论 博古译**
中国出版社，1938.12，52 页，32 开
中国出版社，1939.2，再版，52 页，32 开

本书即《苏联共产党（布）史简明教程》第 4 章第 2 节"辩证唯物主义与历史唯物主义"。译自 1938 年 9 月 9—19 日苏联《真理报》。

收藏单位：北师大馆、重庆馆、吉林馆、南京馆、天津馆

00130

**辩证唯物论与历史唯物论 （苏）米丁（M. Митин）著 沈志远译 中山文化教育馆编辑**
重庆：商务印书馆，1936.12，2 册，25 开（中山文库）
上海、长沙：商务印书馆，1938，2 版，2 册（491+577 页），25 开（中山文库）

收藏单位：国家馆、吉林馆、山西馆、首都馆

00131

**辩证唯物论与历史唯物论 （苏）斯大林（И. В. Сталин）著 唯真译**
莫斯科：外国文书籍出版局，1949，40 页，32 开

收藏单位：广东馆

00132

**辩证唯物论与历史唯物论基本问题 博古编译**
东安：东北书店，1947.7，4 册（210+266+345+376 页），32 开

本书主要汇译 1936—1941 年苏联《哲学杂志》《在马克思主义旗帜下》所发表的有关哲学论文，以配合学习和研究《联共（布）

党史》。第 1 分册：辩证唯物论——马克思主义政党的宇宙观；第 2 分册：马克思主义的辩证法；第 3 分册：马克思主义的哲学唯物论；第 4 分册：马克思主义的历史唯物论。第 1 分册书末附联共（布）中央审定的《辩证唯物论与历史唯物论研究提纲》；第 4 分册书末附录《论机械论和孟塞维化的唯心论底反马克思主义的实质》。

　　收藏单位：重庆馆、东北师大馆、国家馆、吉大馆、山西馆、上海馆、天津馆

## 00133
**辩证唯物论与历史唯物论基本问题　博古编译**
上海：读书出版社，1947，4 册（230+331+250+358 页），32 开
上海：读书出版社，1947.6，增订版，4 册（1338 页），32 开
　　**本书编译者原题：高烈。**
　　收藏单位：广西馆

## 00134
**辩证唯物论与历史唯物论基本问题　博古编译**
华北新华书店，1948.7，4 册（2090 页），32 开
　　收藏单位：重庆馆、广东馆、国家馆、河南馆、吉林馆、近代史所、山西馆

## 00135
**辩证唯物论与历史唯物论基本问题　博古编译**
延安：解放社，1941—1943，4 册（193+242+326+358 页），32 开
延安：解放社，1943，再版，4 册（193+242+326+358 页），32 开
延安：解放社，1943，再版，4 册（210+266+345+376 页），32 开
　　收藏单位：北师大馆、重庆馆、国家馆、南京馆、山西馆、天津馆

## 00136
**辩证唯物论与历史唯物论基本问题　博古编译**

[阳信]：山东新华书店，1948.4，4 册（210+331+345+376 页），32 开
[阳信]：山东新华书店，1949.7，再版，4 册（210+331+345+376 页），32 开
　　收藏单位：重庆馆、广东馆、国家馆、吉林馆、辽宁馆、南京馆、绍兴馆

## 00137
**辩证唯物论与历史唯物论基本问题　博古编译**
上海：生活·读书·新知联合发行所，1949.7，4 册（1338 页），32 开
　　收藏单位：东北师大馆、贵州馆、天津馆

## 00138
**辩证唯物论与历史唯物论基本问题（第四分册）博古编译**
沈阳：新中国书局，1949.7，911—1338 页，32 开
　　**本书为第 4 分册：马克思主义底历史唯物论。书末附录《论机械论和孟塞维化的唯心论底反马克思主义的实质》。**
　　收藏单位：国家馆、山西馆

## 00139
**辩证唯物论与历史唯物论基本问题（上"联共党史"第四章参考资料）（苏）O. 加克等著　博古编译**
上海：辰光书店，1941，416 页
　　**本书主要汇译 1936—1941 年苏联《哲学杂志》《在马克思主义旗帜下》所发表的有关哲学论文，以配合学习和研究《联共（布）党史》。**
　　收藏单位：山西馆

## 00140
**辩证唯物论与历史唯物论基本问题　博古编译**
出版者不详，[1940—1949]，1 册，32 开，精装
　　**本书内容包括：马克思主义列宁主义统一的整个的学说、辩证唯物论、马克思主义政党的宇宙观等。**

收藏单位：浙江馆

**00141**

**辩证唯物论与历史唯物论教程提纲** （苏）米丁（М. Митин）主编　曹葆华译

北平：解放社，1949.3，80 页，32 开

　　本书共 5 章，内容包括：辩证唯物论是马克思列宁主义政党的世界观、马克思主义辩证方法、马克思主义哲学唯物论、历史唯物论、列宁与斯大林之发展马克思主义哲学。后附《马克思列宁主义古典著作讲授》参考书目。

　　*收藏单位：广东馆、山西馆*

**00142**

**辩证唯物论与历史唯物论研究大纲**

出版者不详，51 页，32 开（学习丛书 第二种）

　　本书共 5 讲，内容包括：辩证唯物论是马克思列宁主义政党的世界观、唯物论与唯心论、世界的唯物性及其发展的规律、社会主义与共产主义等。每讲后附参考书目。

　　*收藏单位：重庆馆*

**00143**

**辩证唯物主义和历史唯物主义** （苏）斯大林（И. В. Сталин）著

大连：大众书店，1948，34 页，32 开

　　本书据莫斯科外国文书籍出版局 1939 年出版的中文本《联共（布）党史》第 4 章第 2 节翻印。内容包括：马克思主义的辩证方法底基本特征、马克思主义的哲学唯物主义底基本特征、历史唯物主义。

　　*收藏单位：国家馆*

**00144**

**辩证唯物主义和历史唯物主义** （苏）斯大林（И. В. Сталин）著

外文题名：О диалектическом и историческом материализме

哈尔滨：东北书店，1947，40 页，32 开

哈尔滨：东北书店，1948.11，再版，40 页，32 开

收藏单位：东北师大馆、国家馆、吉林馆、江西馆、天津馆

**00145**

**辩证唯物主义与历史唯物主义**　蓝火编译

上海：世界文化出版社，1949.6，57 页，36 开

　　本书共 4 章，内容包括：绪论、马克思主义辩证法底几个基本特征、马克思主义哲学唯物主义的基本特征、历史唯物主义。

　　*收藏单位：重庆馆、南大馆、上海馆*

**00146**

**辩证唯物主义与历史唯物主义** （苏）斯大林（И. В. Сталин）著

外文题名：О диалектическом и историческом материализме

北平：北平市中小学教职员暑期学习会，1949.6，34 页，32 开

**00147**

**辩证唯物主义与历史唯物主义** （苏）斯大林（И. В. Сталин）著

[淮阴]：华中新华书店，1948.11，70 页，32 开

　　**本书为干部高级读物。**

　　*收藏单位：国家馆、南京馆*

**00148**

**辩证唯物主义与历史唯物主义** （苏）斯大林（И. В. Сталин）著

北京：人民出版社，1949.6，45 页，32 开

　　*收藏单位：重庆馆*

**00149**

**辩证唯物主义与历史唯物主义** （苏）斯大林（И. В. Сталин）著

[无锡]：苏南新华书店，1949.7，87 页，32 开

　　*收藏单位：国家馆*

**00150**

**辩证唯物主义与历史唯物主义** （苏）斯大林（И. В. Сталин）著

浙江新华书店，1949.6 翻印，40 页，32 开
　　本书为中级党校教材。
　　收藏单位：吉林馆

00151
辩证唯物主义与历史唯物主义　（苏）斯大林
（И. В. Сталин）著
[宝丰]：中原新华书店，1948，30 页，32 开
[宝丰]：中原新华书店，1949.2，58 页，32 开
　　收藏单位：国家馆、南京馆

00152
辩证唯物主义与历史唯物主义　（苏）斯大林
（И. В. Сталин）撰　唯真译
外文题名：О диалектическом и историческом
материализме
石家庄：解放社，1948.9，58 页，32 开
北平：解放社，1949.6，58 页，32 开
北平：解放社，1949，2 版，52 页，32 开
[北平]：解放社，1949，3 版，58 页，32 开
　　收藏单位：国家馆、辽宁馆、山西馆、天
津馆

00153
辩证唯物主义与历史唯物主义　（苏）斯大林
（И. В. Сталин）著　唯真译
外文题名：О диалектическом и историческом
материализме
[合肥]：新华书店，1949.7，华中版，58 页，
32 开
北平：新华书店，1949，再版，58 页，32 开
　　收藏单位：贵州馆、国家馆、湖北馆、南
京馆、云南馆

00154
辩证唯物主义与历史唯物主义　（苏）斯大林
（И. В. Сталин）著　唯真译
中国远东编译社，[1940]，34 页，32 开
　　收藏单位：浙江馆

00155
辩证唯物主义与历史唯物主义（一九三八年
九月）（苏）斯大林（И. В. Сталин）著　唯

真译校
莫斯科：外国文书籍出版局，1946，43 页，
26 开
莫斯科：外国文书籍出版局，1947，40 页，
26 开
莫斯科：外国文书籍出版局，1949，40 页，
26 开
　　本书介绍了斯大林对于辩证唯物主义与
历史唯物主义的见解。
　　收藏单位：国家馆、湖南馆、南京馆、山
西馆、上海馆、天津馆

00156
大众哲学　艾思奇著
北平科学社，1949，重改本，263 页，32 开
　　本书以通俗形式讲述辩证唯物主义哲学
的基本观点。共 5 章，内容包括：绪论，唯
心论、二元论和唯物论，辩证法唯物论的认
识论，唯物辩证法的基本规律，思想和范畴。
前附重改本例言。
　　收藏单位：天津馆

00157
大众哲学　艾思奇著
北平武学印书馆，1949，重改本，263 页，32
开
　　收藏单位：天津馆

00158
大众哲学　艾思奇著
大连中苏友好协会，[1947]，179 页，36 开
（青年丛书 第二辑）
　　本书以通俗形式讲述辩证唯物主义哲学
的基本观点。共 4 章，内容包括：绪论，观念
论、二元论和唯物论，辩证法唯物论的认识
论，唯物辩证法的诸法则。书前附有编者序、
著者代序等。
　　收藏单位：国家馆

00159
大众哲学　艾思奇著
东北书店，1946.8，10 版，179 页，32 开
　　收藏单位：南京馆

00160

**大众哲学** 艾思奇著

上海：读书生活社，1936.1，229 页，32 开（读书生活丛书）

上海：读书生活社，1936.7，5 版，229 页，32 开（读书生活丛书）

上海：读书生活出版社，1937.4，8 版，223 页，32 开（读书生活丛书）

上海：读书生活出版社，1938.3，9 版，233 页，32 开（读书生活丛书）

上海：读书生活出版社，1938.6，10 版，增订本，233 页，32 开（读书生活丛书）

广州：读书生活出版社，1938.8，11 版，233 页，32 开（读书生活丛书）

广州：读书生活出版社，1938，12 版，233 页，32 开（读书生活丛书）

读书生活出版社，1938.12，13 版，233 页，32 开（读书生活丛书）

汉口：读书生活出版社，1939.3，14 版，233 页，32 开（读书生活丛书）

昆明、重庆：读书生活出版社，1939.8，15 版，233 页，32 开（读书生活丛书）

重庆：读书生活出版社，1939.11，16 版，233 页，32 开（读书生活丛书）

上海：读书生活出版社，1940.4，17 版，233 页，32 开（读书生活丛书）

昆明、重庆：读书生活出版社，1940，18 版，233 页，32 开（读书生活丛书）

读书出版社，1940.11，20 版，233 页，32 开（读书生活丛书）

重庆：读书出版社，1942.1，21 版，233 页，32 开（读书生活丛书）

读书出版社，1945.12，22 版，233 页，32 开（读书生活丛书）

上海：读书出版社，1946.1，25 版，233 页，32 开（读书生活丛书）

上海：读书出版社，1946.6，27 版，233 页，32 开（读书生活丛书）

哈尔滨：读书出版社，1946.6，28 版，190 页，32 开（读书生活丛书）

上海、重庆：读书出版社，1946.10，28 版，233 页，32 开（读书生活丛书）

读书出版社，1947.3，29 版，233 页，32 开（读书生活丛书）

重庆：读书出版社，1947.8，30 版，233 页，32 开（读书生活丛书）

读书出版社，1948.4，32 版，233 页，32 开（读书生活丛书）

上海：读书出版社，1948.7，33 版，233 页，32 开（读书生活丛书）

收藏单位：重庆馆、东北师大馆、广东馆、贵州馆、国家馆、黑龙江馆、湖北馆、江西馆、南京馆、青海馆、上海馆、首都馆、天津馆、浙江馆

00161

**大众哲学** 艾思奇著

上海：读者服务社，1936.1，188 页，32 开（读书生活丛书）

上海：读者服务社，1946.12，9 版，188 页，32 开（读书生活丛书）

本书共 4 章，内容包括：绪论、本体论（世界观）、认识论、方法论。

收藏单位：首都馆

00162

**大众哲学** 艾思奇著

北平：光华出版部励志书店，[1947]，重改本，218 页，32 开

收藏单位：国家馆

00163

**大众哲学** 艾思奇著

哈尔滨：光华书店，1948，重改本，293 页，32 开

哈尔滨：光华书店，1949，修订版，293 页，32 开

收藏单位：东北师大馆、国家馆

00164

**大众哲学** 艾思奇撰

北平：华北大学，1949，重改本，263 页，32 开

收藏单位：国家馆

00165
**大众哲学**　艾思奇著
华北新华书店，1947，重改版，283 页，32
开
华北新华书店，1948，重改版，283 页，32
开
[华北新华书店]，1948.12，3 版，重改本，
283 页，32 开
　　收藏单位：重庆馆、国家馆、山西馆

00166
**大众哲学**　艾思奇著
华中新华书店，[1940—1949]，修改版，285
页，32 开
华中新华书店，1949.4，再版，重改本，213
页，32 开
　　收藏单位：广东馆、国家馆、河南馆、辽
宁馆、南京馆

00167
**大众哲学**　艾思奇著
华中中华书局，1949.4，重改本，322 页，32
开
　　收藏单位：南京馆

00168
**大众哲学**　艾思奇著
冀东新华书店，1948.2，重改本，281 页，32
开
　　收藏单位：国家馆、吉林馆

00169
**大众哲学**　艾思奇著
威县：冀南新华书店，1949.7，再版，重改本，
340 页，32 开
　　收藏单位：国家馆

00170
**大众哲学**　艾思奇著
北平：建业书局，1949，重改本，255 页，32
开
　　收藏单位：重庆馆、天津馆

00171
**大众哲学**　艾思奇著
山东：胶东公学出版部，1938，229 页，32 开
　　收藏单位：国家馆

00172
**大众哲学**　艾思奇著
晋察冀新华书店，1947.8，重改本，283 页，
32 开
　　收藏单位：江西馆、山西馆

00173
**大众哲学**　艾思奇著
辽东建国书社，1946，158 页，32 开
　　收藏单位：东北师大馆、国家馆、山西馆

00174
**大众哲学**　艾思奇著
济南：山东新华书店，1948.7，再版，重改本，
228 页，32 开
济南：山东新华书店，1949.5，重改本，297 页，
32 开
济南：山东新华书店，1949.5，3 版，重改本，
297 页，32 开
　　收藏单位：重庆馆、国家馆、湖北馆、绍
兴馆

00175
**大众哲学**　艾思奇著
上海：生活・读书・新知联合发行所，1949.7，
增订本，255 页，32 开
　　收藏单位：国家馆

00176
**大众哲学**　艾思奇著
沁源：太岳新华书店，1948.11，再版，重改本，
289 页，32 开
沁源：太岳新华书店，1949.4，3 版，重改本，
289 页，32 开
　　收藏单位：重庆馆、国家馆、山西馆

00177
**大众哲学**　艾思奇著

[合肥]：皖北新华书店，1949.6，重改本，232页，32开

　　收藏单位：安徽馆、重庆馆、吉林馆

00178
**大众哲学　艾思奇著**
西安：西北新华书店，1949.6，重改本，284页，32开

　　收藏单位：重庆馆、国家馆、南京馆

00179
**大众哲学　艾思奇著**
天津：新华书店，1949.4，3版，重改本，283页，32开

　　收藏单位：国家馆、南京馆

00180
**大众哲学　艾思奇著**
上海：新华书店，1949.7，重改本，297页，32开

　　收藏单位：贵州馆、国家馆、湖北馆、辽宁馆、南京馆、山西馆、天津馆

00181
**大众哲学　艾思奇著**
北京：新华书店，1949.8，再版，重改本，245页，32开

　　收藏单位：南京馆

00182
**大众哲学　艾思奇著**
新华书店，1949.5，重改本，211页，32开

　　收藏单位：南京馆

00183
**大众哲学　艾思奇著**
长春：新中国书局，1949.4，重改本，255页，32开
长春：新中国书局，1949.4，3版，重改本，255页，32开
长春：新中国书局，1949，4版，重改本，255页，32开

　　收藏单位：重庆馆、国家馆、辽宁馆、天津馆

00184
**大众哲学　艾思奇著**
浙江新华书店，1949.8，再版，重改本，228页，32开

　　收藏单位：广东馆、贵州馆、绍兴馆

00185
**大众哲学　艾思奇著**
中原新华书店，1949.1，重改本，228页，32开

　　收藏单位：重庆馆、国家馆、湖北馆、南京馆

00186
**大众哲学　艾思奇著**
出版者不详，[1949.8]，新订重改本，206页，32开

　　收藏单位：湖北馆

00187
**大众哲学讲话　公直编**
上海：世界书局，1937，106页，32开
上海：世界书局，1940.6，106页，32开
上海：世界书局，1949.6，再版，106页，32开

　　本书共7章，内容包括：马克思主义的三部曲、唯物史观、资本主义的运行法则、辩证的唯物论、辩证法、马克思主义的发展、马克思主义文献解题。书前有序。

　　收藏单位：国家馆、湖北馆、江西馆、南京馆、上海馆

00188
**德意志观念体系　（德）马克思（K. Marx）（德）恩格斯（Friedrich Engels）著　周建人译**
上海：珠林书店，1941，111页，32开

　　本书作者于1845—1846年著述《德意志观念体系》，对费尔巴哈和青年黑格尔派布·鲍威尔和施蒂纳所代表的德国直观唯物主义及唯心主义哲学，以及各式各样的德国社会主义作了批判。本书为该书第1部分，

据英译本转译，即《费尔巴哈——唯物观和唯心观的对立》。译者原题：克士。

收藏单位：东北师大馆、国家馆、上海馆

00189

德意志意识形态　（德）马克思（K. Marx）（德）恩格斯（Friedrich Engels）著　郭沫若译

上海：群益出版社，1947，152 页，32 开（沫若译文集 5）

[上海]：群益出版社，1949，152 页，32 开

本书为《德意志观念体系》第 1 部分，据莫斯科马克思·昂格斯研究所所长李亚山诺夫氏所编纂的《马克思·昂格斯文库》第 1 册所载《马克思与昂格斯论费尔巴哈（德意志观念体系之第一篇）》一文翻译，即《费尔巴哈——唯物论与唯心论的见解之对立》。

收藏单位：重庆馆、东北师大馆、贵州馆、国家馆、湖北馆、上海馆、天津馆、浙江馆

00190

德意志意识形态（原名，德意志观念体系论）（德）马克思（K. Marx）（德）恩格斯（Friedrich Engels）著　郭沫若译

上海：言行出版社，1938.11，152 页，32 开

收藏单位：吉林馆

00191

反杜林格论（上册）　（德）恩格斯（Friedrich Engels）著　钱铁如译

外文题名：Herrn Eugen Dührings Umwälzungder Wissenschaft

上海：昆仑书店，1930，228 页，32 开

本书上册含哲学部分。书名原题：反杜林格论——哲学·经济学·社会主义·批判。

收藏单位：东北师大馆、广西馆、南京馆、天津馆

00192

费尔巴哈古典哲学终末　（德）恩格斯（Friedrich Engels）著　向省吾译

上海：江南书店，1930.4，114 页，64 开（江南文库 2）

本书内收文章 4 篇：《从黑格尔到费尔巴哈》《唯心论与唯物论》《费尔巴哈的宗教哲学和伦理学》《辩证法的唯物论》。附录《费尔巴哈论》《"致唯巴哈论"的拾遗》《唯物史观论》《法国唯物论史》《马克思的唯物论与辩证法》。逐页题名：费尔巴哈与古典哲学的终末。

收藏单位：重庆馆、广东馆、国家馆、吉林馆

00193

费尔巴哈论　（德）恩格斯（Friedrich Engels）著　彭嘉生译

上海：南强书局，1929.12，223 页，32 开

上海：南强书局，1932.4，再版，223 页，32 开

上海：南强书局，1935，3 版，223 页，32 开

本书据董克耳编德文本《马克思主义文库》第 3 篇，并参考 Austin Lewis 的英译本及佐野文夫的日译本译成。正文为恩格斯的《路德维希·费尔巴哈和德国古典哲学的终结》，内收文章 4 篇：《从黑格尔到费尔巴哈》《观念论与唯物论》《费尔巴哈底宗教哲学与伦理学》《辩证法的唯物论》。附录《费尔巴哈论纲》《"费尔巴哈论"补遗》《史的唯物论》《法兰西唯物论史》《马克思底唯物论及辩证法》。书前有编者序言。书末附译者后记。

收藏单位：东北师大馆、广东馆、贵州馆、国家馆、近代史所、南京馆、上海馆、绍兴馆、浙江馆

00194

费尔巴哈论（原名，费尔巴哈与德国古典哲学的末日）　（德）恩格斯（Friedrich Engels）著　张仲实译

上海：生活书店，1937.12，16+88 页，32 开（世界名著译丛 2）

武汉：生活书店，1938.2，再版，16+88 页，32 开（世界名著译丛 2）

本书据俄文本转译。内收文章 4 篇：《黑格尔与费尔巴哈》《唯心论与唯物论》《费尔巴哈的唯心论及道德论》《历史唯物论》。附

录《费尔巴哈论纲》。

收藏单位：广东馆、贵州馆、国家馆、吉林馆、南京馆、山东馆、上海馆、绍兴馆、首都馆、中科图

## 00195

费尔巴哈论（英汉合璧）（德）恩格斯（Friedrich Engels）著 青骊译

上海：社会主义研究社，1932.11，103+113 页，32 开

本书据 Austin Lewis 的英文本转译。内收文章 4 篇：《从黑格尔到费尔巴哈》《观念论与唯物论（或唯物论者的费尔巴哈）》《费尔巴哈的宗教哲学及伦理学（或观念论者的费尔巴哈）》《辩证法的唯物论与唯物史观》。书前有中译者序言、英译者导言、著者序言。附录《费尔巴哈论纲》。

收藏单位：国家馆、吉林馆

## 00196

《费尔巴哈论纲》研究 叶青著

外文题名：Study of "thesis on Feuerbach"

上海：辛垦书店，1936.8，354 页，22 开

本书共 8 章，内容包括：观念论之吸收、实践底重要、实践与理论、认识中的实践论、社会的观点、社会科学底推进、科学与哲学、哲学之消灭。

收藏单位：国家馆、吉林馆、南京馆、首都馆、天津馆

## 00197

费尔巴哈与德国古典哲学的末日 （德）恩格斯（Friedrich Engels）著 张仲实译

上海：生活书店，1938.4，再版，88 页，32 开（世界名著译丛 2）

收藏单位：江西馆

## 00198

费尔巴哈与德国古典哲学的终结 （德）恩格斯（Friedrich Engels）著 张仲实译

北平：解放社，1949.9，104 页，32 开

本书以 1937 年出版的译本为基础，并据苏联马恩列学院编《马恩文选》新版（1948

年版）所载本书俄文译文重新校正。

收藏单位：东北师大馆、广东馆、贵州馆、国家馆、湖南馆、吉林馆、山西馆、天津馆

## 00199

费尔巴哈与德国古典哲学的终结 （德）恩格斯（Friedrich Engels）著 张仲实译

人民出版社，1949.9，76 页，32 开

收藏单位：湖南馆

## 00200

关于辩证唯物主义和历史唯物主义 （苏）斯大林（И. В. Сталин）著

[威县]：冀南新华书店，1948.12，41 页，32 开

本书为《苏联共产党（布）史简明教程》第 4 章第 2 节。

收藏单位：国家馆

## 00201

关于辩证唯物主义和历史唯物主义 （苏）斯大林（И. В. Сталин）著

[西安]：西北新华书店，1949.7，42 页，32 开

收藏单位：国家馆

## 00202

机械论的唯物论批判 （德）恩格斯（Friedrich Engels）著 （俄）普列汉诺夫（Г. В. Плеханов）注释 杨东莼 宁敦伍译

上海：昆仑书店，1932.5，321 页，32 开

本书即《路德维希·费儿巴哈与古典哲学之终结》，内收文章 4 篇：《从黑智儿到费儿巴哈》《观念论与唯物论》《费儿巴哈的宗教哲学与伦理学》《辩证法的唯物论》。附录《费儿巴哈论纲》《费儿巴哈论补遗》《史的唯物论》《法兰西唯物论史》《马克思的唯物论与辩证法》《费儿巴哈论纲原稿译文》《观念论的见解与唯物论的见解之对立》《蒲列哈诺夫对费尔巴哈的序文和评注》。封面题：费尔巴哈论。注释者原题：蒲列哈诺夫。

收藏单位：广东馆、广西馆、国家馆、黑

龙江馆、吉林馆、江西馆、南京馆、山东馆、山西馆、上海馆、天津馆、中科图

**00203**

**列宁与哲学　江镜泉译**

延安：大同出版社，1937.6，98 页，32 开

延安：大同出版社，1938.1，再版，98 页，32 开

　　本书共 3 篇：从马克思——经过蒲列哈诺夫——到列宁、列宁与辩证唯物论（哲学，方法，史的唯物论）、列宁主义与唯物辩证法。

　　收藏单位：北大馆、国家馆、南京馆

**00204**

**论群众哲学　（苏）米丁（М. Митин）著　胡明辑译**

上海：光华出版社，1946.5，117 页，32 开（社会科学名著）

上海：光华出版社，1948.8，东北再版，117 页，32 开

上海：光华出版社，1949.2，3 版，117 页，32 开（社会科学名著）

　　本书共 3 篇，内容包括：论群众哲学、辩证唯物论、历史唯物论。辑译者原题：韶华。

　　收藏单位：重庆馆、东北师大馆、广东馆、国家馆、吉林馆、山西馆、上海馆、首都馆、天津馆、浙江馆

**00205**

**论群众哲学　（苏）米丁（М. Митин）著　胡明编译**

上海：光华出版社，1949，231 页，32 开

　　本书共 5 篇，内容包括：辩证唯物论为马列主义党的世界观、唯物辩证法为无产阶级哲学、马克斯是辩证唯物论始创人、恩格斯与辩证唯物论、史达林与唯物辩证法。

　　收藏单位：重庆馆、广东馆、南京馆

**00206**

**论群众哲学　（苏）米丁（М. Митин）著　胡明辑译**

新华书店，1949.6，110 页，32 开

大连：新华书店，1949，3 版，117 页，32 开

　　收藏单位：广东馆、国家馆、湖南馆

**00207**

**马克思的哲学　吴惠人著**

外文题名：The philosophy of Karl Marx

北平：人文书店，1935.11，168 页，32 开，精装

　　本书共 8 章，内容包括：黑格尔和费耶巴赫——马克思哲学思想的来源、反传统哲学中之形上学系统的哲学、辩证唯物论、形上学的思维方法是什么、由思想律的批评谈到形式逻辑之性质、马克思的方法论、马克思的伦理观、马克思哲学的几个问题。书前有张东荪序及作者自序。

　　收藏单位：广西馆、国家馆、近代史所

**00208**

**马克思恩格斯关于唯物论的断片　（德）马克思（K.Marx）（德）恩格斯（Friedrich Engels）著　向省吾译**

上海：江南书店，[1930]，92 页，大 64 开

　　收藏单位：国家馆

**00209**

**马克思列宁主义的理论基础　（苏）阿多拉茨基（В. Адоратский）著　柯雪飞译**

[重庆]：播种社，1938.3，97 页，32 开

　　本书共 6 部分，内容包括：马克思主义是无产阶级革命斗争的理论与实际、列宁主义及其国际意义、为辩证法唯物论而斗争、自然界的辩证法与我们的认识、社会发展的辩证法等。著者原题：阿多辣茨基。

　　收藏单位：国家馆、吉林馆、浙江馆

**00210**

**马克思列宁主义的理论基础　（苏）阿多拉茨基（В. Адоратский）著　柯雪飞译**

上海：中华书店，1933，97 页，32 开（马克思列宁主义丛书 2）

　　收藏单位：国家馆

00211

**马克思世界观** （苏）萨可夫斯基著　彭桂秋译

上海：平凡书局，1930.4，46 页，22 开

本书为《马克思学体系》（萨可夫斯基）一书的第 10 分册。内容包括：马克思主义在科学发展中的作用、历史的唯物论是一种方法、马克思主义乃历史过程的一部份、马克思主义乃革命方法的基础、辩证的唯物论是行动哲学、历史的唯物论与道德的唯心论等。

收藏单位：广东馆、广西馆、国家馆

00212

**马克思主义的基本问题** （俄）普列汉诺夫（Г. В. Плеханов）著　李麦麦译

上海：社会科学研究会，1930.5，184 页，32 开

本书共 3 篇：马克思主义的基本问题、论自然界与历史中的突变、辩证法与逻辑。

收藏单位：国家馆、上海馆、中科图

00213

**马克思主义底根本问题** （俄）普列汉诺夫（Г. В. Плеханов）著　彭康译

上海：江南书店，1930.4，143 页，32 开

上海：江南书店，1941，143 页，32 开

本书分 16 部分，从辩证唯物论的理论来源谈起，讨论了地理环境论，生产方式，社会意识形态，基础与上层建筑，经济生活与哲学、艺术的关系，自由与必然等问题。自德、日译本转译。

收藏单位：北大馆、国家馆

00214

**马克思主义底哲学问题** （俄）普列汉诺夫（Г. В. Плеханов）著　章子健译

上海：乐群书店，1930.2，153 页，32 开

本书著者原题：蒲列罕诺夫。

收藏单位：重庆馆、人大馆、山东馆、上海馆

00215

**马克思主义根本问题** （俄）普列汉诺夫（Г.

В. Плеханов）著　李史翼　陈谥译

上海：真美善书店，1930，133 页，25 开（新世纪丛书）

本书著者原题：薄力哈诺夫。

收藏单位：国家馆、南京馆、山东馆、绍兴馆、浙江馆

00216

**马克思主义基本问题** （俄）普列汉诺夫（Г. В. Плеханов）著　张仲实译

哈尔滨：生活书店，1946，147 页，32 开（马列文库）

哈尔滨：生活书店，1948，2 版，147 页，32 开（马列文库）

收藏单位：重庆馆、东北师大馆、国家馆、吉林馆、南京馆、天津馆

00217

**马克思主义世界观**　卢舜昂著

北平：旭光社，1932，170 页，32 开

本书讲述辩证唯物主义哲学的基本理论。共 4 章，内容包括：绪论、唯物论、辩证法、唯物辩证法底发展过程。书前有序。

收藏单位：北大馆、国家馆

00218

**马克思主义之基础** （德）马克思（K. Marx）（德）恩格斯（Friedrich Engels）著　潘鸿文编

华兴书局，1930，202 页（社会科学丛书）

收藏单位：近代史所

00219

**马克斯派社会主义** （英）拉尔金（M. P. Larkin）著　李凤亭译

外文题名：Marxian socialism

上海：商务印书馆，1922.6，139 页，32 开（马克斯丛书）

上海：商务印书馆，1926，[再版]，139 页，32 开（马克斯丛书）

上海：商务印书馆，1926.6，3 版，139 页，32 开（马克斯研究丛书）

上海：商务印书馆，1927，4 版，139 页，32 开

（马克斯研究丛书）

本书共 4 章，内容包括：马克斯及其先进诸学者、唯物史观、马克斯的价值说、新马克斯派及其近来之发展。

收藏单位：国家馆、辽大馆、上海馆、首都馆、浙江馆

**00220**

**马克斯主义的根本问题**　（俄）普列汉诺夫（Г. В. Плеханов）著　彭康译

上海：长虹社，1939.8，143 页，32 开

收藏单位：上海馆

**00221**

**马克斯主义的基本问题**　（俄）普列汉诺夫（Г. В. Плеханов）著　成嵩译

上海：泰东图书局，1930.9，9+157 页，32 开

本书著者原题：蒲列哈诺夫。

收藏单位：北师大馆、重庆馆、南京馆

**00222**

**马克斯主义基本问题**　（俄）普列汉诺夫（Г. В. Плеханов）著　列夫译

上海：社会科学研究社，1949.6，157 页，32 开

本书著者原题：蒲列哈诺夫。

收藏单位：广东馆、湖南馆、吉林馆、辽宁馆、山西馆、上海馆、天津馆、西交大馆

**00223**

**马列主义世界观**　（苏）斯摩拉克撰　彭聪译

天津：联合出版社，1949.8，30 页，32 开

本书内收《马克思、列宁主义党底世界观》《马克思主义辩证方法底基本特征》《矛盾底基本形式》《唯物主义底基本特征》《社会发展底决定力量》《人民是历史底创造者》等文章。

收藏单位：东北师大馆、国家馆

**00224**

**社会科学的基本问题**　（俄）普列汉诺夫（Г. В. Плеханов）著　张仲实译

上海：生活书店，1937.6，222 页，32 开

上海：生活书店，1938.2，再版，222 页，32 开

重庆：生活书店，1939，再版，222 页，32 开

重庆：生活书店，1939，4 版，222 页，32 开

上海：生活书店，1946，胜利后 1 版，222 页，32 开

上海：生活书店，1947，再版，147 页，32 开（世界学术名著译丛）

大连：生活书店，1948，164 页，32 开（马列文库 7）

本书是《马克思主义基本问题》的另一译本。

收藏单位：北大馆、重庆馆、东北师大馆、广东馆、贵州馆、国家馆、黑龙江馆、近代史所、南京馆、上海馆、绍兴馆、首都馆、天津馆、武大馆、中科图

**00225**

**社会哲学概论**　赵一萍著

上海：生活书店，1933.8，168 页，25 开

上海：生活书店，1934，再版，168 页，25 开

本书共 8 章，内容包括：哲学底性质及任务、辩证法的唯物论、社会哲学上的唯物论与唯心论、因果律与目的论、历史的决定论与意志自由问题、历史唯物论的社会观、社会底发展、社会底变革——社会革命论。

收藏单位：重庆馆、东北师大馆、贵州馆、国家馆、吉大馆、吉林馆、江西馆、辽大馆、上海馆、浙江馆

**00226**

**实践与理论**　艾思奇著

上海：读书生活出版社，1939.2，350 页，32 开

昆明、重庆：读书生活出版社，1939.8，再版，350 页，32 开

上海：读书生活出版社，1940.2，3 版，350 页，32 开

上海：读书生活出版社，1940，4 版，350 页，32 开

本书内容包括：民族解放与哲学、民族的思想上的战士——鲁迅先生、论思想文化问

题、新启蒙运动和中国的自觉运动、孙中山先生的哲学思想、抗战文艺的动向、共产主义者与道德、哲学讲话等。

收藏单位：重庆馆、东北师大馆、广东馆、贵州馆、黑龙江馆、首都馆、中科图

## 00227

**唯物辩证法者的理论斗争　（日）河上肇著　江半庵译**

上海：星光书店，[1931]，256 页，32 开

上海：星光书店，1931.11，改版，256 页，32 开

本书内收论文 6 篇：《关于辩证法的唯物论——答土田杏村氏》《辩证法的唯物论之批判底批判——土方教授底批判之批判》《马克斯主义经济学底见地与目的——关于土方教授所谓"盲从的马克斯主义之克服"》《经济与权力——高田教授底"势力说"之批判》《马克斯底绝对地租论——土方教授底题为"由地租论看到的马克斯价值说之崩坏"的论文之分析》《资本蓄积之穷途——关于生产手段与消费资料底关系答高田博士》。

收藏单位：国家馆、首都馆、浙江馆

## 00228

**唯物论的哲学　（日）佐野学著　巴克译**

上海：乐华图书公司，1930，148 页，32 开（新社会科学丛书）

本书共 4 章，内容包括：思维的运动与社会的变革的过程、科学的社会主义哲学的源泉、科学的社会主义是继承旧唯物论的某种遗产呢、科学的社会主义是如何的克服旧唯物论呢。书末附录《明治时代的光辉的唯物论者》。

收藏单位：北大馆、重庆馆、国家馆、河南馆、浙江馆

## 00229

**现代哲学读本　艾思奇著**

上海：一般书店，1937，195 页，36 开（新青年百科丛书 2）

上海：一般书店，1938，再版，195 页，36 开（新青年百科丛书 2）

本书讲述了马克思主义哲学产生和发展的历史。分上、下两部，上部为新哲学的建立，专论马克思、恩格斯时期的哲学；下部新哲学的发展，专论列宁时期的哲学。共 5 章，内容包括：新哲学的诞生、新哲学的战斗、俄国是新哲学发展的中心、对主观主义客观主义马赫主义等的批判、新哲学的新阶段。书首有《一个概观》，介绍了马克思主义哲学的概况。书末有后记。

收藏单位：重庆馆、广西馆、国家馆、绍兴馆

## 00230

**新社会之哲学的基础　（德）卡尔·科尔士（K. Korsch）著　彭嘉生译**

上海：南强书局，1929，110 页，32 开

本书据《关于唯物的辩证法之问题的历史的论理的研究》一书第 1 节译出。共 4 部分，内容包括：哲学史上的马克思主义、马克思主义理论之进化阶段、科学的社会主义与哲学、理论斗争底意义。

收藏单位：重庆馆、东北师大馆、国家馆、吉林馆、近代史所、上海馆、浙江馆

## 00231

**新哲学概论（又名，马克思列宁主义的基础）（苏）阿多拉茨基（В. Адоратский）著　吴大琨译**

上海：生活书店，1939.4，127 页，32 开

上海：生活书店，1939，再版，128 页，32 开

本书共 7 章，内容包括：马克思主义与无产阶级、列宁主义的国际重要性、作为马克思·列宁主义理论基础的唯物辩证法、为了辩证法唯物论的斗争、关于自然以及人类智识的辩证法、关于社会发展的辩证法、怎样去研究列宁。

收藏单位：重庆馆、广东馆、国家馆、绍兴馆

## 00232

**新哲学教程纲要　苏联红色教授哲学院编　吴清友译**

上海：珠林书店，1938，94 页，50 开

本书共 5 章，内容包括：绪论、哲学发展的诸基本阶段、辩证法唯物论的基础、历史唯物论的基础、马克思主义哲学发展中之列宁——斯达林阶段。书前有译者小序。

收藏单位：重庆馆

00233

**新哲学手册**　（英）朋司（E. Burns）选辑
周建人译
上海：大用图书公司，1948.8，147 页，32 开
上海：大用图书公司，1948.11，再版，147 页，32 开
上海：大用图书公司，1949.1，3 版，147 页，32 开
上海：大用图书公司，1949.2，4 版，147 页，32 开，精装
上海：大用图书公司，1949，5 版，147 页，32 开

本书收入:《德意志观念统系》《鲁德维息·费尔巴哈》《费尔巴哈论纲》《杜林君在科学中的革命（反杜林）》《家族私有财产及国家的起源》《居住问题》《哲学的贫乏》等文章。书后有译者短记。

收藏单位：重庆馆、东北师大馆、国家馆、黑龙江馆、江西馆、南京馆、山东馆、上海馆、首都馆、浙江馆

00234

**新哲学——唯物论**　（苏）哥列夫（Н. Бухарин）著　瞿秋白译
上海：霞社，1939，206 页，22 开

本书主要论述辩证唯物主义与历史唯物主义的基本原理。内容包括：绪论、何为哲学、唯心论与唯物论、近代唯物论之发展、现代唯物论与科学、唯物论的历史观、马克思主义之阶级论及国家论、唯物论与宗教及道德、唯物论的艺术观、唯物哲学与阶级斗争。书末有原著附录《互辩法与科学》《科学之对象——社会》译者附录《唯物论的宇宙观概说》《马克思主义之概念》。

收藏单位：国家馆、南京馆、上海馆

00235

**新哲学——唯物论**　（苏）哥列夫（Н. Бухарин）著　瞿秋白译
上海：原野出版社，1949，206 页，25 开
　　**本书著者原题：郭列夫。**

收藏单位：重庆馆、东北师大馆、贵州馆、国家馆、上海馆、首都馆、天津馆、中科图

00236

**新哲学研究纲要**　哲学研究社编
上海：生活·读书·新知联合发行所，1949，215 页，32 开
上海：生活·读书·新知联合发行所，1949，增订版，215 页，32 开

本书共两部分，第 1 部分辩证法唯物论研究提纲，共 3 章，内容包括：什么是哲学、什么是辩证法、什么是唯物论；第 2 部分辩证唯物论与历史唯物论研究提纲，共 6 章，内容包括：马列主义哲学的形成、唯物辩证法诸法则与诸范畴、唯物辩证法的认识论、历史唯物论（上、下）、列宁斯大林对马恩学说的发展等。书末附斯大林著《辩证唯物论与历史唯物论》。

收藏单位：重庆馆、东北师大馆、湖北馆、南京馆、山西馆、绍兴馆、天津馆

00237

**新哲学研究纲要**　哲学研究社编
实践出版社，1949，增订版，215 页，32 开
实践出版社，1949.4，增订 3 版，215 页，32 开

收藏单位：北大馆、国家馆

00238

**新哲学研究纲要**　哲学研究社编
上海：新知书店，1947，2 版，215 页，32 开
上海：新知书店，1947，增订版，215 页，32 开
上海：新知书店，1949，再版，215 页，32 开
收藏单位：重庆馆、国家馆、吉林馆、山西馆、首都馆

00239

**新哲学研究纲要　哲学研究社编**

哈尔滨：新知书店，1947.8，109+51 页，32 开（社会科学丛书）

大连：新知书店，1948.8，再版，109+51 页，32 开（社会科学丛书）

本书内容包括：什么是哲学、什么是辩证法、什么是唯物论。书后附录《辩证唯物论与历史唯物论研究大纲》《辩证唯物论与历史唯物论讲座底讲授计划》。

收藏单位：东北师大馆、国家馆、近代史所、上海馆

00240

**新哲学之研究与应用　何仁康编**

新文化出版社，[1946]，116 页，32 开

本书包括《辩证唯物主义和历史唯物主义》《辩证法唯物论》两篇新哲学著作。附录《辩证唯物论与历史唯物论研究大纲》。

收藏单位：重庆馆

00241

**伊里奇底唯物论与经验批判论　（苏）尤琴（П. Ф. Юдин）著　博古译**

[北京]：读书出版社，1949，43 页，32 开

本书为《唯物论与经验批判论》一书的附册。译者原题：高烈。

收藏单位：国家馆、上海馆、首都馆

00242

**哲学　（苏）米丁（М. Митин）著　张仲实译**

汉口：生活书店，1937.12，144 页，36 开（百科小译丛 1）

上海：生活书店，1938，再版，144 页，36 开（百科小译丛 1）

汉口：生活书店，1939.3，3 版，144 页，36 开（百科小译丛 1）

本书译自苏联《大苏维埃百科全书》。共 4 部分，内容包括：绪言、哲学的基本问题——唯物论与唯心论、哲学的发生与发展、马列主义中的哲学问题。

收藏单位：重庆馆、国家馆、江西馆、南京馆

00243

**哲学　（苏）米丁（М. Митин）著　张仲实译**

实践出版社，1938.4，144 页，32 开（百科小译丛 1）

收藏单位：浙江馆

00244

**哲学的学习与运用　马特撰**

上海：生活·读书·新知联合发行所，1949.6，143 页，32 开（新中国青年文库）

本书共 7 部分，内容包括：哲学是怎样发生和发展的、马克思主义哲学的出现、学习哲学的方法、纠正具体运用上的几个偏倾、怎样把马克思主义的普遍真理与中国革命的具体实践相结合、几个哲学问题试答等。书末附录《通俗化·庸俗化·举例子》一文。

收藏单位：绍兴馆

00245

**哲学的学习与运用　马特著**

香港：新中国书局，1949，143 页，36 开

收藏单位：湖北馆

00246

**哲学论文集（一）　（苏）尤琴（П. Ф. Юдин）等著　博古等译　新华日报华北分馆辑**

新华日报华北分馆，1940.12，[216] 页，32 开

新华日报华北分馆，1941.3，[216] 页，32 开

本书收入论文 9 篇：《马列主义哲学上的不可估价底贡献》《马克思主义辩证法的法则及其运用》《论唯物辩证法底某些范畴》《思想在社会发展中的作用》《唯物辩证法论自然底运动变化与发展》《社会的存在与社会的意识》《人民群众在历史中底作用》《唯物辩证法家的斯大林》《继续研究马克思列宁的哲学问题》。

收藏单位：重庆馆、国家馆、山西馆

00247

**哲学选辑　艾思奇编**

上海：辰光书店，1939.3，543 页，32 开

上海：辰光书店，1939.12，再版，543 页，32 开

上海：辰光书店，1946.4，3 版，543 页，32 开

上海：辰光书店，1947.4，4 版，543 页，32 开

本书辑《辩证法唯物论教程》《辩证唯物论与历史唯物论》《社会学大纲》《新哲学大纲》等书的部分内容。除绪论——哲学的党性外，共 4 章，内容包括：唯物论和唯心论、辩证法唯物论、唯物辩证法的诸法则、认识的过程。书末附录《辩证唯物论与历史唯物论》（《联共党史简明教程》第 4 章第 2 节，博古译）及《研究提纲》（艾思奇拟）。

收藏单位：重庆馆、东北师大馆、贵州馆、国家馆、山东馆、山西馆、上海馆、首都馆

**00248**

**哲学选辑　艾思奇编辑**

沈阳：东北新华书店，1949，442 页，32 开

收藏单位：东北师大馆、国家馆、吉林馆、天津馆

**00249**

**哲学选辑　艾思奇编**

上海：读书出版社，1947，3 版，543 页，32 开

收藏单位：重庆馆、东北师大馆、广东馆、国家馆、南京馆、山东馆、首都馆、中科图

**00250**

**哲学选辑　艾思奇编**

重庆：解放社，1939，543 页，32 开

重庆：解放社，1940，再版，468 页，32 开

收藏单位：重庆馆、国家馆、南京馆、山西馆、上海馆、首都馆、天津馆、中科图

**00251**

**哲学选辑（上）　艾思奇著**

[黎城]：新华日报华北分馆，1940.9，392 页，32 开

收藏单位：国家馆

**00252**

**哲学译文集　中国学术研究会编　沈志远博古等译**

重庆：生活书店，1940.7，227 页，32 开

重庆：生活书店，1940.9，再版，227 页，32 开

本书收论文 7 篇：《唯物论与唯心论》（罗森他尔）、《辩证法与形而上学》（莫特佐夫）、《社会存在与社会意识》（郁金）、《辩证法唯物论与政治经济学》（李昂捷夫）、《论历史锁链中的决定环节》（克鲁什柯夫）、《论科学的预见》（华西里也夫）、《现代物理学与决定论》（郎支万）。译者"博古"原题：高烈。

收藏单位：重庆馆、广东馆、贵州馆、国家馆、吉林馆、江西馆、南京馆、山西馆、上海馆、中科图

**00253**

**哲学与马克思主义　（苏）德波林（А. Деборин）著　张斯伟译**

上海：乐群书店，1930，446 页，32 开

本书收入论文 13 篇，内容分 3 类：关于哲学批评和论战、关于唯物主义的历史、关于辩证法的学理。书前有作者跋言。

收藏单位：东北师大馆、福建馆、国家馆、上海馆

# 哲学基本问题

**00254**

**辩证法的驳正　李天然著**

成都：正学社，1940，32 页，32 开

本书共 3 部分，内容包括：辨正的工具、黑格尔的辩证法之驳正、一般的辩证法之驳正。

收藏单位：重庆馆、贵州馆、国家馆、南京馆、人大馆、山东馆、首都馆

**00255**

**辩证法的逻辑（原名，论逻辑书）（德）狄慈根（Joseph Dietzgen）著　柯柏年译**

上海：南强书局，1929.7，255 页，32 开

上海：南强书局，1930.2，再版，255 页，32 开

上海：南强书局，1930，3 版，255 页，32 开

上海：南强书局，1935.9，4 版，255 页，32 开

本书为狄慈根 1880—1883 年致其子佑仁（Eugen Dietzgen）的书信集。书前有译者序。**译者据英译本重译。**

收藏单位：重庆馆、东北师大馆、国家馆、吉大馆、吉林馆、近代史所、南京馆、山东馆、山西馆、上海馆、绍兴馆、浙江馆、中科图

## 00256

**辩证法的逻辑（原名，论逻辑书）（德）狄慈根（Joseph Dietzgen）著 柯柏年译**
外文题名：Letters on logic
上海：生活书店，1947.2，200 页，32 开（世界学术名著译丛）
上海：生活书店，1947，胜利后 1 版，200 页，32 开（世界学术名著译丛）
大连：生活书店，1948.6，200 页，32 开（马列文库 5）

本书著者原题：狄芝根。

收藏单位：重庆馆、东北师大馆、国家馆、黑龙江馆、近代史所、山西馆、上海馆、首都馆、天津馆

## 00257

**辩证法的逻辑（原名，论逻辑书）（德）狄慈根（Joseph Dietzgen）著 柯柏年译**
外文题名：Letters on logic
上海：知识出版社，1940，200 页，32 开

本书著者原题：狄芝根。

收藏单位：重庆馆、国家馆、南京馆、上海馆

## 00258

**辩证法论丛 毛起鵕编**
重庆：独立出版社，1941，198 页，32 开

本书收入论文 11 篇：《辩证法与辩证观》（贺麟）、《辩证法与形式逻辑》（谢幼伟）、《论毋相反律》（章士钊）、《辩证法之本来面目》（刘檀贵）、《谈谈黑格尔辩证法》（张希哲）、《论思想方法与唯物辩证法》（胡秋原）、《黑格尔与马克思》（王慕尊）、《辩证法与共产党》（叶青）、《我对矛盾法的认识》（饶谷怀）、《因明建设言论之方法》（虞愚）、《不

同的逻辑与文化》（张东荪）。书前有编前记《思想与游戏》。书末有编后记。

收藏单位：重庆馆、贵州馆、吉林馆、南京馆

## 00259

**辩证法学说概论 张如心著**
上海：江南书店，1930，[31]+140 页，36 开（江南文库 6）

本书介绍从古代希腊至 19 世纪欧洲辩证法思想的发展，以及各个时期辩证法赖以产生的经济基础、科学文化背景和阶级关系。共 4 部分，内容包括：绪论、古代希腊哲学底辩证法、德国古典派哲学底辩证法、马克思主义底辩证法。书前有作者序。

收藏单位：重庆馆、国家馆、上海馆、浙江馆

## 00260

**辩证法研究 郭湛波著**
北平：景山书社，1930，[14]+144 页，32 开

本书共 3 篇，内容包括：辩证法概论、西洋辩证法、中国古代辩证思维。书前有作者自序。

收藏单位：国家馆、人大馆、上海馆、绍兴馆、浙江馆

## 00261

**辩证法与中国革命 何汝津著**
曲江：革命理论出版社，1941，75 页，32 开（革命理论丛书 1）

本书内容包括：怎样认识辩证法、辩证法的意义及其发展、黑格尔辩证法与马克思辩证法、形式逻辑与辩证法、唯物辩证法批判及其运用。书前有作者小引。

收藏单位：重庆馆、广东馆、国家馆、南京馆

## 00262

**痴人说梦 周靖邦著**
开封：新豫印刷所，1936.2，[16]+191 页，32 开

本书共 31 部分，内容包括：宇宙的一切算有呢算无呢、谁能告我以整个宇宙之大及

其最小之分子呢、宇宙丛谈、漫谈空间、漫谈时间、漫谈性能、变化论、影响与同化、因果与命运、人生等。

收藏单位：东北师大馆、广东馆、国家馆、人大馆、上海馆、首都馆、天津馆、浙江馆

## 00263

**机械论批判** （苏）史托里雅诺夫（Столяров）著　任白戈译

上海：辛垦书店，1932.7，385页，32开

上海：辛垦书店，1935.4，再版，385页，32开

本书共11章，内容包括：哲学之实践的意义、唯物论哲学与辩证法理论之否定、机械的唯物论、量和质与机械论、"还元"问题、机械的物质观与机械的运动观、对立物底统一与机械论、偶然性与必然性、主观主义与相对主义、伏洛意德主义与"伏洛意德·玛格西士姆"、哲学与政治的任务。

收藏单位：北大馆、重庆馆、东北师大馆、广西馆、国家馆、江西馆、近代史所、南京馆、天津馆、浙江馆、中科图

## 00264

**价值哲学**　张东荪著

上海：世界书局，1934，62页，32开（哲学丛书3）

本书共5章，内容包括：新直觉论派的穆亚、亚历桑逗论第三性、奥国学派（上、下）、欧本之调和论的价值论等。

收藏单位：广西馆、贵州馆、国家馆、河南馆、湖南馆、吉林馆、江西馆、南京馆、浙江馆

## 00265

**近代辩证法史**　沈志远著

上海：耕耘出版社，1946，180页，32开

上海：耕耘出版社，1946，华北版，180页，32开

北京：耕耘出版社，1949，2版，180页，32开

上海：耕耘书店，1949，3版，180页，32开

本书分成10章论述近代辩证法的发展，介绍了笛卡儿、斯宾诺莎、康德、菲希特、谢林、黑格尔、费尔巴赫、马克思、恩格斯、列宁、斯大林等人的思想。书前有导言。

收藏单位：重庆馆、东北师大馆、广西馆、国家馆、吉林馆、南京馆、山东馆、山西馆、上海馆、绍兴馆、首都馆、天津馆、中科图

## 00266

**近代辩证法史**　沈志远著

北平：生活·读书·新知三联书店，180页，32开

收藏单位：天津馆

## 00267

**近代唯物论**　（日）森宏一著　寇松如译

上海：进化书局，1937，248页，32开（唯物论全书）

本书主要介绍从文艺复兴至18世纪欧洲的唯物主义思想，包括哥白尼、开普勒、培根、霍布斯、洛克、笛卡儿、斯宾诺莎、拉梅特利、何尔巴哈、赫尔维修等人的学说。书前有著者序、《关于唯物论的哲学史底立场》。

收藏单位：北大馆、重庆馆、广东馆、国家馆、黑龙江馆、湖南馆、南京馆、浙江馆

## 00268

**近代唯物论史**　（俄）普列汉诺夫（Г.В.Плеханов）著　王若水译

上海：泰东图书局，1930，274页，32开

本书除绪言外，共3篇，内容包括：贺尔巴赫、爱尔拜秀士、马克思。著者原题：普赖汉诺夫。

收藏单位：重庆馆、东北师大馆、广西馆、国家馆、上海馆、首都馆、天津馆

## 00269

**近代物质论史**　（苏）德波林（А.Деборин）著　林一新译

上海：辛垦书店，1936，438页，22开

本书论述近代唯物论发展的历史。分9

章介绍倍根、霍布士、斯宾诺莎、托兰德、梅里叶、拉梅特利、荷尔巴赫、第德诺等人关于物质运动的主要观点。书前有译者序、著者序。

收藏单位：重庆馆、贵州馆、国家馆、南京馆、上海馆、天津馆、浙江馆

00270

**科学的宇宙观**（原名，近代科学和唯物论）

（英）爱里渥德著　陈豹隐译

上海：乐群书店，1929.3，310 页，32 开

上海：乐群书店，1929.5，再版，310 页，32 开

本书共 6 章，内容包括：当作整个看来的宇宙、物质和物力、生命和意识、生命机械说和活力说、唯物论、唯心论。

收藏单位：重庆馆、东北师大馆、广东馆、国家馆、湖南馆、吉林馆、江西馆、近代史所、辽宁馆、南京馆、山西馆、上海馆、首都馆、天津馆、浙江馆

00271

**理论与实践**　叶青著

出版者不详，1933.12，32 页，22 开

本书主要论述理论与实践的关系。为《二十世纪》2 卷 8 期抽印本。

00272

**论道**　金岳霖著

长沙：商务印书馆，1940.9，355 页，25 开

重庆：商务印书馆，1945.12，渝 1 版，184 页，25 开

本书讨论中国古代哲学所谓理与气的问题，亦即西方哲学的形式与质料问题。书中讲"式"类似理与形，"能"类似气与质，道则为"式"与"能"之综合。共 8 章，内容包括：道、式——能，可能底现实，现实底个体化，共相底关联，时——空与特殊，个体底变动，几与数，无极而太极。

收藏单位：重庆馆、东北师大馆、广东馆、贵州馆、国家馆、湖南馆、南京馆、上海馆、武大馆

00273

**论是非**　孙道升著

出版者不详，1934，20 页，16 开

本书从认识论和逻辑学的角度论述是非问题。共 4 部分，内容包括：是非与价值、绝对是非论之检讨、相对是非论之分析、是非与文化。

收藏单位：国家馆

00274

**论思想流**　（美）詹姆士（W. James）著　唐钺译

外文题名：Principles of psychology chapter on the stream of thought

重庆：商务印书馆，1945.4，86 页，32 开

上海：商务印书馆，1946.7，86 页，32 开

本书论述了思想的五大特性：思想是个人意识的一部分、思想总是在变化、思想是连续的、思想是应付独立于外的对象而言、思想对于对象有选择性。

收藏单位：重庆馆、东北师大馆、广西馆、国家馆、湖南馆、江西馆、辽宁馆、南京馆、山东馆、上海馆、首都馆、天津馆、浙江馆、中科图

00275

**论体**　白旭著

上海：再生社，1946，61 页，36 开

本书作者从实在论与神秘主义的角度论述哲学上关于本体的思想。书中分别从纯逻辑的命题与纯形上的命题两方面阐述本体论的意义。

收藏单位：重庆馆、南大馆、上海馆

00276

**名理新论**　苏渊雷著

重庆：独立出版社，1942.8，38 页，32 开

本书作者认为中国《易》、老子、孔子、庄子、三论宗、法相宗、华严宗中有许多结论胜似西文的辩证法。共 3 部分，内容包括：缘起、解题、小跋。在解题中提出元始、阴阳、依佗、流传、错综、圆融、消息、中道、究竟、全体 10 组范畴，并加以解释。

收藏单位：重庆馆、广西馆、国家馆、吉林馆、江西馆、南京馆、上海馆

**00277**

**名理新论（一名，辩证法订补）　苏渊雷著**

北碚：黄中出版社，1944.10，订正1版，62页，32开（钵水斋丛书）

本书附录张仲如先生来书、王恩洋先生来书。

收藏单位：重庆馆、东北师大馆、国家馆、湖南馆、南京馆、上海馆

**00278**

**求知能的新方法　王正颜著**

王正颜[发行者]，1936.11，35页，32开

本书共5章，内容包括：引论、全知全能的原理及其表见法、东西哲学的证明、未来教育与政治的指导、结论。

收藏单位：国家馆

**00279**

**人——机器　（法）拉·梅特利（La Mettrie）著　任白戈译**

外文题名：L'homme-machine

上海：辛垦书店，1933，146页，25开（哲学丛书 甲种）

本书是18世纪法国唯物论代表作之一，表达了机械唯物论的基本哲学观点。书前有译者序及M.索拉威（Solovine）的序言。据杉捷夫的日译本转译。

收藏单位：重庆馆、广东馆、广西馆、国家馆、江西馆、上海馆、首都馆、天津馆、浙江馆

**00280**

**人类理解论　（英）洛克（John Locke）著　关琪桐译　中华教育文化基金董事会编译委员会编辑**

外文题名：An essay on the human understanding

长沙：商务印书馆，1938.7，2册（[18]+785页），25开

本书分2册4卷。第1卷共4章，讨论有关天赋问题；第2卷共33章，讨论观念的产生和发展及观念类型；第3卷共11章，讨论文字和语言问题；第4卷共21章，讨论人类认识的程度、范围、实践、真理等。书前有《献给伯爵汤姆士等》《赠读者》《洛克传》，附有洛克著作年表，以及洛克哲学绪论等。

收藏单位：东北师大馆、广东馆、国家馆、南京馆、上海馆、天津馆

**00281**

**人类悟性论　（英）洛克（John Locke）著　邓均吾译　二十世纪社编辑**

外文题名：An essay concerning human understanding

上海：辛垦书店，1934.5，2册（674页），22开（哲学丛书甲种）

本书主要讨论有关天赋问题、观念的产生和发展及观念类型、文字和语言问题，并讨论人类认识的程度、范围、实践、真理等。书前有译者小引。书末有校后记。

收藏单位：东北师大馆、广西馆、国家馆、吉林馆、江西馆、辽宁馆、南京馆、上海馆、首都馆、天津馆

**00282**

**认识论　柴熙著**

上海：商务印书馆，1949.4，370页，25开

本书内容包括：绪论，何谓认识、认识论的意义及其方法；第1部，真实与确实认识的可能性；第2部，认识的范围；第3部，认识研究的成绩；结论。书前有作者序。书末有索引及中西名词对照表。

收藏单位：重庆馆、东北师大馆、广东馆、广西馆、国家馆、吉林馆、南京馆、山西馆、上海馆、首都馆、天津馆

**00283**

**认识论　范寿康著**

上海：商务印书馆，1927.10，50页，32开（百科小丛书）

上海：商务印书馆，1930.4，50页，32开（百科小丛书）（万有文库 第1集76）

上海：商务印书馆，1933.5，国难后1版，50页，32开（百科小丛书）

上海：商务印书馆，1935，国难后 2 版，50 页，32 开（百科小丛书）

本书共 5 章，内容包括：序论、时间与空间、范畴、先验的自我意识之统一等。

收藏单位：重庆馆、大连馆、东北师大馆、广东馆、广西馆、贵州馆、国家馆、江西馆、辽大馆、南京馆、上海馆、天津馆、浙江馆

**00284**
**认识论　张东荪著**
上海：世界书局，1934，133 页，32 开（哲学丛书）

本书共 5 章，内容包括：知识之由来、知识之性质、知识之切否、知识之标准、认识的多元论。

收藏单位：国家馆、湖南馆、吉林馆、南京馆、上海馆、首都馆、浙江馆

**00285**
**认识论浅说　范寿康著**
上海：商务印书馆，1927.10，61 页，48 开（百科小丛书 145）
上海：商务印书馆，1933，国难后 1 版，61 页，48 开（百科小丛书 145）

本书论述康德哲学认识论中几个重要问题，共 5 章，内容包括：序论、先验的综合、时间与空间、范畴及先验的自我意识之统一。

收藏单位：重庆馆、广东馆、广西馆、国家馆、湖南馆、吉林馆、江西馆、南京馆、上海馆、天津馆

**00286**
**认识论入门　罗鸿诏著**
上海：中华学艺社，1934，[13]+247 页，32 开，精、平装（学艺丛书 17）

本书据梅色尔《认识论入门》（August Messer, Einführung in die Erkenntnis theorie）一书第 3 版编译。共 9 章，内容包括：认识论之问题、认识之本质及思维之真理可认性、认识之起源、素朴的及批评的实在论、主观的观念论、唯现象论、先验的逻辑的观念论、学问概观、科学的认识及宗教的信仰。书前

有编译者自序。书末有编译者校读后记。

收藏单位：重庆馆、广东馆、广西馆、贵州馆、国家馆、黑龙江馆、湖南馆、吉林馆、江西馆、南京馆、上海馆、首都馆、天津馆、武大馆、浙江馆、中科图

**00287**
**认识论之根本问题　（日）淀野耀淳著　罗靮青译**
上海：商务印书馆，1931，[19]+223 页，22 开，精装（哲学丛书）

本书分绪论和本论两部分。绪论讨论认识论的一般问题和简史；本论共 6 章，内容包括：认识之可能、认识之特征、认识之对象、认识之形式、认识之理想、认识的确实。

收藏单位：广东馆、国家馆、吉林馆、南京馆、上海馆、首都馆、天津馆、浙江馆

**00288**
**认识起源论　（法）恭第纳克（E. B. de Condillac）著　杨伯恺译**
外文题名：Essai sur l'origine des connaissances humaines
上海：辛垦书店，1934，355 页，25 开（哲学丛书 甲种）

本书共两编，内容包括：认识底材料与心灵底动作、语言与方法。书前有译者序。

收藏单位：广西馆、国家馆、湖南馆、吉林馆、江西馆、上海馆、天津馆

**00289**
**认识之方法　（美）孟太格（W. P. Montague）著　施友忠译**
外文题名：The ways of knowing or the methods of philosophy
上海：商务印书馆，1934，[15]+282 页，22 开，精装（哲学丛书）

本书分论理学和认识论两篇，论述当代哲学派别的方法论。第 1 篇求知之道：论理学之六法，共 7 章，内容包括：权威主义、神秘主义、理性派与经验派、实验主义、怀疑派等；第 2 篇释知之道：认识论之三法，共 4 章，内容包括：客观论、认识论之二元论和主

观论等。书前有张东荪序、译者序、作者原序、导言。

收藏单位：重庆馆、东北师大馆、广东馆、广西馆、贵州馆、国家馆、黑龙江馆、湖南馆、吉林馆、江西馆、南京馆、山东馆、上海馆、天津馆、浙江馆

00290

**时间空间与运动**　（英）布劳德（C. D. Broad）著　秦仲实译

外文题名：Scientific thought

上海：商务印书馆，1935，242 页，32 开（百科小丛书）

本书从哲学角度讨论时空概念及其变化。共 6 章，内容包括：空间底传统概念和引伸抽离原理、时间和变化底普遍问题、传统的动学及其在物理学领域内逐渐的修正、传统的动力学及其在物理学领域内逐渐的修正等。书末附录《哲学的题材及其与特殊科学之关系》。

收藏单位：重庆馆、东北师大馆、广西馆、国家馆、湖南馆、吉林馆、南京馆、上海馆、首都馆

00291

**世界进化指南**　韩觉初著

[海口]：海南书局，1930，[146] 页，25 开

本书共 3 卷，内容包括：人为进化原理、人生进化原理、人性进化原理。书前除凡例外，有黄炎培、姚明辉及作者等人的序言 8 篇。

收藏单位：国家馆

00292

**世界生成论**　王特夫著

上海：辛垦书店，1933.12，233 页，22 开

本书论述宇宙生成以及自然界、人类社会和思维发展的一般过程。分自然、社会、思维 3 编，共 9 章，内容包括：宇宙底本体——物质、天体、地球、生物、人类、社会底构造、社会进化、人类底心理演进、思想底历史演进。

收藏单位：重庆馆、东北师大馆、广东馆、广西馆、国家馆、湖南馆、吉林馆、江

西馆、近代史所、南京馆、山东馆、上海馆、天津馆、中科图

00293

**世界时变观**　杨时中著　吴梦醒修定

上海：世界和平法编译处，1931，58 页，32 开

本书共 20 章，内容包括：问世界之变主动为谁、谁为世界时变之主动宜切实研究、观人之自动为何、研究人类知识之来源、研究人类知识之去路、知识之受压抑可危可畏、观过去世界与现在世界如何等。

收藏单位：国家馆、南京馆、上海馆

00294

**事实关系与意义**　胡稼胎著

武汉：国立武汉大学，[1930—1939]，153—178 页，18 开

本书作者之目的"在乎说明人类之知识，必以事实为根据，而阐明其间之各种关系，而以解释其意义为究竟"。为国立武汉大学《文哲季刊》第 4 卷第 1 号抽印本。

收藏单位：国家馆

00295

**思想与脑**　王昌社编

[香港]：新生出版社，[1940—1949]，9 页，大 64 开（现代问题的解答 甲 3）

本书共 3 部分，内容包括：思想是不是脑髓的分泌物、思想与脑的真正关系、思想的原因——灵魂。

收藏单位：国家馆

00296

**唯情哲学**　袁家骅著

上海：泰东图书局，1924，288 页，32 开

本书共 8 章，内容包括：自我和宇宙、感情世界与直觉世界、精神生活与思想、行为与真理、精神生活底自由、感情生活之性质与状态、情人论、唯情主义的哲学。书前有顾绶昌序、作者自序。

收藏单位：国家馆、湖南馆、吉林馆、南京馆、上海馆、浙江馆、中科图

00297

**唯物论纲要** (日) 河上肇著 周拱生译
上海: 乐华图书公司, 1930.6, 128 页, 32 开
(新社会科学丛书)

本书分 11 部分, 简述从 16—17 世纪开始的欧洲近代哲学、19 世纪德国古典哲学以及马克思主义哲学, 总结了唯物论的出发点和根据、思维与存在的关系等问题。

收藏单位: 重庆馆、国家馆、黑龙江馆、山西馆

00298

**唯物论和唯心论的历史观** (苏) 康士坦丁诺夫 (Ф. В. Константинов) 著 静观译
上海: 上海书报杂志联合发行所, 1949, 68 页, 36 开 (思想与科学小丛书)

本书论述历史唯物主义基本观点, 批判历史唯心主义。内容包括: 引言、唯心论的历史观、辩证唯物论和历史唯物论、历史唯物论论社会发展的规律性、自由与必然、各社会经济形态发展规律的特性、结论。著者原题: 康斯坦丁诺夫。

收藏单位: 东北师大馆、广东馆、国家馆、湖北馆、天津馆、中科图

00299

**唯物论与唯物史观及其批判** 李旭著
南京: 拔提书局, 1947, 122 页, 32 开 (哲学教育丛书)

本书分上、中、下 3 篇, 共 9 章, 内容包括: 释唯物论, 唯物史观的基本理论, 唯物史观在马克思主义中的地位, 论辩证历史与质量互变, 反科学的唯物史观, 从心理学与生物学、从社会学与人类文化学、从经济学、从哲学与史学上去批判唯物史观等。书前有陈立夫序。

收藏单位: 广东馆、南京馆

00300

**唯物论与唯心论** 李仲融著
桂林: 文化供应社, 1940.8, 62 页, 50 开 (青年新知识丛刊)

本书论述唯心、唯物两大哲学派别的本质区别, 并对机械唯物论、现代机械唯物论、主观唯心论、现代主观唯心论、康德二元论、新康德主义、黑格尔的客观唯心论、新黑格尔主义、费尔巴赫的直觉唯物论、辩证法唯物论进行具体分析。

收藏单位: 重庆馆、贵州馆、国家馆

00301

**唯心史观与唯物史观** (苏) 康士坦丁诺夫 (Ф. В. Константинов) 撰 谱萱译
上海: 中华书局, 1949, 63 页, 32 开 (新时代小丛书 5)

收藏单位: 东北师大馆、广东馆、辽宁馆

00302

**我们需要整个的真理** 王昌社编
香港: 新生出版社, [1940—1949], 9 页, 大 64 开 (现代问题的解答甲 1)

本书共 3 部分, 内容包括: 我们绝对不要唯心论、我们承认物质的重要性、可是我们不能主张唯物论。

收藏单位: 国家馆

00303

**我们需要整个的真理** 现代问题研究社编
现代问题研究社, 12 页, 64 开 (现代问题的解答 甲 1)

收藏单位: 国家馆

00304

**我是什么?** 王昌社编
[香港]: 新生出版社, [1940—1949], 9 页, 大 64 开 (现代问题的解答 甲 5)

本书共 8 部分, 内容包括: 我的统一、我的灵魂、我的人格、我的认识、我与社会等。

收藏单位: 国家馆

00305

**我之互助观** 李煜瀛著
北平: 世界社, 1932, 6 页, 25 开 (世界集刊互助)

本书阐明作者的宇宙观, 即互助观。

收藏单位: 首都馆

**00306**

**现代世界观**　（德）塔尔海玛（A. Thalheimer）
著　李达译
外文题名：Die Moderne Weltanschauung
上海：昆仑书店，1929，254 页，32 开，精装
上海：昆仑书店，1929，再版，254 页，32 开
上海：昆仑书店，1930，3 版，254 页，32 开
上海：昆仑书店，1932，6 版，254 页，32 开
上海：昆仑书店，1934.9，7 版，254 页，32 开
上海：昆仑书店，1936，8 版，254 页，32 开

　　本书共 16 章，内容包括：宗教、希腊唯物论、希腊观念论、古代论理学与辩证法、印度唯物论、黑智儿与费尔巴哈、由自然科学的唯物论到辩证法的唯物论、唯物论的认识论、辩证法、辩证唯物论的历史理论、古代中国哲学、实用主义等。书前有译者序。据日译本并参照德文本译出。

　　收藏单位：重庆馆、东北师大馆、广东馆、贵州馆、国家馆、湖北馆、湖南馆、江西馆、近代史所、南京馆、上海馆、首都馆、天津馆、浙江馆

**00307**

**现代哲学的基本问题**　沈志远著
上海：生活书店，1936.6，138 页，32 开（青年自学丛书）
上海：生活书店，1936.7，再版，138 页，32 开（青年自学丛书）
上海：生活书店，1937.5，3 版，100 页，32 开（青年自学丛书）
上海：生活书店，1937，4 版，138 页，32 开（青年自学丛书）
上海：生活书店，1938，5 版，138 页，32 开（青年自学丛书）
重庆：生活书店，1939，6 版，138 页，32 开（青年自学丛书）
上海：生活书店，1940，渝再版，138 页，32 开（青年自学丛书）
重庆：生活书店，1940，10 版，138 页，32 开（青年自学丛书）
大连：生活书店，1946 翻印，138 页，32 开（青年自学丛书）
上海：生活书店，1946.5，胜利后 1 版，99 页，

32 开（青年自学丛书）
上海：生活书店，1946.9，胜利后 2 版，99 页，32 开（青年自学丛书）
上海：生活书店，1946.12，胜利后 3 版，99 页，32 开（青年自学丛书）
哈尔滨：生活书店，1948，99 页，32 开（青年自学丛书）
上海：生活书店，1948，6 版，99 页，32 开（青年自学丛书）
上海：生活·读书·新知三联书店，1949.8，99 页，36 开（新中国青年文库）

　　本书共 4 章，内容包括：一般的问题、唯心论和唯物论、新宇宙观底基本问题、新唯物论底认识论。书前有作者自序。

　　收藏单位：北师大馆、重庆馆、东北师大馆、广东馆、广西馆、贵州馆、国家馆、湖北馆、南京馆、山东馆、山西馆、上海馆、绍兴馆、首都馆、天津馆、云南馆、浙江馆

**00308**

**心与物**　（英）娇德（C. E. M. Joad）著　张君劢译
外文题名：Mind and matter
上海：商务印书馆，1928.3，52+134 页，32 开（尚志学会丛书）
上海：商务印书馆，1933，52+134 页，32 开（尚志学会丛书）

　　本书作者主张心物并行的二元论。除绪论外，共 5 章，内容包括：惟物主义及机械主义的宇宙观、机械主义的宇宙观之破坏、惟心主义、新定命主义、生活力论。书前有序。书后有本书参考之著作。著者原题：乔特，译者原题：张嘉森。

　　收藏单位：重庆馆、广东馆、广西馆、贵州馆、国家馆、江西馆、南京馆、上海馆、首都馆、天津馆

**00309**

**新宇宙观**　张永立等著译
出版者不详，32 页，32 开
　　本书收入论文 3 篇：《新宇宙观》（张永立）、《宇宙的始终》（J. H. Jeans 著、沈世安

译）、《自然界的目的论》（沈世安）。

收藏单位：国家馆

**00310**

**行为知识论（生态学的人类知识观）　惠迪人著**

长沙：商务印书馆，1941，144 页，36 开

本书作者从生态学的人类知识观的角度论述人类认识。共 6 章，内容包括：知识的本质、知识的获得、知识的表示、知识的发展、知识的分类、知识的效用。书前有吴稚晖序、作者自序。

收藏单位：重庆馆、广东馆、上海馆

**00311**

**疑信行　卢剑波著**

［桂林］：今日出版社，1939，31 页，32 开（今日小丛书 2）

本书以青年为对象，讲述作者主张的求真理的方法，即疑、信、行。

收藏单位：国家馆

**00312**

**宇宙观与人生观　张永立等著**

北平：上智编译馆，1947，76 页，32 开

本书收入论文 5 篇：《新宇宙观》（张永立）、《宇宙的终始》（J.H.Jeans 著、沈世安译）、《自然界的目的论》（沈世安）、《热力学第二定律与宇宙原始》（沈世安）、《人生问题讲话》（徐景贤）。

收藏单位：北大馆、国家馆、辽宁馆、南京馆、上海馆、首都馆

**00313**

**宇宙观之变迁　（美）Harrow 著　熊冲译**

［志学社］，1926，再版，59 页，32 开

收藏单位：广东馆

**00314**

**宇宙进化论　（英）汤穆森（J. A. Thomson）著　（英）莫安仁口译　许家惺述文**

外文题名：The bible of nature

上海：广学会，1911.5，184 页，22 开

本书从宗教角度探索宇宙的进化。共 6 章，内容包括：宇宙之神奇、物质之历史、论有机物及其原因、论机体之进化、论人于宇宙万物之位置等。书前有莫安仁及许家惺序。

收藏单位：广东馆、国家馆、南京馆、上海馆、首都馆、浙江馆

**00315**

**宇宙进化论　（英）汤穆森（J. A. Thomson）著　（英）莫安仁口译　许家惺述文**

外文题名：The bible of nature

上海：协和书局，1922.11，再版，152 页，32 开

**00316**

**宇宙浅说　郝书暄著**

郝书暄［出版者］，1936.3，50 页，22 开

本书以道家观点论述宇宙形成及存在问题。书前有孔昭润序、览庵居士序。

收藏单位：国家馆

**00317**

**宇宙神秘大观　邵尔寅著**

天津：小南街小安乐窝，1919.7，72 页，22 开（小安乐窝丛书 1）

天津：小南街小安乐窝，1933，再版，74 页，22 开（小安乐窝丛书 1）

本书分 4 章论证宇宙中物、心、神的存在，认为物与心皆幻，独神为真。

收藏单位：贵州馆、国家馆

**00318**

**宇宙性纲辨证论　李天然著**

成都：正学社，1947.9，20 页，32 开

本书分 13 部分阐述宇宙总纲是唯母辨正，分纲是三性辨正，合总纲及分纲是三性唯母辨正的宇宙等。

收藏单位：重庆馆、国家馆、江西馆

**00319**

**宇宙疑谜发展史　苏渊雷著**

上海：世界书局，1935.2，78 页，36 开

本书作者将东西方对宇宙的观点作了历史的叙述。共 6 部分，内容包括：绪言、神学时期东西人关于宇宙疑谜底解答、玄学时期东西人关于宇宙疑谜底解答、实证科学时期西欧科学家关于宇宙疑谜底解答、综合宇宙观底几个基本观念、后记。

收藏单位：重庆馆、国家馆、湖南馆、江西馆、南京馆、山东馆、上海馆、浙江馆

00320

宇宙与人生　彭文俊著
世界文化出版社，1949，增订版，159 页，32 开（袖珍百科全书）

本书分上、下两篇。上篇为宇宙真理，内容包括：造化一贯、事理必偶、交易成化、庶物关联、因果相续、质力不灭、进化优生、相对绝对等；下篇为人生哲学，内容包括：儒宗、释宗、苏宗等。

收藏单位：湖南馆、上海馆

00321

宇宙与物质　（英）奥·约·罗德格（O.J.Lodge）等著　钱智修等译
外文题名：Universe and matter
上海：商务印书馆，1923.12，83 页，64 开（东方文库 第 47 种）
上海：商务印书馆，1924，再版，83 页，64 开（东方文库 第 47 种）
上海：商务印书馆，1925.6，3 版，83 页，64 开（东方文库 第 47 种）

本书讲述物质的无限性和不灭性。共 4 部分，内容包括：宇宙连续论、物质生灭论、宇宙之大观、造化无限论。

收藏单位：重庆馆、东北师大馆、广东馆、国家馆、湖南馆、江西馆、近代史所、南京馆、绍兴馆、天津馆、浙江馆

00322

宇宙之谜　程野声主编
香港：真理学会，1948.5，25 页，64 开（民众读物小丛刊）

收藏单位：南京馆

00323

怎样辨别真伪　虞愚著
重庆：商务印书馆，1946.8，78 页，32 开
上海：商务印书馆，1947.2，78 页，32 开

本书作者从逻辑学角度讨论如何区分辨别真伪的问题，提出应依以下 10 个因素作为辨别真伪的标准：本能、风俗、传说、普遍的同意、情绪、感觉的经验、直觉、符合论、效用论、融贯论。书前有作者自序。

收藏单位：重庆馆、国家馆、吉林馆、南京馆、山东馆、上海馆、浙江馆

00324

战斗的唯物论　（俄）普列汉诺夫（Г.В.Плеханов）著　杜畏之译
上海：神州国光社，1930.6，[19]+194 页，32 开
上海：神州国光社，1932.9，再版，[19]+194 页，32 开

本书收入 3 篇与波格丹诺夫论战的文章。书前有译者序、德波林序。著者原题：朴列寒诺夫。

收藏单位：重庆馆、东北师大馆、贵州馆、国家馆、黑龙江馆、江西馆、南京馆、山西馆、上海馆、浙江馆

00325

战斗的唯物论　（俄）普列汉诺夫（Г.В.Плеханов）著　杜畏之译
上海：言行出版社，1939.3，194 页，32 开
上海：言行出版社，1940，3 版，194 页，32 开
本书著者原题：布列哈诺夫。

收藏单位：北大馆、重庆馆、东北师大馆、广东馆、贵州馆、国家馆、山西馆、首都馆、浙江馆

00326

张东荪的多元认识论及其批评　詹文浒编
上海：世界书局，1936.5，194 页，32 开

本书汇辑有关张东荪《认识论》一书所阐述的多元认识论的讨论文章，包括《读认识多元论》（江振声）、《认识是多元还是一元》（傅统先）、《读张先生认识论所感》（孙

道升)、《多元的认识论质疑》(谢幼伟)。篇首为张东荪《认识论》一书中的主要一篇《认识的多元论》(附录《关于逻辑之性质》)。书前为姚璋序、编者的话。书末附张东荪跋。

收藏单位：重庆馆、东北师大馆、贵州馆、国家馆、黑龙江馆、湖南馆、上海馆、浙江馆

## 00327

**哲学大纲　蔡元培编纂**
外文题名：Outlines of philosophy
上海：商务印书馆，1915.1，81页，25开
上海：商务印书馆，1918，再版，81页，25开
上海：商务印书馆，1920.7，5版，81页，25开
上海：商务印书馆，1921，7版，81页，25开
上海：商务印书馆，1923，8版，81页，25开
上海：商务印书馆，1924.10，9版，81页，25开
上海：商务印书馆，1926，10版，81页，25开
上海：商务印书馆，1931，11版，81页，25开

本书为师范学校教材，主要根据德国哲学家李希脱（Richter）的《哲学导言》（Einfuhrung in die Philosophic）以及泡尔生（Paulsen）和冯特（Wundt）的《哲学入门》（Einleitung in die Philosophic）编写而成。讲述哲学的一般问题。共4编，内容包括：通论、认识论、本体论、价值论。书末附《译语志要》。

收藏单位：重庆馆、广东馆、广西馆、国家馆、河南馆、江西馆、辽大馆、南京馆、上海馆、首都馆、浙江馆

## 00328

**哲学大纲　周辅成编著**
[金华]：正中书局，1941.11，192页，36开（青年基本知识丛书）
重庆：正中书局，1946.4，沪1版，192页，36开（青年基本知识丛书）
上海：正中书局，1947，7版，192页，36开（青年基本知识丛书）

本书是关于哲学一般问题之论述、介绍，以问题为中心，将哲学史上各派的意见融合在内，特别是将中国哲学也置入其中，这是本书与他书不同之特点。共4章，内容包括：绪论、知识论、宇宙论、价值论。

收藏单位：重庆馆、东北师大馆、广东馆、贵州馆、国家馆、江西馆、南京馆、山东馆、上海馆、绍兴馆、天津馆、浙江馆

## 00329

**哲学方法概论　（美）孟太格（W. P. Montague）著　钟兆麟译**
上海：开明书店，1934，418页，32开

本书论述当代哲学派别的方法论。共两编，内容包括：获得知识的途径（六种逻辑方法）、解释知识的途径（认识论的三种方法）。书前有原著序言、译者弁言。附录知者与所知。著者原题：孟泰苟。

收藏单位：重庆馆、东北师大馆、国家馆、吉林馆、南京馆、山东馆、上海馆、浙江馆

## 00330

**哲学方面的创造与研究　李天然著**
成都：正学社，1944.3，100页，32开

本书共7章，内容包括：绪论、辨正法的发明、性子的研究、物种辨正论、死是进化说、给C君的一封信、本书创作的历程。

收藏单位：重庆馆、国家馆、江西馆、辽宁馆、南京馆、山东馆、首都馆

## 00331

**哲学概论　张如心著**
上海：昆仑书店，1932，454+126页，32开
上海：昆仑书店，1935，再版，454+126页，32开

本书论述以唯物论为中心的哲学发展史。共15讲，内容包括：古代希腊哲学，复兴时期的唯物论，十八世纪的法国唯物论，德国古典唯心哲学（从康德到黑格儿），费儿巴哈的唯物论，马克思、恩格斯的辩证唯物论。书末附录《列宁与哲学》，并附注解（共23个名词）及每讲的问题提要与参考书。

收藏单位：重庆馆、东北师大馆、国家馆、吉大馆、吉林馆、南京馆、山东馆、上海馆、首都馆、浙江馆

00332

**哲学问题　叶青著**
外文题名：The problems of philosophy
上海：辛垦书店，1936，340 页，22 开

　　本书将著者在刊物上发表的一些论文加以系统化和增删而编成。内容涉及本体论、认识论和辩证法的许多方面的问题。共 5 章，内容包括：问题底提出、在宇宙论方面、在人生论方面、在认识论方面、问题底解决。书前有序言。书末附录《观念论底分析》《关于物质——精神——物质》《关于无定原理底哲学评价》。

　　*收藏单位：广西馆、国家馆、湖南馆、吉林馆、南京馆、上海馆*

00333

**知识史观　吴大基著**
[广州]：中国自然哲学研究会，1947.9，53 页，32 开

　　本书共 11 部分，内容包括：导论、一种观点和两种分析、孔德的知识史观、谢勒的知识史观、朱谦之与黄文山、阶段问题、类型问题等。书前有序。书末有跋及主要参考书目。

　　*收藏单位：重庆馆、广西馆、国家馆*

00334

**知之原理与求知之方法　丁德隆著**
出版者不详，1948，10 页，32 开

　　本书共 3 章。第 1 章为知之原理，包括知之起因、知之意义两节；第 2 章为求知之方法，包括基本方法修养于内、应用方法培植于外两节；第 3 章为结论，包括 14 个定例。书前有自序。

　　*收藏单位：国家馆、南京馆、上海馆*

00335

**资产阶级的唯物论与辩证法唯物论　（日）山田坂仁著　阮有秋译**
上海：中华书局，1949.9，38 页，32 开（新时代小丛书 7）

　　本书论述勃兴时期资产阶级的唯物论及其种类与特征，以及辩证法唯物论区别于资产阶级唯物论的特点。

　　*收藏单位：广东馆、国家馆、南京馆、天津馆*

# 辩证唯物主义

00336

**辨证法的法则及其运用　艾思奇著**
重庆：哲学研究社，1940.12，再版，117 页，32 开

　　本书讲述辩证唯物主义的基本内容。共 6 部分，内容包括：哲学与政治、唯物论与唯心论、辩证唯物论、辩证法唯物论的认识论、唯物辩证法的基本法则、唯物辩证法的诸范畴。每部分后有参考书目。

00337

**辨证法经典　（德）马克思（K. Marx）等著　程始仁编译**
上海：亚东图书馆，1930.4，192 页，32 开
上海：亚东图书馆，1935.10，再版，192 页，32 开

　　本书内收马克思、恩格斯、列宁著作 10 篇：《思辨的构成之秘密》《关于傅渥耶巴赫的论纲》《唯物的见解和唯心的见解之对立》《经济学的形而上学》《经济学研究之一般的结论》《马克思的"经济学批评"》《给古盖尔曼的书信（一八六八年七月十一日）》《唯物辨证法与马克思主义》《什么是物质？什么是经验？》《关于辨证法的问题》。

　　*收藏单位：重庆馆、国家馆、辽宁馆、南京馆、人大馆、山西馆、上海馆、天津馆、浙江馆、中科图*

00338

**辨证法经典　（德）马克思（K. Marx）等著　高语罕编译**
上海：亚东图书馆，1939.5，3 版，14+192 页，32 开

　　*收藏单位：国家馆、中科图*

**00339**

**辩证的唯物论** （苏）萨可夫斯基著　严灵峰译

上海：平凡书局，1930.3，76页，25开（马克思学体系 第9分册）

　　本书讲述辩证法的概念及其发展的历史过程。内容包括：德谟克里特的唯物论、十八世纪法国唯物论的见解、英法的唯物论、德国的唯心论、思辩构造之秘密、费尔巴哈的唯物论、马克思之费尔巴哈论纲要、不可知论与唯物论等。

　　*收藏单位：广东馆、南京馆、浙江馆*

**00340**

**辩证的唯物论与乌里雅诺夫** （苏）德波林（А. Деборин）著　彭苇森译

北平：新光书店，1933.3，146页，32开

　　本书共16章，内容包括：绪论、理论与实际、认识论的基础、客观与真理、辩证的唯物论、物质的定义、唯物论与唯心论、空间与时间、思维与存在、物理学的批评、马克思主义与现代的主义、马克思主义与历史等。

　　*收藏单位：国家馆、上海馆、首都馆、中科图*

**00341**

**辩证的唯物论者——乌里雅诺夫** （苏）德波林（А. Деборин）著　韦慎译

上海：秋阳书店，1930，186页，32开

　　本书共16章，内容包括：绪论、理论与实际、认识论的基础、客观的真理、辩证的唯物论、物质的定义、唯物论与唯心论、空间与时间、思维与存在、物理的唯心论的批评、马克思主义与近代的实际、马克思主义与历史等。

　　*收藏单位：重庆馆、浙江馆*

**00342**

**辩证法** （苏）萨可夫斯基著　陈代青译

上海：平凡书局，1930，76页，22开

　　*收藏单位：广东馆*

**00343**

**辩证法的唯物观** （德）狄慈根（Joseph Dietzgen）著　杨东莼译

上海：昆仑书店，1929.7，242页，32开
上海：昆仑书店，1929.11，再版，242页，32开

　　本书共5章，内容包括：绪论、纯粹理性或思惟能力一般、物之本质、形而下的科学中理性之实践、实践理性或道德。书前有译者序言及《狄慈根之生平及其哲学》一文。

　　*收藏单位：重庆馆、国家馆、江西馆、南京馆、山东馆、上海馆、天津馆、浙江馆*

**00344**

**辩证法的唯物论** （苏）伏尔佛逊（С. Водьфсон）著　林超真译

上海：春秋书店，1932，347页，32开

　　本书分上、下两编。上编为马克思以前唯物论的发展，下编为马克思的学说。共14章，内容包括：古代的唯物论、中古时代的反唯物论、唯物论的复兴、十八世纪的唯物论、从玄学的唯物论到辩证法的唯物论、马克思学说的社会前提、马克思主义的认识论、辩证法、有定论、从唯心史观到唯物史观、生产力、基础与筑物、主观与历史过程、阶级与阶级斗争。书末附各章的参考书目及人名索引。

　　*收藏单位：重庆馆、国家馆、湖南馆、近代史所、山西馆、上海馆、天津馆*

**00345**

**辩证法的唯物论** （苏）伏尔佛逊（С. Водьфсон）著　林超真译

上海：沪滨书局，1930，347页，32开
上海：沪滨书局，1930，380页，32开
上海：沪滨书局，1933.3，380页，32开
上海：沪滨书局，1939.2，再版，380页，32开

　　*收藏单位：重庆馆、东北师大馆、国家馆、黑龙江馆、吉林馆、上海馆、首都馆、天津馆、浙江馆*

**00346**

**辩证法的唯物论** （苏）伏尔佛逊（С. Водьфсон）

著　林超真译

上海：亚东图书馆，1934.3，380页，32开

上海：亚东图书馆，1936，再版，380页，32开

上海：亚东图书馆，1939，3版，380页，32开

上海：亚东图书馆，1947.4，4版，380页，32开

　　收藏单位：重庆馆、广东馆、贵州馆、国家馆、湖南馆、南京馆、上海馆、首都馆


00347

**辩证法的唯物论**　（日）堺利彦著　吕一鸣译

北京：北新书局，1927，50页，32开

北京：北新书局，1928，再版，50页，36开

　　本书讲述辩证法的概念及其发展的历史过程，介绍黑格尔、费尔巴哈、马克思、狄慈根、列宁等人对辩证法发展的贡献。书末附《狄慈根的哲学》。

　　收藏单位：重庆馆、广东馆、国家馆、南京馆、山西馆、上海馆


00348

**辩证法的唯物论入门**　（苏）德波林（А.Деборин）著　林伯修译

上海：南强书局，1930，537页，32开

上海：南强书局，1932，再版，537页，32开

　　本书分12章论述从培根开始的近代哲学的发展过程，说明辩证唯物论产生的历史必然性。书前有作者序、蒲列哈诺夫序。

　　收藏单位：重庆馆、东北师大馆、国家馆、黑龙江馆、吉林馆、山东馆、上海馆、首都馆、天津馆、浙江馆、中科图


00349

**辩证法的唯物哲学**　（苏）德波林（А.Деборин）著　（日）志贺义雄译　刘西屏重译

上海：青阳书店，1931.6，110页，36开

　　本书共10部分，内容包括：伊立奇底世界观及其方法之一般基础、伊立奇对于"真理"的见解、辩证法的唯物论、物质的定义、自然与意识、空间与时间、认识论底根本问题的分析——思维与存在等。自日文本转译。

　　收藏单位：上海馆


00350

**辩证法底唯物论**　李铁声译

上海：江南书店，1929，134页，32开（江南文库7）

　　本书论述哲学内之唯物论与观念论客观底问题、社会科学内之唯物论的问题设定、动的见地与各现象间的联系、社会科学内之历史主义、矛盾底见地与历史的发达底矛盾、飞跃的变化论与社会科学内之革命的变化论等。

　　收藏单位：重庆馆、东北师大馆、国家馆、吉林馆、南京馆、上海馆、浙江馆


00351

**辩证法还是实验主义？**　李季著

上海：神州国光社，1932，185页，32开

上海：神州国光社，1932，再版，185页，32开

上海：神州国光社，1933，3版，185页，32开

　　本书分析了马克思主义辩证法与实验主义（即实用主义）的对立。分5部分，内容包括：辩证法在马克思主义中所占的位置、辩证法的规律与实验主义的评价、从马克思的辩证法与黑格尔不同之点说到胡适博士的批评态度和实验主义的源流、达尔文主义的本质及其与马克思主义的关系和实验主义的比较分析观、辩证法与实验主义综合的研究。

　　收藏单位：重庆馆、东北师大馆、国家馆、江西馆、近代史所、上海馆、首都馆、浙江馆


00352

**辩证法浅释详解**　张怀奇著

新智学会，1939.12，172页

　　本书共5章，内容包括：唯物论辩证法的成长与发展、辩证法唯物论的科学性、唯物论辩证法的对象、唯物论的辩证法等。

　　收藏单位：吉大馆


00353

**辩证法浅说**　刘若诗等译著

上海：现代中国社，1928.11，59页，32开（现代中国丛书）

　　本书收入论文两篇，第1篇为《辩证法

的唯物论》（山川均著、施存统译），内容包括：哲学上的唯物论、唯物论的社会观、动的观点与现象间底关系、社会现象中底应用、从量的变化到质的变化、矛盾的发展、机械的唯物论；第2篇为《辩证法是什么?》（刘若诗），内容包括：辩证法的性质、黑格儿与辩证法、辩证法与近代社会科学等。书前有施存统序。

　　收藏单位：国家馆、南京馆、首都馆

00354

**辩证法全程** （苏）瓦因斯坦（Вайнштейн）著　汪耀三　金奎光译

上海：光明书局，1938.9，599页，25开

上海：光明书局，1939.2，再版，599页，25开

上海：光明书局，1939.7，重排版，17+562页，25开

上海：光明书局，1949.3，重排版，17+562页，25开

上海：光明书局，1949.9，再版，562页，25开

　　本书论述近代辩证法发展的三个重要阶段的代表人物黑格尔、马克思、列宁的思想。分3编，内容包括：辩证法与革命的论理学——黑格尔底辩证法、辩证法与唯物论的认识论——卡尔底辩证法、辩证法与无产阶级革命的方法论——伊里奇底辩证法。

　　收藏单位：重庆馆、东北师大馆、广东馆、广西馆、贵州馆、国家馆、黑龙江馆、上海馆、绍兴馆、天津馆、浙江馆

00355

**辩证法唯物论** （德）狄慈根（Joseph Dietzgen）著　柯柏年译

外文题名：The positive outcome of philosophy

上海：联合书店，1929.9，184页，32开

上海：联合书店，1930.5，2版，184页，32开

　　本书共15部分，内容包括：智识是特殊的对象、认识力是与宇宙同族的、自然底普遍性、智识是物质的、逻辑底四条根本法则、智识在宗教领域中的功用等。著者原题：狄根芝。

　　收藏单位：重庆馆、贵州馆、国家馆、南

京馆、山西馆、首都馆

00356

**辩证法唯物论** （德）狄慈根（Joseph Dietzgen）著　柯柏年译

上海：生活书店，1947，242页，32开

　　本书共5章，内容包括：绪论、纯粹理性或思维能力一般、物之本质、形而下的科学中理性之实践、实践理性与道德。

00357

**辩证法唯物论** 李仲融著

桂林：石火出版社，1939，106页，32开

桂林：石火出版社，1940，再版，106页，32开

　　本书除绪论外，共3章，内容包括：本体论、认识论、方法论。

　　收藏单位：重庆馆、国家馆、江西馆、南京馆

00358

**辩证法唯物论** 毛泽东著

[灵寿]：新华书店晋察冀分店，1942翻印，91叶，32开

　　本书论述辩证唯物论的基本观点。共3章，第1章唯心论与唯物论，内容包括：唯心论与唯物论的区别、唯心论与唯物论发生发展的根源等；第2章辩证法唯物论，内容包括：物质论、运动论、时空论、意识论、反映论、真理论、实践论等；第3章唯物辩证法，内容包括：矛盾统一法则、矛盾的普遍性、矛盾的特殊性、主要矛盾与主要的矛盾方面、矛盾的统一性与斗争性、对抗在矛盾中的地位等。

　　收藏单位：国家馆、天津馆

00359

**辩证法唯物论** 毛泽东著

上海：中国出版社，1946.2，38页，32开

[汉口]：中国出版社，1946.3，49页，32开

　　收藏单位：国家馆、吉林馆

00360

**辩证法唯物论** （苏）米丁（М. Митин）著

沈志远译

北平科学社，[1940—1949]，437 页，36 开

　　本书共 6 章，内容包括：马列主义——普罗列塔利亚的世界观、唯物论和唯心论、辩证法唯物论、唯物辩证法之诸法则、哲学中两条阵线的斗争、辩证法唯物论发展中的列宁阶段。

　　收藏单位：国家馆、首都馆、天津馆

00361

**辩证法唯物论**　（苏）米丁（М. Митин）著
沈志远译

上海：生活·读书·新知三联书店，1947，623 页，32 开

上海：生活·读书·新知三联书店，1949.9，沪初版，2 册（623 页），32 开

北京：生活·读书·新知三联书店，1949，2 版，623 页，32 开

　　收藏单位：国家馆、吉林馆、辽宁馆、南京馆、天津馆

00362

**辩证法唯物论**　（苏）米丁（М. Митин）著
沈志远译

上海：生活书店，1939，539 页，32 开

重庆、上海：生活书店，1939，2 册（243+379 页），36 开

哈尔滨：生活书店，1946，539 页，32 开

上海：生活书店，1946.3，胜利后 1 版，2 册（243+379 页），36 开

上海：生活书店，1946.10，胜利后 2 版，278+379 页，36 开

上海：生活书店，1947.2，胜利后 3 版，623 页，36 开

哈尔滨：生活书店，1948.4，东北版，539 页，32 开

上海：生活书店，1948.6，胜利后 4 版，623 页，36 开

上海：生活书店，1948，东北初版，2 册（243+379 页），36 开

长春：生活书店，1949.4，再版，539 页，32 开

　　本书译者原题：王剑秋。

收藏单位：重庆馆、东北师大馆、广西馆、贵州馆、国家馆、吉大馆、吉林馆、近代史所、辽宁馆、南京馆、山西馆、上海馆、首都馆、天津馆

00363

**辩证法唯物论**

[武乡]：太行文化教育出版社，[1940] 翻印，石印本，107 页，32 开

　　本书为抗大讲义。

　　收藏单位：国家馆、山西馆

00364

**辩证法唯物论**

新生出版社，[1944]，40 页，32 开（改造丛书）

　　本书共两章，内容包括：唯心论与唯物论、辩证法与唯物论。

　　收藏单位：重庆馆

00365

**辩证法唯物论（讲授提纲）**

出版者不详，1937，油印本，62+47 叶，32 开，环筒页装

　　本书共 3 章，内容包括：唯心论与唯物论、辩证法唯心论、唯物辩证法。

　　收藏单位：重庆馆

00366

**辩证法唯物论辞典**　（苏）米丁（М. Митин）（苏）易希金科（Ishchenko）著　平生等译

重庆：读书生活出版社，1939.12，412 页，36 开，精装

重庆：读书生活出版社，1941.2，再版，412 页，36 开，精装

重庆：读书生活出版社，1946.4，再版，412 页，36 开

上海：读书生活出版社，1946，再版，412 页，50 开

上海：读书出版社，1947，沪 4 版，412 页，36 开

长春：读书出版社，1949.5，3 版，412 页，36 开

本书所列词语及人名共计 800 多条，以中文笔顺排列。书末附录英、法、德文及人名索引。自日译本转译。

收藏单位：安徽馆、重庆馆、东北师大馆、广东馆、广西馆、国家馆、黑龙江馆、湖南馆、吉林馆、山东馆、山西馆、上海馆、绍兴馆、首都馆、天津馆、浙江馆

**00367**

**辩证法唯物论辞典** （苏）米丁（М. Митин）（苏）易希金科（Ishchenko）著　平生等译

[北京]：新中国书局，[1949]，412 页，36 开

北京：新中国书局，1949，3 版，412 页，36 开

长春：新中国书局，1949.8，4 版，412 页，36 开

收藏单位：东北师大馆、广东馆、贵州馆、国家馆、山西馆、天津馆、浙江馆

**00368**

**辩证法唯物论的战斗性**

出版者不详，82 页，32 开

本书共 5 章，内容包括：辩证法唯物论的战斗性、证辩法的唯物论、唯物论的辩证法、辩证唯物论的认识原理等。

收藏单位：国家馆

**00369**

**辩证法唯物论教程** （苏）西洛可夫等著　李达　雷仲坚译

上海：笔耕堂书店，1932，586 页，32 开

上海：笔耕堂书店，1933，再版，582 页，32 开

上海：笔耕堂书店，1935.6，3 版，582 页，32 开

上海：笔耕堂书店，1936，4 版，582 页，32 开

上海：笔耕堂书店，1938，5 版，582 页，32 开

上海：笔耕堂书店，1939，6 版，414 页，32 开

本书由西洛可夫等 6 人合著。除绪论——哲学之党派性外，共 6 章，内容包括：唯物论与观念论，当作认识论看的辩证法，辩证法的根本法则——由质到量及由量到质的转变的法则，本质与现象、形式与内容，可能性与现实性、偶然性与必然性，唯物辩证法与形式论理学。书前有译者例言。

收藏单位：重庆馆、国家馆、黑龙江馆、南京馆、上海馆、首都馆、天津馆

**00370**

**辩证法唯物论入门**　胡绳著

[济南]：渤海新华书店，1946.6，67 页

本书共 5 章，内容包括：辩证唯物论的战斗性、辩证法的唯物论、唯物论的辩证法（上、下）、辩证唯物论的认识原理。

收藏单位：山西馆

**00371**

**辩证法唯物论入门**　胡绳著

东北书店，1946.10，88 页，32 开

收藏单位：东北师大馆

**00372**

**辩证法唯物论入门**　胡绳著

哈尔滨：光华书店，1938.7，72 页，32 开（青年学习丛书）

哈尔滨：光华书店，1947.11，4 版，76 页，32 开（青年学习丛书）

哈尔滨：光华书店，1948，98 页，32 开（青年学习丛书）

大连：光华书店，1948.9，再版，98 页，32 开（新青年自学丛书）

收藏单位：东北师大馆、国家馆、南京馆

**00373**

**辩证法唯物论入门**　胡绳著

[河北]：冀中新华书店，1947，75 页，32 开

收藏单位：重庆馆、河南馆

**00374**

**辩证法唯物论入门**　胡绳著

大连：胶东联合社，1946，88 页，32 开

[山东]：胶东联合社，[1949]，72 页，32 开

收藏单位：国家馆

**00375**

**辩证法唯物论入门**　胡绳著

[安东]：辽东建国书社，1946.4，72 页，32 开

收藏单位：国家馆、江西馆、浙江馆

**00376**

**辩证法唯物论入门　胡绳著**
临沂：山东新华书店，1946.4，73 页，32 开
　　收藏单位：广东馆、国家馆

**00377**

**辩证法唯物论入门　胡绳著**
[武乡]：太行文化教育出版社，1940.2，石印本，50 页，32 开
　　收藏单位：国家馆

**00378**

**辩证法唯物论入门　胡绳著**
[沁源]：太岳新华书店，1938，67 页，32 开
[沁源]：太岳新华书店，1947.12，67 页，32 开
　　收藏单位：重庆馆、国家馆、山西馆

**00379**

**辩证法唯物论入门　胡绳著**
[汉口]：新华书店，1949.8，华中版，89 页，32 开
　　收藏单位：广东馆、国家馆、湖北馆、吉林馆

**00380**

**辩证法唯物论入门　胡绳著**
[重庆]：新知出版社，1939，87 页，36 开
昆明：新知出版社，1940，6 版，87 页，36 开
　　收藏单位：重庆馆、国家馆

**00381**

**辩证法唯物论入门　胡绳著**
重庆：新知书店，1938.8，78 页，36 开（新知丛书 2）
桂林：新知书店，1939.3，再版，87 页，36 开（新知丛书 2）
桂林：新知书店，1941，7 版，86 页，36 开（新知丛书 2）
上海：新知书店，1946.10，再版，87 页，36 开（新知丛书 2）

[重庆]：新知书店，1948.1，98 页，36 开
重庆：新知书店，1948，大连版，78 页，36 开（新知丛书 2）
新知书店，1949.6，再版，85 页，36 开
　　收藏单位：重庆馆、东北师大馆、广西馆、贵州馆、国家馆、黑龙江馆、吉大馆、近代史所、南京馆、山西馆、绍兴馆、首都馆、天津馆

**00382**

**辩证法唯物论入门　胡绳著**
新知书屋，1948.9，98 页（青年学习丛书）
　　收藏单位：近代史所

**00383**

**辩证法唯物论入门　胡绳著**
北京：新中国书局，1949，98 页，36 开（青年学习丛书）
　　收藏单位：天津馆

**00384**

**辩证法唯物论入门　胡绳著**
北平：新中书店，[1949]，78 页，36 开（青年学习丛书）
　　收藏单位：国家馆、湖北馆

**00385**

**辩证法唯物论入门　胡绳著**
中原新华书店，1948.11，66 页，32 开
　　收藏单位：国家馆

**00386**

**辩证法唯物论提纲**
出版者不详，109 页，32 开（学习丛书 第一种）
　　本书共 3 部分，内容包括：什么是哲学、什么是辩证法、什么是唯物论。书后附中心问题和参考书目。
　　收藏单位：重庆馆、南京馆、上海馆

**00387**

**辩证法唯物论问答　张怀奇著**
三户书店，1939.8，172 页，32 开

收藏单位：国家馆、四川馆

**00388**
**辩证法唯物论研究提纲　哲学研究社编**
前锋出版社，80 页，32 开
　　本书即《新哲学研究纲要》的第 1 部分。
内容包括：什么是哲学、什么是辩证法、什么
是唯物论。书中附讨论题及参考书目。
　　收藏单位：国家馆

**00389**
**辩证法易解　（苏）哥列夫（Н. Бухарин）著**
**西流译**
上海：亚东图书局，1936.9，70 页，36 开（生
活指导丛书）
上海：亚东图书馆，1947.4，5 版，70 页，36
开
　　本书据哥列夫著《唯物史观概要》一书
中的第 3 讲的日译本（藏原惟人译）译出。
讲述什么是辩证法，什么是辩证的方法。书
前有中译者小序。
　　收藏单位：重庆馆、国家馆、山西馆、上
海馆、浙江馆

**00390**
**辩证法与唯物论　（苏）列宁（В. И. Ленин）**
**著　（苏）阿特朗茨基编辑　李大江译**
上海：科学出版社，1940，250 页，25 开
　　本书除序论《马克思主义——列宁主义》
外，共 5 编，内容包括：马克思主义三个泉源
与三个构成部分、马克思主义的解说、哲学
的唯物论与唯心论之斗争、辩证法、唯心史
观与唯物史观。

**00391**
**辩证法与唯物论　张如心著**
上海：光华书局，1932，159 页，32 开
　　本书共 4 章，内容包括：辩证唯物论底历
史根源、辩证唯物论底几个主要问题、辩证
唯物论与马克思主义学说、辩证唯物论与文
化革命。书前有序言。书末附专门名词注释。
　　收藏单位：重庆馆、广西馆、上海馆

**00392**
**辩证法与资本制度　（日）山川均著　施伏量**
**译**
上海：新生命书局，1929，118 页，32 开
上海：新生命书局，1929，订正版，118 页，32
开
上海：新生命书局，1932.5，[再版]，118 页，32
开
　　本书分两篇，上篇论述辩证法的唯物论，
内容包括：哲学上的唯物论、从量的变化到质
的变化、机械的唯物论、辩证法的唯物论等；
下篇论述资本主义经济制度，内容包括：资本
主义的生产、经济组织底变迁、劳动力底商
品化、生产与消费底矛盾、资本制度底浪费、
生产力与财产制度底冲突等。
　　收藏单位：重庆馆、广西馆、国家馆、南
京馆、上海馆、首都馆、浙江馆

**00393**
**辩证法之理论的研究　李衡之译**
上海：神州国光社，1934，80 页，32 开
　　本书讨论辩证法的产生与发展。共 6 部
分，内容包括：辩证法之史的考察、从观念论
的辩证法到唯物论的辩证法、辩证法的三个
基本定律、辩证法的思维之本质、形式论理
学与辩证法、自然科学与辩证法。
　　收藏单位：吉大馆、上海馆、浙江馆

**00394**
**辩证法之理论的研究　李衡之译**
上海：言行出版社，1938，80 页，32 开（大学
文库 第 1 辑）
　　收藏单位：国家馆、人大馆

**00395**
**辩证认识论　（苏）罗森塔尔（М. Розентль）**
**著　张仲实译**
重庆：生活书店，1939.3，74 页，36 开（百科小
译丛 6）
上海：生活书店，1946.3，胜利后 1 版，73 页，
36 开（百科小译丛 6）
上海：生活书店，1947，胜利后再版，73 页，
36 开（百科小译丛 6）

上海：生活书店，1947，东北初版，61 页，36
开（百科小译丛 6）

哈尔滨：生活书店，1948.12，东北 2 版，56 页，
36 开（百科小译丛 6）

本书共 7 部分，内容包括：不可知论与
辩证唯物论、认识底界说、认识底第一阶
段——活的观察、认识底第二阶段——抽象
思维、范畴与概念间底相互关系、认识底第
三阶段——实践底检验等。译自《在马克思
主义旗帜之下》杂志 1938 年第 12 期。著者
原题：罗逊达尔。

收藏单位：重庆馆、东北师大馆、国家
馆、黑龙江馆、湖北馆、吉林馆、南京馆、
山东馆、天津馆

00396

辩证认识论 （苏）罗森塔尔（М. Розентль）
著 张仲实译

长春：新中国书局，1949.4，3 版，73 页，36
开

收藏单位：北师大馆、重庆馆、广东馆、
吉林馆、天津馆、中科图

00397

辩证唯物论 毛泽东著

[安徽]：淮南日报社，1944.9，62 页，32 开

收藏单位：国家馆

00398

辩证唯物论 毛泽东著

新四军第一纵队政治部，1946.12，74 页，32
开

收藏单位：国家馆

00399

辩证唯物论

大连：大众书店，[1940—1949]，110 页，32 开

本书共 3 章，内容包括：唯心论与唯物
论、辩证法唯物论、唯物辩证法。

收藏单位：安徽馆、东北师大馆、国家
馆、辽宁馆

00400

辩证唯物论讲话 （俄）波齐涅尔撰 胡明译

上海：光华出版社，1947，218 页，32 开

上海：光华出版社，1949，218 页，32 开

本书除导论外，共 6 章，内容包括：辩证
唯物论的认识论、经验批判论是观念论的变
种、自然科学中的革命和观念论、历史唯物
论与经验批判论等。1947 年版译者原题：周
韶华。

收藏单位：重庆馆、东北师大馆、国家
馆、上海馆、天津馆、武大馆

00401

辩证唯物论——马列主义政党底宇宙观

华北新华书店，364 页，32 开

本书收入苏联哲学论文 4 篇：《马克思主
义列宁主义——统一的整个的学说》《辩证唯
物论——马克思主义政党底宇宙观》《马克思
主义底哲学先驱者》《斯大林对于马列主义哲
学的伟大贡献》。书末附录《辩证唯物论与历
史唯物论研究提纲》。

收藏单位：国家馆

00402

辩证唯物论——马列主义政党底宇宙观

出版者不详，193 页，36 开

收藏单位：国家馆

00403

辩证唯物论体系 黄特 刘涟编

上海：新人出版社，1940.9，247+16 页，32 开

上海：新人出版社，1940.12，再版，247+16 页，
32 开

本书节选马克思、恩格斯、狄慈根、拉
法格、普列汉诺夫、列宁、德波林、斯大林、
米丁等人哲学著作中的部分内容，分为 15 部
分。书前有编者的话。书末有人名、名词索
引。

收藏单位：东北师大馆、国家馆、上海馆

00404

辩证唯物论之透视 周肖鸥著

重庆：正中书局，1942.3，102 页，32 开

本书共6章，内容包括：绪论、唯物论、辩证法概论、对立统一律、质量互变律、否定之否定律。书后有结论。

收藏单位：重庆馆、国家馆、吉林馆、南京馆、浙江馆

## 00405

**处理一切问题的方法论　赵景三著**

赣县：群力出版社，1941.7，61页，32开

赣县：群力出版社，1942，3版，58页，32开

赣县：群力出版社，1943.10，4版，54页，32开

本书共4章，内容包括：问题与人生、学习处理、处理问题之方法、成功的途径。

收藏单位：重庆馆、吉林馆、江西馆、南京馆

## 00406

**从孙子兵法研究做事方法　张廷灏著**

重庆：中周出版社，1945.8，122页，32开

本书根据《孙子兵法》的论述，提出做事的方法。共9章，内容包括：先立于不败之地、务求先知、保守秘密把握时机、运用权变、干部政策、善用组织、冒险奋斗等。书末附《孙子的一生》《孙子十三篇》。

收藏单位：重庆馆、国家馆、南京馆、上海馆

## 00407

**大众哲学问答　林哲人著**

上海：三户书店，1939.3，156页，32开

本书简要介绍哲学的对象与任务、马克思主义哲学。共7章，内容包括：哲学是什么、哲学的两大畛域、哲学上的四大问题、辩证法唯物论的本质与发展、唯物辩证法的根本法则等。

收藏单位：吉林馆、上海馆、首都馆

## 00408

**笛卡尔方法论　（法）笛卡尔（R. Descartes）著　关琪桐译**

外文题名：Discourse on method

上海：商务印书馆，1935，62页，25开

本书分6编论述研究问题的方法。笛卡尔在书中提出，研究问题的方法分4个步骤：1. 怀疑一切，只要没有经过自己切身体会的问题，不管有什么权威的结论，都可以怀疑；2. 要研究的复杂问题，尽量分解为多个比较简单的小问题，一个一个地分开解决；3. 问题从简单到复杂排列，先从容易解决的问题着手；4. 问题解决后，再综合起来检验，看是否有遗漏，是否将问题彻底解决了。书前有笛卡尔传、序。据英文本翻译。

收藏单位：重庆馆、东北师大馆、广东馆、贵州馆、国家馆、湖南馆、吉林馆、江西馆、南京馆、上海馆、绍兴馆、首都馆、天津馆、浙江馆

## 00409

**二一论　杨时中著**

上海：世界和平社东方部，1933，64+71页，22开

本书讲述世界发展由二而一，由对立而达统一。先讲理论，再据社会历史加以论证。共6章，内容包括：述作者之本意、评批东西历史与现代国政以供今后考虑、贡献一法之组织实现各民族之共和途径、贡献世界民族大共和之约法以及施行法案、毕竟世界一二二一之批评等。

收藏单位：北师大馆、国家馆、南京馆、上海馆、首都馆

## 00410

**方法论　（法）笛卡尔（R. Descartes）著　彭基相译**

外文题名：Discourse de la méthode

上海：商务印书馆，1933.12，81页，32开（汉译世界名著）（万有文库 第1集93）

上海：商务印书馆，1934.2，81页，32开（汉译世界名著）

长沙、上海：商务印书馆，1939.12，81页，32开（汉译世界名著）（万有文库 第1—2集 简编500种18）

本书共6章，内容包括：关于科学的各种研究、方法的主要规则、由这种方法提出的几个道德规则、理性证明上帝与人类灵魂的存在或元学的基础、物理问题的次序、再进

一步研究自然需要的是什么事。据法文原著并参考其他有关著作译注。

　　收藏单位：安徽馆、重庆馆、大连馆、东北师大馆、广东馆、贵州馆、国家馆、黑龙江馆、江西馆、辽大馆、上海馆、首都馆、天津馆、浙江馆

## 00411
**方法论　叶青编**
出版者不详，1933，[142] 页，25 开

　　本书收入《我们的目的与方法》《怎样研究理论》等文章，还收有与李季论批评方法、方法论问题的文章多篇。为《二十世纪》杂志 2 卷 1—7 期抽印本。

## 00412
**方法论与思想方法论　艾思奇著**
上海：生活书店，1936，161 页，32 开

　　本书主要从方法论的角度讲述了辩证唯物论。共 6 章，内容包括：方法论和思想方法、本体论和思想方法、认识论和思想方法、形而上学方法与辩证法、唯物辩证法诸法则、唯物辩证法应用上的要点。书前有前言。书末有后记。

## 00413
**方法论之研究　韦容生编著**
广西省训练团，1948.10，106 页，32 开
　　收藏单位：桂林馆

## 00414
**近世哲学史中之因果性研究　（俄）波格达诺夫（A. Bogdanow）（俄）W. 米哈诺夫著**
**柳若水译**
上海：辛垦书店，1934.6，274 页，22 开

　　本书根据日文《近世哲书史及辩证法物质论中之因果性问题》转译。共 10 章，内容包括：第十七世纪理性论哲学之因果性问题、第十七八世纪英吉利物质论与观念论底因果性之问题、法兰西物质论者之因果观、康德之因果性问题、黑格尔之因果性问题、费尔巴哈底因果观、马哈底因果观、波格达诺夫底因果观、辩证法物质论底因果性问题、因

果性问题与两条战线之争斗。书前有译者引言、原著者序和编辑者序。

　　收藏单位：重庆馆、广东馆、广西馆、贵州馆、国家馆、吉林馆、江西馆、南京馆、人大馆、山西馆、上海馆、天津馆、浙江馆

## 00415
**精神化学**
出版者不详，[1938—1945]，15 页，25 开
　　收藏单位：江西馆

## 00416
**精神科学概论（马克思主义的"精神生活"及"精神生产"过程之研究）　马哲民著**
上海：新生命书局，1930.9，[16]+336 页，22 开

　　本书力图运用马克思主义的理论对人类的精神活动和现象作系统的研究。共 3 编 13 章，内容包括：总论、"精神生活过程"及其社会关系、"精神生产过程"与社会关系。

　　收藏单位：重庆馆、广东馆、国家馆、吉林馆、江西馆、南京馆、上海馆、首都馆、天津馆、浙江馆

## 00417
**旧唯物论底克服　林伯修译**
上海：创造社，1928，97 页，32 开
上海：创造社，1929，97 页，32 开

　　本书共 4 部分，内容包括：序说——思维底运动与社会的变革底过程、马克斯主义哲学底渊源、马克思主义承继着旧唯物论底什么样的遗产呢、马克思主义怎样地克服了旧唯物论呢。译自日文本。

　　收藏单位：重庆馆、东北师大馆、国家馆、吉大馆、南京馆、上海馆、浙江馆

## 00418
**科学的哲学　葛名中著**
上海：光华书局，1949，再版，272 页，25 开

　　本书联系中国的社会实际，引用自然科学的最新成果，阐述马克思主义的方法论——唯物辩证法。共 6 章，内容包括：绪论、辩证唯物论的基本观点、唯物辩证法的

基本法则、唯物辩证法与哲学思维诸重要范畴、唯物辩证法与形式逻辑、唯物辩证法与中华民族全民抗战。

**00419**
**科学的哲学　葛名中著**
上海：生活书店，1939，325页，32开（新中国学术丛书 1）
上海：生活书店，1939.11，再版，325页，32开（新中国学术丛书 1）
上海：生活书店，1940，再版，325页，32开（新中国学术丛书 1）
上海：生活书店，1948.3，胜利后初版，262页，32开
　　收藏单位：重庆馆、国家馆、吉林馆、江西馆、南京馆、上海馆、首都馆

**00420**
**科学的哲学　葛名中著**
上海：新中国书局，1948.3，272页，25开
大连：新中国书局，1949.6，再版，262页，25开
　　收藏单位：重庆馆、国家馆、辽宁馆、天津馆

**00421**
**理论与实践（从辩证法唯物论的立场出发 书信体）　高语罕著**
上海：亚东图书馆，1930.8，438页，32开
上海：亚东图书馆，1932.12，再版，438页，32开
上海：亚东图书馆，1936，3版，438页，32开
上海：亚东图书馆，1940.3，4版，438页，32开
　　本书以书信体裁讲述唯物论的基本原理。共 3 部分，内容包括：任无为与朱复生的讨论、李继皋与白龙韬的讨论、余汉皋与张其柯的讨论。书前有作者自序。1930 版著者原题：张其柯。
　　收藏单位：重庆馆、东北师大馆、广东馆、广西馆、国家馆、湖北馆、上海馆、浙江馆、中科图

**00422**
**论错误　杨钟健著**
北京：中国地质学会，[1936]，[7] 页，25开
　　本书略述了对于大错与错误的见解，以及对于此问题的态度。
　　收藏单位：广东馆、国家馆、南京馆

**00423**
**论工作　冯定等著**
天津：读者书店，1949，20页，32开
　　本书讨论了如何选择工作、完成工作需要什么、工作与学习的关系等问题。共 3 部分，内容包括：论工作、论工作的求实精神、工作与学习结合起来。
　　收藏单位：重庆馆、东北师大馆、国家馆、吉大馆、天津馆

**00424**
**论群众思想方法　夏蓝编辑**
方向社，1947，58页，36开（青年文库）
方向社，1947，2版，58页，36开（青年文库）
　　本书内容包括：人的阶级性、民主精神与官僚主义、提倡朴素与切实的工作作风、关于社会经验、主观主义的来源、谈道德等。
　　收藏单位：国家馆、首都馆

**00425**
**论嬗变与突变　姜琦著**
厦门：厦门大学，1932.11，50页，16开
　　本书是对张抱横的《论嬗变与突变》一文的反驳。主要从心理、教育、社会的发展等方面进行阐述。为《厦门大学学报》第 1 卷第 2 期抽印本。
　　收藏单位：国家馆

**00426**
**马恩列斯思想方法论　黎述编译**
上海：辰光书店，1946.8，385页，32开
　　本书摘录马克思、恩格斯、列宁、斯大林的有关著作。分 4 章，内容包括：绪论——马克思主义的历史特点，理论与实际，历史

科学的创造，国际经验、民族特点、革命传统。书前有编者例言。书末附录《论写历史》《德波林的自我批评》等文章。

收藏单位：重庆馆、国家馆、湖南馆、辽大馆、上海馆、首都馆

00427

马恩列斯思想方法论　马恩列斯思想方法论编辑委员会辑

[延安]：延安解放社马恩列斯思想方法论编辑委员会，1942，254 页，36 开

收藏单位：国家馆

00428

马恩列斯思想方法论　（德）马克思（K. Marx）等著

北京：解放社，1949.9，446 页，32 开，布面精装

收藏单位：国家馆

00429

马恩列斯思想方法论　延安解放社编

苏北出版社，1945，254 页，32 开

收藏单位：华东师大馆、南京馆

00430

马克思·恩格斯·列宁·斯大林思想方法论

解放社，1943，[297] 页，36 开，精装

收藏单位：吉林馆

00431

马克思主义的辩证法　（苏）西脱科夫斯基等著

出版者不详，1940，242 页，32 开

本书收入《辩证法与形而上学》（莫洛特佐夫）、《马克思主义的辩证法》（E. 西脱科夫斯基）、《现象底辩证的联系和互相依存》（H. 略桑崔夫）、《唯物辩证法论自然底运动变化与发展》（施尔）、《论量变到质变》（E. 皮利维其）、《唯物辩证法底最重要的要点》（罗森塔尔）、《发展是对立的统一与斗争》（列本金）、《唯物辩证法的某些范畴》（西脱科夫斯基）等论文。

00432

马列主义论科学的预见　（苏）列昂诺夫著　李俍民译

上海：上海书报杂志联合发行所，1949.9，122 页，36 开（思想与科学小丛书）

本书共 6 部分，内容包括：并非所有的预见都是合乎科学的、所有的科学必须解决预见问题，要把科学的预见与经验的预见区别开来、对未来的预见是科学的基本任务之一等，认为用发展的观点武装劳动者的头脑、用科学的预见照亮目标与行动的实际道路，是列宁与斯大林的党最重要的任务。

收藏单位：重庆馆、东北师大馆、吉林馆、天津馆、中科图

00433

平凡的真理　冯定著

大连：新中国书局，1949.5，239 页，36 开（新青年自学丛书）

本书主要讲述辩证唯物论与历史唯物论的基本原理。分为上、中、下 3 编，内容包括：信不信不由你（基本的认识）、宇宙的钥匙（普遍的规律）、当战士与做学生（真实的生活）。

收藏单位：东北师大馆、国家馆、吉林馆

00434

人生意识　张耀翔　梁启超等著　三通书局编辑部编辑

上海：三通书局，1939，99 页，32 开（三通小丛书）

本书收入论文 7 篇：《语言与思想》（陈定谟）、《人生第一记忆》（张耀翔）、《癖》（张耀翔）、《梦》（杜元载）、《梦为预兆说之驳辩》（李矗轻）、《佛教心理学浅测》（梁启超）、《儿童之宗教意识》（邓萃英）。

收藏单位：浙江馆

00435

社会科学底哲学基础　沈志远撰

上海：生活·读书·新知联合发行所，1949.6，75 页，36 开（社会科学基础读本 1）

北京、上海：生活·读书·新知联合发行所，1949.8，再版，75页，36开（社会科学基础读本1）

本书共4部分，内容包括：哲学——一切科学底理论基础、唯物辩证法——法则加方法的统一、辩证唯物论哲学底基本原则、辩证唯物论哲学与社会研究。

收藏单位：重庆馆、东北师大馆、广东馆、国家馆、湖北馆、南京馆、武大馆

## 00436

**社会科学研究方法简论 王健著**
上海：大众知识社，1935，58页，36开（大众知识小丛书1）
上海：大众知识社，1936，5版，58页，36开

本书为介绍辩证法及唯物史观的通俗读物。共3章，内容包括：存在与思维、辩证法、唯物史观。附录《科学的本质及其体系》《自然现象与社会现象》。

收藏单位：广东馆、国家馆、吉林馆、上海馆

## 00437

**甚么叫做物质 王特夫著**
上海：辛垦书店，1932.12，279页，22开

本书共7章，内容包括：物质观念之历史的发展、物质实存与宇宙底本质、物质底质量及其特性、物质底能力、物质底运动变化、物质底进化、结论。书前有杨伯恺序。

收藏单位：重庆馆、东北师大馆、广西馆、国家馆、江西馆、天津馆、浙江馆

## 00438

**蜃楼世界之心理 凌翘著**
北京：商务印书馆，1911.7，[74]页，22开

本书作者认为，思维的产生可分为三类：默感（本人的自我意识）、遗传（他人的意识被本人感觉而生产的意识）、人示（他人的意识被本人完全接受）。全书分两部分，前半部分以梦幻的形式叙述一个人从15岁至老年的经历，论述三类思维在人的一生中交替出现的情况；后半部分从理论上概括说明这三类思维。

收藏单位：国家馆

## 00439

**生活的智慧 孙起孟著**
上海：进修出版教育社，1946，89页，32开
上海：进修出版教育社，1949，再版，89页，32开

本书运用辩证唯物论的观点通俗地分析了生活中的一些现象。内容包括：常与变、增与损、一与多、本与末、主与从、虚与实、广与深、表与里、缓与急、感性与理性、信仰与怀疑、知识与智慧、好与不好、自我与非自我、人与事、理想与现实、自然与人为、必然和偶然、一般和特殊、民主与集中、目的与手段、原则与办法、事务与业务。书前有前言。书末有后记。

收藏单位：重庆馆、广东馆、国家馆、山东馆、上海馆、武大馆

## 00440

**释必然 金岳霖著**
北平：国立清华大学，1933，13页，16开

本书作者从逻辑学的角度解释了必然问题。为《清华学报》1933年第2期抽印本。

## 00441

**说服工作 统一出版社编**
统一出版社，1942，24页，32开（奋斗丛书9）

本书介绍说服工作的意义、准备、过程及方法。

收藏单位：国家馆、南京馆

## 00442

**思想的方法 （英）华勒士（G. Wallas）著 胡贻穀译**
外文题名：The art of thought
上海：商务印书馆，1936，2册（200页），32开（万有文库 第2集54）（汉译世界名著）

本书论述人的思想过程中几种不大自觉的元素。共12章，内容包括：心理学与思想、意识与意志、未有方法先有思想、统制的阶段、思想与情绪、思想与习惯、努力与精力、思想的方式、意识的分解、学校中的思想家、

公立的教育、教学与实行。

收藏单位：重庆馆、大连馆、东北师大馆、广东馆、贵州馆、国家馆、江西馆、辽大馆、南京馆、上海馆、绍兴馆、天津馆、浙江馆

**00443**

**思想的方法与训练　平心著**
上海：前进书局，1938，81 页，32 开

本书共 5 章，内容包括：思想与物质、形式逻辑与思想方法、辩证法逻辑与思想方法、辩证法逻辑与思想训练法等。

收藏单位：重庆馆、广东馆、浙江馆

**00444**

**思想方法和读书方法　胡绳著**
上海：耕耘出版社，1946.4，85 页，36 开
上海：耕耘出版社，1946.12，再版，85 页，36 开
上海：耕耘出版社，1947.3，[再版]，85 页，36 开
上海：耕耘出版社，1948.1，3 版，72 页，36 开
上海：耕耘出版社，1948.10，4 版，85 页，36 开
上海：耕耘出版社，1949.6，5 版，85 页，36 开

本书分上、下两辑。上辑讲述了思想方法，内容包括：辩证法的法则和方法、资本论中的辩证法、列宁怎样反对主观主义；下辑为读书方法，内容包括：怎样结合书本知识和实际经验、实践的态度——为人民服务、改造我们的学习、怎样做读书笔记。

收藏单位：重庆馆、东北师大馆、广东馆、广西馆、国家馆、吉林馆、江西馆、辽宁馆、内蒙古馆、上海馆、绍兴馆、首都馆、天津馆、浙江馆

**00445**

**思想方法和读书方法　胡绳著**
北平：中外出版社，1949.3，85 页，32 开

收藏单位：国家馆、近代史所、辽宁馆

**00446**

**思想方法论　艾思奇著**
东北书店，1946，84 页，32 开（青年自学丛书）

本书主要从方法论的角度讲述了辩证唯物论。共 6 章，内容包括：方法论和思想方法论、本体论和思想方法论、认识论和思想方法论、形而上学的方法和辩证法、唯物辩证法的诸法则、唯物辩证法的应用上的要点。

收藏单位：东北师大馆、广东馆、天津馆

**00447**

**思想方法论　艾思奇著**
胶东联合社，1936，74 页，32 开

收藏单位：广东馆

**00448**

**思想方法论　艾思奇著**
民众报社，1946.3，105 页，32 开

收藏单位：南京馆

**00449**

**思想方法论　艾思奇著**
上海：生活·读书·新知联合发行所，1949.6，161 页，36 开（新中国青年文库）
上海：生活·读书·新知联合发行所，1949，再版，161 页，36 开（新中国青年文库）

收藏单位：重庆馆、东北师大馆、广东馆、国家馆、湖北馆、吉林馆、辽宁馆、天津馆

**00450**

**思想方法论　艾思奇著**
上海：生活书店，1936.10，161 页，32 开（青年自学丛书）
汉口：生活书店，1937.11，4 版，161 页，36 开（青年自学丛书）
上海：生活书店，1938，3 版，161 页，32 开（青年自学丛书）
上海：生活书店，1939，4 版，161 页，32 开（青年自学丛书）
重庆：生活书店，1940，5 版，161 页，32 开（青年自学丛书）
上海、重庆：生活书店，1945，胜利后 1 版，146 页，32 开（青年自学丛书）
上海、重庆：生活书店，1946，胜利后 2 版，146 页，32 开（青年自学丛书）
上海：生活书店，1946.12，胜利后 3 版，146

页，32 开（青年自学丛书）
上海：生活书店，1947.5，胜利后 5 版，146
页，32 开（青年自学丛书）
香港：生活书店，1948.9，胜利后 6 版，146
页，32 开（青年自学丛书）

收藏单位：重庆馆、广东馆、广西馆、贵
州馆、国家馆、黑龙江馆、湖南馆、江西馆、
近代史所、南京馆、首都馆

00451
**思想方法论　黎述编译**
大连：辰光书店，1948.9，395 页，32 开（社
会科学丛书）

本书即《马恩列斯思想方法论》一书改
书名出版。

收藏单位：国家馆

00452
**思想方法论　黎述编译**
重庆、上海：读书出版社，1947.5，再版，
385 页，32 开（社会科学丛书）

本书即《马恩列斯思想方法论》一书改
书名出版。

收藏单位：国家馆、黑龙江馆、吉林馆、
上海馆

00453
**思想方法论　（德）马克思（K. Marx）等著**
安东：东北书店，1947.5，328 页，32 开
安东：东北书店，1948，再版，328 页，32 开

本书内容包括：马克思主义的历史特点，
理论与实际，历史科学的创造，国际经验、
民族特点、革命传统。书前有《改造我们的
学习》（代序）。书末附录《论写历史》《德波
林的自我批评》《中共六中全会论学习》《中
共中央关于调查研究的决定》等 7 篇文章。
即《马恩列斯思想方法论》一书改书名出版。

收藏单位：辽宁馆

00454
**思想方法论　（德）马克思（K. Marx）等著**
哈尔滨：东北新华书店，1948，再版，341
页，32 开

长春：东北新华书店，1949，5 版，336 页，32
开

收藏单位：东北师大馆、国家馆、辽宁馆

00455
**思想方法论　（德）马克思（K. Marx）等著**
沈阳：东北新华书店辽东分店，1949.9，326
页，32 开

收藏单位：国家馆

00456
**思想方法论　（德）马克思（K. Marx）等著**
冀东新华书店，1948，再版，395 页，32 开

收藏单位：国家馆

00457
**思想方法论　（德）马克思（K. Marx）等著**
[菏泽]：冀鲁豫新华书店，1949.6，300 页，
32 开（干部学习丛书）

收藏单位：国家馆、吉林馆、南京馆

00458
**思想方法论　（德）马克思（K. Marx）等著**
[延安]：解放社，1942，428 页，32 开

收藏单位：国家馆

00459
**思想方法论　（德）马克思（K. Marx）等著**
上海：生活书店，1947，328 页，32 开

收藏单位：国家馆

00460
**思想方法论　（德）马克思（K. Marx）等著**
新乡：新华书店，1949.8，428 页，32 开（十二
种干部必读名著 1）

收藏单位：国家馆

00461
**思想方法论　（德）马克思（K. Marx）等著**
北京：新华书店，1949.9，再版，351 页，32
开

收藏单位：国家馆、南京馆

00462

**思想方法论**　（德）马克思（K. Marx）等著

大连：新中国书局，1949.4，396 页，32 开（干部学习丛书 第一辑）

香港：新中国书局，1949.7，386 页，32 开

　　收藏单位：国家馆、吉林馆、南京馆

00463

**思想方法论**　王光汉编著

白沙：青年文化服务部，1942.12，108 页，32 开（时代青年丛书）

白沙：青年文化服务部，1944，再版，94 页，32 开（时代青年丛书）

　　本书将有关认识论与逻辑加以综述而讨论认识方法问题，包括观察、知人、自知、以及概念、判断、推理的方法等问题。

　　收藏单位：重庆馆、广东馆、国家馆、南京馆

00464

**思想方法论初步**　胡绳著

[佳木斯]：东北书店，1946.9，34 页，32 开（社会科学初步丛刊）

　　本书分 6 部分介绍唯物辩证法的思想方法。

　　收藏单位：国家馆、吉林馆、辽宁馆

00465

**思想方法论初步**　胡绳著

上海：生活·读书·新知联合发行所，1949.6，83 页，36 开（新中国百科小丛书）

　　收藏单位：东北师大馆、国家馆、吉林馆、南京馆、绍兴馆

00466

**思想方法论初步**　胡绳著

重庆：生活书店，1941.2，42 页，36 开（新知识初步丛刊）

[重庆]：生活书店，1941，74 页，36 开（新知识初步丛刊）

重庆：生活书店，1945.10，胜利后 1 版，42 页，36 开（新知识初步丛刊）

上海、重庆：生活书店，1946.1，3 版，42 页，36 开（新知识初步丛刊）

上海：生活书店，1946，胜利后沪 2 版，83 页，36 开（新知识初步丛刊）

上海：生活书店，1946，胜利后沪 3 版，73 页，36 开（新知识初步丛刊）

上海：生活书店，1947，胜利后沪 4 版，73 页，36 开（新知识初步丛刊）

上海：生活书店，1948，胜利后沪 5 版，73 页，36 开（新知识初步丛刊）

上海：生活书店，1948，再版，58 页，36 开

北京：生活书店，1949，再版，43 页，36 开

　　收藏单位：重庆馆、广东馆、广西馆、国家馆、黑龙江馆、首都馆、天津馆

00467

**思想方法论初步**　胡绳著

苏中出版社，1945.10，52 页，64 开

　　收藏单位：南京馆

00468

**思想方法论初步**　胡绳著

[合肥]：皖北新华书店，1949.7，38 页，32 开

　　收藏单位：国家馆、南京馆

00469

**思想方法论初步**　胡绳著

上海：自学书店，1941.4，再版，74 页，36 开（社会科学初步丛刊）

　　收藏单位：广东馆、上海馆

00470

**思想方法谈**　沈玄之编

上海：华澹如 [发行者]，1937.6，70 页，32 开（万有小丛书）

　　本书内容包括：序论、演绎法、归纳法、动的宇宙观、辩证法之史的发展、矛盾统一律、质量互变律、否定之否定律、思维与辩证法。

00471

**思想方法与读书方法**　胡绳著

耕耘出版社，1948.5，东北 3 版，70 页，32

开（新青年学习丛书）

本书内容包括：辩证法的法则和方法、资本论中的辩证法、列宁怎样反对主观主义、怎样结合书本知识和实际经验、实践的态度——为人民服务、改造我们的学习、怎样做读书笔记。书前有序言。

收藏单位：国家馆

00472

**思想方法与学习方法 薛暮桥著**
[佳木斯]：东北书店，1947.10，62 页，50 开
[哈尔滨]：东北书店，1948.12，再版，42 页，36 开

本书收入作者在《山东文化》上发表的论文 6 篇：《人为什么犯错误》《怎样认识客观世界》《理论与实践》《立场和方法》《我们的学习方法》《知识份子的思想改造》。

收藏单位：东北师大馆、国家馆、辽宁馆、天津馆

00473

**思想方法与学习方法 薛暮桥著**
河南：冀中新华书店，[1944—1949]，75 页，64 开

收藏单位：南京馆

00474

**思想方法与学习方法 薛暮桥著**
延安：西北新华书店延安总分店，[1940—1949]，54 页，32 开

收藏单位：国家馆

00475

**思想方法与学习方法 薛暮桥著**
上海、北平：新华书店，1949，78 页，36 开
北平：新华书店，1949.5，2 版，39 页，36 开

收藏单位：国家馆、南京馆

00476

**思想方法与学习方法 薛暮桥著**
天津：知识书店，1949，45 页，36 开
天津：知识书店，1949.4，再版，47 页，36 开

收藏单位：北师大馆、国家馆、天津馆

00477

**思想方法与学习方法（读书笔记） 薛暮桥著**
[佳木斯]：东北书店，1948.10，42 页，36 开

收藏单位：国家馆、吉林馆

00478

**思想方法与学习方法（读书笔记） 薛暮桥著**
[合肥]：皖北新华书店，1949.7，36 页，32 开

收藏单位：国家馆

00479

**思想方法与学习方法（读书笔记） 薛暮桥著**
[陕西]：西北军大分校，[1947] 翻印，41 页，32 开

收藏单位：国家馆

00480

**思想方法与学习方法（读书笔记） 薛暮桥著**
山东：新华书店总店，1947，再版，46 页，50 开（新华小文库）

收藏单位：重庆馆

00481

**谈真 彭基相著**
上海：商务印书馆，1936.12，77 页，32 开
上海：商务印书馆，1937.5，77 页，32 开

本书阐述作者的真理观。分 9 部分，内容包括："是非之心人皆有之"——真理为人人所同具、"打破沙锅问到底"——真理与怀疑、"大人者不失其赤子之心"——真理与信仰、"学而不思则罔思而不学则殆"——经验与思想、"致知在格物"——求真理的方法、"毋必"——真理与常识、"毋固"——真理与遗传习惯、"毋我"——真理与偏见、"无人我相见天地心"——哲学的真正价值。书前有贺麟序。

收藏单位：重庆馆、广东馆、国家馆、黑龙江馆、湖南馆、南京馆、上海馆、首都馆

## 00482

**通俗辩证法读本** （日）德永直 （日）渡边顺三著　包刚译

汉口：读者书房，1938.5，226页，32开

汉口：读者书房，1938，2版，226页，32开

本书即包刚译《新哲学讲话》一书改书名出版。共6章，内容包括：唯物论与观念论，当作认识论的唯物辩证法，辩证法的根本法则，本质和现象，形式和内容，可能性、现实性、偶然性、必然性。

收藏单位：重庆馆、东北师大馆、国家馆

## 00483

**通俗辩证法读本** （日）德永直 （日）渡边顺三著　包刚译

武汉：上海杂志公司，1938，226页，32开

重庆：上海杂志公司，1939，[222]页，32开

桂林：上海杂志公司，1941，190页，32开

桂林：上海杂志公司，1944，190页，32开

上海：上海杂志公司，1947，186页，32开

收藏单位：重庆馆、贵州馆、首都馆

## 00484

**通俗辩证法讲话**　陈唯实著

上海：大众文化出版社，1936.10，3版，279页，32开（社会科学丛书2）

本书共12讲，内容包括：研究辩证法的先决问题、唯物辩证法的应用、论辩证法的变化定律、论辩证法的矛盾定律、论辩证法的突变定律、论辩证法的联系定律、中国古代哲学上的辩证法、西洋辩证法史的发展、黑格尔的辩证法学说、马克思的唯物辩证法、恩格斯的唯物辩证法、伊里奇的唯物辩证法。

## 00485

**通俗辩证法讲话**　陈唯实著

现代文化出版社，1937，4版，增订版，299页，32开（社会科学丛书 新哲学类）

收藏单位：重庆馆

## 00486

**通俗辩证法讲话**　陈唯实著

上海：新东方出版社，1936.6，279页，32开

（社会科学丛书1）

上海：新东方出版社，1936，再版，279页，32开（社会科学丛书1）

收藏单位：重庆馆、东北师大馆、国家馆、首都馆

## 00487

**通俗辩证法讲话** （日）德永直 （日）渡边顺三著　包刚译

桂林：上海杂志公司，1941，重版，186页，32开

上海：上海杂志公司，1943，2版，186页，32开

重庆：上海杂志公司，1945，复兴1版，186页，32开

上海：上海杂志公司，1947.4，沪1版，186页，32开

上海：上海杂志公司，1949.6，沪3版，186页，32开

收藏单位：北大馆、重庆馆、东北师大馆、广西馆、贵州馆、国家馆、湖北馆、湖南馆、近代史所、辽宁馆、南京馆、上海馆、首都馆、浙江馆

## 00488

**通俗唯物论讲话**　陈唯实著

上海：大众文化出版社，1936，256页，32开（社会科学丛书2）

本书共8讲，内容包括：唯物论与唯心论的起源、唯物论的复兴、近代唯物论哲学、机械论的唯物论批判、唯心辩证法与唯物辩证法、机械唯物论与辩证唯物论、科学的辩证唯物论、现阶段的战斗唯物论。

收藏单位：北大馆、重庆馆、国家馆、吉林馆、上海馆

## 00489

**唯物辩证法** （苏）罗森塔尔（M. Розенталь）撰　岳光译

沈阳：东北新华书店，1949，1册

本书除导言外，共5章，内容包括：现象的普遍联系与相互依存，现象的运动与转化、新生与发展，当作量变向质变转化看的发展，

作为对立的斗争看的发展，唯物论辩证法的范畴。

收藏单位：广西馆、天津馆

**00490**

**唯物辩证法**　（苏）罗森塔尔（M. Розенталь）著　岳光译

上海、重庆：读书出版社，1947.2，219 页，32 开

大连：读书出版社，1948.1，196 页，32 开

[长春]：读书出版社，1949，再版，219 页，32 开

收藏单位：北大馆、重庆馆、东北师大馆、国家馆、湖北馆、吉林馆、近代史所、天津馆

**00491**

**唯物辩证法**　（苏）罗森塔尔（M. Розенталь）著　岳光译

[平山]：华北新华书店，1948.12 翻印，205 页，32 开

收藏单位：重庆馆、国家馆、吉林馆、山西馆

**00492**

**唯物辩证法**　（苏）罗森塔尔（M. Розенталь）著　岳光译

华中新华书店，1949，205 页，32 开

收藏单位：重庆馆、山西馆

**00493**

**唯物辩证法**　（苏）罗森塔尔（M. Розенталь）著　岳光译

山东新华书店，1949.5，1 册，32 开

**00494**

**唯物辩证法**　（苏）罗森塔尔（M. Розенталь）著　岳光译

苏南新华书店，1949，195 页，32 开

收藏单位：广东馆

**00495**

**唯物辩证法**　（苏）罗森塔尔（M. Розенталь）撰　岳光译

北平：新华书店，1949.5，205 页，32 开

收藏单位：贵州馆、国家馆

**00496**

**唯物辩证法**　（苏）罗森塔尔（M. Розенталь）著　岳光译

新华书店，1949.8，219 页，32 开

本书著者原题：罗逊塔尔。

收藏单位：广东馆、国家馆、吉大馆、南京馆

**00497**

**唯物辩证法**　（苏）罗森塔尔（M. Розенталь）著　岳光译

香港：新中国书局，1949.6 翻印，196 页，32 开

收藏单位：贵州馆

**00498**

**唯物辩证法**　（苏）罗森塔尔（M. Розенталь）著　岳光译

中华印书局，205 页，32 开

收藏单位：首都馆

**00499**

**唯物辩证法读本**　（日）大森义太郎著　罗叔和编译

上海：申报馆，1934.3，252 页，32 开（申报丛书 20）

本书共 3 章，内容包括：唯物史观的起源、辩证法的唯物论、唯物史观。讲述辩证唯物论与历史唯物论的基本原理。书前有序论：唯物史观的内容。

收藏单位：重庆馆、国家馆、江西馆、上海馆

**00500**

**唯物辩证法读本**　（日）大森义太郎著　杨允修译

上海：陈宝骅 [出版者]，1934.5，279 页，32 开（新生命中学文库）

本书共 3 章，内容包括：唯物史观是怎样发

生出来的、辩证法的唯物论、唯物史观。书前有序论《唯物史观是什么》。题名取自版权页。

收藏单位：重庆馆、东北师大馆、国家馆、河南馆、吉林馆、近代史所、山东馆、首都馆、浙江馆

### 00501

**唯物辩证法基本知识　李衡之著**

上海：社会科学研究社，1949.6，80页，32开

收藏单位：广东馆、国家馆、南京馆、上海馆、首都馆、浙江馆

### 00502

**唯物辩证法基本知识　李衡之著**

上海：言行出版社，1939.3，80页，32开

收藏单位：国家馆、山西馆、上海馆、浙江馆

### 00503

**唯物辩证法论战　张东荪编**

北平：民友书局，1934.10，[508]页，22开

本书汇集20世纪30年代关于唯物辩证法论战的文章14篇，作者为：傅统先、牟宗三、张东荪、吴恩裕、南庶熙、孙道升、魏嗣銮、李长之、施友忠、张抱横、吴惠人等。书前有张君劢序、张东荪弁言。书末附录《我何以不是共产主义者》（罗素）、《我所以不做共产主义者的理由》（杜威）、《我所以不做共产主义者的理由》（柯亨）、《答复〈张东荪哲学批判〉著者之公开信》（张东荪）。

收藏单位：重庆馆、国家馆、近代史所、南京馆、上海馆、首都馆、浙江馆、中科图

### 00504

**唯物辩证法批判　王冠青著**

重庆：胜利出版社，1943.1，57页，32开

本书共7个部分，内容包括：绪论、矛盾统一律的批判、评质与量的转化、所谓否定的否定、本质和现象与科学认识、根据和条件与社会关系、结论。

收藏单位：重庆馆、东北师大馆、国家馆、吉林馆、南京馆、浙江馆

### 00505

**唯物辩证法批判　王民著**

重庆：国民图书出版社，1944.7，148页，32开

本书共7章，内容包括：辩证法之史的发展、唯物辩证法的根本问题、关于对立统一的法则、关于由量到质和由质到量的转化法则、关于否定之否定的法则、关于其余诸法则、余论。书前有作者前言。

收藏单位：重庆馆、广西馆、国家馆、吉大馆、吉林馆、南京馆、山东馆、天津馆

### 00506

**唯物辩证法入门　（苏）德波林（А. Деборин）著　凌应甫译**

上海：江南书店，1930，106页，36开

本书共3部分，内容包括：革命的辩证家伊理奇、伊理奇底辩证法一斑、关于辩证法底问题（伊理奇遗稿）。

收藏单位：湖南馆、中科图

### 00507

**唯物辩证法入门　朱明著**

上海：文艺书局，1930.4，97页，36开

本书共4部分，内容包括：辩证法底起源和历史、辩证法底取义、辩证法底公律（矛盾律、过程律、阶段律、联系律）、辩证法底应用。

收藏单位：北师大馆、重庆馆、国家馆、南京馆

### 00508

**唯物辩证法与自然科学　（苏）德波林（А. Деборин）著　林伯修译**

上海：光华书局，1929.4，78页，32开（新世纪社会科学丛书）

上海：光华书局，1929，再版，78页，32开（新世纪社会科学丛书）

本书分4部分论述唯物辩证法与自然科学的关系，说明唯物辩证法是关于自然发展的最普遍的规律的学说。前冠作者原序。

收藏单位：重庆馆、东北师大馆、广东馆、国家馆、吉林馆、江西馆、山东馆、上

海馆

## 00509

**唯物论与辩证法（一名，辩证法唯物论批判）**
王正国著
[开封]：新豫印刷所，1948，75页，32开

　　本书共7章，内容包括：唯物论、辩证法、对立统一律、质量互变律、否定之否定律等。

## 00510

**唯物论与经验批判论　（苏）列宁（В. И. Ленин）**
著　曹葆华译　博古校
东北书店，1946，367页，32开
佳木斯：东北书店，1948.9，367页，32开，精装
哈尔滨：东北书店，1948，367页，32开
沈阳：东北书店，1949.3，再版，367页，32开

　　本书又译：唯物主义和经验批判主义。共6章，内容包括：经验批判论底认识论与辩证唯物论底认识论、哲学唯心论——经验批判论底战友与继承者、自然科学中最近的革命与哲学唯心论、经验批判论与历史唯物论等。正文内及附注有引用书目。书前有列宁的"唯物论与经验批判论"——党的斗争底文件、序言及绪论等。书末附人名索引。

　　收藏单位：重庆馆、东北师大馆、福建馆、广东馆、广西馆、国家馆、辽宁馆、山西馆、天津馆

## 00511

**唯物论与经验批判论　（苏）列宁（В. И. Ленин）**
著　曹葆华译　博古校
华北新华书店，1948，2册（815页），32开

　　收藏单位：重庆馆、广东馆、国家馆、河南馆、南京馆、天津馆

## 00512

**唯物论与经验批判论　（苏）列宁（В. И. Ленин）**
著　曹葆华译　博古校
解放社，1948，2册（553页），32开

　　收藏单位：国家馆、山西馆、天津馆

## 00513

**唯物论与经验批判论　（苏）列宁（В. И. Ленин）**
著　曹葆华译　博古校
[阜平]：晋察冀新华书店，1947.10，2册（553页），32开
[阜平]：晋察冀新华书店，1948，再版，2册（553页），32开

　　收藏单位：重庆馆、广西馆

## 00514

**唯物论与经验批判论　（苏）列宁（В. И. Ленин）**
著　陈晓时译
**外文题名：**Материализм и Эмпириокритицизм
上海：生活·读书·新知联合发行所，1949，438页，32开（世界学术名著译丛）

　　本书内容包括：绪论、经验批判论的和辩证法唯物论的认识论、辩证法唯物论的和经验批判论的认识论、作为经验批判论者底战友和继承者的哲学的唯心论者、最近的自然科学革命和哲学的唯心论、经验批判论和历史唯物论、结论等。附录《对报告者的十个质问》《论辩证法》《辩证法的唯物论与死的反动哲学》。

　　收藏单位：湖南馆、吉林馆、南京馆、天津馆

## 00515

**唯物论与经验批判论　（苏）列宁（В. И. Ленин）**
著　笛秋　朱铁笙译
上海：明日书店，1930.7，461页，25开，精装（中国社会科学社丛书）

　　本书内容包括：导言、经验批判论的认识论与辩证法唯物论的认识论、哲学的唯心论——经验批判论之同盟与后裔、自然科学最新的革命与哲学唯心论、经验批判论与史的唯物论、结论。书前有德波林序言、俄文第1版序、俄文第2版序。书后有补遗，附录《辩证法的唯物论与行尸走肉的反动哲学》（奈夫斯基）。

　　收藏单位：东北师大馆、广东馆、国家馆、南京馆、上海馆、天津馆、浙江馆

## 00516

**唯物论与经验批判论** （苏）列宁（В. И. Ленин）
著　傅子东译
上海：神州国光社，1934.7，470+26 页，25
开

　　本书内容包括：绪论、经验批判论的认识论与辩证法唯物论的认识论、经验批判论者的战友和后继者之哲学的唯心论者、自然科学内最近的革命和哲学的唯心论、经验批判论和史的唯物论、结论、补论。附录《辩证法的唯物论与死的反动之哲学》（莱夫斯基述）。本版绪论前除译者序言、著者第 1 版序言、著者第 2 版序言之外，还有英文翻译的弁言。题名取自逐页，书名页题：唯物论与经济批判论。

　　收藏单位：重庆馆、东北师大馆、广东馆、山西馆、浙江馆

## 00517

**唯物论与经验批判论** （苏）列宁（В. И. Ленин）
著　傅子东译
上海：言行出版社，1938.6，470 页，25 开

　　收藏单位：贵州馆、吉林馆、南京馆、上海馆

## 00518

**唯物论与经验批判论** （苏）列宁（В. И. Ленин）
著　潘蕙田　陈晓时译
上海：读书出版社，1948.7，446 页，25 开

　　收藏单位：贵州馆、国家馆

## 00519

**我观与客观** 王光汉著
贵阳：文通书局，1949，48 页，32 开（教育丛书）

　　本书内容包括：我观之产生、三种我观者、我观之害、客观者之生活、客观之益、逃避走向客观之路与走向客观之路等。

　　收藏单位：重庆馆

## 00520

**无产阶级的哲学** 张如心著
上海：正风出版社，1930，159 页，32 开（社

会科学丛书）

　　收藏单位：浙江馆

## 00521

**无产阶级底哲学** 张如心著
上海：光华书局，1930.4，159 页，25 开（社会科学丛书）

　　收藏单位：国家馆、吉林馆、上海馆、天津馆、浙江馆

## 00522

**无产阶级之哲学——唯物论** （苏）哥列夫（Н. Бухарин）著　瞿秋白译注
[广州]：新青年社，1927.3，336 页，32 开
汉口：新青年社，1938，282+36 页，32 开

　　本书内容包括：绪论、何为哲学、唯心论与唯物论、近代唯物论之发展、现代唯物论与科学、历史的唯物论、马克思主义之阶级论及国家论、唯物论与宗教及道德、唯物论的艺术观、唯物哲学与阶级斗争等章节。

　　收藏单位：重庆馆、首都馆、浙江馆

## 00523

**无产阶级之哲学——唯物论** （苏）哥列夫（Н. Бухарин）著　瞿秋白译注
汉口：长江书店，1927，282+36 页，32 开

　　收藏单位：近代史所、绍兴馆

## 00524

**物质生命与价值** （英）娇德（C. E. M. Joad）著　施友忠译
外文题名：Matter, life and value
长沙：商务印书馆，1940，2 册（484 页），25
开

　　本书分两卷：生命与物质世界、生命与价值世界。共 9 章：有机论与唯物论、多元论之论据、论认识为感知、生机论者之假设、生命之工具、论美学为关于美之感知、论伦理学为善之感知、有机论与目的论、进化之鹄的。书前有原序。著者原题：约德。

　　收藏单位：重庆馆、广东馆、国家馆、湖南馆、南京馆、首都馆、浙江馆

00525

**现代唯物论　伍洛尔著　杨丹声译**

上海：商务印书馆，1937，2 册（320 页），32 开（万有文库 第 2 集 188）（自然科学小丛书）

　　本书共 10 章，内容包括：科学宗教和哲学、现代唯物论、世界底"质料"、科学家底"至诚"、现代物理学底危机、生物学底唯心论、两个假唯物论者、空间与时间、脑与心灵、自然界底法则。书前有绪言和译序。

　　收藏单位：重庆馆、大连馆、国家馆、辽大馆

00526

**现代唯物论　（日）永田广志著　卢心远译**

上海：辛垦书店，1937.4，201 页，25 开

　　本书介绍辩证唯物论哲学发生发展的过程。除绪说《现代唯物论发展史底时代区分问题》外，分嘉尔与恩格斯底时代、旧俄罗斯底辩证法唯物论两篇。论述马恩及列宁、普列汉诺夫两个阶段马克思主义哲学的发展。书前有序。

　　收藏单位：吉大馆

00527

**现代唯物论　（日）永田广志著　施复亮　钟复光译**

上海：进化书局，1937，13+268 页，32 开（唯物论全书）

　　收藏单位：重庆馆、福建馆、贵州馆、国家馆、湖南馆、吉林馆、南京馆、上海馆、首都馆、浙江馆

00528

**现代哲学概论　温健公编**

北平：骆驼丛书出版部，1934.8，248 页，32 开（骆驼丛书 1）

　　本书主要根据日本永田广志的《唯物辩证法讲话》一书编写。介绍辩证唯物主义哲学。共 10 章，除第 1 章、第 2 章讲述基本要领及哲学史外，其余 8 章皆讲辩证唯物主义的渊源、特征和内容。书前有编者序。

　　收藏单位：北大馆、东北师大馆、国家馆、黑龙江馆、吉林馆、上海馆、首都馆、

中科图

00529

**新唯物论的认识论　（德）狄慈根（Joseph Dietzgen）著　杨东莼译**

上海：昆仑书店，1929，167 页，32 开

上海：昆仑书店，1929.9，2 版，167 页，32 开

　　本书译自著者《一个社会主义者在认识论领域中之征取》。分 5 章，内容包括："被创造的精神不能透入自然之内部"、绝对的真理和它的自然的对象、反唯物论的唯物论、达尔文与黑智儿、认识之光。书前有译者例言及原序。

　　收藏单位：重庆馆、东北师大馆、国家馆、吉林馆、南京馆、首都馆、天津馆、浙江馆、中科图

00530

**新兴哲学概论　周新民编**

民族革命出版社，1940，89 页，25 开

　　本书分为上、下两篇，包括：中的哲学、中的方法论。

　　收藏单位：河南馆

00531

**新兴哲学体系　（苏）米丁（М. Митин）著　胡明译**

上海：光明书局，1939，335 页，32 开

　　本书共 5 部分，内容包括：新兴哲学——唯物辩证法、辩证法唯物论创始者——马克思、恩格斯与辩证法唯物论、列宁与唯物辩证法、史塔林与唯物辩证法。书前有译者序。

　　收藏单位：重庆馆、东北师大馆、贵州馆、国家馆、上海馆、首都馆、浙江馆

00532

**新哲学大纲　（苏）米丁（М. Митин）等著　艾思奇　郑易里译**

上海：读书出版社，1936，14+352 页，32 开

上海：读书生活出版社，1938.5，补正增订版，14+454 页，32 开

北平：生活·读书·新知三联书店，1946，2 版，补正增订版，14+454 页，32 开

上海：读书出版社，1947，东北版，补正增订版，14+352 页，32 开

上海：生活·读书·新知三联书店，1949.4，14+454 页，32 开

北京：生活·读书·新知三联书店，1949，2版，增订本，14+454 页，32 开

上海：读书生活出版社，9 版，14+454 页，32 开

长春：读书出版社，1949，14 版，补正增订版，14+454 页，32 开

　　本书即《辩证唯物主义》。分成两大部分：第 1 部分为辩证法唯物论之历史的准备和发展；第 2 部分为辩证法唯物论。

　　收藏单位：安徽馆、重庆馆、广西馆、贵州馆、国家馆、黑龙江馆、吉林馆、辽宁馆、南京馆、内蒙古馆、山西馆、绍兴馆、天津馆

00533

**新哲学大纲**　（苏）米丁（M. Митин）等著
艾思奇　郑易里译
外文题名：Dialectical materialism
北平：国际文化社，1936.6，[10]+418 页，32 开

北平：国际文化社，1936.8，再版，[10]+418 页，32 开

北平：国际文化社，1936，3 版，[10]+418 页，32 开

北平：国际文化社，1937，4 版，[10]+418 页，32 开

汉口：国际文化社，1938，5 版，补正增订版，[14]+454 页，32 开

重庆：国际文化社，1939，8 版，补正增订版，[14]+454 页，32 开

北平：国际文化社，1939，9 版，补正增订版，[14]+454 页，32 开

北平：国际文化社，1946，11 版，补正增订版，[14]+454 页，32 开

北平：国际文化社，1946，12 版，补正增订版，[14]+454 页，32 开

北平：国际文化社，1947，东北版，补正增订版，[14]+454 页，32 开

　　本书著者原题：米定。
　　收藏单位：重庆馆、东北师大馆、广东

馆、贵州馆、国家馆、黑龙江馆、南京馆、山东馆、上海馆、绍兴馆、首都馆、浙江馆

00534

**新哲学大纲**　（苏）米丁（M. Митин）等著
艾思奇　郑易里译
中原新华书店，1949.4，12+264 页，32 开
　　收藏单位：国家馆、湖南馆

00535

**新哲学读本**　平生著
上海：珠林书店，1939，222 页，32 开（青年自学读本）

上海：珠林书店，1940.2，再版，222 页，32 开（青年自学读本）

上海：珠林书店，1941.9，4 版，222 页，32 开（青年自学读本）

　　本书为辩证唯物论的通俗读本。分为 4 章，内容包括：大众与哲学、辩证法唯物论、大众与真理、唯物论辩证法。书前有序言。

　　收藏单位：国家馆、南京馆、上海馆

00536

**新哲学纲要**　（日）德永直　（日）渡边顺三著　慎修等译
上海：辛垦书店，1935，272 页，32 开
　　本书讲述唯物辩证法的基本原理。
　　收藏单位：重庆馆、东北师大馆、广东馆、广西馆、国家馆、南京馆、上海馆、浙江馆

00537

**新哲学基础读本**　巴克著
上海：万叶书店，1939.10，191 页，32 开（时代青年丛书 1）
　　本书主要讲述辩证法唯物论的产生、发展以及唯物辩证法的诸法则。书前有林之材撰《时代青年丛书》编行缘起及作者序。
　　收藏单位：国家馆、上海馆

00538

**新哲学讲话**　（日）德永直　（日）渡边顺三著　包刚译

上海：上海杂志公司，1937，226 页，32 开

本书共 6 章，内容包括：唯物论和观念论、当作认识论的唯物辩证法、辩证法的根本法则、本质和现象、形式和内容、可能性和现实性偶然性和必然性。

收藏单位：北大馆、国家馆、南京馆、上海馆、首都馆

00539

**新哲学教程　巴克著**

上海：万叶书店，1949.7，191 页，32 开（万叶青年文库）

本书共 4 章，内容包括：绪论、辩证法唯物论之史的发展、辩证法唯物论、唯物辩证法的诸法则。

收藏单位：东北师大馆、国家馆、湖南馆

00540

**新哲学教程　侯外庐　罗克汀著**

上海：新知书店，1947，302 页，32 开（新知丛书 8）

本书共 8 章，内容包括：哲学的对象和内容、唯物论与唯心论、辩证法唯物论、唯物辩证法底诸法则等，主要论述唯物辩证法的产生和发展、对立统一的法则、现象与本质、认识论等。书前有侯外庐序。

收藏单位：广东馆、国家馆、山东馆、上海馆、首都馆

00541

**新哲学教程　（苏）罗森塔尔（M. Розенталь）著　张实甫译**

上海：知识出版社，1940.6，214 页，32 开

本书根据《联共（布）党史》第 4 章第 2 节"辩证唯物论与历史唯物论"（斯大林），阐明辩证法的要点，并论述认识的辩证发展。共 6 章，内容包括：唯物论与唯心论，现象底普遍联系与相互依存性，现象底运动与变化、更新与发展，发展乃数量变化底转变为质量变化，发展乃对立底斗争，认识真理底辩证途径。著者原题：罗逊达尔。

收藏单位：重庆馆、广东馆、国家馆、首都馆

00542

**新哲学世界观　陈唯实著**

上海：作家书店，1937.3，265 页，32 开（社会科学丛书）

上海：作家书店，1937.5，3 版，265 页，32 开（社会科学丛书）

本书即《通俗唯物论讲话》一书改书名出版。共 8 讲，内容包括：古代哲学世界观、哲学复兴的世界观、近代哲学世界观、机械论的世界观批判、现代哲学世界观（一、二）、新哲学的科学世界观、现阶段的战斗世界观。

收藏单位：重庆馆、东北师大馆、贵州馆、国家馆、上海馆

00543

**新哲学谈话　黄特著**

上海：新人出版社，1940.1，200 页，32 开

上海：新人出版社，1940.4，再版，200 页，32 开

上海：新人出版社，1940.7，3 版，200 页，32 开

本书为通俗简明的哲学中级读物，分 7 章讲述辩证唯物主义的物质观、实践观和辩证观。书前有平心序、作者自序。

收藏单位：广东馆、国家馆、绍兴馆、中科图

00544

**新哲学体系讲话　陈唯实著**

上海：上海杂志公司，[1937]，395 页，25 开

上海：上海杂志公司，1938.8，粤版，395 页，25 开

上海：上海杂志公司，1939.5，沪版，395 页，25 开

本书分 4 部，讲述辩证唯物论的宇宙观、社会观和思维方法。第 1 部新哲学的实际应用，讲述辩证唯物主义的意义、对象、任务、派别性、人生观及与自然科学、社会科学的关系；第 2 部新哲学的宇宙论，主要陈述辩证的物质论；第 3 部新哲学的认识论；第 4 部方法论和世界观。

收藏单位：重庆馆、东北师大馆、广东馆、贵州馆、吉林馆、南京馆、上海馆、首都馆、浙江馆、中科图

## 00545

**新哲学体系讲话　陈唯实著**

上海：作家书店，1937.4，395 页，25 开（社会科学丛书）

上海：作家书店，1937.5，再版，395 页，25 开（社会科学丛书）

　　收藏单位：重庆馆、东北师大馆、广西馆、国家馆

## 00546

**新主义辞典　孙志曾编**

上海：大光书局，1936.2，2 版，240 页，32 开

　　本书系辩证唯物主义哲学简明辞典，共收录辞条 500 余条，依笔画多寡排列。

　　收藏单位：上海馆

## 00547

**新主义辞典　孙志曾编**

上海：光华书局，1933.6，240 页，32 开

上海：光华书局，1936.3，再版，240 页，32 开

上海：光华书局，1944.6，[再版]，240 页，32 开

　　收藏单位：重庆馆、广东馆、国家馆、黑龙江馆、江西馆、南京馆、上海馆、天津馆、浙江馆

## 00548

**伊里奇底辩证法　（苏）德波林（А. Деборин）著　任白戈译**

上海：辛垦书店，1930，141 页，36 开

上海：辛垦书店，1930，再版，141 页，36 开

上海：辛垦书店，1933.2，3 版，140 页，36 开

上海：辛垦书店，1935.4，4 版，141 页，36 开

　　本书分革命的辩证家——伊里奇、伊里奇底辩证法之一斑两篇，论述列宁对辩证法的贡献和发展。书前冠有译者序言《伊里奇辩证法底重要性》。附录《关于辩证法底问题》。

　　收藏单位：重庆馆、东北师大馆、国家馆、吉林馆、江西馆、南京馆、山西馆、上海馆、首都馆、浙江馆、中科图

## 00549

**怎样改造思想（原名，怎样搞通思想方法）**

胡绳著

前锋出版社，1949，43 页，32 开

　　本书内容包括：不做思想上的懒汉、"是什么"和"为什么"、实事求是、从经验到理论、书本知识和实际等。

　　收藏单位：广东馆

## 00550

**怎样搞通思想方法　胡绳著**

上海：生活·读书·新知联合发行所，1949，132 页，36 开（新中国百科小丛书）

　　收藏单位：重庆馆、东北师大馆、国家馆、辽宁馆、南京馆、天津馆

## 00551

**怎样训练思想　春满子编著**

上海：长城书局，1935，276 页，32 开

上海：长城书局，1939，再版，276 页，32 开

　　本书共 3 编，内容包括：思想是什么、思想的方法、思想的训练等。书前有绪论。

　　收藏单位：重庆馆、广西馆、国家馆、湖南馆、吉林馆、南京馆、首都馆

## 00552

**战斗唯物论讲话（原名，新哲学世界观）　陈唯实著**

上海：上海杂志公司，1937.3，265 页，32 开

上海：上海杂志公司，1937，再版，265 页，32 开

广州：上海杂志公司，1938.1，粤再版，265 页，32 开

广州：上海杂志公司，1938，粤 4 版，265 页，32 开

　　本书共 8 章，内容包括：唯物论与唯心论的起源、唯物论哲学的复兴、近代唯物论哲学、机械论的唯物论批判、唯心辩证法与唯物辩证法、机械唯物论与辩证唯物论、科学的辩证法唯物论、现阶段的战斗唯物论。

　　收藏单位：重庆馆、广东馆、贵州馆、国家馆、南京馆、上海馆、绍兴馆、天津馆、浙江馆

**00553**

**哲学初级读本　王全福著**

东方出版社，1941，3 版，57 页，36 开（东方大众丛书）

　　本书分上、中、下 3 篇，共 16 课。上篇为头上的话（序论）；中篇为世界到底是什么东西（世界观——辩证法的唯物论）；下篇为整个世界到底是怎样动的（方法论——唯物论的辩证法）。

**00554**

**哲学初级读本　王全福著**

人民出版社，1947，45 页，36 开

　　收藏单位：广东馆

**00555**

**哲学初级读本　王全福著**

香港：新民主出版社，1949，3 版，45 页，32 开

　　收藏单位：东北师大馆、国家馆、上海馆、首都馆

**00556**

**哲学初级研习提纲　马特著**

上海：生活·读书·新知三联书店，1949，[12]+116 页，32 开

　　本书分两部分，共 12 讲。第 1 部分为思想方法论，以《思想方法论初步》（胡绳）为课本，以《唯物辩证法》（罗森塔尔著、岳光译）为参考，介绍辩证法的法则和形而上学的方法论；第 2 部分为世界观与认识论，以《现代哲学的基本问题》（沈志远）一书的第 3 章"新宇宙观（新世界观）的基本问题"为课本，介绍唯物辩证法的世界观与认识论。书前冠作者撰《写在前面的几句话》与《怎样读"学习指导"？》。

　　收藏单位：东北师大馆、广东馆、国家馆、湖南馆、辽宁馆、山西馆、天津馆

**00557**

**哲学的唯物论　（苏）阿多拉茨基（В. Адоратский）著　高唯均编译**

上海：沪滨书局，1929，152 页，32 开

　　本书共 4 章，内容包括：哲学中的两个战线——唯物论与唯心论的斗争、各种哲学的著作中的唯心论与唯物论、近代的自然科学中的唯心论与唯物论、认识论问题。书前有译者序。著者原题：阿德拉斯基。

　　收藏单位：北大馆、重庆馆、东北师大馆、国家馆、近代史所、南京馆、上海馆、天津馆、浙江馆

**00558**

**哲学讲话　艾思奇著**

上海：读书生活社，1936.1，229 页，32 开（读书生活丛书）

上海：读书生活社，1936，再版，229 页，32 开（读书生活丛书）

上海：读书生活社，1936.4，3 版，229 页，32 开（读书生活丛书）

　　本书以通俗的形式讲解辩证唯物论的基本观点。共 4 章，内容包括：绪论、本体论（世界观）、认识论、方法论。书前有李公朴序。

　　收藏单位：重庆馆、东北师大馆、国家馆、江西馆、近代史所、上海馆、绍兴馆、首都馆、浙江馆、中科图

**00559**

**哲学讲话　艾思奇著**

上海：读者服务社，1946，9 版，[188] 页，32 开

　　收藏单位：首都馆

**00560**

**哲学讲授纲要　艾思奇讲述　乔雅记录**

上海：中国编译所，1941，50 页，32 开（综合小文库）

　　本书论述辩证唯物主义的纲要。

**00561**

**哲学研究纲要（抗大哲学讲授纲要）　艾思奇著**

拓荒出版社，1939，49 页，32 开

　　本书共 5 部分，内容包括：哲学和政治、唯心论和唯物论、辩证法的唯物论、认识论、

唯物论辩证法的基本法则。附录《两条战线上的斗争》。

收藏单位：重庆馆、福建馆、上海馆

**00562**

**哲学研究提纲　艾思奇著**

上海：辰光书店，1940，110 页，32 开

本书为研究辩证唯物主义哲学的基本提纲。共 6 部分，内容包括：哲学和政治、唯物论与唯心论、辩证法唯物论、辩证法唯物论的认识论、唯物辩证法的基本法则、唯物辩证法的诸范畴。

收藏单位：上海馆

**00563**

**哲学研究提纲　艾思奇著**

华北书店，1943，[78] 页，32 开

**00564**

**哲学研习提纲　马特著**

吉林：生活·读书·新知三联书店，1949.7，再版，[12]+116 页，32 开

收藏单位：重庆馆、广东馆、国家馆、辽宁馆、天津馆

**00565**

**哲学与唯物辩证法　周辅成著**

上海：现代科学社出版部，1934，60 页，32 开（现代问题小丛书）

本书论述马克思的辩证唯物主义与政治革命思想。

收藏单位：国家馆、山东馆

**00566**

**知识的应用　艾思奇著**

上海：读书生活社，1936.3，167 页，32 开（读书生活丛书 读书问答 2）

上海：读书生活社，1936.5，再版，167 页，32 开（读书生活丛书 读书问答 2）

上海：读书生活社，1937，4 版，167 页，32 开（读书生活丛书 读书问答 2）

上海：读书生活社，1938.4，5 版，167 页，32 开（读书生活丛书 读书问答 2）

重庆：读书生活出版社，1939，6 版，167 页，32 开（读书生活丛书）

本书选辑对青年自学中提出的问题的解答，讲述自学的方法和解决具体问题的方法。内容包括：读书和写作问题、方法论问题、各科问题、教育问题、政治经济问题。书前有李公朴序。

收藏单位：重庆馆、东北师大馆、广东馆、国家馆、江西馆、近代史所、南京馆

**00567**

**知识的应用　艾思奇著**

桂林：新光书店，1936.6，147 页，32 开

桂林：新光书店，1942，7 版，167 页，32 开

收藏单位：重庆馆、国家馆、吉林馆、南京馆

**00568**

**自由和必然　（苏）萨可夫斯基著　韦慎译**

上海：平凡书局，1930，58 页，22 开

收藏单位：广东馆

# 历史唯物主义（唯物史观）

**00569**

个人和人民大众在历史上的作用　（苏）康士坦丁诺夫（Ф. В. Константинов）撰　王易今译

上海：上海书报杂志联合发行所，1949.8，79 页（思想与科学小丛书）

本书共 5 部分，内容包括：个人和人民大众在历史上的作用之主观唯心论的理解、在历史事实世界中关于个人和人民大众在历史上的作用之唯心主义理论的破产、人民——历史的创造者、个人在历史上的作用之科学的理解、无产阶级领袖在历史上的作用。

收藏单位：东北师大馆

**00570**

个人与人民群众在历史上的作用　（苏）康士坦丁诺夫（Ф. В. Константинов）著　刘水译

大连：新中国书局，1949.7，76页，32开（社会科学小译丛5）

大连：新中国书局，1949，再版，79页，36开（思想与科学小丛书）

本书共5部分，内容包括：主观——唯心论对个人与人民群众历史作用的看法；在历史事实照耀下，个人与人民群众历史作用之唯心论破产了；人民是历史的创造者；马、列主义对个人历史作用的看法；无产阶级领袖的历史作用。

收藏单位：重庆馆、广东馆、国家馆、吉大馆

## 00571

**观念形态论** （日）青野季吉著　若俊译

上海：南强书局，1929，149页，32开

上海：南强书局，1930，再版，149页，32开

本书共5篇，内容包括：观念形态一般论、法制论、宗教论、艺术论、哲学论。介绍历史唯物主义关于上层建筑意识形态的基本观点。

收藏单位：重庆馆、东北师大馆、贵州馆、国家馆、吉林馆、江西馆、近代史所、南京馆、山东馆、山西馆、上海馆、首都馆、天津馆、浙江馆、中科图

## 00572

**归纳法的唯物论**　柳絮著

上海：中山书店，1929，88页，32开（新时代丛书8）

本书内容包括：归纳法的唯物论；检讨辩证法的唯物论；循环又飞翔的人类，历史；唯物史观等。书末有后记。

收藏单位：重庆馆

## 00573

**进步观念在社会发展中的作用** （苏）康士坦丁诺夫（Ф. B. Константинов）著　王易今译

上海：上海书报杂志联合发行所，1949.6，87页，36开（思想与科学小丛书）

本书内容包括：社会存在与社会意识、论意识形态的相对独立性、社会意识的阶级性、进步观念产生的条件及其在社会发展中的作用等。

收藏单位：重庆馆、东北师大馆、广东馆、国家馆、吉大馆、吉林馆、辽宁馆、南京馆、山西馆、天津馆、武大馆

## 00574

**进步思想论** （苏）康士坦丁诺夫（Ф. B. Константинов）著　杨慕之译

北京：中外出版社，1949.9，57页，32开

本书共5章，内容包括：社会存在与社会意识、意识形态的相对独立性、社会意识的阶级性、进步思想产生的条件及其作用、意识在资本主义与社会主义条件下的作用。

收藏单位：东北师大馆、国家馆、吉大馆

## 00575

**经济的政治基础** （英）毕尔德（Charles A. Beard）著　董时译

上海：商务印书馆，1923，81页，32开（新智识丛书20）

上海：商务印书馆，1924，再版，81页，32开（新智识丛书）

上海：商务印书馆，1927.6，3版，81页，32开（新智识丛书20）

本书收入作者讲稿4篇：《哲学家底学说》《经济的集合和国家底构造》《政治上平等底学说》《矛盾和结果》，着重从历史进程阐明政治组织与经济基础的密切关系。著者原题：俾尔特。

收藏单位：重庆馆、东北师大馆、复旦馆、国家馆、江西馆、南京馆、首都馆、天津馆、浙江馆

## 00576

**经济决定论** （法）拉法格（Paul Lafargue）著　刘初鸣译

外文题名：Déterminisme Économique

上海：辛垦书店，1930，598页，32开

本书共6编，内容包括：马克思底历史方法、抽象思想底起源、正义思想底起源、善底思想底起源、灵魂思想底起源和进化、上帝底信仰。末附录《蒲洛麦得底神话》及校

后记。

收藏单位：北大馆、重庆馆、东北师大馆、国家馆、吉林馆、近代史所、南京馆、上海馆、首都馆、中科图

**00577**

**科学的历史观　吴黎平　艾思奇著**
[大连]：大众书店，1946.5 翻印，191 页，32开

本书共 8 章，内容包括：科学历史观的几个基本论点、生产力与生产关系、阶级、国家政权、民族与民族斗争、家族、意识形态、几个结论。

收藏单位：东北师大馆、国家馆、吉大馆、南京馆

**00578**

**科学的历史观　（日）永田广志著　阮均石译**
上海：新知书店，1937.8，354 页，25 开
上海：新知书店，1938.8，再版，363 页，25 开

本书系统讲述历史唯物主义。共 9 章，内容包括：辩证唯物论与史的唯物论底背景、辩证法的和史的唯物论底发展、唯物论与观念论、辩证唯物论、史的唯物论之科学、布尔乔亚社会学说与史的唯物论、社会底经济结构、阶级与国家、意识形态论。

收藏单位：重庆馆、贵州馆、国家馆、湖南馆、近代史所、南京馆、上海馆、首都馆、武大馆、中科图

**00579**

**科学历史观教程　吴黎平　艾思奇著**
上海：辰光书店，1939，272 页，32 开
上海：辰光书店，1940.3，再版，273 页，32 开
上海：辰光书店，1946，6 版，273 页，32 开
上海：辰光书店，1946.6，增订 6 版，268 页，32 开
上海：辰光书店，1947，7 版，273 页，32 开
上海：辰光书店，1947，增订 7 版，273 页，32开

收藏单位：重庆馆、东北师大馆、广东馆、国家馆、上海馆、绍兴馆、首都馆

**00580**

**科学历史观教程　吴黎平　艾思奇著**
上海：读书出版社，1947.1，7 版，268 页，32开

收藏单位：国家馆、南大馆、山西馆

**00581**

**历史的唯物论　（苏）布哈林（Н. Бухарин）著　刘伯英译**
上海：现代书局，1930.8，453 页，22 开

本书共 8 章，内容包括：社会科学中之原因与目的（原因论与目的论）、有定论与无定论（必然论与自由意志论）、辩证法的唯物论、社会、社会与自然之间的平衡、社会各要素间的平衡、社会平衡底破坏与恢复、阶级与阶级争斗。附录《历史的唯物论底立场》。

收藏单位：重庆馆、国家馆、江西馆、近代史所、南京馆、上海馆、中科图

**00582**

**历史的唯物论　（苏）布哈林（Н. Бухарин）著　梅根　依凡合译**
上海：普益出版社，1930.6，522 页，22 开

收藏单位：东北师大馆、国家馆、吉大馆、吉林馆、上海馆、浙江馆

**00583**

**历史的唯物主义　（德）摩陵（F. Mehring）著　屈章译**
上海：创造社出版部，1929，114 页，32 开

本书分 11 节叙述马克思主义历史唯物论的基本原则。书前有译者小引。

收藏单位：重庆馆、国家馆、近代史所、上海馆、首都馆、天津馆、浙江馆、中科图

**00584**

**历史唯物论　（苏）米丁（M. Митин）著　沈志远译**
上海：生活·读书·新知联合发行所，1949.7，710 页，32 开

本书论述马克思主义历史唯物论的基本原理。共 9 章，内容包括：辩证唯物论与唯

物史观、社会经济形态·生产力与生产关系、资本主义的和社会主义的经济体系、阶级与国家论、为社会斗争之最高阶段的劳工专政、意识形态论、战斗的无神论、社会变革论、马克思主义和修正主义等。

收藏单位：东北师大馆、国家馆、吉林馆、天津馆

**00585**

**历史唯物论** （苏）米丁（М. Митин）著 沈志远译

上海：生活书店，1946.6，胜利后1版，2册，32开

上海：生活书店，1947.2，胜利后2版，2册，32开

上海：生活书店，1948.6，3版，770页，32开

收藏单位：重庆馆、东北师大馆、国家馆、吉林馆、南京馆、青海馆、上海馆、绍兴馆、首都馆

**00586**

**历史唯物论** （苏）米丁（М. Митин）著 沈志远译

大连：新中国书局，1949.7，[625]页，32开

吉林：新中国书局，1949，625页，32开

收藏单位：重庆馆、东北师大馆、国家馆、天津馆

**00587**

**历史唯物论** （法）施亨利（M. Henri See）原著 黎东方译

上海：民智书局，1929.11，128页，32开

本书分为两卷：马克思主义之成长及其特点、历史唯物论及历史知识的问题。

收藏单位：北大馆、重庆馆、广西馆、国家馆、湖南馆、江西馆、南京馆

**00588**

**历史唯物论批评** （法）施亨利（M. Henri See）著 黎东方译

重庆：独立出版社，1943.2，131页，32开（哲学名著译丛）

收藏单位：重庆馆、国家馆、吉林馆、南京馆

**00589**

**历史唯物论浅说** 莫迺群著

北京：生活·读书·新知三联书店，1949.8，124页，32开（新中国青年文库）

本书分5章讲述历史唯物主义关于物质生产、地理环境、人民群众、政治、意识形态对社会发展的作用等问题的观点。

收藏单位：重庆馆、东北师大馆、国家馆、辽宁馆、绍兴馆、天津馆、西交大馆

**00590**

**历史唯物论浅说** 莫迺群撰

上海：士林书店，1948.12，124页，32开

上海：士林书店，1949，2版，124页，32开

上海：士林书店，1949.4，3版，124页，32开

本书撰者原题：莫英。

收藏单位：重庆馆、国家馆、南京馆、上海馆、首都馆、浙江馆

**00591**

**历史唯物论入门** （苏）毕谛列夫斯基著 严灵峰译

外文题名：Historical materialism

上海：新生命书局，1931.11，366页，32开

上海：新生命书局，1936，再版，366页，32开

本书介绍历史上各种唯物论派别，阐明历史唯物主义的基本概念与范畴。共3编，内容包括：辩证法的唯物论、社会科学中之辩证法的唯物论或历史的唯物论、历史唯物论的考证即社会现象研究的方法。

收藏单位：北大馆、重庆馆、东北师大馆、复旦馆、国家馆、黑龙江馆、湖南馆、吉林馆、南京馆、上海馆、首都馆、浙江馆、中科图

**00592**

**列宁论群众观点** （苏）列宁（В. И. Ленин）著

出版者不详，1944，14页，32开

本书主要论述政治与群众、领导与群众、群众经验、群众觉悟、群众力量、群众领袖、

群众的"落后"等问题。

收藏单位：浙江馆

00593

列宁论群众观点　太行新华日报编

[沁县]：太行新华日报，1944.2，13 页，32开

收藏单位：国家馆、吉林馆、山西馆

00594

列宁论群众观点　中共晋绥分局编

中共晋绥分局，[1940—1949] 印，12 页，32开

收藏单位：国家馆

00595

领袖独裁论　胡梦华著　中国国民党河北省党部编

[保定]：中国国民党河北省党部，1935.5，118页，32 开

本书共 10 个论题，内容包括：改组十年、生活与政治、领袖与统制人才、领袖论独裁、沙滩上的民主政治、我们需要一个实际负责领导革命的领袖等。

收藏单位：国家馆、吉大馆

00596

领袖论　蒋坚忍著

出版者不详，16 页，22 开

本书内容包括：论领袖、民族与领袖、领袖与革命、领袖之产生及其条件、领袖在中国等。

收藏单位：浙江馆

00597

论个人在历史上的作用　（俄）普列汉诺夫（Г. В. Плеханов）著　唯真译

外文题名：К ьопросу о роли личности ь истории

[济南]：山东新华书店，1949.9，59 页，32开

本书讨论了历史唯物史观中个人对历史的意义，认为任何个人都对历史的发展起作用，个人无论从正面或反面都会影响历史的

进程。

收藏单位：国家馆、南京馆

00598

论个人在历史上的作用　（俄）普列汉诺夫（Г. В. Плеханов）著　唯真译校

莫斯科：外国文书籍出版局，1948，59 页，25开

收藏单位：东北师大馆、广东馆、国家馆、黑龙江馆、辽宁馆、南大馆、上海馆、天津馆

00599

论一元论历史观之发展　（俄）普列汉诺夫（Г. В. Плеханов）著　博古译

上海：辰光书店，1946.5，318 页，32 开

本书共 5 章，内容包括：十八世纪底法国唯物论、复辟时代底法国历史家、社会主义者＝乌托邦主义者、德国的唯心论哲学、现代唯物论。书前有译者前言及 N. 倍尔托夫第 3 版序言。书后有结论。

收藏单位：重庆馆、东北师大馆、广东馆、国家馆、南京馆、上海馆、首都馆、天津馆

00600

论一元论历史观之发展　（俄）普列汉诺夫（Г. В. Плеханов）著　博古译

上海：读书出版社，1946.5，318 页，32 开

本书著者原题：普列哈诺夫。

00601

论一元论历史观之发展　（俄）普列汉诺夫（Г. В. Плеханов）著　博古译

上海：华东新华书店，1948.12 翻印，323 页，32开

本书根据解放社 1945 年版翻印。

收藏单位：重庆馆、国家馆

00602

论一元论历史观之发展　（俄）普列汉诺夫（Г. В. Плеханов）著　博古译

北平：解放社，1949，418 页，32 开

收藏单位：东北师大馆、国家馆、南京馆

**00603**

**论一元论历史观之发展**　（俄）普列汉诺夫（Г. В. Плеханов）著　博古译

北京：人民出版社，1949，418 页，32 开

收藏单位：国家馆、湖南馆、吉林馆、辽宁馆、南京馆、内蒙古馆、首都馆、四川馆

**00604**

**论一元论历史观之发展**　（俄）普列汉诺夫（Г. В. Плеханов）著　博古译

济南：山东新华书店，1949.6，再版，323 页，32 开

收藏单位：国家馆、湖北馆、湖南馆、南京馆

**00605**

**论一元论历史观之发展**　（俄）普列汉诺夫（Г. В. Плеханов）著　博古译

上海：新华书店，1949.9，418 页

本书著者原题：普列哈诺夫。

收藏单位：重庆馆、广东馆、吉林馆、山西馆

**00606**

**马克思唯物史观浅说**　高一涵讲　焦心谦笔记

梅县：广东梅县革命青年团，14 页，32 开

本书扼要地介绍了马克思的历史唯物主义。

**00607**

**马克思主义与唯物史观**　范寿康等译述

外文题名：Marxism and the materialist conceptions of history

上海：商务印书馆，1923.12，73 页，50 开（东方文库 第 25 种）

上海：商务印书馆，1924.9，2 版，73 页，50 开（东方文库 第 25 种）

上海：商务印书馆，1925.6，3 版，73 页，50 开（东方文库 第 25 种）

上海：商务印书馆，1928，4 版，73 页，50 开

（东方文库 第 25 种）

本书收入论文 4 篇：《马克思的唯物史观》（范寿康述）、《马克思的理想及其实现的过程》（河上肇著、施存统译）、《唯物史观在马克思学上的位置》（榉田民藏著、施存统译）、《马克思主义的最近辩论》（化鲁译述）。

收藏单位：重庆馆、东北师大馆、国家馆、河南馆、江西馆、南京馆、山东馆、上海馆、天津馆、浙江馆

**00608**

**马克斯唯物历史理论**　（德）柯诺（Heinrich Cunow）原著　朱应祺　朱应会译

上海：泰东图书局，1930.11，147 页，32 开（马克斯研究丛书 7）

本书共 10 章，内容包括：经济与观念体、历史上的观念要素、马克斯和费儿巴黑、利益和观念体、唯物史观上传统和天才的作用等。

收藏单位：重庆馆、国家馆、吉林馆

**00609**

**人民群众在历史上的作用**　（苏）米丁（М. Митин）著

天津：读者书店，1949.6，25 页，32 开

收藏单位：东北师大馆、国家馆、吉林馆、辽宁馆、天津馆

**00610**

**人民群众在历史上的作用**　（俄）普列汉诺夫（Г. В. Плеханов）等著　唯真等译

北京：华北大学，1949.5，126 页，32 开

本书为华北大学参考用书。共 3 篇文章，内容包括：《论个人在历史上的作用》（普列汉诺夫）、《论人物在历史上的作用》（尤琴）、《人民群众在历史上的作用》（B. 伯那丁涅）。

收藏单位：国家馆

**00611**

**人民群众在历史上的作用**　（苏）尤琴（П. Ф. Юдин）等著　博古编译

张家口：新华书店晋察冀分店，1946.5，77 页

本书共两部分，内容包括：人民群众在历史上的作用、论人物在历史上的作用。编译者原题：秦博古。

**00612**

**社会存在与社会意识** （苏）尤琴（П. Ф. Юдин）等著　博古译

新华书店，1949，东北初版，156 页，32 开

本书收文 3 篇，内容包括：《社会存在与社会意识》（尤琴）、《社会存在与社会意识》（戈洛霍夫）、《观念在社会发展中的作用》（康士坦丁诺夫）。

收藏单位：东北师大馆、国家馆、山西馆

**00613**

**社会进步的哲学** （美）乌尔韦克（C. J. Urwick）原著　黄卓生译述

外文题名：Philosophy of social progress

上海：商务印书馆，1934.3，246 页，22 开

本书作者认为社会进步依赖于人们精神境界的状态和社会组织机构之协调。除导言外，分 10 章讨论社会与物质世界、有机生活、心的定律之间关系等。

收藏单位：重庆馆、东北师大馆、广东馆、广西馆、国家馆、湖南馆、吉林馆、江西馆、辽大馆、辽宁馆、南京馆、山东馆、上海馆、天津馆、浙江馆

**00614**

**社会意识学大纲** （俄）波格达诺夫（A. Bogdanow）著　陈望道　施存统译

上海：大江书铺，1929.5，462 页，32 开

上海：大江书铺，1929.12，再版，462 页，32 开

上海：大江书铺，1930.1，3 版，462 页，32 开，精装

上海：大江书铺，1930.3，4 版，462 页，32 开

上海：大江书铺，1931.2，5 版，462 页，32 开

上海：大江书铺，1932.7，6 版，462 页，32 开

上海：大江书铺，1933.3，7 版，462 页，32 开，精装

上海：大江书铺，1937，8 版，462 页，32 开

本书共 5 篇，内容包括：序论、原始社会意识时代、权威的社会意识时代、个人主义社会意识时代、集团主义的社会意识。

收藏单位：重庆馆、东北师大馆、广东馆、广西馆、国家馆、黑龙江馆、江西馆、近代史所、南京馆、山西馆、上海馆、首都馆、天津馆、浙江馆、中科图

**00615**

**社会意识学大纲** （俄）波格达诺夫（A. Bogdanow）著　陈望道　施存统译

上海：开明书店，1929.5，448 页，32 开

上海：开明书店，1935.2，7 版，462 页，32 开

上海：开明书店，1947，8 版，462 页，32 开

收藏单位：重庆馆、国家馆、吉林馆、江西馆、山东馆、上海馆、首都馆

**00616**

**社会与哲学的研究**（又名，哲学问题之唯物的研究）（法）拉法格（Paul Lafargue）著　张达译

外文题名：Social and philosophical studies

上海：新生命书局，1931.2，216 页，32 开

本书共 4 个章节：信神的几个原因、抽象观念的起源、正义观念的起源、善的观念的起源。

收藏单位：重庆馆、广东馆、国家馆、南京馆、上海馆、首都馆、天津馆、浙江馆、中科图

**00617**

**生物史观研究**　常燕生等著

上海：大光书局，1936.11，308 页，32 开（国论丛书）

本书收入论文：《生物史观研究》（常燕生）、《20 年来中国思想运动的总检讨与我们最后的觉悟》（常燕生）、《除三害》（常燕生）、《从生物学观点上所见的国家》（常燕生）、《文化与国家》（常燕生）、《进化与组织》（黄欣周）、《国人对于中国共产党运动应有的认识》（常燕生）、《对于现代中国个人主义文学潮流的抗议》（常燕生）、《法家思想的复兴与中国的起死回生之道》（常燕生）、《非

常时代下的中国国民和国策》(常燕生)、《从奴隶到主人》(常燕生)、《科学观点之转变》(黄欣周)、《互助与竞争》(宋涟波) 等。

收藏单位：重庆馆、东北师大馆、国家馆、南京馆、上海馆、浙江馆

**00618**

**生物史观与唯物史观　常燕生等著**

成都：国魂书店，1940.4，138 页，36 开 (国论丛书)

本书共 6 章，内容包括：史观的意义及其可能性、各派史观评述、生物史观研究、从生物学观点上所见的国家、生物史观与唯物史观的比较、辩证法与唯物史观。

收藏单位：重庆馆、国家馆、吉林馆、南京馆

**00619**

**史的唯物论　(德) 恩格斯 (Friedrich Engels) 著**

[汉口]：新汉出版社，1938.5，56 页，32 开

本书收入 3 篇文章：《史的唯物论》(恩格斯) (1892 年《从空想到科学的社会主义底发展》英译本序文)、《法兰西唯物论史》(马克思) (参照《神圣家族》遗稿集第 2 卷 212—242 页)、《马克思的唯物论及辩证法》(恩格斯) (1895 年马克思《经济学批判》之评论中抄录)。

收藏单位：贵州馆、国家馆、南京馆

**00620**

**史的唯物论　(苏) 萨可夫斯基著　叶作舟译**

上海：平凡书局，1930.5，2 册 (134+146 页)，22 开 (马克思学体系 第 3—4 分册)

本书共 4 部分，内容包括：马克思主义之历史的准备、达尔文和马克思、自然的条件和技术、基础及上层建筑的理论。

收藏单位：国家馆、南京馆、上海馆

**00621**

**史的唯物论　(俄) 塞姆柯甫士基原著　刘沁仪译**

上海：春秋书店，1930.8，2 册 (204+173 页)

(社会科学教科书 3—4 册)

本书上册包括 3 部分内容：马克斯主义之历史的准备、达尔文与马克斯、自然条件与技术；下册包括 3 部分内容：基础及上层建筑的理论、理论之精炼、阶级。

**00622**

**史的唯物论　(苏) 亚达米阳 (Адамян) 著　康敏夫译**

上海：南国出版社，1937.3，153 页，32 开

上海：南国出版社，1941.1，162 页，32 开

本书共 8 章，内容包括：马克思和恩格斯之前的思想家底唯物史观要素，形成马克思和恩格斯之唯物史观问题的见解，辩证法的唯物论和唯物史观，社会的合法则性问题，当作社会科学与实践的行动方法的史的唯物论，构成态、生产样式、制度，社会发展的理论，史的唯物论的最近发展。

收藏单位：重庆馆、黑龙江馆、吉大馆、吉林馆、江西馆

**00623**

**史的唯物论　(苏) 亚达米阳 (Адамян) 著　康敏夫译**

上海：神州国光社，1949.8，162 页，36 开

收藏单位：东北师大馆、广东馆、国家馆、天津馆

**00624**

**史的唯物论　(苏) 亚达米阳 (Адамян) 著　康敏夫译**

上海：言行出版社，1938，153 页，32 开 (大学文库 第 1 辑)

收藏单位：上海馆

**00625**

**史的唯物论 (社会学的体系)　(苏) 布哈林 (Н. Бухарин) 著　郭仕莪译**

上海：乐群书店，1931，443 页，25 开

本书内容包括：社会科学中之目的论与结果论、辩证法的唯物论、社会与自然界之平衡、阶级与阶级争斗等。

收藏单位：北大馆、国家馆、吉林馆、近

代史所、南京馆、上海馆

**00626**

**史的唯物论概说** （德）波洽特 (J. Borchardt)
著　汪馥泉译
外文题名：Der Historische Materialismus
上海：神州国光社，1930.3，113 页，32 开（社会科学名著丛刊）
上海：神州国光社，1934，再版，113 页，32 开（社会科学名著丛刊）

　　本书共 7 章，内容包括：什么是历史——有产者的（精神的）史观、物质的欲望与"经济状态"——这及于历史的事件的外表上的影响——对于这见解的否认、我们在历史上可说明什么——就原因和结果、社会的变革底概念、史的唯物论如何地说明社会的变革、经济和思想底关系、结论——马克思自己底关于史的唯物论的叙述。据日译本转译。

　　收藏单位：北师大馆、重庆馆、国家馆、江西馆、南京馆、山西馆、浙江馆

**00627**

**史的唯物论入门** （德）波洽特 (J. Borchardt)
著　铎梅译
上海：社会科学研究社，1949.4，109 页，36 开

　　本书著者原题：博洽德。

　　收藏单位：重庆馆、广东馆、国家馆、黑龙江馆、南京馆、上海馆、天津馆

**00628**

**史的唯物论新读本**（原名，史的唯物论概说）
（德）波洽特 (J. Borchardt) 著　汪馥泉译
外文题名：Der Historische Materialismus
上海：言行出版社，1939.11，108 页，32 开

　　收藏单位：重庆馆、国家馆、黑龙江馆、吉林馆

**00629**

**史的唯物主义** （意）拉伯利奥拉 (Labriola)
原著　黄药眠译
外文题名：Essays on the materialistic conception
of history
上海：江南书局，1929.12，210 页，32 开

　　本书介绍历史唯物主义的基本观点，共 11 章。

　　收藏单位：重庆馆、东北师大馆、国家馆、上海馆、浙江馆

**00630**

**史的一元论** （俄）普列汉诺夫 (Г. В. Плеханов)
著　吴念慈重译
上海：南强书局，1929.6，462 页，32 开
上海：南强书局，1930.4，再版，462 页，32 开
上海：南强书局，1935，3 版，462 页，32 开

　　本书共 6 章，内容包括：十八世纪底法兰西唯物论、王政复古时代底法兰西史家、空想的社会主义者、德意志观念论哲学、近代唯物论、结论。曾用名：论一元论历史观的发展。著者原题：蒲列哈诺夫。

　　收藏单位：重庆馆、东北师大馆、国家馆、黑龙江馆、湖南馆、吉林馆、江西馆、近代史所、辽宁馆、南京馆、山东馆、上海馆、绍兴馆、首都馆、天津馆、浙江馆、中科图

**00631**

**史观与唯物史观**　暴风著
立煌（安徽）：公论月刊社，1944，26 页，36 开

　　收藏单位：安徽馆

**00632**

**思想起源论** （法）拉法格 (Paul Lafargue)
著　刘初鸣译
外文题名：Déterminisme économique de Karl Marx
上海：辛垦书店，1930.10，598 页，32 开
上海：辛垦书店，1932.6，再版，598 页，32 开
上海：辛垦书店，1935，3 版，598 页，32 开

　　本书分 6 编：科学的历史方法、抽象思想底起源、正义思想底起源、善底思想底起源、灵魂思想底起源和进化、上帝的信仰。书末附录《蒲洛麦得底神话》。著者原题：拉发格。

　　收藏单位：重庆馆、东北师大馆、广东馆、国家馆、江西馆、近代史所、南京馆、山东馆、山西馆、上海馆、首都馆、浙江馆、中科图

00633

**唯物史观** （苏）布哈林（Н. Бухарин）著
陶伯译

外文题名：Теория исторического материализма

上海：泰东图书局，1930.4，3 册（732+28+ 120
页），32 开

上海：泰东图书局，1930.10，再版，3 册（731+
28+120 页），32 开

　　本书上册除导言——社会科学之实际义
意外，共 5 章：社会科学中之原因论与目的
论、有定论与无定论（必然与意志自由）、辩
证法的唯物论、社会、社会与自然界之平衡；
中册 1 章：社会内各种成份间之平衡；下册 2
章：社会平衡之破坏与恢复、阶级与阶级斗
争。书末附录《对于历史唯物论之几个简要
的附注》（布哈林）、《提问》（拉叶夫斯基）。

　　收藏单位：重庆馆、东北师大馆、国家
馆、湖南馆、南京馆、上海馆、首都馆、浙
江馆

00634

**唯物史观** （俄）普列汉诺夫（Г. В. Плеханов）
著　史鲁岩译

上海：社会书店，1930，72 页，42 开（社会
小丛书）

　　本书著者原题：蒲列哈诺夫。

　　收藏单位：近代史所、首都馆

00635

**唯物史观**　吴黎平　艾思奇著

解放社，1939，273 页，32 开

　　收藏单位：东北师大馆、国家馆

00636

**唯物史观**　吴黎平　艾思奇编著

[阜平]：晋察冀日报社，1940.3，233 页，32
开

　　收藏单位：国家馆

00637

**唯物史观**　吴黎平　艾思奇著

辽东建国书社，1946，191 页，32 开

　　收藏单位：重庆馆、黑龙江馆、辽宁馆、

上海馆

00638

**唯物史观**　吴黎平　艾思奇著

[黎城]：新华日报华北分馆，1939，272 页，
32 开

　　收藏单位：重庆馆

00639

**唯物史观**　吴黎平　艾思奇著

出版者不详，[1939]，154 页，32 开

　　收藏单位：北大馆、国家馆、近代史所、
浙江馆

00640

**唯物史观**　吴黎平　艾思奇著

出版者不详，[1930—1939]，26 页，32 开

　　本书为沪江大学史地科讲义。内容包括：
科学历史观的几个基本论点、生产力与生产
关系、国家政权、民族与民族斗争等。

　　收藏单位：浙江馆

00641

**唯物史观**　中国青年社编辑

上海：上海书店，1925.2，36 页，32 开（中国青
年社丛书 第 2 种）

上海：上海书店，1925.7，3 版，36 页，32 开
（中国青年社丛书 第 2 种）

上海：上海书店，1925.9，4 版，36 页，32 开
（中国青年社丛书 第 2 种）

上海：上海书店，1926.1，再版，52 页，32 开（中
国青年社丛书第 2 种）

　　本书介绍历史唯物论的产生和内容。共 4
章：唯物史观的前提、唯物史观的历史、唯物
史观与社会组织、唯物史观与社会制度。书
末附参考书目。

　　收藏单位：重庆馆、国家馆、近代史所

00642

**唯物史观**　中国青年社编辑

长沙：文化书社，1925.10，5 版，36 页，32 开
（中国青年社丛书 第 2 种）

　　本书介绍历史唯物论的产生和内容。共 4

部分，内容包括：唯物史观的前提、唯物史观的原文、唯物史观与社会组织、唯物史观与社会制度。书末附参考书目。

　　收藏单位：湖南馆

00643

**唯物史观（科学的历史观）　吴黎平　艾思奇著**

[沈阳]：东北新华书店远东分店，1949.9，189 页，32 开

　　收藏单位：北大馆、天津馆

00644

**唯物史观 ABC　刘宜之著**

上海：平凡书局，1929.10，86 页，32 开（平凡丛书 6）

　　本书共 8 章，内容包括：唯物论与唯心论、唯物史观、唯物史观底意义、巴苦儿底物质的历史观、《经济学批评》底序言、阶级冲突、马克思底《资本论》结论。著者原题：刘毅志。

　　收藏单位：重庆馆、东北师大馆、国家馆、南京馆、上海馆、天津馆

00645

**唯物史观大纲　（苏）布哈林（Н. Бухарин）著　伊凡　梅根译**

上海：平凡书局，1930.8，再版，608 页，25开

　　本书共 8 章，内容包括：社会科学中的原因与目的（原因论与目的论）、有定论与无定论（必然论与自由意志论）、辩证的唯物论、社会、社会与自然之间的平衡、社会各要素间底平衡、社会平衡底破坏和恢复、阶级与阶级争斗。附录《历史的唯物论底立场》。

　　收藏单位：重庆馆、国家馆、上海馆

00646

**唯物史观大纲　（苏）布哈林（Н. Бухарин）著　伊凡　梅根译**

上海：社会经济学社，1930，608 页，32 开（社会学科名著）

上海：社会经济学社，1930，再版，608 页，32

开（社会科学名著）

　　收藏单位：重庆馆、近代史所

00647

**唯物史观的改造　胡一贯　张文心译**

上海：新生命书局，1930.4，208 页，32 开

　　本书共 6 章，内容包括：唯物史观的根本观念、唯物史观之心理的起点、社会的发展动力的欲望、经济及社会生活、社会阶级与阶级斗争、资本主义经济制度的崩坏。

　　收藏单位：重庆馆、广东馆、广西馆、国家馆、湖南馆、吉大馆、吉林馆、江西馆、南京馆、上海馆、首都馆、天津馆

00648

**唯物史观的根本问题　（俄）普列汉诺夫（Г.В. Плеханов）著　刘侃元译**

上海：春秋书店，1930.10，204+173 页，32 开

　　本书分上、下编。上编包括：唯物史观之历史的准备、达尔文与马克斯、自然条件与技术；下编包括：基础及上层建筑的理论、理论之精炼、阶级。著者原题：普列哈诺夫。

　　收藏单位：东北师大馆、国家馆、吉林馆、山西馆、上海馆、四川馆

00649

**唯物史观的基础　（日）河上肇著　巴克译**

上海：明日书店，1930.3，112 页，32 开（科学的社会科学丛书 1）

上海：明日书店，1930，再版，112 页，32 开（科学的社会科学丛书 1）

　　本书译自著者《经济学研究》一书的第 13—14 章。论述唯物史观产生和发展的过程，内容包括：译者序、唯物史观的基础、昂格斯与唯物史观。

　　收藏单位：安徽馆、重庆馆、东北师大馆、广东馆、国家馆、吉大馆、吉林馆、江西馆、上海馆、天津馆

00650

**唯物史观的哲学　（苏）哥列夫（Н. Бухарин）著　屈章译**

上海：明日书店，1930.3，257页，32开（科学的社会科学丛书2）

上海：明日书店，1930.9，再版，257页，32开（科学的社会科学丛书2）

本书介绍唯物史观的内容、来源、发展和作用。分11部分：何为哲学、唯心论与唯物论、近代唯物论的发展、现代唯物论与科学、唯物论的历史观、阶级观与国家论、唯物论与宗教及道德、唯物论的艺术观、唯物哲学与阶级斗争、辩证法与科学、科学之对象——社会。著者原题：郭列夫。

收藏单位：重庆馆、东北师大馆、贵州馆、国家馆、江西馆、上海馆、天津馆

00651

**唯物史观讲话 （日）永田广志著 阮均石译**
新知书店，1937.8，354页，25开

上海：新知书店，1938.8，再版，354页，25开
桂林：新知书店，1939.1，3版，354页，25开

本书共9章，内容包括：辩证唯物论与史的唯物论底背景、辩证法的和史的唯物论底发展、唯物论与观念论、辩证唯物论、史的唯物论之科学、布尔乔亚社会学说与史的唯物论、社会底经济结构、阶级与国家、意识形态论。

收藏单位：重庆馆、桂林馆、国家馆、吉林馆

00652

**唯物史观解说 （荷）郭泰（Hermann Gorter）著 李达译**
上海：中华书局，1921.5，12+134页，32开（新文化丛书）

上海：中华书局，1925，4版，12+134页，32开（新文化丛书）

上海：中华书局，1927，6版，12+134页，32开（新文化丛书）

上海：中华书局，1927，8版，12+134页，32开（新文化丛书）

上海：中华书局，1928.9，9版，12+134页，32开（新文化丛书）

上海：中华书局，1929.9，10版，12+134页，32开（新文化丛书）

上海：中华书局，1930，11版，12+134页，32开（新文化丛书）

上海：中华书局，1932.8，12版，12+134页，32开（新文化丛书）

上海：中华书局，1936.8，14版，12+134页，32开（新文化丛书）

本书共14章，内容包括：本书之目的、历史的唯物论与哲学的唯物论、这学说的内容、实例之说明、科学智识学问、发明、法律、政治、习惯与道德、宗教与哲学、艺术、结论、真理之力、个人之力。书前有柯祖基序。书末附录《马克思唯物史观要旨》译者附言。

收藏单位：重庆馆、广西馆、国家馆、湖北馆、湖南馆、吉大馆、江西馆、南京馆、山西馆、绍兴馆、首都馆、浙江馆

00653

**唯物史观精义 吴恩裕著**
上海：观察社，1948.6，71页，32开（观察丛书3）

上海：观察社，1948.7，再版，71页，32开（观察丛书3）

上海：观察社，1948.7，3版，71页，32开（观察丛书3）

上海：观察社，1948.8，4版，71页，32开（观察丛书3）

上海：观察社，1948.10，5版，71页，32开（观察丛书3）

上海：观察社，1949.3，6版，71页，32开（观察丛书3）

上海：观察社，1949，7版，71页，32开（观察丛书3）

本书论述历史唯物主义的基本理论，包括政治、道德、人性、社会、和平等方面。书前有作者自序。

收藏单位：北大馆、重庆馆、东北师大馆、国家馆、黑龙江馆、江西馆、近代史所、南京馆、山西馆、首都馆、浙江馆、中科图

00654

**唯物史观略解 （日）桥野升著 吕一鸣译**
北平：北新书局，1927.3，再版，47页，50开

（社会经济小丛书1）
北平：北新书局，1929.5，3版，47页，50开
（社会经济小丛书1）

　　本书共9章，内容包括：唯物史观与哲学上的唯物论、唯物史观与精神的史观、唯物史观的大意、唯物史观与人的物质的欲望、生产力与社会组织、生产关系与思想、阶级斗争与社会进化、唯物史观与近世社会主义、结论。书前有作者序。

　　收藏单位：重庆馆、上海馆

00655

唯物史观批驳　（美）波伯尔（M. M. Bober）著　史闻天编译
外文题名：Some critical considerations of Marx's theory of history
南京：中日文化协会，1941.4，128页，32开（青年丛书）

　　本书共5章，内容包括：唯物史观的要义、唯物史观的考验、唯物史观的偏狭、唯物史观之逻辑上的弱点、唯物史观的评价。书前有译者序。

　　收藏单位：国家馆、吉林馆、南京馆、首都馆、天津馆、浙江馆、中科图

00656

唯物史观批判　毛起鷃编
重庆：独立出版社，1942.5，140页，32开

　　本书收入论文9篇：《论唯物辩证派之历史哲学》（黎东方）、《唯物史观在历史哲学上之价值》（刘檀贵）、《从互涉的观点来看唯物史观》（虞愚）、《唯物史观与道德》（谢幼伟）、《列宁主义就是唯物史观的否定》（张铁君）、《我之"唯物史观"观》（李长之）、《生生哲学与民生史观的连系》（贺岳僧）、《唯物史观与唯物辩证法述评》（张君劢）、《史观与人生》（毛起鷃）。书末附编后记。

　　收藏单位：重庆馆、广西馆、国家馆、南京馆、浙江馆

00657

唯物史观批评　柳絮译
南华书店，1928，65页，32开（南华社丛书1）

本书收入两篇论文：《循环又飞翔的人类历史》（八太舟三）、《唯物史观》（辛考维基）。书前有译者序。

00658

唯物史观浅释　刘宜之著
[广州平民书店]，1927.12，5版，64页，32开

　　收藏单位：浙江馆

00659

唯物史观浅释　刘宜之著
[广州]：国光书店，1923.13，3版，64页，32开
[广州]：国光书店，1925.3，4版，64页，32开

　　收藏单位：国家馆

00660

唯物史观浅释　刘宜之著
上海：上海书店，1923.4，64页，32开
上海：上海书店，1925.7，4版，64页，32开
　　收藏单位：广东馆、国家馆、浙江馆

00661

唯物史观研究　（日）河上肇著　郑里镇译
上海：文华书局，1930，218页，32开

　　本书分上、下两篇。上篇研究共7章，内容包括：见于"经济学批评"序言的唯物史观公式、唯物史观公式的一节、唯物史观所谓"生产""生产力""生产关系"的意义、唯物史观的必然论、见于"共产宣言"的唯物史观、见于"资本论"的唯物史观、唯物史观的要领；下篇翻译共5章，内容包括：唯物史观略解、唯物史观与宿命论与个人努力、唯物史观与因果律与精神生活、唯物史观与实际的理想主义、科学的社会主义与唯物史观。

　　收藏单位：广西馆、上海馆、中科图

00662

唯物史观研究　华汉编
上海：现代书局，1931，2册（166+175页），32

开（社会科学丛书14—15）

上海：现代书局，1932—1933，再版，2册（166+175页），32开（社会科学丛书14—15）

　　本书分上、下两册，上册主要讲述辩证唯物主义，下册为历史唯物主义。上册6章：绪论、哲学中的唯心论和唯物论、唯物史观的哲学基础、唯物史观之历史的准备、达尔文主义与马克斯主义、唯物史观；下册6章：社会构成的三个前提、社会基础分析、社会建筑分析、唯物史观批判之批判、唯物史观在中国所引起的争论等。

　　收藏单位：重庆馆、东北师大馆、国家馆、吉大馆、近代史所、上海馆、首都馆、浙江馆

00663

**唯物史观研究　中华学艺社编**

上海：商务印书馆，1926.2，160页，25开（学艺汇刊12）

上海：商务印书馆，1927，再版，160页，25开（学艺汇刊12）

上海：商务印书馆，1933，国难后1版，160页，25开（学艺汇刊12）

　　本书收入论述马克思唯物史观的论文7篇：《经济学批评序中之唯物史观公式》（何崧龄）、《唯物史观公式中之一句》（何崧龄）、《唯物史观中所谓"生产""生产力""生产关系"的意义》（何崧龄）、《马克斯主义经济学》（陈昭彦）、《马克斯之资本复生产论》（萨孟武）、《亚丹斯密与马克斯之关系》（资耀华）、《马克斯和近时的批评家》（李希贤）。

　　收藏单位：重庆馆、东北师大馆、贵州馆、国家馆、黑龙江馆、湖南馆、近代史所、南京馆、绍兴馆、首都馆、天津馆、浙江馆

00664

**唯物史观之批评的研究　（美）波伯尔（M. M. Bober）著　刘天予译**

外文题名：Some critical considerations of Marx's theory of history

上海：大东书局，1931.2，154页，32开

　　本书共5章，内容包括：唯物史观的要旨、唯物史观与历史事实、唯物史观的狭隘、唯物史观之逻辑的弱点、唯物史观在社会科学中的地位。书前有译者序。著者原题：波伯耳。

　　收藏单位：重庆馆、国家馆、湖南馆、江西馆

00665

**西洋文明与唯物主义　（日）荒村晓月编**

北京：北新书局，1927.6，30+26页，32开

上海：北新书局，1928.1，再版，30+26页，32开

　　本书收两篇演讲：《我们对于西洋近代文明的态度》（胡适）、《唯物主义底警钟响了》（刘弄潮）。

　　收藏单位：重庆馆、国家馆、黑龙江馆、吉林馆、南京馆、浙江馆

00666

**新哲学概论　刘宜之著**

上海：中学生书局，1933，86页，36开

　　本书内容与刘宜之著《唯物史观浅释》相同。著者原题：刘毅芝。

　　收藏单位：上海馆

00667

**在历史观中底唯心主义与唯物主义　（法）弱海时（J. Jaures）（法）拉法格（Paul Lafargue）著　青锐译**

上海：辛垦书店，1930.2，109页，32开

上海：辛垦书店，1933.3，再版，109页，32开

上海：辛垦书店，1935.5，3版，109页，32开

　　本书内收弱海时和拉法格两人的哲学论战演说。二者的论战表明了马克思主义与修正主义者的理论分歧与斗争。书末有译者附语《我对于心物调和史观底意见》一文。著者"拉法格"原题：拉发格。

　　收藏单位：重庆馆、广西馆、国家馆、吉林馆、江西馆、南京馆、上海馆、首都馆、浙江馆、中科图

00668

**政治的经济基础　（英）比雅德（C. A. Beard）原著　张金鉴译述**

长沙：商务印书馆，1939.6，[12]+100页，32开（社会科学小丛书）

本书为《经济的政治基础》的另一译本。收作者讲稿4篇：《哲学家的理论》《经济组别与国家机构》《政治平等的理论》《理论与事实的矛盾和结果》，着重从历史进程阐明政治组织与经济基础的密切关系。

收藏单位：东北师大馆、广东馆、广西馆、国家馆、吉林馆、江西馆、南京馆、上海馆

# 哲学流派及其研究

## 00669

反对经验主义　艾思奇著

哈尔滨：东北书店，1948.7，19页，32开

哈尔滨：东北书店，1948.8，再版，19页，32开

中共中央在1948年土改与整党工作的指示中提出反对经验主义。本书作者阐明经验主义思想方法是主观主义的一种形式，是唯心主义的、反辩证唯物论的，分析了经验主义产生的根源与克服的方法。

收藏单位：广东馆、国家馆、湖北馆、辽宁馆、南大馆、南京馆、山西馆、天津馆

## 00670

观念论（新哲学大纲新增附录）（苏）赛夫金（V. Schefkin）著　郑易里译

北平：国际文化社，1938.5，32页，32开

北平：国际文化社，1938，再版，32页，32开

本书原为《苏联大百科全书》条目，阐述唯心论的认识论根源、阶级根源、流派，以及俄国的唯心论等。

收藏单位：重庆馆、国家馆、上海馆

## 00671

赫克尔一元哲学（又名，世界疑谜）（德）赫克尔（E. Haeckel）著　马君武译

外文题名：Die Welträtsel

上海：中华书局，1920.8，2册（[20]+370+22页），32开，精装（新文化丛书）

上海：中华书局，1920.10，再版，2册（[20]+370+22页），32开（新文化丛书）

上海：中华书局，1921.2，3版，2册（[20]+370+22页），32开，精装（新文化丛书）

上海：中华书局，1921.10，4版，2册（[20]+370+22页），32开（新文化丛书）

上海：中华书局，1924，5版，2册（[20]+370+22页），32开（新文化丛书）

上海：中华书局，1926，6版，2册（[20]+370+22页），32开（新文化丛书）

上海：中华书局，1927.12，7版，2册（[20]+370+20页），32开（新文化丛书）

上海：中华书局，1929.11，8版，2册（[20]+370+22页），32开（新文化丛书）

本书共4篇，第1篇论人类，讲述人类进化；第2篇论灵魂，讲述思维形成历史；第3篇论世界，讲述基本物质规律；第4篇论上帝，解释宗教的产生。书末附录《认识论》《心理学在生物科学系中之位置》《灵魂生活进化之主要阶级》《一元主义及二元主义之根本冲突》。

收藏单位：重庆馆、东北师大馆、广东馆、广西馆、桂林馆、国家馆、河南馆、黑龙江馆、湖南馆、吉林馆、江西馆、南京馆、山东馆、山西馆、首都馆、浙江馆、中科图

## 00672

怀疑论集　（英）罗素（B. Russell）著　严既澄译

外文题名：Sceptical essays

上海：商务印书馆，1932.11，[404]页，32开，精装（汉译世界名著）

上海：商务印书馆，1933.12，2册（194+210页），32开（汉译世界名著）（万有文库第1集102）

本书阐述对科学、哲学、政治、教育、心理学诸方面所持的怀疑态度。共17章，内容包括：梦想和事实、科学是否迷信的、人类能是理性的么、二十世纪的哲学、机器与感情、行为主义与价值、东方的和西方的快乐的理想、好人所作的害处、清净教派之复活、政治上的怀疑主义之需要、自由的思想与官厅的煽动、社会中的自由、教育中的自由与权威、心理学与政治、信条战争的危险等。

收藏单位：安徽馆、重庆馆、大连馆、东北师大馆、广东馆、广西馆、贵州馆、国家馆、黑龙江馆、湖北馆、湖南馆、江西馆、南京馆、上海馆、首都馆、天津馆、武大馆、浙江馆

**00673**

**进化哲学　瞿世英著**

上海：世界书局，1934.6，70页，32开（哲学丛书）

上海：世界书局，1934.10，再版，70页，32开（哲学丛书）

本书阐述哲学史上的进化概念及几派进化论思想家的理论。

收藏单位：重庆馆、东北师大馆、广东馆、广西馆、贵州馆、国家馆、江西馆、近代史所、南京馆、山东馆、上海馆、浙江馆

**00674**

**近代唯心论简释　贺麟著**

重庆：独立出版社，1942.6，352页，32开

重庆：独立出版社，1944，再版，352页，32开

本书汇集 15 篇论文：《近代唯心论简释》《时空与超时空》《知行合一新论》《宋儒的思想方法》《怎样研究逻辑》《辩证法与辩证观》《斯宾诺莎的生平及其学说大旨》《康德名词的解释和学说的大旨》《论意志自由》《论道德进化》《文化的体与用》《五伦观念的新检讨》《最近西洋机械人生观之论战》《评赵懋华叔本华学派的伦理学》《与友人论宋儒太极说之转变》。书末附录《最近五十年来的西洋哲学》。

收藏单位：重庆馆、东北师大馆、国家馆、黑龙江馆、吉大馆、吉林馆、江西馆、近代史所、南京馆、上海馆、天津馆、浙江馆

**00675**

**康德学述　郑昕著　中国哲学会西洋哲学名著编译委员会主编**

上海：商务印书馆，1946.11，298页，32开

本书是对康德《纯粹理性批判》一书的提要和诠释。共 3 部分，内容包括：康德对玄学之批评、康德论知识、附录真理与实在。书前有作者弁言及《读哲学》（代序）。

收藏单位：重庆馆、东北师大馆、广东馆、广西馆、国家馆、湖南馆、近代史所、辽宁馆、南京馆、山东馆、山西馆、上海馆、浙江馆

**00676**

**科学与真理　叶青著**

出版者不详，1930，[45] 页，25开

本书论述自培根开始至现代西方哲学为止关于真理观的发展。共 11 章，分述经验主义、感觉主义、人本主义、主观主义、工具主义、自由主义、意志主义、二元主义、多元主义、实用主义各派的真理观。为《二十世纪》1 卷 1 期抽印本。

**00677**

**朗格唯物论史　（德）朗格（Friederick Albert Lange）著　李石岑　郭大力译**

外文题名：Geschichte des Materialismus

上海：中华书局，1936.8，2 册（506+592 页），22开，精装

上海：中华书局，1941.3，再版，2 册（506+592页），22开，精装

本书为大学用书，分上、下两卷，各分为 4 篇。上卷：古代的唯物论、过渡时期、十七世纪的唯物论、十八世纪的唯物论；下卷：近世哲学、自然科学、人与心（自然科学之续）、伦理的唯物论与宗教。

收藏单位：重庆馆、东北师大馆、广东馆、国家馆、黑龙江馆、湖南馆、吉大馆、江西馆、近代史所、南京馆、上海馆、武大馆、中科图

**00678**

**论主观主义　艾思奇著**

天津：知识书店，1949.2，31页，36开

天津：知识书店，1949，增订本，40页，36开

天津：知识书店，1949.3，增订再版，40页，36开

本书共 6 部分，内容包括：主观主义之来源、反对主观主义、学习观念的革新、学习

与行动结合、论精通业务、反对经验主义。

　　收藏单位：国家馆、天津馆

00679

**人本论　马璧著**

重庆：商务印书馆，1943.12，160 页，32 开

　　本书是一部讨论人的地位的哲学著作。作者认为，人类为世界本体，人民为社会本质，人生目的是求生，方法论区别思维活动与事物活动并具有不同法则。共 4 章，内容包括：本体论、目的论、认识论、方法论。

　　收藏单位：重庆馆、贵州馆、国家馆、南京馆

00680

**人的灵性　（法）万岚山（A. Valensin）著　王继文译**

外文题名：Balthazar

北平：光启学院，1948.8，26 页，22 开（人生小丛书）

　　本书由第一对话与第二对话构成。反对人的思维能力是物质长期发展的结果的说法。书前有译者小引。

　　收藏单位：国家馆、天津馆

00681

**人类理解研究　（英）休谟（D. Hume）著　关琪桐译　中华教育文化基金董事会编译委员会编辑**

上海：商务印书馆，1936.12，[14]+152 页，25 开

北京：商务印书馆，1937，重排本，138 页，32 开

　　本书即《人之悟性论》的另一译本。分为 12 章：各派哲学、观念的起源、观念的联络、关于理解作用的一些怀疑、自由和必然、动物的理性、怀疑哲学等。书前有译者小引及休谟自传。

　　收藏单位：东北师大馆、广东馆、国家馆、黑龙江馆、湖南馆、南京馆、山西馆、上海馆、绍兴馆、首都馆、天津馆、浙江馆

00682

**人之悟性论　（英）休谟（D. Hume）著　伍光建译**

外文题名：An enquiry concerning human understanding

上海：商务印书馆，1930.4，3 册（[17]+90+109+85 页），32 开（汉译世界名著）（万有文库 第 1 集 99）

上海：商务印书馆，1933，[17]+[199]+85 页，32 开，精装（汉译世界名著）

　　本书共 12 章，内容包括：论各种哲学、论观念之源、论联想、关于悟性工作之怀疑、此多数疑团之怀疑的解决、论谈必性、论必然关系之观念等。附有补篇，选录《人性论》有关章节。书前有译者序、出版人序、休谟自传。

　　收藏单位：安徽馆、重庆馆、大连馆、东北师大馆、贵州馆、国家馆、黑龙江馆、湖南馆、江西馆、辽大馆、南京馆、上海馆、首都馆、天津馆、浙江馆

00683

**社会哲学与政治哲学　毋忘笔记**

出版者不详，494 页，32 开

　　收藏单位：南京馆

00684

**生命之不可思议　（德）赫克尔（E. Haeckel）著　刘文典译**

外文题名：Die Lebenswunder

上海：商务印书馆，1922.10，503 页，32 开（共学社哲学丛书）

上海：商务印书馆，1925，再版，503 页，32 开（共学社哲学丛书）

上海：商务印书馆，1926.11，3 版，503 页，32 开（共学社哲学丛书）

　　本书是一部讲解生物生命的产生、进化的通俗性读物。共 18 章，内容包括：真理、生命、灵异、生命的科学、死、原形质、摩内拉、营养、生殖、运动、感觉、精神的生活、生命之起源、生命之进化、生命之价值、道德、二元论、一元论。书前有译者序。著者原题：海凯尔。

　　收藏单位：重庆馆、国家馆、河南馆、吉

林馆、辽宁馆、南京馆、上海馆、首都馆、天津馆、浙江馆、中科图

**00685**

**实验主义 胡适著**

北京：学术讲演会，1919，66 页，22 开（学术讲演录）

本书是胡适在学术讲演会上作的题为"实验主义"（实用主义）的演说稿，共 7 部分：引论、皮耳士——实验主义的发起人、詹姆士的心理学、詹姆士论实验主义、杜威哲学的根本观念、杜威论思想、杜威的教育哲学。

收藏单位：重庆馆、广东馆、国家馆、吉林馆、南京馆、上海馆、首都馆

**00686**

**实验主义 （英）莫越（D. Murray）著 方东美译**

外文题名：Pragmatism

上海：中华书局，1920.11，100 页，32 开（哲学丛书）

上海：中华书局，1921，2 版，100 页，32 开（哲学丛书）

上海：中华书局，1922.2，3 版，100 页，32 开（哲学丛书）

上海：中华书局，1928，4 版，100 页，32 开（哲学丛书）

上海：中华书局，1933，5 版，100 页，32 开（哲学丛书）

本书分 8 章：实验主义的原始、新心理学、认识上的意志、武断主义的穷途、真理与谬误的问题、形式伦理学的失败、唯智主义的破产、思想与人生等。书前有席勒（F. C. Schiller）的序。书后有参考书举要。

收藏单位：重庆馆、东北师大馆、国家馆、湖南馆、江西馆、辽宁馆、南京馆、山东馆、上海馆、首都馆、天津馆、浙江馆

**00687**

**实用主义 （美）詹姆士（W. James）著 孟宪承译**

外文题名：Pragmatism

上海：**商务印书馆**，1924.1，203 页，32 开（尚志学会丛书）

上海：**商务印书馆**，1928.5，再版，203 页，32 开（尚志学会丛书）

上海：**商务印书馆**，1930.4，2 册（112+97 页），32 开（汉译世界名著）（万有文库第 1 集 80）

上海：**商务印书馆**，1932，国难后 1 版，203 页，32 开（尚志学会丛书）

本书原系作者于 1906 年 11—12 月在波士顿罗威研究所及 1907 年 1 月在纽约哥伦比亚大学的讲演录。共 8 篇，内容包括：哲学上现在的两难、实用主义的意义、玄学上几个问题从实用主义上研究、一与多、实用主义与常识、实用主义的真理概念、实用主义与人本主义、实用主义与宗教。著者原题：乾姆斯。

收藏单位：安徽馆、北师大馆、重庆馆、大连馆、东北师大馆、广东馆、贵州馆、国家馆、湖南馆、吉林馆、江西馆、辽大馆、南京馆、上海馆、首都馆、天津馆、浙江馆

**00688**

**实用主义批判 V. J. 密克寄尔著 刘涟译**

上海：新人出版社，1941.3，65 页，32 开（哲学小丛书 2）

收藏单位：南京馆

**00689**

**实证主义概观 （法）孔德（A. Comte）著 萧赣译**

长沙：商务印书馆，1938，433 页，32 开（汉译世界名著）

本书论述实证主义认识论及社会政治观、伦理思想等。共 6 章，内容包括：实证主义之知的特性、实证主义对工人阶级之影响、实证主义对妇女之影响、实证主义与艺术之关系等。

收藏单位：重庆馆、东北师大馆、广东馆、广西馆、国家馆、湖南馆、吉林馆、南京馆、首都馆、浙江馆

**00690**

**说中 刘锦标著**

关东印书局，1930.12，59 页，18 开
关东印书局，1933，再版，59 页，18 开

本书阐述"中"的含义、"中"的观念在中外思想和社会里的地位与影响。书中罗列了古代帝王以及孔夫子、穆罕默德、亚里士多德等人有关"中"的论述。

收藏单位：国家馆、南京馆、山东馆、首都馆

## 00691

**突创进化论** （美）摩尔根（L. Morgan）著 施友忠译

外文题名：Emergent evolution

长沙：商务印书馆，1938.1，11+329 页，32 开（汉译世界名著）

本书共 10 讲：突创现象、属心的与非属心的、结构、指及、记忆、意像、论实在、视觉与接触、相对性论、因果关系与因果力。书前有著者序。

收藏单位：重庆馆、东北师大馆、广东馆、贵州馆、国家馆、黑龙江馆、辽宁馆、南京馆、上海馆、首都馆、天津馆

## 00692

**唯生进化论**　袁月楼编著

重庆：正中书局，1944.6，70 页，32 开
上海：正中书局，1946，沪 1 版，70 页，32 开

本书略述唯生进化论的基本观点，分 6 章对唯生进化论的意义、派别、动因、原则、程序、目标加以论述。书前有作者弁言。

收藏单位：重庆馆、东北师大馆、广东馆、国家馆、辽大馆、辽宁馆、南京馆、上海馆、天津馆

## 00693

**唯心哲学**　（英）赫恩利（R. F. A. Hoernle）著　傅统先译

外文题名：Idealism as a philosophy

上海、昆明：中华书局，1941，16+200 页，25 开

本书为大学用书。论述唯心论的基本特点和各种形态。共 11 章，内容包括：导论、小引及精神的多元论、精神的一元论、批判

的唯心论、绝对的唯心论学等。书前有译者序、著者序。

收藏单位：国家馆、上海馆

## 00694

**文化学之能学的基础**　（德）欧斯特瓦尔德（F. W. Ostwald）原著　马酒忠译

太原：社会书店，1937.3，262 页，32 开（能学丛书 第一种）

本书作者持唯能论观点，认为生物存在和构造与其自然环境内之能力有一定的依存关系，人群则在利用、发挥和不浪费能力而形成不同阶层，人类文化则更是体现了对自然状态的能力——人力、物力的经营发挥。共 13 讲，内容包括：工作、成色、生能、生物、人、能力之利用、时空之超越、社会之构成、语言、法与罚、价值与贸易、国家与国家权力、学术（科学）。书前有译者序、著者原序。书后有译余。

收藏单位：国家馆、山西馆、首都馆、天津馆

## 00695

**文化学之能学的基础**　（德）欧斯特瓦尔德（F. W. Ostwald）著　马绍伯译

重庆：三友书店，1943.4，196 页，32 开

收藏单位：重庆馆、国家馆、吉林馆、南京馆

## 00696

**无元哲学**　朱谦之著

上海：泰东图书局，1922.10，161 页，32 开（创造社丛书 5）
上海：泰东图书局，1924，再版，161 页，32 开（创造社丛书 5）
上海：泰东图书局，1926.8，再版，161 页，32 开（创造社丛书 5）
上海：泰东图书局，1929.4，3 版，161 页，32 开（创造社丛书 5）

本书是著者早期著作之一。由于受无政府主义、虚无主义和佛教空寂思想的影响而提倡"无元哲学"，他认为一切有形的存在都是变化无穷的，而单独不变的存在却隐于无

中、否定实在、主张虚无。分上、下两篇，上篇包括：知识论、无名主义、组织论、无元主义与教育、无元主义与道德、无元主义与艺术；下篇包括：真生命的实现、真情生活、直觉主义、"无"之真义。附录《虚无之什八首》。

收藏单位：重庆馆、东北师大馆、国家馆、吉林馆、江西馆、近代史所、南京馆、山东馆、山西馆、上海馆、绍兴馆、浙江馆

## 00697

**系统进化哲学（上篇1）　沈润身著**

湘潭：沈润身［发行者］，1924.11，314页，25开（五柳轩丛著3）

北京：中华印刷局，1925.1，再版，314页，25开（五柳轩丛著3）

全书按生物进化论、宇宙进化论和社会进化论三篇论述。本书包括总论3章：系统进化哲学导言、系统进化哲学之机械原理、系统进化哲学之思想史；生物进化论1章：生命之起源。

收藏单位：国家馆、南京馆

## 00698

**现代思潮流派及批判　叶江著**

上海：中国文化服务社，65页，32开（思想丛书 第一辑）

收藏单位：首都馆、浙江馆

## 00699

**现实主义哲学的研究　（日）金子筑水著　蒋燊译述**

上海：商务印书馆，1928.3，98页，22开，精装（哲学丛书）

上海：商务印书馆，1933，国难后1版，98页，22开，精装（哲学丛书）

本书为《现代哲学概论》（金子筑水）一书的第2篇。现实主义（realism）现译为唯实论或实在论。本书论述从16世纪的英国感觉经验至美国的实用主义的哲学。共4章，内容包括：现代现实主义的渊源及发达、实证主义的哲学、社会主义哲学的发达、实验主义。译述者原题：蒋径三。

收藏单位：重庆馆、东北师大馆、广东馆、贵州馆、国家馆、河南馆、黑龙江馆、湖南馆、吉大馆、江西馆、辽大馆、南京馆、上海馆、首都馆、天津馆、浙江馆

## 00700

**新自由主义论　胡秋原著**

上海：民主政治社，1948.6，122页，25开

本书分上、下两篇。上篇讲述自由主义的历史，认为王阳明、斯宾诺莎、洛克是中西自由思想的先驱；下篇讲述新自由主义，分崇学尊理论、论中西文化、论哲学与历史、论新自由主义、论历史进化之原理等。

收藏单位：国家馆、南京馆、上海馆

## 00701

**形而上学序论　（法）柏格森（Henri Bergson）著　杨正宇译**

外文题名：Introduction to metaphysics

上海：商务印书馆，1921.7，100页，32开（尚志学会丛书）

上海：商务印书馆，1921.12，再版，100页，32开（尚志学会丛书）

上海：商务印书馆，1930.5，4版，100页，32开（尚志学会丛书）

上海：商务印书馆，1933，国难后1版，100页，32开（尚志学会丛书）

本书论述形而上学的两种不同认识，并叙述了直观哲学的基本原理。共12节，内容包括：两种不同的认识法、自我之内省、心像与绵延、概念与绵延、分析与绵延、经验论与合理论之方法论上的观察、绵延之性质、直观之性质、直观哲学之基本元理、康德哲学之批评等。自英译本转译。

收藏单位：重庆馆、广东馆、贵州馆、国家馆、湖南馆、吉林馆、江西馆、南京馆、绍兴馆、首都馆、天津馆、浙江馆

## 00702

**形而上学之战线　傀人著**

上海：开明书店，1932，35页，32开

本书采用文学的形式，以柏格森哲学的

观点论述了哲学的一般问题，包括万有、实在、生存、无限、有限、时间、空间、绝对、相对、绵延、认识、心与物、物与我、完全与自由、自由与进化、进化与爱、爱与智慧、智慧与善、善与死等概念。

收藏单位：国家馆、浙江馆

00703

循环论  李文尧著
外文题名：Theory of circulation
广州：中山大学，1946，18 页，25 开

本书共 7 章，内容包括：总论、循环论底宇宙观、循环论与相对论、循环论底数学论据、循环论底物理观点、循环论底力学观点、历史的循环。

收藏单位：国家馆

00704

哲学三元论  潘桢著  王香和编
北京：裕源印刷部，1936—1937，2 册 (76+76 页)，16 开

本书共 3 大段，70 节。第 1 段略加解释，第 2 段为三元之主体，第 3 段取中西学说以证之。书前有著者自序。扉页题名：最新宇宙观之三元论。

收藏单位：北师大馆、国家馆

00705

自由哲学  （比）齐尔（P. Gille）著  胡鉴民译
外文题名：Esquisse d'une philosophie de la dignité humaine
上海：商务印书馆，1931.2，86 页，22 开，精装（哲学丛书）
上海：商务印书馆，1933.2，国难后 1 版，86 页，22 开，精装（哲学丛书）

本书内容包括：绪言驳马克斯的反理想主义、上编自由问题、中编无强权、下编人类的完成、结论自由哲学的根本建议。书前有蔡元培序、译者序。书末有太虚法师跋。

收藏单位：重庆馆、广东馆、贵州馆、国家馆、黑龙江馆、吉林馆、江西馆、南京馆、上海馆、首都馆、天津馆、浙江馆

# 世界哲学

## 总  论

00706

东西文化及其哲学  梁漱溟讲演  陈政  罗常培编录
[北京]：财政部印刷局，1921.10，282+[68] 页，16 开

本书是作者在 1921 年 10 月山东省教育会讲演的基础上，参酌 1920 年在北京大学的讲演写成。共 5 章，内容包括：如何是东方化如何是西方化、西洋中国印度三方哲学之比较观、世界未来之文化与我们今日应持的态度等。

收藏单位：重庆馆、东北师大馆、广东馆、国家馆、天津馆

00707

东西文化及其哲学  梁漱溟讲演  陈政  罗常培编录
上海：商务印书馆，1922.1，216+[71] 页，25 开
上海：商务印书馆，1922，282+62 页，25 开
上海：商务印书馆，1922.5，再版，216+[77] 页，25 开
上海：商务印书馆，1922，再版，282+[73] 页，25 开
上海：商务印书馆，1922.12，3 版，216+[77] 页，25 开，精装
上海：商务印书馆，1923.7，4 版，216+[77] 页，25 开，精装
上海：商务印书馆，1924，5 版，216+[77] 页，25 开
上海：商务印书馆，1925，6 版，216+[77] 页，25 开
上海：商务印书馆，1926.3，7 版，216+[71] 页，25 开
上海：商务印书馆，1930.3，8 版，216+[71] 页，25 开

上海：商务印书馆，1933.5，国难后 1 版，216+
[71] 页，25 开

上海：商务印书馆，1934，国难后 2 版，216+
[77] 页，25 开

上海：商务印书馆，1935.1，国难后 3 版，216+
[71] 页，25 开

上海：商务印书馆，1937，国难后 4 版，1 册，
25 开

收藏单位：重庆馆、东北师大馆、广东
馆、贵州馆、国家馆、黑龙江馆、江西馆、
近代史所、南京馆、山西馆、首都馆、浙
江馆

## 00708

**世界社会科学名著精要** （英）哈麦顿 (J. A.
Hammerton) 著 柯柏年译
外文题名：Outline of great books
上海：南强书局，1936.3，349 页，32 开
上海：南强书局，1936.10，2 版，349 页，32 开

本书选收柏拉图、亚里斯多德、摩尔、
培根、格洛秀斯、笛卡儿、霍布士、斯宾诺
莎、洛克、康德、边沁、马尔萨斯、费希特、
叔本华、孔德、穆勒等人的著作共 26 种。先
对著作做简要介绍，然后摘录其精华。

收藏单位：东北师大馆、广东馆、广西
馆、国家馆、辽宁馆、南京馆、上海馆、首
都馆、浙江馆

## 00709

**世界思想家列传** 钱亦石编
上海：中华书局，1936.6，2 册 (60+64 页)，32
开（初中学生文库）
上海：中华书局，1936，再版，2 册 (60+64 页)，
32 开（初中学生文库）
上海：中华书局，1940，3 版，2 册 (60+64 页)，
32 开（初中学生文库）
昆明：中华书局，1940，4 版，2 册 (60+64 页)，
32 开（初中学生文库）
上海：中华书局，1941.1，5 版，2 册 (59+64
页)，32 开（初中学生文库）

本书上册收德谟克里特、苏格拉底、柏
拉图、亚里士多德、培根、斯宾诺萨、卢梭 7
人小传；下册收康德、黑格尔、达尔文、马克

斯、恩格斯 5 人小传。卷首有编者序。书末
有凌秋写的编后。

收藏单位：重庆馆、广东馆、广西馆、贵
州馆、国家馆、吉林馆、江西馆、南京馆、
山西馆、首都馆、天津馆

## 00710

**世界思想史纲** 林维仁编
林维仁 [ 发行者 ]，1949，13 页，32 开（新
社会丛书）

本书分绪论、概论、分论 3 篇。自序中
称该书有 40 余万字。

收藏单位：国家馆

## 00711

**思想解放史话（原名，人类的解放）**（美）
房龙 (H.W. Vanloon) 原著 宋桂煌译述
外文题名：The liberation of mankind
上海：商务印书馆，1936.7，469 页，32 开，
精装

本书叙述自古希腊始，至法国革命止的
人类思想进步的历史。共 30 章，分述了古代
希腊至宗教改革时代的思想解放的内涵及宗
教迫害的史实，以及宗教改革以后若干倡导
宽容、反对迫害与偏狭思想的领袖的事迹。

收藏单位：重庆馆、东北师大馆、广东
馆、贵州馆、国家馆、黑龙江馆、湖南馆、
吉林馆、江西馆、近代史所、辽大馆、南京
馆、山东馆、山西馆、上海馆、首都馆、浙
江馆、中科图

## 00712

**思想人物** （日）鹤见祐辅著 娄子伦译
铅山：民族正气出版社，1944.10，48 页，32
开

本书分保守思想、急进思想、理想主义
等 3 章。介绍了亚里斯多德、马恺维利、洛
克、麦迪逊、卢梭、马克思、柏拉图、伯克、
穆勒、马志尼、格林等 11 位历史人物。

收藏单位：上海馆、绍兴馆

## 00713

**五十年来之世界哲学** 胡适著

上海：申报馆，1924.3，66页，32开（申报五十周年纪念刊 1）

　　本书分 7 部分讲述 1872 年以来世界哲学发展概况，介绍哲学流派，分析 50 多年来政治哲学发展趋势。

　　收藏单位：重庆馆、国家馆、湖南馆、吉林馆、南京馆、首都馆、浙江馆

## 00714

**五十年来之世界哲学史　胡适著**

上海：世界图书馆，1924.4，86页，32开

上海：世界图书馆，1925.8，3 版，86页，32开

　　收藏单位：北大馆、国家馆、吉大馆、近代史所、辽宁馆、首都馆、中科图

## 00715

**新生活与哲学思潮　徐庆誉著**

南京：正中书局，1935.9，114页，50开（新生活丛书）

　　本书共 5 部分，内容包括：我们需要哲学吗、二千三百年的长梦、十字街头、我们的出路等。

　　收藏单位：重庆馆、国家馆、湖南馆、南京馆

## 00716

**哲学史　常守义著**

北平：明德学园，1948，264页，22开（哲学丛书 第 2 编）

　　本书是天主教北京厚和哲学修道院的讲义。分哲学史总论、希腊哲学、教父哲学、中世哲学、近代哲学、现代哲学以及东亚哲学等。涉及天主教哲学较多。

　　收藏单位：东北师大馆、国家馆、吉林馆、山东馆、山西馆、上海馆、天津馆

## 00717

**中国哲学和西洋哲学的比较研究　李石岑著**

出版者不详，[1934]，38页，32开

　　本书为作者 1932 年在福建暑期讲学会的讲稿。分两部分：从发展过程观察中西哲学、从思想实质观察中西哲学。封面题：中西哲学比较研究。

　　收藏单位：国家馆

## 00718

**中国哲学与西洋哲学的比较研究　李石岑著**

出版者不详，[1934]，38页，32开（哲学丛书）

　　收藏单位：辽宁馆

## 00719

**中西哲学思想之比较研究集　唐君毅著**

重庆：正中书局，1943.5，412页，25开（哲学丛刊）

上海：正中书局，1947，沪 1 版，418页，25开（哲学丛刊）

　　本书共收入论文 16 篇，以天人合一观念论比中西思想之不同。包括：《导言——中国文化根本精神之一种解释》《论中西哲学问题之不同》《中国哲学中自然宇宙观之特质》《如何了解中国哲学上天人合一之根本观念》《论中西哲学中本体观念之一种变迁》《中西哲学中关于道德基础论之一种变迁》《中国艺术之特质》《中国哲学与中国文学之关系》《中国宗教之特质》《庄子的变化形而上学与黑格耳的变化形而上学之比较》《中国哲学中天人关系论之演变》《老庄易传中庸形而上学之论理结构》《略论作中国哲学史应持之态度及其分期》13 篇；附录《二十世纪西洋哲学之一般特质》《论不朽》《孔子与歌德》3 篇。书前有自序。

　　收藏单位：重庆馆、东北师大馆、广东馆、国家馆、黑龙江馆、湖南馆、江西馆、南京馆、山东馆、上海馆、天津馆、中科图

## 00720

**中学生思想家　郭仁柱著**

上海：中学生书局，[1933.3]，再版，164页，32开（中学生丛书）

　　本书对高德威、圣西门、卡伯、巴塞尔、巴古宁、马克斯、恩格斯、拉塞尔、倍倍儿等 30 多位社会代表人物做了简要介绍。

　　收藏单位：重庆馆、南京馆、上海馆、浙江馆

# 近、现代哲学

## 00721

**重论新启蒙运动 时粹林府社编**

上海：启蒙出版社，1941.10，118页，32开

本书为"时粹林府之一"，收入文章5篇：《重论新启蒙运动》（翼云）、《与张东荪先生论逻辑》（陈垕）、《论史学的党派性》（吴弘远）、《空想社会主义家的史底考察》（刘涟）、《一八四八——马克思在巴黎》（车育文译）。书末有后记。

收藏单位：国家馆、南京馆

## 00722

**近代哲学家 康符等著 东方杂志社编**

上海：商务印书馆，1923.12，73页，50开（东方文库 第38种）

上海：商务印书馆，1925，3版，73页，50开（东方文库 第38种）

本书收入文章4篇：《冯德之生平及其学说》（康符）、《海格尔学说一斑》（心瞑）、《文得尔班学说》（康符）、《居友传略》（华林）。附录《研究哲学之管见》（瞿世英）。

收藏单位：重庆馆、东北师大馆、广东馆、国家馆、河南馆、湖南馆、江西馆、南京馆、山东馆、上海馆、绍兴馆、天津馆、浙江馆

## 00723

**近代哲学家 康符等著 东方杂志社编**

上海：商务印书馆，1924，再版，4册，50开（东方文库 第38—41种）

本书为《东方文库》第38—41种合订本，与"柏格逊与欧根／钱智修译·克鲁泡特金／幼雄、愈之编·甘地主义／高山化、鲁亦庵编"合订。

收藏单位：东北师大馆、国家馆

## 00724

**近代哲学批判 沈志远著**

上海：读书生活出版社，1936.12，273页，32开

上海：读书生活出版社，1937，再版，273页，32开

上海：读书生活出版社，1937，3版，273页，32开

本书收入《近代哲学中的辩证法之史的发展》《从康德到黑格尔》《黑格尔哲学导言》《黑格尔哲学之精髓》《黑格尔哲学之历史背景》《论黑格尔以来之辩证学说》《论费尔巴赫之思想体系》《哲学底社会性和苏联底哲学》《苏联哲学底检讨》《评几派现时流行的哲学思潮》等文章。书前有作者自序。

收藏单位：重庆馆、东北师大馆、广东馆、贵州馆、国家馆、黑龙江馆、吉大馆、南京馆、山西馆、首都馆、浙江馆、中科图

## 00725

**社会改造之八大思想家 （日）生田长江（日）本间久雄著 林本等译**

上海：商务印书馆，1921，280页，32开（新智识丛书14）

上海：商务印书馆，1922.8，再版，280页，32开（新智识丛书14）

上海：商务印书馆，1923，3版，280页，32开（新智识丛书14）

上海：商务印书馆，1924.10，4版，280页，32开（新智识丛书）

上海：商务印书馆，1927.9，6版，280页，32开（新智识丛书14）

上海：商务印书馆，1931，7版，280页，32开（新智识丛书14）

上海：商务印书馆，1933.9，国难后1版，235页，32开（社会科学丛书14）

本书介绍马克思、克鲁泡特金、罗素、托尔斯泰、莫里斯、卡彭特、易卜生、爱伦凯8人的生平与思想。

收藏单位：重庆馆、东北师大馆、广东馆、广西馆、贵州馆、国家馆、吉大馆、吉林馆、江西馆、近代史所、辽大馆、南京馆、首都馆、天津馆、浙江馆、中科图

## 00726

**五大哲学思潮（十九世纪后半世纪）（苏）卢波尔（И. К. Луппол）等著 李申谷译**

重庆：生活书店，1939，478页，22开（新中
国学术丛书2）

上海、重庆：生活书店，1947.2，胜利后2
版，478页，22开（新中国学术丛书2）

本书论述19世纪欧洲五大哲学思潮产生
的社会阶级根源、内容及其互相之间的关系。
共收5篇论文：《马克斯之哲学发展》《十九世
纪末叶的庸俗唯物论与现代机械论》《拉沙勒
底哲学与社会政治观点》《新康德主义》《马
赫主义》。

收藏单位：北师大馆、重庆馆、东北师大
馆、广东馆、广西馆、湖南馆、吉林馆、近
代史所、辽宁馆、南京馆、山东馆、山西馆、
上海馆、首都馆、天津馆、浙江馆、中科图

00727

**现代新思想集　陆翔著**
北京：新文化编辑社，1921，2册（314+236页），
32开

本书汇集有关第一次世界大战后欧洲思
潮或代表这些思潮的文章约150篇。分上、
下两编，共10类：哲学新思想、科学新思想、
伦理新思想、教育新思想、政法新思想、经
济新思想、社会新思想、宗教新思想、文学
新思想、美术新思想。

收藏单位：重庆馆、国家馆、南京馆

00728

**现代哲学概观　黄忏华编**
上海：商务印书馆，1923，84页，25开
上海：商务印书馆，1929.4，再版，84页，25
开
上海：商务印书馆，1933.4，国难后1版，84页，
25开

本书分两篇，第1篇总论：现代哲学底
评释和解说，讲述实在、价值、生命三者与
哲学的关系；第2篇为各论：现代哲学底梗
概，介绍实用主义、新理想主义、直觉主义、
新实在主义等。书前有引论《现代哲学底发
端》。书末有结论《现代哲学和生活》。

收藏单位：重庆馆、国家馆、河南馆、上
海馆、首都馆、浙江馆

00729

**现代哲学家的战之讴歌　（美）犹干阿庐（P.
Juganaru）著　朱建民编译**
外文题名：L'apologie de la guerre dans la philosophie
contemporaine
重庆：独立出版社，1940，1册，32开
重庆：独立出版社，1941.11，144页，32开（新
政丛书）

本书引证19、20世纪20多位哲学家的
学说，阐明尚武精神的重要性。共5章：绪
论、神秘派的战之讴歌、生物社会学派的战
之讴歌、实证进化论派的战之讴歌、结论。
书末附西名汉译对照表。

收藏单位：重庆馆、国家馆、吉林馆、南
京馆、武大馆、浙江馆

00730

**现代哲学思潮　范锜著**
上海：商务印书馆，1934，139页，32开（百
科小丛书）
上海：商务印书馆，1934.12，2版，139页，32
开（百科小丛书）

本书分上、下两篇，上篇为现实主义哲
学思潮，下篇为理想主义哲学思潮。分12章
论述自然主义、实证主义、实用主义、新实
在论、科学理想主义、伦理的理想主义、新
康德派之哲学等哲学派别。

收藏单位：重庆馆、广东馆、国家馆、南
京馆、山东馆、上海馆、首都馆

00731

**现代哲学思潮纲要　瞿世英编**
上海：中华书局，1934.7，173+[15]页，32开
（中华百科丛书）
上海：中华书局，1941，3版，173+[15]页，32
开（中华百科丛书）

本书共4章，内容包括：哲学与现代哲
学、惟心论的思潮、实在论的思潮、实验主
义的思潮。书末附录《德国形而上学之新发
展》、中西文名词索引。编者原题：瞿菊农。

收藏单位：重庆馆、贵州馆、国家馆、湖
南馆、吉林馆、江西馆、南京馆、山东馆、
首都馆、天津馆、浙江馆

**00732**

**现代哲学一脔　衡如等译　东方杂志社编**

上海：商务印书馆，1923.12，90页，50开（东方文库 第34种）

上海：商务印书馆，1924.10，再版，90页，50开（东方文库 第34种）

上海：商务印书馆，1925.6，3版，90页，50开（东方文库 第34种）

　　本书共3篇文章，内容包括：《杜威论哲学改造》（衡如译述）、《实验主义的哲学》（关素人）、《新实在论的论理主义》（张东荪）。

　　收藏单位：重庆馆、东北师大馆、广东馆、国家馆、河南馆、湖南馆、江西馆、南京馆、山东馆、上海馆、绍兴馆、天津馆、浙江馆

**00733**

**现代哲学一脔　衡如等译　东方杂志社编**

上海：商务印书馆，1924，再版，4册，50开（东方文库 第34—37种）

　　本书与"西洋伦理主义述评 / 杨昌济译·心理学论丛 / 王平陵等著·名学稽古 / 章行严等著"合订。

　　收藏单位：重庆馆、国家馆、山东馆

**00734**

**现代哲学引论　（英）娇德（C. E. M. Joad）著　张崧年译**

外文题名：Introduction to modern philosophy

上海：商务印书馆，1928，146页，32开（尚志学会丛书）

上海：商务印书馆，1931.1，再版，146页，32开（尚志学会丛书）

上海：商务印书馆，1933.2，国难后1版，146页，32开（尚志学会丛书）

　　本书共5章，内容包括：现代的实在论、罗素先生之哲学、新唯心论、实用主义、柏格森之哲学。书前有译者译引、著者序。著者原题：约德。

　　收藏单位：重庆馆、东北师大馆、广东馆、广西馆、国家馆、河南馆、吉大馆、吉林馆、江西馆、近代史所、南京馆、上海馆、

首都馆、天津馆、武大馆、浙江馆

**00735**

**哲学大纲　（美）霍金（W. Hocking）著　瞿世英译**

外文题名：Types of philosophy

上海：神州国光社，1931，430页，32开

上海：神州国光社，1932.12，再版，430页，32开

　　本书作者将哲学思想划分为自然主义、实验主义、直觉主义、二元论、惟心论、实在论、神秘主义7种派别。共4卷：形上学的派别、知识论、形上学与知识论的派别、各派别之综合。书前有著者中译本序、张崧年序、译者序。目录页题：原名，哲学之派别。

　　收藏单位：重庆馆、国家馆、辽宁馆、南京馆、山东馆、上海馆、绍兴馆、首都馆、浙江馆

**00736**

**哲学大纲　（美）霍金（W. Hocking）著　瞿世英译**

外文题名：Types of philosophy

上海：言行出版社，1938，430页，32开（大学文库 第1辑）

　　收藏单位：吉林馆、上海馆

**00737**

**哲学大纲　瞿世英编著**

外文题名：Types of philosophy

上海：独立出版社，1948.10，沪初版，228页，32开

　　本书编著者原题：瞿菊农。

　　收藏单位：吉林馆、辽宁馆

**00738**

**哲学的故事　（美）杜兰特（Will Durant）著　詹文浒译**

外文题名：Story of philosophy

上海：青年协会书局，1929.7，2册（[502]页），32开（哲学丛书）

　　本书介绍从古希腊伊壁鸠鲁至罗素、桑塔亚那、杜威等28名哲学家的生平、学说。

00739—00744 哲 学

著者原题：杜兰。

收藏单位：重庆馆、东北师大馆、广东馆、国家馆、南京馆、上海馆、首都馆

00739

**哲学的故事（近代欧美哲学家）（美）杜兰特（Will Durant）著 詹文浒译**

上海：青年协会书局，1929.7，162 页，32 开（哲学丛书 10）

本书分两卷介绍哲学家柏格森、柯罗采、罗素、孙泰耶挪、詹姆士、杜威的生平和哲学思想。卷首有《哲学丛书》引言及张东荪序。

收藏单位：重庆馆、东北师大馆、首都馆

00740

**哲学系统 （法）克勒梭（A. Cresson）著 叶日葵译**

外文题名：Les systèmes philosophiques

上海：商务印书馆，1935.8，186 页，25 开，精装（哲学丛书）

本书采用逻辑分类的办法，将大致相同的学说加以集中，揭示其基本思想与差异。共 3 编，第 1 编为形而上学的各种问题：普通的分类；第 2 编为独断论，内有自然论、唯灵论、唯心论；第 3 编为不可知论及信仰的哲学。书末附有西文人名对照表。

收藏单位：重庆馆、东北师大馆、广东馆、广西馆、贵州馆、国家馆、湖南馆、吉林馆、江西馆、南京馆、山东馆、上海馆、首都馆、天津馆、浙江馆、中科图

00741

**哲学与现代思潮 张铭鼎著**

上海：商务印书馆，1929.10，61 页，32 开（百科小丛书）（万有文库 第 1 集 24）

上海：商务印书馆，1931.8，61 页，32 开（百科小丛书）

上海：商务印书馆，1933，国难后 1 版，61 页，32 开（百科小丛书）

上海：商务印书馆，1934，再版，61 页，32 开（百科小丛书）（万有文库 第 1 集 24）

本书论述现代思潮的主要趋势（指政治革命、社会生活变迁、教育机会普及）对于

哲学的影响。共 5 章，内容包括：引言、哲学地位之堕落、哲学价值之辩护、哲学内容之改造、余论。

收藏单位：安徽馆、重庆馆、东北师大馆、广西馆、贵州馆、国家馆、江西馆、辽大馆、南京馆、山东馆、上海馆、天津馆、浙江馆

# 中国哲学

## 总 论

00742

**大圆文存 唐大圆著**

上海：泰东图书局，1927.1，287 页，32 开

上海：泰东图书局，1928，再版，287 页，32 开

本书共 3 集，第 1 集包括：质言、书牍类、叙记类（上、下）、题识类、韵言、箴颂类、词赋类、诗歌；第 2 集包括：依隐论外篇、依隐论内篇、端居述义、文录续篇等；第 3 集包括：质言、韵言。

收藏单位：重庆馆、广西馆、吉林馆、上海馆、首都馆、浙江馆

00743

**东方大同学案 刘仁航著 张明慈等点校**

上海：出版合作社，1926.3，1 册，22 开，函套装

本书以阐释传统儒、道、佛、墨等各家理想为主，兼采西方基督教思想和克鲁泡特金之无政府主义，批评现实，构思未来，并以农村建设为归旨，提出了建设理想社会的见解。

收藏单位：广东馆、近代史所、上海馆

00744

**东方大同学案 刘仁航著 张明慈等点校**

上海等：中华书局，1926，[606] 页，22 开

100

本书作者认为大同世界是东西文化共同的理想,所以把中国先秦哲学、基督教、佛教合编为大同学案。共6卷,内容包括:孔孟大同小康学案、老庄自然学案、杨子兼利学案、墨(侠)兼爱学案、耶稣爱人学案、佛福慧圆满学案。书前有参考英日等文书目、释太虚叙、编订意趣纲领、东方大同学案十诫、刘仁航总序。书中附《孔子世家》《孟子列传》《老子庄子列传》《佛事迹略纪》《大同实现方略》等。书末附《东方大同学案结论》(刘仁航)等文3篇。发行地还有北京、天津、太原。

收藏单位:重庆馆、国家馆、南京馆、天津馆、浙江馆、中科图

**00745**

**东方大同学案目录样本　刘仁航编**

上海:乐天修养馆,1册,25开

收藏单位:首都馆

**00746**

**古今学术之递变　罗振玉述**

出版者不详,7页,32开

**00747**

**古学卮言　朱谦之著**

上海:泰东图书局,1922.4,282页,32开

上海:泰东图书局,1922.11,再版,282页,32开

上海:泰东图书局,1924.2,3版,282页,32开

上海:泰东图书局,1927,4版,282页,32开

本书收论著3种,其一为《太极新图说》,分7篇:无有、心、阴阳、火水土金、人、男女、万物,文后有作者自跋;其二为《政微书》,分5篇:体道训、太极训、阴阳训、易象训、理数训;其三为《周秦诸子学统述》,分16篇:儒家、阴阳家、法家、名家、墨家、纵横家、杂家、农家、小说家、辞章家、兵家、数术家、医家、房中家、神仙家、道家诸子。书前有绪论。书末为余论。

收藏单位:重庆馆、广东馆、广西馆、国家馆、河南馆、湖南馆、吉大馆、南京馆、上海馆、绍兴馆、首都馆、浙江馆、中科图

**00748**

**国故论著　孙人和编**

出版者不详,34页,16开(中大国学丛著)

本书为北京中国大学讲义。收5篇论文:《庄子天下篇》《班固汉书艺文志诸子》《汉书董仲舒传》《列子杨朱》《晋书阮籍传》。

收藏单位:国家馆

**00749**

**还乡直指　心庵头陀著**

出版者不详,[1935],104页,16开

本书宣传学道。有竹西居士序。

收藏单位:上海馆

**00750**

**拉丁中华哲学辞典**

外文题名:Terminologia philosophica Latino-Sinica

出版者不详,1926,586页,32开,精装

出版者不详,1935,678页,32开

收藏单位:广西馆、南京馆

**00751**

**李源澄学术论著初编　李源澄著**

成都:路明书店,1944.2,156页,18开(路明文史丛书)

本书收论著26篇,内容包括:《先秦诸子是非之准则及对历史文献之态度》《论儒学之统类》《读〈吕氏春秋〉》《西汉思想之发展》《读论衡》《汉魏两晋之论师及其名论》《春秋战国之转变》《汉代更赋考》等。

收藏单位:重庆馆、广东馆、国家馆、吉林馆、近代史所、上海馆、武大馆

**00752**

**论道集(古代儒家)　陶希圣著**

重庆:南方印书馆,1942.12,114页,32开

重庆:南方印书馆,1943,再版,114页,32开

本书分5章论述孔子、孟子、荀子、董仲舒、扬雄关于"道"和"器"的观点。书前有序。

收藏单位：重庆馆、东北师大馆、贵州馆、国家馆、辽宁馆、南京馆、上海馆、天津馆、中科图

**00753**

**论道集（宋明实用主义者）　陶希圣著**

重庆：南方印书馆，1943.9，242 页，32 开

　　本书收录宋明时的王安石、张居正、黄宗羲与王夫之论道的观点，论述这一哲学范畴的内涵。全书依 4 人分 4 章论述。

　　收藏单位：重庆馆、国家馆、南京馆、山东馆、上海馆、武大馆

**00754**

**趋极论　黄巽著**

广州：大芳电版印刷所，[1947]，95 页，25 开

　　本书共 10 章，内容包括：明宗、物之体用、心之体用、心物的融和、演变（上、下）、宇宙的总体（上、下）、极物、活心等。书前冠著者序一篇。

　　收藏单位：重庆馆、广东馆

**00755**

**三余札记　刘文典著**

上海：商务印书馆，1928.9，55 页，25 开

　　收藏单位：北师大馆、江西馆

**00756**

**释天　（美）顾立雅撰**

北平：燕京大学燕京学报社，1935，1 册，16 开

　　本书为《燕京学报》第 18 期抽印本。

　　收藏单位：国家馆

**00757**

**唯中方法论之研究**

军政训练委员会政训部，1937.5，68 页，32 开

　　本书分为中与对、母理与子理、有关哲学基础的其他重要认识、唯中方法论之诸法则等 5 节。

　　收藏单位：山西馆

**00758**

**唯中论问答　张子佩　梁子材编**

唯中理论研究会，1933.10，84 页，32 开

　　本书分 3 章：三文化解答、唯中旧解、唯中新解。

　　收藏单位：山西馆

**00759**

**唯中史观研究（唯中论部分）**

唯中理论研究会，1933.12，84 页，32 开

　　本书分引言、人群进化之唯中辩证观、西洋的、中国的等 8 讲。

　　收藏单位：山西馆

**00760**

**我们的思想家　易君左编著**

南京：正中书局，1937.2，222 页，32 开（中国青年丛书）

南京：正中书局，1942，3 版，222 页，32 开（中国青年丛书）

上海：正中书局，1947.3，沪 1 版，222 页，32 开（中国青年丛书）

　　本书讲述从伏羲氏至孙中山中国历代思想家（包括哲学、宗教、政治、教育等）的生平和学说。共 4 章：中国思想家的初始（伏羲至周末）、中国思想家的主干（儒家、道家、墨家、法家、名家、兵家、杂家）、中国思想家的旁衍（秦至唐）、中国思想家的转变（宋至孙中山）。

　　收藏单位：重庆馆、广东馆、国家馆、湖南馆、江西馆、辽宁馆、南京馆、上海馆、天津馆、浙江馆

**00761**

**我学大纲　方晓庵著**

北平：北京书局，1929.2，80 页，32 开

　　本书共 7 部分，内容包括：自序、通论、定义、释义、派别、表现、结束。

　　收藏单位：重庆馆、贵州馆、国家馆、天津馆

**00762**

**新原道（一名，中国哲学之精神）　冯友兰著**

重庆：商务印书馆，1945.4，123页，25开（中国哲学丛书乙集2）

上海：商务印书馆，1945.12，沪初版，123页，25开（中国哲学丛书乙集2）

上海：商务印书馆，1946.5，再版，123页，25开（中国哲学丛书乙集2）

上海：商务印书馆，1946.10，沪3版，123页，25开（中国哲学丛书乙集2）

重庆：商务印书馆，1947，渝2版，123页，25开（中国哲学丛书乙集2）

上海：商务印书馆，1948，沪4版，123页，25开（中国哲学丛书乙集2）

本书论述中国哲学主要流派的发展，批评其得失及在中国哲学史上的地位，从而论及"新理学"在中国哲学中之地位。共10章：孔孟、杨墨、名家、老庄、易庸、汉儒、玄学、禅宗、道学、新统。书前有著者自序。

收藏单位：重庆馆、东北师大馆、广东馆、贵州馆、国家馆、河南馆、湖南馆、江西馆、近代史所、南京馆、山东馆、上海馆、绍兴馆、首都馆、浙江馆

00763

学术论著辑要　凌景埏编
北京：燕京大学，544页，25开

本书共6部分，内容包括：先秦学术、两汉儒学、魏晋玄学、隋唐佛学、宋明理学、清代朴学。

收藏单位：东北师大馆、首都馆

00764

学术思想论文集　穆济波编注　胡伦清校订
南京：正中书局，1937.4，[15]+210页，32开（国学精选丛书）

南京：正中书局，1939.3，再版，[15]+210页，32开（国文精选丛书）

南京：正中书局，1942，4版，[15]+210页，32开（国学精选丛书）

重庆：正中书局，1944，6版，[15]+210页，32开（国学精选丛书）

上海：正中书局，1946.10，沪初版，[15]+210页，32开（国文精选丛书）

本书为我国古代重要学术思想论著选编，分为：诗书之部（上、下）、论孟之部（上、下）、周秦诸儒之部、汉晋诸儒之部、唐宋诸儒之部、宋明清诸儒之部。包括：《诗·大雅》《书·周书》《书·虞夏书》等，共8组32篇。每组前有引言，末有叙录；每篇后有旨趣、注释、作者传略等。

收藏单位：重庆馆、广东馆、国家馆、湖南馆、江西馆、辽大馆、南京馆、山东馆、上海馆、绍兴馆、浙江馆

00765

学术思想文（上编）　达文学社编辑
达文学社，1934，1册，25开

收藏单位：首都馆

00766

学术之诞生　吴寿彭等著　天目书院编
天目山：天目书院，1942，67页，18开

本书收入天目书院讲演录9篇，内容包括：《学术之诞生》（吴寿彭）、《中国学术思想之自主》（张凤）、《中国学术思想起源之又一说》（张天方）、《浙江学术思想讲话》（张凤）、《文史大义》（张凤）、《诗序传表》（天方）、《我国书院制度概述》（吴生）、《天目书院学则》《天目新志例说》（张凤）。书前有黄绍竑、贺扬灵序，以及天目书院院歌。

收藏单位：重庆馆、广东馆、国家馆、南京馆、上海馆、中科图

00767

庸斋特刊三种　（秦）孔鲋等著
出版者不详，118页，36开

本书内收《诘墨》（孔鲋），系对《墨子·非儒篇》的辨正；《诘吴》（坦然子），系对吴虞论孔子之说的辨正；《广论语骈枝纠谬》（徐英），系对章炳麟《广论语骈枝》一文的批评。

00768

中国传统思想之检讨　新中华杂志社编
上海：中华书局，1948，190页，32开（新中华丛书 学术研究汇刊一）

本书收入文章 13 篇：《论中国传统思想之取得存在与丧失存在的问题》（王亚南）、《对于传统思想的几种态度》（林砺儒）、《中国哲学的"主流"与"逆转"》（纪玄冰）、《先王崇拜与道统观念的内部联系》（纪玄冰）、《儒家学说的贵族性》（嵇文甫）等。书首有金兆梓撰《我们为什么要做这检讨传统思想的工作》（代序）。

收藏单位：重庆馆、东北师大馆、广东馆、贵州馆、国家馆、河南馆、湖南馆、吉林馆、辽宁馆、南京馆、山东馆、山西馆、首都馆、天津馆、中科图

## 00769

**中国大人学史导论编（亦名，中国大人学史命名通释）　王谷著**

北京：中华印书局，1943，石印本，[523] 页，16 开

"大人学"是作者对中华民族思想的总称。本书是《中国大人学史大系》一书的第 1 编，共 6 章，内容包括：原题、大人题名选举记、大人之实相、学及大人学并大人学史、大人分析及分类、大人学之分类。书前有作者自序。

收藏单位：国家馆

## 00770

**中国古代唯物论研究　杨荣国著**

桂林：写读出版社，1940.11，130 页，32 开

本书论述了老子、墨子、杨朱、荀子、王充的唯物思想。包括老子的宇宙观、辩证法，墨子的名实论、认识论、方法论、反宿命论、政治论、道德观，杨朱的名实论、政治论、唯物论道德观及其对灵魂不灭说的否定，荀子的宇宙观、名实论、认识论、性恶论，王充的宇宙论、认识论、人生论、宿命论、无神论等。说明思想产生的时代背景。

收藏单位：重庆馆、广东馆、桂林馆、国家馆、吉林馆、南京馆、上海馆

## 00771

**中国古代学术思想变迁　梁启超著**

上海：群众图书公司，1925.8，148 页，32 开

上海：群众图书公司，1926，再版，148 页，32 开

上海：群众图书公司，1927，3 版，148 页，32 开

上海：群众图书公司，1935.9，4 版，148 页，32 开

本书对古代中国学术思想产生至隋唐"佛老时代"的学术思想进行了评述，分析每个时代的思想形成的原因及其特征和派别，并与希腊、印度哲学进行了比较。共 6 章：总论、胚胎时代、全盛时代、儒学统一时代、老学时代、佛学时代。封面题名：中国学术思想变迁史，版权页题名：中国古代学术思想变迁史。

收藏单位：安徽馆、重庆馆、广西馆、国家馆、河南馆、南京馆、上海馆、绍兴馆、首都馆、中科图

## 00772

**中国古代哲学史　胡适著**

上海：商务印书馆，1929，3 册（138+133+114 页），32 开（万有文库 第 1 集 30）（国学基本丛书）

上海：商务印书馆，1934，再版，3 册（138+133+114 页），32 开（万有文库 第 1 集 30）（国学基本丛书）

上海：商务印书馆，1939.9，3 册（138+133+114 页），32 开（万有文库 第 1—2 集 简编 500 种 17）（国学基本丛书）

上海：商务印书馆，1939，长沙版，3 册（138+133+114 页），32 开（万有文库 第 1 集 30）（国学基本丛书）

本书分 12 篇论述从上古至两汉中国古代哲学发生、发展的历史，并兼论哲学史的定义、种类、研究目的等问题。第 1 册 5 篇：导言、中国哲学发生的时代、老子、孔子、孔门弟子；第 2 册 4 篇：墨子、杨朱、别墨、庄子；第 3 册 3 篇：荀子以前的儒家、荀子、古代哲学之终局。

收藏单位：安徽馆、大连馆、贵州馆、国家馆、江西馆、辽大馆、上海馆、浙江馆

## 00773

**中国古代哲学史　胡适著**
上海：中华书局，1941，3 册（138+133+114 页），22 开（万有文库第 1 集）
　　收藏单位：重庆馆

## 00774

**中国理学史　贾丰臻著**
上海：商务印书馆，1936.12，[15]+245 页，32 开，精装（中国文化史丛书 第一辑）
上海：商务印书馆，1937，再版，[15]+245 页，32 开，精装（中国文化史丛书 第一辑）
上海：商务印书馆，1937，3 版，[15]+245 页，32 开，精装（中国文化史丛书 第一辑）
上海：商务印书馆，1937.4，4 版，[15]+245 页，32 开，精装（中国文化史丛书 第一辑）
上海：商务印书馆，1937，5 版，[15]+245 页，32 开，精装（中国文化史丛书 第一辑）
　　本书讨论性理之学产生、发展和演变的历史，考察先秦、两汉至清代性理之学的不同内涵。共 4 编：序言、上古理学史、中古理学史、近世理学史。
　　收藏单位：重庆馆、东北师大馆、广东馆、国家馆、黑龙江馆、吉林馆、江西馆、辽宁馆、南京馆、山东馆、山西馆、首都馆、天津馆、中科图

## 00775

**中国三大思想之比观　蔡尚思著**
上海：启智书局，1930，112 页，32 开
上海：启智书局，1933，再版，112 页，32 开
上海：启智书局，1934，3 版，112 页，32 开
　　本书从天与人、人与物、人与己、身与身外物、积极与消极、乐观与悲观、个人与社会、精神与物质、托始的先王、道理的名称、理想的人世、三家与三方 12 个方面，对老子、孔子、墨子三大思想家进行了比较。
　　收藏单位：重庆馆、广东馆、国家馆、吉林馆、南京馆、山东馆、绍兴馆、首都馆、天津馆、浙江馆

## 00776

**中国思想　杨大膺纂述　蒋维乔校阅**
上海：世界书局，1934，106 页，32 开（哲学丛书）
上海：世界书局，1934，再版，106 页，32 开
　　本书介绍中国思想的特点、变迁、分期和影响；着重探讨先秦诸子、魏晋玄学、隋唐佛学思想的形成和影响，并介绍了道、儒、墨、名、法、杂等派的代表人物的思想。共 9 章，内容包括：绪论、中国思想总论、中国思想之变迁、中国思想几个干枝及其思想、中国几个大思想家及其思想、玄学概论、佛教思想传入中国后之影响、中国思想与人生之影响、结论。
　　收藏单位：重庆馆、东北师大馆、广东馆、贵州馆、国家馆、江西馆、南京馆、山东馆、上海馆、绍兴馆、天津馆、浙江馆

## 00777

**中国思想历史研究法提要　蔡尚思著**
出版者不详，17 页，32 开
　　本书为著者《中国思想历史研究法》《中国历史新研究法》两书的目录。卷首有蔡元培、顾颉刚等人的序。
　　收藏单位：上海馆

## 00778

**中国思想通史（第一卷）　杜守素　侯外庐　纪玄冰著**
上海、北京：生活·读书·新知联合发行所，1949.8，559 页，25 开（新中国大学丛书）
　　本书论述中国从殷末至秦初思想发展的源流、特征，以及其在世界文化发展史中的地位。分 3 篇，共 17 章。上篇为中国古代思想绪论，包括中国古代思想与古代社会、中国古代思想总论、殷末思想的氏族宗教性质、西周城市国家的思想形态、西周末至东迁的悲剧思想等章；中篇为孔墨显学，包括古代社会的"早熟"与国民思想的"晚出"、前期儒家的古代调和思想、前期墨家的古代改革思想等章；下篇为战国百家并鸣之学，包括老子思想与其历史价值、庄子的主观唯心论、思孟学派及其形而上学的儒学思想、惠施的相对主义诡辩思想、公孙龙的绝对主义诡辩思想、后期墨家的墨学通约及其知识论与逻辑

思想、中国古代思想的综合者——荀子、法家的悲剧历史与韩非子、中国古代思想的没落路向等章。《中国思想通史》共两卷，本书为其第 1 卷，第 2 卷于中华人民共和国成立后出版。

　　收藏单位：东北师大馆、广东馆、贵州馆、山西馆、天津馆

00779

**中国思想通史（卷一 古代思想编）** 杜守素 侯外庐　纪玄冰执笔
上海：新知书店，1947.8，559 页，25 开
长春：生活·读书·新知三联书店，1949.8，559 页，25 开

　　收藏单位：安徽馆、重庆馆、东北师大馆、国家馆、近代史所、南京馆、上海馆、首都馆

00780

**中国思想小史** 常乃惪著
上海：中华书局，1930，195 页，32 开（新文化丛书）
上海：中华书局，1933，再版，195 页，32 开（新文化丛书）
上海：中华书局，1935.4，3 版，195 页，32 开（新文化丛书）
广州、上海：中华书局，1938，4 版，195 页，32 开（新文化丛书）

　　本书除导言外，分 21 章叙述自原始社会至"五四"新文化运动各个历史时期主要思想的特征及其形成和发展过程，以及它们的作用和影响。依时代顺序论及了主要思想家及其著作。

　　收藏单位：重庆馆、广东馆、国家馆、黑龙江馆、湖南馆、辽大馆、南京馆、山东馆、首都馆、天津馆

00781

**中国思想研究法（哲学、史学、社会科学）**
蔡尚思著　陈钟凡等校阅
上海：商务印书馆，1936，11+288 页，36 开
长沙：商务印书馆，1939.8，11+288 页，36 开
长沙：商务印书馆，1940，3 版，11+288 页，36 开

长沙：商务印书馆，1940，4 版，11+288 页，36 开

　　本书作者指出方法论的重要性，并提出研究思想史的基本方法，即：界限的方法、搜集的方法、选择的方法、评论的方法、实践的方法等。书前有蔡元培、蒋维乔、柳诒徵、顾颉刚、陈钟凡等人的序。书中列有《中国思想史料简目》，包括哲学、经济、政治、教育、伦理等思想史料。书末有跋。

　　收藏单位：重庆馆、东北师大馆、广东馆、贵州馆、国家馆、黑龙江馆、近代史所、南京馆、上海馆、天津馆、浙江馆

00782

**中国先贤学说** 胡怀琛著
南京：正中书局，1935.2，172 页，25 开
南京：正中书局，1943.1，4 版，172 页，25 开
上海：正中书局，1947.9，沪 1 版，172 页，25 开

　　本书共 10 篇，除"南面术说"系论道家思想外，其他 9 篇分别介绍了儒家的仁政、礼乐、中庸、忠恕、乐道、克己慎独、性理、天人合一、知行合一诸思想。

　　收藏单位：重庆馆、东北师大馆、贵州馆、国家馆、河南馆、湖南馆、辽宁馆、南京馆、山东馆、上海馆、天津馆、浙江馆

00783

**中国学术论著集要** 金受申编辑
北平：中华印书局，1930，274 页，32 开

　　本书选辑先秦至民国有关中国学术史的论著、学术人物传记及学术著述，包括从《庄子·天下篇》《荀子·非十二子》《淮南子·要略》起至章炳麟、梁启超、夏曾佑等人论思想史的文章。书前有章炳麟序，系选自《菿汉微言》一书。

　　收藏单位：上海馆、首都馆

00784

**中国学术论著集要** 梁启超　章炳麟编辑
日新印刷工业社，2 册（232+236 页），32 开
　　本书编辑者"梁启超"原题：梁任公，"章炳麟"原题：章太炎。

收藏单位：南京馆

## 00785
**中国学术论著集要　梁启超　章炳麟编辑**
出版者不详，[1930—1948]，274 页，32 开
　　收藏单位：首都馆

## 00786
**中国学术论著辑要　梁启超　章炳麟编辑**
慈慧殿章宅，1928，458 页，22 开
　　本书编辑者"梁启超"原题：梁任公，"章炳麟"原题：章太炎。
　　收藏单位：国家馆、吉林馆、近代史所、辽宁馆、山东馆、山西馆、上海馆、首都馆、中科图

## 00787
**中国学术论著辑要　梁启超　章炳麟编辑**
[北平]：[华北书局]，1929.11，3 版，400 页，22 开
北平：华北书局，1931.8，4 版，400 页，22 开
　　本书编辑者"梁启超"原题：梁任公，"章炳麟"原题：章太炎。
　　收藏单位：重庆馆、国家馆、辽大馆、南京馆、山西馆、首都馆、天津馆

## 00788
**中国学术史纲**
出版者不详，1939，114 页，18 开
　　收藏单位：广东馆、南京馆

## 00789
**中国学术史讲话　杨东莼著**
上海：北新书局，1932，427 页，25 开
上海：北新书局，1934，2 版，427 页，25 开
　　本书系统地论述中国从原始社会至"五四"新文化运动各个时期的学术思想、代表人物与代表著作。共 12 讲，内容包括：学术思想的萌芽、学术思想的解放与分野、学术思想的混合与儒家的独尊、道教的兴起及其变革、自然主义的特盛、佛教的输入及其在中国的发展与影响、理学未兴前学术思想界的倾向、儒学的大转变——理学、西学东渐、朴学、今文学与维新运动、新文化运动。书上有眉批。
　　收藏单位：重庆馆、东北师大馆、广东馆、广西馆、国家馆、黑龙江馆、湖南馆、吉林馆、江西馆、近代史所、南京馆、山东馆、山西馆、上海馆、首都馆、天津馆、浙江馆、中科图

## 00790
**中国学术史上汉宋两派之长短得失　张君劢著**
出版者不详，24 页，32 开
　　本书品评清代学术界的汉、宋两派之争，为《张菊生先生七十生日纪念论文集》抽印本。

## 00791
**中国学术思想史　林之棠著**
北平：华盛书社，1933，212 页，32 开
　　本书共 7 部分，内容包括：论诸子学之所由生、周秦、两汉、蜀晋、六朝隋唐、宋元明、清以降。题名取自版权页，目录页题：中国思想学术史。
　　收藏单位：国家馆

## 00792
**中国学术思想史　孙其敏著**
上海：世界书局，1932.5，262 页，25 开
上海：世界书局，1932.12，再版，262 页，25 开
　　本书为高中师范教本。主要论述先秦诸子的学术思想及经学史。分为 3 篇，共 12 章。第 1 篇为导言，概述研究中国学术思想的方法，与西方及印度相比较，论述了中国学术思想的特色及其在世界学术史上的地位、中国学术思想的分期等；第 2 篇为先秦诸子，分别评述道家的老子、杨朱、庄子，儒家的孔子、孟子、荀子的学说、影响，以及墨家学说源流、与宗教的关系等；第 3 篇为所谓"经学"时代，概论秦汉思想的嬗变、儒家独尊的原因、经学的由来及经的意义、经学的源流、汉代今古文之争和今古文家的异同。书后附《阐性篇》。

收藏单位：重庆馆、国家馆、湖南馆、近代史所、辽大馆、南京馆、山西馆、上海馆、首都馆、天津馆、浙江馆

**00793**

**中国学术思想演进史　王伯祥　周振甫著**

上海：亚细亚书局，1935.6，148页，32开（基本知识丛书）

　　本书概述先秦至"五四"新文化运动期间中国学术思想产生的时代背景、渊源、流派、特点及其主要代表人物。共8章，内容包括：总论、先秦学术、两汉阴阳学、魏晋玄学、隋唐佛学、宋明理学、清代朴学、晚近思潮。正文内散有参考书目。

　　收藏单位：重庆馆、广东馆、近代史所、辽宁馆、南京馆、上海馆、天津馆、浙江馆

**00794**

**中国学术思想演进史　王伯祥　周振甫著**

上海：中国文化服务社，1936.4，再版，148页，32开（基本知识丛书）

　　收藏单位：广东馆、国家馆、首都馆、天津馆

**00795**

**中国学术思想之变迁　胡行之著**

上海：光华书局，1934，135页，32开

　　本书作者将中国学术思想发展过程划分为发生（周以前）、灿烂（春秋战国）、衰落（两晋六朝）、因袭（唐宋元明清）、复兴（清末至20世纪30年代）5个阶段。叙述儒学、老学、佛学、理学及考证学的发展概况，以及近代学术思想的现状等。

　　收藏单位：重庆馆、广东馆、广西馆、国家馆、湖南馆、南京馆、上海馆、首都馆、天津馆、浙江馆

**00796**

**中国学术讨论集（第一集）　陈柱编著**

上海：群众图书公司，1927.5，180页，22开

　　本书内容包括：诸子讨论、古史讨论、文字学讨论、目录学讨论、泛论，收《周代学术勃兴之原因》（吴敬轩）、《宋元学术复兴之

原因及其派别》（陈钟凡）等21篇论文。

　　收藏单位：重庆馆、东北师大馆、广东馆、国家馆、山东馆、上海馆、天津馆、中科图

**00797**

**中国学术讨论集（第二集）　陈柱编著**

上海：群众图书公司，1928.11，335页，22开

　　本书内容包括：古代天文学讨论、诸子讨论、文学讨论、小学讨论、目录学讨论、泛论，收《东洋天文学史大纲》（沈璿译）、《老子哲学》（吴敬轩）、《诠文篇》（陈柱）、《双声叠韵易知说》（陈柱）等23篇论文。附《守立阁丛书提要》（陈起予）。题名取自目录页，封面题名：中国学术讨论（第二集）。

　　收藏单位：上海馆

**00798**

**中国学术小史　王治心编著**

出版者不详，189页，32开

　　本书共7章，内容包括：中国学术的起源、先秦学术思想、两汉经学、六朝老佛学、宋明理学、清代考据学、新学。

　　收藏单位：上海馆

**00799**

**中国学术源流　王治心编辑　严以政　沈嗣庄校订**

南京：金陵神学，1924.9，136页，22开

南京：金陵神学，1925.3，再版，131页，22开

　　本书为国学入门书籍。共7章，内容包括：起源时代、诸子时代、经学时代、老佛时代、理学时代、考据时代、新学时代。

　　收藏单位：重庆馆、广西馆、国家馆、河南馆、南京馆、上海馆、浙江馆

**00800**

**中国学术之趋势　李宗吾著**

成都：晨钟书局，1946.7，114页，36开（厚黑丛书）

　　本书作者将中国学术的发展划分为3个时期：一为中国学术独立发达时期，即以老子

为代表的周秦诸子；二为中国与印度学术融合时期，即以程颢为代表的赵宋诸儒；三为中、西、印三方学术融合时期。共4篇，内容包括：老子与程明道、宋学与蜀学、宋儒之道统、中西文化之融合。书前有作者序。

收藏单位：重庆馆、广西馆、国家馆、黑龙江馆、吉林馆、上海馆

**00801**

**中国学术之趋势　李宗吾著**
重庆：励新印刷社，1942.10，再版，132页，36开

收藏单位：重庆馆、广东馆、国家馆、吉林馆、南京馆、上海馆、中科图

**00802**

**中国学术之趋势　李宗吾著**
成都：日新印刷工业社，1936.7，148页，32开

收藏单位：重庆馆、贵州馆、国家馆、南京馆、山东馆、首都馆

**00803**

**中国学术之升降及今后之趋向　史书康等校**
出版者不详，1933.8，13页，32开

收藏单位：南京馆

**00804**

**中国哲学概论　（日）宇野哲人著　王璧如译**
南京：正中书局，1935，[10]+150页，25开（哲学丛刊）
南京：正中书局，1936，再版，[10]+150页，25开（哲学丛刊）
南京、上海：正中书局，1947，沪1版，[10]+150页，25开（哲学丛刊）

本书分前篇历史的概观及后篇主要问题概说两部分。前篇从历史变迁的角度对不同时期的哲学加以概述，后篇则以哲学问题为中心对中国哲学加以逻辑的概述。书前有陈立夫序、译者弁言及著者原序。

收藏单位：重庆馆、广西馆、贵州馆、国家馆、湖南馆、南京馆、上海馆、首都馆、天津馆、浙江馆

**00805**

**中国哲学十讲　李石岑著**
上海：世界书局，1935，454页，25开，精装

本书共10讲，内容包括：儒家的伦理观、墨家的尚同说及实践精神、道家的宇宙观、名家观念论的辩证法与形式逻辑、《中庸》一书的哲理、禅宗哲理、朱熹理学思想体系、王夫之体用一源论、戴震的生的哲学、各家哲学的产生和作用。并与西方哲学相比较，论述了中国哲学的特点。书前有作者自序。据作者1932年的讲稿整理。

收藏单位：重庆馆、东北师大馆、广东馆、国家馆、吉林馆、江西馆、辽大馆、辽宁馆、南京馆、上海馆、首都馆、天津馆、浙江馆、中科图

**00806**

**中国哲学史　冯友兰著**
上海：商务印书馆，1934，[31]+1041+[17]页，22开，精装（大学丛书 教本）（国立清华大学丛书2）
上海：商务印书馆，1935，再版，[31]+1041+[17]页，22开，精装（大学丛书 教本）（国立清华大学丛书2）
上海：商务印书馆，1935，3版，[31]+1041+[17]页，22开，精装（大学丛书 教本）（国立清华大学丛书2）
长沙：商务印书馆，1941，6版，2册（[31]+1041+[17]页），22开（大学丛书 教本）（国立清华大学丛书2）
上海：商务印书馆，1944.1，赣县初版，2册（[31]+1041+[17]页），22开（大学丛书 教本）（国立清华大学丛书2）
重庆：商务印书馆，1944，蓉1版，2册（[31]+1041+[17]页），22开（大学丛书 教本）（国立清华大学丛书2）
上海：商务印书馆，1946，渝7版，2册（[31]+1041+[17]页），22开，精装（大学丛书 教本）（国立清华大学丛书2）
上海：商务印书馆，1947.10，增订8版，2册（[31]+1041+[17]页），22开（大学丛书 教本）（国立清华大学丛书2）

本书是冯著《中国哲学史》完整本，原

系国立清华大学教本，分为子学时代、经学时代两编，各有 16 章，对从先秦至清末的中国哲学史进行了系统的论述。书前有作者自序两篇。书末附录原清华大学教授陈寅恪的审查报告两篇、金岳霖的审查报告 1 篇。本书自 1941 年长沙版起分订上、下两册。

　　收藏单位：重庆馆、东北师大馆、广东馆、贵州馆、国家馆、湖南馆、吉林馆、江西馆、近代史所、南京馆、山东馆、上海馆、绍兴馆、首都馆、天津馆、浙江馆、中科图

### 00807

**中国哲学史**　（日）高濑武次郎著　赵兰坪编译

上海：国立暨南学校出版部，1925，3 册（[41]+292+130+228 页），25 开

　　本书据著者《支那哲学史》一书编译。论述从尧舜至清末各个时期的哲学思想及其变迁。分 3 卷，第 1 卷古代哲学史（尧舜至战国末叶），叙述儒、道、墨、法、名、杂、兵 7 家哲学思想和渊源，以及有关哲学家传略和思想学说；第 2 卷中世哲学史（秦汉至五代末），先概述秦汉各派思想，后依次叙述汉、六朝、隋、唐、五代时期儒、佛、道 3 家的思想及有关哲学家学说；第 3 卷近世哲学（宋初至清末），论述北宋、南宋、元、明、清各派哲学及哲学家。书前有袁希涛、赵正平、赵兰坪序各 1 篇。

　　收藏单位：重庆馆、东北师大馆、广西馆、国家馆、南京馆、上海馆、首都馆、天津馆、浙江馆、中科图

### 00808

**中国哲学史**　金公亮编著

金华：正中书局，1940，174 页，32 开（青年基本知识丛书）

重庆：正中书局，1940.12，174 页，32 开，精装（青年基本知识丛书）

重庆：正中书局，1942，12 版，174 页，32 开（青年基本知识丛书）

重庆：正中书局，1944，13 版，174 页，32 开（青年基本知识丛书）

上海：正中书局，1945，沪 1 版，174 页，32 开（青年基本知识丛书）

上海：正中书局，1947，沪 6 版，174 页，32 开（青年基本知识丛书）

　　本书共 20 章，以儒家学说为主脉，通俗地叙述中国从孔子直至现代的各派哲学思想的发展，以及有关代表人物的哲学思想。书前有凡例。

　　收藏单位：重庆馆、广东馆、广西馆、贵州馆、国家馆、湖南馆、江西馆、南京馆、山东馆、首都馆、天津馆、浙江馆

### 00809

**中国哲学史**　（日）秋泽修二著　邬由译

上海：三通书局，1941，177 页，32 开

　　本书将中国哲学思想发展过程分为先秦、两汉至唐、宋至清 3 个时期，论述各个时期的主要代表人物和派别，以及中国政治、经济、自然科学的发展对中国哲学思想发生和发展的影响，并与欧洲哲学相比较，论述了中国哲学思想的特点等。

　　收藏单位：东北师大馆、国家馆、山西馆、首都馆

### 00810

**中国哲学史**　谢无量编

上海：中华书局，1916，[458] 页，22 开，精装

上海：中华书局，1918.10，再版，[458] 页，22 开，精装

上海：中华书局，1921，4 版，[458] 页，22 开，精装

上海：中华书局，1924.4，6 版，[458] 页，22 开

上海：中华书局，1926，7 版，[458] 页，22 开，精装

上海：中华书局，1927，8 版，[458] 页，22 开，精装

上海：中华书局，1928，9 版，[458] 页，22 开，精装

上海：中华书局，1930，10 版，[458] 页，22 开，精装

上海：中华书局，1932，11 版，[458] 页，22 开，精装

香港：中华书局，1940，12 版，[458] 页，22 开，

**精装**

本书论述从先秦到清末各时期哲学的渊源、发展、变迁及各时期哲学家的主要观点。分3编：上古哲学史（包括古代及儒、道、墨诸家及秦代）、中古哲学史（包括两汉、魏晋六朝、隋唐）、近代哲学史（主要为宋、元、明、清）。

收藏单位：重庆馆、东北师大馆、广东馆、贵州馆、国家馆、河南馆、黑龙江馆、湖南馆、吉林馆、江西馆、南京馆、山东馆、山西馆、上海馆、首都馆、浙江馆、中科图

**00811**

**中国哲学史　钟泰编**

上海：商务印书馆，1929.3，[365] 页，26 开，精装（哲学丛书）

上海：商务印书馆，1934.3，国难后1版，[365] 页，26 开，精装（哲学丛书）

本书通过介绍自周秦至明清百余哲学家的生平和思想，叙述了中国哲学的发展过程。分上、下两卷共4编，上卷有上古哲学史、中古哲学史，下卷为近古哲学史、近世哲学史。书前有序。正文内散有参考书目。

收藏单位：重庆馆、东北师大馆、广东馆、广西馆、国家馆、黑龙江馆、江西馆、南京馆、上海馆、首都馆、天津馆、浙江馆、中科图

**00812**

**中国哲学史（上）　冯友兰著**

上海：神州国光社，1931，12+458+[17] 页，24 开，精、平装（清华大学丛书）

上海：神州国光社，1932，再版，12+458+ [17] 页，24 开（清华大学丛书）

本书是冯著《中国哲学史》最早的版本。本卷为第1编上古哲学，即先秦部分，共16章，内容包括：绪论；泛论上古哲学；孔子以前及其同时之宗教的哲学的思想；孔子；墨子；孟子；战国时之"百家之学"；老子；惠施，公孙龙及其他辩者；庄子；墨经；荀子；韩非及其他法家；大小戴《礼记》及《孝经》；《易传》及《淮南鸿烈》中之宇宙论；儒家之六艺论与儒家之独尊。书前有自序。书

末附有陈寅恪、金岳霖的审查报告和瞿世英的《读冯著中国哲学史》。

收藏单位：重庆馆、东北师大馆、广西馆、国家馆、黑龙江馆、江西馆、山西馆、上海馆、绍兴馆、首都馆、天津馆、浙江馆

**00813**

**中国哲学史补　冯友兰著**

上海：商务印书馆，1936，179+40 页，22 开，精装

长沙：商务印书馆，1938，再版，179+40 页，22 开

本书收录《原儒墨》《原儒墨补》《原名法阴阳道德》《秦汉历史哲学》等9篇哲学史的论文，以补冯著《中国哲学史》的不足，并纠正一些错误。书末附录《致冯友兰书》（胡适）、《评中国哲学史》（张荫麟）、《冯著中国哲学史的内容和读法》（张季同），以及作者用英文撰写的两篇论文：Philosophy in contemporary China（《当代中国的哲学》），Why China has no science（《为什么中国没有科学》）。

收藏单位：重庆馆、东北师大馆、广东馆、国家馆、湖南馆、吉林馆、江西馆、南京馆、上海馆、首都馆、天津馆、浙江馆、中科图

**00814**

**中国哲学史大纲（卷上 古代哲学史）　胡适著**

外文题名：Outlines of history of Chinese philosophy. Vol. I

上海：商务印书馆，1919.2，[11]+398+10 页，25 开（北京大学丛书1）

上海：商务印书馆，1919.5，再版，[11]+398+10 页，25 开，精装（北京大学丛书1）

上海：商务印书馆，1919，3 版，[11]+398+10 页，25 开（北京大学丛书1）

上海：商务印书馆，1919.11，4 版，[11]+398+ 10 页，25 开（北京大学丛书1）

上海：商务印书馆，1920，5 版，[11]+398+10 页，25 开（北京大学丛书1）

上海：商务印书馆，1920，6 版，398 页，25 开（北京大学丛书1）

上海：商务印书馆，1921，7 版，[11]+398+10
页，25 开，精装（北京大学丛书 1）

上海：商务印书馆，1922.8，8 版，398+10 页，25
开（北京大学丛书 1）

上海：商务印书馆，1923.9，9 版，[11]+398+10
页，25 开，精装（北京大学丛书 1）

上海：商务印书馆，1924，10 版，[11]+398+10
页，25 开（北京大学丛书 1）

上海：商务印书馆，1925，11 版，[11]+398+10
页，25 开（北京大学丛书 1）

上海：商务印书馆，1926，12 版，[11]+398+10
页，25 开（北京大学丛书 1）

上海：商务印书馆，1927，13 版，[11]+398+10
页，25 开（北京大学丛书 1）

上海：商务印书馆，1928，14 版，[11]+398+10
页，25 开（北京大学丛书 1）

上海：商务印书馆，1930.6，15 版，[11]+398+10
页，25 开，精装（北京大学丛书 1）

上海：商务印书馆，1932，国难后 1 版，[11]+398+
10 页，25 开（北京大学丛书 1）

上海：商务印书馆，1936.8，[10]+398+10 页，25
开，精装（大学丛书）

上海：商务印书馆，1937，2 版，[10]+398+10
页，25 开（大学丛书）

上海：商务印书馆，1947，4 版，[10]+398+10
页，25 开（大学丛书）

本书论述从上古至两汉中国古代哲学发
生、发展的历史，并兼论哲学史的定义、种
类、研究目的等问题。分为 12 篇，第 1 篇导
言，论述哲学史的定义、种类、研究目的、
研究方法，以及中国哲学史在世界哲学史上
的地位和分期；第 2 篇中国哲学发生的时代，
叙述老子、孔子之前中国哲学萌芽时代的思
潮；第 3—11 篇，以老子、孔子、孔门弟子、
墨子、杨朱、别墨、庄子、荀子以前的儒家、
荀子为题，论述先秦诸子生存的时代，遗著
的真伪，各派学说传授渊源、互相间的影响、
变迁次序，以及社会影响和价值；第 12 篇古
代哲学之终局，叙述古代各派哲学终结的时
间和原因等。初版书前有 1918 年蔡元培序；
1919 年 5 月再版后，各版书前除有蔡序外，
还有作者再版序。各版书末附作者撰《诸子
不出于王官论》，章末间附有参考书目。

收藏单位：重庆馆、东北师大馆、贵州
馆、国家馆、河南馆、黑龙江馆、江西馆、
南京馆、山东馆、山西馆、绍兴馆、首都馆、
浙江馆、中科图

00815

**中国哲学史概论** （日）渡边秀方原著　刘侃
元译述

上海：商务印书馆，1926.9，[35]+[485] 页，26
开，精装（哲学丛书）

上海：商务印书馆，1928.6，再版，[35]+[485] 页，
26 开，精装（哲学丛书）

上海：商务印书馆，1931.2，3 版，[35]+[485]
页，26 开（哲学丛书）

上海：商务印书馆，1933.2，国难后 1 版，[35]+
[485] 页，26 开，精装（哲学丛书）

上海：商务印书馆，1935，国难后 2 版，[35]+
[485] 页，26 开，精装（哲学丛书）

本书叙述从殷周至清末中国哲学思想的
主要流派及其发展。分为上世哲学（先秦）、
中世哲学（两汉至唐）、近世哲学（宋、元、
明、清）3 部分。

收藏单位：重庆馆、东北师大馆、广东
馆、贵州馆、国家馆、湖南馆、江西馆、近
代史所、南京馆、山西馆、上海馆、首都馆、
天津馆、浙江馆

00816

**中国哲学史纲要**　蒋维乔　杨大膺编
上海：中华书局，1934—1935，3 册（188+180+
224 页），32 开（中华百科丛书）

上海：中华书局，1940，再版，3 册（188+180+
224 页），32 开（中华百科丛书）

本书将中国哲学思想划为自然主义、人
为主义、享乐主义、苦行主义、神秘主义、
理性主义 6 派，阐明各派的中心思想及其发
展和演化。由于作者认为佛教是外来思想，
故书中未加讨论。书前有作者自序。每章后
有作者注释并列有参考书目。书末附有中文
名词索引。

收藏单位：重庆馆、广东馆、国家馆、湖
南馆、辽宁馆、南京馆、山东馆、上海馆、
首都馆、天津馆、浙江馆、中科图

00817

**中国哲学史纲要　向林冰著**

重庆：生活书店，1939，[11]+662页，32开

本书分5篇。第1篇阐明中国社会科学和自然科学的发展与哲学的相互关系，以及中国哲学发展的4个阶段；第2—5篇着重从唯心、唯物方面分析老子至孙中山各派哲学思想。书首为序论，阐述中国唯物论的方法论。书前有作者序。

收藏单位：东北师大馆、广东馆、广西馆、国家馆、上海馆、绍兴馆、首都馆、中科图

00818

**中国哲学史通论　范寿康著**

上海：开明书店，1937，442页，22开

上海：开明书店，1941，2版，442页，22开

上海：开明书店，1946，3版，442页，22开

上海：开明书店，1948，4版，442页，22开

本书为作者在武汉大学的讲稿。作者认为社会的发展归根到底取决于生产的发展，从经济基础决定上层建筑、社会存在决定社会意识的观点出发，分析中国哲学的演变及其原因。共6编，内容包括：先秦（子学）、两汉（经学）、魏晋（玄学）、隋唐（佛学）、宋明（经学）、清（经学）。书前有作者的付印题记。

收藏单位：重庆馆、东北师大馆、广东馆、国家馆、湖南馆、江西馆、近代史所、南京馆、山东馆、上海馆、首都馆、天津馆、浙江馆、中科图

00819

**中国哲学史问题六讲**

[南京]：苏中区党委宣传部，[1943]，82页，32开

本书共6讲，内容包括：殷商奴隶所有者时代的哲学各流派，中国封建制度初期的各派哲学思想，专制的封建时期秦、汉两朝的哲学思想各流派，专制的封建制时期三国、魏、晋、南北朝、隋、唐的哲学思想各流派，中国封建制度末期宋、元、明、清的哲学思想各流派，现代中国哲学思想各流派。

收藏单位：国家馆

00820

**中国哲学史之唯物的研究　胡汉民著**

重庆：中国文化服务社，1940，116页，32开（中国国民党丛刊）

本书内收论文3篇：《中国哲学史之唯物的研究》《唯物史观批评之批评》《孟子与社会主义》。

收藏单位：重庆馆、东北师大馆、国家馆、湖南馆、吉林馆、南京馆

00821

**中国哲学思想　赵纪彬编著**

上海：中华书局，1948.10，219页，32开

本书分10章，叙述从殷周之际哲学思想的萌芽至晚清今古文学论争止，其间中国哲学思想的发展进程。共3篇：一、古代哲学思想，内容包括：古代哲学思想的起源和派别、春秋战国之际的孔墨哲学思想、战国诸子的哲学思想、古代哲学思想的三个总结等；二、中古哲学思想，论述两汉经学、魏晋玄学、六朝隋唐佛学和反佛思想、宋明道学的派别和思想；三、近代哲学思想，阐述明清之际的反道学思想、清代汉学家的哲学思想、晚清经今古文学的对峙及其哲学思想。书的篇首系序论，论述中国哲学思想的发展阶段、特征、研究方法。书前有作者自序。

收藏单位：重庆馆、东北师大馆、国家馆、吉林馆、南京馆、上海馆、首都馆、中科图

00822

**中国哲学思想史　（日）武内义雄著　汪馥泉译**

长沙：商务印书馆，1939，291页，32开

本书分为古代期：诸子时代、经学时代；中古期：（儒、释、道）三教交涉的时代；近代期：儒教革新之时代。叙述了先秦至两汉、隋唐、宋明至清的哲学思想。

收藏单位：重庆馆、东北师大馆、广东馆、广西馆、国家馆、湖南馆、江西馆、南京馆、上海馆

## 00823

**中国哲学小史　冯友兰著**

上海：商务印书馆，1933，95 页，32 开（百科小丛书）（万有文库 第 1 集 31）

上海：商务印书馆，1934.8，再版，95 页，32 开（百科小丛书）

上海：商务印书馆，1935，3 版，95 页，32 开（百科小丛书）

重庆：商务印书馆，1943.12，渝初版，82 页，32 开（百科小丛书）（新中学文库）

重庆：商务印书馆，1945，渝 2 版，82 页，32 开（百科小丛书）

上海：商务印书馆，1947.3，4 版，95 页，32 开（百科小丛书）（新中学文库）

本书为简明读物，共 13 章。作者认为，魏晋玄学即先秦诸子中道家之学的继续，隋唐佛学终非中国固有的思想主流，清代义理之学乃宋明道学的继续，故本书仅由先秦和宋明两个部分组成。

收藏单位：安徽馆、重庆馆、大连馆、东北师大馆、广东馆、广西馆、贵州馆、国家馆、湖南馆、江西馆、辽大馆、南京馆、山东馆、上海馆、首都馆、天津馆、浙江馆、中科图

## 00824

**中国哲学心解　李圣华著**

广州：志成印务局，[1936]，236 页，32 开

本书主要介绍了中国农家、墨家、道家、法家、释家、儒家关于心、物、人、我之间关系的论述，以及对"心""性"的解释。内容包括：中国哲学之起源与分解、中国哲学之特质、诗经中之心解、农家心解、墨家心解、道家心解、法家心解、释家心解、儒家心解、基督教与中国心解。

收藏单位：国家馆

## 00825

**中国中古思想史的提要　胡适撰**

北京大学出版部，1 册，散页

本书为胡适 1931 年在北京大学文学院担任"中国中古思想史"课程的讲义提要。对中古时期中国思想的发展和演进，尤其是当时的思想氛围作了讨论，以大量史料揭示了当时思想的宗教化倾向。

收藏单位：国家馆

## 00826

**中国中古哲学史　陈寅恪著**

出版者不详，[1920—1949]，11 叶，16 开，环简页装

本书为国立清华大学讲义，包含禅宗六祖传法偈之分析、李唐氏族之推测等部分。

收藏单位：国家馆

## 00827

**中华学术思想文选　孙俍工　孙怒潮编**

上海：中华书局，1933.6，[88]+282 页，22 开

上海：中华书局，1935.5，再版，[88]+282 页，22 开

本书选编先秦至戊戌变法时期有关中国历代学术思想的论著 42 篇。卷首有序说，概论中国学术思想之演变。例言中列举主要参考书。

收藏单位：重庆馆、东北师大馆、广东馆、国家馆、湖南馆、吉林馆、江西馆、近代史所、辽大馆、辽宁馆、南京馆、上海馆、首都馆、浙江馆

## 00828

**诸子辨（一名，龙门子）（明）宋濂著　顾颉刚标点**

北京：朴社，1926.7，[12]+48 页，32 开

北京：朴社，1927，再版，[12]+48 页，32 开

北京：朴社，1928，3 版，[12]+48 页，32 开

本书据浦江傅氏刻本《宋文献公集》《宋学士全集》校勘刊行。书前有校注者序，再版后各版书前有再版弁言。封面由胡适题签。

收藏单位：重庆馆、广东馆、国家馆、南京馆、上海馆、首都馆

## 00829

**诸子集成　国学整理社编**

上海：国学整理社，1935，8 册，32 开，精装

上海：国学整理社，1936，再版，8 册，32 开，精装

本书收录先秦至汉魏六朝的诸家著作 26

种，共 8 册，分为上、下两编。上编为周秦之部，收录儒、道、墨、名、法、兵、杂等 16 家子书；下编为汉魏六朝之部，收录《淮南子》《新语》等书 10 种。

收藏单位：重庆馆、东北师大馆、广东馆、广西馆、贵州馆、国家馆、湖南馆、吉林馆、江西馆、辽大馆、南京馆、山东馆、山西馆、绍兴馆、首都馆、天津馆

**00830**

**诸子集成**

上海：世界书局，1 册，32 开（国学名著 第二期 第 30 种）

本书为出版样本。

收藏单位：广东馆、上海馆

**00831**

**诸子集成刊行旨趣**

出版者不详，1 册，25 开

收藏单位：江西馆

**00832**

**诸子考略   姚永朴编**

北平：资研编译社，1928，[170] 页，32 开

本书搜集古籍中关于诸子事略的记载和评论诸子及子书的序、跋。按人或书分编为 17 卷：管子，晏子春秋，孙子，老子，列子，墨子，商君书，庄子，楚辞，荀子，吕氏春秋，韩非子，新书，淮南子，春秋繁露，新序、说苑，法言、太元经、中说。书前有编辑者序、总论。

收藏单位：南京馆、山东馆、天津馆

**00833**

**诸子与理学   蒋伯潜   蒋祖怡著**

上海：世界书局，1941，246 页，32 开（国文自学辅导丛书）

上海：世界书局，1947，再版，246 页，32 开（国文自学辅导丛书）

本书从周秦诸子开始，讲述历代诸子学说及宋明清的理学。

收藏单位：重庆馆、广东馆、吉林馆、南京馆、山东馆、上海馆、首都馆、天津馆

# 先秦哲学（   —前 221 年）

**00834**

**高等汉文诸子抄 （日）岛田均一 （日）佐久节编**

东京：育英书院，175 页，大 32 开

收藏单位：南京馆

**00835**

**鹖冠子 （宋）陆佃解**

上海：商务印书馆，1937，122 页，32 开（万有文库 第 2 集 36）（国学基本丛书）

《鹖冠子》一书，相传为战国时楚人号鹖冠子者著，凡 19 篇，宋代陆佃注。据《子汇》明刊本影印。书前有序。

收藏单位：大连馆、东北师大馆、国家馆、江西馆、辽大馆、浙江馆

**00836**

**鹖冠子集解 （宋）陆佃解   王心湛校勘**

上海：广益书局，1936.5，56 页，32 开

本书书前有《读鹖冠子》（韩愈）、《评鹖冠子》（朱养纯）、陆佃序。

收藏单位：重庆馆、江西馆、南京馆、首都馆、西交大馆

**00837**

**稷下派之研究   金受申著**

上海：商务印书馆，1930，57 页，32 开（国学小丛书）

上海：商务印书馆，1933，国难后 1 版，57 页，32 开（国学小丛书）

上海：商务印书馆，1935，国难后 2 版，57 页，32 开（国学小丛书）

本书将稷下学者分为两组，一组有慎到、彭蒙、田骈、接予、环渊、驺衍、淳于髡，另一组有宋钘、尹文、老成子，分别叙述他们的师承关系和学说。共 3 篇，内容包括：稷下学者的师授、稷下学者学说研究、结论。书末附有《稷下学者著述存亡版本考》。

收藏单位：重庆馆、广东馆、广西馆、国家馆、河南馆、湖南馆、吉林馆、南京馆、

山东馆、上海馆、绍兴馆、天津馆、浙江馆、中科图

00838

**青铜时代 郭沫若著**

上海：群益出版社，1946，300 页，25 开（郭沫若文集 第 1 辑 1）

上海：群益出版社，1947.4，再版，287 页，25 开

　　本书为作者 1934—1945 年间撰写的研究先秦社会和学术思想的论文集，侧重考证。共收 12 篇，内容包括：《先秦天道观之进展》《周易之制作时代》《由周代农事诗论到周代社会》《驳说儒》《墨子思想》《公孙尼子与其音乐理论》《述吴起》《老聃·关尹·环渊》《宋钘尹文遗著考》《初见秦篇发微》《秦楚之际的儒者》《青铜时代》。书末附录《〈两周金文辞大系〉序说》《周代彝铭进化观》《彝器形象学试探》。书前有作者序。

　　收藏单位：重庆馆、广东馆、广西馆、国家馆、吉大馆、首都馆

00839

**青铜时代 郭沫若著**

重庆：文治出版社，1945，279 页，25 开

　　收藏单位：重庆馆、东北师大馆、广东馆、国家馆、吉林馆、南京馆、首都馆、天津馆

00840

**十批判书 郭沫若著**

重庆：群益出版社，1945，2 册（431 页），25 开（郭沫若文集 10）（文化研究院丛书 1）

上海：群益出版社，1946，431 页，25 开（郭沫若文集 第 1 辑 2）

上海、哈尔滨：群益出版社，1947，东北版，490 页，32 开（郭沫若文集 第 1 辑 2）

上海：群益出版社，1948，431 页，25 开（郭沫若文集 第 1 辑 2）

　　本书为作者 1943—1945 年撰写的研究先秦时期社会和学术思想的论文集。共 10 篇，内容包括：《古代研究的自我批判》《孔墨的批判》《儒家八派的批判》《稷下黄老学派的批判》《庄子的批判》《荀子的批判》《名辩思潮的批判》《前期法家的批判》《韩非子的批判》《吕不韦与秦王政的批判》。书末附《我怎样写〈青铜时代〉和〈十批判书〉》。

　　收藏单位：重庆馆、东北师大馆、广东馆、广西馆、国家馆、黑龙江馆、江西馆、辽宁馆、南京馆、山东馆、山西馆、上海馆、首都馆、天津馆、浙江馆

00841

**十批判书 郭沫若著**

新联总处，218 页，32 开（文化研究院丛书 1）

　　收藏单位：南京馆

00842

**先秦社会思想小史 汪澄之著**

上海：三民书店，1929.8，32 页，25 开

　　收藏单位：重庆馆、江西馆、浙江馆

00843

**先秦天道观之进展 郭沫若著 中法文化出版委员会编**

上海：商务印书馆，1936，78 页，22 开，精装

　　本书分 4 章，第 1 章天的观念之起源，论述殷商时天的观念；第 2 章天的观念之利用，谈及周人对天的观念；第 3 章天的观念之转换，论述春秋时老子、孔子、墨子关于天的观念；第 4 章天的观念之归宿，对杨朱、孟子、庄子、荀子以及《易传》中天的观念加以分析。书末附参考书目。

　　收藏单位：重庆馆、东北师大馆、广东馆、贵州馆、国家馆、黑龙江馆、湖北馆、湖南馆、江西馆、近代史所、辽宁馆、南京馆、上海馆、浙江馆、中科图

00844

**先秦学术概论 吕思勉著**

上海：世界书局，1933，161 页，25 开，精装

　　本书为作者在上海沪江大学任教时编写的教本，后加修正。分上、下两编。上编总论，即先秦学术的渊源、产生的背景、源流与派别，以及研究方法等；下编分论，分 12

章论述了道家、儒家、法家、名家、墨家、纵横家、兵家、农家、阴阳数术、方技、小说家、杂家的思想及著述。书中附读书札记4篇：《六艺》《经传说记》《读汉书礼记节录》（两篇）。

收藏单位：东北师大馆、广东馆、贵州馆、国家馆、湖南馆、吉林馆、江西馆、近代史所、辽宁馆、南京馆、山东馆、山西馆、上海馆、首都馆、浙江馆、中科图

## 00845

**先秦学术思想史　王德箴著**

南京：王德箴[发行者]，1935，14+224页，32开

本书分3编。第1编总论先秦学术思想的兴起、派别；第2编分论道家、儒家、墨家、法家、名家等的学术思想和渊源；第3编比较各家之异同及影响。

收藏单位：广东馆、国家馆、南京馆、山东馆、上海馆

## 00846

**先秦学说述林　郭沫若著**

永安：东南出版社，1945，372页，25开（大学学术丛书）

本书内收论著14篇：《周易之制作时代》《先秦天道观之进展》《驳说儒》《庄子与鲁迅》《屈原思想》《古代社会研究答客难》《墨子的思想》《公孙尼子与其音乐理论》《秦楚之际的儒者》《述吴起》《吕氏春秋与秦代政治》《韩非初见秦篇发微》《韩非子的思想》《由周代农事诗论到周代社会》。书末有后叙。

收藏单位：北师大馆、东北师大馆、福建馆、广西馆、国家馆、山西馆、上海馆、首都馆、浙江馆

## 00847

**先秦诸子批判　杜守素著**

上海：作家书屋，1948，249页，32开

本书通过对公孙龙子、荀子、尹文、老子、后期墨家的考察，对先秦名家、儒家、道家、墨家、法家的思想发展作了分析和评论。共6篇，内容包括：《论公孙龙子》《论

荀子成相篇》《荀子从宋尹黄老学派接受了什么》《中国古代由礼到法的思想变迁》《关于墨辩的若干考察》《略论礼乐起源及中国礼学的发展》。

收藏单位：安徽馆、重庆馆、东北师大馆、广西馆、国家馆、上海馆、首都馆、天津馆

## 00848

**先秦诸子述略　周群玉著**

上海：群众图书公司，1929，122页，32开

本书对先秦儒、道、阴阳、法、名、墨、纵横、杂、农诸家21人的思想学说作了简单介绍。书前有刘白华及作者序各一。

收藏单位：吉林馆、江西馆、上海馆

## 00849

**先秦诸子思想　杜守素著**

上海：生活·读书·新知联合发行所，1949，114页，36开（新中国青年文库）

本书分9章，概述诸子思想产生的时代、渊源、相互关系及对后世的影响，继而依次论述孔子、墨子、尹文、孟子、庄子、荀子、韩非子的主要思想和渊源，以及先秦诸子关于名实问题的论辩。

收藏单位：东北师大馆、国家馆、河南馆、绍兴馆、天津馆

## 00850

**先秦诸子思想　杜守素著**

上海：生活书店，1946，114页，36开（青年自学丛书）

上海：生活书店，1947，再版，114页，36开（青年自学丛书）

收藏单位：重庆馆、国家馆、山东馆、上海馆、绍兴馆、首都馆

## 00851

**先秦诸子文选　张默生选注**

上海：济东印书社、东方书社，1946，[10]+318页，25开

上海：济东印书社、东方书社，1947，再版，[10]+318页，25开

上海：济东印书社、东方书社，1948.8，3版，[10]+318页，25开

本书为大学补充读物。从《墨子》《列子》《孟子》《公孙龙子》《庄子》《荀子》《礼记》《管子》《韩非子》《吕氏春秋》等书中选出50余篇，每篇末加注释。书前有序例。

收藏单位：重庆馆、国家馆、南京馆、上海馆

**00852**

**先秦诸子系年　钱穆著**

上海：商务印书馆，1936.2，2册（471+104+24页），25开（大学丛书 教本）

上海：商务印书馆，1936.4，再版，2册（471+104+24页），25开，精装（大学丛书 教本）

上海：商务印书馆，1937，再版，2册（471+101+24页），25开（大学丛书 教本）

本书为《先秦诸子系年考辨》改名后出版，对先秦诸子以及宋昭公、魏文侯、齐康公、宋辟公、田桓公、梁惠王、楚威王等人的有关史实加以考证，以辨明先秦诸子的生平、思想等有关的问题。

收藏单位：重庆馆、东北师大馆、广东馆、贵州馆、国家馆、吉大馆、吉林馆、江西馆、近代史所、南京馆、山东馆、上海馆、首都馆、浙江馆、中科图

**00853**

**先秦诸子系年考辨　钱穆著**

上海：商务印书馆，1935，[40]+471+[132]页，22开，精装（大学丛书）

上海：商务印书馆，1936，再版，[40]+471+[132]页，22开（大学丛书）

本书共4卷163篇。书前有作者自序。书末附录先秦诸子系年通表、人名索引、考辨索引及作者跋等。

收藏单位：重庆馆、东北师大馆、广西馆、贵州馆、国家馆、湖北馆、湖南馆、吉林馆、南京馆、上海馆、首都馆、天津馆、浙江馆、中科图

**00854**

**先秦诸子学说（先秦诸子学）　胡耐安著**

上海：北新书局，1936.10，151页，32开

本书据作者在暨南大学的讲稿编成。分儒家、道家、墨家3篇。书前有《先秦诸子学序说》1篇，概述诸子学派、源流和著述。书末附录《汉书·艺文志》。

收藏单位：重庆馆、广东馆、国家馆、吉大馆、天津馆

**00855**

**先秦诸子哲学　李相显著**

北平：世界科学社，1946.10，[16]+277页，32开（世界科学社丛书）

本书分儒家哲学、道家哲学、墨与名法哲学3篇，列出五家的代表人物孔子、孟子、荀子、老子、庄子、墨子、公孙龙子、韩非子等8人，介绍各派的思想和著述。书前有唐嗣尧序、作者自序。封面由唐嗣尧题签。

收藏单位：国家馆、吉林馆、近代史所、南京馆、首都馆、中科图

**00856**

**先秦诸子政治社会思想述要　嵇文甫著**

北平：开拓社，1932.1，164页，32开

本书原为作者1930年在清华、燕京两校讲授中国政治思想和社会思想时的部分讲义。作者运用历史唯物主义的观点对中国先秦儒家、道家、法家的社会政治思想作了分析。共7部分，内容包括：孔子、墨子、老子、庄子、孟子、荀子、韩非子。书前有序。书末附录《"仁"的观念之社会史的观察》《老庄思想与小农社会》。

收藏单位：重庆馆、国家馆、首都馆

**00857**

**学林小辩·续理气辩　薛元植著**

京城府：1939.11，小梧山房，1939，102+62页，22开（反求室丛书）

《学林小辩》包括：理气辩、太极辩、天圆地方·左旋右旋辩、中庸注释辩、大学辩、论语注释辩、孟子注释辩等。《续理气辩》包括前论、本论，共16章。

收藏单位：国家馆

00858

**晏婴死国不死君（历史图说） 中华平民教育促进会编**

[长沙]：中华平民教育促进会，[1923—1949]，[8]页，18开，环筒页装

本书收图4幅，每幅下有文字说明。附录《晏婴歌》。

收藏单位：国家馆

00859

**晏子春秋 （春秋）晏婴撰 （清）孙星衍等校**

上海：商务印书馆，1937.12，77页，32开（万有文库 第2集24）（国学基本丛书）

长沙：商务印书馆，1939.9，77页，32开（万有文库 第1—2集 简编500种22）（国学基本丛书）

本书据《经训堂丛书》本《晏子春秋》排印。分7卷：内篇谏上第一、内篇谏下第二、内篇问上第三、内篇问下第四、内篇杂上第五、内篇杂下第六、外篇第七。卷首有刘向呈书、《经训堂丛书》本中孙星衍序。

收藏单位：大连馆、东北师大馆、国家馆、江西馆、上海馆、天津馆、浙江馆

00860

**晏子春秋 庄适选注**

上海：商务印书馆，1926.12，[19]+86页，32开（学生国学丛书）

上海：商务印书馆，1931，再版，[19]+86页，32开（学生国学丛书）

上海：商务印书馆，1933，国难后1版，[19]+[86]页，32开（学生国学丛书）

本书选《晏子春秋》内篇82章，外篇6章，分段句读、注释、校勘、音切并附注音字母。原文依据元刻本。书前有庄适撰写的序例，介绍《晏子春秋》一书及其作者。

收藏单位：北大馆、重庆馆、广东馆、国家馆、河南馆、黑龙江馆、湖南馆、江西馆、辽大馆、南京馆、山西馆、上海馆、首都馆、天津馆

00861

**晏子春秋（标点注解） 支伟成标点**

上海：大中书局，1934.6，再版，158+10页，32开

本书共8卷。书后附《晏子春秋研究》，包括：晏子略传、晏子春秋考证、晏子的政治哲学、晏子的人生哲学、参考书举要。

收藏单位：广东馆、国家馆、首都馆

00862

**晏子春秋（标点注解） 支伟成标点**

上海：泰东图书局，1923.7，158+10页，32开（诸子研究3）

上海：泰东图书局，1925，再版，158+10页，32开（诸子研究3）

上海：泰东图书局，1929，3版，158+10页，32开（诸子研究3）

收藏单位：重庆馆、国家馆、河南馆、吉林馆、山西馆、上海馆、首都馆、天津馆

00863

**晏子春秋（新式标点） 陈益标点**

上海：扫叶山房，1926.3，1册，32开

本书据清人孙星衍校本重印并加新式标点。书前有孙星衍原序、新式标点者新序、新式标点说明表。每卷后有简单注释。

收藏单位：北大馆、重庆馆、国家馆

00864

**晏子春秋集解 王心湛校**

上海：广益书局，1936.5，150页，32开

本书内容包括：内篇谏上、内篇谏下、内篇问上、内篇问下、内篇杂上、内篇杂下、外篇上、外篇下。

收藏单位：国家馆、河南馆、湖南馆、吉林馆、江西馆、南京馆、山东馆、首都馆

00865

**晏子春秋校释 张纯一著**

上海：世界书局，1936，219页，32开

本书包括内篇谏上、谏下50章，问上、问下60章，杂上、杂下60章；外篇共45章，总计215章。有注释。书前有序。

收藏单位：山西馆

## 00866

**晏子春秋校注**　张纯一著
上海：世界书局，1935.11，219 页，32 开，精装
上海：世界书局，1936.4，再版，219 页，32 开

收藏单位：重庆馆、国家馆、湖南馆、吉林馆、江西馆、辽宁馆、南京馆、上海馆

## 00867

**晏子春秋类钞**　高超编
出版者不详，[1925]，112 页，18 开

本书节抄《晏子春秋》中的有关内容编为政本（4 篇）、主术（8 篇）、臣道（3 篇）、士品（4 篇）、晏子事纪（13 篇），共 5 卷。书前有乙丑蔡廷干序。书末附恩丰跋。

收藏单位：国家馆、上海馆

## 00868

**赵氏选评周秦诸子文**　赵松龄选评
醉竹山房，1921 印，100 页，32 开

收藏单位：首都馆

## 00869

**中国古代思想学说史**　侯外庐著
重庆：文风书局，1944.6，338 页，25 开
上海：文风书局，1946，沪 1 版，338 页，25 开

本书论述殷商至春秋战国各派思想发展的历史。共 13 章，内容包括：中国古代思想底三阶段、殷代的主要意识生产、周人"国有思想"及其前途、周人思想第一次的变迁、孔墨显学主潮论（上、下）、老庄学派反显学的智者学说、儒家思孟学派及其放大了的儒学、后期墨家及其通约了的墨学、诡辩学者的论理学、中国古代思想底综合者荀学、法家的悲剧历史与韩非子、附论屈原思想。重点讨论孔墨显学，论及道、名、法诸学派。本书与《中国古典社会史论》为姊妹篇。

收藏单位：重庆馆、东北师大馆、福建馆、广东馆、贵州馆、国家馆、黑龙江馆、湖南馆、辽宁馆、南京馆、山东馆、山西馆、

上海馆、首都馆、天津馆、中科图

## 00870

**中国古代学术流变研究十篇**　梁启超著
上海：中华书局，1936.3，[111] 页，32 开（饮冰室专集）
上海：中华书局，1941，2 版，[111] 页，32 开（饮冰室专集）
上海：中华书局，1947.10，3 版，[111] 页，32 开（饮冰室专集）

本书内收作者 1926 年撰写的论文 10 篇：《先秦学术年表》《庄子天下篇释义》《荀子评诸子语汇解》《韩非子显学篇释义》《尸子广泽篇吕氏春秋不二篇合释》《淮南子要略书后》《司马谈论六家要指书后》《史记中所述诸子及诸子书最录考释》《汉书艺文志诸子略考释》《汉志诸子略各书存佚真伪表》。附录《考诸子略以外之现存子书》。

收藏单位：重庆馆、东北师大馆、贵州馆、国家馆、湖南馆、吉林馆、江西馆、近代史所、辽宁馆、南京馆、山东馆、上海馆、首都馆、天津馆

## 00871

**中国古代哲学史**　陈元德著
上海：中华书局，1937，[18]+410 页，25 开，精装
上海：中华书局，1939.7，再版，[18]+410 页，25 开
上海、昆明：中华书局，1941，3 版，[18]+410 页，25 开，精装

本书为大学用书。据作者在武汉大学授课讲稿增补而成。叙述从上古到先秦诸子的哲学思想，探讨中国古代文化发展的历史。分上古、中古、下古、群哲、老子、孔子、墨子、孟子、庄子、名家、墨辩、荀子、韩子、后哲等 20 章。最后一章为结论，概述中国古代学术思想的派系、中国文化发展史的分期等。

收藏单位：重庆馆、东北师大馆、广东馆、国家馆、黑龙江馆、近代史所、南京馆、山东馆、上海馆、首都馆、中科图

00872

**中国古代政治哲学批判　李麦麦著**

上海：新生命书局，1933.6，[18]+360 页，25 开

本书是研究中国从殷商至先秦社会性质、政治制度、哲学思潮的专著。共 5 篇，内容包括：评中国古代社会研究、中国封建制度之崩溃与专制君主制之完成、再论春秋战国的阶级斗争、先秦时代的社会变革与其哲学思潮、诗经时代的女性生活。书前有灵峰序、作者自序。

收藏单位：重庆馆、东北师大馆、广东馆、广西馆、国家馆、湖南馆、吉林馆、近代史所、南京馆、山东馆、山西馆、上海馆、首都馆、浙江馆、中科图

00873

**中国哲学史研究　杨予秀著**

北平：炊羹庐，1933，145 页，18 开

本书为《中国哲学史讲义》的第 1 篇，上古期，分 11 章。第 1 章上古哲学泛论，总述殷商氏族社会、西周庄园封建社会、春秋士人阶级的思想；后 10 章依次讲述孔子、老子、孟子、庄子、邓析、惠施、公孙龙、慎到、田骈、彭蒙、尹文子、驺衍、荀子、韩非子等人的思想，特别论述了《墨辩》的有关思想。书前有作者撰写的《说老实话》一文。

收藏单位：国家馆、辽宁馆

00874

**周秦诸子概论　高维昌著**

上海：商务印书馆，1930.4，138 页，32 开（国学小丛书）

上海：商务印书馆，1933.4，国难后 1 版，138 页，32 开（国学小丛书）

上海：商务印书馆，1934.2，国难后 2 版，138 页，32 开（国学小丛书）

上海：商务印书馆，1935.7，国难后 3 版，138 页，32 开（国学小丛书）

本书内分两编共 11 章，第 1 编概论先秦诸子书的类别、源流、辨伪；第 2 编分道家、法家、名家、墨家、阴阳家、杂家等 8 章，概述各家子书的内容、诸子生平、思想等。书前有雷啸岑序及作者自序。书末附录周秦诸子书目。

收藏单位：重庆馆、东北师大馆、广东馆、广西馆、贵州馆、国家馆、湖南馆、江西馆、南京馆、上海馆、绍兴馆、首都馆、天津馆、浙江馆、中科图

00875

**周秦诸子概要　刘汝霖编著**

北平：中国大学，1937，336 页，18 开

本书卷首题名：周秦诸子概要讲义。

收藏单位：国家馆

00876

**周秦诸子考　刘汝霖著**

北平：文化学社，1929，2 册（[20]+470+[78] 页），32 开

本书对先秦诸子生平、思想及其对后世之影响加以评述与考证，尤注重经籍之真伪和思想源流之考证。凡年代可稽者，则列成年表；年代不详者，先考年代，后列问题；对于史料过少者，只列题目，不具年代。书末附录《周秦诸子年表》《秦代焚书与古代文化之关系》《笔记摘要》。

收藏单位：重庆馆、广东馆、国家馆、湖南馆、南京馆、上海馆、首都馆、天津馆、中科图

00877

**周秦诸子选粹　刘永济编**

上海：泰东图书局，1925，[330] 页，32 开

上海：泰东图书局，1925，2 版，[330] 页，32 开

本书共 4 卷，选辑道家、墨家、法家、儒家诸子的著述，供中学生参阅。卷一选《庄子》7 篇、《列子》3 篇，卷二选《墨子》11 篇、《韩非子》7 篇，卷三选《荀子》9 篇、《孟子》8 章，卷四选取诸评论家评论诸子之文。前三卷的选文前有对庄子、列子、杨朱、墨子、韩非子、荀子等诸子的事略、学派及影响的介绍。卷首有《道儒墨法四家政治思想比较表》《墨庄孟荀韩非五子出处时地表》。

收藏单位：国家馆、河南馆、南京馆、天津馆

**00878**

**诸子百家考　（日）儿岛献吉郎著　陈清泉译述**

上海：商务印书馆，1933.3，346 页，32 开

上海：商务印书馆，1933.7，再版，346 页，32 开（国学小丛书）

　　本书共 9 编，除第 7 编谈及汉初六家的思想及其发展系统外，其余 8 编皆叙述先秦诸子的著作及思想。初版封面和版权页题：陈清泉编纂。

　　收藏单位：重庆馆、东北师大馆、广东馆、广西馆、国家馆、黑龙江馆、吉林馆、江西馆、近代史所、南京馆、上海馆、首都馆、天津馆、浙江馆、中科图

**00879**

**诸子概论　陈柱著**

上海：商务印书馆，1930.10，180 页，32 开（万有文库第 1 集 18）

上海：商务印书馆，1932.11，180 页，32 开（百科小丛书）

上海：商务印书馆，1933.6，再版，180 页，32 开（百科小丛书）

上海：商务印书馆，1934.7，再版，180 页，32 开（百科小丛书）（万有文库第 1 集 18）

上海：商务印书馆，1934，3 版，180 页，32 开（百科小丛书）

上海：商务印书馆，1939.12，180 页，32 开（百科小丛书）（万有文库 第 1—2 集 简编 500 种 10）

重庆：商务印书馆，1945.1，重排版，141 页，32 开（百科小丛书）

重庆：商务印书馆，1945，再版，141 页，32 开（百科小丛书）

　　本书分儒、道、阴阳、法、名、墨 6 家，叙述各家的学术渊源、流派和著述，分别介绍孔子、晏子、孟子、荀子、老子、庄子、驺衍、韩非子、公孙龙子、惠子、墨子等人的生平和学说，还论述了各家的异同。著者原题：陈匡。

收藏单位：安徽馆、重庆馆、大连馆、东北师大馆、广东馆、广西馆、贵州馆、国家馆、吉林馆、江西馆、辽大馆、辽宁馆、南京馆、山东馆、上海馆、绍兴馆、首都馆、天津馆、浙江馆

**00880**

**诸子概论　李源澄著**

上海：开明书店，1936，130 页，32 开

　　本书先研究先秦儒、道、墨、法诸家思想及其根源，继而对《论语》《孟子》《荀子》《道德经》《庄子》《墨子》《商君书》《韩非子》等书加以评论。书前有伍非百和卢前序。

　　收藏单位：重庆馆、广西馆、国家馆、湖南馆、南京馆、山东馆、首都馆、天津馆、浙江馆

**00881**

**诸子概论讲义　孙德谦著**

商务印书馆，20 页，32 开

　　收藏单位：南京馆

**00882**

**诸子论二集　毛起著**

杭州：毛起 [ 发行者 ]，1936，220 页，22 开

　　本书为作者研究诸子的论文汇集。内收《依据〈史记〉来考老聃》《论老子的书》《考老彭》《再来主张杨朱即庄周》《改作〈史记·老庄申韩列传〉》等，共 16 篇。初集名《春秋总论初稿》。书前有作者序。

　　收藏单位：上海馆、浙江馆、中科图

**00883**

**诸子略说　章炳麟讲　王乘六　诸祖耿记　孙世扬校**

苏州：章氏国学讲习会，1935.12，2 册（50+62 页），32 开（章氏国学讲习会讲演记录 第 7—8 期）

　　本书据讲演记录整理。书中先叙述诸子派别产生的时代，后分别简述儒家、道家、墨家、法家、名家思想，以及源流、派别。讲者原题：章太炎。

　　收藏单位：国家馆、辽大馆、南京馆

00884

**诸子平议** （清）俞樾著

上海：国学整理社，1936，416 页，32 开，精装

本书是对《管子》《晏子春秋》《老子》《墨子》《荀子》《列子》《庄子》《商子》《韩非子》《吕氏春秋》《春秋繁露》《贾子》《淮南内篇》《扬子太玄》《扬子法言》等诸子之书所作的注释和评论。

收藏单位：重庆馆、广东馆、湖南馆、山东馆、中科图

00885

**诸子平议** （清）俞樾著

上海：商务印书馆，1935.3，6 册（709 页），32 开（万有文库 第 2 集 12）

上海：商务印书馆，1935.4，709 页，32 开，精装（国学基本丛书）

上海：商务印书馆，1935.7，再版，709 页，32 开，精装（国学基本丛书）

上海：商务印书馆，1936，3 册（709 页），32 开（国学基本丛书简编）

收藏单位：重庆馆、大连馆、东北师大馆、广东馆、贵州馆、国家馆、河南馆、黑龙江馆、江西馆、辽大馆、南京馆、山东馆、山西馆、上海馆、首都馆、天津馆、浙江馆、中科图

00886

**诸子通考** 蒋伯潜编著

上海：正中书局，1948，540 页，25 开

本书为大学用书。系作者在其父遗稿基础上补编而成。分两编，上编为诸子人物考，下编为诸子著述考。书前有自序。书末附录《汉志诸子略十家著述统计表》《现存诸子重要著述表》。

收藏单位：重庆馆、广东馆、国家馆、近代史所、南京馆、上海馆、浙江馆、中科图

00887

**诸子通谊** 陈钟凡著

上海：商务印书馆，1925，138 页，22 开（东南大学丛书）

上海：商务印书馆，1925，再版，138 页，22 开（东南大学丛书）

上海：商务印书馆，1926，3 版，138 页，22 开（东南大学丛书）

上海：商务印书馆，1929.5，4 版，138 页，22 开（东南大学丛书）

上海：商务印书馆，1932，国难后 1 版，138 页，22 开（东南大学丛书）

本书论述先秦诸子的流派与思想。分为上、中、下 3 卷。上卷两篇：原始、流别，论述先秦诸子各家的源流、派别；中卷 5 篇：原道、原名、订法、述墨、明儒，阐述道、名、法、墨、儒等家思想的发展；下卷 3 篇：正名、论性、阐初，叙述各家关于"名""性""宇宙本体"等基本哲学范畴的不同观点。书末附周秦迄元明诸子书目。

收藏单位：重庆馆、广东馆、贵州馆、国家馆、黑龙江馆、湖南馆、吉林馆、江西馆、辽宁馆、南京馆、山东馆、上海馆、首都馆、天津馆、浙江馆、中科图

00888

**诸子学派要诠** 王蘧常著

上海：中华书局，1936，316 页，22 开

本书节选《庄子》等书中论述先秦诸子学派的篇章，并加诠释。内容包括：《庄子·天下》《尸子·广泽》《荀子·非十二子》《荀子·天论》《荀子·解蔽》等。书末附《见存先秦诸子书答问》。

收藏单位：重庆馆、广东馆、广西馆、国家馆、湖南馆、江西馆、南京馆、山东馆、上海馆、天津馆、浙江馆、中科图

00889

**诸子学述** 罗焌著

上海：商务印书馆，1935，348 页，32 开

上海：商务印书馆，1936，再版，348 页，32 开

上海：商务印书馆，1937，3 版，348 页，32 开

上海：商务印书馆，1947，3 版，348 页，32 开（新中学文库）

本书据作者 1928 年在湖南大学任教时的讲义整理。分 3 编。上编总论——国学概论，论述诸子的产生、渊源、兴废、派别、异同，历代诸子学研究；中编分论——周秦诸子学史，

详细介绍了儒家、道家的人物及思想；下编结论——周秦学说平议，未成稿。书前有李肖聃序、杨树达序，以及《罗君事迹》(李肖聃)。

收藏单位：重庆馆、广东馆、广西馆、国家馆、湖南馆、吉林馆、江西馆、近代史所、南京馆、山东馆、上海馆、绍兴馆、首都馆、天津馆、浙江馆、中科图

## 00890

**诸子学纂要　蒋伯潜编著**

上海：正中书局，1947，269页，32开（国学汇纂丛书7）

本书共12章，内容包括：孔子、孟子、荀子、其他儒家之言、墨子、后期的墨者、老子、庄子、其他道家者言、法家、所谓"名家"、百家之学。书前有绪论4篇，内容包括：何为诸子学、诸子何以勃兴于周秦之际、诸子与王官之关系、前人评各家长短。书后有结论：诸子学底衰落及其因缘。

收藏单位：重庆馆、东北师大馆、广东馆、广西馆、国家馆、湖南馆、吉林馆、南京馆、中科图

## 00891

**诸子要略　罗根泽编述**

北平：中国大学，[1935]，496页，16开

本书介绍先秦儒家、道家、墨家、名家、法家、农家、阴阳家、杂家有关人物的生平、著作、思想、学术渊源、影响等。每家一编。

收藏单位：国家馆、首都馆

## 00892

**诸子治要　张文治编　陈棠　喻璞校**

上海：文明书局，1930.5，[412]页，22开（国学治要 第三编）

本书分两卷。卷一为诸子17种，收《荀子》《春秋繁露》《法言》《中说》《老子》《列子》《庄子》《管子》《商子》《韩子》《公孙龙子》《墨子》《鬼谷子》《吕氏春秋》等；卷二为隋唐以前诸子论学名著，收集鹖冠、吕尚、邓析、尹喜、文子、尸子、申不害、孟子、慎子、陆贾、刘向等人的论著若干篇。

收藏单位：重庆馆、国家馆、湖南馆、江西馆、辽大馆、辽宁馆、山东馆、山西馆、上海馆、天津馆、浙江馆

## 00893

**子学常识　徐敬修编**

上海：大东书局，1925，158页，32开（国学常识6）

上海：大东书局，1925，3版，158页，32开（国学常识6）

上海：大东书局，1926，4版，158页，32开（国学常识6）

上海：大东书局，1928.12，5版，158页，32开（国学常识6）

上海：大东书局，1931.3，6版，158页，32开（国学常识6）

上海：大东书局，1932，7版，158页，32开（国学常识6）

上海：大东书局，1933，8版，158页，32开（国学常识6）

本书为上海法学院国文讲义。论述先秦儒、墨、道、法、名、兵、阴阳、杂各家学说源流及梗概，对历代研究子学的情况及方法作了简述。共5章：总说、历代子学之大概情形、诸子之学说、子书之内容、治子学之方法。

收藏单位：重庆馆、广东馆、国家馆、黑龙江馆、湖南馆、吉林馆、江西馆、辽大馆、南京馆、绍兴馆、首都馆、天津馆、浙江馆、中科图

## 00894

**子学概论　李松伍著**

新京（长春）：艺文书房，1944，127页，32开

本书共10章，内容包括：大意、道家类、法家类、名家类、墨家、儒家类、杂家类、兵家类、纵横家、阴阳家等。

收藏单位：东北师大馆、辽大馆、辽宁馆

# 诸子前哲学

## 00895

**超相对论（易经科学讲）　薛学潜著**

出版者不详，1946，260 页，18 开

本书用现代数学、物理学解释《易经》。共 3 卷，第 1 卷易方阵形学，内含 9 章；第 2 卷超相对论原理，内含 6 章；第 3 卷五度时间线，内含 9 章。书前有张鸿鼎序。

收藏单位：重庆馆、东北师大馆、广西馆、国家馆、吉林馆、江西馆、辽大馆、南京馆、上海馆、西交大馆、浙江馆、中科图

**00896**

**重新发明中华易学　李登墀著**

桐梓：李登墀[发行者]，1935，再版，[20]+252 页，22 开（现代教育哲学丛书）

本书糅合中西方的哲学、科学、宗教、美术等思想，以解释《周易》。书前有作者跋、发刊词、序言、邱运昌《读中华易学的我见》毛光翔等人的题辞。书末附桐梓县立中学校第 1—2 期学生引言。

收藏单位：国家馆

**00897**

**大衍义　郑禄钟著**

郑禄钟[发行者]，1917，84 页，22 开

本书对所谓"河图""洛书"加以引申、衍义。

收藏单位：国家馆、浙江馆

**00898**

**雕菰楼易义　程启樂著**

长沙：商务印书馆，1940，110 页，32 开（中山文化教育馆研究丛刊）

本书论述焦循治易学的方法、成就与不足，说明焦氏治易胜于虞翻。共 4 章，内容包括：导言、略述虞仲翔易例、焦氏易例、焦氏易教。书前有吴尚鹰序。

收藏单位：重庆馆、广东馆、国家馆、江西馆、南京馆、上海馆、天津馆

**00899**

**读易会通　（清）丁寿昌著**

上海：商务印书馆，1935，694 页，32 开，精装（国学基本丛书）

上海：商务印书馆，1935.6，再版，694 页，32

开，精装（国学基本丛书）

本书作者将重视释文、音训、考据异同的汉儒易学与注重义理解释的宋儒易经融合一体，再加上作者的研究，汇集成本书。共 8 卷，内容包括：总论 1 卷、上经 3 卷、下经 4 卷。书前有叙两篇。

收藏单位：重庆馆、国家馆、湖南馆、吉林馆、江西馆、近代史所、辽宁馆、南京馆、上海馆、首都馆、天津馆

**00900**

**断易大全　（清）余兴国辑**

出版者不详，石印本，1 册

收藏单位：国家馆

**00901**

**革命的周易简略说明　杨真如著**

上海：盛德印社，1931.8，50 页，32 开

本书作者认为宇宙及一切现象都是由"性""命"二者相合而成的。在《周易》里性与命是相矛盾的，所以要革命。书中以《周易》这一观点去解释现实的问题。

收藏单位：南京馆

**00902**

**汉熹平石经周易残字跋　刘节著**

北平：燕京大学，1932.6，2378—2396 页，16 开

本书作者依据《周易》今本经文以及《经典释文》（陆德明）、《周易集解》（李鼎祚）、《汉上易传》《录古周易》《玩辞》等书，对于右任等 4 人所藏汉熹平石经《周易》残字加以考证。分碑图、校记、经本、余论 4 部分。为《燕京学报》第 11 期抽印本。

收藏单位：国家馆

**00903**

**汉熹平石经周易残字跋　马衡著**

出版者不详，1929，16 页，16 开

本书共 3 部分，内容包括：1.孙伯恒影印汉熹平石经《周易》残字拓片，此拓片为一石的两面，一面存 286 个字，一面存 205 个字；2.马衡《汉熹平石经〈周易〉残字跋》，

以今本《周易》校读残字拓片；3. 钱玄同《读汉熹平石经〈周易〉残字而论及今文〈周易〉的篇数问题》。

收藏单位：国家馆

**00904**

**河洛理数**　（宋）陈抟著　（宋）邵雍述　秦慎安校勘

上海：文明书局，1926，4 册（[538] 页），25 开

上海：文明书局，1929，再版，4 册（[538] 页），25 开

本书分 7 卷，卷一为大易源流、河图洛书、说河图篇、说洛书篇等；卷二为上经三十卦、下经三十四卦；卷三为六十四卦诗诀；卷四为流年；卷五为月卦；卷六为参详秘诀辨、河洛参评例等；卷七为起八字法、起大小运诀等。书前有陈仁锡序。

收藏单位：重庆馆、国家馆、南京馆、绍兴馆、首都馆

**00905**

**讲易管窥**　袁嘉谷著　于乃仁记

昆明：云南大学，[1935]，114 页，22 开（云南大学丛书）

本书分 3 卷。卷上为易之起源与完成，分 6 期；卷中为易之流传，分 7 期；卷下为易之古史进化观，分物质生活之进化、社会组织之进化、精神文化之发达等。书前有屏山居士序。书末有武嘉荣、马秀卿等跋。

收藏单位：重庆馆、辽宁馆

**00906**

**京氏易传笺**　徐昂著

之江大学中国文学会，[1939]，46 页，16 开

本书分 3 卷。书前有自序。书末附《京氏易传校勘表》。出版时间据序著录。

**00907**

**居易图说**　谢慧霖著

出版者不详，26 页，32 开

收藏单位：南京馆

**00908**

**开物成务之道**　陈敢著

立煌（安徽）：立煌华中出版社，1944，2 册（186+204 页），36 开

本书分为上、下两篇，共 13 章。内容包括：开宗明义、开成律之成立及其循环转变、开成律内之三联律及三合律、循环转变与循环进化、开成律之直交转变、开成律与大学三纲领八条目关系之证明、开成律与中庸九经六典关系之证明、开成律与礼运四肥一敝及大同小康关系之证明、诚之内容与内外一致之诚、诚与三达德及圣神之关系、诚与一贯之道及性善中庸六艺之关系、仁包诸德及其用途、开物成务与集大成。

收藏单位：重庆馆、国家馆、南京馆、武大馆

**00909**

**科学的易**　丁超五著

昆明、上海：中华书局，1941.9，[10]+176 页，25 开

本书共 4 章，第 1 章总说，叙述《易经》起原，卦成立的要素，卦的创始者，易学研究派别、变迁，先天图的创始者和传授，提出易道即孔子之天道；第 2 章易卦与数学的关系，运用数学原理，解释易理；第 3 章易理新诠，以对立统一规律诠释易理；第 4 章附录，摘录古今用数学原理论述易理及近儒对怀疑孔子作易的反证数则。书前有吴稚晖信函手迹、作者自序。书末附《周易》正文。

收藏单位：重庆馆、国家馆、江西馆、辽宁馆、南京馆、山东馆、上海馆、中科图

**00910**

**纳甲辨**　屈怀白著

出版者不详，38 页，16 开

"纳甲"为易学中以干支配八卦而言，术数家则称之为浑之甲子。本书对"纳甲"概念加以考证研究。

收藏单位：上海馆

00911

**茹经堂新著　唐文治编**

太仓：唐文治 [ 发行者 ]，137 页，25 开

　　本书内收 7 篇：《周易九卦大义》《礼记曲礼篇大义》《礼记内则篇大义》《礼记祭义篇大义》《礼记儒行篇大义》《礼记冠义篇大义》《大戴礼记曾子疾病篇讲义》。

　　收藏单位：吉林馆、上海馆

00912

**师卦解　董璠解**

北京：燕京大学国文学会，1940，331—336 页，16 开

　　本书为《文学年报》第 6 期抽印本。

　　收藏单位：国家馆

00913

**双剑誃易经新证　于省吾著**

出版者不详，1936，202 页，32 开

　　本书共 4 卷，内容包括：半象与大象、直方大不习无不利、执之用黄牛之革、宜建侯而不宁等。

　　收藏单位：国家馆

00914

**象数派引论（宋代哲学之一节）　伯精著**

出版者不详，18 页，18 开

　　本书论述象数关系，解释八卦。

　　收藏单位：国家馆

00915

**象言破疑　悟元老人著**

上海：江东书局，影印本，29 页，32 开

　　本书内容包括：象言破疑序、象言破疑（上、下）、破疑诗、元牝真窍说、修真要诀。

　　收藏单位：天津馆

00916

**新易学　王明著**

乐清：中国文化服务社乐清支社，1946，50 页，32 开

　　本书共 3 章，内容包括：生生不息的进化论、变的程序、达道、天人合一、吉凶等。

　　收藏单位：国家馆、南京馆、浙江馆

00917

**学易丛见　李果著**

长沙：商务印书馆，1938.6，53 页，32 开（国学小丛书）

　　本书简述《周易》的形成及历代对《周易》的研究。分 3 编，内容包括：读易滋惑编，引证史料介绍《周易》的内容；杂物撰德类比编，析名物，别异同；读《易》琐记编，叙述读《易》心得。书前有自序。

　　收藏单位：广东馆、国家馆、黑龙江馆、湖南馆、吉大馆、吉林馆、江西馆、辽宁馆、南京馆、上海馆、首都馆

00918

**学易斋易象哲理观　石广权著**

石广权 [ 发行者 ]，46 页，18 开

　　本书收作者《易学之哲学观》一文。书前有作者序。

00919

**易大象集诠　高拱元著**

上海：张英云 [ 发行者 ]，1932.5，117 页，32 开

　　本书对《周易》的有关诠释加以汇集。以虞氏易学为基础，兼收郑康成、荀明、王辅嗣、干令升、孔仲达等人的诠释。各家注释汇集于每一卦象之后。书前有自序。书后有张英云跋。

　　收藏单位：国家馆、上海馆

00920

**易卦如何得名　江绍原著**

江绍原 [ 发行者 ]，[47] 页，64 开

　　收藏单位：国家馆

00921

**易卦与代数之定律　沈仲涛著**

上海：中华新教育社，1932.7，19 页，50 开

　　本书以代数二项式和的三次方、六次方定律来解释《易经》的八卦和六十四卦。

　　收藏单位：广西馆、国家馆、江西馆、南

京馆、上海馆、首都馆、天津馆、浙江馆

**00922**

**易经**　松年编著
定县：中华平民教育促进会，1933.7，34页，50开（平民读物199）

　　本书浅显地介绍《易经》的主要内容。
　　收藏单位：国家馆

**00923**

**易经白话新解**　许舜屏辑注
上海：中原书局，1932，170页，32开

　　收藏单位：山西馆

**00924**

**易经白话注解**　许舜屏辑注
上海：中原书局，1934.5，再版，2册（[170]+[209]页），32开

　　本书分4卷，卷一为上经，卷二为下经，卷三为系辞上传、系辞下传，卷四为说卦传、序卦传、杂卦传等。
　　收藏单位：广东馆

**00925**

**易经的新发现**　王眉庵著
北平：王眉庵[发行者]，1947，50页，32开

　　本书作者认为《易经》是无所不包的天则，是周文王抒发政治主张的政治哲学。书中对乾、坤、屯、蒙、既济、未济六卦进行了分析。
　　收藏单位：国家馆

**00926**

**易经读本（仿宋）**　王心湛校勘
上海：广益书局，1936.8，123页，32开
上海：广益书局，1941.1，再版，123页，32开
上海：广益书局，1946，新1版，123页，32开

　　本书分上经，下经，系辞上传、系辞下传，说卦传、序卦传、杂卦传4卷。卷首有本义卦歌图说。全文有断句。书前有《周易序》。版权页题名：仿宋易经读本。
　　收藏单位：重庆馆、国家馆、河南馆、南京馆、山东馆、绍兴馆、首都馆

**00927**

**易经卦爻辞本事考**　刘钰著
出版者不详，44页，25开

　　本书考据易卦爻辞出处。
　　收藏单位：国家馆、南京馆

**00928**

**易经集注（铜版）**　嵩山居士校阅
上海：鸿文书局，1935.5，石印本，[120]页，32开
上海：鸿文书局，1936.1，石印本，[120]页，32开
上海：鸿文书局，1936，3版，石印本，[120]页，32开

　　本书分上经，下经，系辞上传、系辞下传，说卦传、序卦传、杂卦传等部分。书前有《周易序》。
　　收藏单位：广东馆、国家馆、河南馆、江西馆、绍兴馆

**00929**

**易经象象爻类典释义（己巳夏上下集）**　王霖溥笔述　刘正焕参订
长春：吉林双城道德会，1929，34+43叶，25开，环筒页装

　　本书为吉林双城县霖甫王尚恩秘本。内容包括：易经象词大象类典上集、易经爻词小象类典下集。
　　收藏单位：国家馆

**00930**

**易经研究**　蒋寿同辑注
出版者不详，114页，16开

　　本书为大学国文自修读本。由通论、易说派别及各家略义、原文注释3部分构成。

**00931**

**易经与马克思主义的研究**　吕应律著
西安：新中国出版社，1948，90页，32开

　　本书共分3篇，主要论述易经的沿革、阴阳之道与辩证法、唯物论、剩余价值、阶级斗争等12章内容。
　　收藏单位：重庆馆

**00932**

**易经语文解　许舜屏译**

上海：锦章书局，[1931]，2 册（[26]+170+ [209] 页），32 开

　　本书为国学读本。用白话文对《周易》逐句加以解释。分为上经，下经，系辞上传、系辞下传，说卦易传、序卦传、杂卦传等 4 卷。书前有《易经白话注解序》《周易白话注解卦歌》《周易白话注解图说》。

　　收藏单位：国家馆

**00933**

**易经语文解　许舜屏辑注**

上海：中原书局，1937，再版，2 册（170+209 页），32 开

**00934**

**易经原理　丁德隆著**

南京：文化会，1948，46 页，32 开

　　本书作者根据太阳、月亮、地球的运行关系，地球的南北极、经纬以及变卦的循环定律，解释卦爻的原理。分上、下编：易经卦爻合宇宙观之原理、易经卦爻合人生观之原理。书前有《易经原理自序》。

　　收藏单位：广东馆

**00935**

**易经原理　丁德隆著**

出版者不详，1948，[76] 页，32 开

　　收藏单位：国家馆、南京馆、上海馆

**00936**

**易经占卜灵书（六十四卦科学研究）　吴文愚著**

上海：科学研究社，1933，383 页，32 开，精装

　　本书为解释《易经》的书。内容包括：研究易经之准备知识、研究易经之准备、简单之易经占卜法、占筮前之准备、用筮竹与算木之占筮法、不用筮竹之占筮法、易经占筮之判断材料、易经判断之范围、易经之理论的解释方法、易经之社会科学方面之价值、社会科学方面之易学、引用易经之别种占卜法、实际问题方面之应用解释等。书前有弁言。

　　收藏单位：国家馆

**00937**

**易理新诠（原名，科学的易，又名，周易的新发现）　丁超五著**

成都：丁超五 [ 发行者 ]，[1938]，117 页，18 开，环筒页装

成都：丁超五 [ 发行者 ]，[1944]，117 页，18 开，环筒页装

　　本书为《科学的易》一书的增修本。第 1 章总说，原 10 节，现增到 11 节；第 2 章易卦与数学的关系；第 3 章改称易与科学的关系，原 13 节，增至 23 节；第 4 章附录；删去《易经》正文。

　　收藏单位：广东馆、国家馆、南京馆、浙江馆

**00938**

**易理中正论　刘锦标著**

沈阳：关东印书馆，1930.10，再版，[406] 页，32 开

　　本书共 4 篇，内容包括：总论、上经各卦分论、下经各卦分论、结论。书前有序及编辑大意。附录《孔子十传集注》。

　　收藏单位：国家馆、首都馆、浙江馆

**00939**

**易通　金景芳著**

重庆：商务印书馆，1945.9，[14]+163 页，36 开

　　本书为介绍《周易》的知识性著作。作者认为《易经》肇基于伏羲，发展于神农，至周初而造极，经孔子而光大。至秦以卜筮之书未遭火焚，得以保存。汉以后杂异端、穿凿象数，从而使易学晦涩难读。虽经清代经学者的努力，仍未恢复本意。认为《易经》是"唯物的、积极的、进步的、社会的实证哲学"，并有许多说法与唯物辩证法相符合，并给予《易经》较高的评价。共 10 章，内容包括：周易之命名、易学之起源与发展、先哲作易之目的、易之体系、周易之特质、论象数义理、筮仪考、周易与孔子、周易与老

子、周易与唯物辩证法。书末附录《再论象数义理》。

收藏单位：重庆馆、广东馆、国家馆、南京馆

## 00940

**易通　苏渊雷著**

重庆：黄中出版社，1944.10，订正1版，124页，32开（钵水斋丛书）

本书即《易学会通》改书名重版。

收藏单位：重庆馆、广东馆、国家馆、南京馆、上海馆、绍兴馆

## 00941

**易象今释　音乐通古合刊　郑立三著**

北京：东方文化宣传团出版部，1925.6，再版，[96]页，22开

《易象今释》又名《通易九则》，主要是指观物对待法、反对法、平序法、错序法、交易观物法、交互观物法、观物变化法、观物变易法、观物心法9种方法。《音乐通古》包括前篇（原名《正音十三则》）和正编，讲述音律与易卦的关系。

收藏单位：天津馆、浙江馆

## 00942

**易象之理论与应用全书大旨　王守素撰述**

出版者不详，1926，19页，32开

本书共7章，内容包括：易象之理论与应用全书大旨、易象与周易之分别、易象之本体略说、易象与宇宙之关系略说、易象包括人生问题略说、易象所示之自然法则略说和易象之应用略说。

收藏单位：国家馆

## 00943

**易学会通　苏渊雷著**

上海：世界书局，1935.10，97页，32开

本书引用道家、佛家的学说和焦循、谭嗣同、严复、章太炎、杭辛斋以及黑格尔、达尔文等人的论述，对《周易》思想加以阐发。分上、下篇：上篇绪论，有周易之作者、周易之名义、易学的派别、读易界说、八卦释义、天人演化等节；下篇广论，包括论生、论感、论变、论反、论成、论时、论中、论通、论进、论忧患10节。书前有作者自序。

收藏单位：重庆馆、贵州馆、国家馆、湖南馆、江西馆、浙江馆

## 00944

**易学进阶　易县中学校编辑　林传甲评阅　连德纯校正**

易县：易县中学公卖所，1917，172页，22开（易水丛著　第4种）

本书汇集易县中学学生阐发易理、易义的习作107篇。分为格致、诚正、修齐、治平4类。书眉有林传甲的评语。书前有贾元章及林传甲序。封面由连德纯题签。

收藏单位：国家馆、首都馆

## 00945

**易学讨论集　李证刚等编著**

长沙：商务印书馆，1941.7，183页，25开

本书收李证刚等人在易学研究会的讲演稿10篇，内容包括：《易学研究之方法》（李证刚）、《虞氏易旁通义举例》（李证刚）、《筮法与易学之关系》（高涧庄）、《易之逻辑问题》（方东美）、《易系传释九卦大意》（李证刚）、《治易须先抉王虞得失》（张洪之）、《"同功异位"辞要》（钱叔陵）、《杭辛斋易学得失及其重要发明之数事》（李证刚）、《莱布尼兹的周易学》（刘百闵译）、《易传与道德经中所见之辩证法的思想》（何行之）。书末附录《易学研究书目表》（李证刚）、《易义参考书》（方东美）、《关于易学方面之参考书目》（高涧庄）。

收藏单位：重庆馆、东北师大馆、国家馆、南京馆

## 00946

**易学象数别论初衍　刘厚滋著**

出版者不详，[1942]，[60]页，16开

本书原载《中德学志》。分8节。第1节引论，叙述易的组织、哲学、至用、研究方法；第2节见易，叙述"简易""变易""不易"的本旨，指出《易》非卜筮之书，而是

一种类似"符号逻辑"的推理书；第3节论象；第4节衍数，推求作《易》者取象运数的方法；第5节图书，就数学本身说明"河图""洛书"与八卦有同样变化；第6节申用；第7节制器，列举《易》致用之实例；第8节结论。

收藏单位：国家馆

**00947**

**易之哲学　贾丰臻著**

上海：商务印书馆，1931.12，[14]+222页，32开（国学小丛书）

上海：商务印书馆，1934.1，国难后1版，[14]+222页，32开（国学小丛书）

上海：商务印书馆，1935.4，国难后2版，[14]+222页，32开（国学小丛书）

上海：商务印书馆，1939，国难后3版，[14]+222页，32开（国学小丛书）

长沙：商务印书馆，1939.9，3版，[14]+222页，32开（国学小丛书）

本书共3部分。内容包括：第1部分易之思想系统，分八卦之成立、卦画之意义、易之经典、易之思想与易书等章；第2部分易之哲理，分阴阳论、六十四卦之哲学、十翼之思想、易之应用、易与他之哲学系统等章；第3部分易与占筮，分占筮法、占验论、占筮法之原理等章。书前有《节录梁任公所说易体》（代序）。

收藏单位：重庆馆、东北师大馆、广东馆、国家馆、近代史所、南京馆、山东馆、上海馆、首都馆

**00948**

**中国文化界之新贡献　[中国易学社]编**

[中国易学社]，8页，32开

本书介绍李东园对《周易》的重新估价。

收藏单位：国家馆

**00949**

**中国原子哲学　马翰如著**

汕头：明德出版社，1946.2，130页，32开

本书作者据《易经》的有关内容，认为《易经》不仅发明了原子弹的秘密，而且预言了原子弹的作用、效力和使用；还以《易经》的有关卦理解释中国当代的政治事件。书前有林一辉、徐乐天、张梓序。书末附吴澄德跋。

收藏单位：广东馆、国家馆、上海馆、浙江馆

**00950**

**中国之元学及道德哲学　牟宗三著**

天津：大公报馆，1935.5，[10]+396页，18开

本书作者依据英国哲学家怀特海的宇宙结构论观点研究中国哲学，提出中国哲学有两个系统，一为元学，即形而上学；一为道德哲学。书中讲述中国形而上学产生的历史，论证《周易》的本体论思想。共6部分，内容包括：汉之天人感应下的易学、晋宋佛老影响下之易学、清胡煦的生成哲学之易学、清焦循的道德哲学之易学、易理和之絜合、最后的解析等。书首为导言。书前有张东荪序、作者序一、作者序二《象数义理辩》。封面题名：从周易方面研究中国元学及道德哲学。

收藏单位：广东馆、国家馆、中科图

**00951**

**中华易学补正图注　李登墀著**

重庆：铅石印刷社，1935，[206]页，18开

本书对《周易》加图注解，并试图以现代科学知识对《周易》思想加以解释。共4卷，书前有毛光翔发刊题词及贵州桐梓县立中学校第1—2期学生撰写的引言、著者序言。

收藏单位：广东馆、贵州馆、国家馆、南京馆、上海馆

**00952**

**周易本义（四卷）（宋）朱熹撰　（日）田中庆太郎校订**

东京：文求堂书店，1930，2册

收藏单位：南京馆

**00953**

**周易阐微　徐世大著**

上海：开明书店，1947.6，112页，32开（开明文史丛刊）

上海：开明书店，1948.4，再版，112页，32开（开明文史丛刊）

本书作者认为《周易》为一部完整的著作，不是编纂而成的；是对"社会各方面之分析，而非卜筮之书"。共5章，内容包括：传说证谬、周易真谛、周易之作者、作者事迹、周易之研究。

收藏单位：重庆馆、东北师大馆、广东馆、广西馆、国家馆、湖南馆、江西馆、辽宁馆、南京馆、山东馆、上海馆、绍兴馆、首都馆、浙江馆

**00954**

**周易大纲　吴康著**

上海：三通书局，1941.1，80页，50开（三通小丛书）

本书即《经学大纲》一书的首编。导言部分即《经学大纲》的引言，概述群经源流等，然后分4章对《周易》作了简要的介绍：易释名及三易、论作易传易源流、易词释例、易义总论。书前有作者序及后序。正文内散有参考书目。附录易类书目举要。

收藏单位：国家馆

**00955**

**周易大纲　吴康著**

长沙、上海：商务印书馆，1938.7，96页，32开（国学小丛书）

上海：商务印书馆，1939.4，再版，96页，32开（国学小丛书）

上海：商务印书馆，1947.3，3版，96页，32开（国学小丛书）（新中学文库）

收藏单位：重庆馆、广东馆、广西馆、贵州馆、国家馆、湖南馆、江西馆、辽宁馆、南京馆、山东馆、上海馆、首都馆、天津馆、浙江馆、中科图

**00956**

**周易的构成时代　郭沫若著**

长沙：商务印书馆，1940.3，[133]页，25开（孔德研究所丛刊2）

本书论述《周易》产生的时代、作者。分12章，内容包括：序说、八卦是既成文字的诱导物、周易非文王所作、孔子与易并无关系、易之构成时代、易之作者当是馯臂子弓、易传之构成时代、象传与荀子之比较、系辞传的思想系统、文言传与象传之一致、易传多出自荀门、余论。附录《郭沫若〈周易的构成时代〉书后》（陈梦家）。

收藏单位：广东馆、国家馆、吉林馆、天津馆

**00957**

**周易对象通释　徐昂著**

南通：竞新公司，1937.11，654页，18开

本书共20卷，内容包括：元编、乾坤对象、乾震对象、坤震对象、坎离对象、虚象等章。书前有自序及例言。

收藏单位：南京馆、上海馆

**00958**

**周易古经今注　高亨著**

上海：开明书店，1947，230页，32开

上海：开明书店，1948，再版，230页，32开

上海：开明书店，1949，3版，230页，32开

本书为作者对《周易》经文六十四卦辞的注释。书末附引用书目。

收藏单位：安徽馆、重庆馆、广东馆、国家馆、湖南馆、江西馆、近代史所、南京馆、山西馆、上海馆、首都馆、天津馆

**00959**

**周易古义　杨树达辑**

中华书局，1929.9，2册，22开，精装

收藏单位：广东馆

**00960**

**周易卦辞图解**

出版者不详，32页，25开

收藏单位：江西馆

**00961**

**周易卦序之研究（古代经籍研究）　贺勉吾著　贺书绅　陈景昆校对**

西安：西安正报社，1944，10+105+20页，16开，环筒页装

本书共 8 章，内容包括：论方图，论错、综、互，论卦变、化，论策数等。另有伏羲八卦次序、伏羲八卦方位、文王八卦次序、两仪生四象等图，名数坐标表、综卦表、十六组卦表等表。

收藏单位：重庆馆

**00962**

**周易卦爻辞中的故事　顾颉刚著**

北平：燕京大学，1929.12，967—1006 页，大 16 开

本书主要介绍《周易》卦爻辞中的故事。为《燕京学报》第 6 期单行本。

收藏单位：国家馆、首都馆

**00963**

**周易集解　（唐）李鼎祚辑**

上海：商务印书馆，1937.3，2 册（447 页），32 开（万有文库 第 2 集 13）（国学基本丛书）

本书共 17 卷，集子夏、孟喜、京房以及伏曼容、孔达等 30 余家说。书前有《周易集解序》《四库全书提要：周易集解》。

收藏单位：重庆馆、大连馆、大庆馆、东北师大馆、国家馆、江西馆、辽大馆、天津馆、浙江馆

**00964**

**周易集解　（清）孙星衍撰**

上海：商务印书馆，1937.5，3 册（15+763 页），32 开（国学基本丛书）

本书汇集王弼注，李鼎祚集解，马融、郑玄等人的注及史征的易口诀中的古注，并附经文异字、异音。共 10 卷。书前有孙星衍撰序并注。

收藏单位：重庆馆、广西馆、国家馆、南京馆、上海馆、首都馆

**00965**

**周易解题及其读法　钱基博著**

上海：商务印书馆，1931.11，100 页，32 开（国学小丛书）

上海：商务印书馆，1933，国难后 1 版，100 页，32 开（国学小丛书）

上海：商务印书馆，1935.1，国难后 2 版，100 页，32 开（国学小丛书）

上海：商务印书馆，1935.7，国难后 3 版，100 页，32 开（国学小丛书）

本书对《周易》一书的来源及历代的研究作了简要而系统的阐述，同时对《周易》的版本加以简介，最后提出学习《周易》的方法。

收藏单位：重庆馆、广东馆、国家馆、河南馆、江西馆、南京馆、上海馆、绍兴馆、首都馆、浙江馆

**00966**

**周易九卦大义　唐文治著**

孙寿熙 [ 发行者 ]，65 页，22 开

本书对《周易》履、谦、复、恒、损、益、困、井、巽九卦作解释。

**00967**

**周易论略　陈柱著**

上海：商务印书馆，1929.10，81 页，32 开（万有文库 第 1 集 33）

上海：商务印书馆，1933，81 页，32 开（国学小丛书）

上海：商务印书馆，1934，再版，81 页，32 开（万有文库 第 1 集 33）

上海：商务印书馆，1934，再版，81 页，32 开（国学小丛书）

本书论述《周易》的名称、结构、文体、编纂过程，以及它所包含的科学知识等。作者引用了《史记》《汉书》，以及郑玄、章太炎、刘师培等人的论述加以说明。

收藏单位：安徽馆、重庆馆、大连馆、东北师大馆、广东馆、广西馆、贵州馆、国家馆、河南馆、湖南馆、江西馆、辽大馆、辽宁馆、南京馆、上海馆、首都馆、天津馆、浙江馆

**00968**

**周易乾坤二卦·儒墨道法兵各家学说之综合观　关麟征著**

成都：拔提书店，1948.1，28+20 页，32 开

本书是作者的两篇演讲。前篇系作者

1947 年 11 月在军官学校的讲演，后篇简要分析比较儒、墨、道、兵、法诸家学说之同异。

收藏单位：广东馆、广西馆、国家馆、吉林馆、上海馆

00969

**周易入门八要**　杨真如著
出版者不详，32 页，36 开

本书分法、象、数、理、道、教、文、事 8 类对《周易》进行研究。

收藏单位：上海馆

00970

**周易三陈九卦释义**　蒋维乔著
出版者不详，1937，8 页，16 开

对于《周易》的履、谦、复、恒、损、益、困、井、巽九卦，汉儒、王弼及宋儒曾三次陈述其义，本书作者将这三次陈述的九卦之义重新加以解释。

收藏单位：上海馆

00971

**周易·尚书**　（魏）王弼注·（汉）孔安国传
上海：商务印书馆，影印本，1 册，22 开

收藏单位：广东馆

00972

**周易消息大义**　唐文治著
无锡：西溪唐宅，1934.8，[124] 页，22 开（无锡国学专修学校丛书 6）

本书对《周易》加以考证，对各家论述加以评论。

收藏单位：国家馆、南京馆、上海馆

00973

**周易新论**　许笃仁著
上海：商务印书馆，1930，91 页，32 开（国学小丛书）
上海：商务印书馆，1937，国难后 1 版，91 页，32 开（国学小丛书）

本书论述《周易》的形成、涵义、流派和签语的解释。共 14 章，内容包括：释卦、释爻、释周、释易、古代天文学说、秦汉儒

者用测候说易、实测、周易的时代、周易的作者、周易本文考证、释卜筮、十翼总论、河图洛书正义、周易流派变迁谈。书前有序。

收藏单位：广东馆、黑龙江馆、湖南馆、南京馆、首都馆

00974

**周易姚氏学**　（清）姚配中著
上海：商务印书馆，1930.4，3 册，32 开（国学基本丛书）（万有文库 第 1 集 32）
上海：商务印书馆，1934.7，3 册，32 开（国学基本丛书）（万有文库 第 1 集 32）
上海：商务印书馆，1935.8，1 册，32 开，精装（国学基本丛书）
长沙：商务印书馆，1939.12，3 册，32 开（国学基本丛书）（万有文库 第 1—2 集 简编 500 种）

本书分 16 卷，是姚配中对《周易》（包括《易经》和《易传》）的注疏。《万有文库》简编本比其他版多收：《清故文学旌德姚君传》、宋翔凤题辞、包世荣序、朱甘霖序等。

收藏单位：重庆馆、大连馆、东北师大馆、贵州馆、国家馆、湖南馆、江西馆、辽大馆、辽宁馆、南京馆、上海馆、首都馆、天津馆、浙江馆

00975

**周易引得**　哈佛燕京学社引得编纂处编
北平：燕京大学哈佛燕京学社引得编纂处，1935，[23]+185 页，16 开（引得特刊第十号）

本书以锦章图书局《十三经注疏》本为准，以句为单位，按庋撷法编排，另有拼音检字表。书前有序。附标校经文。

收藏单位：国家馆、辽大馆、辽宁馆、首都馆

00976

**周易虞氏学**　徐昂著
南通：竞新公司，1936，170 页，18 开

本书为《周易虞氏学》释义，共 6 卷。内容包括：释义、夏正周正、节候、五行、方位、卦邻、纳甲、月体纳甲、游魂归魂、乾坤生卦、权变等章节。

收藏单位：国家馆、吉林馆、江西馆、南京馆、上海馆

**00977**

**周易与逻辑草纲　周南述**

鲁山：河南青年出版社，1942，24页，36开

收藏单位：河南馆、南京馆

**00978**

**周易杂卦证解　周善培著**

上海：文通书局，1948.6，380页，32开

本书分上经、下经，共4卷。对《易传》各卦之间的交错复杂关系加以详细证解。书前有作者自序。

收藏单位：安徽馆、重庆馆、广东馆、国家馆、南京馆、上海馆

**00979**

**周易哲学（上卷）　朱谦之著**

上海：启智书局，1934.9，4版，114页，32开

本书作者认为，宇宙万物都归于浑一的"真情之流"，这是《周易》一书的核心。除发端外，共6章，内容包括：形而上学的方法、宇宙生命——真情之流、流行的进化、泛神的宗教、美及世界、名象论。书前有《通讯》（代序），是作者给李石岑的书信节录。

收藏单位：国家馆、吉林馆、山东馆、山西馆、上海馆

**00980**

**周易哲学（上卷）　朱谦之著**

上海：学术研究会丛书部，1923，110页，32开（学术研究会丛书8）

上海：学术研究会丛书部，1926.12，3版，116页，32开（学术研究会丛书8）

收藏单位：重庆馆、南京馆、山西馆、上海馆、首都馆、天津馆、中科图

**00981**

**周易之新研究　胡子霖著**

成都：大江出版社，1939，32页，32开

本书共12节，内容包括：导言、周易之

名称及其意义、易书之作者、八卦之画成、八卦之义意、八卦之方位、河图洛书、用九用六之解释、上下两经之区分、下经始于咸恒终于未济之精义、象理数、周易之教训。

收藏单位：国家馆

# 儒　家

**00982**

**白话论语读本（批点注解）　张兆瑢　沈元起编译**

上海：广益书局，1934，3版，1册，32开，精装

上海：广益书局，1935.4，再版，1册，32开

上海：广益书局，1947，新2版，1册，32开

上海：广益书局，1948，新3版，2册，32开

上海：广益书局，1948，新5版，1册，32开

本书分章注解，每章先叙章旨，再加注释，最后白话翻译。注解以朱熹注为基础，参以注者意见。书前有《孔子传略》。

收藏单位：重庆馆、广东馆、南京馆、首都馆

**00983**

**白话孟子读本（批点注解）　张兆瑢　沈元起编译**

上海：广益书局，1934，3版，石印本，[338]页，32开

上海：广益书局，1935.5，4版，石印本，[290]页，32开

上海：广益书局，1946.6，新1版，石印本，[290]页，32开

上海：广益书局，1947.4，新2版，石印本，[290]页，32开

上海：广益书局，1949，新6版，石印本，重排版，292页，32开

本书对苏批《孟子》分章注释，白话解说。每章标题下概括章旨，将苏洵批注列于原文上栏，张兆瑢、沈元起注附于每章之后（以朱熹注为依据）。书前有《孟子传略》《年谱》《读孟子记》（张九如）。

收藏单位：国家馆、江西馆、南京馆、上

海馆、首都馆

**00984**

**白话孟子读本（言文对照）** （宋）朱熹注
陈文达编

重庆：桂林新生书局，1948，2 版，1 册，32
开

本书共 7 卷，内容包括：梁惠王、公孙
丑、滕文公、离娄、万章、告子、尽心。

收藏单位：重庆馆

**00985**

**白话四书** 江希张注
出版者不详，1920，[88] 页，32 开

收藏单位：首都馆

**00986**

**半部论语与政治** 赵正平编著
重庆：陪都书店，1948，新 1 版，[129] 页，
32 开

本书分上、下编。上编为基本修养，汇
集《论语》语录 112 则并加以解释；下编为政
治理论，汇集《论语》语录 54 则，据宋初政
治事例加以解释。

**00987**

**半部论语与政治** 赵正平编著
上海：新中国建设学会，[1936]，[155] 页，
22 开，环筒页装（新中国建设学会丛书 26）

收藏单位：重庆馆、广东馆、国家馆、吉
林馆

**00988**

**半部论语与政治** 赵正平编著
重庆：艺新图书社，1943.10，[129] 页，32 开
重庆：艺新图书社，1944.4，再版，[129] 页，
32 开
重庆：艺新图书社，1947，3 版，[129] 页，32
开

收藏单位：重庆馆、国家馆、江西馆、南
京馆、上海馆

**00989**

**丙辰曲阜谒圣三述**
出版者不详，[1916]，26 页，25 开

收藏单位：近代史所、山西馆

**00990**

**初学知要钞** （日）贝原益轩著 （日）盐谷
温选编
东京：弘道馆，1942，123 页

收藏单位：南京馆

**00991**

**春秋之孔子** 胡春林著
北京：北京大学出版部，1920.7，23 页，18
开
北京：北京大学出版部，1926.2，23 页，18
开

本书分 8 章，主要论述孔子有关暴行、
邪说、淫乱、厌世、愤世等言论，说明孔子
作《春秋》以警天下的原因。封面有蔡元培
题签。

收藏单位：国家馆、上海馆

**00992**

**春秋之孔子** 胡春林著
太原：晋新书社，1934，4 版，36 页，18 开

收藏单位：国家馆、山西馆

**00993**

**春秋之孔子** 胡春林著
上海：中华书局，1934，4 版，36 页

收藏单位：山西馆

**00994**

**大同要素** 黄赞钧著
台北：孔教丛书颁行处，1949.9，20+141 页，
32 开（孔教丛书 第 1 辑）

本书包括原道、孔圣为宇宙救世主等篇。
书前有林献堂、曹容序，作者叙，黄赞钧略
历，以及曲阜孔庙、台北市孔庙照片和孔子
像。封面书名由林士贤题签。

**00995**
**大学白话解说（增注）**
崇文阁纸庄，1949，62 页，32 开
　　收藏单位：广东馆

**00996**
**大学本义　张元夫著**
天津：龙鸣学社，1932.12，36 页（龙鸣丛书第五卷）
　　本书共两部分，内容包括：大学原文和大学本义。作者从小大、知能、事物、格致、诚正修、齐治平 6 个部分对《大学》加以释义、解读。
　　收藏单位：人大馆

**00997**
**大学读本（考证详注）　史本直注**
上海：大众书局，1935，[67] 页，32 开
上海：大众书局，1936，重版，[67] 页，32 开
　　本书对《大学》一书分段标点，并详加注解。书前有《大学》古本原文。书末附日本三浦藤作著，张宗元、林科棠译《大学》一文，叙述《大学》一书的作者、内容等；还附有史本直《大学研究》一文。
　　收藏单位：国家馆、吉林馆、上海馆、首都馆

**00998**
**大学古本参谊　马征麟著**
长沙：商务印书馆，1940，27 页，32 开（国学基本丛书）
长沙：商务印书馆，1941.3，[ 再版 ]，27 页，32 开（国学基本丛书）
　　本书为《大学》作注及解词释义。
　　收藏单位：重庆馆、国家馆、吉林馆、南京馆、上海馆

**00999**
**大学古本集训　汪震著**
北平：文化学社，[1932]，120 页，32 开
　　本书辑古训为《大学》作注。书前有汪震序与《〈礼记〉〈大学〉之时代》一文。
　　收藏单位：国家馆、湖南馆、浙江馆

**01000**
**大学广义　唐守曾著**
北平：和平出版社，1947，56 页，32 开（和平出版社丛书 3）
　　收藏单位：首都馆

**01001**
**大学还元说　刘伯瀛著**
福州：福建中学研究社，17 页，64 开
　　本书书末附《古本大学》，将《礼记》中《大学》原篇重分章节。
　　收藏单位：国家馆

**01002**
**大学还元说、中庸一元说合本　刘伯瀛著**
叶长青 [ 发行者 ]，[1939]，38 页，36 开
　　本书系《大学还元说》及《中庸一元说》的合刊本，阐述《大学》《中庸》两书之旨义，指出宋本《大学》《中庸》之误。出版时间据序著录。
　　收藏单位：辽宁馆

**01003**
**大学集注　（宋）朱熹章句**
北平：益民书局，石印本，14 页，36 开
　　本书每页上栏注有音切。
　　收藏单位：国家馆

**01004**
**大学节录**
出版者不详，1 册，22 开
　　收藏单位：江西馆

**01005**
**大学六讲　邵鸣九著**
上海：世界书局，1941，41 页，32 开
　　本书对《大学》从成书到思想分别加以论述。分绪言（讲书本、书目、书之内容和特色）及致知、诚意、正心、齐家、治国、平天下 6 讲。
　　收藏单位：重庆馆、广东馆、上海馆

01006

**大学诠解　孙振谓著**

江西：开智书局，1920，石印本，27页，25
开（鹅湖修身讲义）

　　本书参照朱熹等人的注解，结合时势，
对《大学》一书逐节加以解释。书前有"教
育部审定""中学参考用"字样。

　　　收藏单位：国家馆、辽宁馆

01007

**大学述义　徐绍桢撰**

番禺学寿堂，1921，1册，42开

　　　收藏单位：浙江馆

01008

**大学通解　余家菊著**

重庆：武昌中华大学出版组，1943，19页，
32开（武昌中华大学30周年纪念丛书）

　　本书将《大学》一书的内容分为11个专
题加以解释。

　　　收藏单位：重庆馆

01009

**大学通解　余家菊著**

重庆：中华书局，1944.5，28页，32开（武
昌中华大学30周年纪念丛书）

重庆：中华书局，1947，沪再版，28页，32
开（武昌中华大学30周年纪念丛书）

　　本书书前有陈时、作者序各一。书末附
《大学次第》《石经本次第》《注疏本次第》。

　　　收藏单位：重庆馆、广东馆、国家馆、辽
宁馆、南京馆、上海馆

01010

**大学图说**

出版者不详，187张，16开，精装

　　　收藏单位：南京馆、上海馆

01011

**大学微　陈登澥著**

陈友元［发行者］，1940.4，21页，32开（七
闽丛书）

　　本书对《大学》分段注解。封面有王揖
唐题签。

　　　收藏单位：国家馆、首都馆

01012

**大学详注浅解　钟淑湘著**

汝城：民生工厂，1945，石印本，1册，32开

　　本书将《大学》逐字逐词进行分析，内
容包括：释明明德、释新民、释止于至善、释
本末、释格物致知等。

　　　收藏单位：国家馆

01013

**大学新读本　唐文治著**

出版者不详，14页，32开

　　本书为《大学》原文释义。

　　　收藏单位：上海馆

01014

**大学新讲　天虚我生著**

上海：家庭工业社，1933.9，45页，16开

上海：家庭工业社，1934.1，2版，1册，16开

　　本书结合现实具体问题分21讲对《大
学》逐句讲解。封面书名由郑午昌题签。

　　　收藏单位：重庆馆、上海馆、绍兴馆

01015

**大学新讲　天虚我生著**

上海：三友实业社，1934，再版，45页，16开

上海：三友实业社，1934，3版，1册，16开

上海：三友实业社，1934.7，5版，1册，16开

　　　收藏单位：国家馆、河南馆、山东馆、上
海馆、西交大馆

01016

**大学新诠　叶深诠释**

澳门：慈幼印书馆，1947.2，再版，83页，32
开（新青年文化丛书 第一集1）

　　本书分大学概要、大学总论、释明明德、
释新民、释止于至善等章节。书前有初版原
序和重版序。后附勘误表。

　　　收藏单位：国家馆、南京馆

01017

**大学新义**

出版者不详，104 页，32 开

　　收藏单位：南京馆

01018

**大学新注　王有台著**

北京：杨本贤广告公司，1937，再版，[308] 页，22 开

　　本书共 4 部分：第 1 部分大学新注，以传文释经文，经文下无传文者，加作者按语释之，前有作者《大学经传构成道体全图及图说》，后附《大学格物致知举例图》《大学止知举例图》；第 2 部分大学指谬，内容包括：大学沿革考、大学古本经文指谬、大学古本传文指谬、大学宋本经文谬释、大学宋本传文指谬、宋本谬释经传之九害等；第 3 部分大学辩论，收集了关于《大学新注》一文的论辩文章，前有弁言及《大学圣经知行合一之表》；第 4 部分大学一贯，汇集了王有台和康有为等人讨论《大学》思想的函件，并附以图说。

01019

**大学姚氏读本　姚明辉注**

南京：共和书局，1925.12，石印本，1 册，32 开

　　本书为作者在南京任教时的讲义。

　　收藏单位：浙江馆

01020

**大学与中国民族文化　向绍轩编著**

重庆：正中书局，1943.12，[17]+153 页，25 开

上海：正中书局，1947.10，沪 1 版，[17]+153 页，25 开

　　本书分 3 编：甲编论述《大学》对于中国民族文化的建设与世界文化发展的重要作用；乙编考证《大学》的作者，版本（古本、改本）等；丙编对《大学》全书训释。书前有张继序、作者自序、例言及总论。每章后有参考书目。

　　收藏单位：重庆馆、东北师大馆、贵州馆、国家馆、湖南馆、吉大馆、辽宁馆、南京馆、上海馆、首都馆、天津馆

01021

**大学与中庸　（宋）朱熹集注**

立煌（安徽）：两间书屋，1943.12，49 页，32 开

　　本书篇前有《大学要旨》《中庸序》，以及《大学章句序》《中庸章句序》。

01022

**大学原义　蔡太素著**

潮安：太素诊所，1946，21 页

　　收藏单位：南京馆

01023

**大学章句　（宋）朱熹章句　（日）田中庆太郎校订**

东京：文求堂书店，1939.5，10 版，1 册，32 开

东京：文求堂书店，1941，影印本，1 册，25 开

　　收藏单位：南京馆

01024

**大学章句集注　（宋）朱熹注**

世界书局，1 册，32 开

　　本书是朱熹对《大学章句》的注释。

　　收藏单位：南京馆、绍兴馆、首都馆

01025

**大学证释**

救世新教会，1927，2 册，大 16 开

　　本书内容包括：凡例、缘起、序、序例、经文、讲述全书大旨、跋等。

　　收藏单位：国家馆

01026

**大学郑注讲疏　顾惕生著**

南京：至诚山庐，1935.11，54 页，32 开（至诚山人丛书）

　　本书共 8 章，内容包括：大道、格物、致知、诚意、正心、修身、齐家、治国。

　　收藏单位：南京馆

01027

**大学之道　国民政府军事委员会陆军军官训练团编**

出版者不详，[1934—1945]，36 页，4 开

　　收藏单位：江西馆

01028

**大学之道（团长训词）[蒋中正] 讲　中央训练团编**

[重庆]：中央训练团，1939 重印，72 页，64 开

　　本书内容包括：格物、致知、诚意、正心、修身等。

　　收藏单位：重庆馆、南京馆、上海馆

01029

**大学之道（总裁训词）[蒋中正] 讲**

出版者不详，[1934]，72 页，64 开

　　收藏单位：重庆馆、国家馆

01030

**大学之道中庸要旨　中央训练团编**

陆军大学校，1942，[53]+36 页，64 开

　　本书内容包括：格物、致知、诚意、正心、修身、研究中庸之方法、孙子兵法以道为首要等。

　　收藏单位：重庆馆

01031

**大学之系统的研究　张文穆著**

北平：东方学社，1934，再版，[112] 页，32 开，精装

　　本书为作者 1930 年夏在陕西省读书会的讲演稿。分前论、本论、结论 3 部分，概述《大学》一书的命名、作者、成书年代、内容、疑难点、研究价值和研究方法等。书末附录《大学本文》（依古本经文章次）。

　　收藏单位：北师大馆、国家馆

01032

**大学中庸　黄埔出版社编辑**

成都：中央陆军军官学校，1939，36 页，32 开（黄埔丛书 43）

本书为朱熹集注《大学》《中庸》合集。

　　收藏单位：重庆馆

01033

**大学中庸　中央陆军军官学校辑**

[南京]：中央陆军军官学校，1945.10 印，78 页，36 开

　　本书收录朱熹《大学章句》并序、《中庸章句》并序、《礼运大同章》及蒋介石《科学的学庸》（含《大学之道》及《中庸之要旨与将领之基本学理》）。

　　收藏单位：国家馆

01034

**大学中庸　（宋）朱熹注**

南昌：国民政府军事委员会委员长南昌行营，1934，[77] 页，23 开

　　收藏单位：重庆馆

01035

**大学中庸　（宋）朱熹注**

重庆：军事委员会政治部，108 页，32 开

　　收藏单位：重庆馆、广东馆、吉林馆

01036

**大学中庸　（宋）朱熹集注**

立煌（安徽）：两间书屋，1943，[78] 页，32 开

　　收藏单位：重庆馆、广东馆

01037

**大学中庸　（宋）朱熹集注　刘法曾校**

上海：中华书局，1914.8，12+25 页，25 开

　　本书为朱熹集注《大学》《中庸》校订本。

01038

**大学中庸　（宋）朱熹集注　中央印务局编译部编辑**

南京：中央印务局，1947.7，92 页，32 开（国民丛刊 8—9）

　　本书内收《大学》及《中庸》，书前有蒋介石的演讲《大学之道》作为代序。

收藏单位：国家馆、南京馆、山东馆、天津馆

01039

**大学中庸**

重庆：青年书店，60 页

收藏单位：南京馆

01040

**大学中庸（铜版）（宋）朱熹集注**

上海：广益书局，1948，新 6 版，[42] 页，32 开

收藏单位：河南馆

01041

**大学中庸（语译广解）蒋伯潜注释**

上海：启明书局，1936.7，[74] 页，64 开

上海：启明书局，1941.4，再版，[74] 页，64 开

本书据粹芬阁四书的《大学》《中庸》印行，分段注释。书前有唐文治、蒋维乔《粹芬阁四书读本》序，张寿镛《语释广解四书读本》序及蔡丏因《孔子传》《孟子传》。本书是《四书读本》中之一种。封面题名：四书读本（一）。

01042

**大学中庸白文 （日）田中庆太郎校订**

东京：文求堂书店，1934，3 版，18+34 页，32 开

东京：文求堂书店，1940，5 版，18+34 页，32 开

收藏单位：国家馆、首都馆

01043

**大学中庸读本（第 1 册）世界书局编译所编著**

世界书局编译所，1941，1 册，32 开

收藏单位：广东馆

01044

**大学中庸读本（分类详解）世界书局编译所编注**

上海：世界书局，1941，24+45 页，32 开

上海：世界书局，1947.10，再版，24+45 页，32 开

本书为《大学》《中庸》分类详解读本。《大学》读本部分共 7 章，内容包括：总论、明明德、诚意、修身、齐家、治国、平天下；《中庸》读本部分共 8 章，内容包括：总论、遵道而行、道不远人、因材而笃、修道以仁、至诚之道、圣人之道、配天之道。

收藏单位：广西馆、华东师大馆、江西馆、南京馆

01045

**大学中庸读本（广解）王缁尘著 胡行之蔡丏因校**

上海：粹芬阁，1944，新 2 版，[76] 页，32 开

本书对《大学》《中庸》逐句加以白话解释。《大学》由胡行之校订，《中庸》由蔡丏因校订。书前有沈知方序。书中有《大学读本编述大意》《大学古本》《中庸读本编述大意》。

收藏单位：重庆馆、首都馆

01046

**大学中庸贯义 萧天石著**

重庆：大江出版社，1943.1，74 页，36 开

重庆：大江出版社，1944，蓉 12 版，66 页，36 开

本书认为《大学》《中庸》为中国政治哲学、伦理哲学与人生哲学之总汇。分大学中庸贯义、君学之最高原理、明明德之道、止至善之道、格物之道、致知之道、诚意之道、正心之道、齐家之道、治国平天下之道等章。

收藏单位：南京馆

01047

**大学中庸贯义与君学之最高原理 萧天石著**

成都：大江出版社，1943.1，76 页，32 开（今古楼全书 甲部 4）

本书为《大学中庸贯义》一书更名易地重版，认为《大学》《中庸》为中国政治哲学、伦理哲学与人生哲学之总汇。分大学中庸贯义、君学之最高原理、明明德之道、止至善之道、格物之道、致知之道、诚意之道、正心之道、齐家之道、治国平天下之道等 12

章。书前有作者撰写的《今古楼全书序》。

收藏单位：重庆馆、国家馆

**01048**

**大学中庸及礼运**　（宋）朱熹注　中央训练团编

重庆：中央训练团，1940，[103] 页，32 开

重庆：中央训练团，1941，[107] 页，32 开

重庆：中央训练团，1943，[127] 页，32 开

本书内收朱熹集注《大学》《中庸》以及《礼记·礼运》篇，加标点重印。前有朱熹《大学章句序》《中庸章句序》。

收藏单位：重庆馆、广东馆、国家馆、南京馆

**01049**

**大学中庸及礼运篇**　中国国民党中央执行委员会宣传部编

出版者不详，[1924—1949]，1 册，4 开

收藏单位：吉林馆、江西馆、南京馆

**01050**

**大学中庸集注**　（宋）朱熹章句

上海：广益书局，14+28 页，32 开

上海：广益书局，1936.4，再版，14+28 页，32 开

上海：广益书局，1948，新 6 版，14+28 页，32 开

收藏单位：重庆馆、河南馆、吉林馆、江西馆

**01051**

**大学中庸集注**（铜版）（宋）朱熹章句

上海：广益书局，1937，再版，1 册，32 开

收藏单位：广东馆

**01052**

**大学中庸集注直解**　（明）张居正著

济南：闻承烈 [发行者]，1932，196 页，64 开

本书书前有 1932 年闻承烈序。封面有"中华民国二十一年春济南市长闻承烈印赠"字样。

收藏单位：国家馆

**01053**

**大学 中庸 论语**　（宋）朱熹注

出版者不详，1 册，32 开

收藏单位：国家馆

**01054**

**大学中庸说**　冯诗庵著

中央军校特别训练班教材审查委员会，1937.5，236 页，32 开

本书分前后两编解释《大学》《中庸》。前编有学庸源流、学庸蠡测，后编为朱子序、朱子章句、质疑。书内解释多与当时形势结合，并以图表说明之。封面题名：大学中庸。

收藏单位：重庆馆

**01055**

**大学中庸新解**　梁午峰著

西安：西北教育用品社，1949.7，42+86 页，32 开（整理国学丛书 第 2—3 种）

本书分《古本大学新解》和《中庸新解》两部分。封面题名：科学新解大学中庸。

收藏单位：南京馆

**01056**

**大学中庸新义**　[蒋中正] 讲述　丘良任辑

[重庆]：中国国民党中央执行委员会三民主义丛书编纂委员会，1943，104 页，25 开

本书以朱熹集注《大学》《中庸》为底本，集录蒋介石历次讲演、文告中的有关言辞，分条附后。书中有朱熹《大学章句序》《中庸章句序》。

收藏单位：重庆馆、国家馆、南京馆

**01057**

**大学中庸新义**　[蒋中正] 讲述　丘良任编

上海：中华书局，1946.9，90 页，32 开

上海：中华书局，1947.9，再版，90 页，32 开

收藏单位：重庆馆、国家馆、吉林馆、江西馆、南京馆、山东馆、上海馆、首都馆

01058

**大学中庸新注　杜世桢注**
西安：长安印刷厂，1944，84 页，32 开
　　本书书后附有《大学中庸研究录》。
　　收藏单位：河南馆

01059

**大学中庸新注　卫聚贤注**
重庆：说文社出版部，1949，33 页，36 开
　　本书分《大学新注》《中庸新注》两部分，与《论语新注》《孟子新注》并列，合称"四书新注"。
　　收藏单位：重庆馆

01060

**大哉孔子　廖竞存编著**
长沙：商务印书馆，1941，148 页，32 开
重庆：商务印书馆，1944，渝 1 版，148 页，32 开
重庆：商务印书馆，1945，[渝 2 版]，148 页，32 开
上海：商务印书馆，1947，再版，148 页，32 开
　　本书共 11 章，内容包括：总论、孔子传略及其时代背景、一贯之学、大学之道、中庸之说、论仁、论政、论礼乐、论孝、孔子的著述、结论。
　　收藏单位：重庆馆、东北师大馆、广东馆、广西馆、贵州馆、国家馆、湖南馆、南京馆、首都馆

01061

**大中读本（言文对照　白话讲解）（宋）朱熹注　陈文达编**
重庆：桂林新生书局，1948，16+33 页，32 开
　　本书内收《详注大学读本》《详注中庸读本》两篇。
　　收藏单位：重庆馆

01062

**道德约言　道德学社编**
北京：道德学社，1 册，18 开
　　收藏单位：浙江馆

01063

**第五六七八次庚子讲经纪事　孔素侯等著**
南京：庚子讲经会总会，1936，再版，68 页，32 开
　　本书收录孔素侯、孔绍尧、窦应昌、丁象谦、黄介民等人有关讲经纪事的文章 13 篇。
　　收藏单位：国家馆

01064

**东光训释义　黄英著**
中华孔教总会，10 页，42 开
　　本书将苏鲜知所编的《东光训》一书的内容分成居心标准释义、行为标准释义和生活标准释义加以解释。
　　收藏单位：国家馆

01065

**读四子书札记　吴希白著**
鄱阳：鄱阳县政府，1945.4，48 页，25 开
　　收藏单位：江西馆

01066

**二论典故（校正）　孙虚生校正增定**
天津：诚文信书局，1938.10，186 页，32 开
　　本书为阐释《论语》的著作。二论指上论（《论语·学而》篇至《论语·乡党》篇）、下论（《论语·先进》篇至《论语·尧曰》篇），典故指典制和掌故。
　　收藏单位：山东馆

01067

**二论典故全集（四卷　重新校正）（清）刘珍辑**
上海：启新书局，1935，[76] 叶，32 开
　　收藏单位：安徽馆、山东馆

01068

**二论典故最豁集　田鸣岐编辑**
奉天：惠迪吉书局，1943，204 页，32 开
　　收藏单位：首都馆

01069

**二论典故最豁集（增补）（清）刘珍辑　韬汉校**

上海：广益书局，1939，218 页，32 开

　　　　收藏单位：上海馆、首都馆

01070

**二论详解（仿宋版）（清）刘忠辑　大文书局编　赵云龙标点**

上海：大文书局，1936，2 册，32 开

　　　　本书共计 4 卷 2 册，从道德、政治和人格方面对儒家思想加以解读，主要包含学而、为政、八佾、里仁、公冶长、雍也等章节。卷端题名：增订二论详解。

　　　　收藏单位：河南馆、绍兴馆、首都馆

01071

**分类四书读本　蒋伯潜注释**

上海：启明书局，1936.7，150 页，32 开

上海：启明书局，1941，再版，150 页，32 开

　　　　本书据粹芬阁版印行。另有《大学中庸》《论语》（上、下）、《孟子》（上、中、下）单行本发行。

01072

**封建制度与儒家思想　齐思和著**

北平：燕京大学哈佛燕京学社，1937，50 页，16 开

　　　　本书论述儒家对封建制兴衰的态度及其政治思想。共 4 部分，内容包括：周代之封建制度、儒家对于封建制度之拥护及其理论、封建制度之崩坏及儒家与墨家法家之争论、结论。书末附齐思和用英文撰写的 Feudalism and Confucian thought 一文。为《燕京学报》第 12 期抽印本。

　　　　收藏单位：国家馆

01073

**格言统一儒教宝典　（日）小柳通义著**

东京：经典刊行会，1919，699 页

　　　　收藏单位：南京馆

01074

**古本大学　（日）田中庆太郎校订**

东京：文求堂书店，1929.6，12+16 页，32 开

东京：文求堂书店，1941.3，再版，12+16 页，32 开

　　　　本书正文为古本《大学》。卷末附王阳明《大学问》。

　　　　收藏单位：北师大馆、国家馆、南京馆

01075

**古本大学讲义　何键著**

行余读书会，[1945.6]，50 页，32 开

　　　　本书书前有作者自传。

　　　　收藏单位：国家馆

01076

**古本大学述义　陈全三述**

上海：大成印书社，1932.1，68 页，25 开

上海：大成印书社，1933.5，3 版，68 页，25 开

　　　　本书依古本逐段解释经程朱修改的《大学》通行本。书前有《古本大学述义缘起》。

　　　　收藏单位：重庆馆、上海馆、天津馆

01077

**古本大学质言　（清）刘沅著**

出版者不详，1943，86 页，25 开

　　　　本书先列古本《大学》原文，后分段加以释义。书前有《大学古本质言叙》。

01078

**古代儒家哲学批判　赵纪彬著**

上海：中华书馆，1948，146 页，32 开

　　　　本书分上、下两部分。上部分为历史证件，共 3 章，内容包括：释人民、君子小人辨、原贫富（古代前期儒家的社会立场）；下部分为儒学究元，共 4 章，内容包括：自然稽求（孔门类比逻辑的历史根据）、知能学习论、两端异端解、说知探源。

　　　　收藏单位：南京馆

01079

**古籍新编四书　郑麟　中国学典馆编纂**

上海：世界出版协社、美洲世界书局，1948.5，

465 页，32 开

上海：世界出版协社，1948.9，再版，465 页，32 开，精装

　本书据《大学》《中庸》《论语正义》（刘宝楠）、《孟子正义》（焦循）重印，编者加以新式标点。书前有杨家骆、郑麟序。书末有四书引得。

　收藏单位：广东馆、江西馆、上海馆

01080

**国鉴一卷　唐文治编著**

上海：国学专修院，[1931]，44 页，16 开

上海：国学专修院，[1931]，92 页，32 开

　本书为国学专修院讲义。内收《新六国论》《革命先革心论》《论宝慈为性经政经》《论废孔为亡国之兆》《论克己为治平之本》《论孔子不囿于封建》《论吕不韦作月令》《论拆城坏邑之谬》等文言体论文 13 篇。书末有自序。

　收藏单位：上海馆、浙江馆

01081

**监本论语读本（订正详注）　徐新民校阅**

上海：晨曦书局，1941.5，92 页，25 开

　本书对《论语·先进》至《论语·尧曰》随文详加注释。

　收藏单位：江西馆

01082

**监本四书**

赣州：群益书局，1943，132 页，32 开

　收藏单位：广东馆

01083

**监本四书（铜版）　王文英校阅**

上海：广益书局，1940，再版，2 册（202 页），32 开

　收藏单位：重庆馆、广东馆、江西馆

01084

**监本四书（铜版）　朱鉴校阅**

上海：大达图书供应社，2 册（202 页），32 开

上海：大达图书供应社，1935，再版，2 册（202 页），32 开

　收藏单位：重庆馆、河南馆、南京馆

01085

**监本详注四书　（宋）朱熹集注**

出版者不详，1 册，32 开，精装

　收藏单位：江西馆

01086

**监本详注四书集注　（宋）朱熹集注**

上海：亚光书局，1943，[178] 页，32 开

成都：亚光书局，1943，[224] 页，32 开

成都：亚光书局，1945，[224] 页，32 开

　收藏单位：重庆馆

01087

**校正二论引端（仿宋大字）　刘盖候著**

上海：大文书局发行所，1936.5，再版，74+74 页，25 开

　收藏单位：江西馆

01088

**经义述闻　陈全三讲述**

上海：世界和平大会，1935.6，23 页，32 开

上海：世界和平大会，1935.7，再版，23 页，32 开

　本书收录阐述《论语》的文章 3 篇:《唯女子与小人之说法》《孝弟为仁本之说法》《〈论语〉释名》。

　收藏单位：国家馆

01089

**科学的学庸　蒋中正著**

航空委员会，110 页，36 开

　本书收录《大学之道》《中庸之要旨与将领之基本学理》《科学精神与科学方法》《为学办事与做人的基本要道》《青年为学与立业之道》等文章。

　收藏单位：重庆馆

01090

**科学的学庸　蒋中正讲述**

[上海]：黄埔出版社，1939.10，98页，32开
（黄埔丛书 第二辑3）

重庆：黄埔出版社，1940，118页，32开（黄
埔丛书 第二辑3）

　　收藏单位：川大馆、国家馆、南京馆

01091

**科学的学庸　蒋中正著**

吉安：力学书店，1940.4，132页，25开

　　收藏单位：江西馆

01092

**科学的学庸　蒋中正讲**

中央航空学校，190页，32开

　　收藏单位：广东馆

01093

**科学的学庸　蒋中正讲述**

重庆：中央陆军军官学校，1938.10，66页，32
开（黄埔丛书7）

重庆：中央陆军军官学校，234页，50开

　　收藏单位：重庆馆、国家馆、吉林馆、南
京馆、上海馆

01094

**科学的学庸　蒋中正著　军事委员会战时工
作干部训练团第一团政治部主编**

[重庆]：[国民政府军事委员会政治部]，1938，
132页，32开（抗战建国丛书）

　　收藏单位：重庆馆、贵州馆、国家馆、江
西馆、辽大馆、南京馆、人大馆

01095

**科学的学庸　蒋中正讲述　军事委员会战时
工作干部训练团第一团政治部主编**

青年书店，1938，132页，32开（抗战建国
丛书）

　　收藏单位：国家馆、浙江馆

01096

**科学的学庸　中央陆军军官学校编**

出版者不详，[1927—1946]，118页，32开（黄
埔丛书 第十辑4）

　　收藏单位：重庆馆、国家馆、南京馆

01097

**科学的学庸（总裁言论）**

中山文化书局，[1930—1939]，98页，32开

　　收藏单位：国家馆

01098

**科学与学庸　蒋中正讲**

陆军步兵学校西北分校，98页，36开

　　收藏单位：重庆馆

01099

**科学与学庸　蒋中正讲**

重庆：青年书店，1938，132页，32开

重庆：青年书店，1939，再版，132页，32开

　　收藏单位：重庆馆、国家馆、辽宁馆

01100

**科学与学庸　蒋中正讲　国民政府军事委员
会政治部编**

南京：国民政府军事委员会政治部，1931，
132页，32开

　　收藏单位：南京馆

01101

**孔丛子　（秦）孔鲋撰　（宋）宋咸注**

上海：商务印书馆，1937.3，影印本，180页，
32开（万有文库 第2集19）（国学基本丛书）

　　《孔丛子》一书托名孔鲋著，今本7卷。
前6卷集孔子以下子思、子上、子高、子顺
言论，卷七为孔鲋与孔臧之事迹、文章。本
书据《子汇》本影印。分上、中、下3卷，
书前有1937年辑刊者序。

　　收藏单位：重庆馆、大连馆、东北师大
馆、国家馆、江西馆、辽大馆、天津馆、浙
江馆

01102

**孔诞纪念特刊　奉贤县教育局编**

[奉贤]：奉贤县教育局，1933，23页，22开

[奉贤]：奉贤县教育局，1934，[再版]，23页，
22开

本书收文 10 篇,内容包括:《孔子的事迹》《孔子的著作》《论语的考证》《吾邑崇奉孔教之概述》《纪念孔子诞辰感言》等。

收藏单位:国家馆

**01103**

**孔道探源　苏非著**

[ 北京 ]:苏非 [ 发行者 ],[1937],[276] 页,22 开

本书力图探寻孔学的原旨。分 10 篇,内容包括:辩道、中庸索怪、中庸索隐、中庸启疑、中庸辨证读法、中庸朱注辩难、中庸释义、原道内篇、原道外篇、考道录等。前 7 篇着重剖析《中庸》,原道内篇以《孝经》述孔学之理,原道外篇以《春秋》编年说明孔子活动。出版地及出版年据序言著录。

收藏单位:国家馆

**01104**

**孔道与新东亚　苏北行政专员公署情报宣传本部编**

苏北行政专员公署情报宣传本部,1939.11,16 页,32 开(苏北情宣丛书 13)

收藏单位:国家馆、南京馆

**01105**

**孔教辨惑　刘仁航著**

上海:中华书局,1914.3,再版,44 页,25 开

本书作者认为应提倡孔教为国教,并设立孔教会。

收藏单位:上海馆

**01106**

**孔教大纲　林文庆著**

上海:中华书局,1914.3,146 页,32 开,精装

本书作者认为孔教应是中国之国教。分儒道序略、孔子序略、孔门弟子及后儒、儒学考、性、生死、孝、仁、义、礼、信、毅、政体、儒教之共和民资格、议院、教学大宗旨、妇女、中华民国必不能离乎儒等章。

收藏单位:国家馆、上海馆、首都馆、浙江馆

**01107**

**孔教革命　尤列原著　林庆燊等编**

香港:天演斋卫生露总发行所,1928.11,90 页,32 开

本书以年代为顺序记录了孔教的重大活动和革命历程。

收藏单位:国家馆

**01108**

**孔教教规　陈焕章著**

北京:孔教总会经世报社,1922.3,38 页,22 开

本书系陈焕章为孔教会所拟教规,共 5 条:祀天祀圣祀祖以崇三本、念圣念经以敛五福、致中致和以立一贯、出货出力以行大同、养名养魂以至极寿。书前有孔教总会堂募捐章程。书末附教育部、内务部关于《孔教会立案之部批》以及《孔教会立案章程》《朱子白鹿洞学规》《蓝田吕氏乡约》。为《经世报》第 1 卷第 3 号抽印本。

收藏单位:国家馆、浙江馆

**01109**

**孔教论　陈焕章讲演**

上海:孔教会,1912.11,[10]+100 页,22 开

上海:孔教会,1914.10,4 版,[10]+100 页,22 开

本书辑录讲演稿两篇:《论孔教是一宗教》《论中国今日当昌明孔教》。

收藏单位:东北师大馆、国家馆、吉林馆、江西馆、南大馆、南京馆、上海馆、首都馆、浙江馆、中科图

**01110**

**孔教认识　时出著**

北平:时出 [ 发行者 ],1948,85 页,64 开

本书为对儒家思想的介绍与宣传。

收藏单位:国家馆、南京馆、上海馆

**01111**

**孔教十年大事**

宗圣会,133 叶,16 开,环筒页装

本书为《孔教十年大事》卷之八,共 7

章，内容包括：书电、耆宿书札、会社书札、选录全国各界尊崇国教电、附载未赞成国教数电、各处与宗圣会书、宗圣会与各处书。

收藏单位：国家馆

01112

**孔教问题　宗圣学报社编**

外文题名：The problems of Confucianism

山西：晋新书社，1916，[188] 页，18 开

本书为对儒家问题的研究。

收藏单位：河南馆

01113

**孔教新编　郑孝胥编**

上海：商务印书馆，1910.12，28 页，32 开

上海：商务印书馆，1914，4 版，石印本，14 页，25 开，环筒页装

本书为供印尼华侨小学用的简明读物。共 14 章，每章有解释孔子论述人性、忠孝等内容的一句话。

收藏单位：国家馆、辽宁馆

01114

**孔教真传　于纪之编**

北平：丽华鑫印刷局，1935.11，12 页，32 开

本书讲述儒家道德修养的要点，内容包括：大学之道、格物致知、修身齐家治国平天下等。

收藏单位：辽宁馆

01115

**孔经哲学发微　廖平著**

上海：中华书局，1913，石印本，[164] 页，22 开

本书论述孔子哲学思想。内容包括：尊孔总论、孔经旧史异同表、四益馆经学四变记、拨乱观、贵本观、流演观、小大观、天人观、宇宙观等章目。

01116

**孔门理学中庸辑义　郝擢先辑**

出版者不详，[1944]，204 页，25 开

本书为儒家中庸思想的摘述。

收藏单位：湖南馆

01117

**孔门一贯哲学概论　兰自我著**

上海：商务印书馆，1930，281 页，32 开（国学小丛书）

上海：商务印书馆，1933.1，国难后 1 版，281 页，32 开（国学小丛书）

本书论述儒家的中庸学说。内分：朱王之大学案、孔门论学、孔学与中华国民性、吾道一以贯之、子思作中庸专明一贯、宋儒表章中庸及误解、中庸显微、中庸与大学、中庸与礼运、中庸与孟子、五十而知天命、中说等章。书首有序论。书末有结论。

收藏单位：重庆馆、东北师大馆、广东馆、国家馆、湖南馆、吉大馆、吉林馆、江西馆、辽宁馆、南大馆、南京馆、上海馆、首都馆、天津馆、中科图

01118

**孔孟学说新体认　傅庆隆著**

北平：傅庆隆 [ 发行者 ]，1938.2，150 页，32 开

本书论述孔子的教学思想与孟子的德治学说，并对王阳明、朱熹、章太炎、梁启超、胡适等人的观点加以批评。书前有作者自序。附录《孔子在中国史上的地位》《外国人对孔子的尊崇》。

收藏单位：国家馆、人大馆、首都馆、天津馆、中科图

01119

**孔孟之道（第 1 篇 四书之科学的探讨）　林植夫著**

出版者不详，56 页，32 开

本书论述孔子、孟子的学术思想，包括宇宙观、伦理观、人生观、政治观，以及经济、教育、军事等思想。共 3 章，内容包括：孔孟的哲学、孔孟的政治观、孔孟思想在今日的评价。书首有绪论，概述孔孟时的政治制度，对《中庸》一书加以介绍。

收藏单位：福建馆、广东馆、国家馆

01120

**孔墨的思想　杨荣国著**

上海：生活书店，1946.5，120 页，32 开
上海：生活书店，1946，再版，120 页，32 开
上海：生活书店，1947.6，3 版，120 页，32 开

本书分上、下两部分。上部分为孔子的思想，论述孔子的一生、孔子的世界观、安定社会既成秩序的方针、巩固贵族政权的方法、孔子论灵魂和命运、孔子论人性、孔子的教育主旨和方法等；下部分为墨子的思想，叙述墨子的生平、墨子的世界观、墨子了解事物的三条方法、墨子的"偏爱""全面爱"与"反侵略"思想、墨子的反命运与宣传上帝鬼神的用意、墨子的教育方针等。在每段论述之后都附有《论语》《墨子》的原文。

收藏单位：重庆馆、东北师大馆、广东馆、国家馆、南京馆、上海馆、首都馆、中科图

## 01121

**孔墨底批判　郭沫若著**
出版者不详，[1945]，56 页，32 开

本书对孔子和墨子的思想加以比较、评述。共 3 部分，内容包括：论孔墨的基本立场、孔子的思想体系、墨子的思想体系。为《群众》杂志第 10 卷 3—4 期合册的附册。封面由作者本人题签。

收藏单位：重庆馆、国家馆、南京馆

## 01122

**孔学广播讲演集（第一辑）　孔学会编**
成都：孔学会，1943.8，38 页，32 开（孔学会丛刊 2）

本书为孔学论文集，内收《阐扬大同学说维护世界和平》（孔祥熙）、《从时中二字认识孔子的伟大》（谭光）、《孔学之世界性》（章士钊）、《孔子大同学说》（吴敬恒）、《孔子的好学精神》（陈立夫）、《新孔学与革命哲学》（张继）、《孔子内圣外王之学》（熊十力）、《孔学内涵与服膺孔学之门径》（雷殷）、《圣学与抗战》（王芃生）。

收藏单位：重庆馆、吉林馆、南京馆

## 01123

**孔学会成立大会言论辑要　孔学会编**

成都：孔学会，1943.8，72 页，32 开（孔学会丛刊 3）

本书收林森、蒋介石的孔学会开幕致词和成立致词，以及孔祥熙、冯玉祥、陈立夫、何键、吴铁成、潘公展等人的讲演 20 篇。

收藏单位：重庆馆、南京馆

## 01124

**孔学会况　孔祥熙等著**
成都：孔学会，1943.4，80 页，32 开（孔学会丛刊 1）

本书收孔学会成立的宣言、章程、工作计划大纲，以及孔祥熙、林森、何键、柯璜、徐青甫等人的演说词、工作报告等共 16 篇。

收藏单位：重庆馆、国家馆、南京馆

## 01125

**孔学三种　苏渊雷校辑**
上海：世界书局，1935.5，[417] 页，32 开，精装
上海：世界书局，1936，再版，[417] 页，32 开，精装

本书辑有：《论语集解义疏》（10 卷，何晏集解、皇侃义疏）、《孔子家语》（10 卷，王肃注）、《洙泗考信录》（崔述考）3 种。书前有校辑者序，简述 2000 多年来孔学的变迁、影响、研究方法，所辑 3 种书的作者、内容、版本等。

收藏单位：重庆馆、广东馆、贵州馆、国家馆、湖南馆、吉林馆、江西馆、辽宁馆、南大馆、南京馆、山东馆、上海馆、天津馆

## 01126

**孔子　黎东方编著**
重庆：胜利出版社，1944.5，114 页，32 开（中国历代名贤故事集 第一辑 民族伟人）
上海：胜利出版社，1946，沪 1 版，114 页，32 开（中国历代名贤故事集 第一辑 民族伟人）

本书记叙孔子的生平和学说以及其弟子。书末附录《孟子荀子的简历和学说》《孔子年表》。

收藏单位：重庆馆、广东馆、贵州馆、国家馆、近代史所、辽宁馆、南京馆、上海馆

01127

**孔子　梁启超著**

上海：中华书局，1936.3，68 页，32 开（饮冰室专集）

上海：中华书局，1941.1，3 版，68 页，32 开（饮冰室专集）

本书叙述孔子的生平事迹及其学说：学、一贯、忠恕、仁、君子、礼、名、性命、鬼神、祭祀等思想，简述孔子弟子及儒学各派，指出《易经》是孔子哲学理论的总汇，《春秋》是孔子政治理论的总汇，并对《中庸》一书作了分析。共 6 节，内容包括：孔子事迹及时代、研究孔子学说所根据之资料、孔学提纲、孔子之哲理论与《易》孔子之政治论与《春秋》结论。书末附录《世界伟人传第一编——孔子》一书的残稿两章。

收藏单位：重庆馆、国家馆、江西馆、近代史所、南京馆、上海馆、首都馆

01128

**孔子　童行白编**

上海：中华书局，1936.6，177 页，32 开（初中学生文库）

上海：中华书局，1936.10，再版，177 页，32 开（初中学生文库）

上海：中华书局，1940，3 版，177 页，32 开（初中学生文库）

昆明：中华书局，1941.1，4 版，177 页，32 开（初中学生文库）

上海：中华书局，1947.12，177 页，32 开（中华文库初中第 1 集）

本书叙述了孔子的生平及学说。共 4 编，内容包括：孔子的生平与环境、孔子的哲学思想、孔子的不朽事业、伟大的孔子。

收藏单位：重庆馆、广东馆、广西馆、贵州馆、国家馆、湖南馆、吉林馆、江西馆、南京馆、上海馆、首都馆、浙江馆

01129

**孔子　汪精卫等著**

曲阜：圣地孔子诞辰筹备委员会，1942.9，32 页，32 开

本书收录《尊孔观念的变迁》（汪精卫）、

《新民精神之诠释》（新宰平）等 10 篇文章。

01130

**孔子　武德报社编撰**

北京：华北文化书社，1940，64 页，32 开

收藏单位：河南馆

01131

**孔子　谢九如编**

重庆：教育部民众读物编审委员会，[1930—1939]，46 页，50 开（民众文库）

本书叙述孔子生活的时代、事迹、学说以及后世的纪念活动。书末有《仿印教育部民众读物播音小丛书办法》。

收藏单位：国家馆

01132

**孔子　谢无量著**

上海：中华书局，1915.12，228 页，32 开（学生丛书）

上海：中华书局，1918.11，再版，228 页，32 开

上海：中华书局，1920，4 版，228 页，32 开（学生丛书）

上海：中华书局，1923，5 版，228 页，32 开（学生丛书）

上海：中华书局，1927.6，8 版，228 页，32 开（学生丛书）

上海：中华书局，1928，9 版，228 页，32 开（学生丛书）

上海：中华书局，1928.10，10 版，228 页，32 开（学生丛书）

本书分两编：第 1 编为孔子事纪，分 16 章叙述孔子的先世及生平事迹；第 2 编为孔子学案，分 14 章论述孔子学说渊源，孔子关于道、中庸、礼、仁的思想，孔子的伦理、政治、教育学说，孔子人性论，孔子晚年思想，以及从《系辞》中考述孔子的世界观。

收藏单位：重庆馆、广东馆、国家馆、河南馆、吉林馆、江西馆、近代史所、南京馆、绍兴馆、首都馆、浙江馆

01133

**孔子** 尹汐编辑

长春：文化社，1942.10，152页，32开（青年丛书）

本书与1936年中华书局出版的童行白所著《孔子》一书内容相同，仅将童著之第1编第1章第1节引言删节成一段，作为全书的开头。

收藏单位：国家馆、吉林馆、近代史所、南京馆、上海馆、首都馆

01134

**孔子** （日）宇野哲人著 陈彬龢译

上海：商务印书馆，1926.8，115页，32开（国学小丛书）

上海：商务印书馆，1930.4，93页，32开（国学小丛书）（万有文库第1集37）

上海：商务印书馆，1931，再版，115页，32开（国学小丛书）

上海：商务印书馆，1933.3，国难后1版，93页，32开（国学小丛书）

上海：商务印书馆，1934，再版，93页，32开（国学小丛书）（万有文库第1集37）

上海：商务印书馆，1934.2，国难后2版，93页，32开（国学小丛书）（万有文库）

本书论述了孔子的生平及其学说。共10章，内容包括：略传、删述、孔子之人格、孔子之集大成、孔子教之目的、伦理说、政治说、教育说、宗教观、结论。

收藏单位：安徽馆、重庆馆、大连馆、东北师大馆、广东馆、广西馆、贵州馆、国家馆、吉林馆、江西馆、辽大馆、辽宁馆、南京馆、上海馆、绍兴馆、首都馆、天津馆、浙江馆、中科图

01135

**孔子** 周予同著

上海：开明书店，1934.9，100页，50开（开明中学生丛书1）

本书是以初中学生为对象的简明读物，叙述孔子的家世、生平、日常生活、著述以及学说。分为引语、传略、学说、尾语4部分。

收藏单位：广东馆、国家馆、上海馆

01136

**孔子**（纪念孔诞二四九四年）

山东省公署，20页，32开

收藏单位：南京馆

01137

**孔子大同概论** 何佣文著

重庆：出版者不详，36页，28开

本书共5章，内容包括：大同泛论、大同机构、大同政治、大同礼乐、大同的道与世界永久和平。

收藏单位：重庆馆

01138

**孔子的民主精神** 徐赓陶讲述

出版者不详，1947，50页，32开

本书据作者1946年在四川达县的讲演补充而成。将孔子的有关言论分为家天下的三代、公天下的尧舜、理想的民主政制、正名主义、由小康到大同、一贯之道、垂教7类，论述孔子思想中的民主精神。

收藏单位：重庆馆、国家馆、南京馆、上海馆

01139

**孔子的唯适哲学** 安文溥著

沈阳：新华印书局，1931，103页，32开

收藏单位：首都馆

01140

**孔子和老子的政治思想** 马云声著

成都：海风出版社，1946.4，90页，25开（社会科学论著1）

本书分6章叙述孔子和老子的生平、时代、政治思想，以及他们政治思想的哲学基础、脉流、影响、异同。书前有作者序。

收藏单位：重庆馆

01141

**孔子及其他** 李清悚主编

上海：大东书局，1934.2，48页，25开（高小社会科学丛书）

收藏单位：江西馆、南京馆

01142

**孔子及其他　王眜辛等著**

上海：大东书局，1947，再版，48 页，36 开（新
儿童文库 高年级历史4）

　　收藏单位：广东馆

01143

**孔子集语集解　（清）孙星衍著　叶慧晓校**

上海：广益书局，1936.4，278 页，32 开

　　本书记录了关于孔子的言行事迹，并汇
集诸家对《孔子集语》的解释，以助理解。

　　收藏单位：国家馆、湖南馆、江西馆、上
海馆

01144

**孔子家语　（魏）王肃注**

上海：启新书局，石印本，[538] 页，25 开

　　本书记录了孔子及孔门弟子的言行。共
10 卷，内容包括相鲁、始诛、王言解、大昏
解、儒行解等篇。

　　收藏单位：河南馆

01145

**孔子家语　（魏）王肃注　张绵周　薛恨生标
点**

上海：新文化书社，1933.11，2 册（116+110 页），
32 开

上海：新文化书社，1934，再版，2 册（116+
110 页），32 开

上海：新文化书社，1935.8，8 版，2 册（116+
110 页），32 开

上海：新文化书社，1936，10 版，2 册（116+
110 页），32 开

　　收藏单位：重庆馆、国家馆、河南馆、江
西馆、辽宁馆、南京馆、山东馆、首都馆

01146

**孔子家语（标点注解）（魏）王肃注　张绵
周标点　范叔寒校**

上海：达文书店，1936，115+110 页，32 开

上海：达文书店，1936.12，重版，2 册（115+
110 页），32 开（国学名著）

　　收藏单位：上海馆、绍兴馆、天津馆

01147

**孔子家语（新式标点）（魏）王肃注　殷芷
沅标点　朱公振评注**

上海：文新出版社，1936.5，2 册（199+210 页），
32 开

　　本书分章节，先引原文，后为要旨，再
后为注释。书前有王肃序。

01148

**孔子家语（新式标点）（魏）王肃注　张绵
周标点**

上海：大中书局，1932.11，6 版，[246] 页，32
开

上海：大中书局，1933，7 版，[246] 页，32 开

　　收藏单位：广东馆、河南馆、江西馆、南
京馆、山东馆、首都馆

01149

**孔子家语（新式标点）（魏）王肃注　张绵
周标点**

上海：启智书局，1934.7，162 页，32 开

上海：启智书局，1935，3 版，162 页，32 开

　　收藏单位：重庆馆、国家馆

01150

**孔子家语（新式标点）（魏）王肃注　张绵
周标点　邓元初校阅**

上海：源记书庄，1925.8，126+120 页，32 开

上海：源记书庄，1926.6，再版，126+120 页，
32 开

　　收藏单位：国家馆、首都馆、天津馆

01151

**孔子家语（新式标点）（魏）王肃注　朱益
明标点　惟公校阅**

上海：大达图书供应社，1934.3，10+172 页，32
开

上海：大达图书供应社，1935.5，再版，10+172
页，32 开

上海：大达图书供应社，1936，再版，10+ 172
页，32 开

　　收藏单位：重庆馆、广东馆、国家馆、河
南馆、湖南馆、江西馆、辽宁馆、南京馆、

山东馆、绍兴馆、首都馆

**01152**

**孔子家语（新式标点）（魏）王肃注 朱益明标点 惟公校阅**

上海：广益书局，1937，10+172 页，32 开

收藏单位：山东馆

**01153**

**孔子家语读本 陈和祥评注 秦同培辑校**

上海：世界书局，1926.3，122 页，32 开（评注标点十子全书）

本书书前有编辑大意，对《孔子家语》的内容、真伪、历代评注皆有简介。

收藏单位：重庆馆、国家馆、江西馆、南京馆、山东馆、首都馆、天津馆

**01154**

**孔子家语疏证 （清）陈士珂辑**

上海：商务印书馆，1937.12，291 页，32 开（国学基本丛书）（万有文库第 2 集 15）

上海：商务印书馆，1939.12，291 页，32 开（万有文库第 1—2 集 简编 500 种 19）

长沙：商务印书馆，1941.7，291 页，32 开（国学基本丛书）

本书分为 10 卷 44 篇。书前有嘉庆二十三年孔子家语疏证序。

收藏单位：重庆馆、大连馆、东北师大馆、贵州馆、国家馆、江西馆、首都馆、浙江馆

**01155**

**孔子教育哲学 葛琨著**

葛琨 [ 发行者 ]，1925.7，170 页，18 开

本书分 3 编。第 1 编为绪言，叙述孔子生平及其著述；第 2 编为知识论，介绍孔子关于知识的来源、知识的本质、获取知识的途径的论述；第 3 编为行为论，论述孔子的行为标准、道德规范以及修养品性的方法。

收藏单位：重庆馆、广东馆、国家馆、山西馆、首都馆

**01156**

**孔子历行记（又名，大哉孔子） 李瑞锡等编**

镇江：丹徒县立通俗教育馆，1939.1，69 页，16 开

本书共 7 篇，内容包括：孔子之谱系、生活、道德、事迹、交际、衰荣、荣誉。

收藏单位：重庆馆、国家馆、南京馆、上海馆

**01157**

**孔子论语新体系 杜任之著**

太原：复兴图书杂志出版社，[1948]，[10]+210 页，32 开

本书分两编：第 1 编总论，包括论语沿革考证、孔子新传（附年谱）、孔门诸弟子、论语基本概念等；第 2 编各论，论述孔子教学之道、做人处事之道、治国为政之道。书末附《孔学及其价值》，评述孔子学说之核心——仁及其价值。后附主要参考书目，对所引《论语》的原文作了必要的注释。

收藏单位：重庆馆、国家馆、首都馆、中科图

**01158**

**孔子年谱稿 杨复礼编**

开封：新河南日报社，1940.9，60 页，18 开

本书分谱前、正谱、谱后及孔子大事年表 4 部分。

收藏单位：国家馆、辽宁馆

**01159**

**孔子全集（原文） 藤原正纂译**

岩波书店，374 页，22 开，精装

本书共两编，内容包括：孔子言行、孔子传记。书末附孔子言行补遗。

收藏单位：国家馆

**01160**

**孔子人格学术与现代各科学派之最高原理 柯璜著**

成都：孔学会总会，1940，21 页，36 开

本书论述孔子何以称为大政治家、大革命家、大经济家、大教育家、大伦理家、大

历史家、大法律家。

　　收藏单位：重庆馆、南京馆、山西馆、上海馆

**01161**

**孔子认识　姚文栋著**

上海：春江书局，1938.12，[50] 页，64 开

　　本书内收《孔子为中国四千年来文明之代表》等文。书前有孙德余序。

　　收藏单位：南京馆

**01162**

**孔子社会哲学　罗运炎著**

上海：美以美书报部，1926，180 页，32 开

　　本书论述孔子的社会思想。共 9 章，内容包括：导言、性、人、家、国、政府、教育、社会生活、社会理想等。

　　收藏单位：吉林馆、南京馆、上海馆、首都馆

**01163**

**孔子生活　徐蘧轩编著**

上海：世界书局，1929.11，114+14 页，32 开（生活丛书）

上海：世界书局，1932.11，3 版，114 页，32 开（生活丛书）

　　本书对孔子的家世、生平及学说作了较全面的介绍。书前有曲阜孔子刻像、杏坛设教图、孔庙大成殿及孔林照片。

　　收藏单位：重庆馆、广东馆、国家馆、河南馆、黑龙江馆、江西馆、南京馆、上海馆、绍兴馆、首都馆、天津馆、浙江馆

**01164**

**孔子世家　陈邦直编**

上海：商务印书馆，1941，129 页，32 开（东方国民文库 第 27 编）

　　收藏单位：首都馆

**01165**

**孔子思想的研究　马璧著**

上海：世界书局，1941，68 页，32 开

上海：世界书局，1947.9，再版，68 页，32 开

本书对孔子的哲学、政治、经济、教育、伦理思想以及其来源和发展加以分析，评价其在我国思想史中的地位，并探寻孔子思想之如此丰富的原因。书前有作者自序。

　　收藏单位：重庆馆、广东馆、国家馆、江西馆、南京馆、首都馆

**01166**

**孔子新义　梁树棠著**

上海：中华圣教总会，1923，再版，38 页，25 开

上海：中华圣教总会，1923.12，3 版，52 页，25 开

　　本书论述孔子的伦理学说。

　　收藏单位：山东馆、上海馆

**01167**

**孔子学说述略　四川孔学会编**

四川孔学会，20 页，64 开（孔学小丛书 2）

　　本书系四川省孔学会的宣传品。

**01168**

**孔子训语类释　胡毓寰著**

长沙：商务印书馆，1940.8，156 页，32 开

长沙：商务印书馆，1941，再版，156 页，32 开

　　本书辑录《论语》《孟子》《荀子》《礼记》等书中孔子的言论，分成修己、对人、为政几类。书末附《本书人名地名书名朝代名释略》。

　　收藏单位：广东馆、江西馆

**01169**

**孔子遗教要义　邢振基著**

邢振基 [ 发行者 ]，1945，[84] 页，32 开（邢氏十一种丛书 10—11）

　　本书辑录《论语》《孔子家语》中孔子的言论。附《孟子政治哲学》。

**01170**

**孔子遗教要义　邢振基著**

西安：国化出版社，1946，2 版，62 页，32 开

　　收藏单位：湖南馆

**01171**

**孔子与释迦　蒋维乔著**

上海：商务印书馆，1924，33 页，32 开

上海：商务印书馆，1925，再版，33 页，32 开

上海：商务印书馆，1926，3 版，33 页，32 开

　　本书为作者在暨南学校的讲稿。比较孔子与释迦牟尼学说主张的同异。

　　收藏单位：重庆馆、国家馆、河南馆、江西馆、南京馆、上海馆、首都馆、天津馆、浙江馆

**01172**

**孔子哲学　汪震著**

天津：百城书局，1931，[151] 页，32 开

　　本书为作者 1926 年在北师大教育研究科的毕业论文，叙述了孔子的知识论、伦理学说、教育思想、政治思想等，对孔子和老子思想进行了比较。书末附录《春秋时代之政治及孔子之政治思想》（梅思平）。

　　收藏单位：国家馆、吉林馆、天津馆、中科图

**01173**

**孔子哲学　王治心著**

上海：国学社，1925.10，192 页，32 开（国学丛书 1）

　　本书共 6 章，内容包括：孔子学说的渊源、孔子的生平、孔子的形而上学（道、天、性）、孔子的人生哲学（论仁、论孝悌、论人格）、孔子的教育哲学、孔子的政治哲学。

　　收藏单位：重庆馆、东北师大馆、广东馆、广西馆、国家馆、南京馆、上海馆、天津馆、浙江馆

**01174**

**孔子哲学　徐庆誉著**

[洪江]（湖南）：西南日报社，1942，40 页，32 开（西南日报社学术丛书）

　　本书内容包括：孔子的人生哲学、孔子的政治哲学、孔子的教育哲学、孔子的艺术哲学、孔子哲学与三民主义等。

　　收藏单位：广东馆

**01175**

**孔子哲学研究　杨大膺著**

上海：中华书局，1931，70 页，32 开

上海：中华书局，1935.8，再版，100 页，32 开（中华哲学小丛书）

上海：中华书局，1936，3 版，100 页，32 开（中华哲学小丛书）

　　本书从性无善恶的观点出发，论述孔子的政治、人生和教育等思想，认为孔子哲学的方法论是名家和墨家辩术之先声，也是中国逻辑学之始祖。共 8 章，内容包括：绪论、哲学溯源、政治哲学、人生哲学、教育哲学、方法论、孔子学说与实际生活、结论。

　　收藏单位：重庆馆、广东馆、广西馆、国家馆、江西馆、南京馆、山东馆、山西馆、上海馆、首都馆、天津馆、浙江馆

**01176**

**孔子哲学之真面目　蔡尚思著**

上海：启智书局，1930，240 页，32 开

上海：启智书局，1935，再版，240 页，32 开

　　本书共 3 部分，内容包括：孔子人生哲学、京中师友商榷录、周易哲学。孔子人生哲学部分又包括序论、概论、主要、补遗等内容，京中师友商榷录部分叙述作者与陈焕章、梅光羲、李翊灼、江瀚、陈大齐等人关于《孔子人生哲学》一文的论争文章，周易哲学部分包括篇首、宇宙观、人生观、篇末（占与易象辞四者乃一部易经之根本观念）等内容。

　　收藏单位：广东馆、国家馆、江西馆、辽宁馆、南京馆、山西馆、上海馆、首都馆、天津馆、浙江馆

**01177**

**孔子真谛之一孔观（二卷）　张效彬撰**

出版者不详，1948，油印本，1 册（敬园丛草 7）

　　收藏单位：国家馆

**01178**

**孔子之互助学　邵乐安著**

北平：世界社，1932，2 册（18+32 页），32 开

（世界集刊 互助）

本书引用孔子学说中涉及互助的章段来说明互助学说在孔子学术思想中的存在、地位等。本书为《互助学在中国哲学上之研究》第3、4册。

收藏单位：近代史所、首都馆

01179

**孔子之社会主义 梁树棠编**
山西：洗心总社，16页，32开

收藏单位：南京馆

01180

**孔子之学（第1集） 林语堂编著 罗潜士（James Lo）译述**
上海：一流书店，1941.8，[132]页，32开

本书为汉英对照。讲述了孔子的生平、思想学说。内容包括：序论，讲述孔子思想性质、本书的取材及译述之方法；孔子世家，引用司马迁《史记》原文，介绍孔子的一生。

收藏单位：国家馆、绍兴馆、天津馆

01181

**孔子传 王禹卿著**
上海：商务印书馆，1946，245页，32开

本书共5章，内容包括：孔子所处之时代、孔子事迹考、孔子与六经、孔子思想概论、孔子之人格。书末附《孔门弟子题名》《孔子年表》。

收藏单位：重庆馆、东北师大馆、国家馆、湖南馆、吉林馆、上海馆、首都馆

01182

**孔子作孝经证 伦明著**
出版者不详，[16]页，22开

本书讲述孔子对《孝经》的论证。共10章，内容包括：诸家谬说、汉儒旧说、孝经与春秋、孝经与礼、孝经与易、孝经与书、孝经与诗、孝经与四子书、六国时人传述孝经、结论。

收藏单位：国家馆

01183

**礼经大学古本讲义 何键著**
重庆：商务印书馆，1945，10+55页，32开

本书对《礼记·大学》逐句解释。书前附有《礼经大学古本》《朱子大学章句》。

收藏单位：重庆馆、国家馆、吉林馆

01184

**历代尊孔记 孔教外论合刻 程淯辑**
上海：东方读经会，1938，15版，[152]页，16开

本书分两部分，第1部分为《历代尊孔记》，收录《孔子年谱》《尊孔大事纪》（从周敬王四十二年至1934年）；第2部分为《孔教外论》，收录中外论述孔教的文章35篇。书前有程淯《历代尊孔论孔教外论合刻十五版成书敬告读者》《历代尊孔记序》《孔教外论序》。书后有程淯《记曾文正公不为圣贤便为禽兽语题字》。

收藏单位：国家馆、南京馆、上海馆、绍兴馆、天津馆、中科图

01185

**历代尊孔记 孔教外论合刻 程淯辑**
上海：中国道德总会，1933，1册

本书辑者原题：程伯葭。

收藏单位：南京馆

01186

**历史教课谈**
出版者不详，[1920—1929]，39页

本书是关于历史与宗教的概说。

收藏单位：浙江馆

01187

**论孟一脔 陈垣编**
出版者不详，1册

收藏单位：国家馆

01188

**论语 贾丰臻选注**
上海：商务印书馆，1929.10，[22]+171页，32开（学生国学丛书）（万有文库 第1集38）

上海：商务印书馆，1933，国难后 1 版，[22]+171 页，32 开（学生国学丛书）

上海：商务印书馆，1933.10，国难后 2 版，[22]+171 页，32 开（学生国学丛书）

上海：商务印书馆，1934.7，再版，[22]+171 页，32 开（学生国学丛书）（万有文库 第 1 集 38）

上海：商务印书馆，1935，国难后 3 版，[22]+171 页，32 开（学生国学丛书）

上海：商务印书馆，1936.9，4 版，[22]+171 页，32 开（学生国学丛书）

上海：商务印书馆，1938，国难后 4 版，[22]+171 页，32 开（学生国学丛书）

上海：商务印书馆，1943.12，赣县 1 版，[22]+171 页，32 开（学生国学丛书）

上海、成都：商务印书馆，1944.6，[22]+171 页，32 开（学生国学丛书）

　　本书选取《论语》一书中记叙孔子言行的原文，分为：教学、伦纪、仁、德行道艺、德治、慎文、观人、孔子言行 8 篇，分段标点注释。书前有贾丰臻的绪言，包括 4 个部分：孔子的事迹、孔子的著作、论语的考证、本编的内容。

　　收藏单位：安徽馆、重庆馆、大连馆、东北师大馆、广东馆、贵州馆、国家馆、黑龙江馆、江西馆、辽大馆、南京馆、绍兴馆、首都馆、浙江馆

**01189**

**论语　徐新民校**

赣县：群益书局，1943，再版，92 页，32 开

　　本书对《论语》一书分段评讲。

**01190**

**论语　（宋）朱熹注**

上海：中华书局，1936.2，影印本，2 册（[240] 页），32 开（初中学生文库）

上海：中华书局，1941.1，3 版，影印本，2 册（[240] 页），32 开（初中学生文库）

　　本书为仿宋影印版。

　　收藏单位：重庆馆、湖南馆、吉林馆、江西馆、辽宁馆、南京馆、山西馆、上海馆、绍兴馆、首都馆

**01191**

**论语（节本）　陈幼璞选注**

上海：商务印书馆，1936，2 册（202 页），32 开（中学国文补充读本 第 1 集）

长沙：商务印书馆，1940.1，2 版，2 册（202 页），32 开（中学国文补充读本 第 1 集）

　　本书为《论语》的节选本。每段后有注释。

　　收藏单位：重庆馆、江西馆、南京馆、上海馆、首都馆

**01192**

**论语（言文对照）　黄光学编校**

泰和：国风书局，1944.6，246 页，32 开

　　收藏单位：江西馆

**01193**

**论语白话解　王天恨述解**

重庆：万有书局，1948，80 页，32 开

　　本书为《论语》的详解读本。书前有序一篇。

　　收藏单位：重庆馆

**01194**

**论语白话新解（注译评讲）　张守白编著　东方文学社编辑**

上海：学生书局，1939.5，312 页，32 开

　　本书先注《论语》字句，再译成白话文，最后讲解内容和意义。书前有序。

　　收藏单位：广东馆、江西馆

**01195**

**论语白文　（日）田中庆太郎校订**

东京：出版者不详，1935，134 页，25 开

　　本书收录孔子《论语》共 10 卷。

　　收藏单位：国家馆

**01196**

**论语本义官话　（德）安保罗著**

上海：美华书馆，1911，164 页，18 开

　　本书每页上栏为《论语》原文，下栏是当时比较通俗的文字，即所谓"官话"。书前有序。

收藏单位：广东馆

**01197**

**论语辨　赵贞信辑点**

北平：朴社，1935，[12]+178 页，32 开（辨伪丛刊）

　　本书辑录了崔述、柳宗元、袁枚、赵翼、康有为、崔适、梁启超、钱穆、钱玄同等人考辨《论语》真伪的著述多篇并加标点。共3编：上编包括崔述《论语余说》《论语篇章辨疑》和《论语源流附考》；中编包括《洙泗考信录》《洙泗考信余录》《商考信录》及《唐虞考信录》诸书中辑出者；崔述之余辨者所考为下编。

　　收藏单位：重庆馆、广东馆、贵州馆、国家馆、吉林馆、南京馆、首都馆、天津馆

**01198**

**论语抄**

出版者不详，146 页，32 开

　　收藏单位：南京馆

**01199**

**论语大义　齐树楷编辑**

北平：四存学会出版部，1922，62 页，18 开

　　本书分总说与分说两部分，内容包括：论世、知言、知道、明学、言性天、世之区别、孔门之国家观、孔子处置列国国家之法、孔子之社会施行、周政之苛等。

　　收藏单位：重庆馆

**01200**

**论语读本（分类详解）　世界书局编译所编注**

上海、长沙：世界书局，1944，2 册（378 页），32 开

上海、长沙：世界书局，1948，再版，2 册（378 页），32 开

　　本书在王缙尘《分类详解论语读本》的基础上重新整理、加注。分为立身（上、下共25章）、求知（7章）、治国（12章）、圣德（11章）、传述（6章）等5篇。

　　收藏单位：重庆馆、广西馆、国家馆、吉林馆、江西馆、南京馆

**01201**

**论语读本（广解）　王缙尘讲述　董文等校订**

上海：粹芬阁，1936.1，2 册（372 页），32 开，精装

上海：粹芬阁，1936.5，订正本，2 册（372 页），32 开，精装

上海：粹芬阁，1936，348 页，32 开，精装

上海：粹芬阁，1946.10，新4版，2 册（372 页），32 开

上海：粹芬阁，1 册，32 开

　　本书以白话解释《论语》原文。书前有沈知方序、《论语读本编述的旨趣》《孔子日常生活与礼义廉耻之诠释》（孔祥熙）、《孔子事略》《论语纲领》。书末附董文后序。

　　收藏单位：重庆馆、国家馆、吉林馆、南京馆、上海馆、绍兴馆、首都馆

**01202**

**论语读本（广注 言文对照）　国学编辑社语译注释　杜天縻修订**

上海：世界书局，1932.10，修正初版，2 册，32 开

上海：世界书局，1935，11 版，2 册，32 开

　　本书分章注解，每章先叙章旨，再加注释，最后白话翻译。

　　收藏单位：重庆馆、江西馆、南京馆、绍兴馆、首都馆

**01203**

**论语读本（考证详注）　史本直编辑**

上海：大众书局，1934.10，2 册（[15]+354+[51] 页），32 开

上海：大众书局，1936，2 册（192+[213] 页），32 开

　　本书为《论语》的详注。书后附录《论语文衡》（钱基博）、《春秋时代的政治和孔子的政治思想》（梅思平）。

　　收藏单位：重庆馆、国家馆、绍兴馆、首都馆

## 01204

**论语读本（语译广解）　蒋伯潜注释**

上海：启明书局，1941，再版，2册（350页），32开

　　本书两册封面分别题有"四书读本（二）""四书读本（三）"字样。卷端及中缝题名：论语新解。

　　收藏单位：黑龙江馆

## 01205

**论语二十讲　王向荣编著**

上海：中华书局，1937，2册（[20]+[621]页），32开

上海：中华书局，1940.7，再版，2册（[20]+[621]页），32开

　　本书据作者在河北省立女子师范学院的讲稿整理，着重阐述《论语》一书之义理。分上、下两篇，共20个篇目。每篇先列经文，后有篇义、章旨、通论、文法检讨。每篇末附有习题。书前有《孔子事略——附年谱》。书末附录《何故要研究四书》（王向荣）。

　　收藏单位：广西馆、国家馆、湖南馆、吉林馆、江西馆、南京馆、上海馆、绍兴馆、首都馆、天津馆、浙江馆

## 01206

**论语分类　张文林著**

出版者不详，1934，2册，18开

　　本书内容包括：序、论语分类自跋、凡例、目录、论语原本目录、孔子实行类等。

　　收藏单位：山东馆、首都馆

## 01207

**论语古义　杨树达集解**

上海：商务印书馆，1934，323页，32开

上海：商务印书馆，1935，再版，323页，32开

　　本书主要采集两汉古籍的原文以解释《论语》，分20卷。书前有杨树达自序。

　　收藏单位：重庆馆、广东馆、国家馆、河南馆、湖南馆、江西馆、辽宁馆、南大馆、南京馆、山西馆、上海馆、首都馆、天津馆

## 01208

**论语话解　（清）陈澧著**

上海：商务印书馆，231页，32开

上海：商务印书馆，1948，4版，231页，32开

　　本书对《论语》逐字逐句加以解释。

　　收藏单位：广东馆

## 01209

**论语话解读本（重校）　王心湛重校**

上海：广益书局，1938，220页，32开

　　本书为新式标点，每段后有白话译述。

　　收藏单位：河南馆、吉林馆、首都馆

## 01210

**论语会笺　徐英编著**

重庆：正中书局，1943.4，[41]+271页，25开（国学专书选读 第1集1）

上海：正中书局，1948，修订本，[40]+292页，25开

　　本书共20卷。汇集何晏、皇侃、朱熹、刘宝楠等200余家之集解、注疏。徐英的按语着重阐述《论语》的义理。导言分为10篇，包括：孔子事略、孔子年表、孔子制行、孔门弟子、论语略说、论语旨要、论语源流、论语读法、会笺旨例、甄录名氏。1948年版将导言中的甄录名氏删去。

　　收藏单位：重庆馆、国家馆、吉林馆、南京馆、首都馆

## 01211

**论语集释　程树德著**

北京：国立华北编译馆，1943，3册（[14]+1243页），22开

　　本书共40卷。第1—39卷采集清以前诸家之说，分为考异、音读、考证、集解、唐以前古注、集注、别解、余论、发明、按语，共10类；第40卷为征引书目表，列举书目500余种。书前有凡例，罗列汉唐间注释《论语》者38家，并对汉宋诸儒之《论语》研究加以评述。

　　收藏单位：重庆馆、国家馆、吉林馆、辽宁馆、南京馆、山东馆、上海馆、首都馆

01212
**论语集注** （日）田中庆太郎校
东京：文求堂书店，1936.4，1 册，32 开
　　收藏单位：南京馆

01213
**论语集注（补注）** （日）简野道明著
东京：明治书院，1924.2，5 版，244 页，32 开，
精装
　　收藏单位：国家馆

01214
**论语集注述要** 郑义卿著
出版者不详，1933，1 册，18 开，精装
　　收藏单位：广东馆

01215
**论语解义**
出版者不详，[1914]，[3 版]，116 页，22 开
　　收藏单位：国家馆

01216
**论语句解** 陶明濬著
吉林：吉东印刷社，1935，3 版，175 页，32
开
　　收藏单位：广东馆

01217
**论语句解（言文对照 音注标点）** 周祖芬译注
上海：春江书局，1938，重版，151 页，32 开
上海：春江书局，[1942.8]，4 版，80 页，32 开
　　本书为对《论语》的逐句解释，包括标
点、音注。
　　收藏单位：山东馆、首都馆

01218
**论语课纂** 孙松龄著
出版者不详，1927，142 页，25 开
　　收藏单位：首都馆

01219
**论语类纂** 林公兆编著
桂林：出版者不详，1941，253 页，16 开

本书内容包括：学问篇、教育篇、道德
篇、仁义篇、智勇篇等。
　　收藏单位：重庆馆、国家馆

01220
**论语孟子**
北平：辅仁大学书局，102 页，32 开
　　本书收《论语》《孟子》原文，未经标点
注释。
　　收藏单位：国家馆

01221
**论语孟子节钞** 李亮耳节钞
出版者不详，11 页，32 开
　　本书节录《论语》《孟子》两书中浅显易
懂的原文共 5000 多字，并略附朱熹注。
　　收藏单位：国家馆

01222
**论语前三章解** 刘彦讲
北平：大成印书社，1936，16 页，32 开
　　本书为在北平尊经社的讲演。正文前题：
学而前三章解。
　　收藏单位：北师大馆、国家馆、河南馆、
首都馆

01223
**论语释要** 唐大圆著
东方文化集思社，1931，[88] 页，16 开（德
化主义读本 第 1 辑）
　　本书将《论语》的有关句段分成修身篇、
齐家篇、治国篇、平天下篇，并加以解释。
书前有编者《德化主义读本序》《论语释要
叙》。书末有《德化主义读本第一辑跋》。
　　收藏单位：南京馆

01224
**论语首章讲疏（第 1 册）** 徐是古著
[武汉]：中日文化协会武汉分会，1942.4，62
页，25 开（国学丛书）
　　本书是《论语博喻》的第 1 册，对《论
语·学而》加以解释。

01225

**论语书中之孔学 缪尔纾著**
出版者不详，272 页，18 开

  收藏单位：首都馆

01226

**论语疏义 王恩洋著**
上海：佛学书局，1938，2 册（539 页），25 开（龟山丛书 1）

  本书糅合儒、佛之说对《论语》逐段加以详细解释。

  收藏单位：重庆馆、国家馆、南京馆、首都馆

01227

**论语通解（一名，孔学漫谈） 余家菊著**
重庆、昆明：中华书局，1944.5，64 页，36 开
上海：中华书局，1947.2，再版，64 页，36 开

  本书作者从《论语》中归纳了 23 个范畴、概念和问题，如孝、悌、忠、信等，加以泛论。

  收藏单位：重庆馆、广东馆、国家馆、吉林馆、辽宁馆、南京馆、上海馆、首都馆、浙江馆

01228

**论语新编释 叶源编述**
揭阳：周美盛书局，1944.2，再版，100 页，32 开

  本书为公民科补充读本。节选《论语》原文 75 条，分为总篇（做人方法）和对己对人两类。每类先列原文，后有解释及补述。书前有杨树荣序、再版自序、例言。书末附表解。

  收藏单位：国家馆

01229

**论语新读本 唐文治著**
出版者不详，2 册（54+66 页），18 开

  本书以朱熹集注为主，补以古注和编者自注，对《论语》部分篇章加以注释、标点。

书前有编者序。

  收藏单位：南京馆、上海馆

01230

**论语新考 刘光宇著**
上海：世界书局，1948，50 页，36 开

  本书对《论语》有关事典加以新考。共 14 章，内容包括：斯为美，敏于事，民免而无耻，君子不器，尤悔，雍穆，彻助，带绅，釜、庾、秉，汶上，老彭，楚狂接舆等。书前有自序。

  收藏单位：重庆馆、贵州馆、南京馆、上海馆

01231

**论语新证 于省吾著**
北京：辅仁大学，1941，石印本，24 页，18 开

  本书为《辅大语文学会讲演集》抽印本。

  收藏单位：国家馆

01232

**论语新注 卫聚贤注**
重庆：说文出版部，1948，260 页，32 开

  本书共 20 篇，用白话注释。书前书末分别有序、跋各一篇。

  收藏单位：重庆馆

01233

**论语选读 私立中华书局函授学校编**
上海：私立中华书局函授学校，2 册（16+32 页），32 开（国文选科选读 戊组）

  收藏单位：上海馆

01234

**论语研究 温裕民著**
外文题名：A study of the analects of Confucius
上海：商务印书馆，1930.11，[12]+115 页，32 开（国学小丛书）
上海：商务印书馆，1933，国难后 1 版，[12]+115 页，32 开（国学小丛书）

  本书考证《论语》一书的作者、传本，评述其思想及价值。共 6 章，内容包括：论语

考原、孔子之哲学观、孔子之道德观、孔子之政治观、孔子之教育观、结论等。书前有例言。

收藏单位：安徽馆、重庆馆、广东馆、贵州馆、国家馆、湖南馆、江西馆、辽宁馆、南京馆、山东馆、上海馆、首都馆、天津馆

## 01235
**论语尧曰章作于墨者考　赵贞信著**
北平：出版者不详，[1940]，185—216页，16开

本书为《中德学志》单行本。

收藏单位：国家馆

## 01236
**论语要略（一名，孔子研究）　钱穆著**
外文题名：Study of Confucian analects
上海：商务印书馆，1925.12，183页，32开（国学小丛书）
上海：商务印书馆，1926.12，再版，183页，32开（国学小丛书）
上海：商务印书馆，1930.4，162页，32开（国学小丛书）（万有文库 第1集40）
上海：商务印书馆，1931.10，3版，183页，32开（国学小丛书）
上海：商务印书馆，1931，3版，162页，32开（国学小丛书）（万有文库 第1集40）
上海：商务印书馆，1933，国难后1版，162页，32开（国学小丛书）（万有文库 第1集40）
上海：商务印书馆，1933.4，国难后1版，183页，32开（国学小丛书）
上海：商务印书馆，1934.5，国难后2版，162页，32开（国学小丛书）

本书系作者1923年任江苏省立第三师范学校国文讲席时的讲义。对《论语》孔子及其弟子作了较为全面而简要的介绍。分6章，内容包括：序说、孔子之事迹、孔子之日常生活、孔子人格之概观、孔子之学说、孔子之弟子。书前有作者弁言。

收藏单位：重庆馆、大连馆、东北师大馆、广东馆、贵州馆、国家馆、江西馆、近代史所、南京馆、山西馆、上海馆、绍兴馆、首都馆、天津馆、浙江馆

## 01237
**论语要义　王向荣著**
上海：中华书局，1939，79页，32开

本书分5章。第1章概论，叙述《论语》一书的内容、作者、传本、各篇之涵义；第2—4章，讲述道、忠、恕、仁、君子、学、教等概念，以及孔子的政见、政论；第5章结论，讲述孔子为人的标准、方法、手段等。

收藏单位：重庆馆、广东馆、国家馆、辽宁馆、南京馆、山东馆、上海馆

## 01238
**论语引得　哈佛燕京学社引得编纂处编**
北平：燕京大学哈佛燕京学社引得编纂处，1940，22+190页，16开（引得特刊 第十六号）

本书以锦章图书局《十三经注疏》本为准，以句为单位，按庋撷法编排，另有拼音检字表。书前有赵丰田序。附标校经文。

收藏单位：国家馆、江西馆、近代史所、辽宁馆、首都馆

## 01239
**论语与儒家思想　车铭深著**
长沙：商务印书馆，1938，106页，32开（国学小丛书）

本书探求了儒家产生的历史背景、阶级基础，认为儒家思想是中国两千年来封建社会停滞不前的原因。共6章，内容包括：小引、什么叫做学、仁的定义、修己治人的主张、怎样弘道、儒家思想的批判。

收藏单位：重庆馆、广东馆、国家馆、湖南馆、吉林馆、南京馆

## 01240
**论语与做人　袁定安著**
上海：世界书局，1940.10，[10]+324页，32开
世界书局，1943，再版，[10]+324页，32开
[南昌]：世界书局，1943.12，赣1版，[10]+324页，32开
世界书局，1947，3版，[10]+324页，32开

本书通过分析《论语》的思想内容，以及书中记载的孔子及其弟子们的言行，指出应该如何做人和怎样才能有所成就。分上、下编。上编为论语学说（人生观、性命观、教育观、政治观）；下编为论语人物（仲尼观、孔门观、古人观）。编首为绪言，简述《论语》的流传、编纂、内容、价值等。书末附《孔子年谱》。

收藏单位：重庆馆、广东馆、国家馆、湖南馆、吉大馆、江西馆、南京馆、绍兴馆、首都馆、天津馆

01241
**论语正义** （清）刘宝楠著
上海：商务印书馆，1930.4，4 册（[557] 页），32 开（国学基本丛书）（万有文库 第 1 集 39）
上海：商务印书馆，1933，[557] 页，32 开，精装（国学基本丛书）
上海：商务印书馆，1934，再版，[557] 页，32 开，精装（国学基本丛书）
上海：商务印书馆，1934.7，3 版，570 页，32 开，精装（国学基本丛书）
上海：商务印书馆，1935.6，4 版，[557] 页，32 开，精装（国学基本丛书）
上海：商务印书馆，1936.10，3 版，2 册（[557] 页），32 开（国学基本丛书简编）
长沙：商务印书馆，1938.6，4 版，2 册（[557] 页），32 开（国学基本丛书简编）
上海：商务印书馆，1939.9，4 册（557 页），32 开（国学基本丛书）（万有文库 第 1—2 集 简编 500 种 20）
上海：商务印书馆，[1940]，2 册（[557] 页），32 开（国学基本丛书简编）

本书分为 24 卷。刘宝楠以三国时何晏《论语集解》为主，详采各家之说，并将清代学者对《论语》的考释加以汇编。全书未完而卒，由其子恭冕续成。书前有刘恭冕所撰凡例。书末附《论语序逸文》（郑玄）、同治五年刘恭冕后叙。

收藏单位：安徽馆、重庆馆、大连馆、东北师大馆、广西馆、贵州馆、国家馆、湖南馆、江西馆、辽大馆、辽宁馆、南京馆、上海馆、绍兴馆、首都馆、天津馆

01242
**论尊孔为救亡之要务** 上海道德总会编
[上海]：上海道德总会，10 页，25 开，环筒页装

本书为尊孔宣传品。附《八德诠释》《答或问》《上海道德总会缘起》，其中《八德诠释》对孝、悌、忠、信、礼、义、廉、耻作了解释。

收藏单位：广东馆、国家馆、南京馆、上海馆、天津馆

01243
**孟学大旨** 胡毓寰编著
南京：正中书局，1936，122 页，25 开（国学丛刊）
南京：正中书局，1942.12，3 版，122 页，25 开（国学丛刊）
南京：正中书局，1947，沪 1 版，122 页，25 开（国学丛刊）

本书作者认为孟子性善说是其仁政的出发点，而欲施仁政必先修身，教育则为修身之基础，为修齐治平的根本之道。共 4 章，内容包括：中心学说、政治哲学、行为哲学、教育哲学。

收藏单位：广东馆、国家馆、湖南馆、吉大馆、近代史所、南京馆、浙江馆

01244
**孟子** （日）村上龙英校注
东京：广文堂，1929.2，210 页，22 开（高等汉文定本丛书）

本书内容包括：梁惠王章句、公孙丑章句、滕文公章句、离娄章句、万章章句、告子章句、尽心章句等。

收藏单位：国家馆

01245
**孟子** 缪天绶选注
上海：商务印书馆，1926，[26]+133 页，32 开（学生国学丛书）
上海：商务印书馆，1929，3 版，[26]+133 页，32 开（学生国学丛书）
上海：商务印书馆，1930，[24]+124 页，32 开

（学生国学丛书）（万有文库 第 1 集 42）

上海：商务印书馆，1933.3，国难后 1 版，[24]+124 页，32 开（学生国学丛书）

上海、长沙：商务印书馆，1933.9，国难后 2 版，[24]+124 页，32 开（学生国学丛书）

上海：商务印书馆，1934，再版，[24]+124 页，32 开（学生国学丛书）（万有文库 第 1 集 42）

上海：商务印书馆，1934，国难后 5 版，[24]+124 页，32 开（学生国学丛书）

上海：商务印书馆，1935.4，国难后 6 版，[24]+124 页，32 开（学生国学丛书）

上海：商务印书馆，1935，国难后 7 版，[24]+124 页，32 开（学生国学丛书）

上海：商务印书馆，1937，国难后 9 版，[24]+124 页，32 开（学生国学丛书）

成都：商务印书馆，1943，[24]+124 页，32 开（学生国学丛书）

上海：商务印书馆，1945，渝版，[24]+124 页，32 开（学生国学丛书）

成都：商务印书馆，1945，2 版，[24]+124 页，32 开（学生国学丛书）

　　本书选取《孟子》一书中的部分原文，分为 8 类，内容包括：心性、行为哲学、教学方法、政治哲学、同时学说之批评、尚论古人、孟子之自述及其出处。分段句读并加注释，对罕见字均加注音切和注音字母。书前有作者序，概述孟子生平、孟子书、孟子学说、孟子研究及参考书。书中附《孟子年表》及战国略图。

　　收藏单位：安徽馆、重庆馆、大连馆、东北师大馆、广东馆、广西馆、贵州馆、国家馆、黑龙江馆、湖南馆、吉林馆、江西馆、辽大馆、南京馆、山西馆、上海馆、绍兴馆、首都馆、天津馆、浙江馆

**01246**

**孟子**　宁生著

重庆：国民图书出版社，1945，48 页，64 开（国民常识通俗小丛书）

　　本书分 7 部分，阐述了孟子所处的时代，孟子的家世与其少年生活，孟子学术思想的渊源，以及孟子见梁惠王、齐宣王，游宋、滕、鲁诸国的经过，及其晚年生活。

　　收藏单位：重庆馆、贵州馆、国家馆

**01247**

**孟子**　朱公振评注　殷芷沅标点

上海：文新出版社，1936，162 页，32 开

　　本书底本为清内府藏宋刊本。

　　收藏单位：首都馆

**01248**

**孟子**　（宋）朱熹集注

上海：中华书局，1936.2，影印本，3 册（[148]+[96]+[102] 页），32 开（初中学生文库）

上海：中华书局，1940，再版，影印本，3 册（[148]+[96]+[102] 页），32 开（初中学生文库）

上海：中华书局，1941，3 版，影印本，3 册（[148]+[96]+[102] 页），32 开（初中学生文库）

　　本书为仿宋本影印版。

　　收藏单位：重庆馆、广东馆、国家馆、江西馆、上海馆

**01249**

**孟子**（节本）　缪天绶选注

上海：商务印书馆，1937.5，[22]+124 页，32 开（中学国文补充读本 第 1 集）

长沙：商务印书馆，1939.9，2 版，[22]+124 页，32 开（中学国文补充读本 第 1 集）

　　本书选取《孟子》一书部分原文，分辑为心性、行为哲学、教学方法、政治哲学、同时学说之批评、尚论古人、孟子之自述及其出处，共 8 类。分段句读并加注释，对罕见字均加注音切和注音字母。

　　收藏单位：广东馆、国家馆、南京馆、首都馆

**01250**

**孟子**（上孟）　（宋）朱熹集注

上海：昌文书局，1939，88 页，25 开

　　收藏单位：河南馆

**01251**

**孟子**（新式标点 白话评注）　周廷珍编译

上海：崇文书局，1926，4 版，3 册，32 开，
环筒页装

　　本书共 3 册。第 1 册收卷一至三，包括
孟轲传、梁惠王、公孙、子路、世子等；第 2
册收卷四至五，包括离娄、规矩、三代、伯
夷、周室等；第 3 册收卷六至七，包括杞柳、
湍水、生之、尽心、求则等。

　　收藏单位：重庆馆

01252
**孟子（言文对照）　黄光学校阅**
泰和：国风书局，1944.6，398 页，25 开，精
装

　　收藏单位：江西馆

01253
**孟子（语译广解）　蒋伯潜注释**
上海：启明书局，1941.4，再版，3 册（434
页），36 开

　　本书 3 册封面分别题有"四书读本
（四）""四书读本（五）""四书读本（六）"
字样，卷端题名：孟子新解。

01254
**孟子白话解　王天恨述解**
重庆：万有书局，1948，148 页，36 开

　　收藏单位：重庆馆

01255
**孟子白话句解　王天恨述解**
重庆：国学研究社，1948，148 页，36 开

　　收藏单位：重庆馆

01256
**孟子白话新解　张守白编著**
上海：学生书局，1945.10，460 页，25 开，
精装

　　收藏单位：江西馆、绍兴馆

01257
**孟子白话新解（注释评解）　张守白编**
上海：东方文学社，1940，460 页，32 开
　　本书版权页题名：孟子白话注解。

　　收藏单位：首都馆

01258
**孟子白文　（日）田中庆太郎校订**
东京：文求堂书店，1936，5 版，244 页，32
开

　　收藏单位：首都馆

01259
**孟子本义　胡毓寰编著**
南京：正中书局，1937，563 页，25 开（国学
丛书）
南京、重庆：正中书局，1940，3 版，563 页，
25 开（国学丛书）
重庆：正中书局，1941，4 版，563 页，25 开
（国学丛书）
南京、重庆：正中书局，1942，6 版，563 页，
25 开（国学丛书）
上海：正中书局，1947，沪 1 版，563 页，25
开（国学丛书）

　　本书采集赵岐、朱熹、焦循、郑玄、高
诱、段玉裁、王念孙、王引之、毛奇龄、阎
若璩、翟灏、俞樾等家注释，并加上胡毓寰
个人的解释而成，其中训诂多据汉注，经说
详于清儒。书前有胡毓寰自序。书末附后记。

　　收藏单位：重庆馆、广东馆、国家馆、湖
南馆、辽宁馆、南京馆、山东馆、首都馆、
天津馆、中科图

01260
**孟子本义官话　（德）安保罗著**
上海：美华书馆，1914，334 页，18 开

　　本书每页上栏为《孟子》原文，下栏是
当时比较通俗的文字，即所谓"官话"。书前
有著者序。

01261
**孟子读本（标点评注）　朱公振评注　文瑞楼
编辑部标点**
上海：文瑞楼书局，1926，[284] 页，32 开
　　收藏单位：首都馆

**01262**

**孟子读本（分类详解）** 世界书局编译所编注

长沙：世界书局，1944.1，2 册（277 页），32 开

长沙：世界书局，1944.11，再版，2 册（277 页），32 开

上海：世界书局，1947，3 版，277 页，32 开

　　本书为《分类详解四书读本》之一种。共 3 篇，内容包括：施政、正心、守道。书前有《分类详解四书读本》编述例言。

　　收藏单位：重庆馆、国家馆、黑龙江馆、江西馆、辽宁馆、南京馆、首都馆

**01263**

**孟子读本（广注）** 国学编辑社语译注释　杜天縻修订

上海：世界书局，1932.10，石印本，3 册（[113]+[78]+[85] 页），32 开

　　本书每章篇首有内容概述，眉批为生僻字的语体注释，原文之后有白话解释。封面题名：广注孟子读本（言文对照）。

　　收藏单位：重庆馆、江西馆、绍兴馆

**01264**

**孟子读本（广注 第二册 言文对照）**

上海：世界书局，24+19 叶，32 开，环筒页装

　　本书内收《孟子》卷四至五，每章篇首有内容概述，原文之后有白话解释。

　　收藏单位：重庆馆

**01265**

**孟子读本（考证详注）** 史本直注

上海：大众书局，1934.9，3 册（11+543+37 页），32 开

上海：大众书局，1935，再版，3 册（11+543+37 页），32 开

上海：大众书局，1936，重版，3 册（11+543+37 页），32 开

上海：大众书局，1937.3，再版，3 册（11+543+37 页），32 开

　　本书将《孟子》原文分为 249 章，标点并详加注解。书末附《中国古代政治哲学批判》（李麦麦）。

　　收藏单位：国家馆、首都馆、天津馆

**01266**

**孟子读本（铜版精印）** （宋）朱熹集注

上海：铸记书局，石印本，2 册（72+58 页），32 开

　　收藏单位：江西馆

**01267**

**孟子读法**　黄之孟编辑

南京：明明印字馆，1935.7，214 页，32 开

南京：出版者不详，1935，2 版，218 页，32 开

　　收藏单位：福建馆、南京馆

**01268**

**孟子分类**　张文林著

出版者不详，1936，2 册，18 开

　　收藏单位：南京馆、山东馆、首都馆

**01269**

**孟子概要**　陈鼎忠著

无锡：国学专修学校，1934，78 页，22 开（无锡国学专修学校丛书 3）

　　本书引证《史记》等古籍，介绍孟子的生平以及《孟子》的篇次、思想、流传和历代有关注释等。

　　收藏单位：广西馆、国家馆、湖南馆、吉林馆、上海馆、浙江馆

**01270**

**孟子话解**　朱广福等编

长沙：商务印书馆，1938.7，262 页，32 开

长沙：商务印书馆，1939.4，再版，262 页，32 开

　　本书对《孟子》一书分段注解，加白话译文。注解依朱熹集注，间有删改补充。书前有《孟子话解编辑大意》和各章篇编纂者姓名。

　　收藏单位：国家馆、吉林馆、江西馆、上海馆

**01271**

**孟子会笺　温晋城选注**

重庆：正中书局，1944.4，[39]+374 页，25 开
（国学专书选读 第 1 集 2）

上海：正中书局，1946.2，[39]+374 页，25 开
（国学专书选读 第 1 集 2）

上海：正中书局，1947，3 版，[39]+374 页，25 开
（国学专书选读第 1 集2）

本书汇集历代有关《孟子》的注释，加选注者按语而成。共 260 章。书前有导言一篇，概述孟子生平，《孟子》书的考证，孟子的人生观、教育论、政治论等。

收藏单位：重庆馆、国家馆、河南馆、湖南馆、江西馆、南京馆、山东馆、上海馆、中科图

**01272**

**孟子集注　（宋）朱熹注　王文英校阅**

上海：大达图书供应社，1935，再版，1 册，32 开

收藏单位：首都馆

**01273**

**孟子集注（铜版精印）（宋）朱熹注　何家铭校**

上海：新文化书社，1935.8，1 册，25 开，精装

上海：新文化书社，1935.12，再版，1 册，25 开

收藏单位：江西馆、南大馆

**01274**

**孟子今义　彭赓良著**

出版者不详，[1913]，[96] 页，32 开（留盦丛书）

本书摘录《孟子》中的部分篇章，加撰按语。为作者著《九经今义》一书卷二十五至二十八的单行本。出版时间据著者序著录。

收藏单位：国家馆、人大馆、首都馆

**01275**

**孟子精华　中华书局编辑**

上海：中华书局，1936，140 页，32 开（中国文学精华）

上海：中华书局，1941，4 版，140 页，32 开
（中国文学精华）

本书节选《孟子》的部分章节，加眉批和注释。

收藏单位：重庆馆、广西馆、国家馆、辽大馆、山东馆、上海馆、绍兴馆、浙江馆

**01276**

**孟子句解　周祖芬编**

上海：春江书局，1939，292 页，32 开

上海：春江书局，1940，再版，292 页，32 开

本书为白话句解，并加音注，采用夹注方式排印。书前有《孟子序说》。封面题名：言文对照音注标点孟子句解。

收藏单位：国家馆、江西馆

**01277**

**孟子论文　江逢僧著**

重庆：国立女子师范学院出版组，1947.12，石印本，[200] 页，16 开（国立女子师范学院丛书 2）

本书对《孟子》7 篇分章概述章旨，并对文章脉络和修辞技巧加以分析。书前有作者的《序说》，概述孟子生平、孟子的政治主张、经济政策等。

收藏单位：贵州馆、国家馆

**01278**

**孟子评传　罗根泽著**

上海：商务印书馆，1932，101 页，32 开（国学小丛书）

本书引证大量古籍对孟子的生卒年、生平和学术思想加以考述。书前有作者自序。书末附录参考书举要。

收藏单位：重庆馆、广东馆、广西馆、国家馆、河南馆、湖南馆、吉林馆、近代史所、南京馆、上海馆、首都馆、天津馆、浙江馆

**01279**

**孟子七篇大传　陈登澥著**

北京：陈友元 [ 发行者 ]，1941.12，38 页，32 开（七闽丛书）

本书为孟子传记。将《孟子》书中有关孟子活动的记载加以归纳和系统化而成。书前有绪言。封面由王揖唐题签。

收藏单位：国家馆、首都馆

**01280**

**孟子十四卷　赵氏注**

上海：商务印书馆，1936，124页，22开

收藏单位：河南馆、绍兴馆

**01281**

**孟子事迹考略　胡毓寰编著**

南京：正中书局，1936，103页，25开（国学丛刊）

上海：正中书局，1947，沪1版，103页，25开（国学丛刊）

本书叙述孟子的生平、学说。分4章，内容包括：生长事迹、学问渊源、宦游踪迹、乐道生活。

收藏单位：重庆馆、广西馆、贵州馆、国家馆、湖北馆、湖南馆、南京馆、天津馆、浙江馆、中科图

**01282**

**孟子事实录　（清）崔述著　努力学社标点**

北京：文化学社，1928，[104]页，32开

北平：文化学社，1931，再版，[104]页，32开

本书是孟子及其弟子的合传，分上、下两卷，内容包括：在邹、适梁、游齐（上、下）、由宋归邹之滕至鲁、杂纪等。书前摘录梁启超的《要籍解题及其读法》中对本书的评价。书中附《齐为田氏考》。书末附《乐正子》《万章》《公孙丑》《附记》（《记孟子弟子》《孟子七篇源流考》《韩文公称孟子三则》《论孟子性善之旨》《读孟子余说一则》）。著者原题：崔东壁。

收藏单位：国家馆、吉林馆、山西馆、首都馆

**01283**

**孟子疏义　王恩洋著**

上海：佛学书局，[1938]，2册（584页），25开（龟山丛书2）

本书糅合儒、佛两家思想详细注解《孟子》一书的全文。书前有《龟山丛书叙》（王恩洋）。

收藏单位：国家馆、南京馆、上海馆、首都馆

**01284**

**孟子私淑录　（清）戴震著**

出版者不详，26页，18开

本书概论《孟子》一书的思想。著者原题：戴东原。

收藏单位：重庆馆

**01285**

**孟子文法研究　何漱霜著**

长沙：商务印书馆，1940，106页，25开（国学小丛书）

本书收录9篇研究性标注文章，内容包括：心性篇、行为哲学篇、教学方法篇、政治哲学篇、同时学说之批评篇、尚论古人篇、孟子之自述及出处篇、所愿篇、出处辞受篇。

收藏单位：重庆馆、广东馆、上海馆、浙江馆

**01286**

**孟子新读本　唐文治著**

出版者不详，2册（126+147页），18开

本书以曾国藩圈点本为主，兼采苏洵批注。

收藏单位：上海馆

**01287**

**孟子新解　景韬白著**

南京：盐政杂志社，1947，68页，32开（韬园丛书）

本书对《孟子》全书引用事例逐段加以解释。

收藏单位：南京馆

**01288**

**孟子新解　赵正平著**

上海：国立上海大学出版部，1944.9，122页，25开

本书是作者为上海大学伦理课及中国政治哲学课编写的教材。共 12 讲，内容包括：孟子思想的中心——仁与义、民本或人本主义、民生、民乐、民意、非战、施政方略之本、修养与人格、性善论等。

收藏单位：国家馆、南京馆、上海馆

01289

**孟子新注　卫聚贤著**

重庆：说文社出版部，1919，346 页，32 开

本书共 14 章，内容包括：梁惠王、公孙丑、滕文公、离娄、万章、告子、尽心等。

收藏单位：重庆馆

01290

**孟子选读**

上海：私立中华书局函授学校，32 页，32 开（国文选科选读 戊组）

收藏单位：上海馆

01291

**孟子学案　郎擎霄著**

外文题名：The philosophy of Mencius

上海：商务印书馆，1928.3，219 页，32 开（国学小丛书）

上海：商务印书馆，1931.2，再版，219 页，32 开（国学小丛书）

上海：商务印书馆，1933.1，国难后 1 版，219 页，32 开（国学小丛书）

上海：商务印书馆，1935，国难后 2 版，219 页，32 开（国学小丛书）

本书共 11 章，内容包括：孟子传略、孟子书考证、孟子时代之背景、孟子之中心学说——人性论、政治哲学、人生哲学、经济哲学、重农主义、教育哲学、尚论古人、诸家学说之批评。书末附录《孟子年表》孟子用书举要等。

收藏单位：重庆馆、东北师大馆、广东馆、国家馆、湖南馆、江西馆、南京馆、山东馆、山西馆、上海馆、绍兴馆、首都馆、天津馆、中科图

01292

**孟子学案　王恩洋著**

四川：东方文教研究院，3 册

本书分为上、中、下 3 册，内容包括：叙论、仁义、心性、学养、天命、人伦、王政、斥外、尚友、传承。

收藏单位：浙大馆

01293

**孟子学说底新评价　马绍伯著**

重庆：国民图书出版社，1943，[14]+134 页，32 开

本书共 6 章，内容包括：孟子论"仁""义""王""仁政"、孟子对政治对象的"人"之认识、孟子底民主思想、孟子底"人生"与政治主张、孟子学说底实践性、结论。先录《孟子》原文，后做论述。书前有陈立夫序、作者自序。封面书名由孔祥熙题签。

收藏单位：重庆馆、东北师大馆、贵州馆、国家馆、吉林馆、江西馆、近代史所、辽宁馆、南京馆、山东馆、上海馆、绍兴馆、天津馆、浙江馆

01294

**孟子学说研究　杨大膺编**

上海：中华书局，1937，136 页，25 开

上海：中华书局，1940.6，再版，136 页，25 开

本书对孟子生平、思想作了阐述。共 12 章，内容包括：绪论、孟子的思想渊源、人生学说、伦理学说、性说、命说、修养说、政治学说、经济学说、社会学说、教育学说、结论。书前有作者自序。

收藏单位：重庆馆、广东馆、国家馆、湖南馆、吉大馆、吉林馆、江西馆、辽宁馆、南京馆、山东馆、上海馆、首都馆、中科图

01295

**孟子研究　钱穆编**

上海：开明书店，1948.1，132 页，32 开（开明文史丛刊）

本书即《孟子要略》一书改名重新出版。书前增加作者 1947 年撰写的弁言，总结了孟子对后世学术的三个贡献：发明性善论、养气

论、知言说。

　　收藏单位：重庆馆、东北师大馆、广东馆、国家馆、湖南馆、吉林馆、江西馆、南京馆、山西馆、上海馆、首都馆、天津馆、浙江馆、中科图

01296

**孟子研究　王治心著**
上海：群学社，1928，225页，32开
上海：群学社，1933，3版，225页，32开
　　本书从文学、哲学、道德三个方面肯定《孟子》的价值，论述先秦诸子和王充、司马光、李觏、陆九渊对该书的批评。共6章，内容包括：总论、孟子的政治思想、孟子的形而上学、孟子的人生哲学、孟子的教育哲学、余论。

　　收藏单位：重庆馆、东北师大馆、广东馆、国家馆、湖北馆、南京馆、上海馆、首都馆、中科图

01297

**孟子研究读本　史本直注**
上海：大众书局，34页，32开
　　收藏单位：南京馆

01298

**孟子要略（一名，孟子研究）　钱穆编**
上海：大华书局，1934，161页，32开（国学基础丛书）
　　本书共7章，内容包括：孟子传略、孟子对于当时政治之主张、孟子对同时学者之评论、孟子与门弟子对于士生活之讨论、孟子之性善论、孟子之修养论、孟子尚论古先圣哲及自道为学要领。附录《孟子年谱》《孟子之政治思想》《孟子对于当时从事政治活动者之批评》。

　　收藏单位：广东馆、贵州馆、国家馆、南京馆、首都馆、浙江馆

01299

**孟子要略（足本）　谢荸丰标点　方秩音校阅**
上海：东方文学社，1935，18页，32开
　　本书共5卷。

　　收藏单位：辽宁馆

01300

**孟子要略·鸣原堂论文　（清）曾国藩编著**
上海：大达图书供应社，1935，[104]页，32开
　　本书分两部分。第1部分为曾国藩研究孟子的著述《孟子要略》，有言性本善、论孝悌之道、严义利之辨、辩王霸之道、言为学要领等5篇；第2部分为鸣原堂论文10篇，即曾国藩搜集的自贾谊、刘向、谷永、刘安、诸葛亮、苏轼、朱熹、王守仁至方苞等著的10篇奏疏，并加以议论。

　　收藏单位：重庆馆、山东馆、绍兴馆、首都馆

01301

**孟子引得　哈佛燕京学社引得编纂处编**
北平：燕京大学哈佛燕京学社引得编纂处，1941，26+480页，16开（引得特刊 第十七号）
　　本书以锦章图书局《十三经注疏》本为准，以句为单位，按庋撷法编排，另有拼音检字表。书前有赵丰田序。附标校经文。

　　收藏单位：国家馆、江西馆、近代史所、辽宁馆、首都馆、天津馆

01302

**孟子与董仲舒人性论述评　徐陲麟著**
[兴化]：兴化公报馆，1935.6，34页，32开
　　收藏单位：南京馆

01303

**孟子与现代　孙增大著**
出版者不详，[1925]，22页，32开
　　本书叙述孟子主张施仁政、反霸道的思想，并论及与现实的关系。书前有1925年孙宝琦序。出版时间据序著录。

　　收藏单位：国家馆

01304

**孟子哲学　张启祚著**
北平：文化学社，1937，162页，32开

本书据作者 1932 年国立北平师范大学教育系毕业论文修改而成，综述当时孟子研究的情况。共 4 章，内容包括：绪论、孟子生卒年月考及其哲学的背景、孟子哲学、对于晚近哲学家孟子哲学著作的评论。书前有作者自序。书末附参考书目。

收藏单位：国家馆、首都馆

01305
**孟子正义　（清）焦循著**
上海：商务印书馆，1930.4，8 册，32 开（国学基本丛书）（万有文库 第 1 集 41）
上海：商务印书馆，1933.4，2 册，32 开，精装（国学基本丛书）
上海：商务印书馆，1934.3，再版，2 册，32 开，精装（国学基本丛书）
上海：商务印书馆，1934.6，3 版，2 册，32 开，精装（国学基本丛书）
上海：商务印书馆，1936，4 册，32 开（国学基本丛书简编）
[长沙]：商务印书馆，1939.9，8 册，32 开（国学基本丛书）（万有文库 第 1 集 41）
上海：商务印书馆，[1940]，4 册，32 开（国学基本丛书简编）

本书以东汉赵岐注为主，搜集清代学者考订训释《孟子》的成果，加以注释汇编，共 24 卷。书前有赵岐《孟子题辞》。书后有赵岐《孟子篇叙》。

收藏单位：重庆馆、大连馆、东北师大馆、广西馆、贵州馆、国家馆、湖南馆、江西馆、辽大馆、南京馆、宁夏馆、山东馆、上海馆、绍兴馆、首都馆、天津馆

01306
**孟子注疏（下）　（汉）郑玄注**
上海：国学整理社，1935.12，1571—2377 页，22 开，精装

收藏单位：重庆馆

01307
**孟子传论　罗根泽著**
上海：商务印书馆，1933，再版，101 页，32 开（国学小丛书）

本书即《孟子评传》改名再版，删去附录。引证大量古籍对孟子的生卒年、生平和学术思想加以考述。书前有作者自序。

收藏单位：安徽馆、重庆馆、国家馆、湖南馆、吉林馆、南京馆、上海馆、首都馆、中科图

01308
**孟子字义疏证　（清）戴震著**
上海：商务印书馆，1937，73 页，32 开（国学基本丛书）（万有文库 第 2 集 16）

本书分上、中、下 3 卷。从考证训诂而阐发"理""天道""性""才""道""仁义礼智""诚""权"等哲学范畴的根本意义，故名曰"字义疏证"，以反对"宋以来儒书之言"。

收藏单位：重庆馆、大连馆、东北师大馆、国家馆、辽大馆、辽宁馆、天津馆、浙江馆

01309
**庆祝先师孔子诞辰纪念号　盛开伟编**
南京：南京特别市青年团指导部，38 页，64 开

收藏单位：南京馆

01310
**人天书（孔子学说研究论著）　翁中和著述**
出版者不详，1942，227 页，25 开

收藏单位：山西馆

01311
**儒道贯　朱奉闲辑述**
北京：朱奉闲[发行者]，1928.9，2 册（192+222 页），16 开

本书共 15 章，内容包括：道即礼也、礼即圣人中道、仁为道本、处仁以义、行义以礼、复礼归仁、仁义礼皆通然后道合之以乐、讲之以学、权之以智、道之大原出于天、忠恕一贯、敬鬼神亦由中道、唯性善为有中道、结论等。

收藏单位：国家馆、首都馆、天津馆

**01312**

**儒道两家关系论** （日）津田左右吉著　李继煌译

上海：商务印书馆，1926.1，95 页，32 开（国学小丛书）

上海：商务印书馆，1928.7，再版，95 页，32 开（国学小丛书）

上海：商务印书馆，1930.4，71 页，32 开（国学小丛书）（万有文库第 1 集 34）

上海：商务印书馆，1933，国难后 1 版，71 页，32 开（国学小丛书）

上海：商务印书馆，1934.1，国难后 2 版，71 页，32 开（国学小丛书）

本书作者在论述中做了大量的考证，从汉代儒家、道家相互排斥对立的现象出发，提出了儒家、道家的关系问题，认为儒家与道家是互相渗透、互相影响、互相包含的。

收藏单位：安徽馆、重庆馆、大连馆、东北师大馆、广东馆、贵州馆、国家馆、河南馆、湖南馆、江西馆、近代史所、辽大馆、南京馆、山东馆、山西馆、上海馆、绍兴馆、首都馆、天津馆、浙江馆

**01313**

**儒家精神**　燕义权著

重庆：新中国文化社，1944.3，172 页，36 开

本书分内、外两篇。内篇分析四书、五经诸典籍，外篇分析范仲淹、朱熹、陈亮、文天祥、王守仁、张居正、顾炎武、王夫之、颜元、曾国藩等人的思想。作者认为儒家思想是构成中国的正统思想之主流，人生哲学则是儒家思想的核心。篇首为总论，综述儒家思想之特征。书末附录《孔子家语论修养》《略论朱陈之异同》。

收藏单位：重庆馆、广东馆、贵州馆、国家馆、吉林馆、南京馆、上海馆

**01314**

**儒家精神**　燕义权著

上海：燕义权[发行者]，1948，212 页，32 开
上海：燕义权[发行者]，1948，增订本，212 页，32 开

本书内容包括：儒家思想基础、儒家修养理论、儒家精神表现等。

收藏单位：东北师大馆、广东馆、国家馆、江西馆、南京馆、上海馆、首都馆、中科图

**01315**

**儒家思想新论**　贺麟等著

上海：正中书局，1948，119 页，32 开（思想与时代丛刊 1）

本书内收 10 篇论文，包括：《儒家思想的新开展》（贺麟）、《中国传统政治与儒家思想》（钱穆）、《读儒行》（郭斌和）、《乐的精神与礼的精神》（朱光潜）、《孝与中国文化》（谢幼伟）等。文章大都从现代西方哲学角度讨论儒家思想对现代的意义。

收藏单位：重庆馆、广东馆、国家馆、湖南馆、近代史所、南京馆、山东馆、上海馆、浙江馆、中科图

**01316**

**儒家思想与现代中国**　吕金录著

上海：东方杂志社，1935，12 页，9 开

本书概述儒家思想的要点，分析儒家思想不适合于现代中国的原因，指出现代中国应走的道路。为《东方杂志》第 32 卷第 19 号抽印本。

收藏单位：国家馆

**01317**

**儒家学说与国际社会（战后人类精神及世界文化与文明之改造）**　程兆熊著

上饶：东南拔提书店，1944，42 页，32 开（文化丛刊 2）

本书原为文化工作干部训练班的讲稿。卷首有《文化丛刊的印行旨趣》及徐先兆的《文报编者的话》（代序）。附录《论文化之尺寸——所谓文化落后是什么意思》《经济文化与性灵文化》等 8 篇。

收藏单位：辽宁馆

**01318**

**儒家学说与国际社会（战后人类精神及世界文化与文明之改造）**　程兆熊著

文化丛刊社，1941，62 页，32 开（文化丛刊 1）

收藏单位：国家馆

01319

**儒家一元哲学与周官国民政治国民经济的体系　毕承庚著**

出版者不详，1936.7，28+436 页，32 开

本书作者认为孙中山的三民主义是儒家社会哲学——一元哲学的结晶，实现周官的民治制度是时代的唯一出路。共 4 篇，内容包括：儒家一元哲学、周官"哲学政治"的国民政治、周官"哲学经济"的国民经济、周官儒家哲学的国民政治国民经济的一元体系与时代唯一的出路。

收藏单位：国家馆、中科图

01320

**儒家哲学　梁启超讲　周传儒笔述**

上海：中华书局，1936，110 页，32 开（饮冰室专集）

上海：中华书局，1937，再版，110 页，32 开（饮冰室专集）

上海：中华书局，1941，3 版，110 页，32 开（饮冰室专集）

本书先概述儒家思想的核心、范围以及研究儒家哲学的目的、方法，次叙述自孔子至清末民初的儒学变迁，以及儒家各派对心性、天命、心体等哲学范畴的探讨。书末附《读书示例——荀子》，以《荀子》一书为例讲解阅读研究古籍的方法。

收藏单位：重庆馆、国家馆、湖南馆、江西馆、近代史所、辽宁馆、南京馆、山东馆、上海馆、绍兴馆、首都馆、天津馆

01321

**儒家哲学及其修正　冯友兰著**

重庆：中周出版社，1944，61 页，64 开（中周百科丛书 第 1 辑）

本书内容包括：儒学哲学之精神、先秦儒家哲学述评、宋明儒家哲学述评、对于儒家哲学之新修正。附录《哲学诸论》《儒家之六艺论》《儒家所以能独尊之原因》等。

收藏单位：重庆馆、广东馆、贵州馆、上

海馆

01322

**儒家哲学及其政治思想　梁启超著**

出版者不详，30 页，32 开

收藏单位：南京馆

01323

**儒家之性与命　毛邦汉编**

[武进]：佛教净业社，1943.7，[44] 页，25 开

本书以佛教唯识论的观点，论述与诠释儒家哲学的重要范畴"性""命"。共 4 章，内容包括：导言、儒家之所谓性、儒家之所谓命、结论。卷端有欧阳竟无对本书之评定。书前除例言外，还有作者撰《纪念宜黄大师》，以及《本书读者评语之一斑》。

收藏单位：绍兴馆

01324

**儒教复原论　（朝）李炳宪著**

出版者不详，[1925]，1 册，32 开

本书对儒家学说与现代思潮对照研究。

收藏单位：浙江馆

01325

**儒教与现代思潮　（日）服部宇之吉著　郑子雅译**

上海：商务印书馆，1924.12，70 页，32 开（国学小丛书）

上海：商务印书馆，1926.1，再版，70 页，32 开（国学小丛书）

上海：商务印书馆，1927，3 版，84 页，32 开（国学小丛书）

上海：商务印书馆，1930，70 页，32 开（国学小丛书）（万有文库 第 1 集 35）

上海：商务印书馆，1931.4，70 页，32 开（国学小丛书）（万有文库 第 1 集 35）

上海：商务印书馆，1933.4，70 页，32 开（国学小丛书）（万有文库 第 1 集 35）

上海：商务印书馆，1934.2，国难后 1 版，70 页，32 开（国学小丛书）

上海：商务印书馆，1934，国难后 2 版，70 页，

32 开（国学小丛书）

本书对儒家学说与现代思潮加以对照研究，共5章，内容包括：儒教与民主主义、儒教与功利主义、儒教与主观主义、儒教与个人主义、儒教与平和主义。

收藏单位：安徽馆、重庆馆、大连馆、东北师大馆、广东馆、广西馆、贵州馆、国家馆、吉大馆、江西馆、辽大馆、南京馆、山东馆、上海馆、绍兴馆、首都馆、天津馆、浙江馆

**01326**

**儒教政治哲学** （日）五来欣造原著 胡朴安 郑啸厓译述

上海：商务印书馆，1934.4，130页，32开（国学小丛书）

上海：商务印书馆，1934.8，再版，130页，32开（国学小丛书）

本书共8章，内容包括：绪论、"天之信仰"之政治的性质、"天之信仰"之非宗教的性质、儒教之自然法说、儒教之国家观念、儒教之君主论、儒教之二大政务、儒教之社会组织。书前有译者序。

收藏单位：重庆馆、东北师大馆、广东馆、国家馆、湖南馆、吉林馆、江西馆、辽大馆、南京馆、山东馆、上海馆、首都馆、天津馆、浙江馆、中科图

**01327**

**儒教之精神** （日）武内义雄著 高明译

上海：太平书局，1942.11，167页，32开

本书讲述中日两国儒学发展的历史。分前后两篇：前篇为中国儒学；后篇为日本儒学，讲述其从明经博士之学、古学、朱子学直到阳明学的发展和演变。

收藏单位：国家馆、南京馆、山东馆、上海馆

**01328**

**儒墨之异同** 王桐龄著

北京：北京高等师范学校图书馆，1922，230页，22开（求知学社丛书2）

本书对儒、墨两家加以比较研究。共8章，内容包括：序论——孔墨降生之地、孔墨降生之时代，宗教观念之比较，道德观念之比较，政治观念之比较，儒墨理想中之模范人物，儒墨理想中之圣经贤传，儒墨教义之实行，结论。

收藏单位：重庆馆、广西馆、国家馆、山东馆、山西馆、上海馆、首都馆、天津馆、浙江馆

**01329**

**儒墨之异同** 王桐龄著

北平：文化学社，1931.5，再版，236页，32开

收藏单位：河南馆、近代史所、山西馆、上海馆、中科图

**01330**

**儒行浅解** 陈焕章著

出版者不详，38页，22开

收藏单位：国家馆

**01331**

**儒学大义** 王恩洋著

四川：东方文教研究院，1945，136页，16开

本书比较中国、印度、西方三种不同形态的文化的特点，糅合儒、佛两家思想，从勤劳刻苦、节俭足用、知足安分、知命乐天、仁义、礼乐、五伦、三德、中庸大道、大人之学10个方面论述了儒家思想的特点。

收藏单位：重庆馆

**01332**

**儒学大义** 王恩洋著

上海：佛学书局，1934，180页，16开

收藏单位：重庆馆、国家馆、河南馆、辽宁馆、南京馆、山东馆、上海馆、首都馆、天津馆、浙江馆

**01333**

**儒学概论** （日）北村泽吉著

东京：森北书店，1942，203页，32开，精装

本书论述儒学的产生及其发展。对从孔子开始直至清代颜元、李塨、王念孙、俞樾

等人的儒家观点加以综述，并将儒家的观点与西方哲学家如霍布斯、康德、黑格尔、叔本华、文德尔班等人的观点加以对比。分儒学源流、儒道之发生、儒道基础论、儒道之展开、儒道本源论等篇。正文内散有参考书目。

收藏单位：南京馆

**01334**

**儒学概论 （日）北村泽吉著**

上海：商务印书馆，1928，[10]+265 页，22 开

收藏单位：重庆馆、广东馆、国家馆、湖南馆、吉林馆、江西馆、辽宁馆、南京馆、上海馆、天津馆、浙江馆

**01335**

**儒学五论 蒙文通著**

成都：路明书店，1944.11，132 页，22 开（路明文史丛书）

本书内收论述儒家哲学思想、政治思想、经济思想和儒学与周秦诸子之关系的论文 9 篇。包括本论 5 篇：《儒家哲学思想之发展》《儒家政治思想之发展》《漆雕之儒考》《浮丘伯传》《论墨学源流与儒墨汇合》（附《儒家法夏法殷义》）；广论 4 篇：《周代之商业》《秦代之社会》《汉代之经济政策》《宋明之社会设计》。书末附蒙季甫《月令之渊源与其意义》（文后有蒙文通校后附记）。本书所收各篇曾发表于《东西文化》《志林》《图书集刊》《史学季刊》《说文》《中国文化》《四川青年》。

收藏单位：重庆馆、广东馆、广西馆、国家馆、吉林馆、上海馆、中科图

**01336**

**儒学之目的与宋儒庆历至庆元百六十年间之活动 （日）诸桥辙次著 唐卓群译**

南京：首都女子学术研究会，1937，[38]+720 页，22 开

本书共 3 编，内容包括：儒学之目的、儒学目的之分化与宋儒之活动、儒学目的之统整与宋儒之活动。作者认为应把汉儒和宋儒结合，取长弃短，使儒学臻于完美。本书即按此意图写成。书前有原作者的手书序文。

书末附有宋儒殁年表和本书引用书目。

收藏单位：国家馆、湖南馆、近代史所、南京馆

**01337**

**三民主义与大学 顾实著**

重庆：中华国学社，1939.7，[20]+146 页，32 开（中华国学社丛书）

重庆：中华国学社，1941.3，再版，[20]+146 页，32 开（中华国学社丛书）

本书以三民主义解释《大学》一书。书前有《总理遗教》、作者自序、编辑要旨。封面书名由于右任题签。

收藏单位：重庆馆、贵州馆、国家馆、吉林馆、江西馆、南京馆、上海馆、浙江馆

**01338**

**上论（订正详注） （宋）朱熹集注 徐新民校阅**

赣县：群益书局，1943，再版，47 页，32 开

本书内容包括《论语·学而》篇至《论语·乡党》篇，随文详加注释。正文前书名：监本详注上论读本。

收藏单位：重庆馆

**01339**

**上论读本（铜版集注） 王缙尘讲述 尊经会校**

尊经会，62 页，32 开

本书内收《论语》卷一至五。

收藏单位：山东馆

**01340**

**上论集注（铜版） （宋）朱熹集注 王文英校**

上海：锦章书局，石印本，62 页，32 开

收藏单位：河南馆

**01341**

**上论集注（铜版） （宋）朱熹集注 王文英校**

上海：广益书局，1937，石印本，62 页，32 开

收藏单位：国家馆、江西馆

01342

**上孟集注（梁惠王至滕文公 铜版）（宋）朱熹集注　王文英校**

上海：锦章书局，[86] 页，32 开

　　本书内收 3 卷，内容包括：梁惠王章句、公孙丑章句、滕文公章句。

　　收藏单位：河南馆

01343

**上孟集注（铜版）（宋）朱熹集注　王文英校**

上海：大达图书供应社，1935，[88] 页，32 开

　　收藏单位：重庆馆

01344

**上孟集注（铜版）（宋）朱熹集注　王文英校**

上海：广益书局，1937.1，再版，[88] 页，32 开

上海：广益书局，1939，再版，影印本，[88] 页，32 开

上海：广益书局，1941，再版，影印本，[88] 页，32 开

上海：广益书局，1942，石印本，[88] 页，32 开

上海：广益书局，1945，新 3 版，[88] 页，32 开

上海：广益书局，1946.8，新 4 版，[88] 页，32 开

　　收藏单位：河南馆、江西馆、绍兴馆、首都馆、天津馆

01345

**圣经**

上海：孤儿院印刷部，1936.2，4 版，[400] 页，80 开

　　本书共收录 5 书：《孝经》《大学》《中庸》《论语》《孟子》，并加以断句。书前有《读经救国论》。

01346

**圣经**

上海：文华印书局，1935.5，[400] 页，80 开，精装

上海：文华印书局，1935.8，再版，[400] 页，80 开，精装

上海：文华印书局，1935.11，3 版，[400] 页，80 开，精装

01347

**圣庙释奠仪节　林海筹编**

台南：以成书院，1933.4，107 页，32 开

　　收藏单位：南京馆

01348

**圣学讲演录（第一集）　山西省尊孔会编**

太原：山西省尊孔会，1942.9，28 页，32 开

　　本书收录了冯会长在成立大会的开会辞、文化委员会郭委员长圣学讲演辞、本会冯会长在第一次圣学讲演会讲辞等。

　　收藏单位：山西馆

01349

**说儒　胡儒著**

出版者不详，[1913—1949]，233—353 页，9 开

　　收藏单位：江西馆

01350

**说儒　胡适著**

上海：国立中央研究院历史语言研究所，1934，52 页，16 开

　　本书为对章太炎《国故论衡》一书中《原儒》篇的补充与引申。主要论述"儒"之来源、职业和儒圣孔子的贡献，以及孔子与老子的关系，儒家与道家、墨家的关系。为《国立中央研究院历史语言研究所集刊》第 4 本第 3 分册抽印本。

　　收藏单位：国家馆、天津馆、中科图

01351

**四书　（宋）朱熹章句**

出版者不详，296 页，32 开，精装

　　本书收录《大学》《中庸》《论语》《孟

子》原文之章句，有断句，无注释。

收藏单位：南京馆、山东馆

01352
**四书**　（宋）朱熹集注
出版者不详，2 册，32 开

本书上册收《大学》《中庸》《论语》，下册收《孟子》。

收藏单位：江西馆

01353
**四书（订正详注）**　徐新民校阅
赣县：群益书局，1944.11，再版，132 页，32开，精装

收藏单位：江西馆

01354
**四书（言文对照）**　黄光学编校
泰和：国风书局，1944.6，2 册（246+395 页），32 开

本书先列四书原文，再附注释，后为白话译文。

收藏单位：重庆馆、江西馆、绍兴馆

01355
**四书（增订全本）**　（宋）朱熹集注
上海：鸿宝斋书局，1936.5，石印本，[290]页，32 开

本书共 4 部分，包括：《大学》（10 章）、《中庸》（32 章）、《论语》（10 卷）、《孟子》（7 卷）。

01356
**四书白话解**　何澄平编述
重庆：桂林新生书局，1947，1 册，32 开

本书内收《大学》《中庸》《论语》《孟子》。附详细注解。

收藏单位：重庆馆

01357
**四书白话解**
上海：民强书局，石印本，[111] 页，25 开

收藏单位：安徽馆

01358
**四书白话解说（下册）**　江希张注　石成斌编
奉天：艺光书店，1942，299 页，32 开

收藏单位：首都馆

01359
**四书白话解说（新注）**　江希张注
上海：月明书局，[1926]，石印本，3 册，25开

本书是对《大学》《中庸》《论语》的白话解说。

收藏单位：江西馆

01360
**四书白话解说（新注 三）**　江希张注
上海：春明书店，[135] 页，32 开

收藏单位：首都馆

01361
**四书白话解说（新注 四）**　江希张注
上海：春明书店，[179] 页，32 开

收藏单位：江西馆、首都馆

01362
**四书白话句解**　黄荣洲著
大连：大连书店，1945，1 册，大 64 开，精装

收藏单位：首都馆

01363
**四书白话句解**　梁溪　曹国锋释注
上海：奋进书局，1946.5，再版，65 页，25开

收藏单位：江西馆

01364
**四书白话句解**　王天恨讲述
上海：教育书店，1946，1 册，64 开
上海：教育书店，1947.2，2 版，1 册，64 开

收藏单位：南京馆、绍兴馆

01365
**四书白话句解**　王天恨述解　曹国锋校正
上海：国学研究社，1947.2，133+148 页，64

开，精装

上海：国学研究社，1947，94+446 页，64 开，精装

重庆：国学研究社，1947，1 册，36 开

本书内容包括：总序、凡例、圣贤略传、圣贤续传、大学原序等。

收藏单位：重庆馆、国家馆、江西馆、南京馆、绍兴馆、首都馆

01366

**四书白话句解** （宋）朱熹集注

上海：宏达书局，1944.6，2 册（234+234 页），25 开

收藏单位：国家馆、江西馆

01367

**四书白话句解** （宋）朱熹著　王天恨解　李文龙校

上海：国学研究社，1948，再版，1 册，32 开

收藏单位：南京馆、首都馆

01368

**四书白话句解（注音字母 增批大字绘图）** 马宗道注解

上海：永昌书局，1934.11，石印本，[387] 页，64 开

上海：永昌书局，1934，再版，石印本，[400] 页，32 开

本书为四书注解本，有白话译文。

收藏单位：江西馆、上海馆、绍兴馆

01369

**四书白话说（新注）** 唐骆著　江希张解说

出版者不详，12 册（1 函），32 开

收藏单位：南京馆

01370

**四书白话新解** 张守白编著

上海：东方文学社，1941，[488] 页，32 开，精装

收藏单位：首都馆

01371

**四书白话演说** 江希张著

上海：商务印书馆，1943，158 页，25 开

收藏单位：首都馆

01372

**四书白话注解** 许伏民　费恕皆编

上海：群学书店，1948，214 页，64 开

收藏单位：首都馆

01373

**四书白话注解（标准注音）** 冯宗道注解　缪咏仁鉴定

上海：昌文书局，[1928]，石印本，2 册（[219]+[236] 页），32 开

上海：昌文书局，1939，再版，2 册（[219]+[236] 页），32 开

上海：昌文书局，1947，再版，[442] 页，32 开

本书对《大学》《中庸》《论语》《孟子》四书断句，标音切，并分章节用白话注解。章前有要旨。书中有缪咏仁序。

收藏单位：重庆馆、国家馆、河南馆、南京馆、山东馆、绍兴馆、首都馆

01374

**四书补注备旨（新订）** 林退庵　杜定基增订

上海：锦章图书局，1926，1 册，25 开，精装

收藏单位：广东馆

01375

**四书读本** 国学编辑社语译注释　杜天縻修订

上海：世界书局，1932，6 册

本书言文对照。包括《论语》2 册、《大学》和《中庸》1 册、《孟子》3 册。

收藏单位：近代史所

01376

**四书读本** （宋）朱熹集注

上海：文化书局，1941.10，再版，2 册（256+296 页），25 开

收藏单位：江西馆

01377

**四书读本（分类详解）陆高谊著**

上海：陆高谊［发行者］，1944.2，湘 1 版，45 页，25 开

收藏单位：江西馆

01378

**四书读本（分类详解）　世界书局编译所编注**

上海：世界书局，1944.11，再版，277 页，32 开

收藏单位：广西馆

01379

**四书读本（广解）　王缉尘讲述　胡行之等校订**

上海：粹芬阁，1936，5 册（78+372+362 页），32 开

上海：粹芬阁，1936.8，再版，5 册（78+372+362 页），32 开

上海：粹芬阁，1938.8，新 1 版，5 册（[76]+372+362 页），32 开

本书对四书分段逐句加以解释。第 1 册为《大学》《中庸》，胡行之校订；第 2—3 册为《论语》，董文校订；第 4—5 册为《孟子》，朱剑芒等校订。

收藏单位：重庆馆、广东馆、广西馆、国家馆、吉林馆、江西馆、山东馆、上海馆、绍兴馆、首都馆

01380

**四书读本（广解 第二、三册 论语）　王缉尘著**

上海：粹芬阁，1943，新 2 版，2 册（372 页），32 开

本书对《论语》分段逐句加以解释。

收藏单位：重庆馆

01381

**四书读本（广解 第四、五册 孟子）　王缉尘讲述　朱剑芒　胡山源校订**

上海：粹芬阁，1940，新 2 版，2 册（362 页），32 开，精装

上海：粹芬阁，1941，3 版，2 册（362 页），32 开

上海：粹芬阁，1 册，32 开

本书对《孟子》分段逐句加以解释。

收藏单位：国家馆、绍兴馆、首都馆

01382

**四书读本（铜版集注）　王缉尘讲述**

上海：春江书局，2 册（169+201 页），32 开

本书以白话讲述原文。

收藏单位：山东馆

01383

**四书读本（语译广解）　蒋伯潜注释**

上海：粹芬阁，1941.4，再版，7 册，32 开

本书对四书进行分段注解。第 1 册为《大学》《中庸》；第 2—3 册为《论语》；第 4—6 册为《孟子》；第 7 册为分类四书。

收藏单位：广东馆、黑龙江馆、江西馆、上海馆、首都馆

01384

**四书读本（语译广解）　沈知方主稿　蒋伯潜注释**

上海：粹芬阁，1948.9，1 册，64 开

上海：粹芬阁，1948.12，再版，1 册，64 开

收藏单位：江西馆、上海馆、绍兴馆

01385

**四书端目读本（新辑）　胡为和编**

镇江：青云门读书楼，1934.5，230 页，22 开

本书分为七端和八目两部分，内容包括：忠、孝、仁、爱、信、义、和平、格物、致知、诚意、正心、修身、齐家、治国、平天下。

收藏单位：国家馆

01386

**四书反身录　（清）李颙口授　（清）王心敬录**

出版者不详，影印本，1 册，25 开

本书口授者原题：李二曲。

收藏单位：广东馆

01387

**四书集注　（宋）朱熹集注**

上海：鸿文书局，1942，再版，2 册（[150]+[172]页），32 开

上海：鸿文书局，1943.11，2 版，2 册，32 开

　　本书上册收《大学》《中庸》《论语》，下册收《孟子》。

　　　　收藏单位：重庆馆、南京馆

01388

**四书集注　（宋）朱熹集注**

上海：三友实业社，1933.9 重印，石印本，2 册（120+104 页），25 开

01389

**四书集注　（宋）朱熹集注**

重庆：时新书局，1943，再版，2 册（[152]+[172] 页），32 开

　　　　收藏单位：重庆馆、南京馆

01390

**四书集注　（宋）朱熹注释**

重庆：中华书局，1944，重排初版，3 册，32 开

上海：中华书局，3 册，32 开

　　本书第 1 册收《大学》《中庸》，第 2 册收《论语》，第 3 册收《孟子》。

　　　　收藏单位：重庆馆、国家馆、上海馆

01391

**四书集注（大字铜版）（宋）朱熹注　王文英校阅**

重庆：进化书局，影印本，1 册，32 开

　　本书内容包括：《大学》《中庸》《论语》《孟子》。书上栏注有音义。

　　　　收藏单位：重庆馆

01392

**四书集注（大字铜版 下册）（宋）朱熹集注**

上海：东方文学社，1935，影印本，1 册，32 开

　　本书共 3 部分，内容包括：《上孟》《中孟》《下孟》。

　　　　收藏单位：重庆馆、河南馆

01393

**四书集注（大字铜版 下册 孟子）（宋）朱熹注　丁湘校阅**

上海：昌文书局，1936，再版，[200] 页，32 开

　　本书内容为《孟子》7 卷。

　　　　收藏单位：河南馆

01394

**四书集注（仿古字版）（宋）朱熹集注**

上海：国学整理社，1937.6，[407] 页，32 开

上海：国学整理社，1943，新 1 版，[407] 页，32 开

上海：国学整理社，1947，新再版，[407] 页，32 开

　　本书内容包括：《大学》（10 章）、《中庸》（33 章）、《论语》（10 卷）、《孟子》（7 卷）。

　　　　收藏单位：重庆馆、东北师大馆、广东馆、河南馆、吉林馆、上海馆、首都馆

01395

**四书集注（校正大字）（宋）朱熹集注　王普校正**

[上海]：大美书局，1936，1 册，32 开

　　　　收藏单位：天津馆

01396

**四书集注（论语）（宋）朱熹集注**

上海：中华书局，249 页，32 开

　　本书内容为《论语》10 卷。

　　　　收藏单位：山东馆、首都馆

01397

**四书集注（孟子）（宋）朱熹集注**

上海：中华书局，348 页，32 开

上海：中华书局，影印本，1 册，32 开

　　　　收藏单位：江西馆、山东馆、首都馆

01398

**四书集注（上册）（宋）朱熹注**

上海：启智书局，影印本，1 册，32 开

　　本书内容包括《大学》《中庸》《论语》。

　　　　收藏单位：重庆馆

01399

**四书集注（铜版）（宋）朱熹集注**
上海：鸿宝斋书局，1935，石印本，2 册，32开

本书上册收《大学》《中庸》《论语》，下册收《孟子》。书上栏注有音义。

收藏单位：首都馆

01400

**四书集注（铜版）（宋）朱熹集注**
三晶书局，1943.8，石印本，2 册（176+202页），32 开

收藏单位：重庆馆、广东馆、江西馆

01401

**四书集注（铜版）（宋）朱熹注**
[香港]：香港永经堂，石印本，2 册（170+232页），32 开

收藏单位：广西馆

01402

**四书集注（铜版）（宋）朱熹集注**
成都：中国古书流通社，1943.9，2 册（[210]+[186] 页），32 开

收藏单位：重庆馆

01403

**四书集注（铜版）（宋）朱熹注　王文英校阅**
上海：大达图书供应社，1934，石印本，2 册，32 开
上海：大达图书供应社，1934，再版，石印本，2 册，32 开
上海：大达图书供应社，1935，再版，2 册，32开
上海：大达图书供应社，1936，再版，影印本，2 册，32 开

本书版权页题：新式标点四书集注。

收藏单位：重庆馆、广东馆、国家馆、河南馆、江西馆、南京馆、山东馆、山西馆、绍兴馆、首都馆

01404

**四书集注（铜版）（宋）朱熹注　王文英校阅**
上海：广益书局，1926.4，2 册，32 开，精装
上海：广益书局，1936，影印本，2 册，32 开
上海：广益书局，1941，再版，影印本，2 册，32 开
上海：广益书局，1946，新 1 版，石印本，2 册，32 开
上海：广益书局，1947，新 4 版，影印本，2 册，32 开
上海：广益书局，1948.4，新 5 版，2 册，32开
上海：广益书局，1948，新 9 版，影印本，2 册，32 开

收藏单位：重庆馆、广东馆、河南馆、吉林馆、江西馆、首都馆

01405

**四书集注（铜版 上册 大学、中庸、论语）（宋）朱熹注　王文英校阅**
上海：九州书局，影印本，1 册，32 开
本书上栏注有音义。
收藏单位：重庆馆

01406

**四书集注（铜版 下册）（宋）朱熹集注**
上海：大新书局，1935.3，1 册，32 开
收藏单位：绍兴馆

01407

**四书集注（铜版精印）（宋）朱熹集注**
上海：更新出版社，石印本，1 册，32 开
收藏单位：江西馆

01408

**四书集注（铜版精印）（宋）朱熹注**
缤缤书局，56 页，32 开
本书为基本国学读本。
收藏单位：广西馆

01409

**四书集注（铜版精印）（宋）朱熹注**

上海：大文书局，影印本，2 册（[172]+[212] 页），32 开

　　收藏单位：河南馆、山东馆、绍兴馆、首都馆

01410

**四书集注（铜版精印）（宋）朱熹注　嵩山居士校阅**

上海：鸿文书局，1942，再版，石印本，2 册（[148]+[172] 页），32 开

　　收藏单位：广东馆、广西馆、国家馆、南京馆、绍兴馆、天津馆

01411

**四书集注（铜版精印）（宋）朱熹注　嵩山居士校阅**

上海：中央书店，1935.4，石印本，2 册（[148]+[172] 页），32 开

　　收藏单位：重庆馆、广西馆、国家馆

01412

**四书集注（下论）（宋）朱熹集注**

上海：大文书局，石印本，66 页，32 开

　　本书内容包括：《论语》卷六至十。

　　收藏单位：河南馆

01413

**四书集注（详细注解 文言对照）（宋）朱熹注**

重庆：新生书局，1947，2 册，32 开

　　收藏单位：重庆馆

01414

**四书集注（学庸）（宋）朱熹集注**

上海：大文书局，石印本，[44] 页，32 开

　　收藏单位：河南馆

01415

**四书解题及其读法　钱基博著**

上海：商务印书馆，1933.12，90 页，32 开（国学小丛书）（万有文库第 1 集 20）

上海：商务印书馆，1934.1，90 页，25 开（国学小丛书）

上海：商务印书馆，1935.4，3 版，90 页，32 开（国学小丛书）

上海、长沙：商务印书馆，1939，90 页，32 开（万有文库第 1—2 集 简编 500 种）

重庆：商务印书馆，1945，渝 1 版，74 页，32 开（国学小丛书）

重庆：商务印书馆，1945.10，渝 2 版，74 页，32 开（国学小丛书）

重庆：商务印书馆，1946，渝 3 版，74 页，32 开（国学小丛书）

　　本书考证了《大学》《论语》《孟子》《中庸》，以及《孝经》的作者、版本，隶属四书（或经）的始末，归纳了研究方法。书前有作者序，叙述了历代研究四书之源流、变迁。正文内散有参考书目。

　　收藏单位：安徽馆、重庆馆、东北师大馆、广东馆、广西馆、贵州馆、国家馆、湖南馆、江西馆、辽大馆、辽宁馆、南京馆、山西馆、上海馆、首都馆、天津馆、浙江馆

01416

**四书解义适今（论语）　林亨理著**

外文题名：A commentary on the Four Books

上海：广学会，1914，3 版，120+116 页，22 开

　　本书共 7 卷，每页上半为原文，下半是解义。本卷前有《论语解义序》（程宏淦）。

　　收藏单位：国家馆

01417

**四书解义适今（论语 大学 中庸）　林亨理著**

外文题名：A commentary on the Four Books

上海：广学会，1914，[326] 页，22 开，精装

　　收藏单位：国家馆

01418

**四书解义适今（孟子）　林亨理著**

外文题名：A commentary on the Four Books

上海：广学会，1912，184+234 页，22 开，精装

　　收藏单位：国家馆、南京馆、首都馆

01419

**四书评传**

出版者不详，1 册，32 开

收藏单位：南京馆

01420

**四书浅说　黄承燊编著**

台北：台湾书店，1947，64 页，32 开（光复文库 6）

本书共 6 部分，内容包括：绪言、大学、论语、孟子、中庸、余言。

收藏单位：国家馆、南京馆

01421

**四书释地　（清）阎若璩著**

上海：商务印书馆，1937，194 页，32 开（国学基本丛书）

收藏单位：广西馆

01422

**四书谈道录　姜履校字**

上海：明善书局，[1934]，44 页，25 开

收藏单位：江西馆

01423

**四书五经（春秋三传）　宋元人注**

上海：国学整理社，1936，8 版，602 页

收藏单位：山西馆、绍兴馆

01424

**四书五经（铜版）　（宋）朱熹等注**

上海：国学整理社，1936，3 册，32 开

上海：国学整理社，1936.4，2 版，影印本，3 册，32 开

上海：国学整理社，[1936]，5 版，影印本，3 册，32 开

上海：国学整理社，1936，6 版，影印本，3 册，32 开，精装

上海：国学整理社，1936，7 版，影印本，3 册，32 开，精装

上海：国学整理社，1936，8 版，影印本，3 册，32 开，精装

上海：国学整理社，1936.8，9 版，影印本，3 册，32 开，精装

上海：国学整理社，1936.8，10 版，影印本，3 册，32 开，精装

上海：国学整理社，1936.8，12 版，影印本，3 册，32 开，精装

本书上册收《大学章句集注》《中庸章句集注》《论语章句集注》《孟子章句集注》《周易本义》《书经集传》，中册收《诗经集传》《礼记集说》，下册收《春秋三传》。

收藏单位：广东馆、广西馆、河南馆、江西馆、南京馆、绍兴馆、首都馆

01425

**四书五经（铜版）　（宋）朱熹等注**

上海：世界书局，1935，2 册（[465]+[324] 页），32 开，精装

本书上册收朱熹《大学章句集注》《中庸章句集注》《论语章句集注》《孟子章句集注》，下册收蔡沈注《书经集传》《周易本义》等。

收藏单位：江西馆

01426

**四书新编　江希张编注**

[重庆]：军事委员会委员长侍从室，2 册，64 开

本书将四书的原文重新分类编排，并加注释，同时将编注者的论说夹排于经文前后。《论语》分为 5 篇：为人（上、下）、为学、为政、模范；《孟子》分为 3 篇：救民命、正人心、守人格；《大学》编为 7 章；《中庸》编为 8 章。

收藏单位：重庆馆、南京馆

01427

**四书新编　江希张编注**

上海：商务印书馆，1936.4，2 版，1 册，大 32 开

收藏单位：南京馆

01428

**四书新编　江希张编注**

北平：四书新编发行所，1935，3 册（[463] 页），22 开

北平：四书新编发行所，1947.6，4 版，[463] 页，

22 开

　　收藏单位：广东馆、国家馆、山东馆、山西馆、绍兴馆、首都馆

01429

**四书新编　江希张编注**
重庆：艺新图书社，1944—1945，2 册，32 开
重庆：艺新图书社，1947.10，4 版，2 册，32 开

　　收藏单位：重庆馆、广东馆、国家馆、首都馆

01430

**四书新编　江希张编注**
南京：正中书局，1937，13 版，[400] 页，22 开

　　收藏单位：重庆馆

01431

**四书新编　江希张编注**
重庆：中央训练团党政高级训练班，1944.3，2 册，64 开

　　收藏单位：重庆馆、山东馆

01432

**四书新编　江希张编注**
出版者不详，1936，2 册 (350+[606] 页)，128 开

　　收藏单位：重庆馆、近代史所、上海馆、首都馆

01433

**四书新编**
台湾：台湾省行政长官公署，1946.11，427 页，32 开

　　收藏单位：上海馆

01434

**四书新编**
出版者不详，1931，2 册，12 开

　　收藏单位：南京馆

01435

**四书新编（论语新编）　江希张编注**

重庆：陪都书店，1948，新 1 版，188 页，32 开

　　本书分为 5 篇：为人（上、下）、为学、为政、模范。有编者序及例言。

　　收藏单位：重庆馆、广东馆

01436

**四书新编（论语新编）　江希张编注**
出版者不详，[1930—1949]，[21]+170 页，22 开

　　收藏单位：国家馆

01437

**四书研究　日本教育学会原著　王向荣编译**
天津：直隶书局，1933，[40]+342 页，32 开

　　本书共 5 篇，内容包括：大学研究、中庸研究、论语研究、孟子研究、儒教之根本观念。

　　收藏单位：国家馆、近代史所、首都馆

01438

**四书章句集注　（宋）朱熹注**
上海：商务印书馆，1935.3，5 册 (14+29+148+120+89+92 页)，32 开（国学基本丛书）（万有文库 第 2 集 10）
上海：商务印书馆，1935.6，14+29+148+209+92 页，32 开，精装（国学基本丛书）
上海：商务印书馆，1936.9，3 版，14+29+148+209+92 页，32 开，精装（国学基本丛书）
上海：商务印书馆，1936.10，5 版，14+29+148+209+92 页，32 开，精装（国学基本丛书）
上海：商务印书馆，[1937]，3 册 (14+29+148+209 页)，32 开（国学基本丛书）
长沙：商务印书馆，1938，3 册 (14+29+148+209 页)，32 开（国学基本丛书）
上海：商务印书馆，1939，再版，3 册 (14+29+148+209 页)，32 开（国学基本丛书）
上海：商务印书馆，1947，3 版，3 册 (14+29+148+209 页)，32 开（国学基本丛书）（新中学文库）
上海：商务印书馆，1948.8，4 版，3 册 (14+29+148+209 页)，32 开（国学基本丛书）

收藏单位：重庆馆、大连馆、东北师大馆、广东馆、贵州馆、国家馆、黑龙江馆、吉林馆、江西馆、近代史所、辽大馆、南京馆、山东馆、山西馆、上海馆、绍兴馆、首都馆、天津馆、浙江馆

01439

**四书正文（告子）** （宋）朱熹集注

[上海]：民智书店，石印本，38 页，22 开

本书为《孟子》卷之六。

收藏单位：广西馆

01440

**四子白话演说** 江希张著

北平：万国道德总会，1933，2 版，227 页，16 开

北京：万国道德总会，1943.9，3 版，159 页，22 开

收藏单位：湖南馆、江西馆

01441

**松阳讲义** （清）陆陇其著

上海：商务印书馆，1937，2 册（[11]+230 页），32 开（万有文库 第 2 集 46）（国学基本丛书）

本书为清初学者陆陇其为学生讲解《中庸》《大学》《论语》《孟子》的讲义。共 12 卷 118 章，或述先儒注解，或自抒所见。书前有康熙庚午陆陇其自序。

收藏单位：大连馆、大庆馆、东北师大馆、国家馆、辽大馆、天津馆、浙江馆

01442

**宋椠大字本孟子校记** 孟森著

北平：国立北平图书馆，1935.9，42 页，16 开

本书为对宋刊《孟子》所作的校记。为《国立北平图书馆馆刊》9 卷 4—5 号抽印本。

01443

**宋元明清儒学年表** （日）今关寿麿编撰

东京：今关寿麿[发行者]，1919.9，218 页，22 开，精装

本书以年代（首列中国帝王纪年，次附西历、日本年号）为经，以宋明理学重要学者的诞生、著作刻印及重大活动为纬，构建了四朝 880 余年的理学发展框架。

收藏单位：国家馆、南京馆、上海馆

01444

**苏批孟子** （宋）苏洵著 （清）赵大浣增补 胡敏校阅

上海：广益书局，1938.12，2 版，10+214+48 页，32 开

收藏单位：南京馆、上海馆

01445

**苏批孟子（新式标点）** （宋）苏洵批注 胡翼云标点

上海：坤元堂，1926，208 页，32 开

上海：坤元堂，1932.7，再版，208 页，32 开

本书着重分析《孟子》一书的文法结构。书末附《年谱》《孟子分章考》（于鬯）。

收藏单位：南京馆、山东馆、首都馆

01446

**苏批孟子（新式标点 增补）** （宋）苏洵批注 （清）赵大浣增补 朱太忙标点

上海：大达图书供应社，1934.10，10+214+[64] 页，32 开

上海：大达图书供应社，1935.10，2 版，10+214+[64] 页，32 开

上海：大达图书供应社，1936.1，再版，10+214+[64] 页，32 开

本书书前有何朝彦、彭德辉、朱惟公的序各一。书末附《年谱》《孟子分章考》（于鬯）。

收藏单位：重庆馆、国家馆、湖南馆、吉林馆、江西馆、南京馆、山东馆、上海馆、绍兴馆、首都馆

01447

**谈心贞元**

上海：杭社，1929，30 页，25 开

本书联系个人道德修养解释《大学》的意义。

收藏单位：国家馆

**01448**

**唐本孝经**

长沙：商务印书馆，1938，20 页，32 开

　　本书据唐本《孝经》重印。书前有唐玄宗御制序。

　　　　收藏单位：国家馆、首都馆

**01449**

**我对于孔子的看法和主张**　梅铸著

武昌：南方印书馆，1947.11，86 页，32 开

　　本书作者认为孔子是中国文化的代表者，提出要去其糟粕、取其精华，发扬孔子之道。书前有作者自序。

　　　　收藏单位：广东馆

**01450**

**下论（订正详注）**　（宋）朱熹集注

赣县：群益书局，1943.12，再版，92 页，32 开

　　本书内容包括《论语·先进》篇至《论语·尧曰》篇，随文详加注释。正文前书名：监本详注下论读本。

　　　　收藏单位：重庆馆

**01451**

**下论集注（铜版）**　（宋）朱熹集注　王文英校

上海：广益书局，1939，再版，影印本，66 页，32 开

上海：广益书局，1941.12，再版，影印本，66 页，32 开

上海：广益书局，1946.1，新 1 版，65 页

　　本书为《（铜版）四书集注》的分册印本。

　　　　收藏单位：国家馆、首都馆

**01452**

**下孟集注（铜版）**　（宋）朱熹集注

上海：锦章书局，1942，58 页，26 开

　　本书为《（铜版）四书集注》的分册印本。收卷六至七，包括告子章句、尽心章句等。

　　　　收藏单位：国家馆

**01453**

**下孟集注（铜版）**（宋）朱熹集注　王文英校

上海：广益书局，1935，[58] 页，32 开

上海：广益书局，1937，2 版，58 页，32 开

上海：广益书局，1941.4，再版，影印本，58 页，32 开

上海：广益书局，1942.1，再版，影印本，58 页，32 开

上海：广益书局，1946.8，新 2 版，[58] 页，32 开

　　　　收藏单位：重庆馆、河南馆、江西馆、绍兴馆

**01454**

**先圣贤儒年考**　厉时中编

山东：道德社，1924，重刊，[126] 页，22 开

出版者不详，[126] 页，22 开

　　本书考订自孔子起的中国历代"圣贤名儒"166 人的封爵及道德、事业、学问、著书，以及他们的生卒年份等。包括《至圣先师孔子年考》《四配年考》《十二哲年考》《先贤儒从祀年考》等。书前有编者《先圣贤儒年考例序》和《先圣儒从祀年表序》。书后有编者的《先圣贤儒年考后序》。

　　　　收藏单位：国家馆、首都馆

**01455**

**先师孔子诞辰纪念册**　丰城各界纪念先师孔子诞辰筹备会编辑

丰城各界纪念先师孔子诞辰筹备会，1934，14 页，32 开

　　　　收藏单位：广东馆

**01456**

**先师孔子升学述略**　狄观沧讲述

山西道德学社，[1930—1939]，石印本，6 叶，18 开，环筒页装

　　本书按年记叙孔子圣学发展。

　　　　收藏单位：国家馆

**01457**

**现代对于孔子之各方言论**

出版者不详，1928，122 页

　　收藏单位：南京馆、山西馆

01458

**孝经·大学·中庸·论语·孟子**

上海：天章印务局，1935，[400] 页，90 开，精装

01459

**续日本名家四书注释全书**　（日）服部宇之吉（日）安井小太郎　（日）岛田钧一监修　（日）关仪一郎编纂

东京：东洋图书刊行会，1927.11，石印本，452 页，22 开，精装

　　本书共 20 部分，内容包括：学而、为政、八佾、里仁、公冶长、雍也、述而、泰伯、子罕、乡党、颜渊、子路、宪问、卫灵公、季氏、阳货、微子、子张、尧曰等。

　　收藏单位：国家馆、南京馆

01460

**学而述义**　陈全三讲述　乐在中　徐同善同记

北平：道德学社，1930，46 页

　　收藏单位：南京馆

01461

**学庸读本（分类详解）**　世界书局编译所编注

长沙：世界书局，1944，45 页，32 开

　　本书内容包括：明明德、诚意、修身、齐家、治国、平天下等，并有详注。版权页题：分类详解四书读本。

　　收藏单位：重庆馆

01462

**学庸读本（广注 言文对照）**　国学编辑社语译注释　杜天縻修订

上海：世界书局，1932，30+60 页，32 开

上海：世界书局，1933.7，30+60 页，32 开

上海：世界书局，1935.2，11 版，石印本，30+60 页，32 开

　　本书分章注解，每章先叙章旨，再加注释，最后白话翻译。

　　收藏单位：广东馆、国家馆、南京馆、绍兴馆

01463

**学庸教授纲要**　魏应鹏草拟

中央陆军军官学校教育处，1940.7，28 页，36 开

　　本书为中央陆军军官学校教学大纲。《大学》部分共 5 讲，内容包括：绪论、大学之道、大学八条目、三纲释义、八目释义；《中庸》部分共 10 讲，内容包括：绪论、性道教、中庸之道、知仁勇、道不可离、论政、至诚之道、至圣之道、至圣之德、中庸之极功。

　　收藏单位：重庆馆、南京馆

01464

**学庸浅言新注**　王世骧注

济南：慈济印刷所，[1947] 印，172 页，32 开

　　本书共两篇，内容包括：《大学浅言新注》《中庸浅言新注》，每篇末附总论。

　　收藏单位：重庆馆、山东馆

01465

**学庸述义**　马太空述

广州：马太空 [发行者]，1935，128 页，25 开

　　收藏单位：首都馆

01466

**学庸章句**　（宋）朱熹注

[江西]：江西印刷厂，[1944]，44 页，25 开

　　收藏单位：江西馆

01467

**学庸真解**　（清）北海老人著

崇华堂，42 页，22 开（理数丛书）

　　收藏单位：首都馆

01468

**荀卿学案**　熊公哲著

上海：商务印书馆，1931.7，67+14 页，25 开（国学小丛书）

上海：商务印书馆，1934，国难后 1 版，67+14 页，32 开（国学小丛书）

本书共6卷，内容包括：道隅、学行、天人、止足、中事中说、伦类、言议、隆正、性伪、化性、心权、师法、义利、诚守、隆仁、后王、正名、王政、群分、旨要等。卷首为《儒学系表》《荀子传略》《荀子考略》《荀学源流》。书前有作者自序、凡例。书末有后序，附录《读荀子旧序》《孟荀同异》《性辨》。

收藏单位：广东馆、贵州馆、国家馆、江西馆、南京馆、山东馆、山西馆、上海馆、首都馆、中科图

**01469**

**荀注订补　钟泰著**

上海：商务印书馆，1936，207页，32开（国学小丛书）

本书共32篇，内容包括：勤学、修身、不苟、荣辱、非相、非十二子、仲尼、儒效等。

收藏单位：重庆馆、广东馆、贵州馆、国家馆、南京馆、山东馆、上海馆、首都馆、浙江馆

**01470**

**荀子　靳海风注**

上海：三通书局，1940，3册（[324]页），50开（三通小丛书）

本书将《荀子》各篇加以标点、简注，注明篇旨。其中卷一内容包括：劝学、修身、不苟、荣辱、非相、非十二子、仲尼、儒效、王制；卷二内容包括：富国、王霸、君道、臣道、致士、议兵、强国；卷三内容包括：天论、正论、礼论、乐论、解蔽、正名。

收藏单位：国家馆、山东馆、上海馆

**01471**

**荀子　叶绍钧选注**

上海：商务印书馆，1925，[23]+182页，32开（学生国学丛书）

上海：商务印书馆，1928，再版，[23]+182页，32开（学生国学丛书）

上海：商务印书馆，1930，[22]+188页，32开（学生国学丛书）（万有文库第1集44）

上海：商务印书馆，1932，国难后1版，[23]+182页，32开（学生国学丛书）

上海：商务印书馆，1934，国难后2版，[23]+182页，32开（学生国学丛书）

上海：商务印书馆，1934.7，再版，[23]+188页，32开（学生国学丛书）（万有文库第1集44）

上海：商务印书馆，1935.5，国难后3版，[23]+182页，32开（学生国学丛书）

上海：商务印书馆，1937，国难后4版，[23]+182页，32开（学生国学丛书）

上海：商务印书馆，1947，5版，[23]+182页，32开（学生国学丛书）（新中学文库）

本书共12部分，内容包括：劝学、非相、非十二子、儒效、富国、天论、正论、礼论、乐论、解蔽、正名、性恶。分段标点、注音，并选录各家考证及日本《汉文大系》中有关的增注和补遗。书前有绪言，概括介绍荀子生平、《荀子》一书、荀子的学术思想。

收藏单位：安徽馆、重庆馆、大连馆、东北师大馆、广东馆、广西馆、贵州馆、国家馆、黑龙江馆、湖南馆、吉林馆、江西馆、辽大馆、辽宁馆、南京馆、山东馆、上海馆、首都馆、天津馆、浙江馆、中科图

**01472**

**荀子**

出版者不详，138页，24开

本书共11篇，内容包括：劝学、性恶、儒效、解蔽、正名、天论、富国、礼论、乐论、非十二子、正论。

收藏单位：重庆馆、南京馆

**01473**

**荀子（白话译解）　叶玉麟选译　叶昀校勘**

上海：广益书局，1936.9，2版，2册（70+190+248页），32开

上海：广益书局，1940，再版，2册（70+190+248页），32开

上海：广益书局，1947.5，新1版，2册（70+190+248页），32开

本书分为上、下两卷，内容包括：劝学篇、修身篇、不苟篇、荣辱篇、非相篇、非十二子篇等。书前有光绪十七年王先谦序、

例略、考证等。

收藏单位：吉林馆、上海馆、首都馆

**01474**

**荀子（白话译解）　叶玉麟译解　朱太忙校阅**
上海：大达图书供应社，1935，2 册（70+190+
248 页），32 开

收藏单位：重庆馆、广东馆、国家馆、吉
林馆、江西馆、绍兴馆、首都馆

**01475**

**荀子（白话译解）　叶玉麟译解　朱太忙校阅**
上海：广益书局，1936，2 册（70+190+248 页），
32 开
上海：广益书局，1947.5，新 1 版，2 册（190+247
页），32 开

收藏单位：国家馆、河南馆、江西馆、南
京馆、山东馆、首都馆

**01476**

**荀子（节本）　叶绍钧选注**
上海：商务印书馆，1937，2 册（21+182 页），
32 开（中学国文补充读本 第 1 集）

收藏单位：广东馆、国家馆、吉林馆、江
西馆、首都馆

**01477**

**荀子读本　陈和祥评注　秦同培编辑兼校订**
上海：世界书局，1926.3，189 页，32 开（评
注标点十子全书）

本书对王先谦《荀子集解》加以订正、
标点、评注。书前有编辑大意，简介《荀子》
一书的内容、历代评注等。

收藏单位：国家馆、江西馆、绍兴馆、首
都馆

**01478**

**荀子读本　谭正璧编**
上海：中华书局，1949，[14]+148 页，32 开

本书共 16 篇，内容包括：劝学篇、荣辱
篇、非相篇、非十二子篇、儒效篇、王制篇、
富国篇、君道篇、议兵篇、天论篇、正论篇、
礼论篇、乐论篇、解蔽篇、正名篇、性恶篇。

书前有序及《荀子小传》。

收藏单位：国家馆、黑龙江馆、上海馆

**01479**

**荀子集解　王先谦著**
上海：商务印书馆，1929.10，4 册，32 开（国
学基本丛书）（万有文库 第 1 集 43）
上海：商务印书馆，1934.7，再版，4 册，32
开（国学基本丛书）（万有文库 第 1 集 43）
上海：商务印书馆，1936.10，3 版，363 页，32
开（国学基本丛书）
上海：商务印书馆，1939.9，4 册，25 开（万
有文库 第 1—2 集 简编 500 种 21）
上海：商务印书馆，[1940]，1 册，32 开（国
学基本丛书简编）

本书内容包括：勤学篇、修身篇、不苟
篇、荣辱篇、非相篇、非十二子篇、仲尼篇、
儒效篇等。书前有作者自序、杨倞旧序、例
略、考证。书后有刘向叙录。

收藏单位：安徽馆、重庆馆、大连馆、东
北师大馆、广西馆、贵州馆、国家馆、黑龙
江馆、湖南馆、江西馆、辽大馆、南京馆、
上海馆、绍兴馆、首都馆

**01480**

**荀子集解　叶昀校阅**
上海：大达图书供应社，1936，2 册（132+140
页），32 开

本书为王先谦《荀子集解》一书的删节
本，但未署王先谦姓名。书首有谢墉序、杨
倞序。附录刘向后序、校勘补遗、钱大昕跋。

收藏单位：首都馆

**01481**

**荀子集解（新式标点）　王先谦注释　黄步青
标点**
上海：扫叶山房，1925，3 册，32 开
上海：扫叶山房，1926，再版，3 册，32 开

本书收录《荀子集解》卷十三至二十，
内容包括：礼论篇、乐论篇、解蔽篇、正名
篇、性恶篇、君子篇、成相篇、赋篇、大略
篇、宥坐篇、子道篇、法行篇、哀公篇、尧
问篇。书前有王先谦序、例略、考证等。

收藏单位：重庆馆、国家馆、吉林馆、江西馆、上海馆、首都馆

**01482**

**荀子柬释　梁启雄著**

上海：商务印书馆，1936，[16]+434页，22开，精装

本书共32篇，内容包括：劝学、修身、不苟、荣辱、非相、非十二子、仲尼、儒效等。书前有高序、杨序、自叙、述例、采辑诸家书目表。书末附《荀子传征》《荀子行历系年表》。

收藏单位：重庆馆、贵州馆、国家馆、湖南馆、吉林馆、江西馆、南京馆、上海馆、中科图

**01483**

**荀子讲记　冯振著**

上海：国立暨南大学出版部，1931.1，128页，16开

本书是以王先谦《荀子集解》为教本的大学讲义。书前有冯振叙。

收藏单位：中科图

**01484**

**荀子教育学说　余家菊著**

上海：中华书局，1935.5，80页，25开

本书叙述荀子在教育问题上的主张和观点。共6章，内容包括：绪论、性论、智论、积论、渐论、后论。

收藏单位：北师大馆、重庆馆、东北师大馆、广东馆、国家馆、湖南馆、吉林馆、江西馆、辽宁馆、山东馆、上海馆、首都馆、天津馆、浙江馆

**01485**

**荀子精华　中华书局编辑**

上海：中华书局，1936，106页，32开（中国文学精华）

上海：中华书局，1941，4版，106页，32开（中国文学精华）

本书共9篇，内容包括：修身、荣辱、儒效、王制、君道、议兵、天行、解蔽、赋，

作为文学范读。书上有眉批。篇后有音释。

收藏单位：重庆馆、广西馆、国家馆、黑龙江馆、吉大馆、吉林馆、山东馆、上海馆、绍兴馆、首都馆、中科图

**01486**

**荀子学案　王恩洋著**

上海：商务印书馆，1934，[103]页，32开（国学小丛书）

本书内容包括：论性第九、论天第十、论政第十一、斥外第十二、传承及其他第十三。

收藏单位：北师大馆、重庆馆、国家馆

**01487**

**荀子学说研究　杨大膺著**

上海：中华书局，1936，164页，22开

本书共13部分，内容包括：绪论、性论、欲论、天论、礼论、乐论、劝学、修身、正名、王制、议兵、解蔽、结论。作者认为《正名》《解蔽》两篇最有价值，故详加分析，并分别与西方的逻辑学与认识论，以及佛教唯识宗进行比较；另外对《荀子》书中原文的字义作了解释。书前有蒋维乔序。

收藏单位：重庆馆、东北师大馆、广东馆、广西馆、国家馆、湖南馆、吉林馆、江西馆、南京馆、山东馆、上海馆、首都馆、天津馆

**01488**

**荀子研究　陶师承著　凌善清校阅**

上海：大东书局，1926，138页，25开

本书共6章，内容包括：评传、性恶论、教育哲学、心理学说、政治思想、结论，介绍荀子的生平事迹及其主要思想。

收藏单位：重庆馆、广东馆、国家馆、湖南馆、吉林馆、江西馆、南京馆、上海馆、绍兴馆、浙江馆、中科图

**01489**

**荀子研究　杨筠如著**

外文题名：The research on Hsun-Tzu

上海：商务印书馆，1931，220页，32开（国学小丛书）

上海：商务印书馆，1933，国难后1版，220页，32开（国学小丛书）

上海：商务印书馆，1937，国难后2版，220页，32开（国学小丛书）

本书分3章：前论考证荀子生平事迹及《荀子》一书的真伪，前人对《荀子》一书的看法，《荀子》与《礼记》《韩诗外传》及刘向、杨倞的关系；本论分4节，论述荀子的性说、心理学、名学、天论、政治思想，及其与古代宗教、古代哲学、政治、经济以及先秦诸子学派的关系；后论叙述荀子心性学说对后代心性说研究的影响，以及对后世政治、社会的影响。

收藏单位：广东馆、国家馆、河南馆、吉林馆、江西馆、辽宁馆、南京馆、上海馆、绍兴馆、首都馆、浙江馆、中科图

01490

**荀子哲学　陈登原编**

上海：商务印书馆，1928.1，202页，32开（国学小丛书）

上海：商务印书馆，1930.11，再版，202页，32开（国学小丛书）

本书共8章，内容包括：引言、荀子传略、荀子之人格、荀子承受于儒家之产业、荀子之政治学说、荀子之心理学说、荀子之论理学说、荀子之教育学说。论述荀子的生平和思想，认为孟子言性善，实指心善，荀子言性恶，实指情恶，二者并无根本分歧；指出荀子政治思想的三个特点是人治主义、礼法并用、君民互重。书前有蒋维乔的序。著者原题：陈登元。

收藏单位：重庆馆、东北师大馆、广东馆、广西馆、国家馆、湖南馆、吉林馆、江西馆、南京馆、山东馆、上海馆、天津馆、浙江馆、中科图

01491

**荀子哲学纲要　刘子静著**

长沙：商务印书馆，1938，116页，32开（国学小丛书）

本书由历年旧稿整理而成。简述荀子的生平和思想发展，并对荀子的政治思想、宇宙观、学、礼、乐、人性论及名学、辩学观点加以论述。书前有作者自序。

收藏单位：重庆馆、广东馆、贵州馆、国家馆、江西馆、南京馆、上海馆、中科图

01492

**研究孔子应有之认识与态度　熊公哲著**

出版者不详，[1931—1949]，20页，32开

收藏单位：江西馆、南京馆

01493

**颜子言行集　沈思敏编辑**

孔圣学会，1947.12，22页，50开

收藏单位：上海馆

01494

**演孔　范祎著**

上海：青年协会书局，1933，120页，32开（皕诲杂著第4种5）（尘笔双挥戊集）

本书共12部分，内容包括：孔子的家世、孔子的幼年力学与从师、孔子的家庭、孔子对于社会、孔子的教育、孔子的政治主张等，叙述孔子的出身及其政治主张等。书中第15页有附录《儒家不幸的家庭遭遇》。著者原题：范皕诲。

收藏单位：上海馆

01495

**耶儒月旦　王炳堃著**

上海：广学会，1911，122页，24开

上海：广学会，1916，4版，122页，22开

本书将孔子与耶稣相比较，加以评述。

收藏单位：重庆馆、国家馆、天津馆

01496

**乙亥夏历孔诞祭祀纪念册　任福黎编**

长沙：孔道学校，1936，[136]页，22开

本书分为上、下两卷，内容包括：乙亥夏历孔诞祭祀纪言、孔子生卒年月考、孔子生年月日前后三年正朔表、孔子生年大事简表、孔子先代世系简表、孔子后裔世系简表等。卷首有作者序。卷末有跋和编余感咏。

收藏单位：国家馆、湖南馆、南京馆

01497
阴阳正宗略引
上海：大成书社，[1933]，72页，32开
本书共15章，内容包括：大学叙言、大学附解、天地叙言、天地论略、人生叙言、人生论略、性命叙言、性命论略、性命图说、时学叙言、时学论略、问答条说、问答偶记、十目叙言、师言约志等。
收藏单位：国家馆

01498
原道 易崑著
汉口：中亚印书馆，1918.7，148页，23开
本书收录提倡孔教的短文，内容包括：《阴阳五行辩证》《非老》《孔子非法阴阳垂教》《辟易翼》《孔范》《辟非孔》《孔教国教说》《读经说》《拯民德说》《改良学校教育说》《原道》《诠道德》《诠一贯》《诠仁》《诠命》《诠格物》《诠圣》《尊荀》《父系制改革说》《拯女权说》《鬼神观及吾国之宗教》等。书末附《全书提要》。

01499
原儒墨 冯友兰著
北平：国立清华大学，1935，32页，16开
本书共15部分，内容包括：本篇所讨论之问题、论儒不必与殷民族有关、殷周文化异同问题、论儒之“古言服”、论儒与“商祝”、论周易、论三年之丧、论殷民族有无“县记”、论孔子是否“与殷商有一种密切之关系”、论儒之起原、论儒侠、墨家之起原、论儒侠之共同道德、论墨家与普通侠士不同之处、论儒家墨家之教义之社会的背景。为《清华学报》单行本。
收藏单位：国家馆、吉大馆

01500
原儒墨补 冯友兰著
北平：国立清华大学，1935，20页，16开
本书主要是对《原儒墨》中的墨家出于侠、诸子皆出于士之阶级等观点的补充讨论。为《清华学报》单行本。
收藏单位：国家馆

01501
曾子十篇 （周）曾参著 （清）阮元注释
长沙：商务印书馆，1941.7，12+83页，32开（国学基本丛书）
本书共4卷10篇，内容包括：曾子立事、曾子本孝、曾子立孝、曾子大孝、曾子事父母、曾子制言、曾子疾病、曾子天员等。书前有嘉庆三年阮元叙录，道光二十五年冬刘文淇、王翼凤识文。本书为阮元据北周卢辩注本参考有关典藏编成。
收藏单位：重庆馆、广西馆、国家馆、南京馆、中科图

01502
至圣文宣王 （日）宇野哲人序文 （日）中山久四郎解说
日本：东京春秋会，1934，影印本，1册
收藏单位：国家馆

01503
中国的正统学术思想 程发轫讲
湖北：湖北省地方行政干部训练团，46页，36开
本书讲述了孔子是中国正统思想的大成，并从中国正统思想的特征、伦理之教、中庸之道、大同之治讲到了中国积弱的原因等内容。
收藏单位：重庆馆、南京馆

01504
中国近世儒学史 （日）宇野哲人著 马福辰译
台北：中华文化出版事业委员会，1947，2册（现代国民基本知识丛书 第4辑）
收藏单位：近代史所

01505
中国儒学史纲要 杜金铭著
北平：国立华北编译馆，1943.7，124页，32开（国立华北编译馆小丛刊）
本书共6章，内容包括：儒学的起原、儒学的创始、儒学的分歧、儒学与阴阳家及方士的融合、儒学与玄学及释道两教的融合、儒学的复古与革新，论述儒家学说发展和演

化的历史。书末附研究儒学入门书目。

收藏单位：国家馆、天津馆

**01506**

**中国正统思想体系 任觉五著**

成都：启文印刷局，1941.4，18 页，32 开

成都：启文印刷局，1941.12，再版，18 页，32 开

成都：启文印刷局，1943，3 版，18 页，32 开

本书共 7 部分，内容包括：绪论、中国正统思想之价值、中国正统思想之根本认识、教的原则与实施、力行与求知、行的修养与运用、结论。书末附《中国正统思想体系表》。

收藏单位：国家馆

**01507**

**中国最高政治哲学 葛存念 刘通著**

外文题名：The aim of Chinese philosophy

北平：大同出版社，1947.10，154 页，32 开

本书作者认为《大学》讲方法论，《中庸》讲本体论，二者相互表里，此为世界最高学说。分上、下两卷。上卷包括大学原义、大学之图、大学古本释要等篇；下卷包括中庸之意义、程子朱子二元说之驳议、中庸出发于情、中庸之本在于至诚、六艺皆中庸注脚、中庸弥纶于人生一切关系之中、中学为儒学之中心、孟子为中学之继统、辩证法与中庸、中山学说与中庸、中庸之将来等篇，将现代政治学说皆归于《中庸》《大学》。

收藏单位：贵州馆、国家馆、吉林馆、辽大馆、南京馆、上海馆

**01508**

**中华孔教集成 张世铨辑著**

出版者不详，[1934]，[446] 页，22 开

本书搜集四书、六经诸书中有关孔子的记载，分 5 章 22 节，内容包括：圣学、圣行、圣艺、圣政、圣教。每节先分段引原文，后作论述。

收藏单位：国家馆、中科图

**01509**

**中华儒学研究会组织理由、工作计划书 汪吟龙等编**

开封：中华儒学研究会世界嘤求团，1934，22 页，18 开

收藏单位：国家馆

**01510**

**中孟集注（离娄 万章）（宋）朱熹集注**

上海：锦章书局，[1930—1949]，55 页，25 开

本书分为两卷，内容包括：《孟子》卷之四《离娄》、《孟子》卷之五《万章》。

收藏单位：国家馆

**01511**

**中孟集注（铜版）（宋）朱熹集注 王文英校**

上海：大达图书供应社，1935，[56] 页，32 开

上海：大达图书供应社，1935，再版，[56] 页，32 开

收藏单位：重庆馆、河南馆

**01512**

**中孟集注（铜版）（宋）朱熹集注 王文英校阅**

上海：广益书局，1942，[影印本]，56 页，32 开

上海：广益书局，1942，再版，影印本，[56] 页，32 开

上海：广益书局，1944.12，新 1 版，影印本，[56] 页，32 开

上海：广益书局，1946.8，新 2 版，[影印本]，[56] 页，32 开

收藏单位：江西馆、绍兴馆、首都馆

**01513**

**中庸白话新解（注译评解）张守白编著 寿孝天校阅**

上海：东方文学社，1940.6，51 页，32 开

收藏单位：上海馆

01514

**中庸本义　曾继参著　李美云校订**

傅中 [ 发行者 ]，1948.4，22 页，25 开

　　收藏单位：江西馆

01515

**中庸大学与革命　葛武棨讲**

西安：新中国文化出版社，1940，48 页，32
开（新中国文化丛刊 1）

　　本书以《大学》《中庸》的观点解释现代
中国政治、社会问题。

　　收藏单位：重庆馆、南京馆

01516

**中庸大义　陈登澥著**

北京：陈友元 [ 发行者 ]，1941.8，52 页，32
开（七闽丛书）

　　本书逐句解释《中庸》原文。封面由王
揖唐题签。

　　收藏单位：国家馆、首都馆

01517

**中庸读本（考证详注）　史本直注**

上海：大众书局，1935，31+20 页，32 开

上海：大众书局，1936.4，重版，31+20 页，32 开

　　本书分段标点，详加注解。书末附录日
本三浦藤著，张宗元、林科棠译《中庸》一
文。

　　收藏单位：国家馆、首都馆

01518

**中庸辑义　郝擢先著**

上海：时进印务局，[1948]，204 页，25 开

　　本书作者遵先圣先贤之主旨，并参考章
句，为之注解，汇集成编。分 4 支，共 33
章。书末附概要表。

　　收藏单位：重庆馆、上海馆

01519

**中庸解诂　傅以潜识**

杭州：二六印社，1937，64 页，22 开

　　本书对《中庸》一书逐句加以解释。

　　收藏单位：浙江馆

01520

**中庸句解（言文对照 音注标点）　周祖芬译注**

上海：春江书局，1940.9，2 版，39 页，32 开
（国学入门丛书）

上海：春江书局，1942.8，3 版，39 页，32 开

上海：春江书局，1947，[ 再版 ]，39 页，32 开

　　本书对《中庸》一书逐句加以解释。

　　收藏单位：重庆馆、山东馆、上海馆、首
都馆

01521

**中庸民主大义　鲍璞著**

北平：鲍璞 [ 发行者 ]，1933，[18]+204 页，18
开

　　本书作者认为《中庸》一书包含子思学
理，古代民主政治的精神，故取《尚书》中
"民主"二字加以阐释。将朱熹《中庸章句》，
分为上篇、下篇，共 9 章，内容包括：性灵真
理、中庸、道、德、政治、诚、古王政、论
尧舜孔子、结论。书前有作者附言。封面由
蔡元培题签。

　　收藏单位：重庆馆、国家馆、南京馆、首
都馆、天津馆

01522

**中庸首章解**

北京：道德学社，[1911—1920]，188 页，18 开

　　收藏单位：南京馆、浙江馆

01523

**中庸述义　北平道德学社著**

北平：道德学社，1939，42 页，25 开

01524

**中庸新读本　唐文治注**

出版者不详，36 页，18 开

　　本书注者摘取众家之长对《中庸》加以
注释。分读中庸提纲、中庸新读本两部分。

　　收藏单位：上海馆

01525

**中庸新诠　叶深诠释**

澳门：慈幼印书馆，1946.8，122 页，32 开（新

青年文化丛书 第一集4)

本书为《中庸》注解，共33章，内容包括：孔子传略、大学概要、大学绪言、性、道、教、中庸与反中庸、中庸结语、道不行与不明、道不行与结语、论舜用中、予知服膺中庸、中庸不易行、论强、依乎中庸、君子之道（本质）、忠恕与言行等。

收藏单位：国家馆

**01526**

**中庸新注 王有台著**

北京：天华印书馆，1941，[14]+156+[30]页，18开

本书共7章，内容包括：人道、时中、鬼神、政治、诚身、礼教、王道，训释文义，并佐以《周易》卦、爻说明《中庸》之哲理。书末附《规复中庸错简原文及文字数表》《中庸人道图和大学人道图》（18幅）及《说明》《中庸新注附图解》《中庸解》《中庸为作人原则》《中庸为治世标准》《中庸预则立节与大学知止节有无关系问答》《君子中庸赞》《中国中古与泰西近人心与政教异同之点》《孔道近取诸身歌》《中庸人易之相互关系》。

收藏单位：国家馆

**01527**

**中庸一元说 刘伯瀛著**

福州：福建中学研究社，26页，32开

本书共12章，内容包括：程明道朱晦翁二元说之误、中学为儒之中心、中庸之意义、中庸出发于情、六艺皆中庸注脚、孟子为中学之继统、中庸之本在于至诚、佛学与中庸、辩证法与中庸、中山学说与中庸、中庸弥纶于人生一切关系之中、中庸之将来。书末附刘通序。

收藏单位：国家馆

**01528**

**中庸章句 （日）田中庆太郎校订**

东京：文求堂书店，1936，35页，32开

东京：文求堂书店，1941，10版，1册，32开

本书为影印璜川吴氏仿宋刊本。卷末有《四书章句》附考。

收藏单位：国家馆、南京馆

**01529**

**中庸哲学 李海波编著**

出版者不详，[1933]，185页，32开

本书叙述中国自孔子以来中庸学说之发展，着重论述现代中国的中庸说，认为中庸系"孙中山思想之本，蒋介石力行哲学之渊源"。共6章，内容包括：中庸之道、唯中辩证法、生生宇宙论、尽性人生论、知行认识论、致曲进化论。书前有苗培成等题词、作者自序等。

收藏单位：江西馆、南京馆

**01530**

**中庸郑注讲疏 顾惕生著**

南京：中央政治学校，1937.1，92页，32开（至诚山人丛书）

本书共16章，内容包括：修道、时行、执中、造端、忠恕、微显、大孝、为政、九经、诚身、赞化、配天、明哲、征信、祖述、潜昭。

收藏单位：南京馆

**01531**

**中庸之实践的研究 赵如珩著**

[南京]：中国知行学社，[1945]，122页，32开（知行丛书3）

本书作者认为，"中庸"有静的、保守的、消极的一面，也含有动的、前进的、积极的因素，它不仅是一种供学者研究的哲理，而且也是人们在生活中一种处事应世的实践方法——恰到好处。共9篇，内容包括：中庸之研究的启端、中庸的解说、中庸的性格、中庸之哲学的基础、中庸之实践的研究、国史上用中的教训、阳明学说与中庸、中庸论说选录、结论。

收藏单位：上海馆

**01532**

**中庸注参 陈柱辑注**

上海：商务印书馆，1931，74页，32开（学生国学丛书）

上海：商务印书馆，1933，国难后1版，74页，32开（国学小丛书）

上海：商务印书馆，1935，国难后2版，74页，32开（国学小丛书）

本书辑录郑康成、孔颖达、朱熹、顾炎武、戴震、康有为、徐灏、徐绍桢、刘师培、马其昶、唐蔚芝、陈钟凡诸家对《中庸》的注释。书前有陈柱序及说明。

收藏单位：重庆馆、广东馆、国家馆、河南馆、吉林馆、近代史所、南京馆、上海馆、首都馆、天津馆

01533
**中庸注解**
出版者不详，石印本，38页，32开

收藏单位：首都馆

01534
**忠经** （汉）马融撰
东京：文求堂书店，1册，大32开

收藏单位：南京馆

01535
**忠经**
[南昌]：中国国民党江西省执行委员会宣传处，1945.5，18页，42开

本书分两部分诠释了《忠经》，分别为《忠经》与儒家哲学思想、《忠经》的分析。并阐述了《忠经》18章的内容，包括天地神明章、圣君章、冢臣章、百工章、守宰章、兆人章、政理章、武备章、观风章、保孝行章、广为国章、广至理章、扬圣章、辨忠章、衷谏章、证应章、报国章、尽忠章。

收藏单位：国家馆

01536
**洙泗考信录** （清）崔述著 努力学社标点
北平：文化学社，1928.7，[228]页，32开
北平：文化学社，1932，再版，[228]页，32开

本书共4卷，新式标点。书前有王嵩《重刻洙泗考信录序》。

收藏单位：重庆馆、山西馆、上海馆、首都馆、天津馆

01537
**洙泗考信录评误** 张昌圻著
上海：商务印书馆，1931，115页，32开（国学小丛书）
上海：商务印书馆，1934，国难后1版，115页，32开（国学小丛书）

本书作者认为崔述是"以理想化的圣贤作为疑古辨古的根据或出发点"，因而其"考信"是不可信的。共举崔述错误22条。分绪论、分论、结论3章。书前有作者自序，列述胡适、顾颉刚、钱玄同等对《洙泗考信录》一书的评论。

收藏单位：重庆馆、东北师大馆、国家馆、湖南馆、江西馆、辽大馆、辽宁馆、南京馆、山东馆、上海馆、首都馆、天津馆

01538
**总裁讲述大学中庸精义** 蒋中正讲述 周莹编纂
金华：建国出版社，1939，66页，32开（建国文化丛刊1）

本书内容包括：大学之道、中庸的要旨与将领之基本原理、政治的道理、科学的学庸（为学办事做人的基本要道）、礼运大同等。

收藏单位：重庆馆、贵州馆、江西馆、绍兴馆

# 道 家

01539
**从吕氏春秋推测老子之成书年代** 顾颉刚著
北平：出版者不详，1932，34页，16开

本书共17章，内容包括：引言、《吕氏春秋》引书例及《老子》在当时的地位、《淮南子》引《老子》语的方式、《吕氏春秋》与《老子》的比较等。

收藏单位：国家馆

01540
**从西洋哲学观点看老庄** 张东荪著
北平：燕京大学，1934.12，26页，16开

本书比较老庄与西方哲学家斯宾诺莎、黑格尔的哲学思想。为《燕京学报》第 16 期抽印本。

## 01541
**道德经白话解说　江希张著**
上海：道德图书馆，1919.6，126 页，32 开
上海：道德图书馆，1921.6，再版，[152] 页，32 开
上海：道德图书馆，1933，[152] 页，32 开

本书分上、下两卷，共 3 部分，内容包括：字解、章（节）解、演说。书前有江希张、姚明辉序。

收藏单位：吉林馆、上海馆

## 01542
**道德经贯解　梁午峰注解　杜茂叔校阅**
西安：西北教育用品社，1944.8，[14]+130 页，32 开（整理国学丛书 第 4 种）

本书以王弼注本为主，参照《河上公章句》本，将《道德经》分为上、下两卷，12 篇 84 章加以注释。每篇前加小标题点明要旨，卷首冠短文 1 篇，述五千言大旨。书前有梁午峰序、《史记老子列传》。

收藏单位：重庆馆、国家馆

## 01543
**道德真诠　虚玄　为六纂**
出版者不详，[1932—1949]，1 册，18 开

收藏单位：江西馆

## 01544
**读老子　张丁达等著　卢锡荣校订**
昆明：云南东陆大学，1924.8，80 页，32 开

本书收集张丁达、田飞龙、杨启毓、杨暾、倪汝秀、郑丕明、李文垣、杨正邦论述老子时代、思想学说，以及老子学说对后世影响的短文 8 篇。

## 01545
**读庄子　赵思治等著　卢锡荣校订**
昆明：云南东陆大学，1924.8，198 页，32 开（东陆大学丛书 改造特别号 2）

本书收录赵思治、王猷铸、赵希献、张连茂、彭元槐、李佛人、吴杨泽等人撰写的 7 篇论述庄子生平、学说思想及关于《庄子》篇目、内容的文章。

收藏单位：北师大馆、广西馆

## 01546
**读庄子天下篇疏记　钱基博著**
上海：商务印书馆，1930.4，105 页，32 开（国学小丛书）（万有文库 第 1 集 55）
上海：商务印书馆，1933.4，105 页，32 开（国学小丛书）
上海：商务印书馆，1934.1，再版，105 页，32 开（国学小丛书）
上海：商务印书馆，1934.5，3 版，105 页，32 开（国学小丛书）

本书阐述《庄子·天下篇》的意义，兼有对文字的注释。共 4 篇，内容包括：总论、墨翟禽滑厘宋钘尹文、彭蒙田骈慎到关尹老聃、庄周惠施公孙龙。书末附《太史公谈论六家要指考论》。

收藏单位：安徽馆、重庆馆、东北师大馆、广东馆、广西馆、贵州馆、国家馆、河南馆、湖南馆、吉林馆、江西馆、近代史所、辽大馆、南京馆、上海馆、首都馆、天津馆、浙江馆、中科图

## 01547
**关尹子　（春秋）尹喜著**
上海：商务印书馆，1937.3，64 页，32 开（万有文库 第 2 集 30）（国学基本丛书）
上海：商务印书馆，1939，简编版，64 页，32 开（万有文库 第 2 集 30）

本书为后人伪作。分为 9 篇，内容包括：宇、柱、极、符、鉴、匕、釜、筹、药。据《子汇》明刊本影印。卷首有刘向呈书、咸和二年葛洪序及辑刊者按语。书前有《墨海》本所载《关尹子》一书的提要。

收藏单位：重庆馆、大连馆、东北师大馆、国家馆、江西馆、辽大馆、上海馆、天津馆、浙江馆

**01548**

**关于老子成书年代之一种考察　钱穆著**

北平：燕京大学，1930，25 页，16 开

　　本书为《燕京学报》第 8 期抽印本。

　　收藏单位：吉林馆

**01549**

**广庄　（明）袁宏道著**

上海：佛学书局，1935.10，35 页，50 开（佛学小丛书）

　　本书以佛教观点解释《庄子》一书中的《逍遥游》《养生主》《人间世》《德充符》《大宗师》《应帝王》等篇。

　　收藏单位：国家馆

**01550**

**郭象庄子注是否窃自向秀检讨　杨明照著**

北京：燕京大学哈佛燕京学社，1940，71—88 页，16 开

　　本书为《燕京学报》第 28 期单行本。

　　收藏单位：国家馆

**01551**

**横滨市立大学纪要（老子王注校正）（日）波多野太郎编**

外文题名：The journal of the Yokohama municipal university

横滨：横滨市立大学，[1930—1939]，150 页，25 开

　　本书论述老子关于"道"的思想。作者认为老子之道，以自然为来源，以无为体，以有为用，以返始守柔为处世之方。

　　收藏单位：浙江馆

**01552**

**老聃道术之研究　戴锡章编**

厦门：厦门大学，1943.7，12 页，16 开

　　收藏单位：南京馆

**01553**

**老墨哲学之人生观　蔡尚思编**

上海：启智书局，1930，123 页，32 开

上海：启智书局，1933，再版，123 页，32 开

上海：启智书局，1934.4，再版，123 页，32 开

上海：启智书局，1934，3 版，123 页，32 开

　　本书分为老子哲学之人生观与墨子哲学之人生观两部分。

　　收藏单位：重庆馆、东北师大馆、广东馆、贵州馆、国家馆、近代史所、南京馆、上海馆、绍兴馆、首都馆、浙江馆、中科图

**01554**

**老学八篇　陈柱著**

上海：商务印书馆，1928，151 页，22 开（国学小丛书）

上海：商务印书馆，1930，170 页，32 开（国学小丛书）（万有文库 第 1 集 50）

上海：商务印书馆，1933，国难后 1 版，170 页，32 开（国学小丛书）

上海：商务印书馆，1934，国难后 2 版，170 页，32 开（国学小丛书）

　　本书共 8 篇，内容包括：老子之大略、老子之别传、老子之文学、老子之学说、庄子之老学、韩非子之老学、庄韩两家老学之比较、新定老子章句。书前有陈柱序。书末附勘误表。

　　收藏单位：安徽馆、重庆馆、大连馆、东北师大馆、广东馆、广西馆、贵州馆、国家馆、黑龙江馆、湖南馆、吉大馆、江西馆、辽大馆、南京馆、山东馆、上海馆、绍兴馆、首都馆、天津馆、武大馆、浙江馆、中科图

**01555**

**老学辨正解（即，道德经解）　李天然著**

成都：正学社，1944，70 页，36 开

　　本书以王弼《道德经注》本为底本，删去原有的篇目，据原文的意义另分段落，并从道学及逻辑学的角度另行注解。书前有李天然序、陈克成致李天然函。

　　收藏单位：重庆馆、复旦馆、贵州馆、国家馆、江西馆、辽宁馆、南京馆、山东馆、首都馆

**01556**

**老庄哲学　胡哲敷著**

上海：中华书局，1935，294 页，22 开

本书分 17 章，论述老子、庄子的生平、著述、哲学思想之源流和异同；介绍老子、庄子的学说，包括宇宙观、人生观、知识论、方法论、实践道德论、政治论、养生论、命论等；叙述道家关于无为之事与不言之教、齐万物与一死生的论述；比较老庄哲学与道教、儒家哲学的异同，老庄哲学与法家的关系。书前有蒋维乔序、作者自序。封面由章炳麟题签书名，扉页由谢无量题签书名。

收藏单位：重庆馆、广东馆、贵州馆、国家馆、黑龙江馆、吉林馆、江西馆、近代史所、南京馆、山东馆、上海馆、天津馆、浙江馆

01557

**老庄之互助学　邵乐安著**

北平：世界编译馆，1933，48 页，32 开（世界集刊 互助）

本书选引老庄学说中涉及互助的章段，加以研究，说明互助学说在老庄哲学中的存在。

01558

**老子　陈柱注**

上海：商务印书馆，1928，28+73 页，32 开（学生国学丛书）

上海：商务印书馆，1929，28+73 页，32 开（万有文库 第 1 集 49）

上海：商务印书馆，1930，再版，28+73 页，32 开（学生国学丛书）

上海：商务印书馆，1932，国难后 1 版，28+73 页，32 开（学生国学丛书）

上海：商务印书馆，1934，再版，28+73 页，32 开（万有文库 第 1 集 49）

上海：商务印书馆，1934，国难后 2 版，28+73 页，32 开（学生国学丛书）

上海：商务印书馆，1935，国难后 3 版，28+73 页，32 开（学生国学丛书）

上海：商务印书馆，1947，4 版，28+73 页，32 开（学生国学丛书）

本书对《老子》81 章加以注释及校勘。书前有绪言一篇，内容包括：辨明老子六疑问、辨老孔不同时之说、《老子》书等。

收藏单位：安徽馆、重庆馆、大连馆、东北师大馆、广东馆、贵州馆、国家馆、湖南馆、江西馆、辽大馆、南京馆、上海馆、绍兴馆、首都馆、天津馆、浙江馆

01559

**老子　（周）李耳著　（魏）王弼注　（日）田中庆太郎校订**

东京：文求堂书店，1932，1 册，22 开

东京：文求堂书店，1934，114 页，22 开

本书系统地阐述了玄学理论，探讨本体世界"无"和现象世界"有"所构成的多重关系，反映了认识的深化。

收藏单位：国家馆、南京馆、首都馆

01560

**老子　许啸天注解**

上海：群学社，1930.9，[448] 页，32 开

上海：群学社，1934.2，再版，[448] 页，32 开

本书内容分 3 部分：老子概论，考述《老子》一书，论子书之分类、地位，诸子思想产生之根源；老子历史，叙述老子传略，注解《史记·老子列传》；老子道德经，逐句注解，并附有历代的部分《老子》注。封面题名：白话译注新式标点老子。

收藏单位：重庆馆、广东馆、国家馆、湖南馆、吉林馆、南京馆、上海馆、首都馆、浙江馆、中科图

01561

**老子　张默生编著**

重庆：胜利出版社，1944，186 页，32 开（中国历代名贤故事集 第三辑 学术先进）

重庆：胜利出版社，1944，再版，186 页，32 开（中国历代名贤故事集 第三辑 学术先进）

本书论述老子的生平、著述、学术思想，附及杨朱、庄周的传略，以及他们的学说、对后世的影响等。书前有作者小传，潘公展的《历代名贤故事集编辑旨趣》。附录《老子道德经》。

收藏单位：重庆馆、广东馆、贵州馆、国家馆、近代史所、南京馆、上海馆、浙江馆

01562

**老子本义** （清）魏源著

上海：商务印书馆，1931.4，94 页，32 开（国学基本丛书）（万有文库 第 1 集 48）

上海：商务印书馆，1934.11，94 页，32 开（国学基本丛书）

上海：商务印书馆，1934.12，再版，94 页，32 开（国学基本丛书）

上海：商务印书馆，1934，94 页，32 开（新中学文库）

上海：商务印书馆，1935，3 版，94 页，32 开（国学基本丛书）

上海：商务印书馆，1935，4 版，94 页，32 开（国学基本丛书）

长沙：商务印书馆，1939.9，94 页，32 开（国学基本丛书）（万有文库 第 1—2 集 简编 500 种）

上海：商务印书馆，1939，简编版，94 页，32 开（国学基本丛书）（万有文库 第 1 集 48）

上海：商务印书馆，[1940]，94 页，32 开（国学基本丛书）

上海：商务印书馆，1947，4 版，94 页，32 开（国学基本丛书）（新中学文库）

本书据《渐西村舍丛刊》本排印。书前有《论老子》《史记·老子列传》。书末附录《说苑》《庄子》《史记》《礼记》《荀子》等书及孔子有关老子的论述节录、袁昶跋。

收藏单位：安徽馆、重庆馆、大连馆、东北师大馆、广东馆、广西馆、贵州馆、国家馆、湖南馆、江西馆、辽大馆、南京馆、山东馆、上海馆、绍兴馆、首都馆、天津馆、中科图

01563

**老子辨** 钱穆著

上海：大华书局，1935，122 页，32 开

本书内收论文 4 篇，分上、下两编。上编辨老子人，收录《孔子与南宫敬叔适周问礼老子辨》《老子杂辨》；下编辨老子书，收录《关于老子成书年代之一种考察》《再论老子成书年代》。书末附录《从先秦学术思想变迁大势观测老子的年代》（熊伟）。

收藏单位：重庆馆、东北师大馆、贵州

馆、国家馆、湖南馆、吉林馆、南京馆、山西馆、上海馆、绍兴馆、首都馆、浙江馆、中科图

01564

**老子道德经（白话译解）** 叶玉麟译解

上海：大达图书供应社，1935，再版，72 页，32 开

本书以王弼《道德经注》本为底本，先简括每章大意，再用白话解译。书末附唐代陆德明《经典释文》中《老子道经音义》。

收藏单位：国家馆、河南馆、江西馆、南京馆、首都馆

01565

**老子道德经（白话译解）** 叶玉麟译解

上海：广益书局，1936.4，72 页，32 开

上海：广益书局，1947，新 1 版，72 页，32 开

上海：广益书局，1948.9，新 2 版，72 页，32 开

收藏单位：重庆馆、广东馆、国家馆、湖南馆、江西馆、南京馆、山西馆、绍兴馆、首都馆

01566

**老子道德经（白话译解）** 叶玉麟译解

上海：新民书局，1935.1，72 页，32 开

上海：新民书局，1935.3，再版，72 页，32 开

收藏单位：重庆馆、河南馆、江西馆、首都馆

01567

**老子道德经（标点注解）** 支伟成标点

上海：大中书局，1934，8 版，19+66 页，32 开

上海：大中书局，1937，再版，19+66 页，32 开

本书分上、下篇。上篇研究之部，包括老子学说之研究、老子略传、老子道德经略考、参考书举要；下篇解释之部，包括标点注释的《老子道德经》及老子哲学窥要。

收藏单位：南京馆、首都馆

01568

**老子道德经（标点注解）　支伟成标点**

上海：泰东图书局，1923，19+66 页，32 开
（诸子研究 1）

上海：泰东图书局，1924，再版，19+66 页，
32 开（诸子研究 1）

上海：泰东图书局，1926，4 版，19+66 页，
32 开（诸子研究 1）

上海：泰东图书局，1934，8 版，19+66 页，
32 开（诸子研究 1）

　　收藏单位：重庆馆、国家馆、河南馆、上
海馆、首都馆

01569

**老子道德经（新式标点）（魏）王弼注释
高岳岱标点**

上海：扫叶山房，1925，56 页，32 开

　　本书据华亭张氏原本标点而成。书前有
高岳岱序。书末有政和乙未十月丁丑晁说之
及三月二十四日镇江府府学教授熊克的记文
两篇。封面书名由梁北庐题签。

　　收藏单位：重庆馆、国家馆、河南馆、江
西馆、山东馆、上海馆、首都馆

01570

**老子道德经·冲虚至德真经·南华真经**

上海：商务印书馆，1 册，22 开

　　收藏单位：广东馆

01571

**老子道德经贯珠解　李伯朝著**

上海：新华书局，1934.4，76 页，32 开

　　本书分众妙之门、无为之事等 81 章，对
老子《道德经》进行注解。

　　收藏单位：山东馆、中科图

01572

**老子道德经解题及读法　钱基博著**

上海：大华书局，1934，44 页，25 开

　　本书分 4 章，论述老子其人、老子《道
德经》及《道德经》的版本和读法。

　　收藏单位：广东馆、国家馆、南京馆、上
海馆

01573

**老子道德经通诣　李翊灼注**

南京：新新印书馆，[1930—1949]，138 页，16
开

　　本书对《道德经》分章标点，概括章旨，
注释疑难，并疏通串讲文字。

　　收藏单位：国家馆

01574

**老子读本　陈和祥评注　秦同培编辑兼校订**

上海：世界书局，1926.3，[24]+80 页，32 开
（评注标点十子全书）

　　本书为《老子》一书的标点评注本。书
前有《老子总论》，列述历代对老子其人及其
书的论述。

　　收藏单位：国家馆、山东馆、首都馆、中
科图

01575

**老子读本　谭正璧编**

上海：中华书局，1949，[12]+52 页，32 开（学
生国学读本）

　　本书为《老子》一书的注释本。书前有
《老子读本序》。

　　收藏单位：辽大馆、上海馆、首都馆

01576

**老子分释　陈梦家著**

重庆：商务印书馆，1945.11，71 页，32 开

　　本书对《老子》一书的文字加以训诂，
并阐明该书的思想。分为常、玄、有无、母、
道等 22 篇。书前有作者自序。

　　收藏单位：重庆馆、国家馆、吉林馆、南
京馆

01577

**老子韩氏说　陈柱著**

长沙：商务印书馆，1939.12，113 页，32 开
[长沙]：商务印书馆，1940，再版，113 页，
32 开

　　本书引《韩非子》中的《解老》《喻老》
等篇解释老子各章，分析韩非子、老子两家
学术源流及变迁和异同。《老子》用浙江书局

本,《韩非子》用王先谦集解本。书前有作者叙，提出韩非子之学源于道家与儒家。

收藏单位：重庆馆、东北师大馆、广东馆、国家馆、江西馆、首都馆、中科图

01578

**老子河上公章句考　王明著**

北平：北京大学出版部，1948，25 页，16 开（国立北京大学五十周年纪念论文集 文学院 18）

本书共 5 章，内容包括：序说、河上丈人与河上公、河上公章句之主要思想、河上公章句与葛玄之关系、结论。

收藏单位：东北师大馆

01579

**老子集训　陈柱编**

上海：商务印书馆，1928，132 页，22 开

上海：商务印书馆，1930，再版，132 页，22 开

本书据历代善本及名家校注，从考异、训诂、释义、音韵等方面对《老子》一书加以注释。分上、下篇 81 章。书前有陈柱自序、《史记·老子列传》。

收藏单位：重庆馆、广东馆、广西馆、国家馆、河南馆、湖南馆、江西馆、南京馆、山西馆、上海馆、绍兴馆、首都馆、天津馆

01580

**老子集注　（宋）范应元集注直解　曹聚仁增订**

上海：梁溪图书馆，1926，236 页，32 开（国故学丛书 5）

上海：梁溪图书馆，1926，再版，236 页，32 开（国故学丛书 5）

本书对范应元《老子集注》增订并标点。书前有曹聚仁序及范应元序，曹序介绍清代研究《老子》的著述，并从音韵和文章结构上对《老子》和《诗经》加以比较，从而论及中国"哲学诗"中绝的原因。

收藏单位：重庆馆、国家馆、江西馆、绍兴馆、首都馆、中科图

01581

**老子集注　（宋）范应元集注直解　曹聚仁增订**

上海：群学社，1925，236 页，32 开（国故学丛书）

上海：群学社，1930，再版，236 页，32 开（国故学丛书）

收藏单位：重庆馆、国家馆、湖南馆、中科图

01582

**老子校诂　蒋锡昌著**

上海：商务印书馆，1937，[30]+477 页，22 开，精装

本书以浙江书局王弼注本为主，用唐、宋、元、明、清善本及日本藏本等 83 种《老子》注本校勘而成。书前有作者 1935 年及 1937 年的序两篇。书末附《黄老考》《老庄并称之始考》《黄老学者接子捷子接予为一人考》《古代引老经最早之人考》。

收藏单位：重庆馆、广东馆、国家馆、黑龙江馆、湖南馆、吉林馆、江西馆、南京馆、上海馆、首都馆、天津馆、浙江馆、中科图

01583

**老子今见　陈登澥著**

北平：文岚簃印书局，1929，52 页，16 开（七闽丛书）

本书逐章逐句对《老子》一书加以考订、解释。眉批引用《庄子》《关尹子》《论衡》《史记》《后汉书》等书的原文解释《老子》书中的有关词句。书前有《史记》本传。书末有陈柱的《老子大义》。

收藏单位：国家馆、山东馆、首都馆、浙江馆、中科图

01584

**老子考　王重民编**

北京：中华图书馆协会，1927，2 册，32 开（中华图书馆协会丛书 1）

本书将两汉、三国、晋、六朝、唐、宋、元、明、清诸家关于老子的著述编成书目。共 7 卷，对每本书特点均有介绍。另附《存

目》《通论与札记略目》《日本著述略目》《译书略目》《传记略目》《碑幢略目》，总计收录中外关于老子的著译 500 余种。书前有袁同礼序、王重民自序。书末附引用书目、补遗、勘误表。

收藏单位：国家馆、吉林馆、江西馆、南京馆、上海馆、首都馆、天津馆

01585

**老子列子精华　中华书局编辑**

上海：中华书局，1936.12，40+54 页，36 开（中国文学精华）

上海：中华书局，1941.1，4 版，40+54 页，32 开（中国文学精华）

本书分两部分。第 1 编节选《老子》48 篇，包括安民、无源虚用、成象韬光、易性运夷、赞玄、虚无、养德、显质等；第 2 编节选《列子》4 篇，包括黄帝、周穆王、仲尼、说符。书上有眉批。书中有评论及解释。

收藏单位：重庆馆、广西馆、国家馆、黑龙江馆、山东馆、山西馆、上海馆、绍兴馆、首都馆

01586

**老子释义·性理学录要　郭维城著**

上海：明善书局，[1929]，62 页，32 开

本书内收《老子释义》（附《阴符经》）和《性理学录要》两篇。前篇是以儒、佛、道解释《老子》；后篇系摘录周敦颐《太极图说》、张载《西铭》、朱熹《近思录》、王阳明《拔本塞源论》和《立志说》《理学宗传》。书名页有王粟初题签。

收藏单位：国家馆、上海馆、浙江馆

01587

**老子通释　张纯一著**

上海：商务印书馆，1946.12，渝初版，103 页，32 开

本书作者认为《老子》的思想不仅贯穿于道家之中，而且融合于儒、墨、释三家的学说里。从这一观点出发，分 81 章解释《老子》。书中对释家学说分析较详。

收藏单位：广东馆、国家馆、黑龙江馆、

吉林馆、南京馆、山东馆、上海馆、首都馆、中科图

01588

**老子通证　冯振著**

上海：国立暨南大学印务组，[1929]，92 页，32 开

本书先列王弼章句《老子》原文，后分注义、通论、参考 3 个部分。每句之后有注义，集各家注，解释字句之意义；每章之后有通论，贯通串讲文义，并引其他章中的有关原文，作为理解本义的参考。书前有作者自序、《史记·老子列传》《古代老学评论辑要》。

01589

**老子通证　冯振著**

无锡：山围精舍，1935.4，[10]+54+66 页，22 开（无锡国学专修学校丛书 8）

无锡：山围精舍，1935.4，[10]+54+66 页，22 开（自然室丛书 1）

收藏单位：广东馆、广西馆、桂林馆、国家馆、湖南馆、吉林馆、南京馆、上海馆、浙江馆

01590

**老子现代语解　陆世鸿著**

重庆：中华书局，1944，92 页，32 开

上海：中华书局，1947，再版，92 页，32 开

本书分 81 章用白话文对《老子》一书逐句加以解释。正文以王弼注本为底本，参照《河上公章句》本酌为修改。书前有序言。

收藏单位：重庆馆、广东馆、国家馆、吉林馆、南京馆、山东馆、上海馆、首都馆、浙江馆

01591

**老子新诂　马荫良著**

出版者不详，1941.11，84 页，22 开

本书以民国九年浙江图书馆复刻本为底本，分 81 章对《老子》一书重加校勘、注解并句读。书前有马荫良序、凡例，以及老子哲学系统表。

收藏单位：上海馆、中科图

**01592**

**老子新解　麟符著**

天津：协成印刷局，1921，123 页，22 开（新生丛书）

本书逐句考释《老子》的文字及涵义，先列《老子》原文，后作"解""释字"等。书前有麟符序。

收藏单位：国家馆、天津馆、中科图

**01593**

**老子新注　缪尔纾著**

昆明：云南教育厅编译处，1922，95 页，32 开

本书根据吴澄、胡适、梁启超等人的注解以及作者本人的意见，对《老子》一书加以注释。书前有《老子传略》注者叙言。书末附录《梁任公提诉老子时代问题一案判决书》（张煦）。

收藏单位：中科图

**01594**

**老子新注（新式标点）　缪尔纾著**

上海：启智书局，1934，62 页，32 开

上海：启智书局，1935，[再版]，62 页，32 开

上海：启智书局，1935.5，3 版，62 页，32 开

收藏单位：重庆馆、山东馆、首都馆、中科图

**01595**

**老子新注（新式标点）　缪尔纾著**

上海：新文化书社，1923.10，[18]+82 页，32 开

上海：新文化书社，1933.3，3 版，[18]+82 页，32 开

上海：新文化书社，1933，4 版，[18]+82 页，32 开

上海：新文化书社，1934，5 版，[18]+82 页，32 开

上海：新文化书社，1934，6 版，[18]+82 页，32 开

上海：新文化书社，1935，7 版，[18]+82 页，32 开

收藏单位：重庆馆、广东馆、广西馆、国家馆、河南馆、湖南馆、江西馆、南京馆、山东馆、山西馆、上海馆、绍兴馆、首都馆、

天津馆、中科图

**01596**

**老子新注（新式标点）　朱鉴标点**

上海：大达图书供应社，1933，1 册，32 开

收藏单位：绍兴馆、首都馆

**01597**

**老子学案　郎擎霄著**

上海：大东书局，1926.9，[12]+184 页，25 开

上海：大东书局，1928.5，再版，[12]+184 页，25 开

本书共 17 章，内容包括：老子传略、老子时代之社会情况、老子篇目考及其体例研究、老子学说之渊源、老子哲学之根本观念、老子之天道论、老子之自然哲学、老子论知识、老子之人生哲学、老子之政治哲学、无政府主义、老子之经济哲学、革命家之老子、道家诸子（上、下）、释老子者之歧异、老子学说之批判。附录《老子用书撰要》（附道家诸子书目）。

收藏单位：重庆馆、国家馆、上海馆、浙江馆

**01598**

**老子学案　王恩洋著**

上海：佛学书局，[1938]，55 页，25 开（龟山丛书 6）

本书论述老子学说的来源、主要内容及老学之意义，兼述儒道两家之不同。

收藏单位：国家馆、上海馆、中科图

**01599**

**老子研究　王力著**

外文题名：A study of Lao-Tze

上海：商务印书馆，1928.6，108 页，25 开，精装（民铎丛书 4）

上海：商务印书馆，1931.3，再版，108 页，25 开，精装（民铎丛书 4）

上海：商务印书馆，1934.3，国难后 1 版，108 页，25 开，精装（民铎丛书 4）

本书论述老子关于"道"的思想，作者认为老子之道，以自然为来源，以无为体，

以有为用，以返始守柔为处世之方。共 7 章，内容包括：总论、道始、道理（辨名、齐物、阅甫）、道动（复命、崇俭、知止、弃智、去欲、主静、希言、废法、忘术、同尘、破迷、外身、无死）、道用（守柔、非战、戒矜、慎事）、道效、结论。书末有附记，认为《老子·佳兵》一章为后人增写，其余各章均出自一人手笔。

收藏单位：东北师大馆、广东馆、国家馆、湖南馆、江西馆、南京馆、上海馆、绍兴馆、首都馆、天津馆、浙江馆、中科图

## 01600

**老子研究参考讲义之一　李孟楚著**
出版者不详，146 页，32 开
　　本书论述老子的生平、著述、学术思想。
收藏单位：浙江馆

## 01601

**老子研究与政治　历劫余生著**
上海：中国图书杂志公司，1939.10，128+40 页，22 开
　　本书分 11 章论述《道德经》与政治的关系。第 1—2 章认为《老子》一书是一部积极的、真实的政治经；第 3—8 章论述《道德经》的主旨：化育、息争、无私、先公、无欲、物质、精神（非名）、静与无为、谦卑、虚无、柔弱；第 9 章论述《道德经》的军事思想并与孙子思想相比较；第 10—11 章论述《道德经》对于笃信与实践之指示，并列举因实践老子政治学而成功的汉文帝、光武帝及唐、宋两代开国皇帝等人的事迹。书末附录王弼注老子《道德经》原文。正文前书名题：复兴之母老子研究与政治。

收藏单位：国家馆、吉林馆、南京馆、上海馆、首都馆

## 01602

**老子与庄子　陈柱著**
上海：商务印书馆，1931，125 页，32 开（百科小丛书）（万有文库 第 1 集 51）
上海：商务印书馆，1934，125 页，32 开（百科小丛书）

上海：商务印书馆，1934，再版，125 页，32 开（百科小丛书）
　　本书分上、下两篇。上篇：老子平传，叙述老子姓名、事略、时代，老学派别及变迁，并将《老子》一书中的内容归纳为道、德、柔、弱等 31 个方面，加以探讨；下篇：庄子平传，叙述庄子事迹，庄子书篇目，庄子书的文学价值，并分析了《庄子》内篇的主要思想。

收藏单位：安徽馆、重庆馆、大连馆、东北师大馆、广东馆、广西馆、贵州馆、国家馆、河南馆、江西馆、辽大馆、南京馆、上海馆、绍兴馆、首都馆、天津馆、浙江馆

## 01603

**老子章句新编　严灵峰著**
上海：东方书社，1946，再版，162 页，32 开
　　本书对《老子》一书的章句、错简、脱文、衍误详加校订，并依道体、道理、道用、道术四目，将《老子》一书重分章句，共 56 章。书前有严灵峰序。书末附录《老子章句新编》全文、王弼注《道德经》原文、《删除重要经文及字数表》《增补重要字句及字数表》《引用书目简称表》《原道》，概述老子学说要旨。

收藏单位：中科图

## 01604

**老子章句新编　严灵峰著**
重庆：文风书店，1944，[10]+162 页，32 开
收藏单位：重庆馆、广东馆、国家馆、吉林馆、南京馆

## 01605

**老子章句新释　张默生注释**
成都：东方书社，1943，[172] 页，25 开
上海：东方书社，1946，再版，[177] 页，25 开（子学丛书）
上海：东方书社，1948，3 版，[177] 页，25 开（子学丛书）
　　本书以王弼注本为底本。每章先列原文，后列章句异同、字解、句解、大意等 4 部分

加以注释。书前有自序，列述历代《老子》注释、《老子叙论》，介绍司马迁、梁启超、冯友兰、刘汝霖关于老子其人其书的论述，以及老子的学说和运用。书末附《老子章句异同考》。

收藏单位：重庆馆、国家馆、湖南馆、吉林馆、江西馆、南京馆、山东馆、上海馆、首都馆、中科图

**01606**
**老子哲学　（释）大同著**
上海：大法轮书局，1947，14+121 页，32 开

本书共 6 章，内容包括：老子之主义、老子之思想、老子之宇宙观、老子之人生观、老子哲学与佛家之相通点、老子辨答十六疑问。书前有蒋维乔、薛清平、黄庆澜、白圣、本光及作者自序。书末附录《佛家以出世为入世，道家以无为为有为，孔子推己及人，墨子视人犹己，有无异同，试会通比较论之》。

收藏单位：广西馆、国家馆、上海馆、浙江馆

**01607**
**老子哲学　梁启超等著**
上海：大法轮书局，1949，103 页，64 开（法轮小丛书）

本书收录梁启超《老子哲学》及张纯一《读梁任公"老子哲学"》两篇论文。书末附老子《道德经》原文。

收藏单位：上海馆

**01608**
**老子哲学的研究和批评　程辟金著**
上海：民智书局，1923，88 页，32 开（国民丛书 2）
上海：民智书局，1925，3 版，88 页，32 开（国民丛书 2）
上海：民智书局，1926，4 版，88 页，32 开（国民丛书 2）
上海：民智书局，1930，[ 再版 ]，88 页，32 开

本书讨论《老子》一书包含的宇宙观、天道观、人生哲学、政治哲学，还考证了老子的姓名、时代。书前有胡汉民对本书的评语。书末附有徐苏中的按语。

收藏单位：重庆馆、广东馆、国家馆、南京馆、山西馆、上海馆、首都馆

**01609**
**老子哲学之研究　金声著**
南京：松涛出版社，1948，86 页，32 开

本书共 4 章，内容包括：老子传略、老子的宇宙观、老子的人生观、老子的政治思想。书前有金声序。书末附老子《道德经》原文。

收藏单位：吉林馆、上海馆

**01610**
**老子正诂（重订）　高亨著**
上海：开明书店，1943.8，[25]+187 页，32 开
上海：开明书店，1948.5，再版，[25]+187 页，32 开
北平：开明书店，1949.3，3 版，[25]+187 页，32 开

本书以浙江书局所刻王弼注本为底本，引用《老子》其他版本的注释，加以校勘注释。

收藏单位：重庆馆、东北师大馆、广东馆、国家馆、南京馆、上海馆、首都馆、中科图

**01611**
**列子　唐敬杲选注**
上海：商务印书馆，1926.9，[14]+101 页，32 开（学生国学丛书）
上海：商务印书馆，1929，再版，[14]+101 页，32 开（学生国学丛书）
上海：商务印书馆，1933.5，国难后 1 版，[14]+101 页，32 开（学生国学丛书）
上海：商务印书馆，1937，国难后 2 版，[14]+101 页，32 开（学生国学丛书）

本书选录天瑞、仲尼、汤问、杨朱、说符 5 篇，加以新式标点、白话注释。各篇均分段落，难字均注音切并附注音字母。书前之叙，讨论列子其人、列子书之由来、学说概要等。

收藏单位：重庆馆、复旦馆、广东馆、国

家馆、湖南馆、吉林馆、江西馆、南京馆、上海馆、绍兴馆、首都馆、天津馆

## 01612

**列子（新式标点）（晋）张湛注释　周伯年标点**

上海：扫叶山房，1925，[158] 页，32 开

上海：扫叶山房，1926，再版，[158] 页，32 开

本书共 8 卷，内容包括：天瑞、黄帝、周穆王、仲尼、汤问、力命、杨朱、说符。书前有张湛原序、高岳岱序、刘向校列子书录（有殷敬顺释文）。封面由杨逸题签书名。

收藏单位：重庆馆、南京馆、山东馆、山西馆

## 01613

**列子读本　陈和祥评注　秦同培编辑兼校订**

上海：世界书局，1926，114 页，32 开（评注标点十子全书）

本书书前有编辑大意，简介《列子》书的内容、真伪，以及历代评注等。

收藏单位：国家馆、江西馆、首都馆

## 01614

**列子天瑞篇新义　张怀民著**

上海：中华国学会，1937，27 页，32 开

收藏单位：国家馆、上海馆

## 01615

**南华直旨　杨文焕著**

北平：杨文焕 [发行者]，1936.8，40+102 页，32 开

本书为对庄子著作的研究。共 7 篇，内容包括：逍遥游、齐物论、养生主、人间世、德充符、大宗师、应帝王。书前有鲁钦承、吴海珊、李翼林、管亚强序 4 篇。书后附《南华直旨刊误表》。

收藏单位：国家馆、中科图

## 01616

**评论近人考据老子年代的方法　胡适著**

北平：北京大学出版部，1933，38 页，32 开（哲学论丛）

本书评论冯友兰、钱穆、顾颉刚、梁启超考据老子其人其书年代的方法。书前有作者序。

收藏单位：国家馆、中科图

## 01617

**生命之节律　（荷）亨利·包立尔（H. Borel）著　秋士译　冯友兰校订**

外文题名：The rhythm of life

北京：朴社，1927，[13]+70 页，25 开

本书共 3 章，内容包括：道、艺术、爱。作者假借与老子对话的方式论述老子的"道""无为"的涵义。书前有包立尔序、译者序。书末有冯友兰跋。原著书名为：无为。

收藏单位：广西馆、国家馆、南京馆、山西馆、上海馆、天津馆、浙江馆

## 01618

**太极述义　陈全三述　陈一善　吴彩鸾记编**

北平：道德学社，1942，26 页，32 开

本书用道家学说解释太极。

## 01619

**太上道德经浅注**

苏锡文 [发行者]，1938，[200] 页，32 开

本书分上、下两卷，后有孚佑帝君浅注道德经命跋。

收藏单位：山东馆

## 01620

**魏晋南北老学志**

出版者不详，102 页，32 开

本书考述《老子》一书，论子书之分类、地位及诸子思想产生之根源。

收藏单位：南京馆、浙江馆

## 01621

**文子缵义　（宋）杜道坚撰**

上海：商务印书馆，1936.12，157 页，32 开（万有文库 第 1 集 29）

上海：商务印书馆，1937.12，157 页，32 开（国学基本丛书）

本书为《文子》一书作注，分道原、精

诚、十守、符言、道德、上德、微明、自然、下德、上仁、上义、上礼，共计 12 卷。据聚珍版丛书本排印。书前有牟𪩘原序，乾隆五十四年纪昀、陆锡熊等校文。

　　收藏单位：重庆馆、大连馆、东北师大馆、国家馆、浙江馆

01622

**文子缵义集解　王心湛校勘**

上海：广益书局，1936，186 页，32 开

　　收藏单位：江西馆、南京馆、上海馆、首都馆

01623

**先秦道家哲学研究　张默生著**

[济南]：山东文化学社，1934，再版，[20]+178 页，22 开

　　本书分 3 编论述老子、庄子、杨朱的生平、著述及学说。内容包括：杨朱的为我主义、名实论、定命论、人生观、政治思想等；老子论道、论名，老子的相对论、退化论、弃智主义、静默主义、处世态度和政治思想等；庄子论道，庄子的名学、物化说、人生观、养生论、处世态度和政治思想等。书前有罗根泽序、作者自序。

　　收藏单位：国家馆、吉大馆、南京馆

01624

**显济大帝道德经注　王延彩著**

北平：慈济医社，1939.3，76 页，16 开

　　本书共 81 章，内容包括：论德章、俭欲章、归元章、顺化章、思始章、知难章、天道章等。

　　收藏单位：国家馆

01625

**逍遥歌　初觉居士著**

卢世英 [发行者]，1949，3 叶，36 开，环筒页装

　　本书内收《逍遥歌》《闻道歌》《座右铭》3 篇。

　　收藏单位：重庆馆

01626

**许多问题的讨论（中卷）　永宁著**

武昌：道义书局，1929，74 页，32 开

　　本书为新道学之于文化、科学、哲学、艺术、术学、信解、损益、寿命、究竟、梦境、生灭等问题的讨论。

　　收藏单位：重庆馆

01627

**杨墨哲学　蒋维乔编**

上海：商务印书馆，1928，202 页，22 开

上海：商务印书馆，1931，再版，202 页，22 开

上海：商务印书馆，1934，国难后 1 版，[202] 页，22 开

　　本书是在日本高濑武次郎著《杨墨哲学》一书补阙正误的基础上写成的。共两编。上编杨子哲学，包含发端、杨朱之学说两章，并附有《古今利己说之比较》；下编墨子哲学，包含发端、墨家学说之基础、兼爱交利、贵俭、力行、非攻、墨子交友及弟子问答、修齐治平、墨学缘起、墨学论评 10 章，附录《墨学与耶稣之比较》。书前有作者序。1928 年版编者原题：蒋竹庄。

　　收藏单位：重庆馆、广东馆、贵州馆、国家馆、河南馆、湖南馆、南京馆、上海馆、绍兴馆、天津馆、中科图

01628

**杨朱　陈此生著**

上海：商务印书馆，1928，92 页，32 开（国学小丛书）

上海：商务印书馆，1930，87 页，32 开（国学小丛书）（万有文库 第 1 集 52）

上海：商务印书馆，1933，国难后 1 版，92 页，32 开（国学小丛书）

上海：商务印书馆，1934，国难后 2 版，92 页，32 开（国学小丛书）

上海：商务印书馆，1935，国难后 3 版，92 页，32 开（国学小丛书）

　　本书为研究杨朱学说的专著。作者剖析了杨朱学说的根本观念——"我"的涵义，认为杨朱的"为我"与他反对"侵物"联系在一起；由于杨朱主张与历代君主统治不谐，

故渐泯灭。共6章，内容包括：总论、杨朱的根本观念、杨朱的人生哲学、杨朱的名实论、杨朱的政治思想、结论。其中第1章阐述《列子·杨朱篇》产生的时代、杨朱其人及其学说渊源和先秦诸子对杨朱学说的批评；第2—6章依次阐述杨朱的根本思想、人生哲学、名实论、政治思想以及杨朱学说绝灭的原因。书末附录《杨朱言行集》。

收藏单位：安徽馆、重庆馆、大连馆、东北师大馆、广东馆、广西馆、贵州馆、桂林馆、国家馆、河南馆、湖南馆、江西馆、辽大馆、辽宁馆、南京馆、山东馆、上海馆、首都馆、天津馆、浙江馆、中科图

01629

**杨朱的著作及其学派考　孙道升著**
出版者不详，[1934—1939]，86页，16开

本书作者对以蔡元培为代表的否认有杨朱其人其派的存在、以高亨为首的坚持有杨朱学派并认定此学派十分重要、以冯友兰为代表的认为虽有杨朱但其学派不甚重要的3种不同意见，提出了自己的看法：杨朱姓杨名朱，字子居，秦人，为墨子、孟子间之大哲学家；其著作残存两篇，即《墨子》书中的《大取》《小取》；考证告子、巫马子、孟季子、子华子、詹子（詹何）、魏牟、田巴等皆为杨朱学派。

收藏单位：国家馆、中科图

01630

**杨朱哲学　顾实著**
南京：东方医药书局，1931，[14]+171页，22开（中华国学院丛书 初编）

本书考述杨朱的姓名和生平，杨朱的哲学思想及其与儒家、墨家、道家、杂家思想的异同；列述庄子、孟子、韩子、荀子等人，以及两汉、魏晋等时期的学人对杨朱思想的评论，并对《列子·杨朱篇》抄袭伪造之处加以披示。书前有1930年自序。

收藏单位：国家馆、南京馆、上海馆、中科图

01631

**再论老子成书年代　钱穆著**
出版者不详，1933.5，90页，32开

本书从《老子》书中对当时政治社会所发的种种理论、学术思想、文学形式等3个方面再论《老子》成书年代。

收藏单位：南京馆

01632

**中国古代社会与老子　侯外庐著**
国际学社，1934，96页，32开

本书从战国时期的物质生产状况出发，分析老子思想的产生、形成和体系。共7章，内容包括：经济思想、国家学说、意识形态理论、自然秩序观、方法论等。书前有作者自序。封面由狄观沧题签。

收藏单位：东北师大馆、国家馆、首都馆、中科图

01633

**众妙之门**
出版者不详，油印本，67页，16开

收藏单位：广东馆

01634

**诸子文讲义**
出版者不详，1册，22开

本书为研究《庄子》文学目录及参考文献。

收藏单位：浙江馆

01635

**庄老通辨　钱穆著**
九龙：新亚研究所，1947，419页，25开

本书讨论庄、老两家思想，并梳理先秦思想史中各家之间的影响、传承与辩驳关系，推论出《老子》成书在《庄子》之后。

01636

**庄子　沈德鸿选注**
上海：商务印书馆，1926，108页，32开（学生国学丛书）
上海：商务印书馆，1928，再版，108页，32

开（学生国学丛书）

上海：商务印书馆，1930.10，108 页，32 开（学生国学丛书）（万有文库 第 1 集 54）

上海：商务印书馆，1931，3 版，108 页，32 开（学生国学丛书）

上海：商务印书馆，1932.9，国难后 1 版，108 页，32 开（学生国学丛书）

上海：商务印书馆，1934.7，再版，108 页，32 开（学生国学丛书）（万有文库 第 1 集 54）

上海：商务印书馆，1934，国难后 2 版，108 页，32 开（学生国学丛书）

上海：商务印书馆，1934，国难后 3 版，108 页，32 开（学生国学丛书）

上海：商务印书馆，1935，国难后 4 版，108 页，32 开（学生国学丛书）

长沙：商务印书馆，1938.3，国难后 5 版，108 页，32 开（学生国学丛书）

长沙：商务印书馆，1938.5，5 版，108 页，32 开（学生国学丛书）

重庆：商务印书馆，1945，渝 1 版，82 页，32 开（学生国学丛书）

重庆：商务印书馆，1945.2，渝 2 版，82 页，32 开（学生国学丛书）

重庆：商务印书馆，1946，渝 3 版，82 页，32 开（学生国学丛书）

上海：商务印书馆，1947，7 版，108 页，32 开（学生国学丛书）（新中学文库）

上海：商务印书馆，1948.2，8 版，108 页，32 开（学生国学丛书）

本书汇集 12 篇，包括逍遥游、齐物论、养生主、德充符、应帝王、马蹄、胠箧、秋水、至乐、山木、知北游、天下，并分段、标点、注释、注音。书前有绪言，论述《庄子》的版本及思想。

收藏单位：安徽馆、重庆馆、大连馆、东北师大馆、广东馆、贵州馆、国家馆、黑龙江馆、湖南馆、江西馆、近代史所、辽大馆、辽宁馆、南京馆、山东馆、山西馆、上海馆、绍兴馆、首都馆、天津馆、浙江馆、中科图

**01637**

**庄子（白话译解） 叶玉麟译解**

上海：大达图书供应社，1935.3，再版，220 页，

32 开，精装

上海：大达图书供应社，1935.6，再版，220 页，32 开

上海：大达图书供应社，1936，再版，220 页，32 开

本书选录 20 篇，包括逍遥游、齐物论、大宗师、刻意、秋水、至乐、寓言、渔父、天下等，集录前人注疏，并将每篇以白话译出。书前有 1934 年 9 月作者序。

收藏单位：重庆馆、国家馆、江西馆、南京馆、上海馆、首都馆

**01638**

**庄子（白话译解） 叶玉麟译解**

上海：广益书局，1941.2，再版，219 页，32 开

上海：广益书局，1947，新 1 版，219 页，32 开

收藏单位：重庆馆、国家馆、黑龙江馆、南京馆、绍兴馆、首都馆

**01639**

**庄子（白话译解） 叶玉麟译解**

上海：新民书局，1935，220 页，32 开

上海：新民书局，1935.3，再版，220 页，32 开

收藏单位：重庆馆、广东馆、河南馆、湖南馆、绍兴馆、首都馆

**01640**

**庄子（节本） 沈德鸿选注**

上海：商务印书馆，1937，[18]+108 页，32 开（中学国文补充读本 第 1 集）

收藏单位：广东馆、国家馆、山西馆

**01641**

**庄子（新式标点 足本大字） 殷芷沅标点 朱公振评注**

上海：文新出版社，1936.3，312 页，32 开

本书分上、中、下三卷，对庄子 33 篇进行系统介绍，有评注和新式标点标注。

收藏单位：山东馆

## 01642

**庄子（新式考证注解）** 王治心注　沈继先校订

上海：群学书社，1929.10，258+72 页，32 开

上海：群学书社，1931.4，再版，258+72 页，32 开

上海：群学书社，1936，3 版，258+72 页，32 开

　　本书共两部分：庄子研究、庄子浅释。庄子研究从庄子其人、《庄子》其书、《庄子》版本、庄子思想中的宇宙构成论、相对主义、认识论、伦理观点，以及逻辑学 8 个方面加以论述；庄子浅释选逍遥游、齐物论、养生主、人间世、德充符、大宗师、应帝王、天下 8 篇，分段详细注释。书末附《庄子通》（王船山）、《庄子思想》（胡适）、《道家思想》（梁启超）。书口及卷端题：庄子研究及浅释。

　　收藏单位：重庆馆、广东馆、国家馆、吉林馆、南京馆、上海馆、首都馆

## 01643

**庄子大传** 陈登澥著

北平：陈子几 [ 发行者 ]，1934.6，52 页，25 开（七闽丛书）

　　本书讲述庄子的生平事迹，记载他的言行。

　　收藏单位：国家馆、江西馆、山西馆、上海馆、首都馆、中科图

## 01644

**庄子读本** 陈和祥评注　秦同培编辑兼校订

上海：世界书局，1926.3，244 页，32 开（评注标点十子全书）

　　本书书前有编辑大意，简要介绍《庄子》一书的内容、历代的有关评注等。

　　收藏单位：重庆馆、国家馆、黑龙江馆、江西馆、上海馆、首都馆

## 01645

**庄子读本（标点评注）** 文瑞楼编辑部标点　朱公振评注

上海：文瑞楼书局，1926，[434] 页，32 开

　　本书版权页题名：新式标点分段评注庄子读本。

收藏单位：河南馆

## 01646

**庄子发微** 钟泰著

出版者不详，1 册，16 开

　　本书书前有序。

　　收藏单位：首都馆、浙江馆

## 01647

**庄子集解** 王先谦注释

上海：商务印书馆，1930.10，2 册（98+104 页），32 开（国学基本丛书）（万有文库第 1 集 53）

上海：商务印书馆，1933.7，国难后 1 版，202 页，32 开，精装（国学基本丛书）

上海：商务印书馆，1934.7，再版，2 册（98+104 页），32 开（国学基本丛书）（万有文库第 1 集 53）

上海：商务印书馆，1935.1，国难后 3 版，202 页，32 开，精装（国学基本丛书）

上海：商务印书馆，1935.7，国难后 4 版，202 页，32 开，精装（国学基本丛书）

上海：商务印书馆，1936，3 版，202 页，32 开（国学基本丛书简编）

长沙：商务印书馆，1939.2，5 版，[202] 页，32 开（国学基本丛书简编）

长沙：商务印书馆，1939.9，2 册（98+104 页），32 开（国学基本丛书）（万有文库第 1—2 集简编 500 种）

上海：商务印书馆，[1940]，[202] 页，32 开，精装（国学基本丛书简编）

　　本书书前有宣统元年王先谦序。

　　收藏单位：安徽馆、重庆馆、大连馆、广西馆、贵州馆、国家馆、吉林馆、江西馆、辽大馆、南京馆、山东馆、上海馆、绍兴馆、首都馆、天津馆、浙江馆

## 01648

**庄子集解** 叶昀校阅

上海：大达图书供应社，1936，2 册（128+118 页），32 开

　　本书将《庄子》分为上、下两卷，汇集前人注解。上卷包括内篇 7 篇、外篇 10 篇；下卷包括外篇 5 篇、杂篇 11 篇。

收藏单位：湖南馆、首都馆

**01649**

**庄子集解　叶昀校阅**

上海：广益书局，1936，2 册（128+118 页），32 开

　　收藏单位：重庆馆、东北师大馆、国家馆、吉林馆、江西馆、南京馆、绍兴馆

**01650**

**庄子集解（白话译解）　叶玉麟译白**

广益书局，[1934]，220 页，32 开

　　本书将《庄子》分为内 8 篇、外 8 篇、杂 4 篇，集录前人注疏，并将每篇以白话译出。

　　收藏单位：江西馆

**01651**

**庄子集解（新式标点）　王先谦编　陈益标点**

上海：扫叶山房，1925，[326] 页，32 开

上海：扫叶山房，1926.3，再版，[326] 页，32 开

上海：扫叶山房，1927，3 版，[326] 页，32 开

　　本书将《庄子》分成 8 卷：内篇 2 卷、外篇 3 卷、杂篇 3 卷。收集晋人司马彪、崔譔、郭象，唐人陆德明、成玄英等人对《庄子》的注或疏。清人郭庆藩有《庄子集释》刊行于本书之先，但只着重于训诂，本书则侧重于义理。书前有宣统元年王先谦序。

　　收藏单位：国家馆、河南馆、近代史所、南京馆、山东馆、首都馆

**01652**

**庄子集解补正（稿本 卷一 内篇逍遥游第一）刘武补正**

上海：商务印书馆，1948.8，14 页，16 开

　　本书为《庄子集解补正》第 1 卷第 1 篇的稿本抽印本。

　　收藏单位：国家馆、南京馆

**01653**

**庄子集解内篇补正　王先谦集解　刘武补正**

上海：商务印书馆，1949，150 页，32 开

本书对王先谦的《庄子集解》内篇加以纠正和补充。因故未正式发行，仅为印出的样本。

**01654**

**庄子集释　（清）郭庆藩集释**

上海：世界书局，1935，481 页，32 开（诸子集成 3）

　　本书作者集郭象、陆德明、成玄英《庄子》注疏，补以王念孙、俞樾、卢文弨训诂、校勘，以及郭嵩焘和集释者本人的意见，纂成此书。

**01655**

**庄子讲解　张贻惠著**

重庆：综合学术社，1946，176 页，36 开（国学专书）

　　本书共 7 篇，对《庄子》一书中的逍遥游、齐物论、养生主、人间世、德充符、大宗师、应帝王分段讲解，每段皆有诠释、讲解和要义 3 部分。书末附《内篇旨要》《庄周传略》。

　　收藏单位：福建馆、国家馆

**01656**

**庄子讲义　张默生编著**

出版者不详，87 页，25 开（专书选读）

　　本书内容包括：历代庄子研究述评、庄子研究答问、庄子内篇（7 篇）、庄子外篇（15 篇）、庄子杂篇（11 篇）等。书前有征引注家姓名简称表。

　　收藏单位：重庆馆

**01657**

**庄子校释（标点注解）　支伟成编**

上海：大中书局，1934.6，5 版，[274] 页，32 开（诸子研究 4）

　　本书共两篇。上篇为研究之部，包括庄子略传、庄子书略考（附参考书举要）、庄子之宇宙论、庄子之生物进化论、庄子之人生哲学、庄子之论理学、庄子之修养论（附结论）；下篇为解释之部，对《庄子》内篇、外篇、杂篇的 33 篇加以简要注解。

收藏单位：广东馆、首都馆

01658

**庄子校释（标点注解） 支伟成编**

上海：泰东图书局，1924.4，[274] 页，32 开
（诸子研究 4）

上海：泰东图书局，1926.1，2 版，[274] 页，
32 开（诸子研究 4）

上海：泰东图书局，1928，3 版，[274] 页，
32 开（诸子研究 4）

收藏单位：国家馆、河南馆、吉林馆、江
西馆、南京馆、山西馆、上海馆、首都馆

01659

**庄子校正 杨明照著**

北平：燕京大学哈佛燕京学社，1937.6，35
页，16 开

本书参考校释《庄子》众本之异同，分
条疏证。《庄子》原文据世德堂本。为《燕京
学报》第 21 期抽印本。

01660

**庄子解故 章炳麟撰**

东京：藤泽外吉 [发行者]，[1917—1949]，1
册，22 开

收藏单位：浙江馆

01661

**庄子精华 中华书局编辑**

上海：中华书局，1937.3，198 页，32 开（中
国文学精华）

上海：中华书局，1939.9，再版，198 页，32
开（中国文学精华）

上海：中华书局，1941.1，4 版，198 页，32
开（中国文学精华）

本书将《庄子》中文学性强的 22 篇选汇
成册。内容包括：内篇、外篇和杂篇。内篇
共 3 篇，包括：逍遥游、齐物论、大宗师；外
篇共 15 篇，包括：骈拇、马蹄、胠箧、在宥、
天地、天道、天运、刻意、缮性、秋水、至
乐、达生、山木、田子方、知北游；杂篇共 4
篇，包括：庚桑楚、徐无鬼、则阳、外物。书
上有眉批。

收藏单位：重庆馆、国家馆、黑龙江馆、
辽大馆、辽师大馆、南京馆、山东馆、上海
馆、首都馆

01662

**庄子抉隐（第 1 卷 天下莫大于秋毫之末而泰
山为小） 黄天行疏解**

南京：止观学社，1928.4，38 页，36 开

本书主要对《庄子》书中"天下莫大于
秋毫之末而泰山为小"进行解释，指出此话
中包含有"破相显性"的理论。书中附 1929
年作者的信函。为《庄子抉隐》一书第 1 卷
第 1 章的单行本。

收藏单位：国家馆

01663

**庄子洛诵 陶西木注释**

[北京]：中华印刷局，1933，1 册，25 开

本书对《庄子》内篇中的逍遥游、齐物
论、养生主、人间世、德充符、大宗师、应
帝王分别加以注释。书前绪言对庄子本人及
所收 7 篇要义作了简单的介绍。

收藏单位：重庆馆

01664

**庄子内篇 （日）田中庆太郎编辑**

东京：文求堂书店，1942，7 版，1 册，32 开

东京：文求堂书店，影印本，1 册，32 开

东京：文求堂书店，44 叶，32 开

本书为《庄子南华真经》卷一内篇，共 7
篇，内容包括：逍遥游、齐物论、养生主、人
间世、德充符、应帝王等。

收藏单位：国家馆、首都馆

01665

**庄子内篇通谊 李翊灼著**

南京：出版者不详，252 页，16 开

本书对《庄子》内篇各篇标示章节、段
落，详加训诂，同时还与外篇、杂篇具有相
同意义者加以比较。

收藏单位：国家馆

## 01666

**庄子内篇学　陈柱著**

中国学术讨论社，[1929]，164 页，16 开

本书为作者在南洋大学任教时的讲稿。对《庄子》内篇 7 篇加以评点、论述、注释。书首有作者 1916、1928 年自序及陶中谨序、《史记·庄子列传》。书上有眉批。书末有 1927 年著者跋。

收藏单位：广东馆、国家馆、吉林馆、南京馆、上海馆

## 01667

**庄子内篇义记　罗时宪著**

广州：国民大学文学院，[1947]，32 页，16 开

本书为《庄子》内篇注释。

收藏单位：国家馆

## 01668

**庄子内篇证补　朱桂曜著**

上海：商务印书馆，1934.4，215 页，32 开（国学小丛书）

上海：商务印书馆，1935，215 页，32 开（国学小丛书）

本书作者对《庄子》内篇 7 篇加以诠释，并勘正诸家古训之为未当者。书前有蔡元培序及作者序。

收藏单位：重庆馆、广东馆、国家馆、河南馆、湖南馆、吉林馆、南京馆、上海馆、中科图

## 01669

**庄子评点　侯官严著**

[香港]：出版者不详，49+4 页，32 开

收藏单位：广东馆、南京馆、中科图

## 01670

**庄子浅训　蒋梅笙编**

上海：新民图书馆，1919，2 册（162+150 页），22 开

本书以浅易的注解，说明《庄子》的旨义为"无为自化，清净自正"。书前有例言。封面由天台山农题签。

收藏单位：重庆馆、国家馆、河南馆、吉林馆、山西馆、上海馆、首都馆、中科图

## 01671

**庄子诠诂　胡远濬著**

上海：商务印书馆，1931，11+285 页，22 开，精装（国立中央大学丛书）

上海：商务印书馆，1932，国难后 1 版，11+285 页，22 开，精装（国立中央大学丛书）

本书主要以马通白注《庄子》为基础，分章订正，并对以往名注家如郭象、陆长庚、陈寿昌，以及近人杨文会、章炳麟等注加以补注，其中对章注采列较多。书前有序目、序例。

收藏单位：重庆馆、广东馆、国家馆、河南馆、湖南馆、江西馆、南京馆、山东馆、上海馆、首都馆、天津馆、浙江馆、中科图

## 01672

**庄子天下篇荟释　单演义著**

西安：黎明日报社，1948，172 页，32 开

本书分前论、本论、后论 3 部分。前论有解题、考证、提要；本论着重论述邹衍、墨翟、宋钘、尹文、彭蒙、田骈、慎到、关尹、老聃、庄周、惠施的学术思想，并分章句，汇集自魏晋至当代学者（包括日本学者）的注释，对原文加以解释；后论将先秦诸子析为九流十家，列表比较。书前有孙道升序、作者自序。书末有张芝友跋、校勘记。封面著者名题为：单晏一。

收藏单位：国家馆、南京馆

## 01673

**庄子天下篇讲疏　顾实著**

上海：商务印书馆，1928，[17]+140 页，32 开

上海：商务印书馆，1931，再版，[17]+140 页，32 开

上海：商务印书馆，1933，国难后 1 版，[17]+140 页，32 开

本书作者将《天下篇》分为 7 章加以分述和注释，内容包括：原一、墨翟禽滑厘、宋

钘尹文、彭蒙田骈慎到、关尹老聃、庄周、惠施。书前有作者自序及参考书。书末附考六家诸子拟年表。

收藏单位：重庆馆、广东馆、国家馆、黑龙江馆、湖南馆、南京馆、山东馆、山西馆、上海馆、绍兴馆、首都馆、天津馆、中科图

01674

**庄子天下篇自述其学说九句之解释　胡子霖著**

出版者不详，1941，16 页，16 开

本书对《庄子·天下篇》中"笏漠无形，变化无常，死与生与，天地并与，神明往与，芒乎何之，忽乎何适，万物毕罗，莫足以归"加以解释。作者认为庄子学说，"精约之，则仅此寥寥九句"。为《黄埔季刊》第 2 卷第 4 期抽印本。

收藏单位：国家馆

01675

**庄子外篇**

东京：文求堂书店，[1931—1939]，影印本，88 叶，32 开

本书内容为《庄子南华真经》卷二。

收藏单位：国家馆、南京馆

01676

**庄子外杂篇探源　罗根泽著**

北平：燕京大学哈佛燕京学社，1936，70 页，16 开

本书为《燕京学报》第 19 期单行本。

收藏单位：广东馆

01677

**庄子新释（上册）　张默生选注**

上海：济东印书社、东方书社，1948，217 页，25 开（子学丛书 2）

全书分上、中、下 3 册，上册收《庄子》内篇（7 篇），中册收外篇（15 篇），下册收杂篇（11 篇）。先有题解，后为原文选录，最后为注释。本书为上册。

收藏单位：重庆馆、南京馆、绍兴馆

01678

**庄子新探　施章著**

南京：国立中央大学出版组，1930，[112] 页，16 开

本书分 4 章叙述庄子生平、时代、著述，分析庄子关于知识、经济、艺术、宗教、政治等方面的观点，论述庄子哲学，以及《庄子》一书在文学上的成就。书前有戴季陶序言手迹、寿昌序、胡远濬序、作者自序。封面由张乃燕题签。

收藏单位：重庆馆、国家馆、吉林馆、中科图

01679

**庄子新义　朱文熊著**

无锡：国学专修学校，1934，[294] 页，22 开（无锡国学专修学校丛书 7）

本书分 3 卷对《庄子》各篇逐句详细注解。篇名下有篇旨，篇后有解说及评语。书前除凡例外，还有唐文治序、作者自序，以及作者的《读庄余论》（28 则）、《庄子与孟子学术同源及著书之大概考》。书末附冯振跋。

收藏单位：广西馆、国家馆、吉林馆、南京馆、上海馆、天津馆

01680

**庄子学案　郎擎霄著**

上海：商务印书馆，1934，[10]+396 页，32 开

上海：商务印书馆，1935，再版，[10]+396 页，32 开

本书共 13 章，内容包括：庄子事迹、庄子篇目及真赝考、庄子之文学、庄子与诸子比较、历代庄学述评等。书前有作者自序、凡例。书末附录庄子书目。

收藏单位：重庆馆、广东馆、国家馆、江西馆、南京馆、上海馆、首都馆、天津馆、中科图

01681

**庄子研究　叶国庆著**

上海：商务印书馆，1936，155 页，32 开（国学小丛书）

本书分 14 章论述庄子事略，内容包括：板本、篇章、体裁、各篇著作时代、渊源、时代背景等。正文内散有参考书目。

收藏单位：东北师大馆、广东馆、国家馆、吉林馆、南京馆、上海馆、首都馆、天津馆、浙江馆、中科图

**01682**

**庄子引得　哈佛燕京学社引得编纂处编**

北平：燕京大学哈佛燕京学社引得编纂处，1947，36+740 页，16 开（引得特刊 第二十号）

本书以郭庆藩《庄子集释》本为准，以句为单位，按庋撷法编排，另有笔画与拼音两种检索表。书前有齐思和序。

收藏单位：国家馆、江西馆、近代史所、山西馆、上海馆、首都馆、天津馆、中科图

**01683**

**庄子杂篇**

东京：文求堂书店，[1932]，影印本，1 册，32 开

本书为《庄子南华真经》卷三，共 11 篇，内容包括：庚桑楚、徐无鬼、则阳、外物、寓言、让王、盗跖、说剑、渔父、列御寇、天下。卷末附庄子内篇难字音译。

收藏单位：国家馆、南京馆

**01684**

**庄子哲学　蒋锡昌著**

上海：商务印书馆，1937，289 页，22 开

本书共 4 篇，内容包括：庄子哲学、逍遥游校释、齐物论校释、天下校释。在庄子哲学一篇中集中对道之意义、道之分类，以及庄子与老子、孔子、宋钘、彭蒙、田骈、慎道及辩派的关系加以探讨。

收藏单位：重庆馆、东北师大馆、广东馆、国家馆、黑龙江馆、湖南馆、吉林馆、江西馆、南京馆、山西馆、天津馆、中科图

**01685**

**庄子哲学　苏甲荣著**

北京：镡津寄庐，1923.12，64 页，48 开

北京：镡津寄庐，1930，再版，64 页，48 开

本书共 10 章，内容包括：导言、宇宙观、生死观、命定观、本真论、智识论、养生、处世、治道、结论。书前除例目外，还有作者自序。

收藏单位：国家馆、首都馆

# 墨　家

**01686**

**墨辩解故　伍非百著**

北京：中国大学出版部，1923，[208] 页，22 开（晨光社丛书）

本书审定《墨经》章句，引说就经，直行勘校诠释。勘校以毕沅本、孙诒让《墨子间诂》本为主，以校正后的字句为正文，而注其原文于下。书后附毕沅校本经上、下和经说上、下原文。

收藏单位：重庆馆、广东馆、国家馆、江西馆、南大馆、南京馆、山东馆、上海馆、首都馆、天津馆

**01687**

**墨辩疏证　范耕研著**

上海：商务印书馆，1935，152 页，32 开（国学小丛书）

本书分 7 卷：卷一为通论，论证《墨辩》的作者，经文上、下错乱的原因，各条的内容，名、墨两家的异同；卷二为异文记，以《四部丛刊》影印嘉靖本《墨子》原文为正文，以毕沅等传本校正其中的伪脱，附注于正文下；卷三为考订旁行，对流行的旁行本加以订正；卷四至七，对经上、下及经说上、下疏解。书前有作者序。书后附作者后记。

收藏单位：重庆馆、东北师大馆、广东馆、国家馆、河南馆、湖南馆、吉林馆、近代史所、南京馆、上海馆、首都馆、天津馆、中科图

**01688**

**墨辩疏证通论　范耕研著**

出版者不详，14 页，大 32 开

收藏单位：南京馆

01689

**墨辩讨论** 栾调甫编

上海：中华书局，1926，[10]+179页，32开（子学社丛书）

本书内收论文、书信13篇，内容包括：《读梁任公墨经校释》《张子晋先生来书》《评梁胡栾墨辩校释异同》《读伍非百评梁胡栾墨辩校释异同之管见》《杨墨之辩》《梁任公先生书》《旁行释惑》《平章胡墨辩之争》《读张子晋墨经注》《读伍非百墨辩解故》《张仲如先生来书摘存》《致张仲如先生论刑名书》《坚白盈难辩考证》。各篇均经编者整理，加按语。书前有温子培序。书末有孙碌后序。

收藏单位：国家馆、河南馆、山东馆、上海馆

01690

**墨辩新诂质疑** 万宗一著

出版者不详，16页，32开

本书是对胡适的《墨辩新诂》中《小取》篇"一周而一不同"训诂的质疑。封面由蔡化棠题签。

收藏单位：国家馆、南京馆

01691

**墨辩之研究（用因明理法以组墨辩之一种尝试）** 熊绍堃著

[昆明]：国立北京大学，1942，12页，18开

本书为国立北京大学论文集（三十一年度）之一。分为墨辩之内容一（思想方面）、墨辩之内容二（语言方面）两部分。

收藏单位：北师大馆、国家馆、首都馆

01692

**墨翟与耶稣** 吴雷川著

上海：青年协会书局，1940.6，175页，22开（青年丛书 第2集8）

上海：青年协会书局，1948，再版，175页，22开（青年丛书 第2集8）

本书共6章，内容包括：引论、墨翟略传、墨翟思想的研究、耶稣略传、耶稣思想的研究、结论。书前有刘廷芳序、作者自序。

收藏单位：安徽馆、重庆馆、贵州馆、国家馆、南京馆、山东馆、上海馆、浙江馆、中科图

01693

**墨家哲学** 胡适著

北京：学术讲演会，1920，[90]页，22开（学术讲演会讲演录）

本书共11部分，内容包括：墨子略传、墨子考、墨子哲学的根本方法、三表法、墨子的宗教、墨辩、墨辩论知识、墨辩论"辩"、惠施、公孙龙及其他辩者、墨学结论。

收藏单位：国家馆

01694

**墨家哲学新探** 王新民著

邵武：私立福建协和大学中国文化研究所，1943，92页，25开（福建协和大学中国文化研究会文史丛刊）

本书论述墨家哲学的产生、发展与消失的过程。分绪论、墨子、早期墨家、末期三墨、墨学消失5章加以分述。书前有序。

收藏单位：东北师大馆、国家馆、吉大馆、南京馆、上海馆、首都馆、天津馆、中科图

01695

**墨经校释** 梁启超著

上海：商务印书馆，1922，[64]+163+12页，22开

上海：商务印书馆，1923，再版，[64]+163+12页，22开

上海：商务印书馆，1924，3版，[64]+163+12页，22开

上海：商务印书馆，1926，4版，[64]+163+12页，22开

上海：商务印书馆，1933，国难后1版，[64]+163+12页，22开

本书为读《墨子》一书经、经说等篇时的见解之汇辑。依据旁行原本，引经就说，析为4卷：卷一释经上及经说上的上行；卷二释经上及经说上的下行；卷三释经下及经说下的上行；卷四释经下及经说下的下行。书前有作者自序及《读墨经余记》（附录《复胡适之

书》)、今本《墨经》(据涵芬楼《四部丛刊》影明嘉靖本)、经上旁行原本。书后附胡适后序。

收藏单位：重庆馆、东北师大馆、广东馆、国家馆、河南馆、湖南馆、江西馆、南京馆、山东馆、山西馆、上海馆、首都馆、天津馆、中科图

01696
**墨经校释　梁启超著**
上海：中华书局，1936.3，[39]+104 页，32 开(饮冰室专集)
上海：中华书局，1940.7，再版，[39]+104 页，32 开(饮冰室专集)
上海：中华书局，1941，3 版，[39]+104 页，32 开(饮冰室专集)

收藏单位：国家馆、江西馆、南京馆、山东馆、上海馆、首都馆、中科图

01697
**墨经新释　邓高镜编**
外文题名：A new interpretation of the philosophy of Mu Ti
上海：商务印书馆，1931.3，104 页，22 开
上海：商务印书馆，1933.4，国难后 1 版，104 页，22 开

本书共两部分：一部分为《墨经》4 篇原文经上、下，经说上、下；另一部分将经上、下旁行排列，引说就经，略加注释。

收藏单位：重庆馆、广东馆、国家馆、湖南馆、吉林馆、江西馆、南京馆、上海馆、首都馆、天津馆、浙江馆、中科图

01698
**墨经易解　谭介甫解**
上海：商务印书馆，1935，[249] 页，22 开，精装(国立武汉大学丛书)

本书对《墨子》中的经上、下和经说上、下进行解释、校读，由《墨辩发微》原稿第 3 编分出而改题此书名。分 3 部分：第 1 部分墨经易解，据读本解释；第 2 部分墨经校读；第 3 部分收《墨经长笺序》《墨辩发微序》《墨辩征评序》。书前有刘坚、永济、朱世溱题签书

名，著者自序。书末附《墨辩发微》目次。

收藏单位：重庆馆、东北师大馆、广东馆、广西馆、贵州馆、国家馆、湖南馆、吉林馆、江西馆、南京馆、绍兴馆、首都馆、天津馆

01699
**墨经哲学　杨宽编著**
上海：正中书局，1942，渝初版，199 页，25 开(国学丛书)
上海：正中书局，1946，沪 1 版，199 页，25 开(国学丛书)
上海：正中书局，1947，沪 3 版，199 页，25 开(国学丛书)

本书共两部分。第 1 部分为墨经通说，主要考察墨经的源流、经文旁行、经说标题及文字撰写之讹乱；第 2 部分对墨家思想加以论述，先将墨经原文归纳为知识、德行、人生、平治、言谈、刑政、宇宙、辩说、从事、名实、知源、行为、同异、闻言、别道 15 类，对原文加以校勘，并论述其思想。书前有蒋维乔叙。

收藏单位：重庆馆、国家馆、吉林馆、江西馆、南京馆、上海馆、浙江馆

01700
**墨学分科　张纯一著**
上海：定庐，1923，90+27 页，22 开

本书对教育学、算学、形学、微积分、物理学、力学、机械学等墨学分科进行阐释。封面由梅光羲题签。书前有叙、目次。书后有校勘表，附《读伍非百评梁胡栾墨辩校释异同之管见》。

收藏单位：东北师大馆、河南馆、南京馆

01701
**墨学十论　陈柱著**
外文题名：Ten lectures on Mo-Tze
上海：商务印书馆，1928，240 页，22 开
上海：商务印书馆，1930，232 页，32 开(国学小丛书)(万有文库 第 1 集 61)
上海：商务印书馆，1931，再版，240 页，22 开

上海：商务印书馆，1934，232 页，32 开（国学小丛书）

上海：商务印书馆，1934，国难后 1 版，232 页，32 开（国学小丛书）（万有文库第 1 集 61）

本书为陈柱在上海大夏大学的讲稿。分为 10 个专题，内容包括：墨子之大略、墨学之大略、墨子之经学、墨经之体例、墨子之教育主旨、墨子之政治学说、墨子之文学、墨子与诸子之异同、诸子墨论述评、历代墨学述评。书前有著者序。书后有著者撰《定本墨子间诂补正自序》。

收藏单位：安徽馆、重庆馆、大连馆、东北师大馆、广东馆、贵州馆、桂林馆、国家馆、河南馆、湖南馆、吉林馆、江西馆、辽大馆、南京馆、上海馆、绍兴馆、首都馆、天津馆、浙江馆、中科图

## 01702
**墨学通论　孙思仿著**
出版者不详，82 页，18 开

本书论述了以"兼爱"为根本的墨家学说及其与先秦诸子学说的异同等。共 14 章，内容包括：兼与别、爱与利、兼爱与差等、兼爱与薄葬及短丧、兼爱与杀盗、兼爱与贵义、兼爱与尚贤、兼爱与非攻等。

收藏单位：国家馆

## 01703
**墨学微　梁启超著**
上海：商务印书馆，1916.9，88+76 页，32 开（饮冰室丛著 3）

上海：商务印书馆，1916.12，再版，88+76 页，32 开（饮冰室丛著 3）

上海：商务印书馆，1922.11，再版，88+76 页，32 开（饮冰室丛著 3）

本书共 6 章，论述墨子的宗教思想、实利主义、兼爱主义、政术以及墨学的实行、影响和传授。书前为叙论及子墨子略传。书末附录《墨子之论理学》《墨子传略》《墨子年表》《墨学传授考》。

收藏单位：北大馆、重庆馆、贵州馆、国家馆、河南馆、南京馆、山东馆、上海馆、绍兴馆、首都馆、西交大馆、浙江馆、

中科图

## 01704
**墨学与景教　张纯一著**
张纯一 [ 发行者 ]，1923，[10]+52 页，22 开

本书阐述墨学与景教相同之处，如天志与上帝、明鬼与灵魂、兼爱与博爱等，同时旁征佛说加以分析与比较。分标宗、立教两部分。

收藏单位：北师大馆、国家馆、上海馆、天津馆

## 01705
**墨学与抗建　宗真甫著**
贵阳：宗真甫 [ 发行者 ]，1940.12，[12]+94 页，32 开

本书以问答体裁，论述墨家学说与抗战建国之关系。共 4 谈，内容包括：墨学与抗战、墨学方法与精神动员、墨家社会生活的原理与行为、墨学与建国。书前有作者声明及小引。

收藏单位：重庆馆、贵州馆、国家馆、南京馆

## 01706
**墨学源流　方授楚著**
上海：中华书局，1937，[337] 页，22 开，精装

昆明：中华书局，1940，再版，[337] 页，22 开

本书分为上、下两卷。上卷为墨子之生平及其学派，包括：墨子之身世、墨子之事迹、墨子书之考证、墨学发生之背景、墨子之学说、墨家之组织、墨学之传授、墨学之进步、墨学之衰微、墨学之复活；下卷为墨子之姓氏国籍学说辩，包括：驳墨子非姓墨说、驳墨子为印度佛教徒说、驳墨子为印度婆罗门教徒说、驳墨子为亚剌伯回教徒说等。书前有作者自序。书末附《墨学余论》，提出礼运大同学说源出于墨家；节录《菿汉微言》（章太炎）、《诸子学略说》（章太炎）、《墨子非儒》（章太炎）、《先秦诸子系年考辨》（钱穆）、《屈原时代》（郭沫若）等文中关于墨子

的论述，并略加评论。

收藏单位：重庆馆、东北师大馆、广东馆、广西馆、国家馆、黑龙江馆、湖南馆、吉林馆、南大馆、南京馆、山东馆、上海馆、绍兴馆、天津馆、中科图

**01707**
**墨子**　陆世鸿编著
上海：中华书局，1947.4，72 页，32 开
上海：中华书局，1947，72 页，32 开（中华文库 初中 第 1 集）

本书共 7 章，内容包括：墨子的新认识、墨子的身世考、墨子思想的渊源、墨子的学说、墨子的事迹、墨子的徒众、杨墨的关系。书前有著者自序。

收藏单位：重庆馆、广东馆、广西馆、贵州馆、国家馆、吉大馆、江西馆、南京馆、上海馆、首都馆、浙江馆

**01708**
**墨子**　罗根泽编著
南京：拔提书店，1935，105 页，32 开（中国先哲传记丛书）

本书共 4 章，内容包括：墨子、墨教、墨学、墨辩。书前有作者小传。书末附《墨子》各篇提要。

收藏单位：重庆馆、吉林馆、辽宁馆

**01709**
**墨子**　罗根泽　康光鉴编著
重庆：胜利出版社，1945，202 页，36 开（中国历代名贤故事集 总第三辑 学术先进）

收藏单位：重庆馆、广东馆、国家馆、南京馆、浙江馆、中科图

**01710**
**墨子**　（周）墨翟著
出版者不详，[14]+136 页，22 开
本书内收尚贤、尚同、兼爱、非攻、节用、天志、非乐、非命、耕柱等 16 篇，有注释。书前附题记一篇。

收藏单位：重庆馆

**01711**
**墨子**　钱穆著
外文题名：Mê Tzu
上海：商务印书馆，1930，84 页，32 开（百科小丛书）（万有文库 第 1 集 60）
上海：商务印书馆，1931，84 页，32 开（百科小丛书）
上海：商务印书馆，1933，国难后 1 版，84 页，32 开（百科小丛书）
上海：商务印书馆，1934，再版，84 页，32 开（百科小丛书）（万有文库 第 1 集 60）
上海：商务印书馆，1935，国难后 2 版，84 页，32 开（百科小丛书）
上海：商务印书馆，1947，4 版，84 页，32 开（百科小丛书）（新中学文库）

本书分 3 章。第 1 章：墨子传略，讨论墨子的姓名、国籍、生卒年；第 2 章：墨子书的内容，列述胡适、梁启超及作者 3 家之说；第 3 章：墨学述要，介绍初期的墨学、墨家的钜子制度、南方墨学的崛起、中原墨派的新哲学、辩者和别墨、墨学的衰亡等。本书对当时一些有争议的问题，如墨家得名由来、墨子的生卒年、墨学的全部系统以及诸家与墨学的关系等，提出了作者的独到之见。书末列有墨者年表。

收藏单位：安徽馆、北大馆、重庆馆、大连馆、东北师大馆、广东馆、贵州馆、国家馆、黑龙江馆、吉林馆、江西馆、辽大馆、辽宁馆、南京馆、山东馆、上海馆、绍兴馆、首都馆、天津馆、浙江馆、中科图

**01712**
**墨子**　唐敬杲选注
上海：商务印书馆，1924.6，赣县 1 版，187 页，32 开
上海：商务印书馆，1926，175 页，32 开（学生国学丛书）
上海：商务印书馆，1930，187 页，32 开（学生国学丛书）（新中学文库）
上海：商务印书馆，1931，再版，187 页，32 开（学生国学丛书）
上海：商务印书馆，1933，187 页，32 开（学生国学丛书）（万有文库 第 1 集 58）

上海：商务印书馆，1933，国难后1版，187页，32开（学生国学丛书）

上海：商务印书馆，1934，国难后2版，187页，25开（学生国学丛书）

赣县：商务印书馆，1944，187页，32开（学生国学丛书）

重庆：商务印书馆，1945，渝1版，126页，32开（学生国学丛书）

上海：商务印书馆，1947，4版，187页，32开（学生国学丛书）（新中学文库）

本书由《四部丛刊》影印明嘉靖癸丑刻本《墨子》中选出，包括尚贤（中、下）、兼爱（上、中、下）、非攻（上、中）、节用（上、中）、节葬下、天志上、明鬼下、非乐上、非命下、耕柱、贵义、公孟、鲁问、公输等篇，分段句读并加简明注解，对罕见之字均注音切并附注音字母。书前有作者叙，介绍墨子的生卒年及其生平事迹、墨子书及其注校、墨家流派、墨学渊源、墨学概要。

收藏单位：安徽馆、重庆馆、大连馆、东北师大馆、广东馆、广西馆、贵州馆、国家馆、黑龙江馆、吉林馆、江西馆、辽大馆、南京馆、山东馆、上海馆、绍兴馆、首都馆、天津馆、浙江馆、中科图

### 01713
**墨子** 张默生著
[重庆]：教育部民众读物编审委员会，[1947]，62页，64开（民众文库）

本书内容包括：为学和设教、尚书和尚同、兼爱和非攻、节用和节葬、尊天和事鬼等。

收藏单位：重庆馆、广东馆、山东馆、首都馆

### 01714
**墨子（白话译解）** 叶玉麟选译 叶昀校勘
上海：广益书局，1937，2册（[110]+[124]页），32开

本书共两卷，以魏安裕《墨子》注释本为底本，参照毕沅、孙星衍等家的考证，以白话文加以译解。书前有叶玉麟序、毕沅叙。书后附孙星衍后叙。

收藏单位：黑龙江馆、南京馆、绍兴馆、首都馆

### 01715
**墨子（白话译注 新式标点）** 许啸天整理 胡翼云校
上海：群学社，1926.5，[424]页，32开

上海：群学社，1930，再版，[424]页，32开

上海：群学社，1934，3版，1册，32开

本书根据《墨子》各篇不同性质、内容、作者，将尚贤、尚同等24篇和耕柱、贵义等5篇定为内篇；经、经说、大取、小取等6篇和亲士等7篇定为补篇；备城门等11篇定为附篇。每篇先列原文，后详解词意。书前有作者的新序及毕沅、孙星衍的序。

收藏单位：重庆馆、广东馆、国家馆、首都馆、中科图

### 01716
**墨子（节本）** 唐敬杲选注
上海：商务印书馆，1937，2册，32开（中学国文补充读本 第1集）

本书即唐敬杲选注《墨子》改名出版，只是在书前叙内将所附参考书目删去。

收藏单位：广东馆、国家馆、辽宁馆、首都馆

### 01717
**墨子辩经讲疏** 顾惕生著
南京：至诚山庐，1936，[14]+237页，22开

本书分3部分：墨子辩经旧本校异，正文据《四部丛刊》本，遍校明、清两朝十余种刊本、抄本，并随文摘注其异同；新考定墨子辩经旁行读本，考正讹衍，并加句读；墨子辩经讲疏，引经就说，加以句读，于正文间附加诠注，并随文训释。书后附《墨学书目考》，包括《〈墨子〉旧本考》（含60余种）、《近代〈墨子〉注本及校记》《近代〈墨经〉注本及杂记》《历代墨学评论及杂说》4篇。封面著者自题：至诚山人周甲纪念墨子辩经讲疏。

收藏单位：国家馆、湖南馆、南京馆、上海馆

## 01718

**墨子大取篇释义　张之锐著**
出版者不详，[1923]，126+4 页，22 开

　　本书取《墨子》中大取篇，每篇先列原文，再加注释。书前有序、叙例。书后附后序、刊误表。

　　收藏单位：河南馆、南京馆、中科图

## 01719

**墨子大义述　伍非百著**
上海：上海书店，1933，201 页，32 开

　　本书分为前编和本编，考述墨子姓氏、生地、时代和墨家学术渊源，以及兼爱、非攻、尚同、尚贤、天志、明鬼、节用、节葬、非乐、非命 10 大主张。作者认为兴利除害是墨学思想之核心。

　　收藏单位：山西馆

## 01720

**墨子大义述　伍非百著**
南京：亚细亚学会，1933，202 页，22 开

　　收藏单位：重庆馆、广西馆、国家馆、湖南馆、南京馆、上海馆、首都馆、天津馆

## 01721

**墨子读本　陈和祥评注　秦同培编辑兼校订**
上海：世界书局，1926，60 页，32 开（评注标点十子全书）

　　本书书前有编辑大意，对《墨子》一书的内容、作者、历代有关评注加以简介。

　　收藏单位：国家馆、江西馆、首都馆

## 01722

**墨子读本　谭正璧编**
上海：中华书局，1949，[29]+132 页，32 开

　　本书为学生国学读本。共 32 篇，内容包括：法仪、七患、辞过、三辩、尚贤（上、中、下）、尚同（上、中、下）、兼爱（上、中、下）、非攻（上、中、下）、节用（上、中）、节葬（下）、天志（上、中、下）、明鬼（下）、非乐（上）、非命（上、中、下）、耕柱、贵义、公孟、鲁问、公输。

　　收藏单位：复旦馆、辽大馆、南京馆、上

海馆、首都馆

## 01723

**墨子读本（标点评注）　文瑞楼编辑部标点　朱公振评注**
上海：文瑞楼书局，1926.10，[426] 页，32 开

　　本书将《墨子》53 篇依其性质归纳为 15 卷，加以标点与分段注释。每篇先列原文，后简括要旨，再加注释。书前有《墨子略传》《墨子学说概论》。目次前题名：新式标点分段注释墨子读本，版权页题名：新式标点分段评注墨子读本。

## 01724

**墨子集解　王心湛校勘**
上海：广益书局，1936，222 页，32 开

　　本书将毕沅校注本《墨子》16 卷，改书名为《墨子集解》，不分卷。书前有叙、篇目考。书后有墨子佚文、孙星衍后叙。

　　收藏单位：重庆馆、广东馆、国家馆、河南馆、湖南馆、江西馆、南京馆、山东馆、首都馆

## 01725

**墨子集解　张纯一注**
上海：医学书局，1932.9，[13]+903 页，18 开

　　本书据清以前诸说及近人研究成果，辩证古字声形的转变，考稽各传本异同，正伪补脱。书末附录 9 篇，内容包括：《墨子佚文》《墨称之探本》《墨人鲁人说》《墨子年代考》《墨儒之异同》《墨子与农家及其源流》《墨学与景教》《读伍评梁胡栾墨辩校释》《墨子大取篇释义叙》。书前有蒋维乔序及注者自叙。

　　收藏单位：国家馆、湖南馆、吉林馆、近代史所、上海馆、首都馆、中科图

## 01726

**墨子集解（仿古字版）　张纯一注**
上海：世界书局，1936.9，修正本，676 页，32 开，精装

　　收藏单位：重庆馆、国家馆、湖南馆、吉林馆、江西馆、近代史所、南京馆、上海馆、天津馆、中科图

## 01727

**墨子间诂　（清）孙诒让著**

上海：商务印书馆，1931.4，4 册，32 开（国学基本丛书）（万有文库第 1 集 59）

上海：商务印书馆，1935.7，497 页，32 开，精装（国学基本丛书）

上海：商务印书馆，1936.2，2 版，497 页，32 开，精装（国学基本丛书）

上海：商务印书馆，1936，2 版，4 册（114+126+96+141 页），32 开（万有文库第 1 集 59）

上海：商务印书馆，1936，3 版，2 册（497 页），32 开（国学基本丛书简编）

上海：商务印书馆，1939，简编版，4 册（114+126+96+141 页），32 开（万有文库 第 1 集 59）

上海、长沙：商务印书馆，1939.9，4 册（497 页），25 开（国学基本丛书）（万有文库 第 1—2 集 简编 500 种 31）

上海：商务印书馆，[1940]，2 册（497 页），32 开（国学基本丛书简编）

本书内收《墨子间诂》15 卷，目录 1 卷。书前有余樾序、著者自序、光绪丁未籀庼居士《墨子间诂总目》。附录 1 卷，包括：《篇目考》（毕沅述，今重校补）；《墨子佚文》（毕沅述，今重校补）；《旧叙》，收鲁胜、毕沅、孙星衍、汪中、王念孙、武亿、张惠言等人叙、跋；《墨子后语》，包括墨子传略、墨子年表、墨子传授考、墨子绪闻、墨学通论、墨家诸子钩沉；黄绍箕跋。

收藏单位：安徽馆、北大馆、重庆馆、大连馆、东北师大馆、广东馆、贵州馆、国家馆、河南馆、黑龙江馆、湖南馆、江西馆、辽大馆、南京馆、山东馆、上海馆、绍兴馆、首都馆、天津馆、浙江馆

## 01728

**墨子间诂笺　张纯一著**

上海：定庐，1922.10，[14]+272+30 页，22 开

本书对孙诒让《墨子间诂》加以订正。书中先列《墨子》原文，再列孙诒让诂文，后列著者校订，并注明校文出处。书前有 1922 年章炳麟序、曹亚伯序、张纯一序。书后附录《墨称之探本》（此篇写于 1919 年春，

曾发表于《南开思潮》及《新中国》）、《墨子年代考》《墨儒之异同》《墨子劳农主义之源流》。封面为田桓题签。

收藏单位：广东馆、国家馆、河南馆、湖南馆、吉大馆、江西馆、南京馆、山东馆、上海馆、天津馆

## 01729

**墨子间诂笺补校　张纯一著**

上海：定庐，1923，22 页，22 开

收藏单位：首都馆

## 01730

**墨子精华　中华书局编辑**

上海：中华书局，1936.12，48 页，32 开（中国文学精华）

昆明：中华书局，1941.1，4 版，48 页，32 开（中国文学精华）

本书选《墨子》一书中所染、法仪、七患、辞过、三辩、尚贤（上、中）、尚同（中、下）、非攻（上）、节用（上）、天志（上）等篇，加以音释。书上有眉批。

收藏单位：广西馆、国家馆、黑龙江馆、湖南馆、吉林馆、辽大馆、南京馆、山东馆、山西馆、上海馆

## 01731

**墨子精选读本（新注）　张默生选注**

成都：东方书社，1945，[239] 页，22 开（子学丛书 2）

本书将《墨子》一书分为墨子言行之部、墨学概要之部、墨学中坚理论之部、墨辩之部 4 编，分别加以解释。先有题解，次为原文选录，最后为注释。墨辩之部划成知识类、论理类与事物界说类 3 部分，加以注释。书前有《墨子传略及其学说概要》《墨子书的介绍》。书后附有《〈墨子〉重要参考书目》。封面题名：新注墨子精选读本。

收藏单位：重庆馆、广东馆、广西馆、国家馆、吉林馆、江西馆、中科图

## 01732

**墨子刊误（二卷）　（清）苏乆山著**

中华书局，1 册，32 开

　　本书是清代广西墨学的代表作之一。苏㐅山，即苏时学，清末学者。

　　收藏单位：广东馆

**01733**

**墨子考证（新式标点）　许啸天整理　胡翼云校阅**

上海：群学社，1926.5，[255] 页，32 开

上海：群学社，1928.11，再版，[255] 页，32 开

　　本书内收论著《墨子考证》（孙诒让）、《墨家思想》（梁启超）、《墨子哲学史大纲》（胡适）、《墨子与科学》（无观）、《墨子哲学》（郎擎霄）等。

　　收藏单位：广东馆、贵州馆、国家馆、河南馆、湖南馆、南京馆、上海馆、天津馆、浙江馆、中科图

**01734**

**墨子七十一篇　（周）墨翟撰　尹桐阳释**

出版者不详，[1914]，石印本，48+90+60 叶，25 开，环筒页装

　　本书将《墨子》71 篇分为墨经、墨论、杂篇 3 卷，随文注解。

　　收藏单位：国家馆

**01735**

**墨子探源　罗根泽著**

出版者不详，1945，28 页，18 开

　　本书对《墨子》部分篇卷的写作年代、作者和存佚加以考证。为《国立中央大学文史哲季刊》第 1 期抽印本。

　　收藏单位：国家馆

**01736**

**墨子为回教徒考**

出版者不详，26 页，16 开

　　本书为《古史研究》的抽印本。

**01737**

**墨子新释　尹桐阳著**

衡阳：湖南驻衡第五联合县立中学校，1914.5，石印本，[150] 页，32 开，环筒页装

　　本书将《墨子》53 篇分为墨经、墨论、杂篇 3 卷，随文注解。

　　收藏单位：国家馆

**01738**

**墨子学案　梁启超著**

外文题名：A critical survey of Mo Tzü

上海：商务印书馆，1921，175 页，22 开（共学社哲人传记丛书）

上海：商务印书馆，1922，再版，175 页，22 开（共学社哲人传记丛书）

上海：商务印书馆，1923，3 版，175 页，22 开（共学社哲人传记丛书）

上海：商务印书馆，1926，4 版，175 页，22 开（共学社哲人传记丛书）

上海：商务印书馆，1929，5 版，175 页，22 开（共学社哲人传记丛书）

上海：商务印书馆，1932，国难后 1 版，175 页，22 开（共学社哲人传记丛书）

上海：商务印书馆，1935，国难后 2 版，175 页，22 开（共学社哲人传记丛书）

　　本书分 8 章。第 1 章总论，概述墨子生平经历、学说渊源，《墨子》书的篇数、校注、参考书目；第 2—7 章论述墨子的学说思想，包括：墨子学说之根本观念——兼爱、墨子之实利主义及其经济学说、墨子之宗教思想、墨子新社会之组织法、实行的墨家、墨家之论理学及其他科学；第 8 章结论，列叙孟子、荀子、司马谈、王充、庄子对墨子学说的评论。书前有作者自叙两篇。书末附录《墨者及墨学别派》《墨子年代考》。

　　收藏单位：重庆馆、东北师大馆、国家馆、河南馆、黑龙江馆、湖南馆、吉大馆、吉林馆、江西馆、南大馆、南京馆、山东馆、山西馆、上海馆、首都馆、天津馆、浙江馆、中科图

**01739**

**墨子学案　梁启超著**

外文题名：A critical survey of Mo Tzü

上海：中华书局，1936.3，87 页，32 开（饮冰室专集）

上海：中华书局，1937.2，再版，87 页，32 开

（饮冰室专集）

昆明：中华书局，1941.1，3 版，87 页，32 开
（饮冰室专集）

收藏单位：重庆馆、东北师大馆、国家馆、吉林馆、南京馆、首都馆

01740

**墨子学辨　胡怀琛著**

上海：国学会出版部，1929.10，[14]+86 页，32 开

本书分 16 章，从哲学、科学、文学、文字、宗教、风俗、器物、姓名、肤色、年代、交通等方面加以辨析。

收藏单位：国家馆、天津馆

01741

**墨子引得　哈佛燕京学社引得编纂处编**

北平：燕京大学哈佛燕京学社引得编纂处，1948，38+850 页，16 开（引得特刊第二十一号）

本书以孙诒让《墨子间诂》本为准，以句为单位，按庋撷法编排，另有笔画与拼音两种检索表。书前有齐思和序。

收藏单位：广西馆、国家馆、江西馆、近代史所、山西馆、首都馆、天津馆、中科图

01742

**墨子哲学　王治心著**

南京：金陵神学出版部，1925，1 册，32 开（国学丛书 3）

本书共 3 部分，内容包括：墨子的生平及其学说、墨子的宗教思想、墨子的智识论。以基督教的观点论述墨子的十大主张；叙述墨子认识论的来源及本质、逻辑思想及其应用，并介绍了《墨子》中有关几何学、物理学、力学、经济学、军事学、法理学的内容。认为墨子的学说分为"爱"与"智"两部分，墨子主张的兼爱等十大主张是出于宗教上的爱，而《墨经》6 篇属于智的部分。书末附《因明学论略》《农家学说》。

收藏单位：东北师大馆、广东馆、国家馆

01743

**墨子注（新式标点）（清）毕沅释　陈益标点**

上海：扫叶山房，1925.11，1 册，32 开
上海：扫叶山房，1928，再版，1 册，32 开

本书共 16 卷，最后 1 卷为目录。书前有乾隆四年毕沅《墨子叙》《墨子篇目考》。书末附孙星衍后叙。封面由杨逸题签。

收藏单位：重庆馆、国家馆、南京馆、山东馆、绍兴馆、首都馆、中科图

01744

**墨子综释（标点注解）　支伟成编**

上海：大中书局，1934.6，3 版，48+322 页，32 开

本书分上、下两编。上编为研究之部，包括墨子传略、墨书考证、墨学渊源、墨教信条、墨子经济学、墨家论理学、墨家科学、汉代以前诸大哲对于墨学之批评、墨家后学派别篇；下编为解释之部，分 15 卷对《墨子》各篇标点并略加校注。

收藏单位：东北师大馆、国家馆、河南馆、南京馆、山东馆、上海馆

01745

**墨子综释（标点注解）　支伟成编**

上海：泰东图书局，1925.7，48+322 页，32 开（诸子研究 7）
上海：泰东图书局，1927，再版，48+322 页，32 开（诸子研究 7）

收藏单位：广东馆、国家馆、河南馆、湖南馆、山东馆、山西馆、上海馆、绍兴馆、首都馆、中科图

01746

**新校正墨经注　徐廷荣注**

北平：京华印书局，93 页，18 开

本书对经上、下，经说上、下分段句加以注释和论说。书前有注者的弁言和绪论。

收藏单位：国家馆、山东馆、中科图

01747

**子墨子学说　梁启超著**

上海：中华书局，1936.3，72 页，25 开（饮冰室专集）
上海：中华书局，1937，再版，72 页，25 开

（饮冰室专集）
昆明：中华书局，1941.1，3 版，72 页，25 开
（饮冰室专集）

本书先简介墨子生平事迹，后 5 章论述其学说，内容包括：墨子之宗教思想、墨子之实利主义、墨子之兼爱主义、墨子之政术、墨学之实行及其学说之影响、墨学之传授。在墨子之兼爱主义一章中，作者对中西宗教、哲学家的"爱"说加以比较，并对墨子的兼爱说进行批评。在墨子之政术一章中，与霍布斯、卢梭相比较论述了墨子关于国家起源、君权等思想。书后附《墨子之论理学》。

收藏单位：重庆馆、国家馆、吉林馆、江西馆、南京馆、上海馆、绍兴馆、首都馆、天津馆

# 名　家

01748

邓析子校正　王恺銮校
上海：商务印书馆，1935.6，33 页，32 开（国学小丛书）
上海：商务印书馆，1935.12，再版，33 页，32 开（国学小丛书）

本书据明初刊本校正。包括无厚篇、转辞篇和附录（事实、卷帙、序说）。

收藏单位：重庆馆、广东馆、贵州馆、国家馆、河南馆、湖南馆、吉林馆、江西馆、南京馆、上海馆、首都馆、天津馆、中科图

01749

公孙龙的辩学　张东荪著
北平：燕京哈佛学社，1949，54 页，16 开

本书分 6 篇论述公孙龙研究中的几个问题：关于《公孙龙子》有无中心思想问题，作者认为《公孙龙子》5 篇是为解决当时存在的 5 个问题而著；指与物之关系；对《公孙龙子》5 篇加以分析。为《燕京学报》第 37 期抽印本。

收藏单位：国家馆

01750

公孙龙子集解　陈柱著
上海：商务印书馆，1937，227 页，22 开，精装

本书收集自宋谢希深以来各家对《公孙龙子》文字的考订，并加按语。每卷先列原文，后引各家注及陈柱按语。卷首有《事略》《考证》《学平》（上、下）、《书考》5 篇，考证公孙龙子其人其事及其学说。《公孙龙子》原文据《道藏》本分为 5 卷。凡有改动皆于注中说明。书前有陈柱序。

收藏单位：重庆馆、东北师大馆、广东馆、国家馆、湖南馆、华东师大馆、吉林馆、南京馆、山东馆、上海馆、绍兴馆、首都馆、天津馆、中科图

01751

公孙龙子斠释　张怀民著
上海：中华国学会，1937，302 页，25 开

本书内容包括：《公孙龙子》考证（两卷），详细考证传本源流、古今学者评论，辑有公孙龙子传略、年表及周秦古籍中保存的佚文；《公孙龙子》斠释（6 卷），采集诸家注解并附作者解释；《公孙龙子》解故。书前有顾惕生、张伯禧、作者序。书后有邓夐鸣后序。封面由蔡元培题签。

收藏单位：国家馆、华东师大馆、上海馆

01752

公孙龙子考　胡道静著
上海：商务印书馆，1934.3，98 页，32 开（国学小丛书）
上海：商务印书馆，1934.6，再版，98 页，32 开（国学小丛书）
上海：商务印书馆，1935，3 版，98 页，32 开（国学小丛书）

本书共 6 卷，内容包括：事迹考、朋辈弟子考、年表、篇籍考、坚白同异无厚考、叙录（《公孙龙子考》详目、引用书目、严可均校《道藏》本《公孙龙子》跋）。

收藏单位：重庆馆、广东馆、贵州馆、国家馆、华东师大馆、江西馆、南京馆、上海馆、首都馆、浙江馆、中科图

01753

**公孙龙子释 金受申著**

上海：商务印书馆，1928，66页，32开（国学小丛书）

上海：商务印书馆，1930，再版，66页，32开（国学小丛书）

上海：商务印书馆，1930，60页，32开（国学小丛书）（万有文库 第1集62）

上海：商务印书馆，1931，再版，66页，32开（国学小丛书）

上海：商务印书馆，1933，国难后1版，60页，32开（国学小丛书）（万有文库 第1集62）

上海：商务印书馆，1934，国难后2版，60页，32开（国学小丛书）（万有文库 第1集62）

上海：商务印书馆，1935，国难后3版，60页，32开（国学小丛书）（万有文库 第1集62）

　　《公孙龙子》今有6篇，首篇《迹府》是后人辑录公孙龙事迹而成的传记，《白马论》《指物论》《通变论》《坚白论》《名实论》5篇，共1900余字。本书考证公孙龙其人及其学术渊源，对谢希深注本加以评述，认为谢注以君臣是非为诘，远离其原意。

　　收藏单位：安徽馆、重庆馆、大连馆、东北师大馆、广东馆、广西馆、贵州馆、国家馆、华东师大馆、江西馆、近代史所、辽大馆、南京馆、山东馆、上海馆、绍兴馆、首都馆、天津馆、浙江馆、中科图

01754

**惠施公孙龙 钱穆著**

上海：商务印书馆，1931，132页，32开（国学小丛书）

上海：商务印书馆，1934，国难后1版，132页，32开（国学小丛书）

上海：商务印书馆，1935，国难后2版，132页，32开（国学小丛书）

　　本书由3部分组成。第1部分辑录惠施、公孙龙的传略、年表等；第2部分为对原著的考证、注解；第3部分是关于名家的一些研究论文，包括《公孙龙七说》《辩者言》《名墨訾

应辨》《再辨名墨訾应》《坚白盈离辨驳议》等。

　　收藏单位：重庆馆、东北师大馆、广东馆、广西馆、国家馆、吉林馆、江西馆、南京馆、上海馆、首都馆、天津馆、浙江馆、中科图

01755

**名学丛著序 伍非百著**

出版者不详，1932.12，50页，32开

　　本书为《名学丛著》的总序和各篇分序的汇集。总序为：整理中国古名家言序；分序为：墨辩解故序、墨辩校勘记序、大小取本旨序、大取篇释题、尹文子略注序、公孙龙子发微序、齐物论新义序、齐物论释题、荀子正名解序、荀子正名解后语、形名杂篇序、邓析子辨伪序等。书前有作者前言。

　　收藏单位：中科图

01756

**名学稽古 东方杂志社编纂**

上海：商务印书馆，1923，85页，50开（东方文库 第37种）

上海：商务印书馆，1924，再版，85页，50开（东方文库 第37种）

上海：商务印书馆，1925，3版，85页，50开（东方文库 第37种）

　　本书为东方杂志20周年纪念刊物。收论文3篇：《名学他辨》（章行严）、《惠施公孙龙之哲学》（胡适）、《中国古代名学论略》（陈启天）。

　　收藏单位：安徽馆、重庆馆、东北师大馆、复旦馆、广东馆、国家馆、河南馆、湖南馆、南京馆、山东馆、上海馆、绍兴馆、天津馆、武大馆、浙江馆

01757

**尹文子（附校勘记 逸文）（战国）尹文撰（清）钱熙祚校**

上海：商务印书馆，1937.3，15页，32开（国学基本丛书）（万有文库 第2集32）

长沙：商务印书馆，1939.12，15页，32开（国学基本丛书）（万有文库 第1—2集简编500种）

　　本书据《守山阁丛书》本排印。书前有

山阳仲长氏原序及《四库全书提要》中有关内容。书末有钱熙祚《尹文子校勘记》。

收藏单位：大连馆、大庆馆、东北师大馆、国家馆、江西馆、辽大馆、上海馆、天津馆、浙江馆

01758

**尹文子校正**　王恺銮校正

上海：商务印书馆，1935，54页，32开（国学小丛书）

本书以《四部丛刊》本为底本，用清人钱熙祚、汪继培、孙诒让及近人王时润之校本，补缺正误。书前有作者、仲长氏序。

收藏单位：重庆馆、广东馆、贵州馆、国家馆、河南馆、湖南馆、吉林馆、江西馆、南京馆、上海馆、绍兴馆、首都馆、天津馆

01759

**尹文子直解**　陈仲荄著

长沙、上海：商务印书馆，1938.7，69页，32开（国学小丛书）

长沙：商务印书馆，1939，再版，69页，32开（国学小丛书）

本书依湖北官书处重刊本订正，逐段标义、注释和解述。正文有大道（上、下）。书前有陈仲荄序、仲长氏序、湖北崇文局本《尹文子》序、例言。附录收文两篇、图5幅。

收藏单位：重庆馆、广东馆、贵州馆、国家馆、湖南馆、吉林馆、南京馆、上海馆、首都馆、中科图

# 法　家

01760

**管仲**　王毓瑚编著

重庆：胜利出版社，1945.3，178页，32开（中国历代名贤故事集 第二辑 历代贤豪）

上海：胜利出版社，1946，沪1版，178页，32开（中国历代名贤故事集 第二辑 历代贤豪）

本书分13章介绍管仲生平事迹，特别是为齐国霸业所作的贡献及对各国的影响。

收藏单位：重庆馆、广东馆、国家馆、黑龙江馆、湖南馆、吉林馆、辽大馆、南京馆、上海馆、浙江馆

01761

**管仲（又名，开创霸业政治的大政治家管仲）**　鹤生著

上海：汗血书店，1935.8，70页，50开（汗血小丛书 实干人物1）

上海：汗血书店，1936.3，再版，70页，50开（汗血小丛书 实干人物1）

本书对管仲的生平事迹，特别是内政、外交诸方面加以论述。

收藏单位：国家馆

01762

**管子**　（唐）房玄龄注

重庆：正中书局，1944.4，2册（[13]+333+338页），64开

重庆：正中书局，1947.1，沪1版，2册（[13]+333+338页），64开

清代黄丕烈据《管子》杨忱序本，将其中抄补伪刻部分参照其他抄本校改，并将原书重装。本书据重装本刊行。书前有宋代杨忱序、汉代刘向序。书末附《读管子》（张嵘）等。

收藏单位：重庆馆、国家馆、湖南馆、辽大馆、南京馆、上海馆、绍兴馆

01763

**管子**　唐敬杲选注

上海：商务印书馆，1926，179页，32开（学生国学丛书）

上海：商务印书馆，1930，再版，179页，32开（学生国学丛书）

上海：商务印书馆，1931，186页，32开（学生国学丛书）（万有文库 第1集122）

上海：商务印书馆，1933，国难后1版，179页，32开（学生国学丛书）

上海：商务印书馆，1934，国难后3版，185页，32开（学生国学丛书）

上海：商务印书馆，1947，再版，185页，32开（新中学文库）

上海：商务印书馆，1947.4，5 版，185 页，32 开（新中学文库）

　　本书选录《管子》中牧民、形势、权修、立政、法禁、兵法、九变、度地等 20 篇，训释文义，并注音读。书前有注者叙、凡例。

　　收藏单位：安徽馆、重庆馆、大连馆、东北师大馆、广西馆、贵州馆、国家馆、湖南馆、吉大馆、吉林馆、江西馆、辽大馆、辽宁馆、山东馆、上海馆、绍兴馆、首都馆、天津馆、浙江馆、中科图

01764

**管子（附校正）**　（清）戴望校正

上海：商务印书馆，1933.12，5 册，32 开（国学基本丛书）（万有文库 第 1 集 123）

上海：商务印书馆，1934.3，[737] 页，32 开，精装（国学基本丛书）

上海：商务印书馆，1934.7，5 册，32 开（国学基本丛书）（万有文库 第 1 集 123）

上海：商务印书馆，1934.10，再版，[737] 页，32 开，精装（国学基本丛书）

上海：商务印书馆，1936，3 版，2 册，32 开（国学基本丛书简编）

上海、长沙：商务印书馆，1939.9，5 册，25 开（国学基本丛书）（万有文库 第 1—2 集 简编 500 种 55）

上海、长沙：商务印书馆，[1940]，[4 版]，2 册，32 开（国学基本丛书简编）

　　《管子》原 86 篇 30 卷，今存 76 篇。清代戴望据原本诠次，列为 24 卷，并以宋本校定刘绩本，详定句读，贯通上下文义。

　　收藏单位：安徽馆、重庆馆、大连馆、广东馆、贵州馆、国家馆、黑龙江馆、江西馆、辽大馆、南京馆、山东馆、上海馆、首都馆、天津馆、中科图

01765

**管子读本**　陈和祥评注　秦同培编辑兼校订

上海：世界书局，1926.3，140 页，32 开（评注标点十子全书）

　　本书为科教自修适用。编者认为《管子》中伪托者很多，所以只选录其中可取之义、可采之事、可传诵之文若干篇，加以评注。

书中对所选各篇分段评论，后加注释。

　　收藏单位：国家馆、江西馆、首都馆

01766

**管子集解**　叶昀校

上海：大达图书供应社，1936.2，2 册（14+188+192 页），32 开

　　本书内容包括：经言、外言、内言、短语、区言、杂篇、管子解、管子轻重等。书前有序、凡例、文评。

　　收藏单位：重庆馆、国家馆、江西馆、南京馆

01767

**管子集解**　叶昀校阅

上海：广益书局，1936.4，2 册（14+188+192 页）

　　收藏单位：广东馆、山西馆

01768

**管子校正**　（清）戴望校正　陶乐勤点校

上海：大中书局，1931.4，3 版，2 册（488 页），32 开

上海：大中书局，1933.4，4 版，2 册（488 页），32 开

上海：大中书局，1933，8 版，2 册（488 页），32 开

　　《管子》一书由唐代房玄龄（或尹知章）作注，明代刘绩补注，清代戴望校正。本书将戴望之校正部分刊行。内收牧民、形势、乘马、幼官、治国、度地等内容。书前有潘祖荫同治十二年序。

　　收藏单位：重庆馆、广东馆、国家馆、上海馆

01769

**管子校正**　（清）戴望校正　陶乐勤点校

上海：源记书庄，1925，2 册（488 页），32 开

　　收藏单位：国家馆、黑龙江馆、吉大馆、吉林馆、山东馆、山西馆、上海馆、首都馆

01770

**管子今诠　石一参著**

长沙：商务印书馆，1938，2 册（259+613 页），22 开

本书将《管子》24 卷 76 篇重新分类编次、校正文字并衍释。分上、中、下 3 编。上编为经言，附解 10 篇；中编为内言，46 篇，分为道家言、政家言、阴阳术数家言、法家言、兵家言、计家言，共 6 卷；下编为外言，分为管子相齐始末、桓公君臣问答、乘马九府问答、轻重法、短语问答杂编，共 5 卷。书首冠《枢言》《学则》（原名弟子职）。书前有胡汉民序、汉代刘向序、明代赵用贤序、《管子今诠概论》《读管子界说》《今审定篇目》《管子篇目今旧分并异同表》《管子今诠旧说》，石一参后序。

收藏单位：北师大馆、重庆馆、广东馆、国家馆、辽宁馆、南京馆、上海馆、首都馆、天津馆、中科图

01771

**管子精华　中华书局编辑**

上海：中华书局，1936.12，120 页，32 开（中国文学精华）

上海：中华书局，1941.1，昆明 4 版，120 页，32 开（中国文学精华）

本书节选《管子》中幼官、法禁、重令、兵法、明法、治国等 10 篇音释和注解。加有眉批。

收藏单位：重庆馆、广西馆、国家馆、湖南馆、辽大馆、南京馆、山东馆、山西馆、上海馆、天津馆

01772

**管子精华　中华书局编辑**

上海：中华书局，1926.8，8 版，1 册，25 开

本书为教科自修适用。内容包括：幼官、法禁、重令、兵法、大匡、霸言、戒、侈靡、心术上、心术下、正、任法、明法、治国、禁藏、九守、桓公问 17 篇。

收藏单位：北师大馆

01773

**管子探源　罗根泽著**

上海：中华书局，1931，272 页，22 开

本书作者查考先秦、两汉各家的著作，并参照前人论辩之言论，探寻《管子》各篇作者。共 8 章，内容包括：经言 9 篇、外言 8 篇、内言 9 篇、短语 18 篇、区言 5 篇、杂篇 13 篇、管子解 5 篇、轻重 19 篇。书末附录《战国前无私家著作说》《古代经济学中之本农末商学说》《古代政治学中之"皇""帝""王""霸"》。

收藏单位：重庆馆、东北师大馆、广东馆、贵州馆、国家馆、湖南馆、江西馆、辽大馆、南京馆、上海馆、首都馆、天津馆、浙江馆、中科图

01774

**管子通释（标点注解）　支伟成编**

上海：泰东图书局，1924.10，2 册（534 页），32 开（诸子研究 5）

上海：泰东图书局，1934.6，再版，3 册，32 开

本书分上、下两篇：上篇为研究之部，包括管子学说研究大纲、管子之救时政策、管子略传、管子之沿革、管子考证略述、参考书举要等篇；下篇为解释之部，对《管子》随文施注。

收藏单位：重庆馆、国家馆、河南馆、南京馆、山东馆、上海馆、首都馆

01775

**管子学案　戴潚编著**

上海：正中书局，1949，150 页，25 开

本书分为管子事功、管子篇目真伪考、管子之政治学、管子之哲学、管子之法理学、管子之经济学、管子之教育学、管子之军事学、管子与诸家学术之渊源、历代管子平议 10 章。书前有胡朴安、程善之序及作者自序。书末附录《管子书目考》。

收藏单位：南京馆、上海馆

01776

**管子之研究　支伟成编点**

上海：泰东图书局，1924.10，534页，32开

上海：泰东图书局，1934，534页，32开

　本书即《管子通释》一书改名重版。

　收藏单位：重庆馆、贵州馆、江西馆

## 01777

**管子传　梁启超著**

上海：中华书局，1936.3，85页，32开（饮冰室专集）

上海：中华书局，1941.1，再版，85页，32开（饮冰室专集）

重庆：中华书局，1943.7，106页，32开（饮冰室专集）

重庆：中华书局，1944.4，重排再版，106页，32开（饮冰室专集）

　本书论述管子的政治学说及其政治主张的实行，详细论述了管子的法制主义及经济政策。共13章，内容包括：管子生活的时代、管子的初政、官僚政治、官制、内政、教育、外交、军政等。书前有宣统元年自序及例言。

　收藏单位：重庆馆、东北师大馆、贵州馆、国家馆、湖南馆、吉大馆、吉林馆、江西馆、辽大馆、南京馆、上海馆、首都馆、天津馆

## 01778

**韩非　谢无量著**

上海：中华书局，1916.8，208页，32开（学生丛书）

上海：中华书局，1918.11，再版，208页，32开（学生丛书）

上海：中华书局，1920.8，3版，208页，32开（学生丛书）

上海：中华书局，1923.12，4版，208页，32开（学生丛书）

上海：中华书局，1928.4，6版，208页，32开（学生丛书）

上海：中华书局，1932.12，7版，208页，32开（学生丛书）

　本书论述韩非学术思想的渊源及其学说（非法古论、法术论、赏罚论、非仁义论、耕战论、亡国论、个人对国家论、人生道德观）。著者原题：谢蒙。

收藏单位：重庆馆、广东馆、国家馆、湖南馆、南京馆、山东馆、山西馆、绍兴馆、首都馆、天津馆、浙江馆

## 01779

**韩非　张默生编著**

[重庆]：教育部民众读物编审委员会，32页，50开

　本书介绍战国末期哲学家、法家的主要代表人物韩非的经历与学说。封面题：国立编译馆编辑。

　收藏单位：国家馆

## 01780

**韩非的法治思想　张陈卿著**

北平：文化学社，1930.2，102页，32开

　本书共5章。第1章绪言，讲述著者研究韩非的动机、材料的根据等；第2章分析韩非法治思想产生的原因；第3—4章为法治障碍及韩非的法治主张；第5章结论，归纳韩非法治思想的系统、方法及对韩非法治思想的批评。

　收藏单位：重庆馆、东北师大馆、国家馆、吉林馆、辽大馆、辽宁馆、南京馆、上海馆、首都馆、浙江馆、中科图

## 01781

**韩非法治论　曹谦编著**

上海：中华书局，1948，142页，32开

　本书分3编10章，论述韩非学说的渊源、韩非的道德观念、韩非的法治理论、韩非抨击当时各家学说以及对于韩非的几种批评。书末附录韩非传略及《韩非子》参考书目。

　收藏单位：重庆馆、东北师大馆、广东馆、贵州馆、国家馆、湖南馆、江西馆、辽宁馆、南京馆、山东馆、山西馆、上海馆、首都馆、中科图

## 01782

**韩非及其政治学　陈启天著**

重庆：独立出版社，1940.6，97页，32开

　本书分8篇，简述韩非的生平及其政治学说产生的时代、学术渊源，着重论述韩非的历史观和国家社会观，以及韩非的势论、

法论、术论、富强论、法术之士论。书前有作者自叙。书中有韩非年表。

　　收藏单位：重庆馆、国家馆、吉林馆、江西馆、南京馆、上海馆

01783

**韩非思想之体系　章绍烈著**

南京：兼声编译出版合作社，1935.12，85 页，22 开

　　本书分 3 章叙述韩非的生平、著述、历史观、人生观、法治论等。书前有作者自序。封面书名为胡光启题署。

　　收藏单位：国家馆、江西馆、首都馆

01784

**韩非子　（战国）韩非著　靳海风注**

上海：三通书局，1940.10，536 页，50 开（三通小丛书）

　　本书共 6 卷，是对《韩非子》一书的基本注译。

　　收藏单位：山东馆

01785

**韩非子　唐敬杲选注**

上海：商务印书馆，1926.1，132 页，32 开（学生国学丛书）

上海：商务印书馆，1926，[135] 页，32 开（新中学文库）

上海：商务印书馆，1930.4，135 页，32 开（学生国学丛书）（万有文库 第 1 集 231）

上海：商务印书馆，1934.7，再版，135 页，32 开（学生国学丛书）（万有文库 第 1 集 231）

上海：商务印书馆，1934，国难后 1 版，135 页，25 开（学生国学丛书）

上海：商务印书馆，1935，国难后 2 版，135 页，25 开（学生国学丛书）

上海：商务印书馆，1947，4 版，135 页，32 开（学生国学丛书）（新中学文库）

上海：商务印书馆，1948，5 版，135 页，32 开（学生国学丛书）

　　本书选录《韩非子》中主道、有度、孤愤、说难、问辩、定法、诡使、六反、八说等 19 篇，对原文分段、标点、注释。

　　收藏单位：安徽馆、重庆馆、大连馆、广东馆、贵州馆、国家馆、黑龙江馆、湖南馆、江西馆、辽大馆、南京馆、山东馆、上海馆、绍兴馆、首都馆、天津馆、浙江馆、中科图

01786

**韩非子　许啸天注译**

上海：新华书局，1 册，32 开（红皮文选 6）

　　本书与《庄子》《论语》合订。每篇选文后有白话译文和注释。

　　收藏单位：上海馆

01787

**韩非子（白话译解）　叶玉麟选译**

上海：广益书局，1937，2 册（160+126+[26] 页），32 开

　　本书分上、下两卷，选《韩非子》36 篇，用白话译解。书末附顾广圻识语及序、跋。

　　收藏单位：重庆馆、国家馆、河南馆、江西馆、南京馆、上海馆、首都馆

01788

**韩非子（节本）　唐敬杲选注**

上海：商务印书馆，1937.11，[20]+135 页，32 开（中学国文补充读本 第 1 集）

上海：商务印书馆，1940，再版，[20]+135 页，32 开（中学国文补充读本 第 1 集）

　　本书即商务印书馆出版的《韩非子》改名后的再版。书前有绪言，内容包括：韩非略传、韩非子书及其注校、韩非思想之渊源、学说概要等。

　　收藏单位：广东馆、贵州馆、国家馆

01789

**韩非子参考书辑要　陈启天编**

上海：中华书局，1945.10，148 页，25 开

　　本书共 6 类。内容包括：第 1 类书目，介绍《韩非子》的版本、注释、考订、批评、研究书目、近人研究论文，日本《韩非子》研究专著；第 2 类学述，介绍韩非学说产生的时代、渊源及政治学说等；第 3 类纪载，节录《史记》及《战国策》中的有关记载；第 4 类

序例，收集宋明以来《韩非子》一书重要序言，共 25 篇；第 5 类考证，选录晁公武、高似孙、黄震、王应麟、孙星衍、胡适等人的考证 9 篇；第 6 类评论，节录刘安、王充、苏轼、朱熹、杨慎等人的评论 16 篇。书中有韩非年表。

收藏单位：重庆馆、东北师大馆、广西馆、国家馆、吉林馆、江西馆、近代史所、辽宁馆、南京馆、上海馆、首都馆、天津馆、中科图

01790
**韩非子读本　陈和祥评注　秦同培编辑兼校订**
上海：世界书局，1926.3，226 页，32 开（评注标点十子全书）

本书书前有编辑大意，对《韩非子》一书的内容和历代有关评注加以简介。

收藏单位：国家馆、江西馆、山东馆、首都馆

01791
**韩非子法意　夏忠道著**
上海：青年协会书局，1927，112 页，32 开（世界学会国学丛书）

本书为韩非法治思想研究。共 8 章，内容包括：县论、道德、形名、法理、赏罚、权势、君民、结论。韩非法治主义的演成受荀子的影响很大，故本书除阐释韩非的法治思想外，也叙述荀子的法治思想。

收藏单位：国家馆、江西馆、上海馆、首都馆、浙江馆

01792
**韩非子集解　（清）金人瑞原著　王心湛校**
上海：广益书局，1936.3，2 册（[154]+[164] 页），32 开，精装
上海：广益书局，1936.8，再版，2 册（[154]+[164] 页），32 开

收藏单位：河南馆、江西馆、南京馆

01793
**韩非子集解　（清）王先慎集注**

上海：商务印书馆，1930.10，4 册（73+93+94+79 页），32 开（国学基本丛书）（万有文库 第 1 集 232）

上海：商务印书馆，1933，[338] 页，32 开（国学基本丛书）

上海：商务印书馆，1934，再版，1 册，32 开（国学基本丛书）

上海：商务印书馆，1936.1，[338] 页，32 开（国学基本丛书简编）

上海：商务印书馆，1936.10，3 版，[338] 页，32 开（国学基本丛书简编）

上海：商务印书馆，1939.3，4 版，4 册（73+93+94+79 页），32 开（国学基本丛书）（万有文库 第 1 集 232）

上海：商务印书馆，1939.9，4 册（339 页），32 开（国学基本丛书）（万有文库 第 1—2 集 简编 500 种 84）

上海：商务印书馆，1939，4 版，[338] 页，32 开（国学基本丛书简编）

本书书前有光绪二十二年王先谦序、光绪二十一年王先慎弁言、考证、佚文、《韩非子》原序。

收藏单位：重庆馆、大连馆、广东馆、广西馆、贵州馆、国家馆、吉林馆、江西馆、辽大馆、山东馆、上海馆、首都馆

01794
**韩非子集解　（清）王先慎篆　叶昀校阅**
上海：大达图书供应社，1936，2 册（164+154 页），32 开

本书收集清代学者对《韩非子》一书的考订和训诂，并加以补正和诠释。

收藏单位：首都馆

01795
**韩非子集解（新式标点）　王先谦注释　黄步青　陈益标点**
上海：扫叶山房书局，1925.12，2 册，32 开
上海：扫叶山房书局，1926.8，再版，2 册，32 开
上海：扫叶山房书局，1932.5，再版，[278] 页，32 开

本书是对《韩非子》一书的补正和诠释。

书前有王先谦序、王先慎序、陈益序，以及考证、佚文等。

收藏单位：重庆馆、国家馆、江西馆、上海馆、首都馆

01796

**韩非子集释删要　陈奇猷著**

北平：辅仁大学，1947.12，143 页，16 开

王先慎《韩非子集释》凡 20 卷，今只选录其重要者，故称删要，实为辑要本。为《辅仁学志》第 15 卷 1—2 合期的抽印本。

01797

**韩非子校释　陈启天编**

昆明、上海：中华书局，1940.3，[14]+962 页，24 开，精装

上海：中华书局，1941.4，再版，[14]+962 页，24 开，精装

本书为大学用书。将《韩非子》一书依各篇内容重新编次，共 10 卷。每篇篇首有释题、提要、考证 3 项，正文重新分段、标点，校释附于每段之后。卷首有陈启天序、例言及本书引用书目简名。

收藏单位：重庆馆、广东馆、国家馆、江西馆、辽大馆、上海馆

01798

**韩非子精华　中华书局编辑**

上海：中华书局，1936，122 页，32 开（中国文学精华）

上海、昆明：中华书局，1941，4 版，122 页，32 开（中国文学精华）

本书选录《韩非子》中十过、用人、功名、问辩、定法、说疑、诡使、六反、人主、心度等 22 篇。加有眉批。

收藏单位：重庆馆、广西馆、国家馆、黑龙江馆、湖南馆、吉林馆、江西馆、辽大馆、辽宁馆、南京馆、山东馆、山西馆、上海馆

01799

**韩非子研究　王世琯著**

上海：商务印书馆，1936，91 页，32 开（国学小丛书）

本书共 4 章，内容包括：韩非子传略、韩非子思想的渊源、韩非子书考证、韩非子学说。

收藏单位：重庆馆、广东馆、国家馆、湖南馆、吉林馆、辽大馆、南京馆、上海馆、首都馆、天津馆、中科图

01800

**三晋法家的思想　容肇祖著**

重庆：史学书局，1944.6，77 页，36 开

本书为先秦法律思想史。分上、下两篇。上篇介绍战国韩、魏、赵即三晋法家思想，如李悝和他的思想、商君书中重刑的见解等；下篇专介绍韩非的思想，包括韩非略传、韩非重刑厚赏的见解等。

收藏单位：重庆馆、贵州馆、国家馆、南京馆、上海馆

01801

**商君书　（秦）商鞅著**

上海：三通书局，1940.11，92 页，50 开（三通小丛书）

本书共 5 卷。附《鬼谷子》。

收藏单位：山东馆

01802

**商君书　（秦）商鞅撰　（清）严万里校**

上海：商务印书馆，1937.12，44 页，32 开（万有文库 第 2 集 121）（国学基本丛书）

长沙：商务印书馆，1939，简编版，44 页，32 开（万有文库 第 2 集 121）（国学基本丛书）

本书分 5 卷 24 篇。书前有乾隆五十八年严万里《新校正序》及《附考》。

收藏单位：大连馆、大庆馆、东北师大馆、国家馆、江西馆、辽大馆、上海馆、浙江馆

01803

**商君书集解　王心湛校勘**

上海：广益书局，1936，56 页，32 开

本书以严万里校《商君书》为底本。书末附录严万里撰写的《商君书附考》。

收藏单位：重庆馆、国家馆、湖南馆、南京馆、上海馆、首都馆、天津馆

**01804**

**商君书笺正　简书笺正**

出版者不详，1931，1册，16开

　　收藏单位：广东馆

**01805**

**商君书校释　陈启天校释**

上海：商务印书馆，1935.5，166页，32开（学生国学丛书）

　　本书根据严万里、俞樾、孙诒让、王时润、朱师辙等家的考证，对《商君书》现存24篇的原文加以改正，并依文义分段、标点。改正前的原文、各家校释、陈启天的考订、新注附于各段之后。书末附录《六法篇》佚文。

　　收藏单位：重庆馆、广东馆、国家馆、湖南馆、吉林馆、江西馆、辽大馆、南京馆、上海馆、首都馆、中科图

**01806**

**商君书解诂定本　朱师辙著**

北平：古籍出版社，1948，1册

　　本书以严万里校《商君书》为主，用自明以来20多种本子，并用俞樾、孙诒让、汪中等校本及有关的类书、古籍相校。书前有王星拱序、朱师辙序、胡韫玉序、尹炎武序。书后附录两卷，收严万里、孙星衍、钱熙祚的序、跋共4篇，严校本总目1篇，绵眇阁本《许语》两条，并辑有《战国策》《史记·商君传》《新序》《汉书》《群书治要》《玉海》《四库全书》《馗书》等书中有关记载，以及《商子》校勘诸家所见各本。

　　收藏单位：重庆馆、国家馆、吉林馆、南京馆

**01807**

**商君书解诂定本　朱师辙著**

广州：国立中山大学出版组，1948.1，150页，25开（国立中山大学丛书）

　　收藏单位：辽大馆、南京馆

**01808**

**商君书之研究（标点注解）　支伟成编**

上海：泰东图书局，1925.5，[92]页，32开（诸子研究6）

上海：泰东图书局，1927.5，再版，[92]页，32开（诸子研究6）

　　本书分上、下两编。上编为研究之部，共4篇，内容包括：商君学说述要、商君列传、商君书考证、参考书举要；下篇为解释之部，分5卷对《商君书》进行标点并随文施注。封面题名：标点注解商君书。

　　收藏单位：北大馆、重庆馆、国家馆、河南馆、吉林馆、江西馆、南京馆、山西馆、上海馆、天津馆

**01809**

**商鞅　姜龢孙著**

上海：汗血书店，1935.8，62页，50开（汗血小丛书 实干人物2）

上海：汗血书店，1936.3，再版，62页，50开（汗血小丛书 实干人物2）

　　本书收商鞅传略，并对其言论和法治思想做了分析。

　　收藏单位：重庆馆、国家馆、上海馆

**01810**

**商鞅评传　陈启天著**

上海：商务印书馆，1935.5，135页，32开（国学小丛书）

上海：商务印书馆，1935.7，2版，135页，32开（国学小丛书）

重庆：商务印书馆，1945，渝1版，108页，32开（国学小丛书）

重庆：商务印书馆，1945.10，渝2版，108页，32开（国学小丛书）

上海：商务印书馆，1947，3版，135页，32开（国学小丛书）（新中学文库）

　　本书共6章，内容包括：商鞅的时代概况及其传略、商鞅的法治主义及其学说、商鞅的军国主义及其兵略、商鞅的重农主义及其田制、商鞅的政治改革及其评价、商君书的考证。

　　收藏单位：重庆馆、广东馆、广西馆、国家馆、湖南馆、吉大馆、吉林馆、江西馆、近代史所、辽大馆、辽宁馆、南京馆、山西馆、上海馆、绍兴馆、首都馆、天津馆、浙

江馆、中科图

## 01811

**慎子集说 蔡汝堃编著**
长沙: 商务印书馆, 1940, 42 页, 36 开 (国学小丛书)

本书以钱熙祚用唐代《群书治要》本校勘明《子汇》本, 得出较完全的 7 篇和所集佚文 17 条为底本, 又用晋代滕辅、明代慎懋赏的注本及本书作者所加按语辑成。共 4 章, 内容包括: 慎子考、慎子评传、慎子校注、慎子逸文。其中第 4 章所附逸文较钱熙祚有异。

收藏单位: 重庆馆、广东馆、国家馆、吉林馆、江西馆、南京馆、上海馆、中科图

## 01812

**慎子校正 王斯睿著**
上海: 商务印书馆, 1925.10, 67 页, 32 开 (国学小丛书)
上海: 商务印书馆, 1935.11, 67 页, 32 开 (国学小丛书)

本书以明慎懋赏本为底本, 用守山阁本加以校正, 书间附作者按语。书末附《集说》1 卷, 内有《慎子逸文》, 孙毓修关于《慎子》版本、篇目的考证, 以及古今关于《慎子》一书卷帙及学术思想的论述等。封面书名由伊吾题署。

收藏单位: 北师大馆、重庆馆、广东馆、贵州馆、国家馆、湖南馆、吉林馆、江西馆、南京馆、上海馆、首都馆、天津馆、中科图

## 01813

**先秦法家概论 李之焄著**
北京: 朝阳大学, 1928.4, [98] 页, 32 开 (潜春楼丛书 1)

本书对先秦法家诸说与西方法学进行比较研究。分序论、本论、结论 3 部分。序论共 4 章, 内容包括: 法之语源、法律之起源、法家人物及其书、法家学说之渊源; 本论共 3 章, 内容包括: 法理谈、道德论、政治论。书前有夏勤序、胡长青序、魏纶序、作者自序。封面由江庸题签。

收藏单位: 国家馆、南京馆、首都馆

## 01814

**中国法家概论 陈启天著**
上海: 中华书局, 1936, 270 页, 22 开

本书概述中国法家思想的发展, 分为上、下两编。上编概述法家的历史, 共 6 章, 内容包括: 何谓法家、法家与中国学术、法家的起原、法家的形成、法家的演变、法家的复兴; 下编概述法家的理论, 共 5 章, 内容包括: 法家的国家论、法家的法律论、法家的政府论、法家的霸政论、法家的著述考。书前有作者自序。

收藏单位: 重庆馆、广东馆、广西馆、贵州馆、国家馆、黑龙江馆、湖南馆、吉林馆、江西馆、辽宁馆、南京馆、山东馆、首都馆、浙江馆

## 01815

**中国法家概论 陈启天著**
[重庆]: 中央训练团党政高级训练班, 1944.2 印, 278 页, 32 开

收藏单位: 国家馆、南京馆、山东馆

# 阴阳纵横家

## 01816

**鬼谷子新注 俞棪注**
南京: 京华印书馆, 1936, 1 册, 25 开

本书正文分上、中、下 3 卷。上、中两卷含捭阖、反应等 14 篇, 其中转丸、胠箧两篇亡; 下卷含本经阴符 7 篇、持枢、中经。书前有自序、江都秦恩复原序、鬼谷先生事略、鬼谷子真伪考。附录篇目考、校记、周广业跋、阮元跋。

收藏单位: 国家馆、湖南馆、江西馆、山西馆、上海馆、中科图

## 01817

**鬼谷子新注 俞棪注**
上海: 商务印书馆, 1937, 24+67 页, 32 开 (国学小丛书)

收藏单位: 重庆馆、广东馆、国家馆、吉大馆、江西馆、上海馆、中科图

01818

**乱世哲学　隐公著**

重庆：华西文化供应社，1948，84 页，32 开

本书引用古代历史故事，论述"在乱世中取得政治上的成功所必须具备的思想、权谋"等。共 32 篇，内容包括：铁匠手段与裁缝作风、因人说话、穷则变变则通、哭笑的政治手段、秀才造反三年必成、难得糊涂的聪明、任用私人、不安分不守己等。

收藏单位：重庆馆

01819

**乱世哲学　隐公著**

桂林：启明书局，1947，84 页，32 开

收藏单位：重庆馆、东北师大馆、桂林馆、南京馆

01820

**乱世哲学（中国古代纵横术）　任毕明著**

韶关：正光书局，1944，187 页，32 开（纵横术甲集）

韶关：正光书局，1948，广州版，187 页，36 开（纵横术甲集）

本书引用古籍记载，论述"在乱世中取得政治上的成功所必须具备的思想、权谋"等。共 4 篇，内容包括：察知篇、道德篇、权威篇、谋术篇。书前有引言。

收藏单位：重庆馆、广西馆、吉林馆

01821

**苏秦张仪　吕思勉著**

上海：中华书局，1915.8，106 页，32 开（学生丛书）

上海：中华书局，1920.3，3 版，106 页，32 开（学生丛书）

上海：中华书局，1922.8，5 版，106 页，32 开（学生丛书）

上海：中华书局，1925，7 版，106 页，32 开（学生丛书）

上海：中华书局，1926，8 版，106 页，32 开（学生丛书）

上海：中华书局，1928.10，9 版，106 页，32 开（学生丛书）

本书为介绍苏秦、张仪的简明读物，略述战国时代的政治状况，简介纵横学说的内容。共 10 章，内容包括：发端、外交与战国时代、合纵连衡、古代外交学之真相及苏秦张仪之人物等。

收藏单位：重庆馆、广东馆、广西馆、国家馆、南京馆、首都馆、浙江馆

01822

**战国纵横家学研究　朱星元著**

上海：东方学术社，1935.3，132 页，32 开

本书共 10 章，内容包括：绪论、战国相峙的形势、游说纵横家的源流和派别、游说纵横家的说术、纵横家的策谋、纵横家巨子苏秦张仪传略、纵横家祖鬼谷子考、纵横家和当时诸子的关系、纵横家于后世的传变、结论——纵横家的批评。书前有作者序。

收藏单位：国家馆、吉大馆、上海馆

01823

**子平玄理　施惕君著**

北京：施惕君［发行者］，1938，142 页，32 开

本书为阴阳五行说的研究，内容包括：五行总论、十干生死、十干化气、比肩、劫财、食神、伤官、偏财、正财、七煞、正官、枭印、印绶、十二支本质、三合、六合等。

收藏单位：国家馆、首都馆

01824

**纵横学研究　苑汝贤著**

快乐书店，1946.5，203 页，32 开（苑乐丛书 2）

本书共 5 章，内容包括：纵横学之意义及纵横家之源流、纵横学之资料、纵横家必具之条件、纵横家游说略传、后世之遗患。其中第 4 章有鬼谷子、苏秦、张仪等 36 人游说传略。书前有作者自序。书末附魏宗枢、魏振江跋两篇。

收藏单位：国家馆、南京馆、首都馆、中科图

# 杂　家

## 01825

**吕氏春秋**　张天林校阅

上海：经纬书局，1936，再版，203 页，50 开（经纬百科丛书）

　　本书包括孟春纪、仲春纪、季春纪、孟夏纪、仲夏纪、孟秋纪等十二纪凡 60 篇，八览凡 63 篇，六论凡 36 篇。书前有《吕氏春秋》新校正序、序各一篇。

　　收藏单位：重庆馆、上海馆

## 01826

**吕氏春秋**　庄适选注

上海：商务印书馆，1927，130 页，32 开（学生国学丛书）

上海：商务印书馆，1930，130 页，32 开（学生国学丛书）（万有文库 第 1 集 63）

上海：商务印书馆，1933，130 页，32 开（学生国学丛书）（新中学文库）

上海：商务印书馆，1933，国难后 1 版，130 页，32 开（学生国学丛书）

上海：商务印书馆，1934，国难后 2 版，130 页，32 开（学生国学丛书）

长沙：商务印书馆，1939.12，3 册（325 页），32 开（国学基本丛书）（万有文库 第 1—2 集 简编 500 种）

上海：商务印书馆，1947，3 版，130 页，32 开（学生国学丛书）（新中学文库）

　　《吕氏春秋》共 160 篇，本书据光绪初年浙江书局本，选辑十二纪 13 篇、八览 13 篇、六论 7 篇，共 33 篇。每篇均分段句读，对罕见之字作音切并附注音字母，每篇均有注释。书前绪言对吕不韦和《吕氏春秋》加以简述。

　　收藏单位：安徽馆、重庆馆、大连馆、东北师大馆、广东馆、广西馆、贵州馆、国家馆、河南馆、黑龙江馆、湖南馆、吉大馆、吉林馆、江西馆、辽大馆、辽宁馆、南京馆、山东馆、山西馆、上海馆、首都馆、天津馆、浙江馆、中科图

## 01827

**吕氏春秋（新式标点）**　陈益标点

上海：扫叶山房书局，1926，2 册（266+244 页），32 开

　　本书为《吕氏春秋》注释，对孟夏纪、仲春纪等十二纪，有始览、孝行览等八览，开春论、慎行论等六论进行解释。

　　收藏单位：重庆馆、国家馆、江西馆、上海馆

## 01828

**吕氏春秋补注**　范耕研补注

出版者不详，150 页，16 开

　　本书汇辑毕沅校本、俞樾注本以外的各本之注共 526 条（其中卷上 294 条、卷下 184 条、补遗 48 条），对《吕氏春秋》补注。书前有范耕研《记文》。书末附录范耕研《书录》一卷、柳诒徵《与范君书》。

　　收藏单位：重庆馆、南京馆、上海馆、中科图

## 01829

**吕氏春秋汇校**　蒋维乔等汇校

上海：中华书局，1937，[42]+716 页，22 开，精装（光华大学丛书）

　　本书汇集《吕氏春秋》各种版本以及各种类书、古籍、专著中的有关资料，对《吕氏春秋》各篇文字进行校正。书前有叙例、引书要目、版本书录、高诱序。附录佚文辑校，补校宋本太平御览、旧本序跋。书末有跋。封面由章炳麟题签书名。汇校者还有杨宽、沈延国、赵善诒。

　　收藏单位：重庆馆、广东馆、广西馆、贵州馆、国家馆、黑龙江馆、湖南馆、吉林馆、江西馆、南京馆、山东馆、上海馆、首都馆、天津馆、中科图

## 01830

**吕氏春秋集解**　王心湛校

上海：广益书局，1936，2 册（153+178 页），32 开

　　本书据元人大字本、许宗鲁本、刘如宠本、朱梦龙本、宋启明本、汪一鸾本、李瀚

本、陈仁锡《奇赏汇编》本加以校刊、注释。

收藏单位：安徽馆、重庆馆、广西馆、黑龙江馆、湖南馆、吉林馆、江西馆、南京馆、上海馆、首都馆

01831

**吕氏春秋校证　杨明照校**

北平：燕京大学哈佛燕京学社，1938.6，19页，16开

本书对许维通《吕氏春秋集释》本《吕氏春秋》进行校证，共得180余则，每则先列集释原文，后校证。为《燕京学报》第23期抽印本。

01832

**吕氏春秋开春论集解初稿　沈延国著**

[苏州]：章氏国学讲习会，[1937]，70页，16开（自得斋丛著1）

收藏单位：国家馆

01833

**吕氏春秋拾遗　杨树达著**

北平：国立清华大学，1936.4，30页，16开

本书作者读许维通《吕氏春秋集释》所收杨树达的札记后又有所见解，共得170余则，记于《吕氏春秋》之书眉而成此书。为《清华学报》11卷第2期抽印本。

收藏单位：国家馆

01834

**吕氏春秋通检　中法汉学研究所编**

北平：中法汉学研究所，1943，25+163页，16开（中法汉学研究所通检丛刊2）

本书以《四部丛刊》本为准。以句为单位，有中文笔画及法文、英文拼音3种检索表。书前有《论衡要略》。

收藏单位：国家馆、中科图

01835

**吕氏春秋童话　吕伯攸编**

上海：中华书局，1932，60页，32开（儿童古今通）

上海：中华书局，1934，再版，60页，32开

重庆：中华书局，1945，渝重排初版，50页，32开

本书内容包括：仇人和亲人、为什么还要感激他、儿子做父亲偷羊的证人、自己吃自己的肉、一片梧桐叶的故事等童话。

收藏单位：重庆馆、广东馆、国家馆、首都馆

01836

**吕氏春秋政治思想论　黄大受著**

沈阳：东方文化社，1947，54页，32开（东方文化社丛刊1）

本书共6章，内容包括：先秦政治思想述略、吕氏春秋之政治论、君道论、贤人政治论、用民与议兵论、治术论。书首有作者的《写在册前的几句话》、杨家骆序、萧公权《吕氏春秋政治思想概述》。

收藏单位：北大馆、国家馆、江西馆、南京馆

01837

**杂家名实辨证　程会昌著**

出版者不详，8页，16开

本书从《吕氏春秋》《淮南子》等书的哲学概念和观点中分析杂家兼儒墨、合名法的特点，以说明杂家其名与其实相符。系杂志的抽印本，但刊名不详。

# 秦汉哲学（前221—220年）

01838

**白虎通义　（汉）班固著　（清）陈立疏证**

上海：商务印书馆，1937，3册（504页），32开（国学基本丛书）（万有文库 第2集531）

长沙：商务印书馆，1940，2册（504页），32开（国学基本丛书）

本书是清人陈立的《白虎通义疏证》重印本，在卢文弨《白虎通义校本》与庄述祖《白虎通义考》及《白虎通阙文》的基础上，加以注解。

收藏单位：重庆馆、大连馆、东北师大

馆、广西馆、国家馆、江西馆、辽大馆、南京馆、上海馆、浙江馆

**01839**

**白虎通引得　哈佛燕京学社引得编纂处编**

北平：哈佛燕京学社引得编纂处，1931，16+33 页，16 开（引得特刊 第二号）

本书以《四部丛刊》本为准，以句为单位，按庋撷法编排，另有拼音检字表。

收藏单位：国家馆、吉林馆、近代史所、辽宁馆、首都馆

**01840**

**春秋繁露集解　[（汉）董仲舒] 著　王心湛校勘**

上海：广益书局，1936，160 页，32 开

本书共 80 节，内容包括：玉杯、竹林、郊语等。书前附有《崇文总目》《南宋馆阁书目》《郡斋读书志》等书中的相关介绍。

收藏单位：重庆馆、广东馆、湖南馆、江西馆、南京馆、上海馆、绍兴馆、天津馆

**01841**

**春秋繁露通检　中法汉学研究所编**

北京：中法汉学研究所，1944.1，114 页，16 开（中法汉学研究所通检丛刊 4）

本书通检前有法文拼音检字表、英文拼音检字表、各版春秋繁露卷叶推算法。书前有凡例。

收藏单位：国家馆、上海馆

**01842**

**读淮南子　卢锡烃等著　卢锡荣校订**

昆明：云南东陆大学，1921，[230] 页，32 开（东陆大学丛书"改造"特别号 3）

本书论述淮南子其人其书及其政治思想、人生哲学、伦理学与教育哲学、宇宙论等。

收藏单位：安徽馆、广西馆、国家馆、农大馆、中科图

**01843**

**汉代学术史略　顾颉刚著**

上海、桂林：东方书社，1941.10，224 页，32

开（基本知识丛书）

成都、桂林：东方书社，1944，再版，224 页，32 开（基本知识丛书）

本书讲述两汉阴阳五行说、谶纬神学、黄老之学、儒学、经学及其在当时政治生活中的反映。

收藏单位：重庆馆、广东馆、贵州馆、国家馆、湖南馆、江西馆、辽宁馆、南京馆、山西馆、上海馆、首都馆

**01844**

**汉代学术史略　顾颉刚著**

上海：济东印书社，1948，224 页，32 开

收藏单位：重庆馆、东北师大馆、国家馆、辽大馆、南京馆、上海馆、首都馆

**01845**

**汉代学术史略　顾颉刚著**

上海：亚细亚书局，1935.8，224 页，32 开（基本知识丛书）

收藏单位：重庆馆、广东馆、广西馆、国家馆、吉林馆、近代史所、辽大馆、山西馆、上海馆、首都馆、天津馆、浙江馆、中科图

**01846**

**汉代学术史略　顾颉刚著**

上海：中国文化服务社，1936.4，再版，224 页，32 开（基本知识丛书）

收藏单位：重庆馆、广东馆、国家馆、吉林馆、江西馆、辽大馆、辽宁馆、山东馆、中科图

**01847**

**汉晋学术编年　刘汝霖著**

北平：国立北平师范大学研究所，1932.12—1933.4，2 册（[26]+[242]+[270] 页），32 开（师大研究所丛书）（中国学术编年 第 1 集）

本书作者任职师大研究所时将汉以后学术编年记载撰为《中国学术编年》，共 6 集，内容包括：汉至晋、东晋南北朝、隋唐五代、宋、元明、清民国。各项事迹，分志于各年之内，后附出处、考证，注明史料出处，考

证学者身世；又有附录一项，载各种图表，说明学者传授次第、著述、各派学术系统、优劣异同、各派学说内容和特点；各集之后附索引。本书即该书之第 1 集，从汉高祖元年至晋愍帝建兴四年，共 7 卷。书前有作者序、凡例、方法（说明考证方法）、总目。书后附录分类及人名索引。

收藏单位：重庆馆、国家馆、南大馆、南京馆、山东馆、绍兴馆、首都馆

**01848**

**汉晋学术编年　刘汝霖著**

上海：商务印书馆，1932.12，4 册，32 开

上海：商务印书馆，1935.4，再版，4 册，32 开

收藏单位：重庆馆、广东馆、国家馆、吉林馆、江西馆、南京馆、山东馆、上海馆

**01849**

**淮南鸿烈集解　刘文典著**

上海：商务印书馆，1931.4，6 册，32 开（万有文库 第 1 集 57）（国学基本丛书）

上海：商务印书馆，1935.4，[再版]，6 册，32 开（万有文库 第 1 集 57）（国学基本丛书）

本书书前有胡适序、刘文典自序、高诱叙目（后附乾隆庄逵吉撰文）。书末附《钱塘淮南天文训补注》，系在高诱注的基础上，对《淮南子》一书中《天文训》一篇加以补注，文前为乾隆五十三年钱塘序。

收藏单位：安徽馆、重庆馆、大连馆、东北师大馆、贵州馆、国家馆、江西馆、辽大馆、上海馆、天津馆、浙江馆

**01850**

**淮南王书　胡适著**

上海：商务印书馆，1931，136 页，32 开

上海：商务印书馆，1934，再版，136 页，32 开

本书为研究《淮南子》一书的专著。分 6 章论述《淮南子》的作者、内容、校注本的情况，以及书中所蕴含的思想：道、无为与有为、政治、出世、阴阳感应等。

收藏单位：重庆馆、东北师大馆、广东

馆、贵州馆、国家馆、吉林馆、南京馆、中科图

**01851**

**淮南王书　胡适著**

上海：新月书店，1931.12，136 页，32 开

收藏单位：重庆馆、复旦馆、广西馆、国家馆、吉林馆、近代史所、辽宁馆、山东馆、山西馆、上海馆、首都馆、浙江馆、中科图

**01852**

**淮南子　沈德鸿选注**

上海：商务印书馆，1926，[17]+203 页，25 开（学生国学丛书）

上海：商务印书馆，1931.4，[15]+200 页，32 开（学生国学丛书）（万有文库 第 1 集 56）

上海：商务印书馆，1933，国难后 1 版，[17]+200 页，32 开（学生国学丛书）

上海：商务印书馆，1934，国难后 2 版，[17]+203 页，32 开（学生国学丛书）

上海：商务印书馆，1939.12，[15]+200 页，25 开（万有文库 第 1—2 集 简编 500 种 29）

本书选注《淮南子》中的俶真、览冥、精神、齐俗、道应、诠言、人间、要略等篇。

收藏单位：安徽馆、北师大馆、重庆馆、大连馆、东北师大馆、广东馆、广西馆、贵州馆、国家馆、吉林馆、江西馆、辽大馆、南京馆、山东馆、上海馆、绍兴馆、首都馆、天津馆、浙江馆

**01853**

**淮南子集解　叶昀校勘**

上海：广益书局，1936.5，2 册（188+184 页），25 开

本书上卷包括：原道训、俶真训、天文训、坠形训、时则训等；下卷包括：道应训、泛论训、诠言训、兵略训等。

收藏单位：重庆馆、广东馆、黑龙江馆、江西馆、南京馆、首都馆

**01854**

**淮南子通检　中法汉学研究所编**

北平：中法汉学研究所，1944.12，35+308 页，16 开（中法汉学研究所通检丛刊 5）

本书以《四部丛刊》本为准。以句为单位，有汉字笔画及法文、英文拼音 3 种检索表。

收藏单位：国家馆、南京馆、中科图

01855

**黄石公素书六篇　（汉）黄石公著　（宋）张商英注**

出版者不详，12 页，36 开

本书共 6 篇，内容包括：原始、求人之志、正道、本德宗道、遵义、安礼。

收藏单位：重庆馆

01856

**贾子新书集解　王心湛校勘**

上海：广益书局，1936.5，125 页，36 开

本书对贾谊《新书》58 篇集解加以校勘。

收藏单位：重庆馆、广东馆、湖南馆、吉林馆、江西馆、南京馆、绍兴馆

01857

**两汉学风　江谦编**

[上海]：江苏省教育会，1916，30 页，32 开

[上海]：江苏省教育会，1917.6，2 版，[38] 页，16 开（实用教育丛书 1）

本书介绍西汉和东汉时期治学而不废工作者 38 人。如公孙弘、司马迁、匡衡、郑玄、梁鸿、诸葛亮等。

收藏单位：河南馆

01858

**两汉学风　江谦编**

上海：中华职业教育社，1931.1，再版，30 页，32 开

收藏单位：上海馆、绍兴馆

01859

**论衡　（汉）王充著**

上海：商务印书馆，1929.10，4 册，32 开（国学基本丛书）（万有文库 第 1 集 46）

上海：商务印书馆，1934.7，[403] 页，32 开，精装（国学基本丛书）

上海：商务印书馆，1934.9，再版，4 册（94+100+120+160 页），32 开（国学基本丛书）（万有文库 第 1 集 46）

上海：商务印书馆，1937.2，3 版，2 册（195+208 页），32 开（国学基本丛书）

上海：商务印书馆，1939.12，4 册（402 页），25 开（万有文库 第 1—2 集 简编 500 种 25）

本书收《论衡》84 篇，断句，句下有俞樾、孙诒让校订语。书末有至元七年韩性后序。

收藏单位：安徽馆、重庆馆、大连馆、东北师大馆、贵州馆、国家馆、河南馆、黑龙江馆、吉大馆、江西馆、辽大馆、南京馆、上海馆、绍兴馆、首都馆、天津馆、武大馆、浙江馆、中科图

01860

**论衡　（汉）王充著　高苏垣集注**

上海：商务印书馆，1935.7，[28]+151 页，32 开（学生国学丛书）

上海：商务印书馆，1937，[28]+151 页，32 开（学生国学丛书）

上海：商务印书馆，1947.2，再版，[28]+151 页，32 开（学生国学丛书）（新中学文库）

本书从高苏垣《论衡集解》中选辑率性、本性、问孔、刺孟、谈天、实知、自纪等 30 篇。分段并标点。书前有编者导言，介绍了《论衡》的考证、注释等情况，并列举了《论衡集解》中训诂 12 条、事类 8 条、校勘 16 条。

收藏单位：重庆馆、广东馆、国家馆、湖南馆、江西馆、辽宁馆、南京馆、山东馆、山西馆、上海馆、绍兴馆、首都馆、天津馆、武大馆、中科图

01861

**论衡　（汉）王充著　陶乐勤标点**

上海：梁溪图书馆，1925.3，2 册（[42]+276+268 页），32 开

上海：梁溪图书馆，1925.7，再版，2 册（[42]+276+268 页），32 开

上海：梁溪图书馆，1925.10，3 版，2 册（[42]+276+268 页），32 开

上海：梁溪图书馆，1926.5，4 版，2 册（[42]+276+268 页），32 开

上海：梁溪图书馆，1928，5 版，2 册（[42]+276+268 页），32 开

本书书前有《标点本论衡小引》（曹聚仁）、陶乐勤序、虞淳熙序。

收藏单位：北大馆、重庆馆、广东馆、河南馆、江西馆、山东馆、山西馆、首都馆、天津馆

01862

论衡　（汉）王充著　陶乐勤标点

上海：新华书局，1928，5 版，2 册（[42]+276+268 页），32 开

收藏单位：北大馆

01863

论衡　（汉）王充著　章衣萍标点

上海：大东书局，1931.5，2 册，25 开（国学门径丛书）

上海：大东书局，1932，再版，2 册，25 开（国学门径丛书）

上海：大东书局，1934，3 版，2 册，25 开（国学门径丛书）

本书据克庄公校正本，将《论衡》全文分段、标点。共 30 卷 85 篇，内容包括：逢遇、累害、命禄、气寿、幸偶、命义、无形等。书前有胡适序、至元七年韩性序。胡适在序中论述了王充哲学产生的时代、思想体系和效验论的批评方法。

收藏单位：重庆馆、广东馆、贵州馆、国家馆、河南馆、黑龙江馆、江西馆、山东馆、山西馆、上海馆、首都馆、天津馆、西交大馆、中科图

01864

论衡（卷二）（汉）王充著　三通书局编辑部编辑

上海：三通书局，1940.11，95 页，50 开（三通小丛书）

本书对《论衡》一书标点并注音切。全书共 4 卷，本书为卷二。

收藏单位：山东馆

01865

论衡（三十卷 一至二）（汉）王充撰

上海：商务印书馆，1936，2 册（286 页），22 开

本书据明通津草堂刊本缩印。

收藏单位：天津馆

01866

论衡（新式标点）（汉）王充著

上海：大中书局，1932.4，2 册（262+254 页），32 开

上海：大中书局，1932，再版，2 册（262+254 页），32 开

上海：大中书局，1933，3 版，2 册（262+254 页），32 开

上海：大中书局，1933，4 版，2 册（262+254 页），32 开

本书对《论衡》全文加新式标点，共上、下两卷。书前有虞淳熙序。

收藏单位：北大馆、河南馆、南京馆、山东馆、首都馆、武大馆

01867

论衡（新式标点）（汉）王充著

上海：启智书局，1932.10，再版，2 册（262+254 页），32 开

上海：启智书局，1934.9，4 版，2 册（262+254 页），32 开

收藏单位：北大馆、广东馆、河南馆、江西馆、南京馆、山东馆、上海馆、首都馆、武大馆

01868

论衡（新式标点）（汉）王充著　陈益标点

上海：扫叶山房，1925.8，2 册（[26]+[256]+[274] 页），32 开

上海：扫叶山房，1926.3，再版，2 册（[26]+[256]+[274] 页），32 开

本书收《论衡》84 篇，分段标点。书前有《王充学说》（陈益），认为王充的学说可分为两部分。一为有关风教的，内容包括：破除迷信、纠正虚伪、尊崇俭德、促进世运、阐明天演等；一为关于科学的，内容包括：哲

学、逻辑、伦理学、物理学、天文地理等。书前还有《后汉书·王充传》虞淳熙序。封面由蛰道人题签书名。

收藏单位：国家馆、南京馆、山东馆、上海馆、绍兴馆、首都馆

**01869**
论衡（新式标点）　（汉）王充著　何铭标点
上海：新文化书社，1930，2 册（[14]+274+267 页），32 开
上海：新文化书社，1931.8，再版，2 册（[14]+274+267 页），32 开
上海：新文化书社，1932.10，4 版，2 册（[14]+274+267 页），32 开
上海：新文化书社，1933，5 版，2 册（[14]+274+267 页），32 开
上海：新文化书社，1933，6 版，2 册（[14]+274+267 页），32 开
上海：新文化书社，1934.6，9 版，2 册（[14]+274+267 页），32 开
上海：新文化书社，1934.11，再版，2 册（[14]+274+267 页），32 开
上海：新文化书社，1935.4，3 版，2 册（154+150 页），32 开

本书对《论衡》一书全文标点并注音切。共上、下两卷。书前有曹聚仁序（《王充之时代及其思想》）、虞淳熙序。

收藏单位：北大馆、重庆馆、广东馆、广西馆、国家馆、河南馆、吉林馆、江西馆、南京馆、山东馆、山西馆、绍兴馆、首都馆、武大馆

**01870**
论衡校释　黄晖撰
长沙：商务印书馆，1938.1，4 册（[60]+1359 页），32 开，精装
长沙：商务印书馆，1939，4 册（[60]+1359 页），32 开，精装

本书以通津草堂本《论衡》为底本，引各家及多种古籍校释。共 30 卷。书前有：1. 黄晖自序，将《论衡》一书按各篇的思想体系分为 6 类，叙述自唐以来有关的评论、校勘以及黄晖本人校释时所用的方法；2. 例

略，列举本书依据的各种版本及校录。书末附《论衡佚文》《王充年谱》《论衡旧评》《王充的论衡》（胡适著，即《王充的哲学》一文）、《论衡版本卷帙考》《论衡旧序》。

收藏单位：重庆馆、广东馆、国家馆、辽宁馆、上海馆、首都馆、天津馆、中科图

**01871**
论衡通检　中法汉学研究所编
北平：中法汉学研究所，1943.1，163 页，16 开（中法汉学研究所通检丛刊 1）

本书以《四部丛刊》本为准。以句为单位，有汉字笔画及法文、英文拼音 3 种检索表。书前有《论衡要略》。

收藏单位：国家馆、上海馆、武大馆、中科图

**01872**
潜夫论　（汉）王符著　（清）汪继培笺注
长沙：商务印书馆，1939，278 页，32 开（国学基本丛书）
长沙：商务印书馆，1940，再版，278 页，32 开（国学基本丛书）

本书共 36 篇，汪继培以元刻本为底本，据其他刻本校正文字、疏证事辞，依采经书，为之笺注。书前有嘉庆己卯王绍兰序及嘉庆十九年汪继培序。

收藏单位：重庆馆、国家馆、南京馆、山东馆、上海馆、首都馆、中科图

**01873**
潜夫论通检　中法汉学研究所编
北平：中法汉学研究所，1945，37+95 页，16 开（中法汉学研究所通检丛刊 6）

本书以《四部备要》本为准。以句为单位，有汉字笔画及法文、英文拼音 3 种检索表。书前有《潜夫论要略》。

收藏单位：国家馆、中科图

**01874**
秦汉杂家学术　张琦翔著
张琦翔 [ 发行者 ]，1948，66 页，32 开

本书共 8 章，除总论杂家及后世杂家、

杂论外，分别对《尸子》《吕氏春秋》《淮南子》等分章论述。书末附有参考书目举要、参考论文举要。

收藏单位：北师大馆、国家馆、首都馆

**01875**

**秦汉哲学史　姚舜钦著**

上海：商务印书馆，1936.1，[21]+385页，22开

上海：商务印书馆，1940，[21]+385页，22开

本书作者将秦汉哲学分为法、道、儒、杂4派。其中有：法家——李斯、贾谊、晁错、桑弘羊、张敞，道家——盖公、司马谈、汲黯、杨王孙，儒家——董仲舒、司马迁、韩婴、匡衡、翼奉、眭弘、京房、李寻、刘向、刘歆、扬雄、何休、王符、仲长统、崔实、荀悦、徐幹，杂家——淮南王、王充。先叙各派哲学家的生平和学说，后将4派加以比较。书前有张东荪、蒋维乔、吕思勉、作者序各一，张尔田题词。

收藏单位：重庆馆、东北师大馆、广东馆、广西馆、国家馆、南京馆、山东馆、山西馆、上海馆、首都馆、天津馆、浙江馆

**01876**

**申鉴　（汉）荀悦著　王丹岑点注**

立煌（安徽）：两间书屋，1943，50页，36开（经世丛书5）

本书以明正德十四年刊本点注而成。书前有点注者序，介绍了荀悦的生平、思想、著述。附有范晔《后汉书·荀悦传》。

收藏单位：安徽馆、重庆馆

**01877**

**申鉴通检　中法汉学研究所编**

北平：中法汉学研究所，1947.1，28+24页，16开（中法汉学研究所通检丛刊8）

本书以《四部备要》本为准。以句为单位，有汉字笔画及法文、英文拼音3种检索表。书前有《申鉴要略》一文。

收藏单位：北师大馆、国家馆、南京馆、中科图

**01878**

**王充论衡（新式标点）（汉）王充著　朱鉴标点**

上海：大达图书供应社，1935.1，2册（154+150页），32开

上海：大达图书供应社，1935.10，再版，2册（154+150页），32开

本书对《论衡》一书全文标点并注音切。

收藏单位：北大馆、重庆馆、广东馆、国家馆、黑龙江馆、南京馆、上海馆、首都馆

**01879**

**王充论衡（新式标点）（汉）王充著　朱鉴标点**

上海：新文化书社，1935，3版，2册（154+150页），32开

收藏单位：江西馆

**01880**

**王充哲学　谢无量著**

上海：中华书局，1917.5，230页，32开（学生丛书）

上海：中华书局，1918.11，再版，230页，32开（学生丛书）

上海：中华书局，1920，3版，230页，32开（学生丛书）

上海：中华书局，1922，4版，230页，32开（学生丛书）

上海：中华书局，1924，5版，230页，32开（学生丛书）

上海：中华书局，1926.3，6版，230页，32开（学生丛书）

上海：中华书局，1927，7版，230页，32开（学生丛书）

上海：中华书局，1928，8版，230页，32开（学生丛书）

本书共两编。第1编序论，有王充略传、王充学术之渊源及其述作之旨趣两章；第2编本论，包括第1章形而上学说（宇宙原理论、命论、感应论、祸福论、死与鬼、妖祥、卜筮）、第2章伦理学（性善恶论、道德与时势、儒生与文吏、成功与善心、人格标准论）、第3章评论哲学（对物理、文学、历

史、礼俗之评论）等。

收藏单位：重庆馆、广东馆、贵州馆、国家馆、河南馆、江西馆、南京馆、山东馆、绍兴馆、首都馆、浙江馆

01881

**王充传　马襆光编著**

台北：台湾书店，1947.4，45 页，32 开（光复文库 4）

本书分 4 章，介绍王充的事略、思想，以及其思想对社会的影响等。书前有许寿裳写的《光复文库》编印旨趣。

收藏单位：国家馆、南京馆、绍兴馆、浙江馆

01882

**西汉经学与政治　杨向奎著**

重庆：独立出版社，1945.12，142 页，32 开

本书著者认为，研究经学分今古文之不同，只是立官学、分先后而已。本书论述了西汉经学与政治之关系，共 7 章，内容包括：五行说的起源、汉初属德、汉武帝的政治思想及其设施、儒教与董仲舒、汉历将终之说、王莽篡位及其相关问题、结论。书前有自序。

收藏单位：重庆馆、国家馆、吉林馆、南京馆

01883

**新语　（汉）陆贾撰**

上海：商务印书馆，1937.12，影印本，50 页，32 开（万有文库 第 2 集 27）

上海、长沙：商务印书馆，1939.12，影印本，50 页，32 开（万有文库 第 1—2 集 简编 500 种 23）

本书据《子汇》本《陆子》影印。书末附有《汉魏丛书》本钱福序、王谟跋。

收藏单位：大连馆、国家馆、江西馆、辽大馆、上海馆、浙江馆

01884

**扬子读本　陈和祥评注　秦同培编辑兼校订**

上海：世界书局，1926.3，112 页，32 开（评注标点十子全书）

本书书前有编辑大意，简介《扬子法言》的内容、历代有关的评注等。

收藏单位：国家馆、江西馆、首都馆

01885

**扬子法言（标点注解）　支伟成编**

上海：大中书局，1934，再版，84 页，32 开

本书将《扬子法言》13 卷全文标点并注释。书前有《扬子法言要义》《扬雄传》《扬子法言略考》。目录页书名题：扬子法言之研究。

收藏单位：国家馆、江西馆

01886

**扬子法言（标点注解）　支伟成编**

上海：泰东图书局，1923.5，[10]+84 页，32 开（诸子研究 2）

上海：泰东图书局，1926.8，再版，[10]+84 页，32 开（诸子研究 2）

收藏单位：重庆馆、广东馆、贵州馆、国家馆、河南馆、吉林馆、南京馆、上海馆、首都馆

01887

**扬子法言（新式标点）　唐志孝标点**

上海：扫叶书房，1925.10，[86] 页，32 开

上海：扫叶山房，1929.3，3 版，86 页，32 开

本书包括《扬子法言》及《音义》两部分，据嘉庆重刻宋治平监本《扬子法言》刊行。书前有嘉庆二十四年秦恩复《重刻治平监本扬子法言并音义序》。封面由大厂题签书名。

收藏单位：重庆馆、广东馆、国家馆、山东馆、首都馆、天津馆

01888

**扬子法言集解　王心湛校勘**

上海：广益书局，1936.5，46 页，32 开

本书对《扬子法言集解》依章校勘。

收藏单位：重庆馆、国家馆、湖南馆、吉林馆、江西馆、首都馆

01889

**中论** （汉）徐幹著 黄素标点

上海：泰东图书局，1927.1，85页，32开

上海：泰东图书局，1929，再版，85页，32开

本书收《中论》20篇，内容包括：治学、法象、修本、虚道、贵验、贵言等，加新式标点。书前有曾巩序及黄素后序。

收藏单位：安徽馆、重庆馆、河南馆、辽大馆、绍兴馆、首都馆

01890

**周易参同契考证** 王明著

乐清：文化印务局，1946.4，53页，32开

本书共7部分，内容包括：小引、周易参同契解题、参同契与汉易学之关系、参同契之中心思想、参同契思想之渊源及其流变、古文周易参同契、余论。

收藏单位：国家馆、南京馆、浙江馆

# 三国两晋南北朝哲学
## （220—589年）

01891

**抱朴子内外篇** （晋）葛洪撰

上海：商务印书馆，1937.3，3册（834页），32开（国学基本丛书）（万有文库 第2集31）

上海：商务印书馆，1939.12，4册（834页），32开（国学基本丛书）（万有文库 第1—2集简编500种30）

《抱朴子》一书分内外篇，内篇20卷，外篇50卷。本书据《平津馆丛书》本影印。书前有嘉庆十七年方维甸校刊抱朴子内篇序、癸酉孙星衍新校正抱朴子内篇序、抱朴子内篇目录（附嘉庆十六年孙星衍叙录）、抱朴子外篇目录。卷前有葛洪序。

收藏单位：重庆馆、大连馆、大庆馆、东北师大馆、国家馆、江西馆、辽大馆、上海馆、浙江馆、中科图

01892

**东晋南北朝学术编年** 刘汝霖著

上海：商务印书馆，1936.1，492+51页，18开

上海：商务印书馆，1940，再版，492+51页，18开

本书是《中国学术编年》的第二集，时间起讫为东晋元帝建武元年至陈后主祯明二年，凡6卷。书前有作者自序、凡例。书后附人名及分类索引。

收藏单位：重庆馆、东北师大馆、广东馆、广西馆、贵州馆、国家馆、湖南馆、吉林馆、江西馆、近代史所、辽宁馆、南京馆、山东馆、上海馆、首都馆、天津馆、浙江馆

01893

**刘子斠注** 杨明照注

北平：燕京大学，1938，[100]页，16开

本书以海宁陈氏景印旧合字本为底本，对《刘子》的55章内容进行考证与注解。章首有杨明照附记。为燕京大学《文学年报》第4期单行本。

收藏单位：国家馆、武大馆

01894

**魏晋的自然主义** 容肇祖著

北平：北京大学，[1934.9]，148页，24开（北京大学讲义）

本书据作者1925—1926年在北大学习时的笔记整理。以搜集的魏晋思想家资料为主线，间以作者的论述，以备中国思想史研究之参考。共7章，内容包括：何晏王弼的思想、阮籍嵇康的思想、向秀郭象的思想、鲍敬言的思想、张湛的思想、杨泉的思想、陶潜的思想。书前有作者附记。书末附录《读抱朴子》，分上、下两篇，内容包括：葛洪之思想、说魏晋之方士。

01895

**魏晋的自然主义** 容肇祖著

上海：商务印书馆，1935，172页，32开（国学小丛书）

收藏单位：重庆馆、东北师大馆、广东馆、国家馆、湖南馆、吉林馆、南京馆、山东馆、上海馆、首都馆、浙江馆、中科图

## 01896

**魏晋清谈思想初论　贺昌群著**

重庆：商务印书馆，1946，104 页，32 开

上海：商务印书馆，1947，104 页，32 开

　　本书讨论了玄学的源流与形成过程，清谈的内容、流弊与代表人物。分 3 篇，内容包括：汉魏间学术思想之流变、魏晋之政与清谈之起、清谈思想初论。书前有作者自序。

　　收藏单位：重庆馆、东北师大馆、广东馆、国家馆、河南馆、近代史所、辽大馆、南京馆、山东馆、上海馆、绍兴馆、首都馆、天津馆、中科图

## 01897

**魏晋思想论　刘大杰著**

上海：中华书局，1939.7，224 页，24 开

昆明：中华书局，1939.12，220 页，24 开

　　本书详细论述魏晋时期各种思想流派及其形成与发展的社会根源，以及这些思想对于社会人心所产生的影响。共 7 章，内容包括：魏晋思想的环境、魏晋学术思想界的新倾向、魏晋时代的宇宙学说、魏晋时代的政治思想、魏晋时代的人生观、魏晋时代的文艺思潮、魏晋时代的清谈。

　　收藏单位：重庆馆、东北师大馆、广东馆、近代史所、南京馆、山东馆、上海馆、浙江馆、中科图

## 01898

**魏晋玄学考　王伯生著**

出版者不详，68 页，32 开

　　本书共 7 部分，内容包括：玄学源流、魏晋以前儒术之盛、玄学之蝉蜕时期与萌芽时期、魏晋时代政治之促成、魏时玄学之初盛、晋代玄学之大盛、玄学之影响及结论。封面书名为胡长年题，扉页书名为曹经沅题。

　　收藏单位：国家馆

## 01899

**魏晋之清谈　范寿康著**

上海：商务印书馆，1936，59 页，32 开（史地小丛书）

　　本书主要介绍魏晋时代的清谈流派及代表人物的主要思想、著述。作者认为，清谈者大都是道家的嫡系，清谈的内容大都是道家的思想。共 7 章，内容包括：概说、魏代的名理派、魏代的玄论派、魏代的旷达派、西晋的清谈、东晋的清谈、附说宋齐梁陈的清谈。

　　收藏单位：重庆馆、广东馆、国家馆、吉林馆、南京馆、山东馆、上海馆、首都馆、天津馆

## 01900

**新论　（南朝梁）刘勰著　黄素标点**

上海：泰东图书局，1927，133 页，36 开

上海：泰东图书局，1929，再版，133 页，36 开

　　本书为《新论》标点本。共 55 篇，内容包括：清神、防欲、去情、韬光等。

　　收藏单位：重庆馆、广东馆、河南馆、吉林馆、上海馆、绍兴馆、首都馆

## 01901

**虞仲翔先生年谱　裴占荣编**

北平：国立北平图书馆，1933，30 页，16 开

　　本书为《国立北平图书馆馆刊》7 卷 1 号抽印本。

　　收藏单位：国家馆

# 隋唐五代哲学（581—960 年）

## 01902

**文中子（新式标点）（隋）王通著　（宋）阮逸注释　陈益标点**

上海：扫叶山房，1926，[12]+134 页，32 开

　　《文中子》即《中说》，系隋朝王通的语录，由其子福郊、福时记述，文体模拟《论语》，强调儒、佛、道三教合一的必要性。共 10 卷，内容包括：正道篇、天地篇、事君篇、周公篇等。据宋人阮逸《文中子中说注》标点。书前有阮逸《文中子中说序》。书末有王福时《王氏家书杂录》。版权页及书口处题名：新式标点文中子中说。

　　收藏单位：重庆馆、国家馆、吉大馆、山西馆、上海馆

## 01903

**文中子集解　王心湛校勘**

上海：广益书局，1936.5，86 页，32 开

　　本书为阮逸《文中子中说注》的校勘本。书前有阮逸序。书末有叙篇及《文中子世家》《录唐太宗与房魏论礼乐事》《东皋子答陈尚书书》《录关子明事》《王氏家书杂录》。

　　收藏单位：重庆馆、广东馆、国家馆、江西馆、南京馆、山西馆、绍兴馆、首都馆

## 01904

**文中子考信录　汪吟龙著**

上海：商务印书馆，1934，119 页，32 开（国学小丛书）

上海：商务印书馆，1934，再版，118 页，32 开（国学小丛书）

　　本书引多种史籍对王通及《文中子》一书进行考证。共两卷，内容包括：人考第一、书考第二。书前有王树枏、姚华、吴其昌的序，作者自序及胡朝宗题辞。书末附录《与章太炎论文中子书》《驳旧唐书王勃传记文中子书》《读韩退之送王秀才序书后》《文中子续经义例考序例》《文中子述略》，以及江瀚、王瑚、梁启超、吴闿生、郭象升、徐方平的跋。

　　收藏单位：重庆馆、东北师大馆、国家馆、黑龙江馆、江西馆、近代史所、南京馆、上海馆、首都馆、天津馆、浙江馆、中科图

## 01905

**文中子研究　王丹岑著**

立煌（安徽）：两间书屋，1944，46 页，36 开

　　收藏单位：安徽馆

## 01906

**文中子真伪汇考　王立中编**

长沙：商务印书馆，1938.7，35 页，32 开（国学小丛书）

　　本书共 3 篇，内容包括：王通确有其人、《中说》真伪、《中说》附录各篇之伪。作者认为《中说》一书为王通自著，但经王绩等人渲染和王剧等人作伪，《中说》附录之各篇，包括《文中子世家》《录唐太宗与房魏论礼乐事》《东皋子答陈尚书书》《录关子明事》《王氏家书杂录》等，均系阮逸伪托。书前有蔡元培序，对本书及汪吟龙《文中子考信录》加以评述；作者自序中认为汪吟龙《文中子考信录》搜罗颇广，惜先挟成见，往往引证就我，不惜增减原书字句。书中列有王通世系表。

　　收藏单位：重庆馆、国家馆、湖南馆、吉林馆、江西馆、辽宁馆、南京馆、上海馆、首都馆、中科图

# 宋元哲学（960—1368 年）

## 01907

**北宋象数哲学引论　查猛济著**

出版者不详，[1943.10]，30 页，36 开

　　本书泛论周敦颐、邵雍、张载、二程的哲学。

　　收藏单位：江西馆、上海馆、浙江馆

## 01908

**陈亮年谱　童振福著**

上海：商务印书馆，1936.8，121 页，32 开（中国史学丛书）

　　本书按年代系统介绍陈亮家世、著述及政治抱负。书前有作者自序、大事索引。书后有先生与吕祖谦通信年月考证表、先生与朱熹通信年月表、门人籍贯及来学年月表、著述一览表。

　　收藏单位：重庆馆、东北师大馆、广东馆、国家馆、湖南馆、辽大馆、辽宁馆、南京馆、上海馆、首都馆、浙江馆

## 01909

**陈龙川年谱　颜虚心著**

长沙、上海：商务印书馆，1940，143 页，32 开（中国史学丛书）

　　本书为陈亮年谱。共 3 卷，第 1 卷从 1143—1169 年，介绍其身世及早年生活；第 2 卷从 1170—1178 年，介绍其事业及政治抱负；第 3 卷从 1179—1194 年，介绍其晚年著述及生活情况。

　　收藏单位：重庆馆、广东馆、国家馆、吉

林馆、近代史所、辽大馆、辽宁馆、南京馆、山西馆、上海馆、绍兴馆、首都馆

**01910**

陈龙川传　邓恭三著

重庆：独立出版社，1944.4，186 页，22 开（传记丛书）

本书共 25 节，介绍陈亮的生活、友人、政治抱负等，并穿插概述其生活时代——南宋的政治、经济、军事诸问题。书后附录陈龙川狱事考、陈龙川斩马盗马故事考辨、辨陈龙川之不得令终、勘误表。

收藏单位：重庆馆、广东馆、广西馆、国家馆、吉林馆、近代史所、南京馆、人大馆、上海馆、中科图

**01911**

程伊川年谱　姚名达著

上海：商务印书馆，1937.4，305 页，32 开（中国史学丛书）

本书为程颐年谱。共 5 部分，内容包括：程氏世系图、本编、后编、程门弟子籍、程学流派图。

收藏单位：重庆馆、东北师大馆、广东馆、贵州馆、国家馆、湖南馆、吉林馆、辽大馆、辽宁馆、南京馆、山西馆、上海馆、首都馆、浙江馆、中科图

**01912**

从政及讲学中的朱熹　白寿彝著

北平：国立北平研究院总办事处出版课，[1920]，43 页，16 开

本书共两篇，内容包括：从政中的朱熹、讲学中的朱熹。

收藏单位：国家馆

**01913**

二程文集　（宋）程颢　（宋）程颐著

长沙：商务印书馆，1941.6，181 页，32 开（国学基本丛书）

本书为北宋理学家程颢、程颐之言论集。系其弟子杨时汇编。

收藏单位：重庆馆

**01914**

二程研究　管道中著

上海：中华书局，1937.7，[14]+358 页，22 开

本书为研究程颢、程颐哲学思想的专著。共 3 编，第 1 编为总论，讨论宋学的缘起、师承关系及特点；第 2 编为分论，集中论述二程的哲学思想，涉及力行、致知的修养方法，论道、理、气的本体论，以及社会政治伦理思想等方面，同时还论述了陆九渊、王阳明及清儒对二程学说的批评；第 3 编为二程年谱。附《二程遗著略述》。书前有蒋维乔序。

收藏单位：重庆馆、东北师大馆、广东馆、国家馆、湖南馆、吉林馆、辽大馆、南京馆、山东馆、上海馆、天津馆、中科图

**01915**

二程语录　（宋）朱熹编　（清）张伯行订

上海：商务印书馆，1937.5，[16]+210 页，32 开（国学基本丛书）

上海：商务印书馆，1937，[16]+311 页，32 开（国学基本丛书）

本书据朱熹编《程氏遗书》稍加删订而成。书前有康熙四十八年张伯行原序、叶向高序、朱子编辑遗书目录题后、朱子编辑外文书目题后、朱子编辑附录题后。

收藏单位：重庆馆、贵州馆、吉林馆、江西馆、南京馆、上海馆、绍兴馆、首都馆、天津馆、中科图

**01916**

河南程氏遗书　（宋）朱熹编

上海：商务印书馆，1935.3，3 册（380 页），32 开（国学基本丛书）（万有文库 第 2 集 40）

上海：商务印书馆，1935.4，380 页，32 开，精装（国学基本丛书）

上海：商务印书馆，1935，再版，380 页，32 开，精装（国学基本丛书）

上海：商务印书馆，1939，380 页，32 开，精装（国学基本丛书）

上海、长沙：商务印书馆，1939.9，3 册（380 页），32 开（国学基本丛书）（万有文库 第 1—2 集 简编 500 种 33）

本书收程颢、程颐语录。共 25 卷，附录

1卷。卷一至十记录二先生语；卷十一至十四记录明道先生语；卷十五至二十五记录伊川先生语。节前有乾道四年朱熹编《河南程氏遗书目录》。附录《明道先生行状》《门人朋友叙述》（刘立之、邢恕、朱光庭、范祖禹叙）、《书行状后》（游酢）、《哀词》（吕大临）、《明道先生墓表》《伊川先生年谱》《祭文》（张绎）、《奏状》（胡安国）。

收藏单位：重庆馆、大连馆、东北师大馆、贵州馆、国家馆、江西馆、辽大馆、南京馆、上海馆、首都馆、中科图

## 01917

**惠余文稿（第二辑）** 何格恩著

广州：岭南大学，1933.9，134页，16开

本书为作者在清华大学及燕京大学时所作的论文两篇：《叶适在中国哲学史上之位置》《明代倭寇侵扰沿海各地年表》。前者内容包括：绪论、传略、时代、师友、思想概要、结论；后者整理了洪武元年至天启五年倭寇侵扰我沿海各地的大事，表后附有注。

收藏单位：国家馆

## 01918

**记正德本朱子实纪并说朱子年谱的本子** 容肇祖著

北平：燕京大学燕京学报社，1935.12，74—95页，16开

本书共10部分，考证《朱子年谱》《朱子实纪后序》《朱子实纪》等版本渊源，并对《朱子年谱》加以订正。为《燕京学报》第18期抽印本。

收藏单位：国家馆

## 01919

**近思录** （宋）朱熹 （宋）吕祖谦辑 （清）江永集注

上海：会文堂书局，1930.4，6版，1册，25开

本书封面题名：精校圈点近思录。

收藏单位：南京馆、首都馆

## 01920

**近思录** （宋）朱熹 （宋）吕祖谦辑 （清）江永集注

上海：会文堂新记书局，1924.10，[266]页，32开（中国学术基本丛书）

上海：会文堂新记书局，1934，[再版]，[210]页，32开（中国学术基本丛书）

上海：会文堂新记书局，1935，[再版]，[210]页，32开（中国学术基本丛书）

本书为江永《近思录集注》圈点本。书前有同治己巳应宝时跋，江永集注本提要，乾隆壬戌江永序，朱熹、吕祖谦原序，道光甲辰张日晟重刊序，凡例，考订朱子世家引言，考订朱子世家，天宁寺会讲辩，校勘记。版权页题：精校圈点近思录。

收藏单位：重庆馆、广东馆、国家馆、江西馆、首都馆

## 01921

**近思录** （宋）朱熹 （宋）吕祖谦辑 （清）张伯行集解 （清）尹会一参订

上海：商务印书馆，1937.3，[14]+346页，32开（国学基本丛书）

张伯行纂集诸说并参补叶采辑注，对《近思录》加以疏解。书前有康熙四十九年张伯行原序、乾隆元年尹会一序、朱熹前引、吕祖谦后引、叶采序、《近思录集解》原序。

收藏单位：重庆馆、贵州馆、国家馆、南京馆、人大馆、上海馆、首都馆、天津馆

## 01922

**近思录（标点评注）** （宋）朱熹等辑 （清）江永集注 周郁浩标点 沈世荣校阅

上海：大达图书供应社，1935，[14+44]+192页，32开（国学基础丛书）

上海：大达图书供应社，1935，再版，[14+44]+192页，32开

本书为江永《近思录集注》标点本。书前有同治己巳应宝时跋，江永集注本提要，乾隆壬戌江永序，朱熹、吕祖谦原序，道光甲辰张日晟重刊序，凡例，考订朱子世家引言（附天宁寺会讲辩）。卷首为标点者校勘记。

收藏单位：重庆馆、广东馆、贵州馆、国

家馆、江西馆、南京馆、山东馆、绍兴馆、首都馆

## 01923

**近思录（标点评注）**（宋）朱熹等辑 （清）江永集注　周郁浩标点　沈世荣校阅

上海：广益书局，1935，再版，192 页，32 开（国学基础丛书）

收藏单位：南京馆

## 01924

**近思录集注** （宋）朱熹 （宋）吕祖谦辑 （清）江永集注

上海：商务印书馆，1930.10，2 册（103+115 页），32 开（国学基本丛书）（万有文库第 1 集 67）

上海：商务印书馆，1933.11，[218] 页，32 开（国学基本丛书）

上海：商务印书馆，1934.6，再版，[218] 页，32 开（国学基本丛书）

上海：商务印书馆，1935，3 版，[218] 页，32 开（国学基本丛书）

本书共 14 卷，摘录周敦颐、程颢、程颐和张载的言论，分道体、为学、致知等 14 门。书前有嘉庆十九年王鼎序、道光甲辰张日晸序、乾隆壬戌江永序、凡例、近思录引用书目。

收藏单位：安徽馆、重庆馆、大连馆、东北师大馆、广东馆、广西馆、贵州馆、国家馆、吉林馆、江西馆、辽大馆、南京馆、山东馆、上海馆、绍兴馆、首都馆、天津馆、浙江馆、中科图

## 01925

**理学常识** 徐敬修编

上海：大东书局，1925.4，118 页，32 开（国学常识 4）

上海：大东书局，1925.8，3 版，118 页，32 开（国学常识 4）

上海：大东书局，1926，4 版，118 页，32 开（国学常识 4）

上海：大东书局，1928.12，5 版，118 页，32 开（国学常识 4）

上海：大东书局，1931.6，6 版，118 页，32 开（国学常识 4）

上海：大东书局，1932，7 版，118 页，32 开（国学常识 4）

上海：大东书局，1933，8 版，118 页，32 开（国学常识 4）

本书主要内容均从《宋元学案》《明儒学案》《国朝学案小识》等书中择录，以心性之论为核心。共 4 章，内容包括：总说、理学之派别、理学家之学说、研究理学之方法。

收藏单位：重庆馆、广东馆、国家馆、湖南馆、吉林馆、江西馆、辽大馆、南京馆、山东馆、绍兴馆、首都馆、武大馆、浙江馆、中科图

## 01926

**理学纲要** 吕思勉编

上海：商务印书馆，1931.3，220 页，22 开

上海：商务印书馆，1934，国难后 1 版，220 页，22 开

本书原系作者 1926 年在上海沪江大学的讲义。介绍了理学之源流、派别，理学与先秦哲学、佛教哲学的关系，理学各派互相之间相承相矫及分争合一的缘故，理学对社会风俗的影响，有关人物的哲学思想等内容。共 15 篇，内容包括：绪论、理学之原、理学源流派别、濂溪之学、康节之学、横渠之学、明道伊川之学、晦庵之学、象山之学、浙学、宋儒术数之学、阳明之学、王门诸子、有明诸儒、总论。书前有作者自序。

收藏单位：重庆馆、复旦馆、广东馆、国家馆、湖南馆、吉林馆、江西馆、南京馆、山东馆、上海馆、首都馆、天津馆、武大馆、浙江馆、中科图

## 01927

**理学漫谈** 余家菊著

重庆：商务印书馆，1945.9，54 页，36 开

本书对宋明理学加以论述，共 11 个部分，内容包括：开场白、天、太极、气、心、诚、敬、志、穷理、实践、卷尾语。

收藏单位：重庆馆、国家馆、吉林馆、南京馆、武大馆

01928

**理学治要** 张文治编 陈棠 喻璞校

上海：文明书局，1930.5，[350] 页，22 开（国学治要 第四编）

本书分两部分。卷一为理学七家，介绍周敦颐、张载、二程、朱熹、陆九渊、王守仁的有关论著；卷二为宋元以来各家论学名著，选录邵雍、司马光、李侗、陈亮、张栻、方孝孺、薛瑄、胡直、吕坤、黄宗羲、顾炎武、王夫之、颜元、戴震等人的著作，以及《宋史·道学传序》《宋元儒学案序录》《明儒学案序录》等。

收藏单位：重庆馆、复旦馆、广西馆、国家馆、黑龙江馆、湖南馆、江西馆、山东馆、山西馆、上海馆、首都馆、天津馆、武大馆

01929

**理学纂要** 蒋伯潜编著

上海：正中书局，1948.9，201 页，32 开（国学汇纂丛书 9）

本书综述宋、元、明、清四朝理学概貌。作者认为，理学所讨论的问题，一是宇宙论，二是心性论，三是修养论。正文共 16 章，书前有绪论两章，内容包括：什么是理学、理学勃兴之因缘。书后有结论两章，内容包括：理学的概观、理学衰落之因缘。

收藏单位：重庆馆、国家馆、近代史所、南京馆、绍兴馆、首都馆、浙江馆

01930

**濂洛关闽书** （清）张伯行集解

长沙：商务印书馆，1941，2 册（333 页），36 开（国学基本丛书）

本书选录宋朝周敦颐、程颢、程颐、张载、朱熹 5 人的著作共 19 卷，内容包括：《太极图说》（周敦颐）、《通书》（周敦颐）、《西铭》（张载）、《正蒙》（张载）、《理窟》（张载）、《语类》（张载）、《名录》（二程）、《语类》（朱熹）等。书前有序。

收藏单位：重庆馆、首都馆、中科图

01931

**两宋思想述评** 陈钟凡著

上海：商务印书馆，1933.10，274 页，22 开（学艺丛书 11）

长沙：商务印书馆，1938，再版，274 页，22 开（学艺丛书 11）

本书共 16 章，前 4 章论述宋至清末学术思想的概况，内容包括：近代思想之趋势、两宋学术复兴之原因、宋学发生之近因、宋代思想家之论证法；后 12 章分别介绍思想家及各学派，内容包括：周敦颐之图书学说、邵雍之数理学说、张载之二元论、程颢之一元学说、程颐之理气二元论、程氏学派、江西学派、朱熹之综合学说、朱氏学派、陆九渊之惟理学说、陆氏学派、金华及永嘉永康诸学派。每章末附有参考书目。书末有两宋学派表。

收藏单位：重庆馆、东北师大馆、广东馆、广西馆、贵州馆、国家馆、湖南馆、近代史所、南大馆、南京馆、上海馆、首都馆、天津馆、浙江馆、中科图

01932

**龙川文集** （宋）陈亮著

上海：商务印书馆，1937.4，2 册（425 页），32 开（国学基本丛书）

上海：商务印书馆，1937.4，再版，2 册（425 页），32 开（国学基本丛书）

本书共 30 卷，补遗 1 卷。卷首有叶适、胡凤丹等人的序文 3 篇及《宋史》中的著者本传。附辨伪考异。

收藏单位：重庆馆、广西馆、国家馆、上海馆、首都馆

01933

**陆王哲学** 张绵周著

上海：民智书局，1926.3，182 页，22 开

上海：民智书局，1927.3，再版，182 页，22 开

本书论述了陆九渊、王守仁的生平、学术渊源、与朱熹学说的关系，以及他们之间的学术关系。此外还对陆朱"鹅湖之辩"、王门"天泉问答"略作介绍。共 3 编，内容包括：导言、象山哲学、阳明哲学。书前有作者序。

收藏单位：重庆馆、广东馆、国家馆、南

京馆、山西馆、上海馆、浙江馆、中科图

**01934**

**陆王哲学辨微　胡哲敷著**

上海：中华书局，1930.9，136 页，22 开

　　本书论述陆九渊和王守仁的哲学思想。共 8 章，内容包括：导言、陆王传述、陆王哲学源流、陆王宇宙观、陆王论心、陆王论学、陆王论工夫、结论。书前有作者自序。

　　收藏单位：重庆馆、广东馆、广西馆、国家馆、湖南馆、吉林馆、江西馆、南京馆、上海馆、首都馆、天津馆、浙江馆、中科图

**01935**

**陆象山教育学说　余家菊著**

上海：中华书局，1935.11，56 页，32 开

　　本书分 5 个部分介绍陆象山学说中的教育思想，内容包括：宇宙、规模、讲明、存养、经纶。书前有作者序和陆象山的小传。

　　收藏单位：重庆馆、东北师大馆、贵州馆、国家馆、黑龙江馆、吉林馆、江西馆、辽宁馆、南京馆、山东馆、上海馆、天津馆、浙江馆

**01936**

**陆象山全集　（宋）陆九渊著**

上海：国学整理社，1936.12，[17]+353 页，32 开，精装

　　本书共 36 卷。卷首有王守仁等人序文 4 篇。附《学则辩》（徐阶）。

　　收藏单位：重庆馆、国家馆、黑龙江馆、吉林馆、近代史所、辽宁馆、南京馆、山东馆、上海馆

**01937**

**陆象山之精神　陆基编述**

吴县：陆基 [ 发行者 ]，40 页，22 开

　　本书分 5 个部分介绍陆九渊的治学精神与方法，内容包括：象山公之精神、象山公之读书法、象山公之为学大旨、象山公之求放心法、象山公之治事法。书前有象山先生行状，综述其一生的经历及著述。

收藏单位：国家馆、上海馆

**01938**

**圣学十图　李宁斋搜辑**

汉口：大同协会，1932.2，54 页，18 开

　　本书论及 11 图，包括：太极图、铭图、小学图、大学图、白鹿洞规图、心统性情图、仁说图、心学图、敬斋箴图、夙兴夜寐箴图，以及作者自创之天命新图。书前有黎一民序、作者序。卷末附礼乐比考。

　　收藏单位：国家馆、湖南馆、南京馆、首都馆、浙江馆

**01939**

**释西铭　孙常钧编注**

沅陵：中报社，1942.3，20 页，32 开

　　本书为作者 1941 年在三民主义青年团沅陵分团的讲演。介绍张载生平及其思想，并对《西铭》原文逐句加以解释。

　　收藏单位：国家馆

**01940**

**四朝先哲言行录　董士廉编**

上海：谢文益总店，1926，2 册 (312 页)，16 开

　　本书汇录宋、元、明、清四朝张载、周敦颐、程颢、程颐、朱熹、陆九渊、曾国藩等人的言行。

　　收藏单位：上海馆、浙江馆

**01941**

**宋明道学中理学心学二派之不同　冯友兰著**

北平：国立清华大学，1932.12，11 页，32 开

　　本书论述宋明哲学中朱熹哲学与陆九渊、杨简、王守仁哲学之根本不同处，以及朱派后学对朱陆不同的论述。为《清华学报》抽印本。

**01942**

**宋明理学纲要　蒋维乔　杨大膺编**

上海：中华书局，1936.4，[10]+228 页，32 开

　　本书概述宋明理学的宇宙论、教育哲学、人生哲学、政治哲学。分为 4 纲。第 1 纲：论

道体（太极、太和、理、气、阴阳等）；第 2 纲：论为学（为学大要、格物穷理、教学之方）；第 3 纲：论存养（涵养、改过迁善及克己复礼、出处进退辞受之义等）；第 4 纲：论政治（治国平天下之道、制度、齐家之道、处事之方）。书首为绪论，讨论了理学的定义，研究对象，理学与儒、佛、道三家关系，另有蒋维乔叙文。书末附研究问题、参考书。

收藏单位：重庆馆、贵州馆、国家馆、湖南馆、吉林馆、江西馆、近代史所、南京馆、山东馆、山西馆、上海馆、绍兴馆、首都馆、天津馆、浙江馆

01943

**宋明理学与颜李学说** 张君劢著
出版者不详，208 页，16 开

本书论述宋明理学的产生和发展，介绍颜习斋、李塨对理学的质疑，从中看出理学的发展脉络。

01944

**宋儒与佛教** 林科棠著
上海：商务印书馆，1928.7，66 页，32 开（国学小丛书）
上海：商务印书馆，1930.10，63 页，32 开（国学小丛书）（万有文库 第 1 集 68）
上海：商务印书馆，1931.4，再版，66 页，32 开，精装（国学小丛书）
上海：商务印书馆，1931，再版，63 页，32 开（万有文库 第 1 集 68）
上海：商务印书馆，1933，国难后 1 版，63 页，32 开（国学小丛书）
上海：商务印书馆，1934，国难后 2 版，63 页，32 开（国学小丛书）

本书叙述两宋学者周敦颐、程颢、程颐、张载、朱熹等人与佛教的关系。分 5 章，内容包括：宋学之勃兴，宋儒之宇宙论、性论、实际论（附佛性论），宋儒之学佛，宋儒之排佛论，宋学与佛教之关系。

收藏单位：安徽馆、重庆馆、大连馆、东北师大馆、广东馆、广西馆、贵州馆、国家馆、江西馆、辽大馆、南京馆、山东馆、山西馆、上海馆、绍兴馆、首都馆、天津馆、武大馆、浙江馆、中科图

01945

**宋亡后仕元之儒学教授** 周祖谟著
北平：辅仁大学，[1946.11]，24 页，16 开

本书收文 6 篇：《宋亡后之搜访遗逸》《元之儒官及出仕之山长学正》《出仕之儒学教授》《出仕之原因》《出仕后之自悔》《诸公出仕之评论》。考述宋亡后仕元之儒学教授的姓名、生平、出仕原因，以及后人对他们的评论等。书末附主要参考书目。为《辅仁学志》第 14 卷 1—2 合刊抽印本。

收藏单位：吉林馆、内蒙古馆

01946

**宋学** 贾丰臻著
上海：商务印书馆，1929.10，139 页，32 开（国学小丛书）（万有文库 第 1 集 66）
上海：商务印书馆，1934，再版，139 页，32 开（国学小丛书）（万有文库 第 1 集 66）
上海：商务印书馆，1935，3 版，139 页，32 开（国学小丛书）
上海：商务印书馆，1945.1，渝 1 版，139 页，32 开（国学小丛书）（万有文库 第 1 集 66）

本书从三个方面叙述宋学的发展。首先讨论宋学的勃兴，述其八点原因；其次叙述宋初三先生胡瑗、孙复、石介的生平思想，作为宋学产生的先声；最后详述两宋理学家周敦颐、邵雍、张载、程颢、程颐、朱熹、陆九渊及浙东学派吕祖谦、陈亮、叶适等人的生平、思想、著述，以及司马光、欧阳修、王安石、苏轼等人的性说，并比较了朱陆之异同。

收藏单位：安徽馆、重庆馆、东北师大馆、广东馆、广西馆、贵州馆、国家馆、湖南馆、江西馆、辽大馆、南京馆、山东馆、上海馆、首都馆、天津馆、武大馆、浙江馆

01947

**宋学概要** 夏君虞著
上海：商务印书馆，1937，[19]+450 页，32 开

本书将两宋思想家依据师承源流、地理、时代和对心学、仁学、性学的认识分为不同的派别，分析其思想内容，并与佛老之学进

行比较。分为上、下编。上编为概论，共 4
章，内容包括：何谓宋学、宋元学案、宋学之
起因、宋儒对于孟子之态度；下编为内容及派
别，共 6 章，内容包括：宋学之以地名派者、
宋学之以新旧名派者、仁学之内容及其派别、
性学之内容及其派别、心学之内容及其派别、
宋学的基本问题——力学。

收藏单位：重庆馆、广东馆、广西馆、贵
州馆、国家馆、黑龙江馆、湖南馆、吉林馆、
江西馆、南京馆、山东馆、上海馆、浙江馆、
中科图

01948

宋元理学史上的"心即理"思想　（日）楠本
正继著

出版者不详，[1930—1939]，10 页，22 开（北
京近代科学图书馆丛刊 2）

本书分 4 节论述宋明"心即理"思想发
展之概况。每节末附参考书目。

收藏单位：国家馆、中科图

01949

宋元明清四朝学案　（清）黄宗羲等著　国学
整理社辑

上海：国学整理社，1936.3，4 册，32 开，精
装

本书第 1—2 册：《宋元学案》（100 卷，
黄宗羲、全祖望）。书前有宋元学案刊例，
《宋元学案考略》（王梓材、冯云濠、何绍
基），《宋元学案原叙》（何绍基）。第 3 册：
《明儒学案》（62 卷，黄宗羲）。书前有黄宗
羲自序、郑性序、莫晋序；书末附黄宗羲第
三孙千秋跋。第 4 册：《汉学师承记》（8 卷，
江藩）。正文前有《汉学师承记评序》（王绍
尘）、阮元序；正文后有《经师经义目录》（江
藩）、汪喜孙跋、伍崇曜跋。《宋学渊源记》
（2 卷，江藩）。正文前有序 1 篇；文后有伍崇
曜跋；有《附记》两卷。《清学案小识》（14
卷，唐鉴）。前有唐鉴序、提要；文后有《书
学案小识后》（曾国藩）、作者的后序、黄倬
跋、何桂珍跋、黄膺跋。《人名索引》（张明仁
编）。前有《四朝学案人名索引序》（王绍尘）、
张明仁序、《四朝学案卷目简称》，索引中收

宋、元、明、清学者三千余人。

收藏单位：重庆馆、广东馆、国家馆、黑
龙江馆、湖南馆、吉大馆、江西馆、近代史
所、南京馆、山东馆、山西馆、上海馆、绍
兴馆、首都馆、中科图

01950

宋元明思想史纲　谭丕模著

上海：开明书店，1936，[11]+172 页，32 开

本书将宋、元、明代思潮概括为 6 个流
派：以周敦颐、张载、陆九渊、王守仁、程
颢、程颐为代表的大地主阶层的哲学思想派，
以李觏、王安石、陈亮、叶适为代表的小地
主政治思想派，以朱熹为代表的大、小地主
阶层的调和派，以丘处机、耶律楚材为代表
的统治民族起统治作用的入世思想派，以李
贽为代表的农民诋毁名教派，以徐光启为代
表的市民阶级的致用派。书中分北宋、南宋、
元、明、明末 5 个时期，以人物为主，论述
各流派的思想体系，探求其产生的必然性与
阶级性。书前有李达及吴承仕序。书末附作
者的编后声明。

收藏单位：重庆馆、东北师大馆、广东
馆、广西馆、国家馆、黑龙江馆、湖南馆、
江西馆、近代史所、辽大馆、南京馆、山东
馆、上海馆、天津馆、浙江馆

01951

宋元明思想学术文选（第一辑）　黎锦熙辑

北平：著者书店，1933，14+[148] 页，22 开

本书辑选两宋道学中程朱学派和陆九渊
学派的著述，以及对这两派学术的评论文章
等共 95 篇，包括：周敦颐 2 篇、程颢 2 篇、
程颐 4 篇、张载 1 篇、朱熹 14 篇、陆九渊 2
篇（161 则语录），以及上述六人所作诗文、
语录 44 篇；有关评论及文选 25 篇；还有《通
程》（附《蓟汉微言》2 则）（章炳麟）。书前
有《宋元明思想学术文选第一辑总目并叙例》
（黎锦熙），对所选六家之文略作评论。封面
由钱玄同题签。原为国立北平师范大学《宋
元明思想概要》的参考讲义。

收藏单位：广东馆、国家馆、吉林馆、南
京馆、上海馆、首都馆、浙江馆

01952

**宋元学案** 胡秋原原著

重庆：中周出版社，1944，89 页，50 开（中周百科丛书 第 1 辑）

本书简要介绍了《宋元学案》一书的作者、成书年代、内容，以及宋元时期的学派等。共 15 部分，内容包括：庆历、党争、新学、涑水、百源、濂溪、横渠、二程、程门、南渡、晦翁、东莱、象山、浙东、金元。书前有胡秋原前记。书末附《宋元学案解题及其读法》《所谓宋学》《宋元诸儒的派别》。

收藏单位：重庆馆、广东馆、贵州馆、上海馆、天津馆

01953

**宋元学案** （清）黄宗羲著 （清）黄百家辑 （清）全祖望修定 （清）王梓材等校订

上海：商务印书馆，1929.10，24 册（[2984] 页），32 开（万有文库 第 1 集 65）（国学基本丛书）

上海：商务印书馆，1933.6，4 册（2933 页），32 开，精装（国学基本丛书）

上海：商务印书馆，1934，再版，24 册，32 开（万有文库 第 1 集 65）（国学基本丛书）

上海：商务印书馆，1934，再版，4 册（2933 页），32 开，精装（国学基本丛书）

上海：商务印书馆，1934.12，3 版，4 册（2933 页），32 开，精装（国学基本丛书）

上海：商务印书馆，1935，4 版，4 册（2933 页），32 开，精装（国学基本丛书）

上海：商务印书馆，1939.12，24 册（2968 页），32 开（万有文库 第 1—2 集 简编 500 种 35）（国学基本丛书）

本书共 100 卷，将宋元两代学术思想按不同派别加以系统的总结。共集学案、党案、学略、说略等 91 个。每一学案先列一表，将该学派师承关系、思想渊源列出；其次叙述该派代表人物的生平、著作、思想；最后附有逸事及后人评论。书前有《宋元学案刊例》，道光十八年《宋元学案原叙》（何凌汉），《考略》（王梓材、冯云濠、何绍基）。书末附光绪己卯年龙汉霖跋。

收藏单位：安徽馆、重庆馆、大连馆、东北师大馆、贵州馆、国家馆、江西馆、辽大馆、南京馆、山西馆、上海馆、首都馆、天津馆、浙江馆、中科图

01954

**宋元学案** （清）黄宗羲著 （清）全祖望修定 缪天绶选注

上海：商务印书馆，1928.5，[50]+469 页，32 开，精装（学生国学丛书）

上海：商务印书馆，1931.4，[50]+469 页，32 开（学生国学丛书）（万有文库 第 1 集 64）

上海：商务印书馆，1933.4，国难后 1 版，[50]+469 页，32 开（学生国学丛书）

上海：商务印书馆，1934，国难后 2 版，[50]+469 页，32 开（学生国学丛书）

上海：商务印书馆，1935，[50]+469 页，32 开（学生国学丛书）（万有文库 第 1 集 64）

上海：商务印书馆，1947，3 版，[50]+469 页，32 开（学生国学丛书）（新中学文库）

本书共选学案 37 个，对其中的重要遗漏做了补充，对地名和难懂词句做了注释，对书中的年代标明了公元纪年。内容包括：安定学案、泰山学案、涑水学案、百源学案等，每个学案大都包括"传略""学说""附录"3 部分。书前有选注者叙，内容包括：宋元学案解题及其读法、所谓宋学、宋学的背景、宋元诸儒的派别。

收藏单位：安徽馆、重庆馆、大连馆、广东馆、贵州馆、国家馆、湖南馆、江西馆、近代史所、辽大馆、辽宁馆、山东馆、上海馆、绍兴馆、首都馆、天津馆、浙江馆、中科图

01955

**宋元学案（重编）** 陈叔谅 李心庄重编

上海：正中书局，1947.4，4 册（[44]+[1142] 页），25 开

本书将《宋元学案》加以删节并标点，原为 100 卷，其中有的分上、下卷，本书将其合并为一卷，另将《元祐党案》《庆元党案》以及《屏山鸣道集说略》删去，余 91 卷。《宋元学案》将王安石新学称为《荆公新学略》苏洵等蜀学称之为《苏氏蜀学略》，均放在最后，而本书则将此两学略改称为

《临川学案》及《眉山学案》，置于《横渠学案》之后。书前有陈立夫《重编宋元明清四朝学案序》《重编宋元学案凡例》《重编宋元学案导言》。书末附道光十八年何凌汉原序、道光十七年王梓材识语、道光十八年冯云濠识语。

收藏单位：重庆馆、国家馆、南京馆、山东馆、上海馆、中科图

01956

**宋元学案（节本）** （清）黄宗羲著　缪天绥选注

上海：商务印书馆，1937.7，4册，32开（中学国文补充读本 第1集）

本书即缪天绥选注《宋元学案》节本。

收藏单位：重庆馆、广东馆、国家馆、吉林馆、人大馆、首都馆

01957

**宋元学案人名索引**　邓元鼎　王默君著

上海：商务印书馆，1936.1，156页，32开

本书包括《宋元学案》及附传所载人名；另据各种资料编成《异名索引》，附在后面。人名排列以四角号码为序。书末附汉字笔画检索表。

收藏单位：贵州馆、国家馆、湖南馆、吉林馆、江西馆、近代史所、辽宁馆、南京馆、山西馆、上海馆、首都馆、天津馆、中科图

01958

**宋元学案人名索引** （日）铃木直治编

东京：关书院，1936，143页，25开，精装

收藏单位：国家馆

01959

**王安石**　方令孺著　国立编译馆编辑

［重庆］：教育部民众读物编写委员会，［1940］，30页，64开

本书从王安石的时代背景、志愿、与神宗的关系、变法等几个方面通俗论述王安石是怎样一个人。

收藏单位：国家馆

01960

**王安石**　柯敦伯著

上海：商务印书馆，1930，243页，32开（百科小丛书）（万有文库 第1集 921）

上海：商务印书馆，1931，243页，32开（百科小丛书）

上海：商务印书馆，1935，国难后1版，243页，32开（百科小丛书）

上海：商务印书馆，1935，国难后2版，243页，32开（百科小丛书）

上海、长沙：商务印书馆，1939.9，243页，25开（百科小丛书）（万有文库 第1—2集 简编500种448）

重庆：商务印书馆，1945，渝1版，243页，32开（百科小丛书）

重庆：商务印书馆，1945，渝2版，243页，32开（百科小丛书）

本书较详细地叙述了王安石一生各方面的活动和业绩。共18章，内容包括：年谱、少年时代、外任州县时代、内登馆阁时代、居丧时代、执政时代、退居时代及身后、政治思想、政治之实施（理财、改革军政、改革学制、治水、攘外）、哲学、文学、著作及书法等。

收藏单位：重庆馆、大连馆、东北师大馆、广东馆、广西馆、国家馆、湖南馆、吉林馆、江西馆、辽宁馆、南京馆、上海馆、绍兴馆、首都馆、天津馆、浙江馆

01961

**王安石**　卢芷芬著

上海：开明书店，1935.11，6+100页，50开（开明中学生丛书14）

本书通俗地介绍王安石及历史功绩。共13章，内容包括：绪论、时代背景、少年时代、从外任州县到居中执政、新法设施之一——财政和民政的整顿、新法设施之二——学制的改革、新法设施之三——军政的改革、攘外的策画、新法失败的原因、新法的影响、学术上的树立、涉世的态度、结论。

收藏单位：国家馆、南京馆、上海馆、浙江馆

01962

**王安石评传　柯昌颐编**

上海：商务印书馆，1933，428 页，32 开

上海：商务印书馆，1933，再版，428 页，32 开

上海：商务印书馆，1934，3 版，428 页，32 开

上海：商务印书馆，1935，4 版，428 页，32 开

上海：商务印书馆，1947，5 版，428 页，32 开

　　本书分 24 章，介绍王安石世系及所处时代背景，探讨其政治思想的渊源和转变。评述了青苗法、募役法、均输法、市易法、农田水利等社会政策的功过得失，论述其整理财政，改革田赋、学制、兵制等措施。并且述及王安石关于哲学、经学、文字学、文学、书法方面的成就地位。此外还对王安石的传记评论进行了考评评述。

　　收藏单位：重庆馆、东北师大馆、广东馆、广西馆、贵州馆、国家馆、黑龙江馆、湖南馆、吉大馆、吉林馆、江西馆、近代史所、辽宁馆、南京馆、上海馆、首都馆、天津馆、浙江馆、中科图

01963

**王安石评传·王临川全集　梁启超著·（宋）王安石著**

上海：国学整理社，1935，156+48+645 页，32 开，精装

上海：国学整理社，1936，再版，156+48+645 页，32 开，精装

上海：国学整理社，1936.12，3 版，156+48+645 页，32 开

　　本书为合订本。《王安石评传》共 22 章，内容包括：叙论、荆公之时代、荆公略传、执政前之荆公、荆公与神宗、荆公之政术等；《王临川全集》共 100 卷，收录王安石诗作、书疏、奏状、札子、内制、外制、表、论议等。书前有梁启超自序、临川文集叙和绍兴重刊临川文集叙。

　　收藏单位：重庆馆、广西馆、贵州馆、国家馆、黑龙江馆、辽大馆、南京馆、山东馆、山西馆、上海馆、绍兴馆、首都馆

01964

**王安石文选　经纬书局编**

成都：大陆书局，1947，103 页，36 开（经纬百科丛书）

　　本书收文 55 篇，内容包括：奏议、制诰、书启、论说、碑志等。书前有《介绍王安石》一文。

　　收藏单位：重庆馆

01965

**象山先生全集　（宋）陆九渊著**

上海：商务印书馆，1935.3，5 册（[22]+541 页），32 开（万有文库第 2 集 41）

上海：商务印书馆，1935.12，[23]+541 页，32 开，精装（国学基本丛书）

　　本书据明嘉靖间刻本排印。分 36 卷，收书、奏表、记、序赠、杂著、诗、文、行状、志铭、程文、拾遗、语录、年谱等 300 余篇。书前有正德十六年王守仁叙、嘉定五年袁燮序、开禧元年杨简敬序、嘉靖三十二年王宗沐序。附录徐阶《学则辩》。《国学基本丛书》本合订为 1 册。

　　收藏单位：重庆馆、大连馆、东北师大馆、贵州馆、国家馆、江西馆、辽大馆、南京馆、山东馆、上海馆、首都馆、天津馆、浙江馆

01966

**性理学大义　唐文治著**

无锡：无锡国学专修学校，1936.5，2 册，22 开（无锡国学专修学校丛书 13）

　　本书内容包括：周子大义、二程子大义、张子大义、洛学传授大义、朱子大义。

　　收藏单位：广东馆、南京馆、上海馆

01967

**续近思录　（宋）朱熹著　（清）张伯行集解**

上海：商务印书馆，1937，263 页，32 开（国学基本丛书）

上海：商务印书馆，1937，再版，263 页，32 开（国学基本丛书）

　　本书系张伯行仿《近思录》体例，摘录朱熹言论，得 639 条，分为道体、论学、致知、存养、克治、家道、出处、治体、治法、政事、教学、戒警、辨别异端、总论圣贤 14

门，并加诠释。书前有康熙四十九年张伯行
《续近思录序》。

收藏单位：国家馆、吉林馆、山东馆、上
海馆、首都馆、中科图

01968

**仪礼经传通解考证　白寿彝撰**
北平：国立北平研究院总办事处出版课，1936，
1 册

本书共 4 章，内容包括：仪礼经传通解底
组织和贡献、仪礼经传通解设计的经过、仪
礼经传通解底助理编集者、仪礼经传通解未
完成部份之窥测。为《国立北平研究院院务
汇报》第 7 卷第 4 期单行本。

收藏单位：国家馆

01969

**张横渠集　（宋）张载撰**
上海：商务印书馆，1937，176 页，32 开（国
学基本丛书）

本书共 12 卷，卷一至四为《西铭》（朱
熹注）、《东铭》《正蒙》；卷五至九为《经学
理窟》；卷十至十二为《语录》《文集》《拾
遗》。书前有康熙四十七年张伯行序、《宋史》
本传。目录页书名题：张横渠先生全集。

收藏单位：国家馆、辽宁馆、上海馆、首
都馆

01970

**张子全书　（宋）张载著　（宋）朱熹注**
上海：商务印书馆，1935.3，3 册（316 页），32
开（万有文库 第 2 集 36）
上海：商务印书馆，1935.4，316 页，32 开，精
装（国学基本丛书）
上海：商务印书馆，1935，再版，316 页，32
开，精装（国学基本丛书）

本书据康熙五十八年朱轼重刊本排印。
共 7 部分 15 卷。卷一至三为《西铭》（朱熹
注）、《东铭》《正蒙》；卷四至八为《经学理
窟》；卷九至十一为《易说》；卷十二《语
录》；卷十三《文集》；卷十四《拾遗》；卷
十五《附录》。书前有康熙五十八年朱轼序。
《国学基本丛书》本合订为精装 1 册。

收藏单位：重庆馆、大连馆、东北师大
馆、广东馆、贵州馆、国家馆、黑龙江馆、
江西馆、辽大馆、南京馆、上海馆、首都馆、
天津馆、浙江馆、中科图

01971

**浙东学派溯源　何炳松著**
上海：商务印书馆，1932.12，[12]+205 页，32
开（国学小丛书）
上海：商务印书馆，1933，[12]+205 页，32 开
（国学小丛书）（万有文库 第 1 集 45）
上海：商务印书馆，1933，再版，[12]+205 页，
32 开（国学小丛书）
上海：商务印书馆，1934，3 版，[12]+205 页，
32 开（国学小丛书）（万有文库 第 1 集 45）

本书在比较程颐和朱熹两人学说的师承
关系和异同的基础上探寻浙东学派的起源。
共 6 章，内容包括：绪论、程朱两人的根本思
想、理学上几个重要的问题、方法论、圣经
和唐鉴、浙东学派的兴起。书中认为南宋以
来学术思想有三个系统：由佛家思想脱胎而来
的陆九渊心学派、由道家思想脱胎而来的朱
熹道学派、继承儒家正宗思想而转入史学研
究的程颐一派，而程颐派学说流入浙东，演
化而成为前期浙东史学。

收藏单位：安徽馆、重庆馆、大连馆、东
北师大馆、广东馆、广西馆、贵州馆、国家
馆、河南馆、湖南馆、江西馆、辽大馆、南
京馆、山东馆、上海馆、绍兴馆、首都馆、
浙江馆、中科图

01972

**止斋遗书　（清）黄俊苑著**
南平：出版者不详，1927.8，4 册（[504] 页），
25 开

本书共 16 卷，内容多为有关理学的议
论。书前有张启煌、张国政序。书后有刘存
仁、黄文澡跋。郑元桢题书名。

收藏单位：国家馆

01973

**周濂溪集　（宋）周敦颐撰**
上海：商务印书馆，1937，263 页，32 开（国

学基本丛书）

上海：商务印书馆，1937，再版，263 页，32 开（国学基本丛书）

　　本书共 13 卷。卷一为太极图、太极图说、朱子图解、朱子太极图说解；卷二为诸儒太极论辨；卷三为语类附见；卷四为诸儒太极发明；卷五为通书、语类附见；卷六为通书二、语类附见；卷七为诸儒通书论序；卷八为遗文并诗；卷九为遗事、诸贤赠送唱酬附录、诸贤怀仰纪述附录；卷十为年谱；卷十一为诸记序铭附录；卷十二为诸记并祭祝诸文附录；卷十三为历代褒典。书前有张伯行序。据康熙四十七年张伯行编辑本刊印。

　　收藏单位：重庆馆、国家馆、山东馆、首都馆

## 01974

**周濂溪年谱　许毓峰著**

出版者不详，1944，82—130 页，18 开

　　本书为周敦颐年谱。书前有著者小序。为《金陵齐鲁华西三大学中国文化研究汇刊》抽印本。

　　收藏单位：国家馆

## 01975

**周子全书　（宋）周敦颐著**

上海：商务印书馆，1937，3 册（[18]+446 页），32 开（万有文库 第 2 集 42）（国学基本丛书）

　　本书包括著述、年谱，以及后人的记载和评论、褒典等。分 22 卷：卷一太极图；卷二太极图说；卷三至六太极图说发明；卷七至十为通书；卷十一至十六太极图说通书发明，收录《定性书》（程颢）、《周易序》（程颐）、《太极图说通书书后》（朱熹），以及诸儒的评论、语录等；卷十七周子遗文并诗；卷十八周子遗事；卷十九附录诸贤赠送唱酬等作；卷二十年谱；卷二十一为列代褒崇；卷二十二文录，收录朱熹等人撰写的祠记及堂记等。卷首有《性理精义》（圣祖仁皇帝御纂）、世宗宪皇帝圣谕等。书前有乾隆二十一年胡宝瑔序。

　　收藏单位：大连馆、大庆馆、东北师大馆、国家馆、江西馆、辽大馆、天津馆、浙

江馆

## 01976

**周子通书　（宋）周敦颐著　（宋）朱熹注　王丹岑补注**

立煌（安徽）：两间书屋，1943，66 页，36 开

　　本书收周敦颐、朱熹注《太极图说》《通书》两种，系以咸丰壬子年文光堂刻本张慎高训解《性理大全》及嘉庆十八年关中王鼎刻本江慎修集注《近思录》中所载为底本，删去张慎高、江慎修注，保留朱熹注文，加标点刊行，并补注个别字义。书末附《宋明理学的开山大师周敦颐先生》（王丹岑）。注者原题：朱晦庵。

　　收藏单位：安徽馆、重庆馆、山东馆

## 01977

**朱熹　周予同著**

上海：商务印书馆，1929.10，115+15 页，32 开（百科小丛书）（万有文库 第 1 集 69）

上海：商务印书馆，1931.8，115+15 页，32 开（百科小丛书）

上海：商务印书馆，1933.4，国难后 1 版，115+15 页，32 开（百科小丛书）

上海：商务印书馆，1934，再版，115+15 页，32 开（百科小丛书）（万有文库 第 1 集 69）

上海：商务印书馆，1935，国难后 2 版，115+15 页，32 开（百科小丛书）

上海：商务印书馆，1939.12，115+15 页，32 开（万有文库 第 1—2 集 简编 500 种 445）

上海：商务印书馆，1947，3 版，115+15 页，32 开（百科小丛书）（新中学文库）

　　本书共 8 章，内容包括：引言——宋学之产生与完成、朱熹传略、朱熹之哲学、朱熹之经学、朱熹之史学与文学、朱熹与当代学派、朱熹之著作、朱学之传授。书末附录朱熹简明年谱。

　　收藏单位：安徽馆、重庆馆、大连馆、东北师大馆、广东馆、广西馆、贵州馆、国家馆、湖南馆、吉林馆、江西馆、辽大馆、南京馆、山东馆、上海馆、首都馆、天津馆、浙江馆、中科图

01978

**朱子　孙毓修编**

上海：商务印书馆，1918.4，43 页，32 开（少年丛书）

上海：商务印书馆，1919.12，4 版，43 页，32 开（少年丛书）

上海：商务印书馆，1921，5 版，43 页，32 开（少年丛书）

上海：商务印书馆，1922.5，6 版，43 页，32 开（少年丛书）

上海：商务印书馆，1924.3，7 版，43 页，32 开（少年丛书）

上海：商务印书馆，1925，8 版，43 页，32 开（少年丛书）

上海：商务印书馆，1927，9 版，43 页，32 开（少年丛书）

上海：商务印书馆，1929，10 版，43 页，32 开（少年丛书）

上海：商务印书馆，1933.3，国难后 1 版，43 页，32 开（少年丛书）

上海：商务印书馆，1935.6，国难后 2 版，43 页，32 开（少年丛书）

本书讲述朱熹生平事迹，并扼要叙述其思想和著作。共 11 章，内容包括：总论、家学与师门、出试同安、受延平之学、廷对、鹅湖之会、著书、解经、书院、宦迹、结论。文言体，有夹注，每章后有编者批评文字。

收藏单位：重庆馆、广东馆、国家馆、河南馆、江西馆、山西馆、上海馆、首都馆、浙江馆

01979

**朱子大全　（宋）朱熹著**

[ 北京 ]：中华书局，[1949]，影印本，4 册（1921 页），16 开，精装

收藏单位：国家馆

01980

**朱子节要　（明）高攀龙编**

出版者不详，1 册，13 开，精装

收藏单位：广东馆

01981

**朱子年谱（考异 附录）（清）王懋竑纂订**

长沙：商务印书馆，1941，2 册（401 页），32 开（国学基本丛书）

本书系清代王懋竑依据李果斋（朱子门人）、洪璟所撰两本年谱考证纂订而成。除记叙朱子一生的生活经历、著述外，还对《朱子年谱》的各种版本，以及朱子著作加以考证。

收藏单位：重庆馆、贵州馆、国家馆、上海馆、中科图

01982

**朱子文集　（宋）朱熹著　（清）张伯行编订**

上海：商务印书馆，1937，3 册（[61]+619 页），32 开（国学基本丛书）

上海：商务印书馆，1937，2 版，3 册（[61]+619 页），32 开（国学基本丛书）

本书为朱熹著作集。共 18 卷 750 余篇，分为书、记、序、杂著、赞、铭、箴、题跋、祭文、行状、墓志铭、墓表等。书前有康熙四十九年张伯行原序及朱熹本传。

收藏单位：重庆馆、国家馆、辽宁馆、南京馆、山东馆、山西馆、上海馆、首都馆

01983

**朱子学派　谢无量著**

上海：中华书局，1916.8，262 页，32 开（学生丛书）

上海：中华书局，1918.11，再版，262 页，32 开（学生丛书）

上海：中华书局，1919，3 版，262 页，32 开（学生丛书）

上海：中华书局，1921，4 版，262 页，32 开（学生丛书）

上海：中华书局，1923，5 版，262 页，32 开（学生丛书）

上海：中华书局，1926，6 版，262 页，32 开（学生丛书）

上海：中华书局，1927，7 版，262 页，32 开（学生丛书）

上海：中华书局，1928，8 版，262 页，32 开（学生丛书）

上海：中华书局，1932，9 版，262 页，32 开
（学生丛书）

本书共两编。第 1 编为序论，包括朱子传略、朱子学术之渊源、关于朱子之评论；第 2 编为本论，包括朱子哲学、朱子伦理学、朱子教育说及古今学术评论。书末附《朱子门人及宋以来朱子学略述》。

收藏单位：重庆馆、广东馆、广西馆、国家馆、河南馆、江西馆、南京馆、山东馆、山西馆、绍兴馆、首都馆、浙江馆

01984

**朱子语类 （清）张伯行辑订**
上海：商务印书馆，1937.6，282 页，32 开（国学基本丛书）（万有文库 第 2 集 39）
上海、长沙：商务印书馆，1939.9，282 页，32 开（国学基本丛书）（万有文库 第 1—2 集 简编 500 种 34）

本书为朱熹讲学语录。共 8 卷，分理气、鬼神、小学、力行等。为《朱子语类》辑略本。书前有康熙四十七年张伯行原序。

收藏单位：大连馆、东北师大馆、国家馆、江西馆、上海馆、浙江馆

01985

**朱子语类日钞 （清）陈澧编**
东京：文求堂书店，1941，74 页，32 开（钟山别业丛书）

收藏单位：天津馆

01986

**朱子哲学 李相显著**
北平：世界科学社，1947，2 册（[22]+829 页），25 开（世界科学社丛书）

本书系统地分析了朱熹哲学理论及其发展过程。分为 5 编。第 1 编：道，下分道即全、道即理 2 章；第 2 编：理气，下分太极、理、气、理与气 4 章；第 3 编：性理，分性、心、四德 3 章；第 4 编：伦理与政治，分伦理、政治 2 章；第 5 编：工夫，分为敬、格物 2 章。书末附 42 篇，其中关于朱熹重要著述、书信、考证 40 篇，朱子年表 1 篇，朱子语录姓氏 1 篇。封面由唐嗣尧题签。

收藏单位：东北师大馆、国家馆、南京馆、山东馆、首都馆、中科图

01987

**紫阳学术发微 唐文治著**
唐文治 [ 发行者 ]，[1930]，[250] 页，18 开

本书分 12 卷：朱子为学次第发微、朱子己丑悟道发微、朱子心性学发微、朱子论仁善国发微、朱子经学发微、朱子政治学发微、朱子论道释二家发微、朱子辨金溪学发微、朱子辨浙东学发微、朱子晚年定论发微、九贤九学通论（上、下）。

收藏单位：黑龙江馆、南京馆、上海馆

# 明代哲学 （1368—1644 年）

01988

**补明儒东莞学案（林光与陈建） 容肇祖著**
北平：国立北京大学，1936，26 页，16 开

林光、陈建两人虽学派不同，但因都是广东东莞人，所以著者把他们并立为东莞学案，简述其生平、著述、师承关系，评论他们在思想上的贡献，以补《明儒学案》之不足。为国立北京大学《国学季刊》5 卷 3 号抽印本。

收藏单位：国家馆

01989

**传习录 （明）王守仁著**
上海：上海书局，116+46 页，32 开

本书内容包括：徐爱录、陆澄录、薛侃录、钱德洪录、陈九川录、黄以方录、大学问。书前有传习录序。书后附年谱。著者原题：王阳明。

收藏单位：国家馆、人大馆

01990

**传习录 （明）王守仁著 （明）徐爱 （明）钱德洪编定 叶绍钧点注**
上海：商务印书馆，1927，15+278 页，32 开（学生国学丛书）

上海：商务印书馆，1933，国难后1版，15+278页，32开（学生国学丛书）

本书将《传习录》分段、标点并加以注释（注释放于每页末）。《传习录》包括王守仁哲学语录和论学书札两部分。分上、中、下3卷，由门人徐爱、钱德洪辑录。书前有叶绍钧的绪言，对《传习录》一书、王守仁以及王学加以评论。

收藏单位：重庆馆、广西馆、国家馆、河南馆、黑龙江馆、湖南馆、江西馆、上海馆、首都馆、天津馆、浙江馆

01991

**传习录**　（明）王守仁著　（明）徐爱　（明）钱德洪编定　叶绍钧点注
出版者不详，112+64页，25开（学生国学丛书）

收藏单位：重庆馆

01992

**传习录**　（明）徐爱　（明）钱德洪辑
出版者不详，320页，22开，精装

本书为《传习录》标点本。书末附录《朱子晚年定论》正德戊寅六月门人袁庆麟识语。

收藏单位：南京馆、上海馆

01993

**传习录讲本**　（日）山田准著
东京：静思书院，1941.4，8版，121页，32开

收藏单位：南京馆

01994

**革命哲学（晚明诸儒之学术及其精神）**　钱穆讲
中央训练团党政高级训练班，1939，12页，32开

本书共4部分，讲述晚明诸儒的生活特征、学术特点、在中国学术史上的地位，诸儒学业成就之境界与内容，以及晚明儒学与三民主义的关系。

收藏单位：国家馆、南京馆

01995

**革命哲学（中国固有哲学）**　钱穆讲　中央训练团党政高级训练班编
中央训练团党政高级训练班，1944.2，14页，32开

本书共3讲：第1讲综述大义；第2讲中国固有哲学里的政治哲学与人生理想；第3讲晚明诸儒。附录中国固有哲学参考书举要。

收藏单位：上海馆

01996

**李氏焚书（普及本）**　（明）李贽著　阿英校点
上海：贝叶山房，1936.3，[12]+290页，32开（中国文学珍本丛书 第一辑27）

本书共6卷，内容包括：书答、杂述、读史、四言长篇等。附李温陵传。著者原题：李卓吾。

收藏单位：重庆馆、广西馆、贵州馆、国家馆、黑龙江馆、江西馆、辽大馆、南京馆、上海馆、绍兴馆、首都馆、武大馆

01997

**李卓吾论**　朱维之编
[福州]：福建协和大学书店，1935，144页，22开

本书共4部分，内容包括：李卓吾底性格、李卓吾与新文学、李卓吾底思想、李卓吾年谱。书末附改正错误。

收藏单位：国家馆、华东师大馆、南京馆、浙江馆

01998

**李卓吾评传**　容肇祖著
上海：商务印书馆，1937.1，108页，32开（国学小丛书）

本书共3章，内容包括：李贽年谱、李贽的思想、李贽的文学的见解。

收藏单位：重庆馆、东北师大馆、广东馆、国家馆、黑龙江馆、湖南馆、吉林馆、辽大馆、辽宁馆、南京馆、上海馆、绍兴馆、浙江馆

## 01999

**立达要旨　陶英士编**

重庆：中周出版社，1944，65页，50开（中周百科丛书 第1辑）

本书为《呻吟语》（吕新吾）一书改编本。共9部分，内容包括：心术、才识、学问、修齐、保养、处人、处事、从政、治平。书前有编者序。

收藏单位：重庆馆、广东馆、贵州馆、上海馆

## 02000

**刘宗周年谱　姚名达著**

上海：商务印书馆，1934，361页，32开（中国史学丛书）

本书分前编、正编、后编3部分。前编包括名字、遗像、先世、生活环境、学术渊源、大事提纲；正编为年谱，按其生平年代着重介绍刘宗周的学术思想、政治事业；后编包括遗响、逸事、品评。

收藏单位：重庆馆、东北师大馆、广东馆、贵州馆、国家馆、湖南馆、吉林馆、近代史所、辽大馆、辽宁馆、南京馆、山西馆、首都馆

## 02001

**明代思想史　容肇祖著**

上海：开明书店，1941，350页，32开（齐鲁大学国学研究所丛刊1）

本书以人物为中心对明代各派思想进行评述。分10章，内容包括：明代理学的思想的来源、明初的朱学、陆学的复活与陈献章学派、王学的特起——王守仁、王门的派分、朱学的后劲、王门的再传及其流派、考证学与反玄学——陈第、东林学派、明末两大儒的思想。书前有作者自序。书末附录《述复社》，介绍复社的起源、成立、宗旨盟词、组织、活动、影响及与东林的关系、反对复社的人物等。原载国立北京大学研究所《国学门周刊》第7—8期。

收藏单位：重庆馆、广东馆、国家馆、湖南馆、近代史所、辽宁馆、南京馆、山东馆、上海馆、首都馆、天津馆、浙江馆、中科图

## 02002

**明代学术思想　陈安仁著**

长沙：商务印书馆，1940.7，49页，32开
长沙：商务印书馆，1943，49页，36开

本书分明代学术思想之渊源、宇宙存在之本体、人类心性之本质、知识之本质与功能、人生之态度与行为5个问题。

收藏单位：重庆馆、贵州馆、国家馆、吉林馆、江西馆、辽大馆、南京馆

## 02003

**明清思想史**

出版者不详，[1945]，76页，22开

本书为北京大学讲义。

收藏单位：国家馆

## 02004

**明儒梁夫山先生年谱（一名，何心隐先生年谱）　何子培著**

出版者不详，[21]页，16开

本书为明代泰州学派代表人物梁汝元年谱。书后有附录。

收藏单位：国家馆

## 02005

**明儒学案　（清）黄宗羲著**

上海：国学整理社，1936，718页

本书共62卷，内容包括：崇仁学案、白沙学案、河东学案、三原学案、姚江学案、浙中王门学案、江右王门学案、蕺山学案等。

收藏单位：广西馆、河南馆、江西馆、山西馆

## 02006

**明儒学案　（清）黄宗羲著**

上海：商务印书馆，1930.4，12册，32开（万有文库 第1集73）
上海：商务印书馆，1933.6，2册（[622]+[647]页），32开，精装（国学基本丛书）
上海：商务印书馆，1934.10，再版，2册（[622]+[647]页），32开，精装（国学基本丛书）
上海：商务印书馆，1935，3版，2册（[622]+[647]页），32开（国学基本丛书）

上海：商务印书馆，1939，5 版，3 册，32 开（国学基本丛书）

长沙：商务印书馆，1939，简编版，12 册（[1270] 页），32 开（万有文库第 1 集 73）

本书共 62 卷，根据明代学者的文集、语录，分析宗派，立学案 19 个，叙述学者 200 余人。每人先列小传，后载语录，扼要叙述各人生平经历、著作、思想以及学术传授。书前有黄宗羲所撰凡例、康熙三十二年黄宗羲自序、乾隆己未郑性序、道光元年莫晋序。书末附黄千秋跋。

收藏单位：安徽馆、重庆馆、大连馆、东北师大馆、贵州馆、国家馆、吉林馆、辽大馆、南京馆、上海馆、绍兴馆、首都馆、天津馆

02007

**明儒学案**　（清）黄宗羲著　胡秋原节补

重庆：中周出版社，1944，76 页，50 开（中周百科丛书第 1 辑）

本书分明儒学案提要、明儒学案补略两部分。提要分 7 部分，内容包括：明学、明初、姚江、泰州、诸儒、东林、刘孙；补略补辑了自利玛窦东来至刘献廷、李塨之间重要学者的学行，分西学及遗民两部分。书前有节补者前记、编辑要旨等。

收藏单位：广东馆、贵州馆、吉林馆、上海馆、天津馆

02008

**明儒学案**　（清）黄宗羲著　缪天绶选注

上海：商务印书馆，1931.4，300 页，32 开（学生国学丛书）（万有文库第 1 集 72）

上海：商务印书馆，1931.6，300 页，32 开（学生国学丛书）

上海：商务印书馆，1933.1，国难后 1 版，300 页，32 开（学生国学丛书）

上海：商务印书馆，1947.3，2 版，300 页，32 开（学生国学丛书）（新中学文库）

本书节选《明儒学案》一书中师说及崇仁学案、白沙学案、河东学案、姚江学案、浙中王门学案、江右王门学案、泰州学案、甘泉学案、诸儒学案、东林学案、蕺山学案

等学案中有关人物的小传和语录，加以简明注释。书前有选注者新序，概要叙述黄宗羲生平、明儒派别，评价《明儒学案》一书。

收藏单位：安徽馆、重庆馆、大连馆、东北师大馆、广西馆、贵州馆、国家馆、黑龙江馆、湖南馆、江西馆、近代史所、辽大馆、辽宁馆、山东馆、上海馆、首都馆、天津馆、浙江馆、中科图

02009

**明儒学案（重编）**（清）黄宗羲著　李心庄重编

重庆：国立编译馆，1945.6，2 册（[27]+538 页），25 开

上海：国立编译馆，1947.4，2 册（[27]+538 页），25 开

本书将《明儒学案》一书重新整理并标点。由原 62 卷 19 个学案合并为 45 卷 11 个学案。增添王守仁与罗钦顺、聂豹等 6 人书信，并在各学案之前列了一个传授表，对原书中传略部分略有删节。书前有重编明儒学案凡例、重编明儒学案导言、黄宗羲原序。

收藏单位：重庆馆、广东馆、国家馆、南京馆、上海馆、天津馆、中科图

02010

**明儒学案（节本）**（清）黄宗羲著　梁启超节钞

上海：广智书局，1916.10，5 版，2 册（[30]+[280]+[304] 页），22 开

本书节钞《明儒学案》中的崇仁学案、白沙学案、河东学案、三原学案、姚江学案、浙中王门学案、江右王门学案、南中王门学案、楚中王门学案、北方王门学案、粤闽王门学案、止修学案、泰州学案、甘泉学案、诸儒学案、东林学案、蕺山学案、附案。书上有梁启超眉批。书前有梁启超所撰例言、黄宗羲所撰发凡。

收藏单位：江西馆

02011

**明儒学案（节本）**（清）黄宗羲著　梁启超节钞

上海：商务印书馆，1916.9，2 册（19+620 页），32 开（饮冰室丛著6）

上海：商务印书馆，1916.12，再版，2 册（19+620 页），32 开（饮冰室丛著6）

上海：商务印书馆，1925.3，3 版，2 册（19+620 页），32 开（饮冰室丛著6）

收藏单位：重庆馆、国家馆、江西馆、南京馆、山东馆、山西馆、上海馆、绍兴馆、首都馆、西交大馆、中科图

## 02012

**明儒学案（节本）（清）黄宗羲著　梁启超节钞**

上海：新民社，1934，[584] 页，22 开，精、平装

上海：新民社，1935，[584] 页，22 开，精、平装

收藏单位：广东馆、国家馆

## 02013

**明儒学案（节本）　缪天绶选注**

上海：商务印书馆，[1937]，3 册，32 开（中学国文补充读本 第 1 集）

收藏单位：北师大馆、国家馆、湖南馆、天津馆

## 02014

**明儒学案（节本 上册）（清）黄宗羲著　梁启超节钞**

上海：亚东图书馆，306 页，32 开（饮冰室丛著6）

收藏单位：绍兴馆

## 02015

**人谱　（明）刘宗周著**

上海：青年协会书报部，1927.9，1 册，32 开（青年德育丛书）

本书论述为人的标准，包括正篇 1 篇、续篇 2 篇、人谱类记 5 篇。书前有刘蕺山夫子传略。

收藏单位：国家馆

## 02016

**人谱　（明）刘宗周著**

上海：商务印书馆，1927，[122] 页，32 开（万有文库第 1—2 集 简编 500 种）

长沙：商务印书馆，1939，[122] 页，32 开（万有文库 第 1—2 集 简编 500 种）

长沙：商务印书馆，1940，[122] 页，32 开（国学基本丛书）

本书论述为人的标准，包括正篇 1 篇、续篇 2 篇。附《人谱类记》6 篇，引孔孟等人的言行以论证《人谱》书中所列各条。书前有康熙己卯版原序、《明史·刘宗周本传》。书末附《人谱类记跋》（丁彦臣）。

收藏单位：重庆馆、东北师大馆、国家馆、江西馆、南京馆、上海馆、首都馆、中科图

## 02017

**儒教叛徒李卓吾　吴泽著**

上海：华夏书店，1949，228 页，32 开（历史人物再批判2）

本书介绍李卓吾的生平、事迹及思想主张。共 9 部分，内容包括：反专制独断·悼忆名教叛徒、卓吾早年思想的社会形势及其方向、王学·王学左派·王学左派之尤、晚年生活·学说思想的成就、浪漫主义主观观念论哲学思想、主观主义的童心至文文学论、对于儒学专制独断主义的批判、儒学正统派对卓吾的争论与迫害、总结：圣贤还是叛徒。

收藏单位：重庆馆、东北师大馆、广东馆、国家馆、辽大馆、南京馆、上海馆、首都馆、天津馆、浙江馆

## 02018

**呻吟语　（明）吕坤著　（清）陈弘谋评点**

上海：会文堂新记书局，1934.10，[239] 页，32 开（中国学术基本丛书）

上海：会文堂新记书局，1935，[239] 页，32 开（中国学术基本丛书）

本书书前有陆陇其、陈宏谋、蒋兆奎、洪亮吉等人序。著者原题：吕新吾，评点者原题：陈宏谋。

收藏单位：国家馆、吉林馆、南京馆、上

海馆、首都馆

## 02019

**呻吟语（精校圈点）** （明）吕坤著 （清）陈弘谋评　汤寿铭校

上海：会文堂书局，1924.4，[226] 页，25 开

上海：会文堂书局，1924.9，再版，[226] 页，32 开

上海：会文堂书局，1926.3，4 版，226 页，32 开

　　本书共 4 卷，卷一：性命、存心、伦理、谈道；卷二：修身、问学、应务、养生；卷三：天地、世运、圣贤、品藻、治道；卷四：人情、物理、广喻、词章。书前有《吕新吾先生传》（《洛学编》本）、高延第序、吕坤原序、陆陇其序、《评辑呻吟语序》（陈宏谋）、《吕子节录序》（蒋兆奎）、《重刻吕子呻吟语序》（洪亮吉）。评者原题：陈宏谋。

　　收藏单位：重庆馆、桂林馆、国家馆、江西馆、山东馆、天津馆

## 02020

**呻吟语（新式标点）** （明）吕坤著

上海：大达图书供应社，1934，192 页，32 开

上海：大达图书供应社，1934.3，再版，192 页，32 开

上海：大达图书供应社，1935.1，再版，192 页，32 开，精装

上海：大达图书供应社，1935.10，再版，192 页，32 开

　　本书书前有吕新吾先生传。

　　收藏单位：重庆馆、广东馆、江西馆、辽宁馆、南京馆、山东馆、绍兴馆、首都馆

## 02021

**孙夏峰李二曲学谱** 谢国桢著

上海：商务印书馆，1934.5，145 页，32 开（国学小丛书）

上海：商务印书馆，1934.6，再版，145 页，32 开（国学小丛书）

上海：商务印书馆，1935.6，3 版，145 页，32 开（国学小丛书）

　　本书为研究明清之际学者孙奇逢、李颙

的专著。分为孙夏峰学谱、李二曲学谱两篇。每篇下分为传纂、学术述略、著述考、学侣考、承学之弟子，叙述每人生平经历、著作、思想及学术传授。

　　收藏单位：东北师大馆、广东馆、广西馆、贵州馆、国家馆、江西馆、辽大馆、南京馆、上海馆、绍兴馆、首都馆、天津馆、浙江馆

## 02022

**孙夏峰先生事略** 王念典撰

国群铸一通俗讲演社，1914，石印本，8 叶

　　本书为国群铸一通俗讲演社出版的一系列"演词"（介绍性读物）之一，介绍了明末清初理学家孙奇逢的生平、事迹、道德修养与学术思想。包括谒杨尚宝、友鹿善继、与鹿公讲学、国士之知、肩学统、讲学苏门、待人接物、进学工夫等内容。书前有孙夏峰先生遗像、先生自赞。

　　收藏单位：国家馆

## 02023

**提倡三教合一的林兆恩** 容肇祖著

北平：北京大学出版部，1948.12，25 页，16 开（国立北京大学五十周年纪念论文集 文学院 16）

　　本书介绍林兆恩生平及学术主张。

　　收藏单位：东北师大馆、武大馆

## 02024

**晚明思想史论** 嵇文甫著

重庆：商务印书馆，1944.9，121 页，25 开（中国哲学丛书 乙集 1）

　　本书共 9 章，内容包括：从王阳明说起、王学的分化、所谓狂禅派、异军突起的张居正、东林派与王学修正运动、佛门的几个龙象、古学复兴的曙光、西学输入的新潮、余论。书前有作者自序。

　　收藏单位：重庆馆、国家馆、近代史所、南京馆、上海馆、浙江馆

## 02025

**王守仁** 钱穆著

上海：商务印书馆，1930.10，128 页，32 开（百科小丛书）（万有文库第 1 集 71）

上海：商务印书馆，1933.11，128 页，32 开（百科小丛书）（新中学文库）

上海：商务印书馆，1934，再版，128 页，32 开（百科小丛书）

上海：商务印书馆，1935，3 版，128 页，32 开（百科小丛书）

上海：商务印书馆，1939.12，128 页，32 开（万有文库第 1—2 集简编 500 种 446）

重庆：商务印书馆，1945.1，渝 1 版，101 页，32 开（百科小丛书）

重庆：商务印书馆，1945.10，渝 2 版，101 页，32 开（百科小丛书）

上海：商务印书馆，1947，4 版，128 页，32 开（百科小丛书）（新中学文库）

本书论述王阳明生平、学术思想及流传。共 8 篇，内容包括：宋学里面留下的几个问题、明学的一般趋向和在王学以前及同时几个有关系的学者、阳明成学前的一番经历、王学的三变、王学大纲、阳明的晚年思想、王学的流传、阳明年谱。书前有作者序。

收藏单位：安徽馆、重庆馆、大连馆、东北师大馆、广东馆、广西馆、贵州馆、国家馆、湖南馆、吉大馆、江西馆、近代史所、辽大馆、辽宁馆、南京馆、山东馆、上海馆、绍兴馆、首都馆、天津馆、浙江馆

## 02026

**王守仁与明理学**　宋佩韦著

上海：商务印书馆，[1930.6]，108 页，32 开（国学小丛书）

上海：商务印书馆，1931，107 页，32 开（中国历史丛书）

上海：商务印书馆，1933，国难后 1 版，108 页，32 开（国学小丛书）（中国历史丛书）

上海：商务印书馆，1934，国难后 2 版，107 页，32 开（国学小丛书）

本书共 9 章，内容包括：导论、王守仁传略、王守仁的学说、王守仁以前的诸学者、王学的继承者、王学的反对者、王学和甘泉学派、明末之王学、结论。叙述吴与弼、薛瑄、陈献章、王守仁、湛若水、王畿、钱德

洪、王艮、罗钦顺、刘宗周、陆陇其等人概况和学术思想，还介绍了王学反对者对"朱子晚年定论"的驳诘及王学与甘泉学派的异同。书中列有《王学诸子概况表》。

收藏单位：重庆馆、东北师大馆、广东馆、国家馆、湖南馆、吉林馆、江西馆、南京馆、山东馆、上海馆、首都馆、浙江馆

## 02027

**王文成公传习录**　（明）徐爱著

重庆：国民政府军事委员会委员长侍从室，[1942]，177 页，32 开

重庆：国民政府军事委员会委员长侍从室，1944，178 页，32 开

本书为《传习录》一书分段标点本。书前有徐爱序。书末附录朱子晚年定论、正德戊寅门人袁庆麟识语。

收藏单位：重庆馆、广东馆、贵州馆、国家馆、湖北馆、吉林馆、江西馆、南京馆、上海馆

## 02028

**王文成公全书**　（明）王守仁著

上海：商务印书馆，1933.12，14 册，32 开（万有文库第 1 集 70）

上海：商务印书馆，1934.3，2 册（[1400] 页），32 开，精装（国学基本丛书）

上海：商务印书馆，1934.9，2 版，2 册，32 开，精装（国学基本丛书）

上海：商务印书馆，1936.11，3 版，4 册，25 开（国学基本丛书简编）

长沙：商务印书馆，1938.6，4 版，4 册（1368 页），32 开（国学基本丛书简编）

上海：商务印书馆，[1940]，[5 版]，4 册，32 开（国学基本丛书简编）

本书即《阳明全书》，共 38 卷，收录王阳明著作及传记资料，分语录、文录、别录、外集、续编、附录 6 类。书前有徐阶序，隆庆二年奉天承运皇帝制，门人王畿、钱德洪及王正思、王正愚等人诗赞，另有《传习录序》（徐爱）、《阳明先生文录序》（邹守益）、《阳明先生文录序》（钱德洪）、《重刻阳明先生文录后语》（王畿）、《阳明先生文录续编

序》（徐阶）、《刻文录序说》等旧序多篇及《编辑文录姓氏》。

收藏单位：安徽馆、重庆馆、大连馆、东北师大馆、广西馆、贵州馆、国家馆、江西馆、辽大馆、南京馆、上海馆、首都馆、天津馆、浙江馆、中科图

**02029**

**王文成公全书（上册）（明）王守仁著**
上海：泰东图书局，[1924]，468 页，32 开

收藏单位：天津馆

**02030**

**王文成公训示八则　（明）王守仁著**
苏州：弘化社，1931，再版，11 页，50 开

本书收王守仁在龙场示诸生立志、勤学、改过、责善语录 4 条，谕俗 4 条。书前有戴曦序。

收藏单位：国家馆、吉林馆、南京馆、首都馆

**02031**

**王文成公言行录（卷二）（清）杨希闵著**
**潘衍校订**
上海：中华新教育社，1924，44 叶，25 开

收藏单位：天津馆

**02032**

**王学蠡测　（明）无垢述**
出版者不详，油印本，1 册

收藏单位：国家馆

**02033**

**王阳明　黎驹　公霭著**
上海：汗血书店，1935.8，62 页，50 开（汗血小丛书 实干人物 5）
上海：汗血书店，1936.3，再版，62 页，50 开（汗血小丛书 实干人物 5）

本书收文两篇：《实干主义者王阳明》（黎驹）、《王阳明的事业及良知说的矛盾》（公霭）。

收藏单位：重庆馆、国家馆、上海馆、浙江馆

**02034**

**王阳明　宋云彬著**
上海：开明书店，1934.9，96 页，50 开（开明中学生丛书 3）

本书讲述明代哲学家王阳明的生平、事迹、学派和思想。共 4 章，内容包括：引论、传略、学说、余论。

收藏单位：重庆馆、广东馆、广西馆、国家馆、上海馆

**02035**

**王阳明　孙毓修编纂**
上海：商务印书馆，1914，56 页，32 开（少年丛书）
上海：商务印书馆，1915，再版，56 页，32 开（少年丛书）
上海：商务印书馆，1917.2，3 版，56 页，32 开（少年丛书）
上海：商务印书馆，1919，5 版，56 页，32 开（少年丛书）
上海：商务印书馆，1921，7 版，56 页，32 开（少年丛书）
上海：商务印书馆，1925，10 版，56 页，32 开（少年丛书）
上海：商务印书馆，1926，11 版，56 页，32 开（少年丛书）
上海：商务印书馆，1931.6，12 版，56 页，32 开
上海：商务印书馆，1933.7，国难后 1 版，56 页，32 开（少年丛书）
上海：商务印书馆，1935，国难后 2 版，56 页，32 开（少年丛书）

本书讲述王阳明生平事迹、思想与著作。分 8 章，内容包括：少年之意气、龙场之谪、道德之猛进、南赣平盗、平宁王之难、事后之讥谤、立功两广、粹言。

收藏单位：重庆馆、广东馆、国家馆、江西馆、南京馆、绍兴馆、首都馆、浙江馆

**02036**

**王阳明及其思想　马宗荣著**
贵阳：文通书局，1942.5，46 页，32 开（大教育家文库）

本书介绍了王阳明的生平、哲学思想和教育思想以及王阳明与朱熹学说之异同。书前有作者自序。封面有王阳明画像。

收藏单位：重庆馆、贵州馆、国家馆、吉林馆、南京馆、首都馆

02037

**王阳明集** （明）王守仁著　许啸天整理　胡翼云校阅

上海：群学社，1926，2 册（[108]+[259] 页），32 开

上海：群学社，1928，再版，2 册，32 开

上海：群学社，1931.3，3 版，2 册，32 开

上海：群学社，1933，4 版，2 册，32 开

本书将 1906 年重刊《阳明集要三种》一书重新整理并标点。共 4 部分，内容包括：传习录、语录、讨论集、文章集。书前有《王阳明集新序》（许啸天）、马相伯序、严复序、郑孝胥序、明崇祯乙亥黄道周序、《清初五大师学术梗概》（梁启超在北京平民中学的讲演），及许啸天整理之《王阳明年谱》和《王阳明之历史》。其中马相伯、严复、郑孝胥的序均系为重刊《阳明集要三种》而作。

收藏单位：重庆馆、广西馆、近代史所、南京馆、山东馆、绍兴馆、首都馆、天津馆

02038

**王阳明全集** （明）王守仁著

上海：新文化书社，1935.9，4 册，25 开（国学丛书）

本书为国学自修读本。

收藏单位：江西馆

02039

**王阳明全集** （明）王守仁著　周云标点

上海：大达图书供应社，1935.11，4 册（36+209+270+202+361 页），32 开

本书即《阳明全书》，内容包括：语录、文录、别录、外集、续编、附录等类。书口题名：王阳明全书。

收藏单位：重庆馆、广东馆、绍兴馆、首都馆

02040

**王阳明全集（大字足本）** （明）王守仁著　（明）徐爱　（明）钱德洪辑　储菊人校订

上海：中央书店，1935，4 册（54+1042 页），32 开（国学基本文库）

上海：中央书店，1935，再版，4 册（54+1042 页），32 开（国学基本文库）

上海：中央书局，1936，3 版，4 册（[54]+1042 页），32 开（国学基本文库）

收藏单位：重庆馆、广东馆、国家馆、湖南馆、江西馆、南京馆、绍兴馆、首都馆

02041

**王阳明全集（仿古字版）** （明）王守仁著

上海：国学整理社，1936.3，10+33+795 页，32 开，精装

上海：国学整理社，1937，12 版，10+33+795 页，32 开，精装

本书即《阳明全书》，共 38 卷。书前有隆庆二年钱德洪等人撰像赞、徐阶序、徐爱等人撰写的旧序 5 篇、乙未年《刻文录序说》。

收藏单位：重庆馆、广东馆、贵州馆、国家馆、黑龙江馆、湖南馆、辽宁馆、辽师大馆、南京馆、山东馆、上海馆、绍兴馆、首都馆

02042

**王阳明全集（新式标点）** （明）王守仁著

上海：启智书局，1935.9，6 册，32 开

收藏单位：江西馆

02043

**王阳明全集（新式标点）** （明）王守仁著　华潜标点

上海：中华图书馆，1924.12，6 册，25 开

本书收录王阳明著作及传记资料，内容包括：语录、文录、别录、外集、续编、附录等。

收藏单位：江西馆、南京馆、上海馆、首都馆

02044

**王阳明全集（足本）** （明）王守仁著　吕何

均重编

上海：大东书局，1935.10，2册，32开，精装

上海：大东书局，1935.10，6册，32开

上海：大东书局，1936.3，再版，2册，32开，精装

本书将《阳明全书》重新编次，分为4类：文集（9卷）、诗集（2卷）、书牍（5卷）、奏议（7卷）。《阳明全书》之原文据明隆庆刊本并参照别本正误补脱，加以标点。书前有《重编王阳明全集序》（沈卓然）、《王阳明全集原序》（徐阶）、《王阳明全集序说》《王阳明本传》《王阳明年谱》（7卷）、《王阳明传习录》（3卷）。平装本分订为6册。

收藏单位：重庆馆、广西馆、国家馆、湖南馆、江西馆、辽大馆、南京馆、山东馆、上海馆、绍兴馆、首都馆、天津馆

02045

王阳明全书　（明）王守仁著　周云标点

上海：广益书局，1936.3，再版，4册（210+270+202+362页），32开

本书即《阳明全书》，加标点刊行。初版时间据序著录。

收藏单位：重庆馆、江西馆、南京馆、上海馆

02046

王阳明全书（新式标点）（明）王守仁著　王金封编校

新京（长春）：博文印书馆，1944，2册（764页），32开

收藏单位：辽宁馆

02047

王阳明全书（新式标点）　谢苇丰标点　方秩音校阅

上海：东方文学社，1935.7，4册（150+197+139+257页），32开

收藏单位：广东馆、山东馆

02048

王阳明生活　王勉三编著

上海：世界书局，1930.6，160页，32开（生活丛书）

上海：世界书局，1933，再版，160页，32开（生活丛书）

本书介绍王阳明的生活及其时代。共13章，内容包括：导言、幼年生活与其家庭、不凡的童子、少年时代之阳明、应试生活、初入仕途的政治生活、改过自新的生活、贬谪中的虎口余生、龙场生活、谪限满期后的升迁、剿平诸寇、讨逆戡乱、晚年生活。书末附阳明著述表。

收藏单位：重庆馆、广东馆、广西馆、国家馆、湖南馆、江西馆、南京馆、上海馆、首都馆、天津馆、浙江馆

02049

王阳明书牍（新式标点）（明）王守仁著

上海：中华图书馆，1924.12，[146]页，25开

本书汇集王阳明书信165封。分为：文录一，从正德己巳至庚辰；文录二，从正德辛巳至嘉靖乙酉；文录三，从嘉靖丙戌至戊子；外集书；续编书。

02050

王阳明讨论集　（明）王守仁著

南京：力行要览发行所，1933.6，152页，64开（力行要览 第二辑）

收藏单位：东北师大馆、江西馆

02051

王阳明文集

出版者不详，[1913—1949]，208页，25开

收藏单位：江西馆

02052

王阳明文集（足本）　吕何均重编

上海：大东书局，1936.3，再版，6册，32开

收藏单位：江西馆

02053

王阳明先生全集（评注）（明）王守仁著　许舜屏评注

上海：中原书局，1929，2册，32开，精装

上海：中原书局，1929.11，10册，32开，精装

本书即《阳明全书》，共38卷。分语录、文集、别录、外集、续编、附录6部分。书前有旧序5篇及近人徐绍桢、吴衍慈、张宗祥等人序6篇。

收藏单位：广东馆、国家馆、江西馆、山东馆、绍兴馆、首都馆

**02054**

**王阳明先生学说（新式标点）（明）徐爱（明）钱德洪撰集　阳明学社标点**

阳明学社，1929.1，[206]页，32开

本书为《传习录》标点本。书前有徐爱《王阳明先生传习录序》。

收藏单位：国家馆、南京馆、上海馆、首都馆

**02055**

**王阳明学说及其事功　陈健夫著**

上海：大东书局，1946，168页，36开

本书共4章，内容包括：阳明学说的渊源、阳明学说的中心、阳明的人生哲学、阳明的事功。叙述王阳明学说产生的时代、产生的经过，王阳明的心即理说、致良知说、知行合一说、万物一体说，王阳明的人性论、人生论、行为论、实践论，王阳明治国、治边、乡村建设的方针和实践活动，以及王阳明学说与中国文化的关系。

收藏单位：重庆馆、广东馆、国家馆、辽宁馆、南京馆、山东馆、上海馆、绍兴馆

**02056**

**王阳明学说及其事功　陈健夫著**

武昌：乡村书局，1938，320页，32开（民族文化研究1）

收藏单位：重庆馆

**02057**

**王阳明学说类编　欧阳伯惠编**

河南：河南第十一区行政督察专员公署，1935，[484]页，32开

收藏单位：安徽馆

**02058**

**王阳明言行录　（明）王守仁著　干时雨校**

上海：经纬书局，97页，50开

收藏单位：安徽馆

**02059**

**王阳明言行录**

成都：新光书局，1946，97页，36开

本书分语录和传习录两部分。

收藏单位：重庆馆

**02060**

**王阳明之生平及其学说　王禹卿编著**

重庆：正中书局，1943.4，80页，32开

上海：正中书局，1946.3，80页，32开

上海：正中书局，1947.10，4版，80页，32开

本书共两章，内容包括：王阳明之生平、王阳明之学说。

收藏单位：重庆馆、东北师大馆、广东馆、国家馆、辽大馆、辽宁馆、南京馆、山东馆、上海馆、首都馆、天津馆、浙江馆

**02061**

**王朱学说　吴召宣编述**

金华：浙江省抗日自卫委员会战时教育文化事业委员会书刊发行部，1939.5，74页，32开（薪胆丛书9）

本书为介绍王阳明、朱舜水学说的简明读物。共两编。上编为阳明学说，介绍王阳明生平、政治活动、学术思想，及王学对于日本政治思想的影响；编末附《致良知，知行合一，知难行易》（蒋介石）、《王文成公全书的版本》《阳明简谱》。下编为舜水学说，叙朱舜水生平、学说，及对阳明学说的批评和比较等；编末附录《朱之瑜传》《明故征君文恭先生碑志》《遗著略考》《舜水简谱》。

收藏单位：重庆馆、广东馆、国家馆、江西馆、南京馆、上海馆、浙江馆

**02062**

**阳明辉光（第一辑）**

日本：东京阳明文库，1939，影印本，10页，散页

收藏单位: 国家馆

## 02063

**阳明全书** （明）王守仁著　倪贻德标点

上海: 大中书局, 1934.7, 4 版, 6 册, 32 开

　　本书内容包括: 语录、文录、别录、外集、续编、附录。内容、次第不变。对原文分段标点。书前有《王文成公全书题辞》（章太炎）、《王文成公书后序》（章太炎）、《王阳明论》（释太虚）、《伟大的精神生活者王阳明》（郭沫若）、《阳明全书校后志》（支伟成）。封面书名由李根源题签, 扉页书名由章太炎题签。书背题名: 分段标点阳明全书。

　　收藏单位: 重庆馆、湖南馆

## 02064

**阳明全书** （明）王守仁著　倪贻德标点

上海: 泰东图书局, 1925.1, 6 册 (247+176+468+354+250+374 页), 32 开

上海: 泰东图书局, 1925.10, 再版, 6 册 (247+176+468+354+250+374 页), 32 开

上海: 泰东图书局, 1929, 3 版, 6 册 (247+176+468+354+250+374 页), 32 开

上海: 泰东图书局, 1934, 4 版, 6 册 (247+176+468+354+250+374 页), 32 开

　　收藏单位: 重庆馆、国家馆、河南馆、江西馆、上海馆、首都馆

## 02065

**阳明文选** （明）王守仁著　范祎选辑　青年协会书报部校订

上海: 青年协会书报部, 1926.3, 96+[59] 页, 32 开（青年自励读本 1）（宋元明哲学文钞）

　　本书选录王阳明的文章共 37 篇, 包括:《答顾东桥书》（一名《拔本塞源论》）、《示弟立志说》《书朱子礼卷》《赠陆清伯归省序》《稽山书院尊经阁记》《重修山阴县学记》《谏迎佛疏》等。附《阳明先生年谱》（原道）、《阳明格言》（杨铎）。选辑者原题: 范丽诲。

　　收藏单位: 广东馆、国家馆、南京馆、山东馆、首都馆

## 02066

**阳明先生文章集** （明）王守仁著　（清）葛钟秀校勘

上海: 明明学社, 1911, 3 版, 1 册, 25 开

　　本书共 4 卷, 分书、记、书卷、赋、诗等类。

　　收藏单位: 重庆馆

## 02067

**阳明学**　贾丰臻著

外文题名: Wang Yangming's doctrine

上海: 商务印书馆, 1930, 100 页, 32 开（国学小丛书）

上海: 商务印书馆, 1933.4, 国难后 1 版, 100 页, 32 开（国学小丛书）

上海: 商务印书馆, 1935, 国难后 2 版, 100 页, 32 开（国学小丛书）

　　本书共 6 章, 内容包括: 阳明略传、学说、哲学的思想、修为论、杂篇、王学诸子。概述王阳明之生平、学说、师承关系, 以及王学的主要代表人物徐爱、王艮、王畿、钱德洪、邹守益、薛侃、聂豹、蒋信、魏良器、张元冲、刘邦采、胡瀚、罗洪先等人的简历、思想。书前有《阳明学讲话》（代序）、《略述阳明学在日本》。

　　收藏单位: 重庆馆、东北师大馆、广东馆、广西馆、国家馆、湖南馆、吉林馆、江西馆、南京馆、山东馆、山西馆、绍兴馆、首都馆、天津馆、浙江馆

## 02068

**阳明学大纲**　王企仁著

上海: 精一书局, 1935.12, 190 页, 32 开

　　本书介绍王阳明的生平和思想, 按论学文、论学书、论学语及杂纂几部分辑录他的有关著作。最后对阳明学派各个分支的人物和派别作了介绍。

## 02069

**阳明学讲义**　王心湛讲

海地法师 [发行者], 1941.12, 38 页, 16 开

　　本书对阳明学名义、学理、源流加以介绍。

收藏单位：南京馆

**02070**

**阳明学派　谢无量著**

上海：中华书局，1915.11，196 页，32 开（学生丛书）

上海：中华书局，1918.11，再版，196 页，32 开（学生丛书）

上海：中华书局，1919，3 版，196 页，32 开（学生丛书）

上海：中华书局，1920.10，4 版，196 页，32 开（学生丛书）

上海：中华书局，1922，5 版，196 页，32 开

上海：中华书局，1923，6 版，196 页，32 开（学生丛书）

上海：中华书局，1925.1，7 版，196 页，32 开（学生丛书）

上海：中华书局，1926，8 版，196 页，32 开（学生丛书）

上海：中华书局，1928.4，9 版，196 页，32 开（学生丛书）

上海：中华书局，1930，10 版，196 页，32 开（学生丛书）

上海：中华书局，1934.8，11 版，196 页，32 开（学生丛书）

本书共 4 编，内容包括：序论、阳明之哲学、阳明之伦理学、阳明关于古今学术之评论。书末附录陆象山学略、王门诸子略述。

收藏单位：重庆馆、东北师大馆、广东馆、国家馆、河南馆、湖南馆、吉林馆、近代史所、南京馆、绍兴馆、首都馆、天津馆、浙江馆

**02071**

**阳明学术发微　唐文治编**

出版者不详，[82] 页，16 开

本书共 7 章，内容包括：阳明讲学事迹考、阳明圣学宗传、阳明学四大题、阳明学贯通、经学变化神明、阳明学通于朱子学、王龙溪述阳明学精髓。书前有作者序。

收藏单位：南京馆、上海馆、天津馆

**02072**

**阳明学说　孙启智著**

长沙：循道会，1935，128 页，32 开

收藏单位：湖南馆

**02073**

**阳明与禅　（日）里见常次郎著　汪兆铭译**

南京：中日文化协会出版组，1942.10，[198] 页，18 开

本书分 4 编，内容包括：总论、心论、修养论、死生观。书前有译者序、作者序。

收藏单位：南京馆

**02074**

**阳明致良知学　（明）王守仁著　江谦辑**

上海：灵峰正眼印经会，1948.2，14+267 页，25 开（阳复斋丛刊 2）

本书节选《阳明全书》中阐述致良知学说的有关篇章，包括《世德纪》6 篇，《大学问》《传习录》《朱子晚年定论》，以及有关的序、记、说、题卷、书、诗、语录 82 则。书前有隆庆二年明皇帝诰命，明藕益大师评议，明钱德洪先生序说节录，蒋维乔阳明致良知学序，王培孙序，江谦、江樾题词，游有维诗序，吴敬恒、浩叟致游有维书。书末有《阳复斋丛刊》书目。

收藏单位：国家馆、上海馆

**02075**

**余姚三哲纪念集　邵荸水著**

余姚：余姚县立民众教育馆，1935.9，210 页，32 开

本书汇辑并论述浙江余姚哲学家王阳明、朱舜水、黄梨洲的生平事迹、思想和学说。分 3 编：事迹、学术思想、杂录。书前有张室琛序、自序。书末有跋。

收藏单位：东北师大馆、国家馆、上海馆、首都馆、浙江馆、中科图

**02076**

**朱舜水　郭垣编著**

南京：正中书局，1937.4，107 页，25 开（国学丛刊）

上海：正中书局，1947.6，沪 1 版，107 页，25 开（国学丛刊）

本书介绍朱舜水的生平事迹、学术思想及著作。分为朱舜水先生文集版本、本传、年谱、人格及其生活、明季社会及朱舜水奔走国事之经过、先生对于日本学术界上之影响、弟子记等部分。书后附中原阳九述略、安南供役纪事、女高传、遗迹等。

收藏单位：重庆馆、东北师大馆、广东馆、国家馆、湖南馆、近代史所、辽大馆、辽宁馆、南京馆、上海馆、绍兴馆、浙江馆

**02077**

**朱舜水集** （明）朱之瑜著 许啸天整理

上海：群学社，1926，[225] 页，32 开

上海：群学社，1928，再版，[225] 页，32 开，精、平装

上海：群学社，1935，5 版，[225] 页，32 开，精、平装

本书收朱舜水传记资料及著作。共 5 卷，内容包括：传记、文章集、讲学集、议论集、阳九述略。书前有许啸天《朱舜水集新序》。

收藏单位：重庆馆、广东馆、广西馆、国家馆、山东馆、绍兴馆、首都馆

**02078**

**朱之瑜** 胡行之编撰

杭州：浙江省立西湖博物馆，1936.4，72 页，50 开（浙贤小丛书 4）

本书分 10 部分介绍朱之瑜（即朱舜水）的生平及学术活动。

收藏单位：南京馆、浙江馆

**02079**

**左派王学** 嵇文甫著

上海：开明书店，1934.9，124 页，32 开

本书共 5 章，内部包括：王阳明的道学革新运动、王龙溪与王心斋、泰州派下的几个要人、李卓吾与左派王学、左派王学的历史评价。论述王守仁、王畿、王艮等以及与左派王学关系密切的李贽等人的思想，评价其历史作用。书前有作者序。书末附录《十七世纪中国思想变迁运动的由来》（即《十七世纪中国思想史概论》第 1 章）。

收藏单位：重庆馆、国家馆、湖南馆、吉林馆、江西馆、南京馆、山东馆、上海馆、绍兴馆、浙江馆

# 清代哲学（1644—1840 年）

**02080**

**柏堂师友言行记** 慕玄文编

上海：明善书局，122 页，32 开

本书分 4 卷辑录方柏堂言行。卷首有编者序。末附《校印记由》。

收藏单位：上海馆

**02081**

**本朝学术源流概略** 罗振玉述

[大连]：中日文化协会，1930.6，27 页，16 开

本书内收论文两篇：《古今学术之递变》《本朝学术源流概略》。在第 2 篇中考察清代学术之渊源、流派、研究方法及得失，并对有关典籍加以评论。

收藏单位：东北师大馆、国家馆

**02082**

**布施子日知录**（甲集上卷）

江西：九江新福记，[1926]，72 页，25 开

收藏单位：江西馆

**02083**

**船山学案** 侯外庐著

重庆：三友书店，1944.4，168 页，32 开

本书共 8 节，内容包括：船山的自然史哲学——纲缊生化论、船山关于思维与存在的哲学、船山人性论中的近代命题、船山的知识论、船山的人类史论等。封面有王夫之画像。书末附船山先生传述。为《中国近世思想学说史》一书第 1 章《形式知识上解放的哲学家王船山》的单行本。

收藏单位：重庆馆、国家馆、湖南馆、吉林馆、辽宁馆、南京馆

## 02084

**船山哲学　嵇文甫著**

上海：开明书店，1936.5，125 页，32 开

　　本书分上、下两篇。上篇性理哲学，介绍王夫之对天、人、性、命、理、势、常、变、博、约等哲学范畴的见解；下篇历史哲学，阐述船山关于古今制度的因革、各朝代成败兴亡、华夏民族与夷狄、文明与野蛮等的看法，并对王夫之的"天理史观"、邹衍的"五德论"、董仲舒的"三统论"等加以评述。书末附录《船山先生传》（潘宗洛）。

　　收藏单位：广东馆、国家馆、吉林馆、近代史所、南京馆、山西馆、天津馆、浙江馆

## 02085

**戴东原的哲学　胡适著**

上海：商务印书馆，1927.10，[354] 页，32 开，精装

上海：商务印书馆，1928.8，再版，[354] 页，32 开，精装

上海：商务印书馆，1932.9，国难后 2 版，[354] 页，32 开

　　本书共 3 部分，内容包括：引论、戴东原的哲学（戴学与颜李学派的关系、戴学与汉学、论天道、一元的宇宙论、一元的性论、论人道、论理、辟理欲之辨、权与一贯）、戴学的反响（洪榜、程晋芳、段玉裁、章学诚、翁方纲、姚鼐、凌廷堪、焦循、阮元、方东树）。书末附戴震所著《原善》《孟子字义疏证》《彭绍升与戴东原书》《戴东原答彭绍升书》。

　　收藏单位：重庆馆、东北师大馆、广东馆、贵州馆、国家馆、黑龙江馆、湖南馆、吉林馆、江西馆、南京馆、山东馆、上海馆、绍兴馆、首都馆、天津馆、浙江馆

## 02086

**戴东原二百年生日纪念论文集　梁启超等著**

北京：晨报社出版部，1924.2，296 页，32 开（晨报社丛书 13）

　　本书内收论文 7 篇：《戴东原先生传》（梁启超）、《东原著述纂校书目考》（梁启超）、《东原哲学》（梁启超）、《戴东原的天算学》（陈展云）、《中国心理学史上的戴震》（汪震）、《戴东原的诗学》（吴时英）、《东原续天文略与续通志天文略》（周良熙）。篇首有《引子》（梁启超）。书中有多幅插图：李竹庵画戴东原像、戴东原墨迹、故宅、读书处、祠堂等。

　　收藏单位：重庆馆、广东馆、国家馆、湖南馆、吉林馆、近代史所、辽大馆、上海馆、首都馆、天津馆

## 02087

**戴东原集　（清）戴震著**

上海：商务印书馆，1929.10，2 册（98+120 页），32 开（万有文库第 1 集 75）

上海：商务印书馆，1933.11，98+120 页，32 开（国学基本丛书）

上海：商务印书馆，1934，再版，2 册（98+120 页），32 开（万有文库第 1 集 75）（国学基本丛书）

上海：商务印书馆，1936.10，3 版，[218] 页，32 开（国学基本丛书简编）

上海：商务印书馆，1939.9，2 册（98+120 页），32 开（万有文库第 1—2 集 简编 500 种 37）

上海：商务印书馆，[1940]，[再版]，[218] 页，32 开（国学基本丛书简编）

　　本书根据经韵楼版本重排并断句刊行。共 12 卷，内容包括：经籍考证、礼制、文字训诂、音韵、天文、地理、算术、哲学、书牍、序跋、酬应文字、碑传志铭。书前有乾隆壬子年段玉裁序。书末附录《先生年谱》（段玉裁编）、乾隆壬子年《经韵楼复校札记》（段玉裁）。

　　收藏单位：安徽馆、重庆馆、大连馆、东北师大馆、广东馆、贵州馆、国家馆、湖南馆、江西馆、辽大馆、辽宁馆、南京馆、上海馆、绍兴馆、首都馆

## 02088

**戴东原集　（清）戴震著　许啸天句读　孙雪飘校阅**

上海：群学社，1927.1，2 册，32 开

　　本书据经韵楼本重排。分 12 卷。书前有《戴东原集新序》（许啸天）、《原序》（段玉裁）、《戴东原的哲学》（胡适）、《孟子字义疏证》（戴震）、《年谱》（段玉裁）。

收藏单位：重庆馆、国家馆、绍兴馆

**02089**

**戴氏三种　（清）戴震著**

北京：朴社，1924.8，[208] 页，26 开

北京：朴社，1931.5，再版，[208] 页，26 开

　　本书汇集《原善》《孟子字义疏证》《绪言》三种哲学著作。其中《绪言》3 卷《戴氏遗书》未收，据段玉裁考证，是《孟子字义疏证》的初稿。本书前两种据曲阜孔氏微波榭刻本刊出，后一种据南海伍氏《粤雅堂丛书》本刊印。书前有《戴东原在中国哲学史上的位置》（胡适）。卷末附《答彭进士书》（戴震）。

　　收藏单位：重庆馆、广东馆、国家馆、湖南馆、江西馆、近代史所、南京馆、山东馆、绍兴馆、首都馆、天津馆

**02090**

**二王学术　秦薰陶著**

出版者不详，50 页，16 开

　　本书内容包括：船山传略及年谱、船山思想背景、船山民族思想、船山哲学思想、余论、王龙溪先生学术等。

　　收藏单位：重庆馆

**02091**

**顾宁人先生学谱　谢国桢编**

上海：商务印书馆，1930.12，191 页，32 开

　　本书是对顾炎武的系统介绍。共 4 部分，内容包括：传略、学术述要、著述考、学侣考。书前冠顾炎武中年以前小像。

　　收藏单位：重庆馆、国家馆、华东师大馆、辽大馆、南京馆、上海馆、首都馆、天津馆

**02092**

**顾宁人学谱　谢国桢著**

上海：商务印书馆，1933.11，国难后 1 版，180 页，32 开（国学小丛书）

上海：商务印书馆，1935，国难后 2 版，180 页，32 开（国学小丛书）

　　收藏单位：重庆馆、东北师大馆、广东

馆、贵州馆、国家馆、南京馆、上海馆、首都馆

**02093**

**顾亭林集　（清）顾炎武著　许啸天整理　胡云翼校阅**

上海：群学社，1926，2 册，32 开

上海：群学社，1928.3，再版，1 册，32 开

上海：群学社，1933，4 版，2 册，32 开

　　本书分编为 4 卷，选收顾炎武《日知录》中经义、艺文、考证、世风各类中的文章，加新式标点。

　　收藏单位：重庆馆、国家馆、南京馆、绍兴馆、天津馆

**02094**

**顾亭林集（新式标点）（清）顾炎武著　沈继先校阅**

上海：群学社，1931.10，2 册（463+143 页），32 开

上海：群学社，1937.6，3 版，2 册（463+143 页），32 开

**02095**

**顾亭林生活　郑行巽编著**

上海：世界书局，1930，118 页，32 开（生活丛书）

上海：世界书局，1933，再版，118 页，32 开

　　本书共 16 章，内容包括：概说、家庭生活、亲戚生活、学生生活、治学生活、著作生活、文学生活、道德生活等。

　　收藏单位：北师大馆、重庆馆、东北师大馆、广东馆、广西馆、国家馆、黑龙江馆、华东师大馆、吉大馆、上海馆、首都馆、天津馆、浙江馆

**02096**

**顾炎武文　（清）顾炎武著　唐敬杲选注**

上海：商务印书馆，1928，[43]+204 页，32 开（学生国学丛书）

上海：商务印书馆，1933，[43]+204 页，32 开（学生国学丛书）（万有文库 第 1 集 824）

上海：商务印书馆，1933，国难后 1 版，[43]+

204 页，32 开（学生国学丛书）

上海：商务印书馆，1934，国难后 2 版，[43]+204 页，32 开（学生国学丛书）

上海：商务印书馆，1939，国难后 3 版，1 册，32 开（学生国学丛书）

本书选收各体文章 46 篇，还选收《日知录》中的 27 篇，文后有注释。书前有选注者和著者年表。

收藏单位：重庆馆、大连馆、东北师大馆、广东馆、广西馆、贵州馆、国家馆、江西馆、辽大馆、辽宁馆、南京馆、山东馆、上海馆、首都馆、天津馆、浙江馆

02097

**黄梨洲集** （清）黄宗羲著 许啸天整理

上海：群学社，1926.1，[64]+372 页，32 开

上海：群学社，1928.3，再版，[64]+372 页，32 开

上海：群学社，1933.4，4 版，[64]+[372] 页，32 开，精、平装

上海：群学社，1937.6，3 版，2 册（[64]+372 页），32 开

本书收黄宗羲的著述《明夷待访录》《明儒学案》两种。《明夷待访录》书前附《顾宁人书》。书末附光绪五年族孙承乙跋。《明儒学案》经许啸天节选。

收藏单位：重庆馆、复旦馆、广东馆、国家馆、吉林馆、南京馆、山西馆、首都馆、天津馆

02098

**黄梨洲明夷待访录** （清）黄宗羲著

力行要览发行所，1933，78 页，64 开（力行要览 第一辑 5）

本书内收原君、原臣、原法、置相等 21 篇。

收藏单位：重庆馆

02099

**黄梨洲生活** 郑行巽编著

上海：世界书局，1930.10，115 页，32 开（生活丛书）

上海：世界书局，1931，再版，115 页，32 开（生活丛书）

上海：世界书局，1935.4，3 版，115 页，32 开

本书讲述黄宗羲的生平事迹、思想与著述。共 13 章，内容包括：导言、家庭生活、学生生活、党锢生活、政治生活、军事生活、治学生活、文学生活、著述生活、讲学生活、交游生活、遗民生活、生活余谈。

收藏单位：重庆馆、广东馆、广西馆、贵州馆、国家馆、湖南馆、南京馆、上海馆、绍兴馆

02100

**黄梨洲学谱** 谢国桢编

上海：商务印书馆，1932.12，176 页，32 开（国学小丛书）

上海：商务印书馆，1933.6，再版，176 页，32 开（国学小丛书）

上海：商务印书馆，1935，3 版，176 页，32 开（国学小丛书）

本书叙述黄宗羲之生平、学术思想、著述，并对《明儒学案》《南雷文集》等书进行了扼要的分析。内容包括：传纂、学术述略、著述考、学侣考、梨洲家学、梨洲弟子、梨洲私淑等。书末附彭茗斋先生著述考。

收藏单位：重庆馆、东北师大馆、广东馆、国家馆、湖南馆、江西馆、南京馆、山东馆、山西馆、上海馆、绍兴馆、首都馆、天津馆、浙江馆

02101

**悔过自新说** （清）李颙著

出版者不详，1924.5，14 页，20 开

本书主要讲述个人修养中悔过自新的意义。书前有薛笃弼、王文豹等序及自序。著者原题：李中孚。

02102

**焦里堂的力行哲学** 查猛济著

温州：战地图书出版社，1945，58 页，32 开（查氏丛书 1）

本书论述清代焦循的哲学思想及其与力行哲学的历史关系。

收藏单位：国家馆、上海馆、浙江馆

**02103**

**焦理堂年谱初稿**　王永祥著

王永祥 [ 发行者 ]，66 页，16 开

　　本书叙述清代学者焦循的家世、所受教育及其生活、著述。目录页题：焦里堂年谱初稿。

　　收藏单位：国家馆

**02104**

**近代中国思想学说史**　侯外庐著

上海：生活书店，1947.5，胜利后 1 版，2 册（1002 页），25 开（新中国大学丛书）

　　本书为《中国近世思想学说史》改名出版。

　　收藏单位：安徽馆、重庆馆、东北师大馆、广东馆、国家馆、黑龙江馆、湖南馆、吉林馆、近代史所、辽宁馆、山西馆、上海馆、绍兴馆、首都馆、武大馆

**02105**

**李二曲先生语要**　（清）王心敬汇辑

出版者不详，52 页，32 开

　　本书汇辑李颙语要。内收《悔过自新说》《学髓》《两庠汇语》《传心录》等。书前有编汇者序。

**02106**

**明夷待访录**　（清）黄宗羲著

民主书报公司，1945，28 页，26 开（民主政治丛书）

　　本书内收原君、原臣、原法、置相等篇。著者原题：黄梨洲。

　　收藏单位：上海馆

**02107**

**明夷待访录**　（清）黄宗羲著　（清）顾炎武编点

上海：大新书局，1929.7，3 版，[40]+64 页，32 开

　　本书共 21 篇，内容包括：原君、原臣、原法、置相、学校、取士、建都、方镇、田制、兵制、财计等。书前有黄宗羲的序、《黄梨洲论学生运动》《黄梨洲的政治思想》《顾宁人书》。编点者原题：顾宁人。

　　收藏单位：重庆馆、贵州馆、国家馆、吉林馆、南京馆

**02108**

**明夷待访录**　（清）黄宗羲著　罗经标点

上海：梁溪图书馆，1925.6，[40]+64 页，32 开

上海：梁溪图书馆，1926.2，再版，[40]+63 页，32 开，精装

　　本书著者原题：黄梨洲。

　　收藏单位：重庆馆、广东馆、国家馆、江西馆

**02109**

**明夷待访录（新式标点）**　（清）黄宗羲著（清）顾炎武编点

上海：大中书局，1931，[40]+64 页，32 开

上海：大中书局，1932.6，3 版，[40]+64 页，32 开

上海：大中书局，1933.5，4 版，[40]+64 页，32 开

上海：大中书局，1933.10，6 版，[40]+64 页，32 开

　　本书著者原题：黄梨洲。

　　收藏单位：重庆馆、贵州馆、国家馆、近代史所、首都馆

**02110**

**明遗民万履安先生年谱**　王焕镳编

[ 南京 ]：[ 江苏省立国学图书馆 ]，[1932]，62 页，16 开

　　本书为浙东学派哲学家万履安先生年谱。

　　收藏单位：国家馆

**02111**

**清初五大师集（标点选节 上册）**　许啸天整理

上海：群学社，1926.1，[970] 页，32 开，精装

上海：群学社，1928.3，再版，[970] 页，32 开，精装

　　全书分上、下两册。上册收黄宗羲《明夷待访录》和《明儒学案》两书的全文，以及顾炎武《日知录》节要 4 卷，加以标点；下册未见书。

**02112**

**清代思想史纲**　谭丕模著

上海：开明书店，1940.10，156 页，32 开

赣县：开明书店，1943.6，156 页，32 开，精装

上海：开明书店，1947，3 版，156 页，32 开

　　本书据作者 1935 年在北平民国学院的讲义修补而成，是《宋元明思想史纲》一书续编。作者认为清代存在代表地主阶级、市民阶级、农民阶级三种不同的思想派系。市民思想逐渐占有支配地位，遂发展为"五四"新文化运动的狂潮。书中将清代思想的发展划分为清初、清中、清末三个时期，论述各期中各派思潮和有关人物的思想，并从社会经济的变动和阶级立场探求其产生的必然性，评述其历史价值。叙及的人物有：黄宗羲、顾炎武、王夫之、颜元、李塨、戴震、惠栋、曾国藩、张之洞、康有为、谭嗣同、梁启超、章太炎、严复等。

　　收藏单位：安徽馆、重庆馆、东北师大馆、广西馆、贵州馆、国家馆、湖南馆、江西馆、南京馆、上海馆、绍兴馆、首都馆、浙江馆

02113

**清代学术概论　梁启超著**

上海：商务印书馆，1921.2，183 页，22 开（共学社史学丛书）

上海：商务印书馆，1921.10，再版，183 页，22 开（共学社史学丛书）

上海：商务印书馆，1922，3 版，183 页，22 开（共学社史学丛书）

上海：商务印书馆，1923，4 版，183 页，22 开（共学社史学丛书）

上海：商务印书馆，1924，5 版，183 页，22 开（共学社史学丛书）

上海：商务印书馆，1925，6 版，183 页，22 开（共学社史学丛书）

上海：商务印书馆，1927，7 版，183 页，22 开（共学社史学丛书）

上海：商务印书馆，1930.3，8 版，183 页，22 开（共学社史学丛书）

上海：商务印书馆，1930.4，113 页，32 开（万有文库 第 1 集 19）（国学基本丛书）

上海：商务印书馆，1932，[国难后 1 版]，183 页，22 开（共学社史学丛书）

上海：商务印书馆，1934.7，再版，113 页，32 开（万有文库 第 1 集 19）（国学基本丛书）

上海：商务印书馆，1934.9，国难后 1 版，183 页，25 开（大学丛书 教本）

长沙：商务印书馆，1938，国难后 3 版，183 页，25 开（大学丛书 教本）

上海：商务印书馆，1939.9，113 页，32 开（万有文库 第 1—2 集 简编 500 种 13）（国学基本丛书）

长沙：商务印书馆，1940，国难后 4 版，183 页，25 开（大学丛书 教本）

长沙：商务印书馆，1940，国难后 4 版，183 页，22 开（共学社史学丛书）

重庆：商务印书馆，1943，渝 1 版，66 页，25 开（大学丛书 教本）

重庆：商务印书馆，1944，[渝 2 版]，66 页，25 开（大学丛书 教本）

重庆：商务印书馆，1945.4，渝 3 版，66 页，25 开（大学丛书 教本）

上海：商务印书馆，1947.2，5 版，183 页，25 开（新中学文库）

　　本书系统地论述明末至清末中国学术思想发展的概况。书中将这一时期的学术思想发展划分为 3 个时期：启蒙期，以顾炎武、王夫之、黄宗羲、颜元、阎若璩、胡渭为代表；全盛期，以惠栋、戴震、段玉裁、王念孙、王引之为代表；蜕分期，即衰落期，以康有为、梁启超为代表。介绍了哲学、经学、史学、考古学、地理学、金石学、文献学、美学、佛学、诗歌等社会科学，并兼及历法、算学、水利等自然科学。探寻各个时期学术思想的起因、特点和衰落，对每一时期每一学科的代表人物及其著作加以剖析，并给以历史评价。该书原拟为《欧洲文艺复兴时代史》（蒋方震）一书的序言，后决定独立成篇。书前有著者自序 2 篇、蒋方震的序 1 篇。

　　收藏单位：安徽馆、重庆馆、大连馆、东北师大馆、贵州馆、国家馆、黑龙江馆、湖南馆、吉林馆、江西馆、近代史所、辽大馆、辽宁馆、南京馆、山东馆、山西馆、上海馆、首都馆、天津馆、浙江馆

02114

**清代学术概论　梁启超著**

东京: 文求堂书店, 1938, 10+184 页, 32 开

东京: 文求堂书店, 1942, 再版, [10]+184 页,
32 开

　　收藏单位: 国家馆

## 02115

**清代学者著述表　萧一山编著**

重庆: 国立编译馆, 1943.8, 268 页, 23 开

重庆: 国立编译馆, 1944.9, 赣初版, 268 页,
23 开

　　本书在《清代学者生卒及著述表》基础
上写成, 将清代学者以卒年排列, 卒年不详
者以其同辈排列, 表述其出生地、生卒年、
著述名称及时间等。

　　收藏单位: 重庆馆、广西馆、国家馆、湖
南馆、吉林馆、江西馆、近代史所、南京馆

## 02116

**清儒学案　许啸天整理**

上海: 群学社, 1928.9, [234] 页, 32 开

上海: 群学社, 1932.11, 4 版, 1 册, 32 开

　　本书根据江藩《汉学师承记》改编。分 8
卷, 记述清代著名学者治经的情况。此次整
理出版对原书作了标点。附刊《清代经师经
义目录》。书前有许啸天序。

　　收藏单位: 江西馆、南京馆、天津馆

## 02117

**清儒学术讨论集（第一集）　陈柱等著**

上海: 商务印书馆, 1930, [192] 页, 26 开

上海: 商务印书馆, 1933, 国难后 1 版, [192] 页,
26 开

　　本书内收讨论清代学术思想的论著 7 篇:
《姚际恒诗经通论述平》(陈柱)、《戴东原遗札
真迹考证》(陈柱)、《赵瓯北诗之哲学》(陈
柱)、《洪北江之哲学》(陈柱)、《彭子穆先
生年谱》(甘曦)、《黄元同先生学案》(唐蔚
芝)、《孙仲容先生学术概论》(张寿贤)。除
《姚际恒诗经通论述评》《洪北江之哲学》曾刊
于《东方杂志》及《黄玄同先生学案》曾刊于
《茹经堂文集》外, 其余 4 篇均系首次收入本
书中。

　　收藏单位: 重庆馆、东北师大馆、广东

馆、桂林馆、国家馆、湖南馆、近代史所、
辽大馆、南京馆、上海馆、首都馆

## 02118

**清学案小识（原名, 国朝学案小识）　唐鉴撰辑**

上海: 商务印书馆, 1935.3, 4 册 ([21]+471 页),
32 开 (万有文库第 2 集 45)

上海: 商务印书馆, 1935.4, 2 册 ([22]+471+
[13] 页), 32 开, 精装 (国学基本丛书)

上海: 商务印书馆, 1935.7, 再版, 2 册 ([22]+
471+[13] 页), 32 开, 精装 (国学基本丛书)

上海: 商务印书馆, 1937, 3 版, 2 册 ([22]+
471+[13] 页), 32 开 (国学基本丛书)

上海: 商务印书馆, 1947.2, 4 版, 2 册 ([22]+
471+[13] 页), 32 开 (国学基本丛书) (新中学
文库)

上海: 商务印书馆, 1948.6, 5 版, 2 册 ([22]+
471+[13] 页), 32 开 (国学基本丛书)

　　本书记述清代前期学术史, 是一部清朝
程朱理学、经学研究的专著。共 15 卷, 内容
包括: 传道学案、翼道学案、守道学案、经学
学案、心宗学案等, 收清代儒学 261 人。书
前有道光二十五年沈维鐈序、唐鉴叙、学案
提要。书末有唐鉴后序、黄倬跋、窦垿跋、
曾国藩识后、道光二十五年乙巳何桂珍跋、
光绪十年黄膺重刊后跋、黄兆麟跋。

　　收藏单位: 重庆馆、广东馆、贵州馆、国
家馆、吉大馆、江西馆、南京馆、山东馆、
上海馆、绍兴馆、首都馆

## 02119

**清学史参考材料　商鸿逵编**

北平: 中国大学, 62 页, 16 开 (中大国学丛
著)

　　本书原系为中国大学编写的讲义。介绍
清初理学、考证学、浙东史学等学派概况,
以及有关孙奇逢、陆陇其、顾炎武、黄宗羲、
万斯同等人的资料。书中附录清代经学之建
设、亭林学友表、初期经学家表。

　　收藏单位: 国家馆

## 02120

**日知录　(清) 顾炎武著**

上海：商务印书馆，1929.10，12 册，32 开（国学基本丛书）（万有文库第 1 集 846）

上海：商务印书馆，1933.5，4 册（[1265] 页），32 开，精装（国学基本丛书）

上海：商务印书馆，1933，2 册，32 开，精装（国学基本丛书）

上海：商务印书馆，1934，再版，12 册，32 开（国学基本丛书）（万有文库第 1 集 846）

上海：商务印书馆，1934，再版，2 册，32 开，精装（国学基本丛书）

上海：商务印书馆，1934，3 版，2 册，32 开，精装（国学基本丛书）

上海：商务印书馆，1935，4 版，2 册，32 开，精装（国学基本丛书）

长沙：商务印书馆，1938，6 版，4 册（[1265] 页），32 开（国学基本丛书）

[长沙]：商务印书馆，1939.9，12 册，32 开（万有文库第 1—2 集简编 500 种）

　　本书共 32 卷，另有《刊误》2 卷、《续刊误》2 卷、《日知录之余》4 卷。《国学基本丛书》版精装本合订为 2 册。

　　收藏单位：重庆馆、大连馆、东北师大馆、广东馆、贵州馆、国家馆、辽大馆、南京馆、山东馆、上海馆、绍兴馆、首都馆、天津馆

02121

**日知录（第十三卷）（清）顾炎武著**
中央训练团党政高级训练班，1944，40 页，32 开

　　本书包括周末风俗、秦纪会稽山刻石、两汉风俗、正始、清议、名教、廉耻、流品、重厚等篇章。著者原题：顾亭林。

　　收藏单位：国家馆

02122

**日知录补校（版本考略附）潘承弼著**
潘承弼 [ 发行者 ]，1937.1，16 页，16 开

　　本书是对《日知录校记》（黄侃）的补遗。

　　收藏单位：国家馆、南京馆、上海馆

02123

**日知录集释　（清）顾炎武著　（清）黄汝成集释**
国学整理社，1936，908 页

　　本书为著者积 30 余年心力编次而成。凡经义、吏治、财赋、史地、后事、艺文等，皆探其原委，考正得失，论据精详，文理通达。内收 32 卷。书后附《谲觚十事》《日知录之余》。

　　收藏单位：重庆馆、广东馆、山西馆、上海馆

02124

**日知录集释篇目分类索引　陈邦贤编**
陈邦贤 [ 发行者 ]，1 册，16 开

　　收藏单位：国家馆

02125

**日知录刊误篇目分类索引**
出版者不详，1948，手写本，1 册，16 开

　　收藏单位：国家馆

02126

**日知录篇目分类索引　陈邦贤编**
陈邦贤 [ 发行者 ]，1947，手写本，2 册，16 开

　　收藏单位：国家馆

02127

**日知录续刊误篇目分类索引**
出版者不详，1948，手写本，1 册，16 开

　　收藏单位：国家馆

02128

**日知录之余篇目分类索引　陈邦贤著**
陈邦贤 [ 发行者 ]，1948，手写复印本，1 册，16 开

　　收藏单位：国家馆

02129

**三鱼堂日记　（清）陆陇其撰**
长沙：商务印书馆，1937.5，143 页，32 开（国学基本丛书）

长沙：商务印书馆，1940.2，再版，143 页，32 开（国学基本丛书）

收藏单位：重庆馆、国家馆、辽宁馆、上海馆、中科图

02130

**四存编** （清）颜元著　齐振林　齐树楷　刘慎德等校

北平：四存学会，1935，186页，32开

　　本书共 11 卷，分存性编、存学编、存治编、存人编 4 部分。

　　收藏单位：重庆馆、国家馆

02131

**俟解** （清）王夫之著

上海：泰东图书局，1922，50页，32开（船山遗书）

上海：泰东图书局，1927，50页，32开（船山遗书）

　　《俟解》是王夫之重要哲学著作之一，著于 1684 年，着重阐述个人思想修养。本书选自《船山遗书》。书前有王夫之《俟解题词》。著者原题：王船山。

　　收藏单位：重庆馆、广东馆、国家馆、山西馆

02132

**宋学渊源记**（原名，国朝宋学渊源记）（清）江藩著

上海：商务印书馆，1931.4，39页，32开（国学基本丛书）（万有文库第 1 集 29）

上海：商务印书馆，1935，41页，32开（国学基本丛书）

上海：商务印书馆，1935.4，再版，39页，32开（国学基本丛书）（万有文库第 1 集 29）

长沙：商务印书馆，1939.12，41页，32开（国学基本丛书）（万有文库第 1—2 集简编 500 种）

　　本书主要记述清代对宋学"或处下位，或伏田间"之学者的学术思想、渊源关系的研究。本书经断句刊行。书前有道光二年长白达三序。书末附咸丰甲寅伍崇曜跋。

　　收藏单位：安徽馆、重庆馆、大连馆、东北师大馆、广东馆、广西馆、贵州馆、国家馆、江西馆、辽大馆、南京馆、山西馆、上海馆、首都馆、天津馆、武大馆、浙江馆、

中科图

02133

**亭林学术述评**　何贻焜著

重庆：正中书局，1944，[12]+305 页，25 开（国学丛书）

上海：正中书局，1945，沪 1 版，[12]+305 页，25 开（国学丛书）

上海：正中书局，1947，沪 3 版，[12]+305 页，25 开（国学丛书）

　　本书为研究顾炎武的专著。作者根据顾炎武的主要著作，以学科分类，将本书分为 9 章：顾亭林先生的文学观、社会观、学与教、政治思想、经济思想、音韵学、经学、史学（仿《四库全书提要》例，将顾炎武的舆地学、金石学归并到史学）、诗与文。书前有李肖聃序、作者序。书末附参考书目。本书的前 3 章，即文学观、社会观、教与学，曾在北京《师大月刊》上发表过。

　　收藏单位：重庆馆、东北师大馆、广东馆、国家馆、江西馆、近代史所、辽大馆、辽宁馆、南京馆、山东馆、上海馆、天津馆、浙江馆

02134

**王船山集**　（清）王夫之著　许啸天整理

上海：群学社，1926，1 册，32 开，精装

上海：群学社，1928，再版，1 册，32 开

上海：群学社，1932，4 版，1 册，32 开

　　本书收录王夫之著述 4 种，共 4 卷，包括《思问录》《俟解》《噩梦》《黄书》，分段标点。书前有许啸天新序、黄书后序。

　　收藏单位：重庆馆、广东馆、国家馆、山东馆、山西馆、上海馆

02135

**王船山学谱**　张西堂著

长沙：商务印书馆，1938，219页，32开（国学小丛书）

　　本书原系作者在北平任教时为学生编纂的参考书。论述了王夫之的生平，哲学思想产生的时代，学术渊源、哲学体系，思想特点，著述之种类、年代、版本，以及师友关

系。书前有作者自序、例言（列述本书引用书目）。书中附船山年表、研究船山生平学术遗著之参考书。

收藏单位：东北师大馆、广东馆、广西馆、贵州馆、国家馆、湖南馆、南京馆、上海馆、天津馆

## 02136

**颜李学派　李世繁著**

北京：四存学会，1945，[14]+264 页，25 开（四存学会丛书）

本书阐述颜李学派注意实学、强调习行的学风，批评程朱空谈"心性命理"之学。共 6 章，内容包括：绪论、颜习斋生平及其思想之演变、颜习斋哲学思想、李恕谷生平及其思想渊源、李恕谷的哲学思想、程绵庄生平及其哲学思想。书前有颜习斋、李恕谷的遗像、遗墨的插页，四存学会孙松龄及作者序。书末有张东荪跋。

收藏单位：国家馆、吉大馆、吉林馆、首都馆、中科图

## 02137

**颜李学派的程廷祚　胡适编**

北平：国立北京大学，1936，43 页，16 开

本书通过对程廷祚《青溪文集》涉及颜元、李塨的论述进行分析，进一步阐述颜李的思想和学说。为国立北京大学《国学季刊》5 卷 3 号抽印本。

收藏单位：国家馆、上海馆

## 02138

**颜李语要　齐燮元编**

出版者不详，[1921]，108 页，36 开

本书选辑颜元、李塨论著中的重要语录。共 5 卷，内容包括：颜李两先生传、习斋语要、恕谷语要等。书前附颜李语要叙。

收藏单位：南京馆、上海馆、天津馆

## 02139

**颜氏学记　（清）戴望著**

上海：商务印书馆，1930.10，2 册（105+140 页），32 开（国学基本丛书）（万有文库 第 1 集 74）

上海：商务印书馆，1933.10，105+140 页，32 开（国学基本丛书）

上海：商务印书馆，1934，再版，105+140 页，32 开（国学基本丛书）

上海：商务印书馆，1935.1，3 版，105+140 页，32 开（国学基本丛书）

上海：商务印书馆，1938，4 版，105+140 页，32 开（国学基本丛书）

上海：商务印书馆，1939.12，2 册（105+140 页），32 开（万有文库 第 1—2 集 简编 500 种 36）

本书记叙颜（元）李（塨）学派人物、学术等。共 10 卷，前 9 卷叙颜元、李塨、王源、程廷祚，每人先列小传，述其生平、著作、思想、学术渊源，后录《四存编》《李氏遗书》《王昆绳文集》《论语说》等著述原文；卷末为《颜李弟子录》。书前有戴望序。书末附光绪甲午叶德辉后跋。

收藏单位：安徽馆、重庆馆、大连馆、东北师大馆、广西馆、贵州馆、国家馆、河南馆、湖南馆、江西馆、辽大馆、辽宁馆、上海馆、绍兴馆、首都馆、天津馆、浙江馆

## 02140

**颜氏学记　（清）戴望著**

北平：四存学会，1935，304 页，32 开

本书记叙颜李学派人物、学术等。

收藏单位：首都馆

## 02141

**颜氏学记　（清）戴望著**

中央训练团党政高级训练班，1944，128+170 页，32 开

收藏单位：重庆馆、贵州馆、国家馆、南京馆

## 02142

**颜习斋动的哲学　徐庆誉著**

南昌：江西省立图书馆，1933.6，30 页，32 开（学术讲演 1）

本书谈论颜元动的哲学思想与推行三民主义的关系，并将颜元思想与实验主义相比较。

收藏单位：国家馆、江西馆

02143

**颜习斋动的哲学 徐庆誉著**
洪江（湖南）：西南日报社，1942，26 页，32 开

本书共 5 部分，内容包括：颜习斋的生活、动的哲学、动与读死书、动与情感、动的哲学与实验主义。

收藏单位：湖南馆

02144

**颜习斋集 （清）颜元著 许啸天整理**
上海：群学社，1926.2，[10]+109+78+173 页，32 开，精装
上海：群学社，1928.3，再版，2 册（[10]+109+78+173 页），32 开
上海：群学社，1932.10，3 版，2 册（[10]+109+78+[173]页），32 开

本书共 3 卷。卷一：年谱（李塨、王源纂订）；卷二：言行录（分常仪功、理欲、齐家、言卜、学人等 20 类，钟錂纂订）；卷三：四存编（存学、存生、存治、存人）。书前有许啸天序。

收藏单位：重庆馆、国家馆、湖南馆、江西馆、南京馆、上海馆、首都馆、天津馆

02145

**颜习斋先生言行录 （清）钟錂纂**
北平：四存学会，1935，66+62 页，32 开

本书辑录颜元言行。分两卷 20 篇，内容包括：常仪功、理欲、齐家、言卜、学人、法乾、刚峰、吾辈、三代、禁令、鼓琴、王次亭、学须、教及门、杜生、赵盾、世情、不为、刁过之、学问。

收藏单位：国家馆、首都馆

02146

**颜习斋先生之精神生活 张荫梧编述**
[西安]：拔提书店，26 页，32 开
西安：拔提书店，1940.2，再版，26 页，32 开

本书内容包括：颜习斋先生精神生活之出发点——报仇雪耻复兴民族、颜习斋先生之主动的精神生活、颜习斋先生之文武合一的精神生活、颜习斋先生之苦干硬干的精神生活、颜习斋先生精神生活总检讨——四存主义。

收藏单位：安徽馆、重庆馆、广东馆、国家馆、南京馆

02147

**颜习斋先生之精神生活 张荫梧著**
[北平]：[四存学会]，44 页，64 开

收藏单位：国家馆、南京馆、首都馆

02148

**颜习斋学谱 [郭霭春]编**
出版者不详，抄本，朱丝栏，散页

收藏单位：国家馆

02149

**颜习斋言行录 （清）钟錂著**
力行要览发行所，1933.6，150 页，大 64 开（力行要览 第二辑 9）

收藏单位：贵州馆

02150

**颜习斋哲学思想述 陈登原著**
南京：金陵大学中国文化研究所，1934，2 册（370 页），32 开（金陵大学中国文化研究所丛刊 甲种）

本书内容包括：颜学时会、颜学精萃、颜氏学与程朱学、颜氏学与陆王学、颜氏学与考据学、颜氏论教、颜氏论治、颜学流派、颜氏学之衰颓等。

02151

**颜元（传记试作之一）**
商鸿逵[发行者]，1936.10，36 页，16 开

本书介绍颜元的生活经历、思想与教育主张。为《中法月刊》9 卷 5 期抽印本。

收藏单位：国家馆

02152

**颜元与李塨 金絮如编**
上海：商务印书馆，1935，87 页，32 开（百

科小丛书）

上海：商务印书馆，1936，再版，87 页，32 开（百科小丛书）

本书主要围绕颜元著作《四存编》的思想，阐述颜李学说。共 7 章，内容包括：引言、颜李略传、颜习斋之著作、李恕谷之著作、颜李学说之分析、颜李弟子录、结论。

收藏单位：重庆馆、广东馆、贵州馆、国家馆、江西馆、辽大馆、南京馆、上海馆、绍兴馆、浙江馆

02153

**由颜习斋先生学术说到四存学校**　张荫梧讲
中央训练团党政训练班，1940，18 页，32 开

本书为中央训练团党政训练班第六期讲演录。内容包括：颜先生学术产生的时代背景、四存学术的简单介绍、四存学校的轮廓等。

收藏单位：重庆馆、南京馆

02154

**余姚黄氏家学渊源考**　李季和著
出版者不详，32+14 页，16 开

本书据黄宗羲著作，以及顾炎武、梁启超等人的著述，考证黄宗羲的家世、人生观、著述思想渊源，并叙其传略。书末附著者的《议论文之研究》。为河南《教育月刊》抽印本。

收藏单位：国家馆

02155

**张石琴与太谷学派**　刘厚滋著
北京：辅仁大学，1940，44 页，16 开

本书叙述张石琴、周太谷、李龙川（名光昕）事略，太谷学派的师承关系、学术渊源和学说，张石琴的学术思想。为《辅仁学志》第 9 卷第 1 期抽印本。

收藏单位：北大馆、国家馆、上海馆

02156

**章实斋先生年谱**　胡适编著
外文题名：Life events of Chang Shih-chai
上海：商务印书馆，1922，[12]+116 页，32 开
上海：商务印书馆，1923，再版，[12]+116 页，32 开

上海：商务印书馆，1925，3 版，[12]+116 页，32 开

本书在日本内藤虎次郎《章实斋先生年谱》的基础上充实而成。除分年列出事实外，还分年编入章学诚的著作中反映思想变迁的摘录。

收藏单位：重庆馆、广东馆、国家馆、湖南馆、吉林馆、辽宁馆、南京馆、绍兴馆、首都馆、天津馆、中科图

02157

**章实斋先生年谱**　胡适著　姚名达订补
上海：商务印书馆，1929，[44]+149 页，32 开（万有文库 第 1 集 924）（国学小丛书）
上海：商务印书馆，1931，[44]+149 页，32 开（中国史学丛书）
上海：商务印书馆，1933，国难后 1 版，[44]+149 页，32 开（中国史学丛书）
上海：商务印书馆，1934，国难后 2 版，[44]+149 页，32 开（国学小丛书）
上海：商务印书馆，1934.7，再版，[44]+149 页，32 开（万有文库 第 1 集 924）（国学小丛书）

本书以胡适著《章实斋先生年谱》为基础，根据新发现的史料，对其遗漏不详之处进行增补。书前有何炳松、姚名达、胡适 3 篇序文。1931 年、1934 年版书名：章实斋年谱。

收藏单位：重庆馆、大连馆、东北师大馆、广东馆、广西馆、贵州馆、国家馆、湖南馆、江西馆、近代史所、辽大馆、南京馆、上海馆、绍兴馆、首都馆、浙江馆、中科图

02158

**章氏遗书**　（清）章学诚著　刘翰怡编
上海：商务印书馆，1936.9，8 册（[1089] 页），32 开
上海：商务印书馆，5 册（367+189+386+260+232 页），25 开

本书包括正文 30 卷、外编 18 卷，收录《文史通义》《校雠通义》《方志略》等著作。

收藏单位：重庆馆、广东馆、国家馆、湖南馆、吉林馆、近代史所、辽大馆、辽宁馆、

南京馆、上海馆、首都馆、天津馆

**02159**

**中国近三百年学术史　梁启超著**

上海：民志书店，1926.7，562页，18开

上海：民志书店，1929.10，4版，562页，18开

　　本书据作者在清华等校任教时的讲义整理而成。论述明末至民国初年中国学术发展的历史。着重论述清代学术变迁与政治的关系，各派学说的特点，并对各派代表人物加以评论。详尽列述了清代学者在经学、小学、音韵学、校注古籍、辨伪、辑佚书、史学、方志学、地理学、传记、谱牒学、历算等方面的成绩。书中附《明清之际耶稣会教士在中国者及其著述》。

　　收藏单位：东北师大馆、国家馆、黑龙江馆、吉林馆、近代史所、辽大馆、山东馆、山西馆、上海馆、首都馆

**02160**

**中国近三百年学术史　梁启超著**

上海：中华书局，1936.3，364页，32开（饮冰室专集）

上海：中华书局，1937，再版，364页，32开

上海：中华书局，1941.2，3版，364页，32开

重庆：中华书局，1943.8，渝重排初版，364页，32开（饮冰室专集）

重庆：中华书局，1944.4，渝重排再版，364页，32开（饮冰室专集）

上海：中华书局，1944，7版，562页

　　收藏单位：重庆馆、国家馆、河南馆、湖南馆、江西馆、近代史所、山东馆、山西馆、上海馆、首都馆

**02161**

**中国近三百年学术史　梁启超著**

出版者不详，[1937]，452页，32开

　　收藏单位：江西馆

**02162**

**中国近三百年学术史　钱穆著**

上海：商务印书馆，1937，2册（709+118页），25开（大学丛书）

长沙：商务印书馆，1938，再版，2册（709+118页），25开（大学丛书）

重庆：商务印书馆，1945，2册（709+118页），25开（大学丛书）

上海：商务印书馆，1948.8，3版，2册（709+118页），25开（大学丛书 教本）

　　本书论述明末清初以来近三百年学术思想之发展，介绍黄宗羲、王夫之、顾炎武、颜习斋、康有为、谭嗣同等50余人的生平、学术思想、著述，以及后人对他们的评论。卷首有引论1章，阐明两宋学术及晚明东林学派与清代学术之渊源关系。书前有作者自序。书上有眉批。书末附表。

　　收藏单位：重庆馆、东北师大馆、广东馆、广西馆、贵州馆、国家馆、河南馆、湖南馆、辽大馆、辽宁馆、山东馆、上海馆、绍兴馆、首都馆、天津馆、浙江馆

**02163**

**中国近三百年学术史**

[北京]：[北京大学]，[1920—1949]，176页，26开

　　本书为北京大学讲义。

　　收藏单位：国家馆

**02164**

**中国近三百年学术思想史概论　曹聚仁著**

北平：生活·读书·新知三联书店，1934.6，462页，25开

　　本书收录关于中国学术思想史的作品，内容包括：实证学派的学术思想、玄理学派的学术思想、实证学派与玄理学派思想的比较。

　　收藏单位：浙江馆

**02165**

**中国近三百年哲学史　蒋维乔编述**

上海：中华书局，1932，[10]+164页，26开

上海：中华书局，1934，再版，[10]+164页，26开

上海：中华书局，1936，3版，[10]+164页，26开

　　本书原系作者在光华大学教授中国哲学史时的讲义。叙述清康熙初年以来近三百年学术思想变迁的历史。分复演古来学术之时

期、吸收外来思想之时期两编，叙述了程朱学派、陆王学派、朱王折衷派、关洛闽学派、考证学派、实用派、公羊派等学术派别，以及顾炎武、陆世仪、陆陇其、黄宗羲、孙夏峰、李颙、曾国藩、王夫之、戴震、洪亮吉、俞樾（附孙诒让）、颜元、李塨、彭绍升、康有为、谭嗣同、梁启超、严复、王国维等各学派代表人物的生平、学术思想和著述。版权页题名：近三百年中国哲学史。

　　收藏单位：重庆馆、东北师大馆、广东馆、国家馆、河南馆、黑龙江馆、湖南馆、江西馆、近代史所、辽宁馆、南京馆、山东馆、山西馆、上海馆、绍兴馆、首都馆、天津馆、浙江馆

02166

**中国近世思想学说史　侯外庐著**
重庆：三友书店，1944—1945，2 册（1002 页），32 开
重庆：三友书店，1946，3 版，订正版，2 册（1002 页），32 开

　　本书论述了 17 世纪至清末、民国初年中国学术思想发展演变的过程及其因果关系。共 3 编 17 章，内容包括：第十七世纪中国学术之新气象、中国第十八世纪学术——专门汉学及其批判、第十九世纪思想活动之巨变等。主要叙述朱之瑜、傅山、王夫之、黄宗羲、顾炎武、唐甄、颜元、李塨、戴震、章学诚、汪中、焦循、阮元、龚自珍、魏源、康有为、谭嗣同、章太炎、王国维等学者的思想。书前有作者序。1947 年出版时书名为：近代中国思想学说史。

　　收藏单位：重庆馆、广西馆、国家馆、近代史所、南京馆、山东馆、山西馆、上海馆、首都馆

02167

**中国十七世纪思想史　杨荣国著**
永安：东南出版社，1945，164 页，32 开
　　本书着重分析当时进步思想的代表人物黄宗羲、颜习斋、吕留良等人反对专制、反对异族侵略的思想，并对他们思想中的矛盾略加评述。书前有作者自序。为《中国近代思想史》一书清初部分的单行本。

　　收藏单位：重庆馆、广东馆、国家馆、湖南馆、吉林馆、近代史所、南京馆、上海馆、浙江馆

# 近代哲学（1840—1918 年）

02168

**驳钞太炎无神论之非宗教文　张亦镜著**
外文题名：Exposure of anti-christian article plagiarized from Chang Tai Yen's writings on atheism
广州：美华浸会印书局，1924.1，60 页，25 开
　　收藏单位：桂林馆

02169

**常识文范　梁启超著**
上海：中华书局，1916.11，4 册（108+118+114+114 页），32 开
上海：中华书局，1923，3 版，4 册（108+118+114+114 页），32 开
上海：中华书局，1926，7 版，4 册（108+118+114+114 页），32 开，环筒页装
上海：中华书局，1926.12，8 版，4 册（107+118+114+114 页），32 开
上海：中华书局，1929，10 版，4 册（108+118+114+114 页），32 开，环筒页装
上海：中华书局，1931.5，11 版，4 册（108+118+114+114 页），32 开（饮水室文集）
上海：中华书局，1932，12 版，4 册（108+118+114+114 页），32 开
上海：中华书局，1934，13 版，4 册（108+118+114+114 页），32 开
上海：中华书局，1936，14 版，4 册（108+118+114+114 页），32 开（饮冰室文集）
　　本书自《饮冰室文集》中选录有关道德、伦理、风俗、宗教、政治、经济等方面以介绍常识为内容的文章多篇。可供中学校作课本用。
　　收藏单位：重庆馆、国家馆、黑龙江馆、江西馆、辽宁馆、南京馆、山西馆、首都馆、浙江馆

## 02170

**大同书　康有为著**

上海: 长兴书局, 1919, 84+86 页, 26 开

本书包括《大同书》之甲部和乙部两部分, 即"入世界观众苦"与"去国界合大地"。书前有康有为己未二月墨迹一幅。

收藏单位: 国家馆、湖南馆、吉林馆、江西馆、近代史所、上海馆

## 02171

**大同书　康有为著**

[三藩市]: [美国三藩市世界日报], [1929], 再版, 74+74 页, 26 开

收藏单位: 国家馆、近代史所、上海馆

## 02172

**大同书　康有为著**

上海: 中华书局, 1919, 1 册, 18 开

上海: 中华书局, 1935.4, [12]+454 页, 26 开

上海: 中华书局, 1936.12, 再版, [12]+454 页, 26 开

本书写成于 1901—1902 年, 著者用今文经学的公羊三世说和《礼记·礼运篇》大同思想, 糅合了欧洲空想社会主义、资产阶级民主思想与达尔文的进化论, 描绘出一个"无邦国、无帝王、人人平等、天下为公"的大同社会, 表达了康有为的社会政治理想及其哲学、政治观点。分为 10 部分。甲部: 入世界观众苦; 乙部: 去国界合大地; 丙部: 去级界平民族; 丁部: 去种界同人类; 戊部: 去形界保独立; 己部: 去家界为天民; 庚部: 去产界公生业; 辛部: 去乱界治太平; 壬部: 去类界爱众生; 癸部: 去苦界至极乐。书前有康有为遗墨三幅、蒋维乔题辞、甲戌冬钱定安序。

收藏单位: 重庆馆、东北师大馆、国家馆、黑龙江馆、湖南馆、吉大馆、吉林馆、江西馆、近代史所、南京馆、山东馆、上海馆、首都馆、天津馆、浙江馆

## 02173

**当代中国哲学　贺麟著**

南京: 胜利出版社, 1945, 155 页, 32 开 (当代中国学术丛书)

南京: 胜利出版社, 1947, 155 页, 32 开 (当代中国学术丛书)

本书论述 1881—1945 年中国传统哲学思想的发展, 对西洋哲学的介绍与研究, 以及知行问题的探讨。评介康有为、谭嗣同、梁启超、章太炎、梁漱溟、熊十力、马一浮、胡适、冯友兰、汤用彤、沈有鼎、郑昕、陈康、谢幼伟、施友忠、唐君毅、方东美、黄健中、黄方刚、赵紫宸、谢扶雅、朱光潜、蔡元培、孙中山、蒋介石等几十人的哲学思想、著述、译述。共 4 章: 中国哲学的调整与发扬、西洋哲学的绍述与融会、时代思潮的演变与批判、知行问题的讨论与发挥。书前有作者自序。书末附录《抗战七年来之哲学》(谢幼伟)。

收藏单位: 广东馆、吉林馆、南京馆、首都馆、浙江馆、中科图

## 02174

**盾鼻集　梁启超著**

上海: 商务印书馆, 1916.10, 2 册, 24 开

上海: 商务印书馆, 1922.2, 6 版, 2 册, 24 开

上海: 商务印书馆, 1924, 8 版, 2 册, 24 开

上海: 商务印书馆, 1926, 9 版, 2 册, 24 开

本书内收公文 20 件、函牍 6 篇、电报 103 份、论文 6 篇, 共 4 类。附录《哀启》《五年来之教训》等 6 篇。

收藏单位: 重庆馆、东北师大馆、国家馆、湖南馆、江西馆、南京馆、浙江馆、中科图

## 02175

**龚定盫研究　朱杰勤著**

长沙: 商务印书馆, 1940, 194 页, 32 开 (国学小丛书)

上海: 商务印书馆, 1947, 再版, 194 页, 32 开 (国学小丛书)

本书介绍清代思想家龚自珍的革命思想, 及其从事掌故学、史地学、金石学等研究的学术成就。

收藏单位: 重庆馆、东北师大馆、贵州馆、国家馆、辽大馆、南京馆、上海馆、首都馆、中科图

## 02176

**癸丑修禊集　梁启超编**
出版者不详，1913，1 册
　　收藏单位：国家馆、南京馆

## 02177

**国父孙中山底历史哲学　燕义权著**
重庆：国民图书出版社，1942，80 页，32 开
　　本书论述孙中山对历史的看法与观点，从民生史观、生存进化论、历史行程论、历史法则论、历史阶段论、人力作用论 6 个方面加以论述。书前有作者导言。
　　收藏单位：重庆馆、广东馆、广西馆、国家馆、湖南馆、吉林馆、江西馆、南京馆、上海馆、浙江馆

## 02178

**国父哲学言论辑解　叶青辑解**
南昌：江西省三民主义文化运动委员会，1942.5，148 页，32 开
　　本书分成本体论、宇宙论、人生论、认识论 4 章辑录孙中山的哲学言论，并加以解释。章首为引言，章末为结论。书前有作者自序。1941 年 8 月至 1942 年 3 月曾刊于《大路月刊》第 6 卷第 2—6 期、第 7 卷第 1 期，单行时增添了注解。
　　收藏单位：重庆馆、广西馆、国家馆、江西馆、南京馆

## 02179

**国父哲学言论辑解　叶青辑解**
泰和：时代思潮社，1943，再版，96 页，32 开
　　收藏单位：重庆馆、国家馆

## 02180

**国父哲学言论精华　叶青辑**
泰和：时代思潮社，1943，再版，95 页，32 开
　　本书即《国父哲学言论辑解》改名出版。

## 02181

**国民日日黑暗世界汇编（第 4 册）　章炳麟著**
上海：东大陆图书局，1918，130 页
　　收藏单位：近代史所

## 02182

**近百年湖南学风　钱基博著**
求知书店，1945，108 页，32 开
　　本书论述近百年湖南学者在学术方面的成就。包括汤鹏、曾国藩、左宗棠、郭嵩焘、谭嗣同、蔡锷、章士钊等 17 人。
　　收藏单位：广东馆、广西馆、国家馆、湖南馆、吉大馆、近代史所、上海馆

## 02183

**近百年湖南学风　钱基博著**
湖南：袖珍书店，1943，82 页，50 开（袖珍综合文库 2）
　　收藏单位：重庆馆、南京馆

## 02184

**近百年湖南学风（后集）　钱基博著**
湖南：袖珍书店，1943，132 页，50 开（袖珍综合文库 2）
　　收藏单位：重庆馆

## 02185

**近代中国启蒙运动史　何干之著**
上海：生活书店，1937.12，266 页，32 开
上海：生活书店，1938.1，再版，266 页，32 开
上海：生活书店，1938.2，3 版，266 页，32 开
上海：生活书店，1947.5，胜利后 1 版，266 页，32 开
　　本书论述从洋务运动到抗日战争时期中国思想文化的发展。共 7 章，内容包括：启蒙运动的意义及其社会基础、新政派的洋务运动、戊戌维新运动、五四新文化运动、新社会科学运动、国难与新启蒙运动、目前思想文化问题。
　　收藏单位：重庆馆、东北师大馆、广东馆、广西馆、贵州馆、国家馆、黑龙江馆、湖南馆、江西馆、近代史所、南京馆、山西馆、上海馆、绍兴馆、首都馆、中科图

02186

**康南海　梁启超著**

梁启超 [ 发行者 ]，石印本，54 页，26 开

　　本书介绍康有为早年至戊戌变法时的活动，以及他的教育、哲学、政治思想。

　　收藏单位：重庆馆、国家馆

02187

**康南海文集　康有为著**

出版者不详，560 页，23 开

　　本书为陶平叔所辑著者在《不忍》杂志上发表的文章。分瀛谈、艺林两部分，包括《议院政府无干预民俗说》《中国颠危误在全法欧美而尽弃国粹说》等论著及诗歌。附录《朱九江先生佚文》等 7 篇。

02188

**康南海先生传　梁启超著**

北京：万国道德总会，1943.8 印，4 版，48 页，26 开

　　收藏单位：国家馆、上海馆

02189

**康南海传　梁启超著**

雄武六郎 [ 发行者 ]，46 页，32 开

　　收藏单位：南京馆

02190

**康有为先生评传　王森然著**

出版者不详，手稿，1 册，10 开

　　本书为著者手稿，内容为康有为的生平及学术思想评述。

　　收藏单位：国家馆

02191

**康有为学术述评　钱穆著**

北平：国立清华大学，1936，72 页，16 开

　　本书为康有为生平概述及学术思想评论。共 6 部分，内容包括：康有为传略、康氏之长兴讲学、康氏之新考据、康氏之大同书、康氏思想之两极端、康氏关于尊孔读经之见解。原载于 1936 年 7 月《清华学报》，是《清华学报》单行本。

　　收藏单位：国家馆、近代史所

02192

**康有为与梁启超（历史人物再批判之一）　吴泽著**

上海：华夏书店，1948，202 页，32 开

　　本书分 10 章，论述康有为、梁启超的思想发展，并对戊戌政变的经过做了介绍。卷首有著者序。

　　收藏单位：重庆馆、东北师大馆、国家馆、辽大馆、山西馆、上海馆、首都馆、天津馆、浙江馆

02193

**梁启超文选　梁启超著　余研因编**

上海：民声书店，1935，48 页，32 开

　　本书内收《人生目的何在》《最苦与最乐》《欧游心影录楔子》《知不可而为主义与为而不有主义》《评非宗教同盟》《无聊消遣》6 篇。

　　收藏单位：北师大馆、复旦馆、国家馆

02194

**梁任公白话文钞　梁启超著　王文濡编**

上海：文明书局，1925，278 页，32 开
上海：文明书局，1925，再版，278 页，32 开
上海：文明书局，1929，3 版，278 页，32 开
上海：文明书局，1930，4 版，278 页，32 开

　　本书内收《佛教之初输入》《清代学术概论序》《主张国民动议制宪之理由》《战地及亚洛二州纪行》《美术与科学》《趣味教育与教育趣味》等 22 篇杂论文章。

　　收藏单位：重庆馆、国家馆、黑龙江馆、吉林馆、山东馆、上海馆、首都馆、天津馆

02195

**梁任公近著（第一辑）　梁启超著**

外文题名：Recent collected writings of Liang Ch'i-ch'ao

上海：商务印书馆，1922，3 册（308+352+327 页），26 开
上海：商务印书馆，1923，3 册（308+352+327 页），26 开

上海：商务印书馆，1924.5，再版，3 册（308+352+327 页），26 开

上海：商务印书馆，1925，[3 版]，3 册（308+352+327 页），26 开

上海：商务印书馆，1926，[4 版]，3 册（308+352+327 页），26 开

上海：商务印书馆，1927.8，5 版，3 册（308+352+327 页），26 开

本书为著者 1920 年春至 1922 年秋两年半时间里所写著作。分上、中、下 3 卷。

收藏单位：重庆馆、东北师大馆、复旦馆、广西馆、国家馆、江西馆、近代史所、辽大馆、南京馆、山东馆、山西馆、绍兴馆、首都馆

02196

**梁任公全集　梁启超著**
[上海]：[文学向导社]，1936，1 册，32 开，精装

本书分论著、学说、学术、政治、历史、传记、文苑、小说、尺牍、杂著 10 类，共收著者 160 余篇作品。著者原题：饮冰室主人。

收藏单位：国家馆、上海馆、绍兴馆

02197

**梁任公三十自述·新中国未来记　梁启超著**
上海：经纬书局，6+59 页，32 开

《三十自述》为梁启超自传。《新中国未来记》为梁启超撰写的政治小说，书中畅想从 1902—1962 年这 60 年间中国的变化，认为中国应通过改革而不是革命的方式实现民主共和。

收藏单位：重庆馆、东北师大馆、广西馆

02198

**梁任公文存　梁启超著　罗芳洲选注**
上海：昌明出版社，[1936.4]，[10]+290 页，32 开

本书分上、下两卷。上卷为文言文，下卷为白话文，选收著者有代表性的论文、传记、散文等各体文章 45 篇。

收藏单位：重庆馆、东北师大馆、国家馆、江西馆、首都馆

02199

**梁任公文存　梁启超著　罗芳洲选注**
重庆：万有书局，1948，[10]+290 页，32 开

收藏单位：重庆馆

02200

**梁任公文存　梁启超著　罗芳洲选注**
上海：文力出版社，[1936]，[10]+290 页，32 开

收藏单位：重庆馆、复旦馆、国家馆、上海馆

02201

**梁任公文存　梁启超著　罗芳洲选注**
上海：中国文化服务社，1936.6，[10]+290 页，32 开，精装

收藏单位：国家馆、南京馆、上海馆、首都馆

02202

**梁任公文选　梁启超著**
上海：仿古书局，241 页，32 开

收藏单位：近代史所、南京馆、首都馆

02203

**梁任公文选　梁启超著**
出版者不详，[1913—1949]，[502] 页，25 开

收藏单位：江西馆

02204

**梁任公先生年表　郑振铎著**
上海：出版者不详，1929.2，8 页，36 开

本年表为《饮冰室全集》之附录。

02205

**梁任公先生演说集（第 1 辑）　张君劢　蓝公武编**
北京：正蒙印书局，1912，90 页，16 开

本书收梁启超 1912 年 10 月从海外回北京后的演说辞 13 篇。内容涉及政治、经济等方面。书前有编者序。编者"张君劢"原题：张嘉森。

收藏单位：重庆馆、近代史所、南京馆、

上海馆、首都馆、天津馆

## 02206

**梁任公学术讲演集（第1—2辑 合订本）** 梁启超著

上海：商务印书馆，1933，国难后2版，152页，18开

　　本书内收《评胡适之中国哲学史大纲》《我对于女子高等教育希望特别注重的几种学科》《美术与科学》《评非宗教同盟》《情圣杜甫》《佛教心理学浅测（从学理上解释"五蕴皆空"义)》《趣味教育与教育趣味》《教育与政治》等13篇讲演词。

　　收藏单位：东北师大馆

## 02207

**梁任公学术讲演集（第1—3辑）** 梁启超著

外文题名：Liang Chi Chao's lectures

上海：商务印书馆，1922—1924，3册（158+155+243页），26开

上海：商务印书馆，1923—1924，再版，3册（158+155+243页），26开

上海：商务印书馆，1924—1926，3版，3册（158+155+243页），26开

上海：商务印书馆，1926—1930，4版，3册（158+155+243页），26开

上海：商务印书馆，1927—1931，5版，3册（158+155+243页），26开

上海：商务印书馆，1933，国难后1版，3册（158+155+243页），26开

　　本书第1辑收《评胡适之中国哲学史大纲》《我对于女子高等教育希望特别注重的几种学科》《美术与科学》《评非宗教同盟》《情圣杜甫》《佛教心理学浅测（从学理上解释"五蕴皆空"义)》《趣味教育与教育趣味》7篇讲演词；第2辑收《先秦政治思想》《教育与政治》《教育家的自家田地》《学问之趣味》《生物学在学术界之位置》《科学精神与东西文化》6篇讲演词；第3辑收《美术与生活》《敬业与乐业》《市民的群众运动之意义及价值》《屈原研究》《人权与女权》《历史统计学》《什么是文化?》《研究文化史的几个重要问题》《护国之役回顾谈》《为学

与做人》《治国学的两条大路》《东南大学课毕告别辞》《教育应用的道德公准》13篇讲演词。

　　收藏单位：重庆馆、东北师大馆、复旦馆、广西馆、国家馆、吉林馆、近代史所、辽大馆、辽宁馆、南京馆、山西馆、上海馆、绍兴馆、首都馆、天津馆、武大馆

## 02208

**梁任公演说集** 梁启超著

上海：国民书局，1925，112页

　　收藏单位：近代史所

## 02209

**梁任公语粹** 许啸天辑

沈继先[出版者]，1930，[311]页，32开

　　本书选录梁启超语录。分哲学、政治、国家、学术、社会、宗教、艺术8类。

　　收藏单位：东北师大馆、国家馆、湖南馆、上海馆、天津馆

## 02210

**浏阳二杰遗文（二卷）** （清）谭嗣同 （清）唐才常撰

出版者不详，1册，精、平装

　　收藏单位：国家馆

## 02211

**论谭嗣同（一名，中国启蒙思想家——谭嗣同）** 陈伯达著

人文印务社，1934.2，84页，32开（中国社会思想史稿1）

　　本书对鸦片战争前后中国社会的经济与政治状况作了分析，并对谭嗣同的仁学加以论述。作者认为谭嗣同是中国资产阶级的启蒙代表，他的《仁学》是中国资产阶级式的唯物论，还将谭嗣同与斯宾诺莎加以比较。指出谭嗣同在历史观中坚持今文经学的三世说的唯心主义立场。全书分5章。书前有付印自记。

　　收藏单位：国家馆、山东馆、首都馆

02212
**宋平子评传　苏渊雷编著**
[重庆]：正中书局，1941，118 页，32 开（国学丛刊）
重庆：正中书局，1944，3 版，118 页，32 开（国学丛刊）
上海：正中书局，1947，沪 1 版，118 页，32 开（国学丛刊）
　　本书分 6 部分，介绍宋平子生平、思想、文学、著述，以及他人对其论赞。书前有宋平子先生遗像、许寿裳序、苏渊雷叙。
　　收藏单位：重庆馆、东北师大馆、广东馆、国家馆、湖南馆、近代史所、南京馆、上海馆

02213
**孙文学说　孙文著**
上海：大东书局，1928，138 页，32 开
上海：大东书局，1929.1，120 页，32 开（党治训育丛书 第一辑 第 6 种）
　　本书亦称《心理建设》，是《建国方略》的第 1 部分，也即理论基础。在这里孙中山提出了他的自然观、历史观及其知行学说。本卷主要阐述知行观。共 8 章，内容包括：以饮食为证、以用钱为证、以作文为证、以七事为证、知行总论、能知必能行、不知亦能行、有志竟成。
　　收藏单位：上海馆

02214
**孙文学说　孙文著**
上海：富华印书局，1924.3，122 页，25 开

02215
**孙文学说　孙文著**
上海：华国印书局，1919.7，162 页，18 开
　　收藏单位：广西馆、国家馆、浙江馆

02216
**孙文学说　孙文著**
军事委员会战时工作部训练团第四团，86 页，36 开
　　收藏单位：重庆馆

02217
**孙文学说　孙文著**
赣县：力学书店，1940，142 页，36 开
　　收藏单位：重庆馆

02218
**孙文学说　孙文著**
上海：民权图书社，104 页，25 开
上海：民权图书社，1923.2，3 版，126 页，25 开
　　收藏单位：重庆馆、国家馆

02219
**孙文学说　孙文著**
上海：民智书局，1925.4，3 版，215 页，64 开
　　收藏单位：国家馆

02220
**孙文学说　孙文著**
上海：求古斋书局，1927，62 页，32 开
　　收藏单位：山西馆

02221
**孙文学说　孙文著**
新时代教育社，1927.4，117 页，32 开
新时代教育社，1927.5，再版，117 页，32 开
新时代教育社，1927.5，4 版，117 页，32 开
　　收藏单位：重庆馆、国家馆、黑龙江馆、江西馆、近代史所、南京馆、山西馆、上海馆、浙江馆

02222
**孙文学说　孙文著**
上海：正中书局，151 页，32 开
　　收藏单位：重庆馆、江西馆、上海馆

02223
**孙文学说　孙文著**
中国国民书局，1926.7，10 版，110 页，25 开
　　收藏单位：江西馆

02224
**孙文学说　孙文著**
上海：中山书局，98 页，32 开

收藏单位：浙江馆

**02225**

**孙文学说　孙文著**

中山文化书局，106 页，32 开

收藏单位：国家馆

**02226**

**孙文学说　孙文著**

中央陆军军官学校特别训练班，1939.8，134 页，50 开

收藏单位：国家馆

**02227**

**孙文学说　孙文著**

南京：中央印务局，1947.4，2 版，102 页，32 开（国民必读丛刊）

收藏单位：国家馆、天津馆

**02228**

**孙文学说（总理遗教）　孙文著**

国民政府军事委员会政治部，142 页，32 开

国民政府军事委员会政治部，152 页，32 开

收藏单位：重庆馆、国家馆、江西馆、南京馆、山东馆、浙江馆

**02229**

**孙文学说（总理遗教）　孙文著**

重庆：青年书店，142 页，36 开

重庆：青年书店，1940.8，5 版，142 页，36 开

收藏单位：重庆馆、国家馆、江西馆

**02230**

**孙文学说表解　民团周刊社编**

南宁：民团周刊社，1938，22 页，32 开（丙种丛刊）（常识丛刊 第一辑 6）

南宁：民团周刊社，1940，再版，22 页，32 开（丙种丛刊）（常识丛刊 第一辑 6）

本书介绍孙中山的行易知难学说。

收藏单位：广西馆、国家馆、江西馆、南京馆

**02231**

**孙文学说概要　胡适等著　三民公司编辑**

上海：三民公司，1926，51 页，32 开（三民丛书 4）

上海：三民公司，1927，3 版，51 页，32 开（三民丛书 4）

本书汇集胡适、张铭鼎、彭基相的 3 篇文章，介绍和评述孙文学说的内容、主旨、背景和应用。书末附录孙文学说自序、陈英士致黄克强书。

收藏单位：重庆馆、国家馆、上海馆

**02232**

**孙文学说疏证　王万钟著**

重庆：正中书局，1944.3，226 页，32 开（总理学说研究丛书）

上海：正中书局，1946.10，沪 1 版，226 页，32 开（总理学说研究丛书）

本书内分两篇：第 1 篇是评论各家有关孙文学说的论述；第 2 篇是孙文学说的解证，解释知难行易说，根据孙文的行知说对知行问题的各种传统观念加以批判，阐发孙文学说的要旨。书前有著者序。书首为绪论。

收藏单位：重庆馆、东北师大馆、国家馆、南京馆、上海馆、天津馆

**02233**

**孙文学说提要　党军社编**

党军社，1940.5，40 页，50 开（训练丛书）

本书为孙中山《建国方略》中的《孙文学说（心理建设）》。书前有知难行易学说简明表解。

收藏单位：国家馆

**02234**

**孙文学说演讲集（建国方略之一）　王剑星编辑**

上海：中央图书局，1927，68 页，32 开

上海：中央图书局，1929，3 版，68 页，50 开

本书共 14 节，内容包括：以饮食为证、以造船为证、知行总论、能知必能行、不知也能行等。

收藏单位：重庆馆、山西馆、上海馆

## 02235

**孙文主义的哲学系统　杨周熙著**
南京：大陆印书馆，1930，[20]+554+12 页，32 开

本书论述孙中山的宇宙观、社会观、人生观。分为两章：第 1 章唯能论——生的宇宙观，主要讲述宇宙产生和变化的规律；第 2 章民生史观——唯生辨证法，讲述人类的产生与进化，社会的产生，以及民生史观的经济、政治、伦理、艺术、教育等观点。书前有作者像、胡汉民题词、作者自序。每节末附参考书目。

收藏单位：国家馆、湖南馆、近代史所、南京馆、上海馆、浙江馆

## 02236

**孙文主义之唯物的哲学基础　高承元著**
北平：平民书局，1930.7，72 页，32 开
北平：平民书局，1930.10，校正再版，72 页，32 开

本书提出孙文主义的哲学基础是民生史观，即消费与生产关系说的唯物史观——新唯物史观。分两部分，第 1 部分论述孙文主义新唯物史观的含义，第 2 部分叙述民生史观与王道的文化——孔子道德的关系。书前有作者自序。封面由蔡元培题签。

收藏单位：国家馆

## 02237

**孙文主义之唯物的哲学基础　高承元著**
[北平]：尚志书屋，1930.7，80 页，32 开

收藏单位：吉大馆、上海馆

## 02238

**孙文主义之哲学的基础　戴季陶著**
福建：福建省军警干部训练所，1942，40 页，32 开

本书书前有翻印此书缘起。著者原题：戴传贤。

收藏单位：福建馆

## 02239

**孙文主义之哲学的基础　戴季陶著**
南京：军用图书社，1931.1，86 页，32 开

收藏单位：江西馆、南京馆、天津馆

## 02240

**孙文主义之哲学的基础　戴季陶著**
上海：民智书局，1925，68 页，32 开
上海：民智书局，1925.12，3 版，68 页，32 开
上海：民智书局，1926.4，4 版，68 页，32 开
上海：民智书局，1927.1，5 版，68 页，32 开
上海：民智书局，1927.9，6 版，68 页，32 开

本书内容包括：民权初步、孙文学说、军人精神教育、三民主义、实业计划。附录民生哲学系统表、民生哲学系统表说明。

收藏单位：重庆馆、东北师大馆、国家馆、湖南馆、吉大馆、江西馆、近代史所、辽大馆、南京馆、上海馆、首都馆、浙江馆

## 02241

**孙文主义之哲学的基础　戴季陶著**
上海：中国国民党中央执行委员会上海执行部，60 页，32 开

收藏单位：广西馆、国家馆、江西馆

## 02242

**孙文主义之哲学的基础**
上海：大东书局，1929.1，1 册，32 开（党治训育丛书 第二辑 第 5 种）

本书与《民生哲学统系表说明》《中山先生思想概观》合订。

收藏单位：上海馆

## 02243

**孙中山底哲学　吴曼君著**
泰和：时代思潮社，1940，100 页，32 开
泰和：时代思潮社，1941，再版，100 页，32 开

本书提出，孙中山的哲学思想既不是唯物论，也不是唯心论，而是综合唯物与唯心论的一种物心综合论。以此观点论述了孙中山的本体论、宇宙论、人生论、认识论。书前有作者序言。

收藏单位：重庆馆、东北师大馆、国家

馆、湖南馆、江西馆、南京馆

02244

**孙中山思想系统　陈知行著**
出版者不详，1931.12，200 页，32 开

　　收藏单位：南京馆

02245

**太炎文录续编　章氏国学讲习会编**
汉口：武汉印书馆，[1938]，4 册，16 开（章氏丛书 3 编）

　　本书为著者弟子孙世扬辑原《章氏丛书》的未收部分，共 7 卷，内容包括：国学论文、序文、题辞、墓志铭、杂记、诗词等。书前有居正题书名及抄校编印始末记。

　　收藏单位：重庆馆、国家馆、南京馆、浙江馆

02246

**太炎先生纪念专号　章氏国学讲习会编**
苏州：章氏国学讲习会，1936，1 册，18 开

　　本书内收章太炎遗著《古文尚书拾遗定本》《自述学术次第》，他人作挽诗、别传、事略、学术述略、轶事、言行轶录、谒问记等悼忆文 28 篇，最后为《太炎先生著述目录初稿》的第 1 篇。

　　收藏单位：广东馆、国家馆、近代史所、上海馆、浙江馆

02247

**太炎最近文录　章炳麟著　钱须弥编辑**
上海：国学书室，1915.4，146 页，32 开

　　本书辑录作者辛亥以后的论说、书牍、序跋、讲稿等文。收《先综核后统一论》《却还内务部所定报律议》《与人论政书》《致南京参议会论建都书》等 24 篇。书末附《中华民国联合会成立会之演说录》《杂评一束》《书序二首》《中国通史略例》《婚礼记》等 11 篇，均是《章氏丛书》中所未收的文章。

　　收藏单位：重庆馆、国家馆、江西馆、近代史所、上海馆、浙江馆

02248

**谭嗣同书简　欧阳予倩编**
桂林：文化供应社，1943.1，138 页，32 开
桂林：文化供应社，1943.11，再版，138 页，32 开
上海：文化供应社，1948.11，新版，138 页，32 开

　　本书分 3 卷，收信函 50 封。书前有编者的序。

　　收藏单位：重庆馆、东北师大馆、广东馆、广西馆、贵州馆、桂林馆、国家馆、湖南馆、南京馆、山西馆、上海馆、绍兴馆、首都馆、天津馆、中科图

02249

**特约讲演集（第三集）**
出版者不详，142 页，32 开

　　收藏单位：河南馆、南京馆

02250

**王国维先生之思想　王恩洋著**
上海：佛学书局，1928，46 页，25 开（龟山丛书 7）
上海：佛学书局，1938，40 页，25 开（龟山丛书 7）

　　本书评述王国维的哲学、宗教思想。内容包括：王氏对人生之认识、王氏对美术之认识、王氏对解脱之认识、王氏思想之苦闷、佛法唯识学对于宇宙人生之解释及对王氏思想之救正。书前有王恩洋撰《龟山丛书叙》。

　　收藏单位：国家馆、上海馆、首都馆、中科图

02251

**唯生论文选　蒋静一编**
南京：政治通讯社，1937.3，[36]+412 页，32 开

　　本书内收《生之原理》（陈立夫）、《唯生论与现代思潮》（陈家驹）、《生的理则论纲》（郭重衡）、《唯生辩证法》（周毓英）、《民生史观论究》（黄凌霜）、《唯生论与社会哲学之研究》（胡一贯）、《由唯生论的历史观说到革命理论的建立的必然性》（一得）等 13 篇论

文。书前有编者言。

收藏单位：重庆馆、广东馆、国家馆、湖南馆、吉林馆、南京馆

**02252**
**心理建设** 国民政府军事委员会政治部编
国民政府军事委员会政治部，[1918—1949]，198 页，32 开（抗战建国丛书）

本书是《建国方略》的第 1 部分。在这里孙中山提出了他的自然观、历史观及其知行学说。本卷主要阐述知行观。

收藏单位：重庆馆、江西馆、南京馆

**02253**
**心理建设** 孙文著
重庆：航空委员会，1940.6，96 页，32 开

收藏单位：重庆馆、贵州馆、国家馆、南京馆

**02254**
**心理建设** 孙文著
黄埔出版社，1939.8，70 页，32 开（黄埔丛书 第一辑 2）
重庆：黄埔出版社，1940.6，138 页，32 开（黄埔丛书 第一辑 2）

收藏单位：广西馆、贵州馆、国家馆、湖南馆、江西馆、南京馆

**02255**
**心理建设** 孙文著
上海：民福书局，89 页，32 开

收藏单位：黑龙江馆、上海馆

**02256**
**心理建设** 孙文著
上海：一心书店，1937.5，148 页，32 开

收藏单位：国家馆、吉林馆

**02257**
**心理建设** 孙文著
重庆：中央陆军军官学校，1938.10，70 页，32 开（黄埔丛书 2）
中央陆军军官学校，1940，138 页，32 开

收藏单位：重庆馆、贵州馆、国家馆、吉林馆、上海馆、浙江馆

**02258**
**心理建设** 孙文著
出版者不详，[1918]，544 页，64 开

收藏单位：重庆馆、南京馆

**02259**
**心理建设** 徐治顺著
出版者不详，1932，17 页，18 开

本书以行为心理学派的理论，论述求知力行思想、利己和三民主义的实行，认为这三者是解决中国社会问题的途径。

收藏单位：国家馆

**02260**
**心理建设** 鄢克定著
上海：心理建设社，1941，41 页，32 开（心理建设小丛书）

收藏单位：南京馆

**02261**
**心理建设（总理遗教）** 孙文著
福建：建国出版社，352 页，32 开

本书是《建国方略》的第 1 部分。共 8 章，内容包括：以饮食、以用钱、以作文、七事为证、知行总论等。

收藏单位：重庆馆、绍兴馆

**02262**
**心理建设的科学基础** 宋漱石编著
南京：正中书局，1935.9，160 页，25 开（社会科学丛刊）
南京：正中书局，1936.10，再版，160 页，25 开（社会科学丛刊）
上海、南京：正中书局，1946，沪 1 版，160 页，25 开（社会科学丛刊）

本书从认识论本身，以及生理学、心理学、逻辑学诸学科讨论知行学说。共 6 章，内容包括：总论、认识与环境、从思维上观察知难行易、知难之分析、行易之分析、结论。

收藏单位：重庆馆、东北师大馆、广东

馆、贵州馆、国家馆、湖南馆、辽宁馆、南京馆、山东馆、上海馆、天津馆、浙江馆

02263

**心理建设论** 金平欧著

[重庆]:[人人出版社],1945.8印,400页,32开

本书从5个方面论述知难行易的道理,内容包括:讨论的开始、历史的因缘、万有的本体、天人的道理、知行的真相。

收藏单位:重庆馆、国家馆、吉林馆、南京馆、上海馆、浙江馆

02264

**心理建设论** 陆伦章著

南平:国民出版社,1944.2,106页,32开("中国之命运"研究丛书)

本书共8章,内容包括:绪论、心理与心理建设、心理建设与国民革命、心理建设与国家建设、心理建设与革命哲学之建立、心理建设之基础与内容、心理建设之方案、心理建设与中国之命运。

收藏单位:国家馆、湖南馆、吉林馆、浙江馆

02265

**心理建设论** 邵元冲著

上海:中国文化服务社,1948,132页,36开(中国国民党丛书)

本书对孙中山的心理建设论加以阐述。共7章,内容包括:总论、人类竞争之影响、革命心理与革命者的人格、政治道德与政治家之风格、社会道德与个人修养、纪律与秩序、社会改造与心理建设。书末附三民主义的人生观、时间的效能和障碍、澄清乱源与心理建设。

收藏单位:重庆馆、广东馆、广西馆、国家馆、天津馆

02266

**心理建设论** 邵元冲著

出版者不详,116+58页,22开

收藏单位:重庆馆、国家馆、南京馆、山

东馆、上海馆、浙江馆

02267

**心理建设论证** 杨一峰编著

南京:正中书局,1936.11,146页,32开(唯生论社丛书)

南京:正中书局,1946,[14]+146页,32开(唯生论社丛书)

上海:正中书局,1947.12,沪1版,146页,32开

本书针对胡适1929年在《新月杂志》上发表的《知难行也不易》而写。共8章,内容包括:绪论、总理创立心理建设的由来、心理建设的意义、知易行难说的述评、知行合一说的述评、知难行亦不易说的述评、唯行有难易说的述评、结论。书末附参考目录。

收藏单位:重庆馆、国家馆、湖南馆、吉大馆、吉林馆、南京馆、上海馆

02268

**心理建设浅说** 陈载耘著

上海:中华书局,1929.6,21页,32开(党义小丛书)

上海:中华书局,1930.2,再版,21页,32开(党义小丛书)

上海:中华书局,1933,3版,22页,32开(党义小丛书)

上海:中华书局,1936.4,20页,32开(小朋友文库 第1集)

上海:中华书局,1936.11,再版,22页,32开(小朋友文库 第1集)

本书分为14部分,从衣、食、住、行诸方面说明知难行易的道理。

收藏单位:重庆馆、贵州馆、国家馆、黑龙江馆、江西馆、南京馆

02269

**心理建设续集** 鄢克定著

上海:心理建设社,1941,55页,32开(心理建设小丛书2)

收藏单位:吉林馆、南京馆

02270

**心理建设之科学基础** 萧孝嵘著

重庆：商务印书馆，1945，95页，32开（人
事心理研究社丛书7）

上海：商务印书馆，1946，95页，32开（人
事心理研究社丛书7）

上海：商务印书馆，1947，再版，95页，32
开（人事心理研究社丛书7）

　　本书分为14部分，认为心理学理论在教
育、军事、政治、经济等方面的应用是"心
理建设"的科学依据。

　　收藏单位：重庆馆、国家馆、河南馆、湖
南馆、吉林馆、江西馆、南京馆、上海馆

02271

**行易知难学说语要　张厉生摘述**
军事委员会政治部，1940，13页，32开
　　本书介绍行易知难的理论及实例。
　　收藏单位：重庆馆、广东馆

02272

**行易知难学说语要　张厉生摘述**
中央训练团党政高级训练班，1943，13页，
32开
　　收藏单位：重庆馆、南京馆

02273

**行易知难学说摘要　余祥森编**
新时代教育社，1928.1，41页，50开（新时
代民众丛书）
新时代教育社，1928，3版，41页，50开
　　收藏单位：广东馆、江西馆

02274

**严复思想述评　周振甫编**
上海：中华书局，1940.8，[28]+354页，26开
　　本书结合严复的实际生活和具体事例，
分全盘西化、中西折衷、反本复古3个时期，
全面地评述严复的思想。作者认为，中国近
百年来，严复是第一个动摇了中国的旧思想、
介绍西方新思想的人，也是中西文化批判的
前驱，是中国思想史上划时代的人物。共4
篇，每篇下又分若干章，每章后附有引用书
目。书前有作者自序。
　　收藏单位：重庆馆、东北师大馆、广东

馆、国家馆、近代史所、南京馆、山西馆、
上海馆、天津馆、浙江馆

02275

**严几道年谱　王蘧常著**
上海：商务印书馆，1936，138页，32开（中
国史学丛书）
　　本书按年代顺序介绍严复的身世、经历、
思想学说及著作。
　　收藏单位：重庆馆、广东馆、国家馆、湖
南馆、吉林馆、辽大馆、辽宁馆、南京馆、
上海馆、浙江馆、中科图

02276

**严译小辨　（释）太虚著**
[太虚][发行者]，1915.10，52页，26开
　　本书对严复所译西方学术中涉及佛学的
错误译文加以辨证。
　　收藏单位：国家馆、浙江馆

02277

**饮冰室丛著　梁启超著**
上海：商务印书馆，1916，4册，32开，精装
上海：商务印书馆，1924，3版，20册，32开
上海：商务印书馆，1924，4版，4册，32开，
精装
　　收藏单位：重庆馆、广西馆、国家馆、辽
大馆、辽宁馆、南京馆、山西馆

02278

**饮冰室合集　梁启超著**
上海：中华书局，23页，32开
　　本书为《饮冰室合集》序目样张及预约
简章。
　　收藏单位：上海馆

02279

**饮冰室合集（文集）　梁启超著**
上海：中华书局，1936.1，16册，32开
昆明：中华书局，1941.6，再版，16册，32开
　　收藏单位：近代史所、山东馆、上海馆

02280

**饮冰室合集（专集）　梁启超著**

上海：中华书局，1936.4，24 册，32 开

昆明：中华书局，1941.6，再版，24 册，32 开

　　收藏单位：重庆馆、广西馆、国家馆、近代史所、上海馆、首都馆

02281

**饮冰室集　梁启超著　储菊人校订**

上海：中央书店，1935.4，4 册（[964] 页），32 开

上海：中央书店，1935.7，2 版，4 册（[964] 页），32 开，函套装（国学基本文库）

上海：中央书店，1935，再版，4 册（[964] 页），32 开

　　本书分论说、学说、时局论民族、政治、历史、传记、地理、教育、学术、文苑、谈丛、短评、学识等类，共 20 卷。

　　收藏单位：广西馆、国家馆、吉大馆、近代史所、南京馆、上海馆、首都馆、天津馆

02282

**饮冰室全集　梁启超著**

上海：大道书局，1935，4 册

上海：大道书局，1936.1，4 册，32 开

　　本书分通论、政治、时局、宗教、教育、生计、学术、学说、历史、传记、地理、杂文、游记、谈丛、韵文、小说等编，收著者各类作品。

　　收藏单位：重庆馆、近代史所、南京馆、绍兴馆、首都馆

02283

**饮冰室全集　梁启超著**

上海：大文书局，1938.8，3 版，4 册，32 开

　　本书著者原题：梁任公。

　　收藏单位：黑龙江馆

02284

**饮冰室全集　梁启超著**

上海：会文堂书局，1932，15 版，4 册

　　本书分论著、学说、学术、政治、历史、传记、文苑、小说、杂著 9 类，共 20 卷。封面题名：重订分类饮冰室全集。

　　收藏单位：山西馆

02285

**饮冰室全集　梁启超著**

上海：会文堂新记书局，1928，11 版，4 册（[284]+[310]+[286]+[328] 页），32 开

上海：会文堂新记书局，1930，15 版，4 册，32 开

　　收藏单位：重庆馆、广西馆、南京馆、首都馆

02286

**饮冰室全集　梁启超著**

上海：荣记书店，1936，4 册（237+280+226+242 页），32 开

　　收藏单位：重庆馆、辽宁馆、南京馆、首都馆

02287

**饮冰室全集　梁启超著**

上海：中央书店，1935，4 册（230+270+216+234 页），32 开

　　收藏单位：重庆馆、国家馆、江西馆、山东馆、首都馆、西交大馆

02288

**饮冰室全集　梁启超著　沈元甫校阅**

上海：文化书局，1934.10，2 册（956 页），32 开

上海：文化书局，1935.2，再版，2 册（956 页），32 开

　　收藏单位：重庆馆、吉林馆、上海馆

02289

**饮冰室全集　梁启超著　徐友林标点　何家铭校阅**

上海：文化进步社，1935，4 册（260+208+242+280 页），32 开

　　收藏单位：南京馆、绍兴馆、首都馆

02290

**饮冰室全集（新式标点）　梁启超著**

上海：大通书局，[146] 页，32 开
上海：大通书局，[130] 页，32 开

> 收藏单位：首都馆

02291

**饮冰室全集细目　文化书局编**
上海：文化书局，[1930—1939]，1 页，27×40cm
　　本书内容为《饮冰室全集》二十卷细目。

> 收藏单位：国家馆

02292

**饮冰室文粹　梁启超著　陈志鹄选编**
华成书店，1949，406 页，32 开
　　本书选收 1899—1927 年间著者的著述 68 篇。

> 收藏单位：重庆馆

02293

**饮冰室文集　梁启超著**
上海：锦章图书局，1922，影印本，4 册，32 开
　　本书共 20 卷，分论说、学说、时局论民族、政治、历史、传记、地理、教育、学术、文苑、丛谈等类，收著者 200 余篇作品。

> 收藏单位：重庆馆、绍兴馆、浙江馆

02294

**饮冰室文集（3—5 卷）　梁启超著**
出版者不详，4 册（100+194+126+152 页），26 开
　　本书第 3 卷为时局，第 4 卷为宗教、教育、地理、杂文，第 5 卷为游记。

> 收藏单位：山东馆

02295

**饮冰室文集（分类）　梁启超著**
上海：大达图书供应社，1935.4，4 册（266+212+248+222 页），32 开
上海：大达图书供应社，1935，再版，4 册（946 页），32 开
　　本书分通论、专论、学案、学史、哲学、政治、历史、地理、传记、传奇、诗歌、尺牍、杂著 13 类，辑收著者诗文作品。书前有周去病的序。

> 收藏单位：重庆馆、贵州馆、国家馆、首都馆

02296

**饮冰室文集（分类精校）　梁启超著**
上海：广智书局，1914，订正 10 版，2 册（[880]+[1070] 页），26 开，精装
　　本书分通论、政治、时局、宗教、教育、生计、学术、学说、历史、传记、地理、杂文、游记、谈丛、韵文、小说等编，收著者各类作品。书前有作者自序及《三十自述》。本书初版时用编年体编排。

> 收藏单位：北师大馆、东北师大馆、绍兴馆、首都馆

02297

**饮冰室文集（新式标点 足本大字）　梁启超著　王云标点　陈珍校阅**
上海：大道书局，1936.1，4 册（259+207+241+279 页），32 开
　　本书共 4 卷，分通论、专论、学案、政治、历史、地理、传记、诗歌、尺牍、杂著等 13 类。

> 收藏单位：绍兴馆、首都馆

02298

**饮冰室文集全编（重订分类）　梁启超著**
上海：会文堂书局，1 册，32 开，精装
上海：会文堂书局，1924.5，再版，2 册，32 开
上海：会文堂书局，1925，6 版，2 册，32 开
　　本书分论著、学说、学术、政治、历史、传记、文苑、小说、尺牍、杂著 10 类，共 20 卷。

> 收藏单位：重庆馆、国家馆、江西馆、绍兴馆、首都馆

02299

**饮冰室文集全编（重订分类）　梁启超著**
上海：会文堂新记书局，1928，12 版，2 册（[1132] 页），32 开
上海：会文堂新记书局，1929，13 版，影印本，1 册，32 开

上海：会文堂新记书局，1930.5，15版，4册，32开

上海：会文堂新记书局，1932.4，15版，石印，2册，32开

收藏单位：重庆馆、广西馆、国家馆、上海馆

**02300**

**饮冰室文集全编（重订分类）** 梁启超著　周去病编

出版者不详，[1934]，2册（18+266+212页），32开

收藏单位：江西馆

**02301**

**饮冰室文集全编（订正分类）** 梁启超著　费有容校订

[上海]：[新民书局]，[1920—1929]，1册，32开

上海：新民书局，1930，4册，32开

上海：新民书局，1930.9，订正版，2册，32开，精装

上海：新民书局，1931.7，订正再版，1册，32开

上海：新民书局，1932，订正再版，2册，32开，精装

上海：新民书局，1932.4，订正续版，4册，32开

上海：新民书局，1933.4，再版，4册，32开

上海：新民书局，1934，再版，4册，32开

上海：新民书局，1935，再版，4册，32开

本书分论著、学说、学术、政治、历史、传记、文苑、小说、尺牍、杂著等类，共20卷。书前有费有容序。书后附《异哉所谓国体问题》和《国体问题与外交》。

收藏单位：重庆馆、广西馆、国家馆、华东师大馆、辽大馆、辽宁馆、南京馆、绍兴馆、首都馆

**02302**

**饮冰室专集** [梁启超]著

出版者不详，[1920]，油印本，1册，32开

本书共5部分，内容包括：张博望班定远合传、赵武灵王传、袁崇焕传、中国殖民八大伟人传、郑和传。

收藏单位：国家馆

**02303**

**饮冰室专集** [梁启超]著

出版者不详，[1920—1929]，217页，25开

本书讲述了先秦政治思想史，共34章。分序论、前论、本论三大部分，内容包括：本问题之价值、问题之内容及资料、研究法及本书研究之范围、时代背景及研究资料、天道的思想、民本的思想、政治与伦理之结合、封建及其所生结果、阶级制度与兴替状况、法律之起源及观念、经济状况之部分的推想、时代背景及思潮渊源、政治思想四大潮流及研究资料、儒家思想等。

收藏单位：国家馆

**02304**

**余杭先生语录** 徐澄编

[苏州]：江苏省立苏州图书馆，1940.3，20页，32开

本书收章太炎先生的语录90条。

收藏单位：重庆馆、东北师大馆、广东馆、近代史所、上海馆

**02305**

**章炳麟** 许寿裳编著

重庆：胜利出版社，1945，[10]+172页，32开（中国历代名贤故事集 第三辑 学术先进）

南京：胜利出版公司，1946，[10]+172页，32开（中国历代名贤故事集 第三辑 学术先进）

北平：胜利出版社，1946，平版，[10]+172页，32开（中国历代名贤故事集 第三辑 学术先进）

本书内分4章，概述清代中国政治和学术的情况，辛亥前后的革命活动，作为国学大师在治学、语言文字学、文学、史学、经学及佛学等方面的贡献，日常生活和晚年的志行。

收藏单位：重庆馆、东北师大馆、国家馆、黑龙江馆、近代史所、辽大馆、南京馆、首都馆、浙江馆

**02306**

**章太炎的白话文**　章炳麟著　吴齐仁编

上海：泰东图书局，1921，138 页，32 开

上海：泰东图书局，1925，6 版，138 页，32 开

上海：泰东图书局，1926，7 版，138 页，32 开

上海：泰东图书局，1927.6，8 版，138 页，32 开

　　本书内收《留学的目的和方法》《中国文化的根源和近代学术的发达》《常识与教育》《经的大意》《教育的根本要从自国自心发出来》《论诸子的大概》《中国文学略说》7 篇杂论。著者原题：章太炎。

　　收藏单位：重庆馆、国家馆、黑龙江馆、近代史所、辽大馆、南京馆、山西馆、上海馆、绍兴馆、首都馆、天津馆、浙江馆

**02307**

**章太炎外纪**　汪太冲编

北京：新新书社，1918.11，68 页，32 开

北京：新新书社，1924.2，再版，68 页，32 开

　　本书介绍了章太炎的治经时代、民报时代、政治生涯、论文时代、苏报时代、讲学生活、革命时代及太炎逸事之鳞爪等，共 19 节。书前有编者的《章太炎外纪序》。

　　收藏单位：国家馆、近代史所、首都馆

**02308**

**章太炎文选**　陈筱梅编

上海：仿古书店，1937.3，260 页，32 开

　　本书选收《排满平议》《订孔》《秦政记》《封建考》《癸卯狱中自记》等 58 篇杂论文章，内容涉及政治、文、史等诸方面。

　　收藏单位：广西馆、国家馆、吉林馆、辽大馆、辽宁馆、首都馆、浙江馆

**02309**

**章先生杂文**

出版者不详，1 册，22 开，精装

　　收藏单位：国家馆

**02310**

**知难行易**　孙文著

[赣州]：三民主义青年团赣州文化工作站，1918，96 页，32 开

本书翻印《孙文学说》的《建国方略之心理建设》，共 8 章。附《孙文学说》自序。著者通称：孙中山。

　　收藏单位：安徽馆、国家馆、江西馆

**02311**

**知难行易**　孙文著

出版者不详，[1917—1949]，210 页，36 开（力行要览 第一辑1）

　　收藏单位：江西馆

**02312**

**知难行易学说别辑**　中央组织部编

杭州：正中书局，1940.4，63 页，32 开

　　本书辑录孙中山演说词 3 篇、蒋介石的演说词 4 篇。孙中山的演说词包括《行之非艰知之为艰》（1917 年 7 月）、《行易知难》（1921 年 12 月）、《不知亦能行能知更能行》（1924 年 1 月）；蒋介石的演说词包括《实行知难行易的学说革命一定成功》（1932 年 5 月）、《革命哲学的重要》（1932 年 5 月）、《打倒日本帝国主义先要实行知难行易的哲学》（1932 年 6 月）、《心理建设之要义》（1935 年 9 月）。

　　收藏单位：国家馆、江西馆

**02313**

**知难行易说别辑**　中央组织部编

重庆：中央组织部，1939.11，162 页，64 开（组训小丛书）

重庆：中央组织部，1942.11，再版，82 页，32 开（组训小丛书）

　　收藏单位：重庆馆、国家馆、南京馆、上海馆、天津馆

**02314**

**知难行易学说别辑**

中央组织部党员训练处、中央秘书处文化驿站总管理处，1940.8，152 页，64 开（组训小丛书）

　　收藏单位：南京馆

02315

**知难行易学说精义　赵宗贤编著**

上海、北京：正中书局，1948，179 页，32 开

　　本书共 8 章，对孙中山提出的知难行易学说加以研究与考察，分析其历史根据及涵义，论及蒋介石的知难行易说。书前有作者自序及张继序。

　　收藏单位：重庆馆、国家馆、吉林馆、南京馆、上海馆

02316

**知难行易学说研究（事功与心性两方面的证明）　葛武棨讲**

西安：新中国文化出版社，1940.1，126 页，25 开（新中国文化丛书 第 1 辑）

西安：新中国文化出版社，1940.5，再版，126 页，25 开（新中国文化丛书 第 1 辑）

　　本书从事功和心理两方面论述知难行易学说，前者以孙中山的学说、后者以中国哲学史上的观点加以论证。共 5 讲，内容包括：绪论、事功方面的研究、心性方面的研究、王阳明知行合一说之批评、结论。

　　收藏单位：重庆馆、国家馆、吉林馆、江西馆、南京馆

02317

**知难行易说绎义　张振之著**

上海：民智书局，1930.4，[246] 页，32 开

上海：民智书局，1940.4，[246] 页，32 开

　　本书主要叙述孙中山创立知难行易学说的动机、依据、作用，并以知难行易说解释三民主义，说明知难行易学说的特点。比较孙文之知难行易说与阳明之知行合一说，反驳胡适的"知难行亦不易"说。书前有作者自序。书末附录《革命史上知难行易的例证》。

　　收藏单位：广东馆、广西馆、国家馆、南京馆、上海馆、天津馆、浙江馆

02318

**知难行易说与知行合一说　贺麟著**

重庆：青年书店，1943.12，107 页，32 开

　　本书对孙中山知难行易学说与蒋介石的知行合一学说进行考察。作者认为蒋介石的力行哲学是发挥孙中山知难行易说的成果。书末附录《知行合一新论》。

　　收藏单位：重庆馆、东北师大馆、国家馆、吉林馆、南京馆、上海馆

02319

**知行难易问题之根本解决（一名，孙文学说之批评）　傅佩青著**

北平：西北书局，1933.1，164 页，32 开

　　本书作者提出"唯行有难易说"，认为此说是彻底解决知行难易问题的唯一途径。共 10 章，内容包括：绪论、知易行难说或傅说学说、孙文学说、孙文学说之批评（一、二）、知难行亦不易说或胡适学说、知易行难说或黄云刚学说、行易知难说之辩护论、唯行有难易说、结论。封面、书名由林志郡署签。

　　收藏单位：国家馆、首都馆

02320

**中国知行学说简史　赵纪彬著**

上海、重庆：中国文化服务社，1943.12，[37]+298 页，32 开（青年文库）

上海：中国文化服务社，1944，再版，[37]+298 页，32 开（青年文库）

　　本书依时代顺序，叙述先秦至清代各家及有关思想家的知行观。包括先秦时代的老子、孔子、墨子、荀子学派，两汉隋唐时代的汉儒、佛教诸宗，宋明时代的邵雍、周敦颐、张载、程颢、程颐、朱熹、陆九渊、王阳明等人，清代的考证学派、颜李学派、公羊学派等。书前有刘伯闵撰《"知难行易学说"述义》（代序）及著者自序。

　　收藏单位：重庆馆、东北师大馆、广东馆、国家馆、湖南馆、吉林馆、南京馆、山东馆、首都馆

02321

**中国之命运（极端唯心论的愚民哲学）　艾思奇著**

出版者不详，[1948]，17 页，32 开

出版者不详，24 页，32 开

本书内容包括：关于"诚"的思想、关于孙中山的知难行易思想等。

收藏单位：重庆馆、山西馆

02322
**追悼章太炎先生特刊** ［浙江省立图书馆］编
［杭州］：浙江省立图书馆，34 页，23 开

本书内收章太炎遗像、遗墨、遗著，以及《太炎先生行年小传》（季杰）、《遗著辑目》（编者）、《悼余杭章先生》（陈训慈）、《余杭先生与先征君》（孙延钊）和章太炎先生追悼会陈列遗物品目。

收藏单位：浙江馆

02323
**总理学说之研究** 汪焕章 周焕著
宁波：宁波市立商科职业学校出版部，1931.1，54 页，32 开

本书论述孙中山的知难行易说。共 5 章，内容包括：总理知难行易学说的产生、知难行易的十证、知难行易说的意义及其特点、知难行易说与知行合一说之述评、胡适对于知难行易说的批评及其理论的错误等。

02324
**最新梁任公讲坛** 梁启超著
国语研究会，1922，98 页，32 开

本书内收《外交软？内政软?》《无枪阶级对有枪阶级》。附《无枪阶级的组合》《读了梁启超底〈无枪阶级对有枪阶级〉后的感想》《无枪阶级对有枪阶级的武器》3 篇文章。

收藏单位：首都馆

# 现代哲学（1919 年— ）

02325
**辨正唯母论** 李天然著
成都：正学社，1945.1，26 页，32 开

本书作者从天、地、动物、植物、人和宇宙本身证明，所谓"唯母辨正论"原理。认为母性慈爱、温柔，而父性刚烈好斗，因

此要创唯母学说。

收藏单位：重庆馆、贵州馆、国家馆、江西馆、南京馆、人大馆、首都馆

02326
**尘子发现** 可智生汇编
出版者不详，52 页，32 开

本书主要叙述尘子其人及其人生哲学。

收藏单位：浙江馆

02327
**创化真理（上卷）** 符树勋著
符树勋［发行者］，1930.6，广州，184 页，32 开

本书从宇宙发生论的角度讲述万物产生和变化的原理。共 3 章，内容包括：创化真理之原理、创化真理之质力分析、创化真理之事物分析。书前有作者序、本书例言。

收藏单位：广东馆、国家馆、上海馆

02328
**大我哲学** 徐庆誉著
［洪江］（湖南）：西南日报社，1942.10，46 页，32 开（西南日报社学术丛书）

收藏单位：南京馆

02329
**大我哲学** 徐庆誉著
出版者不详，1941.3，32 页，32 开

收藏单位：贵州馆

02330
**第二学型总论导说（卷一）** 沈思笃著
北平：复兴印书馆，1946.10，900 页，20 开

本书提出第一学型与第二学型的说法，认为历史上或现代的所有名家的学说，如一元论、二元论、多元论、唯心论、唯物论、唯神论、唯理论、经验论、个人主义、社会主义等都是第一学型；第二学型则是作者提出的新学说，即以符号表示意义，符号连接为表达结构。共 8 章，内容包括：绪论、两型外廓论、两型分野论、两型作用论、两型批判论等。书末附录新字简释、第二学型、丛书

著者自跋、重要概念、沈氏著作体系介绍等。

收藏单位：南京馆

## 02331

**动与静** 张铁君著

重庆：国民图书出版社，1942.4，94 页，32 开

本书分 4 章：绪言、外界的动静问题（主动派、主静派、动静的统一、体与用）、内界的动静问题（古代三哲的内界观、近代哲学的内界观）、结论。书末附录一个唯生论者的真理观、以不变应万变、不变。

收藏单位：重庆馆、贵州馆、国家馆、黑龙江馆、吉林馆、南京馆、上海馆、西交大馆、浙江馆

## 02332

**多元认识论重述** 张东荪著

上海：商务印书馆，[1936]，42 页，16 开

本书曾在《东方杂志》33 卷 19 期刊载。1936 年加以增订，后改名为《认识论上的多元论》，列入著者与王光祈共编的《认识论》一书中。出版年据写作时间。为《张菊生先生七十生日纪念论文集》抽印本。

收藏单位：南京馆

## 02333

**革命救国与知行合一** 李钟汉著

出版者不详，[1941]，36+10 页，32 开

本书收著者有关知行合一的文章 6 篇：《革命救国与知行合一》《总理后来居上的遗教》《删去"孙文学说"中反对知行合一的言论并不违背总理本意》《"革命救国与知行合一"大纲》《总理总裁的知行观与钟汉的知行观比较表》《总理学说与阳明学说相辅而行的功效》。

收藏单位：重庆馆、国家馆、南京馆

## 02334

**革命与思想** 陈公博著

上海：民族杂志社，1936.8，174 页，32 开（民族杂志社丛书）

本书共 10 章，内容包括：我的思想基础、思想的构成、物和思想、中国动的哲学、物

的出发点、心的究竟和解释、动的物观、辩证唯物论的矛盾、革命与物、结论。书前有作者自序。

收藏单位：国家馆、江西馆、上海馆、浙江馆

## 02335

**革命与思想** 陈公博著

上海：中日文化协会上海分会，1944，174 页

上海：中日文化协会上海分会，1944.4，再版，[174] 页，32 开

上海：中日文化协会上海分会，1944，4 版，174 页，32 开（文协丛书）

上海：中日文化协会上海分会，1944，5 版，174 页，32 开（文协丛书）

上海：中日文化协会上海分会，1944，6 版，174 页，32 开（文协丛书）

收藏单位：广东馆、国家馆、近代史所、南京馆、上海馆

## 02336

**革命哲学（中国固有哲学略述）** 冯友兰著

重庆：中央训练团党政高级训练班，10 页，32 开

本书提出"中国固有哲学"的境界说，即：自然境界、功利境界、道德境界、天地境界。分述了人从最低境界到最高境界的发展。

收藏单位：国家馆、南京馆

## 02337

**革命哲学研究（知难行易学说的科学研究）** 梁贤达著

出版者不详，1936，36 页，36 开（中国国民党安徽省党部宣传丛书 2）

本书共 4 章，内容包括：知难行易分析的研究、知难行易综合的研究、知难行易比较的研究、知难行易是革命的哲学。

收藏单位：湖南馆、南京馆、浙江馆

## 02338

**胡适批判** 叶青著

外文题名：Critique of Mr. Hu Shih

上海：辛垦书店，1933—1934，2 册（[15]+1148

页），26 开（二十世纪批判丛书 乙编 1）

本书对胡适在哲学、科学、思想、政治、文学、历史或国故 6 个方面进行评论。书前有批判丛书序言、胡适批判序言。书末附录胡适著作表、寄胡适的公开信、讨论《胡适批判》书。

收藏单位：重庆馆、国家馆、吉林馆、近代史所、辽大馆、南京馆、山东馆、首都馆、天津馆、浙江馆

02339

**胡适思想界路线评论　张君劢著**

大理：再生旬刊社，1941，68 页，64 开

本书内容包括：胡氏心目中欧洲文艺复兴以来之三步骤与其真相，数百年来欧洲宗教、学术、政法方面学说之变迁，胡氏思想之要点及其对于中国文化之评价等。

收藏单位：南京馆、浙江馆

02340

**胡适中国哲学史大纲批判　李季著**

上海：曾献声 [ 出版者 ]，1931，[14]+262 页，32 开

本书批判胡适《中国哲学史大纲》一书的实验主义方法。对于胡著中的某些论述，如：春秋战国的时代性及其产业发展的情形，中国哲学发生时代的时势和思潮，诸子哲学勃兴的原因，老子、杨朱、庄子、孔子、孟子、荀子、墨子、别墨、法家及前三世纪的哲学思潮，古代哲学中绝的原因等问题，均提出了不同的看法。书前有著者序。再版本正文前书名题为：批判胡适中国哲学史大纲。为作者《我的生平》一书部分章节的单行本。

收藏单位：重庆馆、东北师大馆、广东馆、国家馆、黑龙江馆、湖南馆、吉林馆、江西馆、近代史所、辽宁馆、南京馆、山东馆、上海馆、首都馆、天津馆、浙江馆

02341

**胡适中国哲学史批判　严灵峰著**

福州：福建民报社，1940，168 页，32 开

本书针对胡适的《中国哲学史大纲》一书，就老子、孔子、杨朱，以及别墨等哲学思想与方法问题同胡适商榷。共 6 篇，内容包括：评胡适的"哲学的定义"、老子的"道"之新解释、"易"的性质和意义、杨朱的"兼利主义"、何谓"别墨"、儒家之言"性"与"天道"。书末附录《老庄哲学的新检讨》（该文写于 1935 年）。

收藏单位：福建馆

02342

**胡适中国哲学史批判　严灵峰著**

赣县：中华正气出版社，1943，[134] 页，32 开

收藏单位：重庆馆、国家馆、吉林馆、江西馆、辽大馆、南京馆、上海馆、中科图

02343

**回忆　朱谦之著**

朱谦之 [ 发行者 ]，1937，85 页，32 开

本书叙述民国时期学者朱谦之的经历及思想演变过程。

收藏单位：广东馆、贵州馆、国家馆、首都馆、浙江馆

02344

**蒋主席的哲学思想　张铁君著**

重庆：中周出版社，1944，84 页，64 开（中周百科丛书 第 1 辑）

本书内容包括：哲学要义、宇宙观、心物论、社会观与国家观、力行要义、中国的政治哲学、中国的伦理哲学。

收藏单位：重庆馆、南京馆、上海馆

02345

**近三十年中国思想史　郭湛波著**

北平：大北书局，1935.11，16+338 页，22 开

本书论述清末以来中国思想界的变迁与成就。共 8 篇，内容包括：导言、三十年中国思想之演变（上、中、下）、三十年来中国思想方法、三十年来中国古代思想之整理与批评、三十年来中国思想论战、中国三十年来思想的介绍。

收藏单位：重庆馆、广东馆、国家馆、近代史所、浙江馆

## 02346

**近五十年中国思想史　郭湛波著**

常恩波 [ 出版者 ]，1936.8，再版，[30]+432 页，22 开

　　本书即《近三十年中国思想史》一书的增补再版本。论述清末以来中国思想界的变迁与成就。共 8 篇，内容包括：导言、五十年中国思想之演变（上、中、下）、五十年来中国思想方法、五十年来中国古代思想之整理与批评、五十年来中国思想论战、中国五十年来思想的介绍。

　　收藏单位：重庆馆、东北师大馆、广东馆、贵州馆、国家馆、南京馆、上海馆、首都馆

## 02347

**精神陶炼要旨　梁漱溟讲　郝心静笔记**

邹平：山东（邹平）乡村建设研究院，1935.11，54 页，32 开

　　本书原系作者 1934 年 7 月在乡村服务人员精神陶炼科的讲演，讲述有志于乡村服务者应具备的思想。内容包括：立志、中国民族精神、著者本人认识、中国民族精神的过程等。

　　收藏单位：重庆馆、国家馆、南京馆

## 02348

**救国哲学　叶青著**

上海：真理出版社，1937.3，234 页，26 开

　　本书分两部分。第 1 部分包括：客观、主观、认识、实践 4 章，讲述理论方面；第 2 部分包括：民族的、统一的、政治的、革命的 4 章，讲述实践方面。书前有序。书末附录《菲希特〈对德意志国民讲演〉拔萃》。

　　收藏单位：国家馆、近代史所、南京馆、浙江馆

## 02349

**理性与民主　张东荪著**

上海：商务印书馆，1946.5，191 页，25 开

上海：商务印书馆，1948，再版，191 页，25 开

　　本书共 6 章，内容包括：序论、文明与进步、人性与人格、理智与条理、自由与民主、中国之过去与将来。

　　收藏单位：重庆馆、东北师大馆、广东馆、贵州馆、国家馆、湖南馆、吉林馆、江西馆、近代史所、南京馆、山东馆、上海馆、首都馆、天津馆、武大馆

## 02350

**理性与自由（文化思想批评论文集）　胡绳著**

上海：华夏书店，1946.6，190 页，32 开

　　本书收作者 1940—1944 年间针对当时国内思想界不健康的倾向所作的批评性论文。有《反理性主义的逆流》《评钱穆的〈文化与教育〉》《评冯友兰著〈新世训〉》等 15 篇。

　　收藏单位：重庆馆、东北师大馆、广西馆、国家馆、黑龙江馆、江西馆、辽大馆、辽宁馆、南京馆、上海馆、首都馆、天津馆

## 02351

**力行的哲学　赵宗预著**

上海：世界书局，1941.5，[13]+168 页，32 开（青年成功丛书）

上海：世界书局，1943.12，赣 1 版，[13]+168 页，32 开（青年成功丛书）

上海：世界书局，1944.6，赣 2 版，[13]+168 页，32 开（青年成功丛书）

上海：世界书局，1946.5，3 版，[13]+168 页，32 开（青年成功丛书）

上海：世界书局，1947，4 版，[13]+168 页，32 开（青年成功丛书）

　　本书简要介绍力行哲学的原理与方法。内容包括：动的世界、人生据点、人生标的、群己分际、通和真谛、生活对象、内在万有、力的发动、力的运用、行的观点、行的因素、行的方法、行的操守、行的历程、行的感应、行的十诫。书前有赵宗预《写在前面的几句话》。

　　收藏单位：重庆馆、广东馆、贵州馆、国家馆、湖南馆、江西馆、南京馆、首都馆、浙江馆

## 02352

**力行与建国　袁月楼编**

中国力行学会业务部，1946.8，88 页，32 开（中国力行学会丛书）

　　本书内收《力行之道》（罗正纬）、《力行

的真谛》(何键)、《真知与力行》(梁寒操)、《力行与文化》(胡一贯)、《力行与法治》(袁月楼)、《墨子对和平运动之力行》(谭戒甫)、《儒家的牺牲精神》(胡庶华)、《〈力行哲学论证〉自序》(闻一博)等22篇文章。书后附本书各作者的介绍。

收藏单位:国家馆、吉林馆、南京馆

02353
**力行哲学的理论基础与理论体系　谢一中著**
国防部新闻局工作人员训练班,20页,16开

收藏单位:广东馆

02354
**力行哲学概论　袁月楼著**
行健出版社,1943,[14]+104页,32开

本书共5篇,内容包括:力行哲学的涵义分析、力行哲学的科学价值、力行哲学的社会基础、力行哲学的历史渊源、力行哲学的体系纲要。书前有袁月楼撰《生命之歌》、张继序、作者自序、弁言。

收藏单位:广东馆

02355
**力行哲学概论　袁月楼著**
中国力行学会,1943,[14]+104页,32开(养气斋丛稿)
中国力行学会,1946,[14]+104页,32开(养气斋丛稿)

收藏单位:重庆馆、广西馆、国家馆、吉林馆、南京馆、武大馆

02356
**力行哲学论证　闻亦博著**
重庆:正中书局,1945.8,194页,32开
上海:正中书局,1946.10,沪1版,194页,32开
上海:正中书局,1947.10,沪4版,194页,32开

本书作者认为蒋介石提出的力行哲学,虽源于孙中山的知难行易学说,而实溯本于孔孟的思想。共7篇,内容包括:绪论、孔子论知行、孟荀论知行、朱子论知行、王阳明论知行、国父论知行、总裁论知行。书末附结论。

收藏单位:重庆馆、东北师大馆、贵州馆、国家馆、河南馆、江西馆、近代史所、南京馆、人大馆、上海馆、天津馆

02357
**力行哲学史纲　袁月楼著**
行健出版社,1943,104页,32开(养气斋丛稿)

本书系《力行哲学原理》中的一篇,略述力行哲学的历史渊源。书前有作者自序。书末附录《孔子学术思想与抗战建国》。

收藏单位:国家馆

02358
**力行哲学史纲　袁月楼著**
中国力行学会,1943.3,66页,36开(养气斋丛稿)
中国力行学会,1943.4,再版,66页,36开(养气斋丛稿)

收藏单位:重庆馆、贵州馆、国家馆、吉林馆、南京馆、浙江馆

02359
**两年来之中国思想界　蔡尚思著**
上海:沪江大学,1937.5,17页,18开

本书注重思想背景的分析及最近学术界的动向。内容包括:序言、中国目前最严重的两个问题、目前思想界的动向、三届哲学会的盛况、外国思想的编译、中国思想的研究、结语。为《天籁季刊》第26卷第1期《中国新论二周纪念》的转载抽印本。

收藏单位:国家馆

02360
**论胡适与张君劢　夏康农著**
上海:新知书店,1948.5,68页,36开(新认识丛书 第1辑1)

本书分论胡适、论张君劢两部分。书前有作者小序。

收藏单位:重庆馆、东北师大馆、国家馆、黑龙江馆、吉林馆

**02361**

逻辑书简（其一 致新华日报社潘梓年先生）
封凯著

成都：飞报社，1940，14 页，32 开

　　本书作者以孔子的大同思想反对共产主义思想。

**02362**

民生理则学（民生哲学的方法论） 李鹏著

成都：微音出版社，1943，96 页，32 开

　　本书内容包括：何谓民生理则学、民生理则学建立的根据、民生理则学的思想源渊、民生理则学的任务、民生理则学的三个规律等。

　　收藏单位：重庆馆、南京馆

**02363**

民生史观之研究　文公直著

上海：新光书店，1929.5，52 页

　　本书共 4 章，内容包括：民生史观与唯物史观之意义、民生史观与唯物史观之比较理论、民生史观与唯物史观之说明、结论。书前有沈其权序、作者自序。

　　收藏单位：吉大馆、近代史所

**02364**

民族复兴之学术基础　张君劢著

北平：再生社，1935.6，446 页，32 开

　　本书收集著者演讲、序文等 25 篇。分上、下卷，上卷学术思潮，下卷民族复兴。

　　收藏单位：广东馆、国家馆、南京馆、上海馆、天津馆

**02365**

批评吴稚晖先生的一个新信仰的宇宙观及人生观　张亦镜著

外文题名：Criticism of Wu-Fi's new creed

广州：美华浸会印书局，1925.5，96 页，25 开

　　收藏单位：桂林馆

**02366**

评冯著中国哲学史　李世繁著

北京：燕京大学哈佛燕京学社，1939，[34]页，16 开

　　收藏单位：首都馆

**02367**

评胡适反党义近著　张振之等著

上海：光明书局，1929，178 页，32 开
上海：光明书局，1930，再版，178 页，32 开
上海：光明书局，1932，3 版，178 页，32 开

　　本书汇集对胡适著《人权与约法》《我们什么时候才可有宪法》《知难行亦不易》等文的评论文章 9 篇：《知难行易的根本问题》（张振之）、《"行易知难"的解释》（潘公展）、《"知难，行亦不易"的商榷》（王健民）、《辟胡博士"知难行亦不易"论》（陶其情）、《再论知难行易的根本问题》（张振之）、《知难行易辨》（虚白）、《胡适所著"人权与约法"之荒谬》（灼华）、《有宪法才能训政吗》（无任）、《宪法与自由》（方岳）。书前有陶其情序。附胡适著《人权与约法》《我们什么时候才可有宪法》及汪羽军、诸青来、胡适关于"人权与约法"的讨论。

　　收藏单位：重庆馆、东北师大馆、广东馆、国家馆、湖南馆、江西馆、近代史所、天津馆、浙江馆

**02368**

破破新唯识论　熊十力著

北平：北京大学出版部，1933.2，118 页，16 开

　　本书是对刘定权发表的《破新唯识论》一文的驳诘。作者曾著《新唯识论》。

　　收藏单位：重庆馆、南京馆、山西馆

**02369**

破新唯识论　刘定权著

南京：支那内学院，1932.12，38 页，18 开（内学第 6 辑 1）

　　本书作者认为熊十力所著的《新唯识论》，挟妄逞妄，与佛说相悖。共 3 部分，内容包括：征宗、破计、释难。

　　收藏单位：重庆馆、国家馆、南京馆、上海馆、天津馆、浙江馆

**02370**

**三十年来中国思想界　蔡尚思著**

上海：沪江大学，1936.11，38 页，16 开

上海：沪江大学，1945，38 页，16 开

　　本书对自清末康有为以来中国政治、哲学、经济、教育、思想及有关的问题和著作加以评论。共 4 部分，内容包括：中国思想的整理、外国思想的介绍、各种思想的创作、研究思想的方法。正文内散有参考书目。为《天籁季刊》第 25 卷第 2 期《沪江大学三十周年纪念》单行本。

　　收藏单位：国家馆、南京馆

**02371**

**沈思笃氏学说之研究　欧阳德之著**

北平：复兴印书馆，1936，[568] 页，25 开

　　本书系研究沈思笃氏学说的专著。共 5 章，内容包括：绪说、纵的研究、沈氏学型的基础理论、沈氏学说方法论、真理两合论。书末有本卷结论。

　　收藏单位：国家馆

**02372**

**生之原理　陈立夫著**

重庆：正中书局，1944.8，307 页，25 开

重庆：正中书局，1945，9 版，307 页，25 开

上海：正中书局，1945.10，307 页，25 开

上海：正中书局，1946，[再版]，307 页，25 开

　　本书分为 3 部。第 1 部宇宙论，下分导论、本体论之问题、宇宙之形成、存在之意义及存在之原理、无生物生物与人之差别 5 章；第 2 部人生论，下分人生之目的、道德之修养、生命之原动力——诚、成己成物之阶段、中庸之道、五伦之教、人生之价值 7 章；第 3 部民生论，下分历史进化之动力与民生史观、民生之义谛、文化之意义与价值、政治在文化中之地位及政治之进化、人类社会进化之阶段及大同社会之理想、到大同之世之路——和平之实现、中国文化之特质及其对于世界文化之意义 7 章。书前有作者自序。书末为结论。

　　收藏单位：重庆馆、东北师大馆、贵州馆、国家馆、湖南馆、江西馆、近代史所、南京馆、山东馆、上海馆、天津馆、武大馆、浙江馆

**02373**

**十力语要　熊十力著**

出版者不详，1941，4 册（84+103+81+65 页），32 开（十力丛书）

　　本书收录熊十力与友人论学书信及与弟子的问答等，内容涉及哲学、佛理等。

　　收藏单位：重庆馆

**02374**

**思想与社会　张东荪著**

上海、重庆：商务印书馆，1946.3，204 页，25 开（东西文化丛书）

上海：商务印书馆，1947.7，再版，204 页，25 开（东西文化丛书）

　　本书是《知识与文化》一书的续篇，讨论以哲学为代表的理性知识与以社会学为代表的社会实际生活之间的关系。共 9 章，内容包括：序论、泛论概要、三种知识系统、形而上学性质、思想与社会组织、中国的道统（上）儒家思想、中国的道统（下）理学思想、西洋的道统（上）耶教思想与社会主义、西洋的道统（下）民主主义、后顾与前瞻、结论。书前有序。

　　收藏单位：重庆馆、东北师大馆、广东馆、贵州馆、国家馆、湖南馆、江西馆、近代史所、南京馆、山东馆、上海馆、首都馆、天津馆、浙江馆

**02375**

**所思　张申府著**

上海：神州国光社，1931.7，231 页，32 开

　　本书内收《所思》《肺腑语》《生之反映》《文明或文化》《纯客观法》等 16 篇随笔、杂感，是作者 1919—1930 年间写成的。

　　收藏单位：东北师大馆、国家馆、湖南馆、吉林馆、近代史所、辽宁馆、南京馆、上海馆、首都馆、天津馆、浙江馆

**02376**

**提倡墨学议　沈颜闳著**

行健出版社，1947.1，10 页，32 开（中国力行学会丛书）

本书从力行、民主、和平、崇俭、牺牲、科学、宗教等方面论述墨子的思想精神，提倡以墨子精神去建设中国。书前有袁月楼序（节自《力行哲学史纲》一书）。

收藏单位：国家馆、南京馆

**02377**

**晚近中国思想界的剖视　曹亮著**

上海：青年协会书局，1934.2，30 页，44 开（社会问题小丛书 18）

本书作者对科学与玄学论战中张君劢、梁漱溟、林语堂等人的思想进行评介。

收藏单位：重庆馆

**02378**

**望烟楼杂著**

永兴学舍，1947，146 页，32 开（永兴丛书）

本书分为望烟楼稿本、道体图说、富春樵语及附录等。

收藏单位：浙江馆

**02379**

**唯假论　费子城著**

奉新：费子城 [ 发行者 ]，1938.7，44 页，25 开

本书作者罗列文字、尧舜、孔孟、人情、道德、动植物诸方面的"假象"，分 12 章加以论证。书前有谌然模序、孤云轩主诗序。

收藏单位：国家馆、江西馆

**02380**

**唯生论（上）　陈立夫讲演　萧乃华笔记**

浙江：党义研究会，[1933]，207 页，22 开（中央政治学校讲演集 1）

本书内容包括：唯生论的宇宙观、唯生论的人生观与社会观、唯生论的道德观、生命的动能（诚）、生命的潜能（性）、生命的光辉等。

收藏单位：重庆馆

**02381**

**唯生论（上卷）　陈立夫讲**

出版者不详，[1933—1939]，226 页，25 开（中央政治学校讲演集 1）

出版者不详，214 页，50 开

收藏单位：东北师大馆、贵州馆、国家馆、西交大馆

**02382**

**唯生论（上卷）　陈立夫讲演　萧乃华笔记**

南京：正中书局，1934.7，207 页，25 开（中央政治学校讲演集 1）

南京：正中书局，1935，3 版，207 页，25 开（中央政治学校讲演集 1）

南京：正中书局，1936.4，7 版，207 页，25 开，精装（中央政治学校讲演集 1）

南京：正中书局，1938，9 版，207 页，25 开（中央政治学校讲演集 1）

南京：正中书局，1939，12 版，207 页，25 开（中央政治学校讲演集 1）

南京：正中书局，1940.2，19 版，207 页，25 开，精装（中央政治学校讲演集 1）

重庆：正中书局，1941，20 版，207 页，25 开（中央政治学校讲演集 1）

南京：正中书局，1943，13 版，改订本，162 页，25 开（中央政治学校讲演集 1）

重庆：正中书局，1944，27 版，改订本，162 页，25 开（中央政治学校讲演集 1）

上海：正中书局，1945，沪 1 版，162 页，25 开（中央政治学校讲演集 1）

上海：正中书局，1947，沪 3 版，162 页，25 开（中央政治学校讲演集 1）

收藏单位：重庆馆、东北师大馆、贵州馆、国家馆、湖南馆、吉大馆、江西馆、南京馆、上海馆、绍兴馆、天津馆、武大馆、浙江馆

**02383**

**唯生论的方法论　张铁君著**

贵阳：贵州晨报社，1938.8，184 页，32 开

本书内收论文 7 篇，作者以他所谓孙中山的爱力、创进、诚化三个法则，否定唯物辩证法。论文有《现阶段的文化运动》《我们哲学战线上的一个台儿庄》《哲学上的统一观念》《再论爱力的统一》《总理的革命观》《创

进律与质量律》《诚化法则的研究》。书末附录杜伯埙的读后。

收藏单位：重庆馆

**02384**

**唯生论的人生观和社会观　陈立夫讲**

出版者不详，16 页，25 开

本书内容是陈立夫在中央政大社会系同学会上的演讲，论述了"从人类的进化程序——真、善、美三个步骤说到人类的组织变化""从各方面的事实证明人类的历史是一部求生存的一切动作云为记录，是唯生而不是唯物的"等。

收藏单位：重庆馆、南京馆

**02385**

**唯行论　黄光学著**

泰和：江西省三民主义文化运动委员会，1942，136 页，25 开

本书共 5 章，内容包括：行的宇宙论、行的人生论、行的认识论、行的方法论、综论。

收藏单位：重庆馆、广东馆、国家馆、江西馆、南京馆

**02386**

**唯行论　黄光学著**

江西：知行出版社，1942.1，86 页，36 开

江西：知行出版社，1943.10，修正再版，86 页，36 开

收藏单位：北师大馆、国家馆、江西馆、南京馆

**02387**

**唯行论集（第 2 辑）　刘文辉等著**

唯行学社，1941.10，78 页，32 开

本书内收：《致知与力行》（摘录自刘文辉《新西康的心理建设》）、《力行是中华民族固有的传统精神》（王靖宇）、《精神修养及其事业》（张敬熙）、《唯生论的组织观（现代组织的意义）》（张练奄）、《知行体系——唯行学社之责任》（李升二）、《我们应该永久把握黎明升旗的时间》（王靖宇）、《唯行的历史观》（杨露）、《由正心修身说到笃行》（刘华）、

《今后的努力——行》（杨叔咸），以及曾国藩论行的语录 20 条。

收藏单位：重庆馆

**02388**

**为发展新哲学而战（第一集《叶青哲学批判》之批判）　叶青著**

上海：真理出版社，1937.6，10+221 页，22 开

本书共收 14 篇论文：《为什么要批判〈叶青哲学批判〉（答艾生）》《新哲学发展与叶青哲学（答艾生）》《关于"哲学到何处去"（答艾生）》《关于"物质——精神——物质"（答何封）》《哲学不会消灭吗（答庄实）》等。

收藏单位：国家馆、南京馆

**02389**

**我生之世　陆志伟著**

外文题名：National culture and the develoment of the individual

上海：青年协会书局，1926.11，174 页，32 开（中国基督教学生运动名人讲演集 2）

本书共 6 部分，内容包括：所谓保存"国粹"的问题、国家主义的范围、发展个性、专门知识与普通知识、效率与享乐、悲观与合理的信仰。

收藏单位：广东馆、南京馆

**02390**

**现代思潮批评　朱谦之著**

北京：新中国杂志社，1920.1，198 页，32 开

本书批评新庶民主义、广义派主义、无政府共产主义、实际主义等思潮，宣扬虚无主义的宇宙观、人生观和方法论。卷首论述批评的方法。卷末为思想论。

收藏单位：重庆馆、东北师大馆、国家馆、吉大馆、吉林馆、南京馆、山西馆、上海馆、浙江馆

**02391**

**现阶段的中国思想运动　夏征农编**

上海：一般书店，1937.7，209 页，25 开

本书分思想运动总论辑、新启蒙运动论辑和思想问题评论集 3 大部分，收录论文 20

篇，内容包括：《现阶段的中国思想运动》（集体讨论）、《论思想文化问题》（艾思奇）、《中国思想运动之再认识》（何干之）、《提出几个关于思想运动的问题》（汉夫）、《展开中国新文化运动》（江凌）、《论新启蒙运动》（陈伯达）、《五四运动与新启蒙运动》（齐柏岩）、《向新启蒙运动提出一个意见》（金刚人）、《论青年思想的独立》（胡绳）等。

　　收藏单位：广西馆、国家馆、湖南馆、南京馆、上海馆、浙江馆

## 02392

**新理学　冯友兰著**

长沙：商务印书馆，1939.5，312页，25开（大学丛书 教本）

长沙：商务印书馆，1940，再版，312页，25开（大学丛书 教本）

长沙：商务印书馆，1942，再版，312页，25开（大学丛书 教本）

重庆：商务印书馆，1942，3版，312页，25开（大学丛书 教本）

重庆：商务印书馆，1943，4版，312页，25开（大学丛书 教本）

重庆：商务印书馆，1944，5版，312页，25开（大学丛书 教本）

重庆：商务印书馆，1944.3，赣县1版，312页，25开（大学丛书 教本）

上海：商务印书馆，1946.10，4版，312页，25开（大学丛书 教本）

上海：商务印书馆，1947，5版，312页，25开（大学丛书 教本）

上海：商务印书馆，1949，6版，312页，25开（大学丛书 教本）

　　本书为冯友兰《贞元三书》中的第1种，作者自称是"讲纯粹哲学的"。本书大体上承接宋明道学中理学一派，从判断命题出发，论述认识论中逻辑在先的方法。共10章，内容包括：理、太极，气、两仪、四象，道、天道，性、心，道德、人道，势、历史，义理，艺术，鬼神，圣人。书前有作者自序、绪论。

　　收藏单位：重庆馆、东北师大馆、广东馆、贵州馆、国家馆、黑龙江馆、湖南馆、江西馆、近代史所、南京馆、山东馆、上海馆、首都馆、天津馆、浙江馆

## 02393

**新理学批判原稿　茅冥家著**

出版者不详，142页，28开

　　本书共10章，内容包括：理、气，道、天道，天、性心，道德、人道，数、势，知识、义理、鬼神，命运，圣人、君子、贤人等，批判冯友兰著《新理学》。

　　收藏单位：东北师大馆、上海馆

## 02394

**新事论（又名，中国到自由之路）　冯友兰著**

昆明：开明书店，1941，再版，230页，32开

长沙：开明书店，1942，再版，230页，32开

重庆：开明书店，1943，3版，230页，32开

　　本书为《贞元三书》之二，主要讨论文化与社会等问题，曾在昆明《新动向》半月刊上发表，为纪念北京大学成立40周年而单行刊出。共12篇，内容包括：别共殊、明层次、辨城乡、说家国、原忠孝、谈儿女、阐教化、评艺文、判性情、释继开、论抗建、赞中华。书前有作者自序。

　　收藏单位：国家馆

## 02395

**新事论（又名，中国到自由之路）　冯友兰著**

上海：商务印书馆，1940，230页，32开（新中学文库）

上海：商务印书馆，1941，再版，230页，32开（新中学文库）

长沙：商务印书馆，1942，再版，230页，32开

重庆：商务印书馆，1943，3版，230页，32开

重庆：商务印书馆，1943，4版，230页，32开

重庆：商务印书馆，1944.3，5版，230页，32开

连城：商务印书馆，1945.10，230页，32开，精装

上海：商务印书馆，1946.10，沪1版，230页，32开（新中学文库）

上海：商务印书馆，1947，沪2版，230页，32开（新中学文库）

重庆：商务印书馆，1947，6 版，230 页，32 开

上海：商务印书馆，1948.4，沪 3 版，230 页，32 开

　　收藏单位：重庆馆、东北师大馆、广东馆、国家馆、黑龙江馆、湖南馆、江西馆、山东馆、上海馆、绍兴馆、首都馆、浙江馆

## 02396

**新事论（又名，中国到自由之路）　冯友兰著**

出版者不详，[1939]，1 册，18 开

　　收藏单位：东北师大馆、国家馆、浙江馆

## 02397

**新唯识论　　熊十力著**

重庆：商务印书馆，1944.3，358 页，22 开（中国哲学丛书 甲集1）

上海：商务印书馆，1947.3，358 页，22 开（中国哲学丛书 甲集1）

　　本书原是 1922 年在北京大学授课的讲义，文言文，1932 年删定成书。1927—1933 年改写为语体文。本书即语体文本。分上、中、下 3 卷，共 9 章。卷上为明宗、唯识（上、下）、转变；卷中为功能（上、下）；卷下为成物、明心（上、下）。内容多出于儒和释，对过去的哲学与宗教多有评论。书前有新唯识论全部印行记、初印上中卷序言。书末有作者的附录。

　　收藏单位：重庆馆、贵州馆、国家馆、河南馆、黑龙江馆、吉大馆、吉林馆、江西馆、南京馆、山东馆、上海馆、首都馆、天津馆、浙江馆

## 02398

**新唯识三论判　　周叔迦述**

北平：直隶书局，44 页，16 开

　　本书共 3 部分，包括《新唯识论》判、《破新唯识论》判、《破破新唯识论》判。

　　收藏单位：国家馆

## 02399

**新原人　　冯友兰著**

上海：商务印书馆，1942，292 页，32 开

重庆：商务印书馆，1943，292 页，32 开

重庆、上海：商务印书馆，1944，再版，292 页，32 开

重庆、上海：商务印书馆，1945，3 版，292 页，32 开

上海：商务印书馆，1946.12，再版，292 页，32 开

上海：商务印书馆，1946.12，沪 1 版，147 页，32 开

上海：商务印书馆，1947，沪再版，147 页，32 开

重庆：商务印书馆，1947，4 版，292 页，32 开

　　本书共 10 章，内容包括：觉解、心性、境界、自然、功利、道德、天地、学养、才命、死生。书前有作者自序。本书各章皆发表于《思想与时代》月刊。

　　收藏单位：重庆馆、东北师大馆、广东馆、贵州馆、国家馆、黑龙江馆、湖南馆、吉林馆、江西馆、近代史所、南京馆、山东馆、上海馆、首都馆、浙江馆

## 02400

**新哲学论战集　　叶青编**

上海：辛垦书店，1936.12，383 页，25 开

　　本书辑录有关"新哲学"的论文 29 篇，分为泛论、辩证逻辑与形式逻辑、物质与观念论、内因论与外因论、余论 5 组。论文包括《读〈哲学讲话〉以后》（王一知）、《〈哲学讲话〉批评的反批评》（艾思奇）、《叶青哲学批判》（陈伯达）、《叶青哲学何处去》（沈志远）、《形式逻辑没有适用的场合吗》（叶青）、《叶青的"辩证的物质论"》（何封）等。书末附新哲学论战文字一览表。

　　收藏单位：国家馆、湖南馆

## 02401

**新哲学漫谈　　张铁君著**

重庆：国民图书出版社，1942.1，160 页，32 开（党义丛书）

　　本书收作者的哲学讲演 10 篇:《人类的穷根到底——哲学的定义》《老问题的解决——为什么要研究哲学》《头头是道——怎样研究哲学》《要识庐山真面目——实体问题》《骷

髏的跳舞——唯物论》《幽灵——唯心论》《活生生的世界——唯生论》《金钱究为何物——认识论》《奇妙的一与苦恼的圈——方法论之一》《彼进一步我进十步——方法论之二》。书前有作者自序。

收藏单位：重庆馆、东北师大馆、贵州馆、国家馆、吉林馆、南京馆

## 02402

**新哲学之建立　宋垣忠著**

河南：河南民报社，1943.6，24 页，32 开

本书收录 3 篇短文：《怎样建立唯生论》《本体论的清算》《被人忽视的一个重要哲学问题》。

收藏单位：重庆馆、南京馆

## 02403

**新知言　冯友兰著**

上海：商务印书馆，1946，104 页，25 开（中国哲学丛书 甲集 4）

上海：商务印书馆，1948，再版，104 页，25 开（中国哲学丛书 甲集 4）

本书主要论述"新理学"的方法及"新理学"在现代世界哲学中的地位。共 10 章，内容包括：论形上学的方法、柏拉图的辩证法、斯宾诺莎的反观法、康德的批判法、维也纳学派对于形上学底看法、新理学的方法、论分析命题、论约定说、禅宗的方法、论诗。书首有绪论。书前有作者自序。

收藏单位：重庆馆、东北师大馆、广东馆、广西馆、贵州馆、国家馆、黑龙江馆、湖南馆、吉林馆、近代史所、辽宁馆、南京馆、山东馆、上海馆、首都馆、天津馆、浙江馆

## 02404

**行的道理的科学论证　惠迪人著**

重庆：出版者不详，1940，19—36 页，18 开

本书试图以"人类生态科学"的理论论证"行的哲学"的正确性与科学性。共 5 篇，内容包括：绪论、中国关于知行学说的发展、行的哲学要旨、人类生态科学大意、结论。为《中国季刊》第 2 卷第 4 期的抽印本。

收藏单位：国家馆

## 02405

**行动哲学　惠迪人著**

重庆：商务印书馆，1943.3，119 页，32 开

重庆：商务印书馆，1944.2，再版，119 页，32 开

上海：商务印书馆，1946.8，沪初版，119 页，32 开

上海：商务印书馆，1947.2，沪再版，119 页，32 开

本书共 7 章，内容包括：一些名词的说明、几种科学的介绍、行动哲学的意义及其由来、行动哲学的物质论、行动哲学的生物论、行动哲学的人类论、结论。书末附录《行的道理的科学论证》（曾刊于《青年中国季刊》第 2 卷第 4 期）。封面由吴敬恒题签。

收藏单位：重庆馆、广东馆、贵州馆、国家馆、湖南馆、江西馆、南京馆、山东馆、上海馆、首都馆、天津馆、浙江馆

## 02406

**行学　王寒生著**

江西文化服务部，1944.4，[297] 页，32 开

本书分 3 编。上编本体论，研究行的构成、定义、知行关系；中编行的认识论，试图借生理、物理学及社会进化的事实，解答有关知行的几个具体问题；下编行的方法论。每编前均有作者序。

收藏单位：重庆馆、江西馆

## 02407

**言语**

北京：道德学社，108 页，18 开

收藏单位：浙江馆

## 02408

**叶青哲学批判　艾生著**

上海：思想出版社，1937.5，149 页，32 开

本书内收论文 9 篇：《为什么要批判叶青哲学》《何谓叶青哲学》《评哲学到何处去》《关于精神与物质》《哲学到何处去并答叶青君》《辩证法和加减法》《叶青之所谓思惟科

学》《井田形的人生哲学新体系》《观念论吸收了叶青》。

收藏单位：重庆馆、吉大馆、吉林馆、山东馆、上海馆、首都馆

02409

**一物异名图解　赵次陇著**

出版者不详，1946，30 页，36 开

本书根据著者在山西大学的讲稿整理而成，内容包括：太极、明德、性、心、至诚、中、明命、理、真如、无位真人、灵性等专题。

收藏单位：国家馆、山西馆

02410

**原道　陈君涤著**

出版者不详，1945.9，10 页，32 开

本书共 8 章，内容包括：释名、正宗、缘道、立异、殉物、存己、执空、达本。书末附觉迷颂。

收藏单位：浙江馆

02411

**阅世刍言　张武著**

张武 [发行者]，1931，6 版，28 页，32 开

本书共 8 章，内容包括：道德、慈爱、度量、学问、阅历、处世、应事、接物。

收藏单位：安徽馆

02412

**在文化阵线上（《真理的追求》续集）　陈伯达著**

汉口、上海、重庆：生活书店，1939.2，244 页，32 开

汉口、重庆：生活书店，1939.5，再版，244 页，32 开

本书分新启蒙运动论文续集、哲学研究、中国思想史散稿三大类，共 12 篇。收录《思想的自由与自由的思想》《思想无罪》《学习批评》《旧形式的利用》《文化上的大联合与新启蒙运动的历史特点》《论抗日文化统一战线》《论文化运动中的民族传统》（附录《我们对于目前文化运动的意见》）、《关于知行问题研究》《断片二则》《论五四新文化运动》

《论中国启蒙思想——谭嗣同》等文章。

收藏单位：重庆馆、东北师大馆、广东馆、国家馆、南京馆、上海馆、浙江馆

02413

**张东荪哲学批判（对观念论、二元论、折衷论之检讨）　叶青著**

上海：辛垦书店，1934，2 册 (19+849 页)，22 开（二十世纪批判丛书乙编 2）

本书分 4 编：第 1 编导论，讨论哲学及哲学与科学关系；第 2 编总论，讨论"新哲学"的体系；第 3 编分论，讨论认识论、因果律与数理、人生观、道德哲学；第 4 编余论，主要讨论哲学史、逻辑、新物质论等。书末附录《给张东荪一封公开的信》等。

收藏单位：重庆馆、国家馆、近代史所、南京馆、山东馆、首都馆、浙江馆

02414

**哲学的辩证（二 物产证券按劳分配学会对艾思奇先生关于"中的哲学的评述"之辩正）　民族革命理论及实施研究院编辑**

抗战复兴出版社，1943.5，65 页，36 开

抗战复兴出版社，1944.2，65 页，36 开

本书共 6 部分，内容包括：辩证中的哲学是怎样产生的、意志与环境的关系究竟是怎样、辩证法唯物论解答不了的一个问题、这才是一个打破阶级性与党派性的正确的认识法则、人事物事是一样吗、怎样去理解动与静的问题。原载于《新社会月刊》。

收藏单位：国家馆、南京馆、山西馆

02415

**哲学批判集　谭辅之著**

上海：思想出版社，1937.5，186 页，32 开

本书内收论文 9 篇：《佛学批判》《如何处理形式逻辑》《艾思奇的新哲学讲话》《论感性与理性》《艾思奇哲学与叶青哲学之比较观》《哲学上的联合战线与统一主义》《陈伯达哲学批判》《内因论与外因论》《目的论与观念论批判》。书末附录《评陈唯实〈新哲学体系讲话〉》《最近中国的哲学界》。

收藏单位：重庆馆、东北师大馆、国家

馆、近代史所、首都馆、浙江馆

**02416**

**真理的追求　陈伯达著**

上海：新知书店，1937.3，199页，25开

　　本书共3部分，内容包括：新启蒙运动论文、哲学批判、中国社会史研究。附录为郭沫若的《水与结晶的溶洽》。

　　收藏单位：重庆馆、近代史所

**02417**

**正心论　杨蔚著**

[开封]：出版者不详，1945.3，16页，32开

　　收藏单位：南京馆

**02418**

**知命轩哲学论集　宋垣忠著**

西安：新生晚报社，1945，[97]页，32开

　　收藏单位：河南馆

**02419**

**知识与文化　张东荪著**

上海、重庆：商务印书馆，1946.1，237页，25开（社会学丛刊 甲集2）

上海、重庆：商务印书馆，1946.12，再版，237页，25开（社会学丛刊 甲集2）

上海：商务印书馆，1947，再版，237页，25开（社会学丛刊 甲集2）

上海：商务印书馆，1947.8，3版，237页，25开（社会学丛刊 甲集2）

　　本书讨论文化的产生与发展、文化的分化以及中国哲学的特征。共3编，内容包括：从知识而说到文化（关于知识的性质）、从文化而说到知识（关于知识的限制）、中国思想之特征。书末附录《科学与历史之对比及其对中西思想不同之关系》《从中国言语构造上看中国哲学》《思想言语与文化》《不同的逻辑与文化并论中国理学》《思想自由与文化》。

　　收藏单位：重庆馆、东北师大馆、广东馆、贵州馆、国家馆、河南馆、湖南馆、江西馆、近代史所、辽大馆、南京馆、山东馆、首都馆、天津馆、浙江馆

**02420**

**知行合一新论　贺麟著**

昆明：出版者不详，1940.1，20页，16开

　　本书论述知行的关系，提出知主行从说。说明王阳明提出知行合一说的目的，以及重新讨论知行合一问题的目的。系《国立北京大学四十周年纪念论文集》的抽印本。

**02421**

**知行论　王志之著**

成都：文化服务处，1944.4，48页，32开（青年修养丛书）

　　本书分内、外两篇。内篇为知行论，共6部分，内容包括：大题小做、从知易行难到知难行易、知行合一与训教合一、要学不倦然后才能教不倦、别真伪明是非、心理建设与伦理建设之关系；外篇为成达论，内容包括：考试是否是选拔人才的最好办法、文哲与实科的比重问题、论博学与精学等。

　　收藏单位：重庆馆

**02422**

**知行新论（原名，知行难易之研究）　林问樵著**

重庆：林问樵[发行者]，1947.6，90页，32开

　　本书共7章，内容包括：知行问题之重要性、前人对知行主张之派别、知行的意义、知无难易、知之难行之易、知之易行之难、知之行之互有难易等。作者提出知无难易的主张。书前有作者序。

　　收藏单位：重庆馆、广东馆、国家馆、湖南馆、江西馆、辽宁馆、南京馆、上海馆、首都馆、天津馆、浙江馆

**02423**

**中的本体、演变校用　民族革命理论及实施研究院编辑**

出版者不详，26页，32开

　　收藏单位：南京馆

**02424**

**中的方法论　刘杰著**

[重庆]：民族革命理论及实施研究院，1943.4，30页，36开

本书共3章，内容包括：方法论的意义及研究上之任务与目的、事物演变的法则、处理人事的守则。

收藏单位：国家馆、南京馆

## 02425

**中国思想方法问题　朱谦之著**
国民印刷所，1941，98页

收藏单位：南京馆

## 02426

**中国思想方法问题——知行问题　朱谦之著**
曲江：民族文化出版社，1941.10，102页，25开（民族文化丛书）（学术丛书）

本书作者认为，孔子哲学是中国思想的根本，其思想方法是中国思想方法的代表，其中最有价值的正统思想方法就是《大学》中所讲的格物致知，而孙文学说则是这种思想方法发展的最高阶段。分3章论述中国思想方法的体系、中国思想方法的发展史以及中国思想方法的新倾向。书前有导言。书末有结论。

收藏单位：重庆馆、中科图

## 02427

**中国思想界的奥伏赫变　王灵皋著**
上海：亚东图书馆，1936.6，223页，32开（生活指导丛书）

本书论述马克思主义的唯物论和辩证法的观点在中国思想界的兴起，对胡适派思想进行了批评。"奥伏赫变"即"扬弃"。书前有作者序。

收藏单位：重庆馆、广东馆、国家馆、南京馆、山东馆、上海馆、首都馆、浙江馆、中科图

## 02428

**中国新文化运动概观　伍启元著**
上海：现代书局，1934.3，180页，25开

本书介绍"五四运动"以后，中国学术思想发展变迁的过程，以及在一系列问题上发生的争辩。分上、下两篇。上篇包括绪论、社会的变革和思想转变、文学革命运动和新文化运动、实验主义及其他、疑古思潮的澎湃、国故整理及其批评、唯物的辩证法7章；下篇包括引言、人生观的论战、东西文化的讨论、文艺的论战、政治问题的讨论、社会史的论战等7章。书前有潘广镕序、作者自序。

收藏单位：重庆馆、广东馆、国家馆、湖南馆、吉林馆、江西馆、近代史所、南京馆、上海馆、天津馆、浙江馆

## 02429

**中国新文化运动论　张闻天著**
新加坡：新民主报社，1946，22页，32开

本书著者原题：洛甫。

收藏单位：广东馆

## 02430

**中山易经科哲会通卷首草案　张建初编**
出版者不详，1937.4，72页，25开

收藏单位：贵州馆

# 亚洲哲学

## 02431

**东方哲学史（东方哲学特质的分析）（日）**
**秋泽修二著　汪耀三　刘执之译**
上海：生活书店，1939.6，[19]+413页，26开

本书作者认为必须清除佛教、儒教对东方哲学神秘化之影响以及西方中心论的影响，批判了黑格尔把东方哲学排除在哲学史之外的观点。除序论外，分成印度哲学史和中国哲学史两个部分。印度哲学史分10章，先综述印度社会宗教和科学，然后将印度哲学分为五期叙述；中国哲学史分12章，先介绍中国的社会及科学、中国哲学的成立和发展，然后将中国哲学分为三期叙述。书后附录《日本哲学史概论》，论述了有关日本哲学史的10个问题；最后附有主要参考文献及世界哲学史序。

收藏单位：东北师大馆、广东馆、广西馆、国家馆、上海馆、天津馆

02432

**东洋哲学根本思想**　（日）宫濑睦夫著　姜来译

大连：大满文库，1942.6，240 页，32 开（大满文库 2）

　　本书共 5 编，内容包括：中国哲学根本思想、中国纯粹哲学的发展、日本儒学的发展、关于佛教纯粹哲学的发展、日本哲学根本思想。

　　收藏单位：国家馆

02433

**林罗山文集**　京都史迹会编纂

大阪：弘文社，1930，38+950 页，26 开

　　本书共 14 卷，内容包括：赋、书、启札、外国书等。

　　收藏单位：国家馆

02434

**人生之实现**　（印）泰戈尔（R. Tagore）著　王靖　钱家骧译

外文题名：The realization of life

上海：泰东图书局，1921，162 页，32 开（新人丛书）

上海：泰东图书局，1923，[再版]，162 页，32 开（新人丛书）

上海：泰东图书局，1923.11，3 版，162 页，32 开（新人丛书）

上海：泰东图书局，1926.3，4 版，162 页，32 开（新人丛书）

　　本书是印度诗人泰戈尔在《奥义书》影响下写的哲学著作。共 8 章，内容包括：个人与宇宙的关系、灵魂意识、恶的问题、自我的实现、在爱里的实现、在动作里的实现、美的实现、无限的实现。著者原题：太谷儿。

　　收藏单位：重庆馆、国家馆、湖南馆、吉林馆、山西馆、首都馆、天津馆

02435

**日本的孔子圣庙**　（日）津田敬武编　曹钦源译

国际文化振兴会，[1941]，[14]+38 页，25 开，精装

　　本书分 3 章，介绍孔子学说在日本的情况。

内容包括：日本儒教概况、释奠的祭仪和圣庙的遗迹、现在遗存稀觏经书。有周作人序。

　　收藏单位：重庆馆、广东馆、国家馆、吉林馆、辽宁馆、南京馆、山东馆、上海馆、首都馆、天津馆、中科图

02436

**日本精神与近代科学**　（日）永井潜著　钱稻孙译

北京：近代科学图书馆，1937，21 页，26 开（北京近代科学图书馆丛刊 1）

　　本书分 16 节。作者认为"日本精神"，是神儒佛三教之融合，具有极强的忠孝、尊国爱族、崇武、仁爱等特征，声称这种精神与近代科学是一致的。为《北京近代科学图书馆丛刊》第 1 号单行本。

　　收藏单位：国家馆、南京馆

02437

**日本思想史上否定之论理的发达**　（日）家永三郎著　张我军译

北京：近代科学图书馆，[1933.8]，2 册（32+40 页），18 开（北京近代科学图书馆丛刊 23）

　　本书共 8 章。作者认为西洋思想上的否定理论是认识社会历史变化的工具，应以辩证法的过程去观察历史。日本从古代哲学、佛教思想，经圣德太子、平安时代、镰仓时代、室町时代、江户时代，是一个辩证否定的具体过程。

　　收藏单位：国家馆、首都馆

02438

**日本朱子学派学统表**　（日）安井小太郎编

出版者不详，24 页，26 开

　　收藏单位：国家馆

02439

**三浦梅园的示唆**　（日）三枝博音著

北京：北京近代科学图书馆，[1941]，12 页，26 开（北京近代科学图书馆丛刊 16）

　　本书为哲学思想家三浦梅园的研究启示。

　　收藏单位：国家馆、山东馆、首都馆

02440

**善之研究** （日）西田几多郎著　魏肇基译

上海：开明书店，1929.2，[16]+247 页，32 开

　　本书以纯粹经验作为唯一的实在而说明一切。共 4 编，内容包括：纯粹经验、实在、善、宗教。

　　收藏单位：重庆馆、广西馆、国家馆、吉林馆、辽宁馆、山东馆、上海馆、首都馆、天津馆、浙江馆

02441

**塔果尔及其森林哲学** （印）泰戈尔（R. Tagore）著　冯飞编译

上海：商务印书馆，1922.3，223 页，25 开（共学社时代丛书）

上海：商务印书馆，1931，[ 再版 ]，223 页，25 开（共学社时代丛书）

上海：商务印书馆，1934，国难后 1 版，223 页，25 开（共学社时代丛书）

　　本书论述印度诗人泰戈尔的哲学思想。分上、下两篇，上篇为泰戈尔哲学研究，下篇为泰戈尔原著选译。书前有译者小引。著者原题：塔果尔。

　　收藏单位：重庆馆、广东馆、广西馆、国家馆、湖南馆、辽宁馆、南京馆、山西馆、上海馆、绍兴馆、首都馆、天津馆、浙江馆

02442

**唯心奇术**　汪达摩著

上海：东震图书公司，1919.3，[290] 页，24 开，精装

　　本书介绍印度瑜伽派修养内功的方法。共 5 编，内容包括：悬谈、原理、根本修养法、实用科之施术方法、游戏科之施术方法。

　　收藏单位：国家馆、南京馆、首都馆

02443

**文明论概略**　（日）福泽谕吉著　北京编译社译

北京：商务印书馆，1919，195 页，25 开

　　收藏单位：山西馆

02444

**一年有半**　（日）中江笃介著　华镕译

出版者不详，42 页，大 32 开

　　收藏单位：南京馆

02445

**印度哲学概论**　梁漱溟著

上海：商务印书馆，1919，317 页，26 开（北京大学丛书 5）

上海：商务印书馆，1920，再版，317 页，26 开（北京大学丛书 5）

上海：商务印书馆，1922，3 版，315 页，26 开（北京大学丛书 5）

上海：商务印书馆，1924，4 版，311 页，26 开（北京大学丛书 5）

上海：商务印书馆，1926，5 版，313 页，26 开（北京大学丛书 5）

上海：商务印书馆，1935，国难后 1 版，313 页，26 开（北京大学丛书 5）

　　本书论及印度哲学的概念、典籍与诸宗学说。共 4 篇，内容包括：印度各宗概略、本体论、认识论、世间论。书前有作者序。

　　收藏单位：重庆馆、东北师大馆、广东馆、贵州馆、国家馆、黑龙江馆、湖南馆、江西馆、近代史所、辽宁馆、南京馆、山东馆、山西馆、上海馆、绍兴馆、首都馆、天津馆、浙江馆

02446

**印度哲学史纲**　黄忏华撰

上海：商务印书馆，1936.4，[10]+215 开（中山文库）

上海：商务印书馆，1936.9，再版，[10]+215 页，25 开（中山文库）

　　本书将印度哲学分为古代婆罗门哲学、诸派哲学和佛教哲学 3 大部分。古代婆罗门哲学包括吠陀哲学、净行书哲学和奥义书哲学；诸派哲学包括数论派、瑜伽派、胜论派、正理派、弥曼差派、吠檀多派等主要派别；佛教哲学包括根本佛教、部派佛教与开发佛教。

　　收藏单位：重庆馆、东北师大馆、广东馆、广西馆、国家馆、黑龙江馆、湖南馆、江西馆、近代史所、南京馆、山东馆、上海

馆、首都馆、浙江馆

## 02447

**印度哲学史略　汤用彤著**
重庆：独立出版社，1945.12，186页，26开
（现代学术丛书）
重庆：独立出版社，1946，再版，186页，26
开（现代学术丛书）

　　本书论述印度哲学的起源，各种学说宗派的要义、发展、变迁和相互之间的关系，以及有关的典籍。内容包括：黎俱吠陀与阿阇婆吠陀、梵书与奥义书、释迦同时诸外道、耆那教与邪命外道、佛教之发展、婆罗门教之变迁、数论、瑜伽论、胜论、正理论、前弥曼差论、商羯罗之吠檀多论。书中附录《吠陀及奥义书选译》《六师外道》《顺世外道》《金七十论科判》。

　　收藏单位：重庆馆、东北师大馆、广东馆、国家馆、辽宁馆、南京馆、山东馆、首都馆、浙江馆

## 02448

**印度哲学宗教史　（日）高楠顺次郎　（日）木村泰贤著　高观庐译**
上海：商务印书馆，1935.9，404页，32开，精装（汉译世界名著）

　　本书原为作者在东京帝大的印度哲学宗教史讲稿，主要论述佛教产生之前的印度哲学。共5篇，内容包括：吠陀之宗教与哲学、梵书、奥义书、经书（婆罗门教之实际的方面）、奥义书终期学派之开展等。书前有译者序。

　　收藏单位：重庆馆、东北师大馆、广东馆、贵州馆、国家馆、湖南馆、吉林馆、江西馆、南京馆、山东馆、上海馆、首都馆、浙江馆

## 02449

**印度哲学总论　黄健六著**
上海：佛学书局，1932.9，38页，36开（佛学小丛书）
上海：佛学书局，1933.9，再版，38页，36开（佛学小丛书）

　　本书分导言及总论（印度哲学之界说、印度哲学之由来、外道与佛教之异同）两部分。

　　收藏单位：辽宁馆、上海馆

# 欧洲哲学

# 总　论

## 02450

**古今大哲学家之生活与思想　（美）杜兰特（Will Durant）著　杨荫鸿　杨荫渭译**
外文题名：The story of philosophy
上海：开明书店，1933.8，[917]页，32开，精、平装

　　本书共介绍从古希腊伊壁鸠鲁至罗素、桑塔亚那、杜威等28名哲学家的生平、学说。书前有吴序、译序、告读者。著者原题：都兰。

　　收藏单位：重庆馆、东北师大馆、福建馆、广东馆、广西馆、国家馆、湖南馆、华东师大馆、吉大馆、吉林馆、近代史所、辽大馆、南京馆、山东馆、上海馆、绍兴馆、天津馆

## 02451

**古今大哲学家之生活与思想　（美）杜兰特（Will Durant）著　杨荫鸿　杨荫渭译**
外文题名：The story of philosophy: the lives and opinions of the greater philosophers
上海：商务印书馆，1930.6，804页，26开

　　收藏单位：重庆馆、东北师大馆、广东馆、广西馆、国家馆、黑龙江馆、湖南馆、华东师大馆、江西馆、辽宁馆、山西馆、上海馆、绍兴馆、天津馆、浙江馆、中科图

## 02452

**古今大哲学家之生活与思想　（美）杜兰特（Will Durant）著　杨荫鸿　杨荫渭译**

上海：出版者不详，[1930—1939]，1 册，26 开

本书为杨荫鸿与杨荫渭合译的《古今大哲学家之生活与思想》的出版发行目录。著者原题：威尔都兰。

收藏单位：东北师大馆、国家馆、山西馆

02453

关于西方哲学史的发言 （苏）日丹诺夫（A. A. Жданов）著 李立三译

佳木斯：东北书店，1948.1，29 页，32 开

佳木斯：东北书店，1948.11，再版，29 页，32 开

本书即日丹诺夫 1947 年 6 月 20 日在讨论亚历山大洛夫《西方哲学史》一书时的发言。对该书的缺点和苏联哲学界存在的问题，进行了批评。译者原题：立三。

收藏单位：重庆馆、东北师大馆、广东馆、国家馆、吉林馆、辽宁馆、南京馆、山西馆、天津馆

02454

近世"我"之自觉史（一名，新理想哲学及其背景）（日）朝永三十郎著 蒋方震译

上海：商务印书馆，1918，153 页，26 开

上海：商务印书馆，1924.2，153 页，26 开

上海：商务印书馆，1924.10，再版，153 页，26 开

上海：商务印书馆，1935，国难后 1 版，153 页，26 开

本书分上、下两篇。上篇分 13 章，内容包括：文艺复兴时代"我"之发现、中世纪之教权中心主义、我与教权——神秘说（宗教改革及理性哲学之先驱）、"我"与国家——立宪政治运动、"我"与理知——主知主义及其反动、"我"与自然机械论的人生观及世界观、多数个"我"问题连带丧失、大"我"（超个人"我"）之发现——康德、大"我"（超个人"我"）之绝对化浪漫派时期——理想主义之全盛等；下篇为近世欧洲哲学思想变迁之大势。

收藏单位：重庆馆、广东馆、贵州馆、国家馆、河南馆、黑龙江馆、吉大馆、南京馆、上海馆、绍兴馆、首都馆、浙江馆

02455

论苏联哲学的方向（日丹诺夫在关于《西欧哲学史》著作讨论会上的发言）（苏）日丹诺夫（A. A. Жданов）著

烟台：胶东新华书店，1948.4，27 页，32 开

收藏单位：南京馆

02456

论哲学史诸问题及目前哲学战线的任务（苏）日丹诺夫（A. A. Жданов）著 李立三译

[平山]：华北新华书店，1948.1，52 页，32 开

收藏单位：重庆馆、东北师大馆、国家馆、南京馆、山西馆、天津馆

02457

论哲学史诸问题及目前哲学战线的任务（苏）日丹诺夫（A. A. Жданов）著 李立三译

[菏泽]：冀鲁豫书店，1948.4，52 页，32 开

收藏单位：国家馆、湖南馆

02458

欧洲思想大观 （日）金子筑水著 蒋燊汉译

上海：泰东图书局，1925.4，252 页，32 开

上海：泰东图书局，1926，再版，252 页，32 开

上海：泰东图书局，1928，3 版，252 页，32 开

上海：泰东图书局，1929，4 版，252 页，32 开

本书介绍从古希腊至 20 世纪 20 年代西方哲学思想的发展历程。分希腊思想、基督教、文艺复兴、唯理思想、浪漫主义、最近代思潮等 6 章，分述各种思想派别的观点、代表人物等。书末附《战后思想界》。

收藏单位：重庆馆、东北师大馆、国家馆、江西馆、近代史所、南京馆、山东馆、上海馆、首都馆、浙江馆

02459

欧洲思想大观 （日）金子筑水著 林科棠译

上海：商务印书馆，1924.6，204 页，32 开（新智识丛书）

上海：商务印书馆，1927.9，再版，204 页，32

开（新智识丛书）

上海：商务印书馆，1931，[3 版]，204 页，32 开（新智识丛书）

收藏单位：重庆馆、广东馆、国家馆、河南馆、湖南馆、江西馆、南京馆、首都馆、天津馆、浙江馆

## 02460

欧洲思想史 （日）金子筑水著　胡雪译

上海：商务印书馆，1935.5，[14]+251 页，32 开（社会科学小丛书）

本书著者原题：金子马治。

收藏单位：广东馆、国家馆、黑龙江馆、湖南馆、吉林馆、江西馆、南京馆、上海馆、浙江馆

## 02461

欧洲哲学史 （美）马尔文（W. Marvin）著 傅子东译

外文题名：The history of European philosophy

上海：神州国光社，1930.12，14+516 页，26 开

本书从文明出现至 20 世纪实证主义、实用主义、社会民主主义等为止，对欧洲哲学作了系统的论述。分 3 编，共 28 章。第 1 编绪论，除讲述一般定义外，对人类文明造成的人类心理变化，以及从原始时代到科学的发展作了概述；第 2 编为古代哲学，包括古希腊、罗马；第 3 编为近代哲学，包括中世纪起至现代。

收藏单位：重庆馆、广西馆、国家馆、吉林馆、江西馆、近代史所、南京馆、山西馆、上海馆、首都馆、天津馆、浙江馆

## 02462

欧洲哲学史 （德）威伯尔（Alfred Weber）著　徐炳昶译

外文题名：History of philosophy

北平：朴社，1935.1，660 页，18 开（中法大学丛书）

本书分希腊哲学、中世哲学、近世哲学 3 卷，论述了从古希腊至 19 世纪的欧洲哲学。

收藏单位：东北师大馆、广西馆、国家

馆、黑龙江馆、湖南馆、山西馆、上海馆、首都馆、天津馆

## 02463

欧洲哲学史（上卷）（德）威伯尔（Alfred Weber）著　徐炳昶译

北京：朴社，1927.8，188 页，18 开（中法大学丛书）

本书为《欧洲哲学史》的第 1 册。主要讲述古希腊部分，从米利都学派起至新柏拉图学派止。

收藏单位：国家馆、吉林馆、首都馆、浙江馆

## 02464

思想自由史 （英）柏雷（J. Bury）著　罗志希译

外文题名：History of freedom of thought

上海：商务印书馆，1927.6，[16]+332 页，26 开

上海：商务印书馆，1934，国难后 1 版，[16]+332 页，26 开

本书概述西方思想潮流演进的历程。共 8 章，内容包括：导言（思想自由及其反对方面的势力）、理性自由时代（希腊与罗马）、理性入狱时代（中古时代）、解放的先声（文艺复兴与宗教改革）、宗教的容忍、唯理主义之发展（十七与十八世纪）、唯理主义之进步（十九世纪）、主张思想自由的理由。书前有译言、著者小传。书末有参考书目表。

收藏单位：重庆馆、广东馆、广西馆、国家馆、黑龙江馆、湖南馆、江西馆、近代史所、辽宁馆、南京馆、上海馆、首都馆、天津馆、浙江馆

## 02465

思想自由史 （英）柏雷（J. Bury）著　宋桂煌译

上海：民智书局，1927.9，216 页，18 开

本书概述西方思想潮流演进的历程。共 8 章，内容包括：思想自由与其阻力（绪言）、理性自由时代（希腊与罗马时代）、理性被禁锢时代（中古时代）、解放的期望时代（文艺

复兴时代与宗教改革时代)、宗教的宽容、唯理论发生时代(十七世纪与十八世纪)、唯理论进步时代(十九世纪)、思想自由之辩明。

著者原题:伯利。

　　收藏单位:广东馆、广西馆、国家馆、湖南馆、江西馆、南京馆、上海馆、浙江馆

**02466**

**苏联哲学问题** (苏)日丹诺夫(А. А. Жданов)著　李立三译

张家口:晋察冀新华书店,1948.2,33页,32开

　　收藏单位:重庆馆、广东馆、国家馆、山西馆、天津馆

**02467**

**苏联哲学问题** (苏)日丹诺夫(А. А. Жданов)著　李立三译

无锡:苏南新华书店,1949,30页,32开

　　收藏单位:国家馆

**02468**

**苏联哲学问题** (苏)日丹诺夫(А. А. Жданов)著　李立三译

[沁源]:太岳新华书店,1949,40页,32开

　　收藏单位:天津馆

**02469**

**苏联哲学问题(在"西欧哲学史"讨论会上的发言)** (苏)日丹诺夫(А. А. Жданов)著　李立三译

华东新华书店,1948.10,再版,35页,32开

华东新华书店,1949,3版,35页,32开

新华书店,1949,华中版,35页,32开

　　收藏单位:重庆馆、福建馆、广东馆、国家馆、黑龙江馆、湖北馆、湖南馆、南京馆、上海馆

**02470**

**苏联哲学问题(在"西方哲学史"讨论会上的发言)** (苏)日丹诺夫(А. А. Жданов)著　李立三译

山东新华书店,1948.4,53页,36开

　　收藏单位:国家馆

**02471**

**苏联哲学问题(在"西欧哲学史"讨论会上的发言)** (苏)日丹诺夫(А. А. Жданов)著　李立三译

[宝丰]:中原新华书店,1949.3,36页,32开

　　收藏单位:国家馆、湖北馆、中科图

**02472**

**泰西学案**　马尔达著

出版者不详,275页,26开

　　本书将欧洲学术史按中国思想史研究的学案体方式加以组织。分成哲理学案、教育学案、政治法律学案、经济学案4大类,分别列入著名学派加以分述。哲理学案中有苏格拉底、柏拉图、亚里斯多德、倍根、笛卡儿等13人,教育学案中有苏格拉底、柏拉图、亚里斯多德、毛塔耶尼、廓美纽司等11人,政治法律学案中有柏拉图、亚里斯多德、霍布士、斯片椰莎、陆克等9人,经济学案有柏拉图、亚里斯多德、斯密亚当等7人。

　　收藏单位:国家馆

**02473**

**泰西学案**　王阑　周流编辑

上海:商务印书馆,[1908—1949],259页,32开

　　本书将欧洲学术史分成哲理学案、教育学案、经济学案3大类。

　　收藏单位:山东馆

**02474**

**泰西哲学考略**

出版者不详,油印本,[138]页,16开

　　收藏单位:首都馆

**02475**

**通俗哲学思潮**　文东著

上海:神州国光社,1932.1,82页,36开

　　本书介绍从古代希腊至近代欧洲哲学思潮的概况。共10节,内容包括:哲学的概念、

希腊哲学、希腊罗马哲学、中世哲学、文艺复兴哲学、启蒙时代哲学、批判哲学、浪漫主义哲学、近代哲学等。封面及版权页题名：社会科学之部通俗哲学思想。

收藏单位：广西馆、国家馆、浙江馆

**02476**

**西方智识史　黄凌霜编**

出版者不详，1 册，16 开

本书为国立劳动大学讲义。

收藏单位：南京馆

**02477**

**西洋古代中世哲学史大纲　刘伯明演讲　缪凤林笔记**

上海：中华书局，1922.4，224 页，32 开（新文化丛书）

上海：中华书局，1922，再版，224 页，32 开（新文化丛书）

上海：中华书局，1923，3 版，224 页，32 开（新文化丛书）

上海：中华书局，1924，4 版，224 页，32 开（新文化丛书）

上海：中华书局，1926.3，6 版，224 页，32 开（新文化丛书）

上海：中华书局，1927，7 版，224 页，32 开（新文化丛书）

上海：中华书局，1929，9 版，224 页，32 开（新文化丛书）

上海：中华书局，1933，10 版，224 页，32 开（新文化丛书）

本书讲述了古希腊罗马至中世纪的欧洲哲学。共 9 章，内容包括：希腊民族及其特质、希腊之初期哲学及其背景、启蒙时代、苏格拉底及其后继、亚里斯多德后希腊哲学之变迁及其原因、罗马法、自古代至中世、中世哲学（一、二）。书中附《基督教精神与希腊精神不同之点》《中世之精神》。

收藏单位：重庆馆、广东馆、国家馆、河南馆、湖南馆、吉林馆、江西馆、近代史所、南京馆、山东馆、山西馆、首都馆、天津馆、浙江馆

**02478**

**西洋哲学　洪涛著**

上海：广益书局，1933.2，174 页，25 开（广益文化丛书 1）

本书取材于日本学者高木八太郎所著《东西思潮讲话》的后半部西洋哲学部分，以及其他书籍。共 4 篇，内容包括：古代希腊思想、中世纪的哲学思想、近代哲学思想与最近代的哲学思想。

收藏单位：重庆馆、广东馆、国家馆、湖南馆、吉林馆、辽大馆、南京馆、上海馆、首都馆、天津馆

**02479**

**西洋哲学 ABC　谢颂羔著**

上海：ABC 丛书社，1928.7，86 页，32 开（ABC 丛书）

上海：ABC 丛书社，1929，再版，86 页，32 开（ABC 丛书）

本书据美国学者杜兰特《哲学的故事》一书中有关伊壁鸠鲁、培根、斯宾塞、伏尔泰、康德、黑格尔等章节编译。

收藏单位：重庆馆、广东馆、国家馆、河南馆、吉林馆、江西馆、南京馆、山东馆、上海馆、首都馆、浙江馆

**02480**

**西洋哲学的发展　瞿世英著**

上海：神州国光社，1930.5，292 页，32 开

上海：神州国光社，1933.10，2 版，292 页，32 开

本书作者将哲学史上的问题和派别加以综合，分别论述。共 8 章，内容包括：导言、过去与现在、惟物论的哲学、惟心论的哲学、实在论的哲学、实验主义的哲学、从科学到哲学、知识论之问题与派别。

收藏单位：重庆馆、东北师大馆、国家馆、湖南馆、吉林馆、江西馆、南京馆、山东馆、山西馆、上海馆、首都馆、浙江馆

**02481**

**西洋哲学的发展　瞿世英著**

上海：言行出版社，1938，292 页，32 开（大

学文库 第1辑）

收藏单位：广西馆

## 02482

**西洋哲学概论　王平陵编译**

上海：泰东图书局，1924，312页，32开

上海：泰东图书局，1928.3，再版，312页，32开

上海：泰东图书局，1929，3版，312页，32开

本书以席勒所著《哲学史》，以及耶鲁撒冷、包尔生、克尔泼所著《哲学概论》为依据，兼取各家之说并参以作者意见编译而成。分两部分。第1部分5章，讲述哲学概论，叙述哲学的定义与意义、本体论、认识论、美学方法；第2部分即第6章，分10节，讲述康德、叔本华、新康德派、实证主义、实验主义等近现代西洋哲学派别。第4章《认识论抉微》系芮逸夫所作。

收藏单位：重庆馆、东北师大馆、广东馆、国家馆、湖南馆、吉大馆、江西馆、辽大馆、辽宁馆、南京馆、山西馆、上海馆、首都馆、天津馆、浙江馆

## 02483

**西洋哲学概论　（奥）耶路撒冷（William Jerusalem）著　（美）散得斯（C. Sanders）英译　陈正谟汉译**

外文题名：Introduction to philosophy

上海：商务印书馆，1926，171页，22开，精装（哲学丛书）

上海：商务印书馆，1927，2版，171页，22开，精装（哲学丛书）

上海：商务印书馆，1928，3版，171页，22开，精装（哲学丛书）

上海：商务印书馆，1931，4版，171页，22开，精装（哲学丛书）

上海：商务印书馆，1933.2，国难后1版，171页，22开，精装（哲学丛书）

本书共7章，内容包括：哲学之意义及地位、预备科学、知识批评论与认识论、玄学或本体论、美学之方法及目的、伦理学与社会学、结论。附录为英汉名词对照表。

收藏单位：重庆馆、东北师大馆、广东馆、国家馆、黑龙江馆、湖南馆、南京馆、山东馆、山西馆、绍兴馆、首都馆、天津馆、浙江馆

## 02484

**西洋哲学家的研究　（美）杜兰特（Will Durant）著　谢颂羔编译**

外文题名：A short study of western philosophers

上海：广学会，1928，228页，32开

上海：广学会，1933，增订再版，236页，32开

本书是一部传记化的西洋哲学小史，大部分内容取材于杜兰特《哲学故事》一书，适合中等学校学生使用。共3编，内容包括：古代哲学家、欧洲近代哲学家、欧美现代哲学家。

收藏单位：重庆馆、广东馆、国家馆、近代史所、南京馆、山东馆、上海馆

## 02485

**西洋哲学讲话　詹文浒著**

上海：世界书局，1941.8，240页，32开

上海：世界书局，1947，再版，240页，32开

本书为通俗性读物。共12章，内容包括：哲学的轮廓、苏格拉底的反诘法、柏拉图的共和国、亚里斯多德的发展论、从亚里斯多德到文艺复兴、培根的"大建设"、斯宾诺莎的伦理学、康德的批评论、马克思的辩证唯物论等。

收藏单位：重庆馆、广东馆、国家馆、江西馆、南京馆、首都馆

## 02486

**西洋哲学史　（美）顾西曼（H. E. Cushman）著　瞿世英译**

外文题名：A beginner's history of philosophy

上海：商务印书馆，1922.8，2册，32开（共学社通俗丛书）（共学社哲学丛书）

上海：商务印书馆，1923，再版，2册，32开（共学社哲学丛书）

上海：商务印书馆，1925.11，3版，2册，32开（共学社通俗丛书）（共学社哲学丛书）

上海：商务印书馆，1926.11，4版，2册，32开（共学社哲学丛书）

上海：商务印书馆，1930，5 版，2 册，32 开
（共学社哲学丛书）

上海：商务印书馆，1933.1，国难后 1 版，2
册，32 开（共学社哲学丛书）

　　本书共 3 卷 31 章。分述初期希腊、宇宙
论时期、多元论、人事论时期、苏格拉底、
柏拉图、亚里士多德、伊壁鸠鲁、斯多亚派、
怀疑派与折衷派、宗教时期、福音书的希腊
化、中世初期、过渡时期、经验哲学，文艺
复兴、启蒙时期、德国哲学时期以及 19 世纪
哲学等内容。书末有《十九世纪英国哲学》
《十九世纪德国哲学》《十九世纪法国哲学》
《十九世纪美国哲学》等。

　　收藏单位：重庆馆、东北师大馆、广东
馆、广西馆、国家馆、河南馆、江西馆、近
代史所、南京馆、山东馆、山西馆、首都馆、
天津馆、浙江馆

## 02487

**西洋哲学史**　黄忏华编

上海：商务印书馆，1923，287 页，25 开

上海：商务印书馆，1928，再版，287 页，25 开

　　本书为师范学校教学用书。分序论、本
论和结论 3 编。本论中又分古代、中世、近
世 3 个部分，共 133 节，从古希腊一直简述
到 20 世纪初；最后在结论中用逻辑的方法将
西洋哲学史所讨论的认识问题、实在问题予
以总的探讨。

　　收藏单位：重庆馆、广东馆、国家馆、河
南馆、黑龙江馆、南京馆、上海馆、首都馆、
浙江馆

## 02488

**西洋哲学史**　李长之编著

重庆、金华：正中书局，1941.4，180 页，32
开（青年基本知识丛书）

重庆：正中书局，1944，6 版，180 页，32 开
（青年基本知识丛书）

上海：正中书局，1945，沪 1 版，180 页，32
开（青年基本知识丛书）

上海：正中书局，1947.6，沪 6 版，180 页，32
开（青年基本知识丛书）

　　本书除导论外，分 3 篇。内容包括：希腊

哲学、中古哲学、近代哲学（从培根至孔德、
马赫）。

　　收藏单位：重庆馆、东北师大馆、广东
馆、国家馆、黑龙江馆、江西馆、南京馆、
山东馆、上海馆、首都馆、天津馆、浙江馆

## 02489

**西洋哲学史**　（美）洛挈斯（A. Rogers）著
詹文浒译

外文题名：Student's history of philosophy

上海：新中国书局，1933，[12]+738 页，32 开

　　本书除绪论外分 3 个部分，从古希腊米
利都学派论述到叔本华、孔德、斯宾塞。内
容包括：希腊哲学、中世哲学与到近代哲学的
过程、近世哲学。

　　收藏单位：东北师大馆、国家馆、湖南
馆、近代史所、南京馆、山东馆、上海馆、
天津馆、浙江馆

## 02490

**西洋哲学史**　（日）秋泽修二著　熊得山　金
声译

上海：生活书店，1937.7，10+374 页，26 开

汉口、上海：生活书店，1938.7，再版，10+
374 页，26 开

　　本书共两篇。第 1 篇讨论哲学史的方法
论，作者把哲学视为在一定生产发展基础上
出现的意识形态，认为哲学史就是唯物论哲
学发展的历史；第 2 篇为西洋哲学史，划分
为古代哲学、中世哲学和近代哲学三个部分，
从古希腊米利都学派一直谈到马赫主义、新
黑格尔主义等现代哲学流派。

　　收藏单位：重庆馆、广东馆、国家馆、黑
龙江馆、吉大馆、江西馆、南京馆、山西馆、
上海馆、绍兴馆

## 02491

**西洋哲学史**　瞿世英译

[上海]：[商务印书馆]，1923，70 页（共学
社通俗丛书）

　　收藏单位：近代史所

02492

**西洋哲学史** （美）梯利（F. Thilly）著 陈正谟译

外文题名：A history of philosophy

长沙：商务印书馆，1938.7，2 册（[40]+658 页），25 开（大学丛书）

长沙：商务印书馆，1939.5，再版，2 册（[40]+658 页），25 开（大学丛书）

本书除序论外分希腊哲学史、中古哲学、近世哲学 3 编。书前有译者序。

收藏单位：重庆馆、东北师大馆、广东馆、国家馆、湖南馆、南京馆、山东馆、首都馆、浙江馆

02493

**西洋哲学史** （德）威伯尔（Alfred Weber）著 （美）柏雷（R. B. Perry）增补 詹文浒译

外文题名：History of philosophy

上海：世界书局，1934，634 页，25 开，精装

本书除绪言外，分为希腊的哲学、中古哲学、近代哲学 3 大部分。近代哲学又分为独立形上学期、批评期、形上学的改造、1860 年后欧美哲学的发展（此时期为柏雷增补）4 个时期。书前有译者序与柏雷的修订版序文。

收藏单位：重庆馆、东北师大馆、广东馆、广西馆、国家馆、湖南馆、江西馆、南京馆、山东馆、山西馆、上海馆、首都馆、浙江馆

02494

**西洋哲学史**（第 1 卷） 李石岑著

上海：民智书局，1933.11，[28]+318 页，22 开，精装

本书是古代哲学部分。分两编：古代哲学前期编，从米利都学派的泰勒斯至原子论者德谟克利特（共 4 章）；古代哲学后期编，从普罗塔哥拉至亚里士多德（共 4 章）。书后附录参考书目、哲学家年表、哲学系统表及人名索引。

收藏单位：重庆馆、广东馆、国家馆、吉林馆、南京馆、山西馆、上海馆、浙江馆

02495

**西洋哲学史 ABC** 张东荪著

上海：ABC 丛书社，1930.8，2 册（96+124 页），32 开（ABC 丛书）

上海：ABC 丛书社，1931，再版，2 册（96+124 页），32 开（ABC 丛书）

本书简述从古代希腊、中世纪到近代欧洲哲学的发展史。分上、下两册，上册从古希腊到中世纪，下册为近代哲学。书前有《ABC 丛书发刊旨趣》（徐蔚南）、例言。

收藏单位：重庆馆、东北师大馆、国家馆、河南馆、吉林馆、江西馆、南京馆、山东馆、上海馆、首都馆、浙江馆

02496

**西洋哲学史纲** 黄忏华著

上海：商务印书馆，1934，27+546 页，25 开（中山文库）

上海：商务印书馆，1937.7，再版，27+546 页，25 开（中山文库）

本书论述了古代希腊至现代欧洲哲学思想的发展与演变过程，全书依照时间顺序分成古代哲学、中世哲学、近世哲学和现代哲学 4 篇。在古代、中世和近世 3 篇中，作者以各个时期著名哲学家为基本线索展开论述。现代哲学部分则采取了分国别、地区的办法，分成德奥哲学、法意哲学、英美哲学 3 章加以论述，内容一直涉及作者成书时代的流行哲学等。

收藏单位：重庆馆、贵州馆、国家馆、湖南馆、江西馆、南京馆

02497

**西洋哲学史纲要** （德）余柏威（F. Ueberweg）著 张秉洁 陶德怡译

北京：哲学社，1922，234+72 页，22 开（哲学社丛书 1）

本书简要地讲述了从古希腊哲学始至德国古典哲学止的西洋哲学的主要梗概。共 3 卷 10 章，内容包括：上古哲学、中世纪的哲学即耶稣教时代之哲学、近代哲学等。书后附录《晚近西洋哲学》，讲述孔德的实证主义、边沁的功利主义、达尔文的进化论以及

自然主义、唯心主义、实验主义、直觉主义和唯实论等。

　　收藏单位：重庆馆、国家馆、吉林馆、近代史所、南京馆、山东馆、山西馆、上海馆、首都馆

02498

**西洋哲学史简编　（苏）薛格洛夫著　王子野译**

重庆：北极出版社，1944，402 页，32 开

上海：北极出版社，1945，再版，402 页，32 开

　　本书以通俗的形式说明了欧洲哲学的发展历史，论证辩证唯物主义产生发展的必然性。分为 10 章：古代哲学，中世哲学，文艺复兴时期哲学，17—18 世纪唯物论与唯心论的斗争，德国古典唯心论，黑格尔学派之解体与费尔巴哈，马克思、恩格斯哲学观点的发展，19 世纪后半期与 20 世纪的资产阶级哲学，俄国哲学史，列宁、斯大林对马克思主义哲学的发展。书后有参考书略目。

　　收藏单位：贵州馆、国家馆、山东馆、上海馆、浙江馆

02499

**西洋哲学史简编　（苏）薛格洛夫著　王子野译**

东安：东北书店，1947.6，翻版，311 页，32 开

　　收藏单位：东北师大馆、国家馆、天津馆

02500

**西洋哲学史简编　（苏）薛格洛夫著　王子野译**

上海：读书出版社，1947.1，再版，402 页，32 开

　　收藏单位：重庆馆、国家馆、湖南馆、吉林馆、山东馆、首都馆、天津馆

02501

**西洋哲学史简编　（苏）薛格洛夫著　王子野译**

大连：光华书店，1948，407 页，32 开（社会

科学丛书 2）

　　收藏单位：国家馆、近代史所、南京馆、山西馆

02502

**西洋哲学史简编　（苏）薛格洛夫著　王子野译**

上海：新华书店，1943，402 页，32 开

上海：新华书店，1947.1，再版，402 页，32 开

北京：新华书店，1949.9，447 页，32 开

　　收藏单位：重庆馆、广东馆、国家馆、黑龙江馆、湖北馆、湖南馆、吉林馆、江西馆、辽宁馆、绍兴馆、天津馆

02503

**西洋哲学史简编　（苏）薛格洛夫主编　王子野译**

长春：新中国书局，1949.4，再版，408 页，32 开

　　收藏单位：重庆馆、广东馆、国家馆、湖南馆、吉林馆

02504

**西洋哲学思想史论纲　侯哲荞著**

上海：黎明书局，1948，132 页，32 开

　　本书介绍从古希腊泰勒斯至英国哲学家罗素止的 38 位欧洲哲学家。偏重论述他们之间的继承关系。作者自称本书是"连锁哲学思想史"。书前有作者自序。

　　收藏单位：重庆馆、国家馆

02505

**西洋哲学问题　黄子通著**

长沙：国立湖南大学，石印本，24 页，16 开，环筒页装

　　本书作者归纳了本体、分析与综合、经验论 3 个问题。共 3 章，内容包括：本体、分析的推断与综合的推断、从洛克到休谟。

　　收藏单位：国家馆

02506

**西洋哲学小史　全增嘏著**

上海：商务印书馆，1933，88 页，32 开（百

科小丛书)(万有文库 第 1 集 27)

上海：商务印书馆，1934，再版，88 页，32
开（百科小丛书）

长沙：商务印书馆，1939.9，88 页，32 开（百
科小丛书）（万有文库 第 1—2 集简编 500 种）

重庆：商务印书馆，1945.1，渝 1 版，68 页，
32 开（百科小丛书）

上海：商务印书馆，1947，3 版，88 页，32 开
（百科小丛书）（新中学文库）

本书共 10 章，对希腊哲学、经院哲学、
文艺复兴时期哲学、理性论、经验论、德国
古典哲学和现代哲学加以简述。

收藏单位：安徽馆、重庆馆、大连馆、广
东馆、广西馆、贵州馆、国家馆、湖南馆、
吉大馆、江西馆、近代史所、辽大馆、辽宁
馆、南京馆、山东馆、上海馆、绍兴馆、首
都馆、天津馆、浙江馆

02507

**西洋哲学之发展　瞿世英著**

上海：神州国光社，1930.5，292 页，32 开

上海：神州国光社，1933，292 页，32 开

收藏单位：广东馆

02508

**西哲学说一脔　梁启超著**

上海：商务印书馆，1916.9，227 页，32 开（饮
冰室丛著 8）

上海：商务印书馆，1916.12，再版，227 页，32
开（饮冰室丛著 8）

本书对欧洲近现代哲学的几个主要人物
的思想和著作加以述评，分为霍布斯、斯宾
诺莎、卢梭、培根、笛卡儿、达尔文、孟德
斯鸠、边沁、康德等 9 个部分加以论述。书
前有作者序。

收藏单位：重庆馆、贵州馆、国家馆、湖
南馆、江西馆、南京馆、山东馆、上海馆、
绍兴馆、首都馆、西交大馆、浙江馆

02509

**新编泰西学案　孙鑫源编**

上海：进步书局，1915，316 页，32 开

本书介绍西方国家的各种学说。分甲至

癸 12 编，内容包括：乐利、民约、人权、天
演进化、国家、实验、怀疑、唯心、唯物等。

收藏单位：重庆馆、国家馆、吉林馆、南
京馆、上海馆、首都馆、天津馆

02510

**哲学　张东荪著**

上海：世界书局，1931.5，307 页，32 开（文
化学科丛书）

上海：世界书局，1932.11，再版，307 页，32
开，精装

上海：世界书局，1934.9，3 版，307 页，32 开，
精装

上海：世界书局，1935.5，4 版，307 页，32 开，
精装（文化科学丛书）

本书分 3 编 8 章，论述欧洲哲学的一般
概念、问题和哲学发展的历史。第 1 编为哲
学概论，第 2 编为上古、中古哲学史，第 3
编为近世哲学史。书前有著者例言。书末附
录《怎样读哲学书》。

收藏单位：重庆馆、贵州馆、国家馆、河
南馆、湖南馆、吉林馆、江西馆、南京馆、
山东馆、上海馆、绍兴馆、首都馆、天津馆、
浙江馆、中科图

02511

**哲学浅说　李石岑著**

上海：商务印书馆，1930.4，92 页，32 开（国
学小丛书）（万有文库 第 1 集 26）

上海：商务印书馆，1930，92 页，32 开（百
科小丛书）

上海：商务印书馆，1931.8，92 页，32 开（百
科小丛书）

上海：商务印书馆，1932.11，国难后 1 版，92
页，32 开（百科小丛书）

上海：商务印书馆，1934，再版，92 页，32
开（国学小丛书）（万有文库 第 1 集 26）

上海：商务印书馆，1947，3 版，92 页，32 开
（百科小丛书）（新中学文库）

上海：商务印书馆，1948.4，4 版，92 页，32
开（百科小丛书）（新中学文库）

本书分 5 章，简述哲学的本质和研究方
法，哲学史上的各种派别，如多元主义（包

括笛卡儿、霍布士、来布尼疵、巴克莱、休谟），一元主义（包括斯宾挪莎、菲希特、谢林、叔本华、黑格尔），以及现代实证主义、生命哲学等。

收藏单位：安徽馆、重庆馆、大连馆、广东馆、广西馆、贵州馆、国家馆、河南馆、湖南馆、吉大馆、江西馆、近代史所、辽大馆、南京馆、山东馆、上海馆、绍兴馆、首都馆、浙江馆

## 02512

**哲学史纲　徐宗泽编**

上海：圣教杂志社，1930.4，12+176 页，32 开

本书简述从古希腊至 19 世纪欧洲哲学发展的主要系统和流派。分为上古、中古和近世 3 编，共 15 章。由于作者系教会人士，故对中世纪哲学介绍较多。书前有序。

收藏单位：国家馆、上海馆

## 02513

**哲学史缩型　常守义著**

北京：西什库天主堂印书馆，1943.4，264 页，26 开

本书是天主教北京厚和哲学修道院的讲义，涉及天主教哲学较多。共 7 部分，内容包括：哲学史总论、希腊哲学、教父哲学、中世哲学、近代哲学、现代哲学、东亚哲学。

收藏单位：国家馆

## 02514

**哲学思想之史的考察　（美）恩德曼著　征农译**

上海：读者书房，1936.8，242 页，32 开（丛书月刊 4）

本书以浅易的文字叙述了从古代希腊、罗马、中世纪及文艺复兴时期的哲学，经近代英法自然主义、德国观念论、法国启蒙思想、德国古典哲学，最终发展到辩证唯物主义的过程。特别注意论述哲学与自然科学、自然科学与社会科学的关系。书后附录苏联乌兰诺夫斯基撰《新哲学与自然科学》（郑元励译）。

收藏单位：重庆馆、广东馆、贵州馆、国家馆、近代史所、上海馆、浙江馆、中科图

## 02515

**哲学与科学的回顾　（德）乌尔服（A. Wolf）著　殷佩斯译**

外文题名：A philosophic and scientific retrospect

上海：商务印书馆，1934，98 页，32 开（百科小丛书）

上海：商务印书馆，1935，再版，98 页，32 开（百科小丛书）

本书简述人类从神话时期，经过古希腊、罗马、中世纪经院哲学、文艺复兴向近代的过渡，并叙述 17—19 世纪的科学与哲学。分古代、中世纪和近世 3 个段落。

收藏单位：重庆馆、广东馆、国家馆、河南馆、江西馆、辽宁馆、南京馆、上海馆、绍兴馆、浙江馆

## 02516

**知识论纲要　傅统先著**

傅统先 [ 发行者 ]，1933，[12]+282 页，26 开

本书系统分析欧洲哲学史上的认识学说。共 4 篇 20 章，内容包括：导论、知识之起源、知识之价值、知识之真伪。

收藏单位：国家馆、南京馆、山西馆、上海馆

## 02517

**中国思想对于欧洲文化之影响　朱谦之著**

长沙：商务印书馆，1940，23+406+11 页，25 开

本书论述 17、18 世纪西方传教士将中国文化西传，引起欧洲学术界与政治界的强烈反响，从而影响到法国百科全书派无神论哲学与德国理念论古典哲学，以及法国政治革命与德国精神革命。分前论和本论。前论中考察欧洲文艺复兴与中国文明的关系、18 世纪中国与欧洲文化接触的情形，本论中讨论耶稣会士对于宋儒理学的反响、启蒙运动与中国文化、中国哲学与法国革命、中国哲学与德国革命等问题。

收藏单位：东北师大馆、广东馆、国家馆、江西馆、近代史所、南京馆、上海馆、

天津馆、浙江馆、中科图

# 欧洲各时代哲学

## 古代哲学

**02518**

**爱的对话**　（希腊）柏拉图（Plato）著　林苑
文译

重庆：国际文化服务社，1945.7，84页，32开
（艺术思想小丛书1）

上海：国际文化服务社，1947.1，再版，84页，
32开（艺术思想小丛书1）

　　本书即《筵话篇》（Symposium），也可以
译作《座谈会》，在古希腊是一种有音乐歌唱
和自由讨论的宴会。

　　收藏单位：重庆馆、广东馆、贵州馆、国
家馆、上海馆、首都馆、天津馆

**02519**

**柏拉图**　范寿康著

上海：商务印书馆，1926.7，58页，46开（百
科小丛书109）

上海：商务印书馆，1930，49页，32开（百科
小丛书）（万有文库第1集929）

　　本书分8章对柏拉图的生平，学说（理
念论、物理论、伦理论、国家论、教育论、
宗教论）作概括性的介绍。

　　收藏单位：重庆馆、大连馆、东北师大
馆、广西馆、贵州馆、国家馆、江西馆、辽
大馆、南京馆、山东馆、上海馆、首都馆、
天津馆、浙江馆

**02520**

**柏拉图**　严群著

上海：世界书局，1934，274页，32开（哲学
丛书）

上海：世界书局，1944.8，274页，32开

　　本书共8章，内容包括：生平（年谱）、

著述、学说（辩证学、格致学、伦理学）、晚
年思想的变迁等。

　　收藏单位：重庆馆、东北师大馆、国家
馆、湖南馆、吉林馆、江西馆、南京馆、山
西馆、首都馆、四川馆、浙江馆

**02521**

**柏拉图（哲学的故事）**　（美）杜兰特（Will
Durant）著　詹文浒译

外文题名：Plato

上海：青年协会，1929.7，98页，32开（哲
学丛书）

　　本书简要介绍柏拉图的生平、学说。共
10章，内容包括：柏拉图的上下左右、苏格
拉底、柏拉图的准备、伦理的问题、政治的
问题、心理的问题、心理的解决法、政治的
解决法、伦理的解决法、批评。著者原题：杜
伦。

　　收藏单位：东北师大馆、国家馆、南京
馆、浙江馆

**02522**

**柏拉图巴曼尼得斯篇**　（希腊）柏拉图（Plato）
著　陈康译注　中国哲学会西洋哲学名著编译
委员会主编

外文题名：Parmenides

重庆：商务印书馆，1944.11，329页，32开

上海：商务印书馆，1946.4，329页，32开

　　本书译者主要依据 J. Burnet 的校刊本翻
译并加注释。内容包括：绪论、巴曼尼得斯
篇及附录"少年苏格拉底"的"相论"考等。

　　收藏单位：重庆馆、东北师大馆、广东
馆、贵州馆、国家馆、黑龙江馆、湖南馆、
江西馆、辽宁馆、南京馆、山东馆、山西
馆、上海馆、绍兴馆、首都馆、天津馆、浙
江馆

**02523**

**柏拉图对话集六种**　（希腊）柏拉图（Plato）
著　张师竹初译　张东荪改译

外文题名：Plato's dialogues

上海：商务印书馆，1933.3，377页，32开（尚
志学会丛书）

上海：商务印书馆，1933.7，再版，377页，32开（尚志学会丛书）

本书收入的对话集包括：《欧雪佛洛》《辩诉》《克利托》《菲独》《普洛他过拉》《曼诺》。书前有张东荪序。

收藏单位：重庆馆、东北师大馆、广东馆、贵州馆、国家馆、黑龙江馆、湖南馆、吉林馆、南京馆、山西馆、上海馆、绍兴馆、首都馆、天津馆、浙江馆

02524

柏拉图五大对话集　（希腊）柏拉图（Plato）著　郭斌龢　景昌极译

南京：国立编译馆，1933.12，357页，26开

南京：国立编译馆，1934，357页，26开，精装

本书辑译柏拉图对话集，包括《自辨篇》《克利陀篇》《斐都篇》《筵话篇》《斐德罗篇》，以及《柏拉图之埃提论》《柏拉图理型说略评》。每篇首均有译者小释。书前有导言。

收藏单位：重庆馆、东北师大馆、广东馆、广西馆、贵州馆、国家馆、河南馆、黑龙江馆、湖南馆、吉林馆、南京馆、山西馆、上海馆、首都馆、天津馆、浙江馆

02525

柏拉图与亚里斯多德　施友忠著

上海：开明书店，1937，114页，50开（开明中学生丛书24）

本书分3章，介绍柏拉图与亚里斯多德的生平、著作及思想。

收藏单位：重庆馆、广东馆

02526

柏拉图政治教育学说今解　（德）斯登堡（K. Sternberg）著　俞颂华译

外文题名：Moderne Gedanken ueber Staat und Erziehung bei Plato

上海：商务印书馆，1924，[12]+48页，32开（新智识丛书）

上海：商务印书馆，1933，国难后1版，[13]+48页，32开（社会科学小丛书）

本书作者基于大战后德国的现实，介绍和评述柏拉图的政治学说和教育学说。书前有张东荪、张君劢、译者及原著者序。

收藏单位：重庆馆、东北师大馆、广东馆、贵州馆、国家馆、湖南馆、南京馆、上海馆

02527

柏拉图之理想国　（希腊）柏拉图（Plato）著　吴献书译

上海：商务印书馆，1920，2册（392+339页），32开（尚志学会丛书）

上海：商务印书馆，1920.5，再版，2册（392+339页），32开（尚志学会丛书）

上海：商务印书馆，1922.2，3版，2册（392+339页），32开（尚志学会丛书）

上海：商务印书馆，1926.6，4版，2册（392+339页），32开（尚志学会丛书）

上海：商务印书馆，1928，5版，2册（392+339页），32开（尚志学会丛书）

本书共10章，内容包括：财产、公道、节制及以上三者之敌对、问答中之人物、个人、国家、教育、教育中之艺术、财产、贫困、善德、婚姻、哲学、政治、哲理，教育之实在与影响，四种政治，正当之政治与不正当之政治二者之乐趣，生活之报酬。书前有序。

收藏单位：重庆馆、东北师大馆、广东馆、国家馆、黑龙江馆、江西馆、辽宁馆、南京馆、山东馆、山西馆、上海馆、首都馆、天津馆

02528

厄比鸠底乐生哲学　（德）斯米德（H. Schmidt）著　郑君哲译

外文题名：Epikurs Philosophie der Lebensfreude

上海：商务印书馆，1936，99页，32开（百科小丛书）

本书论述厄比鸠（即伊壁鸠鲁）底哲学、认识论、自然论、神、道理论，并选辑嘉言若干。

收藏单位：重庆馆、东北师大馆、广东馆、广西馆、国家馆、湖南馆、吉林馆、江

西馆、南京馆、山东馆、上海馆、首都馆、天津馆、浙江馆

收藏单位：重庆馆、东北师大馆、广东馆、国家馆、黑龙江馆、湖南馆、江西馆、近代史所、南京馆、上海馆、首都馆、天津馆、浙江馆

**02529**

**古代希腊三大教育家　艾华编著**

北平：立达书局，1932.9，116 页，32 开

　　本书分 3 章介绍琐格拉底、柏拉图、亚里士多德的生平及思想，包括哲学、伦理学、心理学、政治学以及教育思想。附《罗素教育论》。

　　收藏单位：重庆馆、国家馆、上海馆、首都馆

**02530**

**理想国　（希腊）柏拉图（Plato）著　吴献书译**

上海：商务印书馆，1929.10，5 册，32 开（万有文库 第 1 集 139）（汉译世界名著）

上海：商务印书馆，1939.12，5 册，25 开（万有文库 第 1—2 集 简编 500 种 54）（汉译世界名著）

　　收藏单位：安徽馆、重庆馆、大连馆、东北师大馆、贵州馆、国家馆、江西馆、辽大馆、辽宁馆、上海馆、四川馆、天津馆、浙江馆

**02531**

**批评的希腊哲学史　（美）斯塔斯（W. Stace）著　庆泽彭译**

外文题名：A critical history of Greek philosophy

上海：商务印书馆，1931，[11]+311 页，26 开，精装（哲学丛书）

上海：商务印书馆，1933，国难后 1 版，[11]+311 页，26 开，精装（哲学丛书）

　　本书是作者在 1919 年于各大学演讲的基础上写成的。作者特别注意分析对近代有影响的古希腊哲学思想。共 19 章，除哲学概说及希腊哲学之来源与进程外，分述了伊阿尼亚、毕太哥拉、埃利亚、希拉克利泰、恩比多立、原子论、安纳撒哥拉斯、哲人等学派，以及苏格拉底、柏拉图、亚理士多德和斯妥抑克、伊壁鸠鲁、怀疑学派、新柏拉图学派等。书前有原著者序与译者序。

**02532**

**苏格拉底　黄方刚著**

上海：商务印书馆，1931.4，119 页，32 开（百科小丛书）（万有文库第 1 集 930）

上海：商务印书馆，1934.6，119 页，32 开（百科小丛书）

上海：商务印书馆，1934.7，再版，119 页，32 开（万有文库 第 1 集 930）

上海：商务印书馆，1935.6，再版，119 页，32 开（百科小丛书）

重庆：商务印书馆，1945，渝 1 版，89 页，32 开（百科小丛书）

重庆：商务印书馆，1945，渝 2 版，89 页，32 开（百科小丛书）

　　本书共 3 章，内容包括：苏格拉底前及苏格拉底时之希腊文化、苏格拉底传、苏格拉底之哲学。书前有作者序。

　　收藏单位：安徽馆、重庆馆、大连馆、东北师大馆、广东馆、贵州馆、国家馆、黑龙江馆、吉林馆、江西馆、辽大馆、南京馆、上海馆、首都馆、天津馆、浙江馆

**02533**

**苏格拉底　钱智修编**

上海：商务印书馆，1918，41 页，32 开（少年丛书）

上海：商务印书馆，1920，3 版，43 页，32 开（少年丛书）

上海：商务印书馆，1924，5 版，41 页，32 开（少年丛书）

上海：商务印书馆，1931，7 版，43 页，32 开（少年丛书）

上海：商务印书馆，1933，国难后 1 版，41 页，32 开（少年丛书）

上海：商务印书馆，1935，国难后 2 版，41 页，32 开（少年丛书）

上海：商务印书馆，1937，国难后 3 版，41 页，32 开（少年丛书）

本书共 11 章，内容包括：叙论、时势、家庭、从军、倡学、问答录、知德合一论、宗教观、晚年、殉道、弟子记。

收藏单位：重庆馆、广东馆、广西馆、贵州馆、国家馆、河南馆、江西馆、上海馆、首都馆、浙江馆

## 02534
**希腊三大哲学家** 李石岑著

上海：商务印书馆，1931，[18]+145 页，26 开，精装

上海：商务印书馆，1934，国难后 1 版，[18]+145 页，26 开，精装

本书作者认为，在西洋哲学史中，提出变化问题和进化问题最早的是赫拉克利特，提出感觉问题、主观问题最早的是普罗塔哥拉，提出唯物问题、幸福问题最早的是德谟克利特。这三个人是哲学的鼻祖，并形成了三个体系，而这三个体系的合流便产生新浪漫哲学。书中分 8 部分阐述这三个哲学体系的产生、内容、发展、影响，以及新浪漫哲学的产生及其特质等。书前有作者及郭大力序。书末附参考书目。

收藏单位：重庆馆、东北师大馆、国家馆、湖南馆、辽大馆、南京馆、上海馆、首都馆、天津馆、浙江馆

## 02535
**希腊三哲** 朱公振编著

上海：世界书局，1930，102 页，32 开（成功丛书）

本书共 6 部分，内容包括：哲学的认识、希腊哲学界、独立哲人苏格拉底、系统哲学家柏拉图、科学化哲学家亚理斯多得、东西哲学的鸟瞰。

收藏单位：重庆馆、广东馆、广西馆、国家馆、湖南馆、江西馆、南京馆、上海馆、天津馆、浙江馆

## 02536
**希腊思想** 严群著

上海：华夏图书出版公司，1948.5，16 页，36 开（现代文库 第 1 辑）

本书主要论述希腊自然哲学的米利都学派、毕达哥拉斯、巴门尼德、埃利亚学派、赫拉克利特、恩培多克勒、留基伯、德谟克利特、阿那克萨哥拉等学派的主要观点。

收藏单位：国家馆、南京馆、上海馆

## 02537
**希腊哲学** （美）梯利（F. Thilly）著 罗忠恕译

成都：华西大学文学院，1942.10，128 页，22 开（华西大学文学院学术丛刊 2）

本书系统而扼要地讲述了古代希腊哲学的历史。除导论外，分成自然哲学、知识与行为问题、思想系统构成时期、伦理思想运动、宗教运动等 5 个部分共 16 章，分述了各个学派的思想。本书是梯利《哲学史》（A history of philosophy）一书的上卷。

收藏单位：东北师大馆、国家馆、黑龙江馆

## 02538
**希腊哲学** （美）梯利（F. Thilly）著 罗忠恕译

重庆：商务印书馆，1943，158 页，32 开（哲学丛书 甲种）

重庆：商务印书馆，1944.2，赣初版，158 页，32 开（哲学丛书 甲种）

重庆：商务印书馆，1945，再版，158 页，32 开（哲学丛书 甲种）

收藏单位：重庆馆、广东馆、国家馆、南京馆、山西馆、上海馆、浙江馆

## 02539
**希腊哲学史** 何子恒著

上海：光华书局，1926，[20]+206 页，26 开

本书把希腊哲学分为 3 个时期：第 1 期从泰勒斯至德谟克利特，第 2 期从毕达戈拉斯至欧几里得，第 3 期从柏拉图至亚里士多德。论述了希腊哲学的产生和发展。书前有张东荪序、弁言及导论。

收藏单位：重庆馆、广东馆、广西馆、国家馆、吉林馆、江西馆、山西馆、上海馆、浙江馆

02540

**希腊哲学史　李仲融著**

上海：开明书店，1931，256 页，26 开

上海：开明书店，1940，256 页，26 开

　　本书分希腊哲学前期与希腊哲学后期两篇，计 16 章。前期论述从米利都学派至德谟克利特原子论，后期是从哲人派至新柏拉图学派。书前有引言《希腊哲学发生的原因》。书末附西文索引。

　　收藏单位：重庆馆、广东馆、国家馆、湖南馆、近代史所、南京馆、上海馆、天津馆

02541

**学说与格言　（希腊）伊壁鸠鲁（Epikouros）著　（法）梭罗文（M. Solovine）辑译　杨伯恺译**

外文题名：Epicure: doctrines et maximes

上海：辛垦书店，1934，131 页，26 开（哲学丛书 甲种）

　　本书除介绍伊壁鸠鲁生平外，收致希罗多特、比多克勒、墨勒色的 3 封信以及基本格言若干。

　　收藏单位：广东馆、广西馆、国家馆、湖南馆、吉大馆、吉林馆、江西馆、近代史所、南京馆、上海馆、天津馆、浙江馆

02542

**亚里斯多德　（美）杜兰特（Will Durant）著　詹文浒译**

上海：青年协会书局，1929，95 页，32 开（哲学丛书 2）

　　本书讲述亚里斯多德（即亚里士多德）的生平事迹、著作思想。书前有张东荪序。

　　收藏单位：国家馆、南京馆

02543

**亚里斯多德　（英）铁聂尔（A. Tageor）著　刘衡如译**

外文题名：Aristotle

上海：中华书局，1920.11，182 页，32 开，精装（哲学丛书）

上海：中华书局，1921，再版，182 页，32 开（哲学丛书）

上海：中华书局，1922.2，3 版，182 页，32 开（哲学丛书）

上海：中华书局，1929，4 版，182 页，32 开（哲学丛书）

　　本书介绍亚里斯多德（即亚里士多德）的生平事迹，论述他的学术成就及其主要观点。共 5 章，内容包括：传略及著作、科学之分类与科学方法、第一哲学、物理学、实用哲学。书前有译者序。

　　收藏单位：重庆馆、东北师大馆、广东馆、广西馆、国家馆、黑龙江馆、江西馆、辽宁馆、南京馆、山西馆、上海馆、首都馆、天津馆、浙江馆

02544

**亚理斯多德　范寿康著**

上海：商务印书馆，1930.10，112 页，32 开（百科小丛书）（万有文库 第 1 集 928）

上海：商务印书馆，1933.11，112 页，32 开（百科小丛书）

上海：商务印书馆，1934.12，再版，120 页，32 开（百科小丛书）

上海：商务印书馆，1939.12，112 页，32 开（万有文库 第 1—2 集 简编 500 种 452）

　　本书共 10 章，除介绍亚理斯多德（即亚里士多德）生平外，分别论述了他的论理学、形而上学、自然哲学、生物学、心理学、伦理学、政治哲学、艺术哲学、认识论等。书末附参考书目。

　　收藏单位：重庆馆、东北师大馆、广东馆、贵州馆、国家馆、江西馆、南京馆、上海馆、首都馆、天津馆、浙江馆

02545

**哲学道德集　（希腊）德谟克里特（Democritus）著　（法）梭罗文（M. Solovine）辑　杨伯恺译**

外文题名：Démocrite: doctrines philosophiques et réflexions morales

上海：辛垦书店，1934.8，[10]+212 页，26 开（哲学丛书 甲种）

　　本书共 3 部分，内容包括：德谟克里特底生活、哲学思想、道德思想。

　　收藏单位：贵州馆、国家馆、吉林馆、南

京馆、山西馆、浙江馆

## 02546

**哲学史**　（美）杜威（J. Dewey）演讲　刘伯明译

上海：泰东图书局，1920，80 页，32 开

上海：泰东图书局，1921，再版，80 页，32 开

上海：泰东图书局，1921.5，3 版，80 页，32 开

上海：泰东图书局，1924，4 版，80 页，32 开

　　本书为作者在南京高等师范学校的演讲录。主要讲述古代希腊哲学，内容包括：欧洲思想的起源、希腊最初的哲学、柏拉图的学说、亚里士多德的学说等。

　　收藏单位：重庆馆、国家馆、河南馆、湖南馆、江西馆、山东馆、山西馆、上海馆、首都馆、天津馆、浙江馆

## 02547

**哲学思想集**　（希腊）赫拉克里特（Herakleitos）著　（法）梭罗文（M. Solovine）辑　杨伯恺译

外文题名：Heraclite's: doctrines philosophiques

上海：辛垦书店，1934，171 页，26 开（哲学丛书 甲种）

　　本书辑译赫拉克里特原著的片断和古代有关的评论。书首有有关赫拉克里特生活的论述。书末附录黑格尔和泽勒尔的《赫拉克里特解释》（原系日本波多野鼎所译《赫拉克利特》一书的附录）。

　　收藏单位：重庆馆、广东馆、广西馆、贵州馆、国家馆、江西馆、南京馆

## 02548

**哲学之故乡**　陈筑山著

上海：中华书局，1925，272 页，32 开

上海：中华书局，1926，再版，272 页，32 开

上海：中华书局，1927，3 版，272 页，32 开，精装

上海：中华书局，1928.10，4 版，272 页，32 开

上海：中华书局，1929.11，5 版，272 页，32 开，精装

　　本书略述了古代希腊哲学家及其学派、思想渊源和相互关系及主要观点等。

　　收藏单位：重庆馆、东北师大馆、广东

馆、贵州馆、国家馆、河南馆、黑龙江馆、吉林馆、江西馆、近代史所、南京馆、山东馆、上海馆、首都馆、天津馆、浙江馆

# 中世纪哲学

## 02549

**奥古斯丁金言录**　（英）英雅各（James W. Inglis）编订

外文题名：The golden book of St. Augustine

上海：广学会，1936.5，116 页，32 开

　　本书辑录了奥古斯丁有关基督教的言论。共 16 章，内容包括：彷徨歧途的奥古斯丁、逐步亲主的奥古斯丁、圣工伟大的奥古斯丁、奥古斯丁的品德、奥古斯丁论圣经等。

　　收藏单位：国家馆、南京馆、上海馆

## 02550

**伽利略案**　维尔吉（P. Virgille）著　杜宝田译

上海：慈幼印书馆，1949，70 页，32 开

　　本书共 4 章，内容包括：历史问题、学术问题、圣经注疏问题、教律问题。书前有前言。书后有结论。

　　收藏单位：国家馆

## 02551

**伽利略传**　（美）布瑞恩德（W. W. Bryant）著　蔡宾牟译

外文题名：Galileo

上海：商务印书馆，1935.9，55 页，32 开（自然科学小丛书）（万有文库 第 2 集 639）

上海：商务印书馆，1936.8，54 页，32 开（自然科学小丛书）

重庆：商务印书馆，1944.12，渝 1 版，44 页，36 开（自然科学小丛书）

重庆：商务印书馆，1945，渝 2 版，44 页，36 开（自然科学小丛书）

　　本书共 12 章，内容包括：幼年与教育、大学教席、伽利略之望远镜、太阳斑点之发明、反抗之开始、反抗之原因、"分析"之出版、伽利略之被审等。

收藏单位：重庆馆、大连馆、东北师大馆、广东馆、贵州馆、国家馆、湖南馆、江西馆、辽大馆、南京馆、山西馆、首都馆、天津馆、浙江馆

## 02552

**圣奥思定千五百年纪念论文** 徐景贤著

[北平]：中华公教学友联合会，1931，64 页，16 开，精装

本书收录著者《古罗马大哲人圣奥斯定与中国学术界》一文。

收藏单位：北师大馆、国家馆

## 02553

**中古文化与士林哲学** （法）乌尔夫（M. Wulf）著 赵尔谦译述

上海：光启学会，1935.7，106 页，25 开（光启学会丛书）

本书主要讲述欧洲中世纪的文化与经院哲学。共 14 章，内容包括：叙论、十二世纪文化的特点、哲学受文化之影响、十三世纪哲学之勃兴、中古文化国际化的倾向、乐观主义与无我主义、士林哲学与宗教精神、主知主义、士林哲学之两重宇宙观、个人主义与社会哲学、国家在哲学上之地位、文化进步的概念、士林哲学与当时各国的民族性、结论。书末附录《中古文化的鸟瞰》《中古哲学与文明》《西文名词、人名、地名检查表》。

收藏单位：国家馆

## 02554

**中古哲学与文明** （法）乌尔夫（M. Wulf）著 庆泽彭译

外文题名：Philosophy and civilization in the middle ages

上海：商务印书馆，1934，170 页，26 开，精装（哲学丛书）

本书共 14 章，内容包括：绪论、十二世纪欧洲之文明、十二世纪文明之哲学的反映、十三世纪哲学之勃兴、统一和世界的趋势、乐观主义和无我态度、学院哲学与宗教精神、理智主义、多元的世界观、个人与社会、国家论、进化的观念、十三世纪哲学与民族精神、殿言。

收藏单位：重庆馆、东北师大馆、广东馆、广西馆、贵州馆、国家馆、黑龙江馆、湖南馆、吉林馆、江西馆、辽大馆、南京馆、山东馆、山西馆、上海馆、首都馆、天津馆、浙江馆

# 近代哲学

## 02555

**近代思想** （日）新潮社原著 过耀根编译

上海：商务印书馆，1919.11，10+480+12 页，32 开（尚志学会丛书）

上海：商务印书馆，1920.3，再版，2 册（10+480+12 页），32 开（尚志学会丛书）

上海：商务印书馆，1920.3，3 版，2 册（10+480+12 页），32 开（尚志学会丛书）

上海：商务印书馆，1920.6，4 版，2 册（10+480+12 页），32 开（尚志学会丛书）

上海：商务印书馆，1922.5，5 版，2 册（10+480+12 页），32 开（尚志学会丛书）

上海：商务印书馆，1924，6 版，2 册（10+480+12）页，32 开（尚志学会丛书）

上海：商务印书馆，1930，8 版，2 册（10+480+12 页），32 开（尚志学会丛书）

上海：商务印书馆，1933.2，国难后 1 版，2 册（10+480+12 页），32 开（尚志学会丛书）

本书共 16 章，论述卢梭、尼采、司丁那、托尔斯太、朵斯退益夫斯奇、易卜生、达尔文、佐拉、弗劳贝、杰姆斯、欧根、柏格森、塔果尔、罗曼·罗兰等人的思想。1919 年版为合订本。

收藏单位：重庆馆、东北师大馆、广东馆、广西馆、国家馆、吉林馆、江西馆、近代史所、辽大馆、南京馆、山东馆、上海馆、绍兴馆、首都馆、天津馆、浙江馆

## 02556

**近代思想导论** （英）娇德（C. E. M. Joad）著 萧赣译

外文题名：Guide to modern thought

上海：商务印书馆，1934，259 页，32 开，精装（汉译世界名著）

本书讲述 19 世纪末至 20 世纪的主要思潮，特别指出达尔文进化论、巴夫罗夫高级神经活动反射学说、近代原子学说、宇宙学说、生命与物质的学说、魏斯曼之卵细胞说等的出现，使现代科学与哲学思潮有了明显的变化与发展。共 9 章，内容包括：绪论、十九世纪唯物论中之世界、近代唯物论——巴夫洛夫及行为论、近代物理学中之世界、关于生命与物质近代流行之说、生机说与创造进化、变态心理现象及其说明、解心术及其效果、文学中心理学之侵入。

收藏单位：重庆馆、东北师大馆、广东馆、广西馆、贵州馆、国家馆、河南馆、湖南馆、吉林馆、近代史所、辽大馆、南京馆、山东馆、山西馆、上海馆、首都馆、天津馆、浙江馆

**02557**

**近代思想解剖** （日）樋口秀雄著　商务印书馆编译馆译

上海：商务印书馆，1920，2 册（135+121 页），32 开（新智识丛书 12）

上海：商务印书馆，1921，再版，2 册（135+121 页），32 开（新智识丛书 12）

上海：商务印书馆，1926，5 版，2 册（135+121 页），32 开（新智识丛书 12）

上海：商务印书馆，1931.1，6 版，2 册（121+121 页），32 开（新智识丛书 12）

本书共 12 章，内容包括：思潮变迁之概观、卢梭与近代思想、自由平等之思想、科学的精神之支配、近代生活与近代思想、唯物观之倾向、近代之个人主义、社会本位之思想、妇人解放之思想、自然主义之思潮、世纪末之怀疑与悲哀、新思想之曙光。

收藏单位：重庆馆、广东馆、广西馆、国家馆、江西馆、南京馆、首都馆、天津馆

**02558**

**近代西洋哲学史大纲** 刘伯明讲演　缪凤林译述

上海：中华书局，1921，138 页，32 开（新文化丛书）

上海：中华书局，1922，2 版，138 页，32 开（新文化丛书）

上海：中华书局，1923，4 版，138 页，32 开（新文化丛书）

上海：中华书局，1926.3，7 版，138 页，32 开（新文化丛书）

上海：中华书局，1929，10 版，138 页，32 开（新文化丛书）

上海：中华书局，1932，11 版，138 页，32 开（新文化丛书）

本书为作者 1920 年在南京高等师范暑期学校的讲演，经缪凤林整理而成。分绪论及本论两篇，共 8 章，叙述英国经验派、大陆理性派、启蒙哲学、德国之理想主义、十九世纪初叶英法哲学、最近欧美哲学派别等。

收藏单位：重庆馆、东北师大馆、广东馆、国家馆、河南馆、黑龙江馆、湖南馆、吉林馆、江西馆、近代史所、南京馆、山东馆、首都馆、浙江馆

**02559**

**近代哲学的精神** （美）罗伊斯（Josiah Royce）著　樊星南译

重庆：商务印书馆，1945，2 册（[28]+473 页），32 开

上海：商务印书馆，1946，2 册（[28]+473 页），32 开

本书作者对从 17 世纪以来的近代哲学作了系统论述。分两个部分，共 13 章。第 1 部分思想家与问题之研究，对斯宾诺莎、康德、费希德、梅涅、拉辛、谢林、黑格尔及叔本华探讨的哲学问题做了介绍；第 2 部分理论之提示，将此时期的哲学问题抽象为：自然与演化、实在论与唯心论、自然规律与自由、乐观主义、悲观主义与道德秩序等理论。书前有译序和作者原序。著者原题：鲁一士。

收藏单位：重庆馆、东北师大馆、广东馆、贵州馆、国家馆、江西馆、南京馆、山东馆、山西馆、首都馆、中科图

**02560**

**近代哲学史** （苏）杰波林（А. М. Деборин）著　林一新译

外文题名：History of modern philosophy

上海：黎明书局，1934，34+384 页，26 开（社会科学名著译丛）

本书共 12 章，内容包括：培根、多玛·霍布士、约翰·洛克、柏克莱的现象主义、大卫·休谟（心理主义）、先验的方法、辩证法与辩证唯物论、再论辩证法、新休模主义、马赫主义与马克斯主义、辩证唯物论与经验象征论、实验主义与唯物论等。书前有朴列哈诺夫的长序，共 10 节，阐述马克思主义者对哲学史的基本观点。书后附有批评杂记《论波格达诺夫的"经验一元论"》《论亚克西诺夫（奥尔托多斯）的"哲学概论"》。自英文本转译。

收藏单位：重庆馆、东北师大馆、广西馆、国家馆、黑龙江馆、湖南馆、吉林馆、江西馆、南京馆、上海馆、首都馆、浙江馆、中科图

## 02561

**近世西洋哲学史纲要　张东荪　姚璋编**

上海：中华书局，1935.3，16+178 页，32 开（中华百科丛书）

上海：中华书局，1941.1，3 版，16+178 页，32 开（中华百科丛书）

本书共 10 章，介绍培根、笛卡儿、霍布士、薛琳、黑格尔、叔本浩、孔德、弥尔、斯宾塞等人的思想与学说。每章后列有问题及中外文参考书。书后有中文名词索引与西文名词索引。

收藏单位：重庆馆、东北师大馆、贵州馆、国家馆、江西馆、南京馆、山东馆、上海馆、首都馆、天津馆、浙江馆

## 02562

**十九世纪欧洲思想史　（英）木尔兹（J. T. Merz）著　伍光建译**

外文题名：History of European thought in the nineteenth century

上海：商务印书馆，1935，13 册，25 开

上海：商务印书馆，1936，16 册，32 开（万有文库第 2 集 588）（汉译世界名著）

本书分两编，第 1 编科学思想，第 2 编哲学思想。

收藏单位：重庆馆、大连馆、东北师大馆、国家馆、江西馆、南京馆、绍兴馆、天津馆、浙江馆

## 02563

**十九世纪欧洲思想史（第一编）（英）木尔兹（J. T. Merz）著　伍光建译**

外文题名：History of European thought in the nineteenth century

上海：商务印书馆，1931.11，2 册（23+673+568+11 页），25 开，精装（历史丛书）

上海：商务印书馆，1933，国难后 1 版，2 册（23+673+568+11 页），25 开，精装（历史丛书）

上海：商务印书馆，1935.3，国难后 1 版，4 册（23+673+568+11 页），25 开

本书共 13 章，内容包括：法国之科学精神、德国之科学精神、英国之科学精神等。

收藏单位：重庆馆、东北师大馆、国家馆、黑龙江馆、湖南馆、吉大馆、吉林馆、江西馆、辽大馆、南京馆、山东馆、山西馆、上海馆、首都馆、浙江馆

## 02564

**十九世纪欧洲思想史（第二编）（英）木尔兹（J. T. Merz）著　伍光建译**

外文题名：History of European thought in the nineteenth century

上海：商务印书馆，1935.10，4 册（[32]+785+760 页），25 开

本书共 12 章，从灵魂、知识、实在、自然等角度叙述各家哲学的观点。

收藏单位：东北师大馆、广东馆

## 02565

**西洋近世哲学史　（丹）霍夫丁（Harald Hoffding）著　彭健华译**

上海：民智书局，1923.1，300 页，25 开（哲学丛书）

上海：民智书局，1933，300 页，25 开（哲学丛书）

本书着意于科学进步对哲学思想形成的重要意义。共 9 章，内容包括：文艺复兴期的哲学、伟大的体系、英国的经验哲学、法德

启蒙哲学、康德与批评哲学、浪漫哲学、实证主义、在实在论的基础上存在问题之新成就、认识与批判诸问题解决之新企图。书前有亚克谢洛德序、俄译版著者序、德文第1版著者序。书后附录主要哲学著作年表。著者原题：霍甫丁。

收藏单位：重庆馆、广东馆、国家馆、吉林馆、山西馆、上海馆、天津馆

**02566**

**西洋近世哲学史**　（丹）霍夫丁（Harald Hoffding）著　彭健华译

香港、广州：中华书局，1938，10+300 页，25 开

收藏单位：重庆馆、东北师大馆、国家馆、南京馆、山东馆、上海馆、浙江馆

**02567**

**现代理想主义**　（日）金子筑水著　蒋燊译述

上海：商务印书馆，1926，172 页，26 开，精装（哲学丛书）

上海：商务印书馆，1933，国难后1版，172页，26 开，精装（哲学丛书）

本书为金子筑水《现代哲学概论》一书的第1篇。理想主义（idealism）现译为理念论。本书论述了17、18 世纪以来的欧洲理想主义的各学派，共7章，内容包括：现代理想主义的渊源、现代理想主义的发达、现代理想主义哲学的派别、科学的理想主义的哲学、伦理的理想主义的哲学、新康德派的哲学、论理主义的哲学——芜珊尔的哲学。译述者原题：蒋径三。

收藏单位：北大馆、重庆馆、东北师大馆、广东馆、贵州馆、国家馆、黑龙江馆、湖南馆、江西馆、近代史所、南京馆、上海馆、首都馆、浙江馆

# 现代哲学

**02568**

**现代思潮**　（日）桑木严翼著　南庶熙译

上海：商务印书馆，1922.1，174 页，32 开（共

学社时代丛书）

上海：商务印书馆，1922，再版，174 页，32 开（共学社时代丛书）

上海：商务印书馆，1924，3 版，174 页，32 开（共学社时代丛书）

上海：商务印书馆，1926，4 版，174 页，32 开（共学社时代丛书）

上海：商务印书馆，1929，5 版，174 页，32 开（共学社时代丛书）

上海：商务印书馆，1933.2，国难后1版，174 页，32 开（共学社时代丛书）

上海：商务印书馆，1935.6，国难后2版，174 页，32 开（共学社时代丛书）

本书评述现代西方哲学思潮。共10章，内容包括：叙言、近世思想、实证主义、不可知论、自然主义、历史主义、印象主义、实用主义、新实在论等。

收藏单位：重庆馆、广东馆、贵州馆、国家馆、黑龙江馆、湖南馆、吉林馆、江西馆、南京馆、山东馆、上海馆、首都馆、浙江馆

**02569**

**现代思潮讲话**　詹文浒著

上海：世界书局，1941，173 页，32 开

上海：世界书局，1947，再版，173 页，32 开

本书据作者在上海光华大学讲授《近代现代西洋哲学史》课程的内容撰写。对现代流行的几个主要哲学思潮加以介绍。书中评介了辩证唯物论的哲学、科学的唯物论、法西主义的理论体系、实验主义、现代实在论，并附录了柏格森的生命哲学。书前有小引。

收藏单位：重庆馆、国家馆、湖南馆、江西馆、南京馆、首都馆

**02570**

**现代思潮新论**　张其昀等著

上海：正中书局，1948，177 页，32 开（思想与时代丛刊2）

本书内收论文10篇，包括：《时代观念之认识》（张其昀）、《现代生活与希腊理想》（郭斌龢）、《现代哲学之特征》（谢幼伟）、《现代心理学派别及其意义》（黄翼）、《维也纳学派与现象学派》（洪谦）、《唯物论述评》

（谢幼伟）、《功利主义的新评价》（贺麟）、《实演逻辑与新心理学》（陈立）、《卡林渥德的历史思想》（王绳祖）、《基督教与政治》（贺麟）。

收藏单位：重庆馆、广东馆、国家馆、湖南馆、吉林馆、近代史所、南京馆、山西馆、上海馆、浙江馆

02571

**现代哲学 高名凯编著**
南京：正中书局，1936，437 页，25 开（哲学丛刊）

本书共 12 章，主要讲述新黑格尔主义、直觉主义、实用主义、新实在论、批判实在论、层创论、相对论及辩证唯物论等 8 个主要哲学流派及其代表人物（柏拉德莱、柏格森、詹姆士、席勒、杜威、斯波尔丁、罗素、亚力山大、爱因斯坦、怀悌黑、马克思等）的学说及其思想。书前有张东荪、黄子通序及作者序。

收藏单位：重庆馆、广东馆、国家馆、湖南馆、南京馆、山东馆、天津馆、浙江馆

02572

**现代哲学 瞿世英著**
北平：文化学社，1928，231 页，32 开

本书共 4 部分，内容包括：现代哲学、科学与现代哲学、怀悌黑教授之科学的哲学、步定教授之宇宙进化论。其中第 1 部分现代哲学，内容包括漫谈、现代哲学与现代、现代哲学的三岔路等 8 个章节，论述 19 世纪中叶以来德、意、英、法等国 3 种哲学派别（唯心论、实验主义、实在论）的发展趋势。

收藏单位：东北师大馆、广东馆、广西馆、国家馆、吉林馆、江西馆、南京馆、山西馆、首都馆、天津馆

02573

**现代哲学 张东荪著**
上海：世界书局，1934.3，108 页，32 开（哲学丛书）
上海：世界书局，1934.10，再版，108 页，32 开（哲学丛书）

本书共 7 章，评介了西方哲学的 6 个重要流派（实验主义、生机主义、新唯心论、新实在论、突创的进化论、科学底哲学）及其代表者。书前有著者序。

收藏单位：重庆馆、东北师大馆、广东馆、国家馆、河南馆、湖南馆、吉林馆、江西馆、南京馆、山东馆、首都馆、浙江馆

02574

**现代哲学思潮 陈正谟编**
上海：商务印书馆，1933.12，212 页，32 开（新时代史地丛书）（万有文库第 1 集28）
上海：商务印书馆，1934.1，212 页，32 开（新时代史地丛书）（万有文库第 1 集28）
上海：商务印书馆，1934.2，再版，212 页，32 开（新时代史地丛书）

本书共 7 章，将 19 世纪中叶以来的西方哲学归纳为：进化论的哲学、实证主义、新唯心论、唯物论、实用主义、现代实在论等 6 派，介绍各派的代表人物及其观点。书末有作者的跋。

收藏单位：安徽馆、重庆馆、大连馆、东北师大馆、广东馆、广西馆、贵州馆、国家馆、江西馆、辽大馆、南京馆、山东馆、上海馆、首都馆、天津馆、浙江馆

02575

**现代哲学小引 李石岑著**
上海：商务印书馆，1931，199 页，26 开，精装

本书共 5 章，内容包括：绪论、法意哲学、德奥哲学、英美哲学、结论。评介了拉维逊、勒努费、傅叶、居约、布特鲁、柏格森、克洛杰、陆宰、冯德、倭铿、李普士、史迪讷、尼采、基尔克哥德、文德尔斑、格林、布拉得勒、詹姆士、杜威、罗素等人的哲学思想。

收藏单位：重庆馆、广东馆、广西馆、国家馆、湖南馆、吉林馆、江西馆、南京馆、山西馆、上海馆、首都馆、天津馆、浙江馆

# 欧洲各国哲学

## 苏联（俄国）哲学

**02576**

**巴枯宁的三演讲**　（俄）巴枯宁（М. А. Бакунин）著　毕修匀译

上海：革命周报社，1929，63 页，32 开（革命小丛书 第 6 种）

本书为著者 1871 年 5 月在瑞士圣底眉埃的 3 篇讲演稿。

收藏单位：国家馆、江西馆、上海馆

**02577**

**布哈林及其机械唯物论批判**　曾春编译

上海：时潮书店，1932.11，204 页，32 开

本书分 7 章，前两章介绍布哈林的生平及其政治路线，第 3—5 章为机械唯物论之批判，第 6—7 章是卢达士对于布哈林底因果论的批判、列宁对于《过渡时经济学》的批判。

收藏单位：重庆馆

**02578**

**上帝与国家**　（俄）巴枯宁（М. А. Бакунин）著　朴英译

上海：平明书店，1948.3，108 页，32 开（世界社会思想名著丛刊 2）

本书论述哲学唯物论与唯心论的分歧，指出上帝之虚幻性，认为"唯心论在宗教上建立强权，唯物论从动物性出发否认自由意志"，只有无政府主义否认一切立法和强权，才具有真正的科学意义。

收藏单位：重庆馆、广东馆、国家馆、南京馆、上海馆

**02579**

**苏俄哲学潮流概论**　张如心著

上海：光华书局，1930.7，169 页，25 开

本书论述十月革命后苏俄哲学思潮的发展概况、苏联哲学界的斗争情况。共两章，内容包括：哲学思潮发展的几个阶段、改造时代中辩证唯物论派与机械唯物论派斗争的几个主要哲学问题。书前有作者序言追记。书后有总论与专门名词注解。

收藏单位：东北师大馆、广东馆、广西馆、国家馆、上海馆、天津馆

**02580**

**苏俄哲学论战**　（苏）司多利亚洛夫著　吴友清译

上海：大中华书店，1933，290 页，32 开

本书共 11 章，内容包括：哲学与阶级斗争、马克思主义的哲学及辩证法的理论之否定、机械的唯物论、机械派了解的质与量、"归并"问题、机械派了解的物质与运动、机械派了解的对立的统一、偶然性与必然性、主观主义与相对论、弗洛伊德主义与弗洛伊德马克思主义者、哲学与党的任务。

收藏单位：福建馆、广东馆、国家馆、黑龙江馆、吉林馆、上海馆、首都馆

**02581**

**苏联问题与辩证法**

春燕出版社，[1930—1939]，154 页，32 开

本书内容包括：再论苏联的性质、社会主义工人党内之小资产阶级反对派、芬兰事件的总结算等。

收藏单位：浙江馆

**02582**

**哲学底根本问题**　（苏）普列哈罗夫著　李麦麦译

上海：辛垦书店，1935.9，148 页，26 开

本书共 16 章，内容包括：科学的社会思想之哲学基础、费尔巴哈底物质论、近代自然科学物质论的倾向、费尔巴哈哲学与科学的历史观之思想底联系等，并收录《论自然界与历史中从突变》《辩证法与逻辑》两篇文章。

收藏单位：重庆馆、东北师大馆、国家馆、湖南馆、江西馆、南京馆、浙江馆

# 波兰哲学

## 02583

**波兰学术简史　（波）柯德讲**

出版者不详，[1941]，52 页，25 开

本书系柯德博士在牛津大学发表的演说。作者勾画出 1364 年克拉科大学建立到第二次世界大战前的波兰学术发展史轮廓。书前有 1941 年 F. M. 鲍卫基的序。

收藏单位：重庆馆、东北师大馆、广东馆、国家馆、南京馆、上海馆

# 德国哲学

## 02584

**查拉杜斯屈拉如是说　（德）尼采（F. W. Nietzsche）著　雷白韦译**

上海：中华书局，1940，526 页，32 开（世界文学全集）

本书是德国哲学家、思想家尼采的一部里程碑式的作品，几乎包括了尼采的全部思想。这本以散文诗体写就的杰作，宣讲"超人哲学"和"权力意志"，横扫了基督教所造成的精神奴性的方方面面，谱写了一曲自由主义的人性壮歌。在这本书里，尼采宣告"上帝死了"，让"超人"出世，于是近代人类思想的天空有了一道光耀千年的奇异彩虹。

收藏单位：东北师大馆、广东馆、国家馆、江西馆、上海馆、首都馆、天津馆、浙江馆

## 02585

**查拉斯图拉如是说　（德）尼采（F. W. Nietzsche）著　高寒译**

外文题名：Thus spoke Zarathustra

贵阳：文通书局，1947，35+432 页，32 开（世界文学名著）

本书分 4 部 80 节。书前有译者题记、译者序。从英译本转译。

收藏单位：重庆馆、东北师大馆、贵州馆、吉林馆、南京馆、上海馆、首都馆

## 02586

**查拉图司屈拉钞　（德）尼采（F. W. Nietzsche）著　郭沫若译**

外文题名：Also sprach Zarathustra

上海：创造社，1928，115 页，32 开（世界名著选 11）

本书为《查拉图司屈拉如是说》一书的第 1 部分，内容包括：三种的变形、道德之讲坛、遁世者流、快乐与热狂、苍白的犯罪者、读书与著作等。

收藏单位：重庆馆、东北师大馆、国家馆、吉林馆、江西馆、南京馆、上海馆、浙江馆

## 02587

**超人哲学浅说　李石岑著**

外文题名：Philosophy of superman

上海：商务印书馆，1931，99 页，32 开

上海：商务印书馆，1935，国难后 1 版，99 页，32 开

本书共 12 章，介绍尼采的生平、著述、思想发展过程，及其人生观、宇宙观、价值观、进化观、道德观、艺术观，以及与斯迪讷、叔本华等人思想的继承关系。附尼采著作及参考书。

收藏单位：重庆馆、广东馆、国家馆、湖南馆、吉大馆、江西馆、近代史所、南京馆、上海馆、首都馆、天津馆、浙江馆

## 02588

**纯粹理性的批判　（德）康德（I. Kant）著　胡仁源译**

外文题名：Kritik der Reinen Vernunft

上海：商务印书馆，1931.4，8 册（[736] 页），32 开（汉译世界名著）（万有文库第 1 集 100）

上海：商务印书馆，1935.2，736 页，32 开，精装（汉译世界名著）

本书除绪论外，主要有两部分。第 1 部分为元素的超越论，包括：超越审辨学（即先验感性论）、超越论理学（即先验逻辑）；第 2 部分为超越方法论，包括：纯粹理性的训练、纯粹理性的规范、纯粹理性的建设、纯粹理性的历史。书前有原序两篇。

收藏单位：安徽馆、重庆馆、大连馆、东北师大馆、贵州馆、国家馆、湖南馆、江西馆、辽大馆、南京馆、山东馆、上海馆、绍兴馆、首都馆、天津馆、浙江馆

**02589**

纯理批评（绪论时空论）（德）康德（I. Kant）著　姚季安译

[太原]：山西日报，1926，66页，32开

　　本书分绪论、原理之超绝论——超绝感觉性两部分，内容包括：纯粹知识与经验之区别、人之智能虽非哲学状态亦在先天某种认识之上、空间概念之形而上的说明、时间概念之超绝说明、超绝感觉性之结论等。

　　收藏单位：重庆馆

**02590**

从康德平和主义到思想问题　（日）朝永三十郎著　任白涛译

上海：启智书局，1930，154页，32开

　　本书内收3篇论文，包括：《康德的平和论》《康德与政治》《思想问题与哲学的精神》，阐述康德的永久和平论等思想。书前有译者序。书后附录日本厨川白村的《平和之胜利》及 H. C. 作《康德年谱》。

　　收藏单位：重庆馆、东北师大馆、广东馆、国家馆、南京馆

**02591**

从叔本华到尼采　陈铨著

上海：大东书局，1946，24+167页，36开（在创丛书）

　　本书介绍了尼采对叔本华的思想从崇拜到反对的发展过程。分上、下两篇，上篇讨论从叔本华到尼采，下篇介绍尼采的思想。

　　收藏单位：重庆馆、广东馆、国家馆、辽宁馆、山东馆、上海馆、浙江馆

**02592**

从叔本华到尼采　陈铨著

重庆：独立出版社，1942，1册（现代哲学史丛书）

　　收藏单位：广东馆

**02593**

从叔本华到尼采　陈铨著

北平：清华大学，1936，56页

　　本书为《清华学报》单行本。

　　收藏单位：近代史所

**02594**

从叔本华到尼采　陈铨著

重庆：在创出版社，1944.5，24+167页，32开（在创书林）

　　收藏单位：重庆馆、贵州馆、国家馆、吉林馆、南京馆、上海馆、中科图

**02595**

德国大哲学家郁根传　钱智修编

上海：商务印书馆，1917，84页，50开（教育丛书 第3集 第12编）

　　本书介绍德国哲学家郁根（R. Eucken）的生平事迹及其思想与著作。共10章，内容包括：哲学与人生问题、郁根之生平与著述、古近哲学家对于人生问题之探究、郁根之认识论、过去现在与永久、人生之两阶级、自由与人格、个人与宇宙、郁根之宗教观等。

　　收藏单位：重庆馆、国家馆、江西馆、上海馆、绍兴馆、首都馆

**02596**

德国三大哲人处国难时之态度　贺麟著

北平：大学出版社，1934，120页，32开

　　本书作者认为葛德、黑格尔、费西德的性格分别为"诗的""散文的""戏剧性"的，并分析他们在国家危难时的不同态度。书前有作者序和引言。书中附参考书目及《菲斯的人生天职论述评》（梁启超）。

　　收藏单位：国家馆、吉林馆、近代史所、首都馆、浙江馆

**02597**

德国三大哲人处国难时之态度　贺麟著

重庆：独立出版社，1940，116页，32开

　　收藏单位：重庆馆、东北师大馆、广东馆、广西馆、国家馆、上海馆、浙江馆

02598

**德国现代思想问题** （德）德吕克汉·蒙特马丁（K. Von Durcheim-Montmartin）著　关琪桐译

外文题名：Gegenwartsprobleme deutscher Geisteshaltung

北平：中德学会，1941.7，97 页，26 开（中德学会特刊 4）

　　本书内容包括：序言、德国精神与西方精神、国社主义意义下的文化和文化政治、威权与自由。书后有中德名词对照。

　　收藏单位：东北师大馆、国家馆、吉林馆、南京馆、上海馆、首都馆、天津馆

02599

**杜里舒及其学说**　费鸿年著

外文题名：Driesch und Seine Lehre

上海：商务印书馆，1924，140 页，25 开（学艺丛刊 3）

上海：商务印书馆，1933，国难后 1 版，140 页，25 开（学艺汇刊 3）

　　本书共 5 章，内容包括：杜里舒学说概观、杜氏学说在生机主义之位置、杜里舒对于生物学上的贡献、杜里舒与发生力学、杜里舒的著作。附录《非达尔文主义》。

　　收藏单位：重庆馆、广东馆、国家馆、湖南馆、上海馆、浙江馆

02600

**杜里舒及其学说**　费鸿年著

外文题名：Driesch und Seine Lehre

上海：中华学艺社，1933.9，1 册，32 开

　　收藏单位：南京馆

02601

**杜里舒讲演录**　（德）杜里舒（H. Driesch）著　讲学社编纂

外文题名：The Driesch lectures

上海：商务印书馆，1923，10 册，32 开

　　本书收录杜里舒来华讲演，共 10 期。

　　收藏单位：重庆馆、东北师大馆、广东馆、国家馆、吉林馆、江西馆、南京馆、上海馆、首都馆、天津馆

02602

**杜里舒哲学**　（德）杜里舒（H. Driesch）著　张君劢译

出版者不详，1 册，32 开

　　本书内收《杜氏略传及其著作》《杜里舒氏学说之大略》《达尔文学说之批评》《国家哲学》《心理学之变迁》《中国设海滨动物试验所问题》《历史之意义》《自由问题》等。另有张君劢著《关于杜里舒与罗素两家心理学之感想》等。

　　收藏单位：重庆馆

02603

**杜理舒研究及杂文**　张君劢等著

出版者不详，[160] 页，32 开

　　本书收录介绍杜里舒的文章两篇：《杜里舒教授学说大略》（张君劢）、《杜里舒与现代精神》（菊农），以及杜里舒的《人类思想与实在问题》等 5 篇讲稿。

02604

**反对德国社会民主党内哲学修正主义斗争史（1895—1914）**　（苏）Б·А·恰根著　杨远等译

北京：生活·读书·新知三联书店，1944，397 页，32 开

　　收藏单位：山西馆

02605

**菲希德对德意志国民讲演**　（德）费希特（Johann Gottlieb Fichte）著　（德）倭伊铿节编　张君劢译

上海：中国国民经济研究所，1937，97 页，32 开（中国国民经济研究所丛书）

上海：中国国民经济研究所，1937.6，4 版，97 页，32 开（中国国民经济研究所丛书）

　　本书节选菲希德（即费希特）为鼓励德意志人民起来抵抗拿破仑的侵略而进行的 14 次演说。书前有林志钧、瞿世英序。著者原题：菲希德。

　　收藏单位：广东馆、南京馆、上海馆

02606

**菲希德对德意志国民讲演**　（德）费希特

(Johann Gottlieb Fichte) 著　张君劢译

[北平]：再生杂志社，1932.12，76 页，25 开

　　收藏单位：重庆馆、国家馆、吉大馆

02607

菲希德对德意志国民演讲 （德）费希特
(Johann Gottlieb Fichte) 著　张君劢译

[北平]：再生杂志社，1933.3，再版，116 页，
32 开

[北平]：再生杂志社，1933.6，3 版，116 页，
32 开

　　收藏单位：江西馆、山东馆、绍兴馆

02608

菲希德告德意志国民书 （德）费希特 (Johann
Gottlieb Fichte) 著　臧广恩译

航空委员会政治部，1938，454 页，36 开

　　收藏单位：重庆馆、东北师大馆、国家
馆、南京馆、绍兴馆

02609

菲希德告德意志国民书摘译 （德）费希特
(Johann Gottlieb Fichte) 著　臧渤鲸译

西安：新中国文化出版社，1940.3，95 页，32
开（新中国文化丛书 第 2 辑）

　　收藏单位：重庆馆、国家馆、吉林馆、辽
宁馆

02610

菲希德告德意志国民书摘译 （德）费希特
(Johann Gottlieb Fichte) 著　臧渤鲸译

沈阳：新中文化服务社东北社区，1947.4，再
版，97 页，32 开（新东北文化丛书 第 1 辑）

　　收藏单位：国家馆、南京馆

02611

斐希德生平及其哲学 （英）阿丹逊 (R. Adamson)
著　江天骥译

重庆：独立出版社，1942，198 页，32 开（现
代哲学史丛书）

　　本书共 8 章。第 1 章导言，是对斐希德
（即费希特）的全面介绍；第 2—4 章叙述他的
生平；第 5—7 章着重介绍他的哲学思想，特别

介绍了他的《知识学》；第 8 章为结论。

　　收藏单位：重庆馆、广东馆、国家馆、吉
林馆、南京馆、上海馆、浙江馆

02612

斐希特的辨证法［辨证法史的研究］（苏）
德波林（А. Деборин）著　程始仁译

外文题名：Die Dialektik bei Fichte

上海：亚东图书馆，1929.12，114 页，32 开

　　本书分为 4 个部分：斐希特（即费希特）
哲学的辨证法原理、主观与客观之相互规定、
一般与特殊的认识学、主观与客观的矛盾。
据德文本译出。著者原题：戴博林。

　　收藏单位：重庆馆、东北师大馆、广东
馆、广西馆、国家馆、江西馆、山东馆、上
海馆、浙江馆

02613

费尔巴赫底哲学 （德）约特尔（F. Jodl）著
　林伊文译

外文题名：Ludwig Fouerbach

上海：商务印书馆，1937，156 页，32 开（百
科小丛书）

　　本书共 3 章，内容包括：费尔巴赫哲学的
出发点、认识论和本体论、宗教哲学。书后
附《费尔巴赫传》《费尔巴赫主要论著》《关
于费尔巴赫的重要论著》及译后记。

　　收藏单位：重庆馆、广东馆、贵州馆、国
家馆、湖南馆、辽宁馆、南京馆、山东馆、
上海馆、绍兴馆

02614

弗里特立希尼采 （美）杜兰特（Will Durant）
著　詹文浒译

上海：青年协会书局，1929，99 页，32 开（哲
学丛书 9）

　　本书介绍了尼采的一生，共 10 章，内容
包括：尼采的宗系、少年时代、尼采与瓦格
纳、查拉都斯脱拉的歌曲、英雄道德、超人、
衰落、贵族政治、批评、终曲。著者原题：杜
伦。

　　收藏单位：首都馆

## 02615

**告德意志国民** （德）费希特（Johann Gottlieb Fichte）著 马采译

外文题名：Reden an die Deutsche Nation

重庆：独立出版社，1942.3，219 页，32 开（哲学名著译丛）

本书收录费希特 1807 年 12 月至 1808 年 3 月在柏林对学者、教师及其他爱国志士的讲演。共 14 讲，内容包括：绪论、新教育一般的本质、续新教育的研究、德意志民族与其他日耳曼民族重大的异点、前述重大异点所生的结果、历史上所见德意志民族的特征、关于民族的原初性与德意志的资质更为深刻的研究、从高尚的意味所见民族与祖国爱的意义、德意志新国民教育的出发点、关于德意志新国民教育更为详尽的研究、谁是这新教育研究的实行者、关于贯彻我们目的必须采取的方法、续前、结论。著者原题：菲希特。

收藏单位：重庆馆、贵州馆、国家馆、吉林馆、南京馆、山东馆、上海馆

## 02616

**个人主义的哲学（斯丁纳学说的介绍）** 毛一波著

上海：光明书局，1929.5，42 页，36 开（现代文化社丛书）

本书介绍德国斯丁那（Max Stirner）的生平、学说、著作，以及普列哈和克鲁泡特金关于斯丁那的评论。

收藏单位：重庆馆、广东馆、贵州馆、国家馆、吉林馆、江西馆、上海馆

## 02617

**赫格尔对于康德的批评** 薛星奎著

出版者不详，1934，20 页，16 开

收藏单位：重庆馆

## 02618

**黑格尔** 郭本道著

上海：世界书局，1934，12+261+11 页，32 开（哲学丛书）

本书分 4 编。第 1 编概论，介绍黑格尔生平，论述古希腊哲学、基督教神学及近代哲学对黑格尔的影响；第 2 编为论黑格尔的逻辑学，分：论有（质、量、衡量）、论所以（所以为存在界之根据、现象、实际界）、论总念（主观总念、客观总念、意典）；第 3 编论自然哲学；第 4 编论黑格尔的精神哲学，分：论主观精神（人类学、现象学、心理学）、论客观精神（抽象的权利、道德、社会伦理）、论绝对精神（艺术、宗教、哲学）。书前有作者序。书后附黑格尔著作中英名词对照。

收藏单位：重庆馆、贵州馆、国家馆、江西馆、南京馆、山西馆、上海馆、天津馆、中科图

## 02619

**黑格尔** （英）凯德（E. Caird）著 贺麟译

上海：商务印书馆，1936，224 页，32 开（汉译世界名著）

本书介绍黑格尔的生平事迹和学说。共 9 章，内容包括：求学时代、漫游时代、黑格尔与谢林、耶拿大战后之黑格尔、海德堡与柏林教授时代之黑格尔、哲学问题、矛盾原则与精神观念、黑格尔的逻辑、逻辑理念之应用或发展。书前有译序及作者小引。

收藏单位：重庆馆、东北师大馆、广东馆、国家馆、江西馆、辽大馆、山东馆、上海馆、首都馆、浙江馆

## 02620

**黑格尔（其生平其哲学及其影响）** 叶青著

上海：辛垦书店，1935.5，20+634 页，25 开

本书辑录有关黑格尔的论文。共 6 组，内容包括：传记之部、概观之部、方法之部、学说之部、关系之部、作用之部。有彭基相、贺麟、沈志远等人的论文共 32 篇。书前有序。书末附录《费尔巴哈》。

收藏单位：重庆馆、东北师大馆、国家馆、吉大馆、辽大馆、南京馆、山东馆、天津馆、浙江馆、中科图

## 02621

**黑格尔的历史哲学** 朱谦之著

上海：商务印书馆，1936.4，91 页，32 开

本书为对黑格尔《历史哲学》一书的评述。分序论、本论两部分，评述黑格尔历史哲学在其哲学体系中之地位，以及历史哲学的基本概念、精神史观、英雄史观、国家主义史观等。

收藏单位：重庆馆、广东馆、广西馆、国家馆、湖南馆、吉林馆、江西馆、辽大馆、南京馆、上海馆、首都馆、浙江馆、中科图

**02622**

**黑格尔底辩证法** （苏）德波林（А. Деборин）著　任白戈译

北平：民友书局，1935.6，186 页，32 开

本书原著是德波林为苏联出版的俄文版《黑格尔著作集》写的前言。据日本川内唯彦的日译本译出。

收藏单位：重庆馆、国家馆、首都馆

**02623**

**黑格尔理则学简述**　贺麟著

北平：北京大学出版部，1948，51 页，16 开（国立北京大学五十周年纪念论文集 文学院 7）

本书为黑格尔逻辑学的简述。共 32 节，内容包括：黑格尔的哲学系统、黑格尔的理则学、黑格尔逻辑与康德之关系、思有合一、黑格尔论"有""无"、黑格尔论"有""无"之合为变、有限与无限、实在与理想、质与量、质量互变之讨论等。

收藏单位：山西馆、天津馆

**02624**

**黑格尔学述** （美）罗伊斯（Josiah Royce）著　贺麟译

上海：商务印书馆，1936，33+201 页，32 开（汉译世界名著）

重庆：商务印书馆，1943，渝 1 版，25+158 页，32 开（汉译世界名著）

重庆：商务印书馆，1945，渝 2 版，25+158 页，32 开（汉译世界名著）

［上海］：商务印书馆，［1945］，［再版］，33+201 页，32 开（汉译世界名著）

本书对黑格尔《精神现象学》一书涉及较多，特别注意分析意识生活之学说。共 6 章，内容包括：黑格尔之为人及其学说概要、黑格尔的"精神现象"、个人意识与社会意识之类型、黑格尔精神现象之矛盾进展、黑格尔的成熟系统、太极观与矛盾法。书前有译序。书后有后序、《朱熹与黑格尔太极说之比较观》（贺麟）、《关于朱熹太极说之讨论》（张素痴）、重要译名对照表。本书是 The spirit of modern philosophy 及 Modern idealism 两书的摘译汇集。著者原题：鲁一士。

收藏单位：重庆馆、东北师大馆、广东馆、贵州馆、国家馆、黑龙江馆、吉林馆、江西馆、辽宁馆、南京馆、山东馆、上海馆、绍兴馆、首都馆、浙江馆、中科图

**02625**

**黑格尔与辩证法**　国防部新闻局

［南京］：国防部新闻局，1936，300 页，42 开

［南京］：国防部新闻局，1947.12，300 页，42 开

收藏单位：东北师大馆、广东馆、南京馆、上海馆、浙江馆

**02626**

**黑格尔与辩证法**　沈志远著

上海：笔耕堂书店，1932，252 页，32 开

本书论述黑格尔辩证法意义、内容，以及各家的批评，并阐明黑格尔辩证法与马克思主义辩证法之同异。共 3 编，内容包括：辩证法是革命的逻辑、辩证法为唯物的认识论、辩证法为革命底方法论。书前有作者绪论《从黑格尔到伊利契》。

收藏单位：重庆馆、国家馆、吉林馆、上海馆、绍兴馆

**02627**

**黑格尔哲学批判** （德）费尔巴哈（L. A. Feuerbach）等著　柳若水译

上海：辛垦书店，1935.3，271 页，26 开

本书内收《黑格尔哲学批判》（费尔巴哈）、《黑格尔法律哲学批判导言》（马克思）、《黑格尔辩证法及哲学一般之批判》（马克思）、

《黑格尔现象学批判草案》(马克思)、《关于黑格尔》(恩格斯)、《从黑格尔到费尔巴哈》(恩格斯)、《黑格尔六十年祭》(普列汉诺夫)、《黑格尔历史哲学讲义梗概》(列宁)、《论诺埃尔〈黑格尔底逻辑〉》(列宁)、《黑格尔辩证法(逻辑)之图案》(列宁)等。书前有译者序言。

收藏单位:重庆馆、东北师大馆、广东馆、贵州馆、国家馆、黑龙江馆、吉林馆、辽宁馆、山西馆、上海馆、天津馆、中科图

## 02628

**黑格尔哲学入门** (日)甘粕石介著 沈因明译

上海:辛垦书店,1936.5,245页,25开

本书介绍黑格尔生平事迹,分章论述其著作《精神现象学》《逻辑学》《自然哲学》《法律哲学》《政治论文》《历史哲学》《美学》。书前有译者序、作者序。书末有黑格尔哲学年表,附注有参考书目。原著书名为:到黑格尔哲学之路。

收藏单位:重庆馆、广西馆、国家馆、吉林馆、江西馆、南京馆

## 02629

**黑格尔之历史哲学** (德)柯·莱赛(K. Leese)原著 张铭鼎译

上海:民智书局,1933.10,348页,26开(历史哲学丛书)

本书分两部分。第1部分基本问题,讲黑格尔《历史哲学》一书的成书背景、本质、任务和基本概念等;第2部分世界历史的历程之辩证论,对世界历史的发展加以解释。

收藏单位:国家馆、南京馆、山西馆、天津馆、浙江馆

## 02630

**黑格尔主义与孔德主义** 朱谦之编著

上海:民智书局,1933,200页,26开(历史哲学丛书)

本书为纪念黑格尔百年祭而作。内收《黑格儿主义与孔德主义》《黑格儿小传》《黑格儿与德国浪漫主义》《黑格儿的精神现象

学》《黑格儿论理学大纲》《黑格儿论理的研究》《黑格儿的辩证法》《黑格儿的历史哲学》《黑格儿的社会哲学》《黑格儿的宗教哲学》《黑格儿主义与康德主义》等论文。附录《黑格儿历史论的介绍及批评》。

收藏单位:广东馆、国家馆、人大馆、山西馆、浙江馆

## 02631

**将来哲学底根本命题** (德)费尔巴哈(L. A. Feuerbach)著 柳若水译

外文题名:Grundsaetze der Philosophie der Zukunft

上海:辛垦书店,1934.9,298页,26开(哲学丛书 甲种)

本书是费尔巴哈哲学的一些片断,也是其哲学的一个总结。收录6篇论文,包括《哲学改造之必要》《哲学改造暂定论纲》《将来哲学底根本命题》《驳身体与灵魂肉体与精神之二元论》《对哲学根本命题之批判的注释》《遗稿箴言》。书前有译者序。

收藏单位:东北师大馆、广东馆、国家馆、吉林馆、近代史所、上海馆、首都馆、天津馆、浙江馆

## 02632

**教育家之叔本华** (德)尼采(F. W. Nietzsche)著 杨伯苹译述

外文题名:Schopenhauer als ein Erzieher

重庆:商务印书馆,1945.12,92页,32开

本书作者在否定"叔本华的生活意志"的同时,阐述自己的"权利意志"的思想。共8章。书前有杨业治与杨伯苹译序。书末有贺麟的《编者后语》。

收藏单位:重庆馆、国家馆、南京馆、武大馆

## 02633

**看哪,这个人!** (德)尼采(F. W. Nietzsche)著 刘恩久译

沈阳:文化书店,1947,122页,32开

本书为尼采自传。共14章,内容包括:我为什么这样明哲、我为什么这样聪明、我为什么要写这些好的书籍、悲剧的诞生、不合时

宜的、人类的，过于人类的、朝霞、快乐的智识、查拉图斯特拉如此说、善恶的彼岸、道德的系统学、偶像的黄昏、瓦格纳事件、我为什么是这样的命运。书后有译者后记。

收藏单位：国家馆、辽宁馆、中科图

## 02634

**看哪这人**　（德）尼采（F. W. Nietzsche）著　高寒译

外文题名：Ecce Homo

贵阳等：文通书局，1947.3，[13]+144 页，32 开（世界文学名著）（尼采选集）

上海：文通书局，1948，沪 1 版，[13]+144 页，32 开（世界文学名著）（尼采选集）

上海：文通书局，1949，沪 2 版，[13]+144 页，32 开（世界文学名著）（尼采选集）

　　本书为尼采自传。共 14 章，内容包括：我为何如此智慧、我为何如此明澈、我为何写出如此卓越的著作、悲剧之产生、非时之思想、人类，太人类了、白天之曙晓、快乐的智慧、查拉斯图拉如是说、超善恶之外、偶像之迟暮、瓦格纳事件、为什么我便是命运、自我批判之企图。贵阳初版，发行地还有广州、上海、长沙。

收藏单位：重庆馆、东北师大馆、广东馆、国家馆、辽大馆、南京馆、上海馆

## 02635

**康德**　范寿康著

外文题名：Immanuel Kant

上海：商务印书馆，1926.7，130 页，32 开（百科小丛书 110）

上海：商务印书馆，1929.10，111 页，32 开（百科小丛书）（万有文库第 1 集 926）

上海：商务印书馆，1933.4，国难后 1 版，111 页，32 开（百科小丛书）（万有文库 第 1 集 926）

上海：商务印书馆，1934，再版，111 页，32 开（百科小丛书）（万有文库 第 1 集 926）

上海：商务印书馆，1935，国难后再版，111 页，32 开（百科小丛书）

上海：商务印书馆，1939.12，111 页，32 开（百科小丛书）（万有文库 第 1—2 集 简编 500 种

450)

重庆：商务印书馆，1945，86 页，32 开（百科小丛书）

　　本书介绍康德的生平事迹，并对其主要观点加以评述。

收藏单位：重庆馆、东北师大馆、复旦馆、广东馆、广西馆、贵州馆、国家馆、黑龙江馆、吉林馆、江西馆、辽大馆、南京馆、山西馆、上海馆、绍兴馆、首都馆、天津馆、武大馆、浙江馆

## 02636

**康德**　南庶熙著

上海：世界书局，1934，105 页，32 开（哲学丛书）

　　本书介绍康德的生平、著述和哲学渊源，以及他的知识哲学、道德哲学和审美哲学，康德哲学对于后世的影响。书前有张东荪撰《哲学丛书缘起》。

收藏单位：重庆馆、复旦馆、贵州馆、国家馆、湖南馆、吉林馆、江西馆、南京馆、上海馆、首都馆、浙江馆

## 02637

**康德的辨证法（辨证法史的研究）**　（苏）德波林（А. Деборин）著　程始仁译

上海：亚东图书馆，1929.12，10+156 页，32 开

　　本书共 6 部分，内容包括：马克思主义与德国的古典哲学、海格尔与康德、分析的判断与综合判断、物之自体与现象、感性悟性与理性、海尔德与康德。著者原题：戴博林。

收藏单位：重庆馆、广东馆、广西馆、国家馆、近代史所、辽宁馆、山东馆、上海馆、浙江馆

## 02638

**康德论本体**　黄子通著

北平：燕京大学哲学系，1932.5，11 页，18 开

　　本书分析康德《纯粹理性批判》中关于本体的论述。

## 02639

**康德生活**　邱陵编著

上海：世界书局，1929，83+14 页，32 开（生活丛书）

本书分 24 节，介绍康德的家庭生活、学校生活、著述生活、名誉观、艺术观等。

收藏单位：重庆馆、广东馆、广西馆、国家馆、河南馆、湖南馆、吉林馆、江西馆、上海馆、首都馆、天津馆、浙江馆

02640

**康德与现代哲学** （日）桑木严翼著　余又荪译

上海：商务印书馆，1934，[17]+190+[20] 页，26 开（哲学丛书）

上海：商务印书馆，1935.12，[17]+190+[20] 页，26 开，精装（哲学丛书）

本书是《康德与现代哲学》一书的第 1 篇，共 12 章。讨论康德哲学的产生、发展及其理性批判与方法，以及他对知识、道德、文化诸问题的基本观点；论述康德对现代哲学的启迪和影响，特别对新康德主义及现代哲学许多流派的产生和发展进程的作用加以论述。

收藏单位：北大馆、重庆馆、东北师大馆、广东馆、广西馆、国家馆、河南馆、黑龙江馆、湖南馆、吉林馆、江西馆、南京馆、山西馆、上海馆、天津馆、浙江馆

02641

**康德哲学** （英）林稷（A. Lindsay）著　彭基相译

外文题名：The philosophy of Kant

上海：商务印书馆，1935，102 页，32 开（百科小丛书）

本书共 7 章，内容包括：批评主义的观念、康德的问题——先验综合判断、康德的理想主义——时间与空间、纯粹悟性的原则与范畴、上帝存在证明的矛盾与批评、康德的道德学说、"判断批评"——美学与目的论。书后附康德年表。

收藏单位：重庆馆、广东馆、贵州馆、国家馆、湖南馆、吉林馆、江西馆、近代史所、山东馆、上海馆、首都馆、浙江馆

02642

**康德传** （德）卡尔·弗尔仑德著　商承祖罗璇阶译

上海：中华书局，1922.2，288 页，32 开（哲学丛书）

上海：中华书局，1923，再版，288 页，32 开（哲学丛书）

上海：中华书局，1928，3 版，288 页，32 开（哲学丛书）

上海：中华书局，1933，4 版，288 页，32 开（哲学丛书）

本书共 6 章，介绍德国哲学家康德的生平、学业及科学成就。书前有著者序。书后附康德年表。

收藏单位：北大馆、重庆馆、东北师大馆、广东馆、广西馆、国家馆、黑龙江馆、吉林馆、江西馆、近代史所、辽大馆、辽宁馆、南京馆、山西馆、上海馆、首都馆、天津馆、浙江馆

02643

**快乐的知识** （德）尼采（F. W. Nietzsche）著　梵澄译

外文题名：Die Fröhliche Wissenschaft

长沙：商务印书馆，1939，337 页，32 开（中德文化丛书 11）

长沙：商务印书馆，1940，再版，337 页，32 开（中德文化丛书 11）

重庆：商务印书馆，1945，渝 1 版，262 页，32 开

本书分 5 卷 383 节，是一本语录式的书，涉及的问题颇多，诸如生命、个体与群体本能、爱情、文艺、哲学、科学、道德、社会发展等。

收藏单位：重庆馆、东北师大馆、国家馆、湖南馆、吉林馆、江西馆、近代史所、辽宁馆、首都馆、天津馆、中科图

02644

**理性批评派的哲学家纳尔松〔他的生平与学说〕** 朱言钧著

外文题名：Leonard Nelson（Sein Leben und Seine Lehre）

出版者不详，1928，77 页，25 开（福里斯纳尔松学派丛书 1）

本书内容包括：悼纳尔松、理性批评派的哲学的方法论、认识的起源只有经验论与逻辑吗、认识论的不可能、玄学认识的起源、自然定律与伦理定律、纳尔松的政治学说概论。书前有序言。书后附论断的分类、纳尔松言论摘录、纳尔松的重要著作一览。

收藏单位：重庆馆、国家馆、湖南馆、武大馆

02645
**历史哲学** （德）黑格尔（G. W. F. Hegel）著 王造时　谢诒征译
外文题名：The philosophy of history
上海：商务印书馆，1936.9，4 册，32 开，精装（万有文库 第 2 集 586）（汉译世界名著）
上海：商务印书馆，1936.11，32+11+728 页，32 开，精装（汉译世界名著）
上海：商务印书馆，1937.5，再版，32+11+728 页，32 开，精装（汉译世界名著）

本书共 3 部分，内容包括：绪论（论述研究历史的各种方法）、历史之地理的基础（主要考察自然对于历史发展的影响）、历史记载的区分（内分东方世界、希腊世界、罗马世界、日尔曼世界 4 部）。书前有汉译序、英译者弁言。由英译本转译，英译者为约·塞伯。

收藏单位：重庆馆、大连馆、东北师大馆、广东馆、广西馆、国家馆、黑龙江馆、江西馆、近代史所、辽大馆、南京馆、山西馆、上海馆、首都馆、天津馆、浙江馆

02646
**尼采**
出版者不详，1 册，90 开
本书为合订本。
收藏单位：南京馆

02647
**尼采哲学与法西斯主义** （苏）勃伦蒂涅尔著 段洛夫译
上海：潮锋出版社，1941.6，战时初版，215 页，32 开

本书共两部分，内容包括：尼采的学说、尼采与法西意识形态。对尼采的认识论、伦理学、妇人论、民族·国家·宗教论等观点加以介绍和批判。书前有日译者序与序论。

收藏单位：东北师大馆、南京馆、上海馆

02648
**尼采哲学与法西主义之批判** （苏）勃伦蒂涅尔著　段洛夫译
上海：潮锋出版社，1938.9，215 页，32 开

收藏单位：广东馆、国家馆、吉大馆、吉林馆、江西馆、上海馆、浙江馆

02649
**尼采哲学之主干思想** 刘恩久著
沈阳：永康书局，1947，54 页，32 开

本书分导言、本论、结论 3 部分。书前有杨丙辰序及作者序。书末附参考文献。

收藏单位：辽宁馆、南京馆、武大馆

02650
**尼采自传** （德）尼采（F. W. Nietzsche）著 梵澄译
上海：良友图书印刷公司，1935，200 页，50 开（良友文库 4）

本书共 14 部分，内容包括：为什么我这般明哲、为什么我这么颖悟、为什么我著出这么好的书、悲剧之产生、非时、人间底、极人间底、朝霞、快乐之科学、苏鲁支如是说、善与恶之彼面、伦理传统说、偶像的没落、瓦格勒之衰落、为什么我便是运命。书前有序及绪言。

收藏单位：重庆馆、东北师大馆、广东馆、国家馆、吉林馆、辽大馆、南京馆、山西馆、上海馆、首都馆、中科图

02651
**人的天职** （德）费希特（Johann Gottlieb Fichte）著　樊星南　顾寿观译
外文题名：Die Bestimmung des Menschen
上海：商务印书馆，1947.10，54+159 页，32 开

本书共 3 卷，内容包括：怀疑、知识、信

仰。书中讨论的问题分为大意志、自我、现象三个层次。整个系统中是以"自我"为中介，提出问题，探求问题之解决。

收藏单位：重庆馆、东北师大馆、广东馆、国家馆、吉林馆、南京馆、上海馆、绍兴馆、天津馆、浙江馆、中科图

02652

**实践理性批判**　（德）康德（I. Kant）著　张铭鼎译

外文题名：Kritik der Praktischen Vernunft

上海：商务印书馆，1936，[28]+229 页，32 开（汉译世界名著）

本书是康德的"三大批判"之一。提出神的存在不能从理性中得到证明，只能是信仰的对象，而神应当为实践理性而存在。所谓实践理性就是伦理、道德行政规范，把一切伦理规范归结为"至上命令"，把信仰看得高于知识，把对上帝的信仰作为道德的最终目的。共两部分，内容包括：纯粹实践理性的元素论、纯粹实践理性的方法论。

收藏单位：重庆馆、东北师大馆、广东馆、国家馆、湖南馆、江西馆、南京馆、山东馆、上海馆、首都馆、天津馆、浙江馆

02653

**实生论大旨**　（德）杜里舒（H. Driesch）著　江绍原译

上海：亚东图书馆，1923.12，136+88 页，32 开

本书共 5 章，内容包括：实生论的三大证明、命根与物质及能力的关系、实生论的名理、超个位共体的问题、实生论与一元玄学。书前有译者弁言和原序。书末附录杜里舒博士著作略目、译名表等。

收藏单位：重庆馆、国家馆、吉林馆、江西馆、上海馆、浙江馆

02654

**叔本华**　（美）杜兰特（Will Durant）著　詹文浒译

上海：青年协会书局，1929.7，89 页，32 开（哲学丛书 7）

本书为《哲学家的故事》一书的第 7 章，讲述叔本华的生平、著作和思想。著者原题：杜伦。

02655

**叔本华生平及其学说**　陈铨编著

重庆：独立出版社，1942，88 页，32 开（现代哲学史丛书）

本书共 10 章，内容包括：叔本华与现代、幼年、求学时期、歌德、寂寞的天才、意大利、失望、勉强的安静、转机、晚景等。书前有作者序。

收藏单位：重庆馆、广东馆、广西馆、国家馆、黑龙江馆、吉林馆、南京馆

02656

**苏鲁支语录**　（德）尼采（F. W. Nietzsche）著　梵澄译

上海：生活书店，1936，305 页，26 开，精装（世界文库）

上海：生活书店，253 页，26 开（世界文库）

本书即《扎拉图士特拉如是说》。附录《宗教生活》《启示艺术家与文学者的灵魂》。

收藏单位：重庆馆、广东馆、贵州馆、国家馆、辽大馆、南京馆、上海馆、首都馆

02657

**未来哲学之根本原则**　（德）费尔巴哈（L. A. Feuerbach）著　林伊文译

外文题名：Philosophie der Zukunft

上海：中华书局，1936，19+138 页，32 开（中华哲学小丛书）

本书即《未来哲学原理》。除序言外分为 65 章。大体可分为 3 部分：第 1 部分（1—16 章）批判康德以前的哲学；第 2 部分（17—31 章）批评康德以后的哲学，特别是黑格尔哲学；第 3 部分（32—65 章）费尔巴哈提出自己的哲学唯物主义原理。书前有译者序言。

收藏单位：重庆馆、东北师大馆、国家馆、湖南馆、吉林馆、江西馆、辽宁馆、南京馆、上海馆、绍兴馆、首都馆、天津馆、浙江馆、中科图

02658

倭伊铿哲学　（英）步兹（M. Booth）著　瞿世英译

上海：商务印书馆，1925，159页，25开（尚志学会丛书）

上海：商务印书馆，1926，再版，159页，25开（尚志学会丛书）

上海：商务印书馆，1933，国难后1版，159页，25开（尚志学会丛书）

　　本书论述倭伊铿生平及其哲学观点。共12章，内容包括：倭伊铿之一生及其著作、自然主义、人、精神生活、人与精神生活、精神与物质、理知之地位、文明、社会主义、个人主义、教育、宗教等。书前有译者序。

　　收藏单位：重庆馆、广东馆、广西馆、贵州馆、国家馆、黑龙江馆、湖南馆、吉林馆、江西馆、南京馆、上海馆、首都馆、天津馆、浙江馆、中科图

02659

形而上学序论　（德）来布尼兹（Gottfried Wilhelm Leibniz）著　陈德荣译

外文题名：Discourse on metaphysics, correspondence with Arnauld, and monadology

上海：商务印书馆，1935.9，3册（382页），32开（万有文库 第2集47）（汉译世界名著）

上海：商务印书馆，1935，3版，382页，32开（万有文库 特14）

上海：商务印书馆，1937.3，382页，32开，精装（汉译世界名著）

长沙：商务印书馆，1939，3册（382页），32开（万有文库 第2集47）

上海：商务印书馆，1939.12，3册（382页），32开（万有文库 第1—2集 简编500种16）

　　本书内收莱布尼兹的文章3篇，包括《形而上学序论》《关于形而上学之通信》《单子论》。书前有编者序、札内序。

　　收藏单位：重庆馆、大连馆、东北师大馆、广东馆、贵州馆、国家馆、湖南馆、江西馆、上海馆、天津馆、浙江馆

02660

意志自由论　（德）叔本华（A. Schopenhauer）

著　张本权译

外文题名：Über die Freiheit des Willens

上海：商务印书馆，1937，131页，32开（万有文库 第2集61）（现代问题丛书）

上海：商务印书馆，1937，131页，32开（汉译世界名著）

　　本书共5章，内容包括：定义、在自意识前面的意志、在他物意识面前的意志、先驱思想家、结论与进一步的见解。书末附《对于第一章的补充》。

　　收藏单位：重庆馆、大连馆、东北师大馆、广东馆、广西馆、国家馆、辽大馆、南京馆、山东馆、首都馆、天津馆、武大馆、浙江馆、中科图

02661

优美感觉与崇高感觉　（德）康德（I. Kant）著　关琪桐译

外文题名：Beobachtungen über das Gefühl des Schönen und Erhabenen

长沙：商务印书馆，1940，80页，36开（中德文化丛书14）

长沙：商务印书馆，1941.6，2版，80页，36开（中德文化丛书14）

　　本书共4节，内容包括：崇高感觉与优美感觉的种种对象、论一般人的崇高性质和美丽性质、论两性间对立关系中崇高与优美的区别、论国民性——就其依靠于崇高和优美两种不同的感情上而言。

　　收藏单位：广东馆、贵州馆、国家馆、吉林馆、辽宁馆、南京馆、上海馆、首都馆

02662

扎拉图士特拉如是说　（德）尼采（F. W. Nietzsche）著　萧赣译

外文题名：Thus spake Zarathustra

上海：商务印书馆，1936.3，4册（506页），32开（万有文库 第2集60）（现代问题丛书）

上海：商务印书馆，1936.8，506页，32开，精装（汉译世界名著）

　　本书以散文诗体写就，宣讲"超人哲学"和"权力意志"，道出了作者对人生、痛苦、欢乐、期许的深邃体悟。共4部分，80节。

从英译本转译。

收藏单位：重庆馆、大连馆、东北师大馆、广西馆、国家馆、江西馆、辽大馆、南京馆、山西馆、上海馆、首都馆、天津馆、浙江馆、中科图

02663

知识学基础　（德）费希特（Johann Gottlieb Fichte）著　程始仁译

外文题名：Grundlage der Gesam Wissenschaftslehre

上海：商务印书馆，1936.9，2册（366页），32开（万有文库第2集59）

上海：商务印书馆，1936.10，366页，32开，精装（汉译世界名著）

本书是作者关于知识学的基本学说，提出用分析基本原理、探讨主体与客体的辩证法的方法，并从逻辑上加以论证，引出科学思维的基本范畴。著者原题：斐希特。

收藏单位：重庆馆、大连馆、大庆馆、东北师大馆、广东馆、广西馆、国家馆、湖南馆、江西馆、辽大馆、南京馆、上海馆、绍兴馆、天津馆、浙江馆

# 奥地利、丹麦、意大利、西班牙哲学

02664

克罗齐哲学述评　朱光潜著　中国哲学会西洋哲学名著编译委员会编辑

上海：正中书局，1948，114页，25开

本书主要以克罗齐《心灵学》（现译《精神哲学》）中美学、逻辑学、实用活动的哲学、历史学4卷为依据，评述他的哲学思想，对他的哲学提出十大疑难并批判了他的唯心论。共7章，内容包括：新唯心主义的渊源、克罗齐的破与立、美学、逻辑学、实用活动的哲学、历史学、克罗齐哲学的批评等。书末附录克罗齐的略传、克罗齐的哲学著作目录、各章内容纲要等。

收藏单位：重庆馆、贵州馆、国家馆、吉林馆、南京馆、上海馆、天津馆、武大馆、浙江馆、中科图

02665

人与地（当代一位哲人的自传）（西）桑达雅那（George Santayana）著　蒋学模译

外文题名：Persons & places

上海：文摘出版社，1946，254页，32开

本书为西班牙哲学家、小说家桑达雅那自传。共16章，内容包括：时间、地点和族谱，我的父亲，我的母亲，我的姊姊苏茜娜，早期的记忆，拉丁学校，大学时代的朋友等。

收藏单位：东北师大馆、广东馆、国家馆、湖南馆、辽宁馆、南京馆、上海馆、天津馆、中科图

02666

体验哲学浅说　李石岑著

上海：商务印书馆，1931，94页，32开

长沙：商务印书馆，1931，国难后1版，94页，32开

本书介绍体验哲学的代表者丹麦哲学家基尔克哥德（S. Kierkegaard）的生平、思想以及他的心理学、伦理学等。书末附基尔克哥德研究参考书目。

收藏单位：广东馆、国家馆、湖南馆、首都馆、浙江馆

02667

维也纳学派哲学　洪谦著

重庆：商务印书馆，1945.5，218页，36开

本书介绍了逻辑实证论的代表者——维也纳学派的产生、发展及其主要观点。提出哲学应该拒绝形而上学问题，它的任务是在于提供分析哲学基本概念的逻辑方法。本书就现代自然科学中的基本问题、量子物理学的因果问题、或然性的逻辑分析、意义真理问题、福雷格（G. Frege）与罗素的数理逻辑问题、维也纳学派的代表人物石里克的人生哲学等作了评述。作者还对维也纳学派的几种主要代表著作，如《普通认识论》（石里克）、《逻辑哲学论》（伟根司坦）、《宇宙的逻辑构造》（开那普）加以评介。共15节，内容包括：石里克与维也纳学派的创立、现在哲学的新趋势、逻辑实证论的基本思想等。

收藏单位：重庆馆、东北师大馆、国家

馆、南京馆、上海馆

# 英国哲学

## 02668

**巴克莱哲学谈话三篇** （英）巴克莱（George Berkeley）著 关琪桐译 中华教育文化基金董事会编译委员会编辑

外文题名：Three dialogues

上海：商务印书馆，1935.6，133 页，26 开

　　本书以对话体裁讲述其唯心主义观点。书前有译者序。

　　收藏单位：重庆馆、东北师大馆、广东馆、广西馆、贵州馆、国家馆、河南馆、湖南馆、吉林馆、江西馆、南京馆、上海馆、首都馆、浙江馆

## 02669

**柏克莱哲学对话三篇** （英）巴克莱（George Berkeley）著 关琪桐译

外文题名：Three dialogues between Hylas and Philonous, in opposition to sceptics and atheists

上海：商务印书馆，1935.9，133 页

　　本书著者原题：柏克莱，译者原题：关文运。

　　收藏单位：山西馆

## 02670

**崇学论** （英）培根（Francis Bacon）著 关琪桐译 中华教育文化基金董事会编译委员会编辑

外文题名：Advancement of learning

长沙：商务印书馆，1938，371 页，25 开

　　本书是培根《科学的伟大复兴》的第 1 部分，对于从古代至当时的所有学问加以审查，指出古人的疏漏和缺欠，并提出应注意补充的新知识。共两部分，内容包括：论及学问不为人重视的原因，以及从人与宗教两方面证明学问之重要；论述提倡学术的方法，分论人与神的种种学问，依次论述了历史、诗歌与哲学。书后附有《新雅特兰地》（现译为《新大西岛》）。

　　收藏单位：广西馆、国家馆、吉林馆、江

西馆、南京馆、上海馆、天津馆、浙江馆

## 02671

**方法与结果** （英）赫胥黎（Thomas Henry Huxley）著 谭辅之译

外文题名：Method and result

上海：辛垦书店，1934，226 页，26 开

　　本书为演讲集，原有 9 篇，本书只收录 5 篇：《自然智识之发展》《科学之进步》《生命之物质基础》《论笛卡尔"方法讲话"》《动物机械论》。书前有译者小引和著者序。书末有跋。

　　收藏单位：重庆馆、东北师大馆、广西馆、国家馆、江西馆、南京馆、上海馆、首都馆、天津馆、浙江馆

## 02672

**佛兰西斯·培根** （美）杜兰特（Will Durant）著 詹文浒译

上海：青年协会书局，1927.7，100 页，32 开（哲学丛书 3）

上海：青年协会书局，1929，100 页，32 开（哲学丛书 3）

　　本书为《哲学的故事》一书的第 3 章。讲述英国哲学家培根的生平事迹及其主要学说。

　　收藏单位：国家馆、南京馆

## 02673

**霍布士** （英）塔勒尔（A. Taylor）著 刘衡如译

外文题名：Thomas Hobbes

上海：中华书局，1931，119 页，32 开

　　本书介绍霍布斯的生平学说。共 6 章，内容包括：传略、哲学的范围及方法、经验心理学——人性、国家底构成、主权者底权柄、教会与国家。

　　收藏单位：重庆馆、东北师大馆、广东馆、广西馆、国家馆、黑龙江馆、湖南馆、吉林馆、辽大馆、辽宁馆、南京馆、上海馆、首都馆、浙江馆

## 02674

**罗素、勃拉克讲演合刊** 成平编

北京：北京大学新知书社，1921，2 册，32 开

北京：北京大学新知书社，1939，2 册，32 开

　　收藏单位：重庆馆、国家馆、江西馆、近代史所、南京馆、山西馆、首都馆

**02675**

**罗素及勃拉克讲演集** （英）罗素（B. Russell）（美）勃拉克（Black）讲

北京：惟一日报社，1921，2 册（[324]+[242]页），32 开（北京惟一日报社丛书 第 1 种）

　　本书为罗素及勃拉克来华演讲的记录汇集。罗素的讲演包括：《哲学问题》《心的分析》《物的分析附数学逻辑》《社会结构学》；勃拉克的演讲包括：《经济影响下之政治思想》。

　　收藏单位：国家馆、江西馆、近代史所、首都馆、天津馆、浙江馆

**02676**

**罗素论思想自由** （英）罗素（B. Russell）著 朱枕薪译

外文题名：Free thought and official propaganda

上海：民智书局，1924，38 页，32 开（新中国丛书）

上海：民智书局，1926，再版，38 页，32 开（新中国丛书）

上海：民智书局，1930.2，3 版，38 页，32 开（新中国丛书）

　　本书为著者 1922 年 3 月 24 日在英国南方学院的演讲稿。

　　收藏单位：重庆馆、东北师大馆、广西馆、南京馆、浙江馆

**02677**

**罗素论文集** （英）罗素（B. Russell）著 杨端六等译

外文题名：Bertrand Russell's essays

上海：商务印书馆，1923，2 册（90+91 页），50 开（东方文库 第 44 种）

上海：商务印书馆，1924.10，2 版，2 册（90+91 页），50 开（东方文库 第 44 种）

上海：商务印书馆，1925，3 版，2 册（90+91 页），50 开（东方文库 第 44 种）

　　本书收罗素的论文 7 篇，论述社会问题和中国问题，包括《未开发国之工业》（杨端

六译）、《现今混乱状态之原因》（昔尘译）、《中国国民性的几个特点》（愈之译）、《中国之国际的地位》（张闻天译）、《社会制度论》（朱朴译）、《社会主义与自由主义》（愈之译）、《俄国革命的理论与实际》（愈之译）。

　　收藏单位：重庆馆、东北师大馆、广东馆、国家馆、江西馆、南京馆、山东馆、上海馆、绍兴馆、武大馆

**02678**

**罗素评传** 陈适生编译

上海：文明书局，1921，[10]+40 页，32 开

上海：文明书局，1922，再版，[10]+40 页，32 开

　　本书评述罗素的生平、哲学思想及其社会政治观。主要依据日本室伏高信的著作写成。共 10 节，内容包括：叙论、事略、对于数学论理学及哲学的态度、哲学价值的解释、哲学特质的说明、罗素哲学的系统、自由的崇拜等。

　　收藏单位：重庆馆、国家馆、吉林馆、上海馆、绍兴馆、首都馆

**02679**

**罗素之西方文化论** 张其昀著

上海：华夏图书出版公司，1948，20 页，32 开（现代文库 第 2 辑）

　　本书共 6 节，从论思潮、论科学、论道德、论政治、论宗教、论人物等方面，对罗素的《西洋哲学史》的内容作简要评介。

　　收藏单位：国家馆、南京馆、人大馆

**02680**

**洛克 巴克莱 休谟** 郭本道著

上海：世界书局，1934.9，123 页，32 开（哲学丛书）

　　本书论述英国哲学家洛克、巴克莱（即贝克莱）、休谟的生平事迹以及他们的哲学学说。

　　收藏单位：重庆馆、贵州馆、国家馆、江西馆、南京馆、山西馆、上海馆、首都馆、武大馆、浙江馆

## 02681

**培根论说文集** （英）培根（Francis Bacon）
著　水天同译
商务印书馆，247 页，25 开

　　收藏单位：广东馆

## 02682

**培根文选** （英）培根（Francis Bacon）著
陈德明编译
外文题名：Bacon's essays
上海：广学会，1940，54 页，32 开

　　收藏单位：广东馆、山东馆、上海馆

## 02683

**人类知识原理** （英）巴克莱（George Berkeley）
著　关琪桐译　中华教育文化基金董事会编译
委员会编辑
外文题名：A treatise concerning the principles of
human knowledge
上海：商务印书馆，1936，[141]+107 页，25 开

　　本书共 3 部分。第 1 部分为乔治·巴克
莱传；第 2 部分为巴克莱哲学通序（译者撰），
主要对巴克莱哲学进行分析、批评，分巴克
莱和他的时代、巴克莱和笛卡尔派洛克及牛
顿、反对抽象观念、概括观念的解释、反对
物质观念、存在即被知觉、无限心灵、因果
关系（经验主义）、相对主义等 10 节；第 3 部
分为《人类知识原理》。

　　收藏单位：重庆馆、东北师大馆、广东
馆、贵州馆、国家馆、河南馆、湖南馆、吉
林馆、江西馆、南京馆、山西馆、上海馆、
绍兴馆、首都馆、浙江馆、中科图

## 02684

**视觉新论** （英）巴克莱（George Berkeley）
著　关琪桐译　中华教育文化基金董事会编
译委员会编辑
外文题名：A new theory of vision
上海：商务印书馆，1935，21+76 页，25 开

　　本书为宣扬主观唯心主义观点的著作。
书前有译者序及作者给约翰·柏奇威的献
词。

　　收藏单位：重庆馆、广东馆、国家馆、
黑龙江馆、湖南馆、江西馆、辽宁馆、南京
馆、上海馆、绍兴馆、首都馆、浙江馆

## 02685

**斯宾塞的哲学** （俄）克鲁泡特金（Л. Кроп-
откин）著　乐夫译
上海：自由书店，1929，36 页，32 开（自由
小丛书 3）

　　本书简述斯宾塞的生平及其哲学思想。

　　收藏单位：重庆馆、南京馆、上海馆

## 02686

**斯宾塞尔哲学爻言〔原群〕** （英）斯宾塞尔
著　饶孟任译
外文题名：Synthetic philosophy of Herbert Sbencir
北平：京华印书局，1931，22+12+344 页，26
开

　　本书包括《原群》（即《社会学原理》），
分为群学发凡、群学疏义、家道、礼仪、政
典、宗教、职业、民极等部分。书前有《新
译斯宾塞尔原群序》（李翌灼）、《译群微义》。

　　收藏单位：重庆馆、东北师大馆、国家
馆、吉大馆、近代史所、南京馆、首都馆、
浙江馆

## 02687

**天演评论**　陈安仁著
广州：南太平洋亚包埠互助联合会，1924.8，
76 页，28 开（安仁丛书 14）

　　本书对赫胥黎《天演论》优胜劣败、生
存竞争之说进行了批判，主张人类应该联合
群谊，反对侵略。分为上、中、下 3 篇，有
趋异、互争、人择、善败、乌托邦、汰蕃、
择难、能实、群治、进化等 17 章。

## 02688

**物的分析** （英）罗素（B. Russell）演讲
北京：惟一日报社，1921.7.1，60 页（北京惟
一日报社丛书 第 1 种 3）

　　本书共 6 部分，前 5 部分讲物理问题，
最后一部分讲哲学问题，对物的问题从物理

学和哲学两个方面加以阐述。

收藏单位：北师大馆

## 02689

**物的分析** （英）罗素（B. Russell）著 任鸿 隽译记

外文题名：Analysis of matter

上海：商务印书馆，1922，64 页，32 开（罗素讲演录 3）

上海：商务印书馆，1926，再版，64 页，32 开（罗素讲演录 3）

收藏单位：国家馆、湖南馆、江西馆、南京馆、首都馆、天津馆、浙江馆

## 02690

**新工具** （英）培根（Francis Bacon）著 关琪桐译 中华教育文化基金董事会编译委员会编辑

外文题名：Novum Organum

上海：商务印书馆，1936，[43]+334 页，25 开

上海：商务印书馆，1936.9，再版，[43]+334 页，25 开

本书包括《大复兴论》叙言、《工作大纲》6 部与《大复兴论》第 2 部分（即《新工具》130 条）。书前有罗莱（W.Rawley）所撰《培根传》《培根年表》《培根哲学通序》《新工具序》。

收藏单位：重庆馆、东北师大馆、广西馆、贵州馆、国家馆、湖南馆、江西馆、近代史所、辽宁馆、南京馆、山东馆、上海馆、首都馆、天津馆、浙江馆

## 02691

**新工具** （英）培根（Francis Bacon）著 沈因明译 二十世纪社编辑

外文题名：Novum Organum

上海：辛垦书店，1934，[14]+323 页，26 开（哲学丛书 甲种）

本书分为两部分，第 1 部分概论认识的一般原理，第 2 部分论述归纳法本身。全书包括《培根的哲学思想》（冈岛龟次郎）、序说、自然及人类底解释之箴言（一）130 条、自然及人类底解释之箴言（二）52 条。

收藏单位：重庆馆、东北师大馆、广西馆、国家馆、江西馆、上海馆、首都馆、天津馆、浙江馆

## 02692

**学问之增进** （英）培根（Francis Bacon）著 邵裴子译

上海：商务印书馆，1937，312 页，32 开（万有文库 第 2 集 58）（现代问题丛书）

上海：商务印书馆，1939.9，312 页，32 开（万有文库 第 1—2 集 简编 500 种 38）（汉译世界名著）

长沙：商务印书馆，1939，312 页，32 开（万有文库 第 2 集 58）（汉译世界名著）

本书即《崇学论》的不同译本。

收藏单位：大连馆、东北师大馆、国家馆、江西馆、上海馆、武大馆、浙江馆

## 02693

**赞闲** （英）罗素（B. Russell）著 柯硕亭译

外文题名：In praise of idleness

上海：商务印书馆，1937，229 页，32 开（汉译世界名著）

重庆：商务印书馆，1944，渝 1 版，172 页，32 开（汉译世界名著）

本书分 15 节，列举现代资本主义社会中出现的种种社会问题，并对共产主义、法西斯主义进行比较，主张靠提高人类的知识来解决社会问题。

收藏单位：重庆馆、东北师大馆、广东馆、国家馆、首都馆

## 02694

**哲学大纲** （英）罗素（B. Russell）著 高名凯译

外文题名：Outline of philosophy

南京：正中书局，1937，330 页，25 开（哲学丛刊）

南京：正中书局，1948，沪 1 版，330 页，25 开（哲学丛刊）

本书共 4 部分，内容包括：人之从外研究、物理世界、人之从内研究、宇宙。

收藏单位：重庆馆、东北师大馆、广东

馆、国家馆、辽大馆、南京馆、绍兴馆、浙江馆

**02695**
**哲学问题**　（英）罗素（B. Russell）著　黄凌霜译
外文题名：The problems of philosophy
上海：新青年社，1920，163 页，32 开（新青年丛书 3）

　　本书共 15 章，分别论述显象与实体、物质的品性、观念、归纳、普遍原理的知识、先天知识如何可能、共相、直觉、真和伪、哲学的价值等问题。书前有原序、译者序。

　　收藏单位：重庆馆、东北师大馆、广东馆、国家馆、江西馆、近代史所、首都馆、天津馆、浙江馆

**02696**
**哲学问题**　（英）罗素（B. Russell）著　黄凌霜译
外文题名：The problems of philosophy
上海：新文化书社，1929，163 页，32 开
上海：新文化书社，1935，再版，163 页，32 开

　　收藏单位：重庆馆、国家馆、吉林馆、辽宁馆、南京馆、首都馆、天津馆、浙江馆

**02697**
**哲学问题**　（英）罗素（B. Russell）著　黄凌霜译
上海：哲学研究社，1936.3，4 版，163 页，32 开（哲学丛书）

　　收藏单位：上海馆

**02698**
**哲学问题**　（英）罗素（B. Russell）著　瞿世英译
上海：商务印书馆，1922，1 册，32 开（罗素讲演录 1）
上海：商务印书馆，1926，再版，61+55+47 页，32 开（罗素讲演录 1）

　　本书据罗素在北京大学讲学记录整理出版。

　　收藏单位：安徽馆、重庆馆、国家馆、江西馆、辽宁馆、上海馆、绍兴馆、首都馆、

天津馆、浙江馆

**02699**
**哲学问题**　（英）罗素（B. Russell）著　章廷谦记
北京：北京大学新知书社，1921，164 页，32 开（罗素五大讲演）

　　收藏单位：重庆馆、国家馆、吉林馆、江西馆、南京馆、上海馆、首都馆

**02700**
**哲学问题**　（英）罗素（B. Russell）讲演　宗锡钧　李小峰记录
北京：惟一日报社，1921，148 页，32 开（北京惟一日报社丛书 第 1 种）

　　收藏单位：近代史所、首都馆

**02701**
**哲学问题**　潘公展述
外文题名：The problems of philosophy
上海：商务印书馆，1924，90 页，50 开（东方文库 第 33 种）
上海：商务印书馆，1925.6，3 版，90 页，50 开（东方文库 第 33 种）
上海：商务印书馆，1931，4 版，90 页，50 开（东方文库 第 33 种）

　　本书简介罗素《哲学问题》一书内容。

　　收藏单位：重庆馆、东北师大馆、广东馆、广西馆、国家馆、江西馆、南京馆、山东馆、天津馆、浙江馆

**02702**
**哲学问题浅说**　施友忠著
上海：中华书局，1932，90 页，25 开

　　本书共 15 章，内容包括：现象与实在、物质之存在、物质之性质、唯心学派、亲验知识与描述知识、归纳法、普遍原理、论理上在先之知识、共相世界、关于共相的知识、直觉之知识、真理与误谬、知识误谬及或然之意见、哲学知识之范围、哲学之价值。

　　收藏单位：广西馆、国家馆、吉林馆、江西馆、辽宁馆、南京馆、山东馆、上海馆、首都馆、天津馆、浙江馆

# 荷兰哲学

## 02703

**论知性之改进** （荷）斯宾诺莎 (B. Spinoza)
著 刘荣焌译

外文题名：Treatise on the correction of the understanding

重庆：人文书店，1943.9，104 页，32 开

本书为《致知篇》的不同译本。共 5 部分，内容包括：论治哲学的目的、论知识的种类、论知性、论想象、论界说。据英译本转译。

收藏单位：重庆馆、广东馆、贵州馆、国家馆、吉林馆、南京馆、山东馆、武大馆

## 02704

**斯宾挪莎** （丹）霍夫丁 (Harald Hoffding)
著 彭基相译

外文题名：Spinoza

上海：商务印书馆，1935，63 页，25 开（百科小丛书）

本书介绍斯宾挪莎（即斯宾诺莎）的生平及其主要哲学思想。共 6 章，内容包括：小传、知识论、系统的基本概念、宗教哲学、自然哲学与心理学、伦理学与政治学等。书前有译者序。书末附有关英文参考书目。

收藏单位：重庆馆、广东馆、国家馆、湖南馆、辽大馆、南京馆、山东馆、上海馆、首都馆、浙江馆

## 02705

**斯宾诺莎** （美）杜兰特 (Will Durant) 著
詹文浒译

上海：青年协会书局，1929，104 页，32 开（哲学丛书 4）

本书为杜兰特《哲学的故事》一书的上册。讲述斯宾诺莎生平事迹及其主要学说。共 6 章，内容包括：历史与言行、宗教与国家论丛、智慧的改进、伦理学、政治学论著、斯宾诺莎的影响等。著者原题：杜伦。

收藏单位：国家馆、南京馆

## 02706

**斯宾诺莎哲学批判** （苏）米丁 (М. Митин)
等著 卢心远译

上海：辛垦书店，1936，303 页，26 开

本书内收 4 篇论文，包括《斯宾诺莎哲学概观》（樊德克、谛摩司珂）、《斯宾诺莎与辩证法的物质论》（米丁）、《斯宾诺莎哲学底历史意义》（康玛利、犹顿）、《十七世纪进步的市民之思想家》（拉利粹微支）等。书前有译者序及日译者序。本书译自日文，日译者为广岛定吉。著者原题：米廷。

收藏单位：国家馆、黑龙江馆、吉林馆、南京馆、上海馆

## 02707

**致知篇** （荷）斯宾诺莎 (B. Spinoza) 著
贺麟译

重庆：商务印书馆，1943，68 页，32 开

重庆：商务印书馆，1944.3，赣县初版，68 页，32 开

重庆：商务印书馆，1945，3 版，68 页，32 开

本书共 5 篇，内容包括：论治哲学的目的、论知识的种类、论知性、论想象、论界说。书前有译者撰写的《导言——斯宾诺莎的生平及其学说大旨》。书后有备考，包括重要译名的讨论与解释、译本异同的考证与取择、难译处所的注释与引证；有附录《逻辑方法的性质》，介绍斯宾诺莎的逻辑思想。本书译自拉丁文，并参照德、英译本。

收藏单位：重庆馆、广东馆、贵州馆、国家馆、江西馆、南京馆、上海馆、首都馆、浙江馆

# 法国哲学

## 02708

**柏格森** （法）约·索洛蒙 (J. Solomon) 著
汤澈 叶芬可译

外文题名：Bergson

上海：泰东图书局，1922.11，102 页，32 开

本书共 5 章，内容包括：变迁，生命，进化，思想、知能、知识、理解与逻辑，结论。

书末附录《裨益于研究柏格森的学者之几种英文书》。

收藏单位：重庆馆、国家馆、吉林馆、南京馆、山西馆、上海馆、首都馆、天津馆、浙江馆

02709

**柏格森变之哲学** （英）卡尔 （H. W. Carr） 著 刘延陵译

外文题名：The philosophy of change

上海：商务印书馆，1923，116 页，32 开（新智识丛书 24）

上海：商务印书馆，1928，再版，116 页，32 开（新智识丛书 24）

本书共 7 章，内容包括：哲学与生命、智力与物质、本能与智慧、直觉、自由、心与身、创造的进化等。

收藏单位：重庆馆、广东馆、广西馆、国家馆、湖南馆、吉林馆、辽宁馆、南京馆、首都馆、天津馆、浙江馆

02710

**柏格森之变易哲学** （英）卡尔 （H. W. Carr） 著 张闻天译

上海：民智书局，1924，79 页，32 开

上海：民智书局，1926，再版，79 页，32 开

本书共 7 章，内容包括：哲学和生命、智力与物质、本能与智慧、直觉、自由、心与身、创造的进化等。

收藏单位：广西馆、国家馆、吉林馆、天津馆

02711

**柏格逊与欧根** 钱智修译述 东方杂志社编纂

上海：商务印书馆，1923，102 页，32 开（东方文库 第 39 种）

上海：商务印书馆，1924，再版，102 页，32 开（东方文库 第 39 种）

上海：商务印书馆，1925.6，3 版，102 页，32 开（东方文库 第 39 种）

本书评介柏格逊（即柏格森）与欧根的哲学思想。1913 年两人在美国著名大学发表演说，美国阿博夫 （L. Abboff） 从应用方面解释二氏学说，认为伯格逊的哲学可称之为进步哲学，欧根的哲学可称之为精神生活哲学，但两人哲学的共同点在：以人生为精神的经验，以自由进步为主旨，一反机械论与宿命论的旧说。本书以此说为基础，介绍了这两位的哲学思想。分为现代两大哲学家介绍、伯格逊哲学说批评、欧根人生哲学述要等 3 部分。书前有译者绪言。

收藏单位：重庆馆、东北师大馆、广东馆、国家馆、黑龙江馆、湖南馆、江西馆、南京馆、山东馆、上海馆、绍兴馆、天津馆

02712

**沉思集** （法）笛卡尔 （R. Descartes） 著 关琪桐译 中华教育文化基金董事会编译委员会编辑

外文题名：Meditations on the first philosophy

上海：商务印书馆，1935.11，[17]+78 页，25 开

本书内收 6 篇沉思，整个目的都在证明我们对上帝和心灵的所有知识都是最确定的。在沉思第四中提出凡能清晰明白知道的，皆为真的等观点，构成笛卡儿哲学的重要原则。6 篇沉思的内容分别为：我们可怀疑的那些事物、人心底本性它是比物体易于知道的、论上帝他是存在的、真理和错误、论物质事物底本质复论上帝是存在的、论物质事物底存在以及人底身心之真正区分。书前有小引和给读者一篇叙言。书末附答客难。据英文本翻译。

收藏单位：重庆馆、东北师大馆、广东馆、贵州馆、国家馆、湖南馆、吉林馆、南京馆、山东馆、上海馆、首都馆、天津馆、浙江馆

02713

**创化论** （法）柏格森 （Henri Bergson） 著 张东荪译

上海：商务印书馆，1919，2 册 （14+391 页），32 开（尚志学会丛书）

上海：商务印书馆，1920，再版，2 册 （14+391

页），32 开（尚志学会丛书）

上海：商务印书馆，1920.3，3 版，2 册（14+391 页），32 开，精装（尚志学会丛书）

上海：商务印书馆，1922，4 版，2 册（14+391 页），32 开（尚志学会丛书）

上海：商务印书馆，1931，5 版，2 册（14+391 页），32 开（尚志学会丛书）

上海：商务印书馆，1932.11，国难后 1 版，2 册（14+391 页），32 开（尚志学会丛书）

本书作者认为，宇宙本体乃时间之流动，其作用即绵延之创化，故称无时非流动，无时不绵延，无时非创造，无时不进化，生命有冲动之无限自由，也各有绵延之机遇，因机遇不同，故有生物界之种类等。分引端、生之进化、进化之分途、生之本义、智慧之活动影戏性等章。书前有汤化龙序及译言。本书自英译本转译，并参照日译本。

收藏单位：重庆馆、东北师大馆、广东馆、广西馆、国家馆、湖南馆、吉大馆、江西馆、辽大馆、南京馆、山东馆、上海馆、首都馆、天津馆、浙江馆

02714

**狄岱麓与李石曾　杨家骆著**

上海：世界书局，1946，35 页，36 开（世界集刊）

本书共 4 部分，内容包括：狄岱麓学典、狄岱麓前后、石曾先生学典新体未建立前我的学典方法论、石曾先生的学典方法论和我写作"为李石曾先生而梦"的动机。

收藏单位：重庆馆、广东馆、南京馆、上海馆

02715

**笛卡儿 斯宾挪莎 莱伯尼兹　施友忠著**

上海：世界书局，1934.11，136 页，32 开（哲学丛书）

本书对笛卡儿（即笛卡尔）、斯宾挪莎（即斯宾诺莎）和莱伯尼兹（即莱布尼兹）的哲学思想进行了介绍和评论。笛卡儿部分有：方法论、我思故我在、上帝存在问题、物界存在问题、心体二元论、认识和伦理思想等；斯宾挪莎部分有：宇宙论、知识论、情论感、

伦理思想；莱伯尼兹部分有：论本体、伦理学原理、原理之应用等。

收藏单位：北师大馆、重庆馆、东北师大馆、贵州馆、国家馆、吉林馆、南京馆、上海馆、首都馆、浙江馆

02716

**法国十八世纪思想史　彭基相著**

上海：商务印书馆，1935，再版，174 页，32 开（百科小丛书）

本书共 6 章，内容包括：引论、宗教、哲学、道德、政治、总结。各章在讲述思想的同时，还介绍了一些代表人物的主要著作。书前有徐序及自序。

收藏单位：重庆馆、广东馆、国家馆、黑龙江馆、吉林馆、山东馆、天津馆

02717

**法国十八世纪思想史　彭基相著**

上海：新月书店，1928，204 页，32 开

上海：新月书店，1932，[再版]，181 页，32 开

收藏单位：重庆馆、国家馆、南京馆、上海馆、首都馆、天津馆

02718

**法国哲学史 （法）列维–布鲁尔（L. Levy-Bruhl）著　彭基相译**

外文题名：History of modern philosophy in France

上海：商务印书馆，1934，302 页，26 开，精装（哲学丛书）

本书分 16 章论述了笛卡儿（即笛卡尔）、麦尔伯兰基（即马勒伯朗士）、巴斯噶（即帕斯卡）、孟德斯鸠、伏尔泰、百科全书派、法国现代哲学等各派的主要观点。书前有张东荪、瞿世英及译者序。

收藏单位：重庆馆、东北师大馆、广东馆、贵州馆、国家馆、湖南馆、辽宁馆、南京馆、山东馆、浙江馆

02719

**法兰西学术史略（第一集）　李璜译**

上海：亚东图书馆，1921，118 页，32 开（少

年中国学会丛书)

上海：亚东图书馆，1930，118页，32开（少年中国学会丛书)

本书为1914年由巴黎大学编辑出版的多学科史略的第1集，包括哲学、社会学、教育学等。讲述笛卡儿（即笛卡尔）、帕斯卡、孟德斯鸠、圣西门、孔德、詹森派教徒费奈隆、卢梭等人的学术思想。分为3部分：哲学史略，由柏尔格森（H.Bergson）著；群学史略，由涂尔干（E.Durkheim）著；教育学史略，由拉比（P.Lapie）著。书前有译者叙。

收藏单位：重庆馆、广东馆、广西馆、国家馆、南京馆、山西馆、上海馆、首都馆、浙江馆

## 02720

**服尔德传** （法）莫洛亚（André Maurois）著
　傅雷译

外文题名：Voltaire

上海：商务印书馆，1936，138页，32开（汉译世界名著）

上海：商务印书馆，1937.2，再版，138页，32开

上海：商务印书馆，1947，再版，138页，32开（汉译世界名著）（新中学文库）

上海：商务印书馆，1948，3版，138页，32开（汉译世界名著）（新中学文库）

本书叙述法国作家、哲学家、启蒙思想家服尔德（即伏尔泰）的生平主要事迹、戏剧创作和哲学思想。共22章，内容包括：十八世纪的渊源与特征、童年与教育、喜剧、悲剧等。书中附图像30余幅。

收藏单位：安徽馆、重庆馆、东北师大馆、广东馆、广西馆、贵州馆、国家馆、黑龙江馆、湖南馆、江西馆、辽大馆、辽宁馆、南京馆、青海馆、上海馆、绍兴馆、首都馆、天津馆、浙江馆

## 02721

**共和原理民约论** （法）卢梭（Jean-Jacques Rousseau）著 （日）中江笃介译

东京：民国社，1914.7，37页，32开

收藏单位：南京馆

## 02722

**近代科学与柏格森之迷妄** （英）额略第（H. Illiot）著　陈正谟　刘奇译

外文题名：Modern science and the illusions of professor Bergson

上海：商务印书馆，1931，121页，26开，精装（哲学丛书）

本书从物理学、生理学和生物学等现代科学的角度评述柏格森哲学；对柏格森的《创造进化论》《物质与记忆》等书予以分析批判。共7章，内容包括：绪论、柏格森之哲学、反对柏格森哲学之理由、哲学之进步、自动说、谬论之起源、哲学之真正范围。书后有结论。

收藏单位：广东馆、贵州馆、国家馆、湖南馆、吉林馆、江西馆、南京馆、山东馆、上海馆、绍兴馆、首都馆

## 02723

**精神论** （法）赫尔维修（C. A. Helvetius）著
杨伯恺译

外文题名：De l'esprit

上海：辛垦书店，1933，248页，26开（哲学丛书 甲种）

本书共4讲，内容包括：精神底自体、与社会相关的精神、精神是自然禀性抑教育结果、给与精神的各种名称。书前有著者底像、译者底话、赫尔维修底生活及其著作等。

收藏单位：重庆馆、广东馆、广西馆、国家馆、吉林馆、上海馆、首都馆、天津馆、浙江馆

## 02724

**孔德实证哲学绪论**　王光煦著
出版者不详，9页，16开

本书论述实证哲学自培根以来的发展过程，认为实证哲学有助于促进实证科学的发展和人类的进步。

## 02725

**卢骚**　陈宗熙编纂

外文题名：Jean-Jacques Rousseau

上海：商务印书馆，1933，69页，32开

本书为英文读物。

收藏单位：河南馆

## 02726

**卢骚** （法）罗曼·罗兰（R.Rolland）著 俞庆赉译

外文题名：Jean-Jacques Rousseau

永安：改进出版社，1944，206 页，32 开（世界大思想家丛书 5）

本书介绍卢骚（即卢梭）的生平，评述其思想。书中节选了卢骚的一些著述，如《不平等底起原论》《寄达隆培尔》《独行踽踽者底幻想》《社约论》《爱弥尔》《朱利》《忏悔录》等书中的部分章节。

收藏单位：重庆馆、福建馆、广东馆、广西馆、上海馆

## 02727

**卢梭** 范寿康著

上海：商务印书馆，1926，60 页，32 开（百科小丛书 102）

上海：商务印书馆，1930，52 页，32 开（百科小丛书）（万有文库第 1 集 927）

上海：商务印书馆，1933，国难后 1 版，52 页，32 开（百科小丛书 102）

上海：商务印书馆，1934，国难后 2 版，52 页，32 开（百科小丛书）

上海：商务印书馆，1939.12，52 页，32 开（百科小丛书）（万有文库 第 1—2 集 简编 500 种 451）

重庆：商务印书馆，1944，42 页，32 开（百科小丛书）

上海：商务印书馆，1947，3 版，52 页，32 开（百科小丛书）（万有文库 第 1 集 927）

本书介绍卢梭的生平和思想。共 8 章，内容包括：卢梭略传、卢梭的根本思想、卢梭的文化观、卢梭的政治论、卢梭的伦理观、卢梭的心理观、卢梭的教育论、卢梭的宗教论。

收藏单位：重庆馆、大连馆、东北师大馆、广东馆、广西馆、贵州馆、国家馆、湖北馆、湖南馆、吉大馆、江西馆、辽大馆、南京馆、山东馆、上海馆、首都馆、天津馆、

浙江馆

## 02728

**时间与意志自由** （法）柏格森（Henri Bergson）著 潘梓年译

外文题名：Time and free will

上海：商务印书馆，1926.7，[16]+257 页，32 开（尚志学会丛书）

上海：商务印书馆，1927.12，[16]+257 页，32 开（尚志学会丛书）

上海：商务印书馆，1933，国难后 1 版，[16]+257 页，32 开（尚志学会丛书）

本书共 4 章，内容包括心理状态的强度等。本书译自英译本。

收藏单位：重庆馆、东北师大馆、广东馆、广西馆、贵州馆、国家馆、河南馆、江西馆、南京馆、上海馆、首都馆

## 02729

**心力** （法）柏格森（Henri Bergson）著 胡国钰译

外文题名：Mind energy

上海：商务印书馆，1924.5，222 页，32 开

上海：商务印书馆，1929.10，222 页，32 开（万有文库第 1 集 103）（汉译世界名著）

上海：商务印书馆，1934.11，国难后 1 版，237 页，32 开（汉译世界名著）

本书内收作者 1901—1913 年的 7 篇论文，内容包括：《生命与意识》《灵魂与身体》《活人的神魂与灵学研究》《梦》《现在之记忆与误认》《理智的努力》《脑髓与思想一个哲学的错觉》。作者认为意识有强大的冲力，因而能"创化"，同时也论及了"绵延""自由意志""物质""记忆"及"直觉"等。自英译本转译。

收藏单位：安徽馆、重庆馆、大连馆、广东馆、广西馆、贵州馆、国家馆、江西馆、辽大馆、南京馆、山东馆、山西馆、上海馆、首都馆、天津馆、浙江馆

## 02730

**哲学原理** （法）狄德罗（D. Diderot）著 杨伯恺译 二十世纪社编

上海：辛垦书店，1934，295 页，25 开（哲学丛书甲种）

本书收录了《第德诺全集》中的 5 篇文章，包括《达南柏（即达兰贝尔）之梦》《哲学家与元帅夫人之对话》《伟大原则底导论》《自然之解释》《关于物质和运动的哲学原理》等。书前有哲学丛书甲种弁言、著者像、译者序、绪言。著者原题：第德诺。

收藏单位：东北师大馆、广西馆、国家馆、江西馆、南京馆、上海馆、首都馆

**02731**

**哲学原理** （法）笛卡尔（R. Descartes）著　关琪桐译　中华教育文化基金董事会编译委员会编辑

外文题名：Principles of philosophy

上海：商务印书馆，1935，90 页，25 开

本书共 6 部分，内容包括：叙言、献辞、人类知识原理、物质事物底原则、可见的世界、地球。据英文本翻译。

收藏单位：重庆馆、广东馆、国家馆、河南馆、黑龙江馆、湖南馆、南京馆、山东馆、上海馆、首都馆、天津馆、浙江馆

**02732**

**自然之体系** （法）荷尔巴赫（P. H. Holbach）著　杨伯恺译

外文题名：Système de la nature

上海：辛垦书店，1933.9，2 册（[10]+449+518 页），25 开（哲学丛书甲种）

本书共两编。第 1 编"自然与其法则、人、灵魂与其性能、不死说、幸福"，共 17 章，内容包括：自然、运动与其起源、人底自由底体系等；第 2 编"神、神底存在之证明、神底属性、神影响于人们底幸福的方式"，共 14 章，内容包括：我们对于神的观念之起源、神话与神学、神学底混沌和矛盾的观念等。书前有哲学丛书甲种弁言、译者底话、刊发者致白、著者自序、新刊者序言、杂简。书末附全书提纲。

收藏单位：重庆馆、东北师大馆、广西馆、国家馆、河南馆、江西馆、近代史所、南京馆、上海馆、天津馆、浙江馆

# 美洲哲学

**02733**

**北美瑜伽学说（养气炼心）** （日）忽滑谷快天著　刘仁航译述　蒋维乔校订

上海：商务印书馆，1918.3，204 页，25 开

上海：商务印书馆，1918.8，再版，204 页，25 开

上海：商务印书馆，1920，5 版，204 页，25 开

本书分 20 章讨论北美瑜伽派的发展与变化。其中有北美瑜伽学风之来源、北美瑜伽与印度瑜伽之殊、瑜伽哲学、绝对与相对之关系、瑜伽之人生观、真我论、大自由大解脱、应用论等。书前有叙。

收藏单位：重庆馆、国家馆、河南馆、湖南馆、南京馆、上海馆、首都馆、浙江馆

**02734**

**杜威讲演集** （美）杜威（J. Dewey）讲　毋忘等笔记

北京：晨报社，1921，10 版，1 册，32 开

本书内收 4 讲，包括《社会哲学与政治哲学》《教育哲学》《伦理讲演纪略》《初等教育》，其中《初等教育》为杜威夫人讲演。

收藏单位：重庆馆

**02735**

**杜威讲演录** （美）杜威（J. Dewey）讲　志希　毋忘等笔记

新文化社，1920，110 页，32 开

本书收录杜威演讲 11 篇，内容包括：《学问的新问题》《现代教育的趋势》《经验与教育的关系》《真正的爱国》《教育答问》等。

收藏单位：重庆馆

**02736**

**杜威、罗素演讲录合刊** （美）杜威（J. Dewey）（英）罗素（B. Russell）著　张静庐编

上海：泰东图书局，1921.9，112+52 页，32 开

上海：泰东图书局，1926，5 版，112+52 页，32 开

本书内收杜威演讲 10 篇，内容包括：《社

会之要素》《职业教育与劳动问题》《公民教育》《南游心影》等；罗素演讲 4 篇，内容包括：《宗教问题》《中国人到自由之路》《布尔塞维克的思想》《未开发国之工业》。书前有编者序。

收藏单位：重庆馆、国家馆、近代史所、南京馆、上海馆、浙江馆

## 02737

**杜威三大演讲** （美）杜威（J. Dewey）演讲  刘伯明口译　沈振东笔记

上海：泰东图书馆，1920.11，151+69+80 页，32 开

上海：泰东图书馆，1921.2，再版，151+69+80 页，32 开

上海：泰东图书馆，1921，3 版，151+69+80 页，32 开

上海：泰东图书馆，1923，4 版，151+69+80 页，32 开

本书收录杜威演讲 3 篇，内容包括：《教育哲学》《试验论理学》《哲学史》。版权页书名题：杜威三大演讲合刊。

收藏单位：重庆馆、广东馆、国家馆、河南馆、吉大馆、南京馆、山东馆、山西馆

## 02738

**杜威五大讲演**　晨报社编

北京：晨报社，1920，496 页，32 开（晨报社丛书 3）

北京：晨报社，1920，再版，2 册，32 开（晨报社丛书 3）

北京：晨报社，1921，[再版]，2 册，32 开（晨报社丛书 3）

北京：晨报社，1921，9 版，2 册，32 开（晨报社丛书 3）

北京：晨报社，1922，14 版，[496] 页，32 开（晨报社丛书 3）

北京：晨报社，1924，16 版，2 册，32 开（晨报社丛书 3）

北京：晨报社，1926，17 版，2 册，32 开（晨报社丛书 3）

本书收录杜威在北京大学等处 5 次演讲的全文，内容包括：《社会哲学与政治哲学》

《教育哲学》《思想之派别》《现代的三个哲学家》《伦理讲演纪略》。书后附录杜威夫人在北京高等师范附小关于初等教育的演讲。

收藏单位：重庆馆、东北师大馆、广东馆、广西馆、国家馆、黑龙江馆、湖南馆、吉大馆、江西馆、近代史所、南京馆、山东馆、山西馆、上海馆、绍兴馆、首都馆、浙江馆

## 02739

**杜威在华讲演集**　新学社编辑部编辑

上海：新学社出版部，1919.10，138 页，26 开

本书收录杜威在华演讲、谈话等共 12 篇，内容包括：《平民主义的教育》《南京教育界人员与杜威先生之问答》《与北京贵州教育实业参观团之谈话》等。书前有杜威先生的史略和著作。

收藏单位：贵州馆、山东馆、浙江馆

## 02740

**哲学的改造**　（美）杜威（J. Dewey）著　胡适　唐钺译　中华教育文化基金会董事会编译委员会编辑

外文题名：Reconstruction in philosophy

上海：商务印书馆，1934，201 页，25 开

本书原为杜威在日本东京帝国大学的演讲。共 8 章，内容包括：正统哲学的起源、哲学改造中某些历史的因素、哲学改造中科学的因素、对经验与理性的概念之改变、对理想的及实在的两概念之改变等。译者原题：唐擘黄。

收藏单位：重庆馆、东北师大馆、广东馆、广西馆、贵州馆、国家馆、湖南馆、江西馆、南京馆、山东馆、上海馆、首都馆、浙江馆、中科图

## 02741

**哲学之改造**　（美）杜威（J. Dewey）著　许崇清译

外文题名：Reconstruction in philosophy

上海：商务印书馆，1933.4，[16]+174 页，32 开，精装（汉译世界名著）

上海：商务印书馆，1933.12，[16]+174 页，32

开（汉译世界名著）（万有文库 第 1 集 25）

上海：商务印书馆，1935，[16]+174 页，32 开，精装（汉译世界名著）

上海：商务印书馆，1939，简编版，[16]+174页，32 开，精装（万有文库 第 1 集 25）

本书共 8 章，内容包括：哲学底方在变化着底概念、理想与现实底意义底变迁、道德概念底改造、社会哲学底改造等。

收藏单位：安徽馆、重庆馆、大连馆、广东馆、贵州馆、国家馆、黑龙江馆、江西馆、辽大馆、辽宁馆、南京馆、山东馆、上海馆、首都馆、天津馆、浙江馆

# 逻辑学（论理学）

02742

**辨学**　王国维著

[ 北平 ]：文化书社，1932.6，再版，273 页，25 开

本书共 9 篇 32 章，内容包括：绪论、名辞、命题、推理式、虚妄论、辨学上最近之见解、方法论、归纳法、归纳法之附件。译者略去原书中《句子的逻辑分析》一节。书前有《辨学学语中西对照表》。封面由胡麟阁题签：王国维先生遗著《辨学》。该译本曾于 1908 年印行，著者题为（英国）随文，译者为王国维；北平文化书社出版时，改题为王国维著。

收藏单位：广东馆、国家馆

02743

**辨学**

出版者不详，90 页，18 开

收藏单位：国家馆、南京馆

02744

**辨学讲义详解**　刘世杰著

汉口：维新印书馆，1915，472 页，18 开

本书分总论、分论（内分资质门和方法门）两部分。内容包括：辨学之起源、辨学之

定义、概念论、断定论、定义法、分类法等章节。

收藏单位：重庆馆、国家馆

02745

**辨学教科书**

出版者不详，120 页，18 开

本书为陆军预备学校教科书。

收藏单位：广东馆

02746

**辩论术 ABC**　陆东平著

上海：ABC 丛书社，1928.9，129 页，32 开，精装（ABC 丛书）

上海：ABC 丛书社，1929.2，再版，129 页，32 开，精装（ABC 丛书）

上海：ABC 丛书社，1929.8，3 版，129 页，32 开（ABC 丛书）

上海：ABC 丛书社，1935，4 版，129 页，32 开（ABC 丛书）

本书论述辩论术的定义与功能，介绍辩论的方法并编入实例以供练习之用。共 3 编，内容包括：概况、方法、实例。

收藏单位：重庆馆、广东馆、广西馆、国家馆、黑龙江馆、吉林馆、江西馆、南京馆、首都馆、浙江馆

02747

**辩论术之实习与学理**　（美）克契门（V. A. Ketcham）著　费培杰译

外文题名：The theory and practice of argumentation and debate

上海：商务印书馆，1921.10，[18]+415 页，32 开（共学社时代丛书）

上海：商务印书馆，1922，再版，[18]+415 页，32 开（共学社时代丛书）

上海：商务印书馆，1924，4 版，[18]+415 页，32 开（共学社时代丛书）

上海：商务印书馆，1928.1，6 版，[18]+415 页，32 开，精装（共学社时代丛书）

上海：商务印书馆，1931，7 版，[18]+415 页，32 开（共学社时代丛书）

上海：商务印书馆，1933，国难后 1 版，[18]+

415 页，32 开（共学社时代丛书）
上海：商务印书馆，1934.4，国难后 2 版，[18]+
415 页，32 开（共学社时代丛书）

本书共两编，内容包括：辩论术之实习、辩论术之学理。第 1 编含辩论术之定义及其重要、题目、题目的分析等 8 章，第 2 编含归纳论证、演绎论证、因果论证等 6 章。

收藏单位：重庆馆、东北师大馆、广东馆、广西馆、国家馆、吉大馆、吉林馆、江西馆、南京馆、上海馆、天津馆、浙江馆

## 02748

**辩证逻辑之基本原理** （苏）陶泼尔考夫著
彭苇森译
上海：春秋书店，1932.8，283 页，32 开

本书作者指出辩证法是关于外部世界与人类思维活动的一般规律的学说。本书研究思维活动的规律，指出形式逻辑的缺欠，揭示辩证法如何进行观察、认识及判断。共 7 章，内容包括：矛盾、概念、论断、历史主义、具体的思想、辩证法与实际、判断。书前有译者序及作者原序。

收藏单位：北师大馆、重庆馆、东北师大馆、国家馆、近代史所、南京馆、山东馆、首都馆

## 02749

**不同的逻辑与文化并论中国理学** 张东荪著
北平：燕京大学哈佛燕京学社，1939，38 页，
16 开

本书包含两篇文章。前一篇专论四种不同的逻辑在文化上的来源；后一篇是据四种逻辑的分类，论述中国思想的特征，并对宋明理学从文化学的观点加以解释。为《燕京学报》第 26 期的单行本。

收藏单位：国家馆

## 02750

**黑格尔逻辑大纲** （德）黑格尔（G. W. F. Hegel）著 周谷城译
外文题名：Science of logic
上海：正理报社，1934，116 页，32 开

本书共 3 篇 32 章，内容包括：导言、第

1 篇"有"（质、量、质量）、第 2 篇"内蕴"（在自身的内蕴之诸决定、现象、实在、矛盾）、第 3 篇"会通"（会通、最后原因、理念）。书前有译者《黑格尔逻辑大纲》一文。由英译本转译，全书用中英文对照排印。

收藏单位：重庆馆、首都馆

## 02751

**黑格尔《逻辑学》一书摘要（哲学笔记之一）**
（苏）列宁（В. И. Ленин）著 曹葆华译
北京：解放社，1949.8，221 页，32 开

本书共 3 篇，内容包括：存在论、本质论、主观的逻辑或概念论。译自《列宁全集》第 38 卷。书前有亚多拉特斯基著《关于列宁底哲学著作》。书末附录列宁《关于辩证法问题》及译者后记。

收藏单位：国家馆、天津馆

## 02752

**冀著论理学** 冀贡泉著
太原：山西法政学校出版部，1924，改订 5 版，
216 页，25 开

本书分绪论、思辨形式论、思辨应用论 3 编，内容包括：论理学之沿革略、思辨之根本原则及公例、资料之采集一名探究之方法等章节。

收藏单位：国家馆

## 02753

**科学的方法论（论辩证逻辑的发展途径）** 石兆棠编
上海：中华书局，1949.5，194 页，32 开

本书概述逻辑思想发生发展的今天。共 15 章，内容包括：逻辑的意义、逻辑的前提——客观宇宙的存在、逻辑的开始在解释运动和矛盾、知识问题的提起：关于概念的说明、判断的分析——形式逻辑的创建、演绎逻辑的时代的意义、归纳逻辑的提出、形而上学的思惟方法、机械逻辑的时代的意义、超绝的逻辑、矛盾逻辑的发展、辩证逻辑的产生、唯心论辩证法的时代的意义、唯物论的辩证法、唯物论辩证法的时代的意义。

收藏单位：重庆馆、福建馆、国家馆、江

西馆、南京馆、上海馆、浙江馆

## 02754

**理门论证文回轮论图解　吕澂　印沧著**
南京：支那内学院，1928.12，[34] 页，18 开
（内学 第 4 辑 5—6）

　　本书收陈那著、玄奘译《因明正理门论本证文》等。

　　收藏单位：重庆馆、国家馆

## 02755

**理则学　汪奠基著**
[重庆]：中国国民党中央执行委员会训练委员会，1941，70 页，32 开

　　本书简论逻辑学的基本内容，包括性质、任务、方法、原理、法则以及逻辑学与科学精神等。共 8 章，内容包括：何谓理则学、理则思想之训练、思想对象与真伪等。为训练教程之十一。

　　收藏单位：重庆馆、东北师大馆、广东馆、广西馆、国家馆、湖南馆、江西馆、南京馆、浙江馆

## 02756

**理则学　吴俊升　边振方编著**
重庆、金华：正中书局，1943.3，161 页，32 开（青年基本知识丛书）
上海：正中书局，1945，161 页，沪 1 版，32 开（青年基本知识丛书）
上海：正中书局，1946.12，沪 3 版，161 页，32 开（青年基本知识丛书）
上海：正中书局，1947.12，沪 6 版，161 页，32 开（青年基本知识丛书）

　　本书讲述形式逻辑。共 9 章，内容包括：绪论、人类的思想和行为、观察试验与事实、归纳推理、类比推理、演绎推理、实证、论知与行等。书末附本书主要参考书目。

　　收藏单位：重庆馆、东北师大馆、广东馆、国家馆、江西馆、南京馆、山东馆、上海馆、首都馆、武大馆、浙江馆

## 02757

**理则学**

军训部陆军军官预备学校筹备总处，[1944]，56 页，32 开

　　本书为军训部审定陆军军官预备学校专用课本。

　　收藏单位：重庆馆

## 02758

**理则学（思维术）　陈大齐讲**
重庆：中央训练团，1939，22 页，36 开
重庆：中央训练团，1940，24 页，36 开
重庆：中央训练团，1943.9 印，20 页，36 开

　　本书为中央训练团党政训练班讲演录。讲述形式逻辑的功用、对象、归纳、演绎、调整等思维方法。

　　收藏单位：重庆馆、广东馆、国家馆、江西馆、南京馆、人大馆

## 02759

**理则学大纲　郎淳编**
特勤学校，1948，26 页，32 开

　　收藏单位：广东馆

## 02760

**理则学大意　陈大齐著**
南京：中央政治学校，[1932]，56 页，18 开

　　本书讲述逻辑学的基本思维形式和思维方法。共 5 章，内容包括：理则学的意义、概念、判断、归纳推理、演绎推理。

　　收藏单位：重庆馆、国家馆、南京馆

## 02761

**理则学纲要　雷香庭著**
广州：大学文化事业公司，1948，再版，104 页，32 开

　　本书共 25 讲，内容包括：理则学是甚么、甚么是思考等，讲述逻辑学的性质、任务、思维形式、思维规律、思维方法，逻辑史及因明学。

　　收藏单位：重庆馆、贵州馆、国家馆、吉林馆、南京馆、山东馆、上海馆

## 02762

**论理古例　刘奇著**

重庆：商务印书馆，1942.6，188 页，25 开

重庆：商务印书馆，1943，再版，188 页，25 开

江西：商务印书馆，1943，赣 1 版，188 页，25 开

江西：商务印书馆，1943.6，赣 2 版，188 页，25 开

重庆：商务印书馆，1945.10，渝 3 版，188 页，25 开

上海：商务印书馆，1949，沪 3 版，188 页，25 开

本书引先秦至清经、史、子著述中的有关例证三百余则，依照形式逻辑程式，顺次辑录、论述。共 3 编 18 章，内容包括：原素论、推理论、方法论等。

收藏单位：北大馆、重庆馆、东北师大馆、广东馆、贵州馆、国家馆、湖南馆、南京馆、山东馆、武大馆

**02763**

**论理学　常守义著**

北平：明德学园，1948.1，195 页，25 开（哲学丛书 第 3 编）

本书以亚里士多德逻辑为基础，讲述形式逻辑。共 4 章，内容包括：论观念、论判断、论推理、论学问。书前有作者序。

收藏单位：国家馆、吉林馆、山东馆、上海馆、首都馆、天津馆

**02764**

**论理学　陈高佣编**

长沙：商务印书馆，1938.2，134 页，32 开

上海：商务印书馆，1938.7，2 版，134 页，32 开

长沙：商务印书馆，1938，3 版，134 页，32 开

长沙：商务印书馆，1938，4 版，134 页，32 开

上海：商务印书馆，1947，6 版，134 页，32 开

本书为师范学校课本。以形式逻辑为主，涉及数理逻辑。共 12 章，前两章总论逻辑学与思维的关系，第 3—10 章叙述普通逻辑学的原理及法则，第 11 章概要介绍了数理逻辑，第 12 章论述科学方法论。书前有编辑大意。书末附英汉对照表。

收藏单位：重庆馆、广东馆、国家馆

**02765**

**论理学　慈忍室主人编辑　（释）太虚审定**

上海：佛学书局，1930.10，86 页，32 开（海潮音文库 第 1 编 佛学通论 12）

本书共 14 部分，内容包括：对于逻辑派攻击佛学的驳议、惠辨引义、说明因对宗喻之重要关系等。

收藏单位：重庆馆、国家馆、上海馆

**02766**

**论理学　（日）大西祝著　胡茂如译**

上海：泰东图书局，1914，3 版，[308] 页，25 开

本书分上、下两卷，共 3 编。上卷包括绪言、第 1 编形式论理；下卷包括第 2 编因明、第 3 编归纳法。书前有谷钟秀序、自序及李鸣阳序。

收藏单位：江西馆、南京馆、首都馆

**02767**

**论理学　范寿康著**

上海：开明书店，1931.8，212 页，32 开

上海：开明书店，1932，再版，212 页，32 开

上海：开明书店，1932.8，3 版，212 页，32 开

上海：开明书店，1933.8，4 版，212 页，32 开

上海：开明书店，1934.8，5 版，212 页，32 开

本书为开明师范学校教本。共两编，内容包括：原理论（思维的原理、思维的本质、概念、判断、推理）、方法论（研究的方法、统整的方法）。书前有绪论。书末附录论理学与教育的关系、相关法、练习问题。

收藏单位：重庆馆、东北师大馆、广东馆、贵州馆、国家馆、江西馆、天津馆、浙江馆、中科图

**02768**

**论理学　（日）服部讲　韩述祖编**

上海：文明书局，1913.5，再版，252 页，25 开，精装

本书分总论和分论两部分。总论讲述逻辑学的对象、任务；分论上篇为资质门（概念论、断定论、推理论）、下篇为方法门（定义法、分类法、辩证法等）。

02769

**论理学** （德）黑格尔（G. W. F. Hegel）著
张铭鼎译

上海：世界书局，1935，194 页，25 开

　　本书即《逻辑学》（《大逻辑》的节略本）。共 3 篇，内容包括："有"说、本质说、概念说。书前有绪言和总论。

　　收藏单位：重庆馆、东北师大馆、贵州馆、国家馆、湖南馆、吉林馆、南京馆、山东馆、山西馆、上海馆、浙江馆

02770

**论理学**　冀贡泉编

上海：中华书局，1919，改订 3 版，166 页，16 开

上海：中华书局，1922.7，4 版，166 页，16 开

　　本书共 3 编，内容包括绪论和思辨形式论、思辨应用论，分为论理学之定义、思辨之根本原则及公例、思辨之性质等章。

　　收藏单位：山西馆

02771

**论理学**　林仲达编

上海：中华书局，[1935]，154 页，32 开

上海：中华书局，1936，再版，154 页，32 开

上海：中华书局，1936，5 版，154 页，32 开

上海：中华书局，1937，6 版，154 页，32 开

上海：中华书局，1947，12 版，154 页，32 开

　　本书为新课程标准师范学校适用。分为绪论、本论和结论 3 部分。绪论部分共 3 章，内容包括：人类思想错误底根源、训练论理思想底必要、错误与真理；本论部分共两章，内容包括：思维底原理、思维底方法；结论部分共两章，内容包括：论理学底界说及其任务、论理学底发展概观。

　　收藏单位：重庆馆、广东馆、江西馆、浙江馆

02772

**论理学**　刘博扬编著

[北平]：中北印书局，1934.8，184 页，32 开

　　本书共 3 编，内容包括：导言、原素论和方法论。第 1 编共 5 章，内容包括：论理学的定义、论理学的略史等；第 2 编共 3 章，内容包括：概念论、判断论等；第 3 编共 3 章，内容包括：方法论的意义、研究法等。

　　收藏单位：北大馆

02773

**论理学**　刘仁甫编

北平：百城书局，1932，322 页，25 开

　　本书共 10 篇，内容包括：思考论、判断论、概念论、训练思想的环境设备论、实验的观察论、假设论、推理与究考、实证论、谬误论、结论。

　　收藏单位：广东馆、国家馆、南京馆、首都馆、武大馆、浙江馆

02774

**论理学**　沈有乾编著

南京：正中书局，1936.8，160 页，32 开

南京：正中书局，1937.12，沪 8 版，160 页，32 开

[上海]：正中书局，1946.10，7 版，160 页，32 开

　　本书为师范学校教科书。共 8 章，内容包括：论理学的性质和范围、思想概论、科学方法要旨、密耳五种归纳法、辞的结构、所谓直接推理、间接推理、演绎系统。章末附参考书目。书末附中西名词对照表。书背、书眉及版权页题名：师范乡师论理学。

　　收藏单位：重庆馆、东北师大馆、国家馆、武大馆

02775

**论理学**　汪震著

北平：人文书店，1936.4，166 页，32 开

　　本书共 16 章，内容包括：定义与沿革、思想、思想原理、概念、判断等。书末附习题及后记。

　　收藏单位：重庆馆、东北师大馆、广东馆、国家馆、吉林馆、南京馆、首都馆

02776

**论理学**　王炽昌编

上海：中华书局，1924，107 页，25 开

上海：中华书局，1924，3 版，107 页，25 开

上海：中华书局，1925，6 版，107 页，25 开

上海：中华书局，1926.5，8 版，107 页，25 开

上海：中华书局，1928，10 版，107 页，25 开

上海：中华书局，1931.3，17 版，107 页，25 开

上海：中华书局，1932，21 版，107 页，25 开

本书为新学制师范学校及高级中学师范科的逻辑学教科书，共 5 编，内容包括：绪论、思考论、推理与论式之原理、科学方法论与试验论理、余论。书前有编辑大意。

收藏单位：重庆馆、广东馆、河南馆、江西馆

**02777**

**论理学　王力著**

上海：商务印书馆，1933.12，108 页，32 开（百科小丛书）（万有文库第 1 集 95）

上海：商务印书馆，1934.3，108 页，32 开（百科小丛书）

上海：商务印书馆，1934.12，再版，108 页，32 开（百科小丛书）

重庆：商务印书馆，1945.4，渝 1 版，88 页，32 开（百科小丛书）

本书讲述演绎的论理学与归纳的论理学。分两篇，共 14 章，内容包括：导言、概念、分类定义排比、判断、命题、推理、演绎推理的形式与方法、间接的推理——三段论法、演绎推理的谬误、由观察与实验确定因果关系、假定的解释、归纳论理学的第三个特别问题、由经验与类比而得的扩大作用、归纳推理的谬误。著者原题：王了一。

收藏单位：安徽馆、重庆馆、大连馆、东北师大馆、广东馆、贵州馆、国家馆、江西馆、辽大馆、南京馆、上海馆、首都馆、天津馆、浙江馆

**02778**

**论理学　夏维海编**

南京：宜春阁印书馆，1932，84 页，25 开

收藏单位：重庆馆

**02779**

**论理学　夏维海编**

南京：中央陆军军官学校政治训练处，1931.6，84 页，26 开

南京：中央陆军军官学校政治训练处，1933，2 版，84 页，26 开

本书为政治教程第 3 种。

收藏单位：湖南馆、南京馆、浙江馆

**02780**

**论理学　张廷霖讲述**

出版者不详，134 页，16 开

本书为浙江政法专门学校讲义。共 4 篇 17 章，内容包括：思想原论、演绎推理、归纳推理、界说分类。

收藏单位：浙江馆

**02781**

**论理学　张怡荪著**

北京：民国大学印刷部，100 页，16 开，精装

本书为民国大学讲义。

收藏单位：首都馆

**02782**

**论理学　张毓骢著**

外文题名：Logic（higher course）

上海：商务印书馆，1914.12，118 页，25 开

上海：商务印书馆，1915，再版，118 页，25 开

上海：商务印书馆，1916，3 版，118 页，25 开

上海：商务印书馆，1922，12 版，118 页，25 开

上海：商务印书馆，1924.2，14 版，118 页，25 开

本书为师范学校逻辑学教科书。分绪论、本论、结论 3 部分。绪论共 3 章，内容包括：论理学之意义、论理学与各科学之关系、论理学之区分；本论共两篇，内容包括：原理论、方法论；结论共两章，内容包括：知识之系统、论理学于教授上之应用。

收藏单位：东北师大馆、广东馆、国家馆、江西馆、首都馆、浙江馆

**02783**

**论理学　朱兆萃编**

上海：世界书局，1930.8，235 页，大 32 开

上海：世界书局，1930.12，再版，235页，大
32开

上海：世界书局，1931，订正本，235页，大32开

上海：世界书局，1931，3版，235页，大32开

本书为高中师范教本。共4篇，内容包
括：绪论、原理论、方法论、教育论理。书前
有编辑大意。

收藏单位：重庆馆、广东馆、河南馆、湖
南馆、山东馆、山西馆、浙江馆

**02784**

**论理学（第一册）　国民政府教育部编审会著**

北京：新民印书馆，1938.8，186页，32开

本书共4篇12章，内容包括：绪论、原
理论、方法论、论理底发展概观。书前有编
辑大意。

收藏单位：湖南馆

**02785**

**论理学 ABC　朱兆萃著**

上海：ABC丛书社，1928.8，113页，32开，精
装（ABC丛书）

上海：ABC丛书社，1929，再版，113页，32
开（ABC丛书）

上海：ABC丛书社，1929，3版，113页，32
开（ABC丛书）

上海：ABC丛书社，1931，4版，113页，32
开（ABC丛书）

上海：ABC丛书社，1931.11，5版，113页，
32开（ABC丛书）

上海：ABC丛书社，1932.6，6版，113页，32
开（ABC丛书）

上海：ABC丛书社，1932.11，7版，113页，
32开（ABC丛书）

上海：ABC丛书社，1933.3，8版，113页，32
开（ABC丛书）

上海：ABC丛书社，1934，10版，113页，32
开（ABC丛书）

本书共3编，内容包括：绪论、原理论、
方法论。绪论共4章，内容包括：引言、论理
学底意义、思考底原理、思考历程；原理论共
4章，内容包括：概念、判断、推理、间接推
理；方法论共4章，内容包括：原理论和方法

论、分析和综合、探究法、统整法。书末附
主要参考书目。

收藏单位：北大馆、重庆馆、广东馆、广
西馆、贵州馆、国家馆、河南馆、江西馆、
南京馆、山东馆、首都馆、浙江馆

**02786**

**论理学表解　黄履思编辑**

上海：科学书局，1912.5，56页，50开（表
解丛书 法律政治经济学）

本书共3部分，内容包括：绪论、演绎
法、归纳法。演绎法共6章，内容包括：论演
绎法与归纳法之别、论句、思想之原律等；归
纳法共1章，内容包括：归纳法之概说。

收藏单位：上海馆

**02787**

**论理学常识　石明著**

上海：神州国光社，1931.10，14+91页，36开

本书共5章，内容包括：逻辑学的性质、
历史、演绎及归纳逻辑、认识论底逻辑（即
思维规律）等。书前有例言。

收藏单位：国家馆、山东馆、首都馆

**02788**

**论理学大纲　柴熙著**

北平：辅仁大学，1943.9，225页，25开

本书共4编，内容包括：论理学的对象、
概念论、判断论、推理论。内有参考书目录。
书末附论理名辞中西对照表。

收藏单位：国家馆、吉林馆、首都馆

**02789**

**论理学大纲　（美）葛雷顿　（美）司马特**
**(H. R. Smart) 著　丘瑾璋译**

外文题名：An introductory logic

上海：世界书局，1934.7，304页，25开

上海：世界书局，1935，再版，304页，25开

本书为《逻辑概论》的不同译本。对形
式逻辑作了系统的阐述。共4部分24章，内
容包括：导论、三段论法、归纳法、思想之性
质等。

收藏单位：重庆馆、东北师大馆、广西

馆、国家馆、首都馆、天津馆、浙江馆

**02790**

**论理学大纲 何兆清编著**

南京：钟山书局，1932.10，314 页，26 开

本书共 6 章，内容包括：知识概论、概念论、判断论、演绎推理、归纳推理、价值判断之研究。书前有绪论。书末附《科学底分类》（陈大齐）。

收藏单位：重庆馆、广东馆、国家馆、吉林馆、江西馆、南京馆、浙江馆

**02791**

**论理学大纲 康叔仁编**

北平：文化学社，1932.11，124+12 页，25 开

本书为高中及师范教科书。共 12 章，内容包括：绪论、思维、概念、判断、直接推理、间接推理、演绎推理之误谬、类比推理、归纳推理、Mill 之实验术、归纳法之误谬、问题之整理。书前有编辑大意。书末附练习题。

收藏单位：重庆馆、国家馆、山东馆、天津馆

**02792**

**论理学大纲 尼科莱著 刘及辰译**

天津：百城书局，1936.5，92 页，32 开

本书共 3 章，内容包括：质、量、度。书前有序言及绪论。书名原题：黑格尔论理学大纲。

收藏单位：北大馆、重庆馆、中科图

**02793**

**论理学大纲 乔万选著**

南京：新鸣印书馆，1945.2，110 页，25 开

本书讲述形式逻辑。共 11 章，内容包括：论理学之意义与范围、概念与名词、判断与命题、直言三段论法、假言三段论法、析取三段论法、复杂的推论、不规则的推论、归纳的推论、错误等。

**02794**

**论理学大全 王章焕编**

上海：商务印书馆，1930.12，414 页，26 开

上海：商务印书馆，1932.8，国难后 1 版，414

页，26 开

上海：商务印书馆，1939.11，国难后 2 版，414 页，26 开

上海：商务印书馆，1947，5 版，414 页，26 开

本书共 4 部分，内容包括：绪论、本论上（要素论）、本论下（方法论）、附论。本论上共 5 编，内容包括：思考论、概念论、判断论、推理论上（直接推理）、推理论下（间接推理）；本论下共 3 编，内容包括：探究法、统整法、误谬论；附论共两编，内容包括：因明、辩学。

收藏单位：北大馆、重庆馆、东北师大馆、广东馆、广西馆、国家馆、江西馆、南京馆、山东馆、首都馆、天津馆、浙江馆

**02795**

**论理学大意 江恒源编著**

上海：大东书局，1928.3，68 页，25 开

上海：大东书局，1932.6，再版，72 页，25 开，精装

上海：大东书局，1933，3 版，72 页，25 开

本书为北京平民大学的讲稿。共 7 章，内容包括：论理学的定义、论理学和心理学的异同及关系、思想的必要和特质、思想起因和经过——思想进行的五步、自然思想的缺点和补救方法、论理的思想方法、试验论理方法——科学方法。书前有弁言、引论。

收藏单位：北师大馆、重庆馆、广东馆、广西馆、国家馆、河南馆、湖南馆、江西馆、上海馆、天津馆、浙江馆

**02796**

**论理学概论 宋子俊编著**

上海：大华书局，1933.6，176 页，25 开

上海：大华书局，1933，再版，176 页，25 开

上海：大华书局，1934.3，3 版，176 页，25 开

上海：大华书局，1934.11，4 版，176 页，25 开

本书为师范学校教科书。共 4 部分，内容包括：绪论、原理论、方法论、结论（论理学与教育）。

收藏单位：北大馆、重庆馆、川大馆、广东馆、贵州馆、国家馆、吉林馆、南京馆、

绍兴馆、首都馆、天津馆、浙江馆

## 02797

**论理学概说讲义　金舞峰著**
北京：北京师范大学，90 页，13 开
　　本书为普通逻辑学讲义。
　　　　收藏单位：国家馆

## 02798

**论理学纲要　（日）高山林次郎著　李信臣译述**
外文题名：Essentials of logic
上海：商务印书馆，1925.3，165 页，28 开
上海：商务印书馆，1925.12，再版，165 页，28 开
　　本书为师范学校教本。共 21 章，内容包括：总论、名辞命题及三段论法序论、名辞、命题、命题之对当、直接推理等。
　　　　收藏单位：重庆馆、国家馆

## 02799

**论理学纲要　林仲达编**
上海：中华书局，1936.2，[14]+158 页，32 开（中华百科丛书）
昆明：中华书局，1941.2，3 版，[14]+158 页，32 开（中华百科丛书）
　　本书共 6 章，内容包括：论理学何以必要、论理学底本质及其任务、各派论理学述要（续）实验论理学、各派论理学述要（再续）辩证论理学、论理学底发展概观。书末附参考书、中文名词索引、西文名词索引。
　　　　收藏单位：重庆馆、川大馆、东北师大馆、广东馆、国家馆、黑龙江馆、吉林馆、江西馆、辽宁馆、南京馆、山东馆、上海馆、首都馆、浙江馆

## 02800

**论理学纲要　张希之编著**
北平：文化学社，1932.11，[14]+384 页，25 开
　　本书共 4 篇，内容包括：导言、原素论、方法论、附论。书前有编者例言。书后有刊误表。
　　　　收藏单位：重庆馆、广东馆、国家馆、湖

南馆、近代史所、南京馆、首都馆、天津馆

## 02801

**论理学纲要　朱章宝　冯品兰编**
上海：华通书局，1932，224 页，26 开
　　本书为著者在浙江第一师范学校任教时所编，论述逻辑学的性质、任务、历史及其主要内容。共 3 部分，内容包括：绪论、要素论、方法论。
　　　　收藏单位：国家馆、吉林馆、南京馆、浙江馆

## 02802

**论理学讲义　蒋维乔著**
外文题名：Lectures on logic
上海：商务印书馆，1911.3，152 页，25 开
上海：商务印书馆，1914，3 版，152 页，25 开
上海：商务印书馆，1915.3，4 版，152 页，25 开
上海：商务印书馆，1917.1，5 版，152 页，25 开
上海：商务印书馆，1924.1，7 版，152 页，25 开
　　本书共 5 部分，内容包括：绪论、思考原论、演绎推理、归纳推理、结论。
　　　　收藏单位：国家馆、江西馆、南京馆、首都馆、浙江馆

## 02803

**论理学讲义纲要　刘敏编著**
出版者不详，202 页，32 开
　　本书为重庆朝阳学院讲义。共 7 章，内容包括：导论、思想本质、思想内容之演进过程、思想形式和语言的结构过程、思想法则（上、下）等。
　　　　收藏单位：重庆馆

## 02804

**论理学教科书　魏先朴编辑　杨昌济鉴定**
上海：中华书局，1914.5，210 页，32 开
　　本书共 4 部分，内容包括：绪言、上篇要素论、下篇方法论、结论。上篇要素论共 7 章，内容包括：思考原论、名辞、命题、论

式、演绎推理、推测式之变体、归纳推理；下篇方法论共 4 章，内容包括：定义法、分类法、论证法、纠谬法。书前有编辑大意。

　　收藏单位：首都馆

## 02805

**论理学教科书　姚建猷著**

长沙：湖南教育署印刷处，1913.4，96 页，22 开，环筒页装

## 02806

**论理学十六讲　郭湛波著**

北平：中华印书局，1933.8，194 页，25 开

　　本书共 16 讲，内容包括：论理学是什么、论理学小史、论理学之派别、论理学之根本原则、概念及其内包外延等。书前有导言《论理学在中国的进展及其派别》。书末有论理学参考书目举要。

　　收藏单位：重庆馆、国家馆、南大馆、山西馆、首都馆、天津馆

## 02807

**论理学体系　王特夫著**

上海：辛垦书店，1933.7，350 页，25 开

上海：辛垦书店，1935.6，再版，350 页，25 开

　　本书讲述形式逻辑。共 7 章，内容包括：绪论、思维底本质、思维底形式构造、思维底演进过程、思维法则及结论等。

　　收藏单位：重庆馆、东北师大馆、广东馆、国家馆、吉林馆、江西馆、南京馆、首都馆、天津馆、中科图

## 02808

**论理学问答　章沦清编著**

上海：大东书局，1930，10+158 页，50 开（考试必携百科问答常识丛书 29）

上海：大东书局，1931.8，再版，[10]+158 页，50 开（考试必携百科常识问答丛书 29）

上海：大东书局，1933.12，再版，10+158 页，50 开（考试必携百科常识问答丛书 29）

　　本书以问答文体讲解形式逻辑的概念、判断、推理等。共 7 章 155 个问题，内容包括：绪论、思考论、概念论、判断论、推理

论、实证论、谬误论。

　　收藏单位：广东馆、国家馆、吉林馆、江西馆、南京馆、首都馆、天津馆、浙江馆

## 02809

**论理学问题　叶青著**

上海：真理出版社，1937.3，185 页，26 开

　　本书探讨辩证逻辑与形式逻辑的矛盾和关系，共 21 个问题。书末附《辩证法与形式逻辑》。

　　收藏单位：广东馆、国家馆、吉林馆、南京馆、浙江馆

## 02810

**论理学要领　樊炳清著**

外文题名：Principles of logic

上海：商务印书馆，1915，103 页，25 开

上海：商务印书馆，1926，6 版，103 页，25 开

　　本书为师范学校教学用书。共 3 篇，内容包括：上篇绪论、中篇原理论、下篇方法论。书前有凡例。书末附练习问题。

　　收藏单位：广东馆、国家馆、河南馆、吉大馆、江西馆、上海馆、首都馆、中科图

## 02811

**论理哲学　赵元俊著**

天津：工商学院附属中学，1941.8，130 页，32 开

　　本书讲述形式逻辑，大体依照奥图尔的《逻辑学》编成。共 5 章，内容包括：论理概论、论思考、论概念、判断与命题、推理与三段论式法。

　　收藏单位：国家馆、首都馆

## 02812

**逻辑　金岳霖著**

北平：国立清华大学，1935，[295] 页，16 开

　　本书为国立清华大学讲义。共 4 部分，内容包括：传统的演绎逻辑、对于传统逻辑的批评、介绍一逻辑系统、关于逻辑系统之种种。

　　收藏单位：北大馆、国家馆、吉林馆、天津馆、浙江馆

02813

**逻辑**　金岳霖著

上海：商务印书馆，1936.12，362 页，25 开，精装（大学丛书 教本）

上海：商务印书馆，1937.2，再版，362 页，25 开，精装（大学丛书 教本）

上海：商务印书馆，1937.5，3 版，362 页，25 开，精装（大学丛书 教本）

长沙：商务印书馆，1939，再版，362 页，25 开（大学丛书 教本）（国立清华大学丛书 5）

重庆：商务印书馆，1942.9，渝 1 版，362 页，25 开（大学丛书 教本）

上海：商务印书馆，1947.5，3 版，362 页，25 开（大学丛书 教本）（国立清华大学丛书 5）

上海：商务印书馆，1949.2，4 版，362 页，25 开（大学丛书 教本）（国立清华大学丛书 5）

　　收藏单位：重庆馆、广东馆、广西馆、贵州馆、国家馆、黑龙江馆、湖南馆、江西馆、辽宁馆、山东馆、上海馆、首都馆、天津馆、浙江馆、中科图

02814

**逻辑（归纳法和演绎法）**　（美）琼斯（A.L. Jones）著　潘梓年译

外文题名：Logic: inductive and deductive

上海：商务印书馆，1927.1，319 页，32 开（尚志学会丛书）

上海：商务印书馆，1928，再版，319 页，32 开（尚志学会丛书）

上海：商务印书馆，1929，3 版，319 页，32 开（尚志学会丛书）

上海：商务印书馆，1932，国难后 1 版，319 页，32 开（尚志学会丛书）

上海：商务印书馆，1935，国难后 2 版，319 页，32 开（尚志学会丛书）

上海：商务印书馆，1939，国难后 3 版，319 页，32 开（尚志学会丛书）

　　本书共 3 编。第 1 编科学方法纲要，共 11 章，内容包括：绪论、智识的初步、归类、文字的使用及误用、命题、归纳法、证实和演绎法、三段论法、三段论法的旧说、推理的简式和复式等；第 2 编补充法，共 3 章，内容包括：统计、平均、可能性；第 3 编系统的

组成，共 3 章，内容包括：释明、假设、几种标样的智识系统。

　　收藏单位：重庆馆、东北师大馆、广东馆、国家馆、湖南馆、吉大馆、江西馆、辽宁馆、南京馆、首都馆、天津馆、浙江馆、中科图

02815

**逻辑大纲**　李相显著

北平：和平出版社，1947.1，108 页，32 开（和平出版社丛书）

　　本书为著者 1942 年在兰州国立西北师范学院讲授论理学时，自行编辑的课本。共两篇：第 1 篇传统逻辑，主要讲述直接推理与间接推理；第 2 篇新兴逻辑，主要讲述数理逻辑与辩证法。

　　收藏单位：北大馆、国家馆、南京馆、首都馆

02816

**逻辑大纲**

出版者不详，130 页，16 开

　　收藏单位：首都馆

02817

**逻辑大意**　（德）格拉乌（Grau）著　陈大齐译

外文题名：Grundriss der Logik

北京：北京书局，1927.8，[14]+310 页，32 开

　　本书共 3 部分：导言（逻辑在哲学系统中的位置、逻辑底意义职务及分类、逻辑略史）、逻辑的原素论（概念论、判断论、推理论）、逻辑的方法论（论科学的研究法、论科学的证明法）。

　　收藏单位：东北师大馆、国家馆、吉大馆、吉林馆、首都馆

02818

**逻辑的发生发展及其法则**　（苏）哥尔芮（苏）库尔萨诺夫著　静观译

上海：上海书报杂志联合发行所，1949.3，96 页，36 开（思想与科学小丛书）

　　本书内收论文两篇：《逻辑是怎样发生的，

它为什么应当需要?》（哥尔芮）、《思维的逻辑法则》（库尔萨诺夫）。著者"库尔萨诺夫"原题：库尔沙诺夫。

收藏单位：北师大馆、重庆馆、东北师大馆、广东馆、国家馆、辽宁馆、南京馆、内蒙古馆、上海馆、首都馆、天津馆

## 02819

**逻辑底原理**　（美）罗伊斯（Josiah Royce）著
唐钺译

外文题名：The principles of logic

上海：商务印书馆，1930.11，115 页，22 开，精装（哲学丛书）

上海：商务印书馆，1933，国难后 1 版，115 页，22 开，精装（哲学丛书）

上海：商务印书馆，1947，2 版，115 页，22 开（哲学丛书）（新中学文库）

本书共 3 章，内容包括：方法论底逻辑对于伦序论底逻辑之关系、对于伦序底区型之普通察阅、伦序型底逻辑的产生。由英译本转译。书末附英汉文名词对照表、固有名词中西文对照表。著者原题：罗倚斯，译者原题：唐擘黄。

收藏单位：重庆馆、东北师大馆、广东馆、贵州馆、国家馆、湖南馆、江西馆、辽宁馆、南京馆、山东馆、上海馆、首都馆、天津馆、武大馆、浙江馆、中科图

## 02820

**逻辑典范**　牟宗三著

长沙：商务印书馆，1941.9，614 页，25 开

本书分 4 卷，对逻辑学的诸方面加以讨论。第 1 卷为逻辑学；第 2 卷为逻辑正文之一：真妄值系统，分成横的系统、纵的系统，讲真假值的演算；第 3 卷为逻辑正文之二：推概命题的推演系统，用现代逻辑的"命题函值"解决传统逻辑的命题式；第 4 卷为纯理之批导，内容包括：对罗素的数学基础之批评、数学基础之建立、超越辩证与内在矛盾之批判。

收藏单位：东北师大馆、吉林馆、南京馆、上海馆、中科图

## 02821

**逻辑概论**　（美）枯雷顿（J.E.Creighton）著
刘奇译

外文题名：An introductory logic

上海：商务印书馆，1926.9，552 页，22 开，精装（哲学丛书）

上海：商务印书馆，1928.6，再版，552 页，22 开（哲学丛书）

上海：商务印书馆，1930.11，3 版，11+552 页，22 开，精装（哲学丛书）

上海：商务印书馆，1933.11，国难后 1 版，20+552 页，22 开（哲学丛书）

上海：商务印书馆，1935.5，国难后 2 版，12+432 页，22 开，精装（哲学丛书）

上海：商务印书馆，1939.5，4 版，[18]+432 页，22 开（哲学丛书）

本书对形式逻辑作了系统的阐述。共 3 卷，内容包括：演绎推理、归纳方法、思想之性质。书前有著者像、译者例言及绪言。书后有跋。

收藏单位：重庆馆、东北师大馆、广东馆、国家馆、黑龙江馆、湖南馆、吉大馆、吉林馆、江西馆、近代史所、南京馆、山东馆、山西馆、上海馆、首都馆、武大馆、西交大馆、浙江馆、中科图

## 02822

**逻辑概论（第一部 科学方法通论）**　倪青原
叶协琴著

南京：金陵大学文学院哲学组，1943.10，110 页，18 开（金陵大学哲学丛书 3）

本书以提纲形式总结了控制与指导思维、获得知识、追求真理的多种方法。共 26 章。书前有《写作逻辑练习方法》。

## 02823

**逻辑纲要**　傅统先编译

上海：傅统先 [ 发行者 ]，1939.9，72 页，18 开

本书共 3 章，内容包括传统逻辑（概念、判断和推理）、符号逻辑（类演算和命题演算），以及科学方法论（科学描述、因果与米耳法规及概然与统计法等）。

## 02824

**逻辑基本** （美）查浦曼（F.Chapman）（美）罕勒（P.Henle）著　殷福生译

外文题名：The fundamental of logic

南京：正中书局，1937.4，26+417页，25开（哲学丛刊）

南京：正中书局，1947.7，沪1版，26+417页，25开（哲学丛刊）

南京：正中书局，1948，沪2版，26+417页，25开（哲学丛刊）

本书共3部分：第1部分古典逻辑，除讲述古典逻辑外，还介绍了现代逻辑的一些基本知识；第2部分现代符号逻辑，讨论演绎系统与类和命辞的演算，它们之间的关系以及古典逻辑与现代逻辑之间的关系；第3部分科学方法论，陈述科学方法论的各种基本原理。书前有著者注语、译者引语。书末附问题与练习、欧文汉译之对照表兼索引。

收藏单位：重庆馆、东北师大馆、国家馆、江西馆、南京馆、山东馆、上海馆、天津馆、武大馆、浙江馆

## 02825

**逻辑例解** （美）帕特生（C.H.Patterson）著　秦仲实节译

外文题名：Problems in logic

上海：开明书店，1933.6，199页，25开（开明青年丛书）

本书共两编，内容包括：逻辑的方法举例附阐释、各种科学上的逻辑问题。书前有绪论。

收藏单位：重庆馆、广东馆、国家馆、江西馆、南京馆、上海馆、首都馆、天津馆、浙江馆、中科图

## 02826

**逻辑浅说讲义**　屠孝实著

上海：商务印书馆函授学校国文科，48页，32开

本书对思维形式及规律加以略述。共7章，内容包括：绪言、概念及名、判断及词、外籀术上、外籀术下、类推术、内籀术。

收藏单位：广东馆、国家馆、上海馆

## 02827

**逻辑学**　范扬　陈瑛编

杭州：浙江省警官学校，1932.2，102页，25开

本书为形式逻辑学讲义。分3篇：序论、演绎法、归纳法。对形式逻辑中的思维规律同一、矛盾、排中、理由4个原理和思维形式概念、判断、推理作了论述。

## 02828

**逻辑学**

庐山暑期训练团，1937.7，52页，64开

收藏单位：南京馆

## 02829

**逻辑学**（中英对照）（法）奥图尔（G. Barry O'Toole）著　英千里译

北平：辅仁大学文学院哲学系，1931.9，201页，18开，精装

本书讲述形式逻辑的思维形式，文法学（对各种复合命题的分析）与自然科学的基本原则。共3章，内容包括：概念与名词、命题与判断、推理与三段推论式。书末附录《辩论法（即理性之练习）》。

收藏单位：国家馆、南大馆

## 02830

**逻辑学讲话**　殷福生著

重庆：中国文化服务社，1943.10，178页，32开（青年文库）

上海：中国文化服务社，1946，沪1版，178页，32开（青年文库）

上海：中国文化服务社，1946.10，沪2版，178页，32开（青年文库）

本书为通俗读物。共14章，内容包括：为什么要究习逻辑学，类簇，关系，命辞，换位、变质、对当，三段式及其推理，设言命辞底推理，选言命辞底推理，归纳底性质，假设和证实，因果联系底探究，界说、分类、归类，种种谬误，逻辑学底性质。

收藏单位：重庆馆、东北师大馆、广东馆、国家馆、湖南馆、吉林馆、南京馆、首都馆、天津馆、浙江馆

**02831**

**逻辑学教程大纲** （苏）米丁（М. Митин）著
　曹葆华　谢宁译

解放社，1949.5，11 页，32 开

　　本书为联共（布）中央直属高级党校各
科教授会所审定的教程大纲。提供 11 个章节
的题目、标准定义和授课时数，以及课堂作
业题目等。

　　收藏单位：国家馆、黑龙江馆

**02832**

**逻辑学与逻辑术（辩证法怎样扬弃了形式逻
辑）** 潘梓年著

汉口：生活书店，1938.5，改正再版，204 页，
36 开（青年自学丛书 2）

上海：生活书店，1939.3，3 版，204 页，36
开（青年自学丛书 2）

　　本书讲述从形式逻辑到辩证逻辑的发展。
共 8 章，内容包括：思惟与思惟方法、逻辑与
逻辑的发展、辩证法的基本规律等。

　　收藏单位：重庆馆、广东馆、国家馆、湖
北馆、南京馆、首都馆、浙江馆、中科图

**02833**

**逻辑要义** 谢幼伟著

上海：华夏图书出版公司，1948.6，16 页，32
开（现代文库 第 2 辑）

　　本书共 4 章，内容包括：逻辑派别、论思
想律、论演绎法、论归纳法。

　　收藏单位：国家馆、南京馆、上海馆

**02834**

**逻辑与逻辑学** 潘梓年著

上海：生活书店，1937.12，204 页，36 开（青
年自学丛书 2）

上海：生活书店，1938.2，再版，204 页，36
开（青年自学丛书 2）

　　收藏单位：广东馆、贵州馆、国家馆、江
西馆、南京馆、武大馆、中科图

**02835**

**逻辑与因明** 龚家骅著

上海：开明书店，1935.2，158 页，32 开

　　本书论述逻辑与因明的规律，比较二者
的异同及优劣。共 3 篇，内容包括：逻辑、因
明、逻辑与因明之比较与批评。

　　收藏单位：重庆馆、广东馆、贵州馆、国
家馆、吉大馆、江西馆、南京馆、山东馆、
上海馆、首都馆、天津馆、浙江馆、中科图

**02836**

**逻辑之原理及现代各派之评述** （法）瑞蒙（A.
Reymond）著　何兆清译

外文题名：Les principes de la logique et la critique
contemporaine

上海：商务印书馆，1936.11，[19]+295 页，25
开（中法文化丛书）

　　本书共 9 章，内容包括：逻辑史一瞥、真
理问题及逻辑之规范性、实用主义派心理主
义派及社会学派之思潮、概念之问题、新逻
辑及逻辑的运算（评述罗素派之新逻辑学）、
排中律与数学的实证法（批驳布鲁维的逻
辑）、逻辑与数学（评述罗素将代数学运用到
逻辑学中，指出数学不是逻辑的引申）、自明
公理及证理（评述自希腊至近代数学推理中
的逻辑结构）、结论。

　　收藏单位：重庆馆、东北师大馆、广东
馆、国家馆、南京馆、上海馆、首都馆、浙
江馆、中科图

**02837**

**逻辑指要** 章士钊著

重庆：时代精神社，1943.6，[21]+490 页，18
开

　　本书对思想形式的概念、判断、推理及
思维规律均加论述。共 28 章，内容包括：定
名、立界、思想律、概念、外周与内涵、端
词、命题等。书末附录《论翻译名义》《名墨
訾应论》《名学他辨》《墨议》。

　　收藏单位：重庆馆、东北师大馆、广东
馆、贵州馆、国家馆、黑龙江馆、湖南馆、
吉林馆、近代史所、南京馆、山东馆、山西
馆、上海馆、首都馆、天津馆、浙江馆、中
科图

**02838**

**名理探** （葡）傅泛际（F.Furtado）译义
（明）李之藻达辞
外文题名：Commentarii Collegii Conimbricensis e
Societate Jesu in universam dialecticam Aristotelis
stagiritae

上海：商务印书馆，1935，4 册（587 页），32
开（万有文库 第 2 集 53）
长沙：商务印书馆，1941，2 册（587 页），32
开（汉译世界名著）

　　本书原为葡萄牙高因盘利大学耶稣会士
逻辑讲义，1611 年在德国以拉丁文出版。明
末传教士东来，1627 年傅、李二人将此译为
中文，于 1631 年刻印。书中阐述亚里士多德
逻辑系统。书前有李天经、李次彬二人的序
各一篇。重刻本书前有《名理探重刻序》（徐
宗泽）。

　　收藏单位：北师大馆、重庆馆、大连馆、
东北师大馆、广东馆、国家馆、黑龙江馆、
江西馆、辽大馆、绍兴馆、天津馆、武大馆、
浙江馆

**02839**

**名理通论**　高佣著
上海：开明书店，1929，17+228 页，32 开
上海：开明书店，1930，再版，17+228 页，32 开

　　本书共 9 章，内容包括：名学与哲学、无
名主义与正名主义、印度西洋中国三家的名
学略史、中国近世哲学史上两派不同的名学
方法、中国近世哲学史上一个科学的求理方
法、思想一致、事实与意义、知与行、神秘
主义与逻辑。

　　收藏单位：重庆馆、东北师大馆、复旦
馆、国家馆、河南馆、吉大馆、江西馆、南
京馆、山东馆、山西馆、上海馆、首都馆、
天津馆、浙江馆、中科图

**02840**

**名理新探**　景幼南编著
上海：正中书局，1947，177 页，25 开

　　本书中所举例证以中国古籍为多。共 14
讲，内容包括：开宗、正名、辨句、推论、明
辩、著书、正名示范等。

　　收藏单位：重庆馆、国家馆、湖南馆、吉
林馆、南京馆、上海馆、中科图

**02841**

**名学（逻辑讲义）**
出版者不详，1 册，25 开，精装
　　收藏单位：南京馆

**02842**

**名学（希腊先哲亚理斯大德之沃尔葛诺心意
口词之学）**　钱家治编述
出版者不详，192 页，26 开
　　收藏单位：上海馆

**02843**

**名学纲要**　屠孝实著
上海：中华学艺社，1925.1，240 页，32 开，精
装（学艺丛书 1）
上海：中华学艺社，1925.10，再版，240 页，
32 开，精装（学艺丛书 1）
上海：中华学艺社，1926.3，3 版，240 页，32
开，精装（学艺丛书 1）
上海：中华学艺社，1927.11，4 版，240 页，32
开，精装（学艺丛书 1）
上海：中华学艺社，1929.10，5 版，240 页，32
开，精装（学艺丛书 1）
上海：中华学艺社，1933.4，国难后 1 版，240
页，32 开，精装（学艺丛书 1）
上海：中华学艺社，1935.6，国难后 2 版，240
页，32 开，精装（学艺丛书 1）

　　本书讲述思维的形式与规律。共 5 篇，
内容包括：思维篇、悬拟篇、引申篇、实证
篇、谬误篇。书前有绪引。

　　收藏单位：北大馆、重庆馆、东北师大
馆、广东馆、贵州馆、国家馆、河南馆、黑
龙江馆、江西馆、南京馆、山东馆、上海馆、
首都馆、浙江馆、中科图

**02844**

**名学讲义**　陈文著
上海：作新社，1913.5，96 页，32 开
　　收藏单位：南京馆

**02845**

**名学讲义（上卷）** 陈文著

上海：科学会编译部，1913，96 页，25 开

　　本书讲述形式逻辑。分为上、中、下 3 册，共 5 篇。本卷为第 1 篇思维之原理。

　　收藏单位：首都馆

**02846**

**名学讲义（中卷）** 陈文著

上海：科学会编译部，1913.8，125 页，25 开

　　本书讲述形式逻辑。分为上、中、下 3 册，共 5 篇。本卷为第 2 篇外籀术和第 3 篇内籀术。

　　收藏单位：首都馆

**02847**

**名学教科书（中等教育）** 陈文辑

出版者不详，308 页，32 开，精装

　　本书共 4 篇，内容包括：思维之原理、外籀术、内籀术、科学研究法。书后有补遗，附录古名学等。

　　收藏单位：重庆馆、中科图

**02848**

**名学浅说** （英）耶方斯（W. S. Jevons）著 严复译

外文题名：Jevons' primer of logic

上海：商务印书馆，1912，5 版，141+21 页，22 开

上海：商务印书馆，1913，6 版，141+21 页，22 开

上海：商务印书馆，1914，7 版，141+21 页，22 开

上海：商务印书馆，1920，9 版，141+21 页，22 开

上海：商务印书馆，1921，10 版，141+21 页，22 开

上海：商务印书馆，1923.11，12 版，141+21 页，22 开

上海：商务印书馆，1925，13 版，141+21 页，22 开

上海：商务印书馆，1927，14 版，141+21 页，22 开

上海：商务印书馆，[1930]，170 页，25 开，精装（严译名著丛刊 7）

上海：商务印书馆，1931，170 页，25 开，精装（严译名著丛刊 7）

上海：商务印书馆，1933.2，国难后 1 版，170 页，25 开（严译名著丛刊 7）

上海：商务印书馆，1934.4，国难后 2 版，170 页，25 开（严译名著丛刊 7）

上海：商务印书馆，1935，[国难后 3 版]，170 页，25 开（严译名著丛刊 7）

　　本书讲述逻辑学。共 27 章，内容包括：论文字正当用法、论词句、论试验后推证等。

　　收藏单位：重庆馆、东北师大馆、广东馆、广西馆、国家馆、黑龙江馆、湖南馆、吉大馆、江西馆、辽大馆、南京馆、山东馆、山西馆、上海馆、首都馆、浙江馆、中科图

**02849**

**名学浅说** （英）耶方斯（W. S. Jevons）著 严复译

出版者不详，210 页，25 开

　　本书为师范学堂中学堂用书。分 27 章讲述逻辑学。

　　收藏单位：浙江馆

**02850**

**名学要义** （英）博山克（B. Bosanquet）著 萧宗训译

外文题名：The essential of logic

上海：大东书局，1935，[10]+186 页，32 开

　　本书对形式逻辑的要点做了阐述。共 10 章，内容包括：名学之问题、判断为意识之宇宙、名学与智识之关系、判断之模型及确说中之公状、命题与名称、判断之各部分及其全体、判断中之正确性与假设性、判断之否定与对待、推论与三段式、归纳演绎与因果律。

　　收藏单位：北大馆、重庆馆、国家馆、江西馆、上海馆、天津馆

**02851**

**穆勒名学** （英）穆勒（John Stuart Mill）著

严复译

外文题名：System of logic: deductive and inductive

上海：商务印书馆，1915.8，3 册，16 开

上海：商务印书馆，1921，3 册（156+131+213 页），26 开

上海：商务印书馆，1923，5 版，3 册，大 32 开

上海：商务印书馆，1931.2，[484]+31 页，32 开，精装（严译名著丛刊 8）

上海：商务印书馆，1931，3 册（157+126+201 页），36 开（严译名著丛刊 8）

上海：商务印书馆，1931.4，3 册（157+126+201 页），36 开（汉译世界名著）（万有文库 第 1 集 88）

上海：商务印书馆，1933，国难后 1 版，3 册（157+126+201 页），36 开（严译名著丛刊 8）

上海、长沙：商务印书馆，1939.9，3 册（157+126+201 页），36 开（汉译世界名著）（万有文库 第 1—2 集 简编 500 种 40）

　　原书共 6 部分，内容包括：名与辞、演绎推理、归纳推理、归纳方法、诡辩与伦理科学的逻辑等。译者仅译出其中讲述演绎法的全部和讲述归纳法的一小部分。

　　收藏单位：安徽馆、重庆馆、大连馆、东北师大馆、福建馆、广东馆、广西馆、贵州馆、国家馆、黑龙江馆、湖南馆、江西馆、近代史所、辽大馆、南京馆、山东馆、上海馆、首都馆、天津馆、武大馆、浙江馆、中科图

02852

穆勒名学（甲编）（英）穆勒（John Stuart Mill）著　严复译

外文题名：J. S. Mill's system of logic

上海：商务印书馆，1912，161 页，26 开，环简页装

上海：商务印书馆，1913，再版，161 页，26 开

上海：商务印书馆，1915.3，3 版，161 页，26 开

上海：商务印书馆，1922，4 版，161 页，26 开

上海：商务印书馆，1925，6 版，161 页，26 开

　　本书共 8 篇，内容包括：论名学必以分析语言为始事、论名、论可名之物、论词、论词之义蕴、论申词、论类别事物之理法兼释五旌、论界说。部首为引论，共 7 节，内容包括：论开宗界说本非定论、辩逻辑之为学为术、论名学乃求诚之学术、言名学论推知不论元知、论名学所以统诸学之理、考名学之利用于何而见、标明本学界说。

　　收藏单位：重庆馆、国家馆、江西馆、辽宁馆、山东馆、山西馆、首都馆、天津馆、浙江馆

02853

穆勒名学（乙编）（英）穆勒（John Stuart Mill）著　严复译

外文题名：J. S. Mill's system of logic

上海：商务印书馆，1923.10，2 版，131 页，26 开

上海：商务印书馆，1925，3 版，131 页，26 开

　　本书包括通论推证思籀部分、分论推证大凡等。

　　收藏单位：东北师大馆、福建馆、国家馆、吉林馆、首都馆、浙江馆

02854

穆勒名学（丙编）（英）穆勒（John Stuart Mill）著　严复译

外文题名：J. S. Mill's system of logic

上海：商务印书馆，1923，再版，213 页，26 开

上海：商务印书馆，1925，3 版，213 页，26 开

　　本书包括通论内籀大旨、论有名内籀实非内籀、论内籀基础、论自然公例、论因果、论并因、论观察试验、论内籀四术等。

　　收藏单位：东北师大馆、福建馆、国家馆、湖南馆、吉林馆、首都馆、中科图

02855

普通应用论理学　王延直纂著

贵阳：论理学社，1912.7，油印本，109 页，16 开

　　收藏单位：贵州馆

02856

**什么是论理学　张翼人编**

上海：经纬书局，80页，50开（经纬百科丛书）

本书讲述逻辑学的原理与方法。分为两编：论理学的原理、论理学的方法。

收藏单位：上海馆

02857

**师范学校论理学教科书　卢广镕编校**

北京：求知学社，1925.6，118页，大32开

02858

**实用理则学　刘仲容著**

成都：拔提书店、黄埔出版社，1942.2，266页，36开

本书作者将形式逻辑、辩证逻辑（包括黑格尔辩证法与唯物辩证法）、唯生论辩证法混在一起构成理则学。共8篇，内容包括：绪论、静的理则学、动的理则学等。

收藏单位：重庆馆、国家馆、吉林馆、南京馆

02859

**实用理则学八讲　陈大齐著**

重庆：中国文化服务社，1943，82页，32开（青年文库）

上海：中国文化服务社，1945，沪1版，82页，32开（青年文库）

上海：中国文化服务社，1948，沪3版，82页，32开（青年文库）

本书据1932年在国民党中央政治学校的讲演改编。从实用出发，讲述人们日常生活中进行正确思维的条件。共8讲，内容包括：绪论、认识与衡量、契合事实、辨别同异、众端参观、矛盾原则、论证、思想的实用价值。

收藏单位：重庆馆、广东馆、国家馆、黑龙江馆、湖南馆、江西馆、南京馆、上海馆、天津馆

02860

**实用论理学　伊荣绪著**

北平：建设图书馆，1933.7，[10]+296页，25开

本书作者认为，以康德、黑格尔为代表的逻辑学派重视思维的形式，主张逻辑学为研究思维法则的科学，以杜威为代表的试验逻辑学派看重思维的实质，主张逻辑学为研究思维历程的科学。认为应融合二者，即逻辑学是探讨思维历程并研究思维法则的科学。共3编，内容包括：绪论、思维概说、思维历程之指导。

收藏单位：国家馆

02861

**实用逻辑　（英）斯涤平（L. S. Stebing）著　高山译**

外文题名：Logic in practice

上海：商务印书馆，1936，125页，32开（汉译世界名著）

上海：商务印书馆，1937，再版，125页，32开（汉译世界名著）

上海：商务印书馆，1938.5，3版，125页，32开（汉译世界名著）

本书从实用的角度论述了逻辑推理的重要及其方法，其中着重讨论了语言逻辑。共6章，内容包括：有目的的思想、法式的重要、演绎的法式、歧义不定和关联、证据之估价、我们的信念之根据。

收藏单位：重庆馆、东北师大馆、广东馆、广西馆、贵州馆、国家馆、南京馆、山东馆、上海馆、首都馆、天津馆、浙江馆

02862

**试验论理学　（美）杜威（J. Dewey）著　刘伯明口译　沈振声笔述**

上海：泰东图书局，1920.11，69页，32开

上海：泰东图书局，1921，3版，69页，32开

上海：泰东图书局，1922，4版，69页，32开

上海：泰东图书局，1923，5版，69页，32开

本书为美国杜威博士在南京高等师范学校的讲演。共16部分，内容包括：论理学的性质、论理学的重要、思想的起源、思想的历程、思想的阶段、思想的缺点及其补救的方法、论理的方法之归纳的历程、论理的方

法之演绎的历程、论理的方法之证实的历程、判断的重要、判断的性质、判断的功用、判断和动作、论理学上的三种命题、事实属性的注意、总结。

收藏单位：重庆馆、国家馆、河南馆、湖南馆、江西馆、山东馆、天津馆、浙江馆

02863

思维术　（美）杜威（J. Dewey）著　刘伯明译

外文题名：How we think

上海：中华书局，1921，230 页，32 开（新文化丛书）

上海：中华书局，1921，再版，230 页，32 开（新文化丛书）

上海：中华书局，1921.5，3 版，230 页，32 开（新文化丛书）

上海：中华书局，1921.10，4 版，230 页，32 开（新文化丛书）

上海：中华书局，1922.2，5 版，229 页，32 开（新文化丛书）

上海：中华书局，1923，6 版，229 页，32 开（新文化丛书）

上海：中华书局，1924.4，7 版，230 页，32 开，精装（新文化丛书）

上海：中华书局，1925，8 版，230 页，32 开（新文化丛书）

上海：中华书局，1926.9，9 版，230 页，32 开，精装（新文化丛书）

上海：中华书局，1928，[10 版]，229 页，32 开（新文化丛书）

上海：中华书局，1929，11 版，229 页，32 开（新文化丛书）

上海：中华书局，1933，13 版，229 页，32 开（新文化丛书）

上海：中华书局，1935，14 版，230 页，32 开（新文化丛书）

本书以现代逻辑为指导，说明思维的产生与构成，以及如何进行思维等。共 3 篇，第 1 篇练思之问题共 5 章，包括何谓思想、练思之紧要等；第 2 篇逻辑大旨共 6 章，包括思想历程之分析、具体与抽象的思想等；第 3 篇练思共 5 章，包括动作与练思、语言文字与练思等。

收藏单位：重庆馆、东北师大馆、国家馆、黑龙江馆、湖南馆、吉大馆、吉林馆、江西馆、近代史所、辽宁馆、南京馆、山东馆、绍兴馆、首都馆、天津馆、武大馆、浙江馆、中科图

02864

思维术　（美）杜威（J. Dewey）著　刘经庶编译

外文题名：How we think

南京：国立南京高等师范学校，1918，82 页，32 开

本书以现代逻辑为指导，说明思维的产生与构成，以及如何进行思维等。

收藏单位：东北师大馆、南京馆、上海馆、首都馆、浙江馆

02865

思维与教学　（美）杜威（J. Dewey）著　孟宪承　俞庆棠译

上海：商务印书馆，1936，[12]+261 页，32 开（汉译世界名著）

本书为《思维术》的不同译本。以现代逻辑为指导，说明思维的产生与构成，以及如何进行思维等。共 3 篇：第 1 篇思维训练的问题共 4 章，包括什么是思维、反省的思维为什么是教育的目的等；第 2 篇论理的探讨共 9 章，包括推论与试证的例、反省的思维的分析等；第 3 篇思维的训练共 6 章，包括活动与思维训练、语言文字与思维训练等。

收藏单位：重庆馆、东北师大馆、广东馆、国家馆、湖南馆、南京馆、上海馆、首都馆、天津馆、浙江馆、中科图

02866

思想方法论　（美）杜威（J. Dewey）著　丘瑾璋译

外文题名：How we think

上海：世界书局，1935，206 页，25 开

本书共 3 篇：第 1 篇思维训练问题共 4 章，包括思想是什么、为什么反省的思维应为教育的目标等；第 2 篇逻辑的考察共 9 章，

包括推理和试验之例、反省的思想之分析等；第 3 篇思想之训练共 6 章，包括活动与思想训练、语言与思想训练等。

收藏单位：重庆馆、广东馆、贵州馆、湖南馆、吉林馆、江西馆、南京馆、上海馆、首都馆、浙江馆

## 02867

**通俗逻辑** （英）曼特（A. E. Mander）著 沈沬译

外文题名：Clearer thinking: logic for everyman

长沙：商务印书馆，1940.2，160 页，32 开

本书针对一般易犯的逻辑错误，论述如何使自己的思想方法合乎逻辑。共 10 章，内容包括：校正和防卫、无基础的信仰、我们信仰什么、观察和证据、概推、解释、理论、演绎的推理、试验我们信仰的基础、实用。书前有原序、编译例言。书末附因果关系和确定的几个注释。

收藏单位：重庆馆、广东馆、国家馆、南京馆、上海馆、天津馆

## 02868

**先秦辩学史** 郭湛波著 胡适 嵇文甫校

北平：中华印书局，1932，[16]+264 页，32 开

本书论述先秦辩学发生、发展的历史。共 7 篇，内容包括：第 1 篇形名学的起源，论述形名学即逻辑学，始于郑国邓析，盛于三晋，公孙龙集辩学之大成，各家受辩学影响而成就最大者为墨辩和荀子，汉以后辩学与儒家正名学结合，成为名学；第 2—7 篇为邓析、惠施、公孙龙、公孙龙时代的"辩者"及其学说、"墨辩"、荀子，分别叙述他们生活的时代、传略、著述、学说、影响，并加以比较。书前有作者自序。封面由马叙伦题签。

收藏单位：重庆馆、东北师大馆、国家馆、湖南馆、吉林馆、近代史所、南京馆、山东馆、上海馆、首都馆、天津馆、中科图

## 02869

**相待逻辑根本律** 陈筑山著

上海：民友报，1931.8，20 页，36 开

本书认为形式逻辑是同一逻辑，辩证逻辑是相对逻辑。作者认为动态逻辑（即辩证逻辑）的三个根本规律是：正负相待律、正负相变律、正负相应律。

## 02870

**新论理学** 张子和编

上海：商务印书馆，1914.11，201 页，25 开

上海：商务印书馆，1915.8，再版，201 页，25 开

上海：商务印书馆，1922.10，6 版，201 页，25 开

上海：商务印书馆，1924，8 版，201 页，25 开

上海：商务印书馆，1926，10 版，201 页，25 开

上海：商务印书馆，1929，12 版，201 页，25 开

上海：商务印书馆，1931，13 版，201 页，25 开

本书以日本十时弥尔的《新论理学纲要》为基础，参考欧洲有关著述编译。共 7 编，内容包括：绪论、思考论、概念论、判断论、推理论、统整法论、索究法论。书末附练习问题。

收藏单位：重庆馆、东北师大馆、广东馆、国家馆、吉林馆、江西馆、近代史所、南京馆、山东馆、山西馆、首都馆、浙江馆

## 02871

**新论理学** 章衣萍编

上海：儿童书局，1932.12，135 页，25 开

本书共 5 章，内容包括：论理学的范围及发展、思想律、思想历程、演绎法、归纳法。书前有小序。书后有总结。

收藏单位：广东馆、国家馆、湖南馆

## 02872

**新师范论理学** 王炽昌编 洪鋆 朱文叔校

上海：中华书局，1930，15 版，107 页，32 开

上海：中华书局，1931.3，17 版，107 页，32 开

上海：中华书局，1932.1，20 版，107 页，32 开

上海：中华书局，1932.3，21 版，107 页，32 开

上海：中华书局，1932，22 版，107 页，32 开

上海：中华书局，1933，25 版，107 页，32 开

上海：中华书局，1934.6，26 版，107 页，32 开

　　本书为新师范教科书。共 5 编，内容包括：绪论、思考论、推理与论式之原理、科学方法论与试验论理、余论。书前有编辑大意。

　　收藏单位：重庆馆、江西馆、上海馆、首都馆、浙江馆

02873

**新体论理学讲义　张子和编**

外文题名：New method series lectures on logic

上海：商务印书馆，1917.5，116 页，32 开

上海：商务印书馆，1920，2 版，116 页，32 开

上海：商务印书馆，1921.10，3 版，116 页，32 开

上海：商务印书馆，1923.7，4 版，116 页，32 开

　　本书为师范讲习科教材。共 4 编，内容包括：绪论、形式论、方法论、结论。

　　收藏单位：湖南馆、江西馆、南京馆

02874

**新制论理学　姚建猷编辑　杨文洵校阅**

上海：中华书局，1916.10，82 页，32 开

上海：中华书局，1922，8 版，82 页，32 开

上海：中华书局，1922，9 版，82 页，32 开

上海：中华书局，1922.11，10 版，82 页，32 开，精装

上海：中华书局，1924.6，12 版，82 页，32 开

　　本书为师范学校用论理学教材。共 4 部分，内容包括：绪言、形式论理之大意、归纳法大意、论理与教授之关系。书前有编辑大意。

　　收藏单位：河南馆、江西馆、山东馆、首都馆、浙江馆

02875

**新中华论理学　吴俊升编**

上海：新国民图书社，1934.5，170 页，25 开

　　本书为师范学校论理学教科书。共 3 编，内容包括：绪论、思想历程的指导、儿童思想的训练。书前有编辑大意。

　　收藏单位：国家馆、吉林馆、浙江馆

02876

**行的综合逻辑　杨虞夫著**

华夏出版社，1947.3，66 页，32 开

　　收藏单位：南京馆

02877

**形式的逻辑学（即，辩证论）（中英对照）**

（法）奥图尔（G. Barry O'Toole）著　英千里译

外文题名：Formal logic（or, dialectics）

北京：京城印书局，1928，427 页，32 开

　　本书为辅仁大学授课用书。共 3 章，内容包括：概念及名词、判断及命题、推理及三段推论式。书前有引言、绪论。书末附录《辩论法，即理性之练习》。

　　收藏单位：广东馆、吉大馆、中科图

02878

**形式论理学与辩证法　李仲融著**

桂林：文化供应社，1940.2，56 页，50 开（青年新知识丛刊）

　　本书论证形式逻辑与辩证法的关系和异同。内容包括：演绎法的表象法、论断法、归纳法的推论法、观察法、统计法、辩证法的矛盾统一律、质量互变律、否定之否定律、结论。

　　收藏单位：重庆馆

02879

**形式逻辑　（苏）勃鲁塞林斯基著　沈志远译**

重庆：生活书店，1938，56 页，36 开（百科小译丛 3）

汉口：生活书店，1939，56 页，36 开（百科小译丛 3）

上海、重庆：生活书店，1939，3 版，56 页，36 开（百科小译丛 3）

上海：生活书店，1947，胜利后 1 版，56 页，36 开（百科小译丛）

大连：生活书店，1949.3，东北初版，56 页，36 开（百科小译丛）

　　本书共 4 部分，内容包括：导言、形式逻辑发展史略、形式逻辑诸基本学说之批判、形式逻辑与辩证法之相互关系。

收藏单位：重庆馆、东北师大馆、广西馆、国家馆、湖南馆、辽宁馆、首都馆、天津馆

## 02880
**形式逻辑学与辩证法　李仲融著**
桂林：文化供应社，1940.2，56页，50开（青年新知识丛刊）
　　收藏单位：广东馆

## 02881
**意义学（又名，意义逻辑）　李安宅著**
上海：商务印书馆，1934.3，113页，25开
重庆：商务印书馆，1945.6，84+20页，25开（大学丛书）
　　本书共两编，内容包括：上编语言与思想之部、下编意义学技术之部。书前有吕嘉慈弁言、自序、冯友兰序。书后附《"意义底意义"底意义》及《以中国为例评孟子论心》。
　　收藏单位：重庆馆、东北师大馆、广东馆、国家馆、河南馆、吉林馆、江西馆、辽大馆、南京馆、上海馆、首都馆、天津馆、浙江馆、中科图

## 02882
**因明大疏蠡测　陈大齐著**
重庆：陈大齐 [发行者]，1945，376页，18开
　　《因明入正理论疏》简称《因明大疏》，唐代释窥基著。本书是对《因明大疏》的研究，共42篇。书前有序。书末附正误表。
　　收藏单位：国家馆、辽宁馆、南京馆、上海馆、浙江馆

## 02883
**因明论　（日）大西祝著　张一善译**
太原：太原师范，1936.3，104页，25开
　　收藏单位：山西馆

## 02884
**因明论理门十四过类疏　日华佛教研究会编**
京都：日华佛教研究会，1921.2，49页，16开
　　本书共20张，"黍"字号。卷首题"大慈恩寺沙门 窥基撰"。
　　收藏单位：浙江馆

## 02885
**因明论式之批判　彦明稿**
出版者不详，1935.5，9页，26开
出版者不详，6页，16开
　　收藏单位：上海馆、浙江馆

## 02886
**因明浅解　（释）慧三讲述**
南京：栖霞律学院，1946.7，70页，32开（慧三丛书3）
　　本书简要讲解因明论，为初学者读本。书前有自序。
　　收藏单位：国家馆

## 02887
**因明入正理论讲义　慧圆著**
上海：佛学书局，1932，226页，24开
上海：佛学书局，1932，重刊，226页，24开
　　本书为武昌佛学院讲师慧圆居士的讲义，讲述商羯罗主菩萨造论等内容。
　　收藏单位：湖南馆、南京馆、山西馆、上海馆

## 02888
**因明入正理论摸象（亦名，东西洋论理学之比较研究）　王季同著**
上海：商务印书馆，1940.9，69页，32开
长沙：商务印书馆，1941.3，2版，69页，32开
　　本书介绍了印度的因明学并与西方形式逻辑学加以比较。正文前有作者识语。封里有蔡元培信函手稿。
　　收藏单位：江西馆、山东馆

## 02889
**因明入正理论疏叙瑞源记（八卷）（唐释）窥基撰　（日）浚凤潭记**
上海：商务印书馆，1928，4册
　　收藏单位：国家馆

02890

**因明新例　周叔迦著**

上海：商务印书馆，1936.4，121页，32开

　　本书共46章，内容包括：绪说、因明二字的解释、八法、自相共相、现量、比量、量果及圣教量等。

　　收藏单位：重庆馆、东北师大馆、广东馆、广西馆、国家馆、湖南馆、吉林馆、江西馆、南京馆、山东馆、首都馆、天津馆、浙江馆

02891

**因明学　陈望道编著**

上海：世界书局，1931.10，135页，25开

　　本书共3篇，内容包括：概说、真能立、似能立。书前有序及例言。

　　收藏单位：广东馆、广西馆、国家馆、吉林馆、江西馆、辽宁馆、南京馆、山东馆、浙江馆、中科图

02892

**因明学　虞愚编**

上海：中华书局，1936.11，[10]+162页，26开，精装

上海：中华书局，1939.6，再版，[10]+162页，26开，精装

上海：中华书局，1941，3版，[10]+162页，26开，精装

昆明：中华书局，1941，[10]+162页，26开，精装

　　本书分绪论、本论两部分。共8章，内容包括：因明学之意义、因明学历史沿革大概、因明学研究法、因明学发展中重要之变态等。书前有序、自序。书末附录《墨家论理学的新体系》。

　　收藏单位：安徽馆、重庆馆、东北师大馆、广东馆、贵州馆、国家馆、湖南馆、江西馆、辽宁馆、南京馆、山东馆、首都馆、浙江馆

02893

**因明学　周叔迦著**

北京：[北京大学]，110页，26开

　　本书为北京大学讲义。分4部分，共46章。内容包括：总纲、自悟、能立、能破。

　　收藏单位：国家馆

02894

**因明正理论　龙菩萨造　（唐释）玄奘译**

出版者不详，1930，16页，16开

　　本书为对"因明正理论"的释义。

　　收藏单位：重庆馆

02895

**因明正理门论本证文**

出版者不详，6页，16开

　　收藏单位：南京馆、浙江馆

02896

**印度论理学纲要　（印）阿特里雅（B. L. Atreya）著　杨国宾译**

外文题名：Elements of Indian logic

上海：商务印书馆，1936，124页，32开（百科小丛书）

　　本书以印度逻辑学为中线，将各学派融合在内，加以论述。共12章，内容包括：知识、知识的来源、感觉量、推理量、比喻量、圣教量、因果、确定因果关系的方法、真确原因的要件、非正确知识、误谬推理、观点说与或然说。书前有序及例言。

　　收藏单位：重庆馆、东北师大馆、广东馆、国家馆、吉林馆、南京馆、上海馆、首都馆、天津馆、浙江馆

02897

**印度逻辑　虞愚著**

长沙：商务印书馆，1939.3，100页，25开

　　本书共9章，内容包括：印度逻辑历史沿革大概、印度逻辑之研究方法、三支比量——宗及似宗、因及似因、喻及似喻、似能立与似能破、真能立与真能破、现比真似、印度逻辑之实用。

　　收藏单位：重庆馆、广东馆、国家馆、黑龙江馆、吉林馆、江西馆、南京馆、上海馆、天津馆、浙江馆

02898

**哲学新因明论　覃寿公著**

汉口：覃寿公［发行者］，1932.12，10+547页，25开

　　本书分总论、分论两编。内含因明之源流（附注印度六大派外道）、因明论之组织、因明之关系等5章。

　　收藏单位：国家馆、南京馆

02899

**哲学与逻辑语法　（美）卡尔纳普（R. Carnap）著　殷福生译述　王宪钧校阅**

外文题名：Philosophy and logical syntax

重庆：商务印书馆，1946，58页，32开

　　本书主要论述逻辑实证论的方法论，该学派的方法是科学的逻辑分析。还论述了拒绝形而上学问题、意义学说和经验主义问题等，是介绍维也纳学派的简明读本。共3章，内容包括：形而上学之否定、语言底逻辑句法、语法为一哲学方法等。

　　收藏单位：贵州馆、国家馆

02900

**哲学中之科学方法　（英）罗素（B. Russell）著　王星拱译**

外文题名：The scientific method in philosophy

上海：商务印书馆，1921，343页，32开（共学社罗素丛书）

上海：商务印书馆，1922，再版，343页，32开，精装

上海：商务印书馆，1926，3版，343页，32开（共学社罗素丛书）

上海：商务印书馆，1933，国难后1版，343页，32开（共学社罗素丛书）

　　本书作者认为，哲学中最科学的方法应是逻辑分析的方法，它可使唯物、唯心之争得到统一；物理的、数学的原理不过是这种逻辑分析最好的说明。共8章，内容包括：近代的趋势、逻辑为哲学之精髓、我们对于外面的世界之知识、物理之世界和感触之世界、联续之理论、无限之问题之历史方面的研究、无限之积极的理论、因之观念及其对于意志自由之问题之应用。

　　收藏单位：重庆馆、东北师大馆、广东馆、贵州馆、国家馆、河南馆、湖南馆、吉林馆、辽宁馆、南京馆、山西馆、上海馆、首都馆、天津馆、武大馆、浙江馆、中科图

02901

**正确思考之学（逻辑）（英）毕德（C. N. Bittle）著　李世繁编译**

北平：辅仁大学，1943.1，2册（10+352页），25开

　　本书讨论概念、判断、演绎推理、归纳推理。共21章，每章末列有参考书目并附摘要。

　　收藏单位：东北师大馆、国家馆、山西馆、首都馆

02902

**致知浅说（卷1原言）马良著**

上海：商务印书馆，1926.11，134页，22开

　　本书为逻辑学著作。共6篇，内容包括：概念、判断、推理、定义、分类、分析综合。

　　收藏单位：重庆馆、广东馆、广西馆、河南馆、湖南馆、吉林馆、南京馆、上海馆、首都馆、天津馆

02903

**中国名学　虞愚编著**

南京：正中书局，1937.2，128页，25开（哲学丛刊）

南京、上海：正中书局，1947，沪1版，128页，25开（哲学丛刊）

　　本书系研究中国逻辑学的专著。分绪论及本论两部分，绪论论述中国逻辑学的起源、意义、功用等，本论从历史沿革论述"无名""正名""立名""形名"四学派的思想及今后研究应有的态度。

　　收藏单位：重庆馆、广东馆、国家馆、湖南馆、南京馆、绍兴馆、浙江馆

02904

**中华论理学教科书　顾公毅编译　陆费逵等阅**

上海：中华书局，1912，90页，32开

上海：中华书局，1913，2 版，90 页，32 开

上海：中华书局，1916.9，6 版，90 页，32 开

本书供师范学校教学参考用。内容包括：思想原论、演绎推理、归纳推理、界说分类等。

收藏单位：河南馆、首都馆、浙江馆

**02905**

**综合逻辑　林仲达编**

上海：中华书局，1936.9，[10]+280 页，25 开

上海：中华书局，1941，再版，[10]+280 页，25 开

本书分两篇。上篇是关于逻辑的一般理论问题和逻辑史（包括西洋、中国和印度），下篇讲述思维的本质及思维的法则和应用。

收藏单位：重庆馆、东北师大馆、广东馆、国家馆、黑龙江馆、湖南馆、江西馆、南京馆、上海馆、首都馆、天津馆、浙江馆、中科图

**02906**

**最新论理学　（日）渡边又次郎著　唐廷秩译**

出版者不详，300 页，18 开

收藏单位：首都馆

# 伦理学（道德哲学）

**02907**

**爱的哲学　徐庆誉著**

长沙：世界学会，1923.12，石印本，111 页，16 开（研究丛书 3）

本书分 8 章，从字义、心理、伦理的角度分析"爱"的含义，叙述从古至今"爱"的发展变化的过程，动植物和男女两性之爱的表现，论述人类实现"互爱"的途径，东、西方一些学者对"爱"的阐述，以及基督教、佛教关于"爱"的教义。

收藏单位：国家馆

**02908**

**八大派人生哲学　姚舜钦著**

上海：中华书局，1931.4，2 册（[30]+452 页），25 开

上海：中华书局，1932.8，再版，2 册（[30]+452 页），25 开

上海：中华书局，1936.9，3 版，2 册（[30]+452 页），25 开

本书为伦理学史著作。叙述中外八大派的伦理思想。共 10 章，除绪论、结论外，包括：克己派——斯多亚、康德，返朴派——老子，出世派——佛陀、叔本华，放纵派——杨朱、爱辟口罗斯，功利派——边沁、弥儿，进化派——达尔文、斯宾塞，救世派——墨子、苏格拉底，中和派——孔子、亚力士多德。

收藏单位：重庆馆、东北师大馆、广东馆、贵州馆、国家馆、黑龙江馆、湖南馆、吉林馆、江西馆、近代史所、南京馆、山西馆、上海馆、绍兴馆、首都馆、天津馆、浙江馆、中科图

**02909**

**八德衍义　何键著**

上海：大成书社，1931，85 页，32 开

本书汇集何键任湖南省主席时的讲演稿。主要对"忠、孝、仁、爱、信、义、和、平"八德加以阐释。收录《三民主义之精神与八德》《孝的动机及其标准》《忠是成就人格之原素》等篇。

收藏单位：重庆馆、国家馆、河南馆、江西馆、南京馆、山东馆、上海馆、首都馆

**02910**

**八德衍义　何键著**

上海：明善书局，1933，178 页，25 开

收藏单位：重庆馆、广东馆、国家馆、吉林馆、江西馆、上海馆、浙江馆

**02911**

**八德衍义　何键著**

上海：商务印书馆，1931.6，172 页，25 开

上海：商务印书馆，1936，5 版，172 页，25 开

收藏单位：国家馆、湖南馆、江西馆

02912

**办会须知　万国道德会编**

北平：万国道德会，1935，96 页，18 开

　　本书共 9 编，内容包括：现行法规、各项章则、本会立案之经过、分会立案办法、分会之工作与设备、表册、分会开会秩序等。

　　　　收藏单位：国家馆

02913

**悲观论集　（德）叔本华（A. Schopenhauer）著　萧赣译**

外文题名：Studies in pessimism

上海：商务印书馆，1934.11，113 页，32 开（汉译世界名著）

　　本书共 9 章，内容包括：论世界之苦恼、论生存之虚伪、论自杀、其他心理观察、论教育、论妇女、论噪声、杂喻等。由英译本转译。

　　　　收藏单位：重庆馆、东北师大馆、广东馆、国家馆、吉林馆、南京馆、上海馆、首都馆、天津馆、浙江馆、中科图

02914

**比较伦理学　黄建中著**

重庆：中国文化服务社，1945.4，增订本，432 页，32 开（青年文库）（中国哲学丛书 甲集 2）

上海：中国文化服务社，1946，沪 1 版，432 页，32 开（青年文库）

　　本书对中西伦理学加以比较研究。共 14 章，除论述伦理学的一般问题外，包括中西道德之异同、道德律、动机与效果、乐利与幸福、进化与伦理、理性与欲望、直觉与良知、自我实现与物我一体、突创和谐之人生等内容。书前有再版自序。

　　　　收藏单位：重庆馆、广东馆、国家馆、吉林馆、南京馆、山东馆、上海馆、首都馆、天津馆

02915

**陈文恭教女遗规**

文雅斋石印局，1936，石印本，11 叶，32 开，环筒页装

　　本书为作者对女性道德规范的研究。

　　　　收藏单位：国家馆

02916

**从政遗规·教女遗规·在官法戒录**

出版者不详，[533] 页，50 开

　　本书共 3 部分，分别搜集古今有关人物的事例、言论，论述从政、教女、为官之道。

　　　　收藏单位：重庆馆、国家馆

02917

**存伦篇　陈焕章著**

北京：经世报社，1922.2，40 页，22 开

　　本书论述夫妇、父子、兄弟、君臣、朋友之间的伦理道德关系。书前有作者序。

　　　　收藏单位：国家馆

02918

**大道源流**

北平：大成印书社，1939，再版，54 页，32 开

　　本书为道德学社的宣传品，内容包括：该社开创的史实、各地分社成立之经过等。

　　　　收藏单位：安徽馆、吉林馆、南京馆、上海馆

02919

**大德必得（卷下）**

出版者不详，116 页，25 开

　　本书为下卷，讲述作者对于国家治乱兴衰、世道人心、个人修养的看法。共 43 篇，内容包括：只论天时不计人事、只言人事不讲天时、天时人事互为辅助不可偏废、事业之成败真理之是非不在人数之多寡、处事为人之实行方法等。书末附《祈祷太平语录》《为永久和平世界大同特别谈心》。

　　　　收藏单位：国家馆

02920

**大同先导讲演词　万国道德会编**

[北平]：万国道德会，1933，36 页，16 开

　　本书叙述"天命之谓性"，劝人实行道德，以保人之灵性。

02921

**当代伦理学　聂运中编著**

重庆：成丰印刷厂，1947.1，10+289 页，32 开（力行丛书）

本书原为作者在国民党中央警官学校的讲稿。介绍伦理学的意义、特性、产生和演变，将中外伦理思想分为放纵、功利、进化、救世、克己、返朴、出世、中和八派，简略说明中西伦理思想的异同，提出了当代中国所需要的伦理观。分总论、分论（上、下）、结论 4 篇 16 章。书前有作者序。每章后附参考书目。

收藏单位：重庆馆、广东馆、贵州馆、国家馆、南京馆、山东馆、首都馆

02922

**道德丛谈　段正元著　凌子大编**

上海：大成书社，1936，[200] 页，32 开

本书为段正元 1916—1919 年间在北京、南京等处讲演辞汇编。共 7 篇，内容包括：总论、谈道、论德、明伦、修身、解经、辨惑。

收藏单位：上海馆、浙江馆

02923

**道德的将来　（英）娇德（C. E. M. Joad）著　张东民译**

上海：北新书局，1928.9，89 页，32 开（明日丛书）

本书共 4 章，内容包括：强者占利的道德、群众道德与现代思潮、行为的新自由、未来的冲突。

收藏单位：广西馆、国家馆、江西馆、浙江馆

02924

**道德和平　段正元讲演**

[ 北京 ]：道德学社，1921，60 页，32 开

本书为道德学社社师段正元的讲演稿。

收藏单位：上海馆

02925

**道德和平经世会纲要草案　道德和平经世会编**

北京：道德和平经世会，16 页，32 开

本草案由该会发起，旨在"实行人道主义，造成大同世界""救济世界人类，同时救东亚人自己的国家"。说明了该会的缘起、会纲、章程。

收藏单位：国家馆

02926

**道德论　余也非著**

重庆：青年书店，1942.5，44 页，32 开

本书共 6 部分，内容包括：何谓道德、道德的滥觞、中西道德思潮的几大体系、道德与科学、人生、结论。

收藏单位：重庆馆、国家馆、湖南馆

02927

**道德论集　王耘庄著**

杭州：非社出版部，1930.1，201 页，25 开

本书从历史和理论的角度考察道德问题。集中讨论自由意志与道德责任、动机与效果等问题。共 10 章，内容包括：绪论、何谓道德（上、下）、道德堕落的原因、新道德的社会意志之建设论、自由意志与道德责任、动机与结果、道德与法律、将来的道德、结论。

收藏单位：天津馆

02928

**道德浅言　段正元著**

北京：大成印书社，1939，3 册

收藏单位：南京馆

02929

**道德书　劝社记**

出版者不详，1939.12，1 册，64 开

本书包括《文昌帝君阴骘文》注、人伦道德等。

收藏单位：上海馆

02930

**道德维新互惠论　李靖中著**

济南：李靖中 [ 发行者 ]，1937.7，2 册 (10+277+46 页)，32 开

本书作者认为忠恕、良心是道德的根本，是正心、修身、齐家、治国、天下太平的良

方。书末附《迷信破除智信建设论》。

　　收藏单位：重庆馆、国家馆、山东馆

**02931**

**道德问题　李相显著**

北平：文成堂福记书店，1947.4，84 页，32 开
（文成堂福记出版丛书）

　　本书探讨伦理道德的理论根源、行为法
则和准绳。共 10 章，内容包括：理性、道德、
精神、自我、善恶、性格、修养、五伦、社
会、文化。

　　收藏单位：国家馆

**02932**

**道德小引　段正元著**

北京：道德学社，1917，38 页，32 开

　　本书包括《壬午年全月二十七日记》《甲
寅年七月二十四日问答》等 21 篇。

**02933**

**道德形上学探本　（德）康德（I. Kant）著
（英）阿保特（T. Abbott）译　唐钺译**

外文题名：Fundamental principles of the meta-
physics of ethics

上海：商务印书馆，1937，119 页，32 开（万
有文库 第 2 集 55）

长沙：商务印书馆，1939.2，119 页，32 开（汉
译世界名著）

　　本书除绪论、结论外，分为由普通的对
于道德之纯理的知识转到对于道德之哲学的
知识、由通俗的道德哲学转到道德形而上学、
由道德形而上学转到对于纯粹实践理性的批
判 3 章。书末有中英德名词对照表。据英译
本转译。

　　收藏单位：大连馆、广东馆、广西馆、贵
州馆、国家馆、南京馆、山东馆、首都馆、
浙江馆

**02934**

**道德学　（美）杜威（J. Dewey）（美）塔弗
特著　余家菊译**

上海：中华书局，1935.6，[16]+586 页，26 开

　　本书旨在使人觉察道德问题的实在性，

以及思维在研究道德问题上的价值。

　　收藏单位：重庆馆、东北师大馆、广西
馆、贵州馆、国家馆、湖南馆、吉林馆、南
京馆、山东馆、上海馆、首都馆、浙江馆

**02935**

**道德学　黄方刚著**

上海：世界书局，1934.8，[16]+182 页，32 开
（哲学丛书）

上海：世界书局，1935.7，再版，[16]+182 页，
32 开（哲学丛书）

　　本书论述伦理学的一般问题。共 5 章，
内容包括：导言、伦理观念之发达、道德之定
义、道德标准之内容、道德生活与论理世界。
书末附录《伦理上其他诸问题之解决》。

　　收藏单位：重庆馆、东北师大馆、国家
馆、河南馆、湖南馆、吉林馆、江西馆、南
京馆、山东馆、上海馆、首都馆、浙江馆

**02936**

**道德学　温公颐著**

上海：商务印书馆，1937，[24]+304 页，26 开，
精装（大学丛书）

上海：商务印书馆，1937.4，再版，[24]+304 页，
26 开，精装（大学丛书）

　　本书主要按照康德及黑格尔学说体系阐
述伦理学理论和实例，以英国马肯荣的《伦
理学手册》为蓝本。分为 4 编：第 1 编论道德
学之旨归，第 2 编分析道德行为之心理和社
会的要素，第 3 编讨论各家之道德标准，第 4
编则为实际道德生活之考察。书前有汪奠基
及作者序。

　　收藏单位：重庆馆、广东馆、贵州馆、国
家馆、吉林馆、江西馆、近代史所、南京馆、
山东馆、上海馆、首都馆、浙江馆

**02937**

**道德学新稿　郝士英著**

开封：师友出版社，1946，12+116 页，32 开
（师友甲种丛书）

　　本书作者认为道德既不是神意的启示，
也不是出于天赋的良心，而是与实际生活紧
密相连。书中从社会政治、经济的发展，以

至个人职业、实际生活等方面阐述道德的产生和发展。共3编，内容包括：道德底产生与发展、道德底本体、道德底生活。

收藏单位：国家馆

02938

**道德训练讲义　朱星元著**
出版者不详，122页，32开

本书论述了伦理学的一般问题。共8章，内容包括：道德之意义，道德之现象、特性、特质、要素，道德观念之由来，道德判断之方法，道德之目的，与知行之关系等。书前有著者序。

收藏单位：国家馆

02939

**道德与辩证法　（美）杜威（J. Dewey）等著**
李书勋译
上海：亚东图书馆，1939.10，122页，36开

本书内收4篇文章：《俄国与社会主义的理想》（麦克斯·伊斯脱曼）、《他们的道德与我们的道德》（里昂·托洛斯基）、《手段与目的》（杜威）、《科学家的麦克斯·伊斯脱曼》（詹姆斯·盘纳姆）。

收藏单位：重庆馆、国家馆、上海馆

02940

**道德与宗教　（德）泡尔生（F. Paulsen）著**
蔡元培译
外文题名：Morality and religion
上海：中华基督教青年会组合，1915.1，32页，32开

本书系泡尔生《伦理学原理》一书第8章。从伦理学的角度论述宗教、道德、科学、世界观等之间的关系。共5部分，内容包括：道德宗教历史之关系及其因果、论其内界必然之关系、论宗教与科学之关系、不信仰之原因、灵魂不灭之信仰与道德之关系。由日译本转译。译者原题：蔡振。

收藏单位：广东馆、国家馆、天津馆

02941

**道德择要　道德学社编**

北京：道德学社，[1920.1]，3册，16开
本书内载演讲词以及宣传问答辑录。

收藏单位：近代史所、南京馆、上海馆

02942

**道德哲学　张东荪著**
上海：中华书局，1931.1，[24]+648+12页，25开
上海：中华书局，1933.9，再版，[24]+648+12页，25开
上海：中华书局，1934，3版，2册（[24]+648+12页），25开

本书为伦理学史专著。将历史上关于伦理道德的学说分成快乐论与功利论、克己论与直觉论、厌世论与自立论、同情论与进化论、完全论与自我实现论、综合论，分述从古希腊至今的各个学派的伦理思想。

收藏单位：重庆馆、东北师大馆、广东馆、国家馆、湖南馆、吉林馆、江西馆、南京馆、山东馆、首都馆、天津馆、浙江馆、中科图

02943

**道德哲学新论　景昌极编著**
南京：钟山书局，1933.9，132页，18开

本书共6章，内容包括：道德哲学概观、道德之由来问题、道德之对象问题、道德之准则问题、道德之自由问题、道德之补遗问题。附录《道德与社会革命》《实践与玄谈》等。

收藏单位：重庆馆、江西馆、南京馆

02944

**道德真诠续编（黄桥女社坛训）　吕只修编**
黄桥女社，[1934]，74页，16开

本书收庚午年七月七日黄桥女道德社开幕科文等。书前有缘起。

02945

**道德之研究　（美）艾迪（Sherwood Eddy）**
谢洪赉著
外文题名：Studies on moral characters
上海：青年会书报发行所，1915，54页，26开

本书根据艾迪来华讲授道德伦理的讲义

编著。共7部分，内容包括：存诚为立德之基、闲邪为守身之要、爱国牺牲为制行之则、敬天顺命为处世之宗、天国之道德、孔子之遗范、耶稣之大事。

收藏单位：国家馆、河南馆、天津馆

**02946**

**道德之研究** （美）艾迪（Sherwood Eddy）

**谢洪赉撰著**

外文题名：Studies on moral characters

上海：青年协会书报部，1920，再版，60页，32开

收藏单位：广西馆、天津馆

**02947**

**道善**

上海：大成书社，[1922]，84页，25开

本书为热奉吉江四省联合慈善总会请北京道德学社特别讲道的讲义。内容包括：述学而内圣外王之道、章先进用贤举能之法、三纲五伦八德之建中立极、君子与小人之区别、圣贤与英雄之区别等。

收藏单位：重庆馆、广东馆、国家馆、南京馆、上海馆

**02948**

**道义生命力之论战** 黄菩生等著

南京：大亚洲主义与东亚联盟社，1943.9，82页，32开（大亚洲主义与东亚联盟社丛书5）

本书内收文章7篇，包括日本高山岩男《历史的推进力与道义的生命力》一文，及黄菩生、张资平、胡瀛洲、吴玥等人对该文的看法。

收藏单位：国家馆、南京馆

**02949**

**德育原理**（一名，应用伦理学） 姜琦著

重庆：柏盦书屋，1944.9，[16]+456页，26开（三民主义哲学丛书）

本书论述道德教育原理，提出以三民主义为道德教育的最高原则。共12章，内容包括：道德之概念，道德之本质，道德之法则，道德之内容，道德之变态，道德教育，传统

道德，道德运动，道德测验，道德与真、美、神，道德之目的，结论。

收藏单位：重庆馆、广东馆、贵州馆、国家馆、黑龙江馆、南京馆、上海馆、浙江馆

**02950**

**洞冥宝训** 饶弼臣编

重庆：中西铅印局，[1931]，92页，22开

本书内收《秦广大王谕敬天地文》《楚江大王谕礼神明文》《宋帝大王谕奉祖先文》《伍官大王谕孝双亲文》《阎罗天子谕守王法文》等32篇。附《戒杀放生文》。

收藏单位：重庆馆

**02951**

**段夫子** 杭州道德学社编述

北平：道德学社，1948.1，再版，38页，32开

本书共4章，内容包括：段夫子的学说宗旨、段夫子的学说主张、段夫子的学说归宿、结论。附段夫子略历。

收藏单位：浙江馆

**02952**

**法曹圭臬** 陈镜伊编

上海：道德书局，[1933]，64叶，36开（道德丛书6）

本书包括：审检官、椽属、狱官3篇，每篇分别举出善例、恶例，宣传善恶有报，劝人为善。

收藏单位：重庆馆、国家馆、吉大馆、南京馆、上海馆、绍兴馆

**02953**

**风俗科学与伦理学** （法）列维-布鲁尔（L. Levy-Bruhl）著 黎东方译

外文题名：La morale et la science des moeurs

重庆：商务印书馆，1943.10，[33]+171页，25开（中山文库）

本书作者主张把理论伦理学和实践伦理学融合为一；讨论了风俗科学（宗教传习与文字教育、语言学等）与伦理学的关系，认为风俗科学的出现不能取代伦理学。共9章，内容包括：没有且不能有理论的伦理、理论伦

理的先决原则、对于某些反对论的答复、风俗科学的历史先例、自然的伦理、伦理的感情、实用上的效果等。

收藏单位：重庆馆、东北师大馆、贵州馆、国家馆、吉林馆、南京馆、上海馆、中科图

02954
**冯天佑英灵集　冯影仙著**
[复兴印刷所]，1948，31页，32开

收藏单位：广东馆

02955
**复学忘我　杨三生讲**
北京：道德学社，1924.5，[94]页，16开

本书为在南京学社的讲演集。主要讲儒家的道德修养，主张万教归儒。

收藏单位：湖南馆

02956
**富室珍言　陈镜伊编**
上海：道德书局，[1933]，47页，32开（道德丛书13）

本书分上、下编，讲述富贵人家应行善济贫。上编为善例，包括放债、收租、周济、救灾、恤孤寡、修桥路等；下编为恶例，包括重利盘剥、骗人家产、以假易真、奢侈等。

收藏单位：国家馆、南京馆、上海馆、绍兴馆、浙江馆

02957
**纲常从德宗旨合编**
崇华堂，66页，32开

本书对三纲、五常、五伦、八德加以解释。

收藏单位：首都馆

02958
**纲常伦理从德合编**
上海：沈鹤记书局，52页，36开

02959
**纲常伦理合编（二卷）**
上海：沈鹤记书局，1948，52页，32开

收藏单位：安徽馆

02960
**工业主义之伦理　（英）华德（H. F. Word）讲**
**简又文译**
[北京]：北新书局，1925.12，138页，32开（新潮丛书7）

本书论述工业生产与人类道德进步的关系。共6讲，内容包括：从工业主义发生的问题、资本主义能否给一个解决的方法、从社会主义可以期望得些什么、科学有什么贡献、经济的定命论抑或道德的管治、伦理的工业主义之条件。

收藏单位：重庆馆、国家馆、吉林馆、山西馆、首都馆

02961
**公义与人道　（美）艾迪（Sherwood Eddy）著**
**青年协会书报部译**
外文题名：Religion and social justice
上海：青年协会书局，1930，98页，32开（艾迪丛书1）
上海：青年协会书局，1930.6，再版，98页，32开（艾迪丛书1）

本书作者呼吁反对战争，实行公义和人道。共7章，内容包括：经济的社会现状、奢侈的影响、历史上耶稣遗训的实现、现代基督徒生活的模范、工业的人道观等。

收藏单位：广东馆、国家馆、南京馆

02962
**功利主义派之政治思想　（美）戴卫孙（W. Davidson）著　严思椿译**
外文题名：Utilitarianism
上海：商务印书馆，1934，160页，32开

本书分11章论述边沁、穆勒、格罗脱、培因等人的思想。

收藏单位：重庆馆、东北师大馆、广东馆、广西馆、国家馆、湖南馆、吉林馆、近代史所、南京馆、上海馆、天津馆、浙江馆

02963
**功用主义　（英）穆勒（John Stuart Mill）著**

唐钺译

外文题名：Utilitarianism

上海：商务印书馆，1936.11，102 页，32 开
（汉译世界名著）

　　本书即《功利主义》。共 5 章，内容包括：绪论、何谓功用主义、论功用主义之最后制裁力、功用主义可以得什么样子的证明、论公道与功用之关系。书前有译者附言。

　　收藏单位：东北师大馆、广东馆、广西馆、贵州馆、国家馆、江西馆、南京馆、上海馆、首都馆、天津馆、浙江馆

02964

**顾颉刚通俗论著集　顾颉刚著**

上海：亚东图书馆，1937.12，67 页，32 开

上海：亚东图书馆，1939.3，再版，67 页，32 开

上海：亚东图书馆，1947.4，3 版，67 页，32 开

　　本书汇集在《大众知识》上发表的 8 篇通俗文章：《亟应铲除的两种旧思想》《信仰》《牺牲》《命运》《创造》《坚忍》《互助》《宽容》等。书前有王伯祥序。

　　收藏单位：广东馆、国家馆、湖南馆、华东师大馆、江西馆、上海馆、天津馆、浙江馆

02965

**寰球名人德育宝鉴　杨钟钰辑**

上海：杨钟钰 [ 发行者 ]，1919.12，142 页，22 开

上海：杨钟钰 [ 发行者 ]，1930，[142] 页，22 开

　　本书收录中外名人伦理范例，辑为 8 卷：伦理之鉴、服官之鉴、绅商之鉴、闺阃之鉴、修省之鉴、慈善之鉴、中西嘉言汇钞等。

　　收藏单位：广西馆、国家馆、江西馆、南京馆、山东馆、上海馆、首都馆

02966

**寰球名人德育宝鉴　杨钟钰编**

上海：中华书局，[1920]，1 册，18 开

　　收藏单位：重庆馆

02967

**寰球名人德育嘉话　杨钟钰辑**

上海：中华书局，1922，[257] 页，22 开

上海：中华书局，1948，[200] 页，26 开

　　本书选辑中外"孝悌忠信"的故事，分为伦理、从政、绅商、巾帼、克复、利济等 8 卷。

　　收藏单位：广东馆、国家馆、江西馆、南京馆、首都馆、浙江馆

02968

**江慕渠先生演说词**

[ 万国道德总会 ]，1925，再版，20 叶，25 开，环筒页装

　　收藏单位：国家馆

02969

**讲坛第一集　梁启超著**

上海：时事新报馆，1919.9，128 页，36 开

　　《时事新报》将"学灯"栏扩大，设"小言""讲坛""学校指南""青年俱乐部"等栏目。本书为梁启超在"讲坛"栏目中发表关于个人修养文章汇集本的第一集，收《无聊消遣》《推理作用》《自由意志》《人生目的何在》等 7 篇。封面题名：梁任公撰讲坛第一集。

　　收藏单位：山东馆

02970

**解人颐　鲍赓生标点　何铭校阅**

上海：新文化书社，[1934.11]，164 页，32 开

　　本书共 7 卷，附有歌谣及旧体诗词。内容包括：懿行集、达观集、陶情集、旷怀集、遣兴集等。

　　收藏单位：南京馆、上海馆、首都馆

02971

**解人颐　（清）钱德苍编**

上海：文明书局，1922，1 册，32 开，环筒页装

　　收藏单位：上海馆、首都馆

02972

解人颐（名著短篇笔记小说）

上海：达文书店，1937.6，重版，163 页，32
开

02973

解人颐（新式标点） 潘公昭标点 胡协寅校
阅

上海：广益书局，174 页，32 开（幽默文学说
部）

上海：广益书局，1936.4，再版，174 页，32 开
（幽默文学说部）

收藏单位：江西馆、首都馆

02974

解人颐（新式标点）（清）钱德苍编 潘公
昭校点

上海：大达图书供应社，1934，174 页，32 开
（幽默文学说部）

上海：大达图书供应社，1934.3，再版，174 页，
32 开（幽默文学说部）

上海：大达图书供应社，1935，再版，174 页，
32 开（幽默文学说部）

本书再版时名为：解人颐广集。

收藏单位：重庆馆、湖南馆、吉林馆、江
西馆、首都馆

02975

近代伦理思想小史 （日）藤井健治郎著 潘
大道译

上海：商务印书馆，1928.4，67 页，48 开（百
科小丛书 158）

上海：商务印书馆，1930.4，56 页，32 开（百
科小丛书）（万有文库 第 1 集 92）

本书论述 19 世纪以来西方伦理学思想发
展概况。共 3 章，内容包括：人格的理想主义
与实用主义、个人主义、社会主义。

收藏单位：安徽馆、重庆馆、大连馆、东
北师大馆、广东馆、广西馆、贵州馆、国家
馆、河南馆、湖南馆、江西馆、辽大馆、南
京馆、山东馆、上海馆、天津馆、武大馆、
浙江馆

02976

近代五大家伦理学 （英）布劳德（C. D. Broad）
著 庆泽彭译

外文题名：Five types of ethical theory

上海：商务印书馆，1932.12，233 页，26 开，
精装（哲学丛书）

本书论述伦理学的重要概念、道德判断
的标准，对斯宾挪莎、白特乐尔、休谟、康
德、西德维克五人的伦理学说加以批评。共
7 章，除上述五人各列专著外，首章为引言，
末章为伦理学问题概要。

收藏单位：重庆馆、东北师大馆、广东
馆、广西馆、贵州馆、国家馆、黑龙江馆、
湖南馆、吉林馆、江西馆、近代史所、南京
馆、山西馆、上海馆、首都馆、天津馆、浙
江馆、中科图

02977

近世伦理学说 朱元善著

上海：商务印书馆，1916，82 页，50 开（教
育丛书 第 1 集 3）

上海：商务印书馆，1916，再版，82 页，50
开（教育丛书 第 1 集 3）

本书论述近世伦理学说及其研究方法。
共 4 部分，内容包括：近世伦理学说之特质、
从来伦理学说之三大学派、古代伦理学产出
近世三大学派之始末、近世伦理学之三大派。
书末附录《伦理学研究法》。

收藏单位：重庆馆、国家馆、吉林馆、江
西馆、辽宁馆、上海馆、首都馆、浙江馆

02978

精校解人颐广集 （清）胡澹庵编辑 （清）
钱德苍重订

上海：会文堂新记书局，1934.3，15 版，1 册，
32 开

收藏单位：广西馆

02979

精神书讲义 陆军第十一师编

上海：商务印书馆，1922，3 版，288 页，42
开，精装

收藏单位：广东馆

**02980**

**敬送善言**

出版者不详，14 页，32 开

收藏单位：上海馆

**02981**

**康熙皇帝遗训（汉文华语）（日）鱼返善雄编**

东京：大阪屋号书店，1943.10，205+19 页，16 开

本书包括《圣谕广训（华语解）》《圣谕广训（汉文）》和《六谕衍义》。书前有高田博士序及编者序。书后有跋。

收藏单位：国家馆、南京馆

**02982**

**考试佳话　陈镜伊编**

上海：道德书局，[1933]，36 叶，32 开（道德丛书 9）

本书分 3 编：得名类、复名类、失名类。叙述科举场中善恶报应故事。

收藏单位：国家馆、南京馆、上海馆

**02983**

**克己论　（英）斯迈尔斯（S. Smiles）著　叶农生译**

上海：中华书局，1915，90 页，25 开

上海：中华书局，1917，再版，90 页，25 开

上海：中华书局，1918.3，3 版，90 页，25 开

上海：中华书局，1919，4 版，90 页，25 开

上海：中华书局，1923.8，5 版，90 页，25 开

上海：中华书局，1926，6 版，90 页，25 开

上海：中华书局，1928.9，8 版，90 页，25 开

上海：中华书局，1931，9 版，90 页，25 开

上海：中华书局，1935，10 版，90 页，25 开

本书共 16 章，内容包括：克己要诀、舌之罪、形式的之职分、无上之慈善、心劳、伟大之单纯、生涯之回顾、悲哀之委托、潜在能力之发现、平静之壮观等。

收藏单位：重庆馆、广东馆、广西馆、贵州馆、国家馆、黑龙江馆、吉林馆、江西馆、南京馆、山东馆、上海馆、首都馆、浙江馆

**02984**

**礼义廉耻的解释　任觉五著**

汉口：华中图书公司，1938.7，44 页，36 开

本书分别解释了礼、义、廉、耻四字的伦理意义。

收藏单位：重庆馆

**02985**

**礼义廉耻概论　王策著**

台北：正气出版社，1947.6，120 页，32 开（正气丛书 4）

本书论述礼、义、廉、耻的字义、实质、相互关系、功用，何以为"国之四维"，及其与抗战、建国的关系。

收藏单位：国家馆、南京馆、浙江馆

**02986**

**礼义廉耻释义　吴树钧著**

长沙：鸿飞印刷所，1936.2，34 页，32 开

收藏单位：南京馆

**02987**

**立身基础　冯洪编译**

上海：激流书店，1946，162 页，32 开

本书讲述个人修养、交友、择业、生活等内容。共 4 编，内容包括：修身养性十讲、择业金训九则、摄生漫谈四题、青年男女琐谈。

收藏单位：重庆馆、国家馆、湖南馆、吉林馆、人大馆、首都馆

**02988**

**立身基础（一名，入世初阶）　仲渊才编译**

上海：激流书店，1941，再版，162 页，36 开

上海：激流书店，1945.11，再版，162 页，36 开

收藏单位：重庆馆、广东馆、吉林馆、南京馆、首都馆、天津馆

**02989**

**良心与道德　王昌社编**

[香港]：新生出版社，[1940—1949]，8 页，56 开（现代问题的解答 甲 4）

本书包括 3 部分：良心究竟有不有、道德

应当打倒吗、良心与道德的进展。

收藏单位：国家馆

## 02990

**良心与道德　王昌社主编**

香港：真理学会，1949.7，2 版，8 页，大 64 开（现代问题的解答 甲 4）

本书主编者原题：王昌祉。

收藏单位：国家馆

## 02991

**良心与道德**

[上海]：现代问题研究社，12 页，64 开

收藏单位：安徽馆

## 02992

**两汉嘉言懿行集　洪德辉编著**

汉口：光汉印刷厂，1948.9，110 页，32 开

本书收集两汉 142 位名人言行事迹，分为元首、臣工、良吏、将领、使节、学者、德行、义烈等编。书末有龙胜注要条、两汉年表。

收藏单位：重庆馆、广东馆、贵州馆、国家馆、湖南馆、江西馆、南京馆、山东馆、上海馆、首都馆、浙江馆、中科图

## 02993

**六朝时代学者之人生哲学　陈安仁著**

上海：民智书局，1926.6，68 页，32 开

上海：民智书局，1930，再版，70 页，32 开（安仁丛书）

本书泛论六朝时刘琨、郭璞、孙绰、陶渊明、何承天、谢灵运、颜延年、鲍明远、王元长、江文通、沈约、王僧儒、刘孝标 13 人的人生哲学，并将他们与孔子、屈原、王充、韩愈，以及叔本华、孔德、达尔文、柏拉图、耶稣的思想相比较。书前有作者序，略述了舒新城、李石岑关于人生哲学的定义。书首为绪论，比较了古代哲学与近代哲学思想之异同。

收藏单位：重庆馆、广西馆、华东师大馆、吉林馆、上海馆、天津馆、中科图

## 02994

**六朝时代学者之人生哲学　陈安仁著**

重庆：正中书局，1926.6，70 页，32 开（哲学丛刊）

金华：正中书局，1941.6，55 页，32 开（哲学丛刊）

重庆：正中书局，1943，3 版，55 页，32 开（哲学丛刊）

上海：正中书局，1946.2，沪 1 版，55 页，32 开（哲学丛刊）

收藏单位：重庆馆、东北师大馆、国家馆、近代史所、南京馆、山东馆、首都馆、浙江馆

## 02995

**伦理的研究　谢颂羔编**

上海：广学会，1927，330 页，32 开

上海：广学会，1928.8，再版，311 页，32 开

上海：广学会，1929.4，3 版，311 页，32 开

上海：广学会，1932.9，5 版，329 页，32 开

上海：广学会，1934，6 版，330 页，32 开

本书共 4 编，内容包括：伦理问题、人格、习惯、社会的遗传、进步、伦理的基础、伦理学的各个派别及历史、个人道德、家庭伦理、工商业伦理等，包括结论共 30 个论题。

收藏单位：重庆馆、东北师大馆、广东馆、河南馆、湖南馆、吉林馆、江西馆、南京馆、山东馆、绍兴馆

## 02996

**伦理革命（又名，新伦理观）　蔡尚思著**

上海：泰东图书局，1930.8，32+407 页，32 开

本书作者在比较和批评老、孔、墨、佛等各家伦理思想的同时，提出了自己的"大人伦观"，认为它概括了各家伦理道德思想的精华，是实现大同世界、自由、平等、博爱、和平的必由之路和总办法。内容包括：卷首、本论、补说、附证、专评、篇末。卷首系摘录蔡元培、梁启超、梅光羲、李翊灼、吴和声等对本书的评价；本论以下各篇对老、孔、墨、佛等各家及康有为、张竞生、刘仁航、吴稚晖、张君劢、朱谦之、胡适等人思想加以批评，并阐述"大人伦"说。

收藏单位：国家馆、南京馆、上海馆、浙江馆

**02997**

**伦理建设及社会改造之原理与方法　张冈著**

安福：张冈［发行者］，1945.7，石印本，2 册（321 页），32 开

　　本书上册共 3 章，内容包括：道德之知识问题、道德之来源、真理；下册共 3 章，内容包括：改造社会秩序、建设国际社会秩序、彻底的唯物一元论。

　　收藏单位：南京馆

**02998**

**伦理通论　（日）西山荣久著　田桐译**

上海：泰东图书局，1915.12，135 页，32 开

　　收藏单位：吉林馆、南京馆、首都馆

**02999**

**伦理问题（第一集 六讲）　雷香庭著**

广州：广州大学文化事业公司，1948，81—98 页，32 开

　　本书原为在中山大学法学院的讲稿。分伦理学是什么、行为与品性、伦理建设与世界和平、再论行为及与行为相关的各问题、谈谈道德的各问题、伦理学与各学科的关系 6 个题目。为《一年鸿爪》的抽印本。

　　收藏单位：国家馆、南京馆、武大馆

**03000**

**伦理问题 ABC　叶法无著**

上海：ABC 丛书社，1929.1，116 页，32 开（ABC 丛书）

上海：ABC 丛书社，1929.4，再版，116 页，32 开（ABC 丛书）

　　本书共 3 章，内容包括：伦理学与社会学、近代西洋伦理思想批评、社会生活与伦理生活。

　　收藏单位：重庆馆、广东馆、国家馆、黑龙江馆、湖南馆、吉林馆、江西馆、辽宁馆、南京馆、山东馆、上海馆、首都馆、天津馆、武大馆、浙江馆

**03001**

**伦理学　宏文学院编辑**

东京：出版者不详，[1920—1929]，92 页，32 开

　　收藏单位：浙江馆

**03002**

**伦理学　洪铭楚编述**

上海：出版者不详，[1910—1919]，161 页，25 开

　　本书为私立浙江法政专门学校讲义。

　　收藏单位：浙江馆

**03003**

**伦理学　（日）吉田静致著　王向荣编译**

天津：百城书局，1931.8，[26]+256+36 页，32 开

　　本书共 9 章，内容包括：何谓伦理学、伦理学与哲学、意志自由之意义、道德的标准、社会我、良心、道德之进步、良心之作用、欲望之统御。书前有编译例言。书末附习题。原著书名为：伦理学要义。著者原题：吉田敬致。

　　收藏单位：国家馆、上海馆、首都馆、天津馆

**03004**

**伦理学　（英）麦根西（J. S. Mackenzie）著　吕振中译**

外文题名：A manual of ethics

上海：广学会，1933.3，27+592 页，32 开

　　本书除绪论和结论（伦理学与玄学）外，共 3 编，内容包括：大抵是心理的、道德标准底学说、道德的生活。著者原题：麦西根。

　　收藏单位：国家馆、吉林馆、江西馆、南京馆、上海馆

**03005**

**伦理学　申自天著**

天津：天津工商学院，1944.3，186 页，32 开

　　本书阐述了伦理学的对象、方法、有关规律和原则，以及它们对人们行为的节制。包括导言和理论的伦理学、实践的伦理学两

篇。封面书名由赵元礼题签。

　　收藏单位：北大馆、国家馆、南京馆、上海馆、首都馆

03006
**伦理学** （荷）斯宾诺莎（B. Spinoza）著
伍光建译
外文题名：Ethics
上海：商务印书馆，1929.10，3 册（[49]+131+96+139 页），32 开（万有文库 第 1 集 90）（汉译世界名著）
上海：商务印书馆，1933.6，[49]+131+96+139 页，32 开，精装（汉译世界名著）
上海：商务印书馆，1934.7，3 册（[49]+131+96+139 页），32 开（万有文库 第 1 集 90）

　　本书原著全称为：用几何学方法作论证的伦理学。原用拉丁文写成，汉译本以怀特的英译本为主，并参考波义尔的译本译成。作者认为只有像几何学一样，凭理性的能力从直观获得的定义和公理推论出来的知识，是最可靠的知识，这才是可靠的唯理论观点。共 5 卷，内容包括：论神上帝、论心之生性及心之原始、论情之原始及生性、论人之束缚或感情之力、论知性之权力或人之自由。著者原题：斯宾挪莎。

　　收藏单位：安徽馆、重庆馆、大连馆、东北师大馆、广东馆、贵州馆、国家馆、湖南馆、吉林馆、江西馆、辽大馆、南京馆、上海馆、首都馆、天津馆、武大馆、浙江馆

03007
**伦理学** 孙贵定编
外文题名：Ethics
上海：商务印书馆，1923.7，63 页，25 开
上海：商务印书馆，1923.11，3 版，63 页，25 开
上海：商务印书馆，1926.9，5 版，63 页，25 开
上海：商务印书馆，[1932.10]，国难后 4 版，63 页，32 开

　　本书为师范学校教科书。分 14 章论述伦理学的目的与对象。内容包括：品行、行为、责任、德行、欲生、智识、道德范围、意志自由、个人自由与政府干涉、伦理学说之一斑等。

　　收藏单位：广东馆、国家馆、上海馆、首都馆、武大馆

03008
**伦理学** 谢扶雅编著
上海：世界书局，1932.5，161 页，25 开
上海：世界书局，1932，再版，161 页，25 开
上海：世界书局，1933.3，3 版，161 页，25 开

　　本书为高中与师范教科书。分绪论、道德判断论、最高目的论、义务与德论、结论等篇。书前有前言。书末附录参考书目。

　　收藏单位：重庆馆、广东馆、广西馆、贵州馆、国家馆、南京馆、上海馆、浙江馆

03009
**伦理学大纲** 黄毅芸著
广州：广州大学出版组，1945，2 版，70 页，32 开

　　收藏单位：广东馆

03010
**伦理学大纲** 谢幼伟编著
重庆：正中书局，1941.2，164 页，32 开（青年基本知识丛书）
重庆：正中书局，1942，再版，164 页，32 开（青年基本知识丛书）
重庆：正中书局，1944，2 版，164 页，32 开（青年基本知识丛书）
上海：正中书局，1946，沪 1 版，164 页，32 开（青年基本知识丛书）
上海：正中书局，1946.12，沪 4 版，164 页，32 开（青年基本知识丛书）
上海：正中书局，1947.2，沪 7 版，164 页，32 开（青年基本知识丛书）

　　本书分 5 章论述伦理学的性质、任务、派别、革命人生观与行为论等。

　　收藏单位：安徽馆、重庆馆、川大馆、东北师大馆、广东馆、贵州馆、国家馆、黑龙江馆、湖南馆、江西馆、辽宁馆、南京馆、山东馆、上海馆、天津馆、浙江馆

03011
**伦理学大意讲义** 陆费逵编

上海：商务印书馆，1913.6，56 页，25 开
上海：商务印书馆，1914，3 版，56 页，25 开
上海：商务印书馆，1916.6，5 版，56 页，25 开
上海：商务印书馆，1920，8 版，56 页，25 开
上海：商务印书馆，1922，9 版，56 页，25 开
上海：商务印书馆，1923，11 版，56 页，25 开

　　本书为修身教科书、师范讲习社师范讲义。共 7 章，内容包括：序论、道德的判断之对象论、道德之发达、论道之本质、论道之应用、实际道德论、结论。

　　收藏单位：重庆馆、国家馆、河南馆、江西馆、山东馆、首都馆、武大馆、浙江馆

03012

**伦理学导言　（美）梯利（F. Thilly）著　朱进译**

外文题名：Introduction to ethics
上海：商务印书馆，1921.2，232 页，26 开（南京高等师范学校丛书 1）
上海：商务印书馆，1921.10，再版，232 页，26 开（南京高等师范学校丛书 1）
上海：商务印书馆，1922.4，3 版，232 页，26 开（南京高等师范学校丛书 1）
上海：商务印书馆，1923，4 版，232 页，26 开（南京高等师范学校丛书 1）
上海：商务印书馆，1926.7，5 版，232 页，26 开（南京高等师范学校丛书 1）
上海：商务印书馆，1928，6 版，232 页，26 开（南京高等师范学校丛书 1）
上海：商务印书馆，1930，7 版，232 页，26 开（南京高等师范学校丛书 1）
上海：商务印书馆，1933.5，国难后 1 版，232 页，26 开（南京高等师范学校丛书 1）

　　本书论述伦理学的基本范畴。共 11 章，内容包括：伦理学之性质及方术、良心、正鹄论、乐观与悲观、品性与自由等。书末附现代伦理学家及其著作介绍。著者原题：薛蕾。

　　收藏单位：北大馆、重庆馆、东北师大馆、广东馆、国家馆、湖南馆、江西馆、南京馆、上海馆、首都馆、天津馆、武大馆、浙江馆、中科图

03013

**伦理学的方法　魏嗣銮著**

成都：川康农工学院，1942.10，34 页，32 开（川康农工学院丛书）

　　本书介绍德国哲学家福里斯（Fries）及其学派的伦理学方法。福里斯的伦理原则主要来源于康德，他认为人的理性中必有先天良知。共 3 章，内容包括：批判的与独断的伦理学、批判的与归纳的伦理学、批判的与认识论的伦理学。

03014

**伦理学的起原和发展　（俄）克鲁泡特金（Л. Кропоткин）著　巴金译**

重庆：平明书店，1941.6，41+569 页，32 开，精装（克鲁泡特金全集 10）

　　本书主要论述了无政府主义关于道德的基本观念及道德发展史。书末附巴金《克鲁泡特金的"伦理学"之解说》和后记。

　　收藏单位：重庆馆、东北师大馆、广东馆、国家馆、黑龙江馆、吉林馆、山东馆、上海馆、天津馆

03015

**伦理学底根本问题　（德）利普斯（T. Lipps）著　陈望道译**

上海：中华书局，1936.12，184 页，26 开
上海：中华书局，1946.12，184 页，26 开

　　本书共 9 部分，内容包括：序论——利己主义和利人主义、道德上的根本动机与恶、行为和心情（幸福主义和功利主义）、服从和道德的自由（自律和他律）、道德的正当（义务和倾向性）、一般的道德律和良心、目的底体系、社会的有机体（家族和国家）、意志底自由和责任。

　　收藏单位：重庆馆、广西馆、贵州馆、国家馆、湖南馆、吉大馆、吉林馆、南京馆、山东馆、上海馆、首都馆、浙江馆

03016

**伦理学概论　江恒源编著**

上海：大东书局，1926，[440] 页，25 开
上海：大东书局，1932，3 版，[438] 页，25 开

上海：大东书局，1933，4 版，[438] 页，25 开

上海：大东书局，1935.2，5 版，[438] 页，25 开

　　本书共 3 编。第 1 编总论——关于"伦理学"的各种重要观念；第 2 编道德行为论——论道德判断的对象及与此对象相关系的各问题；第 3 编道德判断论——关于道德标准、道德知识及人生究竟目的各问题。

　　收藏单位：重庆馆、国家馆、河南馆、湖南馆、江西馆、辽宁馆、南京馆、上海馆、首都馆、天津馆、浙江馆

**03017**

**伦理学概论　江恒源编著**

北京：平民大学，1925.12，[440 页]，26 开（北京平民大学丛书）

　　本书编著者原题：江问渔。

　　收藏单位：国家馆、湖南馆

**03018**

**伦理学纲要　高巩白著**

上海：龙门联合书局，1948.2，282 页，26 开（国立安徽大学丛书）

　　本书论述伦理学的问题和中外伦理学派的观点。共 7 章，内容包括：前论（伦理学界说、起源、分化等）、心性情欲与意志——人类伦理的本原、道德原理与现实道德、行为的体系、人类组织领域的伦理体系、人世伦理的内容体要以及后论（伦理学的职分、题材及本书结构等）。

　　收藏单位：贵州馆、国家馆、湖南馆

**03019**

**伦理学纲要　张东荪编**

上海：中华书局，1936.1，[12]+162 页，32 开（中华百科丛书）

上海：中华书局，1941，3 版，[12]+162 页，32 开（中华百科丛书）

　　本书论述伦理学的各个流派的主要观点。共 11 章，内容包括：伦理学的定义、快乐论、功利论、苦行论、直觉论、解脱论、超越论、同情论、进化论、完全论、自我实现论。书前有自序。书末有中西文名词索引。

　　收藏单位：重庆馆、国家馆、河南馆、湖南馆、吉林馆、江西馆、南京馆、山东馆、上海馆、首都馆、天津馆

**03020**

**伦理学精义　谢无量编**

上海：中华书局，1914.9，148 页，25 开

　　本书共 4 编。内容包括：序论、善恶之本原及行为标准论、义务论、德论。编者原题：谢蒙。

　　收藏单位：北师大馆、重庆馆、湖南馆、吉林馆、江西馆、南京馆、首都馆、天津馆、浙江馆

**03021**

**伦理学浅说　余家菊著**

上海：商务印书馆，1927，32 页，32 开（百科小丛书 133）

上海：商务印书馆，1930，32 页，32 开（万有文库 第 1 集 89）

上海：商务印书馆，1933，再版，32 页，32 开（百科小丛书 133）

上海：商务印书馆，1933，国难后 1 版，32 页，32 开（百科小丛书 133）

　　本书共 6 章，内容包括：论人、制裁、至善、明善、德行、风格。讨论伦理道德的一般规范问题。《万有文库》版书名为：伦理浅说。

　　收藏单位：安徽馆、重庆馆、东北师大馆、复旦馆、广东馆、广西馆、贵州馆、国家馆、湖南馆、江西馆、辽大馆、南京馆、上海馆、天津馆、浙江馆

**03022**

**伦理学提要　余超原著**

上海：大东书局，1948，76 页，32 开

　　收藏单位：重庆馆、广东馆、华东师大馆、南京馆、上海馆

**03023**

**伦理学体系（中国道德之路）　汪少伦著**

重庆：商务印书馆，1944，[10]+212，25 开

重庆：商务印书馆，1945，再版，[10]+212，25 开

重庆：商务印书馆，1945.10，3 版，[10]+212 页，25 开

重庆：商务印书馆，1946.3，沪再版，[10]+212 页，25 开（新中学文库）

上海：商务印书馆，1946.6，[10]+212 页，25 开

上海、重庆：商务印书馆，1947，再版，[10]+212 页，25 开（新中学文库）

上海：商务印书馆，1948.7，3 版，[10]+212 页，25 开（新中学文库）

本书共 3 篇 14 章，内容包括：道德起源与背景、道德理论、道德规律。

收藏单位：重庆馆、川大馆、广东馆、广西馆、国家馆、湖南馆、江西馆、近代史所、辽宁馆、南京馆、山东馆、首都馆、天津馆、武大馆、浙江馆、中科图

03024

**伦理学问答**　钱释云著

上海：三民公司，1931.6，24 页，36 开

上海：三民公司，1933.8，再版，24 页，36 开

本书共 5 章，内容包括：绪论、品性和行为、责任和欲望、中国伦理学说及西洋伦理学说，共有 38 个问题和答案。

收藏单位：国家馆

03025

**伦理学问答**　上海法学编译社著

上海：会文堂新记书局，1931.8，114 页，36 开（考试问答丛书）

上海：会文堂新记书局，1937，再版，114 页，36 开（考试问答丛书）

本书解答问题 150 条。

收藏单位：南京馆、上海馆、浙江馆

03026

**伦理学问答**　章沦清编著

上海：大东书局，1930.8，[14]+124 页，50 开（考试必备百科问答丛书 28）

上海：大东书局，1930，2 版，[14]+124 页，50 开（考试必备百科问答丛书 28）

上海：大东书局，1931.8，再版，[14]+124 页，50 开（考试必携百科常识问答丛书）

本书涉及伦理学的定义和相关的各种重要观念、伦理学的特质和范围、伦理学发生的原因及其发展、判断道德行为的标准等方面问答 169 条。

收藏单位：重庆馆、广东馆、国家馆、河南馆、湖南馆、江西馆、南京馆、首都馆、浙江馆

03027

**伦理学研究**　（英）柏莱德累（F. Bradley）著
谢幼伟译

外文题名：Ethical studies

上海、重庆：商务印书馆，1946.8，2 册（501 页），32 开

本书共 8 篇，内容包括：论责任的俗义、论我何故应有道德、论为快乐而求快乐、论为义务而尽义务、论我的地位及其义务、论思想的道德、论自私与自我牺牲、结论。书末附录柏莱德累的宗教观、中英译名对照表。

收藏单位：重庆馆、贵州馆、国家馆、湖南馆、吉林馆、首都馆、浙江馆

03028

**伦理学要领**　林砺儒著

北京：北京师范大学，1924.1，174 页，22 开

本书为在北京师范大学的讲稿。分 12 章讲述伦理学的理论和具体道德规范。书前有序并冠本书之参考书。

收藏单位：东北师大馆、国家馆、江西馆、南京馆、首都馆、中科图

03029

**伦理学要领**　林砺儒著

北京：文化学社，1928.1，再版，174 页，22 开

收藏单位：国家馆、江西馆、上海馆

03030

**伦理学原理**　（德）泡尔生（F. Paulsen）著
蔡元培译

外文题名：Paulsen's principles of moral philosophy

上海：商务印书馆，1912，再版，218 页，25 开，精装

上海：商务印书馆，1913.10，3 版，218 页，25
开，精装

上海：商务印书馆，1915，4 版，218 页，25
开，精装

上海：商务印书馆，[1920]，233 页，32 开（汉
译世界名著）

上海：商务印书馆，1921.12，6 版，218 页，25
开，精装（汉译世界名著）

上海：商务印书馆，1924.5，7 版，218 页，25
开

上海：商务印书馆，1927.6，8 版，218 页，25
开，精装

上海：商务印书馆，1931.5，9 版，218 页，25
开

上海：商务印书馆，1934.3，国难后 1 版，218
页，25 开（汉译世界名著）

上海：商务印书馆，1940，国难后 2 版，233
页，32 开（汉译世界名著）

　　本书分序论和本论两部分。本论共 9 章，
内容包括：善恶正鹄论与形式论之见解、至善
快乐论与势力论之见解、厌世主义、害及恶、
义务及良心、利己主义及利他主义、道德及
幸福、道德与宗教之关系、意志之自由等。

　　收藏单位：重庆馆、川大馆、东北师大
馆、广东馆、广西馆、国家馆、湖南馆、吉
大馆、江西馆、南京馆、上海馆、绍兴馆、
首都馆、浙江馆、中科图

## 03031

伦理学之根本问题　（德）利普斯（T. Lipps）
著　杨昌济译

外文题名：Die Ethischen Grundfragen

北京：北京大学出版部，1920，再版，80 页，
25 开，环筒页装

　　本书主要论述利己主义与利他主义、道
德上之根本动机与恶、行为与心情、服从与
道德之自由、道德之心情、一般之道律与良
心、目的之体系、社会之有机体、意志之自
由与责任等内容。

　　收藏单位：北师大馆

## 03032

伦理与唯物史观　（德）考茨基（K. Kautsky）

著　董亦湘译

外文题名：Ethik und Materialistische Geschicht-
sauffassung

教育研究社，1927.3，190 页，32 开

　　本书共 5 章，内容包括：古代及基督教之
伦理、中世纪启蒙时代之伦理、康德的伦理、
进化论之伦理、马克思主义之伦理。

　　收藏单位：东北师大馆、国家馆、南京
馆、山东馆、上海馆、天津馆、武大馆

## 03033

伦理与唯物史观　（德）考茨基（K. Kautsky）
著　董亦湘译

外文题名：Ethik und Materialistische Geschicht-
sauffassung

文学讨论社，1926，190 页，32 开

　　收藏单位：重庆馆、湖南馆、绍兴馆

## 03034

伦理与唯物史观　（德）考茨基（K. Kautsky）
著　董亦湘译

外文题名：Ethik und Materialistische Geschicht-
sauffassung

上海：新文化书社，1926.1，190 页，32 开

　　收藏单位：重庆馆、东北师大馆、国家
馆、吉林馆、上海馆、浙江馆

## 03035

论传统精神　航空委员会政治部编

航空委员会政治部，[1930—1949]，10 页，32
开（文化教育丛书 2）

　　本书与欧洲及印度相比较，论述了中国
传统道德的含义和产生原因，认为中国的自
然环境和历史条件决定了中国的传统精神是
“中庸之道”，即调和、合作、互助互成。

　　收藏单位：广东馆、国家馆

## 03036

论道德　（苏）加里宁（М. И. Калинйн）著
大连中苏友协译

大连：中苏友好协会，1946，64 页，50 开

　　本书即加里宁在苏联《布尔什维克》杂
志 1945 年第 1 期上发表的《论我们苏联人民

底道德面貌》一文。

收藏单位：南京馆、山东馆、天津馆

03037

**马克斯的伦理概念** （德）柯诺（Heinrich Cunow）著　朱应祺　朱应会译

外文题名：Marxismus und Ethik

上海：泰东图书局，1928.9，[11]+97页，32开（马克斯研究丛书 3）

本书译自柯诺著《马克思的历史、社会及国家论》一书的第 2 卷第 9 章《马克思主义与伦理》。作者根据马克思的唯物史观说明道德法则的非永久性，并从人类学、人种学及民族学的角度说明道德法则随着生活条件的变化而变化，批驳了康德的"永久的最高道德原理"，指出了新康德派的康德伦理学来补足马克思主义的理论的不彻底性。

收藏单位：重庆馆、东北师大馆、国家馆、吉林馆

03038

**民间懿行**　陈镜伊编

上海：道德书局，1933，57叶，32开（道德丛书 7）

本书收集因果报应事例多种，劝世人行善。

收藏单位：重庆馆、国家馆、辽宁馆、南京馆、上海馆、绍兴馆、天津馆、浙江馆

03039

**命相真谛**　陈镜伊编

上海：道德书局，[1933.12]，62叶，32开（道德丛书 12）

本书辑录古人因行善而命相变佳，因作恶而命相改损的故事，编为迁善篇、改过篇、变恶篇、定数篇，劝人为善。

收藏单位：国家馆、南京馆、上海馆

03040

**女道德社社纲、办事细则合刊**　女道德社编

出版者不详，1932，12页，23开

03041

**培根道德哲学论文集** （英）培根（Francis Bacon）著　张荫桐编译

重庆：中国文化服务社，1944.11，[16]+192页，36开（青年文库）

重庆：中国文化服务社，1945，再版，[16]+192页，36开（青年文库）

上海：中国文化服务社，1946，沪 1 版，[16]+192页，36开（青年文库）

本书论述伦理观点和人生处世的原则等。分真理、死、宗教的和谐、迷信、无神论等46节。书前有译者序、培根小传及《伏尔泰论培根》。选译自哈佛文库第 3 分册《道德论文集》（Moral essays）。

收藏单位：重庆馆、广东馆、国家馆、近代史所、南京馆、山东馆、首都馆

03042

**蒲鲁东底人生哲学** （法）爱尔次巴赫等著巴金译

上海：自由书店，1929.6，29页，32开（自由小丛书 4）

本书的正文介绍蒲鲁东的伦理思想。另收有爱尔次巴赫著《蒲鲁东传略》、苇甘著《蒲鲁东与赫尔岑》。译者原题：苇甘。

收藏单位：广东馆

03043

**普通伦理学大纲** （比）麦尔榭（Cardinal Mercier）著　张怀译

外文题名：Ethics

出版者不详，72页，25开

本书除导言专门讨论伦理学的意义、目的外，共4章，内容包括：人生自然的目的、自由意志、道德次序、道德意识。书末附普通伦理学提要。

收藏单位：国家馆

03044

**七贤真人救劫灵文**

重庆：重庆新街口余庆印书馆，1936，重刊，17叶，25开，环筒页装

本书内收《七贤真人救劫灵文》《七贤真人（孝善酒色财气烟）劝世文》。

收藏单位：重庆馆

**03045**

**乾坤须知 黄金荣汇辑**

出版者不详，56 页，32 开

  收藏单位：南京馆

**03046**

**巧谈 陈镜伊编**

上海：道德书局，[1933]，86 叶，32 开（道德丛书 10）

  本书分上、下两编，收行善得善报、作恶得恶果的事例 100 余件。

  收藏单位：国家馆、南京馆、上海馆

**03047**

**秦汉时代学者之人生哲学 陈安仁著**

文化印刷服务社，[1946]，23 页，18 开（安仁丛书 66）

  本书论述秦汉时代儒、道、法、杂四派，以及董仲舒、扬雄、刘向、何休、王符、汲黯、杨王孙、贾谊、晁错、淮南王安、王充等人的人生哲学思想。书前有作者序言。

  收藏单位：国家馆、南京馆

**03048**

**人变论 徐友白撰**

上海：明善书局，[1936]，24 页，32 开

  收藏单位：广东馆、浙江馆

**03049**

**人道本元·师教大纲·一礼法言述义 陈全三述**

重庆：出版者不详，[1944]，64 页，32 开

  本书为对北平道德学社师尊段正元关于"人道本元""师教大纲""一礼法言"多篇讲道的解释。宣传以道德救正人心挽回世道等。

**03050**

**人道举要 徐友白撰**

上海：明善书局，1936，16 页

  收藏单位：广东馆、山西馆

**03051**

**人道明诚会通启 杜伯强著**

无锡：北润文昌阁，1 册，22 开

  收藏单位：首都馆

**03052**

**人道平安 北平道德学社编**

北平：道德学社，[1938]，[64] 页，32 开

  本书为北平道德学社师尊段正元讲道录。宣传道德为天地元气，救国救民即依靠此道。有雷寿荣的序。

**03053**

**人道须知 江衡 荆少芙编**

出版者不详，1930.1，再版，1 册，13 开

  本书内容包括：孝悌、忠信、礼仪、廉耻、家庭、生活、自治、处世。

  收藏单位：浙江馆

**03054**

**人范 黄书霖编**

上海：煦中编译社，1915.1，2 册（[28]+[88] 页），36 开

  本书讲述封建伦理、忠孝仁爱。分忠、孝、节、义 4 集，汇辑古今奇闻轶事，共 60 余篇，并加评论。

  收藏单位：上海馆、首都馆

**03055**

**人范 孙连仲选辑**

出版者不详，1933，124 页，64 开

  收藏单位：广东馆

**03056**

**人鉴 李圆净编著 王云轩画**

上海：南行学社，1948.1，52+12 页，32 开

  本书分为忠、孝、悌、节、信、廉、俭、谦、抑、诚、改过、立志、修善、修福、利人、利物、救民、放生、拯难、济急、悯孤、容过、持戒、念佛等 25 组，讲叙古今故事，劝人守分随缘、修身俟命。书末有李圆净著、丰子恺画《旅行者言》（印光大师生西纪念）。

  收藏单位：重庆馆、贵州馆、国家馆、吉大馆、吉林馆、江西馆、南京馆、首都馆

## 03057

**人伦研究　周珹编著**

上海：世界书局，1933.3，[12]+164 页，32 开

　　本书将中国原有的"五伦"扩展为"十伦"，即：夫妇、亲子、长幼、宗族、姻戚、里党、师生、朋友、主佣、首从。分别说明其界限、含义及实行；分析批判了"五伦"说，运用"十伦"说解释婚姻、贞操等现实问题。

内容包括：导言、五伦旧说的分析和批判、十伦新议的理论和实际、从人伦原则上观察几个现代问题。附录《中国立嗣制度研究》。

　　收藏单位：重庆馆、东北师大馆、广东馆、广西馆、贵州馆、国家馆、吉大馆、近代史所、辽宁馆、南京馆、山东馆、山西馆、上海馆、浙江馆

## 03058

**人生的理想　褚柏思著**

南京：白雪出版社，1947.7，再版，156 页，32 开

　　本书作者认为，人生的目标在于真、善、美理想境界的实现。书中从哲学、科学、艺术等方面叙述了青年、壮年、中年、老年对这一理想的追求。书末附本书作者著述一览。

　　收藏单位：浙江馆

## 03059

**人生的理想　褚柏思著**

重庆：青年军出版社，1946.2，156 页，32 开（青年乙种丛书）

重庆：青年军出版社，1947，3 版，增订本，156 页，32 开（青年乙种丛书）

　　收藏单位：重庆馆、国家馆、吉林馆、南京馆、天津馆

## 03060

**人生哲学（其起源及其发展）（俄）克鲁泡特金（Л. Кропоткин）著　巴金译**

外文题名：Ethics

上海：自由书店，1928—1929，2 册（286+366 页），32 开（克鲁泡特金全集 4—5）

　　本书共 16 章。上册分 7 章论述了无政府主义关于道德的基本观念；下册分 9 章，主要论述了道德发展史。书末附《中天底来信》《读八太舟三氏底〈人生哲学〉新译本》。译者原题：芾甘。

　　收藏单位：国家馆、湖南馆、上海馆、首都馆、武大馆

## 03061

**人生哲学研究会概况　宋履信编**

南京：人生哲学研究会，1946.10，68 页，32 开

　　人生哲学研究会于 1944 年 10 月在重庆成立。本书汇辑了该会倡导人名录，发起人理监事及职员名录，成立经过、使命、史略、组织章程，分会组织通则，组织系统表，会员名单等。

　　收藏单位：国家馆、南京馆

## 03062

**人生哲学与唯物史观　（德）考茨基（K. Kautsky）著　徐六几　郭梦良　黄卓译述**

外文题名：Ethics and materialist conception of history

上海：商务印书馆，1922.10，172 页，32 开（共学社时代丛书）

上海：商务印书馆，1924.2，再版，172 页，32 开（共学社时代丛书）

上海：商务印书馆，1925，3 版，172 页，32 开（共学社时代丛书）

上海：商务印书馆，1927.7，4 版，172 页，32 开（共学社时代丛书）

上海：商务印书馆，1933，国难后 1 版，172 页，32 开（共学社时代丛书）

上海：商务印书馆，1937，国难后 2 版，172 页，32 开（共学社时代丛书）

　　本书即《伦理与唯物史观》。分 5 章，内容包括：古代的与基督教的伦理观、启蒙的时代伦理观、康德的伦理观、进化论之伦理、社会主义之伦理。

　　收藏单位：重庆馆、东北师大馆、广东馆、贵州馆、国家馆、黑龙江馆、江西馆、辽宁馆、南京馆、上海馆、首都馆、天津馆、浙江馆、中科图

**03063**

**人生之理想　袁月楼著**

［南京］：行健出版社，1948.5，30 页，32 开
（中国力行学会丛书）

　　收藏单位：南京馆

**03064**

**人兽之变　陈镜伊编**

上海：道德书局，1933，61 叶，32 开（道德丛书 11）

　　本书讲述因果报应，行善兽变人，作恶人变兽等。内分上、下两篇，上篇为灵异动物，下篇为人变动物。

　　收藏单位：国家馆、吉林馆、辽宁馆、南京馆、上海馆、天津馆

**03065**

**人箴　唐文治著**

出版者不详，15 页，16 开

　　本书收集中国古人的修身、伦理道德的箴言，分为克己箴、七情箴、五德箴、孝悌忠信礼义廉耻八德诠释、四事箴、民隐三箴等。

**03066**

**人之幸福**

出版者不详，16 页，32 开

　　收藏单位：广东馆

**03067**

**仁言　悲愿居士著**

上海：佛学书局，1935.1，再版，32 页，32 开

　　本书认为"仁"是孔、孟、佛、老思想的核心，是治理当代社会的良药。书前有刘文辉等人的序，谢无量、林森等人题词。书上有眉批。封面书名由谢无量题签。

　　收藏单位：重庆馆、国家馆、南京馆

**03068**

**儒家的伦理思想　薛正清著**

北京：关学社，1927.1，132+10+16 页，32 开

　　本书叙述儒家伦理思想的渊源、构成、核心及其道德标准，由此论及儒家思想的价值、儒家思想与伦理学，以及与当代社会的关系。书末附录《跋腓立氏伦理学原理》《读胡适之中国哲学史大纲》。

　　收藏单位：东北师大馆、国家馆

**03069**

**儒家伦理思想（私立齐鲁大学毕业论文）　候心镜著　孙伏园指导**

济南：私立齐鲁大学，1947.6，44 页，13 开

　　收藏单位：山东馆

**03070**

**儒家伦理思想述要　刘真编著**

上海：正中书局，1946.2，86 页，32 开
上海：正中书局，1947.10，沪 4 版，86 页，32 开

　　本书概述研究伦理学之重要性及其研究方法，并对孔子、孟子、荀子的伦理思想作了论述。

　　收藏单位：重庆馆、国家馆、吉林馆、近代史所、辽宁馆、南京馆、山东馆、上海馆、浙江馆

**03071**

**三益　杨三生讲**

北京：道德学社，1924，102 页，32 开

　　本书为道德学社学长杨三生讲道的讲义。

**03072**

**社会与伦理　康宝忠讲**

北京：北京大学学术讲演会，24 页，22 开
（学术讲演会讲演录）

　　本书共 4 部分，内容包括：社会、伦理及伦理学、伦理学之趋势、伦理学之批评。

　　收藏单位：重庆馆

**03073**

**社会主义伦理学　（德）考茨基（K. Kautsky）著　叶星译**

上海：平凡书局，1929.12，[14]+214 页，32 开
（社会主义文库）

　　本书即《伦理与唯物史观》的不同译本。分 5 章，内容包括：古代及基督教的伦理、启蒙时代的伦理、康德的伦理、进化论的伦理、

马克思的伦理。

　　收藏单位：重庆馆、东北师大馆、国家馆、上海馆、首都馆、浙江馆

**03074**

**社会主义与道德　宁静编译**

上海：中华书局，1949.6，54 页，32 开（新时代小丛书 2）

上海：中华书局，1949.8，再版，54 页，32 开（新时代小丛书 2）

　　本书共 3 章，内容包括：道德观念的演进、苏联社会的伦理学、论人类品性的改造。

　　收藏单位：北师大馆、重庆馆、东北师大馆、国家馆、辽宁馆、南京馆、山东馆、天津馆

**03075**

**社交哲学（大侠魂论 卷下）　安若定著**

南京：铸魂学社，1930，152 页，32 开（铸魂学社丛书 2）

　　本书讲述个人的修养和个人与社会的交往等伦理问题。分绪论和本论两部分。著者原题：安剑平。

　　收藏单位：国家馆、吉林馆

**03076**

**谁是中国人　敬园讲　李家琦笔记**

李家琦 [ 发行者 ]，[1930—1949]，油印本，41 叶，18 开，环筒页装

　　本书分为引言、修己篇、待人篇、做事篇。

　　收藏单位：国家馆

**03077**

**什么是伦理学**

上海：经纬书局，[1940—1949]，79 页，50 开（经纬百科丛书）

　　本书讲述逻辑学的原理与方法。书前有导言。

　　收藏单位：国家馆、上海馆

**03078**

**圣道讲习录　伊嵩绅编**

广州：广东高等法院书记室，1947.8，2 册（242+282 页），32 开

　　本书为讲演稿汇辑，内容包括：大学格物、圣道与民主、圣道与法治、天命性道、有恒说、说道、修道、德治与法治等。书前有史延程序、伊嵩仲序等。书末附录同人录。

　　收藏单位：国家馆、南京馆、浙江馆

**03079**

**胜利与自强（又名，自助集）（英）斯迈尔斯（S. Smiles）著　徐百益编译**

外文题名：Self-help

上海：人生出版社，1945.9，82 页，32 开（人生丛书）

　　本书即《自助论》又一译本。

　　收藏单位：国家馆、湖南馆、吉林馆、上海馆

**03080**

**师尊丁丑法语（上册）　[ 道德学社 ] 编**

北平：道德学社，[1939]，100 页，32 开

　　本书内容为段正元讲道的记录。

　　收藏单位：天津馆

**03081**

**师尊为津社奠基说法　段正元讲　天津道德研究社编**

天津：道德研究社，[1935]，86 页，32 开

　　本书为段正元于 1935 年 9 月在天津道德研究社为祈祷世界和平，讲解元始道法经的记录。

　　收藏单位：天津馆

**03082**

**师尊戊寅法语**

北平：道德学社，1942.4，3 册（[387] 页），32 开

　　本书卷一收：实行人道要旨、十大贞弟子、师道垂照之能等 33 篇，卷二收：以真作假必受罪戾、大道无私赏罚公平、大道森严等 14 篇。

　　收藏单位：上海馆

**03083**

**师尊戊寅法语（卷四）**

北平：道德学社，1942，150页，32开

　　本书为宣传道义的讲演录。

　　收藏单位：天津馆

**03084**

**时局和平根本问题**　杨践形编

上海：万国道德会沪会，1925.2，[78]页，32开

　　本书主要辑录李佳白等人的演讲词，提倡道德救国。书前有万国道德会总会职员表、万国道德会沪会简章等。

　　收藏单位：国家馆、浙江馆

**03085**

**实践道德述要**　（法）拉郎德（A. Lalande）著　吴俊升译

外文题名：Précis raisonné de morale pratique

上海：中华书局，1935.3，[20]+84页，22开

　　本书作者开列出他认为固定不变的道德通则225条，被当时法国教育界所采纳。分3章，内容包括：绪论、普通权利与义务、道德与教育。

　　收藏单位：重庆馆、东北师大馆、广西馆、国家馆、黑龙江馆、吉林馆、江西馆、辽宁馆、南京馆、上海馆、首都馆、浙江馆

**03086**

**实验主义伦理学**　（美）杜威（J. Dewey）（美）突夫茨（J. H. Tufts）著　周谷城编译

上海：商务印书馆，1923，136页，32开

上海：商务印书馆，1924，再版，136页，32开

上海：商务印书馆，1931，4版，136页，32开

上海：商务印书馆，1933，国难后1版，136页，32开

　　本书为师范学校用书，据杜威与塔夫合著《伦理学》（Ethics）一书第2部编译。全书共10章，对传统伦理学上的许多疑难问题，如动机与效果、个人与集团、为我与兼爱、经验与理性等的矛盾冲突，都以实验主义提出的生长、改造、重新组织、重新适应等观念加以解释；并对道德上诸问题、学说、

行为与品性，以及幸福、理性、本务、自我在道德上之位置均加以论述。

　　收藏单位：重庆馆、国家馆、湖南馆、吉林馆、辽宁馆、南京馆、浙江馆

**03087**

**实用伦理学**　（英）撒慕尔（H. L. Samuel）著　丘高山译

外文题名：Practical ethics

上海：商务印书馆，1936，160页，32开（社会科学小丛书）

　　本书共14章，内容包括：是非之鉴定、个己与他人、我们有自由意志吗、义务与倾向、训练与习惯、宗教的影响力、赏与罚、社会伦理学、现代的伦理问题述要等。

　　收藏单位：广东馆、广西馆、国家馆、湖南馆、吉林馆、南京馆、山东馆、上海馆、天津馆

**03088**

**实用人生哲学的研究**　谢颂羔编

外文题名：A short study of life's practical philosophy

上海：广学会，1927.9，335页，32开

上海：广学会，1929.2，再版，335页，32开

上海：广学会，1930.10，3版，335页，32开

上海：广学会，1933，4版，335页，32开

上海：广学会，1947，6版，335页，32开

上海：广学会，1947，增订6版，346页，32开

　　本书分上、下两部。上部为人生的心理，下部为人生的哲学，提出青年应接受耶稣的人生观。

　　收藏单位：重庆馆、东北师大馆、广西馆、国家馆、吉大馆、南京馆、上海馆、浙江馆

**03089**

**史的唯物论之伦理哲学**　刘剑横著

上海：亚东图书馆，1932.9，182页，32开

　　本书作者说明只有唯物主义才能给予道德的产生、发展和准则科学的解释。分4章，内容包括：道德的根源、道德的进化、道德思想之述评、社会主义与伦理。

　　收藏单位：重庆馆、东北师大馆、国家

馆、江西馆、南京馆、山东馆、上海馆、浙江馆、中科图

## 03090

**世界的个人主义伦理学　张纯一著**
外文题名：Moral science
上海：广学会，1911.5，122 页，25 开

本书分为 4 章，包括：绪论、立己、接人、对天。

收藏单位：国家馆

## 03091

**适道编　范祎等著**
上海：基督教青年会组合，1915.4，152 页，22 开

本书内收论文 18 篇，内容包括：《人生履行之本务》《吾人义勇之实践》《养成伟大人物之要素》《社会新道德问题之研究》《论快乐之原理》《社会新道德之树立方针》《独立自尊之真意义》《新旧道德之对照》《实业之精神富贵欤道德欤》《论利己心》《中国以伦理改革为必要说》《自知篇》《人生之慰藉物》《共和国民内省之必要》《吾人高尚趣味之涵养》《观察力养成法》《共和国重道德说》等。著者原题：酤诲。

收藏单位：国家馆、上海馆、天津馆

## 03092

**释仁　刘东侯著**
北平：刘东侯 [ 发行者 ]，1932.9，64 页，32 开
北平：刘东侯 [ 发行者 ]，1933.3，修正再版，64 页，32 开

本书引用中国古代学说以解释"仁"的字形和字义。内容包括：仁的字形的构成、中国古代的道德以仁为纲领、仁的原质、仁和人生的关系、仁的差等、仁的标准、一切道德名词和仁的区别等。书末有于洪起《读潍县刘东侯君释仁书后》。封面由华世奎题签书名。

收藏单位：国家馆、山东馆、山西馆、浙江馆

## 03093

**思想的探险　（美）艾迪（Sherwood Eddy）著　沈秋宾译**
外文题名：A pilgrimage of ideas
上海：青年协会书局，1936.5，12+291 页，25 开（青年丛书 34）

本书分上、下两编，上编为生活中的探险，下编为思想中的探险。综述作者本人的经历和思想，内容涉及社会、宗教、战争，以及生活修养、教育等方面。书前有应远涛序与著者序。

收藏单位：重庆馆、国家馆、吉林馆、南京馆、上海馆、浙江馆

## 03094

**四书分类集语　阙暄编**
阙暄 [ 发行者 ]，1933.9，60 页，16 开

本书分 4 卷，集录四书中有关自修之功、居家之道、应世之道、为政之道的论述。书前有葛秀序。

收藏单位：国家馆

## 03095

**天下一家　段正元主讲**
北平：道德学社，1948.8，31 页，32 开

本书内容包括：天下一家的哲理的基础、缔造天下一家的主张等。主讲者原题：段师尊。

收藏单位：江西馆、浙江馆

## 03096

**突创和协之人生　黄建中著**
出版者不详，52 页，32 开

本书系抗日战争时期的出版物。为《比较伦理学》第 14 章"实创和协之人生"的抽印本。

## 03097

**万国道德会办会须知（上册）　万国道德总会编辑组编**
南京：万国道德总会，1947，100 页，32 开

收藏单位：首都馆

## 03098

**万国道德会宣言　万国道德会编**

北京：万国道德总会，8 页，16 开

　　本书为发起成立万国道德会的宣言。共 6 部分，内容包括：世界之危机、一念之转移、真理之认识、实现之方法等。

　　收藏单位：国家馆

## 03099

**万国道德会宣言章程　万国道德会编**

北京：万国道德总会，12 页，16 开

　　本书为万国道德会成立宣言，并附该会章程。

　　收藏单位：国家馆

## 03100

**万国道德总会十五周年会纪事　万国道德总会编**

北平：万国道德总会，1934，[86] 页，18 开

　　本书内容包括：十五周纪念会摄影、会旗、证书、徽章、发起人江慕渠先生肖像等。书前有序文、山西和宁夏省政府贺函，以及蒋介石、居正、孔德成等人题词。

　　收藏单位：国家馆、南京馆

## 03101

**唯生史观权能论（人生篇）　邓熙著**

成都：空军军士学校，1939.2，138 页，32 开（空军军士学校政训丛书 2）

　　本书共 5 章，内容包括：绪论、中山先生与孔子唯生道德体系之分辨、中山先生唯生义务观权能之理论等。书前有周序、朱序、自序。

　　收藏单位：南京馆、武大馆

## 03102

**唯物史观与伦理之研究　胡汉民著**

上海：民智书局，1925.12，306 页，32 开

上海：民智书局，1926，再版，306 页，32 开

上海：民智书局，1927，3 版，306 页，32 开

上海：民智书局，1930.5，4 版，306 页，32 开

　　本书共 6 部分，内容包括：唯物史观批评之批评、中国哲学史之唯物的研究、孟子与社会主义、考茨基底伦理观与罗利亚底伦理观、阶级与道德学说、从经济的基础观察家族制度。书前有序。

　　收藏单位：重庆馆、东北师大馆、广东馆、广西馆、国家馆、湖南馆、吉大馆、吉林馆、江西馆、近代史所、南京馆、上海馆、绍兴馆、天津馆、浙江馆

## 03103

**我师录**

出版者不详，2 册（[113]+[118] 页），25 开

出版者不详，58+72 页，25 开

　　本书收辑自秦汉至清初学人道德修养的轶事，按人简述其传略、著述、思想、事迹。

　　收藏单位：国家馆、首都馆

## 03104

**五种遗规　（清）陈弘谋著**

重庆、西安：拔提书店，1940，2 册（408+530 页），64 开

　　本书内容包括：养正遗规、训俗遗规、从政遗规、教女遗规、在官法戒录。

　　收藏单位：重庆馆、贵州馆、江西馆

## 03105

**五种遗规　（清）陈弘谋编**

上海：广益书局，1921，1 册，32 开，精装

　　本书编者原题：陈宏谋。

　　收藏单位：广东馆

## 03106

**五种遗规　（清）陈弘谋辑**

上海：经纬教育联合出版部，1935，[938] 页，32 开

　　收藏单位：重庆馆、广东馆、国家馆、湖南馆、江西馆、南京馆、山东馆、上海馆

## 03107

**五种遗规　（清）陈弘谋辑**

[重庆]：军事委员会委员长侍从室，2 册（408+530 页），大 64 开

　　收藏单位：重庆馆、国家馆、吉林馆、南京馆

03108

**五种遗规** （清）陈弘谋辑
重庆：正中书局，1944.5，2 册，64 开

　　收藏单位：重庆馆、贵州馆

03109

**五种遗规辑要** （清）陈弘谋辑　朱荫龙纂辑
北平：交通部平津区铁路管理局总务处北平印刷所，248 页，32 开

　　本书是《五种遗规》的选辑本。辑者原题：陈榕门。

　　收藏单位：国家馆、首都馆

03110

**五种遗规辑要** （清）陈弘谋辑　朱荫龙纂辑
出版者不详，1945，257 页，32 开

　　收藏单位：首都馆

03111

**五种遗规辑要** （清）陈弘谋辑　朱荫龙选辑
桂林：文化供应社，1942.11，285 页，32 开
桂林：文化供应社，1943，再版，285 页，32 开

　　收藏单位：重庆馆、广东馆、贵州馆、国家馆、南京馆、上海馆

03112

**西洋道德史** （英）勒基（W. E. H. Leeky）著　陈德荣译
外文题名：History of European morals
上海：商务印书馆，1937.3，6 册（1581+16 页），32 开（万有文库第 2 集 56）（汉译世界名著）

　　本书论述从古代至资产阶级革命之前的欧洲伦理道德的发展历史。共 5 章，内容包括：道德原理史、异教帝国时期、罗马之改信基督教、从君士坦丁到查理曼、妇女的地位。书末有著者序和目录。

　　收藏单位：重庆馆、大连馆、大庆馆、东北师大馆、国家馆、江西馆、辽大馆、天津馆、浙江馆

03113

**西洋伦理学名著选辑**（上册）（美）郎德（B. Rand）著　徐孝通　任继愈等译

外文题名：The classical moralists
重庆：商务印书馆，1944.7，[16]+377 页，32 开
上海：商务印书馆，1946，[16]+377 页，32 开

　　本书选有 12 人著作，包括：苏格拉底、柏拉图、亚里士多德、芝诺、伊壁鸠鲁、鲁克雷雕斯、埃披克提忒、安通尼讷斯、柏罗提挪、圣奥古斯丁、彼得阿柏拉德、托马斯阿奎那。每篇选文前有译者引言，介绍著者生平、学说概要、选文内容。

　　收藏单位：重庆馆、东北师大馆、广东馆、国家馆、吉林馆、江西馆、辽宁馆、南京馆、上海馆

03114

**西洋伦理学史** （日）吉田静致著　杨昌济译
北京：北京大学出版部，1918—1919，3 册，22 开
北京：北京大学出版部，1920.9，再版，266 页，22 开

　　本书讲述自古希腊至现代西洋伦理学的发展状况。共 4 篇，内容包括：希腊及罗马之伦理学、基督教之伦理、近世伦理学、十九世纪以后之伦理说。书前有胡适敬跋。

　　收藏单位：重庆馆、广东馆、国家馆、河南馆、湖南馆、南京馆、上海馆

03115

**西洋伦理学史** （日）三浦藤作著　谢晋青译
外文题名：History of occidental ethics
上海：商务印书馆，1925，[12]+400+11 页，25 开，精装（哲学丛书）
上海：商务印书馆，1931，再版，[12]+400+11 页，25 开（哲学丛书）
上海：商务印书馆，1933，国难后 1 版，[12]+400+11 页，25 开（哲学丛书）
上海：商务印书馆，1935，再版，[12]+400+11 页，25 开（哲学丛书）

　　本书论述从古代至 19 世纪末欧洲及美国伦理学发展的历史。作者认为欧洲的伦理思想是哲学的一部分，因而将哲学思想和伦理思想混合论述。共 3 篇，内容包括：古代、中世、近世。书前有弁言、译例。

收藏单位：重庆馆、东北师大馆、广东馆、广西馆、国家馆、湖南馆、江西馆、近代史所、辽宁馆、南京馆、山西馆、武大馆、浙江馆、中科图

## 03116

**西洋伦理学小史　贾丰臻编**
外文题名：A brief history of European ethics
上海：商务印书馆，1925.7，116页，32开（新智识丛书）

本书简要论述了从古代希腊至19世纪末西方伦理思想的发展过程。共3编，内容包括：古代伦理学史（希腊及罗马之伦理学）、中世伦理学史（基督教之伦理学）、近世伦理学史（英国及大陆之伦理学）。

收藏单位：重庆馆、广东馆、广西馆、国家馆、湖南馆、江西馆、天津馆、浙江馆

## 03117

**西洋伦理主义述评　（日）深井安文著　杨昌济译述**
上海：商务印书馆，1924.4，84页，50开（东方文库 第35种）
上海：商务印书馆，1924.10，再版，84页，50开（东方文库 第35种）
上海：商务印书馆，1925，3版，84页，50开（东方文库 第35种）

本书共6部分，内容包括：禁欲主义、快乐主义、个人的快乐主义、公众的快乐主义、进化论的快乐主义、自我实现主义。书末附善齐译述的《西洋立身篇》，共8部分，内容包括：失败与成功、说运、职业、体育、专心、独立、决断、风采。

收藏单位：安徽馆、重庆馆、东北师大馆、广东馆、国家馆、江西馆、南京馆、山东馆、绍兴馆、天津馆、武大馆、浙江馆

## 03118

**洗心社讲演录（第四册）　王正襟笔述　高雊梁编辑**
山西：洗心社，1918.3，[274]页，22开

洗心社是以"存心养性明德新民"为宗旨的道德团体。本册汇集1917—1918年内举办的4期讲演会上的讲稿。书中附有该社章程及社员录等。

收藏单位：国家馆

## 03119

**洗心社讲演录（第五册）　山西洗心社编辑**
山西：洗心社，1918.11，36+64+86页，18开

本书共4部分，内容包括：总社讲演词、分社讲演词、章程、分社社员录。书前有易乃谦祝词。

收藏单位：国家馆、山西馆

## 03120

**洗心社讲演录（第六册）　王正襟笔述　高雊梁编辑**
山西：洗心社，1919.8，[142]页，18开

本书为山西洗心社星期讲演录讲稿，包括第13—26次集会内容。

收藏单位：国家馆、河南馆

## 03121

**现代伦理学　张东荪著**
上海：新月书店，1932，195页，32开（现代文化丛书）

本书共14章，内容包括：序论、席其维克之直觉的功利主义、伯辣德来之自我实现主义、斯宾塞进化主义、格林之大自觉说、马蒂脑之良心论、盖育之生力充溢说、翁德之文化主义、赫胥黎之人道制胜天行说、穆亚之新实在论伦理学、许濮朗盖之生活基型说、克鲁朴金之互助的伦理说、马克思派之伦理意见、结论——著者所主张的综合伦理学。

收藏单位：国家馆、河南馆、湖南馆、南京馆、山东馆、首都馆、天津馆、浙江馆

## 03122

**现代伦理学　张廷健编**
上海：商务印书馆，1934，187+27页，32开

本书论述现代伦理学所讨论的主要问题。共11章，内容包括：绪论、论良心、论行为、论人格、论个性、至善论（上、中、下）、义

务论、德论、人生观。书末附录《现代伦理问题之研究》。

收藏单位：广东馆、国家馆、湖南馆、吉林馆、江西馆、南京馆、上海馆、首都馆、浙江馆

**03123**

**现代思想与伦理问题** （德）倭铿（R. Eucken）著　郑次川译

上海：公民书局，1912，84页，32开（公民丛书 哲学类3）

上海：公民书局，1921，84页，32开（公民丛书 哲学类3）

本书讲述现代思想与传统伦理的矛盾与解决的方法。共6章，内容包括：现代之伦理问题、伦理的原理、伦理的原理之辩护、伦理的原理之发展、道德与宗教之关系、道德之现状。

收藏单位：安徽馆、上海馆

**03124**

**相对的道德观念**　冼荣熙著

南京：唯理书屋，1932.11，22页，22开

本书提出道德观念不是绝对不变的，具有明显的相对性，在不同时间、地点，同一事件和行为的道德意义是不同的。书前有引言。

收藏单位：重庆馆、国家馆、近代史所、南京馆、上海馆

**03125**

**新道德论**　（日）浮田和民著　周宏业　罗普译

上海：商务印书馆，1919，[18]+88页，32开（尚志学会丛书）

上海：商务印书馆，1920.3，3版，[18]+88页，32开（尚志学会丛书）

上海：商务印书馆，1920.6，4版，[18]+88页，32开，精装（尚志学会丛书）

上海：商务印书馆，1921，5版，[18]+87页，32开（尚志学会丛书）

上海：商务印书馆，1922，6版，[18]+87页，32开（尚志学会丛书）

上海：商务印书馆，1926，8版，[18]+87页，

32开（尚志学会丛书）

上海：商务印书馆，1928.10，9版，[18]+88页，32开，精装（尚志学会丛书）

本书共5章，内容包括：序论、关于国家之新道德、家族之新道德、实业道德等。书前有《新道德之基础》代序。

收藏单位：重庆馆、广东馆、贵州馆、国家馆、湖南馆、吉林馆、江西馆、辽宁馆、南京馆、首都馆、天津馆、浙江馆、中科图

**03126**

**新伦理观**　杨时中编著

上海：世界和平法编译处，1931.7，60页，36开

本书共讲述6种伦理关系，内容包括：天伦、世界伦、男女伦、国际伦、市乡伦、家庭伦。书前有作者序。

收藏单位：南京馆

**03127**

**新民轨范**

明德社，1935，60页，32开

收藏单位：广东馆

**03128**

**新民主主义的道德**　潘朗著

香港：智源书局，1949.8，76页，32开

本书探索新民主主义的道德理论知识，介绍新中国新道德的内容。共6部分，内容包括：旧社会道德的腐败和没落、新道德观念的发生和发展、新民主主义道德的发展规律、新民主主义道德的实践、新中国新道德的内容和趋向、从苏联看新道德的远景。书前有卷头语。

收藏单位：国家馆

**03129**

**新人生哲学**　（德）柯诺（Heinrich Cunow）著　章一贯译

上海：新宇宙书店，1928，99页，32开

本书是柯诺著《马克思的历史、社会及国家论》一书的第2卷第9章《马克思主义与伦理》的不同译本。作者根据马克思的唯

物史观说明道德法则的非永久性，并从人类学、人种学及民族学的角度说明道德法则随着生活条件的变化而变化，批驳了康德的"永久的最高道德原理"，指出了新康德派的康德伦理学来补足马克思主义的理论的不彻底性。共11部分，内容包括：道德的永久的原则问题、马克思与伦理上的形而上学、社会阶级与国家的道德等。著者原题：寇罗。

收藏单位：吉林馆、江西馆、南京馆、上海馆、浙江馆

03130

**新世界的哲学　章新一著**

上海：开明书店，1947，210页，32开

上海：开明书店，1948，再版，210页，32开

本书共两编，内容包括：伦理系统、演绎及问题。第1编共6章，内容包括：基本观念、个人的好坏、公众的好坏、对与错、善与恶、结论。第2编共8章，内容包括：总论、国家观、经济观、论民主、道德问题、宗教问题、哲学问题、科学问题。书前有自序及前言。书后有后记。

收藏单位：重庆馆、东北师大馆、广东馆、国家馆、黑龙江馆、湖南馆、吉林馆、近代史所、辽宁馆、南京馆、首都馆、天津馆、浙江馆

03131

**新中华伦理学（上编）　欧阳昀著**

合耕洲，1947，64页，32开（发育丛书2）

本书为大学适用。共5章，内容包括：伦理学之意义及其研究方法、伦理学在学术上之地位与关系、伦理学之任务及其目的、伦理学之起源及其背景、伦理学理论及其派别。后附《论〈马克斯唯物主义〉之伦理观》。

收藏单位：重庆馆

03132

**新撰伦理学　邢定云著**

上海：辽东编译社，1936.3，再版，206页，32开

本书为高中师范学校教科书。分4编，内容包括：总论、正鹄论、本务论、德论。第

1编共4章，内容包括：论理学之意义、东西伦理之异同、伦理学之研究法及其价值、伦理学与他科学之关系及其范围；第2编共3章，内容包括：概说、道德的意识——良心、道德的标准——理想；第3编共10章，内容包括：本务之意义、个人伦理、家族伦理等；第4编共5章，内容包括：德之种类、德之修养等。附录《东洋伦理学说概要》和《西洋伦理学说概要》。

收藏单位：东北师大馆、山东馆

03133

**信仰与行动　（英）散妙尔著　王清彬译**

重庆：中国文化服务社，1943.3，216页，32开（青年文库）

本书作者认为"心"和"物"只是同一实在的两种表现，提出应使宗教理智化。共15章，内容包括：这个混乱的时代、我们周围的世界、科学的眼界、古代信条与现代知识、直觉神秘主义与奇迹、宗教的前途、祸患、是与非、为什么为善、家庭、贫穷与财产、自由、国家与世界、和平之条件、行动。内容涉及宇宙观、人生观、宗教、伦理、政治、经济、国际关系等问题。

收藏单位：重庆馆、广东馆、贵州馆、国家馆、吉林馆、江西馆、南京馆、天津馆

03134

**性评　万宗一著**

万宗一[发行者]，[1931]，21页，32开

万宗一[发行者]，1940，21页，32开

本书除评述中国历史上有关性说的分歧外，还阐述了著者本人的"二体三用"说，强调教育对人性发展的作用。共9章，内容包括：性理概释与问题、性理图说等。书前有作者自述和自序。书中有《性理图表》。书末附录《性道教举例解释》《性相近也习相远也新释举例》《吕新吾论性要义》《佛学论性与性评大致相同》等文。封面由胡长怡题签。

收藏单位：广东馆、国家馆

03135

**续貂集　宣永光著**

北京：实报馆，1939.6，144 页，36 开

北京：实报馆，1939.12，再版，144 页，36 开

北京：实报社，1943，再版，162 页，36 开

本书汇集在《实报》发表的有关道德伦理的读书杂感。书前有小序。

收藏单位：广东馆、国家馆、吉林馆、首都馆、天津馆

03136

**续貂集　宣永光编辑**

北京：新华书局，1941.7，2 册（144+162 页），32 开

本书第 1 集共 17 部分，内容包括：为子孙谋、做好事、改过、希圣希贤、立志等；第 2 集共 6 部分，内容包括：婚姻的结合、婆媳问题、青年人的两个质问、子嗣问题、父母之道、怎样教养子女。

收藏单位：吉大馆、首都馆

03137

**学铎余编（初集）　杨践形著**

上海：中一先生同门会，1926，[126] 页，22 开

本书共 6 篇，内容包括：《提倡道德救国论》《修身养心处世法门》《入圣阶梯为人必读》《作圣百谈》《中一子杂篇》《周易践形说》。杨践形又称中一子。书前有杨践形先生画像。封面由俞复题签。

收藏单位：国家馆、上海馆

03138

**亚里士多德伦理学　（希腊）亚里士多德著　向达等译**

外文题名：Ethics

上海：商务印书馆，1933.1，306 页，22 开，精装（哲学丛书）

上海：商务印书馆，1933.12，3 册（306 页），32 开（万有文库 第 1 集 87）（汉译世界名著）

上海、长沙：商务印书馆，1939.12，2 册（306 页），32 开（万有文库 第 1—2 集 简编 500 种 41）（汉译世界名著）

本书共 10 卷。卷 2、卷 4、卷 6 为夏崇璞译，其余各卷为向达译。书前有译者序。

书末附录英国学者 E. Wallace 著，汤用彤译《亚里士多德哲学大纲》。

收藏单位：重庆馆、大连馆、东北师大馆、广东馆、广西馆、贵州馆、国家馆、江西馆、辽大馆、南京馆、山西馆、上海馆、绍兴馆、首都馆、天津馆、浙江馆、中科图

03139

**亚里士多德之伦理思想　严群著　张君劢张东荪校**

上海：商务印书馆，1933.10，172 页，22 开

本书逐章研究亚里士多德的伦理学。共 10 章，内容包括：绪论——伦理学之区域与性质、人生之最高目的、道德与中庸、理智、自被动行为与德志、论诸德、公道、友爱、快乐、结论。书前有张君劢、张东荪序各一。

收藏单位：重庆馆、东北师大馆、广东馆、贵州馆、国家馆、黑龙江馆、湖南馆、南京馆、山东馆、山西馆、上海馆、首都馆、浙江馆、中科图

03140

**养正类编　剩园辑**

邵阳：经裕文明书局，1932，128 页，25 开

收藏单位：广东馆

03141

**掖县女道德社坛训　浩养　承宣侍纂**

出版者不详，1935，[9] 叶，32 开

本书共两部分，内容包括：掖县女道德社坛训、职方表。

收藏单位：山东馆

03142

**懿上美谈征集汇编　民生部教育司编**

长春：民生部教育司，1939.7，406 页，大 32 开

收藏单位：南京馆

03143

**游学记略　道德学社编**

北平：道德学社，1946，48 页，32 开

本书为道德学社的领袖到各地随缘讲学

（阐扬孔子大道）纪事（自三十二年三月至三十五年三月止）。

**03144**
**冤孽　陈镜伊编**
上海：道德书局，[1933]，66 叶，32 开（道德丛书 15）
　　本书共 9 篇，内容包括：诉冤、显恶、报仇、现形、索命、投生、冥罚、凤孽、心鬼，劝人行善去恶。
　　收藏单位：国家馆、南京馆、上海馆、绍兴馆

**03145**
**元仁揖让求贤说明书**
出版者不详，18 页，32 开
　　本书作者是道德学社的社师。

**03146**
**乐教**
北平：道德学社，[1920]，124 页，18 开
北京：道德学社，2 册（112+140 页），18 开
　　本书收道德演讲录多篇。主张释、道、儒三教合源，万教归儒。宣传乐教即是君子自重、自爱、自强。
　　收藏单位：国家馆、南京馆、浙江馆

**03147**
**正名问答录　[湖涂子] 著**
出版者不详，42 页，32 开
　　本书以问答形式，讲述继承师尊段正元所传之道。正文前有其弟子湖涂子的叙 3 篇。

**03148**
**正元法语（第一册）　段正元讲**
北平：道德学社，[1919]，78 页，18 开
　　本书为段正元的讲演录。论及三教合源、万教归儒的理论。
　　收藏单位：国家馆

**03149**
**正元日记　段正元著**
上海：大成书社，88 页，32 开

本书以日记体讲因果、善恶报应之事。
　　收藏单位：重庆馆、南京馆、浙江馆

**03150**
**正元日记　段正元著**
兰州：道德学社，石印本，73 页，32 开
　　收藏单位：国家馆

**03151**
**政治与道德　谢幼伟著**
上海：华夏图书出版公司，1948，16 页，32 开（现代文库 第 3 辑）
　　本书论述道德与政治的关系。书前有作者像及小传。

**03152**
**中国道德之研究（一名，人类行为之法则）**
**秦百里著**
秦百里 [发行者]，1941，油印本，44 页，16 开
秦百里 [发行者]，1942，再版，44 页，16 开
　　本书论述中国传统道德。分总论、分论两部分，共 13 章，内容包括：天、仁、恕、义、礼、孝、忠、信、耻、廉、理、行、中。书前有著者自序及中国道德图解。
　　收藏单位：国家馆、山东馆、浙江馆

**03153**
**中国道德之研究（一名，人类行为之法则）**
**秦百里著**
[烟台]：[烟台师范]，1942，44 页，32 开
　　收藏单位：国家馆

**03154**
**中国道德总会民国二十六年报告册　中国道德总会编**
[上海]：中国道德总会，[1938.4]，[46] 页，16 开
　　本书有王震、徐懋的序文。有黄庆澜题写书名。

**03155**
**中国伦理观及其学理的根据　（日）李淇著**

陈筑山译

北平：中华平民教育促进会，1933.12，[12]+192
页，32 开

本书论述中国伦理思想的发生、发展、特点以及道德理想，并与西方伦理思想作了比较。共 8 章，内容包括：中国的伦理观和人性论、阴阳相待性的本体论和伦理的学理之根据、动植物性论和大家族主义的伦理观之学理的根据、万有性命体之本质的通有性和伦理的学理之根据、人性论和大家族主义的伦理观之学理的根据、国家的社会人生之本质当为"纯粹性命的"乃至"伦理的"——伦理之本质（略）、国家的社会人生之形态的表现为物欲的从而为政治经济的——社会规范生成之原理（略）、中国的伦理观和将来的世界。

收藏单位：重庆馆、南京馆、中科图

03156

**中国伦理思想　余家菊编著**

上海：商务印书馆，1946.11，86 页，32 开

本书上篇为实践，共 10 部分，内容包括：绪言、志学、国家、君上、父母、兄弟、夫妇、朋友、乡里、行己；下篇为理论，共 5 部分，内容包括：性论、仁学、推恩、超脱、民胞。

收藏单位：重庆馆、广东馆、广西馆、贵州馆、国家馆、湖南馆、吉林馆、辽宁馆、南京馆、山东馆、上海馆、浙江馆

03157

**中国伦理思想 ABC　谢扶雅著**

上海：ABC 丛书社，1929.5，115 页，32 开（ABC
丛书）

上海：ABC 丛书社，1930，4 版，115 页，32 开
（ABC 丛书）

本书原为作者在岭南大学的讲义。介绍中国伦理思想的特征、变迁，基本概念（天、道、性等），儒、墨、道、新儒等四家伦理观。

收藏单位：重庆馆、广东馆、国家馆、湖南馆、吉林馆、江西馆、辽宁馆、南京馆、山东馆、上海馆、首都馆、浙江馆

03158

**中国伦理思想述要　谢扶雅著**

广州：岭南大学书局，1928.10，100 页，32 开

收藏单位：广西馆

03159

**中国伦理学史　蔡元培著**

外文题名：A history of Chinese ethics

上海：商务印书馆，1913.3，再版，[11]+[200]
页，25 开

上海：商务印书馆，1915，4 版，[11]+[200] 页，
25 开，精装

上海：商务印书馆，1917，5 版，[11]+[200] 页，
25 开，精、平装

上海：商务印书馆，1919，6 版，[12]+[200] 页，
25 开，精装

上海：商务印书馆，1921，7 版，[11]+[200] 页，
25 开，精装

上海：商务印书馆，1922.10，8 版，[11]+[200]
页，25 开

上海：商务印书馆，1925，10 版，[12]+[200]
页，25 开，精装

上海：商务印书馆，1927，11 版，[11]+[200]
页，25 开

上海：商务印书馆，1928，12 版，[11]+[200]
页，25 开，精装

上海：商务印书馆，1933.3，国难后 1 版，206
页，32 开

上海：商务印书馆，1935，国难后 2 版，206
页，32 开

上海：商务印书馆，1937.5，[12]+151 页，32
开，精装（中国文化史丛书 第 2 辑）

上海：商务印书馆，1937.7，再版，[12]+151
页，32 开，精装（中国文化史丛书 第 2 辑）

本书内容分为：先秦创始时代、汉唐继承时代、宋明理学时代。分别叙述了唐虞三代、先秦诸子以及淮南子、董仲舒、扬雄、王充、韩愈、李翱、王安石、邵雍、周敦颐、张载、程颢、程颐、朱熹、陆九渊、杨简、王守仁、戴震、黄宗羲、俞正燮等人的伦理思想。1913 年版著者原题：蔡振。

收藏单位：重庆馆、东北师大馆、广东馆、广西馆、贵州馆、国家馆、河南馆、黑

龙江馆、湖南馆、江西馆、近代史所、辽大
馆、南京馆、山东馆、山西馆、上海馆、首
都馆、天津馆、浙江馆、中科图

**03160**

**中国伦理学史** （日）三浦藤作著　张宗元
林科棠译
上海：商务印书馆，1926.2，489 页，22 开，精
装（哲学丛书）
上海：商务印书馆，1927.1，再版，489 页，22
开，精装（哲学丛书）

本书论述从上古至清代中国伦理思想的
发展。作者认为中国的伦理思想发源于唐虞
三代，至周末而大成，宋以后乃发达，据此
将中国伦理思想的发展划分为古代（上古至
周末）、中世（秦、汉、唐、五代）、近世
（宋以后）三个时期。本书原名：东洋伦理学
史，因其内容仅述中国伦理学思想，故翻译
出版时改名为：中国伦理学史。

收藏单位：重庆馆、东北师大馆、广东
馆、国家馆、湖南馆、江西馆、辽宁馆、南
京馆、山西馆、上海馆、首都馆、天津馆、
浙江馆、中科图

**03161**

**中国伦理学思潮**　苏冠明著
出版者不详，23 叶，28 开

本书论述中国伦理思想的发生和三个发
展时期，以及主要学派的伦理观点等。内容
包括：儒家思想、人性、非儒家的伦理思想。

收藏单位：上海馆

**03162**

**中国伦理政治大纲**　方乐天著
上海：商务印书馆，1947.3，280 页，32 开

本书上篇伦理部分，共 10 章，内容包
括：性、父子、兄弟、夫妇、君臣、朋友、积
学、敦礼、待人、出处；下篇政治部分，共 7
章，内容包括：政府与人民、养民、教民、卫
民、政令、典职、结论。

收藏单位：重庆馆、东北师大馆、广东
馆、广西馆、国家馆、黑龙江馆、湖南馆、
吉林馆、辽宁馆、南京馆、山东馆、上海馆、

首都馆、天津馆、中科图

**03163**

**中国人生哲学**　方东美编
出版者不详，油印本，1 册，16 开
　　收藏单位：南京馆

**03164**

**中国人生哲学史纲**　潘新藻著
重庆：拔提书店，1942，[24]+178 页，32 开
重庆：拔提书店，1944，再版，[24]+178 页，32
开

本书论述从周秦诸子至民国的人生哲学
史。共 6 章，内容包括：绪论、周秦诸子哲
学、两汉魏晋人生哲学、中世的禅学、宋明
理学、唯生哲学与革命哲学。

收藏单位：重庆馆、广东馆、国家馆、吉
林馆、南京馆

**03165**

**中国人生哲学史纲**　潘新藻著
成都：黄埔出版社，1942.5，[24]+202 页，32
开（黄埔丛书 第七辑 10）
　　收藏单位：重庆馆、国家馆

**03166**

**中国人生哲学史纲**　潘新藻著
中央陆军军官学校，1942，[24]+202 页，32 开
　　收藏单位：国家馆、湖南馆、南京馆

**03167**

**中国人文思想概观**　吴博民编
上海：长城书局，1934.5，[12]+246 页，32 开

本书论述先秦至清末的人文思想，对各
时代思潮及思想家生平、著述亦有简要介绍。
共 3 篇，内容包括：上古的人文思想（先秦
至秦）、中古的人文思想（两汉至唐）、近世
的人文思想（宋至清）。书前有自序、编例、
导言。

收藏单位：重庆馆、广东馆、国家馆、湖
南馆、吉林馆、近代史所、辽宁馆、山东馆、
上海馆、天津馆、浙江馆、中科图

03168

**中国先哲人生哲学概要　方东美编**

上海：商务印书馆，1937.6，81页，32开（教育部教育播音小丛书7）

　　本书共8章，内容包括：什么是中国先哲的人生哲学、中国先哲的宇宙观、中国先哲的人性论、中国先哲的生命精神、中国先哲的道德观念、中国先哲的艺术理想、中国先哲的政治信仰、现代中国青年所负的精神使命。书末附参考书举要。

　　收藏单位：国家馆

03169

**中国先哲人性论　江恒源著**

外文题名：Theories of human nature held by the Chinese thinkers

上海：商务印书馆，1926.1，[10]+253页，22开，精装（哲学丛书）

上海：商务印书馆，1927，再版，[10]+253页，22开，精装（哲学丛书）

　　本书介绍战国至民国初年的论人性的学说（即性善、性恶、性有善恶、性无善恶）。共5篇，讲述中国论性学说历史的起源、各时期关于"性"的论说及派别、孟子至章太炎时期约30人的论性学说等内容。书前有导言。书末有结论。

　　收藏单位：重庆馆、东北师大馆、广东馆、国家馆、黑龙江馆、湖南馆、辽宁馆、南京馆、山西馆、首都馆、天津馆、浙江馆、中科图

03170

**中国先哲之伦理思想　陈安仁著**

广州：国立中山大学训导处，1944，104页，36开（国立中山大学训导丛书2）

　　本书共4章，讲述中国先哲对于"人性""知行""战争的道德观念""人生道德价值"等问题的见解。曾分章发表于《中山大学文学院专刊》。书前有作者序。

　　收藏单位：重庆馆、广西馆、国家馆、吉林馆、南京馆

03171

**中国先哲之伦理思想　陈安仁著**

粤南书局，1943，104页，36开（文苑丛书2）（安仁丛书61）

　　收藏单位：重庆馆、东北师大馆

03172

**中国之固有道德　江苏省立苏州图书馆编著**

苏州：江苏省立苏州图书馆，1939.6，22页，32开（社会教育小丛书9）

　　本书内容包括：孝、悌、忠、信、礼、义、廉、耻。

　　收藏单位：南京馆、浙江馆

03173

**中国之固有道德　钱王倬著**

上海：广益书局，1948.8，304页，32开

　　本书将四书、五经中有关论述分别辑录，加以注解。共9部分，内容包括：忠、孝、仁、爱、信、义、和、平、总论。书前有自序及凡例等。书末有送钱卓英序。

　　收藏单位：东北师大馆、国家馆、南京馆、山东馆、上海馆、首都馆、浙江馆

03174

**忠的哲学　（美）罗伊斯（Josiah Royce）著　杨缤译**

外文题名：The philosophy of loyalty

上海：青年协会书局，1936.11，200页，25开（青年丛书41）

　　本书为《忠之哲学》的不同译本。书前有译者序、著者序。著者原题：约西亚·洛依思。

　　收藏单位：重庆馆、贵州馆、国家馆、湖南馆、吉林馆、近代史所、南京馆、山东馆、上海馆、浙江馆

03175

**忠之哲学　（美）罗伊斯（Josiah Royce）著　谢幼伟译**

外文题名：The philosophy of loyalty

重庆：商务印书馆，1943.10，[29]+222页，32开

重庆：商务印书馆，1944.2，[29]+222页，32开

重庆：商务印书馆，1944.2，赣初版，[29]+222
页，32 开

重庆：商务印书馆，1945，再版，[29]+222 页，
32 开

　　本书为实践伦理学著作。共 8 讲，内容
包括：忠的性质及其需要，个人主义，忠于
忠，忠与良心，忠与美国问题，忠之训练，
忠、真理、与实在，忠与宗教。书前有译序、
原序、译者导论。书后附录译名对照表。著
者原题：Tosiah Royce

　　收藏单位：重庆馆、广东馆、贵州馆、国
家馆、吉林馆、江西馆、南京馆、上海馆、
浙江馆、中科图

03176

**周平初先生百忍文句解**　周平初著　饶国华
句解

重庆：中西铅石印局，40 页，32 开

　　本书收录有关"忍"字的百条文句，阐
释"忍"字的哲学含义。

　　收藏单位：重庆馆

03177

**诸家人性论评述**　朱右白著

南京：中日文化协会，1941.6，[10]+128 页，32
开（学术丛书）

　　本书介绍中国论性学说。共 5 篇，内容
包括：创始时期之性善及性恶说、继承时期之
善恶浑和及等级说、脱分时期之理气二元及
一元论、近代之实际人生论、结论。结论部
分论述了性的善恶标准、定义，说明了"身
心""心性""性命""才性""情欲"等的涵
义，从知、情、欲三方面对历代性说加以综
合，并从工具进化、符号运用、社会组织、
教育设施方面论证了"人性为善"的新根据，
以及达到性善的教育方法。

　　收藏单位：广东馆、国家馆、南京馆、山
西馆、上海馆、首都馆、中科图

03178

**缁林警策**　忏庵居士辑

上海：商务印书馆，1936，1 册

　　收藏单位：国家馆

03179

**自然道德**　（法）戴森柏（M. Deshumbert）著
　王岫庐编译

外文题名：La morale fondée sur les lois de la nature

上海：公民书局，1921.7，120 页，32 开（公
民丛书 哲学类 2）

　　本书主要讲述生物界互相依存、影响的
自然规律。本译本只有原著的第 1 部分：理想
之说明。

　　收藏单位：重庆馆、国家馆、湖南馆、吉
林馆、上海馆、天津馆

03180

**自然道德**　（法）戴森柏（M. Deshumbert）著
　王岫庐编译

外文题名：La morale fondée sur les lois de la nature

上海：群益书店，1920，120 页，36 开（公民
丛书 第 4 类）

　　收藏单位：上海馆、首都馆、浙江馆

03181

**自然与人生（又名，人类是否应取法自然）**
（英）穆勒（John Stuart Mill）著　费培杰译

贵阳：文通书局，1942.2，68 页，32 开

　　本书为英国哲学家穆勒所著关于伦理哲
学的论文。书前有译者序言。论文原题：自然
界中之神的观念。

　　收藏单位：重庆馆、国家馆、吉林馆、南
京馆

03182

**自助论（一名，西国立志编）**　（英）斯迈尔
斯（S. Smiles）著　林万里校订

外文题名：Smiles'self help

上海：商务印书馆，1913.1，3 版，[21]+233 页，
25 开

上海：商务印书馆，1913.10，4 版，[21]+233
页，25 开

上海：商务印书馆，1913.10，5 版，[21]+233
页，25 开

上海：商务印书馆，1917，7 版，[21]+233 页，
25 开

上海：商务印书馆，1919.2，8 版，[21]+233，

25 开

上海：商务印书馆，1921，9 版，[21]+232 页，25 开

上海：商务印书馆，1923.6，10 版，订正本，[21]+233 页，25 开

上海：商务印书馆，1926，11 版，[21]+233 页，25 开

上海：商务印书馆，1926，11 版，订正本，[21]+232 页，25 开

上海：商务印书馆，1928.4，12 版，[21]+233 页，25 开，精装

本书论述道德规范的有关问题。共 13 编，内容包括：论邦国及人民之自助、论发明机器之元祖、四大陶人、论勤敏、论机会、论工艺之发达、论贵族、论刚勇、论务职业、论用财宜慎、论自修、论仪范、论德行之关系。书前有序。

收藏单位：重庆馆、广东馆、广西馆、国家馆、河南馆、湖南馆、江西馆、南京馆、山东馆、上海馆、首都馆、浙江馆

03183

宗教及正义·善的观念之起源 （法）拉法格(Paul Lafargue) 著 熊得山 张定夫译

上海：昆仑书店，1930.9，185 页，32 开

本书讨论意识形态中宗教和伦理的一些观念的产生和发展。共 4 部分，内容包括：信仰之起原、抽象的观念之起原、正义观念之起原、善的观念之起原。

收藏单位：重庆馆、国家馆、近代史所、南京馆、山东馆、上海馆、首都馆、天津馆

03184

总理总裁伦理思想之研究 贺岳僧著

重庆：独立出版社，1942.7，81 页，32 开（总理总裁思想丛书）

本书共 9 章，内容包括：绪论、总理总裁伦理思想之方法、总理总裁伦理思想的基本概念、总理总裁对人生问题的意见、总理总裁对旧道德的评价、总理之伦理道德观、总裁的伦理道德观、三民主义中所表现的伦理思想、伦理道德的实践。

收藏单位：重庆馆、国家馆、吉林馆、南京馆

03185

最新伦理学 （日）乙竹严造著 赵必振译

上海：新民译印书局，1940.4，88 页，32 开

收藏单位：南京馆

# 人生哲学

03186

爱的人生观 邬重光著

广州：半帆楼，1932.6，52 页，32 开（半帆丛书）

本书作者认为"爱"是孔子的人生观，并论述孔子的"爱"说。共 5 章，内容包括：概论、爱的出发点、爱的工夫、爱的过程及其系统、人生的归宿。

收藏单位：国家馆、天津馆、浙江馆

03187

陈主席的人生思想 福建省政府民政厅第三科编

福建：福建省政府民政厅第三科，1940.11，26 页，36 开

本书介绍福建省主席陈仪的人生思想：社会的国家的人生、劳动的平等的人生、精神的趣味的人生、进步的创造的人生。

收藏单位：福建馆、上海馆

03188

处世艺术 贝尔著

上海：青城书店，1947.6，239 页（青年修养丛书）

本书共 8 章，内容包括：泛论处世、什么是正确的处世理论、处世方法的基本条件、先使你自己建立了基础、你怎样在群体中生活、你怎样参加集团的活动、在你的家庭与结婚条件上、给你参考与练习的一章。

收藏单位：人大馆

**03189**

**处世艺术**　（美）米尔登·赖脱（Milton Wright）著　艾珑译

上海：奔流书店，1941，172页，32开

　　本书内容包括：做人的意义、应付人的艺术、能力的培养、人人具备旧的情绪、摸熟人家的个性、使人欢喜的条件、留心你的外貌、表情训练等。

　　收藏单位：重庆馆、广东馆

**03190**

**处世艺术（即，生活的艺术）**（法）莫洛亚（André Maurois）著　周文波译

重庆：建国书店，1948，152页，36开（建国修养丛书）

　　本书即《生活艺术》一书的不同译本。共7章，内容包括：领导的艺术、交友的艺术、工作的艺术、思想的艺术、恋爱的艺术、结婚的艺术、家庭生活的艺术。

　　收藏单位：重庆馆

**03191**

**处世艺术（即，生活的艺术）**（法）莫洛亚（André Maurois）著　周文波译

重庆：文座出版社，1941.5，152页，36开

重庆：文座出版社，1942.5，152页，36开

重庆：文座出版社，1945，再版，152页，36开

　　本书版权页题：新生活的艺术。

　　收藏单位：重庆馆、广东馆、国家馆、吉林馆、南京馆

**03192**

**处世哲学**　（德）叔本华（A. Schopenhaner）著　杜亚泉编译

上海：商务印书馆，1923.12，62页，50开（东方文库 第43种）

上海：商务印书馆，1924.9，再版，62页，50开（东方文库 第43种）

上海：商务印书馆，1925.6，3版，62页，64开（东方文库 第43种）

　　本书作者认为人生的幸福首先在于本身人格的建立，而名利次之，修养人格是幸福的基础。共4编，内容包括：人格论、财产论、名誉论、年龄论。

　　收藏单位：安徽馆、重庆馆、东北师大馆、广东馆、国家馆、河南馆、湖南馆、江西馆、南京馆、山东馆、绍兴馆、天津馆、浙江馆

**03193**

**创造的人生**　潘琦著

上海：青年协会书局，1936.5，127页，25开（青年丛书32）

上海：青年协会书局，1940，再版，127页，25开（青年丛书32）

　　本书论述在畸形病态社会中，人如何解除痛苦，创造自己人生的途径。共10章，内容包括：解除人类的痛苦、改造社会的制度、静默、求美、友谊的培养、忏悔、探讨名人传记、追踪基督、与上帝同工、冒险与牺牲。

　　收藏单位：重庆馆、贵州馆、国家馆、吉林馆、南京馆、浙江馆

**03194**

**创造的人生（中华基督教学生运动）**　倪谙乐著　何惟聪译

外文题名：Living a creative life

上海：青年协会书局、女青年协会书报部，1927.3，38页，32开（立业丛书1）

　　本书共4章，内容包括：我的宇宙观、清澈的见解、你爱我么？饲养我的小羊、上帝的人生观。

　　收藏单位：山东馆

**03195**

**大侠魂救国论**　安若定著

南京：铸魂书局，1934，12页，32开（教育小丛书）

　　本书分中华民族与大侠魂精神、全国动员请以大侠魂挽救国难两章。著者原题：安剑平。

　　收藏单位：国家馆

**03196**

**大侠魂起信论**　安若定著

南京：铸魂书局，1934.6，22页，32开（教

育小丛书）

本书内收《我之再生》《人生之解决》两文。

收藏单位：国家馆

**03197**

**大侠魂人生态度**　安若定著

南京：铸魂学社，1933.4，52+14 页，32 开（铸魂学社丛书 5）

本书论述人生的价值以及大侠魂主义者对待人生的态度：真理、革命合作、武士、劳动。书前有自序。书末附《大侠魂思维术》《大侠魂与大和魂之优劣并论马占山将军》（转录于《大侠魂周刊》第 1 卷第 6 号）。

收藏单位：广西馆、国家馆、江西馆、山西馆

**03198**

**大侠魂思维术**　安若定著

南京：铸魂书局，1934.9，12 页，32 开（教育小丛书）

本书共 6 部分，内容包括：评黑智儿辨证法、大侠魂思维方式、大侠魂思维之正引法、大侠魂思维之反引法、大侠魂思维之反合法、结论。

收藏单位：国家馆

**03199**

**大侠魂研究法**　安若定著

南京：铸魂书局，1934.6，16 页，32 开（教育小丛书）

本书叙述《大侠魂论》一书出版的经过。内容包括：何谓大侠魂、大侠魂讲座等。书末有著者后记。

收藏单位：广东馆、国家馆

**03200**

**大侠魂与毕业生出路**　孙其铭著

南京：铸魂书局，1934.9，20 页，32 开（教育小丛书）

本书提出毕业生要"以大侠魂主义作为自己的人生观"。共 5 部分，内容包括：导言、大侠魂哲学、大侠魂主义、大侠魂与小鬼魂

之分、结论。

收藏单位：国家馆

**03201**

**大侠魂与大和魂之优劣**　安若定著

南京：铸魂书局，1934.6，10 页，32 开（教育小丛书）

本书共 4 部分，内容包括：开场、大侠魂与大和魂之异同要点、大侠魂之内容、论马占山将军。书末附朱谦之的信。

收藏单位：国家馆

**03202**

**大侠魂主义（一名，大侠魂论；又名，宇宙之原理及人生之实现）**　安若定著

南京：铸魂学社，1928.10，[318] 页，25 开（铸魂学社丛书 1）

南京：铸魂学社，1932.9，再版，1 册，25 开（铸魂学社丛书 1）

本书论述"大侠魂主义"的人生观、宇宙观：从认识自己入手，以解放人类为归，以契合宇宙为极。分 3 篇，共 16 章。上篇：导言、生命论、向上论、创造论、结论，解释宇宙的现象和属性；中篇：绪论、真情主义、热肠主义、无畏主义、结论，阐述人生的意义、价值；下篇：绪论、本体论、怒观主义、美观主义、健康论、大侠魂颂歌，探讨宇宙的本质。书前有作者序及重序、安淇生序、于右任等人题词以及插图和例言。书中有《大侠魂主义分剖图解》。附录《大侠魂论》《一个大侠魂文学的提议》，以及有关的通信和讲座。

收藏单位：重庆馆、国家馆、江西馆、近代史所、南京馆、上海馆、浙江馆

**03203**

**大侠魂主义问答**　安若定著

南京：铸魂学社，1932.1，69+18 页，32 开（铸魂学社丛书 3）

南京：铸魂学社，1935，再版，14+60 页，32 开（铸魂学社丛书 3）

本书将《大侠魂论》一书的要义编为问答 52 条。书前有引言、大侠魂演辞等。书末

附中国青年合作自兴会规章草案。

收藏单位：重庆馆、国家馆、湖南馆、江西馆、南京馆、天津馆、浙江馆

03204

**大学生之人生哲学** 顾琢人编
出版者不详，1941，185页，22开

本书将大学生的人生观分为14种：现实主义的、基督徒的、唯物辩证法的、奋斗的、乐观积极的、追求真理的、努力的、为人类服役的、刻苦善应变的、多方面混合性的、积极的、注重宗教信仰与实用的、革命的、积极乐观重物质救世的，加以论述。书前有作者序。

收藏单位：江西馆、南京馆、上海馆

03205

**大众生活哲学** 徐正甫编著
上海：新路书局，1939，12+167页，32开

本书内容包括：伟大的胸怀与气魄、循循善诱的精神、美好的态度、怎样对付坏人、群众生活与领袖生活、怎样领导别人、集团生活哲学、个人生活与集团生活等。

收藏单位：重庆馆

03206

**当代名家对人生的看法** 罗家伦等著 空军总司令部政治部编
南京：空军总司令部政治部，[1946—1949]（文化教育丛书6）

本书著者还有梁寒操、蒋梦麟、冯友兰、姜琦。

收藏单位：南京馆

03207

**道德的人生观** 陆伯康著
出版者不详，1946.8，45页，48开

本书共8章，内容包括：什么是人、人与人之关系、什么是人生观、各种不同的人生观、环境能改造你的人生观、什么是道德、什么是道德的人生观、结论。

收藏单位：南京馆

03208

**动的人生观** 陈宝全著
国风学社，1944，70页，32开（国风学社丛书）

本书内容包括：为什么要动、如何的动、凭什么去动、向何处去动、为甚么不动、脚踏实地的动等。

收藏单位：重庆馆、南京馆

03209

**读书与救国** 蒋中正著
上海：群力出版社，1939.5，222页，32开

本书为蒋介石的演讲。共4部分，内容包括：读书与人生观、救国与教育、读书与科学方法、读书与救国。

收藏单位：国家馆

03210

**奋斗的人生** （美）丹福（W. H. Danforth）著 章申译
外文题名：I dare you
成都：青年协会书局，1942.9，158页，32开

本书分12章，以讲故事的方式，告诉人们要打破自卑心理，勇敢地行动，过奋斗的生活。

收藏单位：重庆馆、国家馆、吉林馆、南京馆、上海馆

03211

**奋斗的人生** 赵宗预著
上海：世界书局，1938，175页，32开（青年成功丛书）
上海：世界书局，1939，再版，175页，32开（青年成功丛书）
上海：世界书局，1940，3版，175页，32开（青年成功丛书）
上海：世界书局，1943，4版，175页，32开（青年成功丛书）
上海：世界书局，1944，5版，175页，32开（青年成功丛书）
上海：世界书局，1947，6版，175页，32开（青年成功丛书）

本书为青年修养读物。共17章，讲奋斗

与人生、宿命、悲观、享乐、成败、名利、牺牲、环境等的关系，以及奋斗的心理、态度、机会、要点、计画、对象等。

收藏单位：重庆馆、广东馆、贵州馆、国家馆、吉大馆、江西馆、南京馆、首都馆

**03212**
**服务的人生观　田乃钊等著**
出版者不详，[1939]，62 页，32 开
收藏单位：广东馆

**03213**
**服务的人生观　杨觉农等著**
重庆：青年出版社，1940.3，68 页，32 开
本书为 1939 年三青团在重庆举办"服务与人生观"论文竞赛应征得奖作品专集。收田乃金、杨觉农、凌君逸三人的文章。
收藏单位：重庆馆

**03214**
**革命的人生观　国民党中央组织部编**
杭州：正中书局，1940.5，111 页，32 开
本书收录讲演稿和论著 10 篇：孙中山讲演《军人精神教育》、蒋介石讲演《生命的真义》《军人的人生观》《党员的人生观》《认识人与宇宙国家社会之关系》《应如何达成革命目的》，蒋介石著《行的道理》，朱执信著《生存之价值》《未来之价值与前进之人》《人类的将来》。
收藏单位：安徽馆、国家馆、吉林馆、上海馆、浙江馆

**03215**
**革命的人生观　国民党中央组织部编**
重庆：中央组织部，1939，282 页，64 开（组训小丛书）
收藏单位：重庆馆、国家馆、南京馆

**03216**
**革命的人生观　洪瑞钊著**
上海：民智书局，1929，12+134 页，32 开
本书共 6 章，内容包括：今日的革命问题及其症结、革命生活的面面观、心理建设的

根本问题、怎样确立革命的人生观、革命进展中几个内心问题、我们的自救。
收藏单位：重庆馆、广西馆、国家馆、湖南馆、吉大馆、江西馆、南京馆、首都馆、天津馆、浙江馆

**03217**
**革命的人生观　穆超著**
重庆：三友书店，1942.10，206 页，32 开
本书共 4 章，内容包括：绪论、革命人生观之条件、各派的人生观及其批判、结论。书末附《中国国民党党员守则》等纲领条文 17 种。书前有作者序。
收藏单位：重庆馆、东北师大馆、贵州馆、国家馆、吉林馆、南京馆、上海馆

**03218**
**革命的人生观　谢国馨著**
西安：新中国文化出版社，1940.2，46 页，32 开（新中国文化丛刊 3）
本书共 5 部分，内容包括：引言、人生观的意义、革命的意义、什么是革命的人生观、怎样完成我们所负的历史使命。
收藏单位：重庆馆、国家馆、吉林馆、江西馆、南京馆、山东馆

**03219**
**革命的人生观　喻元庆著**
广州：国民革命军总司令部政治部，1927，34 页，32 开
收藏单位：湖南馆

**03220**
**革命的人生观　中国国民党安徽省执行委员会编**
安庆：中国国民党安徽省执行委员会，1922，110 页，32 开
安庆：中国国民党安徽省执行委员会，1941，110 页，32 开
收藏单位：安徽馆、国家馆

**03221**
**革命人生观　华北联合大学教务处编**

[石家庄]：华北联合大学教务处，1948.4，油印本，45 页，32 开

收藏单位：国家馆

03222

**革命人生观**　蒋中正著　东北青年学社编

北平：东北青年学社，1934，70 页，64 开（东北青年丛书 5）

本书汇集蒋介石的有关论述。共 3 章，内容包括：生活和生命的观感、生死的目的和价值、做人的真理和方针。书末附录《革命哲学的重要》（蒋介石）。

收藏单位：国家馆

03223

**革命人生观**　罗明编

北平：红叶书店、光华书局，[1949]，38 页，32 开

本书节录日丹诺夫、刘少奇、毛泽东等人关于人生观的讲话原文。共 4 章，内容包括：认清时代，为了革命的胜利，努力前进；时代青年，应选择革命的道路，建立为人民服务的革命人生观；怎样建立为人民服务的革命人生观；革命者进步的武器——批评与自我批评。

收藏单位：国家馆

03224

**革命人生观**　罗明编

北平：民生出版社，1949，38 页，32 开

收藏单位：国家馆

03225

**革命人生观**　罗明编

天津：知识书店，1949.3，46 页，36 开

天津：知识书店，1949，再版，46 页，36 开

天津：知识书店，1949.9，3 版，46 页，36 开

收藏单位：重庆馆、广东馆、国家馆、山东馆、天津馆

03226

**革命人生观**　倪弻著

上饶：战地图书出版社，1940，56 页，36 开

上饶：战地图书出版社，1941，再版，56 页，36 开

本书共 7 章，内容包括：革命之意义、生命之意义、人生之目的、革命的人生观之条件、革命的人生观与其他人生观之比较、实践革命人生观之方法、革命人才之标准——革命人格等。

收藏单位：重庆馆、广东馆、湖南馆、江西馆、浙江馆

03227

**革命与人生**　李黎洲著

连城：生力学社，1939.10，64 页，32 开（生力丛书 甲种 2）

本书内容包括：革命之道、人生真谛、革命的人生观。书末附《民族生存与人之问题》《产业建设与民族健康》《中国民族之危机及其出路》。原为作者 1935 年在福建集训总队的讲义。

收藏单位：国家馆、吉林馆

03228

**革命与人生**　张柳云著

中央航空学校政治训练处，1936.10，70 页，32 开

本书为航空学校讲义。讲述人生观和个人修养问题。共 5 章，内容包括：问题的提起、什么是革命、什么是人生、什么是革命的人生、结论。

收藏单位：南京馆

03229

**革命与人生**

训练总监部国民军事教育处，114 页，64 开（军训政治丛书 2）

本书共 8 章，内容包括：自述研究革命哲学经过的阶段、革命哲学的重要、革命的心法、大学之道、革命军人的哲学提要等。

收藏单位：重庆馆、南京馆

03230

**工作的艺术**　（法）莫洛亚（André Maurois）著　真茹译

桂林：峨眉书屋，1941，42页，36开（生活
艺术小丛刊3）

　　本书共8章，内容包括：工作的秘诀，
助手、副官、书记，劳力的工作和劳心的工
作——家主妇，学生的工作，读书的艺术，
艺术家的工作，休息的艺术，结论。著者原
题：莫罗阿。

　　收藏单位：广东馆、国家馆、南京馆

03231

**共产主义的人生观　大连新华书店辑**
大连新华书店，1949，再版，39页，32开

　　本书论述了共产主义的人生观，阐明了
共产党员应当确定自己为共产主义的实现而
奋斗到底的革命人生观，论述了旧的资本主
义社会死亡的不可避免性与新的共产主义社
会建立的必然性。

　　收藏单位：国家馆、辽宁馆

03232

**共产主义的人生观　东北日报社等编　吉林
书店辑**
[长春]：吉林书店，1948，58页，32开
[长春]：吉林书店，1949，再版，58页，32开

　　本书内收5篇文章：《批评与自我批评精
神是共产党员必备的品质》《布尔什维克党底
纪律》《共产主义的人生观》《在批评和自我
批评的精神上培养干部》《对新鲜事物的感觉
是布尔什维克高贵的品质》。

　　收藏单位：北大馆、东北师大馆、国家
馆、吉林馆、山西馆、天津馆

03233

**共产主义的人生观　华东人民革命大学教务
处编**
华东人民革命大学教务处，1949.6，23页，
36开（学习参考材料8）

　　本书分8部分，内容包括：共产党员应当
确定自己为共产主义的实现而奋斗到底的革
命的人生观；要向前看，不要向后看：腐朽着
的东西一定要死亡、发展着的东西一定要胜
利；要认识旧的资本主义社会死亡的不可避免
性与新的共产主义社会建立的必然性；要了解

为改造旧社会、实现共产主义社会而奋斗是
人类历史上最伟大的事业；要确立最高的共产
主义道德——大公无私；要坚持无产阶级的阶
级观点与阶级立场、积极参加革命斗争、研
究政治问题；要做一个好的共产党员，要保持
无产阶级先锋战士的纯洁性，就必须要有各
方面的修养和锻炼；非无产阶级出身的共产党
员，更要特别注意锻炼，彻底改造思想。

　　收藏单位：重庆馆

03234

**共产主义的人生观　华中新华书店编**
[武汉]：华中新华书店总店，1948.11，32页，
50开

　　收藏单位：重庆馆、国家馆、南京馆

03235

**共产主义的人生观　（苏）斯大林（И.В.Сталин）
著**
沈阳：东北书店，1949，34页，36开

　　收藏单位：东北师大馆、国家馆

03236

**共产主义的人生观　（苏）斯大林（И.В.Сталин）
著**
北平：励志书店，1949.4，54页，32开

　　收藏单位：南京馆

03237

**共产主义的人生观**
大连：东北书店，1949，66页，32开

　　收藏单位：天津馆

03238

**共产主义的人生观**
安东：东北书店安东分店，1949.3，再版，56
页，32开

　　本书讲述共产党员的思想修养。共3章，
内容包括：人人确立共产主义的人生观、加强
党性锻炼、组织纪律修养。

　　收藏单位：重庆馆、国家馆

**03239**
**共产主义的人生观**
[扬州]：苏北新华书店，1949.6，3版，31页，
48开
　　收藏单位：国家馆

**03240**
**共产主义的人生观**
苏州：苏南新华书店，1949，再版，31页，50
开
　　收藏单位：重庆馆、华东师大馆

**03241**
**共产主义的人生观**
[合肥]：皖北新华书店，1949，31页，32开
　　收藏单位：天津馆

**03242**
**共产主义人生观**　罗明辑
天津：天津书店，1949，1册

**03243**
**共产主义人生观**　罗明编
天津：知识书店，1949.4，78页，36开
　　收藏单位：重庆馆、国家馆、山东馆、天
津馆

**03244**
**光明之路（青年人生问题讨论集）**　胡愈之等
著　孔振平辑
上海：博文书店，1941，202页，32开
　　本书选收报刊杂志上的文章33篇，内容
包括：《新生的世界观》（胡愈之）、《民族的自
信力》（鲁迅）、《新的哲学研究》（艾思奇）、
《转到光明方面去》（邹恩润）等。
　　收藏单位：国家馆

**03245**
**光热人生观**　秦百里著
[济南]：[济南师范]，1939，28页，32开
　　本书为演讲稿。书中表达了作者对宇宙、
社会和人生的认识：有一份光即应发一份热。
共5章，内容包括：宇宙之谜、自然现象及其

法则、生之法则、教育与光热、结论。
　　收藏单位：国家馆

**03246**
**红脂识小录**　庞独笑著
上海：国学书室，1925，208页，50开
　　收藏单位：重庆馆

**03247**
**就正录**　华德民著
无锡：无锡协成印刷公司，1933，68页，32
开
　　本书论述做人道理，及做人应有的品质，
如要著实、厚重、爱敬、忠信、博文、下学、
隆礼、力行、修身等。
　　收藏单位：重庆馆

**03248**
**抗战中新人生观的创造（国民精神总动员应
有的认识）**　陈伯达著
上海：辰光书店，1939.11，再版，66页，32
开
　　本书论述在抗日战争中，中国人民要有
"坚定正确的政治方向"和"艰苦奋斗的工作
作风"，才能使中国民族觉醒，推动历史前
进。共5章，内容包括：绪论、中国民族的本
体、中国民族的历史运动、近代中国人应有
的哲学观念与道德观念、结论。
　　收藏单位：重庆馆、贵州馆、国家馆、南
大馆、南京馆、浙江馆

**03249**
**科学的人生论**　（英）罗素（B. Russell）著
丘灵光译
南京：国际译社，1933.4，50页，32开
　　本书分5章：自然与人、良好的人生、道
德律、解救：个人的与社会的、科学与幸福。
讲述了作者所想的人在宇宙中的地位，与其
达到良好的人生底可能性。
　　收藏单位：近代史所、南京馆、浙江馆

**03250**
**科学与人生观**　丁文江等著

出版者不详，[1923]，1 册，32 开

　　本书收录丁文江、张东荪、菊农、陆志韦等人关于科学与人生观的思想论战文章。

　　收藏单位：国家馆、人大馆

03251

**科学与人生观　亚东图书馆编辑**

上海：亚东图书馆，1923.12，2 册，32 开

上海：亚东图书馆，1924.2，再版，2 册，32 开

上海：亚东图书馆，1925，3 版，2 册，32 开

上海：亚东图书馆，1926，4 版，2 册，32 开

上海：亚东图书馆，1927，5 版，2 册，32 开

上海：亚东图书馆，1928，6 版，2 册，32 开

上海：亚东图书馆，1930.1，7 版，2 册，32 开

上海：亚东图书馆，1932.4，8 版，2 册，32 开

上海：亚东图书馆，1935，9 版，2 册，32 开

　　本书内收论文 30 篇：《人生观》（张君劢）、《玄学与科学》（丁文江）、《再论人生观与科学并答丁在君》（张君劢）、《关于玄学科学论战之〈战时国际公法〉》（梁启超）、《孙行者与张君劢》（胡适）、《人生观的科学或科学的人生观》（任叔永）、《玄学科学论战杂话》（孙伏园）、《人生观与科学》（梁启超）、《读丁在君先生的〈玄学与科学〉》（林宰平）等。

　　收藏单位：北大馆、重庆馆、川大馆、东北师大馆、广东馆、国家馆、江西馆、辽大馆、南京馆、山东馆、山西馆、上海馆、绍兴馆、首都馆、武大馆、浙江馆、中科图

03252

**克服自然论（一名，科学的人生观）　刘大晖著**

克自学会筹备处，1933.5，52 页，16 开

　　本书讲述人类应如何运用自己的力量、理性、意志去改造"纯粹的自然界"，使其适合人类的生存。共 3 章，内容包括：概说、人与外界事物之关系、人和人的关系。

　　收藏单位：国家馆、上海馆

03253

**苦闷的解决　王骧陆著**

上海：印心精舍，1948，14 页，48 开

　　本书认为世界都在苦闷中，其苦闷皆由心所造，因此应由自己的内心去解决。书前有作者引言。

03254

**快乐与人生　谢剑文著**

上海：良友图书印刷公司，1928，116 页，32 开

　　本书讲述快乐对于人生的意义。共 7 章，内容包括：概论、健康与快乐、工作与快乐、赏美与快乐、社交与快乐——人我间的快乐问题、独乐与众乐在物质上的意义、结论。

　　收藏单位：重庆馆、山东馆、首都馆、浙江馆

03255

**鲁载峙情理书　鲁载峙著**

出版者不详，13 页，22 开

　　本书讲述了作者本人的人生哲学、处事观点。

　　收藏单位：浙江馆

03256

**论人生及其他　葛力著**

文哲研究社，1947，42 页，32 开

　　收藏单位：首都馆

03257

**论人生理想　（美）詹姆士（W. James）著　唐钺译**

外文题名：Talks to students on some of life's ideals

上海：商务印书馆，1936，91 页，32 开

上海：商务印书馆，1947.4，再版，91 页，32 开（汉译世界名著）（新中学文库）

　　本书汇集 3 篇演讲：《宽舒的法门》《论人类的某一种盲目》《使人生有意义的是什么呢?》。译者原题：唐擘黄。

　　收藏单位：重庆馆、东北师大馆、复旦馆、广东馆、贵州馆、国家馆、湖南馆、吉大馆、江西馆、辽宁馆、南京馆、山东馆、上海馆、首都馆、天津馆、浙江馆、中科图

03258
论社会主义建设中的道德问题　（苏）高尔巴诺夫斯基著　林纳译
初黎出版社，1941，28 页，36 开
　　收藏单位：广东馆、桂林馆

03259
毛泽东的人生观　张如心著
新华日报馆，1947，105 页，32 开
新华日报馆，1947，再版，105 页，32 开
　　本书为作者在华北联大的讲演。分 4 部分，讲述毛泽东的人生观、科学方法、科学预见及作风。
　　收藏单位：东北师大馆、国家馆、吉林馆、近代史所

03260
毛泽东的人生观　张如心著
新流出版社，[1947]，82 页，32 开
　　收藏单位：重庆馆、国家馆

03261
毛泽东的人生观　[张如心著]
出版者不详，[1947]，14 页，32 开
　　本书为张如心在华北联大讲演原稿。
　　收藏单位：北师大馆、国家馆

03262
毛泽东的人生观与作风　华北联合大学教务处编
张家口：[华北联合大学]，1947.10，96 页，32 开（思想教育丛书）
　　收藏单位：国家馆

03263
毛泽东的人生观与作风　张如心著
东北书店，1948，3 版，100 页，32 开
　　收藏单位：广东馆

03264
毛泽东的人生观与作风　张如心著
[上海]：华东新华书店胶东分店，1949，117 页，50 开

收藏单位：国家馆、吉林馆、南京馆

03265
毛泽东的人生观与作风　张如心著
[淮阴]：华中新华书店，1949.7，89 页，32 开
　　收藏单位：国家馆

03266
毛泽东的人生观与作风　张如心编
[威县]：冀南书店，1948.12，68 页，32 开
　　收藏单位：国家馆

03267
毛泽东的人生观与作风　张如心著
晋南新华书店，1948，116 页，32 开
　　收藏单位：重庆馆、国家馆、山西馆、天津馆

03268
毛泽东的人生观与作风　张如心著
山东新华书店，1947，116 页，50 开
山东新华书店，1948，再版，116 页，50 开
　　收藏单位：国家馆、吉林馆、山西馆

03269
毛泽东的人生观与作风　张如心著
苏南新华书店，1949，79 页，32 开
　　收藏单位：吉林馆

03270
毛泽东的人生观与作风　张如心著
[沁源]：太岳新华书店，1949，116 页，32 开
　　收藏单位：重庆馆、国家馆、吉林馆、近代史所

03271
毛泽东的人生观与作风　张如心著
芜湖：新华书店，[1947]，96 页，32 开
新华书店，1949，92 页，25 开
新华书店，1949.7，再版，华中版，88 页，32 开

收藏单位：国家馆、天津馆

03272

**毛泽东的人生观与作风　张如心著**
中原新华书店，1949.2，86 页，32 开
中原新华书店，1949，2 版，88 页，32 开
　　收藏单位：广东馆、国家馆、湖北馆、湖
南馆、吉大馆

03273

**毛泽东同志的人生观和方法论　张如心著**
出版者不详，[1940—1949]，37 页，32 开
　　本书为作者在华北联大的讲演。内收论
文两篇：《毛泽东的人生观》《毛泽东的科学方
法——兼论新民主主义革命学说》。
　　收藏单位：东北师大馆、国家馆

03274

**毛泽东同志的人生观与方法论　张如心著**
大连：大众书店，1946，44 页，32 开
　　收藏单位：国家馆

03275

**美的人生观　张竞生著**
北京：北新书局，1926.10，4 版，212 页，32
开（审美丛书）
　　本书作者认为"美的人生观"是科学与
哲学相结合的有规则、有目的、有创造的人
生观。分两章，第 1 章内容包括：总论，美
的衣、食、住，美的体育，美的职业、科学、
艺术，美的性育、娱乐。第 2 章内容包括：
总论，美的思想，极端的情感、智慧、志愿，
美的宇宙观，结论。
　　收藏单位：国家馆、江西馆

03276

**美的人生观　张竞生著**
上海：美的书店，1927，6 版，212 页，32 开
　　收藏单位：河南馆

03277

**美的人生观　张竞生著**
北京：张竞生 [ 发行者 ]，1925.5，212 页，25

开（审美丛书）
北京：张竞生 [ 发行者 ]，1925.7，再版，212
页，25 开（审美丛书）
北京：张竞生 [ 发行者 ]，1926，3 版，212 页，
25 开（审美丛书）
北京：张竞生 [ 发行者 ]，1926.10，4 版，212
页，25 开（审美丛书）
　　收藏单位：重庆馆、贵州馆、国家馆、江
西馆、辽大馆、山东馆、上海馆、首都馆、
浙江馆

03278

**模范人生观　陈镜伊编**
上海：道德书店，1933，[235] 页，32 开（道
德丛书 1）
　　本书共 9 篇，内容包括：勤学、立志、器
量、事师、同学、交友、居乡、还金、酒色。
讲述涵养、学问、待人接物之道。
　　收藏单位：国家馆、南京馆、上海馆、天
津馆

03279

**努力前进吧　谢颂羔　胡尹民译著**
上海：国光书店，1946，196 页，32 开
　　本书为青年向上读物。共 12 章，内容包
括：为什么要失败、失败的意志、失败意志的
受苦者、失败的奖赏、什么是成功、伟大的
想象力、成功者的因素、多做事少说话、想
象力和工作、想象力与成功、做人的方法、
但愿鸿运高照。
　　收藏单位：江西馆、南京馆、首都馆

03280

**叛世之言　赵健**
出版者不详，1 册，22 开
　　本书共 4 章，内容包括：缘起、友教、师
风、释言。
　　收藏单位：浙江馆

03281

**平凡而严肃的路　林若等著**
出版者不详，1949.1，24 页，32 开（实践选
辑丛书）

本书内收论文 6 篇，论述人生的道路，特别是青年的道路。

收藏单位：国家馆、天津馆

**03282**

**钱权论 杨柳村著**

杨柳村 [ 发行者 ]，1948，153 页，32 开

本书以古今中外历史、人物事例说明金钱对社会、政治、人生和个人的作用，财富与权势的关系。共 3 章，内容包括：人生重心、钱权现象、执政要件。

收藏单位：重庆馆、首都馆

**03283**

**青年人生观 （日）武者小路实笃著 东方文化编译馆译**

上海：东方书局，1945，186 页，32 开（社会科学丛书 301）

本书讲述青年的道德修养与人生观。共 9 章，内容包括：论生与死、论感情与理性、论美、论道德、论服务及其他、论贤人、论结婚、论不可思议、论青年。书前有《译者底话》。

收藏单位：南京馆、上海馆

**03284**

**青年人生观 许晚成 徐士铜编**

上海：国光书店，1941.3，再版，155 页，32 开

上海：国光书店，1946.10，再版，155 页，32 开

本书为青年向上读物、青年必读书。共 3 编。上编讨论人生的意义、价值、真相和美满人生的实现等；中编叙述各阶级、阶层的人生观；下编讨论了青年的人生道路。

收藏单位：安徽馆、重庆馆、广东馆、国家馆、黑龙江馆、南京馆、首都馆

**03285**

**青年之人生观 蒋维乔讲述 谢守恒笔记**

上海：商务印书馆，1923.10，37 页，32 开

上海：商务印书馆，1924，再版，37 页，32 开

上海：商务印书馆，1924.9，3 版，37 页，32 开，精装

上海：商务印书馆，1927.3，4 版，37 页，32 开

本书为蒋维乔在南京学术讲演会上的演讲。共 7 章，内容包括：人生之意义、身与心、苦乐生死、无我主义、人生之修养、人生之价值、人生之目的等问题。以文言和语体两种文体刊出。

收藏单位：重庆馆、国家馆、湖南馆、吉大馆、江西馆、南京馆、上海馆、首都馆、浙江馆

**03286**

**情趣（一名，难为情）**

上海：进步书社，32 页，32 开，环筒页装（趣谈四种 4）

收藏单位：重庆馆

**03287**

**求学做人做事 梁寒操 储景良著**

上海：中国文化服务社，1947.11，140 页，32 开

本书分上、下两篇。上篇为梁寒操著，讲孙中山关于求学、做人、做事的论述；下篇为储景良著，讲蒋介石关于求学、做人、做事的论述。书前有梁寒操序。书末有储景良跋。

收藏单位：重庆馆、广东馆、国家馆、吉林馆、江西馆

**03288**

**取消人生哲学 谦弟著**

一九二八出版部，1930，136 页，32 开（一九二八丛书）

本书内收谦弟与朋友讨论人生哲学存废问题的文章。共 6 篇，内容包括：《取消人生哲学》《安那其主义与伦理》《阶级斗争与伦理》《关于实证的伦理学》《译人生哲学后序》《取消人生哲学者的答辩》。书前有毛一波及谦弟序。书末附谦弟后记。

收藏单位：国家馆

**03289**

**劝世明路**

出版者不详，[1949]，44 页，64 开

本书为劝人从善的小册子。

收藏单位：重庆馆

**03290**

**人本（初著）　钟器著**

上海：晚成庐，1926，254页，18开（晚成庐丛刊 第1期）

　　本书论述人的地位、教育、作用，人生之目的等问题。共5篇，内容包括：人类总论（人、人生、人在宇宙之位置）、为己论（为己主义之由来及其限度、为己主义之意义及利害之种类、为己之方法、申论为己主义与人生）、教育论（教育之意义及其由来、教育之效果及宗旨之派别、教育之分类、教育之方法）、光华世、自述。书前有序及编辑大意。

　　收藏单位：国家馆、上海馆

**03291**

**人的义务　（意）玛志尼（G. Mazzini）著
唐钺译**

外文题名：The duties of man

上海：商务印书馆，1936，2册（164页），32开（汉译世界名著）（万有文库 第2集62）

上海：商务印书馆，1937.1，164页，32开（汉译世界名著）

上海：商务印书馆，1937.3，再版，164页，32开（汉译世界名著）

上海：商务印书馆，1938.5，3版，164页，32开（汉译世界名著）

　　本书共12章，内容包括：给意大利的工人、上天、法则、自由、教育、结合及进步、经济的问题、结论等。书前有玛志尼《给意大利的劳工阶级》（代序）。译者原题：唐擘黄。

　　收藏单位：重庆馆、大连馆、广东馆、广西馆、贵州馆、国家馆、湖南馆、江西馆、辽大馆、南京馆、上海馆、首都馆、天津馆、浙江馆

**03292**

**人果为何而生　刘崇伦讲述**

福州：福州电气公司农村电化部，1931.4，10

页，32开

福州：福州电气公司农村电化部，1931.8，2版，10页，32开

　　本书为演讲录。

　　收藏单位：国家馆、湖南馆、首都馆、天津馆

**03293**

**人理学　潜庐著**

人理学社，1935.9，336页，25开

　　本书共7章，内容包括：概论人类行为之根本动机、何者是善与恶、吾人为何故而不可不为善耶、为善之方法如何、人类能否去恶为善耶、国家道德之问题、人理学与宗教。

　　收藏单位：重庆馆、江西馆

**03294**

**人生　国民政府军委会陆军训练团编**

国民政府军委会陆军训练团，1934，1册，25开

　　收藏单位：广东馆

**03295**

**人生澈底观　吴梦醒著**

上海：世界和平法编译处，1931.3，92页，32开

　　本书共7篇，内容包括：概论篇、生化篇、天地篇、动物篇、植物篇、生死篇和结论篇。书前有作者自序。

　　收藏单位：南京馆

**03296**

**人生的把握　（美）基尔祈（J. G. Gilkey）著
梁得所译**

外文题名：You can master life

上海：广学会，1937.3，124页，36开

上海：广学会，1939.7，5版，124页，36开

上海：广学会，1940.3，7版，124页，36开

上海：广学会，1946.3，10版，124页，36开

上海：广学会，1947，11版，124页，36开

　　本书列举人生的各种难题，根据基督教教义寻出解决方法。共10章，内容包括：战胜看自己不起的观念、怎样破除忧虑、安于

自己的身份、工作成效增进的秘诀、如何对付敌我者、在困难当中做事、怎样使缺憾变为美满、做好人是否必得好报、怎样能得坚忍的毅力、我们到底还有第二次机会吗。

收藏单位：重庆馆、广东馆、国家馆、湖南馆、上海馆、天津馆、浙江馆

**03297**

**人生的把握　（美）基尔祈（J. G. Gilkey）撰**
　　**梁得所译**
外文题名：You can master life
上海：基督教联合出版社，1935，124页，32开

收藏单位：南京馆

**03298**

**人生的意义与道德的渊源　（日）远山椿吉著**
东京：东京显微镜院，1936，209页，22开

本书共18章，内容包括：各种的人生观、人生观的批判、宇宙的向助、地球的向助与物质的复杂化、生物的起原、生物死物的无差别、生活的维持与充实爱生能力、爱生能力的起原、人类界的向助、心身不灭的实在、自然的无限与人智的限制、宇宙的向助及造化之神、宿命与因果、求道于自然、道德的渊源、社会问题、人生的真意义等。

收藏单位：国家馆

**03299**

**人生底开端　陈德征著**
上海：民智书局，1927，250页，32开
上海：民智书局，1927，再版，250页，32开
上海：民智书局，1930，3版，250页，32开

本书为上海大学中学部公民课讲稿。作者认为人生犹如旅程，开端的路如果走错了，目的地则不易达到。共40篇，内容包括：人与宇宙、植物与动物、人与人之间、科学与真理、自然与演进、历史与进步等。前10篇基本依据美国克罗佛特所著《生活的小指南》一书编译，后30篇为作者本人的著作。各篇均曾刊载于《民国日报》副刊"觉悟"上。

收藏单位：重庆馆、国家馆、湖南馆、江西馆、上海馆、天津馆、浙江馆

**03300**

**人生对话　余家菊著**
成都：国魂书店，1940，再版，72页，36开（国论丛书）

本书以对话方式论述人生目的、意义、价值、精神修养、理智训练、读书方法、婚姻恋爱、政治活动等问题。

收藏单位：重庆馆、南京馆

**03301**

**人生对话　余家菊著**
重庆：国论社，1939.4，90页，36开（国论丛书）

收藏单位：重庆馆、国家馆

**03302**

**人生对话　余家菊著**
重庆：商务印书馆，1944.12，64页，32开（中学生文库）
上海：商务印书馆，1945.12，64页，32开
上海：商务印书馆，1946.12，2版，64页，32开

收藏单位：重庆馆、东北师大馆、广东馆、国家馆、湖南馆、南京馆、山东馆、上海馆、天津馆、浙江馆

**03303**

**人生泛论　张武著**
张武 [ 发行者 ]，1924，54页，32开

本书对难易、成功、失败、恶人、愚人、势利人、自私人、政治、手段、作恶、思想、经济等问题发表议论。

收藏单位：国家馆

**03304**

**人生观　俞铭璜著**
上海：求知学社，54页，32开

收藏单位：上海馆

**03305**

**人生观 ABC　张东荪著**
上海：ABC 丛书社，1928.7，117页，25开，精装（ABC 丛书）

上海：ABC 丛书社，1929.1，再版，117 页，25 开，精装（ABC 丛书）

上海：ABC 丛书社，1929.8，3 版，117 页，25 开（ABC 丛书）

本书共 14 节，内容包括：人生观之定义、自主的假设与当然的发见、两大类思潮、公认几点的解释、第三种态度、自我、康健与不朽、本能、文化、经济问题、宗教、结论、青年烦闷问题、科学人生观的不通、余论。书前有序说。书末附参考书。

收藏单位：重庆馆、广东馆、国家馆、黑龙江馆、湖南馆、江西馆、南京馆、山东馆、上海馆、首都馆、天津馆、浙江馆

03306

人生观的断片　张武著

出版者不详，1935，9 版，60 页，42 开

收藏单位：安徽馆、南京馆

03307

人生观的科学　（释）太虚著

上海：泰东图书局，1925.3，97 页，32 开

上海：泰东图书局，1925.5，再版，97 页，32 开

上海：泰东图书局，1926.5，3 版，97 页，32 开

上海：泰东图书局，1929，4 版，97 页，32 开

本书共 8 章，内容包括：绪言、宗教玄学哲学科学之审定、人生的科学、人生观的科学、人生观的科学对于世界文化之决择、结论等。书末附后序。

收藏单位：重庆馆、东北师大馆、广东馆、贵州馆、国家馆、河南馆、湖南馆、江西馆、近代史所、南京馆、山西馆、上海馆、天津馆、浙江馆

03308

人生观集粹　黄警顽辑

上海：经纬书局，1937，434 页，36 开，精装

本书内收论述人生观的文章 48 篇。作者有吴稚晖、胡适、侯鸿鉴、姜志纯、邱伯昂、赖健、高列彭、邱竹师、蔡尚思、马芳若、汪继章、刘畅、郑秉光、范启新、张秀亚、徐鹏飞、朱谦之、孙化远、赵昱等。

收藏单位：重庆馆、国家馆、吉林馆、上海馆

03309

人生观讨论　林大芽著

出版者不详，1939.3，54 页，32 开

本书共 4 章，内容包括：绪论、人生观的本质、人生观的分析、人生观的研究法。

收藏单位：国家馆、武大馆

03310

人生观之论战　郭梦良编辑

上海：泰东图书局，1925.4，3 册（[230]+[150]+[148] 页），32 开

上海：泰东图书局，1928.10，3 版，3 册（[230]+[150]+[148] 页），32 开

本书内收论文 31 篇，分为甲、乙两编及附录。甲编收《人生观》（张君劢）、《再论人生观与科学并答丁在君》（上、中、下）（张君劢）、《科学之评价》（张君劢）、《读丁在君先生的玄学与科学》（宰平）、《劳而无功》（张东荪）、《玄学果为痴人说梦耶》（屠孝实）、《人格与教育》（瞿菊农）、《评所谓科学与玄学之争》（范寿康）等；乙编收《玄学与科学》（丁在君）、《玄学与科学——答张君劢》（丁在君）、《玄学与科学的讨论的余兴》（丁在君）、《人生观与科学》（梁启超）等。书前有张君劢《人生观之论战序》。书末转载《时事新报·学灯》中王平陵的《科学之战的尾声》一文。

收藏单位：重庆馆、东北师大馆、广东馆、广西馆、国家馆、河南馆、吉大馆、吉林馆、近代史所、南京馆、山西馆、上海馆、首都馆、浙江馆、中科图

03311

人生基础哲学　柯璜著

重庆：商务印书馆，1944.1，75 页，32 开

重庆：商务印书馆，1946.10，增订 1 版，[13]+185 页，36 开

上海：商务印书馆，1947.1，沪增订 1 版，[13]+185 页，36 开

本书以语录体裁阐述古今中外有关社会、

人情、风俗、民生疾苦忧患、心身修养、国家治乱、宇宙变化的原理。共 8 篇，内容包括：格物、致知、诚意、正心、修身、齐家、治国、平天下。

收藏单位：重庆馆、东北师大馆、广东馆、贵州馆、国家馆、黑龙江馆、江西馆、南京馆、山东馆、山西馆、上海馆、天津馆、武大馆、浙江馆

03312

**人生价值论　郑公玄著**

上海：中华书局，1947.1，120 页，22 开（中山文化教育馆社会科学丛书）

本书共 10 章，内容包括：人生意义之理解及其价值之重估、人生最大愿望的科学观察、道德律之发生及其演变、精神与物质的矛盾性及其统一、身心之修养与人格之完成、自我价值与社会价值、社会向心力与社会离心力、艺术思想对民族生活的影响、现代人生观之改造、人类前途的展望。书前有自序。书末有作者后记。

收藏单位：重庆馆、广东馆、广西馆、国家馆、辽宁馆、南京馆、山东馆、上海馆、首都馆、浙江馆

03313

**人生鉴　（美）辛克莱（U. Sinclair）著　傅东华译**

外文题名：The book of life: mind and body

上海：世界书局，1929.10，[363] 页，32 开

上海：世界书局，1932.11，再版，[363] 页，32 开

本书分两编。前编为心鉴，共 17 章：人生的性质、信仰的性质、理性的功用、道德的起源、自然与人类、叛徒的人类、道德的造成、中庸之德、生活的选择、自己与邻人、心与身、续论心与身、下意识之探发、不道德问题、人格长存的证据、心的能力、心的行为；后编为身鉴，共 10 章：身体的统一、食品的实验、食品的错误、食品的标准等，主要从衣、食、住、行等方面论述健身之道。

收藏单位：重庆馆、广东馆、广西馆、贵州馆、国家馆、河南馆、湖南馆、吉林馆、江西馆、辽宁馆、南京馆、山东馆、上海馆、

绍兴馆、首都馆、天津馆、浙江馆、中科图

03314

**人生十论　顾震白著**

上海：正中书局，1947.1，69 页，32 开

本书中十论为：论智愚、论勤惰、论贫富、论勇怯、论公私、论贵贱、论成败、论苦乐、论寿夭、论生死。书前有自序。

收藏单位：国家馆、辽宁馆、南京馆、上海馆、天津馆、浙江馆

03315

**人生十题测验结果　李石岑命题**

上海：明星印刷厂，1931 印，22 页，25 开

1931 年上海《民国日报》"觉悟"专栏征求"人生十题"答案，共收到 286 人应征稿件，编为本集。书前有许晚成的《人生十题测验结果的分析》。书后有其《测验十题统计后》。

收藏单位：浙江馆

03316

**人生实现**

外文题名：Realization of life

出版者不详，162 页，25 开

收藏单位：江西馆

03317

**人生态度与革命　徐睡麟著**

[镇江]：兴化公报馆，1934.10，32 页，32 开（公报丛书 1）

收藏单位：南京馆

03318

**人生问题　陈安仁著**

陈安仁 [发行者]，1920，162 页，32 开（新文化丛书）

陈安仁 [发行者]，1921，再版，162 页，32 开（新文化丛书）

本书共 8 章，内容包括：绪论、人生观之人生价值、人生观之知识、探究世界之真相以解释人生的意义、探究人类之真相以解释人生现实的问题、探究社会之真相以推测人

生未来的趋势、科学与人生、哲学与人生。

收藏单位：国家馆、上海馆

03319

**人生问题　陈安仁著**

上海：泰东图书局，1926，470 页，32 开

上海：泰东图书局，1928，再版，470 页，32 开

上海：泰东图书局，1929，3 版，470 页，32 开

本书论述人生观、科学、哲学、伦理道德、人类进化、经济发展等对人生的影响及一系列人生问题解决的办法等。分 18 章，内容包括：绪论、人生观之人生价值、人生观之知识、探究世界之真相以解释人生普遍的意义、探究人类之真相以解释人生现实的问题、探究社会之真相以推测人生未来的趋势、科学与人生、哲学与人生、思想与人生、教育与人生、道德与人生、人生两界之标准观、人生快乐之因果律、人类理想的标准观、经济演进与人生概念、生命演进与人生观念、文化演进与人生概念、结论。

收藏单位：重庆馆、东北师大馆、国家馆、辽宁馆、南京馆、上海馆、首都馆、天津馆

03320

**人生问题　（日）大住啸风著　田桐编译**

上海：中华书局，1921.2，[250] 页，25 开

本书以著者《近代文明谈话》为底本编译。讨论人生问题，共 13 章，内容包括：生命之由来、社会发展与文明、自由之本质、理性与人生、人格精神之发达、社会之共同一致、人生与爱、人类进化之原因、人生理想之要素、现代文明历史之渊源、人间进步与女性、社会改良问题、近代社会的理想。

收藏单位：国家馆、吉林馆、江西馆、南京馆

03321

**人生问题　文嘉礼著**

香港：公教真理学会，1947，2 版，53 页，32 开

香港：公教真理学会，1949，3 版，56 页，32 开

本书以天主教的观点解释人生。讨论人生的根源，人生与哲学、科学、达尔文进化论的关系，以及天主存在、灵魂永生等。系著者的外文著述，由其本人口译成汉文，由罗宪成笔记。

收藏单位：国家馆

03322

**人生问题　文嘉礼著**

成都：中西文化研究所，1947，62 页，32 开

成都：中西文化研究所，1949，3 版，62 页，32 开

收藏单位：国家馆、吉林馆、南京馆

03323

**人生问题讨论集　许晚成编著**

上海：龙文书店，1934.11，[400] 页，16 开

上海：龙文书店，1935.12，3 版，[367] 页，16 开

本书讨论求学、择业、恋爱、婚姻、家庭、衣、食、住、行等问题。分 3 编：上编阐述著者本人的观点，共 10 篇；中编是有关问题的调查统计，共 14 篇；下编收朱引农等人的文章 45 篇。

收藏单位：广西馆、国家馆、吉林馆、江西馆、南京馆、上海馆、浙江馆

03324

**人生问题五讲（做人做事及男女问题）　施复亮著**

上海：新鲁书店，1947.7，82 页，32 开

本书共 5 讲，内容包括：学习问题、做人问题、做事问题、职业问题、男女问题。

收藏单位：国家馆、南京馆

03325

**人生五大问题　（法）莫洛亚（André Maurois）著　傅雷译**

外文题名：Sentiments et coutumes

上海：商务印书馆，1936.3，148 页，32 开（汉译世界名著）

上海、长沙：商务印书馆，1936，再版，148 页，32 开（汉译世界名著）

上海、长沙：商务印书馆，1938，3 版，148 页，32 开（汉译世界名著）

长沙：商务印书馆，1939，4 版，148 页，32 开（汉译世界名著）

重庆：商务印书馆，1944，123 页，32 开

重庆：商务印书馆，1944.7，118 页，32 开（汉译世界名著）

本书共 5 部分，内容包括：论婚姻、论父母与子女、论友谊、论政治机构与经济机构、论幸福。书前有译者弁言和原序。

收藏单位：重庆馆、东北师大馆、广东馆、广西馆、贵州馆、国家馆、河南馆、吉大馆、江西馆、辽大馆、南京馆、上海馆、首都馆、天津馆、浙江馆

03326

**人生艺术　陈筑山著**

重庆：商务印书馆，1944，243 页，25 开

重庆：商务印书馆，1945，再版，243 页，25 开

重庆：商务印书馆，1948，3 版，245 页，25 开

本书提出从伦理和心理的角度培养高尚人格的方法。共 5 篇 21 章，内容包括：人生艺术的渊源、人生艺术的原则、人生艺术的方法总论、人生艺术的方法各论、结论。

收藏单位：重庆馆、东北师大馆、广东馆、国家馆、湖南馆、江西馆、南京馆、山东馆、首都馆、浙江馆

03327

**人生意味（卷一）　恽铁樵著**

恽铁樵 [ 发行者 ]，1930，33 页，32 开（药盒丛书 丙组）

03328

**人生与服务　福建省银行总管理处经济研究室编**

永安：福建省银行总管理处经济研究室，1941.1，169 页，25 开

本书共 15 节，内容包括：现代国民必备的条件、科学精神与科学方法、办理经济事业应有的思想和态度等。

收藏单位：福建馆

03329

**人生哲学　陈生编译**

重庆：建国书店，1946，130 页，32 开

重庆：建国书店，1947.5，再版，130 页，32 开（建国修养丛书）

重庆：建国书店，1947.12，3 版，130 页，32 开（建国修养丛书）

本书共 21 章，内容包括：思想正当一生不败、心理如何影响身体、惧怕为人的大患、战胜惧怕、要心气平和等。

收藏单位：重庆馆

03330

**人生哲学　程式编**

南京：宜春阁印书馆，1932，160 页，25 开

本书论述人生的意义、目的以及树立人生观的方法等。

收藏单位：广东馆

03331

**人生哲学　程式编**

中央陆军军官学校政治训练处，1931.6，160 页，22 开（政治教程 2）

收藏单位：南京馆、浙江馆

03332

**人生哲学　杜亚泉编**

上海：商务印书馆，1929.8，260 页，32 开

上海：商务印书馆，1934.9，国难后 1 版，272 页，32 开

本书共 6 部分，内容包括：人生哲学概论、人类的机体生活、人类的精神生活、人类的社会生活、人生的目的和价值、人生问题和人生观。

收藏单位：重庆馆、东北师大馆、广东馆、国家馆、河南馆、湖南馆、江西馆、南京馆、上海馆、首都馆、天津馆、浙江馆

03333

**人生哲学　李相显著**

[ 兰州 ]：李相显 [ 发行者 ]，1945，手写本，83 页，18 开

本书分为人生的意义、几种人生观两部分，分7章进行详细论述。包括三等人生、身体与精神、善恶与道德、自我与五伦、孟子底乐而为的人生观与庄子底乐而不为的人生观、墨子底苦而为的人生观与叔本华底苦而不为的人生观、社会主义的人生观与辩证法的人生观。

收藏单位：国家馆

03334
**人生哲学　彭彼得著**
外文题名：The philosophy of life
上海：广学会，1931.11，605页，32开
上海：广学会，1933.8，再版，583页，22开
上海：广学会，1944，再版，重排本，589页，32开

本书除导言外分4部分：人之本身、人与自然、人之社会、人之理想，共15章。论述人对自身、对自然的关系，社会的规范等。书末附《欧美哲学之派别及领袖摘要》，简述现世、实验、唯理、新实体主义等派别及其代表人物的思想。

收藏单位：重庆馆、国家馆、江西馆、南京馆、山东馆、上海馆

03335
**人生哲学　谢扶雅著**
上海：世界书局，1931.8，12+190页，25开
上海：世界书局，1931.12，再版，12+190页，25开
上海：世界书局，1932.3，3版，12+190页，25开

本书讨论人生哲学研究的对象、方法，从人类学、社会学、心理学角度探究人生的意义，叙述东、西方各派人生哲学家对真、善、美的研究。书前有作者序。

收藏单位：重庆馆、广东馆、贵州馆、国家馆、吉林馆、江西馆、南京馆、武大馆

03336
**人生哲学　谢扶雅著**
上海：正中书局，1947.12，12+152页，25开

收藏单位：重庆馆、广东馆、国家馆、湖南馆、南京馆

03337
**人生哲学　谢幼伟著**
上海：华夏图书出版公司，1948，16页，32开（现代文库 第1辑）
上海：华夏图书出版公司，1948，再版，16页，32开（现代文库 第1辑）

本书作者围绕"人生的目的是什么"这一问题，简述古今中外有关派别的12种观点，如快乐论、义务论、悲观论等，提出了自己的观点：人生的目的在实现自我为一个全体。

收藏单位：国家馆、南京馆、上海馆

03338
**人生哲学　谢佐禹著**
广州：中央陆军军官学校广州分校政训处，1938，108页，25开

本书共5章，内容包括：绪论、今日之人生问题、各派人生观批评、革命的人生观、革命的行为论。附参考书举要。

收藏单位：国家馆

03339
**人生哲学　张柳云著**
中央航空学校，1935，172页，25开

本书为中央航空学校讲义。共4章，内容包括：哲学与人生哲学、人生哲学的几个基本观念、人与自然和社会、人生之究竟。

03340
**人生哲学　张墨池著**
上海：新民社，1924，107页，36开
上海：新民社，1926.5，再版，107页，36开
上海：新民社，1927.10，3版，107页，36开
上海：新民社，1929.3，4版，107页，36开

本书共9章，内容包括：打破精神和躯壳的束缚、打破惰性、彼此相爱、心理的改造、交精行为为不洁的思想、努力、打破富国强兵的见解（学术改造）、个人改造和世界的改造、直隶人在外省生活的错误。书前有张恶石序。

收藏单位：南京馆、上海馆、浙江馆

**03341**
**人生哲学**
出版者不详，1937.3，126 页，32 开
　　本书为政治训练教材。共 8 章，内容包括：绪论、宇宙与本体、人生的由来、人生的演化、人生的真相、人生的职务、人生的价值、人生的归宿。
　　收藏单位：安徽馆、重庆馆

**03342**
**人生哲学（卷上）　李石岑著**
上海：商务印书馆，1926，[53]+472+[39] 页，22 开
上海：商务印书馆，1927.1，再版，[53]+472+[39] 页，22 开
上海：商务印书馆，1929.5，3 版，[53]+472+[39] 页，22 开，精装
上海：商务印书馆，1933，国难后 1 版，[37]+354+[31] 页，22 开
上海：商务印书馆，[37]+354+[31] 页，22 开
　　本书论述人生哲学的定义、研究方法，概述近代的人生问题，介绍西方、印度和中国哲学对人生哲学探讨的异同。书前有林志钧及作者序，列有下卷的总目。书末有作者后序、参考书目。
　　收藏单位：重庆馆、东北师大馆、广东馆、贵州馆、国家馆、河南馆、湖南馆、江西馆、近代史所、南京馆、山东馆、上海馆、绍兴馆、首都馆、天津馆、浙江馆

**03343**
**人生哲学（一名，伦理学）　李相显著**
北平：和平出版社，1947.1，[10]+72 页，32 开（和平出版社丛书）
　　本书为国立边疆学校讲义。分两篇，内容包括：人生的意义、几种人生观。介绍孟子、庄子、墨子、叔本华的人生观以及社会主义的人生观和辩证法的人生观。
　　收藏单位：国家馆、首都馆

**03344**
**人生哲学（中央训练团党政训练班讲演录）**
冯友兰讲

出版者不详，1943，16 页，32 开
　　收藏单位：广东馆、天津馆

**03345**
**人生哲学讲义　程式编**
中央陆军军官学校政治训练处，1930.7，216 页，32 开（中央陆军军官学校政训处丛书 26）
　　本书共 5 章，内容包括：绪论、宇宙观及人生观之涵义、关于宇宙问题及人生问题的两大类思潮、先哲各派的人生哲学、人生观的推究。
　　收藏单位：国家馆、江西馆、上海馆、浙江馆

**03346**
**人生哲学教程　廖文奎著**
出版者不详，1936，195 页，25 开
　　本书据中外古今伦理、哲学资料，讲述人生处世的原则和方法。共 10 章，内容包括：导论、格物、致知、诚意、正心、修身、齐家、治国、平天下、结论。
　　收藏单位：重庆馆、南京馆

**03347**
**人生哲学教程　中华民国中央陆军军官学校编**
中央陆军军官学校，1937，150 页，25 开
　　本书共 8 章，内容包括：绪论、宇宙与本体、人生的由来、人生的演化、人生的真相、人生的职务、人生的价值、人生的归宿。
　　收藏单位：安徽馆、重庆馆、国家馆、南京馆

**03348**
**人生哲学教程**
出版者不详，112 页，22 开
　　本书共 5 章，内容包括：绪论、中国各圣哲的人生哲学、西洋各圣哲的人生哲学、总理的人生哲学、校长的人生哲学。
　　收藏单位：广西馆

**03349**
**人生哲学与佛学　王恩洋著**

内江：四川东方文教研究院，1944，28 页，22 开（东方文教研究院丛书 11）

本书作者认为人生哲学是研究人生真相、示人以做人之正道，以达康庄，而佛学是研究超人生、解除人生矛盾和苦恼的学问。书中简述人生真相的四种表现、人生哲学与佛学的相互关系等。

收藏单位：重庆馆、国家馆、中科图

**03350**

**人生哲学之研究　廖文奎著**

外文题名：Studies in the philosophy of life

南京：大承出版社，1936.12，[10]+174 页，32 开

台北：大承出版社，1946.12，169 页，32 开

本书为中央陆军军官学校哲学教程。以中庸思想为核心，提出"共生主义"的人生哲学观，即当权者与人民"共存共荣，和衷共济，图存救亡"。共 10 章，内容包括：导论、中庸格物、中庸致知、中庸诚意、中庸正心、中庸修身、中庸齐家、中庸治国、中庸平天下、结论。

收藏单位：国家馆、南京馆、上海馆

**03351**

**人生真谛——唯生的人生观　谭友谷著**

湖南建设日报，1947，316 页，32 开

本书分 3 部分：泛论人生观；本论，叙述宇宙观、社会观、历史观与人生观的关系；结论，阐述唯生论的人生观。书前有作者序。封面由于右任题签。

收藏单位：广东馆、国家馆

**03352**

**人生之路　西风社编**

上海：西风社，1940.6，170 页，32 开（飞燕丛刊 1）

上海：西风社，1941.5，再版，170 页，32 开（飞燕丛刊 1）

上海：西风社，1943.8，桂 1 版，170 页，32 开（飞燕丛刊 1）

本书为心理修养文集。共 3 辑，内容包括：人生之路、认识自己、改善脑力。收集 22 篇文章，作者有陈师超、黄嘉德、黄嘉音、洪鹄、归仲渊、蓝萍心、顾大明、乃毅、孔斯文、凌崇真、阿颖、张振楣、郭镜秋、凌霜、罗道爱、勃仁、谢士非、宋昆等。

收藏单位：重庆馆、广东馆、国家馆、湖南馆、南京馆、山西馆、浙江馆

**03353**

**人生之路　佐文华著**

佐文华 [ 发行者 ]，1947.3，12+172 页，32 开

本书分析农、工、商、士、军、政等各阶层人物的思想、行为，提出"人生应走之路"。共 11 章，内容包括：人由初生至上学前一阶段、由儿童读书时代至中学大学阶段、关于农人者等。

收藏单位：国家馆、南京馆、首都馆

**03354**

**人生之路向及人物之类型　王恩洋著**

成都：四川东方文教研究院，1948，96 页，32 开（文教丛书 24）

本书评论不同类型人物的思想、行为和前途。分 3 部分：人生之路向及人物之分类、三条路向人物之比较与评判、人生路向之辩证进展。每部分前均有作者序与导言。

收藏单位：国家馆

**03355**

**人生之意义与价值　李石岑著**

上海：良友图书公司，1931.11，57 页，64 开（一角丛书 10）

上海：良友图书公司，1932.3，再版，57 页，64 开（一角丛书 10）

上海：良友图书公司，1932.7，3 版，57 页，64 开（一角丛书 10）

本书分 5 章讨论人生哲学问题。后附读后感。

收藏单位：江西馆、浙江馆

**03356**

**人生之意义与价值　（德）倭铿（R. Eucken）著　余家菊译**

外文题名：The meaning and value of life

上海：中华书局，1920.10，156 页，32 开（新文

化丛书)

上海：中华书局，1920.11，再版，156 页，32
开（新文化丛书）

上海：中华书局，1921，4 版，156 页，32 开
（新文化丛书）

上海：中华书局，1922.7，5 版，156 页，32 开，
精装（新文化丛书）

上海：中华书局，1926，6 版，156 页，32 开
（新文化丛书）

上海：中华书局，1927.4，7 版，156 页，32 开
（新文化丛书）

上海：中华书局，1929，9 版，156 页，32 开
（新文化丛书）

上海：中华书局，1929，10 版，156 页，32 开
（新文化丛书）

上海：中华书局，1933，11 版，156 页，32 开
（新文化丛书）

上海：中华书局，1935，12 版，156 页，32 开
（新文化丛书）

　　本书主要讨论人生哲学问题。先进行历
史的考察，对宗教、内在唯心论、自然论、
理智论、社会本位论、个人主义等加以批评，
然后提出关于生命的内容是独立的精神，权
力为实在界的基础，人生的意义就在于自由
的发展与创造力。分上、中、下 3 篇，上篇
为时代的问题，主要是历史的考察；中篇为回
顾与前瞻，主要对历史上各派观点进行批评；
下篇为解答的改造，阐述作者的主张。

　　　收藏单位：重庆馆、广东馆、国家馆、吉
林馆、江西馆、南京馆、山东馆、上海馆、
绍兴馆、首都馆、浙江馆

03357

**人生指南　守居主人编**

上海：幸福书居，52 页，25 开

　　　收藏单位：上海馆

03358

**人生指南　新兴广告社编译部编辑**

上海：新兴广告社，1938，184 页，32 开

　　本书分为修养问题、服务与人生、青年
与恋爱及结婚问题、夫妇问题、性育讲座、
职业及出路问题、宗教问题等部分。

　　　收藏单位：重庆馆、上海馆

03359

**人生指南　宗教哲学研究社编**

高安：宗教哲学研究社，1930，33 页，32 开

高安：宗教哲学研究社，[1930—1949]，60 页，
32 开

高安：宗教哲学研究社，58 页，32 开

　　本书讲述忠、孝、节、义等的涵义，作
为人生的指南。

　　　收藏单位：重庆馆、江西馆

03360

**人生指南**

重庆：大同慈善社，1943.7，63 页，32 开

　　　收藏单位：南京馆

03361

**人生指南**

重庆：天德善社，76 页，32 开

　　　收藏单位：南京馆

03362

**人学启蒙　温阜江著　沈桂祥校**

出版者不详，24 叶，25 开，环筒页装（阜江
先生塾课七种 4）

　　本书论述做人的最基本的道理、准则。

　　　收藏单位：重庆馆

03363

**认真与人生　程仲文著**

贵阳：中央日报社，1944.5，148 页，32 开（贵
阳中央日报丛书）

　　本书作者根据个人的经历，阐述对人生
一系列问题的看法，共 28 篇。书前有王亚
朋、萧作霖、作者的序。

　　　收藏单位：重庆馆、广东馆、贵州馆、国
家馆、南京馆

03364

**如何生活　柳湜著**

上海：读书生活出版社，1936.2，187 页，32
开（读书生活丛书 读书问答 1）

上海：读书生活出版社，1936.5，再版，187页，32开（读书生活丛书 读书问答1）

上海：读书生活出版社，1936.9，3版，187页，32开（读书生活丛书 读书问答1）

上海：读书生活出版社，1937.4，4版，187页，32开（读书生活丛书 读书问答1）

本书收作者在《读书生活》杂志第1—2卷上发表的文章17篇，包括《青年病》《怎样认识人》《不能跟阮玲玉走》《做事的态度》《人和环境》等。针对现实生活中发生的一些问题，讨论应如何认识生活，用什么理论指导生活和改善生活。

收藏单位：重庆馆、东北师大馆、广东馆、国家馆、湖北馆、湖南馆、近代史所、首都馆、浙江馆

03365

**如是人生观　李华生著**

北平：知行书店，1939，54页，32开

收藏单位：首都馆

03366

**生存哲学　廖淑伦著**

广州：中成印务局，1947，216页，32开

收藏单位：广东馆

03367

**生存哲学　张嘉谋著**

上海：商务印书馆，1941.12，110页，32开

本书共5章，内容包括：情绪——哲学与科学、杞尔格嘉与尼采、把握之存在、真理、论实在。

收藏单位：国家馆

03368

**生活的锻炼　梅贻宝编**

青年会全国协会校会组、女青年会全国协会学生部，1933，14页，16开

本书为讨论大纲。共6段，内容包括：生活的实质与对待生活的态度、中国民族生活的优劣点及原因、生活锻炼的目标、生活锻炼的实施——普通生活、生活锻炼的实施——学校生活、耶稣对于生活锻炼的贡献。

收藏单位：重庆馆

03369

**生活的信念（第一编 生活本论）　石冲白著**

邵阳：东亚印书馆，1943，144页，32开

本书论述人生的目的。分3编10章，第1编生活本论（真实的外在——宇宙观、自然与人生——人生观、生活的规范——道德观）、第2编社会生活（社会形成、新社会学发凡、社会内容）、第3编文化生活（历史的基地、作者的祖国、世界的交流、到自由之路）。书末附录音译固有名词中西文对照表。

收藏单位：重庆馆、国家馆、吉林馆、南京馆、上海馆

03370

**生活的艺术　林语堂著　黄嘉德译**

上海：西风社，1942.10，再版，294页，32开

本书内容包括：醒觉、关于人类的观念、论近人情、谁最能享受人生、人生之享受、悠闲的重要、家庭的享受、生活的享受、大自然的享受、旅行的享受、文化的享受、人与上帝的关系等。

收藏单位：浙江馆

03371

**生活的艺术　林语堂著　林若年译**

外文题名：The importance of living

桂林：建国书局，1942，2册（515页），32开

本书共14章，内容包括：醒觉、关于人类的观念、我们的动物性遗产、论近人情、谁最会享受人生、生之享受、悠闲的重要、家庭之乐、生活之享受、享受大自然、旅行之享受、文化之享受、与上帝的关系、思想之艺术。

收藏单位：重庆馆、国家馆、江西馆、上海馆

03372

**生活的艺术　林语堂著　娄哲编选**

沈阳：启智书店，294页，32开

沈阳：启智书店，1942，再版，294页，32开

本书仅选译原著的前13章，内容包括：

醒觉、人类的观念、论人性、谁最能享受人生、人生之享受、悠闲的重要、家庭的享受、生活的享受、大自然的享受、旅行的享受、文化的享受、人与上帝的关系等。

收藏单位：安徽馆、东北师大馆、国家馆、首都馆、天津馆

03373

**生活的艺术**　林语堂著　越裔译
外文题名：The importance of living
成都：甲申出版社，1945，460页，32开

03374

**生活的艺术**　林语堂著　越裔译
外文题名：The importance of living
桂林：建国书局，1942，2册（474页），32开

收藏单位：东北师大馆、南京馆、天津馆

03375

**生活的艺术**　林语堂著　越裔译
外文题名：The importance of living
桂林：世界文化出版社，1940，2册（474页），32开
桂林：世界文化出版社，1941.12，2册（527页），32开
桂林：世界文化出版社，1942，2册（[522]页），32开
上海：世界文化出版社，1946.10，437页，32开
上海：世界文化出版社，1947.2，再版，437页，32开
上海：世界文化出版社，1948.3，3版，437页，32开

收藏单位：重庆馆、东北师大馆、广东馆、广西馆、国家馆、黑龙江馆、湖南馆、南京馆、山东馆、首都馆、天津馆、浙江馆

03376

**生活的艺术**　（法）莫洛亚（André Maurois）著　李木译
外文题名：The art of living
天津：李木书店，1944，150页，32开

本书即《生活艺术》一书的又一译本。

分9编：恋爱的艺术、结婚的艺术、家庭的艺术、交友的艺术、思想的艺术、工作的艺术、领袖的艺术、快乐的艺术、老年的艺术。

收藏单位：国家馆、上海馆

03377

**生活的艺术（全译本）**　林语堂著　黄嘉德译
上海：西风社，1941.2，10+432页，32开
上海：西风社，1941.9，再版，10+432页，32开
上海：西风社，1942.6，[再版]，10+432页，32开
上海：西风社，1948，3版，10+432页，32开

收藏单位：重庆馆、广东馆、国家馆、南京馆、首都馆、浙江馆

03378

**生活的艺术（全译本）**　林语堂著　拙存译
上海：欧风社，1941.2，377页，32开

本书共14篇，内容包括：醒觉、人类的观念、论人性、谁最能享受人生、人生之享受、悠闲的重要、家庭的享受、生活的享受、大自然的享受、旅行的享受、文化的享受、人与上帝的关系、思想的艺术等。

收藏单位：国家馆、吉大馆、首都馆、天津馆

03379

**生活经验与品性生长**　申鸿荣编　邵庆元译
[福州]：私立福建协和大学教育学院，1934，30页，32开

本书论述如何通过对生活经验的总结，培养青年的品德。分4章：什么是生活际遇、生活经验的应用、生活经验与教育新目的、生活际遇的观察和记录。书末附录观察须知、登录际遇之表格、参考书目。

收藏单位：国家馆、南京馆

03380

**生活路径（古今箴言选粹）**　唐钝牯编
长沙：周庆元[发行者]，1934，4版，增订本，284页，32开

本书为青年修养基本读物。

收藏单位：湖南馆

03381

**生活十讲　拓荒著**

成都：经纬书局，1939，83 页，42 开

　　本书共 10 讲，内容包括：生活与兴趣、有趣没趣勉强的趣、什么叫做生不如死、从天而降的"兴趣"、抓住否则就不翼而飞、美的成长决非偶然、检讨一下你的刻板生活、莫以为放浪作乐就是兴趣等。正文前书名题：怎样增进生活兴趣。

　　收藏单位：重庆馆、国家馆、南京馆

03382

**生活十讲（增进生活兴趣）　裴小楚编**

成都：经纬书局，1945，2 版，83 页，36 开

　　本书讲述人怎样才能生活得美好、愉快、健康。

　　收藏单位：重庆馆

03383

**生活系统　周谷城著**

外文题名：The nature of human life

上海：商务印书馆，1924.9，184 页，32 开（新智识丛书）

上海：商务印书馆，1928.7，再版，184 页，32 开（新智识丛书）

　　本书共 7 章，内容包括：绪论、自我与环境分立、自我与环境之浑然一体、信仰生活、物我浑然一体的生活之动摇与生活进化、科学在生活上之位置、结论。

　　收藏单位：重庆馆、广东馆、国家馆、湖南馆、江西馆、辽宁馆、天津馆、西交大馆、浙江馆

03384

**生活训练　哲之著**

上海：时代出版社，1940，341 页，36 开

　　收藏单位：首都馆

03385

**生活艺术　曹孚著**

上海：开明书店，1946.8，156 页，32 开（开明青年丛书）

上海：开明书店，1947，再版，156 页，32 开

（开明青年丛书）

上海：开明书店，1948.9，3 版，156 页，32 开（开明青年丛书）

　　本书为作者有关文化、教育、思想、修养等诸方面的杂感、短论集。内容包括：一个理想主义者的自供、人生兴趣、计划生活、工作、游戏、读书、恋爱等。

　　收藏单位：安徽馆、重庆馆、广东馆、国家馆、河南馆、湖南馆、江西馆、南京馆、山西馆、上海馆、绍兴馆、首都馆、浙江馆

03386

**生活艺术　（法）莫洛亚（André Maurois）著　江枫　柳静华译**

外文题名：The art of living

上海：激流书店，1940.8，175 页，36 开

上海：激流书店，1940，4 版，175 页，36 开

上海：激流书店，1941，再版，175 页，36 开

　　本书共 7 编，内容包括：恋爱的艺术、结婚的艺术、家庭生活的艺术、交友的艺术、思想的艺术、工作的艺术、领导的艺术。自英译本转译。

　　收藏单位：重庆馆、国家馆、首都馆、天津馆

03387

**生活艺术　（法）莫洛亚（André Maurois）著　江枫　柳静华译**

外文题名：The art of living

上海：天下书店，1940，2 版，175 页，32 开

　　本书著者原题：曼罗斯。

　　收藏单位：广东馆

03388

**生活艺术化之是非　徐蔚南著**

上海：世界书局，1927.6，59 页，32 开

　　本书以日本本间久雄的《生活艺术化》及长谷川如是闲的《劳动的艺术化与艺术的劳动化》两书为依据，介绍关于"劳动生活"的两种不同观点。其一认为劳动生活不仅是为生存，而且要使生活自身成为美，成为艺术，为此必须发挥人的主动性与创造性，并

造就一个这样的社会；其二认为劳动在人类社会是不能免除的、是机械的、压迫的、痛苦的、非艺术的，艺术只是痛苦的劳动生活的表现。

收藏单位：国家馆、河南馆、南京馆、天津馆、浙江馆

03389

**生活艺术三种（爱的艺术、工作艺术、指挥艺术）** （法）莫洛亚（André Maurois）著
王宛等译
外文题名：Un art de vivre
桂林：峨眉书屋，1940，36+42+34 页，32 开
桂林：峨眉书屋，1940，6 版，1 册，32 开

本书内容包括：对象的选择、爱情的诞生、工作的秘诀、读书的艺术、领袖的性格、领袖的智力等。

收藏单位：重庆馆、广东馆、广西馆、桂林馆、国家馆

03390

**生活与理想**　麦宁著
香港：青年知识社，1949.3，66 页，36 开（青年生活丛书）

本书共 5 章，内容包括：人和人生观、理想和实践、坚强的意志和谦逊的胸怀、个人和集体、生活工作和学习。

收藏单位：国家馆、辽宁馆

03391

**生命的歌颂**　姜蕴刚著
重庆：商务印书馆，1944.9，108 页，32 开
重庆：商务印书馆，1945，2 版，108 页，32 开

本书泛论人生、科学、宗教、艺术的一些问题。分 5 讲，内容包括：仲夏夜之梦、恋爱的散步、月光曲、莎乐美、弥塞亚。

收藏单位：重庆馆、东北师大馆、广东馆、广西馆、国家馆、湖南馆、上海馆、首都馆、武大馆

03392

**生命新观**　石声汉著
乐山：文化印书馆，1944，258 页，32 开（海

王丛书）

本书共 3 篇，内容包括：生之执着、生之发展、生之意义。主要从生物学的角度讲述人生的意义。书前有序。

收藏单位：国家馆、吉林馆、武大馆、浙江馆

03393

**生死观**　王慕陶辑
重庆：青年书店，1940.5，62 页，32 开

本书辑集中国古今人物表达生死观的文章。内收《总理对于明生死之遗训》《领袖对于明生死之教训》《孟子论舍生取义》《文天祥正气歌》《张煌言贻赵廷臣求速死书》《夏完淳狱中禀母书》《陆皓东就义供词》《关樾与妻诀别书》《秋瑾致友书》《林觉民赴义前别妻书》《方声洞赴义前禀文书》《李晚赴义前别兄书》《钟光明绝命书》《朱惶公骂贼文》。每篇前有各文作者事略。书前有辑者献词。

收藏单位：重庆馆

03394

**生死、友谊**　袁昌英著
蓝田（湖南）：袖珍书店，1943，40 页，36 开（袖珍综合文库 8）

本书讲述应如何处理生、死、友谊等人生问题。

收藏单位：重庆馆

03395

**生死与人生三部曲**　袁昌英　苏雪林著
重庆：新评论社，1941.2，48 页，32 开（新评论丛书 3）
重庆：新评论社，1941.4，再版，48 页，32 开（新评论丛书 3）
重庆：新评论社，1943，再版，48 页，32 开（新评论丛书 3）

本书收袁昌英著《漫谈生死》，论述生与死的含义；苏雪林著《青春》《中年》《老年》，论述人生三个时期的生理特点、生活、思想等。

收藏单位：重庆馆、广东馆、贵州馆、国

家馆、南京馆

03396
生物学的人生观　［美］哈特（Christian A. Herter）著　张修爵译
外文题名：The biological view of life
上海：商务印书馆，1924.3，351 页，32 开（尚志学会丛书）
上海：商务印书馆，1929，再版，351 页，32 开（尚志学会丛书）
上海：商务印书馆，1933，国难后 1 版，351 页，32 开（尚志学会丛书）
　　本书从生物学角度讨论人生的若干问题。共 4 篇，内容包括：机械的动物体、保存自己之本能、性的本能、基础本能对于人类发达之关系。
　　收藏单位：重庆馆、广东馆、广西馆、贵州馆、国家馆、黑龙江馆、湖南馆、江西馆、南京馆、绍兴馆、首都馆、天津馆

03397
思想与人生　（美）爱伦著　刘乃慎　应元追译
上海：青年协会书局，1925.4，34 页，32 开（青年修养丛书）
上海：青年协会书局，1931，再版，34 页，32 开（青年修养丛书）
　　本书共 7 章，内容包括：思想与人格、思想与环境、思想与健康、思想与目的、思想与成功、幻想与理想、镇静。
　　收藏单位：重庆馆、浙江馆

03398
谈做人艺术　静远著
香港：开源书店，［1930—1939］，118 页，36 开
　　本书共 34 章，内容包括：建立多方面的友谊、养成涵养习惯、要有温和笑容等。书前有曹聚仁序。
　　收藏单位：国家馆

03399
为学办事与做人的基本要道（团长训词）　蒋

中正著
重庆：中央训练团，1939.6，50 页，64 开
　　本书为作者 1935 年 2 月在南京中央训练团开学典礼上的讲演。
　　收藏单位：重庆馆、国家馆

03400
为学办事与做人的基本要道（总裁训词）　蒋中正著
出版者不详，1939 重印，50 页，64 开
　　收藏单位：重庆馆、国家馆

03401
唯物的人生观　董亦湘讲　徐恒煜记
上海：新文化书社，1925.12，74 页，32 开
　　本书以唯物主义观点解释人类社会的变迁。共 8 章，内容包括：引论、自我与社会、习惯与风俗、社会本能与阶级斗争、道德律及其作用、道德律在历史上变迁的原因、变易时代的人生哲学、新道德的产生及成功。
　　收藏单位：重庆馆、国家馆、湖南馆、近代史所、山西馆、上海馆

03402
唯物的人生观　董亦湘讲　徐恒煜记
哲学研究会，1927，再版，74 页，32 开

03403
我　卢任著
上海：新地书店，1940.8，159 页，32 开（新地青年生活丛刊 1）
上海：新地书店，1941.6，再版，159 页，32 开（新地青年生活丛刊 1）
　　本书论述一个人（我）在社会中的地位、人生观、与社会的联系、生活、做人、处世、自修等。分 18 个专题，内容包括：你想起过自己吗、活下去的本领够了么、自己的自由和国家的自由、做人认识真理的方法等。
　　收藏单位：东北师大馆、江西馆、上海馆、天津馆

03404
我的人生观　（英）罗素（B. Russell）著　丘

瑾璋译

南京：正中书局，1936，40页，25开（哲学丛刊）

南京：正中书局，1946，沪1版，40页，25开（哲学丛刊）

　　本书共5章，内容包括：自然与人、良好的人生、道德律、解救——个人的与社会的、科学与幸福。

　　收藏单位：广东馆、国家馆、湖南馆、吉林馆、南京馆、山东馆、上海馆、首都馆、浙江馆

03405

我的信仰　（美）爱因斯坦（A. Einstein）等著　应远涛　袁访赍译

上海：长风书店，1941，206页，32开（青年丛书）

桂林：长风书店，1943，172页，32开（青年丛书）

上海：长风书店，1946.10，206页，32开

　　本书汇集了15位世界著名人物关于信仰的自述，他们是：爱因斯坦、托马斯·曼、杜威、爱德曼、赛珍珠、桑塔亚那、鲁狄威、罗素、威尔斯、林语堂、波士、斯蒂文生、蔼理士、胡适等。书前有编者的《写在前面》。

　　收藏单位：重庆馆、广东馆、广西馆、国家馆、湖南馆、吉林馆、江西馆、辽宁馆、南京馆、上海馆、首都馆

03406

我的信仰　（英）罗素（B. Russell）著　何道生译

外文题名：What I believe

上海：商务印书馆，1926.9，52页，32开（新智识丛书）

上海：商务印书馆，1927.7，再版，52页，32开（新智识丛书）

　　本书共5章，内容包括：自然和人、善良生活、道德规律、超拔——个人的与社会的、科学和快乐。

　　收藏单位：重庆馆、广东馆、国家馆、江西馆、天津馆、浙江馆

03407

吴稚晖的人生观　吴稚晖著

上海：民立图书馆、群众图书公司，1926.5，144页，32开

　　本书分新信仰、人生观两部分。书前有作者小引。书末附胡适《吴稚晖论》。

　　收藏单位：南京馆

03408

吴稚晖的人生观（又名，一个新信仰的宇宙观及人生观）　吴稚晖著

上海：中山书店，1927.5，再版，144页，32开

　　收藏单位：重庆馆

03409

新的人生　蒋经国著

出版者不详，1945.5，166页，32开

　　本书内容包括：完成历史的大业、新的理想新的人生、我们的人生观、建设科学的万里长城等。

　　收藏单位：浙江馆

03410

新的认识与奋斗　范任宁著

南京：帕米尔书店，1948.7，52页，32开

　　本书除序言外，共8章，内容包括：人究竟是一个什么东西、人为什么生活着、人生怎样发生问题的、人生的问题怎样去解决等。

　　收藏单位：国家馆、南京馆

03411

新妇女的人生观　陈伯达著

天津：天津市民主妇联筹委会，1949，20页，64开

　　本书提出新式妇女应具有战斗的、解放的、大众的、独立自主、自尊自信的人生观，应将个人家庭利益与民族、社会、大众利益相结合。

　　收藏单位：天津馆

03412

新妇女的人生观　陈伯达撰

天津：知识书店，1949.3，10页，32开（知识文选2）

收藏单位：国家馆、天津馆

03413

**新人生观**　罗家伦著

重庆：商务印书馆，1942.3，109页，25开

重庆：商务印书馆，1942.4，3版，109页，25开

重庆：商务印书馆，1942.6，4版，109页，25开

重庆：商务印书馆，1943.1，5版，109页，25开

重庆：商务印书馆，1943，7版，109页，25开

重庆：商务印书馆，1943.5，赣2版，109页，25开，精装

上海：商务印书馆，1944.2，沪3版，109页，25开（新中学文库）

重庆：商务印书馆，1944.2，8版，109页，25开

重庆：商务印书馆，1945，9版，109页，25开

上海：商务印书馆，1946.7，沪4版，109页，25开，精装

上海：商务印书馆，1946.12，沪5版，109页，25开（新中学文库）

上海：商务印书馆，1947.5，沪6版，109页，25开（新中学文库）

重庆：商务印书馆，1947，10版，109页，25开

　　本书为作者在中央大学的演讲。分16章，论述人生观和伦理道德等。

收藏单位：重庆馆、东北师大馆、广东馆、贵州馆、国家馆、河南馆、黑龙江馆、湖南馆、江西馆、南京馆、山东馆、绍兴馆、首都馆、浙江馆、中科图

03414

**新人生观**　俞铭璜著

大连：大众书店，1947，4版，60页，36开

大连：大众书店，1948，5版，60页，36开

　　本书为讲述革命人生观的通俗读物。内容包括：人生观是什么、为何要讲人生观、各种不同人生观、革命的人生观、人生观的革命。

收藏单位：重庆馆、国家馆

03415

**新人生观**　俞铭璜著

哈尔滨：东北书店，1947，再版，76页，36开

哈尔滨：东北书店，1948.3，3版，76页，36开

哈尔滨：东北书店，1948，4版，76页，36开

哈尔滨：东北书店，[1948]，[5版]，45页，32开

哈尔滨：东北书店，1948.10，6版，76页，36开

收藏单位：重庆馆、东北师大馆、国家馆、湖北馆、吉林馆、江西馆、南京馆、天津馆

03416

**新人生观**　俞铭璜著

天津：读者书店，1949，60页，36开

收藏单位：天津馆

03417

**新人生观**　俞铭璜著

上海：拂晓社，1946.3，61页，36开

上海：拂晓社，1946.7，再版，61页，36开

　　本书为讲述革命人生观的通俗读物。内容包括：人生观、各种不同的人生观、革命的人生观、人生观的革命。

收藏单位：重庆馆、国家馆、吉林馆、江西馆、南京馆、山西馆、首都馆

03418

**新人生观**　俞铭璜著

华中新华书店二分店，1946，83页，32开（青年知识丛书）

　　本书共5章，内容包括：人生观——就是做人的道理、新旧时代不同的人生观、各种人不同的人生观、革命的人生观、人生观的革命。

收藏单位：国家馆

03419

**新人生观**　俞铭璜著

[唐山]：冀东新华书店，1947，48 页，36 开
　　收藏单位：重庆馆

03420
新人生观　俞铭璜著
[烟台]：胶东新华书店，1945，46 页，32 开
　　收藏单位：国家馆、南京馆

03421
新人生观　俞铭璜著
[安东]：辽东建国书社，1946.4，45 页，32
开
[安东]：辽东建国书社，1946.8，再版，45
页，32 开
　　收藏单位：国家馆、中科图

03422
新人生观　俞铭璜著
临沂：山东新华书店，1946，49 页，36 开
临沂：山东新华书店，1946.8，增订再版，49
页，36 开
济南：山东新华书店总店，1947，3 版，89 页，
50 开（新华小文库）
　　收藏单位：国家馆、南京馆

03423
新人生观　俞铭璜著
[邢台]：太行群众书店，1947.8，再版，59 页，
32 开
　　收藏单位：国家馆

03424
新人生观　俞铭璜著
[沁源]：太岳新华社，1947.4，再版，48 页，
32 开
[沁源]：太岳新华社，1947.9，3 版，48 页，
32 开
　　收藏单位：山西馆

03425
新人生观　俞铭璜著
韬奋书店，1949.8，5 版，修订本，129 页，32
开

　　收藏单位：南京馆

03426
新人生观　俞铭璜著
渤海：新华书店，1946.5，46 页，32 开
　　本书为讲述革命人生观的通俗读物。内
容包括：人生观是什么、为何要讲人生观、各
种不同的人生观。
　　收藏单位：重庆馆、浙江馆

03427
新人生观　俞铭璜撰
天津：知识书店，1949，64 页，36 开
　　收藏单位：国家馆

03428
新人生观（改写本）　俞铭璜著
大连：东北书店，1949.3，5 版，130 页，32
开（青年知识丛书）
　　收藏单位：国家馆、南京馆

03429
新人生观（改写本）　俞铭璜著
新华书店，1949，5 版，108 页，32 开
　　收藏单位：重庆馆、国家馆、辽宁馆、首
都馆

03430
新人生观（改写本）　俞铭璜著
天津：知识书店，1949，再版，126 页，36 开
　　收藏单位：东北师大馆、国家馆、首都馆

03431
新人生观（改写本）　俞铭璜撰
出版者不详，1949，5 版，98 页，32 开（青
年知识丛书）
　　收藏单位：国家馆、天津馆

03432
新人生观（最新改写本）　俞铭璜著
香港：新知识书店，125 页，32 开
　　收藏单位：吉大馆、上海馆、首都馆

03433

新人生观的创造（又名，抗战中新人生观的创造——国民精神总动员应用的认识） 陈伯达著

上海：辰光书店，1939.3，66页，32开

上海：辰光书店，1940.5，3版，66页，32开

收藏单位：重庆馆、东北师大馆、广东馆、国家馆、吉大馆

03434

新人生观讲话　沈志远著

上海：生活书店，1946，126页，36开（青年自学丛书）

上海：生活书店，1946，再版，126页，36开（青年自学丛书）

上海：生活书店，1947，4版，126页，36开（青年自学丛书）

香港：生活书店，1948，5版，126页，36开（青年自学丛书）

大连：生活书店，1948.5，2版，126页，36开（青年自学丛书）

本书为以辩证唯物论与历史唯物论观点讲述人生观的通俗读物。共12章，内容包括：人生观的两大特性、评"唯生"的人生观和复古的人生观、评宿命论和英雄主义、评奴才主义与个人主义等。

收藏单位：重庆馆、东北师大馆、广东馆、国家馆、近代史所、南京馆、山东馆、上海馆、首都馆、天津馆、浙江馆

03435

新人生观讲话　沈志远著

长春：新中国书局，1949，3版，126页，36开（青年自学丛书）

收藏单位：重庆馆、东北师大馆、广东馆、国家馆、天津馆

03436

新人生观与人生四大规准（力生人生论发凡） 庄习著

仰光：仰华文化教育社，1948，48页，32开（唯物力生哲学杂著 第1种）

本书分12章论述"肃""动""实""公"四大规准的意义与建立人生观的关系。

收藏单位：国家馆

03437

新人生观与新启蒙运动　陈唯实讲

民族革命出版社，132页，32开

本书论述关于革命的新人生观。共5讲，内容包括：大时代的新人生观（一、二、三）、努力实行新启蒙运动、再论实行新启蒙运动。

收藏单位：重庆馆

03438

新人生论　顾震白著

桂林：科学书店，1939，270页，32开

本书论述有关个人生活目的、学业、职业、信念、是非、公私、仁侠、牺牲等修养问题，并以岳武穆、于忠肃、郑板桥等人为典范加以分析。

03439

新人生哲学　王恩洋著

内江：四川东方文教研究院，1945，再版，88页，22开

本书作者认为，新文明之建立，当如宝塔，以西洋科技为塔基，以中国圣贤之道为塔身，而以印度佛法为塔顶。本书以此观点阐述作者的人生观，内容包括：人生与学、开倒车的人生哲学、老学科学之评价、人生哲学释义、人生之真相、为我主义之思想、兼爱主义之思想、仁义之道、仁之四义、义之真义、忠恕、知耻、礼乐、人伦、中西群治之差异、真正的博爱、平等自由解放与真正的民主大同等。

收藏单位：重庆馆、南京馆

03440

新生论　谢东平著

昆明：中华书局，1944.8，140页，32开

重庆：中华书局，1944，渝初版，140页，32开

昆明：中华书局，1947.3，沪再版，140页，32开

本书论述中国六七十年来在伦理道德、社会心理等方面发生的变化、出现的新观念。

共 14 篇，内容包括：论生活型态的改造、生活与生命、责任的生活观、生活析论、基本生活论、丰富生活论（上、下）、荣誉生活论、反省与修养、方法与境界、责任与名利、论习染、论锻炼、论群论。

收藏单位：重庆馆、广东馆、国家馆、湖南馆、吉林馆、辽宁馆、南京馆、上海馆、首都馆、浙江馆

03441

**新战士人生观　江汉钟著**

芜湖：新中国出版社，1946.4，72 页，48 开

本书系作者为纪念亡妻而作。内有爱、笑、力、真、善、美 6 篇。附《革命哲学》。

03442

**新哲学的人生观　胡绳著**

上海：生活书店，1937.2，173 页，36 开（青年自学丛书）

上海：生活书店，1937.4，再版，173 页，36 开（青年自学丛书）

汉口：生活书店，1937.11，3 版，173 页，36 开（青年自学丛书）

上海：生活书店，1939.1，4 版，173 页，36 开（青年自学丛书）

重庆：生活书店，1939，7 版，173 页，36 开（青年自学丛书）

上海：生活书店，1940，8 版，173 页，36 开（青年自学丛书）

本书针对当时中国思想界"科学人生观"与"玄学人生观"之论战，指出机械的科学人生观并不能战胜玄学人生观，讲述了辩证唯物论人生观的意义、价值。共 6 章，内容包括：人·人生·人生观、哲学和人生观、观念论和机械论的人生观、人生的意义和价值（上、下）、人生中的客观标准。

收藏单位：重庆馆、广东馆、贵州馆、国家馆、江西馆、浙江馆

03443

**药言　陆豫庵著**

陆豫庵 [ 发行者 ]，[1940]，27 页，22 开

本书为陆豫庵先生关于读书修身的语录。

收藏单位：国家馆

03444

**药言·药言剩稿　（清）拙修老人纂**

桂林：出版者不详，1936.5，重刻本，石印本，150 页，22 开

本书作者念人之立身难、涉世难，辑录前人垂训之言，以善言为善药，发人自省。

收藏单位：桂林馆

03445

**一个唯情论者的宇宙观及人生观　朱谦之著**

上海：泰东图书局，1924，178 页，32 开

上海：泰东图书局，1926，再版，178 页，32 开

上海：泰东图书局，1928，3 版，177 页，32 开

本书作者认为应综合宋儒的宇宙观、明儒的人生观、清儒的政治哲学去解释人生。内容包括：导言、宇宙观、人生观、恋爱观、政治理想、经济理想。附录《孔门的泛神思想史略》。

收藏单位：重庆馆、东北师大馆、国家馆、湖南馆、吉林馆、南京馆、山西馆、上海馆、首都馆、天津馆、浙江馆

03446

**一个新信仰的宇宙观及人生观　吴稚晖著**

中央军事政治学校政治部宣传科，1927.6，159 页，32 开（黄埔小丛书 5）

本书即《吴稚晖的人生观》的另一版本。分新信仰、人生观两部分。

收藏单位：广东馆、国家馆、南京馆、上海馆、浙江馆

03447

**一元两面人生观之建立与中国之统一　张哲惠著**

上海：华德印刷公司，1934.3，[72] 页，32 开

"一元两面"是指以"礼义廉耻信义和平"对人的食色欲望加以规范，国家才能统一。共 5 部分，内容包括：引言、中国不统一之原因——缺乏道德维系力、缺乏道德之探讨——一元两面人生观、一元两面人生观之建立——中正大道、结论。

收藏单位：广东馆、国家馆、南京馆、上海馆

03448

**一种人生观　冯友兰著**

外文题名：A view of life

上海：商务印书馆，1924，48 页，32 开（百科小丛书 72）

上海：商务印书馆，1926.11，再版，48 页，32 开（百科小丛书 72）

上海：商务印书馆，1929，47 页，32 开（百科小丛书）（万有文库 第 1 集 94）

上海：商务印书馆，1933，国难后 1 版，47 页，32 开（百科小丛书）

上海：商务印书馆，1934.11，再版，47 页，32 开（百科小丛书）（万有文库 第 1 集 94）

　　本书共 12 章，内容包括：人生之目的、活动与欲、中和与通、性善与性恶、理智之地位、诗与宗教、内有的好与手段的好、"无所为而为"与"有所为而为"等。书末附录《人生哲学之比较研究》，共 7 部分，内容包括：对于唯物史观之批评、哲学之目的、理想与行为、东方与西方、哲学与经验、多元的宇宙等。

　　收藏单位：重庆馆、大连馆、东北师大馆、广东馆、贵州馆、国家馆、湖南馆、吉林馆、江西馆、辽大馆、南京馆、山东馆、上海馆、首都馆、天津馆、浙江馆

03449

**怎样确立革命人生观　李世安著**

广东省地方行政训练委员会，[1943]，76+60 页，32 开

　　收藏单位：重庆馆

03450

**怎样使生活丰富　（美）辛克莱（U. Sinclair）著　张百忍译**

桂林：现代出版社，1942.7，266 页，32 开

　　本书即《怎样使生活美满》之不同译本。

　　收藏单位：重庆馆、广东馆、国家馆、南京馆、上海馆

03451

**怎样使生活美满　（美）辛克莱（U. Sinclair）著　张学忍译**

外文题名：How to enrich life

上海：纵横社，1940，247 页，32 开

上海：纵横社，1941.10，再版，247 页，32 开

　　本书分两部分，第 1 部分怎样使身体康强（身体组织上的整个问题、关于饮食的一种实验、食物错误对于疾病的关系、食量和物价的标准等）；第 2 部分怎样使精神健全（人生究竟是什么、信仰上的理性和直觉、对于理性的信仰和应用、自然方法和人类道德的比观、人类对于自然的利用、人类的自觉——从本能到理性、道德的进化和理性的判断等）。

　　收藏单位：重庆馆、广东馆、国家馆、江西馆、山东馆、上海馆、首都馆、天津馆

03452

**朝霞　（德）尼采（F. W. Nietzsche）著　梵澄译**

外文题名：Morgenröthe

上海：商务印书馆，1935.9，333 页，32 开，精装（汉译世界名著）

　　本书共 5 卷 575 个题目，表述了作者对人生种种问题的见解。

　　收藏单位：重庆馆、东北师大馆、广东馆、广西馆、国家馆、湖南馆、江西馆、南京馆、山东馆、上海馆、首都馆、浙江馆

03453

**哲学概论工作手册　傅统先著**

上海：世界书局，1944.6，66 页，25 开

　　本书为辅导教材。主要从人生哲学的角度讲述人生的目的、意义、自由意志、人格、人性、爱、美、价值等。书末附有简要参考书目。

　　收藏单位：重庆馆、国家馆、上海馆、浙江馆

03454

**哲学夜话　（日）石丸梧平著　姚达译**

大连：关东出版社，1942.8，109 页，32 开

本书内容包括：愉快生活的人生、幸福的哲学、青春人生的哲学等。

收藏单位：浙江馆

03455

**哲学与人生（一名，哲学概论）** 傅统先著
上海：世界书局，1945，283 页，25 开
上海：世界书局，1946.2，再版，283 页，25 开
上海：世界书局，1947.9，3 版，283 页，25 开

本书共 14 章，内容包括：哲学与生活、人生之苦乐、死之谜、人生之目的、自由意志、人格之发展、自私与利他、谈美等。

收藏单位：重庆馆、东北师大馆、国家馆、黑龙江馆、江西馆、近代史所、南京馆、上海馆、首都馆

03456

**哲言韵编**
长沙：通俗教育馆，1931.6，32 页，36 开
长沙：通俗教育馆，1933，再版，32 页，36 开

本书收录古今哲学家的格言。共 30 章，内容包括：名言、博学、盛年、民生、尚志、不辱、心主、为善、礼貌、见处、清明、处人、才能、远虑等。

03457

**真善美的人生观** 王春元著
汉中：西关青年中学，1946.9，40 页，32 开（汉中青年中学丛书 1）

本书评述人生哲学的几种学派：浪漫派、理想派、虚无派、快乐派、功利派、进步派、中道派。提出人生的目的在于真、善、美的追求。分为人生哲学之派别、宇宙论、人生论等 4 章。

收藏单位：国家馆、南京馆

03458

**正义进化与奋斗** 郇爽秋著
上海：中华书局，1926.4，151 页，22 开（少年中国学会丛书）

本书分 11 章论述社会政治原理和人生问题。分上、下两篇，上篇为原理部分，讲述中国先秦诸子的思想，近代欧洲共产主义、无政府主义及工团主义思想，提出改造社会的"奋斗主义"原则；下篇为应用部分，提出改造中国人人生观之方法等。书末有《孔孟仁义之研究》《杨朱考质疑》《与美儒柯柏烈书》等文。

收藏单位：广东馆、国家馆、江西馆、天津馆

03459

**中国固有人生观（又名，中道的人生观）** 李节文著
韶关：达道出版社，1943.8，[10]+150 页，32 开

本书为《中国道统与三民主义》一书中的一篇。所谓中道人生观，即中庸之道人生观。共 6 章，内容包括：绪论、道君子、依仁、由义、立命俟运、中道人生的典型。

收藏单位：重庆馆、广东馆、国家馆、南京馆

03460

**中国青年出路问题** 吴耀宗著
外文题名：Way out for youth
上海：青年协会书局，1935.8，58 页，32 开（基督教与中国改造丛刊 5）

本书内容包括：给彷徨的人们、现社会的透视、做一个战士、性的解放、烈火的洗礼、现实与超现实等。

收藏单位：广东馆、国家馆

03461

**中山人生思想探源** 邓熙著
上海：亚东杂志社，1932，152 页，32 开

本书研究孙中山的伦理思想，讨论孙中山的道德思想和传统道德观同西方近代道德观念的区别与联系。共 5 章，内容包括：绪论、中山先生与孔子道德观体系之分辨、中山先生唯生义务观理论之基础、中山先生唯生义务观道德之构成、忠孝仁爱信义和平之概念。

收藏单位：湖南馆、南京馆

03462

**自鉴** 章鸿钊著

外文题名：A mirror for humanity

**章鸿钊 [ 发行者 ]，[1923]，162 页，18 开**

　　本书引用孔子、老子、墨子、庄周等学说及达尔文进化论、耶稣上帝创造说，企图说明人类应负有的责任、应具备的思想，以及人类的来源和发展。共 6 章，内容包括：人类的定义、人类的知识、人类的能力、人类的天性、人类的道德、人类的始末。书前有 1923 年梁启超序、自序。

　　收藏单位：东北师大馆、广东馆、国家馆、江西馆、南京馆、上海馆、首都馆、浙江馆

**03463**

**自强之路　王立明著**

上海：良友图书印刷公司，1932，86 页，32 开

上海：良友图书印刷公司，1933，再版，86 页，32 开

　　收藏单位：重庆馆、国家馆

**03464**

**总理的人生观　黄钧达著**

南宁：民团周刊社，1939.6，30 页，32 开（基本认识丛刊 第 2 辑 8）

　　本书分 6 节讲述孙中山的人生观，内容包括：唯心派与唯物派的人生观、总理的人生观、就智的方面体认总理的人生观、就仁的方面体认总理的人生观、就勇的方面体认总理的人生观、我们要效法总理的人生观等。

　　收藏单位：广西馆、国家馆、吉林馆、江西馆

**03465**

**做人艺术　裴小楚编著**

上海：博文书店，1941，114 页，32 开

　　收藏单位：广东馆、首都馆

**03466**

**做人与做事　李云峰编著**

福建：现代出版社，1945.11，137 页，32 开

　　本书共 8 部分，内容包括：做人做事做到位心理咨询、积极生存心理咨询、拓展交际心理咨询、提高说话水平心理咨询和赚钱致富心理咨询等。

　　收藏单位：浙江馆

**03467**

**做人与做事　王枕心著**

[ 江西 ]：江西省地方行政干部训练团，1942.12，45 页，64 开

　　收藏单位：南京馆

# 国家道德

**03468**

**爱国论　雍守正著　袁承斌译**

北平：公教教育联合会，1932，34 页，32 开

北平：公教教育联合会，1933，再版，34 页，32 开

　　本书共 3 部分，论述个人与国家、家庭与国家的关系，说明爱国主义的对立面是个人主义和国家主义。此外还阐述公教的沿革、主张，宣传公教是真正的爱国主义。

　　收藏单位：甘肃馆、国家馆

**03469**

**创业捷径　（美）彭溪编　林俊千译**

上海：奔流书店，1940，130 页，32 开

　　收藏单位：广东馆、南京馆

**03470**

**打破个人主义与养成国民公德　陈铭枢著**

陈铭枢 [ 发行者 ]，1929，46 页，32 开

　　本书为作者 1929 年在黄浦军官学校的讲演。内容包括：中西道德观念的比较、中国个人主义的流毒、要求养成三点公德、适合于团体生活。

**03471**

**服务道德（又名，青年与服务）　潘文安编**

上海：商务印书馆，1930.3，94 页，32 开

上海：商务印书馆，1931.5，再版，94 页，32 开

上海：商务印书馆，1933.4，国难后1版，94页，32开

上海：商务印书馆，1934.12，国难后2版，94页，32开

上海：商务印书馆，1937.11，增订1版，94页，32开

上海、长沙：商务印书馆，1938.11，增订2版，93页，32开，精装

上海：商务印书馆，1939.4，增订3版，93页，32开，精装

上海：商务印书馆，1940，增订4版，93页，32开

本书为职业教科书委员会审查通过职业学校教科书。共11章，内容包括：服务与人生、服务之价值、服务与修养、吾人服务之条件、服务与性情、服务与独立自尊、服务与储蓄习惯、服务与科学方法、服务才干之养成、服务与解决难题、服务与成功。

收藏单位：重庆馆、东北师大馆、广东馆、广西馆、国家馆、江西馆、南京馆、山东馆、上海馆、首都馆、天津馆、浙江馆

**03472**

**服务方针　程鸥编著**

上海：中流书店，1940，137页，32开

本书共13部分，内容包括：服务是怎么一回事呢、服务的精神略谈、我们所要的服务精神等。

收藏单位：广东馆、吉大馆、南京馆、首都馆、浙江馆

**03473**

**服务精神与服务道德　王枕心讲**

[江西]：江西省地方行政干部训练团编辑室，1942.11，40页，64开（干部指导小丛书1）

收藏单位：南京馆

**03474**

**服务南针　汪慕庐等编**

上海：普益书局，1931，129页，32开（职业宝鉴 青年向导）

本书讲述青年在服务中应遵循的原则方法。共5章，内容包括：导言、服务原则、服

务精神、服务须知、业余生活。

收藏单位：重庆馆、江西馆、南京馆、山东馆、首都馆、天津馆、浙江馆

**03475**

**服务问题讲话　梅公毅编著**

重庆、桂林：学习出版社，1943.8，246页，32开

本书分24章，讲述服务工作的意义、目的、方法、精神、技能，以及职业指导和职业道德修养。书前冠编者的话。

收藏单位：重庆馆、广东馆、国家馆、南京馆

**03476**

**服务修养通讯集　徐咏平编**

重庆：文信书局，1943.8，70页，36开

本书共25篇，内容为重庆《学生之友》月刊"信箱"栏发表的关于服务与修养的来信以及徐咏平的答复。

收藏单位：重庆馆、南京馆

**03477**

**服务与人生　余家菊著**

重庆：独立出版社，1941.6，75页，32开

本书讲述人生与服务的关系。共14部分，内容包括：典范、取与、自觉、志愿、成功、忘我、平恕、平等、牺牲、行知、尽分、就业、参政、文化。

收藏单位：重庆馆、广东馆、贵州馆、国家馆、湖南馆、吉林馆、南京馆

**03478**

**服务与人生　赵宗预著**

上海：商务印书馆，1937.4，192页，32开

上海：商务印书馆，1937.6，再版，192页，32开

长沙：商务印书馆，1938，4版，192页，32开

上海：商务印书馆，1940.5，6版，224页，32开（新中学文库）

上海：商务印书馆，1947，7版，192页，32开（新中学文库）

上海：商务印书馆，1948.6，8版，192页，32

开（新中学文库）

本书讨论青年人在工作中遇到的几个问题：劳动、酬报、欲望、命运、悲观、乐观、奋斗、信仰等。书前有编辑例言。书后附本书参考书。

收藏单位：重庆馆、东北师大馆、广东馆、贵州馆、国家馆、湖南馆、吉大馆、江西馆、南京馆、山东馆、上海馆、首都馆、浙江馆、中科图

**03479**

**服务与修养　赵宗预编著**

上海：商务印书馆，1936，3 册（179+223+188页），32 开

重庆：商务印书馆，1944.2，3 册（152+194+173页），36 开

重庆：商务印书馆，1944，增订本，3 册（152+194+173页），36 开

重庆：商务印书馆，1945，增订 2 版，3 册（152+194+173页），36 开

本书共 3 编，内容包括德性修养、知能及体格修养、职业问题职业人生观及领袖资格。书前有写在前面的几句话。

收藏单位：重庆馆、广东馆、国家馆、江西馆、南京馆、上海馆、首都馆、天津馆、浙江馆

**03480**

**服务与修养（上册）　赵宗预编著**

上海：商务印书馆，1934，再版，179 页，32开

上海：商务印书馆，1935，3 版，179 页，32 开

上海：商务印书馆，1936，6 版，179 页，32 开

上海：商务印书馆，1936.7，8 版，179 页，32开

上海：商务印书馆，1937，9 版，179 页，32 开

长沙：商务印书馆，1939，13 版，179 页，32开

长沙：商务印书馆，1940.5，增订 15 版，152页，32 开

长沙：商务印书馆，1940，增订 16 版，152 页，32 开

上海：商务印书馆，1947，增订 18 版，151 页，

32 开

上海：商务印书馆，1947，增订 20 版，152 页，32 开

本书为《服务与修养》第 1 编。共两章，内容包括：基本道德、服务道德。书前有写在前面的几句话。

收藏单位：重庆馆、广东馆、广西馆、贵州馆、国家馆、江西馆、山东馆、天津馆

**03481**

**服务与修养（中册）　赵宗预编著**

上海：商务印书馆，1936.3，4 版，[12]+223 页，32 开

上海：商务印书馆，1936.9，6 版，[12]+223 页，32 开

上海：商务印书馆，1937，7 版，[12]+223 页，32 开

长沙：商务印书馆，1938.6，10 版，[12]+223页，32 开

长沙：商务印书馆，1938.10，11 版，[12]+223页，32 开

上海：商务印书馆，1946，增订 14 版，174 页，32 开

上海：商务印书馆，1947，增订 15 版，174 页，32 开

本书为《服务与修养》第 2 编。共 3 章，内容包括：知的修养、能的修养、体格修养。书前有写在前面的几句话。

收藏单位：重庆馆、广东馆、国家馆、南京馆、绍兴馆

**03482**

**服务与修养（下册）　赵宗预编著**

上海：商务印书馆，1936.3，2 版，188 页，32开

上海：商务印书馆，1936，3 版，188 页，32 开

上海：商务印书馆，1936.7，5 版，188 页，32 开

长沙：商务印书馆，1938.10，9 版，188 页，32开

长沙：商务印书馆，1940，增订 10 版，155 页，32 开

重庆：商务印书馆，1946，增订 3 版，188 页，32 开

上海：商务印书馆，1946，增订 13 版，155 页，32 开

上海：商务印书馆，1947，增订 14 版，155 页，32 开

　　本书为《服务与修养》第 3 编，共 3 章，内容包括：职业问题、职业人生观、领袖资格。书前有写在前面的几句话。

　　收藏单位：重庆馆、广东馆、贵州馆、国家馆、江西馆、南京馆、山东馆、上海馆

**03483**

**服务哲学**　（美）马尔腾（Orison Swett Marden）著　谈伦译

上海：正义书店，[1947]，177 页，25 开

　　本书讲述一些针对青年通病的经验之谈，作者从一个青年人的不满意的环境说起，告诉读者怎样选择并获得职业、怎样处事待人、怎样修身涵养、怎样支配生活，以至怎样完成理想。共 42 部分，内容包括：在乡少年的前途、你的资本在哪里、人人必须具备的资本、打定你的主意等。

　　收藏单位：江西馆

**03484**

**服务哲学（一名，怎样干事业）**（美）马尔腾（Orison Swett Marden）著　谈伦译

上海：东林书店，1946，177 页，36 开

　　收藏单位：重庆馆、广东馆、广西馆、国家馆、江西馆、首都馆

**03485**

**服务哲学（一名，怎样干事业）**（美）马尔腾（Orison Swett Marden）著　谈伦译

重庆：国风出版社，1942，142 页，36 开

重庆：国风出版社，1942，再版，142 页，36 开

　　收藏单位：重庆馆、浙江馆

**03486**

**服务哲学（一名，怎样干事业）**（美）马尔腾（Orison Swett Marden）著　谈伦译

上海：激流书店，1939，177 页，36 开

上海：激流书店，1940.6，142 页，36 开

上海：激流书店，1941，再版，142 页，36 开

　　收藏单位：重庆馆、广东馆、吉林馆、江西馆、上海馆、首都馆、天津馆、浙江馆

**03487**

**服务哲学（一名，怎样干事业）**（美）马尔腾（Orison Swett Marden）著　谈伦译

重庆：建国书店，1942，142 页，36 开（建国修养丛书）

重庆：建国书店，1943，再版，142 页，36 开

重庆：建国书店，1946，再版，142 页，36 开

重庆：建国书店，1947，再版，142 页，36 开

　　本书共 35 部分，内容包括：不恰当的职业、想好就做、判断力等。

　　收藏单位：重庆馆、广东馆、广西馆、国家馆、南京馆

**03488**

**服务箴言**　（美）瓦那美刻（J. Wanamaker）著　唐海译

外文题名：Maxims of life and business

上海：商务印书馆，1926.1，108 页，32 开（中华职业教育社职业修养丛书 3）

上海、长沙：商务印书馆，1937.12，国难后 1 版，108 页，32 开（中华职业教育社职业修养丛书 3）

　　本书共 8 章，内容包括：实业与成功（上、中、下）、人格之养成、人间关系、市民之资格、教育、人生。书前有译序。自日译本《实业训与人生训》转译。

　　收藏单位：重庆馆、广东馆、广西馆、国家馆、湖南馆、江西馆、南京馆、首都馆、天津馆、浙江馆

**03489**

**服务指导**　阮蓝田著

上海：仲仁出版社，1943，66 页，32 开

　　收藏单位：广东馆

**03490**

**告青年**　李仪祉著

奋进社，7 页，32 开（战时三分小丛书）

本书谈青年爱国的道理。

收藏单位：国家馆

03491

**告浙赣铁路同仁书　杜镇远著**

出版者不详，1935.11，28页，32开

　　本书收录杜镇远的讲话，告诫同仁要谨守职业道德。

　　收藏单位：浙江馆

03492

**革命与腐化　任中敏著**

上海：民智书局，1928.7，178页，32开（革命丛书4）

上海：民智书局，1928，再版，178页，32开（革命丛书4）

　　本书探讨国民腐化问题：腐化的根源是弱、私、顽固，腐化的6种表现和5个范围，革除腐化的9项办法等。共8章，内容包括：真革命绝不会腐化、腐化实在是革命者的公敌、革命者自身的防腐、为何腐化、谁腐化、国民腐化情形的大概——三大腐源、革除腐化的要因、怎样向腐化进攻。书末附录《国民腐化中妇女应负的责任》。

　　收藏单位：重庆馆、广东馆、广西馆、国家馆、南京馆、人大馆、浙江馆

03493

**格言注释　胡怀琛著**

上海：商务印书馆，1934.10，再版，46页，32开（小学生文库 第1集 公民道德类）

上海：商务印书馆，1935，6版，46页，32开（小学生文库 第1集 公民道德类）

　　收藏单位：重庆馆、吉林馆、首都馆

03494

**个人救国信条讲解　陈尔修著**

南京：军用图书社，1933.9，102页，25开

南京：军用图书社，1934.5，8版，石印本，1册，25开，环筒页装

南京：军用图书社，1934.9，10版，102页，25开

　　本书共两部分，内容包括：信条概论和由

来、信条各条句的详解。个人救国信条包括：竭力尽忠职守、时刻勿忘国耻、尽量购用国货、节制自己私欲、发扬互助精神。书前有序言。卷首附录《蒋委员长讲新生活运动之要义》《新生活须知》。

　　收藏单位：国家馆、江西馆、上海馆

03495

**工商青年自知录　心行著**

上海：佛学书局，1934.7，88页，25开

　　本书为工商青年修养之道格言集。分立身立业的要诀、营业员的常识两大类。书前有心行序。

　　收藏单位：江西馆

03496

**公德讲话　教育部通俗教育研究会编**

教育部通俗教育研究会，36页，32开（北五省旱灾灾区讲演集11）

　　收藏单位：首都馆

03497

**公德浅说　徐澄著**

上海：中华书局，1930，21页，36开（民众常识丛书）

上海：中华书局，1932，再版，21页，36开（民众常识丛书）

上海：中华书局，1934，3版，21页，36开（民众常识丛书）

　　本书讲述公德是什么，指出公德包括利人利己、公益、守秩序、守时间、负责任、博爱、正当娱乐、勿占人便宜、团体自治、地方自治。

　　收藏单位：重庆馆、广东馆、国家馆、南京馆、上海馆

03498

**公民　朱元懋编著　陈立夫　叶楚伧校订**

南京：正中书局，1946.8，沪版，4册，32开

　　本书供简易师范学校及简易乡村师范学校用。

03499
**公民（2）　孙寒冰编**
上海: 商务印书馆, 140 页, 32 开
　　本书为师范学校教科书。
　　收藏单位: 广西馆

03500
**公民（第 1 册 社会问题 伦理大意）　孙本文
刘国钧编著　叶楚伧　陈立夫主编**
南京: 正中书局, 1936.8, 165 页, 25 开
南京: 正中书局, 1936.9, 10 版, 165 页, 32 开
南京: 正中书局, 1946, [再版], 165 页, 32
开
　　本书由教育部审定, 供师范、乡村师范、
幼稚师范用。分社会问题、伦理大意两部分,
内容包括: 家庭问题、人口问题、伦理之意
义、中国伦理思想等章节。
　　收藏单位: 重庆馆、国家馆

03501
**公民（第 2 册 公民政治生活）　朱元懋编著
陈立夫　叶楚伧校订**
上海: 正中书局, 1946.8, 沪 3 版, 104 页, 32
开
　　本书共 4 章, 内容包括: 国家、公民之政
权、政府之治权、革命建设之程序。遵照教
育部公布简易师范及简易乡村师范公民课程
标准编辑。
　　收藏单位: 国家馆

03502
**公民（第 2 册 政治概要）　萨孟武编著　叶楚
伧　陈立夫主编**
南京: 正中书局, 1936.8, 114 页, 32 开
南京: 正中书局, 1936.12, 再版, 114 页, 32
开
南京: 正中书局, 1946.7, 沪 11 版, 114 页, 32
开
　　本书遵照教育部颁课程标准编著, 供师
范、乡村师范、幼稚师范用。共 6 章, 内容
包括: 国家、我国现行政治制度、各国政治
制度的比较、宪法、政党、国际关系与国际
组织。

收藏单位: 重庆馆、国家馆

03503
**公民（第 3 册 地方自治）　朱元懋编著　叶楚
伧　陈立夫主编**
正中书局, 1945, 赣 5 版, 101 页, 32 开
　　本书供简易师范学校及简易乡村师范学
校用。共 3 章, 内容包括: 地方自治与训政及
宪政的关系、地方自治的组织、地方自治的
实施。
　　收藏单位: 国家馆

03504
**公民（第 3 册 经济概要）　寿勉成编著　叶楚
伧　陈立夫主编**
南京: 正中书局, 1931, 16 版, 160 页, 32 开
南京: 正中书局, 1936, [再版], 160 页, 32 开
南京: 正中书局, 1946.7, 沪 14 版, 160 页, 32
开
　　本书遵照教育部颁课程标准编著, 供师
范、乡村师范、幼稚师范用。共 8 章, 内容
包括: 经济与经济学、消费、生产、交换、分
配、国家财政、中国经济状况及其问题、中
山先生实业计画。
　　收藏单位: 重庆馆、国家馆

03505
**公民（第 4 册 法律大意）　阮毅成编著　叶楚
伧　陈立夫主编**
南京: 正中书局, 1936.8, 183 页, 32 开
南京: 正中书局, 1936.12, 7 版, 183 页, 32 开
南京: 正中书局, 1946.6, 沪 1 版, 183 页, 32
开
南京: 正中书局, 1947, 13 版, 161 页, 32 开
　　收藏单位: 重庆馆、国家馆

03506
**公民（第 4 册 法律大意）　周新民编**
上海: 商务印书馆, 1935.5, 136 页, 32 开
　　本书供师范、乡村师范、幼稚师范用。
共 8 章, 内容包括: 法律之意义与渊源、权利
能力与行为能力、法律行为与意思表示、动
产与不动产所有权、婚姻父母子女与亲属等。

收藏单位：国家馆

**03507**

**公民（第 4 册 法律大意）** 朱元懋编著 叶楚伧 陈立夫校订

南京：正中书局，1936，121 页，32 开

上海：正中书局，1936，98 页，36 开

上海：正中书局，1946.8，16 版，94 页，32 开

本书遵照教育部颁课程标准编著，供简易师范学校及简易乡村师范学校用。共 6 章，内容包括：法律与公共生活、权利的主体与客体、财产与财产继承、契约与损害赔偿、犯罪与刑罚、法院与民刑诉讼。

收藏单位：重庆馆、国家馆

**03508**

**公民（第 5 册 公民经济生活 上）** 寿勉成编著

南京：正中书局，1936，8 版，100 页，32 开

上海：正中书局，1946，沪 1 版，82 页，32 开

收藏单位：重庆馆、国家馆

**03509**

**公民（第 6 册 公民经济生活 下）** 寿勉成编著

南京：正中书局，1936，6 版，107 页，32 开

上海：正中书局，1936，沪 13 版，79 页，32 开

收藏单位：重庆馆、国家馆

**03510**

**公民（第 7 册 社会问题）** 孙本文编 叶楚伧、陈立夫校订

南京：正中书局，1936，8 版，121 页，36 开

上海：正中书局，1946.10，沪 14 版，119 页，36 开

本书供简易师范学校及简易乡村师范学校用。共 8 章，内容包括：社会问题的意义及范围、家庭问题、人口问题、劳动问题、农村问题、妇女问题、贫穷与生计问题、犯罪问题。

收藏单位：重庆馆、国家馆

**03511**

**公民道德根本义** 陈筑山著

北平：中华平民教育促进会，1931，50 页，16 开（公民教育丛书）

北平：中华平民教育促进会，1933.11，再版，50 页，16 开（公民教育丛书）

本书共 6 章，内容包括：同体同心、即公即德、普遍圆满、实现人格、成己成物、本在明德。书前有总论。书后有结论。

收藏单位：重庆馆、国家馆、天津馆

**03512**

**公民鉴** （美）马维克（W. Marivick）（美）斯密司（W. Smith）著 苏锡元译

外文题名：The true citizen

上海：商务印书馆，1914.7，272 页，25 开

上海：商务印书馆，1916.8，再版，272 页，25 开

上海：商务印书馆，1921，3 版，272 页，25 开

上海：商务印书馆，1923.6，4 版，272 页，25 开

上海：商务印书馆，1925，5 版，272 页，25 开

本书论述公民的道德修养教育和政治知识教育，共 4 章 39 篇，内容包括：孩提、青年、成人、公民。书前有例言。

收藏单位：重庆馆、广东馆、国家馆、黑龙江馆、湖南馆、江西馆、南京馆、上海馆、首都馆

**03513**

**公民学** 戴厚培著

北京：望海，1921，178 页，22 开

收藏单位：首都馆

**03514**

**公民学通论（上册）** 赵冠青著

北京：文化学社，1928.3，118 页，25 开

收藏单位：江西馆

**03515**

**国家与伦理** （德）陶德曼（O. P. Trautmann）著 杨丙辰译

外文题名：Staat und Ethik

出版者不详，1934，22 页，32 开

本书为著者于 1934 年 10 月 22 日对上海同济大学师生的演说词，论述伦理的作用、欧洲的形势以及对中国社会的影响等。著者为当时的德国驻华公使。

收藏单位：广西馆、国家馆

03516

**国民必读　王凤喈等编纂**
外文题名：What a citizen ought to read
上海：商务印书馆，1922.10，65 页，32 开
上海：商务印书馆，1923.1，再版，65 页，32 开
上海：商务印书馆，1923.4，3 版，65 页，32 开
上海：商务印书馆，1926.6，6 版，65 页，32 开
上海：商务印书馆，1927，7 版，65 页，32 开

本书共 6 章，内容包括：个人、家庭、社会、国家、世界（附世界全图）、附录，讲解上述诸方面的基本常识和道德规范。

收藏单位：重庆馆、国家馆、江西馆、首都馆

03517

**国民道德概论　徐景贤讲**
[合肥]：安徽反省院，1935.10，50 页，32 开（安徽反省院丛书 3）

本书为作者在安徽反省院的演讲。共 12 讲，内容包括：国民道德的重要及其意义、国民道德与本国文化的历史背景、国民道德与本国地理环境的关系、忠孝的理论及其研究、仁爱的理论及其研究、信义的理论及其研究、和平的理论及其研究、新生活运动的精神等。书前有序。

收藏单位：国家馆、上海馆

03518

**国民道德论　邓熙著**
重庆：国民图书出版社，1942.5，178 页，32 开

本书分概论、理论、实践 3 篇。概论共两章，内容包括：道德与国家、我国之国民道德；理论共 3 章，内容包括：生存与义务、义务与道德、义务道德体用构造释义；实践共两

章，内容包括：修养、行为。书前有自序。

收藏单位：重庆馆、广东馆、广西馆、贵州馆、国家馆、湖南馆、吉林馆、江西馆、南京馆、上海馆、浙江馆

03519

**国民道德谈　中国图书公司编**
出版者不详，1 册，32 开，精装

收藏单位：南京馆

03520

**国民道德须知　国民政府教育部编**
吉安：力学书店，1940，46 页，25 开

本书讲解忠孝、仁爱、信义、和平、智、仁、勇、信、严、礼、义、廉、耻等概念。书前有引言。书后有结论。书末附《中国国民党党员守则十二条》《中华民国陆海空军军人读训十条》。

03521

**国民道德须知　国民政府教育部编**
赣州：中国国民党江西省党部，1940，44 页，32 开（国民月会讲材丛书）

收藏单位：重庆馆、江西馆、南京馆

03522

**国民道德须知　教育部国民精神总动员会秘书处编**
国民精神总动员会，[1940]，34 页，25 开
国民精神总动员会，[1940] 翻印，48 页，32 开（国民月会讲材丛书）
国民精神总动员会，[1939—1949]，40 页，32 开（国民月会讲材丛书）

收藏单位：广东馆、广西馆、桂林馆、国家馆、江西馆

03523

**国民道德须知·十大忠烈事略　教育部国民精神总动员会秘书处主编**
国民精神总动员会，70 页，25 开（国民月会讲材丛书）

《国民道德须知》对忠孝、仁爱、信义、和平、智、仁、勇、信、严、礼、义、廉、

耻等概念加以解说。《十大忠烈事略》内收张巡、宗泽、岳飞、文天祥、陆秀夫、熊廷弼、袁崇焕、史可法、郑成功、左宝贵等人的生平传略。

收藏单位：重庆馆、江西馆、南京馆

03524

**国民道德要义** 陈绍舜著

广州：双门底福芸楼印务图书局，1922，次版，20页，42开

本书内容包括：国家精神、各尽责任、服从、尊选权、崇公德等。

收藏单位：浙江馆

03525

**国民精神养成会章程** 北京国民精神养成会编

北京：国民精神养成会，1925，26页，22开

本书共5部分，内容包括：宣言、会赞、本会职员、研究科征会员章程、疗养科征集会员章程。

收藏单位：国家馆

03526

**国民立身训** 谢无量编

上海：中华书局，1917.1，222页，32开
上海：中华书局，1921，3版，222页，32开
上海：中华书局，1927，5版，222页，32开
上海：中华书局，1930，6版，222页，32开
上海：中华书局，1933，7版，222页，32开
上海：中华书局，1941.4，9版，222页，32开

本书讲述国民个人立身修养的问题。共6编，内容包括：立志论、力行与勇气、科学工艺发明家之模范、职业及处世、人格论、修养论。

收藏单位：重庆馆、广东馆、国家馆、河南馆、黑龙江馆、江西馆、南京馆、上海馆、首都馆、浙江馆

03527

**国民十二守则例解** 韩棐编

上海：中华书局，1937.9，74页，32开
昆明：中华书局，1940.6，2版，74页，32开

本书对《国民十二守则》加以解说。共12部分，内容包括：忠勇为爱国之本、孝顺为齐家之本、仁爱为接物之本、信义为立业之本、和平为处世之本、礼节为治事之本、服从为负责之本、勤俭为服务之本、整洁为强身之本、助人为快乐之本、学问为济世之本、有恒为成功之本。

收藏单位：重庆馆、国家馆、南京馆、人大馆、上海馆

03528

**国民守则释证** 刘继宣编著

重庆、上海：正中书局，1945.4，43页，32开
上海：正中书局，1945.11，[45]页，32开

本书解释中国国民党《党员守则十二条》。共12部分，内容包括：忠勇为爱国之本、孝顺为齐家之本、仁爱为接物之本、信义为立业之本、和平为处世之本、礼节为治事之本、服从为负责之本、勤俭为服务之本、整洁为强身之本、助人为快乐之本、学问为济世之本、有恒为成功之本。书前有序。

收藏单位：重庆馆、国家馆、吉林馆、南京馆、人大馆、首都馆、天津馆

03529

**国民之修养（第1编）** 陆费逵著

上海：中华书局，1919，40页，50开
上海：中华书局，1929，5版，40页，50开
上海：中华书局，1937，6版，40页，50开

本书论述国民的道德修养。共3章，内容包括：修养论、论学、除国民盗性论。

收藏单位：安徽馆、重庆馆、广东馆、广西馆、吉林馆、南京馆、天津馆、浙江馆

03530

**互助学漫言** 金兆梫著 中国互助学研究会编辑

北平：世界社，1932，12页，22开（世界集刊 互助）

收藏单位：人大馆、首都馆

03531

**互助学引言** 李煜瀛著 中国互助学研究会

编辑
北平：世界社，1932，8 页，22 开（世界集刊
互助）

收藏单位：近代史所、首都馆

03532

**互助学在中国哲学上之研究　邵乐安著**
北平：世界社，1932，2 册（30+22 页），22 开
（世界集刊 互助）

本书引用《易经》《尚书》《周礼》《春秋
左传》《诗经》等著作中涉及互助的章段，说
明互助学说在我国古代学术思想中的存在。

收藏单位：首都馆

03533

**互助学在中国哲学上之研究（甲篇）　张行恕
著　中国互助学研究会编辑**
北平：世界社，1932，2 册（28+38 页），22 开
（世界集刊 互助）

收藏单位：首都馆

03534

**叫化与农夫　黎民著**
北平：中华平民教育促进会，1929，14 页，50 开
北平：中华平民教育促进会，1932，再版，16
页，50 开

本书为平民读物。共两篇对话，内容包
括：叫化子、日出而作。

收藏单位：国家馆

03535

**九修集（一）　财政部川康区盐务人员训练班编**
[成都]：财政部川康区盐务人员训练班，
1943.4，62 页，32 开

本书为川康盐务人员自修材料。共 4 部
分，内容包括：四行（勤、慎、廉、明）、三
育（德育、智育、体育）、二化（科学化、纪
律化）、章则方案。

收藏单位：重庆馆、国家馆、吉林馆、南
京馆

03536

**抗战的伦理观　许逢熙著**

重庆：独立出版社，1939.2，52 页，50 开（抗
战建国小丛书）

本书讲述在抗日战争中每个国民应尽的
义务。共 5 部分，包括：绪论、抗战的目的、
抗战的需要、抗战的前途、结论。

收藏单位：重庆馆、国家馆、南京馆

03537

**抗战女儿经　韩一青编**
复兴出版社，1939.4，12 页，32 开

本书为抗战时期教导新女性参与抗日救
国的思想动员宣传文献。

收藏单位：国家馆

03538

**立国精神详解**
国群铸一通俗讲演社，1915，石印本，25 页，
32 开，环筒页装

本书说明忠、孝、节、义为我国立国的
精神。

03539

**立业刍言　何维凝讲述　财政部财务人员训
练所盐务人员训练班编**
财政部财务人员训练所盐务人员训练班，
1943，102 页，32 开（盐训丛书 7）

本书为盐务人员训练班职业道德讲义。
共 3 部分，内容包括：导言、力行纲目、结
语。力行纲目共 5 部分，内容包括：做人治事
的起点、心身修养的境界、生活行动的准绳、
处世待人的要领、求知力行的方法。书前有
自序。

收藏单位：重庆馆、国家馆、吉林馆、南
京馆、武大馆

03540

**论共产主义的劳动态度　联合社编**
东北新华书店辽东分店，1949，33 页，32 开

本书共 6 部分，内容包括：论劳动纪律、
论共产主义的劳动态度、论新的劳动态度、
论劳动中的纪律和组织性、苏联工厂的秩序
和纪律、实行最严格的节约制度。

收藏单位：国家馆

03541

论共产主义的劳动态度　联合社编

华中新华书店，1949，34 页，36 开

　　收藏单位：重庆馆

03542

论共产主义的劳动态度　联合社编

天津：联合出版社，1949.7，39 页，32 开

　　收藏单位：重庆馆、东北师大馆、广东馆、国家馆

03543

论共产主义的劳动态度　联合社编

辽东新华书店，1949，39 页，32 开

　　收藏单位：国家馆

03544

论无产阶级的集体主义　张遐著

天津：读者书店，1949.9，10 页，32 开

　　收藏单位：广东馆、国家馆、天津馆

03545

青年服务指导　潘文安著

上海：大东书局，1930，128 页，32 开

上海：大东书局，1931，3 版，128 页，32 开

上海：大东书局，1935，4 版，128 页，32 开

　　本书讲述服务与修养、读书、兴趣、经验等的关系，以及怎样服务。书前有作者序。

　　收藏单位：重庆馆、国家馆、湖南馆、吉林馆、江西馆、南京馆、首都馆

03546

青年修养与服务　沈沙白编

上海：国光书店，1940，272 页，32 开

上海：国光书店，1940，再版，272 页，32 开

上海：国光书店，1946.10，再版，132 页，32 开

上海：国光书店，1947.4，再版，132 页，32 开

　　本书为青年向上读物、青年必读书。阐述青年的职业与道德修养。共 13 章，内容包括：什么是职业、职业的价值、择业的重要、职业平等、怎样做店员、失业的原因、怎样找寻职业、怎样才乐业、身心的修养、职业青年应有的修养、职业青年应有的态度、成功的标准、吸引顾客的方法。书前有作者序。书后有附录。

　　收藏单位：重庆馆、国家馆、江西馆、南京馆、首都馆、浙江馆

03547

青年与职业　（美）哈立斯（F. Harris）著
王志莘编译

外文题名：The young man and his vocation

上海：商务印书馆，1924.2，56 页，32 开（职业修养丛书 2）

上海：商务印书馆，1924.11，再版，56 页，32 开（职业修养丛书 2）

上海：商务印书馆，1926.11，3 版，56 页，32 开（职业修养丛书 2）

上海：商务印书馆，1931，4 版，56 页，32 开（职业修养丛书 2）

　　本书共 10 章，论述职业与人生的关系、职业选择、职业训练、职业的价值、职业效能增进法、副业与休养，以及勤业、乐业、安业等问题。书前有沈恩孚弁言、黄炎培序及作者自序。

　　收藏单位：重庆馆、广东馆、国家馆、湖南馆、江西馆、南京馆、山东馆、首都馆、天津馆、浙江馆

03548

青年与职业　孙蕴著

桂林：乐群书店，1943，170 页，32 开

　　本书共 9 章，内容包括：现代青年应有的职业观、青年职业问题的根源、青年应有的职业常识、青年的职业选择、青年的职业训练、青年的职业修养、青年的得业途径、职业环境的适应与改造、事业与职业的配合。

　　收藏单位：重庆馆、广东馆、南京馆

03549

全国人民十二要注释　河北省政府民政厅编

河北省政府民政厅，1928，38 页，50 开

　　收藏单位：首都馆

03550

**人格战争**

出版者不详，21 页，50 开

　　收藏单位：上海馆

03551

**人与事的体验　赵宗预著**

上海：世界书局，1949.3，[12]+226 页，32 开

　　本书共 9 篇，内容包括：人心论、干部论、工作论、训练论、风潮论、舞弊论、待遇论、福利论、余论——领袖之道。

　　收藏单位：重庆馆、国家馆、南京馆、上海馆

03552

**"十不"标语讲释　冯玉祥著**

出版者不详，1937.7，68 页，36 开

　　本书作者对蒋介石在牯岭励志社所提的"不怕死、不骄傲、不贪财、不借钱、不说谎、不造谣、不偷懒、不嫖赌、不吸烟、不饮酒"的"十不"标语加以解释。

03553

**事业与修养　生活书店编译所编**

上海：生活书店，1933，再版，228 页，32 开

上海：生活书店，1933.6，3 版，228 页，32 开

上海：生活书店，1933.10，4 版，228 页，32 开

上海：生活书店，1934，5 版，228 页，32 开

上海：生活书店，1934.5，6 版，228 页，32 开

上海：生活书店，1934.9，7 版，228 页，32 开

上海：生活书店，1935.2，8 版，228 页，32 开

上海：生活书店，1935.9，9 版，228 页，32 开

上海：生活书店，1936.4，10 版，228 页，32 开

　　本书收录论述事业与修养的文章 54 篇，包括《从今天起》《青年修养论》《习惯》《幻想》等。书前有邹韬奋所著弁言。

　　收藏单位：重庆馆、广东馆、国家馆、黑龙江馆、江西馆、近代史所、南京馆、山东馆、首都馆、浙江馆

03554

**事业与修养　生活周刊社编**

上海：生活书店，1932.11，228 页，32 开

　　收藏单位：重庆馆、广西馆、国家馆、吉大馆、天津馆、浙江馆

03555

**我们的公民　蒋星德编著**

南京：正中书局，1937，220 页，32 开（中国青年丛书）

重庆、南京：正中书局，1939，3 版，220 页，32 开（中国青年丛书）

金华：正中书局，1942，5 版，220 页，32 开（中国青年丛书）

重庆：正中书局，1943，7 版，220 页，32 开（中国青年丛书）

　　本书论述公民在政治上、经济上和社会上应尽的义务，中国公民的道德修养和生活规范。共 4 章，内容包括：绪论、公民的一般研究、我们的公民、中国公民的生活规范。书前有《中国青年丛书》绪言。

　　收藏单位：重庆馆、广东馆、国家馆、吉林馆、南京馆、浙江馆

03556

**五规全书　史柔刚著**

西安：立达书店，1946，138 页，16 开

　　本书内容包括：始言两则、自治规、家族规、教育规、经济规、国际规。书前有序两则。书末有终言两则。

　　收藏单位：国家馆

03557

**五伦八德敬长尊贤之真义　刘膺古讲**

湖南：道德会，1934，12 页，16 开

　　收藏单位：广东馆

03558

**责任观念与现代国民（一个伦理学的研究）　韩仁编著**

重庆：正中书局，1940.5，142 页，32 开

上海：正中书局，1945.11，沪 1 版，141 页，32 开

重庆：正中书局，1947，沪 3 版，141 页，32 开

　　本书共 3 编 9 章，内容包括：责任之意义、责任发展的历史背景、良心责任观、形

式论派、目的论派、认识责任、表现责任、责任与品德之关系、总结。

收藏单位：重庆馆、广东馆、广西馆、国家馆、湖南馆、江西馆、南京馆、山东馆、上海馆、首都馆、天津馆、浙江馆

03559

**怎样服务　潘文安著**

上海：长城书局，1933.12，145页，32开

上海：长城书局，1934，再版，145页，32开

上海：长城书局，1936，3版，145页，32开

上海：长城书局，1939，4版，145页，32开

上海：长城书局，1939.11，5版，145页，32开

本书作者在上海职业指导所工作，据多方了解的情况介绍如何做好服务工作。共61节，内容包括：服务真义、服务要点、第一人、命运、搪塞等。每节联系实际讲清一个问题。

收藏单位：重庆馆、广东馆、国家馆、江西馆、南京馆、上海馆、首都馆、浙江馆

03560

**怎样服务社会　周世昌编著**

上海：中流书店，1939.12，225页，32开

收藏单位：南京馆

03561

**怎样改造国民的生活　曾令可著　中国国民党浙江省国民抗敌自卫团特别党部　浙江省国民抗敌自卫团总司令部政治部编**

浙江：浙江省国民抗敌自卫团，1940.7，16页，64开（抗卫小丛书1）

收藏单位：南京馆

03562

**怎样干事业　（美）马尔腾（Orison Swett Marden）著　顾毅音译**

上海：激流书店，1941.2，再版，177页，32开（青年创业指导）

本书是青年创业指导书籍，收录42篇文章，包括《在乡少年的前途》《你的资本在哪里?》《人人必须具备的资本》《怎样选择职业》《家长代你择定职业的害处》《不恰当的

职业》《获得职位的法门》《打定你的主意》《想好就做》等。

收藏单位：安徽馆、重庆馆、广东馆、南京馆、天津馆、浙江馆

03563

**怎样干事业　（美）马尔腾（Orison Swett Marden）著　谈伦译**

上海：天下书店，1940，177页，32开

上海：天下出版社，1941，再版，177页，32开

收藏单位：广东馆、江西馆

03564

**怎样干事业　（美）马尔腾（Orison Swett Marden）著　谈伦译**

上海：正义书店，1947.5，177页，32开

收藏单位：国家馆、南京馆、山东馆

03565

**怎样使你职业成功　红风编著**

上海：博文书店，1940.10，126页，32开

上海：博文书店，1941，126页，32开

本书共9章，内容包括：绪论、职业的真义、职业的准备、职业的选择、职业的修养、职业的训练、职业谋得法、职业的信条、结语。书前有作者序。

收藏单位：重庆馆、广东馆、国家馆、首都馆

03566

**怎样使你职业成功　红风编著**

上海：群学书店，1946.12，126页，32开

收藏单位：国家馆、吉大馆

03567

**怎样做事情　张国华编著**

上海：群学书店，1946，139页，32开

本书讲述做事的态度、方法。共7章，内容包括：总论、应付事态的策划、怎样来做我们的事、应付事态心理侦察的方法、对事须要备具进取的精神、值得留念的事应该回忆、循轨走去所得的效果。

收藏单位：重庆馆、国家馆、湖南馆、吉林馆、南京馆、上海馆

**03568**

**政治道德论** （日）浮田和民著　陈重民编译

[北京]：内务部编译处，1919.12，128页，16开

本书阐述政治道德的原则。共8章，内容包括：政治与道德之关系、普通道德与特殊道德、政治道德之意义、关于国体之道德、关于政体之道德、立宪的道德、立宪的教育、立宪上之权利。

收藏单位：国家馆、南京馆、首都馆

**03569**

**职分论** （英）斯迈尔斯（S. Smiles）著　蒋方震译

外文题名：Smiles' duty

上海：商务印书馆，1917.6，232页，32开

本书论述不同职业者的道德修养。共14章，内容包括：职分、良心，行为上之职分、职分之实行，正直、真实，不为金钱所动之人物，勇气与忍耐，博爱，传教之勇气，行善之勇气，责任等。著者原题：斯迈尔。

收藏单位：重庆馆、广东馆、广西馆、国家馆、湖南馆、吉林馆、江西馆、南京馆、首都馆、天津馆

**03570**

**职分论** （英）斯迈尔斯（S. Smiles）著　叶农生译

外文题名：Duty

上海：中华书局，1915.12，182页，25开

上海：中华书局，1918.3，再版，182页，25开，精装

上海：中华书局，1928.9，4版，182页，25开

上海：中华书局，1936.8，5版，182页，25开

本书论述不同职业者的道德修养。译稿共16章，内容包括：职分、良心，行为上之职分，正直、真实，金钱不能收买之人，勇气、忍耐，沙威奈罗，海军军人及水夫，陆军军人，博爱，传道之勇气，行善之勇气，同情，对于动物之同情，对于马之慈悲，责任，人之最后。

收藏单位：重庆馆、广东馆、广西馆、贵州馆、国家馆、河南馆、黑龙江馆、湖南馆、吉林馆、江西馆、南京馆、山东馆、上海馆、首都馆、浙江馆

**03571**

**职业青年的学习与修养**　孙起孟著

重庆：进修出版社，1942，79页，32开

上海：进修出版社，1945.10，再版，79页，32开

香港：进修出版社，1949.3，再版，79页，32开

本书阐述修养和职业的概念、职业训练、选业与乐业、在职业环境中怎样待人接物等。

收藏单位：广东馆、国家馆、南京馆、上海馆

**03572**

**职业青年手册**　黄警顽编

成都：甲申出版社，1945.4，80页，36开

本书内容包括：职业青年应具有的条件、责任、权利，修养方法，服务要点，社交活动，商业知识，以及成功的途径。

收藏单位：重庆馆

**03573**

**职业青年之学习与修养**　孙起孟著

昆明：进修出版教育社，1945，沪再版，79页，36开

本书主要谈论职业训练。内容包括职业道德与待人接物等。

收藏单位：重庆馆

**03574**

**职业青年之学习与修养**　孙起孟著

桂林：科学书店，1941，75页，36开

**03575**

**职业青年之学习与修养**　孙起孟著

昆明：孙起孟 [发行者]，1942.9，75页，32开

昆明：孙起孟 [发行者]，1943.2，3版，75

页，32 开

收藏单位：重庆馆、国家馆、江西馆、南京馆、上海馆

03576

**中国国民道德概论　姜琦编**

北京：丙辰学社，1917，191 页，32 开

本书分本论、附论两部分。本论共 5 章，内容包括：国民道德之意义、中国国民道德之沿革、中国国民道德之特质、今后中国国民道德之教养、结论；附论共两部分，内容包括：孔道与宗教、论社会教育上孔道之教养。书前有序。

收藏单位：重庆馆、国家馆、南京馆、浙江馆

03577

**中国国民道德原论　姜琦著**

重庆：商务印书馆，1944.11，118 页，32 开

上海、重庆：商务印书馆，1946.3，118 页，32 开

上海、重庆：商务印书馆，1946.3，台湾版，101 页，32 开

上海：商务印书馆，1947.7，再版，118 页，32 开

本书共 10 章，内容包括：绪论、国民道德之意义、中国国民道德之本质、中国国民道德之现象、中国国民道德之法则、中国国民道德之纲领、中国国民道德之教育、中国国民道德之实践、中国国民道德之目的、结论。作者认为"三民主义是国民道德的最高原则"。

收藏单位：重庆馆、福建馆、国家馆、河南馆、湖南馆、吉林馆、江西馆、辽宁馆、南京馆、山东馆、上海馆、天津馆、浙江馆

03578

**中国群治上之互助（乙篇 正史中之互助观 — 史记）　张行恕著**

北平：世界编译馆，1933，2 册（34+34 页），22 开（世界集刊）

本书共 27 篇，内容包括：《吴太伯世家》《齐太公世家》《鲁周公世家》《燕召公世家》《宋微子世家》《晋世家》《越王勾践世家》《郑世家》《田敬仲完世家》《仲尼弟子列传》《苏秦列传》《张仪列传》《孟尝君列传》《平原君列传》《信陵君列传》《春申君列传》《范雎君列传》等。

收藏单位：国家馆

03579

**中国群治上之互助（子篇）　张行恕著　中国互助学研究会编辑**

北平：世界社，1932，24 页，22 开（世界集刊 互助）

收藏单位：近代史所、首都馆

03580

**中国宜修妇教　温宗光著**

出版者不详，1941.9，1 册，32 开

收藏单位：南京馆

03581

**做事之理论办法与经验（管教养卫合一制度之实验）　郭培师著**

郭培师[发行者]，1938.4，151 页，32 开

本书内容包括：做事之进程和做事之矛盾、共举"做事环境矛"、戳穿"做事条件盾"、共奏做事进行曲、高呼做事万岁等。书前有作者序。

收藏单位：重庆馆、国家馆

# 家庭、婚姻道德

03582

**霭理斯婚姻论　（英）霭理斯（H. Ellis）著　杨虎啸　金钟华译**

上海：美的书店，1928，136 页，32 开（婚姻丛书 1）

本书论述婚姻及性道德问题。

收藏单位：国家馆、湖南馆、吉大馆、吉林馆、南京馆

**03583**

**爱的人生观　林众可著**

上海：华通书局，1930，260 页，32 开

上海：华通书局，1931，再版，260 页，32 开

本书分 29 节论述恋爱、婚姻的有关问题。卷后附各国婚姻事 10 节。书前有序言。

收藏单位：广东馆、国家馆、南京馆、浙江馆

**03584**

**爱的艺术　（法）莫洛亚（André Maurois）著　王宛译**

[桂林]：峨嵋书屋，1941，3 版，36 页，32 开（生活艺术小丛书 2）

本书共 6 节，内容包括：对象的选择、爱情的诞生、使人爱自己、追求、自己不要生厌、欲望的升华。

收藏单位：国家馆

**03585**

**爱情与道德　（英）霭理斯（H. Ellis）著　梁渭华译**

外文题名：Little essays of love and virtue

长沙：商务印书馆，1938.10，137 页，32 开（家庭丛书）

长沙：商务印书馆，1939，再版，137 页，32 开（家庭丛书）

本书论述爱情的意义、价值、力量与获得爱情的正确途径。共 7 章，内容包括：父母与子女、贞洁的意义、婚姻的目的、夫与妻、女子的爱情权利、性的游戏机能、个人与种族。著者原题：伊利斯。

收藏单位：广东馆、国家馆、天津馆

**03586**

**爱情之福音　（波）克尔罗斯基（Killosky）著　唐君毅译**

外文题名：Gospel of love

重庆：正中书局，1945.1，84 页，32 开

上海：正中书局，1947.1，84 页，32 开

本书以圣人德拉斯回答学生问题的方式论及了爱情与婚姻的理论。原书共 8 章，中译本只包括前 5 章。内容包括：灵与肉、爱之一源、爱情中的道德、爱情之创造与条件、论爱情中之罪过与苦痛。

收藏单位：重庆馆、国家馆、南京馆、中科图

**03587**

**安乐铭　魏炳荣重订**

上海：文华书局，1923，石印本，47 页，32 开

本书内收《朱子家训》《圣贤诗歌》《杜公十戒》《劝世箴字》等。

**03588**

**白话劝孝文**

出版者不详，石印本，7 叶，32 开

本书劝人孝敬父母。

收藏单位：国家馆

**03589**

**白话直解衍义朱子家训　陈让之编纂**

上海：经书流通处，1933.2，53 页，25 开

收藏单位：江西馆

**03590**

**百孝篇**

出版者不详，16 页，32 开

本书分为体亲养育歌、醒世钟两部分。后附五毒恨怨恼怒烦之毒害歌。

收藏单位：国家馆

**03591**

**处世宝鉴　邵字建编**

重庆：汤文镇[发行者]，1945，42 页，32 开

本书内收《玉历之序论》《袁了凡先生四训》。

收藏单位：重庆馆、国家馆

**03592**

**处世宝鉴**

天津：华新印刷局，1923，152 页，32 开

本书内容包括：学问、存养、持躬（附摄生）、敦品、处事、接物、齐家、从政、惠吉、悖凶。后附劝毁淫书说、戒淫歌详注、

戒邪淫单式、戒食牛犬无鳞鱼单式、难产神效方、疟疾半贝散、五香丸。

收藏单位：首都馆

03593
**传家之宝（又名，休宁陈研楼传家格言）** 陈研楼著　袁孟琴节录
上海：三友实业社，1937，83 页，36 开
上海：三友实业社，1939.10，2 版，83 页，36 开
上海：三友实业社，1939.11，3 版，83 页，36 开

本书为陈研楼治家格言。共 11 节，内容包括：笃伦常、勉学问、谨言动、慎交与、练事情、宏度量、励志行、省愆尤、培福德、安义命、总论。

收藏单位：重庆馆、南京馆、上海馆、绍兴馆、浙江馆

03594
**传家之宝（又名，休宁陈研楼传家格言）** 陈研楼著　袁孟琴节录
上海：中华劝工银行，1937.1，68 页，50 开

收藏单位：国家馆、上海馆、绍兴馆、浙江馆

03595
**慈孝集** 念亲恩著
出版者不详，[1928]，316+36 页，22 开

收藏单位：广东馆

03596
**聪训斋语·澄怀园语** （清）张英著·（清）张廷玉著
天津：丰润悦中堂，1943.12 重印，1 册，22 开

本书是张英父子的笔记杂著合订本。张英著《聪训斋语》2 卷；张廷玉著《澄怀园语》4 卷。封面及版权页题名：聪训斋语澄怀园语合订本。

收藏单位：吉大馆、南京馆

03597
**聪训斋语·澄怀园语** （清）张英著·（清）张廷玉著

上海：青年协会书报部，1927，150 页，32 开

收藏单位：重庆馆、国家馆、南京馆、上海馆、首都馆

03598
**对待男子妙术** 张竞生著
香港：华新书局，1929，42 页，32 开，环筒页装

本书分上、下两卷，各 4 编。

收藏单位：重庆馆

03599
**敦孝百事** 唐振绪辑
北平：壮学庐，1929，124 页，64 开

本书辑录前人敦孝、规淫、戒杀、拯灾事例及格言。

收藏单位：国家馆

03600
**二十四孝彩图** 上海信谊药厂广告部编
上海：信谊药厂，1939.6，修正再版，1 册，32 开

本书收录亲尝汤药、拾葚供亲等故事。

收藏单位：上海馆

03601
**二十四孝暨女子二十四孝图传汇编** 见心居士编　刘仲文绘图
上海：毅成出版社，1947.8，99 页，50 开

本书将元代郭居业的《二十四孝》与近代人所辑《女子二十四孝》汇编为 1 册，并绘图说明。

收藏单位：上海馆

03602
**二十四孝悌图说合刊** （清）萧培元著
山东：济南慈济印刷所，1934，1 册，22 开

收藏单位：山东馆

03603
**二十四孝图说** 胡怀琛编著
上海：大东书局，1933，5 版，49 页，32 开

收藏单位：首都馆

03604
二十四孝图说（水彩画）（元）郭居业辑
陈镜如音注　周湘绘图
上海：文明书局，1923.8，80页，16开
　　本书书前有刘文玠、陈镜如序。

03605
二十四孝图说（水彩画）（元）郭居业辑
陈镜如音注　周湘绘图
上海：中华书局，[1918]，1册，16开，精装
　　收藏单位：重庆馆、广东馆

03606
二十四孝宣讲大全　林直清校勘
上海：广益书局善书部，1936，48+246页，32
开
上海：广益书局善书部，1939.7，再版，242页，
32开
　　本书分《二十四孝图说》和《宣讲大全》
两部分。
　　收藏单位：山东馆、首都馆

03607
二十四孝宣讲大全（重订）林直清校勘
上海：广益书局，1942.10，再版，48+246页，
32开
　　本书分《二十四孝图说》和《宣讲大全》两部分。《二十四孝图说》内容包括：孝感动天、亲尝汤药、单衣顺母、鹿乳奉亲、卖身葬父、为母埋儿、卧冰求鲤等；《宣讲大全》内容包括：苦心行孝、弟道可风、拒淫登科、金玉满堂、伤生惨死、挖墓乞食、梦佛赐子等。
　　收藏单位：上海馆

03608
二十四孝之研究　顾颉刚著　徐见石绘图
上海：良友图书印刷公司，1929.10，24页，
28开（良友读者丛书5）
　　本书说明"二十四孝"的历史、来源及有关事迹，并配以绘画。
　　收藏单位：上海馆

03609
放翁家训　（宋）陆游著
上海：聂氏家言社，1931，16页，36开
　　本书择集陆游家训若干条目。书后有聂其杰跋。
　　收藏单位：湖南馆、上海馆

03610
夫　沙驼著
上海：新地书店，1941.5，133页，32开（新地青年生活丛刊5）
　　本书内容包括：为什么这样的称呼、怎样创造家庭新生活、尊重她的地位、检索自己的一切、测度她的内心、失业时候怎样应付、余闲时间的支配、程度幼稚的她、她在怀疑的当儿、告诉她对于社会的责任、争吵是情感破裂的导火线、回忆她的优点、撒谎是危机的暗伏、特性的她等。
　　收藏单位：重庆馆

03611
夫妇编　上海报恩佛社编
上海：中华书局，1915，32页，32开（弘法护国、报恩伦理丛书）
　　本书以佛教观点解释夫敬妇爱的道理，以及提倡妇女传道等。

03612
夫妇之道　上海机联会编辑部编辑
上海：机制国货工厂联合会，1931，39页，32开
上海：机制国货工厂联合会，1947.6，20版，39页，32开
　　本书是《机制国货工厂联合会刊》"夫妇之道"栏目里发表过的夫妇道德修养短文的汇集。
　　收藏单位：广东馆

03613
夫妇之道　上海机联会编辑部辑
上海：三友实业社，127页，32开
上海：三友实业社，1934，3版，119页，32开
上海：三友实业社，1935，13版，115页，32开

本书内容包括：挽背而行、势不两立、学作夫人而后嫁、各显所长、回想未婚前、结婚之目标等。

收藏单位：广东馆、河南馆、南京馆

03614

**夫妇之道　王逸夫著**

上海：卫生研究社，1946.12，133 页，25 开

收藏单位：重庆馆

03615

**夫妇之道（第 1 册）　上海机联会编辑部编**

上海：机制国货工厂联合会，1937，5 版，38 页，32 开

本书收《机制国货工厂联合会刊》"夫妇之道"栏目里发表过的关于夫妇道德修养的短文 25 篇。

03616

**夫妇之道（第 2 册）　上海机联会编辑部编**

上海：机制国货工厂联合会，1937，4 版，42 页，32 开

本书收《机制国货工厂联合会刊》"夫妇之道"栏目里发表过的关于夫妇道德修养的短文 23 篇。

收藏单位：南京馆

03617

**夫妇之道（第 3 册）　上海机联会编辑部编**

上海：机制国货工厂联合会，1937，3 版，44 页，32 开

本书收《机制国货工厂联合会刊》"夫妇之道"栏目里发表过的关于夫妇道德修养的短文 27 篇。

03618

**夫妇之道（第 4 册）　上海机联会编辑部编**

上海：机制国货工厂联合会，1935，46 页，32 开

本书收《机制国货工厂联合会刊》"夫妇之道"栏目里发表过的关于夫妇道德修养的短文 25 篇。

03619

**夫妇之道（立身处世第一要书）　杨尊贤编著**

上海：国光书店，1947，再版，105 页，25 开

本书内容包括：怎样主治家政、家庭中的和睦谈、怎样救济中等家庭人士、家庭记账法、家庭娱乐的设施、怎样维持家庭生活、教儿与育女、养成儿童良好习惯等。

收藏单位：重庆馆、南京馆

03620

**夫妻手册　许彩贞著**

上海：经纬书局，1947，83 页，36 开

本书分夫妻之部、夫之部、妻之部 3 辑。

收藏单位：重庆馆

03621

**父子编　上海报恩佛社编**

上海：中华书局，1915，38 页，32 开（弘法护国、报恩伦理丛书）

本书介绍佛教孝敬父母的理论学说。

03622

**妇女与道德**

出版者不详，124 页，32 开

收藏单位：首都馆

03623

**公民学道德编**

出版者不详，油印本

收藏单位：南京馆

03624

**和汉二十四孝图说　（日）马场春吉编著**

日本：田中玄次郎 [ 发行者 ]，1941，1 册，精装

收藏单位：国家馆

03625

**绘图二十四孝　世界书局编辑所编**

上海：世界书局，1925.3，5 版，24 页，25 开

收藏单位：江西馆

## 03626

**绘图二十四孝（言文对照）　王勉三编著**

上海：世界书局，1932，47 页，32 开

上海：世界书局，1935，3 版，47 页，32 开

上海：世界书局，1936，4 版，49 页，32 开

上海：世界书局，1941，新 2 版，49 页，32 开

　　本书按照孝帝类、孝贤类、孝子类等类别划分讲述二十四孝。

　　收藏单位：重庆馆、广西馆

## 03627

**婚姻革命　（英）罗素（B. Russell）著　野庐译**

外文题名：Marriage and morals

上海：世界学会，1930，302 页，32 开（世界学会丛书）

　　本书分 21 章论述：现代的家庭、个人心理中的家庭、家庭与国家、离婚、人口、优生子、性和个人幸福、人类价值中性的地位及结论等。

　　收藏单位：重庆馆、东北师大馆、国家馆、湖南馆、近代史所、南京馆、上海馆、天津馆、浙江馆

## 03628

**婚姻与道德　（英）罗素（B. Russell）著　李惟远译**

外文题名：Marriage and morals

上海：中华书局，1935，258 页，32 开

　　收藏单位：重庆馆、广东馆、贵州馆、国家馆、吉林馆、南京馆、上海馆、天津馆、浙江馆

## 03629

**婚姻与家庭概论　女锋报社编译**

外文题名：The Christian view of marriage and the family

上海：广学会，1941.12，33 页，32 开

　　本书内容包括：缔结婚姻与组织家庭的神意、基督教对婚姻的意见、基督化家庭的生活、性教育的问题、婚姻与贞操的问题、父母之道与节育、循道公会教牧的职责等。

　　收藏单位：重庆馆

## 03630

**基督徒夫妇的态度与责任　（美）夫累姆（A. R. Frame）等著**

济南：齐鲁大学田家社，1941，56 页，32 开

　　本书内容包括：妻子怎样帮助丈夫、如何避免夫妇间的不和、夫妇的宗教生活、怎样对待亲友等。书后有 5 课副课及 3 首诗歌。

　　收藏单位：重庆馆

## 03631

**基督徒夫妇的态度与责任　（美）夫累姆（A. R. Frame）等著　费宾闺等编**

上海：广学会，1940，72 页，32 开（父母教育小丛书 3）

　　收藏单位：重庆馆、广东馆

## 03632

**家范　（宋）司马光辑**

外文题名：Beautiful home lives

上海：青年协会书报部，1927，[146] 页，32 开（青年德育丛书）

　　本书分 10 卷辑录为祖、为父母、为子侄、为夫妻、为姑舅、为妇之道的论述。

　　收藏单位：国家馆、南京馆

## 03633

**家礼必读（原名，通漕）　[ 崔通明 ] 编**

[ 天津 ]：出版者不详，[1940]，92 页，64 开

　　本书内容包括：安亲源流、安亲字派、进家须知等。

　　收藏单位：重庆馆

## 03634

**家庭宝鉴　李圆净编**

上海：国光印书局，1928，[110] 页，22 开

上海：国光印书局，1929，4 版，[110] 页，22 开

　　本书收录《传家宝》（石成金）10 篇，内容包括：孝亲、敬长、和妻、教子、治家、待人、重儒、安分、行善、戒恶。另有《朱子家训白话句解》（朱凤鸣）。附录《世事要言摘录》等 6 篇。

　　收藏单位：国家馆

03635

**家庭宝鉴**　（清）石成金等著

上海：佛学书局，1936，[110] 页，22 开

　　收藏单位：首都馆

03636

**家庭宝鉴**　（清）石成金等著

上海：国光印书局，1928.9，[110] 页，22 开

上海：国光印书局，1933.9，3 版，[110] 页，22
开

　　收藏单位：国家馆、上海馆

03637

**家庭礼俗建设设计三种**

出版者不详，手抄本，7 叶，16 开，环筒页
装

　　本书共 3 部分，内容包括：充实家庭会实
验工作补充意见案、新家庭设计实验大纲草
案、婚丧礼俗改良计划大纲。

　　收藏单位：重庆馆

03638

**家庭美德**　陈镜伊编

上海：道德书局，1933，60 叶，32 开（道德
丛书 3）

　　本书分夫妇、父子、兄弟、叔侄、宗族 5
篇，讲述家族道德。

　　收藏单位：国家馆、辽宁馆、南京馆、上
海馆

03639

**家庭模范**　家政指导社编

上海：四明书店，1935，1 册，32 开

　　收藏单位：广东馆

03640

**家庭模范（白话）**　吴梓簋编辑

北京：京话日报社，1917.9，70 页，22 开

北京：京话日报社，1918.9，再版，18+68 页，
22 开

　　本书原于 1915 年 2 月 21 日—5 月 4 日在
北京《京话日报》上连载。除一般的家庭伦
理外，还讲了《当家理计的法则 12 条》《教
训子女的纲纪 18 条》等。书后附《吴书民女
士传》以及各家题跋 5 篇。

　　收藏单位：国家馆、首都馆

03641

**家训录存**　宋天才著

出版者不详，1935，110 页，13 开

　　收藏单位：河南馆

03642

**结婚的破产**　（美）卡尔味顿（V. F. Calverton）
著　黄源　许天虹译

外文题名：The bankruptcy of marriage

上海：华通书局，1931，386 页，32 开

　　本书共 17 章，内容包括："斜兹时代"，
旧道德、道德的混沌之社会的背景、近代结
婚制度之废颓等。卷首有作者序及译者引言。

　　收藏单位：国家馆、南京馆、上海馆、浙
江馆

03643

**结婚与道德**　（英）罗素（B. Russell）著　程
希亮译

长沙：商务印书馆，1940，197 页，32 开

　　本书书前有陈科美序。

　　收藏单位：北师大馆、重庆馆、广东馆、
国家馆、南京馆、上海馆

03644

**进化的新家庭**　（释）演本著

上海：三乐食品公司，1948，138 页，32 开

　　本书讲述闽南女子任姑的善事。封面题
名：进化家庭。

　　收藏单位：重庆馆、广东馆、贵州馆、国
家馆、湖南馆、江西馆、南京馆、上海馆、
绍兴馆、首都馆、天津馆、浙江馆

03645

**经史孝说**　孔祥霖纂辑

出版者不详，[1936]，2 册（196 页），25 开

　　本书内容包括：周易孝说、书经孝说、毛
诗孝说、礼记孝说、春秋孝说、学庸孝说、
论语孝说、孟子孝说等。前有跋、自序。后

有跋，附勘误表。

收藏单位：山东馆

03646

**精彩绘楷二十四孝录**

上海：出版者不详，1936.10，1册，16×22cm

本书借鉴民间喜闻乐见的图画形式，选取了从先秦到清末的24个孝亲故事。

收藏单位：浙江馆

03647

**科学的性道德（原名，结婚与道德）（英）罗素（B. Russell）著　陶季良等译**

外文题名：Marriage and morals

上海：商务印书馆，1931，200页，32开（新智识丛书）

收藏单位：重庆馆、国家馆、湖南馆、首都馆、天津馆

03648

**李氏孝经注辑本　（清）李光地注**

东京：文求堂书店，1930，18叶，22开（仁和邵氏半岩庐所著书3）

本书为李光地注《孝经》，是中国古代儒家家庭道德关于孝的阐述。末附《曾子大孝编注》（邵懿辰）。

收藏单位：国家馆、南京馆

03649

**历代孝子汇编　时嘉禄辑**

天津：时嘉禄[发行者]，190页，32开

本书汇录上自虞舜、下至民国的历代孝子事迹。书末附录时母张太君哀志、王中书劝孝歌、劝孝十八则。

收藏单位：国家馆

03650

**恋爱与道德　（瑞典）爱伦凯著　沈泽民译**

上海：上海书店，1925.10，59页，32开

上海：上海书店，1925.11，再版，59页，32开

本书主张一种更宽泛的婚姻约束和更庄严的恋爱理想，反对现行的固定的婚姻形式，主张女子应把做母亲当做天职，革新儿童教

育，保护母性等。

收藏单位：国家馆、吉林馆、上海馆、浙江馆

03651

**恋爱与新道德　（俄）柯伦泰（А. Коллонтай）著　沈端先　汪馥泉译**

上海：北新书局，1929，194页，25开

本书内收《新妇人》《恋爱与新道德》《家族问题》《两性关系与社会变革》《给有翼的邱比特一条路罢》5篇文章，讲述妇女解放与性道德。书前有译序。据林房雄的日译本转译。

收藏单位：重庆馆、广西馆、国家馆、吉林馆、近代史所、南京馆、上海馆、浙江馆

03652

**两性贞操论　郑拔驾著**

上海：新宇宙书店，1930，97页，50开（新宇宙丛书4）

本书为作者于1918年在北京各报发表的一些短文的结集。共12篇，内容包括：泛论、两贞的意义、为什么要提倡两贞、自由恋爱之非是、评新性道德说、两贞在现代之趋势和中外学者的论评、中国人的两贞观念、两贞与男女平等、两贞与妇女解放、两贞与恋爱婚姻、两贞的例外、两贞与妓女。

收藏单位：国家馆、人大馆

03653

**了凡四训　（明）袁了凡著**

上海：大法轮书局，1948，51页，64开（法轮小丛书）

本书收袁了凡训子之文4篇。

收藏单位：广西馆、南京馆

03654

**了凡四训　（明）袁了凡著**

南京：佛教往生莲社，1941，64页，22开

收藏单位：南京馆、首都馆

03655

**了凡四训　（明）袁了凡著　万钧校**

北平：中央刻经院佛经善书局，66 页，25 开

## 03656

**了凡四训　（明）袁了凡著　（释）印光　尤雪行校**

上海：佛学书局，1934，4 版，18+87 页，22 开
上海：佛学书局，1936，5 版，16+74 页，22 开
上海：佛学书局，1937，10 版，64 页，22 开
上海：佛学书局，1939，11 版，18+87 页，22 开

　　本书对《袁了凡家训》4 篇加以圈点、注释。书首有《袁了凡与陈颖亭书》。书末附《俞净意公遇神灶记》《袁了凡居士传》《云谷大师传》《重刻了凡四训跋》。

　　收藏单位：广东馆、国家馆、河南馆、黑龙江馆、上海馆

## 03657

**了凡四训（白话）（明）袁了凡著　朱瑞书改编**

青岛：德民印刷局，1942.9，52 页，22 开

　　本书收录袁了凡训诫子孙的家训 4 篇，内容包括：立命之学、改过之法、积善之方、谦德之效。

　　收藏单位：山东馆

## 03658

**了凡四训白话解释　黄庆澜述**

上海：佛学书局，1943，169 页，25 开

　　本书书前有序。书后有跋。

　　收藏单位：广东馆、南京馆、上海馆、首都馆

## 03659

**了凡训子书详注·径中径又径征义　（明）袁了凡著　尤雪行注·（清）张师诚辑　（清）徐槐廷征义**

上海：国光印书局，1941，1 册，22 开

　　收藏单位：首都馆

## 03660

**灵犀宝录**

镇江：清心堂，[1926]，2 册，18 开

　　本书介绍道家劝善、戒淫、戒杀等外修

知识，并附至善玄密诀及方药。

　　收藏单位：浙江馆

## 03661

**美满生活是什么　赵紫辰编著**

外文题名：What is the ideal life

上海：青年协会书局，1934.12，3 版，22 页，32 开

　　本书各章分经训、绪言、问题 3 部分讲述美满生活的要义。

　　收藏单位：南京馆

## 03662

**母道　黄展云编译**

上海：中华书局，1914，96+22 页，25 开（女学丛书）
上海：中华书局，1916，4 版，96+22 页，25 开（女学丛书）

　　本书共 15 章，内容包括：妇人之本分、母氏当如何尽其天职、母当如何养成儿童从顺之美德、母当如何养成诚实之美德、母当如何养成廉正之美德、母当如何养成儿童之自信力及自觉心、母当如何养成勉励与秩序之精神、母当如何养成勤俭之精神等。

　　收藏单位：江西馆、首都馆、浙江馆

## 03663

**母道　欧阳溥存编译**

上海：中华书局，1914.11，96+22 页，22 开（女学丛书）
上海：中华书局，1917，5 版，96+22 页，22 开（女学丛书）
上海：中华书局，1917，6 版，96+22 页，22 开（女学丛书）
上海：中华书局，1919，7 版，96+22 页，22 开（女学丛书）
上海：中华书局，1921.2，8 版，96+22 页，22 开（女学丛书）
上海：中华书局，1928，9 版，96+22 页，22 开（女学丛书）
上海：中华书局，1931.3，10 版，96+22 页，22 开（女学丛书）

　　收藏单位：重庆馆、广西馆、贵州馆、国

家馆、湖南馆、吉林馆、江西馆、南京馆、上海馆、首都馆、浙江馆

03664

**母教　傅琴心编著**

上海：正中书局，1932.2，1 册，32 开

上海：正中书局，1946.11，84 页，32 开

　　本书分上、下两卷。卷上讲述作为一个合格的母亲在品格、知能、体格等方面应有的素质，以及教育子女的方法；卷下列述历代贤母事例。书前有姜琦序、王时彦序及自序。

　　收藏单位：重庆馆、国家馆、湖南馆、辽宁馆、南京馆、浙江馆

03665

**聂氏家庭集益会记录　聂其杰记**

上海：聂氏家言旬刊社，1927，100 页，25 开

　　本书收录实业家聂其杰的 34 次家庭会议记录。聂母为曾国藩之女曾纪芬。

　　收藏单位：上海馆

03666

**唐蔚芝先生劝孝编　唐蔚芝著**

上海：崇德善会，1942，37 页，32 开

　　本书共 12 篇，内容包括：节文、精意、春晖、立身、不忍、太和、气质、模范、良知、亲疾、报本（上、下）。书末附上海《新闻报茶话》赞本书之报导。

　　收藏单位：国家馆、南京馆、上海馆

03667

**伟大的母教　王莹等著　李启元编**

更生出版社，1943.4，106 页，32 开

　　本书收蒋介石、于右任、张发奎、薛岳、李烈钧、陈果夫、何键、马超俊、黄琪翔、查翰屏、王正廷、刘维炽、蔡劲军、王伯群、黄慕松、黄伯樵、陆干臣、王晓籁、李大超、徐桴、周默秋、谢冰莹、刘湛恩、丰子恺、顾执中、赵景深、陆礼华、吉章简、洪流、王莹等人追念母爱的文章 30 篇。

　　收藏单位：重庆馆

03668

**伟大的母教　王莹等著　李启元编**

桂林：综合出版社，1943.5，106 页，32 开

桂林：综合出版社，1943.11，3 版，106 页，32 开

　　收藏单位：重庆馆

03669

**伟大的母教　谢冰莹等编**

广东：新生出版社，1947.3，106 页，32 开

　　收藏单位：广西馆

03670

**孝感动天**

上海：出版者不详，[1920—1929]，1 册，32 开

　　收藏单位：浙江馆

03671

**孝经（详注）　湖上渔隐标点　范叔寒校**

达文书店，1936，4 版，石印本，19 页，32 开

　　收藏单位：首都馆

03672

**孝经（详注）　湖上渔隐标点　范叔寒校**

上海：新文化书社，1940.6，5 版，19 页，32 开（国学名著）

　　收藏单位：山东馆

03673

**孝经（详注）　嵩山居士校**

上海：鸿文书局，1935.3，石印本，20 页，32 开

　　本书书口题：御注孝经。

　　收藏单位：国家馆、南京馆

03674

**孝经（详注）　王文英校**

上海：大达图书供应社，1934，再版，22 页，32 开

上海：大达图书供应社，1935，再版，22 页，32 开

上海：大达图书供应社，1936，再版，22 页，

32 开

　　收藏单位：广东馆、国家馆、首都馆

**03675**

**孝经（御注）（日）田中庆太郎校订**

东京：文求堂书店，1931，2 版，影印本，1 册，22 开

东京：文求堂书店，1937.5，5 版，1 册，大 32 开

　　收藏单位：广东馆、南京馆

**03676**

**孝经白话解说　刘铁冷注解　朱领中解说**

苏州：弘化社，1938，52 页，25 开

　　本书对《孝经》逐句释义。书前有《孝经白话解说流通序》（许止净）、《孝经白话注解原序》（刘铁冷）等。

　　收藏单位：广西馆、上海馆

**03677**

**孝经读本　唐玄宗注**

出版者不详，41 页，32 开

　　收藏单位：广东馆

**03678**

**孝经读本　姚易波编**

上海：大东书局，1935.3，24 页，32 开

　　收藏单位：江西馆

**03679**

**孝经读本（广解）　王缙尘讲述　胡山源校订**

上海：粹芬阁，1936.8，27 页，32 开

上海：粹芬阁，1936.8，再版，27 页，32 开

上海：粹芬阁，1938.4，新 1 版，27 页，32 开

　　本书对《孝经》一书逐章逐句作通俗的解释。书前有《孝经读本编述大意》。

　　收藏单位：广东馆、国家馆、江西馆、山东馆、山西馆、上海馆

**03680**

**孝经读本（唐石台本）　尊经会校**

上海：春江书局，1938，14 页，36 开

　　本书书前有《孝经读本序例》。书末附

《孝经音》。

　　收藏单位：上海馆

**03681**

**孝经读本姚氏学　姚明辉著**

上海：春江书局，1938，76 页，32 开

　　本书对《孝经姚氏学》加以标点、注解。

　　收藏单位：上海馆

**03682**

**孝经讲疏　沈颜闵注**

中华国学社出版部，1943，72 页，32 开

　　本书对郑玄《孝经》加注而成。

　　收藏单位：重庆馆、贵州馆、国家馆、吉林馆、南京馆

**03683**

**孝经经解　（清）王古初注　李钟灵校　姜履订正**

上海：明善书局，1934，22 页，22 开

　　本书书前有清人炎涵润、赵之风，民初曾广晴及王古初序各一。

　　收藏单位：南京馆、上海馆

**03684**

**孝经句解　陶明潘著**

福文洪印书局，1936，3 版，20 页，32 开

　　本书为小学校、中学校参考适用。

　　收藏单位：首都馆

**03685**

**孝经句解（二十四孝故事）　周祖芬注译**

上海：春江书局，1938，[26] 页，32 开

上海：春江书局，1940.9，2 版，[26] 页，32 开

　　本书对《孝经》加以新式标点并逐句注释，同时附有二十四孝故事。

　　收藏单位：南京馆

**03686**

**孝经释义　唐家桢著**

北京：广益书局，1937.12，[56] 页，32 开

　　本书将《孝经》的原文分编为 15 章，每章先列原文，后释义。附录《孝经》参考

书择要。

收藏单位：国家馆、山东馆

03687

**孝经通考　蔡汝堃著**

上海：商务印书馆，1937，134 页，32 开（国学小丛书）

　　本书共 5 篇，内容包括：孝经名称之由来、孝经之作者及时代、孝经之今古文、孝经之批判、孝经集目考略。

收藏单位：重庆馆、广东馆、贵州馆、国家馆、湖南馆、吉林馆、江西馆、辽宁馆、南京馆、上海馆、首都馆、浙江馆

03688

**孝经通论　邬庆时著**

上海：商务印书馆，1934.2，90 页，32 开（国学小丛书）

上海：商务印书馆，1935，再版，90 页，32 开（国学小丛书）

　　本书叙述《孝经》一书的作者、成书年代、大意及历代的评论、表章和传述等。

收藏单位：重庆馆、广东馆、贵州馆、国家馆、湖南馆、吉林馆、南京馆、山西馆、上海馆、首都馆、天津馆、浙江馆

03689

**孝经通论　邬庆时著**

出版者不详，[1949]，1 册（南村草堂丛书）

收藏单位：清华馆

03690

**孝经新读本　唐文治注**

出版者不详，[1917]，32 页，18 开

　　本书以武进臧庸所辑《孝经》郑氏解本重印，并加新注新解。

收藏单位：上海馆

03691

**孝经新诂　卢允衡著**

广州：培英印务局，1934，2 版，38 页，32 开

收藏单位：广东馆

03692

**孝经要义　陈柱著**

上海：商务印书馆，1936，64 页，32 开（国学小丛书）

　　本书将《孝经》原文分为 18 章，每章先列原文，后集各家释义及陈柱的按语。书前有《大纲》一文，下分孝经之传授、孝经今文之古、孝经古文经传之伪、孝经郑氏注、孝经为六经之本、孝经与论语并重、孝经之学在明顺逆、孝经之学在培养生机。

收藏单位：重庆馆、广东馆、国家馆、河南馆、湖南馆、吉林馆、江西馆、南京馆、上海馆、首都馆、天津馆

03693

**孝经义疏补　（清）阮福撰**

上海：商务印书馆，1937.6，128 页，32 开（国学基本丛书）（万有文库 第 2 集 14）

长沙：商务印书馆，1940.12，128 页，32 开（国学基本丛书）

　　本书分为 9 卷，卷首 1 卷，共 10 卷。卷首有《孝经注解传述人》《孝经注疏序》《孝经序》，各篇中均有阮福补注。

收藏单位：重庆馆、大连馆、贵州馆、国家馆、南京馆、浙江馆

03694

**孝经与论语之抵触　傅佩青著**

出版者不详，22 页，18 开

收藏单位：国家馆

03695

**孝经注疏　中华书局编**

北京：中华书局，影印本，150 页，25 开

收藏单位：天津馆

03696

**孝史　陈镜伊著**

上海：道德书局，1933.12，影印本，42 叶，32 开（道德丛书 4）

　　本书共 7 篇，内容包括：寻亲篇、救亲篇、养亲篇、侍疾篇、葬亲篇、孝感篇、显亲思亲篇。讲述古时孝亲事例。

收藏单位：安徽馆、重庆馆、国家馆、吉林馆、南京馆、上海馆、绍兴馆、天津馆

**03697**

**孝友三字经**

上海：兴华印刷局，1935.9，142 页，32 开

上海：兴华印刷局，1936.9，3 版，142 页，32 开

　　本书辑录孝行 30 件，并有较详注释。

　　　收藏单位：上海馆

**03698**

**孝与中国文化　谢幼伟著**

南京：青年军出版社，1946，124 页，32 开

　　本书收录伦理学论文 12 篇，包括《孝与中国文化》《快乐与人生》《唯物史观与道德》《论道德判断》《战后我国之伦理建设问题》《思想问题与思想训练》《论思想自由》《自由之真谛》《逻辑与政治》《论民族生存权》《战后的社会道德》《到世界和平之路》。

　　　收藏单位：重庆馆、广东馆、国家馆、辽宁馆、南京馆、山东馆、天津馆、浙江馆

**03699**

**新编宣讲大全　嵩山居士校阅**

上海：鸿文书局，1937，388 页，32 开

　　　收藏单位：天津馆

**03700**

**新性道德讨论集　章锡琛著**

上海：梁溪图书馆，1925.10，189 页，32 开（妇女问题丛书 2）

　　1924 年《现代评论》14 期发表陈百年《一夫多妻的新护符》，同年《妇女杂志》新道德号上发表章锡琛《新性道德是什么》及周建人《性道德之科学的标准》，由此开展了一场关于"新性道德"的讨论。本书收录这个讨论的重要论文，著者包括章锡琛、周建人、陈百年、鲁迅、顾均正、许言午、君萍等。

　　　收藏单位：重庆馆、国家馆、河南馆、辽宁馆、南京馆、山东馆

**03701**

**新性道德讨论集（增补）　章锡琛编**

上海：妇女问题研究会，1926.11，再版，217 页，32 开（妇女问题丛书）

上海：妇女问题研究会，1929.11，3 版，217 页，32 开（妇女问题丛书）

　　本书在《新性道德讨论集》基础上，增补了《废妾论的浅薄》（章锡琛）、《蔼理斯嫉妒论》（晏始译）、《加本特论嫉妒》（从予译）、《妒》（天游）、《妒非女人美德论》（章锡琛）、《妒非女人恶德论》（俞正燮）等文章。

　　　收藏单位：重庆馆、广东馆、国家馆、河南馆、江西馆、首都馆

**03702**

**性的道德　（英）蔼理斯（H. Ellis）著　潘光旦译**

外文题名：Sex morality

上海：青年协会书局，1934，124 页，22 开（青年丛书 13）

　　本书共 24 节，内容包括引论、道德的定义和分类、新性道德的酝酿、婚姻自由与性道德、婚姻自由与女子的地位等。附原注 55 则、小注 63 则、译注 24 则。著者原题：蔼理士。

　　　收藏单位：重庆馆、广东馆、贵州馆、国家馆、湖南馆、吉林馆、南京馆、上海馆、首都馆、浙江馆、中科图

**03703**

**性底人生　许晚成著**

上海：大中华书局，1931，74 页，32 开

　　　收藏单位：安徽馆

**03704**

**性底人生　（美）亚尔曼斯传（Armstrong）著　叶新译**

外文题名：Sex in life

上海：商务印书馆，1925，45 页，32 开（通俗教育丛书）

上海：商务印书馆，1927.5，45 页，32 开（通俗教育丛书）

上海：商务印书馆，1933，国难后 1 版，45 页，32 开（通俗教育丛书）

　　本书讲述两性道德。共两篇，内容包括：

身体底发育、心意的启发。

　　收藏单位：北师大馆、广东馆、国家馆、南京馆、首都馆、浙江馆

03705
训家迩言　熊衍学著
山东：大同书局，1940，2 版，83 页，32 开
　　收藏单位：安徽馆

03706
颜氏家训　（北齐）颜之推著
成都：新光书局，1946，94 页，36 开
　　本书共 20 篇，内容包括：序致、教子、兄弟、后娶、治家、风操、慕贤、勉学、文章、名实、涉务、省事、止足、诫兵、养生、归心、书证、音辞、杂艺、终制。
　　收藏单位：重庆馆

03707
颜氏家训　（北齐）颜之推著　（清）陈士杰校
上海：经纬书局，1935，94 页，64 开（经纬百科丛书）
上海：经纬书局，1936，再版，94 页，64 开（经纬百科丛书）
　　收藏单位：重庆馆、河南馆、山东馆

03708
颜氏家训　（北齐）颜之推著　费有容点注
上海：群学社，1925，123+102 页，32 开
上海：群学社，1928，再版，123+102 页，32 开
上海：群学社，1935.11，4 版，235 页，32 开
　　本书对《颜氏家训》一书加以新式标点并以白话详加注解。封面题名：新式标点白话详注颜氏家训。
　　收藏单位：重庆馆、国家馆、南京馆、山东馆、首都馆、天津馆

03709
颜氏家训　（北齐）颜之推撰　（清）赵曦明注　（清）卢文弨补注
长沙：商务印书馆，1937，4 册（239 页），32 开（国学基本丛书）

长沙：商务印书馆，1939，[239] 页，32 开（国学基本丛书）
长沙：商务印书馆，1939，再版，[239] 页，32 开（国学基本丛书）
　　本书共 7 卷 20 篇。书末附传、补遗、补正。
　　收藏单位：安徽馆、重庆馆、南京馆、上海馆、绍兴馆、首都馆、天津馆

03710
颜氏家训校笺　刘盼遂校笺
北平：[国立北平大学女子师范学院]，[1931]，22 页，16 开
　　本书为《女师大学术季刊》第 1 卷第 2 期单行本。
　　收藏单位：国家馆

03711
颜氏家训校笺补证　刘盼遂校笺
北平：[国立北平大学女子师范学院]，[1931]，10 页，16 开
　　本书为《女师大学术季刊》第 2 卷第 1 期单行本。
　　收藏单位：国家馆

03712
杨椒山公家训　（明）杨继盛著
出版者不详，1920，96 页，25 开
　　收藏单位：山东馆

03713
由周迄清父子之伦未全确定论　刘盼遂著
北平：燕京大学哈佛燕京学社，1936，409—420 页，16 开
北平：燕京大学哈佛燕京学社，1936，40 页，16 开
　　本书为《燕京学报》第 20 期单行本。
　　收藏单位：国家馆、首都馆

03714
御妻术　许彩贞著
上海：经纬书局，1947，36 页，36 开
　　本书共 16 节，内容包括：结婚的目的、娶

妾及其他、积极和消极、美和丑、灵与肉等。

收藏单位：重庆馆

03715

袁了凡先生家庭四训（尤注）（明）袁了凡
著 尤雪行集注

上海：尤雪行[发行者]，1939，41页，32开

上海：尤雪行[发行者]，1948，再版，41页，
32开

本书收袁了凡家训4篇及相关的注释。
书末附《俞净意公遇灶神记》《袁了凡居士
传》《云谷大师传》《重刻了凡四训跋》。

收藏单位：广东馆、广西馆、河南馆、吉
林馆、南京馆、上海馆、首都馆

03716

袁了凡先生家庭四训（尤注） 邹能启编纂

安东：明德印刷局，1943，48页，32开

收藏单位：辽宁馆

03717

袁了凡先生家庭四训简注 （明）袁了凡著
佛学推行社注

北京，京华印书局，1944.7印，2版，10+35
页，50开

本书对袁了凡训子4篇加以圈点、简注。
书前有佛学推行社《为读者诸君谨告》和
《为读者诸君再告》、夏仁华《袁了凡先生传》
等。书末附夏仁华、朱心培跋等。

收藏单位：国家馆

03718

袁了凡先生四训 （明）袁了凡著

上海：佛教净业社流通部，1930，4版，88页，
22开

本书收袁了凡四训，随文圈点并加注。
书末附《俞净意公遇灶神记》《袁了凡居士
传》《云谷大师传》《重刻了凡四训跋》等。

收藏单位：广东馆

03719

袁了凡先生四训 （明）袁了凡著

上海：佛学书局，苏州：弘化社，1929，88

页，25开

上海：佛学书局，苏州：弘化社，1931，6版，
94页，25开

上海：佛学书局，苏州：弘化社，1933，[再
版]，88页，25开

上海：佛学书局，苏州：弘化社，1935.3，12
版，88页，25开

上海：佛学书局，苏州：弘化社，1935.5，13
版，88页，25开

上海：佛学书局，苏州：弘化社，1936.2，15
版，88页，25开

上海：佛学书局，苏州：弘化社，1937.2，17
版，88页，25开

收藏单位：重庆馆、国家馆、江西馆、南
京馆、山东馆、上海馆、绍兴馆、首都馆

03720

袁了凡先生四训 （明）袁了凡著

出版者不详，1943，62页，32开

本书收录袁了凡四训。书末附《俞净意
公遇灶神记》《正觉寺方丈无边大师传》《了
凡四训跋》。

收藏单位：首都馆

03721

袁了凡先生训子书 （明）袁了凡著

上海：明善书局，1933，72页，22开

本书收袁了凡四训，随文加注并圈点。
书前有陈荣昌序言手迹。书末附录《佛母
准提咒》《太微仙君功过格》《当官功过格》
《闺门功过格》《了凡与陈颖书》《了凡劝葬
文》等。

收藏单位：国家馆、首都馆

03722

贞与淫（一名，贞淫研究） 徐大风著

上海：大风书社，1935，再版，117页，36开

上海：大风书社，1940，4版，117页，36开

本书从生理、心理、社会、法律方面讨
论贞与淫的种种问题。

收藏单位：国家馆、首都馆

**03723**

**芝兰室语　秦凤翔编**

秦凤翔 [ 发行者 ]，[1920.8]，14 页，22 开

秦凤翔 [ 发行者 ]，1940.9 重印，14 页，22 开

　　本书收录讲述父慈、子孝、夫唱妇随的谚语、格言，约百余条。

　　　收藏单位：国家馆、南京馆

**03724**

**治家格言绎义　（清）朱用纯著　（清）戴翊绎义**

上海：明德书局，1932，改装本，1 册，32 开

上海：明德书局，1933.4，[116] 页，32 开

上海：明德书局，1938.12，5 版，[116] 页，32 开

　　本书将《朱柏庐治家格言》逐句引申绎义，分成上、下两卷。书前有戴翊序及朱柏庐传略。

　　　收藏单位：重庆馆、上海馆

**03725**

**治家全书六种　朱太忙标点　潘朗校阅**

上海：大达图书供应社，1935.3，再版，4 册，25 开

　　　收藏单位：江西馆

**03726**

**治家全书六种　朱太忙标点　潘朗校阅**

上海：广益书局，[1913—1949]，1 册，25 开

　　　收藏单位：江西馆

**03727**

**中国家族哲学（一名，无我文化论）　范祥云著**

济南：艺华书局，1947，36 页，32 开

　　本书作者认为，中国是一家族社会，中国的一切文化皆导源于家族，三纲、五常、忠、孝、节、义，以至孔门至言、儒家大德，皆为家族而生、为维持家族而设；延续家族的生存是判别善恶、伦理教育、行为是非的标准，因而家族哲学称为"生"，也称为"无我"哲学。书中分 8 章，论述中国文化的基础，中国的家族哲学——无我的基础，有我无我的不同，无我文化的基础、误解、误用

及将来等。本书曾列为齐鲁大学《国学汇编》丛刊之一，经作者修改后重新印行。书前有著者序言。书末附录《本书征引篇籍版本录》。

　　　收藏单位：国家馆、南京馆、山东馆

**03728**

**朱柏庐先生家训白话衍义　朱凤鸣注释**

出版者不详，[1939]，50+30 页，25 开

　　本书对《朱柏庐治家格言》逐句用白话解释。书末附录明代袁了凡的家训 4 篇：立命、改过、积善、谦德。书前有朱柏庐传略。

**03729**

**朱子治家格言新解　倪正和解释**

上海：大雄书局，1944.1，79 页，64 开

　　本书对《朱柏庐治家格言》进行解释。

　　　收藏单位：上海馆

**03730**

**注解孝经节本　冀东防共自治政府教科书编纂委员会编纂**

冀东防共自治政府教育厅，1937，40 页，32 开

　　　收藏单位：国家馆、首都馆

**03731**

**自我教育　（清）曾国藩著**

甲申出版社，[1942.4]，30 页，25 开

　　　收藏单位：江西馆

# 社会公德

**03732**

**国族精神　陈筑山著**

北平：中华平民教育促进会，1931.9，40 页，22 开（公民教育丛书）

北平：中华平民教育促进会，1934.1，再版，40 页，22 开（公民教育丛书）

　　本书提出"中国国族精神"即是"志士仁人之精神"。论述个人精神与国族精神之内

容，及国族精神之重要；比较了日本与中国的国族精神：武士道与志士仁人精神之不同点。

收藏单位：重庆馆、国家馆、湖南馆

**03733**

**国族精神论例浅译　褚述初著**

北平：中华平民教育促进会，1933.4，184页，32开（公民教育丛书）

本书收录先秦英雄义士的事迹，汇集为30例。作者认为这些人的言行表现了"我国族之精神"。书末附《正气歌》与《满江红词》。

收藏单位：重庆馆、广东馆、国家馆、吉大馆、南京馆

**03734**

**礼貌撮要　张问行著**

上海：土山湾印书馆，1916，75页，32开

上海：土山湾印书馆，1924，再版，75页，32开

本书收录有关礼貌的规范。共4篇，包括分论及专论：闲居独处的礼貌、同人来往的礼貌、同人言谈称呼的礼貌、公学的礼貌。

收藏单位：国家馆

**03735**

**青年男女的友谊　（美）党美瑞（Marie Adams）编　潘玉梅译**

上海：广学会，1934，25页，36开（青年灵修会小丛书3）

收藏单位：广东馆

**03736**

**入乡初步　吕渔溪著**

上海：北新书局，1936，107页，32开

本书讲述知识分子下乡如何接人待物等。共9章，内容包括：绪论、持志、度量、立信、持己、接物、权变、举隅、赘言。

收藏单位：重庆馆、国家馆、南京馆、浙江馆

**03737**

**社会鉴　王立谦编**

上海：商务印书馆，1922.12，153页，32开

上海：商务印书馆，1923.10，再版，152页，32开

本书提出社会伦理修养的爱国、至孝、读书、择业、勤俭、待人、处世等53个问题加以论述。封面编者题：王受益。

收藏单位：重庆馆、广东馆、国家馆、湖南馆、首都馆、天津馆、浙江馆

**03738**

**社会伦理　（英）哈蒲浩斯（L. T. Hobhouse）著　周作仁译**

外文题名：The elements of social justice

北平：立达书局，1934，[10]+262页，18开

本书共11章，内容包括：伦理学与社会哲学、权利与义务、公道与平等、个人的公道、服务之报酬、财产与经济组织、工业组织等。

收藏单位：国家馆、近代史所、首都馆

**03739**

**谈交朋友　方向之著**

香港：青年知识社，1948，52页，36开（青年生活丛书）

本书共14章，内容包括：没有真正孤独的鲁滨孙、人类爱·同志爱·友情、同志关系与朋友关系、婚后的异性友谊、为友情求解放等。

收藏单位：广东馆、国家馆、南京馆

**03740**

**谈交朋友　方向之著**

北平：新时代出版社，1949重印，48页，36开

收藏单位：国家馆

**03741**

**再造论　王龙著**

南京：再造社筹备处，1947，76页，32开

本书从民德（道德建设）、民智（文化建设）、民乐（大同建设）等方面叙述再造世界的宗旨。书末附录《再造社社章》《再造十颂》《再造社入社申请书》等。

收藏单位：国家馆、吉林馆、南京馆、武大馆

# 个人修养

**03742**
**百周格言**　郭介眉编
长沙：野人图书室，1946.3，158 页，25 开
　　收藏单位：江西馆

**03743**
**百子精华类钞**　安西华编辑
北平：中华印书局，1932.10，[156] 页，25 开
　　本书节抄中国历代名家之言。上自孔、孟、老、庄，下至曾国藩等，分为 22 类：道原、为学、格致、存养、克复、修身、齐家、孝本、出处、治平、制度、处世、教学、改过、异学、圣贤、军事、用人、卫生、读书、作字、天文。书前有孙良诚等人的序及作者导言。书末附录《中外地舆》。
　　收藏单位：北师大馆、国家馆、山西馆、首都馆、天津馆

**03744**
**办事的方法**　[张治中] 讲
国民政府军事委员会政治部，[1929]，14 页，32 开
　　本书为张治中在中央陆军军官学校教育长任内，于 1929 年 8 月 27 日对全校教职员的训话。
　　收藏单位：重庆馆

**03745**
**奔向生活**　萧式明著
广州：朝明出版社，1948，72 页，32 开
　　本书共 4 辑，内容包括：思想、生活、修养、学习。
　　收藏单位：广东馆

**03746**
**神学记闻**　杨继贤著
太原：范华印刷厂，1942.7，177 页，25 开
　　本书汇集中国古今名言哲理。共两卷 16 节，近时于前，古时列后，不分类。书前有编撰大意。

**03747**
**辩伪论**　徐友白著
出版者不详，24 页，32 开
　　收藏单位：广东馆

**03748**
**补注小学**　（日）简野道明著
东京：明治书院，1935，298 页，32 开，精装
　　收藏单位：广东馆

**03749**
**不惑集（中外名人格言汇编）**　凌善清　汤厚生编
上海：正心出版社，1935，1 册，32 开
上海：正心出版社，1935.4，3 版，1 册，32 开
上海：正心出版社，1936.6，4 版，1 册，32 开
上海：正心出版社，1937，5 版，1 册，32 开
上海：正心出版社，1940，6 版，1 册，32 开
　　本书汇集中外名人论述治国救民、齐家处世、正心律己的语录和俚谚共 5000 余条，分为 8 卷：正心、修身、为学、齐家、敬业、乐群、从政、治国。书末附有关的杂纂、诗歌和联句。
　　收藏单位：重庆馆、东北师大馆、广东馆、广西馆、国家馆、吉林馆、江西馆、南京馆、山东馆、上海馆、绍兴馆、首都馆、浙江馆

**03750**
**菜根谭**　（明）洪应明著
上海：大法轮书局，1948.4，72 页，64 开（法轮小丛书）
　　本书为中国古代语录、格言，主要论述个人道德修养和处世之道。
　　收藏单位：上海馆

**03751**
**菜根谭**　（明）洪应明著
出版者不详，1915，58 页，32 开
　　本书著者原题：洪自诚。
　　收藏单位：山东馆

03752

**菜根谭** （明）洪应明著　孙锵校订

上海：新学会社，1920.10，1 册，32 开

　　收藏单位：南京馆、上海馆

03753

**菜根谭** （明）洪应明著　薛诚之编校

汉口：华中图书公司，1937，88 页，32 开

　　本书据乾隆三十三年足刊本，乾隆时抄本、复刊本及光绪元年刊本互相参照编校而成。原书分为"修省""应酬""评议""闲适"等类，现将原有分类取消，重为分段编排。书前附序和编者小言。

　　收藏单位：重庆馆

03754

**菜根谭** （明）洪应明著　尤雪行校订

上海：佛学书局，1934.2，[56] 页，22 开

　　本书校订者原题：雪行居士。

　　收藏单位：国家馆、南京馆、上海馆、首都馆

03755

**菜根谭** （明）沈镕编辑

上海：经书流通处，1934.5，100 页，32 开

　　收藏单位：上海馆

03756

**菜根谭**

出版者不详，1948.10，1 册，25 开

　　收藏单位：上海馆

03757

**菜根谭**（标点注释）（明）洪应明著　汤厚生编

上海：正心出版社，1940.9，98 页，32 开

　　收藏单位：广东馆、南京馆、上海馆

03758

**菜根谭**（一名，处世修养篇）（明）洪应明著

上海：华商电气公司同人联益社，1937.2，[60] 页，25 开

上海：华商电气公司同人联益社，1937.5，2 版，1 册，25 开

　　收藏单位：上海馆

03759

**常识修养法**　邹德谨　蒋正陆编译

上海：商务印书馆，1916.12，54 页，32 开（通俗教育丛书）

上海：商务印书馆，1917，再版，54 页，32 开（通俗教育丛书）

上海：商务印书馆，1919，4 版，54 页，32 开（通俗教育丛书）

上海：商务印书馆，1924，6 版，54 页，32 开（通俗教育丛书）

上海：商务印书馆，1927.7，8 版，54 页，32 开（通俗教育丛书）

上海：商务印书馆，1933.6，国难后 1 版，54 页，32 开（通俗教育丛书）

　　本书指出现代人应具有的常识，以及常识的修养方法等。共 3 章，内容包括：常识之界说、常识之内容、关于精神科学之常识。

　　收藏单位：重庆馆、广东馆、国家馆、江西馆、辽宁馆、南京馆、首都馆、浙江馆

03760

**成功百诀**　（美）布林顿著　沈有乾译

上海：申报馆，1929.6，31 版，24 页，32 开

上海：申报馆，1931 翻印，24 页，32 开

　　本书列述为取得事业成功而应具有的个人道德修养 100 条。

　　收藏单位：重庆馆、上海馆

03761

**成功百诀**　薛笃弼辑

薛笃弼 [ 发行者 ]，1925.7，11 叶，25 开

　　本书从布林顿著作中选辑有关成功的言论 100 条。

　　收藏单位：国家馆

03762

**成功宝诀**　（美）马尔腾（Orison Swett Marden）著　奚若译

外文题名：The secret of achievement

上海：中华基督教青年会组合，1914.8，3 版，114 页，32 开

上海：青年会全国协会书报部，1920，4 版，128 页，32 开

上海：青年协会书报部，1926.11，5 版，114 页，32 开

　　本书讲述道德修养的十诀。共 10 章，内容包括：辛勤、诚实、习惯、慎微、窒碍、勇敢、自治、决断、坚志、贞洁。

　　收藏单位：重庆馆、广东馆、国家馆、南京馆、天津馆、浙江馆

03763

**成功的奠基步骤（又名，二十四小时成功法）**　任心白著

上海：经纬书局，1941.5，100 页，50 开

　　本书主要讲一天中衣、食、住、行、工作、经济、运动、娱乐诸方面要遵守的道德规范和应培养的良好习惯。

　　收藏单位：国家馆

03764

**成功的秘诀（又名，效率增进法）**　（美）马尔腾（Orison Swett Marden）著　张光复译

上海：世界书局，1939，171 页，36 开（青年成功丛书）

上海：世界书局，1941，再版，171 页，36 开（青年成功丛书）

上海：世界书局，1943，3 版，171 页，36 开（青年成功丛书）

上海：世界书局，1943，赣 1 版，171 页，36 开（青年成功丛书）

上海：世界书局，1946，4 版，171 页，36 开（青年成功丛书）

上海：世界书局，1947.9，5 版，171 页，36 开（青年成功丛书）

　　本书共 14 部分，内容包括：乐观、劳碌是幸福、诚实、习惯成自然、毋忽琐屑的事、勇毅、自制、生活是学校、实事求是、决断、不折不挠、康健之道、清洁是力量、美满的家庭。著者原题：马尔顿。

　　收藏单位：安徽馆、重庆馆、广东馆、广

西馆、国家馆、吉林馆、江西馆、南京馆、人大馆、首都馆

03765

**成功捷径**　张叶舟编著

上海：博文书店，1940，115 页，36 开

上海：博文书店，1941.5，115 页，36 开

　　本书谈青年修养。共 5 编，内容包括：要想做"万能博士"不难、"思想"要经"磨炼"方能"致用"、"烦闷"是"成功"的仇敌、青年要领导"时代"、新青年要有好品德。

　　收藏单位：重庆馆、贵州馆、国家馆、南京馆、首都馆

03766

**成功论**　蒋凤征著

外文题名：Philosophy of success

重庆：进步英华周刊社，1942，2 版，96 页，36 开

重庆：进步英华周刊社，1943，104 页，36 开

重庆：进步英华周刊社，1944.3，[ 再版 ]，96 页，36 开

　　本书作者认为要获得成功，必须"各勤其业、各善其事、力争上游、自求优秀"。

　　收藏单位：重庆馆、国家馆、南京馆

03767

**成功论（英汉对照）**　蒋凤征著

外文题名：Philosophy of success

上海：进步书店，[1930—1939]，96 页，32 开

上海、重庆：进步书店，1944，96 页，32 开

　　本书汇集 30 篇英汉对照文章，内容包括：《怎样得到你所要的一切》《为什么我不能做》《你能做你是否肯去做》《今日》《毅勇》《移山之力》《精诚贯注》等。

　　收藏单位：重庆馆、广东馆、国家馆

03768

**成功手册**　（德）康德（I. Kant）编著

桂林：群力出版社，1943.6，94 页，32 开（青年自修丛书 2）

　　本书分 25 个专题，讲述个性的修养、兴趣的培养、意志的锻炼、记忆力的训练等。

收藏单位：重庆馆、国家馆、湖南馆、江西馆

03769

**成功手册**　裴小楚编

上海：经纬书局，1938，89 页，50 开（经纬百科丛书 952）

本书介绍名人成功的方法，以及他们的事迹、格言、警句等。共 32 部分，内容包括：成功警语、处世常识、看书之忌、成功的分析、成功伟人一览表等。

收藏单位：南京馆

03770

**成功小辞典**　曾金编

成都：经纬书局，1946，85 页，36 开

本书内容包括：求学、训练、修养、立志、卫生、服务、处世、生活、节约、公益、守法。

收藏单位：重庆馆

03771

**成功小辞典**　曾金编

成都：五洲出版社，[1938]，85 页，42 开

收藏单位：重庆馆、国家馆、南京馆

03772

**成功哲学**　（美）马尔腾（Orison Swett Marden）著　李玲译

上海：激流书店，1941.5，174 页，32 开

本书分 14 节，从个人的诚实、意志力、勇毅、不屈不挠、劳动、学习、健康到择偶成家的有关道德修养，均加论述。

收藏单位：重庆馆

03773

**成功哲学**　（美）马尔腾（Orison Swett Marden）著　李泉鑫译

重庆：建国书店，1943.11，162 页，32 开

重庆：建国书店，1943.11，再版，162 页，32 开

重庆：建国书店，1948.5，3 版，162 页，32 开

收藏单位：重庆馆、国家馆、南京馆

03774

**成功哲学**　（美）马尔腾（Orison Swett Marden）著　李泉鑫译

重庆：建华图书出版社，1942，162 页，32 开

收藏单位：重庆馆、广东馆、国家馆

03775

**成功哲学**　（美）马尔腾（Orison Swett Marden）著　俞凌译

上海：激流书店，1946，174 页，32 开

上海：激流书店，1947，174 页，32 开

收藏单位：广东馆、国家馆、湖南馆、南京馆、首都馆

03776

**成功哲学**　（美）马尔腾（Orison Swett Marden）著　俞凌译

上海：天下书店，1940.7，174 页，32 开

收藏单位：山东馆

03777

**成功者的十二个平面**　李昂著

上海：长城书局，1941.5，130 页，32 开

本书共 12 章，内容包括：健康、节约、夫妇、父母子女、对事、对人、笔头和舌头、怎样应付难题、仪表风度和布置、记忆术、无忧诀、找求一种嗜好或娱乐。

收藏单位：吉大馆、上海馆

03778

**成功之路**　巴雷编著

上海：大方书局，1946.10，再版，94 页，25 开，精装（青年自修成功丛书）

上海：大方书局，1947.2，再版，94 页，25 开，精装（青年自修成功丛书）

本书共 14 章，内容包括：成功与失败的基本认识、学习与生活打成一片、怎样训练你的头脑、百战百胜的策略、怎样使理想实现、成功与失败的分歧点等。

收藏单位：广东馆、江西馆、南京馆、浙江馆

03779

**成功之路 巴雷著**

上海：大华书局，1948，再版，68 页，32 开（青年自修成功丛书）

收藏单位：广东馆

03780

**成功之路 林语堂编译**

上海：万象出版社，265 页，32 开（青年修养丛书）

收藏单位：南京馆

03781

**成功之路 （美）马尔腾（Orison Swett Marden）著 林语堂译**

长春：新京书店出版部，1941，303 页，32 开

本书是《效率的训练》与《人人是尧舜》两书的合刊本。

收藏单位：首都馆

03782

**成功之路 （美）马尔腾（Orison Swett Marden）著 林语堂译**

上海：新月出版社，[1930—1939]，321 页，32 开（青年修养丛书）

收藏单位：国家馆

03783

**成功之路 （美）马尔腾（Orison Swett Marden）著 林语堂译**

上海：中国杂志公司，1939.7，318 页，32 开（青年励志丛书）

上海：中国杂志公司，1939.10，增订再版，324 页，32 开（青年励志丛书）

上海：中国杂志公司，1940，再版，324 页，32 开（青年励志丛书）

收藏单位：国家馆、近代史所、人大馆、首都馆

03784

**成功之路 （美）裴达客（C. L. Paddock）著 叶昆冈 单英民译**

外文题名：Pushing on and up

上海：时兆报馆，1930，151 页，36 开，精装

上海：时兆报馆，1941.4，改订本，113 页，32 开（青年修养读物）

本书内容包括：成功的解释、终身大计、有确定的目的、尽管由他们笑罢、把握现实、坚定不拔、种瓜得瓜等。

收藏单位：重庆馆、国家馆、吉林馆、江西馆、上海馆、首都馆

03785

**成功之路 秦芜编著**

江山（浙江）：天行杂志社，1941.4，128 页，32 开（天行丛书 6）

江山（浙江）：天行杂志社，1942.11，再版，增订本，128 页，32 开（天行丛书 6）

本书论述青年的修养。共 5 章，内容包括：做人之道、交友之道、服务之道、生活之道、成家之道。

收藏单位：重庆馆、广东馆、南京馆、浙江馆

03786

**成人必需略编**

北平：天华印书馆，1 册，36 开

本书收录《八德证明》《自修俗解》《乡约》《乡仪》4 篇。

收藏单位：重庆馆

03787

**成人必需约编 尧门山人等著**

出版者不详，1923，[77] 页，32 开

本书内收文章 4 篇，包括尧门山人的《八德证明》和《自修》吕大钧的《乡约》和《乡仪》，并提出一些伦理准则。

收藏单位：国家馆

03788

**重庆刘子如毁家助善实录**

重庆：启文印刷局，1934，36 页，36 开

本书内容包括：刘子如自述、刘子如辩诉状、刘子如捐产文约、刘子如一生捐款表等。

收藏单位：重庆馆

03789

**处世的秘诀** （美）密尔登·赖衰脱原著　林荫译

上海：公植出版社，1941.3，2 版，142 页，32 开（青年修养丛刊）

　　本书即《怎样应付人》又一不同译本，译时有所增删。从心理和技术方面讲述处人处事之道。书前有译者序。

　　　收藏单位：上海馆

03790

**处世格言**　严慎修纂辑

山西：文蔚阁，1920，5 版，240 页，32 开

　　本书分为内外两篇。内篇多论个人修养，包括自立、修省、明心、持身、养生等内容；外篇论及待人接物，包括察物、辨人、待人、处事、达观等内容。

　　　收藏单位：首都馆

03791

**处世格言**　严慎修纂辑

北京：中华印书局，1915.6，[236] 页，32 开

北京：中华印书局，1935.6，7 版，[236] 页，32 开

　　　收藏单位：国家馆、首都馆

03792

**处世与作人的要道·宣传的种类及方法**

出版者不详，56 页，32 开

　　本书收录蒋介石 1931 年在南京军校特别训练班的两次训话。

　　　收藏单位：重庆馆

03793

**处世箴规**（初集）　孙纬才编

上海：孙纬才父子医院，1927.4，再版，84 页，64 开

　　本书内收《四训》（袁了凡）、《戒嫖妓说》（颜光衷）、《人生必读书》（唐翼修）、《家训》（杨椒山）、《客坐私规》（王阳明）、《心相编》（陈希夷）等。

　　　收藏单位：国家馆

03794

**创业与成功**　（美）马尔腾（Orison Swett Marden）著　林荫编译

上海：美德书局，1948，158 页，36 开（青年修养丛刊）

上海：美德书局，1948，2 版，158 页，36 开（青年修养丛刊）

　　本书由译者序言和正文组成。正文共 6 编，内容包括：创业前的准备工作、创业过程中的必修课、获得胜利的八个方法、人人应懂的生意经络、铲除成功的障碍、成功的关键。著者原题：麦尔顿。

　　　收藏单位：南京馆

03795

**创业与致富**　叶群编著

上海：大方书店，1946.5，96 页，32 开（青年自修成功丛书）

上海：大方书店，1946.9，再版，96 页，32 开（青年自修成功丛书）

上海：大方书店，1947，再版，96 页，32 开（青年自修成功丛书）

上海：大方书店，1949，[再版]，96 页，32 开（青年自修成功丛书）

　　本书讲述青年创业与致富的处世原则与方法。共 11 章，内容包括：职业青年往那里走、创业的基本动力、最真实的资本、应付社会的条件、待人接物的方法、怎样克服环境、机会的造成与利用、如何实现你的事业理想、生活的斗争精神等。

　　　收藏单位：广东馆、湖南馆、吉林馆、江西馆、南京馆、上海馆、绍兴馆、首都馆、天津馆

03796

**创造新生命**（一名，自我训练）（美）洛特著　林荫编译

上海：公植出版社，1940，146 页，32 开（青年修养丛刊）

上海：公植出版社，1945.9，再版，146 页，32 开（青年修养丛刊）

　　本书编译者结合中国实际加以编译。共 4 编，内容包括：自我训练的意义、自我训练的

基本原则、自我训练的实践、走到成功之路。

收藏单位：国家馆、首都馆、天津馆、浙江馆

03797

**创造新生命（一名，自我训练）（美）洛特著　林荫编译**

上海：美德书局，1945.9，再版，146页，32开（青年修养丛刊）

收藏单位：广东馆、国家馆、上海馆

03798

**错误之镜（初集）（日）卯金一郎著**

北平：同懋祥南纸印刷店，1938.7，66页，32开

本书叙述个人经历、感觉和错误，宣传道德文化和互助互爱。附有《大人赋》和坯上老人《素书》秘本等。

收藏单位：国家馆

03799

**大众修养　浪屿编著**

上海：中流书店，1940，147页，32开

收藏单位：上海馆、首都馆

03800

**大众修养　张澄清著**

桂林：中央出版社，1943.7，再版，135页，32开

本书共5章，内容包括：修养的真谛、先知道自己、再看看环境、然后问自己、开始习生活。

收藏单位：重庆馆

03801

**道德学社访问记**

孝义道德学社，64页，32开

收藏单位：广东馆

03802

**道德与教育　张文穆著**

张文穆［发行者］，1934.12，108页，32开

本书共4部分，内容包括："什么叫做道？什么叫做德？""为什么要修道？为什么要养德？""怎样去修道？怎样去养德？""道德与教育，究竟有什么关系？"

收藏单位：国家馆、首都馆

03803

**道德与人生　魏嗣銮　常燕生著**

出版者不详，27页，32开（川康农工学院丛书）

本书内收3篇文章，包括：《人生之意义与价值》《论道德律》《秋季的洗礼》。

03804

**道德自我之建立　唐君毅著**

重庆：商务印书馆，1944.11，115页，25开

重庆：商务印书馆，1945，再版，115页，25开

上海：商务印书馆，1946.5，沪初版，115页，25开

本书除导言外分3部分，第1部分为道德之实践，说明道德生活的本质；第2部分为世界之肯定，说明道德自我的根源——心之本体的存在及其真实至善；第3部分为精神之表现，说明心之本体是充内形外的精神实在。各部独立成篇，共同阐述一个中心思想，即应超越现实自我，自觉地支配自己，以建立道德自我的中心。

收藏单位：重庆馆、广东馆、国家馆、黑龙江馆、江西馆、辽宁馆、南京馆、上海馆、天津馆、中科图

03805

**德育鉴　梁启超著**

上海：广益书局，1915，160页，22开

本书选辑中国先儒有关私德的论述。共6类，内容包括：辨术、立志、知本、存养、省克、应用。并加案语。

收藏单位：首都馆

03806

**德育鉴　梁启超著**

上海：广智书局，1915.9，5版，160页，32开

收藏单位：上海馆、中科图

03807
**德育鉴**  梁启超著
上海：商务印书馆，1916.9，170页，32开（饮冰室丛著2）
上海：商务印书馆，1918.1，3版，170页，32开（饮冰室丛著2）
　　收藏单位：重庆馆、贵州馆、国家馆、南京馆、山东馆、上海馆、绍兴馆、首都馆、浙江馆、中科图

03808
**德育鉴**  梁启超著
上海：中华书局，1936.3，102页，32开（饮冰室专集）
上海：中华书局，1941.1，再版，102页，32开（饮冰室专集）
　　收藏单位：国家馆、江西馆、辽宁馆、南京馆、山东馆、上海馆、首都馆、天津馆、浙江馆

03809
**弟子箴**  程涓选辑  顾澄校
出版者不详，96页，32开
　　收藏单位：南京馆

03810
**弟子箴言**  （清）胡达源撰
上海：明善书局，1935.2，138页，22开
　　本书共16卷，内容包括：奋志气、勤学问、正身心、慎言语、笃伦纪、睦族邻、亲君子、远小人、明礼教、辨义利、崇谦让、尚节俭、儆骄惰、戒奢侈、扩才识、裕经济。
　　收藏单位：河南馆、江西馆

03811
**读书与做人**  东北青年学社辑
北平：东北青年学社，1935.7，110页，64开（东北青年丛书17）
　　本书讲述读书与做人的关系。内容包括：为什么读书、不读书之弊害、读书的目的、怎样读书、怎样做人、为什么讲这个题目。
　　收藏单位：首都馆

03812
**垩室录感**  （清）李颙著
出版者不详，1913，20页，32开
　　本书著者原题：李中孚。
　　收藏单位：南京馆

03813
**儿童的新生活**  傅德雍编著
上海：儿童书局，1934，54页，32开
　　本书为新生活运动教材。
　　收藏单位：重庆馆

03814
**儿童的新生活**  胡叔异著
南京：正中书局，1934.5，68页，50开（新生活丛书）
　　本书共7部分，内容包括：什么叫做生活、什么叫做新生活、新生活是谁提倡的、蒋委员长的训词、新生活规律、新生活怎样实行、新生活歌。
　　收藏单位：重庆馆、广西馆、国家馆、湖南馆、江西馆、南京馆、浙江馆

03815
**二十四小时成功法（又名，成功的奠基步骤）**  任心白著
成都：经纬书局，1947，77页，36开
　　收藏单位：重庆馆

03816
**非常时期的训练与修养**  薛迪功编
常州：武进县党部，1936.6，56页，32开
　　收藏单位：南京馆

03817
**奋斗的生活**  赵宗预著
长沙：商务印书馆，1940.10，162页，32开
上海：商务印书馆，1946，再版，162页，32开
上海：商务印书馆，1948，3版，162页，32开
　　本书分心理建设和实践方法两编，讲述中学生的精神修养。共36节，内容包括：以奋斗为生活的核心，练识、练志、练胆等。
　　收藏单位：重庆馆、广东馆、国家馆、南

京馆、上海馆、天津馆、浙江馆

**03818**

**奋斗与基础 萧剑青编著**

上海：大方书局，1940.6，207 页，32 开

上海：大方书局，1946.7，207 页，32 开

上海：大方书局，1947.1，2 版，207 页，32 开

　　本书论述青年修养方法与奋斗方向。共 5 编，内容包括：成功的前因与后果、我们的人生观、怎样锻炼你自己、学术与基础、成功的基础。书末附录《八种应该做的人》。编著者原题：萧潇。

　　收藏单位：重庆馆、国家馆、吉林馆、江西馆、南京馆、上海馆

**03819**

**奋斗之路 林荫编译**

上海：公植出版社，1940，154 页，32 开（青年修养丛刊）

上海：公植出版社，1947，重版，154 页，32 开（青年修养丛刊）

　　本书据美国马尔腾的《励志丛书》以及其他著作编译。论述青年奋斗的意义、方法、道路。共 4 编，内容包括：开辟人生的新路、正确的心理建设、培养伟大的能力、奋斗成功的模范人物。

　　收藏单位：广东馆、国家馆、上海馆、首都馆

**03820**

**奋斗之路 林荫编译**

上海：美德书局，1945.11，154 页，32 开（青年修养丛刊）

上海：美德书局，1946，[ 再版 ]，154 页，32 开（青年修养丛刊）

　　收藏单位：安徽馆、重庆馆、东北师大馆、江西馆、南京馆

**03821**

**妇女处世术 屠扶等著**

香港：妇女知识丛书社，1941.9，74 页，32 开（妇女知识丛书 第 12 辑）

　　本书分为专论、随笔、通讯、文艺 4 部分，内容包括：现阶段妇女运动的路向、妇女处世术等。

　　收藏单位：广东馆、国家馆、上海馆

**03822**

**妇女故事 陈镜伊编**

上海：道德书局，1933，66 叶，32 开（道德丛书 2）

　　本书讲述母仪、妇德、治家、礼宾等。共 6 编，内容包括：贤母类、贤妇类、孝妇类、节妇类、孝女类、恶妇类。

　　收藏单位：重庆馆、国家馆、吉林馆、南京馆、上海馆、绍兴馆、首都馆、天津馆

**03823**

**妇女三字功过格**

上海：明善书局，1934，重刊本，[48] 页，32 开

　　本书为劝善之书，包括妇女意语行三字功过格、逃劫成真直捷法灶王府君妇女功过格。

　　收藏单位：安徽馆

**03824**

**妇女三字功过格**

出版者不详，[1940—1949]，32 页，22 开

　　收藏单位：重庆馆、浙江馆

**03825**

**妇女谈话 黄庐隐著**

北平：中华平民教育促进会，1932.10，再版，20 页，50 开（平民读物 74）

　　本书内容包括：缠足、不识字的妇人、乡村的母亲们、迷信、和睦、恶婆婆等。

　　收藏单位：国家馆

**03826**

**妇女修养谈 谢无量著**

上海：中华书局，1917.3，206 页，32 开（女学丛书）

上海：中华书局，1919，再版，206 页，32 开（女学丛书）

上海：中华书局，1920.8，3 版，206 页，32 开（女学丛书）

上海：中华书局，1927.5，6版，206页，32开（女学丛书）

上海：中华书局，1930.4，7版，206页，32开（女学丛书）

上海：中华书局，1931，8版，206页，32开（女学丛书）

上海：中华书局，1936.2，9版，206页，32开（女学丛书）

本书共3编，内容包括：女子修学立身之基础、妇德之修养、母德之修养。

收藏单位：广东馆、广西馆、贵州馆、国家馆、河南馆、江西馆、南京馆、山东馆、上海馆、首都馆、天津馆、浙江馆

03827

**告青年** 陈鹤琴著

文化出版社，1943.7，62页，32开（青年丛书）

本书为著者写给青年的10封信，分别论述了对的或许在别人、悲观和乐观、怎样交朋友、知足和不知足、利己和助人、决不灰心、做事要负责到底、自己管理自己等方面的问题。

收藏单位：国家馆

03828

**告青年** 胡贻穀著

上海：青年协会书局，1928.4，102页，32开

上海：青年协会书局，1930.9，再版，102页，32开

本书收论述青年问题的文章10篇：《青年与创造》《到创造的路》《青年与人格训练》《青年与挫折问题》《青年与娱乐问题》《青年与习惯问题》等。书前有卷首语《告青年》。

收藏单位：国家馆、南京馆、人大馆、浙江馆

03829

**告青年** （俄）克鲁泡特金（Л. Кропоткин）著 巴金译

[重庆]：平明书店，1938，34页，50开（克鲁泡特金小丛书7）

上海：平明书店，1938，3版，31页，50开

（社会问题研究小丛书1）

本书为论文集，作者为青年指出应走的道路。

收藏单位：重庆馆、南京馆

03830

**告少年** （俄）克鲁泡特金（Л. Кропоткин）著 旅东译

新会（广东）：民钟社，1927，48页，32开（未明社丛书2）

本书号召青年参加社会革命。

收藏单位：国家馆、浙江馆

03831

**告少年** （俄）克鲁泡特金（Л. Кропоткин）著 真民译

出版者不详，1942.11，18页，18开（新世纪丛书）

本书著者原题：克若泡特金。

收藏单位：上海馆

03832

**告少年** 李昂著

重庆：胜利出版社，1942.11，185页，32开

本书共9部分，内容包括：一个革命青年的基本修养、革命政治家的基本条件、革命斗争中的武器与战术、给有志文艺者的建议、一个严肃而切要的意见等。

收藏单位：重庆馆、国家馆、吉林馆、江西馆

03833

**告少年** 李昂著

泰和：胜利出版社江西分社，1943.4，178页，32开

收藏单位：国家馆、江西馆、南京馆

03834

**告现代青年** （美）马尔腾（Orison Swett Marden）著 杨瑜译

重庆：国风出版社，1942.5，217页，32开

重庆：国风出版社，1943，217页，32开

本书作者列举实例，从精神到心理、从

感情到理智、从悲观到乐观、从消极到积极、从思想到实践、从自信到人格，以至于想象、信仰等方面给青年提出种种忠告。

　　收藏单位：重庆馆、广东馆、广西馆、南京馆、浙江馆

03835

**告现代青年**　（美）马尔腾（Orison Swett Marden）著　杨瑜译

重庆：建国书店，1943.7，214 页，32 开

重庆：建国书店，1944.10，再版，214 页，32 开

重庆：建国书店，1948，[再版]，214 页，32 开

　　收藏单位：重庆馆

03836

**告现代青年**　（美）马尔腾（Orison Swett Marden）著　杨瑜译

重庆：建华图书出版社，1942.5，214 页，32 开

　　收藏单位：重庆馆、国家馆、吉林馆

03837

**革命青年的修养与努力**　陈诚等著

青年出版社，1940，202 页，32 开

　　本书收集 1940 年纪念"五四"青年节与论述青年运动的文章 31 篇，分为青年节与青年运动、青年的修养与认识两大类。

　　收藏单位：重庆馆、广东馆、国家馆、南京馆

03838

**革心之修养方法**

出版者不详，172 页，32 开

　　收藏单位：南京馆

03839

**格语录言**　全国基督教青年会辑

中国陆军军官学校，1942.10，16 页，36 开（军人训练丛书 11）

　　本书辑录廖淑伦著《修养的原理和方法》一书中的格言 156 条，分编为 13 类，包括：

自律、克己、静心、养性、谨言、慎行、求知、改过、勤俭、择交、忠恕、作事、处世。

　　收藏单位：国家馆

03840

**个人修养与民族复兴**　朱家骅讲

庐山暑期训练团，1937，18 页，64 开

　　收藏单位：广东馆

03841

**个人修养与社会服务**　鲍煜著

上海：光明书局，1940.2，179 页，32 开（生活与修养丛书）

上海：光明书局，1940.4，再版，179 页，32 开（生活与修养丛书）

上海：光明书局，1941，3 版，179 页，32 开（生活与修养丛书）

上海：光明书局，1943，4 版，179 页，32 开（生活与修养丛书）

上海：光明书局，1947，5 版，179 页，32 开（生活与修养丛书）

　　本书共 31 章，向青年讲述个人品德修养和为社会服务的人生观。

　　收藏单位：安徽馆、重庆馆、广东馆、贵州馆、国家馆、黑龙江馆、辽宁馆、南京馆、人大馆、山东馆、首都馆、天津馆

03842

**个人修养与事业成功**　（美）马尔腾（Orison Swett Marden）著　梦蝶译

上海：奔流书店，1941.4，120 页，36 开

　　本书即《励志哲学》之不同译本。

　　收藏单位：广东馆、南京馆、上海馆、天津馆

03843

**个人与社会（给青年的二十四封信）**　林萍著

上海：长风书店，1939.12，再版，160 页，32 开（青年丛书 2）

上海：长风书店，1940，3 版，160 页，32 开（青年丛书 2）

上海：长风书店，1940，4 版，160 页，32 开（青年丛书 2）

上海：长风书店，1946，增订版，147 页，32 开

上海：长风书店，1946，增订再版，147 页，32 开

本书内容包括："知识"与"人生"、读书的目的、怎样克服自己、科学的人生观、谈修养人格、一条光明的大道、追求真理、时代与青年、我们的思想、我们需要的自由、怎样建设新社会、"个人"与"社会"、再谈"个人"与"社会"、社会的进化、关于学习"社会科学"、从"科学"到"哲学"、民族哲学的看法、"精神"与"物质"、文艺通俗化、"艺术"与"人生"、研究历史的方法、"民众运动"与"政党运动"、关于农村宣传、怎样才算是爱国。

收藏单位：重庆馆、广东馆、广西馆、贵州馆、国家馆、上海馆

**03844**

**个性修养　何景文译述**

艺流书店，[1946]，100 页，32 开（青年自修成功丛书）

收藏单位：广东馆

**03845**

**个性修养　西风社编**

上海：西风社，1940.8，175 页，32 开（飞燕丛刊 3）

上海：西风社，1942.7，蓉 1 版，169 页，32 开（飞燕丛刊 3）

桂林：西风社，1943，175 页，32 开（飞燕丛刊 3）

上海：西风社，1943.4，渝 1 版，169 页，32 开（飞燕丛刊 3）

本书内收文章 21 篇，大多系译作。共 3 辑，内容包括：自我修养、发展个性、怎样择业。

收藏单位：重庆馆、广东馆、贵州馆、国家馆、吉林馆、南京馆、山东馆、上海馆、首都馆

**03846**

**个性修养（一名，成功奇径）　冯洪编译**

上海：激流书店，1939.9，再版，175 页，36 开

上海：激流书店，1940.4，5 版，175 页，36 开

上海：激流书店，1940.6，8 版，175 页，36 开

上海：激流书店，1941.10，再版，175 页，36 开

上海：激流书店，1944.9，[再版]，175 页，36 开

上海：激流书店，1946，[再版]，175 页，36 开

上海：激流书店，1947，3 版，175 页，36 开（修养丛书）

本书共 5 编，内容包括：怎样认识你自己、怎样发展你的个性、能力培植十五讲、你要上进非如此改善不可、给立志写作的青年。

收藏单位：重庆馆、广东馆、吉林馆、南京馆、上海馆、首都馆、天津馆、浙江馆

**03847**

**给爱国青年的几封信　任之英编**

上海：经纬书局，64 页，42 开（百科丛书 241）

收藏单位：广西馆

**03848**

**给大时代的女儿　秦蕴芬著**

贵阳：文通书局，1942.10，144 页，32 开

本书内容包括：只有努力活下去、当前的目标只有一个、问题在有没有决心、留得青山在那怕没柴烧、心广体胖、不能走冤枉路等。

收藏单位：贵州馆、国家馆、南京馆

**03849**

**给大时代的青年　李立　敏青编**

桂林：李立 [发行者]，1942.11，130 页，32 开

桂林：李立 [发行者]，1944，3 版，130 页，32 开

本书谈青年的生活态度、思想和修养。共收文章 13 篇，包括：《青年的思想和学习问题》（袁础）、《改善生活方式》（圣陶）、《谈青年生活的态度》（龙季子）、《青年今日的路线》（谢扶雅）等。

收藏单位：重庆馆、广东馆、桂林馆、国

家馆、南京馆、山东馆

**03850**

**给弟弟们的信　储安平著**

上海：开明书店，1936.4，12+98 页，32 开

　　本书内收 14 封信，包括：论做人、国家大事、好问、春天、团体生活、生活的和谐、论政治人格、吃亏、幸福、行、"但求无过"与"不求有功"、动与静、"顾之何益"、"帽子"哲学读后。

　　收藏单位：广东馆、贵州馆、国家馆、南京馆、上海馆

**03851**

**给烦闷青年的几封信　张翼人著**

上海：经纬书局，1935.9，再版，96 页，32 开

　　本书内收 23 封信，包括：纯粹感情之评判、恋爱的生命、恋爱与艺术、恋爱之基础、恋爱与自由、时间与空间之谜、求学的方向、知识与经验、知识与生长、艺术家与科学家等。

　　收藏单位：贵州馆

**03852**

**给经济压迫青年的几封信　裴小楚著**

上海：经纬书局，82 页，32 开（百科丛书 231）

　　本书分 15 篇论述青年的出路问题。

　　收藏单位：广西馆

**03853**

**给苦干的中学生　金曾编著　李浩校**

上海：大方书局，1946.11，88 页，25 开（青年自修成功丛书）

上海：大方书局，1947，再版，88 页，25 开（青年自修成功丛书）

　　收藏单位：广东馆、江西馆、南京馆

**03854**

**给苦闷青年的几封信　沈沙白编**

上海：国光书店，1941.10，3 版，160 页，25 开

上海：国光书店，1946.10，再版，160 页，25 开

　　本书为青年向上读物。针对青年读书、处世、婚姻、社交等方面的苦闷和烦恼，指出对待的方法。

　　收藏单位：安徽馆、江西馆

**03855**

**给苦闷青年信　沈沙白编**

上海：国光书店，1947.5，再版，160 页，36 开

　　收藏单位：安徽馆、广西馆、江西馆、天津馆

**03856**

**给苦学青年　詹文浒著**

上海：世界书局，1939，138 页，25 开（青年成功丛书）

上海：世界书局，1941，2 版，138 页，25 开（青年成功丛书）

上海：世界书局，1943，赣 1 版，138 页，25 开（青年成功丛书）

上海：世界书局，1944.5，赣 2 版，138 页，25 开（青年成功丛书）

上海：世界书局，1948.10，4 版，138 页，25 开（青年成功丛书）

　　本书共 5 部分，内容包括：励志与修养、升学与求业、自学问题、思想问题、二人的故事。

　　收藏单位：重庆馆、贵州馆、国家馆、吉林馆、江西馆、南京馆、人大馆、首都馆

**03857**

**给男青年们　麦高云（J. Leo McGovern）著　何继高译**

外文题名：For boys and men

香港：公教真理学会，1947.3，再版，39 页，32 开

　　本书共 5 部分，内容包括：我们的生命、德行与罪恶、忠诚、需要我们注意的几个问题、在天主台下工作。

　　收藏单位：国家馆、南京馆、首都馆

03858

**给彷徨中的青年　丁雨人著**

广西：文海书局，1942，118 页，36 开

　　本书分 30 个小题目讲述青年的修养。

　　收藏单位：重庆馆、吉大馆、山东馆

03859

**给前进青年的几封信　拓荒编著**

成都：经纬书局，[1940—1945]，71 页，42 开

成都：经纬书局，1945，2 版，71 页，42 开

　　本书谈论青年人应树立的信念，努力的方向，选择什么样的朋友以及为国家、为民族献身的精神等。

　　收藏单位：重庆馆、广东馆、国家馆

03860

**给青年的二十二封信（又名，个人与社会）林萍著**

成都：长风书店，1942.10，143 页，32 开（青年丛书 2）

成都：长风书店，1945，[再版]，143 页，32 开（青年丛书 2）

　　本书内容包括："知识"与"人生"、读书的目的、怎样克服自己、科学的人生观、谈修养人格、一条光明的大道、追求真理、时代与青年、我们的思想、怎样建设新社会、"个人"与"社会"、再谈"个人"与"社会"、社会的进化、关于学习"社会科学"、从"科学"到"哲学"、民族哲学的看法、"精神"与"物质"、文艺通俗化、"艺术"与"人生""民众运动"与"政党运动"、关于农村宣传、怎样才算是爱国。

　　收藏单位：重庆馆、国家馆、南京馆

03861

**给青年的十二封信　朱光潜著**

上海：开明书店，1929.3，114 页，32 开（开明青年丛书）

上海：开明书店，1929.5，再版，115 页，32 开

上海：开明书店，1929.9，3 版，121 页，32 开

上海：开明书店，1930.2，4 版，116 页，32 开

上海：开明书店，1930，5 版，115 页，32 开

上海：开明书店，1931.1，6 版，115 页，32 开

上海：开明书店，1931.7，7 版，116 页，32 开（开明青年丛书）

上海：开明书店，1931.12，8 版，116 页，32 开

上海：开明书店，1933，9 版，116 页，32 开（开明青年丛书）

上海：开明书店，1938，15 版，116 页，32 开（开明青年丛书）

上海：开明书店，1940.1，18 版，114 页，32 开（开明青年丛书）

上海：开明书店，1940.9，19 版，114 页，32 开（开明青年丛书）

赣县：开明书店，1941.9，内 3 版，114 页，32 开（开明青年丛书）

桂林：开明书店，1941，114 页，32 开（开明青年丛书）

桂林：开明书店，1942.10，2 版，114 页，32 开（开明青年丛书）

成都、重庆：开明书店，1942.12，116 页，32 开（开明青年丛书）

上海：开明书店，1944，再版，112 页，32 开

重庆：开明书店，1945，东 1 版，114 页，32 开（开明青年丛书）

重庆：开明书店，1945，6 版，116 页，32 开（开明青年丛书）

上海：开明书店，1946，26 版，114 页，32 开（开明青年丛书）

上海：开明书店，1947.1，27 版，114 页，32 开（开明青年丛书）

上海：开明书店，1947.9，28 版，114 页，32 开（开明青年丛书）

上海：开明书店，1948.3，29 版，114 页，32 开（开明青年丛书）

上海：开明书店，1948.7，特 1 版，114 页，32 开（开明青年丛书）

上海：开明书店，1948.11，30 版，114 页，32 开（开明青年丛书）

　　本书内收 12 封信，包括：谈读书、谈动、谈静、谈中学生与社会运动、谈十字街头、谈多元宇宙、谈升学与选课、谈作文、谈情与理、谈摆脱、谈在露浮尔宫所得的一个感想、谈人生与我。书末附《无言之美》《悼夏孟刚》《再说一句话》（代跋）。

收藏单位：重庆馆、东北师大馆、广东馆、广西馆、贵州馆、国家馆、湖南馆、华东师大馆、吉林馆、江西馆、近代史所、辽大馆、南京馆、山东馆、上海馆、绍兴馆、首都馆、浙江馆、中科图

03862
**给青年的信 周乐山著**
上海：北新书局，1932.8，再版，192页，36开（青年丛书2）
上海：北新书局，1933.7，3版，192页，36开（青年丛书2）
　　本书是有关青年修养和学习的内容。
　　收藏单位：重庆馆、广东馆、国家馆、吉林馆、南京馆、上海馆、浙江馆

03863
**给未婚青年几封信 萧剑青著**
重庆：经纬书局，1946，64页，32开
　　本书收录著者与朋友关于未婚青年的7封信，包括关于性的烦闷、求学与谈恋爱、怎样选择伴侣等。
　　收藏单位：重庆馆

03864
**给下一代 沐绍良著**
上海：商务印书馆，1947.7，104页，32开
上海：商务印书馆，1948.7，再版，104页，32开
　　本书收集作者给其侄的12封信，讲述做人做事之道。书前有戴景素序、作者自序。
　　收藏单位：重庆馆、广东馆、贵州馆、国家馆、华东师大馆、辽宁馆、上海馆、首都馆

03865
**给现代女子的几封信 卢英编著**
成都：经纬书局，69页，64开
　　本书内容包括：怎样求学、不要做恋爱梦、不要受虚荣的诱惑、怎样力谋解放、粉饰的美是可耻的、你们应有的修养、怎样参加团体生活、妇女职业问题的商榷等。书前有作者序。

收藏单位：重庆馆

03866
**给消极青年的几封信 凌霄编**
上海：经纬书局，[1937]，62页，50开（经纬百科丛书）
　　本书分析青年在人生的道路上"消极"的原因、表现及克服的办法。

03867
**给小学生的信 高云池著**
上海：南星书局，1936.4，再版，100页，32开
　　本书共收48封信，涉及与少年谈读书、爱国、生活、处世等个人修养问题。
　　收藏单位：上海馆

03868
**给新青年 沙羽著**
上海：中流书店，1941，121页，32开
　　收藏单位：首都馆

03869
**给新青年的信 杨默石著**
上海：南星书店、大华书局，1933.6，152页，32开
上海：南星书店，1935，改订版，152页，32开
　　本书共收36封信，讲述国家、社会和青年读书、婚姻、职业等问题。
　　收藏单位：国家馆、河南馆、上海馆、浙江馆

03870
**给新时代青年 狄畏编**
上海：大方书局，1946.5，117页，36开（青年自修成功丛书）
上海：大方书局，1947，再版，117页，36开（青年自修成功丛书）
上海：大方书局，1949.4，2版，117页，36开（青年自修成功丛书）
　　本书通过给青年的25封信，分析了抗日战争以后国内外政治形势和青年人在读书、求业、宇宙观诸方面的修养。

收藏单位：重庆馆、国家馆、江西馆、南京馆、上海馆、首都馆

03871

**给新时代青年的信　周楞伽著**

上海：大陆出版社，1941.6，183页，32开

本书论述青年人的生活、思想、认识、意志。

03872

**给有为的青年们　黄警顽　赵锦华著**

上海：国光书店，[1941]，134页，32开

上海：国光书店，1941.5，2版，134页，32开

上海：国光书店，1946，再版，134页，32开

本书以书信体裁向青年谈修养问题。封面题名：给有为青年。

收藏单位：国家馆、江西馆、南京馆、上海馆、首都馆、浙江馆

03873

**给中华儿女的信　裴小楚著**

学习出版社，1940，90页，32开

收藏单位：广东馆

03874

**给中学生的二十封信　甲申出版社编辑**

成都：甲申出版社，1944.11，83页，42开

本书同青少年讨论读书、金钱、健康、社交、服务、升学、贫穷、婚姻、生活、出路等方面的20个问题。

收藏单位：重庆馆、国家馆

03875

**工作方法与修养　王龙舆著**

曲江：大道文化事业公司，1943.12，102页，32开（青年智识丛书2）

本书内容包括：生命的要求、认清自己、读书穷理、以人为鉴、成事在人、组织就是力量、眼高手低、一切事业之母、从管理物做起、用钱的效率、处常与应变、记录和参考、领导的方法、到创进之路、人格的光辉等。

收藏单位：重庆馆、国家馆、江西馆

03876

**工作修养与生活　梅公毅著**

桂林：白虹书店，1943.8，2册（808页），32开

本书论述青年的生活、工作和修养。共7章，内容包括：青年问题底内容与特质、读书问题、关于职业问题的各方面、恋爱和结婚的研究、修养问题、谈青年的出路问题等。

收藏单位：重庆馆、广东馆、国家馆

03877

**公民模范　翁长钟编译**

上海：中华书局，1914.6，266页，25开

上海：中华书局，1923，5版，266页，25开

上海：中华书局，1926.6，6版，266页，25开

上海：中华书局，1927.12，8版，266页，25开

上海：中华书局，1933.2，9版，266页，25开，精装

本书论述人的一生从儿童到成人各时期的道德修养。共4编，内容包括：说孩稚、说青年、说成人、说公民。

收藏单位：重庆馆、广东馆、黑龙江馆、江西馆、辽宁馆、南京馆、山东馆、首都馆、天津馆、浙江馆

03878

**古今善书大辞典**

上海：明善书局，1册，22开

收藏单位：广东馆

03879

**光明之路　西风信箱编辑部编辑**

上海：西风社，1940，300页，32开（飞燕丛刊2）

上海：西风社，1941，274页，32开（飞燕丛刊2）（西风信箱2）

桂林：西风社，1943，294页，32开（飞燕丛刊2）

重庆：西风社，1945，294页，32开（西风信箱2）

本书共10编，内容包括：社会、人生、职业、家庭、心理、修养、交际、恋爱、婚姻、性与健康。书前附各编目录。

收藏单位：重庆馆、东北师大馆、广东馆、国家馆、吉林馆、南京馆

**03880**

**国民德育宝鉴**　钱贞干编

上海：大陆图书公司，1923.1，[342] 页，32 开（修养全书 1）

本书收辑中西名人言行。共 3 编，内容包括：家庭德育、学校德育、社会德育。

收藏单位：国家馆、湖南馆

**03881**

**好青年**　（法）G. Hoornaert 著　萧杰一译

安庆：安庆天主堂，1942，271 页，32 开

本书宣传应战胜财、色的诱惑，做一个好青年。内容包括：奋斗、仇敌、攻击、胜利、法术等。

收藏单位：国家馆、首都馆

**03882**

**何必消极**　滕钧昌编

上海：辰光书店，1934.10，142 页，36 开（现代青年修养指导）

上海：辰光书店，1935.1，再版，142 页，36 开（现代青年修养指导）

本书讲述青年的个人修养，特别分析自杀、堕落、沉沦等问题。共收 45 篇文章。

收藏单位：上海馆

**03883**

**何必消极**　滕钧昌编

上海：复兴书局，1936，142 页，36 开（现代青年修养指导）

上海：复兴书局，1936.11，再版，142 页，36 开（现代青年修养指导）

上海：复兴书局，1937.5，再版，142 页，36 开（现代青年修养指导）

收藏单位：重庆馆、山东馆、上海馆、浙江馆

**03884**

**厚黑丛话**　李宗吾著

成都：大千书局，1945.9，119 页，32 开

成都：大千书局，1946.11，74 页，32 开

本书收集著者 1935 年 8 月—1936 年 5 月在成都《华西日报》"厚黑丛话"专栏逐日所载之文。

收藏单位：重庆馆、东北师大馆、国家馆、吉林馆、南京馆

**03885**

**厚黑丛话**　李宗吾著

成都：华西日报发行部，1935—1936，3 册 (94+104+[106] 页)，32 开

本书分 6 卷，收集著者 1935 年 8 月—1936 年 5 月在成都《华西日报》"厚黑丛话"专栏逐日所载之文。

收藏单位：北大馆、重庆馆、国家馆、近代史所、南京馆、山东馆、首都馆、天津馆

**03886**

**厚黑丛话（1）**　李宗吾著

[ 成都 ]：李宗吾 [ 发行者 ]，1936.5，再版，92 页，32 开

本书为卷一至二。曾发表于《华西日报》1935 年 8 月至 9 月"厚黑丛话"专栏上。

收藏单位：重庆馆、国家馆

**03887**

**厚黑丛话（合订本）**　李宗吾著

成都：晨钟书局，1947.9，116 页，32 开（厚黑丛书）

收藏单位：重庆馆

**03888**

**厚黑丛话（合订本）**　李宗吾著

成都：日新工业社，1938，再版，192 页，32 开

收藏单位：重庆馆、国家馆、南京馆

**03889**

**厚黑随笔（另名，迂老随笔）**　李宗吾著

成都：晨钟书局，1946.11，74 页，32 开（厚黑丛书）

成都：晨钟书局，1947，74 页，32 开（厚黑丛书）

本书除记叙作者（厚黑教主）趣闻轶事外，叙录古今"厚黑"事实，以阐发厚黑原理。

　　收藏单位：重庆馆、广东馆、国家馆

**03890**

**厚黑学　李宗吾著**

成都：晨钟书局，1947，35页，36开（厚黑丛书）

　　本书写于清末，揭示当时社会的种种罪恶现实，发出愤世嫉俗之言。共5部分，内容包括：绪论、厚黑原理、厚黑经、厚黑传习录、结论。

　　收藏单位：重庆馆

**03891**

**厚黑学　李宗吾著**

成都：大千书局，1945，42页，32开

　　收藏单位：重庆馆、吉大馆、吉林馆、江西馆、南京馆、山东馆、上海馆

**03892**

**厚黑学　李宗吾著**

成都：华西日报社发行部，1934.2，60页，32开

成都：华西日报社发行部，1936.4，再版，[68]页，32开

成都：华西日报社发行部，1938.2，3版，[68]页，32开

　　收藏单位：北大馆、重庆馆、东北师大馆、国家馆、南京馆

**03893**

**厚黑学　李宗吾著**

华星书局，1946.10，32页，36开

　　收藏单位：南京馆、上海馆

**03894**

**厚黑学　李宗吾著**

北平：立派社，1934，12+38页，32开

　　收藏单位：国家馆

**03895**

**厚黑学　李宗吾著**

启明印刷社，1940.3，4版，[10]+124页，32开

[启明印刷社]，1940，5版，[10]+146页，32开

　　收藏单位：重庆馆、国家馆、黑龙江馆、吉林馆、南京馆、浙江馆

**03896**

**厚黑学　李宗吾著**

上海：世界文化出版社，1948.11，43页，32开

　　收藏单位：江西馆

**03897**

**厚黑学　吴成极著**

出版者不详，4版，134页，25开

　　本书内容包括：序、厚黑学、厚黑经、厚黑传习录、结论、跋等。

　　收藏单位：重庆馆

**03898**

**厚黑学批判　沈武著**

成都、重庆：说文社，1946.11，53页，32开（反厚黑丛书）

成都：说文社，1948，再版，53页，32开（反厚黑丛书）

　　本书对李宗吾著《厚黑学》一书加以严厉批判，认为厚黑学是祸害，教人为恶。分为分别批判和综合批判两部分。书前有序、作者弁言。

　　收藏单位：重庆馆、国家馆、吉大馆、南京馆

**03899**

**活力　唐树藩辑**

桂林：实学书局，1942，5版，303页，32开

　　本书辑录中外古今名人格言。内容涉及如何修己、待人、接物、应事、求学、立家、为政、从军等。书前有辑者的《没有第三条路——只有认真的死，或认真的活》。

## 03900

**活力（古今箴言辑粹） 唐树藩编**

南京：正中书局，1936.5，[18]+254 页，32 开

南京、上海：正中书局，1937，再版，[18]+254 页，32 开

重庆：正中书局，1940，5 版，[18]+254 页，32 开

重庆：正中书局，1942，6 版，[18]+254 页，32 开

金华、重庆：正中书局，1942，9 版，[18]+254 页，32 开

重庆：正中书局，1944，11 版，[18]+254 页，32 开

上海：正中书局，1947.7，沪 1 版，[18]+254 页，32 开

上海：正中书局，1947，再版，[18]+254 页，32 开

　　收藏单位：重庆馆、东北师大馆、广东馆、国家馆、吉林馆、南京馆、上海馆、首都馆、浙江馆

## 03901

**活青年 （日）铃木力著 范迪吉译**

出版者不详，52 页，22 开

　　本书为道德修养类青年读物。

　　收藏单位：国家馆、浙江馆

## 03902

**活源 周居正著**

重庆：振风出版社，1946，74 页，32 开

　　本书分 6 章，汇集著者关于青年励志的文章。文章形式有散文、书信、诗词、生活记要等。

　　收藏单位：重庆馆、南京馆

## 03903

**活跃青年路线 拓荒编著**

上海：经纬书局，1941.5，92 页，50 开

　　本书讲述身体健康和助人为乐的重要。内容包括：整洁为强身之本、助人为快乐之本。

　　收藏单位：国家馆、湖南馆、天津馆

## 03904

**基德新篇 蒋瑞华著**

厚和：纯一善社，1915.2，28 页，22 开

　　本书为伦理课讲稿。共 4 编 28 课，内容包括：修身八德、妇女三从四德、五纲七戒、附录。书前有纯一善社社长王明远题辞及乌学谦序。

　　收藏单位：国家馆

## 03905

**济世金箴 石兴全编著**

重庆：磐石书屋，1935.12，56 页，32 开

　　收藏单位：南京馆

## 03906

**嘉言懿行录 阚轶群编述**

上海：俭德储蓄会，1925.7，[110] 页，64 开（俭德丛书 第 2 种）

　　收藏单位：江西馆

## 03907

**谏果 吴咏品辑 周锡培校**

出版者不详，油印本，1 册，32 开

　　收藏单位：南京馆

## 03908

**蒋著修身书 蒋智由著述**

[北京]：蒋智由 [发行者]，1911，3 册（56+82+82 页），22 开

　　本书讲述在学校、卫生、修学、朋友、品行等方面的个人修养。

　　收藏单位：国家馆、山东馆、首都馆

## 03909

**金忠节公语录 （明）金声著**

觉圆赠书会，1933，38 页，32 开

觉圆赠书会，1935，再版，38 页，32 开

　　本书为关于个人修养的格言和语录。

　　收藏单位：上海馆

## 03910

**进德宝鉴**

出版者不详，96 页，32 开

收藏单位：南京馆

## 03911

**进德篇** （英）华林泰著　李喆元译

成都：公记印刷公司，1914.9，36页，22开

　　本书分38条，杂论人生的道德修养，如物性、物己、民生、民智、进化、德化、论世、富国等。

　　收藏单位：国家馆

## 03912

**进入新社会之前**　黄雨著

香港：南国书店，1949.7，81页，32开（新青年丛书）

　　本书分8章，向青年讲述在人民共和国建立后应该具有的新的道德观点。

　　收藏单位：广东馆、国家馆、华东师大馆、辽宁馆

## 03913

**经训教科书**　林万里等编纂

上海：商务印书馆，1914，6版，4册，25开

　　本书为修身教育和道德教育所用读本，以经学教育为目的，以经书为本，讲授人文道理。

　　收藏单位：首都馆

## 03914

**经训要录**　孙松龄辑　郭立志注

北平：出版者不详，1939，140页，32开

　　本书辑录了四书、五经中有关伦理道德修养的格言，并附有各家注疏。共19类，包括：天道、民彝、群揆、伦纪、礼本、政符、人鉴、劝学、约知、慎言、明哲等。

　　收藏单位：北大馆、国家馆、山东馆、首都馆、天津馆

## 03915

**经验之谈**　（美）泰罗（M. S. Taylor）著　冯洪译

上海：激流书店，1949，172页，32开

　　本书内容包括：鼓起勇气来、成熟和幼稚、找一件适合的工作、你怕羞吗、虚荣心、忍耐、服装与身份等50个专题。书前有导言及《我怎么写成这本书》。

　　收藏单位：上海馆、首都馆

## 03916

**经验之谈**　（美）泰罗（M. S. Taylor）著　冯洪译

外文题名：Voice of exprience

上海：正义书店，1947.3，172页，32开

　　收藏单位：国家馆、上海馆、绍兴馆

## 03917

**经验之谈**　（美）泰罗（M. S. Taylor）著　余天希译

外文题名：The voice of experience

上海：中华书局，1938.10，[14]+400页，32开

上海：中华书局，1939.11，再版，[14]+400页，32开

　　本书内容包括：危险地活着吧、你的感情方面成熟了么、圆洞里的方钉、你感觉忸怩么、你是慕虚荣的么、不要不能容忍吧、悔恨和罪恶等50个专题。

　　收藏单位：国家馆、南京馆、上海馆、首都馆、天津馆

## 03918

**荆园小语集证**　（清）申涵光著　张子觉集证

上海：三友实业社，176页，25开

　　本书收集古人关于修身处世的名言、语录、格言，由张子觉逐条集证、解释。

　　收藏单位：上海馆

## 03919

**荆园小语集证·传家之宝**　（清）申涵光原著·陈研楼原著　费子鹤等校阅

上海：中联印刷股份有限公司，1947.6，152+55页，25开

　　本书著者"申涵光"原题：申凫盟。

　　收藏单位：上海馆

## 03920

**荆园语录·菜根谭**　（清）申涵光著·（明）洪应明著

外文题名：Words of wisdom from Chin Yue · "Buoyant spirit" talks

上海：青年协会书报部，1927.2，[119] 页，32 开（青年德育丛书）

收藏单位：重庆馆、国家馆、首都馆

## 03921

**精神生活与做人做事**　袁晴晖著

满地红社，[1940]，29 页，32 开

本书分上、下两编。上编为做人方面，下编为做事方面。主要论述在抗日战争中应以什么精神为人处世。

收藏单位：国家馆

## 03922

**精神文化讲话**　曹伯韩著

上海：开明书店，1945.11，132 页，36 开（开明青年丛书）

上海：开明书店，1946，再版，132 页，36 开（开明青年丛书）

上海：开明书店，1948.7，特 1 版，132 页，36 开（开明青年丛书）

上海：开明书店，1949，3 版，132 页，36 开（开明青年丛书）

本书收录作者自 1939—1941 年在开明书店出版的《中学生杂志》上所发表的 16 篇文章，主要对青年在精神文化方面的问题，特别是改造社会方面的问题加以分析，并指出方向。

收藏单位：重庆馆、东北师大馆、广西馆、贵州馆、国家馆、吉林馆、江西馆、近代史所、辽宁馆、南京馆、山东馆、山西馆、上海馆、首都馆、天津馆、浙江馆、中科图

## 03923

**静思录**　朱景东著

[济南]：[中兴书店]，[1936]，72 页，32 开

收藏单位：山东馆

## 03924

**决断力与人格**　（美）福斯特（J. Foster）著　胡贻榖译

外文题名：Decision of character

上海：中华基督教青年会组合，1914.12，46 页，32 开

上海：中华基督教青年会组合，1918，再版，46 页，32 开

本书作者认为处事果断刚毅，是一个人成就事业的重要因素。共 6 章，内容包括：论明决、决断力之辅助与成功、决断力成于意气乎抑根于道义乎、决心与勇气为一致之进行、特性与异性之调和、决断力养成之理由。著者原题：富斯脱。

收藏单位：国家馆、天津馆、浙江馆

## 03925

**决断性**　（美）福斯特（J. Foster）著　杨荫浏译

上海：广学会，1932.12，78 页，32 开

本书即《决断力与人格》之另一译本。

收藏单位：重庆馆、南京馆、上海馆、首都馆

## 03926

**君子淑女**　望云著

胜利图书社，2 册（40+37 页），32 开

收藏单位：重庆馆

## 03927

**孔子办学记**　李宗吾著

成都：晨钟书局，1947，28 页，36 开（厚黑丛书）

本书为借古讽今之作。附《孔告大战侠闻》。

收藏单位：重庆馆、广东馆

## 03928

**快乐在那里**　王光汉著

东川白沙：时代青年出版社，1944，108 页，32 开（时代青年丛书 3）

重庆：时代青年出版社，1944，100 页，32 开（时代青年丛书 3）

本书根据个人的经验，从时间、空间、身心三个方面总结了个人获得快乐的理论和途径。共 5 编，内容包括：通古今、明远近、知身心、辨错误、找正路。

收藏单位：重庆馆

03929

**唠叨牢骚**  魏无愁编撰  浦少川等助编校

上海：蜂蚁出版社，1947.3，19 页，64 开

本书主要论述个人修养、待人接物等处世的经验与方法等。

收藏单位：上海馆

03930

**唠骚**  魏无愁编

上海：蜂蚁出版社，1947，19 页，50 开

03931

**理想之美人**  彭兆良著

上海：中华新教育社，1933.2，2 版，96 页，32 开

收藏单位：广东馆、上海馆

03932

**历代名贤御侮语录**  刘千俊编辑

国民政府军事委员会政治部，1940，44 页，32 开

本书收集中国历代名人抗御外侮的语录，内容包括：救国家、救人民、重气节、守纪律、明责任、重智勇、习勤劳、精研究。

收藏单位：重庆馆、国家馆

03933

**历代名贤御侮语录**  刘千俊编辑

重庆：正中书局，1941.4，36 页，32 开

重庆：正中书局，1942，再版，36 页，32 开

重庆：正中书局，1946，沪 1 版，36 页，32 开

收藏单位：重庆馆、东北师大馆、国家馆、湖南馆、吉大馆、南京馆、山东馆、上海馆

03934

**立志与修养**  冯洪编译

桂林：今日出版社，1941.11，180 页，32 开

桂林：今日出版社，1942.3，再版，180 页，32 开

收藏单位：重庆馆、广东馆、贵州馆、国家馆、吉林馆、南京馆、山东馆

03935

**励德篇**

南京：洪道社，44 页，32 开

收藏单位：南京馆

03936

**励志集**  （美）马尔腾（Orison Swett Marden）著  吕鹏搏译

外文题名：Pushing to the front

上海：世界书局、商务印书馆，1924.10，再版，38 页，32 开

本书讲述待人、处世、工作等方面的道德修养。共 7 章，内容包括：人与机会、无凭借之青年、铁意、职业、精力集中、命者吾人之所自造也、世间有更大于金钱者。书前有赵秉琛序、译者序。著者原题：马尔登。

收藏单位：国家馆、上海馆、首都馆

03937

**励志与成功**  （美）马尔腾（Orison Swett Marden）著  庄重译

上海：激流书店，1941.2，再版，141 页，36 开

上海：激流书店，1941.8，4 版，141 页，36 开

上海：激流书店，1946.10，[ 再版 ]，141 页，36 开

本书通过励志案例讲述成功之道。共 62 篇，内容包括：激起你的潜力、美梦的憧憬者、截断退却之路、机会在哪里、拓荒者、事业和健康、十全十美、求取自由、贫人之福、谈话的技巧等。

收藏单位：重庆馆、广东馆、江西馆、南京馆、上海馆、首都馆、天津馆

03938

**励志与成功**  师颖编选

新京（长春）：启智书店，1942，180 页，32 开（新青年修养丛书）

收藏单位：首都馆

03939

**励志哲学**  （美）马尔腾（Orison Swett Marden）

著 曹孚译
外文题名: Training for efficiency
上海: 开明书店, 1932.8, 186 页, 36 开
上海: 开明书店, 1932.9, 再版, 186 页, 36 开
上海: 开明书店, 1933, 3 版, 186 页, 36 开
上海: 开明书店, 1934, 5 版, 186 页, 36 开
上海: 开明书店, 1935, [再版], 186 页, 36 开
上海: 开明书店, 1936.2, 7 版, 186 页, 36 开
上海: 开明书店, 1936.11, 8 版, 186 页, 36 开
上海: 开明书店, 1938, 9 版, 186 页, 36 开
上海: 开明书店, 1939.6, 12 版, 164 页, 36 开
上海: 开明书店, 1939.10, 12 版, 164 页, 36 开
上海: 开明书店, 1940.2, 13 版, 164 页, 36 开
重庆: 开明书店, 1940.4, 164 页, 36 开
重庆: 开明书店, 1940.11, 2 版, 164 页, 36 开
桂林: 开明书店, 1941.1, 164 页, 36 开
上海: 开明书店, 1941.2, 14 版, 164 页, 36 开
重庆: 开明书店, 1941.8, 3 版, 164 页, 36 开
重庆: 开明书店, 1941, 4 版, 164 页, 36 开
桂林: 开明书店, 1942, 2 版, 164 页, 36 开
重庆: 开明书店, 1942, 5 版, 164 页, 36 开
上海、重庆: 开明书店, 1942, 渝 6 版, 164 页, 36 开
上海: 开明书店, 1943, 9 版, 164 页, 36 开 (青年励志丛书)
香港: 开明书店, 1947, 6 版, 164 页, 36 开
上海: 开明书店, 1947, 16 版, 164 页, 36 开
上海: 开明书店, 1947.9, 17 版, 164 页, 36 开
上海: 开明书店, 1948.4, 25 版, 164 页, 36 开

本书收录著者全部作品中的代表作 63 篇。内容包括: 自信的奇迹、工作的精神、谈话的艺术、生命之资本、人格操守、学校以外之教育等。

收藏单位: 重庆馆、广东馆、广西馆、国家馆、河南馆、湖南馆、江西馆、近代史所、南京馆、上海馆、首都馆、天津馆、浙江馆

03940
励志哲学 (美) 马尔腾 (Orison Swett Marden) 著 杜伟译
外文题名: Training for efficiency
重庆: 陪都书店, 1948, 115 页, 36 开 (新青年丛书)

本书英文名原译为《效率的训练》。主张通过个人的主观努力改变个人的精神状态, 脱离消极、悲观、颓唐。共 63 篇, 内容包括: 振作你的志气、伟大的梦想者、不要准备后退、新途径的开创、绝对信任自己、健康与成功、至善的境界、为自由而战等。

收藏单位: 重庆馆

03941
励志哲学 (又名, 怎样创造你的前途) (美) 马尔腾 (Orison Swett Marden) 著 狄原译
外文题名: Training for efficiency
重庆: 天下出版社, 1945.5, 167 页, 36 开 (青年励志丛书)

收藏单位: 重庆馆、国家馆、湖南馆、吉林馆

03942
了解青年 胡毅著
重庆: 独立出版社, 1943.10, 131 页, 32 开

本书讲述青年的需求和思想。共 7 章, 内容包括: 身体、情绪、社会、道德、心智、青年问题实例 (上、下)。

收藏单位: 重庆馆、广东馆、广西馆、国家馆、吉林馆、南京馆

03943
龙中青年修养录 朱光潜等著 谢新周辑
漳州: 三青团福建支团龙中分团, 1945.11, 116 页, 32 开 (青年训练丛书)

本书选辑蒋介石、朱光潜、梁启超等人的文章共 30 篇, 按德、智、体、群顺序编排。

收藏单位: 国家馆

03944
伦理 于从云讲述
北平: 万国道德总会, 1947, 3 版, 176 页, 9×10cm

本书记录于从云关于伦理的认识, 即仁、义、礼、智、信五常之道在人身中反映出的

五伦之德。

收藏单位：安徽馆

03945

**论待人接物**　张闻天著
苏中韬奋书店，23 页，64 开
本书著者原题：洛甫。
收藏单位：南京馆

03946

**论待人接物问题**　张闻天著
文化出版社，[1938]，24 页，36 开（青年自修丛书）
本书著者原题：洛甫。
收藏单位：广东馆

03947

**论人与论牛**　葛承绪著
西安：中国文化服务社，1941.1，60 页，32 开（西安晚报丛书 2）
本书收录论述道德修养的文章 8 篇：《论人》《论牛》《论学生》《论生活》《论读书》《论交友》《论恋爱》《关于妇女的几个问题》。
收藏单位：重庆馆、南京馆

03948

**每日座右铭**　胡维吾编
成都：经纬书局，1946，102 页，36 开
本书分衣、食、住、健康、责任、服务、修养、自学等 8 部分。
收藏单位：重庆馆、吉大馆

03949

**民范**　蔡慎鸣著
出版者不详，28 页，32 开
本书共 70 课，分述各种道德修养。附录道德诗多首。
收藏单位：国家馆

03950

**民众韵语**　赵逢源编
重庆：私立正中中学，1943.7，108 页，32 开
本书以旧《增广》一书为蓝本加以重订

改编而成，以格言、谚语的形式介绍培养身心道德和处世的经验。共 5 编，内容包括：教育、修养、治家、对人、处世。
收藏单位：南京馆

03951

**民众韵语**　赵逢源编
出版者不详，[1942]，[112] 页，32 开
收藏单位：重庆馆

03952

**民族道德要览**　徐哲东编
中央陆军军官学校政治训练处，1934.4，150 页，22 开
本书共 5 章，讲述民族道德的重要性、制行标准、修养工夫，辑录了中国古代圣贤名人的事迹、格言。
收藏单位：国家馆、河南馆、湖南馆、南京馆、上海馆、浙江馆

03953

**敏求知己**　瑞中编
上海：大成书社，[104] 页，25 开
本书为合订本，3 册合一。主张不分派别，万道归一，反求诸己，注重道德修养。
收藏单位：国家馆、南京馆

03954

**名贤集（汉英对照）**　谢福生辑
外文题名：A collection of Chinese moral maxims
出版者不详，1915，32 页，32 开
本书为中国格言集锦，以历代名人贤士的名言善行，讲述为人处世的基本道理。
收藏单位：上海馆

03955

**男孝经**
北京：老二酉堂印刷所，16 页，32 开
收藏单位：南京馆

03956

**难题总解剖**　夏丏尊等著　马舍文编辑
上海：博文书店，1941.3，221 页，32 开

本书收录论青年修养等问题的文章 37 篇。作者有孙中山、夏丏尊、蔡元培、戴季陶、余楠秋、杨贤江、李石岑、江问渔、伊卡、孙福熙、舒新城、潘仰尧、曹刍、平心、刘群、蒋中正、吴铁城、陶行知、金仲华、鲁迅、朱光潜、杜佐周、陈立夫、陈石泉、胡适、张申府等。

收藏单位：重庆馆、吉林馆

03957

**念字箴言　北平宗教哲学研究社编**
北平：北平宗教哲学研究社，1935.4，120 页，64 开

本书对忠、恕、廉、明、德、正、义、信、忍、公、博、孝、仁、慈、觉、节、俭、真、礼、和 20 个字加以解释，奉为道德规范。

收藏单位：国家馆

03958

**女儿箴　程淯选辑　顾澄校**
出版者不详，98 页，32 开

收藏单位：南京馆

03959

**女孝经**
北京：老二酉堂印刷所，18 页，32 开

收藏单位：南京馆

03960

**女性修养指导　余伟吾著**
上海：卫生研究社，1947，97 页，32 开（新女性指导丛书 4）

本书共 8 章，主要谈妇女与学识、健康、德性、职业、婚姻、家庭、儿童等问题。

03961

**女学　（清）蓝鼎元著**
济南：北洋印刷公司，1931，1 册，16 开

收藏单位：首都馆

03962

**女训喻说　刘乐义编译**
出版者不详，1915，46 叶，25 开

收藏单位：江西馆

03963

**女子处世教育　民尉编**
上海：励社，1946，262 页，32 开
上海：励社，1947，6 版，262 页，32 开
上海：励社，1948，7 版，262 页，32 开

本书共 8 章，内容包括：小姐必读、主妇须知、夫妇之道、教子有方、妇女卫生、家庭常识、美容院、性教育。书末附《恋爱经》。

收藏单位：重庆馆、广东馆、河南馆

03964

**女子处世教育　民尉编**
上海：新生书局，1939.9，262 页，32 开
上海：新生书局，1944，[再版]，200 页，32 开

收藏单位：重庆馆

03965

**女子四书**
上海：道德书局，1936，94 页，32 开

收藏单位：上海馆

03966

**女子四书读本　潘道祈校正**
上海：广益书局，1948，98 页，36 开

本书收录《曹大家女诫》《仁孝文皇后内训》《宋若昭女论语》《王节妇女范捷录》4 篇。

收藏单位：重庆馆

03967

**怕老婆的哲学　李宗吾著**
成都：晨钟书局，1946.7，18 页，32 开，环筒页装（厚黑丛书）
成都：晨钟书局，1947.9，18 页，32 开，环筒页装（厚黑丛书）

本书认为中国历史上，不但要怕老婆的人才能统一中国，就是偏安一隅，也要有怕老婆的人，才能支持危局。全书引用古今事例，叙述怕老婆的重要，并作《怕经》12 章。

收藏单位：重庆馆、贵州馆、国家馆、吉

林馆

03968

**培养少年人格**　（美）鲍立孟（W. R. Boorman）著　缪秋笙　于化龙译

外文题名：Developing personality in boys

上海：广学会，1920.1，298 页，32 开

上海：广学会，1930，再版，298 页，32 开

上海：广学会，1934.11，5 版，298 页，32 开

　　本书作者认为过去宗教教育失败在于忽视对人格的培养。从社会教育及社会心理学角度讲述了少年人格培养的重要性以及培养方法。共 6 章，内容包括：社会科学与少年问题、人格的组造、组织过度的人格、缺乏组织与组织分裂的人格、人格的重组等。

　　收藏单位：重庆馆、国家馆、南京馆、上海馆

03969

**批评态度的精神改造运动**　胡稼胎著

武昌：黄粹文印书馆，1930.12，36 页，32 开

　　本书所谓的"批评态度"，是指由怀疑至思索推想而有积极意义的判断。共 4 部分，内容包括：明旨、哲学的基础、要义、目的。

　　收藏单位：国家馆、南京馆

03970

**批评与检讨**　天津青联筹备会选辑

天津：读者书店，1949，16 页，36 开

　　本书收录卫理、陈重人、鲁永兴等人的文章。

　　收藏单位：国家馆、南京馆、天津馆

03971

**品格与自制**　来逢宁（L. Levonian）著　慕奥译

外文题名：Character and self-control

上海：广学会，1937.5，10 页，64 开（胡德勃罗克宗教及道德丛刊 6）

上海：广学会，1939，4 版，10 页，64 开（胡德勃罗克宗教及道德丛刊 6）

　　本书指示人们应如何克制自己，养成良好的习惯。

收藏单位：重庆馆、国家馆

03972

**品性论**　（英）斯迈尔斯（S. Smiles）著　秦同培译

外文题名：Character

上海：中华书局，1916，296 页，25 开

上海：中华书局，1923，4 版，296 页，25 开

上海：中华书局，1926，5 版，296 页，25 开

上海：中华书局，1928，6 版，296 页，25 开

上海：中华书局，1932，7 版，296 页，25 开

　　本书共 12 编，内容包括：品性之势力、家庭之势力、朋友之模范、职业、勇气、克己、性情、动作、书友、夫妇之关系、经验之训练等。著者原题：苏曼雅士。

　　收藏单位：重庆馆、广东馆、广西馆、国家馆、河南馆、江西馆、南京馆、首都馆

03973

**七古真训**

上海：土山湾印书馆，1 册，32 开

　　收藏单位：南京馆

03974

**七一法语**　[ 段正元 ] 讲

[ 北平 ]：[ 道德学社 ]，1934，82 页，25 开

　　本书为道德学社师尊段正元 71 岁说法的记录。主要是引证释、道、儒之说，讲如何修身得道。

03975

**切身问题**　沈果著

上海：大方书局，1946.5，214 页，32 开（青年自修成功丛书）

上海：大方书局，1946，再版，214 页，32 开（青年自修成功丛书）

上海：大方书局，1947，138 页，32 开

　　本书罗列了青年的 18 个切身问题：责任、读书、写作、出路、服务、社交、口才、生活、职业修养、经商、事业发展、处世、思想、交友、健康、恋爱、婚姻、家庭。

　　收藏单位：重庆馆、广东馆、国家馆、江西馆、南京馆

03976

**勤俭论** （英）斯迈尔斯（S. Smiles）著　中华书局编辑所编译

外文题名：Thrift

上海：中华书局，1914.9，116页，25开

上海：中华书局，1915，再版，116页，25开

上海：中华书局，1916，4版，116页，25开

上海：中华书局，1918，5版，116页，25开

上海：中华书局，1918.6，6版，116页，25开，精装

上海：中华书局，1921，8版，116页，25开

上海：中华书局，1923，9版，116页，25开

上海：中华书局，1924，10版，116页，25开

上海：中华书局，1927，12版，116页，25开

上海：中华书局，1928.9，13版，116页，25开

上海：中华书局，1931.6，14版，116页，25开

上海：中华书局，1933.10，15版，116页，25开

　　本书论述勤俭、节约与储蓄之重要。共16章，内容包括：勤俭之习惯、远虑、贮蓄、勤俭之先例、经济之方法、生命保险与友情会、贮蓄银行、奢侈、富者与慈善、健全之家庭、生活术等。

　　收藏单位：重庆馆、广东馆、广西馆、国家馆、河南馆、黑龙江馆、吉林馆、江西馆、南京馆、山东馆、上海馆、首都馆、浙江馆

03977

**青春之危机** （美）昊尔（Winfield S. Hall）著　谢洪赉译

外文题名：Instead of "wild oats"

上海：基督教青年协会书报部，1918，3版，17叶，25开

上海：基督教青年协会书报部，1926.7，6版，30页，32开（性教育用书3）

　　本书为18岁以上青年适用。介绍该如何克保其贞洁、正直之习惯，以求成功之必得。共4章，内容包括：性欲之神圣、贞操之效益、邪淫之恶果、克欲之良方。

　　收藏单位：重庆馆、天津馆

03978

**青年成功的途径**

出版者不详，224页，32开

　　本书据美国有关图书编译，讲述青年修养问题。共5部分，内容包括：青年成功的途径、个人的修养与事业成功、成功与快乐、修养讲座、求职与择业。

　　收藏单位：浙江馆

03979

**青年成功之路**　葛石熊编著

上海：一心书店，1934.3，125页，32开

上海：一心书店，1934.10，再版，126页，32开

上海：一心书店，1936.2，3版，126页，32开

　　本书共7章，内容包括：引言、成功的意义和本质、成功者的环境与个性、成功与体力、成功与进修、成功与治事、青年与恋爱。书前有周良模的短文《做人》。

　　收藏单位：国家馆、南京馆、首都馆、浙江馆

03980

**青年成功之路**　顾锦藻编

上海：三民图书公司，1946.3，72页，36开（青年修养服务丛书）

　　本书共14章，内容包括：谈论修养、立志乐观奋斗、机会、勤俭、经验、社交、健康、生活、服务、工作、事业与成功的关系等。

03981

**青年成功之路**　潘文安编

上海：中华书局，1929.10，83页，50开

上海：中华书局，1931.4，再版，83页，50开

上海：中华书局，1932，3版，83页，50开

上海：中华书局，1935.3，50页，36开（初中学生文库）

上海：中华书局，1935，6版，83页，50开

上海：中华书局，1936.2，7版，83页，50开

上海、昆明：中华书局，1941.1，3版，50页，36开（初中学生文库）（中华文库）

上海：中华书局，1947.12，50页，36开（中华文库初中第1集）

　　本书共13章，内容包括：青年的发轫、服务前的准备、服务时的修养、服务后的反

省、事业的信仰、事业的兴味、成功的标准、成功的道路、成功的要素、成功的真义、个人的成功、职业的成功、社会的成功。

收藏单位：重庆馆、广东馆、广西馆、国家馆、湖南馆、吉林馆、江西馆、南京馆、上海馆、首都馆、天津馆、浙江馆

03982

**青年成功之路　严沅芷　吴阶业编**

上海：国光书店，191页，32开

本书共6部分，内容包括：读书问题、出路问题、职业问题、修养与训练问题、社交与生活态度问题、结婚与健康问题。

收藏单位：吉林馆、江西馆、南京馆

03983

**青年成功指导　潘文安　陆凤石著**

上海：大东书局，1932.9，11+140页，32开

上海：大东书局，1933，再版，[11]+124页，32开

本书根据世界名人事业成功的事例，论述取得成功的方法。共4章，内容包括：概论、应当模仿的近代政治伟人、应当模仿的当代工业伟人、结论。

收藏单位：重庆馆、广东馆、国家馆、湖南馆、江西馆、辽宁馆、南京馆、天津馆、浙江馆

03984

**青年德育鉴　（美）越富勒著　屠坤华译**

上海：华美书局，1911，157页，25开

本书主要论述青年道德修养问题。共42章，内容包括：伦理、真理、人道、风俗、道德等。

收藏单位：首都馆、浙江馆

03985

**青年德育鉴　（美）越富勒著　屠坤华译**

上海：华泰印制公司，1924，3版，157页，25开

收藏单位：南京馆、天津馆

03986

**青年的私生活　温剑光著**

上海：光明书局，1947.12，144页，32开

本书内容包括：私生活的新认识、内外生活的矛盾、谈饮食起居及其他、肉体与精神的健康、娱乐的正路与歧路、朋友间的私生活、两性间的私生活、私生活中所表现的缺点与长处、私生活的纪律化、私生活的检讨与改进。

收藏单位：广东馆、广西馆、首都馆

03987

**青年的私生活　温剑光著**

桂林：曙光出版社，1942，152页，32开

桂林：曙光出版社，1943，重版，152页，32开

收藏单位：重庆馆、国家馆、南京馆、上海馆

03988

**青年的私生活　温剑光著**

桂林：曙社出版部，1943.2，144页，32开

收藏单位：重庆馆、国家馆、江西馆

03989

**青年的修养　吴之椿著**

重庆：国民图书出版社，1942.1，152页，32开

本书共6部分，内容包括：修养的观念、先天的地位、后天的力量、天才与遗传、青年的择业、修养的方法。

收藏单位：重庆馆、广东馆、广西馆、国家馆、湖南馆、吉林馆、江西馆、南京馆、山东馆、上海馆

03990

**青年的修养　吴之椿著**

重庆：中国文化服务社，1942.12，152页，32开（青年文库）

收藏单位：重庆馆、广东馆

03991

**青年的修养　杨晋豪著**

上海：北新书局，1935.12，194页，36开（青

年丛书)

上海：北新书局，1936，再版，194 页，36 开
(青年丛书)

本书内容包括：苦闷中的青年、青年的
时代病、青年对于生活应有的认识、青年生
活的正当方式、青年生活的改造、青年修养
的意旨、关于身体的修养、关于精神的修养、
关于品性的修养、关于思想的修养、关于学
问的修养、关于社会和政治的修养、青年苦
闷的解除。封面题名：青年修养。

收藏单位：国家馆、南京馆、天津馆、浙
江馆

03992

**青年的修养与训练　顾锦藻编**

上海：三民图书公司，1946.4，3 版，83 页，
36 开(青年修养服务丛书)

本书共 13 章，论述青年的修养与训练的
意义、原则、条件、方法等。书末附录《仪
表训练法》《青年自我训练效率度量表》《青
年自我训练成绩表》。

收藏单位：南京馆

03993

**青年的修养与训练　平心著**

上海：生活书店，1934.5，[423] 页，32 开

上海：生活书店，1934.7，再版，[423] 页，32
开

上海：生活书店，1934.10，3 版，[423] 页，32
开

上海：生活书店，1935.3，4 版，[423] 页，32 开

上海：生活书店，1935.8，5 版，422 页，32 开

上海：生活书店，1936，6 版，423 页，32 开

上海：生活书店，1937.4，8 版，[423] 页，32
开

上海：生活书店，1938，9 版，[423] 页，32 开

上海：生活书店，1940，10 版，[423] 页，32 开

本书共 10 章，内容包括：个人与社会、
人生的实质与意义、生活的原则与方式、思
想的训练、求知与为学、读书的计画与方法、
学问的工具、健康的修养与锻炼、智慧的修
养与训练、青年的几个切身问题。

收藏单位：重庆馆、东北师大馆、广东

馆、广西馆、贵州馆、国家馆、江西馆、南
京馆、首都馆、天津馆、浙江馆

03994

**青年的修养与训练　平心著**

桂林：学艺出版社，1942.3，[423] 页，36 开

收藏单位：重庆馆、国家馆、吉林馆、南
京馆

03995

**青年的自我教育　苗埒著**

上海：光明书局，1940，173 页，32 开(生活
与修养丛书)

上海：光明书店，1941，再版，173 页，32 开
(生活与修养丛书)

收藏单位：广东馆、首都馆

03996

**青年底人格　多德著　陈哲敏译**

外文题名：Juvenum indoles

澳门：慈幼印书馆，1948.10，131 页，32 开
(青年丛书 5)

上海：慈幼印书馆，1948.10，146 页，32 开
(青年丛书 5)

本书以通俗说理方式谈青年修养。共 3
章，内容包括：大丈夫、战胜自己战胜敌人、
披荆斩棘。

收藏单位：国家馆、上海馆、首都馆

03997

**青年烦闷之经验良方　曾杰著**

青岛：浸胜山房，1933.2，158 页，32 开

本书共 5 章，内容包括：发端、青年烦闷
心事之解剖、我的宇宙观、我的人生观、结
论。书末附录《人心革命之必然趋势》《民生
主义的新经济学》《对于男女问题之商榷》。

收藏单位：重庆馆、湖南馆

03998

**青年奋斗与成功　沈沙白编**

上海：国光书店，1940，再版，309 页，32 开

本书为青年必读书。共 10 编，第 1 编
为青年修养的论文，第 2—10 编为世界名人

轶事。

收藏单位：上海馆

**03999**

**青年奋斗与成功　沈沙白编**

上海：国光书店，1946，再版，137 页，36 开

上海：国光书店，1947，再版，137 页，36 开

本书为青年向上读物。共 29 篇，讲述青年的修养与事业成功的故事。

收藏单位：国家馆、黑龙江馆、江西馆、南京馆、首都馆

**04000**

**青年顾问　王子坚编**

上海：经纬书局，1936，2 册，32 开，精装

本书为中学补充读物。共 14 部分，内容包括：修养与成功、指导与训练、青年消极烦闷及其解除方法、青年自修顾问、考试与升学顾问、谋业与职业顾问、名人传记与评述、认识与责任、各国青年之生活与训练、青年问题讨论集、信仰与思想训练、青年生活与集团训练、恋爱与婚姻指导、健康与摄生。

收藏单位：北师大馆、重庆馆、东北师大馆、南京馆、山东馆

**04001**

**青年进德集　吕敬颐编**

上海：大东书局，1940.3，213 页，32 开

本书从 40 多种图书中收集 360 人的格言，分为正心、修身、为学、齐家、敬业乐群、从政、治国等类。

**04002**

**青年进德录　陈志强编辑**

广州：时务书局，1925.3，1 册，22 开

收藏单位：江西馆

**04003**

**青年立业之路　张国华著**

上海：群学书店，1946.10，115 页，36 开

本书主要讲述青年就业、求学、处世的修养。共 3 编 10 章，内容包括：概论、准备跑进社会、决定创业的计划等。

收藏单位：重庆馆、广东馆、天津馆

**04004**

**青年立业指南　上海中华新教育社编**

上海：中华新教育社，[1922]，118 页，22 开

收藏单位：江西馆

**04005**

**青年三部曲　雷烈编著**

桂林：文化合作事务所，1942.1，201 页，32 开

桂林：文化合作事务所，1942.8，再版，201 页，32 开

本书辑录中外古今名人言论，以指导青年的求学、就业、恋爱。

收藏单位：重庆馆、广东馆、广西馆、桂林馆、国家馆、吉林馆

**04006**

**青年生活　（英）亚柏立（J. L. Avebury）著　徐培仁译**

上海：北新书局，1933.9，198 页，36 开（青年丛书）

上海：北新书局，1935，2 版，198 页，36 开（青年丛书）

上海：北新书局，1937，3 版，198 页，36 开（青年丛书）

本书采集古今名人的言论、警句，论述青年的修养。共 14 章，内容包括：当今之大问题、机智、论金钱问题、娱乐、健康、国民教育、自己教育、论图书馆、论读书、公民常识、社交生活、勤勉、慈善、品性。

收藏单位：重庆馆、国家馆、黑龙江馆、吉林馆、南京馆、山东馆、上海馆、首都馆、天津馆、浙江馆

**04007**

**青年生活顾问　刘群著**

上海：通俗文化社，1937.6，110 页，32 开（通俗文化丛书）

本书收录有关研究和处理青年生活问题的 12 篇文章，包括：《我们能否在千险万难之前直立》《自杀呢还是勇敢地活下去》《怎

样克服沉闷的环境》《失学以后怎样办》《怎样克服劣根性》《怎样说服一个贵族派小姐》《谈谈恋爱》《空着肚子背不起枪么》《谈签名运动》《内地青年应该做些什么》《怎样过集团生活》《向青年朋友提出几个问题》。书前有序。

收藏单位：吉林馆、首都馆

**04008**

**青年生活与修养问题**　向绍轩著

重庆：独立出版社，1942，117页，32开

本书共5讲，内容包括：大学政治学说、三民主义的民族文化历史的解释、三民主义与国际政治、中国封建时代统治的国民经济与民生主义的中心理论及其实施方法、在三民主义政治之下负有复兴民族责任之青年学子本身应有的准备。

收藏单位：重庆馆、广东馆、国家馆、南京馆

**04009**

**青年生活指导**　顾锦藻主编

上海：春江书局，1941，58页，36开

收藏单位：广东馆

**04010**

**青年生活指导**　顾锦藻编

上海：三民图书公司，[1927—1949]，58页，32开（青年修养服务丛书）

收藏单位：南京馆

**04011**

**青年生活指导**　潘文安　陆凤石著

上海：大东书局，1932，126页，32开

上海：大东书局，1933，再版，126页，32开

本书共3篇，内容包括：总论、健全生活的分野、结论。是对青年的学校、家庭、社会生活和从事政治、商业、工农、教育等职业的指导。

收藏单位：重庆馆、东北师大馆、广东馆、国家馆、湖南馆、吉林馆、南京馆

**04012**

**青年生活指导**

上海：世界书局，85页，32开

本书共6部分，内容包括：生活目标、生活须知、休闲生活、校外活动、生活写真、修养途径。

收藏单位：重庆馆、江西馆、上海馆、天津馆、浙江馆

**04013**

**青年十二讲**　张钧著

上海：未央书店，1940，156页，32开

本书讲述生活与思想、我们怎样认识世界、什么是正确的思想方法、自我的认识、怎样建立我们正确的人生观、社会生活与私生活、斗争的集团生活等。

收藏单位：广东馆、国家馆、南京馆

**04014**

**青年事业修养讲话**　实夫著

桂林：乐群书店，1943，136页，32开

桂林：乐群书店，1944，136页，32开（乐群青年修养服务丛书2）

本书共8章，内容包括：导言、青年与择业、使事业成功的捷径、学习理论的目的、技术学习举要（一、二）、准备使事业发展的条件、结论。

收藏单位：重庆馆、广东馆

**04015**

**青年事业修养讲话**　实夫著

上海：致用书店，1947.3，136页，32开

收藏单位：江西馆、上海馆

**04016**

**青年守则故事**　程宽沼编著

杭州：陈振泰印刷纸号，1946.11，66页，32开

本书共6章，用讲故事的方式阐明国民政府颁行的"青年守则"。

收藏单位：上海馆

04017

**青年守则精义　陈炜谟著**

重庆：国民图书出版社，1945.3，144 页，32 开

　　中国国民党将其党员 12 守则定为中国青年守则。本书对此守则逐条讲解，内容包括：忠勇为爱国之本、孝顺为齐家之本、仁爱为接物之本、信义为立业之本、和平为处世之本、礼节为治事之本、服从为负责之本、勤俭为服务之本、整洁为强身之本、助人为快乐之本、学问为济世之本、有恒为成功之本。

　　收藏单位：重庆馆、广西馆、贵州馆、国家馆、湖南馆、吉林馆、近代史所、南京馆

04018

**青年书信　文公直著　崔俊夫校阅**

上海：文业书局，1936.10，210 页，25 开

　　本书封面题名：现代青年书信。

　　收藏单位：江西馆

04019

**青年书信　谢冰莹著**

上海：北新书局，1933，191 页，32 开（青年丛书）

上海：北新书局，1934.2，2 版，191 页，32 开（青年丛书）

　　本书共 14 部分，内容包括：青年升学问题、青年出路问题、青年自杀问题、青年职业问题、青年读书问题、青年恋爱问题、青年与结婚、同性恋爱问题、寒暑假工作问题、师生合作问题、男女同学问题、青年与社会、青年与体育、青年与艺术。著者原题：冰莹女士。

　　收藏单位：重庆馆、国家馆、首都馆、浙江馆

04020

**青年问题　胡公愚编**

现代问题丛书社，1931，100 页，32 开（现代问题丛书）

　　收藏单位：天津馆

04021

**青年问题丛谈　（法）G. Hoornaert 著　吴应**

枫编著

外文题名：Le combat de la pureté

上海：圣教杂志社，1939.5，151 页，32 开

　　本书共 12 部分，内容包括：青年的意志、青年的信仰、青年的知识、青年的情爱、青年的克己、青年的工作、青年的健康、洁德的战争、洁德的仇敌、洁德的败仗、洁德的胜仗、洁德的武器。

　　收藏单位：国家馆、辽宁馆、南京馆、首都馆

04022

**青年问题讲话　柳衡著**

上海：潮锋出版社，1947.4，15+467 页，32 开

上海：潮锋出版社，1948.10，再版，15+467 页，32 开

　　本书分 18 编，共 180 篇。论述青年对社会的认识，以及生活、思想、修养、训练、求学、读书、技能、改造、做人、做事、职业、处世、交友、恋爱、结婚等。

　　收藏单位：重庆馆、国家馆、湖南馆、吉林馆、南京馆、上海馆

04023

**青年问题讨论集　王子坚编**

上海：经纬书局，1936，1 册，32 开

　　收藏单位：首都馆

04024

**青年问题与修养　卫恕编**

上海：北新书局，1936，179 页，36 开（青年丛书）

上海：北新书局，1937.4，179 页，36 开（青年丛书）

　　本书共 6 章，内容包括：青年与修养、道德的修养、学问的修养、常识的修养、职业的修养、恋爱与结婚。

　　收藏单位：国家馆、江西馆、南京馆、天津馆

04025

**青年修养　曹伯韩著**

上海：开明书店，1948.1，243 页，32 开（开

明青年丛书)

上海：开明书店，1948.7，特 1 版，243 页，32 开（开明青年丛书）

上海：开明书店，1948.11，再版，243 页，32 开（开明青年丛书）

上海：开明书店，1949，3 版，243 页，32 开（开明青年丛书）

本书分上、下两编。讲述青年在政治、生活、事业诸方面的修养。上编原为《青年修养问题》一书，1942 年曾以柏寒的笔名由桂林国光出版社出版过，收入本书时增加了《认识时代》《再谈存养省察》两篇。下编收作者 1942—1945 年间在桂林、昆明等地刊物上发表的文章 16 篇。

收藏单位：重庆馆、东北师大馆、广东馆、广西馆、贵州馆、国家馆、湖南馆、江西馆、南京馆、山西馆、上海馆、绍兴馆、首都馆、天津馆、浙江馆

04026

**青年修养讲话　王志成著**

桂林：光明书局，1943.9，增订初版，141 页，36 开

本书分 5 章讲述应该如何认识人生、训练思想和意志、读书和求学、事业与职业、个人与他人的正确态度。书前有作者序。

收藏单位：重庆馆

04027

**青年修养讲话　周楞伽著**

上海：光明书局，1940.1，190 页，32 开（生活与修养丛书）

上海：光明书局，1940.4，再版，190 页，32 开（生活与修养丛书）

上海：光明书局，1941.1，3 版，190 页，32 开（生活与修养丛书）

上海：光明书局，1943.2，订正版，141 页，32 开（生活与修养丛书）

上海：光明书局，1946，再版，订正版，141 页，32 开（生活与修养丛书）

上海：光明书局，1947，3 版，订正版，141 页，32 开（生活与修养丛书）

本书共 5 部分，内容包括：人生的基本知识、思想和意志的训练、读书与求学、事业与职业、从个人到群体。订正版著者原题：林志石。

收藏单位：重庆馆、广东馆、贵州馆、湖南馆、南京馆、山西馆、绍兴馆、首都馆、浙江馆

04028

**青年修养录　赵钲铎编**

上海：商务印书馆，1933，国难后 1 版，2 册（170+156 页），大 16 开

上海：商务印书馆，1934，国难后 2 版，2 册（170+156 页），大 16 开

上海：商务印书馆，1935.5，国难后 3 版，2 册，32 开

本书分为上、下册，共 18 编。内容包括：孝友、立志、勤俭、忠恕、励学、寡过、知足、慎言、守信、治家、处世、交友、理财、慈善等。

收藏单位：重庆馆、广东馆、国家馆、江西馆、南京馆、山东馆、首都馆

04029

**青年修养谈　穆超著**

重庆：青年出版社，1946.3，252 页，32 开（甲种青年丛书）

本书分 9 章论述青年的生理和心理特征，人生的意义，青年应遵守的公共道德及公共秩序，青年求学读书的方法，青年成功立业的基本条件，并从青年人的卫生、社交、婚姻方面，指出了青年人应注意的问题。

收藏单位：重庆馆、南京馆

04030

**青年修养文录　陶孟和等著**

出版者不详，[1947]，96 页，32 开

本书收录《新青年之新道德》（陶孟和）、《为学与做人》（梁启超）、《责己重而责人轻》（蔡元培）、《谈静》（朱光潜）、《彻底》（邹思润）等 10 余篇关于青年修养的文章。

收藏单位：重庆馆

**04031**

**青年修养问题　柏寒著**

桂林：国光出版社，1942.12，142页，50开（工作与学习丛刊1）

本书从立志、科学精神、民主精神、宇宙观、人生观、民族道德等19个方面论述青年的修养。书末附录练习题50个。

收藏单位：重庆馆、江西馆、南京馆

**04032**

**青年修养要录　张秉衡编**

上海：经纬书局，1944年，97页，32开

收藏单位：南京馆

**04033**

**青年修养与意识锻炼　艾寒松著**

上海：上海杂志公司，1948，191页，36开（自我教育丛书）

上海：上海杂志公司，1949，3版，191页，36开（自我教育丛书）

本书共16部分，讲述为个人理想的实现而进行的修养与为改造社会理想的实现而进行的修养之间的本质区别，探讨了修养的正确态度和方法，论述了科学的人生观、革命观、世界观、历史观、社会观以及逻辑、道德观的建立。

收藏单位：重庆馆、国家馆、南京馆、首都馆

**04034**

**青年修养杂谈　陆费逵著**

上海：中华书局，1926.5，108页，32开

上海：中华书局，1930，再版，108页，32开

上海：中华书局，1931.8，3版，108页，32开

上海：中华书局，1934，5版，108页，32开

本书叙述青年品德、求学、谋职、待人接物诸方面的问题。共36部分，内容包括：少吃东西多负责任、尽在不言中、德是自利利他、人的条件、忠厚与君子、观察力谈话、万恶惰为首百善忍为先、你能不能受苦、人生如何、职业的主权、成功之三秘诀、工商界做人的条件、效率之三原素等。

收藏单位：重庆馆、广东馆、国家馆、江西馆、南京馆、上海馆、首都馆、天津馆、浙江馆

**04035**

**青年修养箴言　陈慧昶辑**

苏州：弘化社，1931，48页，32开

苏州：弘化社，1932，再版，48页，32开

苏州：弘化社，1932，3版，48页，32开

苏州：弘化社，1933，4版，48页，32开

苏州：弘化社，1934，5版，48页，32开

苏州：弘化社，1935，6版，48页，32开

本书从《王文成公训示八则》《朱子读书法》等古今著作中选辑训诫青年的箴言、修养文章10篇。

收藏单位：重庆馆、广东馆、广西馆、国家馆、湖南馆、吉林馆、江西馆、南京馆、山东馆、上海馆、首都馆、浙江馆

**04036**

**青年修养指导　潘文安著**

上海：大东书局，1932.11，306页，32开

上海：大东书局，1933，再版，306页，32开

本书共12章，论述青年的身与心，现代中国的环境与中国青年的烦闷，现代青年生活上的8个实际问题，即健康、求学、思想、经济、职业、婚姻、社交、娱乐等问题。

收藏单位：重庆馆、东北师大馆、广东馆、国家馆、江西馆、南京馆、浙江馆

**04037**

**青年修养指导　徐培仁著**

上海：经纬书局，1946，97页，32开

本书内容包括：德性的修养、知能的修养、体格的修养、服务的修养、职业的修养。

收藏单位：重庆馆

**04038**

**青年应当怎样修养　贝叶著**

上海：生活书局，1937.1，180页，36开（青年自学丛书）

上海：生活书局，1937.3，再版，180页，36开（青年自学丛书）

上海：生活书局，1937.7，3版，180页，36

开（青年自学丛书）

上海：生活书局，1938，4 版，180 页，36 开
（青年自学丛书）

本书共 14 部分，内容包括：自然摇篮里的人类、社会大海里的个人、知识好像一座宝塔、思想是解剖刀、意志是发动机、技能是享受物质的梯子、街头巷尾的学业、山穷水尽的生计、恋爱的真谛、家庭的怪相等。

收藏单位：重庆馆、广东馆、国家馆、吉林馆、南京馆、首都馆

04039

**青年应有的认识　顾锦藻主编**

上海：三民图书公司，1946，新 3 版，72 页，36 开

收藏单位：安徽馆、南京馆

04040

**青年与建设　顾锦藻主编**

上海：三民图书公司，1946，新 3 版，31 页，36 开

收藏单位：安徽馆

04041

**青年与劳动　杨奎章著**

九龙：南国书店，1949，61 页，32 开（新青年丛书）

本书共 5 章，内容包括：劳动创造了人类、劳动与劳动观点的阶级性、知识份子是怎样脱离劳动的、确立劳动观点、劳动与新社会建设。

收藏单位：国家馆、辽宁馆

04042

**青年与生活　金仲华著**

上海：开明书店，1933.12，10+158 页，32 开（开明青年丛书）

上海：开明书店，1934，再版，10+158 页，32 开（开明青年丛书）

上海：开明书店，1935.2，3 版，10+158 页，32 开（开明青年丛书）

上海：开明书店，1936，4 版，10+158 页，32 开（开明青年丛书）

上海：开明书店，1937，5 版，10+158 页，32 开（开明青年丛书）

上海：开明书店，1940.9，7 版，10+158 页，32 开（开明青年丛书）

本书共 8 部分，内容包括：青年与怀疑、青年与教育、青年与劳动、青年与科学、青年与政治、青年与战争、青年与运动、青年与性育。

收藏单位：重庆馆、贵州馆、国家馆、湖南馆、江西馆、南京馆、山西馆、上海馆、绍兴馆、首都馆、天津馆、武大馆、浙江馆

04043

**青年之路　薄渺三编**

奉天：新亚书店，1943.6，159 页，32 开

本书谈青年与社会的关系。共 5 编，内容包括：使个性适应社会、养成应付社会的能力、怎样在社会里择业创业、服务社会的几个要点、在社会里立身之道。

收藏单位：国家馆

04044

**青年之路　曾昭抡　李公朴著**

昆明：北门出版社，1945，54 页，50 开（北门小丛书 2）

昆明：北门出版社，1945，增订再版，76 页，42 开（北门小丛书 2）

昆明：北门出版社，1945，增订北方版，78 页，36 开（北门小丛书 2）

昆明：北门出版社，1946，3 版，99 页，36 开（北门小丛书）

昆明：北门出版社，1946.2，3 版，增订再版，99 页，36 开（北门小丛书 2）

本书为青年修养论著。共 5 部分，内容包括：中国青年的出路、青年人怎样锻炼自己、女青年的新道路、青年与未来中国政治、青年怎样应付战争。

收藏单位：重庆馆、广东馆、国家馆、山东馆、绍兴馆、首都馆、天津馆

04045

**青年之模范（成家立业）　丁福保编**

上海：世界书局，1925，6 版，1 册，32 开，

环筒页装（新青年丛书）

本书共 10 节，内容包括：自治之模范、戒烟之模范、富人之模范、林肯之模范等。

收藏单位：重庆馆

04046

**青年之事业与出路　陈扫白编**

上海：春明书店，1937.9，250 页，36 开

上海：春明书店，1938.8，250 页，36 开

上海：春明书店，1940.7，再版，250 页，36 开

上海：春明书店，1940，4 版，249 页，36 开

本书为青年必读书。论述青年修养、读书、求职、处世、待人方面的原则与方法。

收藏单位：南京馆、上海馆、首都馆、浙江馆

04047

**青年之友　江苏第一师范学校编辑**

江苏：江苏第一师范学校，1923.3，183 页，32 开（江苏第一师范丛书）

收藏单位：南京馆、山西馆

04048

**青年之友　杨尊贤编著**

上海：幸福书局，1934.3，48 页，25 开

上海：幸福书局，1935.4，3 版，48 页，25 开

本书收录论述青年人生观、修养、立身处世的文章 18 篇。

收藏单位：国家馆、江西馆

04049

**青年之友　张廷荣著**

南昌：自强出版社，1948.5，76 页，25 开（新人生丛书 1）

收藏单位：江西馆

04050

**青年之友（续集）　杨尊贤编著**

上海：幸福书局，1935.10，42 页，25 开

本书收录论述青年的思想、工作、学习、处人、处世的文章 20 篇。

收藏单位：国家馆

04051

**青年自学指导　平心编**

上海：上海杂志公司，1939.5，15+366 页，32 开（自学丛刊 3）

上海：上海杂志公司，1940.3，再版，15+366 页，32 开（自学丛刊 3）

桂林：上海杂志公司，1944，3 版，12+320 页，32 开

重庆：上海杂志公司，1945，复兴 1 版，320 页，32 开（自修大学丛刊）

本书为《自修大学》丛刊"问题简答"专栏致读者的复函。共 4 部分，内容包括：各科知识、现势分析、研究方法、生活奋斗。

收藏单位：重庆馆、广东馆、贵州馆、国家馆、山西馆、上海馆

04052

**青年座右鉴　范祎著**

上海：青年协会书局，69 页，32 开

本书摘录中国古今 45 个名人的言行及其格言。著者原题：范皕诲。

收藏单位：上海馆、浙江馆

04053

**求己集　徐百益编著**

上海：宏业广告图书公司，1944，3 版，142 页，32 开

本书以世界名人事业成功的实例，讲解青年修养的方法。包括：青年成功的途径、个人修养与事业的成功、成功与快乐、修养讲座、求职与择业等内容。书前有世界名人照片多幅。

收藏单位：上海馆

04054

**求己集　徐百益编著**

上海：联合编译社，1936.1，152 页，36 开

上海：联合编译社，1936.12，再版，147 页，36 开

收藏单位：国家馆、上海馆、首都馆、浙江馆

**04055**

**求己集**　徐百益编著

[上海]：人生出版社，1946.3，4版，141页，36开（人生丛书）

　　收藏单位：首都馆、浙江馆

**04056**

**求学宝鉴（青年成功）**　汪慕卢　范铨　马兼善编

上海：世界书局，1931.5，4册，25开

　　本书共4编，内容包括：青年修学指导、青年生活指导、青年升学指导、青年留学指导。

　　收藏单位：山东馆

**04057**

**劬劳集（第1集　孝行篇）**　劬劳社同人编

上海：国光印书局，1940.10，144页，25开

　　本书共7章，内容包括：孝治、孝感、侍养、恰顺、艰险、哀慕、灵异。

　　收藏单位：北师大馆、上海馆

**04058**

**劬劳集（第2集　女德篇）**　劬劳社同人编

上海：国光印书局，1939.5，130页，25开

　　本书摘录古籍中讲述中国母教、妇道的故事100则，并加解释。共10章，内容包括：母教、妇道、贤后、母仪、仁德、高节、贞烈、乐施、婉谏、孝行。

　　收藏单位：北师大馆、上海馆、浙江馆

**04059**

**劬劳集（第3集　贤良篇）**　劬劳社同人编

上海：国光印书局，1940.3，180页，25开

　　本书共4章，内容包括：嘉言上、嘉言下、懿行上、懿行下。附录为：物犹如此摘要、音释索引。

　　收藏单位：北师大馆

**04060**

**劬劳集（第4集　因果篇）**　劬劳社同人编

上海：国光印书局，1940.12，174页，25开

　　本书开首即是香赞，佛说阿弥陀经及念佛法门。已明其义理者，依之而恭敬修持，生前则福慧增崇，所求如意。

　　收藏单位：北师大馆、上海馆

**04061**

**劝民九歌**

出版者不详，1925，19页，25开，环筒页装

　　收藏单位：首都馆

**04062**

**劝世白话文**　黄庆澜撰

苏州：弘化社，1935.4，264页，22开

　　本书劝世人行孝、戒杀、戒淫、戒赌、戒饮酒、戒打架、做善事、要忠厚、守本分、重信用、勤劳、省俭、知足、退让等。

　　收藏单位：国家馆、河南馆

**04063**

**人才训练漫谈**　吴建华著

吴建华[发行者]，1936.4，20+212页，大64开

　　本书谈论仪表、性格、伉俪、身体、思想、求知、口才、处世、治事等方面的训练。书末附《〈伊藤博文传〉读后感》一文。

　　收藏单位：国家馆、浙江馆

**04064**

**人道**　曾杰著

桂林：浸胜山房，1933，40页，32开

桂林：浸胜山房，1943，2版，41页，32开

　　本书作者认为对国家、事业、社会尽忠，就是为人之道。共3部分，内容包括：对家国与社会之忠、对己之忠、对事之忠与对人之忠。

　　收藏单位：重庆馆、南京馆、上海馆

**04065**

**人格教育论**　谢扶雅著

外文题名：The culture of personality

上海：青年协会书局，1928.3，212页，32开，精装

上海：青年协会书局，1941.1，222页，32开

上海：青年协会书局，1941，再版，[14]+242页，32开

成都：青年协会书局，1943.5，14+242页，32开

本书论述造就人才的正确途径。分人格之理想、人格教育之实际两卷。共6章，内容包括：人格之意义、东西史上之人格观、现代人的人格、人格教育之范畴、人格教育之阶段、人格教育之工场。版权页题撰著者谢乃壬。

收藏单位：重庆馆、国家馆、南京馆、山西馆、上海馆、首都馆、浙江馆

04066

**人格教育论　谢扶雅著**
成都：正声书局，1943，[14]+242页，32开

收藏单位：重庆馆、上海馆

04067

**人格救亡　罗仁福著**
广州：罗仁福[发行者]，1934.9，126页，32开

本书共9部分，讲述救亡运动中的道德与人格问题。内容包括：危机四伏的现在、我们的认识、"人格"与"进化"、"德育""智育""体育"、怎样养成我们的人格、国难当前的修身问题、人格问题的连环性、人格超乎一切、人格建设。

收藏单位：国家馆、吉林馆

04068

**人格修养法·独立自尊　邹德谨　蒋正陆编译**
上海：商务印书馆，1916.12，46+12页，36开（通俗教育丛书）
上海：商务印书馆，1918，3版，46+12页，36开（通俗教育丛书）
上海：商务印书馆，1920.1，4版，46+12页，36开（通俗教育丛书）
上海：商务印书馆，1922，6版，46+12页，36开（通俗教育丛书）
上海：商务印书馆，1925，8版，46+12页，36开（通俗教育丛书）
上海：商务印书馆，1927，9版，46+12页，36开（通俗教育丛书）
上海：商务印书馆，1931.5，10版，46+12页，36开（通俗教育丛书）
上海：商务印书馆，1933.5，国难后1版，59

页，36开（通俗教育丛书）
上海：商务印书馆，1935，国难后2版，59页，36开（通俗教育丛书）

本书内收论文两篇。其一为《人格修养法》，论述人格的意义、发展、价值、尊严、修养法，人格之不灭，人格与理想之关系等；其二为《独立自尊》，论述修身要领、国民之觉悟等。

收藏单位：重庆馆、广东馆、广西馆、国家馆、江西馆、南京馆、山西馆、首都馆

04069

**人格修养讲演大纲　陈筑山著**
北平：中华平民教育促进会总会，1929.6，44页，32开
北平：中华平民教育促进会，1934.2，再版，44页，32开

本书共4讲，内容包括：认识自我、发展良心、养成信念——立定最高的目的、力尽本务。

收藏单位：国家馆、河南馆、南京馆

04070

**人格修养与训练　蒋中正著　贝华编**
上海：文化编译馆，1940.1，134页，32开
上海：文化编译馆，1940.3，再版，133页，32开
上海：文化编译馆，1940.9，3版，133页，32开

本书收录讲演和文章，共11篇，内容包括：《人格与革命》《为学目的与求学要义》《青年之责任》《科学精神与科学方法》《为学办事与做人的基本要道》《青年为学与立业之道》《救国教育》《军人的精神教育》《三民主义的根本思想》《新生活运动纲要》《新生活须知》等。书前有《报国与思亲》（代序）。

收藏单位：国家馆、南京馆、上海馆、浙江馆

04071

**人格与修养　胡贻毂著**
外文题名：The road to character
上海：青年协会书报部，1924，96页，32开

上海：青年协会书报部，1930.11，再版，96 页，32 开

本书共 5 章，内容包括：怎样建立人格、精神生活和人格、人格上的死活问题、力行与人格、人格救国与社会教育。书前有序。

收藏单位：重庆馆、国家馆、南京馆、浙江馆

04072

**人经　魏居业著**
北京：宣元阁，1915，[68] 页，32 开

收藏单位：首都馆

04073

**人类宜急谋自救　李佳白著**
上海、北京：尚贤堂，1925.6，12 页，32 开

收藏单位：上海馆

04074

**人情学与伟大人物（科学的修养学）　汤戈旦著**
西安：汤戈旦 [ 发行者 ]，1941，120 页，32 开

本书是汤著《人情学与伟大人物》（科学的修养）一书的第 3 编《科学的修养法——致良知》。阐述致良知学说的内容、要诀，以王阳明、郭沫若和作者本人为例评述其价值。共两章，内容包括：伟大的希望与致良知、良知论和致良知的心法。书末附《心理的秘密（情欲的执著及其傀儡术）》《人情学与伟大人物序言》《介绍王阳明先生》《王学精神精华集编者前言》。

收藏单位：国家馆

04075

**人人是尧舜　（美）马尔腾 (Orison Swett Marden) 著　胡山源译**
外文题名：Every man a king or might in mind-mastery
上海：世界书局，1938，138 页，32 开（青年成功丛书）
上海：世界书局，1939.7，[ 再版 ]，138 页，32 开（青年成功丛书）
上海：世界书局，1941.5，3 版，138 页，32 开

（青年成功丛书）
上海：世界书局，1943.12，赣 1 版，138 页，32 开（青年成功丛书）
上海：世界书局，1946，4 版，138 页，32 开（青年成功丛书）
上海：世界书局，1947，5 版，138 页，32 开（青年成功丛书）

本书讲述思想的训练。共 21 部分，内容包括：思想正当一生不败、心理如何影响身体、健康与疾病皆由心理所致、战胜惧怕、感情冲动的危险、乐观万事可成、凡事须作积极肯定、理想如何实践、培养品格、弥补缺憾、怎样锻炼思想等。著者原题：马尔顿。

收藏单位：重庆馆、广东馆、贵州馆、国家馆、江西馆、南京馆、山东馆、上海馆、首都馆、天津馆、浙江馆

04076

**人生八大基础　孙群著**
上海：商务印书馆，1936.5，[15]+206 页，32 开
上海：商务印书馆，1936.8，再版，[15]+206 页，32 开
上海：商务印书馆，1940.7，5 版，[15]+206 页，32 开

本书共 8 章，论述智、爱、勇、勤、信、节、恕、耻八德的意义与分类。封面由蔡元培题签。

收藏单位：重庆馆、广东馆、国家馆、江西馆、南京馆、上海馆、天津馆、浙江馆

04077

**人生必读书　唐彪辑**
出版者不详，[1916]，[126] 页，22 开

本书选辑前人有关孝顺、友悌、治家、立志、戒色的言论，分为 3 卷，加以评论。

收藏单位：国家馆

04078

**人生必读书·吕近溪、吕新吾小儿语合刊　唐彪辑**
出版者不详，[214] 页，22 开

本书收录《人生必读书》（唐彪）、《小儿

语》（吕近溪）、《续小儿语》（吕新吾），并附有《李西沤老学究语》《俗语醒世诗》，均系前人论友悌、处事、立志、治家、戒色等语录。

收藏单位：国家馆

04079

**人生的认识 汪祖华著**
中国国民党军事委员会西南运输处特别党部，1940，18 页，64 开（西南党政丛书）

收藏单位：广东馆

04080

**人生的实践 周楞伽著**
上海：光明书局，1940，197 页，32 开（生活与修养丛书）
上海：光明书局，1940，再版，197 页，32 开（生活与修养丛书）

本书共 7 章，内容包括：从认识到实践、改造从本身做起、怎样在社会里做人、处世的艺术、交友之道、生活能力的培养、踏上成功的道路。著者原题：林志石。

收藏单位：重庆馆、广东馆、南京馆、绍兴馆、首都馆

04081

**人生胜利术汇编 （美）波临登（E. F. Purinton）著 范袆等译 青年协会书报部编译**
外文题名：Efficiency and life
上海：青年协会书报部，1917.4，82 页，32 开
上海：青年协会书报部，1918.12，82 页，32 开
上海：青年协会书报部，1922.12，3 版，82 页，32 开

本书共 7 篇，内容包括：人生胜利术之发明、人生胜利术之途径、健康上之胜利术、职业上之胜利术、吾人营业上之胜利术、家庭之胜利术、家庭社会间之胜利术。译者原题：陌诲。

收藏单位：重庆馆、国家馆、天津馆、浙江馆

04082

**人生手本 周季庄选辑**
西安：大东书局，1944，2 版，64 页，36 开

成都：大东书局，1944.9，3 版，64 页，36 开

本书选辑古今格言，按类分为 10 章：孝友、持躬、敦品、存养、学问、勤俭、治家、处世、交际、杂识（附戒淫歌辑注）。

收藏单位：重庆馆、河南馆

04083

**人生修养**
上海：生活书局，[1913—1949]，180 页，32 开

收藏单位：江西馆

04084

**人生之体验 唐君毅著**
上海：中华书局，1944.6，182 页，25 开
重庆：中华书局，1945，182 页，25 开
上海：中华书局，1946.6，再版，182 页，25 开

本书原是《人生之路》一书的第 1 编。讲述个人修养的若干问题。共 4 部分，内容包括：生活之肯定、心灵之发展、自我生长之途程、人生的旅程。书末附《心理道颂》。

收藏单位：重庆馆、国家馆、吉林馆、江西馆、南京馆、上海馆、首都馆、中科图

04085

**人生之新认识 严鸿瑶著**
重庆：独立出版社，1942.9，56 页，32 开

本书共 7 节，内容包括：性与道、诚、气、理、澈悟、道德、中庸。

收藏单位：重庆馆、广东馆、国家馆、吉林馆、南京馆

04086

**人事作战 何景文编译**
重庆：新中国书局，1947.4，131 页，36 开（修养丛书）
重庆：新中国书局，1948，再版，131 页，36 开（修养丛书）

本书辑录古今中外名人学习、修养、从业诸方面的轶事。

收藏单位：重庆馆、吉林馆

04087

**日常处世秘诀 苍德玉编辑**

旅顺：农业进步社，1944，1 册，32 开

收藏单位：首都馆

04088

**日省录** （清）梁文科原辑　吴蕴斋重辑

上海：世界书局，1939.7，72+7 页，50 开

本书分上卷身戒、中卷家戒、下卷官戒，叙述个人、家庭和官场中的修养问题。附有《德庵氏读日省录八则》。

收藏单位：重庆馆、南京馆、上海馆

04089

**如何修养你自己** （美）罗特（Everett William Lord）著　林语堂译

上海：东方图书公司，1943，222 页，32 开（青年修养丛书）

本书共 16 章，内容包括："自己训练"是一种什么科学、自己训练底四个根本原则、知识底第一个条件——研究、知识底第二个条件——记忆、知识底第三个条件——记录、审度底第一个条件——想像、审度底第二个条件——标准化、审度底第三个条件——计划、审度底第四个条件——明达、决断底第一个条件——勇敢、决断底第二个条件——决心、决断底第三个条件——坚持、力量底第一个条件——康健、力量底第二个条件——人格、力量底第三个条件——喜乐、自己训练底结果——成功。著者原题：洛德。

收藏单位：国家馆

04090

**如何做人？**　夏士连著

上海：智识书店，1941.8，204 页，32 开（青年修养与训练）

本书共 4 编，内容包括：做人的道理、修养的途径、处世的艺术、生活的经验。

收藏单位：南京馆

04091

**茹经堂五训**　唐文治讲

出版者不详，6 页，22 开

本书收录孝友训、为善训、清廉训、斥利训、戒求训等 5 篇文言体文章。

收藏单位：上海馆

04092

**儒将修养论**（一名，为人之道与为将之道）康选宜著

上海：中国学术社，1937.7，22+157 页，25 开（人道全书 1）

本书讲述为人的品德修养与为将的品德修养。分绪论、本论、余论 3 部分。本论又分养器、养识、养德、养志、养气、养性、养才、养仪、养身、养恒 10 章。书前有陈中凡和作者自序。

收藏单位：南京馆、上海馆

04093

**三教群集醒世录**　姚家溢　杨仪光编辑

贵州：出版者不详，1935，1 册，22 开

收藏单位：江西馆

04094

**色**　玛尔定大利著　刘荣耀译

香港：真理学会，1947，48 页，42 开

本书劝导青年不要贪图女色。

收藏单位：国家馆、南京馆

04095

**少年进德丛书**　双黛馆主　泗水渔隐著

上海：新华书局，1922.2，2 版，142 页，32 开

上海：新华书局，1925.10，4 版，142 页，32 开

本书共 10 部分，内容包括：评论、佛学、格言、修养、谐丛、笔记、韵文、常识、小说、残墨。

收藏单位：南京馆、山东馆

04096

**少年进德汇编**（第 4 编）　丁福保编

出版者不详，1918.1，132 页，22 开

本书讲述个人道德修养。内容包括：青年之大敌、国家衰亡之因、座右铭类编、八大人觉经笺注序、经笺杂记等。

收藏单位：广东馆

04097

**少年进德录　丁福保编**

出版者不详，270 页，32 开

　　本书收集古人言论，讲述个人道德修养。共 27 章，内容包括：总论、幼学、孝友、修身、立志、慎独、改过、刻励、慎言、勤俭、读书、治家、治事、交际、处世、志节、理财、闲适、卫生、达观等。

　　收藏单位：国家馆、山东馆

04098

**少年弦韦　范祎著**

外文题名：Young men's standards of life

上海：中华基督教青年会全国协会书报部，1917，240 页，32 开

上海：中华基督教青年会全国协会书报部，1918，再版，240 页，32 开

上海：中华基督教青年会全国协会书报部，1924，4 版，212 页，32 开

上海：青年协会书局，1932.10，15 版，212 页，32 开

　　本书为少年道德修养读物。收辑佩我、庐隐、任夫、茁诲等 14 人的文章 25 篇。分 8 类：伟大、健全、利达、圆满、快乐、实行、能力、箴砭。

　　收藏单位：重庆馆、广东馆、国家馆、吉大馆、南京馆、上海馆、浙江馆

04099

**谁是英雄　彭兆良著**

上海：世界书局，1930.1，75 页，32 开

　　本书共 10 章，对中国式、西方中世纪时期、拿破仑式、亨莱五世式、苏格拉底式五种类型的英雄进行分析后，提出智、仁、勇为判断真正英雄的标准。

　　收藏单位：重庆馆、广西馆、国家馆、湖南馆、吉林馆、江西馆、南京馆、上海馆、天津馆、浙江馆

04100

**身君行政　徐友白撰**

出版者不详，18 页，32 开

　　收藏单位：广西馆

04101

**身世金箴　蕊厓编**

上海：明善书局，[1933]，64 页，32 开

　　本书收辑中外关于励志、勤学、养性、修身、齐家、交游、处世、待人、爱物等的格言 22 则。

　　收藏单位：国家馆

04102

**身心强健秘诀　（日）藤田灵斋著　刘仁航译**

外文题名：Secrets for healthy mind and body

上海：商务印书馆，1917.2，170 页，25 开

上海：商务印书馆，1920，4 版，170 页，25 开

上海：商务印书馆，1922，5 版，170 页，25 开

上海：商务印书馆，1931.3，8 版，170 页，25 开

　　本书讲述健全身心之理论与方法。共两篇：第 1 篇理论，包括心身之研究、精神与肉体之关系、强健与疾病、修养家与宗教家 4 章内容；第 2 篇本论（息心调和修养法中传），包括理论与实修方法两章内容。

　　收藏单位：重庆馆、国家馆、河南馆、湖南馆、南京馆、上海馆、首都馆、天津馆、浙江馆

04103

**身心强健要诀**

杭州：佛学书局，1936.1，50 页，32 开

　　本书分上、下两篇。上篇讲述青年如何踏入强健身体之路，下篇教育青年怎样才能确立一种大无畏的精神。书前有作者的卷头语。

　　收藏单位：国家馆、南京馆、上海馆、浙江馆

04104

**生活的经验　（美）亨利·华盛顿著　凌云译**

上海：铁流书店，1946.4，172 页，32 开

　　本书作者是美国哥伦比亚电台听众问答节目主持人。书中汇集他回答听众有关道德修养的 50 个问题。

　　收藏单位：上海馆

04105

**生活的经验　（美）泰罗（M. S. Taylor）著**

王怀冰译

上海：光亚书店，1941.3，6 版，203 页，32 开

上海：光亚书店，1943.3，7 版，203 页，32 开

　　本书即《经验之谈》之不同译本。书中收录均为电台的广播稿，讨论爱情、婚姻、家庭、意志等问题。

　　收藏单位：重庆馆、广东馆、贵州馆、国家馆、吉林馆、江西馆、南京馆

04106

**生活的体验　钟显尧著**

重庆：中华书局，1944.10，88 页，32 开

上海：中华书局，1947，88 页，32 开（中华文库初中第 1 集）

上海：中华书局，1947，再版，88 页，32 开

　　本书收录《谈时间》《谈空间》《谈认人》《谈处人》《谈交友》《谈做事》《谈用钱》《谈用东西》《谈同情心》《谈正义感》等 10 篇文章，每篇均以讲故事的方式说明一个道理。书前有陈果夫序。

　　收藏单位：重庆馆、广东馆、广西馆、国家馆、江西馆、辽宁馆、南京馆、山东馆、上海馆、绍兴馆、首都馆、浙江馆

04107

**生活经验谈　（美）泰罗（M. S. Taylor）著冯洪译**

上海：激流书店，1939，172 页，32 开

上海：激流书店，1940，172 页，36 开

上海：激流书店，1941，172 页，36 开

　　收藏单位：首都馆

04108

**生活经验谈　（美）泰罗（M. S. Taylor）著冯洪译**

上海：天下书店，1940，6 版，172 页，32 开

上海：天下书店，1941，8 版，172 页，32 开

上海：天下书店，1941，9 版，172 页，32 开

　　收藏单位：重庆馆、广东馆、贵州馆、国家馆、南京馆、天津馆

04109

**生活修养　（英）本涅特（Arnold Bennett）著**

章铎声译

上海：奔流书店，1941，166 页，32 开

　　收藏单位：广东馆

04110

**生活修养新论　高天著**

香港：半岛书屋，1947.10，72 页，32 开（青年生活新丛）

　　本书从"吃得苦中苦，方为人上人""英雄无用武之地""高不成低不就"等 12 个方面谈论生活修养问题。

　　收藏单位：国家馆、吉林馆、首都馆

04111

**生活与奋斗　沙羽编著**

上海：博文书店，1939.11，[18]+226 页，32 开（青年励志丛书）

上海：博文书店，1940，[18]+226 页，32 开

上海：博文书店，1941，重版，[18]+226 页，32 开（青年励志丛书）

　　本书共 3 辑，内容包括：生活线上、时代须知、求知之路。讨论应当做什么样的人，如何做人等。书中的材料选自当时的一些刊物。

　　收藏单位：重庆馆、贵州馆、国家馆、湖南馆

04112

**生活与经验　欧阳辉编**

上海：未央书店，1940.3，168 页，32 开

　　本书共 3 篇，根据作者生活经验，与青年谈学习、修养之路。内容包括：个人与社会、生活与经验、坚决的意志、认识工作环境、真理的追求、利己与利人、等待与蛮干、自学的门径、怎样争取时间、怎样认识自己等。

　　收藏单位：国家馆、辽宁馆、南京馆、浙江馆

04113

**生活与实践　周楞伽著**

上海：复旦出版公司，1946，197 页，32 开

　　本书逐页题名：人生的实践。著者原题：林志石。

　　收藏单位：重庆馆、国家馆、吉林馆、山

西馆、上海馆、绍兴馆、首都馆、天津馆

**04114**

**生活与实践 周楞伽著**

上海：光明书局，1948.5，新1版，197页，32开

上海：光明书局，1949，新2版，197页，32开

本书著者原题：林志石。

收藏单位：东北师大馆、国家馆、上海馆

**04115**

**生活与思想 平心著**

上海：光明书局，1938，3版，127页，32开

上海：光明书局，1939.5，5版，127页，32开

本书即《生活与思想之路》。收录作者写给青年的19封信，讲述友谊、理想、集体主义精神等。

收藏单位：重庆馆、河南馆、南京馆

**04116**

**生活与思想（青年生活八讲） 虞侃著**

上海：长风书店，1946.9，140页，36开

本书讲述青年的修养。共8讲，内容包括：生活与实践、历史的过程、工作与环境、生活的艺术、事业与经济、新的做人哲学、生活与职业、奋斗·学习与成功。

收藏单位：重庆馆、国家馆、吉林馆、上海馆

**04117**

**生活与思想之路 平心著**

上海：光明书店，1937.11，127页，32开

上海：光明书店，1938.1，[再版]，127页，32开

上海：光明书店，1938，4版，127页，32开

上海：光明书店，1940，6版，127页，32开

收藏单位：重庆馆、广东馆、国家馆、上海馆、浙江馆

**04118**

**时代的青年 赵宗预编著**

上海：世界书局，[1941]，164页，36开（青年成功丛书）

上海：世界书局，1944.2，赣1版，160页，36开（青年成功丛书）

上海：世界书局，1946，3版，160页，36开（青年成功丛书）

上海：世界书局，1947.3，4版，164页，36开（青年成功丛书）

本书共两编40章，内容包括：时代的精神、青年的迷津。从以下方面谈青年修养：自动、自教、自卫、自养、自律、廉洁、刻苦、刚毅、守法、负责、服从、信仰、无畏、科学、创造、服务、仁爱、团结、大我、知行合一等。

收藏单位：重庆馆、国家馆、江西馆、南京馆、首都馆

**04119**

**实务才干养成法 邹德谨 蒋正陆编译**

上海：商务印书馆，1916.12，27页，32开（通俗教育丛书）

上海：商务印书馆，1917.6，再版，27页，32开（通俗教育丛书）

上海：商务印书馆，1923，5版，37页，32开（通俗教育丛书）

上海：商务印书馆，1925.9，6版，27页，32开（通俗教育丛书）

上海：商务印书馆，1927.2，7版，27页，32开（通俗教育丛书）

上海：商务印书馆，1933.5，国难后1版，27页，32开（通俗教育丛书）

上海：商务印书馆，1935.2，国难后2版，27页，32开（通俗教育丛书）

本书论述培养实际工作能力的办法。分实务才干养成之目的、实务才干发挥法两章，共26节，内容包括：当先养成实务之才干、学问与实务之区别、事务所外之修养、处理事务必须迅速正确、凡事皆当自反、事事当存研究心、思虑须周密而决断宜迅速等。

收藏单位：重庆馆、广东馆、国家馆、江西馆、南京馆、首都馆、浙江馆

**04120**

**实业上个人效能论 （美）普林顿（E. E. Purinton）著 刘葆儒译**

外文题名：Personal efficiency in business

上海：商务印书馆，1924.11，187 页，32 开（商业丛书 9）

上海：商务印书馆，1931.4，187 页，32 开（商业丛书 9）

　　本书主要阐述个人如何在实业界与商业界发挥效能，取得优胜地位。共 16 章，内容包括：论善知者、工场效能、论办公处、述办公效能、理清之办公处、有效能之售物员、论公司设立图书馆、论职业界较高之位置、忙人读书法、商业与职业等。

　　收藏单位：重庆馆、广西馆、国家馆、湖南馆、南京馆、天津馆

04121

**实用修身讲义·实用伦理学讲义**　李步青著·潘武等著

上海：中华书局，1915，24+40 页，32 开

上海：中华书局，1920，6 版，24+40 页，32 开

上海：中华书局，1921.7，9 版，24+40 页，32 开

　　本书内容包括：在校之责务、容仪、对家庭之责务、对社会之责务、教师之修养等。

　　收藏单位：河南馆、江西馆、首都馆

04122

**世故老人信箱（第一集）**　世故老人著

[ 故宫广告公司 ]，1947，90 页，36 开

　　本书收录：《见异思迁歧路彷徨》《彷徨歧途》《谁愿意救救这位青年》《出自己的汗吃自己的饭》《丝毫不能松劲》《身无主心亦无主》《我也没有两全的法子》《牢骚发一发不要紧》《努力苦干切勿妄动》《王三姐不守寒窑》《要得好必须问三老》《思想的错误》《小心做了石秀》《以诚交友以勇进取》《男儿志在四方》《念书习字都是好事》等文章。

　　收藏单位：国家馆

04123

**世语**　蔡慎鸣著

出版者不详，24 页，32 开

　　本书收集先秦诸子有关法、道德、政治等的论述多条，每条后编者结合现实加以评述。

　　收藏单位：国家馆、江西馆、浙江馆

04124

**事业成功之路**　（美）韦勃　（美）摩尔根（John J. B. Morgan）著　菁扬译

重庆：建国书店，[12]+200 页，32 开

重庆：建国书店，1943，桂 1 版，[12]+200 页，32 开

重庆：建国书店，1945.3，再版，[12]+200 页，32 开

重庆：建国书店，1947，再版，[12]+200 页，32 开（建国修养丛书）

　　本书共 23 章，内容包括：怎样使生活发生兴趣、怎样进展你的前途、怎样克服你的缺憾、怎样握住你的机会、怎样利用别人的批评等。著者"韦勃"原题：韦字，著者"摩尔根"原题：摩根。

　　收藏单位：重庆馆、广东馆、广西馆、国家馆、湖南馆、南京馆、首都馆

04125

**事业成功之路**　（美）韦勃　（美）摩尔根（John J. B. Morgan）著　菁扬译

重庆：建华图书出版社，1942，200 页，32 开

　　收藏单位：重庆馆

04126

**事业成功之路**　（美）雪尔门著　徐培仁译

上海：青年出版社，1940，154 页，32 开

桂林：青年出版社，1944，154 页，32 开

　　本书共 32 章，论述人们如何才能生活得好，事业上获得成功。

　　收藏单位：重庆馆、贵州馆、首都馆

04127

**事业与成功（原名，科学的商业青年）**　（美）马尔腾（Orison Swett Marden）著　汪原放译

上海：生活书店，1938.4，363 页，32 开

汉口：生活书店，1938.9，3 版，363 页，32 开

　　本书共 42 部分，讲述商业青年在生活、待人、处世、经营中的道德修养。书前有译者、作者序。

　　收藏单位：重庆馆、广东馆、广西馆、国家馆、黑龙江馆、南京馆、上海馆、浙江馆

04128

**首先编　王思贞辑**

出版者不详，1936，1册，25开

　　收藏单位：江西馆、山东馆、首都馆

04129

**淑修性气　常守义译**

北平：明德学园，1944，再版，228页，50开

　　本书共6章，内容包括：论性气的定义、论性气与生命的关系、论模范性气、论性气的来源、论性气的种类、论陶冶性气。

　　收藏单位：国家馆

04130

**淑修性气　（法）李盎博著　常守义译**

大同：大同总修道院，1935，282页，50开

　　收藏单位：国家馆

04131

**私德浅说　徐澄编**

上海：中华书局，1930.11，22页，32开（民众常识丛书）

上海：中华书局，1932.9，再版，22页，32开（民众常识丛书）

上海：中华书局，1947，25页，32开（中华文库 小学第1集 高级公民类）

　　本书简述个人道德修养。共14部分，内容包括：私德的重要、自助、自利、奋斗、服从、快乐、勤俭、廉洁、两性道德、忠、孝、仁爱、信义、和平。

　　收藏单位：重庆馆、广东馆、广西馆、国家馆、湖南馆、吉林馆、江西馆、首都馆

04132

**思想的艺术　（法）狄芒特（E. Dimnet）著　沈秋宾译**

外文题名：The art of thinking

上海：青年协会书局，1938.12，175页，22开（青年丛书 第2集3）

　　本书共4篇，内容包括：论思想、思想的障碍、思想的补助、创造的思想。

　　收藏单位：重庆馆、国家馆、首都馆

04133

**思想漫谈集　方子澄等著　太行新华书店编**

涉县：太行群众书店，1947，2版，53页，36开（青年修养读物）

　　本书内收方子澄、林曦、罗云路、刘海风、刘璞、畏予、赵德明、魏文北、万程、王英、志鸿、雅量、白华、何远、老兵、牛启年、陈灵凤、涛然、方杰、震洲、张宁、一知等人的文章24篇，作者结合解放区具体工作中的问题，对个人主义、等级观念、平均主义等思想加以批判或检讨。

　　收藏单位：国家馆

04134

**思想漫谈集　林曦等著　太岳新华书店编**

[沁源]：太岳新华书店，1947，44页，32开（青年修养读物）

[沁源]：太岳新华书店，1947，再版，45页，32开（青年修养读物）

　　本书内收24篇文章，包括《三种品质》（林曦）、《论积极性》（罗云路）、《列宁的"自我克制"》（刘海风）、《论约束自己》（刘璞）、《和潜伏的个人主义搏斗》（畏予）等。

　　收藏单位：重庆馆、近代史所、山西馆、天津馆

04135

**思想漫谈集（第二集）　刘凤岐辑**

[沁源]：太岳新华书店，1947.12，64页，32开

　　本书内收18篇，包括《我的群众观点》《要克服盲目山头主义思想》等。

　　收藏单位：国家馆

04136

**思想漫谈集（续编）　刘凤岐辑**

涉县：太行群众书店，1948.1，34页，32开（青年修养读物）

　　本书内收18篇，包括《一刀两断》《"我不再做地主的女儿了！"》《漫谈"地主思想"》等。书前有王元寿自序。辑者原题：凤岐。

　　收藏单位：重庆馆、国家馆、吉林馆

04137

**思想·生活·工作漫步　刘涟著**

上海：新人出版社，1940，178 页，32 开

上海：新人出版社，1941，3 版，178 页，32 开

　　本书为作者在《新知半月刊》发表过的论青年修养的文章汇集。共 3 编，内容包括：基本修养、生活态度、现实问题。书前有作者序。

　　收藏单位：广东馆

04138

**思想之伟能（又名，人皆王者）（美）马尔腾（Orison Swett Marden）著　陈鸿璧译述**

外文题名：Every man a king or might in mind-mastery

上海：商务印书馆，1923，106 页，32 开

上海：商务印书馆，1926，再版，105 页，32 开

　　本书共 21 章，内容包括：善驶思想俾毋失事、身体之受治于思想、思想为健康及疾病之源、畏怯为人生之劲敌、战胜畏怯之法、有害的情绪等。书前有蒋序、绪言。著者原题：马腾。

　　收藏单位：重庆馆、国家馆、上海馆

04139

**四川士绅之修养问题　傅况鳞主编**

成都：四川地方实际问题研究会，1940，26 页，32 开（四川地方实际问题研究会丛刊 2）

　　本书讨论士绅的形成、士绅的重要性、分类、良好士绅之条件、修养以及士绅当前的重要工作。

　　收藏单位：重庆馆、国家馆、南京馆

04140

**他山石语　范袆著**

上海：青年协会书报部，1921，88 页，32 开（丽诲丛著）

　　收藏单位：南京馆、首都馆

04141

**太上宝筏图说（下册）　林直清校**

上海：广益书局善书部，1936，1 册，32 开

　　本书讲述人世间的缺德故事，如破人婚姻、嫁祸卖恶、挫人所长、劳扰众生等。

　　收藏单位：重庆馆

04142

**谈修养　朱光潜著**

上海：智慧书局，1948，5 版，208 页，32 开

　　本书分为 22 篇，依据著者的生活经验，向青年人介绍修养的原则：尊崇理性和意志，但也不菲薄感情和想象，并介绍交友、学习等的具体方法。

　　收藏单位：重庆馆

04143

**谈修养　朱光潜著**

重庆：中周出版社，1942，208 页，32 开，精装（中周丛书 3）

重庆：中周出版社，1943，208 页，32 开（中周丛书 3）

重庆：中周出版社，1944，3 版，208 页，32 开（中周丛书 3）

[上海]：中周出版社，1946，208 页，32 开（中周丛书 3）

上海：中周出版社，1947.1，3 版，208 页，32 开（中周丛书 3）

上海：中周出版社，1947.4，4 版，208 页，32 开（中周丛书 3）

　　收藏单位：重庆馆、东北师大馆、广东馆、贵州馆、国家馆、江西馆、南京馆、山东馆、上海馆、绍兴馆、首都馆、天津馆、浙江馆

04144

**唐蔚芝先生劝善编**

出版者不详，1 册，32 开

　　收藏单位：南京馆

04145

**淘金集　程仲文著**

贵阳：中央日报社，1943，76 页，32 开（贵阳中央日报丛书）

　　本书分 118 个短篇，针对青年生活中的烦恼、悲观、失望情绪，提出个人修养及人生态度的若干问题。

收藏单位：重庆馆、贵州馆、国家馆

04146
**通俗教育谈　顾倬编辑　沈恩孚校订**
中国图书公司，62页，25开
　　本书包括励志操、整仪容、慎言论、多劳动、起居衣食有节等章节。
　　收藏单位：广东馆、河南馆

04147
**童子摭谈　（清）陈庚焕著**
苏州：弘化社，1934，32页，32开
　　本书以诗的体裁向儿童进行尊祖、孝亲、师友、守法、待人的说教。书末附《女训约言》《家训要言》《印光法师谕周法利童子书》。
　　收藏单位：国家馆、浙江馆

04148
**退言　向炎藜著**
长沙：湖南印书馆，1933，56页，32开
　　本书讲述思想修养、防止思想退化的方法。共7篇，内容包括：《大道》《为政》《重农》《原礼》《容园》《洙南野叟》《东郭子》。
　　收藏单位：国家馆

04149
**完人　朱鄂著**
西安：文化印刷所，1940.3，104页，32开
昆明：文化印刷所，1944.7，再版，104页，32开
重庆：文化印刷所，1944.12，3版，104页，32开
　　本书共8部分，内容包括：概说、训练程序表、作人的训练、作事的训练、作风的训练、作用的训练、结论、摘录。
　　收藏单位：国家馆

04150
**围炉夜话　（清）王永彬著**
上海：明善书局，1935，32页，32开
出版者不详，1947，33页，32开
　　本书为关于个人、家庭、社会三方面修养的格言集。

收藏单位：南京馆、上海馆

04151
**伟人的修养　褚柏思著**
上海：白雪出版社，1947，增订本，156页，32开
南京：白雪出版社，1947，增订再版，156页，32开
　　本书泛论政治家、思想家、教育家、发明家、科学家、实业家、军事家的修己、用人、驭众、治事的方法。
　　收藏单位：广东馆、南京馆

04152
**伟人的修养　褚柏思著**
重庆：青年军出版社，1946，22+156页，32开（青年乙种丛书）
　　收藏单位：重庆馆、国家馆、吉林馆

04153
**伟人模范新青年进德录　丁福保编辑**
上海：世界书局，1925.7，5版，37页，25开
　　收藏单位：江西馆

04154
**伟人自修读本　达人望编**
成都：经纬书局，92页，64开
　　收藏单位：南京馆

04155
**我的道德观　黄憨樵著**
黄憨樵[发行者]，[1920]，16页，25开
　　本书叙述自我道德修养的目的、内容等。共4章，内容包括：条辨、总诘、答问、崇圣。书前有序。书末有跋。
　　收藏单位：国家馆

04156
**我们怎样做　史襄哉主编　刘学志校订**
[南京]：国民革命军遗族学校，1933.7，106页，42开
　　本书为该校学生生活指导读物。分23节，介绍怎样穿衣、饮食、起坐、睡觉、运

动、游息、行礼、赠答、借贷、集会等。

收藏单位：国家馆

## 04157

**武德论（又名，新民精神）　缪斌著**

上海：开明书店，1935.7，377页，22开

本书作者认为武德即"文武合一之道"。分30篇，论述武德与仁、义、礼乐、智、信、忠、勇、荣辱、气节、励志养气、心学、敬慎、克己自省、物我公私、义利是非、清介廉耻、质素俭约、威仪器度、慎言、谦让、知行等内容。

收藏单位：重庆馆、国家馆、湖南馆、南京馆、上海馆、浙江馆

## 04158

**西哲名言集　徐羽冰译著**

天津：大公报社，1933，110页，32开

天津：大公报社，1934，再版，110页，32开

本书内收31篇，包括《世上无贱业》《不要轻视褴褛少年》《一切职业的前提条件》《自己帽子用自己手拿》等。

收藏单位：重庆馆、南京馆、首都馆、天津馆

## 04159

**先哲格言　俞度恩辑**

上海：俞世德堂，1924，[100]页，40开

本书共4卷，汇辑古人有关道德、待人处世、为官的格言等。

收藏单位：上海馆

## 04160

**先哲格言**

上海：叶会辅堂，1941，46页，32开

收藏单位：上海馆

## 04161

**先哲名言　谢宗陶　许以栗编**

出版者不详，[74]页，16开

本书为河北省地方行政人员训练所讲义。采用经、子、集部百余种书中有关通达治本、修养心身、国政民情的语录600余则，

分上、下两编。注明语录出处。书前有摘录书目。

收藏单位：国家馆

## 04162

**现代青年成功之道　储景良著**

重庆：青年出版社，1943.8，178页，32开

本书讲述青年道德修养的原则。共10章，内容包括：生活之道、强身之道、立志之道、求学之道、做人之道、做事之道、立业之道、信仰之道、革命之道、组训之道。

收藏单位：国家馆、南京馆

## 04163

**现代青年修养全书　臧健飞著**

[长春]：新京书店，1941，14+394页，32开

本书共13篇，内容包括：基本修养论、读书于自修、应付社会的方法、谈话资料、美术化的人生观、创造力、服务的真精神、健全的生活、讲演术、向发展的途上迈进、被敬爱的人、事业成功的秘诀、第二代教养问题。

收藏单位：国家馆

## 04164

**现代青年之座右铭　罗伽编著　王旡咎校订**

上海：教育书店，1936.6，[22]+768页，32开，精装

上海：教育书店，1936.9，再版，[22]+768页，32开，精装

本书共32章，内容包括：现代青年与国家的关系、现代青年与社会的关系、现代青年与家庭的关系、关于人生之实质上的考察、健全的人生观、现代青年与生活等。每章后附有对同一问题不同看法的文章多篇。

收藏单位：重庆馆、东北师大馆、国家馆、南京馆、山东馆

## 04165

**现代人心百面观（新黑幕大观）　古建业　郑恩斋著**

上海：世界书局，1924.6，4版，2册，22开

收藏单位：江西馆

**04166**

**现实与奋斗（给中华儿女的二十八封信） 裴小楚著**

桂林：学习社，1943，90 页，32 开

　　本书内收你不要放弃你自己的责任、生路要我们自己去找来吧、这是多么危险的时期啊、未来是属于我们的等 28 封写给青年的信。给当时青年指出生活道路，强调奋斗。书前有作者自序。

　　收藏单位：重庆馆、国家馆

**04167**

**献给时代的姑娘们智识分子之修养法 吴建华著**

吴建华 [ 发行者 ]，1936，212 页，32 开

　　本书针对未婚知识妇女讲述恋爱、婚姻、道德修养等问题。共 4 章，内容包括：怎样选择丈夫、怎样训练和支配丈夫、知识分子修养法、伊藤博文传读后感。

**04168**

**献给有志的青年们成功之路 林语堂译**

出版者不详，303 页，32 开

　　收藏单位：南京馆

**04169**

**献给职业青年 谢苹编著 周晓光校正**

上海：大方书局，1946，207 页，36 开（青年自修成功丛书）

上海：大方书局，1946.9，2 版，207 页，36 开（青年自修成功丛书）

上海：大方书局，1947.1，再版，207 页，36 开（青年自修成功丛书）

　　本书内收《谈谈职业指导》《职业与社会》《职业的意义》《什么是职业》《职业必须要自主吗》《生活与职业》等文章。

　　收藏单位：安徽馆、广东馆、上海馆、绍兴馆

**04170**

**乡应录 徐友白撰**

出版者不详，28 页，32 开

　　收藏单位：广西馆

**04171**

**小窗幽记 （明）陈眉公著**

新京（长春）：博文印书馆株式会社，1944，149 页，32 开

　　本书辑集警句、格言性质的语录，按类编排。分集醒、集情、集峭、集灵、集素、集景、集韵、集奇、集绮、集豪、集法、集倩 12 类。

　　收藏单位：首都馆

**04172**

**小窗幽记 （明）陈眉公著 沈亚公校订**

上海：中央书店，1935，150 页，32 开（国学珍本文库 第 1 集 1）

上海：中央书店，1936，再版，150 页，32 开（国学珍本文库 第 1 集 1）

上海：中央书店，1948.12，再版，110 页，32 开（国学珍本文库 第 1 集 1）

　　收藏单位：重庆馆、国家馆、吉林馆、江西馆、南京馆、山西馆、绍兴馆、首都馆、天津馆

**04173**

**小学白文 朱文公等编**

出版者不详，22 页，32 开

　　收藏单位：南京馆

**04174**

**小学集注（铜版） 朱鉴校阅**

上海：广益书局，1936，再版，影印本，[126] 页，32 开

上海：广益书局，1938，2 版，[126]，32 开

上海：广益书局，1948，新 1 版，[126] 页，32 开

　　本书分内篇和外篇，内容包括：立教、明伦、敬身、稽古、嘉言、善行等。书末附《忠经》与《孝经》。

　　收藏单位：广东馆、首都馆

**04175**

**小学集注（铜版）**（宋）朱熹辑　（明）陈选注　朱鉴校阅

上海：大达图书供应社，1935.4，[134] 页，32 开

上海：大达图书供应社，1935.11，再版，[126] 页，32 开

　　收藏单位：重庆馆、国家馆、河南馆、江西馆、南京馆

**04176**

**效率增进法**　（美）马尔腾（Orison Swett Marden）著　张光复译

上海：世界书局，1938，161 页，36 开（青年成功丛书）

上海：世界书局，1941，3 版，161 页，36 开（青年成功丛书）

[上海]：世界书局，1943，赣 1 版，161 页，36 开（青年成功丛书）

上海：世界书局，1944.6，赣 2 版，161 页，36 开，精装（青年成功丛书）

上海：世界书局，1946.3，4 版，161 页，36 开（青年成功丛书）

上海：世界书局，1947.9，5 版，161 页，36 开（青年成功丛书）

　　本书内收 63 篇，内容包括：《激发你潜在的才能》《用苦干来创造机会》《健康和成功》《贫穷是幸福》《失败后怎样》《社交的效益》《家庭的教育》等。主要是古今圣贤名哲英雄豪杰成功之事迹，与其所运用之方法。著者原题：马尔顿。

　　收藏单位：重庆馆、广东馆、国家馆、吉林馆、江西馆、南京馆、上海馆、首都馆

**04177**

**写给青年**　陈鹤琴著

上海：立达图书服务社，1947，70 页，32 开

　　本书通过给青年的 20 封书信，讲述了青少年的道德修养，如读书求学、助人交友、讲究礼貌等。书前有卷头语。

　　收藏单位：广东馆、吉林馆、南京馆、上海馆

**04178**

**写给小朋友的十二封信**　孙一芬著

上海：沪江图书公司，1948，92 页，36 开

　　本书主要谈求学、礼貌、卫生、诚实、节俭等问题。

　　收藏单位：江西馆、上海馆、首都馆

**04179**

**心理锻炼（一名，续成功奇径）**　冯洪编译

上海：激流书店，1940.1，218 页，36 开

上海：激流书店，1941.2，再版，218 页，36 开

上海：激流书店，1946.8，[再版]，218 页，36 开

　　本书共 5 篇，内容包括：认识自己的八个方法、怎么踏上成功之路、处世新法、健康之路十三讲、结婚准备课。

　　收藏单位：重庆馆、广东馆、国家馆、江西馆、南京馆、山东馆、上海馆、首都馆、浙江馆

**04180**

**心理与力学**　李宗吾著

成都：晨钟书局，1946，118 页，36 开（厚黑丛书）

成都：晨钟书局，1947，108 页，36 开（厚黑丛书）

　　本书共 11 章，内容包括：性灵与磁电、孟荀言性争点、宋儒言性误点、告子言性正确、心理依力学规律而变化、人事变化之轨道、世界进化之轨道、达尔文学说之修正、克鲁泡特金学说之修正、我国古哲学说含有力学原理、经济政治外交三者应采用合力主义。

　　收藏单位：重庆馆、吉林馆、上海馆

**04181**

**心理与力学**　李宗吾著

国民公报社，1942，再版，18+183 页，32 开

　　收藏单位：重庆馆、国家馆、吉林馆、南京馆

**04182**

**心理与力学**　李宗吾著

成都：日新工业社，1938，[14]+170 页，32 开

成都：日新工业社，1942，再版，[14]+170 页，32 开

本书共 10 章，内容包括：孟荀言性之争点、宋儒言性之误点、告子之学说、心理变化循力学公例而行、心理上之各种轨道、世界进化之轨道、达尔文学说之修正、克鲁泡特金学说之修正、我国古哲学说含有力学原理、经济政治外交三者应采用合力主义。

收藏单位：重庆馆、广东馆、国家馆

04183

**心理与力学 李宗吾著**

重庆：山城学社，1947，151 页，36 开

收藏单位：广东馆、国家馆、河南馆、湖南馆、吉林馆、上海馆

04184

**心灵养活我 （日）谷口雅春著**

东京：光明思想普及会，1939.6，48 页，32 开（幸福文库 2）

收藏单位：南京馆

04185

**心声 郭立志著**

出版者不详，1939，38 页，50 开，精装

本书内收《僚属箴规》（有奉职、治事、修养、应世等类）和《训令集粹》。

收藏单位：国家馆、首都馆

04186

**心浴 万异编著**

重庆：国民图书出版社，1945.3，130 页，32 开

本书内收有关道德修养的论文 14 篇，包括：《论好人》《论错误》《论精神国防》《论知难行易》《论道德学说》《论道德经中之不道德思想》《论服务人生观》等。

收藏单位：重庆馆、广西馆、国家馆、南京馆、首都馆

04187

**新编八德须知 蔡振坤著 陈爕枢校释**

上海：明善书局，1934，2 册，22 开

本书以妇女为对象，通过历史故事讲解八德：孝、悌、忠、信、礼、义、廉、耻。

收藏单位：重庆馆、国家馆、江西馆、辽宁馆、南京馆、首都馆

04188

**新民精神 缪斌著**

新民会中央指挥部，1935.7，366 页，22 开

新民会中央指挥部，1938.1，再版，366 页，22 开

新民会中央指挥部，1938.4，3 版，366 页，22 开

新民会中央指挥部，1938.8，4 版，366 页，22 开

本书即《武德论》一书改名出版。作者认为武德即"文武合一之道"。共 30 篇，内容包括：新民史观、文武合一之武德、孔子之真精神、王道霸道之真义、刚柔大过、易道与政治家之动静出处、仁之真义、义之真义、礼乐之治、斗智之武德等。书前有作者自序。

收藏单位：首都馆

04189

**新女性的待人接物 曹国智等著**

香港：妇女知识丛书社，1941，76 页，32 开（妇女知识丛书 第 13 辑）

本书内容包括：战后的华北妇女运动、轰炸琐记、新女性的待人接物、英国妇女战时的工作、苏联妇女反法西斯的大会等。

收藏单位：广东馆

04190

**新青年手册 拓荒编著**

建业出版社，1946，127 页，32 开

收藏单位：首都馆

04191

**新青年与修养 蓝家星编著**

上海：博文书店，1939，221 页，36 开

本书包括 36 篇短文。论述青年学习、就业、待人接物、立身行事的修养。

收藏单位：广东馆

**04192**

**新青年之自我教育　王慕陶编著**

重庆：正中书局，1940.9，78 页，32 开（青年生活丛书）

重庆、金华：正中书局，1941.6，6 版，78 页，32 开（青年生活丛书）

重庆：正中书局，1943，13 版，78 页，32 开（青年生活丛书）

重庆：正中书局，1946，沪 1 版，78 页，32 开（青年生活丛书）

重庆：正中书局，1947，沪 4 版，78 页，32 开（青年生活丛书）

　　本书讲述青年的学习、工作、处人处事的方法。共 10 章，内容包括：精神体魄的培养、仪表举止的修整、谈吐讲演的娴习、人格品性的陶冶等。书前有《自勉的话》（代序）。

　　收藏单位：重庆馆、广东馆、国家馆、湖南馆、江西馆、南京馆、山东馆、浙江馆

**04193**

**新青年自述　朱麟主编**

上海：世界书局，[1926]，158 页，32 开（中学世界百科全书 第 1 集 第 1 编）

　　本书讲述人生修养的具体标准。共 5 部分，内容包括：现在的华民、黄金时代的回忆、在亲爱乡里——家庭、在快乐园里——学校、在自由邦里——社会。书前有《敬告读者》。

　　收藏单位：重庆馆、广东馆、国家馆、辽大馆、上海馆、首都馆

**04194**

**新世训（一名，生活方法新论）　冯友兰著**

上海：开明书店，1940.7，198 页，32 开

重庆：开明书店，1941，198 页，32 开

重庆：开明书店，1941，2 版，198 页，32 开

桂林：开明书店，1941，198 页，32 开

上海：开明书店，1943，内 5 版，198 页，32 开

赣县：开明书店，1943.1，内 6 版，198 页，32 开

成都：开明书店，1943.3，198 页，32 开

开明书店，1946，11 版，198 页，32 开

开明书店，1947，12 版，198 页，32 开

　　本书为《贞元三书》之三，侧重论述修养方法。除绪论外，本书共 10 章：尊理性、行忠恕、为无为、道中庸、守冲谦、调情理、致中和、励勤俭、存诚敬、应帝王。书前有作者自序。

　　收藏单位：重庆馆、东北师大馆、广东馆、广西馆、贵州馆、国家馆、江西馆、近代史所、南京馆、山东馆、上海馆、首都馆、浙江馆

**04195**

**新英雄主义（新时代的人生观）　万西著**

成都：蓉新印刷工业合作社，1946.3，124 页，32 开

　　本书讲述成就一个"英雄人物"的道德修养。共 16 部分，内容包括：英雄与圣贤的差别、英雄的分类、英雄的特性、成就英雄的因素、真性情、抱负等。

　　收藏单位：重庆馆、国家馆

**04196**

**新英雄主义（新时代的人生观）　万西著**

成都：文通书局，1946.5，97 页，32 开

成都：文通书局，1946.11，再版，97 页，32 开

　　收藏单位：国家馆

**04197**

**新著女四书白话注解　（清）沈朱坤编著**

北京：万国道德总会，1944，4 版，[6]+169 页，32 开

　　收藏单位：河南馆

**04198**

**兴建青年　朱斐声等著**

新青年半月刊社，1940，62 页，32 开

　　收藏单位：安徽馆

**04199**

**行己有耻与悔过自新　张文穆讲**

北平：京城印书局，1936，[71] 页，18 开

　　本书解释顾亭林（顾炎武）所讲的"行己有耻"与李二曲（李颙）所讲的"悔过自

新"的含义。书前有胡适、王凤仪、于斌谨、沙月坡和作者的序。

收藏单位：国家馆

**04200**

**行为与思想　赵宗预著**

上海：世界书局，1943，2 版，184 页，32 开（青年成功丛书）

上海：世界书局，1944，3 版，184 页，32 开（青年成功丛书）

上海：世界书局，1946，4 版，184 页，32 开（青年成功丛书）

本书针对青年心理和社会需要，讲述思想与行为上的道德修养。分行为的训练和思想的认识两篇，共 44 章，内容包括：做个怎样的人、礼貌的行为、对话的技巧、演说的才能、笑的修养、怒的抑制等。

收藏单位：重庆馆、国家馆、湖南馆、南京馆、上海馆、首都馆

**04201**

**幸福的人生　（法）费南鲁（Fernand Raoult）著　顾启源编译**

上海：西风社，1941，217 页，32 开

桂林：西风社，1942.12，217 页，32 开

桂林：西风社，1943，2 版，217 页，32 开

本书讲述人从胎儿至成人应当注意的卫生与道德等。共 13 章，内容包括：祖先与民族的遗体、卫生和教育与人生幸福、养成良好的个性、儿童的过失与病态、做强毅自由的人、认识自己、几个最重要的教育问题、积极的人生、谈职业：手艺工人、再谈职业：自由职业·妇女与职业、结婚前后、论结婚、幸福的艺术。

收藏单位：重庆馆、广东馆、国家馆、黑龙江馆、江西馆、南京馆、上海馆、首都馆

**04202**

**幸福直指　（日）谷口雅春著**

东京：光明思想普及会，1939.8，57 页，32 开（幸福文库 1）

本书共 8 部分，内容包括：欲图更生须仗爱和真理、把人饶恕能治病苦、物质并没有什么性命、肉身只有结果没有原因等。书前有《"七个灯塔之点灯者"之神示》。附录《生长之家东亚同和会设立主旨》。

收藏单位：国家馆

**04203**

**性理　于从云讲述**

北平：万国道德总会，1947，3 版，146 页，9×10cm

本书为于从云先生讲演录。袖珍版式。

收藏单位：安徽馆

**04204**

**修齐浅训　（清）石成金著**

上海：明德书局，1936，3 版，52 页，32 开

本书共 10 章，内容包括：事亲、敬长、和妻、教子、治家、待人、励学、安分、行善、戒恶。

收藏单位：重庆馆

**04205**

**修齐韵言　崔崇斌著**

北平：万国道德总会，1932，72 页，36 开

北平：万国道德总会，1936，再版，72 页，36 开

本书以六经为本，讲述修身齐家的道德修养问题。共 37 节，均以四言韵文撰写。

收藏单位：国家馆、首都馆

**04206**

**修齐治平语录　吴擎天编**

上海：启智书局，1931，[17]+134 页，32 开

上海：启智书局，1935，3 版，[17]+134 页，32 开

本书选辑孔、孟、老、庄、墨、杨、荀等 7 家关于修身、齐家、治国、平天下的语录，按人分类编排。

收藏单位：国家馆、天津馆

**04207**

**修身　广东省政府秘书处编译室编**

广州：广东省政府秘书处编译室，1941，118 页，32 开（公务员修养丛书　第 1 辑）

本书共 3 章，内容包括：革命人生观、道德的修养、身体的修养。

收藏单位：国家馆、南京馆

## 04208

**修身古训 谈文灯编**

上海：中华书局，1927.8，2 册，32 开，精装

上海：中华书局，1929，再版，2 册，32 开

上海：中华书局，1935，4 版，2 册，32 开

上海：中华书局，1936.6，94 页，32 开（初中学生文库）

上海：中华书局，1936.8，5 版，2 册，32 开

上海：中华书局，1941.7，4 版，94 页，32 开（初中学生文库）

上海：中华书局，206 页，32 开

本书为中国历代格言、语录。共 10 类，内容包括：持身、卫生、学问、事亲、兄弟、夫妇、戚族、朋友、财用、处世。

收藏单位：重庆馆、广东馆、广西馆、国家馆、江西馆、辽宁馆、南京馆、上海馆、首都馆、天津馆、浙江馆

## 04209

**修身古训三千句（又名，修身古训精粹）**

重庆：经纬书局，1948，103 页，36 开

本书分立身类、治家类、处世类、为学类 4 大类及附录。

收藏单位：重庆馆

## 04210

**修身西学 （意）高一志（A. Vagnoni）撰**

上海：慈母堂，1917，135 页，32 开

上海：土山湾印书馆，1923，136 页，32 开

本书分 10 卷，论述伦理修养的原则以及关于性、情、欲、敢、怒、行动、善恶、德、智、廉的修养问题。

收藏单位：国家馆

## 04211

**修养导论 石醉六著**

邵阳：中央日报湖南分社出版部，1941，34 页，32 开（中央日报湖南分社丛书 2）（哲学丛书 2）

本书为石醉六著《新社会学》中的一部分。内容包括：何谓修养、修养的根据、充实和醇化。

收藏单位：国家馆

## 04212

**修养的经验与学习 （美）罗特（Everett William Lord）著 郭文彬译**

重庆：一心书局，1945.1，134 页，32 开

本书即《怎样训练你自己》之又一不同译本。共 16 章，内容包括：自己训练是一种什么科学、自己训练的四个基础原则、研究——知识的第一个条件、记忆——知识的第二个条件、记录——知识的第三个条件、想象——审度的第一个条件、标准——审度的第二个条件、计划——审度的第三个条件、明达——审度的第四个条件、勇敢——决断的第一个条件、决心——决断的第二个条件、坚持——决断的第三个条件、健康——力量的第一个条件、人格——力量的第二个条件、快乐——力量的第三个条件、自己训练的完成等。著者原题：劳德。

收藏单位：重庆馆、广东馆、国家馆

## 04213

**修养的原理和方法 廖淑伦编著**

南京：拔提书店，1935，[16]+204 页，32 开

南京：拔提书店，1935，再版，[16]+204 页，32 开

南京：拔提书店，1937.4，4 版，[16]+204 页，32 开

成都：拔提书店，1940.5，4 版，196 页，32 开

成都：拔提书店，1941，5 版，196 页，32 开

成都：拔提书店，1942，6 版，196 页，32 开

本书共 8 部分，内容包括：辨生、明我、人生的意义、人生的价值、人生的目的、自治、修养、日常生活的原则。论述个人修养的原则和方法。书前有作者自序。

收藏单位：重庆馆、广东馆、贵州馆、国家馆、江西馆、南京馆、山东馆

## 04214

**修养的原理和方法 廖淑伦编著**

桂林：廖淑伦 [ 发行者 ]，1943.12，6 版，修正本，193 页，32 开
  收藏单位：桂林馆

04215

**修养的原理和方法　廖淑伦编著**
桂林：青年印刷所，1943，7 版，193 页，32 开
  收藏单位：桂林馆、湖南馆

04216

**修养读本　（法）特维那（E. Devinat）著　徐蔚南编译**
上海：世界书局，1932，156 页，32 开（童年读本丛刊）
上海：世界书局，1933，再版，156 页，32 开（童年读本丛刊）
  本书内容包括：家庭、学校、社会教育，以及关于动植物、自然界的知识等。
  收藏单位：国家馆、首都馆

04217

**修养漫谈　单英民编著**
上海：时兆报馆，1942，126 页，32 开
重庆：时兆报馆，1944，再版，126 页，32 开
  本书共 9 章，论述了生活、交友、读书、明礼、卫生等方面的修养规范。
  收藏单位：重庆馆、广东馆、国家馆、黑龙江馆、吉林馆、南京馆、山东馆、上海馆、天津馆

04218

**修养文摘　徐百益主编**
外文题名：Readers digest reader
上海：正义书店，1947.3，122 页，32 开
  本书从美国《读者文摘读本》中选译了有关处世和心理方面的文章。共 8 章，内容包括：个性的创造、前进的精神、坚强的毅力、人情的应付、神经的保养、身体的保养、心理的修养、生活的艺术。
  收藏单位：广西馆、国家馆、吉林馆、南京馆、上海馆、首都馆、天津馆

04219

**修养新论　燕义权著**
重庆：建国书店，1943，90 页，32 开
重庆：建国书店，1945.5，再版，90 页，32 开
  本书共 10 篇，内容包括：修养新观念、民族的气节、青年的精神、工作的正路、读书是救星、人才的标准、痛苦的价值、牺牲的道理、固执与狂热、发扬三信心。书前有作者自序。书末附《社会服务的人生观》。
  收藏单位：重庆馆、广东馆、国家馆、南京馆

04220

**修养艺术　林荫编著**
上海：公植出版社，1940.5，132 页，32 开（青年修养丛刊）
上海：公植出版社，1941，2 版，132 页，32 开（青年修养丛刊）
  本书共 3 编，内容包括：做人之道、求知的艺术、职业和生活。
  收藏单位：国家馆、南京馆、上海馆、首都馆、天津馆

04221

**修养艺术　林荫编**
上海：美德书局，[1940]，75 页，32 开（青年修养丛刊）
  收藏单位：广东馆

04222

**修养与成功　（美）马尔腾（Orison Swett Marden）著　张林编译**
新生出版社，1941.12，114 页，32 开
新生出版社，1944，2 版，114 页，32 开
  本书从身体条件、口才、交友、信念、人格、读书、创造力、职业选择等各方面阐述个人修养和成功的关系。著者原题：马尔登。
  收藏单位：河南馆

04223

**修养与服务　李紫函著**
[ 长春 ]：益智书店，[1940]，212 页，32 开（青年丛书 3）

本书分为基本修养和成功之路两编，内容包括：做人之道、求知的艺术、四种成功要素、怎样选择职业、怎样创业等。

收藏单位：国家馆

## 04224

**修养与服务**　潘文安等著　郭文彬编辑

上海：一心书店，1936，166 页，32 开

上海：一心书店，1937.5，再版，166 页，32 开

本书内收 24 篇，内容包括：《修养与服务》《一个问题》《人生真义》《自由与放纵》等，论述青年修养与做人。书前有潘文安序。

收藏单位：重庆馆、国家馆、江西馆、首都馆、浙江馆

## 04225

**修养与人生**　刘咏尧讲述

[ 南京 ]：陆军辎重兵学校，1936.5，2 版，78 页，32 开（政治丛书 1）

收藏单位：南京馆

## 04226

**修养与人生**　刘咏尧讲述

血花出版社，1939，2 版，78 页，32 开（血花丛书 9）

收藏单位：广东馆

## 04227

**修养与训练**　卢莹编著

上海：博文书店，1939，201 页，32 开

收藏单位：广东馆

## 04228

**修养之研究**　林安邦著

外文题名：Research in culture

上海：德华礼洋行，1933.8，36 页，32 开

本书共 6 部分，系对人生、教育、体育、科学、修养、生活的感想。末有佛教会的致编者函等。

收藏单位：国家馆

## 04229

**宣讲拾遗**

上海：昌文书局，1926，石印本，[140] 页，25 开

收藏单位：河南馆、南京馆

## 04230

**宣讲拾遗**

北京：出版者不详，1918，[236] 页，32 开

本书为圣谕六训解：孝顺父母、尊敬长上、和睦乡里、教训子孙、各安生理、毋作非为。并举例详加解释。

收藏单位：国家馆、江西馆

## 04231

**学习与修养**　平生著

上海：珠林书店，1941，236 页，32 开（青年自学读本）

本书共 27 个专题，内容包括：新的修养、精神的作用、知道你自己、论缺点、谈气节、新与旧、胆与识、良心在哪里、职业与良心、论店员的新道德、漫谈我国学习环境、学习的态度、怎样读、怎样学习哲学等。

收藏单位：广东馆、国家馆、上海馆

## 04232

**延寿药言**　延寿堂药室主人编

上海：绸业银行，1947，86 页，36 开

本书为四川涪陵延寿堂药室主人汇集的古今名人格言。共 4 编，内容包括：立身、处世、颐养、职业。书末附防火、店规等篇。

收藏单位：吉林馆、上海馆

## 04233

**延寿药言**　延寿堂药室主人编

上海：杭州第一纱厂，1948，86 页，36 开

收藏单位：上海馆、绍兴馆、浙江馆

## 04234

**延寿药言**　延寿堂药室主人编

北京：中华印书局，[86] 页，32 开

收藏单位：首都馆

## 04235

**颜李学**

北京：四存学校，1941 印，再版，62 页，32
开

　　收藏单位：首都馆

04236

**衍祥堂述闻　（清）许应鑅编**

许公武 [ 发行者 ]，1934，300 页，32 开

　　本书集中国古人的有关论述，共 5 部分，
内容包括：省身、理家、训子、涉世、居官。

　　收藏单位：国家馆、南京馆、上海馆、浙
江馆

04237

**演讲与修养　宗焰编著**

上海：大方书局，1946.11，108 页，32 开（青
年自修成功丛书）

上海：大方书局，1948.10，再版，108 页，32
开（青年自修成功丛书）

　　本书内收宗焰、叶青、张松标等人论述
青年修养的文章 50 余篇，内容包括：《论人格
思想与学问》《怎样读书》《青年求学应抱的
态度》等。

　　收藏单位：江西馆、南京馆、上海馆

04238

**养正编**

出版者不详，126 页，32 开

　　本书共 13 章，内容包括：服从、仁爱、
守时、去诳、敬虔、节制、勤学、洁净、刚
德、良心、习惯等。

　　收藏单位：广西馆

04239

**要怎样做人做事　戚南谱编述**

出版者不详，1947，33 页，32 开

　　本书共 35 章，内容包括：什么是人生的
意义、应当怎样做人、应当怎样做事、应当
怎样知人等。书前有自序。

　　收藏单位：天津馆

04240

**野人献曝**

上海：明善书局，38 页，32 开

　　收藏单位：南京馆

04241

**一个前进青年的日记　赵锦华著**

上海：国光书店，1928.9，156 页，32 开

上海：国光书店，1941，再版，156 页，32 开

上海：国光书店，1946.10，再版，156 页，32
开

　　本书为青年向上读物。讲求学、做事、
待人与处世的经验和修养。

　　收藏单位：国家馆、吉大馆、江西馆、南
京馆、上海馆、首都馆

04242

**一个人的完成　程兆熊著**

上饶：真实出版社，1943，62 页，32 开（革
命青年丛书）

　　本书论述从婴儿至成人的品德教育和培
养。共 8 章，内容包括：导言、人性的了悟、
做人的重量、对人的容量、人情的线索、内
心的均衡、生活的简单化、一个人的完成等。

　　收藏单位：辽宁馆

04243

**一个中学生的书信　赵育麟著**

上海：启智书局，1934，133 页，32 开

　　本书用书信体谈论青年修养、社会问题。

04244

**意志修养法　邹德谨　蒋正陆编译**

上海：商务印书馆，1916.12，66 页，36 开（通
俗教育丛书）

上海：商务印书馆，1917.6，再版，66 页，36
开（通俗教育丛书）

上海：商务印书馆，1921.7，4 版，66 页，36
开（通俗教育丛书）

上海：商务印书馆，1923，6 版，66 页，36 开
（通俗教育丛书）

上海：商务印书馆，1931，9 版，66 页，36 开
（通俗教育丛书）

上海：商务印书馆，1933，国难后 1 版，67 页，
36 开（通俗教育丛书）

上海：商务印书馆，1935，国难后 2 版，67 页，

36 开（通俗教育丛书）

本书论述意志锻炼的必要性、作用、方法、注意事项等。共 7 章，内容包括：意志修养之必要、关于意志知识不完全之理由、意志之界说、动能意志执意三者之关系、意志作用之二方面、意志与他种精神作用之关系、意志修养上所当注意之点。

收藏单位：重庆馆、广东馆、广西馆、国家馆、黑龙江馆、湖南馆、江西馆、南京馆、上海馆、首都馆、浙江馆

04245

**英雄快览　陈王健著**

北京：新社出版部，1919，[70] 页，32 开

本书作者认为欲成英雄，需有正道修养。共 4 编，内容包括：概论、修养（立志、读书、反省、养气）、行事（坚毅、勇敢、谨慎、镇静、厚重、公正、廉洁、淡泊、改过、迁善、慎言、交友、浑厚、谦恭、戒骄、观察）、杂志。

收藏单位：国家馆

04246

**由批判自私的英雄主义看名教家　张廷荣著**

南昌：自强出版社，1948.12，26 页，32 开

收藏单位：江西馆

04247

**袁氏世范　（宋）袁采著　青年协会书报部校订**

上海：青年协会书局，1928，[150] 页，32 开

本书共 3 卷，分别从睦邻、处己、治家三方面阐述。书末附《集事诗鉴》。

收藏单位：东北师大馆、河南馆、南京馆

04248

**再给女人们　马国亮著**

上海：良友图书印刷公司，1933，186 页，32 开

上海：良友图书印刷公司，1936.2，2 版，186 页，32 开，精装

本书为有关妇女的格言、警句集。共 10 部分，内容包括：再谈恋爱、订婚与结婚、家庭生活、体面、钱、关于职业、个人的修养、健康、节育、离婚。

收藏单位：东北师大馆、广东馆、国家馆、上海馆、天津馆

04249

**怎样成功模范青年　沈沉编著**

上海：万有书局，1943，138 页，32 开（青年修养丛刊）

本书讲述青年立身、处世、读书、工作、恋爱、婚姻等问题。

收藏单位：广东馆、广西馆、国家馆、湖南馆

04250

**怎样成功模范青年　沈沉编著**

上海：友益出版社，1941，186 页，32 开（青年修养丛书）

收藏单位：南京馆、上海馆

04251

**怎样出人头地（一名，青年成功途径）（美）马尔腾（Orison Swett Marden）著　金川译**

上海：奔流书店，1940，129 页，36 开（励志丛刊）

上海：奔流书店，1941，129 页，36 开（励志丛刊）

本书论述了有关道德修养的问题，如应当勤恳、除去恶习、有胆量、不要感情冲动、不要犹豫不决等。

收藏单位：南京馆、上海馆、首都馆、天津馆

04252

**怎样除烦恼（过美满生活）（美）卡耐基（D. Carnegie）著　陶知安译**

上海：求知书店，1949，176 页，36 开

本书共 7 章，主要分析人生烦恼的原因和解除方法。

收藏单位：吉林馆

04253

**怎样创造你的前途　（美）马尔腾（Orison Swett Marden）著　狄原译**

外文题名：Training for efficiency

重庆：正风出版社，1942.1，167 页，32 开（青年励志丛书）

重庆：正风出版社，1942.4，3 版，168 页，32 开（青年励志丛书）

重庆：正风出版社，1944.3，再版，168 页，32 开（青年励志丛书）

本书共 63 篇，内容包括：振作你的志气、健康与成功、人格和名誉、怎样结交朋友、怎样应付环境、自强不息等。

收藏单位：重庆馆、广东馆、国家馆、南京馆

**04254**

**怎样创造你自己 黄风著**

长春：博文印书馆，1942.8，201 页

本书论述品性、求学、择业、处世诸方面的修养。共 37 个问题，内容包括：你是你命运船的操纵者、怎样弥补缺陷、思想力的感应、思想锻炼法、力求实际勿尚虚伪、自强不息等。

收藏单位：国家馆、吉林馆、首都馆

**04255**

**怎样创造你自己 （美）马尔腾（Orison Swett Marden）著 林伯修译**

南昌：华南图书社，1943.3，4 版，124 页，32 开

南昌：华南图书社，1944.2，[再版]，124 页，32 开

本书论述品性、求学、择业、处世诸方面的修养等方面问题。

收藏单位：江西馆、浙江馆

**04256**

**怎样创造你自己 （美）马尔腾（Orison Swett Marden）著 林伯修译**

上海：启蒙书店，1940.9，4 版，115 页，36 开

上海：启蒙书店，1941，[再版]，105 页，36 开

本书共 63 部分，内容包括：振作你的志气、绝对信任自己、健康与成功、为自由而战、生命的原素、人格和名誉等。著者原题：

马尔顿。

收藏单位：重庆馆、广西馆、贵州馆、国家馆、江西馆、南京馆

**04257**

**怎样创造你自己 （美）马尔腾（Orison Swett Marden）原著 张学忍译**

外文题名：Training for efficiency

上海：纵横社，1939.12，154 页，36 开

上海：纵横社，1940，再版，154 页，36 开

上海：纵横社，1940，3 版，154 页，36 开

上海：纵横社，1941，154 页，36 开

成都：纵横社，1942，140 页，36 开

上海：纵横社，1946，154 页，36 开

上海：纵横社，1947，154 页，36 开

收藏单位：重庆馆、广东馆、广西馆、国家馆、吉林馆、江西馆、南京馆、上海馆、首都馆

**04258**

**怎样待人接物 张闻天著**

重庆：时论选辑社，16 页，32 开（时论选辑社丛刊 1）

本书著者原题：洛甫。

收藏单位：南京馆

**04259**

**怎样锻炼你自己 （美）马尔腾（Orison Swett Marden）著 陈生译**

重庆：建国书店，1942.1，130 页，36 开

重庆：建国书店，1942.5，2 版，130 页，36 开

本书共 21 部分，内容包括：思想正当一生不败、心理如何影响身体、健康与疾病皆由心理所致、战胜惧怕、感情冲动的危险、怎样锻炼思想等。

收藏单位：重庆馆、国家馆、吉林馆、上海馆

**04260**

**怎样发展你自己 （美）韦勃 （美）摩尔根（John J. B. Morgan）著 储沅译**

外文题名：Ways of developing your careers

上海：纵横社，1940.2，[10]+214 页，32 开

上海：纵横社，1941，[10]+214 页，32 开
上海：纵横社，1943.1，[10]+214 页，32 开
上海：纵横社，1946，[10]+214 页，32 开
上海：纵横社，1947，[10]+214 页，32 开

本书共 23 章，内容包括：怎样使生活发生兴趣、怎样进展你的前途、怎样克服你的缺憾等。著者"韦勃"原题：韦孛，著者"摩尔根"原题：摩根。

收藏单位：重庆馆、广东馆、国家馆、吉林馆、南京馆、山东馆、首都馆、天津馆

04261
**怎样改进你自己** （美）罗特（Everett William Lord）著　陶慕潜　杨岐译
上海：改进出版社，1940.2，202 页，32 开

本书从求知、观察、判断、能力 4 个方面论述自己建设。共 16 章，内容包括：怎样叫做"自我鞭策"、"自我鞭策"的四种根本方法、从自我鞭策到成功等。

收藏单位：重庆馆、山东馆、天津馆

04262
**怎样改进你自己** （美）罗特（Everett William Lord）著　杨岐译
上海：激流书店，1941，6 版，202 页，32 开

04263
**怎样改进生活**　航空委员会政治部编
航空委员会政治部，36 页，64 开（乙种工作指导丛书 4）

收藏单位：南京馆

04264
**怎样改造自己的个性** （美）茅利著　韩护译
大连：关东出版社，1942，188 页，32 开

本书共 8 章，内容包括：性格之锻炼、一生之设计、创造力之养成、指导者之力、怎样去改造个性、新生活秩序、职业的问题、向未来前进。

收藏单位：首都馆

04265
**怎样建设你自己**　黎逸君著

上海：纵横社，1941.10，143 页，32 开
上海：纵横社，1943，145 页，32 开
上海：纵横社，1946，143 页，32 开
上海：纵横社，1947，143 页，32 开

本书共 6 章，内容包括：身心的建设、品性的建设、环境的建设、思想的建设、学问的建设、事业的建设。书前有作者序。

收藏单位：广东馆、国家馆、山东馆、上海馆、首都馆

04266
**怎样建设你自己** （美）罗特（Everett William Lord）著　施蛰存　诸贯一译
上海：纵横社，1939，176 页，32 开

本书即《怎样训练你自己》的不同译本。

收藏单位：广东馆、国家馆、南京馆、山东馆

04267
**怎样生活** （英）本涅特（Arnold Bennett）著　郑祖发译
外文题名：How to live
上海：长城书局，1937，10+304 页，32 开
上海：长城书局，1939，再版，10+304 页，32 开
上海：长城书局，1941.5，3 版，10+304 页，32 开

本书共 3 部分 39 章，内容包括：一日 24 小时内怎样生活、人与机器、心灵的效率等。著者原题：班纳。

收藏单位：重庆馆、广西馆、国家馆、南京馆、首都馆、浙江馆

04268
**怎样实践你的生活** （英）本涅特（Arnold Bennett）著　章铎声译
上海：奔流书店，1940，166 页，36 开

本书即《怎样生活》之不同译本。共 4 编 43 章，内容包括：怎样安度一天 24 小时生活、人等于机器、精神效率、安排自己等。

收藏单位：国家馆

04269

**怎样使你成功**　冯顺伯编

上海：中华书局，1939，68 页，32 开

上海：中华书局，1941.8，再版，68 页，32 开

　　本书根据中外名人成功的事迹和经验，介绍了成功的道理和方法。共 7 章，内容包括：成功的秘诀、到成功之路（上、中、下）、失败心理分析、领袖成功的条件、职业及日常生活。

　　收藏单位：国家馆、湖南馆、山东馆、上海馆、浙江馆

04270

**怎样使你前途远大**　黄风著

长春：博文印书馆，1942.5，97 页，36 开

　　本书讲述立志、求学、择业、交友、处世诸方面的品德修养。共 52 个问题，内容包括：振作你的志气、伟大的梦想者、不要退后要有决断心、绝对信任自己、健康与成功、止于至善等。

　　收藏单位：国家馆、南京馆

04271

**怎样使前途远大**　（美）马尔腾（Orison Swett Marden）著　张学忍译

外文题名：The road to prosperity

成都：群益出版社，1942.10，202 页，32 开

　　本书共 35 部分，内容包括：思想要光明正大、精神能主宰身体、思想造成人格、人格怎样修养、身体的健康要素、心理的健康价值等，列举事实讲述思想修养的原则。

　　收藏单位：重庆馆、国家馆、南京馆

04272

**怎样使前途远大**　（美）马尔腾（Orison Swett Marden）著　张学忍译

外文题名：The road to prosperity

上海：纵横社，1940，186 页，32 开

上海：纵横社，1941，186 页，32 开

上海：纵横社，1946，186 页，32 开

　　收藏单位：重庆馆、广东馆、国家馆、山东馆、上海馆、首都馆

04273

**怎样使人敬服你**　（美）韦勃　（美）摩尔根（John J. B. Morgan）著　鲁愚译

上海：纵横社，1941，11+266 页，32 开

　　本书共 24 章，内容包括：使他人满意的秘术、结交新朋友的简易方法、怎样使人注意你、要让别人先说话、怎样使人和你合作、怎样使人赞成你的计划等。著者"韦勃"原题：韦孛，著者"摩尔根"原题：摩根。

　　收藏单位：国家馆、吉林馆、南京馆、山东馆、浙江馆

04274

**怎样使事业成功**　（美）马尔腾（Orison Swett Marden）著　徐矶　储沅译

成都：群益出版社，1942，蓉版，206 页，32 开

　　本书讲述待人、接物、处世的修养。用名人成功事迹，说明好的道德品德对保证事业成功的作用。

　　收藏单位：安徽馆

04275

**怎样使事业成功**　（美）马尔腾（Orison Swett Marden）著　徐矶　储沅译

上海：纵横社，1941.10，177 页，32 开

成都：纵横社，1942.9，201 页，32 开

上海：纵横社，1943，177 页，32 开

上海：纵横社，1946，177 页，32 开

上海：纵横社，1947，177 页，32 开

　　收藏单位：重庆馆、广东馆、贵州馆、国家馆、江西馆、南京馆、山东馆、首都馆

04276

**怎样训练你自己**　（美）罗特（Everett William Lord）著　黄维三译

上海：启蒙书店，128 页，32 开

上海：启蒙书店，1940，5 版，134 页，32 开

　　本书共 16 章，内容包括：自己训练是一种什么科学、自己训练的四个基础原则、研究——知识的第一个条件、记忆——知识的第二个条件等。

　　收藏单位：重庆馆、广西馆、贵州馆、国

家馆、江西馆、南京馆

04277

**怎样训练你自己**　（美）罗特（Everett William Lord）著　黄彝弼　黄霜华译
外文题名：A plan of self-management
上海：长城书局，1933.3，3版，242页，32开
上海：长城书局，1933，4版，242页，32开
上海：长城书局，1934，6版，242页，32开
上海：长城书局，1934，7版，242页，32开
上海：长城书局，1935.4，8版，242页，32开
上海：长城书局，1936，9版，242页，32开
上海：长城书局，1939.5，11版，242页，32开
上海：长城书局，1940，12版，242页，32开
　　本书共16章，内容包括：自己训练是一种什么科学、自己训练的四个基本原则、知识底第一个条件——研究、知识底第二个条件——记忆、知识底第三个条件——记录、审度底第一个条件——想像、审度底第二个条件——标准化、审度底第三个条件——计划、审度底第四个条件——明达、决断底第一个条件——勇敢、决断底第二个条件——决心、决断底第三个条件——坚持、力量底第一个条件——健康、力量底第二个条件——人格、力量底第三个条件——喜乐、自己训练的结果——成功。
　　收藏单位：重庆馆、广东馆、广西馆、国家馆、南京馆、上海馆、首都馆、浙江馆

04278

**怎样训练你自己**　（美）罗特（Everett William Lord）著　林语堂译
外文题名：A plan of self-management
上海：东方图书公司，1939，242页，32开
上海：东方图书公司，1940，再版，214页，32开
　　本书即上书之不同译本。主要论述自己训练是一种什么科学、自己训练的四个基本原则等内容。
　　收藏单位：国家馆、首都馆、天津馆

04279

**怎样训练你自己**　（美）罗特（Everett William

Lord）著　施蛰存　诸贯一译
外文题名：A plan of self-management
上海：纵横社，1939，176页，32开
上海：纵横社，1941，176页，32开
上海：纵横社，1943，176页，32开
上海：纵横社，1946.12，176页，32开
　　收藏单位：重庆馆、广东馆、贵州馆、国家馆、南京馆、山东馆、上海馆、首都馆

04280

**怎样训练思想**　（美）马尔腾（Orison Swett Marden）著　冀蒲译
大连：关东出版社，1942，207页，32开
　　本书与上海激流书店版《自我操纵》一书的译文文字相同。讲述思想的训练。
　　收藏单位：国家馆、首都馆

04281

**怎样训练自己**　（美）罗特（Everett William Lord）著　杨岐译
上海：激流书店，1949，192页，36开
　　本书即杨岐所译《怎样改进你自己》一书改书名重新出版。
　　收藏单位：浙江馆

04282

**怎样训练自己**　（美）罗特（Everett William Lord）著　杨岐译
外文题名：A plan of self-management
上海：正义书店，1947，200页，32开
　　收藏单位：广东馆

04283

**怎样指导你自己**　冯顺伯编译
外文题名：Building your life: adventures in self-discovery and self-direction
上海：中华书局，1937，120页，32开
上海：中华书局，1941，3版，120页，32开
　　本书共12章，内容包括：自省与自知、遗传与环境、怎样了解你自己的坯料、怎样了解你过去经验所生的影响、怎样应付困难、怎样养成善为适应的人物、怎样铸成理想的人格、怎样实现快乐的生活、怎样选择你的

职业、怎样选择你的友伴、怎样利用时间与精力、怎样树立你的人生哲学。

收藏单位：重庆馆、广东馆、国家馆、湖南馆、辽宁馆、南京馆、上海馆、天津馆、浙江馆

04284

**怎样做？**

临时村政协助员训练委员会，1936 印，2 册（14+20 页），32 开

本书介绍怎样互相批评与接受批评。

收藏单位：国家馆

04285

**怎样做个新青年　陈志中著**

重庆：出版者不详，1947，24 页，32 开

本书从要健康、要立志、要诚心、要热情、要敦品、要好学等 12 个方面，说明做个新青年的要求。书前有自序。

收藏单位：重庆馆、国家馆、南京馆

04286

**怎样做人　凌独见著**

江山：独见书店，1941，再版，128 页，32 开

本书共 6 编，内容包括：人生是奋斗、奋斗的前夕、事业在奋斗中成长、处世的艺术、争取名利时、人生的透视。附录《读书的方法》。

收藏单位：重庆馆、国家馆、江西馆、上海馆、浙江馆

04287

**怎样做一个新青年　于一凡编**

涛涛出版社，1945，86 页，32 开

本书共 10 章，内容包括：人格品性的陶冶、学问知识的增进、精神灵魂的培养、仪表举止的修养、谈吐讲演的娴习、论说文艺的习作、交朋处友的方法、恋爱结婚的态度、事上驭下的要旨、做事接物的原则。

收藏单位：广东馆

04288

**曾涤生立达要旨　陈清初著**

重庆：人文书店，1943.9，64 页，32 开

本书引用曾国藩的原话，论述其"立己立人、达己达人"之方法。共 5 章，内容包括：导言、治心之要诀、持身之准则、经世之方针、结论。书前有作者序。书末附《曾涤生传略》《后世十七人之评点》《论向上力与新生活精神总动员工作竞赛之关系》。封面由尹默题签。

收藏单位：重庆馆、国家馆、吉林馆、南京馆、上海馆

04289

**曾涤生之自我教育　陈清初著**

重庆：商务印书馆，1942，30 页，32 开

重庆：商务印书馆，1942.12，再版，30 页，32 开

重庆：商务印书馆，1943.4，[再版]，30 页，32 开

重庆：商务印书馆，1943.12，3 版，30 页，32 开

本书叙述曾国藩自我修养的原则、方法。共 5 部分，内容包括：养生、持身、为学、省克、治世。书前有著者序、凡例。

收藏单位：重庆馆、广东馆、贵州馆、国家馆、吉林馆、南京馆、浙江馆

04290

**曾国藩名言类钞（新式标点）（清）曾国藩著**

上海：启智书局，1934，310 页，32 开

上海：启智书局，1934，再版，310 页，32 开

上海：启智书局，1934.10，3 版，309 页，32 开

本书共 6 部分，内容包括：治身、治学、治家、治世、治政、治军。

收藏单位：北师大馆、重庆馆、南京馆、天津馆

04291

**曾国藩名言类钞（新式标点）（清）曾国藩著　许啸天选辑**

上海：时还书局，1924，2 册，32 开

上海：时还书局，1925，再版，2 册，32 开

上海：时还书局，1932，9 版，2 册，32 开

收藏单位：重庆馆、国家馆、南京馆、山

东馆、首都馆

04292

**增补修齐语录　李毓麟　王凤仪辑**
北京：万国道德总会，1938，再版，68 页，
32 开

本书为李毓麟《修齐宝录》及王凤仪
《修身齐家讲稿》合刊。

收藏单位：国家馆

04293

**增广中国圣贤要道类编　董景安原编　张立民增订**
出版者不详，[74] 页，16 开

本书摘录子、史、经、集中各类语录。
共 13 类 120 篇，内容包括：敬神、迷信、伦
理、政治、人品、职业、心性、人事、日用、
天文、时令、地理、庶物等。

04294

**增损吕氏乡约　（宋）朱熹撰　（日）铃木虎雄校点**
出版者不详，1930，18 页，22 开

本书从"德业相劝""过失相规""礼俗
相交""患难相恤"四个规约来规范吕氏乡里
公约制度，论及在日常生活各方面，乡人互
相帮助，互相劝善戒恶，以使风俗淳厚。撰
者原题：朱子。

收藏单位：国家馆

04295

**赠大学生　翁为著**
长沙：商务印书馆，1940.12，52 页，36 开

本书作者有感于"七七"事变的爆发和
南京的失守，而论及知识青年应该怎样认识
中国、认识西方的精神文明，以及如何成为
中国社会的中坚。

收藏单位：重庆馆、广东馆、国家馆、江
西馆、南京馆、上海馆

04296

**战后青年之座右铭　罗伽著**
上海：山城出版社，1948，218 页，32 开

本书共 5 部分，内容包括：绪言、人生
观、做人种种、怎样做事、几个问题。

收藏单位：广东馆、广西馆、国家馆、吉
大馆

04297

**战时青年的修养与责任　无瑕编**
[北京]：人民出版社，1938，92 页，32 开

本书论述抗日战争中青年的修养与应负
的责任。共 10 章，涉及读书、学习写作、看
报、记日记、救国的机会和方法等方面。

收藏单位：广东馆、广西馆、黑龙江馆、
吉林馆、江西馆、南京馆

04298

**战时生活　蒋舜年著**
上海：世界书局，1936.12，88 页，50 开
上海：世界书局，1937.11，新 1 版，88 页，50
开（战时常识丛书）

本书讲述如何解决战时的衣食住行和工
作问题。共 9 章，内容包括：概说、战时的
食、战时的衣、战时的住、战时的行、战时
的生产工作、战时的小工商业、对于战争行
为的认识、结论。

收藏单位：重庆馆、贵州馆、国家馆、南
京馆

04299

**战时知识青年的修养与任务　满力涛著**
上海：黑白丛书社，1937.9，60 页，36 开（黑
白丛书战时特刊 3）
汉口：黑白丛书社，1937.10，再版，60 页，36
开（黑白丛书战时特刊 3）
广州：黑白丛书社，1937.11，3 版，60 页，36
开（黑白丛书战时特刊 3）
上海：黑白丛书社，1938.1，再版，60 页，36
开（黑白丛书战时特刊 3）
上海：黑白丛书社，1938.2，4 版，60 页，36
开（黑白丛书战时特刊 3）

本书讲述全面抗战开展之后青年人的根本
任务。共 6 部分，内容包括：知识青年在当前
应做的具体工作、怎样最有效地处理工作、知
识青年常有的缺陷、克服缺陷的主要途径等。

收藏单位：重庆馆、广东馆、广西馆、贵州馆、国家馆、江西馆、近代史所、南京馆

**04300**

**长官言论集　黄旭初　杨东莼著**

[广西]：建设干校色保区特训班，1941，24页，32开

本书内收广西建设干校校长黄旭初《做人与做事》杨东莼《关于处事问题》两篇讲话。

收藏单位：国家馆

**04301**

**知识青年往哪里去　裴小楚编著**

上海：博文书店，1940，145页，32开

上海：博文书店，1941，145页，32开

本书共8章，内容包括：彷徨歧途的青年往哪里去、我们要克服几种劣根性、在工作和学习中锻炼、青年和私生活的改善、奋斗的途径、知识青年应走的大路在哪里等。

收藏单位：重庆馆

**04302**

**职业·处世·修养　宋诚　凌逸等著**

广州：海星图书公司，1946，再版，103页，32开（青年生活丛刊）

本书内收《青年生活》杂志第3卷发表的关于生活、修养的文章8篇，内容包括：《论青年的职业问题》（宋诚）、《论小家庭生活》（凌逸）、《处世新论》（颜浩）、《相反而相成的生活》（杨纾）、《谈科学精神》和《谈名人言行底研究》（柏寒）、《怎样增进健康》（宗鲁）、《论友情》（严文井）。

收藏单位：重庆馆、广东馆

**04303**

**职业·处世·修养　宋诚　凌逸等著**

桂林：科学书店，1943.8，103页，32开

收藏单位：重庆馆、江西馆、南京馆

**04304**

**至情录　李圆净编订**

上海：佛学书局，[1931.2]，[188]页，32开（青年丛书）

上海：佛学书局，1935.5，2版，[188]页，32开（青年丛书）

上海：佛学书局，1936，3版，[188]页，32开（青年丛书）

本书从中外文学作品中选录有关"孝""友"的少年故事25篇，分为前、中、后3编。

收藏单位：国家馆、上海馆、首都馆

**04305**

**治本　祁友鼎著**

祁友鼎[发行者]，154页，32开

本书论述个人修养问题。

收藏单位：国家馆

**04306**

**治学与治事　陈此生讲**

出版者不详，[1945]，72页，32开

收藏单位：广东馆、桂林馆

**04307**

**致富秘钥　（英）杜葛赉斯著　李天白编译**

上海：中华新教育社，1921，212页，32开

本书说明致富与道德修养的关系以及致富的方法。

收藏单位：重庆馆、首都馆、天津馆

**04308**

**致青年（给青年的十三封信）　朱光潜著**

上海：一心书店，1936，128页，32开

本书收录了：致少年文人、关于修学上的三封信、谈谈作文的方法、主要功课的学习、实用的学习方法、中学读书生活的回顾等13封给青年的信。

收藏单位：国家馆

**04309**

**致青年书　舒新城著**

上海：中华书局，1931.2，132页，32开（青年丛书）

上海：中华书局，1932.4，3版，132页，32开（青年丛书）

上海：中华书局，1933.2，4版，132页，32开

（青年丛书）（中华文库）

上海：中华书局，1937.2，6版，132页，32开

（青年丛书）（中华文库）

上海：中华书局，1947.12，132页，32开（中华文库 初中 第1集）

本书讲述青年学生的修养。内容包括：致读者书代叙、致青年书——讨论几件关于读书的事、致中学生——关于求学治事的几个小问题、致青年教育家、考试与文凭、恋爱上的几个问题、爱的无抵抗主义等。附录中学生的将来。

收藏单位：重庆馆、广东馆、广西馆、国家馆、黑龙江馆、湖南馆、吉林馆、江西馆、近代史所、南京馆、上海馆、绍兴馆、浙江馆

04310

**致中华少年读者书　金兆梓著**

上海：中华书局，1947，64页，32开（中华文库 初中 第1集）

本书通过8封书信，向青少年讲述读书、生活、做人、处世等问题。

收藏单位：重庆馆、广东馆、广西馆、国家馆、湖南馆、江西馆、辽大馆、南京馆、上海馆、首都馆

04311

**中国妇女美谈　卢寿籛编辑**

上海：中华书局，1917.6，196+104页，22开（女学丛书）

上海：中华书局，1921，3版，196+104页，22开（女学丛书）

上海：中华书局，1930.4，4版，196+104页，22开（女学丛书）

上海：中华书局，1936.2，5版，196+104页，22开（女学丛书）

本书讲述中国古代妇女的德行，分贤母类、良妻类、淑女类3编，收录教训、鞠养、礼法、孝养、贤德、高义、才艺等内容。

收藏单位：重庆馆、广西馆、国家馆、河南馆、湖南馆、南京馆、山东馆、上海馆、首都馆、天津馆、浙江馆

04312

**中国青年之路　杨玉清著**

重庆：北斗书店，1943，110页，32开（三民主义半月刊社丛书）

本书共15章，内容包括：时代与修养、士气与国运、青年与国难、青年与政治、文艺复兴与学行合一、论读书、中国的文化和青年的自觉、中华民族之性格及其改造、先贤敬身嘉行录、李二曲先生语录等。

收藏单位：重庆馆、广东馆、国家馆、吉林馆、江西馆、南京馆

04313

**中国少年的个人问题　（美）Harold J. Rounds 著　沈体兰　应元道译**

外文题名：A Chinese boy's personal problems

上海：青年协会书报部，1926，重订版，39页，32开（少年人格修养丛书3）

本书讨论了中国少年的个人问题，共11章，内容包括：健康和习惯、赌博、爱国、友谊、信用、清洁的言语、自治、敬妇女、少年在现世的事业、理想的家庭、宗教。

收藏单位：重庆馆、广东馆

04314

**中国先哲名言选（第1集）　张紓言编　许思园校**

南京：拔提书店，1935，216页，32开（文化丛书）

本书内收张载、程颐、程颢、周敦颐、朱熹（高攀龙辑）、陆象山、王阳明、吕新吾、张敦复、曾国藩（梁启超辑）的语录和嘉言。

收藏单位：重庆馆、南京馆

04315

**中外格言集　李浩编**

上海：大方书局，162页，32开

上海：大方书局，1948.11，再版，162页，32开

本书辑选古今中外名人语录、格言，共为修身之部、处世之部、齐家之部、治国之部4编，收录正心、养性、养气、立身、处世、夫

妇、孝亲、立国、立法、施政等96小节。

收藏单位：安徽馆、广西馆、国家馆、湖南馆、江西馆、上海馆

04316

**中外青年学业成功指南（又名，训育应用格言标语）** 戴健标编

南京：内政研究月报社，1934.5，再版，74页，32开

南京：内政研究月报社，1934.6，3版，74页，32开

本书为中外名人格言集。分礼仪、廉耻、读书、立志、劳苦、健康、涵养等。为新生活运动参考书。

收藏单位：重庆馆、南京馆、上海馆

04317

**中外青年学业成功指南（又名，训育应用格言标语）** 戴健标编

南京：雪国耻书社，1933，70页，32开

本书为中外名人格言集。分礼仪、廉耻、读书、立志、劳苦、健康、涵养等35类。

收藏单位：上海馆

04318

**中学生修养指导** 黄建业　高炳升编

上海：中学生书局，1934，224页，32开

本书内收蔡元培《怎样才配称做现代学生》等26篇论述中学生求学、生活、对人、处世的文章。书前有编者前言。

收藏单位：吉林馆、上海馆

04319

**朱子小学** （宋）朱熹编　青年协会书报部校订

上海：青年协会书局，1926，[116]页，32开（青年德育丛书）

本书摘录经、史等书中古人"嘉言懿行"，共6卷，分内、外篇。内篇包括立教、明伦、敬身、稽古；外篇包括嘉言、善行。教人以"洒扫应对进退之节，爱亲敬长隆师亲友之道"。书前有1926年酯诲《校印朱子小学例言》淳熙丁未朱熹序及题辞。

收藏单位：国家馆、首都馆

04320

**祝君成功** 关吉玉编

沈阳：经济研究社辽沈分社，1947.8，158页，32开（经济研究社丛书）

本书讲述人们立身处世的基本伦理原则和道德修养。共7章，内容包括：向成功之途迈进、确定抱负、保持健康、读书与自修、积蓄经验与充实能力、适应环境、怎样服务。

收藏单位：国家馆、辽宁馆、南京馆、山东馆、上海馆

04321

**自我操纵** （美）马尔腾（Orison Swett Marden）著　于飞译

上海：激流书店，1940.7，191页，36开

上海：激流书店，1941.2，再版，191页，36开

上海：激流书店，1946，[再版]，191页，36开

本书即《人人是尧舜》(Every man a king)之又一译本。讲述思想的训练，收录了你是你命运的船长、生命的舵轮——精神、怎样控制你的情感、思想能够影响他人吗等21小节。

收藏单位：重庆馆、广东馆、国家馆、江西馆、上海馆、首都馆、天津馆、浙江馆

04322

**自我操纵（怎样训练思想）** （美）马尔腾(Orison Swett Marden) 著　于飞译

上海：天下书店，1940，191页，36开

收藏单位：重庆馆、湖南馆、南京馆

04323

**自许与自律** 李惟果等著

重庆：智仁勇出版社，1943，96页，32开

本书是讲述个人修养的通俗读物。共收文章10篇：《永远是青年》（郑彦棻）、《青年的自许与自律》（何浩若）、《几种青年的烦闷》（李惟果）、《告青年书》（程时煃）、《事业与修养》（金铮）、《读书的方法》（徐庆誉）、《门外汉论中国教育》（徐仲年）、《事

业欲——我们需要的一针强心剂》（袁翰青）、《从体认别人的长处改善整个人类关系》（王德溥）、《论英雄崇拜》（陈铨）。

收藏单位：重庆馆、国家馆、吉林馆、南京馆

**04324**

**自学教程　平且编著**

上海：山城书店，1940，171 页，36 开（青年修养自学用书）

本书讲述青年自学的有关问题。共 8 章，内容包括：绪论、读书与写作、处世教育、身心锻炼、时间的奇迹、工作和运动、家庭修养、自学名人传。

收藏单位：首都馆

**04325**

**自知之术　邦纳士著　郝耀东译**

上海：黎明书局，1933.6，92 页，32 开（黎明小丛书）

本书共收录普通智慧、活动、评判自己之能力、对人态度、作事效能、感情、对于异性的关系、普通兴趣、健康 9 节。

收藏单位：江西馆、浙江馆

**04326**

**作事方法讲话　周楞伽著**

上海：光明书局，1940，131 页，32 开（生活与修养丛书）

本书共 5 章，内容包括：作事的哲学观、科学的作事原则、科学的作事方法、作事应注意的几点、时间的运用。著者原题：林志石。

收藏单位：重庆馆、广东馆、广西馆、贵州馆、南京馆

**04327**

**座右铭　白云上人编**

重庆：人文书店，1943，400 页，32 开（修养丛书 2）

重庆：人文书店，1944，再版，400 页，32 开（修养丛书 2）

本书辑录古今中外格言、谚语，分为明心、养性、乐天、知足、励志、气节、立德等 36 篇。书后附录养性之道、养德之道 33 则。

收藏单位：重庆馆、贵州馆、国家馆、南京馆、上海馆、首都馆

**04328**

**做人铭集　章宗祜编**

重庆：中国文化服务社，1945，108 页，32 开

本书分为：论孝、学问、存养、持躬、摄身、敦品、处世、接物、齐家、从政、惠吉、悖凶 12 章。书末附作者撰《政治家的要素》一文。

收藏单位：重庆馆、国家馆、吉林馆、南京馆

**04329**

**做人治事施政格言萃编　邢振基编著**

西安：国化出版社，1946，增订 4 版，82 页，32 开

本书分为：关于做人者、关于治事者、关于施政者等部分。每一部分分为圣哲宝训、古今名言两小节。

收藏单位：安徽馆

**04330**

**做人·做事　郑婴主编**

重庆：陪都书店，1945.3，230 页，36 开（新青年丛书）

重庆：陪都书店，1945.12，再版，230 页，36 开（新青年丛书）

重庆：陪都书店，1948，新 1 版，增订版，219 页，36 开（新青年丛书）

重庆：陪都书店，1948，新 2 版，219 页，36 开（新青年丛书）

重庆：陪都书店，1948.8，新 2 版，增订版，219 页，36 开（新青年丛书）

本书内收岑颖、戈戈、鲁迅、章乃器、黄炎培、朱光潜、梁启超、蒋经国、沈从文、张申府、叶圣陶、王云五、舒新城等 32 人的文章共 32 篇，论述做人做事的道德修养和一些实际问题。

收藏单位：重庆馆、国家馆、首都馆

04331

做人·做事　郑婴主编　华岳出版社编译所编辑

桂林：华岳出版社，1943.5，230页，36开（新青年丛书）

衡阳：华岳出版社，1945.3，渝初版，230页，36开（新青年丛书）

　　收藏单位：重庆馆、广东馆、南京馆

04332

做人做事的道理　梁栋编著

泰和：知行出版社，1944，64页，32开

　　本书分上、下两篇。上篇为做人的道理（人的意义、价值、真谛和做人的道理）；下篇为做事的道理（做事的目标、精神规律和道理）。

04333

做人做事的原理　郭寿华著

南京：拔提书店，1934，再版，56页，32开（青年修养丛书）

南京：拔提书店，1935，5版，56页，32开（青年修养丛书）

南京：拔提书店，1937，7版，56页，32开（青年修养丛书）

　　本书分为怎样学做一个人和怎样学做事两部分。前一部分包括：世间只有做人难、从何着手、怎样认识环境、怎样观察人、怎样对人、怎样做人、做什么样的人。后一部分包括：入世的先决条件、从哪里做起、怎样做、怎样做大事、做事与学习、一以贯之精神。

　　收藏单位：重庆馆、广西馆、南京馆

04334

做人做事的原理　郭寿华著

南京：东方书局，1933.6，56页，32开（青年修养丛书）

南京：东方书局，1935.3，56页，32开（青年修养丛书）

　　收藏单位：国家馆、浙江馆

04335

做人做事经验谈　秦翰才著

重庆：国讯书店，1943.9，59页，32开

重庆：国讯书店，1944，再版，59页，32开（职业教育丛书）

上海：国讯书店，1946，再版，59页，32开

　　本书谈作者关于机关管理、事务管理及人生修养的20年经验。

　　收藏单位：重庆馆、广东馆、贵州馆、国家馆、吉林馆、南京馆、山东馆、上海馆

04336

做事的基本技能　陈豪著

上饶：龙吟书屋，1945，64页，36开

　　本书分为：工具、最限度的技能、必要的参考书、工作态度、业务处理、个人修养、学习、检讨与改造等章，说明了做事所应具备的基本技能及修养。书末附录《读书与笔记》《科学管理提要》《知识修养》《重要参考书》《人事卡片管理提要》等。

04337

做事艺术　裴小楚编著

上海：博文书店，1941，139页，32开

　　本书讲述做成一件事的方法、方式等。共7章，内容包括：总论、应付事态的策划、怎样来做我们的事、应付事态心理侦察的方法、对事须要具备进取的精神、值得留念的事应该回忆、循轨走去所得的效果。

　　收藏单位：重庆馆、广东馆、贵州馆

# 美　　学

04338

辩证法的美学十讲　王钧初著

上海：长城书店，1933，74页，25开

　　本书作者力图用辩证法作为认识艺术的基本方法，指出艺术的本质与艺术发展的客观规律。共10讲，内容包括：韵律基于哪一点、天才是什么、个性和流派是怎样产生的、概念的暗示与现象的显示、艺术之史的必然性等。

收藏单位: 国家馆

## 04339

**近世美学** （日）高山林次郎著 刘仁航译

外文题名: Modern aesthetics

上海: 商务印书馆, 1920.3, 241 页, 25 开, 精装

上海: 商务印书馆, 1920.6, 3 版, 241 页, 25 开

本书分上、下两编, 共 6 章。上编为美学史一斑, 包括绪言、美学史之概观; 下编为近世美学, 包括克尔门氏之美学、哈尔土门氏之美学、斯宾塞及葛兰德亚铃氏、马侠耳氏快乐论之美学。

收藏单位: 重庆馆、国家馆、江西馆、绍兴馆、首都馆、浙江馆、中科图

## 04340

**论美** 马采著

广州: 美学研究会, 1948.5, 72 页, 32 开

本书共 5 部分, 内容包括: 导论——美是什么、变化的统一、生命的表征、静观的态度、美与艺术人生。书末附录《论艺术的理念的进展》。

收藏单位: 广东馆、国家馆

## 04341

**马克思主义与美学** 郑桂泉译

南京: 国际译报社, 1933.4, 50 页, 64 开

收藏单位: 贵州馆

## 04342

**美的哲学** 徐庆誉著

外文题名: The philosophy of beauty

上海: 世界学会, 1928.4, 278 页, 25 开 (世界学会哲学丛书)

本书共 16 章, 内容包括: 美的根本问题、文艺上表美的三种主义、建筑、雕刻、音乐、诗歌、美术与政治、美术与宗教、佛教的美术、基督教的美术、廿世纪的新美术等。

收藏单位: 国家馆、江西馆、南京馆、上海馆、浙江馆

## 04343

**美国小姐** 徐菽园著

美华出版社, 1948, 46 页, 36 开

本书介绍美国小姐的英雄崇拜、婚姻观、娱乐、劳军运动、教育、文艺修养、交际生涯、夏令生活等, 共 31 节。

收藏单位: 国家馆

## 04344

**美学** 李安宅著

上海: 世界书局, 1934, 119 页, 25 开 (哲学丛书)

本书除绪论和附录外, 分上、中、下 3 编。包括价值论——什么是美、传达论——怎样了解美、各论——几个当前的问题。

收藏单位: 广东馆、广西馆、国家馆、江西馆、南京馆、上海馆、首都馆、武大馆、浙江馆

## 04345

**美学概论** 陈望道著

上海: 民智书局, 1927.8, 194 页, 32 开

上海: 民智书局, 1934, 再版, 194 页, 32 开

本书共 7 章, 内容包括: 美和美学、美意识概论、美底材料、美底形式、美底内容、美底感情、美的判断。

收藏单位: 安徽馆、重庆馆、广东馆、广西馆、国家馆、湖南馆、南京馆、山西馆、上海馆、天津馆、浙江馆

## 04346

**美学概论** 范寿康编

外文题名: Introduction to esthetics

上海: 商务印书馆, 1927.3, 214 页, 25 开 (师范丛书)

上海: 商务印书馆, 1929.9, 再版, 214 页, 25 开 (师范丛书)

上海: 商务印书馆, 1933.4, 国难后 1 版, 214 页, 25 开 (师范丛书)

本书共 6 章, 内容包括: 绪论、美的经验、美的形式原理、美的感情移入、美的各种分类、美的观照与艺术。书前有著者自序。

收藏单位: 重庆馆、广东馆、贵州馆、国

家馆、吉林馆、江西馆、辽大馆、南京馆、上海馆、首都馆、武大馆、浙江馆

**04347**
**美学概论　吕澂编**
外文题名：Outlines of aesthetics
上海：商务印书馆，1923.11，58 页，25 开
上海：商务印书馆，1924.10，再版，58 页，25 开

　　本书采用德国美学家栗泊士（Lipps）的美学观点，即视美学为心理学的一部分，分析美感的性质及其产生的条件，说明引起美感的物象之美的意义、艺术美的规范等。共 5 章，内容包括：美的价值、美的形式原理、美的感情移入、美之种类、美的观照及艺术。书前有述例、绪说。
　　收藏单位：广东馆、国家馆、湖南馆、江西馆、南京馆、上海馆、首都馆

**04348**
**美学纲要　傅统先编著**
上海：中华书局，1948.5，138 页，32 开
　　本书论述美、美感与艺术的本质问题。共 8 章，内容包括：经验之完整性、美感经验之本质、美与自然、美与心理活动、美感经验之特性、创作与欣赏、艺术的种类、艺术与生活。
　　收藏单位：重庆馆、广东馆、国家馆、江西馆、上海馆、天津馆

**04349**
**美学纲要　（日）黑田鹏信著　俞寄凡译**
外文题名：Outlines of aesthetics
上海：商务印书馆，1922.6，82 页，25 开
上海：商务印书馆，1923，再版，82 页，25 开
上海：商务印书馆，1926.3，3 版，82 页，25 开，精装
上海：商务印书馆，1931.3，4 版，82 页，25 开
上海：商务印书馆，1933.4，国难后 1 版，82 页，25 开
　　本书据黑田鹏信的《美学及艺术概论》的上卷《美学概论》译成。共 6 章，内容包括：总论、关于美学的诸问题、做美材料的感

觉、美的形式、美的内容、美的感情。书前有译者序。
　　收藏单位：安徽馆、重庆馆、广东馆、国家馆、江西馆、南京馆、上海馆、首都馆、武大馆、浙江馆

**04350**
**美学纲要　肖树模编著　李鸿球主编**
上海：世界书局，1948.1，51 页，26 开（世界集刊）
　　本书共 6 章，内容包括：绪论、美感问题、美的本质问题、艺术的批评问题、艺术品的风格、自然丑与艺术美的问题。书前有宗白华序。
　　收藏单位：重庆馆、贵州馆、江西馆、南京馆

**04351**
**美学纲要　（奥）耶路撒冷（William Jerusalem）著　王平陵译**
上海：泰东图书局，1922，56 页，32 开
上海：泰东图书局，1926.3，再版，56 页，32 开
　　收藏单位：重庆馆、吉林馆、江西馆、南京馆、首都馆、中科图

**04352**
**美学略史　黄忏华著**
外文题名：An outline of the history of aesthetics
上海：商务印书馆，1924.7，56 页，36 开（百科小丛书 50）
上海：商务印书馆，1926，再版，56 页，36 开（百科小丛书 50）
　　本书共 14 章，内容包括：美学底心理学的研究、美学底社会学的研究、美学底哲学的研究、希腊底美学、中世底美学、康德以后底哲学的美学等。
　　收藏单位：重庆馆、广东馆、贵州馆、国家馆、湖南馆、江西馆、上海馆、首都馆、天津馆、武大馆、浙江馆、中科图

**04353**
**美学浅说　吕澂著**

外文题名：Elements of esthetics

上海：商务印书馆，1923，50页，32开（百科小丛书 11）

上海：商务印书馆，1923.10，再版，50页，32开（百科小丛书 11）

上海：商务印书馆，1925.5，3版，50页，32开（百科小丛书 11）

上海：商务印书馆，1926.11，4版，50页，32开（百科小丛书 11）

上海：商务印书馆，1931，45页，32开（百科小丛书）（万有文库 第1集 705）

　　本书共6部分，内容包括：现代的美学和从前的美学、现代美学的源泉——斐赫那的美学和申佩尔的艺术研究、现代美学的分歧点和统一点、什么是美感、什么是艺术品、艺术和人生。

　　收藏单位：重庆馆、大连馆、东北师大馆、广东馆、广西馆、贵州馆、国家馆、吉林馆、江西馆、南京馆、山东馆、上海馆、首都馆、天津馆、武大馆、浙江馆

## 04354

美学原理 （意）克罗齐（Benedetto Croce）著 朱光潜译

外文题名：Science of expression and general linguistic

上海：正中书局，1947.11，206页，25开

　　本书原书分理论与历史两部分，本书只译了理论部分。内容包括：直觉与表现、直觉与艺术、艺术与哲学、美学中底史性主义与理智主义、文学与艺术的历史等。书前有译者序和作者原序。

　　收藏单位：重庆馆、广西馆、贵州馆、国家馆、南京馆、上海馆、首都馆、武大馆、浙江馆

## 04355

美学原理 （英）马霞尔（H. Marshall）著 萧石君译

上海：泰东图书局，1922.9，164页，36开

上海：泰东图书局，1924.3，再版，164页，36开

　　本书为作者1894年在纽约哥伦比亚大学的讲演。论述美学的基本问题：美、美感、美的本质等。共6章，内容包括：观赏者之地位——美学之领域、观赏者之地位——快感与痛苦、艺术家之地位——艺术本能、批评家之地位——关于美之标准、快苦论的美学——消极的美之原理、快苦论的美学——积极的美之原理。

　　收藏单位：重庆馆、国家馆、江西馆、南京馆、绍兴馆、浙江馆、中科图

## 04356

美学原论 （意）克罗齐（Benedetto Croce）著 傅东华译

外文题名：Aesthetics

上海：商务印书馆，1931.4，2册（247页），32开（万有文库 第1集 91）

上海：商务印书馆，1931，206页，32开（万有文库 第1集 91）（汉译世界名著）

上海：商务印书馆，1934.2，247页，32开，精装（汉译世界名著）

上海：商务印书馆，1935.1，191页，25开（大学丛书 教本）

上海：商务印书馆，1935.6，再版，191页，25开（大学丛书 教本）

上海：商务印书馆，1939.12，2册（247页），32开（万有文库第1—2集简编500种275）

　　本书共18章，内容包括：直观与表现、直观与艺术、艺术与哲学、美学上的历史主义与主智主义、历史学及论理学上类似的谬误、理论的活动及实践的活动、理论与实际之类似、对于其他精神的形式之排除、表现无样式等级之分及对修辞学之批判、美的感情及美与丑之区别、美的快乐说之批判、同感说的美学及似是而非的美之概念、自然及艺术上之"物的美"、由物理学与美学混同而生之种种谬误、具体化活动——艺术之技巧与理论、鉴识及艺术之再生、文学史与艺术史、结论（言语学与美学之同一性）。

　　收藏单位：安徽馆、重庆馆、大连馆、东北师大馆、广东馆、广西馆、贵州馆、国家馆、湖南馆、吉大馆、江西馆、辽大馆、南京馆、上海馆、首都馆、天津馆、武大馆、浙江馆、中科图

04357

**美学原论** （英）罗泰尔 (Rother) 著　金公亮编译

外文题名：Beauty

南京：正中书局，1936.7，[10]+112 页，25 开（哲学丛刊）

重庆：正中书局，1943.1，渝 3 版，[10]+112 页，25 开（哲学丛刊）

上海：正中书局，1947.11，沪 1 版，[10]+112 页，25 开（哲学丛刊）

　　本书共 13 章，内容包括：美的效果、美同感觉之关系、美的本质等。书前有蔡元培及译者序。书末附有译名对照表。

　　收藏单位：重庆馆、东北师大馆、广东馆、贵州馆、国家馆、湖南馆、近代史所、辽大馆、南京馆、上海馆、首都馆、浙江馆

04358

**美与人生**　东方杂志社编

外文题名：Beauty and life

上海：商务印书馆，1923.12，100 页，50 开（东方文库 第 67 种）

上海：商务印书馆，1925.7，3 版，100 页，50 开（东方文库 第 67 种）

　　本书为美学论文集。内收《述美学》（徐大纯）、《美术之基础》（吕澂叔）、《栗泊士美学大要》（吕澂叔）、《柯洛斯美学上的新学说》（滕若渠译述）、《希尔台勃兰的美学》（惟志译述）、《美学所研究的问题及其研究法》（大冢保治）、《艺术独立论和艺术人生论的批评》（唐隽）、《美术之真价值及革新中国美术之根本方法》（戴岳）8 篇。

　　收藏单位：重庆馆、东北师大馆、广东馆、国家馆、湖南馆、南京馆、山东馆、上海馆、绍兴馆、天津馆、武大馆、浙江馆

04359

**美与人生（合订本）** 徐大纯等著　东方杂志社编

上海：商务印书馆，1924，再版，4 册，50 开（东方文库 第 67—69 种）

　　本书为美学论文集，与蔡元培著《艺术谈概》、俞寄凡译《近代西洋绘画》合订。

　　收藏单位：东北师大馆、国家馆

04360

**女性美** （法）加波林夫人 (H. Gaboriau) 著　季志仁译

外文题名：La beauté féminine

上海：北新书局，1925，[129] 页，64 开

上海：北新书局，1929，4 版，[130] 页，64 开

　　本书为作者《妇女的三个时代》书中的一部分，详述女性美的标准。书前有孙福熙的《什么是女性美》。

　　收藏单位：首都馆

04361

**女性美的研究**　青主著

X 书店，1928，176 页，32 开

　　本书共 4 部分，包括引子、前论、本论、结论。前论介绍什么是女性美、怎样研究女性美；本论详述了美的形体、美的灵魂等。

　　收藏单位：北师大馆、国家馆

04362

**社会主义的美学观** （苏）M. 铎尼克著　焦敏之译　全国文协晋察冀分会编

边区文化供应社，[1949]，油印本，70 页，32 开（文学理论选读丛刊）

　　本书分 10 部分论述了社会主义的美学观。内容包括：什么叫做审美学、它所研究的对象是什么、审美学的社会性与历史性、艺术的特性与内容、艺术上的美、什么叫做升华、悲剧、喜、文艺的党性、社会主义的现实主义等。

　　收藏单位：国家馆

04363

**生活与美学** （俄）车尔尼雪夫斯基 (Н. Г. Чернышевский) 著　周扬译

大连：读书出版社，1948.2，160 页，32 开

哈尔滨：读书出版社，1948.9，再版，[160] 页，32 开

　　本书即学位论文《艺术与现实的美学关系》。作者认为美就是生活，强调艺术的社会

作用，给唯心主义美学以无情的批评。书前有著者序言。书末附《马克思列宁对于车尔尼舍夫斯基的评语摘录》《柏林斯基论的自然派》，译后记《关于车尔尼舍夫斯基和他的美学》。著者原题：车尔尼舍夫斯基。

　　收藏单位：东北师大馆、湖南馆、上海馆

**04364**

**生活与美学**　（俄）车尔尼雪夫斯基（Н. Г. Чернышевский）著　周扬译

哈尔滨：光华书店，1948，再版，160 页，32 开

　　收藏单位：重庆馆、东北师大馆、贵州馆、国家馆、天津馆

**04365**

**生活与美学**　（俄）车尔尼雪夫斯基（Н. Г. Чернышевский）著　周扬译

上海、香港：海洋书屋，1947，180 页，32 开（文艺理论丛书）

　　收藏单位：重庆馆、福建馆、国家馆、吉林馆、辽大馆

**04366**

**生活与美学**　（俄）车尔尼雪夫斯基（Н. Г. Чернышевский）著　周扬译

上海：华北书店，1942，180 页，32 开（鲁艺丛书 4）

　　收藏单位：山西馆

**04367**

**生活与美学**　（俄）车尔尼雪夫斯基（Н. Г. Чернышевский）著　周扬译

上海：群益出版社，1949，180 页，32 开（文艺理论丛书）

　　收藏单位：北师大馆、重庆馆、广东馆、吉林馆、山西馆

**04368**

**生活与美学**　（俄）车尔尼雪夫斯基（Н. Г. Чернышевский）著　周扬译

长春：新中国书局，1949.4，3 版，160 页，32 开

　　收藏单位：国家馆

**04369**

**实证美学的基础**　（苏）卢那卡尔斯基（А. В. Луначарский）著　齐明　虞人译

上海：世界书局，1939.7，115 页，32 开（大时代文艺丛书）

　　本书作者认为真、善、美是统一的，三者可以融合在一种最高限度的理想中。分 5 篇：生活和理想、美学是什么、美是什么、重要的美的种类、艺术。书前有译者序。

　　收藏单位：重庆馆、贵州馆、国家馆、江西馆、南京馆、上海馆、浙江馆

**04370**

**谈美（给青年的第十三封信）**　朱光潜著

上海：开明书店，1932，137 页，32 开（开明青年丛书）

上海：开明书店，1933，再版，137 页，32 开（开明青年丛书）

上海：开明书店，1933，3 版，137 页，32 开（开明青年丛书）

上海：开明书店，1935，4 版，137 页，32 开（开明青年丛书）

上海：开明书店，1935，5 版，137 页，32 开（开明青年丛书）

上海：开明书店，1937.4，6 版，137 页，32 开，精装（开明青年丛书）

上海：开明书店，1939，7 版，137 页，32 开（开明青年丛书）

上海：开明书店，1940，8 版，137 页，32 开（开明青年丛书）

上海：开明书店，1942.6，湘 1 版，137 页，32 开，精装（开明青年丛书）

桂林：开明书店，1943，内 3 版，137 页，32 开（开明青年丛书）

成都：开明书店，1944，137 页，32 开（开明青年丛书）

上海：开明书店，1946.3，14 版，137 页，32 开（开明青年丛书）

上海：开明书店，1947.1，15 版，137 页，32 开，精装（开明青年丛书）

上海：开明书店，1948.3，16 版，137 页，32

开（开明青年丛书）

上海：开明书店，1948.7，特 1 版，137 页，32 开，精装（开明青年丛书）

上海：开明书店，1948.8，17 版，137 页，32 开（开明青年丛书）

上海：开明书店，1948.12，18 版，137 页，32 开（开明青年丛书）

上海：开明书店，1949，23 版，137 页，32 开（开明青年丛书）

本书分 15 章，论述艺术和实际人生的距离、美感与快感、美感与联想、美与自然、创造与情感、创造与格律、天才与灵感、人生的艺术化等问题。书前有朱自清序。

收藏单位：重庆馆、广东馆、广西馆、贵州馆、国家馆、黑龙江馆、湖南馆、吉林馆、江西馆、近代史所、辽大馆、南大馆、南京馆、绍兴馆、首都馆、天津馆、浙江馆、中科图

04371

挽近美学思潮　吕澂著

外文题名：Currents in modern aesthetic thought

上海：商务印书馆，1924.7，110 页，32 开（百科小丛书 49）

上海：商务印书馆，1926.11，再版，110 页，32 开（百科小丛书 49）

本书共 5 章，内容包括：导论、挽近美学思想的开展、美的鉴赏之心理研究、艺术的创作研究、艺术之美学的考察。书末有结论，另附本书各章参考的主要文献。

收藏单位：重庆馆、广东馆、广西馆、贵州馆、国家馆、江西馆、辽大馆、南京馆、上海馆、首都馆、浙江馆

04372

晚近美学说和美的原理　吕澂著

外文题名：Modern aesthetic theories and principles

上海：商务印书馆，1925，89 页，50 开（教育丛著 20）

本书为《教育杂志》16 周年汇刊，美学史及美学原理研究专著。书末附《参观苏浙皖师范附小联合研究会中的美术成绩展览会后》（张九如）、《改进中等学校音乐课程之商

榷》（周玲荪）。

收藏单位：重庆馆、广东馆、广西馆、国家馆、江西馆、南京馆、上海馆、首都馆、天津馆、浙江馆

04373

现代美学思潮　吕澂著

外文题名：Currents in modern aesthetic thought

上海：商务印书馆，1931，93 页，25 开（万有文库 第 1 集 704）（百科小丛书）

上海：商务印书馆，1934，国难后 1 版，93 页，25 开（百科小丛书）

上海：商务印书馆，1935，国难后 2 版，93 页，25 开（百科小丛书）

本书为《挽近美学思潮》改书名出版。

收藏单位：重庆馆、大连馆、东北师大馆、广西馆、贵州馆、国家馆、江西馆、南京馆、上海馆、首都馆、天津馆、武大馆、浙江馆

04374

笑与梦　（美）布茹斯（H. Bruce）著　东方杂志社编纂

外文题名：Laugh and dream

上海：商务印书馆，1924.4，80 页，50 开（东方文库 第 52 种）

上海：商务印书馆，1924，再版，80 页，50 开（东方文库 第 52 种）

上海：商务印书馆，1925.6，3 版，80 页，50 开（东方文库 第 52 种）

本书内收论文 4 篇：《笑》《笑之科学的研究》《晰梦篇》《梦之研究》，以现代科学解释笑与梦的现象。

收藏单位：重庆馆、东北师大馆、广东馆、国家馆、江西馆、南京馆、山东馆、绍兴馆、天津馆、浙江馆

04375

笑之研究　（法）柏格森（Henri Bergson）著　张闻天译

外文题名：Laughter

上海：商务印书馆，1923，201 页，32 开（尚志学会丛书）

上海：商务印书馆，1927，再版，201 页，32 开（尚志学会丛书）

上海：商务印书馆，1933，国难后 1 版，154 页，32 开（尚志学会丛书）

本书包括论述笑的心理因素的 3 篇文章：《普通的滑稽——形式与动作中的滑稽——滑稽的外涨力》《境遇中的滑稽元素与言语中的滑稽元素》《性格中的滑稽》。自英译本转译。

收藏单位：重庆馆、广东馆、广西馆、贵州馆、国家馆、湖南馆、吉大馆、江西馆、辽宁馆、南京馆、山东馆、上海馆、首都馆、天津馆

04376

新美学　蔡仪著

上海：群益出版社，1946，285 页，25 开（群益艺丛 1）

上海：群益出版社，1947，285 页，25 开（群益艺丛 1）

上海：群益出版社，1948.4，285 页，25 开（群益艺丛 1）

上海：群益出版社，1949，285 页，25 开（群益艺丛 1）

本书从方法论入手论述美学的领域、美、美感，以及美的本质、艺术的本质等问题。共 6 章，内容包括：美学方法论、美论、美感论、美的种类论、美感的种类论、艺术的种类。书前有作者序。

收藏单位：重庆馆、广东馆、广西馆、贵州馆、国家馆、南京馆、首都馆、天津馆、中科图

04377

怎样使生活美术化　张野农著

上海：纵横社，1939.11，149 页，32 开

上海：纵横社，1940.2，再版，149 页，32 开

上海：纵横社，1941.3 印，149 页，32 开

本书讨论美育的若干问题，讲述如何使生活有美的内容。共 3 编，内容包括：生活美术化的重要、怎样使生活美术化、怎样使人生观美术化。

收藏单位：重庆馆、贵州馆、国家馆、吉林馆、山东馆、天津馆

04378

怎样使生活艺术化　张野农著

上海：纵横社，1947.5，149 页，32 开

收藏单位：国家馆、南京馆、上海馆

04379

姿态美　（法）奥提克·冈什尔（P. O. Canzel）著　郎鲁逊译

上海：女子书店，1933，120 页，42 开（弥罗丛书）

上海：女子书店，1934，再版，120 页，32 开（女子常识丛书）

本书分 5 编：概论——姿态的真与美、应如何适应四肢的各种动作的置放、丑的姿态、艺术上的证例、例外。

收藏单位：国家馆、南京馆、首都馆、天津馆

# 心理学

## 总　论

04380

本能论（卷上）　赵演著

外文题名：On instinct

上海：商务印书馆，1927.3，172+3 页，22 开（民铎丛书 3）

本书分为发端和何谓本能两篇。包括被遗传规定了的人生、我们要了解人性、几种谬误的本能研究略评、本能之科学的综合研究为今日所必需、一个小引、几种本能谬说之批评、本能之实验的研究举隅等 18 章。书前有陈礼江序和作者自序。

收藏单位：重庆馆、东北师大馆、广东馆、江西馆、南京馆

04381

动的心理学　（美）乌特洼（R. S. Woodworth）

著　潘梓年译

外文题名：Dynamic psychology

上海：商务印书馆，1924，295页，32开（尚志学会丛书）

上海：商务印书馆，1933，国难后1版，295页，32开（尚志学会丛书）

　　本书共8章，内容包括：心理学近今之潮流、心理学的问题和方法、吾人固有的才具、吾人后天的或学得的才具、决择和制驭的要因、创造力的要因、变态行为中的动力和机键、社会行为中的动力和机键。书前有译者短语。

　　收藏单位：重庆馆、广东馆、国家馆、南京馆、山东馆、首都馆、浙江馆

04382

**弗洛特心理分析**　（英）B. 勒（B. Low）著赵演译

外文题名：Psycho-analysis: a brief account of the Freudian theory

上海：商务印书馆，1929.4，169页，32开（百科小丛书）

上海：商务印书馆，1933，国难后1版，169页，32开（百科小丛书）

上海：商务印书馆，1935，国难后2版，169页，32开（百科小丛书）

　　本书共6章，内容包括：心理分析之范围及意义、心理生活——隐意识的和意识的、压抑、梦在精神生活上所占的地位与其作用、心理分析治疗法、心理分析在社会及教育上或然的效果。

　　收藏单位：重庆馆、广东馆、广西馆、国家馆、吉林馆、江西馆、南京馆、上海馆、绍兴馆、首都馆、浙江馆

04383

**弗洛伊特与马克斯（一种辩证法的研究）**（英）奥兹本（R. Osborn）著　楚之译

上海：世界书局，1940.11，155页，32开

上海：世界书局，1949.6，新1版，155页，32开

　　本书即《精神分析学与辩证唯物论》另一译本。作者认为精神分析是一种纯实验科学，在观点上是辩证唯物的。马克思主义描写了客观生活，而精神分析描写的是主观生活，只有将两者结合起来，人类的行为才能得到适宜的描述。分为精神分析、弗洛伊特与马克斯两篇，共12章。书前有迭肯的《精神分析与唯物史观》一文。封面题：精神分析与唯物史观，原名：弗洛伊特与马克斯。著者原题：奥斯旁。

　　收藏单位：国家馆、江西馆、南京馆、人大馆、山西馆、上海馆、首都馆

04384

**格式塔心理学原理**　萧孝嵘著

上海：国立编译馆，1934.1，113页，22开，精装

　　研究心理的情境与进程的心理学称为格式塔（Gestalt）心理学。本书共7章，内容包括：格式塔心理学的起源、格式塔之内包与外延、形基现象之分析、全体与部分、内部与外界、格式塔学派对于内省派与行为派的关系、格式塔学派对于革那齿派与奈卜齐派的关系。

　　收藏单位：重庆馆、贵州馆、国家馆、湖南馆、吉林馆、辽宁馆、南京馆、山东馆、上海馆、首都馆、天津馆

04385

**格式心理学原理**　（德）考夫卡（K. Koffka）著　傅统先译

外文题名：Principles of Gestalt psychology

上海：商务印书馆，1937，2册（769页），25开（大学丛书）

长沙：商务印书馆，1939，2册（769页），25开（大学丛书）

　　本书共15章，内容包括：何以研究心理学、行为及其场、环境场、动作、记忆、学习与其他记忆机能、社会与人格、结论等。书前有译者序与作者序。

　　收藏单位：重庆馆、东北师大馆、广东馆、国家馆、黑龙江馆、湖南馆、吉林馆、江西馆、南京馆、山东馆、上海馆、浙江馆

04386

**格式心理学之片面观** （德）苛勒（W. Kohler）
（德）考夫卡（K. Koffka）著 高觉敷译
外文题名：An aspect of Gestalt psychology
上海：商务印书馆，1935，81 页，32 开（百科小丛书）

本书内收论文 3 篇：《格式心理学之片面观》（苛勒）、《猩猩之智力》（苛勒）、《心之发展》（考夫卡）。

收藏单位：重庆馆、广东馆、国家馆、湖南馆、吉林馆、江西馆、南京馆、上海馆、天津馆、浙江馆

04387

**广心理学（上册）** 张子和著
外文题名：A complete treatise on psychology
上海：商务印书馆，1915，[13]+176 页，25 开
上海：商务印书馆，1923.9，再版，[13]+176 页，25 开

本书为第 1 编总论。共 7 章，内容包括：心理学之界说、心理学研究之资料、心理学之研究法、心理学与他科学之关系、心理现象之分类及其学说、精神之生理的基础、论意识。

收藏单位：重庆馆、国家馆、吉林馆、江西馆、南京馆、首都馆、浙江馆

04388

**广心理学（中册）** 张子和著
外文题名：A complete treatise on psychology
上海：商务印书馆，1922，115 页，25 开
上海：商务印书馆，1925，再版，115 页，25 开

本书为第 2 编各论。共认识心理 1 章，分认识概论、论直观、论观念、论思考 4 节。

收藏单位：重庆馆、广东馆、国家馆、湖南馆、吉林馆、江西馆

04389

**郭任远心理学论丛** 郭任远著 黄维荣辑译
上海：开明书店，1928，286 页，32 开，精装（黎明学社丛书 1）
上海：开明书店，1928，再版，286 页，32 开（黎明学社丛书 1）

上海：开明书店，1931，再版，286 页，32 开，精装（黎明学社丛书 1）

本书内收关于行为主义心理学及实验主义心理学的论文 9 篇。其中《心理学的真正意义》《一个心理学革命者的口供》《反对本能运动的经过和我最近的主张》《心理学里面的鬼》曾发表在国内报刊上；其他 5 篇《取消心理学上的本能说》《我们的本能是怎样获得的》《一个无遗传的心理学》《学习进程中消除错误的动作的次序》《归纳推理的实验》，系作者的外文论文，由吴颂皋、胡寄南、黄维荣翻译成中文。书前有黄维荣序。

收藏单位：重庆馆、广东馆、广西馆、贵州馆、国家馆、河南馆、黑龙江馆、吉林馆、江西馆、南京馆、山东馆、上海馆、绍兴馆、浙江馆

04390

**华生氏行为主义** （美）华生（J. B. Watson）著 陈德荣译
外文题名：Behaviorism
上海：商务印书馆，1935，[18]+540 页，32 开，精装（汉译世界名著）

本书论述行为主义基本观点。共 12 章，内容包括：行为主义是什么、如何研究人类的行为、人类的身体、人类有什么本能么、情绪、我们的肢体习惯、说话与思想、我们总是用字来思想的么、人格等。书前有译者序、著者序。书末有中西人名对照表。

收藏单位：重庆馆、广东馆、广西馆、贵州馆、国家馆、湖南馆、吉林馆、辽宁馆、南京馆、山东馆、山西馆、上海馆、浙江馆

04391

**解心术学说** （德）夫吕革尔（J. C. Flügel）著 陈德荣译
外文题名：Theories of psycho-analysis
上海：商务印书馆，1934，129 页，32 开（社会科学小丛书）
上海：商务印书馆，1934.12，再版，129 页，32 开（社会科学小丛书）

本书讲述分析心理学派的发展和主要观

点。除书前的纲要外，共4章，内容包括：解心术的意义、心灵的性质、心灵的发展、结论。自英译本转译。

收藏单位：重庆馆、广东馆、国家馆、湖南馆、吉林馆、江西馆、南京馆、山东馆、上海馆、浙江馆

## 04392
**进化的心理学与道德习惯之研究 派登（C. T. Pattern）著 任广翻译**
上海：北新书局，1928.9，96页，32开（明日丛书）

本书内容包括：进化的真实、心灵能力进化的证据、道德意识进化的证据、人类德性的进化。

收藏单位：广西馆、浙江馆

## 04393
**近代心理学 （日）久保良英著 张显之译**
上海：民智书局，1930，[10]+314页，22开

本书论述近代心理学的发展与分类。共9章，内容包括：定义与研究法、学说与分野、动物心理学、儿童及青年心理学、差异心理学、应用心理学、异常心理学、社会心理学、民族心理学。书前有译者几句话、著者序两篇。书末附录《内省与客观的观察》《乐与苦》《动的心理学》《作用心理学》《精神发达的问题》《人格心理学》。

收藏单位：重庆馆、广东馆、广西馆、国家馆、湖南馆、江西馆、南京馆、山东馆、山西馆、首都馆、天津馆、浙江馆

## 04394
**近世六大家心理学 崔载阳编**
上海：商务印书馆，1926，179页，22开，精装（哲学丛书）
上海：商务印书馆，1933，国难后1版，179页，22开，精装（哲学丛书）

本书论述了近代的穆勒（原题：弥尔）、斯宾塞、冯德、詹姆士、柏格森、弗洛伊德（原题：福鲁德）六大心理学家的主要心理学观点。书末附录《六大家心理学提要》。

收藏单位：北大馆、重庆馆、广东馆、贵州馆、国家馆、湖南馆、吉林馆、江西馆、南京馆、山东馆、山西馆、首都馆、天津馆、浙江馆

## 04395
**精神分析学ABC 张东荪著**
上海：ABC丛书社，1929，114页，32开（ABC丛书）

本书为精神分析学派评介。分精神分析学的由来与其性质、佛洛德的学说、琼格的学说与阿德勒的学说、烈浮斯康甫与濮灵斯的学说、精神分析的应用与对于精神分析的批评5章。书末附关于精神分析的书籍并解题。

收藏单位：重庆馆、东北师大馆、广东馆、广西馆、国家馆、河南馆、吉林馆、江西馆、南京馆、山东馆、上海馆、首都馆、浙江馆

## 04396
**精神分析学批判 （德）犹里涅兹（W. Jurinetz）（德）莱熙（Reich）著 卢心远译**
上海：辛垦书店，1936，154页，22开

本书内收论文两篇：《精神分析学与嘉尔文主义》（犹里涅兹）、《新物质论与精神分析学》（莱熙）。论述精神分析与马克思主义的关系等问题。

收藏单位：重庆馆、国家馆、吉林馆、南京馆、上海馆、首都馆、天津馆

## 04397
**精神分析学与辩证唯物论 （英）奥兹本（R. Osborn）著 董秋斯译**
上海：读书出版社，1947，再版，206页，32开
上海：读书出版社，1947，3版，206页，32开
上海：读书出版社，1949，4版，206页，32开

本书即《精神分析学与马克思主义》一书的另一译本。

收藏单位：重庆馆、广东馆、国家馆、黑龙江馆、吉林馆、山东馆、上海馆、首都馆

## 04398
**精神分析学与马克思主义 （英）奥兹本（R.**

Osborn）著 董秋斯译

外文题名：Freud and Marx: a dialectical study

重庆等：读书出版社，1940.6，12+203 页，32 开

本书作者认为精神分析是一种纯实验科学，在观点上是辩证唯物的。马克思主义描写了客观生活，而精神分析描写的是主观生活，只有将两者结合起来，人类的行为才能得到适宜的描述。全书除约翰·斯特拉斯写的导言外，分为精神分析学、精神分析学与马克思主义两卷，共 12 章。前卷主要讲述弗洛伊德的精神分析理论，后卷阐述精神分析学与马克思主义的共同性。出版地还有成都、昆明、贵阳、桂林、香港、上海等。

收藏单位：国家馆、山东馆、上海馆、浙江馆

04399

**精神分析引论** （奥）弗洛伊特（S. Freud）著 高觉敷译

外文题名：Psycho-analysis

上海：商务印书馆，1930.10，6 册，32 开（汉译世界名著）（万有文库 第 1 集 84）

上海：商务印书馆，1933.11，[515] 页，32 开（汉译世界名著）

本书共 3 编 28 讲，内容包括：过失心理学、梦、神经病通论。自英译本转译。

收藏单位：安徽馆、重庆馆、大连馆、东北师大馆、贵州馆、国家馆、湖北馆、湖南馆、江西馆、辽大馆、南京馆、上海馆、首都馆、天津馆、浙江馆

04400

**精神分析引论新编** （奥）弗洛伊特（S. Freud）著 高觉敷译

外文题名：New introductory lectures on psycho-analysis

上海：商务印书馆，1936，142 页，25 开

本书为《精神分析引论》的续编。共 7 章，内容包括：梦的学说的修订（第 29 讲）、梦与玄奥的知识（第 30 讲）、心理人格的解剖（第 31 讲）、焦急与本能生活（第 32 讲）、妇女心理学（第 33 讲）、解释应用与展望

（第 34 讲）、人生哲学（第 35 讲）。自英译本转译。

收藏单位：重庆馆、广东馆、国家馆、湖南馆、江西馆、南京馆、首都馆

04401

**迷信与心理** 陈大齐著

北京：北京大学出版部，1920.5，190 页，32 开（新潮丛书 2）

北京：北京大学出版部，1922，再版，190 页，32 开（新潮丛书 2）

本书由辟灵学、心灵现象论与现代心理学 3 部分构成。前两部分曾发表于《新青年》杂志，为破除迷信而著；现代心理学部分介绍了心理学思潮，说明人的心理活动的生理和心理的作用，同时还介绍了普通心理学、生理心理学、实验心理学、变态心理学、差异心理学、儿童心理学、动物心理学等，目的也在于破除迷信。书前有作者自序。

收藏单位：重庆馆、国家馆、湖南馆、近代史所、山东馆、山西馆、首都馆、天津馆、浙江馆

04402

**普通心理学** （美）盖茨（A. I. Gates）著 朱君毅 杜佐周译

上海：大东书局，1934，[17]+596+18 页，26 开，精装

本书论述行为与意识活动之身体的基础。书中吸收了当时的重要研究成果，共 18 章，内容包括：心理学之方法与材料、反应之设论与受纳之机体、联结之机体、反应之机体、先天之禀质、感觉与情感、情绪、主要之人类内驱、动机与适应、学习律、学习之特性、学习之经济、知觉与注意、思维、普通智力与特别性向、人格、个性、能率。著者原题：盖次。

收藏单位：重庆馆、国家馆、湖南馆、江西馆、南京馆、山东馆、天津馆、浙江馆

04403

**普通心理学** （美）亨德（W. S. Hunter）著 陆志韦译

上海: 商务印书馆, 1926.6, 23+392 页, 32 开

上海: 商务印书馆, 1926.12, 再版, [38]+392页, 32 开, 精装

上海: 商务印书馆, 1929, 3 版, 10+392+10 页, 32 开

上海: 商务印书馆, 1931.1, 4 版, [23]+392 页, 32 开, 精装

上海: 商务印书馆, 1933.1, 国难后 1 版, 23+392 页, 32 开, 精装

　　本书分心理学之分野、常态成人心理学两卷, 共 14 章, 内容包括: 动物心理学、个人与应用心理学、变态心理学、注意、神经系、反射动作与本能、情绪、记忆、思惟等。书前有原序及译者序。书末附中英文人名及内容检查表。

　　收藏单位: 重庆馆、东北师大馆、广东馆、贵州馆、国家馆、河南馆、湖南馆、吉林馆、江西馆、南京馆、山东馆、上海馆、首都馆、浙江馆

**04404**

**普通心理学** (美) 勒克斯洛德 (C. N. Rexroad) 著　宋桂煌译

长沙: 商务印书馆, 1940.8, 401 页, 25 开

　　本书为俄亥俄大学的教本, 以行为心理学的观点研究普通心理学。共 3 编 20 章, 内容包括: 行为的原理、行为的发展、成人行为的特质等。

　　收藏单位: 重庆馆、广东馆、国家馆

**04405**

**普通心理学**　汪震著

北平: 文化学社, 1932, [14]+276 页, 25 开

　　本书内分 13 章, 内容包括: 心理学之范围方法与种类、神经系、注意、感觉、知觉、反射与本能、感情与情绪、习惯与学习、记忆、联想、想像、概念与推理、意识与人格。

　　收藏单位: 国家馆、南京馆、首都馆、天津馆

**04406**

**普通心理学大纲** (美) 福赖尔 (D. Fryer) (美) 亨利 (E. R. Henry) 著　鲁继曾译

外文题名: An outline of general psychology

长沙: 商务印书馆, 1940, 13+408 页, 25 开

　　本书共 14 章, 内容包括: 绪言、心理活动之要素、自然的心理活动、心理活动之调协等。书末附普通心理学中英名词对照表、《物观的考试》。

　　收藏单位: 贵州馆、国家馆、江西馆、上海馆、天津馆

**04407**

**普通心理学名词 (英中对照)** 国立编译馆编订

长沙: 国立编译馆, 1939.5, 83 页, 66 开

　　本书收录 1937 年 3 月教育部公布的普通心理学名词。书前有陈可忠序。另有中文索引。

　　收藏单位: 重庆馆、广东馆、吉林馆、南京馆、山西馆、天津馆

**04408**

**人类的自由与定命论** (美) 赫立克 (J. Judson Herrick) 著　郭豫育译

外文题名: Fatalism or freedom

上海: 商务印书馆, 1934.2, 66 页, 32 开 (百科小丛书)

上海: 商务印书馆, 1935, 再版, 66 页, 32 开 (百科小丛书)

　　本书共 6 章, 内容包括: 问题、生物学的支配、人类的支配、自然的自由、人类的自由、自然的自由是真正的自由。

　　收藏单位: 重庆馆、广东馆、贵州馆、国家馆、南京馆、上海馆、首都馆、浙江馆

**04409**

**人类心理学要义** (美) 华伦 (H. C. Warren) 著　赵演　汪德全译

外文题名: Elements of human psychology

上海: 商务印书馆, 1928.12, 469 页, 22 开, 精装 (心理学丛书)

上海: 商务印书馆, 1931, 再版, 469 页, 22 开 (心理学丛书)

上海: 商务印书馆, 1933, 国难后 1 版, 469 页, 22 开, 精装 (心理学丛书)

　　本书综合阐述美国内省派与行为派的观

点。共 16 章，内容包括：神经系统之构造、感官、意识的生活、知觉、记忆与想像、语言与思想、人格与控制等。书前有原著者序言两篇、陈礼江序、译者例言。书末有复习问题、本书用法之指示和词汇。

收藏单位：重庆馆、广东馆、广西馆、贵州馆、国家馆、黑龙江馆、江西馆、辽宁馆、南京馆、山西馆、上海馆、绍兴馆、首都馆、天津馆、浙江馆

## 04410

**人心观破术** （日）管原如庵　（日）加藤孤雁著　唐真如译

上海：国华书局，1920，152 页，32 开

本书分 3 篇，共 15 节，主要介绍观察术之研究法、诸家秘说之实验标证、天禀及机运。

收藏单位：国家馆、绍兴馆、首都馆

## 04411

**什么是心理学**　黄易编

上海：经纬书局，77 页，50 开（经纬百科丛书）

本书分 7 部分，介绍心理学研究的对象、范围、方法、派别、内容、目的，以及个性差别对研究的影响等。

收藏单位：黑龙江馆

## 04412

**实验心理学史** （美）波令（E. G. Boring）著　高觉敷译

外文题名：A history of experimental psychology

上海：商务印书馆，1935，1110 页，32 开（万有文库 第 2 集 051）（汉译世界名著）

本书论述从 1800 年以来近代实验心理学发展的历史。共 6 编 24 章，内容包括：引论、19 世纪前半期的生理心理学、哲学心理学中之实验心理学的萌芽、实验心理学的建设、现代的实验心理学、实验心理学概观。

收藏单位：重庆馆、大连馆、东北师大馆、广东馆、广西馆、贵州馆、国家馆、江西馆、辽大馆、南京馆、山东馆、上海馆、绍兴馆、首都馆、四川馆

## 04413

**史氏心理学** （美）史滕阁（A. Stengel）著（英）孟合理（P. L. Mcall）译

上海：中国博医会，1913—1916，2 册，18 开，精装

收藏单位：广东馆

## 04414

**吴伟士心理学** （美）伍德沃思（Robert S. Woodworth）著　谢循初译

外文题名：Psychology: a study of mental life

上海：中华书局，1925—1928，2 册（228+225 页），22 开（少年中国学会丛书）

上海：中华书局，1928—1931，4 版，2 册（228+225 页），22 开（少年中国学会丛书）

本书分上、下两卷。上卷包括：心理学是什么干什么、反动、各枢的反动、反动的趋向、先天性与后天性、本能、情绪、感情、注意、智能等 12 章；下卷包括：学习与习惯养成、记忆、联想与心影、联想律、思考、意志、人格等 9 章。书前有作者原序。著者原题：吴伟士。

收藏单位：重庆馆、广东馆、国家馆、吉林馆、江西馆、南京馆、山东馆、首都馆、天津馆、浙江馆

## 04415

**吴伟士心理学（上卷）** （美）伍德沃思（Robert S. Woodworth）著　谢循初译

外文题名：Psychology: a study of mental Life

上海：中华书局，1929.9，再版，238 页，22 开，精装（少年中国学会丛书）

上海：中华书局，1930，6 版，[238] 页，22 开（少年中国学会丛书）

上海：中华书局，1931，7 版，238 页，22 开（少年中国学会丛书）

本书上卷包括：心理学是什么干什么、反动、各枢的反动、反动的趋向、先天性与后天性、本能、情绪、感情、智能等 12 章。书前有作者原序。著者原题：吴伟士。

收藏单位：重庆馆、广东馆、广西馆、国家馆、江西馆、首都馆

04416

吴伟士心理学（下卷）（美）伍德沃思
(Robert S. Woodworth) 著　谢循初译
外文题名：Psychology: a study of mental life
上海：中华书局，1930，3 版，225 页，22 开
（少年中国学会丛书）

　　本书下卷包括：学习与习惯养成、记忆、
联想与心影、联想律、思考、意志、人格等 9
章。著者原题：吴伟士。

　　收藏单位：重庆馆、国家馆、首都馆

04417

物质与记忆　（法）柏格森（Henri Bergson）
著　张东荪译
外文题名：Matter and memory
上海：商务印书馆，1922，345 页，32 开（尚
志学会丛书）
上海：商务印书馆，1923，再版，345 页，32 开
（尚志学会丛书）
上海：商务印书馆，1931.4，3 版，345 页，32
开（尚志学会丛书）
上海：商务印书馆，1933.2，国难后 1 版，345
页，32 开（尚志学会丛书）

　　本书共 4 章，内容包括：论表面作用上
影象之选择、身体之性质与作用，论影象之
再认、记忆与脑髓、象之余留、记忆与精神、
影象之限定、知觉与物质、心灵与身体。书
前有译序、序论。书末附概要与总结。

　　收藏单位：重庆馆、东北师大馆、广东
馆、国家馆、河南馆、湖南馆、吉林馆、江
西馆、辽宁馆、辽师大馆、南京馆、上海馆、
首都馆、天津馆、浙江馆

04418

现代心理学　陈大齐编
北京：学术讲演会，46 页，22 开（学术讲演
录）

　　本书介绍现代心理学各派。分 7 章：普通
心理学、生理心理学、实验心理学、变态心
理学、差异心理学、儿童心理学、动物心理
学。

　　收藏单位：吉林馆、首都馆、天津馆、浙
江馆

04419

现代心理学　高觉敷著
上海：商务印书馆，1935，395 页，32 开，精
装
上海：商务印书馆，1935.7，再版，395 页，32
开，精装

　　本书分 13 章介绍现代西方各心理学派，
内容包括：心理学的现状、心理学与自然科
学、行为主义、弗洛伊特的心理学、梦的心
理学、格式心理学、主观的原子心理学、客
观的原子心理学等。书末附录《现代德国自
然科学的心理学》《现代德国文化科学的心理
学》《精神分析的起源与发展》。

　　收藏单位：重庆馆、东北师大馆、广东
馆、贵州馆、国家馆、黑龙江馆、湖南馆、
吉林馆、江西馆、南京馆、山东馆、上海馆、
首都馆、天津馆、浙江馆

04420

现代心理学　（日）速水滉著　陶孟和编译
北京：北京大学出版部，1922，256 页，32 开
北京：北京大学出版部，1923，再版，194 页，
26 开（新潮丛书 5）

　　本书共 8 章，内容包括：心理学研究之态
度（附心理学研究之略史）、变态心理学、动
物心理学、儿童心理学、个人心理学、社会心
理学及民族心理学、生理的心理学与实验的心
理学、心理学之应用（附心理学之将来）。

　　收藏单位：国家馆、河南馆、辽宁馆、南
京馆、首都馆

04421

现代心理学概观　郭一岑著
上海：商务印书馆，1937，136 页，32 开（万
有文库 第 2 集 52）（自然科学小丛书）

　　本书论述现代心理学的特征和主要派别。
共 5 章，内容包括：导言、心理学之史的回
顾、现代心理学的特征、现代心理学的主要
派别、心理学之将来。

　　收藏单位：大连馆、东北师大馆、国家
馆、辽大馆、天津馆、武大馆、浙江馆

## 04422

**现代心理学鸟瞰** （美）雷杰斯台儿（C. E. Ragsdale）著　钱涧清　朱有瓛译

外文题名：Modern psychologies and education

上海：光华实验中学出版部，1933，64 页，32 开

本书为雷杰斯台儿著《现代心理学与教育》一书的第 2 章。介绍现代心理学派别。共 6 部分，内容包括：引言；构造的、机能的，及行为的心理学；目的心理学；心理分析；完形心理学；结论。书前有译者序。

收藏单位：广东馆、浙江馆

## 04423

**现代心理学派别** （美）伍德沃思（Robert S. Woodworth）著　谢循初译

外文题名：Contemporary schools of psychology

南京：国立编译馆，1934，227 页，22 开，精装

南京：国立编译馆，1935，再版，227 页，22 开，精装

本书共 7 章，内容包括：现代心理学争论的背景、内省心理学与写实派、行为派、完形派、心理分析派、目的派、中道。书前有作者原序。书末附参考书。著者原题：吴伟士。

收藏单位：重庆馆、广东馆、国家馆、湖南馆、吉林馆、江西馆、南京馆、山东馆、山西馆、上海馆、首都馆、浙江馆

## 04424

**现代心理学与教育** （美）雷杰斯台儿（C. E. Ragsdale）著　钟鲁斋　张俊玕译

上海：商务印书馆，1937.2，292+17 页，22 开，精装（大学丛书 教本）

长沙：商务印书馆，1939，292+17 页，22 开（大学丛书 教本）

本书共两篇。第 1 篇为教育学基础的心理学说，包括：儿童本性是教育学说的基础、现代心理学的性质及其功能、现代各派心理学的鸟瞰、本能、情绪、心理遗传、学习、测验与测量；第 2 篇为从各派心理学观点而论当前的教育问题，包括：个别化的教学、职业与教育指导、学龄前的教学、成人教育、课外活动、体育与健康教育、人格与品性的发展、心理卫生、实验教育、心理学原理与教育问题的概述。书前有杜佐周序、译者序言、编者序言、著者序言。著者原题：雷斯德。

收藏单位：重庆馆、东北师大馆、贵州馆、国家馆、湖南馆、吉林馆、江西馆、南京馆、山东馆、山西馆、上海馆、首都馆

## 04425

**现代心理学之趋势** （美）莫尔（J. S. Moore）著　舒新城编译

外文题名：The foundations of psychology

上海：中华书局，1924，[16]+266 页，32 开（新文化丛书）

上海：中华书局，1925，再版，[16]+266 页，32 开（新文化丛书）

上海：中华书局，1928，3 版，[16]+266 页，32 开（新文化丛书）

上海：中华书局，1929，4 版，[16]+266 页，32 开（新文化丛书）

本书作者针对欧美各大学趋重实验的倾向，对心理现象作了综合性研究，完全从理论上立言，认为现代心理学的行动派、机能派、构造派、自我派各有所偏，提出心理学是一种独立而完全的科学，一面应脱离玄学，一面也应脱离生理学。共 3 篇 124 节，内容包括：心理学之派别、科学心理学的范围、心理学的臆说等。书前有译者序。

收藏单位：重庆馆、广东馆、国家馆、吉林馆、江西馆、南京馆、山东馆、首都馆、天津馆、浙江馆

## 04426

**心理常识漫话** 朱智贤　杨云美著

桂林：乐群书店，1943，176 页，32 开

本书共 28 节，内容包括：何以人为万物之灵、男女差异与男女平等、愤怒与人生、论延年益寿之道、关于梦、恋爱问题、夫妇问题、婴儿保育须知、儿童的成长和学习、青年的自我教育、谈疲劳、论烟酒茶等。

收藏单位：重庆馆、广西馆、浙江馆

04427

**心理常识漫话　朱智贤　杨云美著**

上海：致用书店，1947，176 页，32 开

收藏单位：国家馆、辽宁馆、上海馆

04428

**心理问题　萧孝嵘著**

上海：中华书局，1939.1，638 页，22 开，精装

昆明：中华书局，1941，再版，638 页，22 开，精装

上海：中华书局，1948，再版，638 页，22 开，精装

本书为大学用书。讲述一般心理学的问题和现代心理学的状况。共 6 篇，内容包括：概论、中国民族的心理、学习心理、儿童心理、应用心理、现代心理学派。

收藏单位：重庆馆、东北师大馆、广东馆、国家馆、吉林馆、南京馆、山东馆、上海馆、浙江馆

04429

**心理学　（美）波令（E. G. Boring）等编著　傅统先译**

外文题名：Psychology

长沙：商务印书馆，1939，[14]+518 页，25 开（大学丛书 教本）

长沙：商务印书馆，1947，再版，[14]+518 页，25 开（大学丛书）

本书由 19 位心理实验家撰写，经波令、兰费德、卫尔德 3 人编辑，成书于 1935 年。分 19 章，内容包括：心理学的性质、反应的机构、心理测量法、视觉、听觉、味觉与嗅觉、体觉、强度、空间的知觉、时间知觉、运动知觉、知觉、学习、意像、愉快与不愉快、情绪、动作、思想、人格。书前有译者及原作者序。

收藏单位：重庆馆、东北师大馆、广东馆、贵州馆、国家馆、吉林馆、江西馆、南京馆、山东馆、上海馆、浙江馆

04430

**心理学　杜定友　王引民编**

上海：中华书局，1924.8，134 页，32 开

上海：中华书局，1925.3，再版，134 页，32 开

上海：中华书局，1925，3 版，134 页，32 开

上海：中华书局，1926.5，5 版，134 页，32 开，精装

上海：中华书局，1927，6 版，134 页，32 开

上海：中华书局，1928，8 版，134 页，32 开

上海：中华书局，1929，13 版，134 页，32 开

上海：中华书局，1930，15 版，134 页，32 开

上海：中华书局，1935，28 版，134 页，32 开

本书为师范学校教科书。共 11 章，内容包括：神经系、反射动作与本能动作、习惯与学习、注意、感情、感觉及知觉、记忆联念想像、思想、个性、人格、余论。书前有绪论。书末附编辑大意及参考书。

收藏单位：重庆馆、国家馆、河南馆、湖南馆、吉林馆、江西馆、上海馆

04431

**心理学　胡国钰编**

天津：百城书局，1930.8，188 页，32 开

天津：百城书局，1931，再版，200 页，32 开

天津：百城书局，1932，3 版，198 页，32 开

天津：百城书局，1933.8，4 版，198 页，32 开

本书为高中师范适用教本。共 14 章，内容包括：总论、动境与反应、本能与遗传、习惯与学习、意识与注意、感情与情绪、感觉、知觉、记忆、想像、思考、知力测验、心理分析、人格。

收藏单位：重庆馆、国家馆、南京馆、山东馆、首都馆、天津馆

04432

**心理学　蒋维乔著**

上海：商务印书馆，1915，5 版，1 册，25 开

本书介绍普通心理学的研究方法，为师范讲习社讲义。

收藏单位：首都馆

04433

**心理学　陆志韦编辑**

外文题名：Psychology

上海：商务印书馆，1925.3，258 页，32 开

上海：商务印书馆，1925.12，2 版，258 页，32 开

上海：商务印书馆，1926.10，再版，258 页，32 开

上海：商务印书馆，1929.11，4 版，258 页，32 开

　　本书为高中和中等师范学校教科书。共45 课，从生理上刺激反应的角度讲述了学习、记忆、变态现象、人格分裂、行为冲突、本能、感觉、错觉、语言文字、社会约束等方面的心理机制。

　　收藏单位：国家馆、江西馆、浙江馆

04434

**心理学　沈澄清　张毓骢编纂**

外文题名：Psychology

上海：商务印书馆，1915，113 页，25 开

上海：商务印书馆，1916.12，再版，113 页，25 开

上海：商务印书馆，1921，10 版，113 页，25 开

　　本书为师范学校心理学教科书。共 6 章，内容包括：绪论、泛论心的现象、论知识、论感情、论意志、结论。

　　收藏单位：国家馆、南京馆、上海馆、首都馆、浙江馆

04435

**心理学　沈有乾　黄翼编**

上海：新亚书店，1933，133 页，32 开，精装（近代自然科学丛书 1）

　　本书为在浙江大学文理学院的演讲稿。讲述心理学的发展及其主要内容。共 14 章，内容包括：哲学中的心理学、生理学中的心理学、心物学与实验心理学的开始、内省与经验的分析、记忆的实验与学习的经济、替代反应、动物的学习、形象与观察、个别差异与测验、儿童心理学、变态心理学与心理卫生、心理学在工业上的应用、心理学在商业上的应用、心理学在法律上的应用。书前有**沈有乾**序。

　　收藏单位：重庆馆、广东馆、国家馆、南

京馆、首都馆、天津馆、浙江馆

04436

**心理学　（美）铁钦乃（E. B. Titchener）著金公亮译**

外文题名：A primer of psychology

上海：世界书局，1931，237+20 页，32 开，精装（文化科学丛书）

上海：世界书局，1933，再版，237+20 页，32 开，精装（文化科学丛书）

上海：世界书局，1943，再版，237+20 页，32 开（文化科学丛书）

　　本书作者是美国构造派心理学的代表人物。共 15 章，内容包括：心理学是什么做点什么、心理学底方法、感觉、注意、知觉、情绪、动作的单纯式等。书前有译者序。章末附参考书目。书末附译名表。

　　收藏单位：重庆馆、广东馆、广西馆、贵州馆、国家馆、湖南馆、南京馆、山东馆、浙江馆

04437

**心理学　汪震著**

北平：文化学社，1933，[11]+224 页，25 开

　　本书为高中师范教本。共 14 章，内容包括：引论、神经系、感觉、知觉、注意、反射与本能、感情与情绪、习惯与学习、记忆、联想、想像、概念与推理、智力测验、下意识，每章后均有问题讨论和参考书。

　　收藏单位：重庆馆

04438

**心理学　王国维著**

上海：教育世界社，87 页，22 开

　　本书为师范学校讲义。共 6 章，内容包括：绪论、知识、感情、意志、个性及自我、结论。卷端题名：心理学大意。

04439

**心理学　（美）伍德沃思（Robert S. Woodworth）著　谢循初译**

上海：中华书局，1933.6，522 页，22 开

上海：中华书局，1935，再版，[522] 页，22 开

上海: 中华书局，1936.12，3 版，[522] 页，22
开

上海: 中华书局，1939，4 版，522 页，22 开

上海: 中华书局，1948，5 版，522 页，22 开

本书共 13 章，内容包括: 心理学的范围、智能、记忆、学习、遗传与环境、活动的引起——刺激与动机、情感与情绪、感觉、观察、思想、想像、生理心理、人格。著者原题: 吴伟士。

收藏单位: 重庆馆、东北师大馆、广东馆、贵州馆、国家馆、湖南馆、吉林馆、江西馆、南京馆、山东馆、山西馆、首都馆、浙江馆

04440

**心理学**　（英）亚威灵（F. Aveling）著　陈德荣译

上海: 商务印书馆，1935.3，144 页，32 开（自然科学小丛书）（万有文库 第 2 集 48）

上海: 商务印书馆，1935.6，144 页，32 开（自然科学小丛书）

本书分 20 章，讲述心理学的历史，特别介绍近代心理学中的实验心理学、社会心理学与比较心理学、行为主义、格式塔心理学等派别，在现代心理学中着重论述应用心理学在教育、医疗和实业中的运用。书前有本书纲要。书末附参考书目。

收藏单位: 重庆馆、大连馆、广东馆、国家馆、江西馆、辽大馆、南京馆、上海馆、首都馆、天津馆、浙江馆

04441

**心理学**　杨保恒编辑　沈恩孚　顾倬校订

上海: 中国图书公司和记，1912，3 版，120
页，25 开

上海: 中国图书公司和记，1914，8 版，120
页，25 开

本书为师范用之讲义。共 5 编 25 章，内容包括: 总论、知识、感情、意志和结论等。

收藏单位: 湖南馆、首都馆

04442

**心理学**　张廷霖编述

出版者不详，90 页，22 开

本书共 14 章，内容包括: 绪论、精神之机关、本能、习惯、注意、感觉、观念、认识、判定、情念、欲和精神与身体疾病之关系等。

收藏单位: 浙江馆

04443

**心理学**　张耀翔编著

上海: 世界书局，1946.6，再版，166+12 页，25 开（教育讲话丛书）

上海: 世界书局，1947，3 版，166+[12] 页，25 开（教育讲话丛书）

本书分 8 讲，包括心理学的性质、历史、门类、派别、术语、学习，各门心理学提要和研究心理的方法。书末附英文专字索引、中西人名对照表。

收藏单位: 国家馆、江西馆、南京馆

04444

**心理学**

出版者不详，[1913—1949]，122 页，25 开（新师范教科书）

收藏单位: 江西馆

04445

**心理学 ABC**　郭任远著

上海: ABC 丛书社，1928.8，97 页，32 开（ABC 丛书）

上海: ABC 丛书社，1929，2 版，97 页，32开（ABC 丛书）

上海: ABC 丛书社，1929，3 版，97 页，32开（ABC 丛书）

上海: ABC 丛书社，1931，4 版，97 页，32开（ABC 丛书）

上海: ABC 丛书社，1932.10，[5 版 ]，97 页，32 开（ABC 丛书）

上海: ABC 丛书社，1933，6 版，97 页，32开（ABC 丛书）

上海: ABC 丛书社，1939，[ 再版 ]，97 页，32 开（ABC 丛书）

本书共 8 章，内容包括: 当心江湖派的心理学、不要上旧骨董的心理的当、科学的心

理学、生理心理学、儿童心理学、变态心理学、应用心理学、动物心理学。书后附 ABC 丛书目录。

收藏单位：重庆馆、东北师大馆、广东馆、国家馆、河南馆、湖南馆、吉林馆、江西馆、南京馆、山东馆、上海馆、首都馆、浙江馆

04446

**心理学初步 舒新城著**

上海：中华书局，1923，205 页，32 开（青年丛书）

上海：中华书局，1923，再版，205 页，32 开（青年丛书）

上海：中华书局，1924，3 版，205 页，32 开（青年丛书）

上海：中华书局，1925.2，4 版，205 页，32 开，精装（青年丛书）

上海：中华书局，1928，7 版，205 页，32 开（青年丛书）

上海：中华书局，1930.2，10 版，205 页，32 开，精装（青年丛书）

上海：中华书局，1930，11 版，205 页，32 开（青年丛书）

上海：中华书局，1932.9，13 版，205 页，32 开（青年丛书）

上海：中华书局，1934，14 版，205 页，32 开（青年丛书）

上海：中华书局，1940，15 版，205 页，32 开（青年丛书）

本书共 12 章，内容包括：绪论，精神现象之原始禀质，本能，知觉，记忆及想像，习惯，感情，思想，行为，自我，心理学对职业、其他科学及人生之关系，近代心理学方法、分类及派别。书末附译名表。

收藏单位：重庆馆、广东馆、国家馆、河南馆、黑龙江馆、吉林馆、江西馆、南京馆、山东馆、首都馆、天津馆、浙江馆

04447

**心理学大纲 陈大齐著**

外文题名：Elements of psychology

上海：商务印书馆，1918.10，216 页，22 开（北京大学丛书 2）

上海：商务印书馆，1919.6，再版，216 页，22 开，精装（北京大学丛书 2）

上海：商务印书馆，1919，3 版，216 页，22 开（北京大学丛书 2）

上海：商务印书馆，1920，4 版，216 页，22 开（北京大学丛书 2）

上海：商务印书馆，1921.10，6 版，216 页，22 开，精装（北京大学丛书 2）

上海：商务印书馆，1922，7 版，216 页，22 开（北京大学丛书 2）

上海：商务印书馆，1924，9 版，216 页，22 开（北京大学丛书 2）

上海：商务印书馆，1926，11 版，216 页，22 开（北京大学丛书 2）

上海：商务印书馆，1927.6，12 版，216 页，22 开，精装（北京大学丛书 2）

上海：商务印书馆，1929.3，13 版，216 页，22 开（北京大学丛书 2）

上海：商务印书馆，1929，14 版，216 页，22 开（北京大学丛书 2）

上海：商务印书馆，1933，国难后 1 版，216 页，22 开（北京大学丛书 2）

上海：商务印书馆，1933，国难后 2 版，216 页，22 开（北京大学丛书 2）

本书共 15 章，内容包括：心理学之意义及研究法、精神作用之生理的基础、感觉总说、嗅觉味觉及听觉、视觉、感情、知觉及观念等。

收藏单位：重庆馆、东北师大馆、广东馆、贵州馆、国家馆、河南馆、黑龙江馆、湖南馆、吉林馆、江西馆、南京馆、山东馆、首都馆、天津馆、浙江馆

04448

**心理学大纲 （美）盖茨（A. I. Gates）著 伍况甫译**

外文题名：Elementary psychology

上海：世界书局，1933.12，[13]+560 页，22 开，精装

上海：世界书局，1935.1，再版，[13]+560 页，22 开，精装

本书论述行为与意识活动之身体的基础。

书中吸收了当时的重要研究成果，共18章，内容包括：心理学底题材和方法、反应假设和接受的机关、接连的机件、反应的机件、天然的禀赋、感觉和感情、情绪、优胜的人类的促迫、激动和调整、学习定律、学习底特征、学习的经济性、知觉和注意、思维、概括的智力和特别的才能、人格性、个性、效率。

收藏单位：重庆馆、东北师大馆、广东馆、广西馆、国家馆、湖南馆、吉林馆、南京馆、山东馆、首都馆、天津馆、浙江馆

04449

**心理学大意 舒新城编**

上海：中华书局，1926.9，108页，32开（常识丛书16）

上海：中华书局，1929，3版，108页，32开（常识丛书16）

上海：中华书局，1932.10，4版，106页，32开（常识丛书16）

本书分上、下两篇，为初学心理学的人所写。上篇为心理学底意义方法及范围；下篇为心理学上的普通问题，包括什么是心理学、本能、情绪、习惯、潜意识等。书末附近代心理学底派别、参考书。

收藏单位：重庆馆、广东馆、国家馆、河南馆、吉林馆、南京馆、首都馆、浙江馆

04450

**心理学导言 （英）冯德（W. Wundt）著 吴颂皋译**

外文题名：Introduction to psychology

上海：商务印书馆，[1923]，122页，32开（共学社通俗丛书）

上海：商务印书馆，1933.4，国难后1版，122页，32开（共学社通俗丛书）

上海：商务印书馆，1935，122页，32开（万有文库 第2集49）（汉译世界名著）

上海：商务印书馆，1939，简编版，122页，32开（万有文库 第2集49）（汉译世界名著）

本书概述心理学的基本问题。共5章，内容包括：识与注意、识之元素、连想、统觉、精神律。

收藏单位：重庆馆、大连馆、东北师大

馆、广东馆、国家馆、湖南馆、江西馆、辽大馆、南京馆、山西馆、上海馆、天津馆、浙江馆

04451

**心理学的派别 邰爽秋等选编**

上海：教育编译馆，1935.4，276页，25开（教育参考资料选辑）

本书为心理学论文汇集。内收11篇，包括《心理学史》（陆志韦、吴定良）、《现代变态心理学说之分析及其批评》（萧孝嵘）、《行为主义》（朱光潜）、《研究行为发育的程序及其方法》（郭任远）、《三十年来行为之研究》（郭任远）、《心理学中反遗传运动的结果》（郭任远）、《苏俄的心理学》（高觉敷）、《法国心理学的现状》（谢循初）、《格式塔心理学的鸟瞰观》（萧孝嵘）、《两个要素的理论》（王书林）、《关于疲劳的几种研究》（陈剑修）。为《教育参考资料选辑》单行本之一。

收藏单位：重庆馆、国家馆、南京馆、浙江馆

04452

**心理学赅要 李劬刚编译**

李弢瑛 [ 发行者 ]，1925.5，[28]+252页，22开（平民大学丛书）

本书分两部，第1部为心理学原理，包括总论、精神作用底物质的基础、感觉、知觉——即观念、概念、记忆、思想、连想、想像、意识、注意、意志、情、人格14章；第2部为心理学实用，包括概念底清晰、记忆底训练、想象底培养、注意底控制、习惯底造成及破坏、意志底自由、人格之力、刚毅的自我——社会之狮、刚毅的自我——独立、职业底选择10章。书前有刘廷芳序、编者自序、凡例。

收藏单位：国家馆、首都馆

04453

**心理学概论 高觉敷著**

外文题名：Elements of psychology

上海：商务印书馆，1929，56页，32开（百科小丛书）（万有文库 第1集85）

上海：商务印书馆，1929.10，再版，56 页，32 开（百科小丛书）（万有文库 第 1 集 85）

上海：商务印书馆，1931.8，56 页，32 开，精装（百科小丛书）

上海：商务印书馆，1933，国难后 1 版，56 页，32 开（百科小丛书）

上海：商务印书馆，1934，再版，56 页，32 开（百科小丛书）（万有文库 第 1 集 85）

上海：商务印书馆，1935，国难后 2 版，56 页，32 开（百科小丛书）

　　本书分 3 章论述心理学的对象、派别（能力派、联想派、构造派、机能派、行为派、基斯塔派、主体派或自我派、潜意识派）与分野。书末附参考书目。

　　收藏单位：安徽馆、重庆馆、大连馆、东北师大馆、广东馆、贵州馆、国家馆、江西馆、辽大馆、南京馆、上海馆、天津馆、浙江馆

04454

**心理学概论**　（丹）霍夫丁（Harald Hoffding）著　（英）龙特氏（Loundes）英译　王国维汉译

上海：商务印书馆，1913.10，4 版，2 册（484 页），32 开

上海：商务印书馆，1914.5，5 版，2 册（484 页），32 开

上海：商务印书馆，1915，6 版，2 册（484 页），32 开，精装

上海：商务印书馆，1926，8 版，484 页，32 开，精装（哲学丛书）

上海：商务印书馆，1931，9 版，484 页，32 开，精装（哲学丛书）

上海：商务印书馆，1935.5，国难后 1 版，396 页，32 开，精装（汉译世界名著）

上海：商务印书馆，298 页，大 32 开，精装

　　本书原为师范学堂用书。不仅讨论了心理学的有关问题，而且涉及认识论和伦理学的范围。共 7 篇，内容包括：心理学之对象及方法、精神及身体之关系、意识与无意识之关系、心理的原质之分类、知识之心理学、感情之心理学、意志之心理学。书末附《中西人名对照表》。著者原题：海甫定。

　　收藏单位：重庆馆、东北师大馆、广东馆、贵州馆、国家馆、河南馆、湖南馆、吉林馆、江西馆、南京馆、山东馆、上海馆、首都馆、天津馆、浙江馆

04455

**心理学概论**　潘菽著

上海：北新书局，1929.8，125 页，32 开

上海：北新书局，1932，再版，125 页，32 开

　　本书共 12 章，内容包括：何谓心理学、心理学在各学科中的位置、近世心理学发展的过程、现在心理学的派别等。书末附录心理学入门书举要。

　　收藏单位：重庆馆、广东馆、国家馆、南京馆、山西馆、上海馆、首都馆、浙江馆

04456

**心理学概论**　丘景尼著

上海：开明书店，1931，[20]+308 页，32 开

　　本书论述心理的发展和现象。共 8 编，内容包括：绪论、神经系统、意识及注意、认识、感情、意志、作业与疲劳、自我个性人格。

　　收藏单位：重庆馆、东北师大馆、国家馆、吉林馆、江西馆、南京馆、山东馆、上海馆、首都馆、浙江馆

04457

**心理学概论**　魏肇基编著

上海：世界书局，1932.11，169 页，25 开

　　本书分序论、本论、总结，共 8 章，内容包括：心理学之意义、心理学之种类、心理学之研究法、意识之机能、意识之生理的豫件、知的现象、情的现象、意的现象。书前有编者序。

　　收藏单位：广东馆、国家馆、湖南馆、南京馆、山东馆、天津馆

04458

**心理学概论**　徐宗泽编著

上海：圣教杂志社，1930.10，156+12 页，32 开

　　本书以宗教观点论述心理学诸问题。共 4 编，内容包括：总论生命、论觉生生命、论灵

生生命、论灵魂。书前有自序。书末有索引和中西名词对照。

收藏单位：国家馆、吉林馆、南京馆、上海馆

04459

**心理学概论 周戒沉编著**

天津：百城书局，1934.5，296+10 页，32 开

本书共 6 篇，内容包括：总论、认识、感情、意志、学习、精神的素质。书前有叙言。书末附参考书目。

收藏单位：国家馆、天津馆

04460

**心理学纲领 岳立仞 王国华著**

兖州：兖州府天主堂印书馆，1925.3，102 页，22 开

本书为师范学校新教科书。共 4 编，内容包括：绪论、泛论心的现象、论知识、论意志。书末附结论。

收藏单位：国家馆

04461

**心理学纲要 吴绍熙编**

上海：中华书局，1937，[12]+174 页，32 开（中华百科丛书）

上海：中华书局，1939.8，[12]+174 页，32 开（中华百科丛书）

上海：中华书局，1941，再版，[12]+174 页，32 开（中华百科丛书）

本书共 9 章，内容包括：心理学研究什么、行为的基本概念、我们的知识如何而来、我们怎样记忆怎样忘记、思想如何发生、情绪的性质、智力是什么、人格发展的动的状态、心理学的社会实用价值。书前有舒新城总序、编者自序。书末有中西名词对照表。

收藏单位：重庆馆、广东馆、国家馆、吉林馆、辽宁馆、南京馆、山东馆、天津馆、浙江馆

04462

**心理学各方面之研究 教育杂志社编辑**

外文题名：Miscellaneous essays on psychology

上海：商务印书馆，1925，82 页，50 开（教育丛著 81）

本书内收《本能之研究》（李石岑）、《心理学上知情意三分法的研究》（解中苏）、《心理学之派别》（李石岑）3 篇论文。

收藏单位：重庆馆、广东馆、广西馆、国家馆、南京馆、上海馆、首都馆、浙江馆

04463

**心理学简编 （美）詹姆士（W. James）著 伍况甫译**

外文题名：Psychology: briefer course

上海：商务印书馆，1930.4，6 册（665 页），32 开（汉译世界名著）（万有文库 第 1 集 82）

上海：商务印书馆，1933.11，[570] 页，32 开，精装（汉译世界名著）

上海：商务印书馆，1947.3，再版，2 册（[665] 页），32 开（汉译世界名著）（新中学文库）

本书内容包括：感觉通论、视觉、听觉、运动觉、脑的构造、脑的功用、习惯、意识流、自我、注意、记忆、知觉、情绪、意志等。书后附结论。

收藏单位：安徽馆、重庆馆、大连馆、东北师大馆、广东馆、贵州馆、国家馆、黑龙江馆、湖南馆、江西馆、辽大馆、辽宁馆、南京馆、山东馆、山西馆、上海馆、绍兴馆、首都馆、天津馆、浙江馆

04464

**心理学讲话 张耀翔编著**

上海：世界书局，1945.8，166+12 页，32 开（教育讲话丛书）

上海：世界书局，1946，再版，166+12 页，32 开（教育讲话丛书）

上海：世界书局，1947.6，3 版，166+12 页，32 开（教育讲话丛书）

本书分 8 章介绍心理学的性质、历史、门类、派别、方法、术语及学习等。书前有自序。书末附录英文专字索引、中西人名对照表。封面题名：心理学。

收藏单位：安徽馆、重庆馆、国家馆、南京馆、上海馆

04465

心理学讲义　抚州师范教员讲述　邓茂春等编

抚州：出版者不详，162 页，32 开，环筒页装

04466

心理学讲义　蒋维乔编

外文题名：Lectures on psychology

上海：商务印书馆，1912.12，104 页，32 开

上海：商务印书馆，1914.5，3 版，104 页，32 开

上海：商务印书馆，1914.12，4 版，104 页，32 开

上海：商务印书馆，1915.11，5 版，140 页，32 开

上海：商务印书馆，1916.6，6 版，104 页，32 开

上海：商务印书馆，1916.11，7 版，104 页，32 开

　　本书为师范讲习社讲义。介绍普通心理学的研究法，以及意识、感觉、知觉、观念、思考、欲望等概念，并兼述儿童心理学及教育心理学。

　　收藏单位：国家馆、江西馆、南京馆、上海馆、首都馆、天津馆、浙江馆

04467

心理学讲义

山东：济南齐鲁大学印刷事务所，154 页，25 开

　　收藏单位：山东馆

04468

心理学教程　萧骏编著

中央军校政治部，1944，96 页，32 开

[中央军校政治部]，1946，76 页，36 开

　　本书为国民党中央军校讲义。共 10 章，内容包括：心理学的意义及其目的、心理学的范围与内容、心理学与其他科学的关系、心理学研究的方法、行为的生理基础、环境对行为的影响、心理学在军事上的应用等。

　　收藏单位：重庆馆、国家馆

04469

心理学论丛　王平陵等著　东方杂志社编

外文题名：Psychological essays

上海：商务印书馆，1924，84 页，32 开（东方文库 第 36 种）

上海：商务印书馆，1924.10，再版，84 页，32 开（东方文库 第 36 种）

上海：商务印书馆，1925，3 版，84 页，32 开（东方文库 第 36 种）

　　本书内收论文 7 篇，包括《现代心理学的派别及其研究法》（王平陵）、《福鲁德的隐意识说与心理分析》（朱光潜）、《直觉与理智》（陈定谟）、《欲望的解剖》（罗素著、愈之译）、《男女性情之解剖》（钱智修译述）、《群众心理》（桑田芳藏著、若木译）、《群众心理之特征》（章锡琛译述）。

　　收藏单位：安徽馆、重庆馆、东北师大馆、广东馆、国家馆、江西馆、南京馆、山东馆、绍兴馆、天津馆、浙江馆

04470

心理学论文集　高觉敷著

外文题名：Essays of psychology

上海：商务印书馆，1926.12，432 页，32 开，精装（民铎丛书 2）

　　本书内收论文 8 篇，包括《心理学的对象与方法》《社会心理学概说》《青年心理与教育》《新心理学与教育》《心体平行论与心体交感论》《所谓意志动作的分析》《介绍墨独孤的灵魂论》《心之分析的起源与发展》。书前有自序。书末附录《介绍德列威之〈人之本能〉》。

　　收藏单位：重庆馆、广西馆、国家馆、湖南馆、吉林馆、江西馆、南京馆、上海馆、首都馆、天津馆、浙江馆

04471

心理学论文集（第一集）　虞德元　戴景曦编辑

厦门：风行印刷社，121 页，18 开

　　本书内收论文 10 篇，包括：《佛家心理学》《儿童的游戏》《衣服的心理》《青年期两性心理》《青年期求偶的心理》《怕的研究》

《心理变态观念的变迁》等。

收藏单位：广西馆

04472

**心理学名词汉译（英汉对照） 庄泽宣编**
外文题名：Terms in psychology
北京：中华教育改进社，1924，16 页，32 开
（教育丛刊 3）

本书收录心理学名词英汉对照。书前有序。书末有审查心理学名词的经过。

收藏单位：国家馆、南京馆

04473

**心理学上几个重大实验 （美）盖瑞（H. E. Garrett）著 朱镇苁等译**
外文题名：Great experiments in psychology
上海：中华书局，1934.11，[10]+284 页，22 开

本书共 14 章，内容包括：比纳的普通智力量表、军队测验与团体智力测验之兴起、蔼平浩斯对于记忆与遗忘之研究、巴夫洛夫之交替反射实验、桑戴克之动物实验与学习律、华森对于婴儿行为之实验研究、高尔顿与个别差异之测量、客特尔之反应时间的实验、苛勒之知觉与学习的实验及其对于形象心理学之重要、韦伯费希纳定律与精神物理学之发生、佛朗兹与拉希莱之脑与学习的实验研究等。书前有沈有乾序、著者序、编者序、译者序。著者原题：盖睿。

收藏单位：北大馆、重庆馆、东北师大馆、广东馆、贵州馆、国家馆、黑龙江馆、湖南馆、吉林馆、江西馆、南京馆、山东馆、上海馆、天津馆、浙江馆

04474

**心理学史 韩士元编译**
上海：民智书局，1926.7，152 页，32 开

本书论述从柏拉图、亚里士多德、培根、笛卡尔、斯宾诺莎至现代心理学的发展简史。共 35 部分，内容包括：通论、读心理学史之目的、古代心理学家所以信灵魂说之原因、柏拉图之心理学说、亚里士多德之心理学说等。

收藏单位：重庆馆、广东馆、广西馆、国家馆、湖南馆、江西馆、南京馆、山东馆、山西馆、首都馆、天津馆、浙江馆

04475

**心理学史 （美）皮尔士堡（W. B. Pillsbury）著 陈德荣译**
外文题名：The history of psychology
上海：商务印书馆，1931，[11]+378 页，22 开
（心理学丛书）
上海：商务印书馆，1933，国难后 1 版，[11]+378 页，22 开，精装（心理学丛书）

本书论述从古希腊至 20 世纪 20 年代欧美心理学派别、学说、代表人物。共 18 章，内容包括：古希腊心理学、后希腊与中世纪的心理学、近代心理学的起始、英国心理学与莱勃尼兹的反攻等。书前有著者序。著者原题：匹尔斯柏立。

收藏单位：重庆馆、东北师大馆、广东馆、贵州馆、国家馆、吉林馆、南京馆、山东馆、上海馆、首都馆、浙江馆

04476

**心理学史 （美）皮尔士堡（W. B. Pillsbury）著 王光祥译**
北平：文化学社，1932.12，302 页，32 开

本书论述从古希腊至 20 世纪 20 年代欧美心理学派别、学说、代表人物。共 18 章，内容包括：初期与古典的希腊心理学、晚期希腊与中世纪的心理学、近代心理学之肇始等。书前附原序。

收藏单位：国家馆、吉林馆、南京馆、天津馆、浙江馆

04477

**心理学提要**
出版者不详，1 册，25 开

收藏单位：南京馆

04478

**心理学问答 毛起鹏编著**
上海：大东书局，1930.1，[12]+142 页，64 开（考试必携百科问答丛书 21）
上海：大东书局，1931.7，再版，[12]+142 页，64 开（考试必携百科问答丛书 21）

本书解答 65 个心理学问题。书末附《意识论》。

收藏单位：重庆馆、广东馆、国家馆、湖南馆、江西馆、南京馆、浙江馆

## 04479

**心理学修养法　张廷健著**

出版者不详，20 页，32 开

本书讲述心理学的有关知识。内容包括：心理学之所谓心、意识之特质、说意识之进化及其成立法则、说注意之理法、止心方法、论修养心性与生死问题、辟闻绝欲主义、说忙与大我关系等。

收藏单位：天津馆

## 04480

**心理学要览　余寄编**

上海：商务印书馆，1917.9，114 页，40 开

本书为普通心理学简述。共 6 篇，内容包括：绪论、心的现象泛论、知的现象、情的现象、意的现象、结论。书前有例言。书末附练习问题。

收藏单位：国家馆、江西馆、山东馆、首都馆、天津馆、浙江馆

## 04481

**心理学要领　樊炳清著**

外文题名：Principles of psychology

上海：商务印书馆，1915，128 页，32 开

上海：商务印书馆，1919，3 版，128 页，32 开

上海：商务印书馆，1920，4 版，128 页，32 开

上海：商务印书馆，1922.1，5 版，128 页，32 开

上海：商务印书馆，1923，7 版，128 页，32 开

上海：商务印书馆，1924，8 版，128 页，32 开

上海：商务印书馆，1927.5，9 版，128 页，32 开

本书为师范学校教学用书。分上、中、下 3 篇，共 15 章，内容包括：总论、神经系、感觉、注意、握住及联合、知觉、记忆及想像、推考、本能、感情及情绪、运动及意志、操作及疲劳、研究儿童心身发达之必要、身体之发达、精神之发达。书前有凡例。

收藏单位：重庆馆、广东馆、贵州馆、国

家馆、河南馆、吉林馆、江西馆、山东馆、首都馆、浙江馆

## 04482

**心理学与道德　（英）海德斐（J. A. Hadfield）著　杨懋春译**

外文题名：Psychology and morals

上海：广学会，1933，316 页，32 开（齐鲁丛书 2）

本书讨论道德与心理学的关系，心理学对道德形成的影响等。共 23 章，内容包括：绪论、品格之决定者、复闷心组、隐机与行为等。

收藏单位：重庆馆、国家馆、山东馆、上海馆、浙江馆

## 04483

**心理学与精神治疗法　（英）布拉文（W. Brown）著　华超译述**

外文题名：Psychology and psychotherapy

上海：商务印书馆，1929.4，[12]+192 页，22 开，精装（心理学丛书）

上海：商务印书馆，1933.3，[12]+192 页，国难后 1 版，22 开，精装（心理学丛书）

本书阐述精神治疗法的心理学原理，其中很多见解来自对病人精神分析的结果。作者认为精神分析法是精神疗法中最有价值的。共 5 编，内容包括：导言、理论的、精神治疗法（心疗法）、战争之教训、心与脑。书前有戎涅氏序、著者序、译者赘言。书后附参考书目。

收藏单位：重庆馆、贵州馆、国家馆、湖南馆、吉大馆、山西馆、上海馆、首都馆、天津馆、浙江馆

## 04484

**心理学与现代文化　卢子道著**

出版者不详，4 页，16 开

本书谈现代科学对心理学研究的影响。

## 04485

**心理学原理　吴康编纂**

外文题名：Principles of psychology

上海：商务印书馆，1921.10，154 页，25 开
上海：商务印书馆，1922，再版，154 页，25 开
上海：商务印书馆，1924，4 版，154 页，25 开
上海：商务印书馆，1926，5 版，154 页，25 开
上海：商务印书馆，1930，6 版，154 页，25 开

本书为普通心理学著作，论述心理学的定义、方法、分类，意识与生理的关系，心理现象等。共 14 章，内容包括：总论、意识作用与生理作用之关系、神经系、心象原素分类、感觉、知觉、连想、记忆与想像、识别与概念、思想、运动、注意、情态、情绪。书前有张东荪序、凡例。书末附录《教育心理学》。

收藏单位：重庆馆、广东馆、广西馆、国家馆、河南馆、湖南馆、南京馆、上海馆、首都馆

04486

**心理学之科学观** （美）卫尔德（H. P. Weld）著　张绳祖　朱定钧译
外文题名：Psychology as science
上海：商务印书馆，1934，10+196+11 页，22 开，精装（大学丛书）
上海：商务印书馆，1934.10，再版，10+196+11 页，22 开，精、平装（大学丛书）
上海：商务印书馆，1935.6，再版，196 页，22 开，精装（大学丛书）

本书考察心理学的概念、分类、方法，并论述心理学的各个分支。共 16 章，内容包括：科学之意义、普通心理学、科学与实用学、差异心理学、变态心理学、"变态经验"与"意义"、变态心理学说、动物心理学、动物心理学之试验、动物之心理的经验、动物列系中精神的发展、个体心理的发展、社会心理学、应用心理学、心理学之地位。书前有译者言、著者原序。书末附名词对照表、勘误表、索引。

收藏单位：重庆馆、广东馆、贵州馆、国家馆、黑龙江馆、湖南馆、吉大馆、吉林馆、江西馆、辽宁馆、南京馆、山西馆、首都馆、浙江馆

04487

**心理学之哲学的研究**　高卓著
外文题名：The philosophical study of psychology
上海：商务印书馆，1925.12，78 页，42 开（教育丛著 80）

本书内收论文两篇，包括《心体平行论与心体交感论》《心理学的对象与方法》。

收藏单位：广东馆、广西馆、国家馆、南京馆、山东馆、首都馆、浙江馆

04488

**心理研究所三十一年度工作报告**
[重庆]：心理研究所，[1943]，油印本，1 页，横 8 开

本书阐述了 1942 年在心理研究所之工作的情形，分为生理心理学之实验研究、理论研究两部分。并介绍实验研究，包括"在蛙的行为发展之早期中，后脑有何作用？""割除蝌蚪内耳对行为之影响""蝌蚪之对光向转反应"。

收藏单位：国家馆

04489

**心理与生活**　（英）魏善海（L. D. Weatherhead）著　华丁夷译
外文题名：Psychology and life
上海：青年协会书局，1936.4，195 页，25 开（青年丛书 31）
上海：青年协会书局，1940，再版，195 页，25 开（青年丛书 31）

本书讲述生活中的一些心理疾病及其治疗。共 12 章，内容包括：心理学宗教与医术、心理学是什么、心理学的材料和范围、心理的平面、无意识的重要、心理的能力、抑制与自制、自卑心结、儿童的心理等。书前附导言、著者自序。

收藏单位：重庆馆、贵州馆、国家馆、吉林馆、江西馆、南京馆、上海馆

04490

**心理与生命**　南庶熙编译
北京：晨报社，1923.2，206 页，32 开（晨报社丛书 9）

本书收录日本学者福来友吉、速水滉，美国学者詹姆士的心理学论文 13 篇，包括《意识》《联合》《认识》《判断与推理》《情念》《美感》《意志》《欲念与情念的关系》《目的观念的要素》《个人的要求与超个人的要求》《艺术的心理》《烦闷的生活》《生命》。书前有作者序。书末附录《心理学研究的态度和历史》《心理学的应用及其将来》。

收藏单位：国家馆、上海馆、首都馆、天津馆、浙江馆

04491

**心理杂志选存　张耀翔编**

上海：中华书局，1932.8，2 册（772 页），16 开

上海：中华书局，1933，再版，2 册（772 页），16 开

《心理杂志》自 1922 年创刊至 1932 年止，共出 14 卷，发表论文 150 篇。本书从中选录 50 篇，分为 9 编，内容包括：普通心理、儿童心理、社会心理、变态心理、心理学史、各家心理、教育心理、智学测验、杂著。书前有张耀翔的《编辑者言》。书末附参考书目。

收藏单位：重庆馆、东北师大馆、广东馆、国家馆、吉大馆、吉林馆、江西馆、南京馆、山东馆、山西馆、上海馆、首都馆、天津馆、浙江馆

04492

**心影与力象**

出版者不详，46 页，大 64 开

收藏单位：上海馆

04493

**心之新解释　（美）巴特里克（T. W. Patrick）著　朱然藜译**

外文题名：What is the mind

上海：商务印书馆，1931.5，186 页，22 开（哲学丛书）

上海：商务印书馆，1933.10，国难后 1 版，186 页，22 开，精装（哲学丛书）

本书共 8 章，内容包括：心底学说、心之新解释、意识问题、兴趣问题、行为主义之

哲学、心身关系问题、心之进化、各家之进化学说。书前有原序。

收藏单位：重庆馆、广东馆、贵州馆、国家馆、吉大馆、江西馆、南京馆、山东馆、山西馆、首都馆、浙江馆

04494

**新体心理学讲义　杨嘉椿著**

外文题名：New method series lectures on psychology

上海：商务印书馆，1918，56 页，25 开

上海：商务印书馆，1921，5 版，56 页，25 开

上海：商务印书馆，1922.5，6 版，56 页，25 开

上海：商务印书馆，1923，7 版，56 页，25 开

上海：商务印书馆，1926，8 版，56 页，25 开

本书为师范学校心理学教科书。共 10 章，内容包括：绪论、精神机关、感觉、注意、知觉、观念、思考、感情、意志、结论。

收藏单位：广东馆、国家馆、河南馆、上海馆

04495

**新心理学　（德）阿奈斯（R. Allers）著　林传鼎译**

北平：辅仁大学，1940.10，59 页，32 开（教育丛书 2）

本书作者认为 19 世纪的新心理学大部分属于理论的，到了 20 世纪初，实验心理成为心理学的主流。本书介绍了这方面的情况。共 5 部分，内容包括：绪论、心理分析、个人心理学、新心理学与哲学、结论。

收藏单位：国家馆、吉林馆、首都馆

04496

**新制心理学　顾公毅编辑**

上海：中华书局，1915.12，100 页，25 开

上海：中华书局，1916.9，再版，100 页，25 开

上海：中华书局，1917.2，3 版，100 页，25 开

上海：中华书局，1919.2，7 版，100 页，25 开

上海：中华书局，1921，11 版，100 页，25 开

上海：中华书局，1924，14 版，100 页，25 开

本书为师范学校心理学教科书。除绪论外，分 4 编，内容包括：知识、感情、意志、括论。书前有编辑大意。书末附学语中西对

照表。书脊题名：新制心理学教科书。

收藏单位：国家馆、河南馆、江西馆、山东馆、首都馆、浙江馆

04497

**新撰普通心理学挂图说明书**　傅继良编

北平：北平琉璃厂现代书局，1934.1，24 页，26 开

收藏单位：江西馆

04498

**行为的基本原理**　郭任远著

上海：世界书局，1935，72 页，32 开（心理学丛书）

本书共 6 章，内容包括：总论、刺激的一般性质、刺激的强度、刺激互相间的关系、刺激作用的变化及转移、反应的一般性质。书前有主编者的话。

收藏单位：重庆馆、广东馆、贵州馆、国家馆、吉林馆、南京馆、上海馆、浙江馆

04499

**行为心理学大意**　（美）华生（J. B. Watson）著　谢循初编译

外文题名：The ways of behaviorism

谢循初 [ 发行者 ]，1928，149 页，32 开

本书共 7 章，内容包括：何谓行为心理学、行为心理学何以要废除本能、腑脏的反应——情绪、行为心理学对于记忆的解说、行为心理学对于思想的解说、行为心理学对于无意识的解说评论、行为心理学对于人格的解说。书前有译者序、作者原序。著者原题：华村。

收藏单位：国家馆、江西馆、上海馆

04500

**行为学的基础**　郭任远著

外文题名：The foundation of behaviorism

上海：商务印书馆，1929.10，75 页，32 开（百科小丛书）（万有文库 第 1 集 81）

上海：商务印书馆，1931.8，75 页，32 开（百科小丛书）

上海：商务印书馆，1933，国难后 1 版，75 页，32 开（百科小丛书）

本书共 8 章，内容包括：科学和哲学、行为学的学理的基础、行为和意识、行为和遗传、行为和目的、行为学生理学及神经学、行为学的方法、结论。书前附例言。

收藏单位：安徽馆、重庆馆、大连馆、东北师大馆、广东馆、贵州馆、国家馆、河南馆、湖南馆、江西馆、南京馆、上海馆、天津馆、浙江馆

04501

**行为学的领域**　郭任远著

上海：世界书局，1935.8，102 页，32 开（心理学丛书）

本书共 6 章，内容包括：从心理学到行为学、行为学的范围、行为学和心理学的方法的比较、意识的观念在行为学上的位置、目的论在行为学上的位置、行为学与遗传。书前有主编者的话。

收藏单位：重庆馆、贵州馆、国家馆、河南馆、吉林馆、江西馆、南京馆、上海馆、浙江馆

04502

**行为主义**　陈德荣著

上海：商务印书馆，1933.9，190 页，22 开，精装（大学丛书）

本书对行为主义的基本观点和派别逐一介绍。分 7 章，内容包括：行为主义的背景、行为主义的含义、行为主义对于旧名词的解释、行为主义与神经学、行为主义与哲学、从行为主义观察各支心理学及社会科学、行为主义的非难与解答。

收藏单位：重庆馆、东北师大馆、广东馆、广西馆、贵州馆、国家馆、黑龙江馆、江西馆、南京馆、上海馆、绍兴馆、首都馆、天津馆、浙江馆

04503

**行为主义**　郭任远等著

上海：商务印书馆，1933.12，104 页，50 开（东方文库 续编）

上海：商务印书馆，1934，再版，104 页，50 开（东方文库 续编）

　　本书内收论文 3 篇，包括：《一个心理学革命者的口供》（郭任远）、《行为派之心理学观及其批判》（汤澄波）、《完形派心理学与行为主义》（高卓）。

　　收藏单位：重庆馆、东北师大馆、广东馆、国家馆、黑龙江馆、南京馆、山东馆、上海馆、天津馆、浙江馆

04504

**行为主义的论战** （美）华生 (J. B. Watson)（美）麦独孤 (McDougall) 著　黄维荣译
上海：黎明书局，[1940]，74 页，25 开
上海：黎明书局，1940，再版，74 页，25 开

　　本书内收两篇，包括华生的《行为主义——心理学的新注释》，麦独孤的《心理学的原理——行为主义的批评》，系他们之间关于行为主义心理学的辩论。书前有郭任远的序，对华生及麦独孤辩论加以批评。书末附麦独孤跋。著者"华生"原题：华震。封面及版权页题名：行为主义论战。

　　收藏单位：重庆馆、广东馆、国家馆、江西馆、南京馆、山东馆、上海馆、浙江馆

04505

**行为主义的心理学** （美）华生 (J. B. Watson) 著　臧玉洤译
外文题名：Psychology from the standpoint of a behaviorist
上海：商务印书馆，1925.1，[23]+395 页，22 开，精装（心理学丛书）
上海：商务印书馆，1926.2，再版，[23]+395 页，22 开，精装（心理学丛书）
上海：商务印书馆，1928，3 版，[23]+395 页，22 开，精装（心理学丛书）
上海：商务印书馆，1933，国难后 1 版，[23]+395 页，22 开，精装（心理学丛书）
上海：商务印书馆，1933.12，[23]+395 页，22 开，精装（心理学丛书）（大学丛书）
上海：商务印书馆，1933.12，3 册（149+222+208 页），32 开（汉译世界名著）（万有文库第 1 集 83）

上海：商务印书馆，1934，国难后 1 版，[23]+395 页，22 开，精装（大学丛书）

　　本书共 11 章，内容包括：心理学的问题与范围、心理学的方法、感受器和他们的刺激、动作的神经生理的基础、反应的器官、反应中遗传的样式、明显的身体习惯的发生与保持、明显的与含蓄的言语习惯的发生与保持、机体的工作、人格及其错乱。书前有引言、译例、原序、志谢。书末有中西人名对照表。著者原题：华德生。

　　收藏单位：安徽馆、重庆馆、大连馆、东北师大馆、广东馆、广西馆、贵州馆、国家馆、湖南馆、吉林馆、江西馆、辽大馆、辽宁馆、南京馆、山东馆、山西馆、上海馆、首都馆、天津馆、浙江馆

04506

**行为主义心理学** （美）华生 (J. B. Watson) 著　蒋栞弘译
外文题名：Behaviorism
北平：大学出版社，1935，260 页，22 开

　　本书为《华生氏行为主义》的不同译本，论述行为主义基本观点。共 12 章，内容包括：行为主义是什么、如何研究人类的行为、人体、人类究竟有无本能、情绪、肢体的习惯、语言与思想、人格。著者原题：瓦岑。

　　收藏单位：重庆馆、国家馆、首都馆

04507

**形势心理学原理** （德）列文 (K. Lewin) 著　高觉敷译
外文题名：Principles of topological psychology
重庆：正中书局，1944.4，[19]+213 页，25 开
上海：正中书局，1945，沪 1 版，[19]+213 页，25 开
上海：正中书局，1947，沪 3 版，[19]+213 页，25 开

　　本书为大学用书。共两编，内容包括：心理学的问题与形势心理学及向量心理学的基础、形势几何学的心理学。书前有《致苛勒函》（代序）、译序。书后附名词集解。著者原题：勒温。

　　收藏单位：重庆馆、东北师大馆、广东馆、国家馆、湖南馆、江西馆、辽宁馆、南

京馆、山东馆、上海馆

04508

一九二五年心理学 （美）华生 （J. B. Watson）等著 谢循初等译

外文题名：Psychologies of 1925

北京：文化学社，1928.6，606 页，25 开（心理学会丛书）

本书分 6 编 19 章，按学派分编为：行为心理学、动的行为学、完形心理学、主义心理学、反动心理学、构造心理学。书前有编译者序，C. Murchison 的初版原序、再版原序。

收藏单位：重庆馆、国家馆、吉林馆、江西馆、山东馆、首都馆、浙江馆

04509

中华心理学教科书 彭世芳编

上海：中华书局，1912.1，154 页，32 开

上海：中华书局，1913，再版，154 页，32 开，精装

上海：中华书局，1913，3 版，154 页，32 开

上海：中华书局，1915，5 版，154 页，32 开

上海：中华书局，1916，6 版，154 页，32 开

本书共 7 部分，内容包括：绪论、心的现象泛论、知识、感情、意志、特性及自己、教育与心理学之关系。

收藏单位：重庆馆、国家馆、吉林馆、首都馆、浙江馆

04510

最新心理学教科书 龚诚编

上海：文明书局，1939，66 页，22 开

本书共 5 章，内容包括：总说、心的作用之原起、智的现象（知识）、感情的现象（感情）、意的现象（意志）。

# 心理学研究方法

04511

安眠术 余萍客著

上海：心灵科学书局，1933.4，88+20 页，32 开

本书共 13 章，内容包括：睡眠的价值、睡眠和发育、睡眠和健康、睡眠和长寿、睡眠为身体滋养之一、睡眠不足与衰弱、睡眠的原因、睡眠时的状态、梦、催眠术、适当的睡眠、寝室与寝具、不眠症的治疗。

收藏单位：国家馆

04512

催眠百大法 余萍客著

上海：心灵科学书局，1931，再版，88 页，18 开

本书介绍了 100 种催眠方法。分为 3 部分，内容包括：生理的催眠方法、心理的催眠方法、介乎于生理与心理的催眠方法。附录《催眠醒觉方法》《告诫三十条》《暗示应注意之点》《施术失败之因果》《催眠与睡眠的分别》。

收藏单位：广东馆、国家馆

04513

催眠大展览 中国心灵研究会编

上海：中国心灵研究会，1927.8，3 版，56 页，16 开

本书收录催眠术照片多幅，每一照片均有文字说明。

收藏单位：绍兴馆

04514

催眠实验写真集 神州催眠学会编辑部编

上海：神州催眠学会发行部，1918.7，再版，50 页，32 开

本书展示催眠照片。内容包括：施术室图、言语催眠图、摇动催眠图、强压催眠图、忘肉催眠图、凝视催眠图、导入深催眠图、使听觉敏锐之催眠图等 50 张照片。

收藏单位：国家馆、绍兴馆

04515

催眠实用学 刘钰墀著

上海：心灵科学书局，1916.11，再版，118 页，22 开，精装

上海：心灵科学书局，1935.8，4 版，94+24

页，22 开

本书共 3 篇 64 章。上篇为催眠与暗示，中篇为催眠施术法，下篇为心力波及术。

收藏单位：国家馆、华东师大馆、浙江馆

04516

**催眠实用学　刘钰墀著**

上海：中国心灵研究总会，1923，订正 3 版，94 页，22 开

收藏单位：河南馆

04517

**催眠术　冰心主人编译**

上海：源记书庄，1919，[14]+92 页，32 开

本书封面题名：自修适用催眠术。

收藏单位：河南馆

04518

**催眠术　中国精神研究会编**

[上海]：中国精神研究会，[1926.10]，51 页，32 开

本书为中国精神研究会宣传品。内容包括：该会会则、各家报纸对该会的评价、催眠术治疗的有效案例以及自学催眠术学的参考书籍目录。

收藏单位：国家馆、首都馆

04519

**催眠术大全　汪达摩著**

上海：东震图书公司，1920.1，4 册（[222]页），36 开

本书共 7 卷。从哲学、心理学和生理学的角度说明催眠术的形成、意义、方法、效果。

04520

**催眠术独习　鲍方洲编纂**

上海：商务印书馆，1915.6，74 页，32 开

上海：商务印书馆，1915.12，再版，74 页，32 开

上海：商务印书馆，1916，3 版，74 页，32 开

上海：商务印书馆，1917.3，4 版，74 页，32 开

上海：商务印书馆，1917，5 版，74 页，32 开

上海：商务印书馆，1918，6 版，74 页，32 开

上海：商务印书馆，1919.6，9 版，74 页，32 开

上海：商务印书馆，1921.10，12 版，74 页，32 开

上海：商务印书馆，1923.1，13 版，74 页，32 开

上海：商务印书馆，1926，15 版，74 页，32 开

本书共 30 章，内容包括：何谓催眠术、何谓催眠状态、催眠与睡眠之别、何谓暗示、何谓精神联合的作用、精神与肉体之关系、感应难易判定法、普通催眠法等。

收藏单位：重庆馆、国家馆、华东师大馆、绍兴馆、首都馆、天津馆、浙江馆

04521

**催眠术访问记　曹美顿述　王柱宇记**

北平：灵学书院，1933，70 页，32 开（柱宇访问记 1）

北平：灵学书院，1935，再版，70 页，32 开（柱宇访问记 1）

本书以问答方式说明催眠方法等。

收藏单位：国家馆、山东馆

04522

**催眠术函授讲义　余萍客著**

上海：中国心灵研究会，1931.5，50+230+78 页，32 开

上海：中国心灵研究会，1933，次版，50+230+78 页，32 开

本书分 3 卷，内容包括：催眠术史、催眠术本论、催眠治疗法。

收藏单位：国家馆、绍兴馆、首都馆

04523

**催眠术讲义　会稽山人编**

上海：商务印书馆，1913，11 版，160 页，32 开

上海：商务印书馆，1914.7，12 版，160 页，32 开

上海：商务印书馆，1915，14 版，160 页，32 开

上海：商务印书馆，1916，15 版，160 页，32 开

上海：商务印书馆，1918，16 版，160 页，32 开

上海：商务印书馆，1918，17 版，160 页，32
开

上海：商务印书馆，1921，21 版，159 页，32
开

上海：商务印书馆，1925，23 版，160 页，32
开

上海：商务印书馆，1928，24 版，160 页，32
开

本书讲述催眠术的原理与历史沿革，并
研习催眠状态的程度、催眠、特殊催眠方法
及醒觉方法等问题。编者旅日时发现《催眠
术自在者》一书，回国后在上海演讲，即以
讲义付印出版。

收藏单位：重庆馆、广东馆、国家馆、河
南馆、山东馆、首都馆、浙江馆

**04524**

**催眠术讲义　余萍客著**

上海：中国心灵研究会，1927，12+140 页，32
开

上海：中国心灵研究会，1928，74 页，18 开

本书分 7 章讲述催眠术的常识、发展史、
原理、方法及催眠施术法。

收藏单位：国家馆、浙江馆

**04525**

**催眠术讲义　原理编**

出版者不详，54+58 页，32 开

收藏单位：广东馆

**04526**

**催眠术讲义**

[上海]：神州催眠学会，3 册（84+84+84
页），32 开

收藏单位：首都馆

**04527**

**催眠术讲义　中国心灵研究会编辑部编辑**

上海：中国心灵研究会，1924.4，增订 12 版，
4 册，22 开，精装

上海：中国心灵研究会，1928.2，增订 19 版，
4 册，22 开

本书为函授讲义，共 4 期。第 1 期，催

眠术史；第 2 期，实地练习；第 3 期，应用治
疗；第 4 期，特殊催眠。目次页题：催眠术函
授讲义。

收藏单位：国家馆、绍兴馆、浙江馆

**04528**

**催眠术全书　魏权予编著**

上海：大通图书社，2 册（292 页），32 开

本书共两卷 10 集，内容包括：特别催眠
法、疗病催眠法、催眠醒觉法、催眠术派别、
催眠术之应用等。

收藏单位：国家馆、浙江馆

**04529**

**催眠术实验例**

出版者不详，7 叶，50 开，环筒页装

本书共 8 节，内容包括：透视法、逢先
人法、麻醉催眠法、强直状态、幻觉、错觉、
模拟作用、精神通传。

收藏单位：重庆馆

**04530**

**催眠术与心灵现象　东方杂志社编**

外文题名：Hypnotism and spiritualism

上海：商务印书馆，1923.12，87 页，50 开（东
方文库 第 53 种）

上海：商务印书馆，1924，再版，87 页，50 开
（东方文库 第 53 种）

上海：商务印书馆，1925，3 版，87 页，50 开
（东方文库 第 53 种）

本书内收 7 篇，包括《催眠说》（梁宗
鼎）、《中国催眠术》（卢可封）、《动物与催眠
术》（王我臧译述）、《心灵研究之进境》（罗
罗译述）、《论心理交通》（J. D. Quackenbos
著、杨锦森译）、《梦中心灵之交通》（H. A.
Bruce 著、愈之译）、《失念术》（井上圆了著、
董祝厘译）。

收藏单位：重庆馆、东北师大馆、广东
馆、广西馆、国家馆、湖南馆、近代史所、
南京馆、山东馆、绍兴馆、天津馆、浙江
馆

04531

**催眠新法（简易独习）　鲍方洲编**

上海：中华书局，1916.7，82 页，32 开

上海：中华书局，1919.4，3 版，82 页，32 开

上海：中华书局，1921，5 版，82 页，32 开

上海：中华书局，1922，6 版，82 页，32 开

上海：中华书局，1927.3，9 版，82 页，32 开

上海：中华书局，1931.8，12 版，82 页，32 开

　　本书分 48 节，论述催眠术的生理与心理根据，以及美士美路、南西派、李播等 11 种催眠方法。书前有著者绪言。

　　收藏单位：国家馆、河南馆、江西馆、首都馆、浙江馆

04532

**催眠学讲义（第 7 期）　中华精神学养成所编**

中华精神学养成所，67—78 页，32 开

　　本书为函授教材。共 6 章，内容包括：催眠合并浑成法、催眠分部感受法、催眠睡眠过渡法、催眠制治暴动法、催眠制治反抗法、使感受性低浅之被术者深入催眠之要诀。

　　收藏单位：重庆馆

04533

**催眠学讲义录　鲍方洲编**

上海：中国精神研究会，1912，2 册（190+150 页），32 开

上海：中国精神研究会，1921，11 版，2 册（190+150 页），32 开

　　本书讲述自己实行催眠的方法。著者原题：鲍芳洲。

　　收藏单位：上海馆

04534

**催眠学术问答　余萍客著**

上海：心灵科学书局，1927.7，140+22 页，32 开

上海：心灵科学书局，1934.5，增订版，140+22 页，32 开

　　本书以问答方式解答 231 条有关催眠术的问题。

　　收藏单位：国家馆、华东师大馆、南京馆、浙江馆

04535

**催眠学术问答　余萍客著**

上海：中国心灵研究会，1927，95+10 页，32 开

　　本书以问答方式解答有关催眠术的问题。

　　收藏单位：重庆馆

04536

**定神学疑问宝典（第一集）　刘笑佛编**

天津：中国精神科学会，1918，56 页，25 开

　　本书共收 178 问，简略解答催眠术的基本定义、概念及应用等疑问。

　　收藏单位：重庆馆

04537

**动物催眠　中国心灵研究会编辑部编辑**

上海：中国心灵研究会，1929，73 页，32 开

　　本书为对动物催眠状态的分析。共 5 章，内容包括：动物催眠状态的诸种现象、诸种学说、佛鲁欧隆氏的研究、神经内部的作用等。

　　收藏单位：国家馆

04538

**动物催眠术　（日）竹内楠三著　汪惕予译**

上海：民国编译书局，1912，122 页，25 开，精装

　　本书分析动物催眠的各种现象，以及其内部神经作用。共 4 编 38 章，内容包括：关于动物催眠之最古记录、科学的研究之发达、鸟类之催眠、哺乳动物之催眠、爬虫类、两生动物等。

　　收藏单位：首都馆

04539

**古屋氏最特别科催眠术讲义　（日）古屋铁石著　中国心灵研究会译**

上海：心灵科学书局，[1930]，42 页，32 开

　　本书讲述 13 种催眠方法：态度法、无我法、印契法、临床法、感应法、感别法、擦过法、检诊法、疗病法、心状法、高感法、告终法、自修法。版权页题名：古屋氏催眠术。

　　收藏单位：国家馆

04540

**观人术 王道远编著**
警声印刷厂，1947.11，90 页，32 开
收藏单位：南京馆

04541

**函授催眠术讲义录 （日）中村芦舟著**
[上海]：东方催眠术讲习会，1917，1 册，18 开
本书为催眠术讲义录第 1—6 册合订本，内容包括：质疑栏规则、写真版、催眠术讲义问答式、东西催眠术大家学说等。
收藏单位：国家馆

04542

**汉译催眠术秘书 （日）生方贤一郎著 苏浩然译**
上海：灵界书屋，1918，56 页，25 开
本书共 15 章，内容包括：催眠术之历史、睡眠之研究、梦与睡眠之关系、精神与身体之关系、催眠学学说、被术者、术者、眠之浓度、方法论等。
收藏单位：重庆馆

04543

**简易催眠全书 刘钰墀编**
上海：商务印书馆，1924.2，再版，56 页，32 开
收藏单位：南京馆

04544

**近世催眠术 （日）熊代彦太郎著 丁福保 华文祺译**
上海：医学书局，1914.4，再版，110 页，22 开（丁氏医学丛书）
上海：医学书局，1919.12，3 版，110 页，22 开（丁氏医学丛书）
上海：医学书局，1926，[再版]，110 页，22 开（丁氏医学丛书）
上海：医学书局，1927，3 版，110 页，22 开，精装（丁氏医学丛书）
本书共 5 章，内容包括：催眠诊断、催眠法之原理、催眠法之术式、觉醒法和催眠术

要诀。
收藏单位：国家馆、浙江馆

04545

**近世催眠术 （日）熊代彦太郎著 华文祺等译**
上海：文明书局，1911，110 页，32 开，精装（丁氏医学丛书）
收藏单位：南京馆

04546

**精神催眠术 鲍方洲编**
上海：中国精神研究会，1918，118 页，22 开
本书著者原题：鲍芳洲。
收藏单位：广东馆

04547

**伦敦理学院催眠术讲义译本（原名，催眠术特授讲义） 中国心灵研究会编辑部著**
上海：心灵科学书局，1923.2，36 页，16 开
上海：心灵科学书局，1927，次版，36 页，16 开
本书共 5 卷，内容包括：催眠原理、催眠术灵交神游人身之磁吸力实验法、催眠自疗、暗示治疗、印度催眠术灵交神游暗示治疗等法。
收藏单位：广东馆、国家馆、华东师大馆

04548

**罗伦氏催眠术二十五课 罗伦氏（L. W. Lawrence）著 心灵科学书局编辑部译**
外文题名：Twenty-five easy lessons in hypnotism
上海：心灵科学书局，1934.3，45 页，32 开
收藏单位：上海馆

04549

**秘术讲义（下卷） 上海神州催眠学会编辑部编辑**
上海：神州催眠学会发行部，1918，4 版，48 页，32 开
收藏单位：广东馆

04550

**年龄量尺发展的略史 沈家莘著**

上海：商务印书馆，1934.9，98 页，32 开（师范小丛书）

本书介绍测验智力的年龄量尺。共 5 章，内容包括：绪言、年龄量尺发展的背景、年龄量尺的发展——比纳的工作、年龄量尺发明后各国的修正、年龄量尺的总估计。

收藏单位：重庆馆、东北师大馆、广东馆、国家馆、黑龙江馆、吉林馆、南京馆、山东馆、上海馆、浙江馆

04551

**普通实验心理学　方旦明著　汤钧校订**

上海：教育书店，1937，再版，158 页，32 开

本书共包括：智力测验个别差异、从外貌判断儿童的智力、记忆的广度、意像、习惯的形成：转移和排斥、儿童之反射动作等 64 个实验。书前附录指导者参考材料（详细书名或篇名索引）。封面题名：实验普通心理学。

收藏单位：重庆馆、南京馆、广东馆

04552

**普通心理实验手册　方旦明著**

上海：知新书局，1934，158 页，22 开

本书拟出 64 个心理学实验。每个实验列出目的、材料、手续、结果和讨论。著者原题：旦明。

收藏单位：国家馆、江西馆、山东馆、天津馆

04553

**人电术　天岸居士著**

上海：心灵科学书局，1933.5，92+20 页，32 开

本书分 14 章介绍人电术的原理、实用及治病。书末附录《人电术验证录》（钱贡珍）。

收藏单位：重庆馆、国家馆、南京馆

04554

**十日成功催眠秘书　余萍客著**

上海：中国心灵研究会，1929.8，82 页，22 开

本书论述催眠的具体方法。共 17 章，内容包括：起言、催眠成立的定则、催眠状态、催眠状态的阶级、施术前的布置、施术方法、施术要诀、解眠方法、暗示要义、催眠可治病改癖的理由、检诊法、被术者应履行的条件、初次施术应知的条件、施术模范、旁参方法等。

收藏单位：国家馆、上海馆

04555

**世界催眠术大全　黄枫编**

上海：国光书店，1931.4，118 页，32 开

上海：国光书店，1939，[再版]，118 页，32 开

上海：国光书店，1940.10，再版，118 页，32 开

上海：国光书店，1941.7，再版，118 页，32 开

本书共 30 章，讲述催眠术的原理和方法，内容多取材于肖灵君著《催眠术全书》和日文的《催眠与医学》等书。附录《中国古代仙家催眠法的研究》。

收藏单位：重庆馆、国家馆、绍兴馆、首都馆

04556

**世界催眠术全书　世界催眠术研究会编**

世界催眠术研究会，1920.4，2 册（88+98 页），32 开

本书收录各国关于催眠术的文章 40 余篇，讲述催眠术的原理和方法。书前有余萍客序。

收藏单位：上海馆

04557

**试验心理学**

出版者不详，油印本，162—347 页，16 开，环筒页装

本书收录第 7—16 组共 10 组试验，内容包括：悬象、联想、学习、保持、工作、不自主的运动、情绪、思想、审美等。

收藏单位：重庆馆

04558

**心理与测验　教育通讯周刊社编**

重庆：教育通讯周刊社，1940，138 页，38 开

（教育通讯丛书 3）

本书收录论文 10 篇:《心理学在教育上的应用》（沈有乾）、《心理学在教育上之位置》（萧孝嵘）、《教育心理学的任务范围与方法》（高觉敷）、《汉字学习心理研究经过》（艾伟）、《汉字心理学》（蔡乐生）、《民众阅读心理研究》（王文新）、《青年心理测验》（郝耀东）、《中国心理卫生之回顾与前瞻》（吴南轩）等。

收藏单位:重庆馆、贵州馆、江西馆、南京馆、山东馆

04559

**心理与教育测量 王书林著**
上海:商务印书馆,1935.7,[41]+890+16 页,22 开,精装（大学丛书 教本）
上海:商务印书馆,1935.11,再版,[41]+890+16 页,22 开,精装（大学丛书 教本）

本书根据实验取得的各种数据,论述心理测量比较法在教育中的运用。共 4 编:第 1 编 5 章,着重论述测验的历史及功用;第 2 编 17 章,分述各种测验的要素、条件、数量、样本和测量表的编造方法;第 3 编 2 章,从理论上探讨智力的性质和智力遗传等问题;第 4 编 11 章,叙述各种测验的结果。书中附图 108 幅,附表 225 幅。书末附人名检查表。

收藏单位:重庆馆、东北师大馆、贵州馆、国家馆、黑龙江馆、吉林馆、江西馆、南京馆、山东馆、上海馆、首都馆、浙江馆、中科图

04560

**心灵文化 中国心灵研究会编辑部编**
上海:中国心灵研究会,1931.6,[210] 页,25 开

本书为中国心灵研究会创立 20 周年纪念号,介绍中国心灵研究会创立 20 周年情况。内收余萍客、古道、李海涛等人论催眠术的文章 70 余篇。

收藏单位:国家馆

04561

**新催眠术讲义 柳羽志著**

上海:天岸理疗器械发行所,1936.3,[106] 页,32 开

本书介绍催眠术的理论和施行方法。

04562

**新催眠术讲义 心灵学院编**
心灵学院,[1931],[106] 页,50 开
收藏单位:浙江馆

04563

**性能检查法 陈选善 吴友孝编**
上海:中华职业教育社,1930.3,34 页,32 开（职业教育丛刊 11）

本书说明了心理测验的检查方法。共 3 部分,内容包括:运动机能、感觉能力、精神机能。

收藏单位:国家馆、湖南馆

04564

**袖珍基本催眠术通信讲座（简称基本催眠术）余萍客著**
上海:心灵科学书局,1935,264 页,32 开
本书讲述催眠的一些方法。

04565

**易明催眠法 宁尊三编**
北京:民生月刊社,1920.9,62 页,32 开

本书共 24 章,简介催眠术的原理、方法以及普通催眠法、特殊催眠法等。

收藏单位:国家馆、首都馆

04566

**印度催眠浅讲 （印）苏达（S. Suddahana）著 涤虑译**
上海:中国心灵研究会,1925,35 页,50 开
上海:中国心灵研究会,1935.3,2 版,35 页,50 开

本书介绍印度催眠术的具体方法。
收藏单位:国家馆、上海馆

04567

**中西催眠术讲义 汪洋编**
上海:中西医院,1925,改正 4 版,34 页,32 开

收藏单位：广东馆

04568

**自己催眠术易解**　（日）中村芦舟著
上海：东方催眠术讲习会，1927.10，206 页，
32 开，精装
　　收藏单位：南京馆

04569

**字相的实验研究**　林传鼎著
北京：辅仁大学心理系，1941，111 页，16 开
（辅仁心理研究专刊 2）
　　本书汇集欧美及中国字相研究的各类实验资料，以论证字的形状、书写速度等与人的性格、体质、性别的关系，以及字相学研究的历史、现状和发展趋势。书前有序。书末附参考书目。
　　收藏单位：国家馆、辽宁馆、首都馆

04570

**最新高等催眠讲义**　（日）冈田喜宪著　善哉译
上海：学海书局，1919，116 页，32 开，精装
　　本书共 13 篇，内容包括：心灵力、原理、基本练习、催眠术式特殊施术、自己催眠、觉醒时感应、现象、治疗矫正、人格变换、催眠灵能、应用、修养与处世等。
　　收藏单位：国家馆

# 心理过程与心理状态

04571

**暗示心理学**　韩秋圃译述
北平：文化学社，1932，360 页，18 开，精装
　　本书共 3 部分，内容包括：易受暗示性、自我、社会。易受暗示性包括：暗示性与易受暗示性、常态的易受暗示性之定律等。自我包括：两重人格、下意识之我与幻觉等。社会包括：社会方面之暗示性、社会与传染等。后有附录。
　　收藏单位：贵州馆、首都馆、浙江馆

04572

**巴特来氏及其最近著作**　艾伟著
艾伟 [ 发行者 ]，26 页，16 开
　　本书介绍剑桥大学心理系主任巴特来（F. C. Bartlett）的著作《记忆历程》，叙述了他 20 年来的 6 项成功的实验和 10 次传述的具体情况。为《教育丛刊》抽印本。
　　收藏单位：国家馆、南京馆

04573

**感觉论**
出版者不详，96 页，32 开
　　收藏单位：南京馆

04574

**感觉之分析**　（奥）马赫（E. Mach）著　张庭英译
外文题名：The analysis of sensations
上海：商务印书馆，1924，286 页，22 开（共学社哲学丛书）
上海：商务印书馆，1924.5，再版，286 页，22 开（共学社哲学丛书）
上海：商务印书馆，1931.8，再版，286 页，22 开（共学社哲学丛书）
上海：商务印书馆，[1933]，369 页，32 开（汉译世界名著）
上海：商务印书馆，1935，国难后 1 版，369 页，32 开（汉译世界名著）
　　本书作者从物理与心理两方面讨论感觉问题。共 15 章，内容包括：导言（非玄），成见，我与阿番拉越斯及其他思想家之关系，考察知觉之要点，物理学与生物学、因果论与目的论，目之空间感觉，空间感觉进一步之考查，意志，本生物目的论之观念考查空间，各视觉彼此间更与其他的元素之关系，感觉、记忆及联想，时间感觉，音之感觉，前此各种考查影响于物理观念，我之意见如何见容。著者原题：马黑。
　　收藏单位：重庆馆、东北师大馆、广东馆、广西馆、国家馆、黑龙江馆、湖南馆、吉林馆、江西馆、南京馆、上海馆、首都馆、天津馆、浙江馆

04575

**害羞的进化** （英）霭理斯（H. Ellis）著　杨虎啸译

上海：金钟书店，74页，50开

　　本书主要从伦理和生理的角度讲述害羞产生的原因、意义。共两章，内容包括：害羞的意义、害羞是由多种恐惧结合而成。

04576

**记忆力增进法（名家实验）** （日）桑木严翼等著　刘仁航编译

上海：乐天修养馆，1918.1，[252]页，25开

　　本书内收日本学者桑木严翼、金子筑水、高田耕安、鸠山春子等人关于增进记忆的论文23篇。

　　收藏单位：山西馆

04577

**记忆术** （日）井上圆了著　梁有庚译

出版者不详，1册，26开

　　收藏单位：浙江馆

04578

**记忆学** 张谔编辑

上海：科学会编译部，1911，44页，32开（实用心理学丛书）

　　本书共17章，内容包括：绪论、奇异之记忆力、记忆学派、记忆之心理、注意之作用、联结之作用、记忆之方面、目之训练、耳之训练、记忆姓名法、记忆面貌法、记忆道路法、记忆数目法、记忆事绪法、记忆诗文书籍法、记忆见闻法、总结。

　　收藏单位：广东馆、首都馆

04579

**快乐的心理** （英）罗素（B. Russell）著　于熙俭译

外文题名：The conquest of happiness

上海：商务印书馆，1932.11，203页，32开（社会科学丛书）

上海：商务印书馆，1933.6，再版，203页，32开（社会科学丛书）

　　本书共两编，上编为不快乐的原因，下编为快乐的原因。共17章，内容包括：人何以不快乐、拜伦式的不快乐、竞争、无聊与刺激、疲乏、诟嫉等。

　　收藏单位：重庆馆、国家馆、湖南馆、吉大馆、江西馆、南京馆、首都馆、天津馆、浙江馆

04580

**联想论** 洪篇编

上海：群众图书公司，1926，22+31页，36开

　　本书从心理学和生物学的角度，讲述人的观念的形成与联想出现的一系列活动过程。共8章，内容包括：感觉与印象、知觉与观念、联想与意识、自由联想与强迫联想、自觉与联想、联想与生存目的、情与联想、联想与脑神经细胞运动之关系。书后有《联想续论》，共7章，内容包括：联想之原始、联想之演进、联想的环境、联想的类化、机能联想与机械联想、联想的惯性、联想的生理观。

　　收藏单位：重庆馆、广西馆

04581

**论情绪** （美）詹姆士（W. James）著　唐钺译

外文题名：Principles of psychology chapter on emotion

重庆：商务印书馆，1945.4，59页，32开

上海：商务印书馆，1946.7，59页，32开

上海：商务印书馆，1947，再版，59页，32开

　　本书讨论人的不同情绪的反应和各种情绪反应的来历。答复三种驳论。书前有译者序。书末有译者注。原为《心理学原理》一书的第25章。

　　收藏单位：重庆馆、广东馆、广西馆、贵州馆、国家馆、吉林馆、江西馆、南京馆、山东馆、上海馆、首都馆、天津馆、浙江馆

04582

**论习惯** （美）詹姆士（W. James）著　唐钺译

外文题名：Principles of psychology chapter on habit

重庆：商务印书馆，1944.3，32页，32开

本书为《心理学原理》的一章，讨论形成好的习惯的意义与重要性。

　　收藏单位：重庆馆、广西馆、国家馆、吉林馆、江西馆、南京馆

04583

**情绪操纵法　张云帆编译**

上海：激流书店，1941.8，160页，32开（心理改造丛书）

上海：激流书店，1946.10，再版，160页，32开（心理改造丛书）

上海：激流书店，1947.3，再版，160页，32开（心理改造丛书）

　　本书分两篇，共计37个专题。第1篇：使你身心安乐的种种法门；第2篇：身心不安的15个对症疗法。

　　收藏单位：重庆馆、广东馆、贵州馆、国家馆、南京馆、上海馆

04584

**情绪心理　张耀翔著**

上海：商务印书馆，1947.10，161页，32开

上海：商务印书馆，1948.8，再版，161页，32开

上海：商务印书馆，1949，3版，161页，32开

　　作者将人类心理分成理智与情绪两大类，本书专门讨论情绪的心理特征。共12章，内容包括：概论、情绪分类、情绪生理、情绪表现、情绪学说、原情与杂情、愤怒、恐惧、自觉、爱、两性差异、情绪记忆。

　　收藏单位：广东馆、广西馆、贵州馆、国家馆、湖南馆、吉大馆、江西馆、辽宁馆、首都馆、天津馆

04585

**情绪之实验的研究　（美）华生（J. B. Watson）著　高觉敷译**

外文题名：An experimental study of emotions

上海：商务印书馆，1934.8，102页，32开（百科小丛书）

上海：商务印书馆，1935，再版，102页，32开（百科小丛书）

　　本书论述关于情绪实验的一些问题。共3章，内容包括：育儿院对于本能论之贡献、情绪发展之实验的研究、近时对于情绪变迁之实验的研究。著者原题：瓦特生。

　　收藏单位：重庆馆、广东馆、广西馆、贵州馆、国家馆、吉林馆、江西馆、辽宁馆、南京馆、首都馆、浙江馆

04586

**人的我见　林志端著**

济南：毅志学社，1932，80页，32开

　　收藏单位：湖南馆

04587

**人生的透视　张芗兰编著**

成都：广学会，1945.2，56页，32开

上海：广学会，1947.10，61页，32开

　　本书共11章，从心理学的角度论述人的价值、智能、性向、情绪、怒气、惧怕、爱心、变态、烦闷、冲突、信仰。书前有何慈洪序及作者自序。

　　收藏单位：国家馆、南京馆

04588

**如何处理问题　赵景三著**

南昌：东南书局，1947.12，7版，38页，26开

　　收藏单位：江西馆

04589

**实用记忆法　郭烋编**

上海：大东书局，1926.4，4版，40页，36开

上海：大东书局，1931，5版，40页，36开

　　本书共6章，内容包括：绪言、记忆与生理之关系、记忆与心理之关系、记忆法、记忆与环境之关系、附录。

　　收藏单位：重庆馆、浙江馆

04590

**实用记忆法　郭烋编著**

上海：新文学研究社，1924，3版，40页，36开

　　收藏单位：河南馆

**04591**

**实用记忆术　鲁葆如著**

南京：南洋出版社，1935.1，150 页，22 开

　　本书分 23 章介绍加强记忆的各种方法。书前有艾伟博士序及作者自序。

　　　收藏单位：广西馆、国家馆、南京馆、上海馆、浙江馆

**04592**

**实用矫癖法　（日）鸭田游水著　陈适吾译**

上海：有正书局，1916.1，140 页，32 开

上海：有正书局，1916.12，再版，140 页，32 开

　　本书论述"癖"形成和发展的心理机制及矫正方法。分上、下两编，共 121 节，上编矫癖通论，下编矫癖各论。

　　　收藏单位：国家馆、首都馆、天津馆、浙江馆

**04593**

**适应与娴熟　（美）伍德沃思（Robert S. Woodworth）著　张孟休译**

外文题名：Adjustment and mastery

上海：商务印书馆，1937.6，128 页，32 开（汉译世界名著）

　　本书分 13 章研究有机体应对环境的机制、心理与行为的联系等，将"适应""娴熟"这类心理现象纳入整个心理活动加以综合分析，并指出其区别与联系。书前有陈雪屏序。著者原题：吴伟士。

　　　收藏单位：重庆馆、东北师大馆、广东馆、广西馆、贵州馆、国家馆、湖南馆、吉林馆、南京馆、山东馆、上海馆、天津馆

**04594**

**习惯论　（美）邓禄普奈特（K. Dunlap）著　胡毅译**

外文题名：Habits, their making and unmaking

长沙：商务印书馆，1939，268 页，32 开（师范丛书）

　　本书分 12 章论述习惯的养成及破除的心理过程。书前有译者及原著者自序。书后有附录。

　　　收藏单位：广东馆、国家馆、吉林馆、江西馆、南京馆、山东馆、天津馆

**04595**

**心的分析　（英）罗素（B. Russell）著　李季译**

外文题名：The analysis of mind

上海：中华书局，1947.2，217 页，22 开

　　本书为大学用书。共 15 讲，内容包括：序言、新近对于意识的批评、本能与习惯、欲望与感情、过去历史对于生物有机体中现在事件的影响、心理和物理的因果律、内省、知觉的定义、感觉和意像、记忆、言语与意义等。

　　　收藏单位：重庆馆、东北师大馆、广东馆、国家馆、黑龙江馆、辽宁馆、南京馆、上海馆、首都馆、天津馆、浙江馆

**04596**

**心的分析　（英）罗素（B. Russell）讲　宗锡钧　李小峰笔记**

北京：惟一日报社，1921.7，176 页，36 开（北京惟一日报社丛书 第 1 种 2）

　　本书据罗素来华的讲演记录整理而成。共 15 讲，内容包括：近代心理学家对于意识之批评、本能与习惯、欲念与感情、生物从前的历史对于他现时遭际的影响、内省法、感觉与想像、记忆、记忆的信仰、真记忆等。

　　　收藏单位：国家馆

**04597**

**心理作用谈丛　（美）米开塞尔著　冯明章译**

上海：文摘出版社，1946.3，79 页，36 开（文摘小丛刊）

　　本书共 5 部分，内容包括：恐惧心理、肉体与心理、消化与心理、怎样休息、神经过敏。

　　　收藏单位：广东馆、广西馆、国家馆、吉林馆、南京馆、上海馆

**04598**

**心之分析　（英）罗素（B. Russell）著**

外文题名：Analysis of mind

罗素学说研究会，1921，1 册，18 开

本书据罗素的演讲记录整理而成。分为意识之近世的批评、本能与习惯、欲念与感情、有机生物之过去历史影响于现在之际遇、心理的物理的因果律、内省法、知觉的定义、感觉与想象、记忆、语言与意义、普遍观念与思想、信仰、真与假、情绪与意志、心理现象之特性等节。

　　收藏单位：国家馆

04599

**心之分析**　（英）罗素（B. Russell）著　孙伏庐记录

北京：北京大学新知书社，1921.5，204 页，32 开（罗素五大讲演）

北京：北京大学新知书社，1922，204 页，32 开（罗素五大讲演）

　　收藏单位：重庆馆、国家馆、湖南馆、吉林馆、近代史所、南京馆、上海馆、首都馆

04600

**新记忆术**　（日）井上圆了著　黄哲观译

上海：中华心理学会，1918.3，94 页，26 开

　　本书包括：通俗之记忆术、方术的记忆术、学理的记忆术、新案的记忆术。

　　收藏单位：广东馆、浙江馆

04601

**幸福之路**　（英）罗素（B. Russell）著　傅雷译

外文题名：The conquest of happiness

上海：南国出版社，1947.1，216 页，32 开

上海：南国出版社，1947，再版，216 页，32 开

　　本书为《快乐的心理》一书的另一译本。共两编，上编为不幸福底原因，下编为幸福底原因。共 17 章，内容包括：什么使人不快乐、浪漫底克的忧郁、竞争、烦闷与兴奋、疲劳、嫉妒、犯罪意识、被虐狂、畏惧舆论、家庭、工作、幸福的人等。

　　收藏单位：重庆馆、东北师大馆、广东馆、国家馆、黑龙江馆、湖南馆、江西馆、南京馆、宁夏馆、绍兴馆、首都馆

04602

**徐友白说怒**　徐友白撰

出版者不详，[1936—1949]，34 页，32 开

　　本书主要分析了怒有是非、怒发于性情之正、弟怒兄逆等多种人怒、天地怒和动物怒的情况。

　　收藏单位：广西馆、南京馆

04603

**意识论**　麦参史著

长沙：商务印书馆，1940.2，138 页，25 开

长沙：商务印书馆，1941，再版，137 页，25 开

　　本书讨论意识的几个阶段。共 6 章，内容包括：引论、感觉、知觉、意象、心理之"主体"、结论。

　　收藏单位：重庆馆、广东馆、国家馆、吉林馆、江西馆、上海馆

04604

**意识与观念世界**　刘节撰

出版者不详，1 册

　　收藏单位：国家馆

04605

**知觉的分析**　（英）勃洛特（C. D. Broad）著　刘朝阳译

外文题名：Sense-perception and matter

上海：明日书店，1929.11，128 页，25 开

　　本书共 5 部分，内容包括：绪言、知觉的情境、知觉的情境之分析、知觉的情境之主观的要素、结论。

　　收藏单位：重庆馆、东北师大馆、国家馆、吉林馆、江西馆、上海馆、天津馆、浙江馆

04606

**注意心理**　张燿翔讲　许新凯记

北京：北京新知书社，1923，44 页，32 开（讲演小丛书）

　　收藏单位：首都馆

04607

**自己暗示法**　（英）哈利布路克（Harry Brooks）

原著　古道编译

外文题名：The practice of autosuggestion by the method of Emile Coué

上海：中国心灵研究会，1931.8，次版，67页，50开

　　收藏单位：广东馆、上海馆

# 发生心理学

## 04608

**爱情的来源　朱洗著**

上海：文化生活出版社，1946，[16]+295页，32开（现代生物学丛书6）

上海、重庆：文化生活出版社，1948.7，再版，[16]+295页，32开（现代生物学丛书6）

上海：文化生活出版社，1949，3版，[16]+295页，32开（现代生物学丛书6）

　　本书首先将爱情范围分成三类：异性之爱、母子之爱、朋友之爱；其次，就动物进化的等级，考察各类爱情发展的概况及其所产生的效果，其中大有可以给人类借鉴之处；最后，本书在观察事实之后，在可能范围内，追究爱情发生的原因，使有比较明确的认识。

　　收藏单位：重庆馆、东北师大馆、广东馆、国家馆、湖南馆、上海馆、首都馆、浙江馆

## 04609

**比较心理学　（美）摩斯（F. A. Moss）等著**

许逢熙译

外文题名：Comparative psychology

南京：正中书局，1937.4，[13]+507页，22开（教育丛书）

　　本书共15章，每章为单独一篇论文，内容包括：《为什么研究动物心理》（桑戴克）、《比较心理学的历史背景》（瓦特斯）、《成熟和"本能"的机能》（石同）、《动机：驱迫力与引诱物》（石同）、《药物及内分泌对于动物行为的影响》（摩斯）、《接受器的机能》（普迪）、《辨别力》（菲尔斯）、《学习的神经学》（福兰斯）、《交替反射》（李代耳）、《学习》（何伦）、《复杂的学习历程》（何伦）、《学习的学说》（陶尔满）、《个别差异》（屈来荣）、《动物的社会心理》（庭克室）、《"天才"动物》（庭克室）。

　　收藏单位：贵州馆、国家馆、湖南馆、南京馆、上海馆、首都馆、浙江馆

## 04610

**比较心理学大纲　（美）窝登（C. J. Warden）著　夏斧心译**

北平：星云堂书店，1932.8，124页，64开（星云小丛书4）

　　本书即《动物心理学小史》之另一译本，叙述动物心理学简史。共5章，内容包括：古代的动物传说、希腊的影响、上世纪及中世纪、从16世纪到达尔文等。著者原题：华登。

　　收藏单位：国家馆、吉林馆、首都馆

## 04611

**动物心理学　周太玄著**

上海：商务印书馆，1930.4，80页，32开（百科小丛书）（万有文库 第1集86）

上海：商务印书馆，1931.8，80页，32开（百科小丛书）

上海：商务印书馆，1933.5，国难后1版，80页，32开（百科小丛书）

　　本书共8章，内容包括：动物心灵现象之研究史、动物神经系统之比较观、向性、反应、本能、智慧、动物之语言、结论。

　　收藏单位：安徽馆、重庆馆、大连馆、东北师大馆、广东馆、广西馆、贵州馆、国家馆、河南馆、江西馆、辽大馆、南京馆、上海馆、天津馆、浙江馆

## 04612

**动物心理学小史　（美）窝登（C. J. Warden）著　郭豫青译**

外文题名：An outline of comparative psychology

上海：商务印书馆，1930.10，84页，32开

上海：商务印书馆，1933.3，国难后1版，84页，32开（百科小丛书）

　　本书叙述动物心理学简史。共5章，内容包括：古代的动物学、希腊的影响、初期和

中古、从十六世纪到达尔文、现代实验的趋势。书前有郭任远序。1933 年版译者题：郭豫育。

收藏单位：重庆馆、广东馆、国家馆、湖南馆、吉林馆、江西馆、辽宁馆、南京馆、山东馆、上海馆、首都馆、天津馆、浙江馆

04613

**人类的学习**　（美）桑戴克（Edward L. Thorndike）著　胡毅译
外文题名：Human learning
上海：民智书局，1933.11，[12]+298 页，22 开（国立中山大学教育学研究所丛书 23）

本书共 12 讲，内容包括：序论：情境出现次数之影响；连结出现次数之影响：系属原则；连结遗效之影响；连结遗效影响之解释；连结遗效之新实验材料；可认出性、易能性、试行，及系统之影响；心智连结之其他事实，制约反射与学习；目的性与学习：定形学说与学习；观念学习；思想及推理；学习进化之一般；学习进化之现在及将来。书末附录人名及名词英汉对照表。

收藏单位：重庆馆、广东馆、国家馆、湖南馆

04614

**人类的学习**　（美）桑戴克（Edward L. Thorndike）著　赵演译
外文题名：Human learning
上海：国立编译馆，1934.11，229 页，18 开
上海：国立编译馆，1935，再版，229 页，18 开

本书共 12 讲，内容包括：导言：情境出现次数的影响；联结出现次数的影响：相属原则；联结后效的影响；联结后效影响的解释；实验联结后效的新资料；可识性，可得性，尝试，与系统；关于心理联结的其他事实：制约反射与学习；目的性与学习：格式塔理论与学习；观念的学习；思考与推理；学习演进的概略；近代学习的演进：将来的可能。

收藏单位：重庆馆、东北师大馆、广东馆、贵州馆、国家馆、吉林馆、江西馆、南京馆、山东馆、上海馆、浙江馆

04615

**智识的来源**　朱洗著
上海：文化生活出版社，1946.8，374+32 页，22 开（现代生物学丛书 5）
上海：文化生活出版社，1948，再版，374+32 页，22 开（现代生物学丛书 5）

本书通过探索各类动物的心理发展，探索人类智慧进化的过程，讨论增进知识的方法。除导言外共 18 章，内容包括：动物心理的认识、最低度的心理表现——感觉与反应、向背性（1）——向背性概论、向背性（2）——化学向背性与嗅觉器之进化、向背性（3）——光线向背性与视觉器的进化、向背性（4）——地心的向背性、向背性（5）——温度的向背性、向背性（6）——电的向背性、向背性（7）——向背性的改变、向背性（8）——向背性的解释、反射性、本能（1）——本能的定义与事实、本能（2）——本能的作用及其变化、下等动物的智识、高等动物的智识、高等动物的智识与人类智识的比较、高等动物的教育、人类的教育。

收藏单位：重庆馆、东北师大馆、广东馆、国家馆、河南馆、南京馆、绍兴馆、首都馆

# 发展心理学（人类心理学）

04616

**初期儿童心理学**　（美）阿莱特（Ada Hart Arlitt）著　朱镇荪译
外文题名：Psychology of infancy and early childhood
上海：商务印书馆，1936.9，300 页，25 开

本书讨论学龄前儿童的心理形成和发展。共 16 章，内容包括：学前年龄儿童所提示的问题、近祖的遗传、人类婴儿共有之先天的储备、先天的反应和反应的趋向、习惯的养成、感觉和知觉、记忆、语言图画和其他发表方式、思想的历程、学前年龄儿童的个别差异、儿童发展中的特殊问题等。书前有沈有乾、朱镇荪序及作者原序。

收藏单位：重庆馆、广东馆、国家馆、黑龙江馆、吉林馆、江西馆、辽大馆、南京馆、上海馆、天津馆、浙江馆

**04617**

**儿童个性之研究** （日）大川义行著 杨树达译

北京：新中国杂志社，[1920]，184 页，23 开

本书共 3 编，内容包括：论儿童之个性及其与教育之关系、关于个性的一般的研究、论操行检查。

收藏单位：吉林馆、南京馆

**04618**

**儿童矫弊论** 叶农生译

上海：中华书局，1917.5，94 页，24 开（教育丛书 1）

本书共 7 章，内容包括：儿童教育问题、辨别儿童精神健否之法则、儿童瑕庇之分类法、属于感情及感觉范围之儿童瑕庇、属于观念范围之儿童瑕庇、属于意思及行为范围之儿童瑕庇等。

收藏单位：江西馆、辽大馆、首都馆

**04619**

**儿童人格之培养** （美）迈尔士（G. C. Myers）著 谭文山译

重庆：正中书局，1944.11，258 页，32 开

上海：正中书局，1946.3，沪 1 版，258 页，32 开

上海：正中书局，1947.9，沪 3 版，258 页，32 开（师范丛书）

本书论述儿童人格的培养方法。共 12 章，内容包括：人格与生理的因素、衣服与人格、姿态与人格、眼睛与人格、声音与人格、语言与人格、家庭的安适、自立与人格、胆怯的儿童、在家庭里面培养和庆祝儿童的成功、情感的平衡与人格等。根据生动的事例和实践经验，分析儿童的智能、态度、感情、对环境的反映、观察问题的方法等。

收藏单位：重庆馆、广东馆、贵州馆、国家馆、黑龙江馆、湖南馆、江西馆、辽大馆、南京馆

**04620**

**儿童社会行为的发展** 艾险舟著

出版者不详，17 页，16 开

收藏单位：南京馆

**04621**

**儿童生理的研究** 吴和著

商务印书馆，116 页，32 开（小学教师学习丛书）

收藏单位：广东馆

**04622**

**儿童问题研究·儿童心理问题指导（全国小学废止体罚苛罚解除一切束缚的研究报告）**

万县：万县县政府，1937，208 页，32 开

本书内容包括：怎样使儿童不怕生人、如何养成儿童服从的态度、如何处理消极被动的儿童、儿童的恐惧心、儿童的哭诉习惯、儿童的说谎问题等。

收藏单位：重庆馆

**04623**

**儿童心理的研究** （法）福禄贝尔著 吕亦士译

上海：世界书局，1931.7，152 页，36 开

上海：世界书局，1932.10，再版，152 页，36 开

上海：世界书局，1934.8，3 版，152 页，36 开

本书作者是幼儿教育家。全书分关乎身的、关乎心的、关乎灵性的 3 部分，共 9 章，内容包括：活动的本能或筋肉的训练、求知的本能或感官的训练、力的本能或情绪的训练、爱的本能或感情的训练、连续的本能或理解的训练、判断的本能或是非的惩罚、认识的本能或意志的训练、敬畏的本能或崇拜的训练、模仿的本能或信仰的训练。书前有张雪门序。

收藏单位：重庆馆、广东馆、贵州馆、国家馆、南京馆、山东馆、首都馆、浙江馆

**04624**

**儿童心理发展之例案研究** （美）伏尔法（P. H. Furfey）著 王文新译

外文题名: The growing boy: case studies of developmental age

［重庆］: 正中书局, 1943.8, [10]+118 页, 32 开 (师范丛书)

上海: 正中书局, 1946.3, 沪 1 版, [10]+118 页, 32 开 (师范丛书)

上海: 正中书局, 1947, 沪 6 版, [10]+118 页, 32 开 (师范丛书)

本书研究儿童身心发展, 侧重心理方面, 尤其是性格方面。共 10 章, 内容包括: 儿童生长概说、发展年龄、出生后的六年、六岁、八岁、十岁、十二岁、青春期、十四岁、十六岁。书前有译者弁言、原序。书后附人名汉译表。

收藏单位: 重庆馆、国家馆、湖南馆、吉大馆、江西馆、辽大馆、南京馆、首都馆、浙江馆

**04625**

**儿童心理卫生讲话 杨肃编**

上海: 儿童书局, 1933.12, 102 页, 32 开

上海: 儿童书局, 1934, 再版, 102 页, 32 开

本书共 33 讲, 内容包括: 身和心、生理卫生和心理卫生、快乐和痛苦等。

收藏单位: 重庆馆、广东馆、国家馆、山东馆、上海馆、浙江馆

**04626**

**儿童心理问题指导 全国儿童年实施委员会儿童问题咨询处编**

全国儿童年实施委员会儿童问题咨询处, 1936.10, 50 页, 32 开

本书共 10 部分, 内容包括: 儿童的恐惧心、儿童的嫉妒心、儿童的哭诉习惯、儿童的服从问题、儿童思想的迟钝问题等。

收藏单位: 重庆馆、广西馆、国家馆、南京馆、首都馆

**04627**

**儿童心理学 (德) 高五柏 (R. Gaupp) 著 陈大齐译述**

外文题名: Psychologie des Kindes

上海: 商务印书馆, 1925.1, 214 页, 32 开, 精

装 (学艺丛书 2)

上海: 商务印书馆, 1926.4, 再版, 214 页, 32 开, 精装 (学艺丛书 2)

上海: 商务印书馆, 1927.6, 3 版, 214 页, 32 开, 精装 (学艺丛书 2)

上海: 商务印书馆, 1930, 4 版, 214 页, 32 开, 精装 (学艺丛书 2)

上海: 商务印书馆, 1932, 国难后 1 版, 214 页, 32 开, 精装 (学艺丛书 2)

上海: 商务印书馆, 1934, 国难后 2 版, 214 页, 32 开 (学艺丛书 2)

上海: 商务印书馆, 1935.5, 国难后 3 版, 214 页, 32 开, 精装 (学艺丛书 2)

本书内容包括: 导言、儿童心理学小史、儿童心理学底研究法、儿童时代底分期等。书后有索引及译名对照表。

收藏单位: 重庆馆、广东馆、广西馆、贵州馆、国家馆、湖南馆、江西馆、南京馆、首都馆、天津馆、浙江馆

**04628**

**儿童心理学 关宽之著 俞寄凡编译**

上海: 中华书局, 1935.1, 230 页

收藏单位: 南京馆

**04629**

**儿童心理学 胡子瑶著**

天津: 百城书局, 1933.4, 156 页, 32 开

天津: 百城书局, 1934.3, 再版, 156 页, 32 开

本书共 4 篇, 内容包括: 总论、感觉阶级、表象阶级、思想阶级。

收藏单位: 重庆馆、国家馆

**04630**

**儿童心理学 (美) 华特尔 (C. W. Waddle) 著 葛承训译述**

外文题名: An introduction to child psychology

上海: 中华书局, 1929.6, 277+44 页, 25 开 (教育丛书)

上海: 中华书局, 1931, 再版, 277+44 页, 25 开 (教育丛书)

上海: 中华书局, 1932, 3 版, 277+44 页, 25 开 (教育丛书)

上海：中华书局，1934，4 版，277+44 页，25 开（教育丛书）

上海：中华书局，1948，234+[45] 页，32 开（中华文库 小学教师用书 第 1 集）

本书共 12 章，内容包括：儿童底科学研究底历史背景、儿童底科学研究法、生物学观、遗传、不须学习的人类动作、儿童底游戏、儿童底语言发达、儿童底图画、儿童底道德性、青年犯罪、普通的心理发达等。

收藏单位：重庆馆、广东馆、贵州馆、国家馆、黑龙江馆、湖南馆、吉林馆、江西馆、南京馆、山东馆、上海馆、首都馆、天津馆

04631

**儿童心理学 黄翼编著**

重庆：正中书局，1941.1，153 页，32 开

重庆：正中书局，1943，3 版，153 页，32 开

上海：正中书局，1946.1，沪 1 版，153 页，32 开

上海：正中书局，1946.10，沪 4 版，153 页，32 开，精装

上海：正中书局，1947，沪 6 版，153 页，32 开

重庆：正中书局，1948.6，沪 4 版，153 页，32 开

本书共 16 章，讨论儿童心理学的性质、历史、方法、原则，儿童各个时期的心理发展，儿童的游戏、动作、知觉、语言、智慧、情绪、道德、心理健康与训导等。

收藏单位：重庆馆、广东馆、广西馆、国家馆、河南馆、吉林馆、江西馆、南京馆、浙江馆

04632

**儿童心理学 刘仁甫编著**

北平：文化学社，1933，294 页，22 开

本书共 4 编，内容包括：儿童遗传论、幼儿期的精神现象、学龄儿童的心理研究、儿童教育论。

收藏单位：辽大馆、首都馆

04633

**儿童心理学 邰爽秋等选编**

上海：教育编译馆，1935，148 页，22 开（教育参考资料选辑）

本书内收论文 9 篇，内容包括：《儿童心理学之方法观》（萧孝嵘）、《手的动作之研究》（萧孝嵘）、《天才儿童研究中之最新发现》（沈有乾）、《我对于儿童的惧怕心之研究》（陈鹤琴）、《近代儿童心理学的性质与问题》（黄翼）等。为《教育参考资料选辑》单行本之一。

收藏单位：重庆馆、国家馆、南京馆、浙江馆

04634

**儿童心理学 萧恩承著**

北平：北京大学出版部，1934.5，162 页，32 开

北平：北京大学出版部，1934.9，再版，162 页，32 开

本书共 14 章，内容包括：概论、生命之发生、遗传性、男女性、儿童身体之发达、行为之生理基础、本能与习惯、儿童生活之进展、儿童之游戏、儿童之言语与图画等。书前有蒋梦麟序及作者自序。

收藏单位：国家馆、吉林馆、上海馆、首都馆

04635

**儿童心理学 萧恩承编**

上海：商务印书馆，1922.4，116 页，22 开

上海：商务印书馆，1922.10，再版，116 页，22 开

上海：商务印书馆，1923.12，4 版，116 页，22 开，精装

上海：商务印书馆，1927，5 版，116 页，22 开

上海：商务印书馆，1928.12，7 版，116 页，22 开

上海：商务印书馆，1929.4，8 版，116 页，22 开

上海：商务印书馆，1930，9 版，116 页，22 开

上海：商务印书馆，[1934]，122 页，22 开

上海：商务印书馆，1936.7，122 页，22 开

本书共 17 章，内容包括：概论、发育、儿童初期之发达、青春时期之特性与教育、习惯之养成法、习惯之改变法、个性、遗传性、智识、本能、个性本能、亲性及群性本能、模仿、游戏、好奇心、道德宗教本能、表示之本能。论述儿童成长发育及其感官、思想、智慧、习惯、本能等。

收藏单位：重庆馆、广东馆、广西馆、国家馆、河南馆、吉林馆、江西馆、辽大馆、南京馆、上海馆、首都馆、浙江馆

04636

**儿童心理学　萧孝嵘编著**

上海：商务印书馆，1936.5，236 页，25 开

上海：商务印书馆，1936.11，再版，236 页，25 开

上海：商务印书馆，1938，3 版，236 页，25 开

本书即萧恩承著《儿童心理学》一书改署著者名重新出版。共 17 章，论述儿童心理学的重要性及其在各国之发展、研究方法，心理发育的基本原则，儿童的智慧、动作、知觉、语言文字能力、情绪及社会性的发育，超常儿童、低能儿童、有缺陷儿童、精神病态儿童等的心理。

收藏单位：重庆馆、广东馆、广西馆、国家馆、黑龙江馆、辽大馆、南京馆、上海馆、首都馆、天津馆、浙江馆

04637

**儿童心理学　余文伟著**

上海：大华书局，1933.7，113 页，25 开

上海：大华书局，1934，再版，113 页，25 开

上海：大华书局，1934，3 版，113 页，25 开

上海：大华书局，1934.11，4 版，113 页，25 开

本书为师范学校教本。共 11 章，介绍了儿童身体的发展，儿童的原始行为、"本能"、感觉、情绪、游戏、语言、学习、绘画，及儿童日常生活中的看护与注意等内容。书前有著者序。书末附重要参考书目。

收藏单位：重庆馆、广东馆、贵州馆、国家馆、湖南馆、南京馆、山东馆、山西馆、天津馆、浙江馆

04638

**儿童心理学　周维城编**

北京：指针社，1914.6，128 页，22 开

本书为作者在北京女师大的演讲，多参照日本高岛平三郎的《儿童心理学》一书。共 6 卷，卷 1—2 为儿童心理与教育之关系，卷 3 为胎儿期及婴儿期，卷 4 为幼儿前期（蒙养园期），卷 5 为幼儿后期及少年期（小学校时代），卷 6 为青年期。

收藏单位：国家馆、河南馆、南京馆、上海馆

04639

**儿童心理学大纲　方蔚编**

南京：拔提书店，1935，[6]+148 页，25 开

收藏单位：南京馆

04640

**儿童心理学纲要　艾华编**

上海：商务印书馆，1923.1，94 页，32 开

上海：商务印书馆，1923.10，3 版，94 页，32 开

上海：商务印书馆，1924.8，4 版，94 页，32 开

上海：商务印书馆，1929，6 版，94 页，32 开

上海：商务印书馆，1929，7 版，94 页，32 开

上海：商务印书馆，1932.10，国难后 1 版，94 页，32 开

上海：商务印书馆，1933.3，国难后 2 版，94 页，32 开

上海：商务印书馆，1933.10，国难后 3 版，94 页，32 开

上海：商务印书馆，1934.6，国难后 4 版，94 页，32 开

上海：商务印书馆，1935.5，国难后 5 版，94 页，32 开

本书共 3 编：上编介绍普通心理学的功效与儿童心理学的功效、儿童的发育及神经系统等；中编介绍儿童的感觉、观念、记忆、趣味等；下编讲述儿童的本能、感情、意志等。

收藏单位：重庆馆、广东馆、国家馆、河南馆、江西馆、辽大馆、南京馆、首都馆、浙江馆

## 04641

**儿童心理学及其应用　萧孝嵘编著**

上海：商务印书馆，1936.1，155 页，25 开
上海：商务印书馆，1940.6，3 版，155 页，25 开
上海：商务印书馆，1940，4 版，155 页，25 开

本书共 9 章，内容包括：儿童心理学之重要性及其兴起、儿童心理学之研究方法、心理发展之基本原则、动作能力之发达、知觉之发达、智力之发达、语言与文字能力之发达、情绪之发展、社会性之发展。

收藏单位：重庆馆、广东馆、广西馆、国家馆、黑龙江馆、吉林馆、南京馆、上海馆、首都馆、天津馆、浙江馆

## 04642

**儿童心理学讲话　江苏省教育厅编**

上海：开华书局，1936，60 页，32 开（小学教师文库 第 1 辑 3）

本书共两部分，内容包括：儿童心理学讲话、记忆变化趋向的实验。

收藏单位：广西馆

## 04643

**儿童心理学新论　（德）考夫卡（K. Koffka）著　高觉敷译**

外文题名：The growth of mind: an introduction to child psychology

上海：商务印书馆，1929.10，5 册，32 开（万有文库 第 1 集 77）（汉译世界名著）
上海：商务印书馆，1933.11，391 页，26 开，精装（大学丛书 教本）
上海：商务印书馆，1934.3，391 页，26 开（汉译世界名著）
长沙：商务印书馆，1939.3，391 页，26 开（大学丛书 教本）
上海：商务印书馆，1939，再版，391 页，26 开（大学丛书 教本）

本书主要运用格式塔心理学的观点解释儿童心理学和心理发展的问题。共 6 章，内容包括：问题与方法、一般的事实与观点、发展的起点——新生儿与行为的初型、心理发展的特点、儿童的宇宙等。

收藏单位：安徽馆、重庆馆、大连馆、东北师大馆、广东馆、广西馆、贵州馆、国家馆、黑龙江馆、江西馆、辽大馆、南京馆、山东馆、上海馆、首都馆、天津馆、浙江馆

## 04644

**儿童心理与兴味　葛承训著**

上海：中华书局，1929.12，78 页，25 开（教育丛书）
上海：中华书局，1931，再版，78 页，25 开（教育丛书）
上海：中华书局，1933.3，再版，78 页，25 开（教育丛书）
上海：中华书局，1933.12，4 版，78 页，25 开（教育丛书）
上海：中华书局，1935，5 版，78 页，25 开（教育丛书）

本书共 7 章，内容包括：导言、怕惧、道德判断、课业兴味、好尚、计画、理想与志愿。

收藏单位：重庆馆、东北师大馆、广东馆、国家馆、黑龙江馆、湖北馆、湖南馆、吉林馆、江西馆、南京馆、山东馆、山西馆、上海馆、首都馆、天津馆

## 04645

**儿童心理与训练（上卷）　曼继平编辑**

南昌：江西省政府教育厅义教股，1938.8，74 页，32 开（江西师训丛书）

本书共 11 章，内容包括：儿童心理学的发展、定义、任务、研究法，以及儿童训练的含义、目的，训练的一般方法，本能的活动与训练等。

收藏单位：重庆馆

## 04646

**儿童心理之研究　陈鹤琴著**

上海：商务印书馆，1925.9，2 册（339+418 页），22 开（大学丛书）
上海：商务印书馆，1925.9，2 册（339+418 页），22 开（师范丛书）
上海：商务印书馆，1930.12，再版，2 册（339+418 页），22 开（师范丛书）
上海：商务印书馆，1933.11，国难后 1 版，2 册（339+418 页），22 开（师范丛书）

上海：商务印书馆，1947.6，2 册（339+418 页），22 开（大学丛书）

本书上册共 10 章，讲述儿童生长过程中的心理变化；下册共 14 章，介绍儿童教育方法。书内有大量照片反映儿童的生长过程。

收藏单位：重庆馆、广东馆、国家馆、黑龙江馆、吉大馆、江西馆、辽大馆、南京馆、山东馆、上海馆、首都馆、浙江馆

04647

**儿童行为指导工作　薛汤铭新著**
上海：商务印书馆，1948.7，[11]+259 页，32 开

本书为对 60 个儿童的行为进行考察与指导的经验总结。共 3 编，内容包括：儿童行为指导工作概述、儿童行为指导工作分论、儿童指导所个案记录举例。书末附调查表格。

收藏单位：重庆馆、广东馆、国家馆、黑龙江馆、江西馆、辽宁馆、南京馆、上海馆

04648

**儿童学实地研究　（美）蒲洛克（A. Bullock）著**
外文题名：An outline of child study
上海：商务印书馆，1926.9，37 页，10 开

本书为研究儿童心理发展的著作。共 36 课及随意课一次，实地考察和研究儿童心理的发展。

收藏单位：广东馆、国家馆、辽宁馆

04649

**儿童之语言与思想　张耀翔编著**
上海：中华书局，1948.4，112 页，32 开

本书分上、下两编，上编为儿童的语言，下编为儿童的思想。共 18 章，内容包括：绪论、语言的起源、人类语言的基础、语言的发展、儿童语言发展实际的观察、儿童语言的分类、语言与智能、语言发展测验及常模、儿童语言的缺陷、语言教学、思想的定义及范围、语言与思想、思想的发展、儿童与成人思想的差别、儿童的问话、如何增进儿童的思想、刺激儿童思想用的问话、思想测验。

收藏单位：重庆馆、东北师大馆、广东

馆、国家馆、吉林馆、辽宁馆、南京馆、上海馆、首都馆、浙江馆

04650

**发情期之教育的研究　谢泽如著**
上海：儿童书局，1932.11，[11]+141 页，32 开
上海：儿童书局，1933.10，再版，[11]+141 页，32 开

本书分 6 章讨论青春期生理变化引起心理发展以及为此应采取的心理教育。

收藏单位：广东馆、广西馆、国家馆、湖南馆、南京馆、首都馆、天津馆、浙江馆

04651

**发展心理学　（美）何林华（H. L. Hollingworth）著　王介平　蒋梦鸿译**
外文题名：Mental growth and decline
上海：中华书局，1937.12，350 页，22 开

本书为《发展心理学概论》的不同译本。论述人在儿童、青年、成年阶段的生理变化与心理机制的特点。

收藏单位：重庆馆、东北师大馆、广东馆、国家馆、江西馆、南京馆、山东馆、上海馆、首都馆、天津馆、浙江馆

04652

**发展心理学　左学礼著**
重庆：商务印书馆，1946.3，171 页，25 开（大学丛书）
上海：商务印书馆，1946.6，171 页，25 开（大学丛书）
上海：商务印书馆，1947.5，沪再版，171 页，25 开（大学丛书）

本书论述人一生中各个阶段的心理演进。共 11 章，内容包括：导论、遗传决定论及其批评、环境决定论及其批评、发展之一般特征与事实、种质与胎儿时期、初生婴儿与婴儿时期、学龄前的三年、活动时期、青年时期、成人时期、老年期。书前有胡毅谨、陈礼江、作者的序各一。扉页有于右任题签。

收藏单位：重庆馆、广东馆、国家馆、湖南馆、江西馆、辽宁馆、南京馆、山东馆、上海馆、首都馆、天津馆

04653

**发展心理学概论** （美）何林华（H. L. Hollingworth）著 赵演译

外文题名：Mental growth and decline: a survey of developmental psychology

上海：商务印书馆，1935.10，[18]+348 页，25 开

上海：商务印书馆，1935.11，再版，14+348 页，25 开

本书论述人在儿童、青年、成年阶段的生理变化与心理机制的特点。书末附录中西人名对照表和参考书目。著者原题：何林渥斯。

收藏单位：重庆馆、广东馆、贵州馆、国家馆、南京馆、山东馆、上海馆、首都馆、天津馆、浙江馆

04654

**妇女之魔力** 王艺编著

上海：宏文图书馆，1924，164 页，32 开

本书共 10 章，内容包括：多泪之魔力、巧语之魔力、善笑之魔力、撒娇之魔力、离间之魔力等。

收藏单位：重庆馆、江西馆

04655

**孩童的心理教养法** （美）华生（J. B. Watson）著 惠迪人译

长沙：商务印书馆，1938.7，121 页，32 开（汉译世界名著）

本书为《行为主义的幼稚教育》一书的另一译本。共 7 章，内容包括：行为学者怎样研究婴孩与儿童、儿童的恐惧及其控制方法、母爱过多的危害、儿童日夜间的照料、关于性我将告诉孩子些什么呢、行为学者的申辩等。

收藏单位：重庆馆、广东馆、广西馆、国家馆、湖南馆、江西馆、上海馆

04656

**惠明（她的心理发展）**

出版者不详，83 页，32 开

本书根据对惠明的哭、笑以及游戏与语言的观察，说明儿童心理的变化。

收藏单位：浙江馆

04657

**母性的爱** （英）斯托泼司原著 张孝述译述

上海：大东书局，1933，216 页，32 开（家庭丛书 5）

本书是《结婚的爱》附卷。共 20 章，内容包括：爱人的希望、在美的环境中受胎、痛苦之门、母性的惊奇、母性的快乐、母性的痛苦等。卷首有于右任题签的"光辉的母性"，有译者叙言及作者自叙。书后附 3 篇：《妊娠期母性生理上的预示》《母性生育时的情况》《预计分娩日期的计算法》。

收藏单位：重庆馆、广东馆、国家馆、湖南馆、江西馆、辽宁馆、浙江馆

04658

**男女能力之研究** 费云鹤著

外文题名：A study of the mental faculties between man & woman

上海：商务印书馆，1926.7，48 页，44 开（百科小丛书 114）

上海：商务印书馆，1933.12，48 页，44 开（百科小丛书）（万有文库 第 1 集 484）

本书从生理、心理角度比较男女两性的能力，共 12 章，内容包括：脑之大小、智之活动、知觉之迟速、成熟之早晚、抽象思想、艺术心等。

收藏单位：安徽馆、重庆馆、大连馆、东北师大馆、广西馆、国家馆、江西馆、辽大馆、上海馆、天津馆、浙江馆

04659

**女青年心理** （德）克奥娜（E. Croner）著 刘钧译述

外文题名：Psyche der Weiblichen Jugend

上海：商务印书馆，1937.11，92 页，25 开（中德文化丛书 5）

本书共两编：第 1 编论述女青年的类型、个性、教育；第 2 编包括病态心理少女、今日少女两篇。

收藏单位：广东馆、广西馆、贵州馆、国家馆、湖南馆、吉林馆、江西馆、南京馆、上海馆、首都馆、浙江馆

04660

**女子心理学**　杨鄂联　朱锡钧编

上海：商务印书馆，1920.4，179 页，25 开

上海：商务印书馆，1920，再版，179 页，25 开

上海：商务印书馆，1920.10，3 版，179 页，25 开

上海：商务印书馆，1922，4 版，179 页，25 开

上海：商务印书馆，1924，5 版，179 页，25 开

上海：商务印书馆，1928，6 版，179 页，25 开

上海：商务印书馆，1931.2，7 版，179 页，25 开

　　本书讲述女子心理。共 3 编，内容包括：知识篇、感情篇、意志篇，还有绪论和结论。书前有黄炎培序。

　　收藏单位：重庆馆、广东馆、国家馆、湖南馆、江西馆、南京馆、首都馆、天津馆、浙江馆

04661

**普通儿童心理学**　（日）松本孝次郎著　江仁纶　彭清鹏译

吉林：吉林图书馆，1912.5，54 页，22 开

吉林：吉林图书馆，1914.9，再版，54 页，22 开

　　本书分为绪论、本论两部分，共 10 章，内容包括：注意、记忆、知觉及观念、概念判断及推理、意志、儿童心理学与教育等。

　　收藏单位：国家馆

04662

**普通儿童心理学**　（日）松本孝次郎著　江仁纶　彭清鹏译

出版者不详，54 页，22 开

　　收藏单位：浙江馆

04663

**青春期的男子心理与教育**　（美）利赤蒙德（W. V. Richmond）著　章育才　俞思敬译

外文题名：The adolescent boy: a book for parents and teacher

南京：正中书局，1936.5，[12]+201+[11] 页，32 开（师范丛书）

南京：正中书局，1947.10，沪 1 版，[12]+201+[11] 页，32 开（师范丛书）

　　本书共 8 章，论述青年期男子身心发育的特征、青年与环境的关系、青年过失，以及低能与变态青年问题。书末附译名对照表。

　　收藏单位：重庆馆、广东馆、贵州馆、国家馆、湖南馆、上海馆、首都馆、天津馆

04664

**青春期心理学**　（英）特雷西（F. Tracy）著　汤子庸译

外文题名：The psychology of adolescence

上海：商务印书馆，1924.5，259 页，32 开（新智识丛书）

上海：商务印书馆，1926，再版，259 页，32 开（新智识丛书）

上海：商务印书馆，1927.12，3 版，259 页，32 开（新智识丛书）

上海：商务印书馆，1931.4，4 版，259 页（新智识丛书）

上海：商务印书馆，1933.7，国难后 1 版，237 页，25 开（师范丛书）

上海：商务印书馆，1935，国难后再版，237 页，25 开（师范丛书）

重庆：商务印书馆，1943，179 页，36 开（师范丛书）

重庆：商务印书馆，1945.1，2 版，179 页，36 开（师范丛书）

重庆：商务印书馆，1945.10，3 版，179 页，36 开（师范丛书）

　　本书共 14 章，论述青年阶段生理变化与心理特点，提出道德生活与宗教生活之必要，以及青春期教育学之重要性。书前有原序及译序。著者原题：屈雷西。

　　收藏单位：重庆馆、广东馆、贵州馆、国家馆、江西馆、南京馆、山东馆、天津馆

04665

**青年烦闷的研究**　陈懿祝著

邵武：私立福建协和大学农业教育系，1945.3，40 页，25 开（协大农业教育丛刊 2）

　　本书共 4 章，内容包括：导言、青年烦闷的调查、青年烦闷的分析、结论。

　　收藏单位：国家馆

04666

**青年南针**

出版者不详，[1920—1929]，48 页，42 开

本书内容包括：犯手淫的经过和治疗、念佛微谈等。

收藏单位：浙江馆

04667

**青年期的心理与教育**　（美）荷尔（G. S. Hall）著　李浩吾译

外文题名：Youth: its education, regimen and hygiene

上海：世界书局，1929.10，466 页，32 开

上海：世界书局，1933，再版，466 页，32 开，精装

上海：世界书局，1939，再版，446 页，32 开，精装

本书共 12 章，论述青年期生理的变化与心理特点，以及青年期的心理教育。书前有译者序、作者序。

收藏单位：重庆馆、东北师大馆、广东馆、贵州馆、国家馆、湖南馆、吉林馆、江西馆、南京馆、山东馆、山西馆、上海馆、首都馆、天津馆、浙江馆

04668

**青年期心理学**　（美）布鲁克斯（F. Brooks）著　丁祖荫　丁瓒译

外文题名：The psychology of adolescence

上海：商务印书馆，1937.12，2 册（[13]+606 页），25 开

上海：商务印书馆，1948.3，再版，2 册（605 页）

本书共 18 章，讨论青年身体发育、智力发展、社会趋向、兴趣、人格，以及行为和卫生等方面的问题。

收藏单位：重庆馆、东北师大馆、国家馆、南京馆、首都馆、天津馆、浙江馆

04669

**青年期心理学**　沈履编

外文题名：Adolescence psychology

上海：商务印书馆，1932.12，151 页，32 开（师范小丛书）

上海：商务印书馆，1933.12，151 页，32 开（师范小丛书）（万有文库 第 1 集 78）

上海：商务印书馆，1933，再版，151 页，32 开（师范小丛书）

上海：商务印书馆，1935，3 版，151 页，32 开（师范小丛书）

本书叙述青年时期的心理特点。共 12 章，内容包括：导言、青年期体质的发育、青年期解剖的及生理的成熟、心智发展趋势与解剖生理成熟之关系、刺激与反应及本能反应之性质、青年期与习得反应、青年期与智能程序、青年期与感情生活、青年期与决意现象、青年人格之性质、青年期人格之扰动、青年之道德及宗教人格。

收藏单位：安徽馆、重庆馆、大连馆、东北师大馆、广东馆、广西馆、贵州馆、国家馆、湖南馆、辽大馆、南京馆、上海馆、首都馆、天津馆、武大馆、浙江馆

04670

**青年期心理学**　严谦六编著

上海、重庆：正中书局，1943.5，73 页，32 开（教育小丛书）

上海：正中书局，1947.2，沪 1 版，73 页，32 开（教育小丛书）

本书共 6 讲，内容包括：青年期身体的生长、青年期心智的发展、青年期学习的指导、青年期情绪的生活、青年期人格的扰动、青年期心理的卫生。

收藏单位：重庆馆、广东馆、国家馆、南京馆、上海馆、天津馆

04671

**青年期心理研究**　姬振铎编著

北平：文化学社，1934.4，214 页，25 开

本书共 17 章，研究 12—20 岁青年生理、心理、智力的发展，青年期的本能和冲动、学习和兴趣，以及人格、卫生、行为指导方面的问题。

收藏单位：北师大馆、国家馆、天津馆、浙江馆

04672

**青年心理** 高觉敷著

军事委员会全国知识青年志愿从军编练总监部干部训练团，1945，22 页，32 开（军事心理学丛书 2）

　　本书谈论青年期的身体、情绪、社交、领袖心理、道德观念、对青年的辅导等问题。书前有罗卓英序。

　　收藏单位：重庆馆、广东馆、吉林馆、南京馆

04673

**青年心理** （美）霍林渥斯（L. S. Hollingworth）著　徐侍峰译

外文题名：The psychology of the adolescent

北平：著者书店，1932.3，[10]+282 页，32 开

　　本书共 8 章，论述青年的生理特点，原始人及各民族成年仪式，以及青年心理（求自给、求偶、自我发现）等。书前有原序及译序。

　　收藏单位：国家馆、江西馆、南京馆、山东馆、首都馆、天津馆

04674

**青年心理** 刘建阳译

上海：中华书局，1928，70 页，25 开，精装（教育丛书）

上海：中华书局，1928，再版，70 页，25 开（教育丛书）

上海：中华书局，1931.3，再版，70 页，25 开（教育丛书）

上海：中华书局，1936，3 版，70 页，25 开（教育丛书）

　　本书介绍了青年时期的心理现象、问题、宗教、道德等。共 7 章，内容包括：青年时期之生理表征、青年时期之心理现象、青年时期之社会方面、青年时期之宗教和道德方面、青年时期之心理病态、青年时期理智的生长、男女同学问题。

　　收藏单位：重庆馆、广东馆、国家馆、湖南馆、江西馆、南京馆、上海馆

04675

**青年心理** 朱智贤著

桂林：文化供应社，1941，100 页，36 开（青年新知识丛刊）

桂林：文化供应社，1942，再版，100 页，36 开（青年新知识丛刊）

桂林：文化供应社，1943，3 版，100 页，36 开（青年新知识丛刊）

　　本书论述青年从性成熟至成人时期心理的发展特点及其思想道德。

　　收藏单位：重庆馆、国家馆

04676

**青年心理五讲** 广西公务人员训练班编

[广西]：广西公务人员训练班，1937，30 页，32 开

　　本书为广西公务人员训练班讲义。

　　收藏单位：广西馆

04677

**青年心理修养** 丁瓒著

南京：丙寅医学社，1947，233 页，32 开

　　本书运用弗洛伊德的心理分析学阐述青年心理修养。共 17 章，内容包括：谈心理修养、"了解你自己"、"人间关系"与心理病态、"人间关系"适应的基础、弥散了的仇恨心、被"魔鬼"缠扰的女子、合理社会帮助心理卫生、现实的生活方式、青年期与神经衰弱、"风流"与神经衰弱、当前的青年心理问题、略论思想与情绪态度的统一、略论儿童行为指导工作等。书后附录佛洛伊德有关社会学、社会工作的理论与实施、西方思想与文化的文章。

　　收藏单位：重庆馆、广东馆、国家馆、南京馆、上海馆、首都馆

04678

**青年心理研究** 张国华著

香港：激流书店，119 页，32 开

　　收藏单位：首都馆

04679

**青年心理与教育** （日）野上俊夫著　朱智贤译

长沙：商务印书馆，1940，230 页，25 开

本书共 16 章，内容包括：青年的任务与其教育、青年期在人生上的意义、身体的发育、感觉的发达、本能及感情生活的变化、性欲与恋爱、性教育论、身心的性别、男女同学论、知的发达、青年期的精神异常、青年期的卫生等。书前有译序和原序。

收藏单位：广东馆、国家馆、江西馆、南京馆

04680

**青年心理与教育　张怀编著**

北平：立达书局，1933.6，124 页，25 开

本书共 5 章，内容包括：青春时代、生理的发展、身体发展影响于心理的作用、心理的发达、意志的发达。

收藏单位：国家馆、河南馆、吉林馆、上海馆、首都馆

04681

**青年心理与训育　高觉敷编著**

重庆：正中书局，1942.8，176 页，32 开（训导丛书 10）

重庆：正中书局，1943，6 版，175 页，32 开（训导丛书 10）

上海：正中书局，1948，沪再版，176 页，32 开（训导丛书 10）

本书共 10 章，从身体、情绪、社交、道德等方面提出青年的适应、失常、犯罪以及人格训练等问题。

收藏单位：重庆馆、广东馆、贵州馆、国家馆、湖南馆、南京馆

04682

**人的性质　（美）道尔西（G. A. Dorsey）著　胡叔异　陆觉先译**

外文题名：The nature of man

上海：商务印书馆，1935.8，115 页，32 开（百科小丛书）

本书共 6 章，从心理学特别是行为心理学的角度研究人的性质，说明人类社会的各种活动。著者原题：杜绥。

收藏单位：重庆馆、广东馆、国家馆、湖

南馆、吉林馆、江西馆、辽宁馆、南京馆、上海馆、首都馆、浙江馆

04683

**人类的解放　（美）卡里利（H. F. Carlili）著　水晶冰译**

上海：北新书局，1928.9，82+7 页，50 开（明日丛书）

本书从人类心理发展的角度，阐明人类的历史进化。内容包括：苏格拉底的立脚点、下意识、本能、合群本能、习惯、自由、变易、有机体的控制、效率、自觉的人。

收藏单位：重庆馆、国家馆、吉林馆、江西馆、天津馆、浙江馆

04684

**人类行为要义　（美）道尔西（G. A. Dorsey）著　张登寿译**

外文题名：Hows and whys of human behavior

上海：商务印书馆，1934.4，303 页，25 开

本书共 16 章，论述学习、恋爱、工作、睡眠、读书、结婚等问题的心理学原理。

收藏单位：重庆馆、广西馆、国家馆、湖南馆、吉林馆、江西馆、南京馆、上海馆、天津馆、浙江馆

04685

**人生第一年　[美]夏绿蒂·布答（Charlotte Bühler）著　李芳经译**

外文题名：The first year of life

重庆：商务印书馆，1944.2，216 页，25 开

本书综述对 69 个正常儿童出生后第 1 年的行为发展进行观察的结果。分两编：上编描述并分析正常儿童行为的发展；下编探讨了对 1、2 岁儿童心理测验的内容、方法与测验的可靠性等。自英译本转译。

收藏单位：重庆馆、国家馆、吉林馆、南京馆、上海馆

04686

**社会部北碚儿童福利实验区儿童情绪研究报告**

出版者不详，[1947]，油印本，18 叶，16 开，

环筒页装

本书共 6 部分，讲述研究内容，包括研究经过、愤怒之处理方法、愤怒之反应、上课时间与游戏时间愤怒次数之比较、情绪问题儿童与体格状况之关系。

收藏单位：国家馆

04687

**实验儿童心理　萧孝嵘著**
上海：中华书局，1933.12，120+8 页，23 开（中央大学教育学院丛书）

本书共 8 章，内容包括：近代关于心理发展之学说、儿童心理学之研究法、动作能力之发达、空间知觉与颜色知觉之发达、智力之发展、语言之发达、情绪之演进、社会性之发展。

收藏单位：重庆馆、广东馆、国家馆、黑龙江馆、吉林馆、江西馆、辽宁馆、南京馆、山东馆、上海馆、首都馆、浙江馆

04688

**实用儿童心理学讲义　朱光　杨保恒著**
上海：中华书局，1915，78 页，22 开
上海：中华书局，1917，3 版，78 页，22 开
上海：中华书局，1921，14 版，78 页，22 开
上海：中华书局，1922.7，17 版，78 页，22 开
上海：中华书局，1928.3，28 版，77 页，22 开
上海：中华书局，1931.7，30 版，77 页，22 开

本书共两编，论述儿童的通性和个性。

收藏单位：国家馆、河南馆、江西馆、辽大馆、南京馆、山东馆、上海馆、首都馆

04689

**谈心理卫生（给少年的十八封信）　黄禹石编著**
重庆：正中书局，1940.8，45 页，36 开
[金华]：正中书局，1942.7，再版，45 页，36 开
重庆、上海：正中书局，1947，沪 1 版，45 页，36 开

本书讲述少年的心理卫生，内容包括：比生理卫生更重要呢、什么叫做心理卫生、当你饥饿时和吃饭时应该要留意的、怎样使你安睡、怎样破除你的抑郁、愤怒给你的损失等。书前有苏渊雷序。

收藏单位：重庆馆、广东馆、国家馆、南京馆、浙江馆

04690

**问题儿童之心理卫生　尹培真著**
重庆：商务印书馆，1942.8，188 页，36 开
重庆：商务印书馆，1943.12，2 版，188 页，36 开
重庆：商务印书馆，1944.1，赣初版，188 页，36 开

本书分上、下两编，共 6 章。上编为总论，偏重介绍各家理论；下编为处理各种"问题儿童"的方法与步骤。

收藏单位：重庆馆、广东馆、国家馆、吉林馆、江西馆、南京馆、上海馆

04691

**写给青春的少女　张芗兰编著**
重庆：正中书局，1944.10，54 页，32 开
上海：正中书局，1947.10，沪 1 版，54 页，32 开

本书论述少女的生理与心理发展特点。共 7 部分，内容包括：青春的少女、行为的了解、青春少女的普遍问题等。书前有作者自序。

收藏单位：重庆馆、国家馆、辽大馆、南京馆

04692

**心理卫生　邰爽秋等选编**
上海：教育编译馆，1935.4，132 页，25 开（教育参考资料选辑）
上海：教育编译馆，1935，再版，132 页，25 开（教育参考资料选辑）

本书内收论文 5 篇，包括：《心理卫生运动底起源和发展》（吴南轩）、《心理卫生与儿童训导》（章颐年）、《情绪的卫生》（艾伟）、《社会控制低能的重要和方法》（吴南轩）、《问题儿童之心理卫生》（吴南轩）。为《教育参考资料选辑》单行本之一。

收藏单位：广东馆、国家馆、浙江馆

04693

**心理卫生十二讲** （美）普莱斯敦（G. H. Preston）
著 吴桢译
外文题名：The substance of mental hygiene
上海：家杂志社，1948.10，88 页，32 开
上海：家杂志社，1949.4，再版，88 页，32 开
　　本书讲述儿童心理卫生。共 12 章，内容包括：儿童在家庭中成长、儿童怎样学习服从、儿童怎样学习世故、儿童怎样学习人情、儿童的性教育、心理卫生之培植等。
　　收藏单位：重庆馆、广东馆、国家馆、南京馆、上海馆

04694

**心理卫生与儿童教育** 杨鸿昌著
上海：商务印书馆，1948.2，206 页，32 开（国民教育文库）
上海：商务印书馆，1948.6，再版，206 页，32 开（国民教育文库）
上海：商务印书馆，1948.8，3 版，206 页，32 开（国民教育文库）
　　本书从心理学的角度论述儿童的教育。共 11 章，内容包括：绪论、心理卫生之心理基础——儿童之天性、心理卫生与家庭教育、心理卫生与幼稚教育、心理卫生与小学教育、心理卫生与社会教育、心理变态的原因与倾向、儿童行为问题举隅、心理疾病之诊断与治疗、儿童心理卫生的实施、心理健康与人格发展。
　　收藏单位：重庆馆、广东馆、广西馆、贵州馆、国家馆、黑龙江馆、江西馆、辽大馆、南京馆、山东馆、上海馆、首都馆

04695

**心理卫生与儿童教育** 杨鸿昌著
成都：四川省立教育科学馆，1944，182 页，32 开（四川省立教育科学馆丛书 9）
　　收藏单位：重庆馆、国家馆、吉林馆、南京馆

04696

**行为主义的儿童心理**（原名，婴儿和幼儿之心理的看护）（美）华生（J. B. Watson）著

徐侍峰译
外文题名：Psychological care of infant and child
上海：新世纪书局，1930.3，168 页，32 开
　　本书共 7 章，内容包括：行为主义者怎样研究婴儿和幼儿、儿童的惧怕及如何控制之、母爱太过的危险、儿童的愤怒及如何控制之、行为主义者底声明等。著者原题：华真。
　　收藏单位：浙江馆

04697

**行为主义的儿童心理**（原名，婴儿和幼儿之心理的看护）（美）华生（J. B. Watson）著
徐侍峰译
外文题名：Psychological care of infant and child
北平：著者书店，1932.6，再版，168 页，32 开
　　收藏单位：国家馆、山西馆、首都馆

04698

**行为主义的幼稚教育** （美）华生（J. B. Watson）著 章益 潘硌基译
外文题名：Psychological care of infants and children
上海：黎明书局，1930，104 页，22 开（复旦大学丛书）
上海：黎明书局，1932，再版，104 页，22 开（复旦大学丛书）
　　本书为《行为主义的儿童心理》一书的另一译本。共 7 章，内容包括：行为主义者对于儿童之研究、儿童恐惧之发生与控制、母亲溺爱之危害、儿童忿怒之发生与控制、日间夜间之看护、怎样施行儿童性教育、行为主义者的自释。著者原题：华震。
　　收藏单位：重庆馆、广东馆、贵州馆、国家馆、湖南馆、江西馆、南京馆、山西馆、首都馆、天津馆、浙江馆

04699

**性学粗述** （意）艾儒略著
上海：土山湾印书馆，1935.8，4 版，22+167 页，32 开
　　本书论述人类心理活动的有关问题。共 8 卷，内容包括：论述灵性产生和不死，论人的生理机制，论人心理内外的知觉、理性和情

绪等。书前有陈仪、瞿伯略、朱德先等人序各一。

收藏单位：国家馆、南京馆

**04700**

**一个女孩子的心理　葛承训著**

上海：儿童书局，1932.9，97 页，32 开

上海：儿童书局，1933.3，再版，97 页，32 开

本书根据对从出生至两岁半的女婴的哭、笑以及游戏与语言的观察，说明儿童心理的变化。书前有葛承训、顾静仁序。

收藏单位：重庆馆、国家馆、浙江馆

**04701**

**幼儿心理学　嘿兹力特（V. Hazlitt）著　宋桂煌译**

外文题名：The psychology of infancy

长沙：商务印书馆，1939.5，158 页，22 开（师范丛书）

本书共 10 章，内容包括：婴孩的研究、行走的发展、习惯的养成、儿童的思考等。附录为参考书。

收藏单位：广东馆、广西馆、国家馆、吉林馆、江西馆、辽大馆、南京馆、上海馆

**04702**

**幼童心理与教育　（英）史笃脱（M. Sturt）著　胡叔异　洪育心编译**

外文题名：The education of children under seven

上海：中华书局，1948.5，196 页，32 开

本书分两编共 15 章，内容包括：婴儿的心理发展、婴儿院的设备及教学活动、幼儿的心理发展与幼儿学校的目的及教学活动、幼儿学校的校舍及设备、幼儿学校的编制，幼儿的卫生及社交训练方法、幼儿的语言发展及教学方法、幼儿的文艺欣赏能力及教学方法、幼儿的心理卫生及道德教育方法等。

收藏单位：重庆馆、国家馆、吉林馆、辽宁馆、南京馆、上海馆、首都馆、浙江馆

**04703**

**育儿心理学　（美）阿莱特（Ada Hart Arlitt）**

原著　吴廉铭译

外文题名：The child from one to six

上海：中华书局，1935.7，[24]+262 页，32 开

本书共 12 章，内容包括：情愿的服从、训练责罚和奖赏、好习惯和坏习惯、睡眠休息和排泄的习惯、吃的习惯、发躁脾气和争吵、儿童的恐惧、控制情绪的训练、儿童的想像、儿童怎样思想、学龄前儿童的玩具游戏和工作、怎样用钱。书前有舒新城著《儿童幸福之路》（代序）、译序、原序、导言。书末附朱自清著《儿女》。

收藏单位：重庆馆、广东馆、国家馆、湖南馆、辽宁馆、南京馆、山东馆、上海馆、首都馆、天津馆、浙江馆

**04704**

**怎样解除青年烦恼？　拓荒编**

[成都]：益智出版社，1945.6，83 页，56 开（青年必读书 1）

本书正文共 14 个部分，内容包括：青年的时代病、消极的心理、极度的消极和烦闷、消极的预防、烦闷的解除法等。书前有前记。书后有附录解决问题、问题解决后的心境。

收藏单位：重庆馆

**04705**

**战时中国大中学生之心理健康状况并论青年人格之转捩期　雷肇唐等编著**

[南京]：国立中央大学医学院公共卫生科，1945.12，24 页，16 开

本书为中央大学医科研究所公共卫生学部研究报告。

收藏单位：国家馆

# 生理心理学

**04706**

**飞行生理学　张旭德编**

空军军医训练班，1940，60 页

收藏单位：南京馆

**04707**

**感觉心理 张耀翔著**
上海: 商务印书馆, 1947, 245 页, 32 开
上海: 商务印书馆, 1949.4, 3 版, 245 页, 32 开
　　本书对感觉、知觉、表象作了详细分析。共 9 章, 内容包括: 概论、肤觉、嗅觉、味觉、听觉、视觉、动觉、内官觉、动物的感觉。
　　收藏单位: 重庆馆、广东馆、广西馆、贵州馆、国家馆、湖南馆、江西馆、辽宁馆、南京馆、山东馆、上海馆、首都馆、天津馆

**04708**

**国民战时心理卫生 王震辉著**
重庆: 商务印书馆, 1945.4, 102 页, 32 开 (人事心理研究社丛书 4)
上海: 商务印书馆, 1946.7, 102 页, 32 开 (人事心理研究社丛书 4)
　　本书共 12 章, 内容包括: 战争与人类的命运、战争为心理异常之元凶、战时国民心理卫生之重要、战时儿童之心理卫生、战时妇女之心理卫生、战时军人之心理卫生、战时青年之心理卫生、战时商人之心理卫生、战时工人之心理卫生、战时农人之心理卫生、战时教师之心理卫生、心理卫生今后之动向等。书前有作者自序、萧孝嵘序。
　　收藏单位: 重庆馆、东北师大馆、广东馆、国家馆、江西馆、南京馆、山东馆

**04709**

**脊椎动物的化学感觉 (美) 帕刻 (G. Parker) 著 臧玉海译**
外文题名: Smell, taste and allied sense in the vertebrates
上海: 商务印书馆, 1928, 156 页, 22 开 (心理学丛书)
上海: 商务印书馆, 1933, 国难后 1 版, 156 页, 22 开, 精装 (心理学丛书)
　　本书讲述感官的性质, 嗅觉、味觉的生理和器官解剖。共 8 章, 内容包括: 感官的性质、嗅官的解剖、嗅觉的生理、锄鼻器官或 Jacobson 氏器官、普通化学感觉、味官的解剖、味觉的生理、各种化学感觉的交互关系等。书末附英汉名词对照表。
　　收藏单位: 重庆馆、东北师大馆、广东馆、广西馆、贵州馆、国家馆、黑龙江馆、湖南馆、南京馆、山西馆、上海馆、首都馆、天津馆、浙江馆

**04710**

**梦 舒新城编**
上海: 中华书局, 1927.1, 114 页, 32 开 (常识丛书 26)
上海: 中华书局, 1930, 再版, 114 页, 32 开 (常识丛书 26)
上海: 中华书局, 1933, 3 版, 114 页, 32 开 (常识丛书 26)
　　本书共 7 章, 内容包括: 道情说梦、梦与睡眠、梦的现象、梦的原因、梦的学说、梦与预兆、梦与人生等。书末附录中国历代讲梦的几种书, 以及有关的参考书。
　　收藏单位: 北大馆、重庆馆、广东馆、广西馆、国家馆、河南馆、江西馆、南京馆、首都馆、武大馆、浙江馆

**04711**

**梦底心理 明石著**
出版者不详, 1925.6, 22 页, 32 开
　　本书从心理学的角度讲述梦的产生和意义。

**04712**

**内分泌与心理学 吴绍熙著**
上海: 商务印书馆, 1935.9, 142 页, 32 开 (万有文库第 2 集 50)
上海: 商务印书馆, 1936, 142 页, 32 开 (自然科学小丛书)
　　本书共 8 章, 内容包括: 引论、内分泌的一般的考察、性腺与性的欲求、肾上腺与情绪、盾形腺及副盾形腺与几种心理现象的关系、有关发育的几种内分泌腺、人格的发展与整个内分泌的关系、人类的差异与变态行为。
　　收藏单位: 重庆馆、大连馆、东北师大馆、广东馆、贵州馆、国家馆、湖南馆、江西馆、南京馆、上海馆、天津馆、武大馆、浙江馆

## 04713

**趣味的心理学　洪云编译**

上海：激流书店，1941.8，137 页，32 开（心理改造丛书）

上海：激流书店，1946.10，137 页，32 开（心理改造丛书）

上海：激流书店，1947.3，137 页，32 开（心理改造丛书）

本书讲述趣味心理的故事。共 4 编 26 节，内容包括：心理妙境、珍闻奇迹、荒诞之谈、爱美心理琐话等。

收藏单位：重庆馆、国家馆、南京馆、浙江馆

## 04714

**苏俄新兴心理学　（俄）拍夫洛夫（И. П. Павлов）等著　郭一岑译**

上海：中华书局，1934，124 页，22 开

本书内收论文 3 篇，包括《拍夫洛夫的高级神经活动说》（拍夫洛夫）、《柏克台雷夫的反射学派》（A. 施里尔曼）、《科尔尼洛夫的辩证唯物论的心理学》（科尔尼洛夫）。

收藏单位：重庆馆、广西馆、贵州馆、国家馆、湖南馆、吉林馆、江西馆、南京馆、山东馆、上海馆、浙江馆

## 04715

**痛饥惧怒时的身体变化　（美）卡侬（W. B. Cannon）著　臧玉泩译**

外文题名：Bodily changes in pain, hunger, fear and rage

上海：商务印书馆，1928.6，[10]+234 页，22 开，精装（心理学丛书）

上海：商务印书馆，1934.6，国难后 1 版，[10]+234 页，22 开，精装（心理学丛书）

本书共 15 章，着重讨论苦痛、饥饿、恐惧、愤怒等状态对神经、内脏、内分泌、血液诸方面的影响。书末附本书所据的各项研究。

收藏单位：重庆馆、东北师大馆、广东馆、国家馆、河南馆、湖南馆、辽宁馆、南京馆、山东馆、上海馆、首都馆、天津馆、浙江馆

## 04716

**心理生理学序论　陶烈著**

上海：中华学艺社，1933.2，12 页，16 开（学艺小丛书 1）

本书讨论心理生理学的定义、对象和范围。共 3 章，内容包括：大脑皮层机能的局在之问题、头头叶之问题、感觉质种之问题。

收藏单位：重庆馆、国家馆、上海馆

## 04717

**心理学与遗传　郭任远著**

外文题名：Psychology and heredity

上海：商务印书馆，1929.4，300+72 页，22 开（心理学丛书）

上海：商务印书馆，1933.2，国难后 1 版，300+72 页，22 开，精装（心理学丛书）

本书探讨心理遗传的有关问题。共 10 章，内容包括：遗传在现代生物学中的位置、心理的遗传（本能）、心理的遗传（情绪、反射运动等）、心理遗传说的历史、心理遗传的实验的证据、反对心理遗传的运动的经过、社会心理学者底反对本能、行为学者的反对遗传、本能心理学者的辩护、结论等。

收藏单位：重庆馆、东北师大馆、广东馆、广西馆、贵州馆、国家馆、河南馆、黑龙江馆、湖南馆、吉林馆、江西馆、辽大馆、辽宁馆、南京馆、山东馆、山西馆、上海馆、首都馆、天津馆、西交大馆、浙江馆

## 04718

**行为之生理的分析　汪敬熙著**

重庆：独立出版社，1944.8，140+34 页，32 开

本书讲述行为活动的生理机制。共 7 部分，内容包括：近代生理心理学之研究方法、白鼠之每日活动数量与性欲周期、脑内电位变动、胚胎行为之研究等。

收藏单位：重庆馆、贵州馆、国家馆、吉林馆、南京馆、上海馆、浙江馆

## 04719

**中国心理生理研究所概况**

出版者不详，1946，10 页，18 开

本书介绍该所沿革、房屋及设备、经济概况、研究概况等。书后附本所在英美订购杂志清单、本所在美设备之一部份清单。

　　收藏单位：国家馆、南京馆、上海馆

# 变态心理学、病态心理学、超意识心理学

## 04720
**变态心理讲义　心灵科学书局编**
上海：心灵科学书局，1933.7，16+148 页，32 开

　　本书即《变态心理学讲义录》改变书名、作者后重新出版。

　　收藏单位：国家馆

## 04721
**变态心理漫谈　西风社编译**
上海：西风社，1940.12，259 页，32 开（飞燕丛刊 4）

重庆：西风社，1941.10，200 页，32 开

桂林：西风社，1944，259 页，32 开（飞燕丛刊 4）

　　本书为自美国《时代》等刊物选译的讲变态心理的文章。共 5 辑，内容包括：疯狂世界、变态种种、治疗新术、狂人小传、附录（主要阐述弗洛伊德的学说）。

　　收藏单位：重庆馆、广东馆、贵州馆、国家馆、南京馆、首都馆、天津馆

## 04722
**变态心理学　陈节坚著**
重庆：商务印书馆，1944.5，11+179 页，36 开

　　本书分上、下篇。上篇介绍变态心理学研究的意义和方法；下篇论述精神病的范围与分类，并对各种精神病作了具体的心理分析。大部分内容据 G. Dumas 的《心理学丛书》写成。

　　收藏单位：重庆馆、广西馆、国家馆、南京馆

## 04723
**变态心理学　萧孝嵘著**
南京：正中书局，1934.9，302 页，25 开，精装（大学丛书）

金华：正中书局，1942，3 版，302 页，25 开（大学丛书）

重庆、南京：正中书局，1943.10，5 版，302 页，25 开（大学丛书）

南京、上海：正中书局，1946.9，沪 1 版，302 页，25 开

上海：正中书局，1947，沪 3 版，302 页，25 开

　　本书为大学用书。介绍变态心理学的定义、内容、价值，以及发生变态心理的原因和各种症候。

　　收藏单位：重庆馆、东北师大馆、广东馆、贵州馆、国家馆、湖南馆、江西馆、辽宁馆、南京馆、山东馆、上海馆、天津馆、浙江馆

## 04724
**变态心理学　朱光潜著**
上海：商务印书馆，1933.1，[13]+169 页，22 开

上海：商务印书馆，1933.4，再版，[13]+169 页，22 开

　　本书作者认为，变态心理研究潜意识作用与隐意识作用。共 7 章，内容包括：历史的回溯、催眠和暗示、迷狂症和多重人格、压抑作用与隐意识、梦的心理、佛洛伊德的泛性欲观、心理分析法。

　　收藏单位：重庆馆、东北师大馆、广东馆、国家馆、湖南馆、江西馆、南京馆、山东馆、山西馆、上海馆、首都馆、天津馆、浙江馆

## 04725
**变态心理学**
出版者不详，[1913—1949]，72 页，25 开

　　收藏单位：江西馆

## 04726
**变态心理学 ABC　黄维荣著**

上海：ABC 丛书社，1928.7，110 页，32 开

上海：ABC 丛书社，1929.3，再版，110 页，32 开

　　本书以美国迈耶尔的行为主义观点，解释变态心理。共 10 章，内容包括：心理学与变态心理学、变态心理学的历史、反科学的心理分析、变态心理所以发生的几个原因、变态心理中几个须加解释的名词、纷乱的行为、睡眠与梦、变态行为、变态心理的预防与疗治等。

　　收藏单位：重庆馆、广东馆、国家馆、吉林馆、江西馆、南京馆、山东馆、首都馆、浙江馆

**04727**

**变态心理学概论　倪文宙著**

上海：商务印书馆，1925.2，78 页，50 开（教育丛著 82）

　　本书内收论文两篇，包括《变态心理之基本观》《异常心理述概》。书末附录《编制混合心理学教科书的意见》。

　　收藏单位：重庆馆、广东馆、广西馆、国家馆、南京馆、上海馆、首都馆、天津馆、浙江馆

**04728**

**变态心理学讲义录（变态心理讲义）　唐新雨著**

中华变态心理学会，1923.5，147 页，32 开

　　本书共 13 章，讲述感观、知觉、记忆、想象、注意、观念联合、判断、指南力、感情、意志、意识、人格等方面的变态。

**04729**

**变态心理学讲义录（催眠术讲义）　李声甫著**

中华变态心理学会，1923.6，140 页，32 开

　　本书共 7 章，讲述催眠术的历史、原理，催眠状态与暗示，催眠的方式、应用、施行等。

**04730**

**变态心理学讲义录（精神疗法讲义）　古道著**

中华变态心理学会，1923.9，114 页，32 开

　　本书共 4 章，内容包括：绪论、根本疗法、症候的疗法、间接疗法。

**04731**

**变态心理学讲义录（临症催眠术讲术）　居中州著**

中华变态心理学会，1923.7，100 页，32 开

　　本书共 7 章，内容包括：总论、暗示论、催眠状态、治病暗示、临症暗示法、临病精神分析、临症之催眠治疗者等。

　　收藏单位：国家馆

**04732**

**变态心理学讲义录（群众心理讲义）　中华变态心理学会编辑部编**

中华变态心理学会，1924.2，143 页，32 开

　　本书共 5 章，内容包括：绪论、群众心理之观察、群众意见及信条、群众之种类、群众与舆论等。

**04733**

**变态心理学讲义录（心灵学讲义）　中华变态心理学会编辑部编**

中华变态心理学会，1923.8，171 页，32 开

　　本书共 9 章，讲述各类心灵现象，如精神感应现象、交灵现象、透视千里眼与未来的预知、心灵物理现象、骚扰幽灵现象等。

**04734**

**变态心理学派别　朱光潜著**

上海：开明书店，1930.4，167 页，32 开

上海：开明书店，1931.4，再版，167 页，32 开

　　本书共 9 章，介绍巴黎派、浪赛派（即南锡，Nancy）、新浪赛派、耶勒（P. Janet）、佛德洛（即弗洛伊德）、融恩（即荣格，C. Jung）、爱德洛（A. Adler）、朴林司（Prince）等派别。书末有参考书籍及一个简要的书目。

　　收藏单位：重庆馆、广东馆、贵州馆、国家馆、江西馆、辽宁馆、南京馆、山东馆、上海馆、首都馆、天津馆、浙江馆

**04735**

**变态心理学原理　（美）康克林（E. S. Condlin）著　吴绍熙　徐儒译**

外文题名：Principles of abnormal psychology

上海：商务印书馆，1936.9，392页，25开

本书共 18 章，讨论了常态心理学与变态心理学的原理，包括感觉、记忆、性格等方面的变态及心理神经病，并论及催眠与暗示、先天变态等。书末附中西名词对照表。

收藏单位：重庆馆、东北师大馆、广东馆、贵州馆、国家馆、湖南馆、吉林馆、江西馆、南京馆、山东馆、上海馆、首都馆、浙江馆

04736

变态心理与改造中国 李园著

上海：新声书局，1933.1，82页，32开

本书共 10 章，内容包括：心理通论、常态心理、变态心理、变态心理分析、常态心理与行为平行论、变态心理与行为出轨论、变态心理与中国现象、培养人格救中国、建设心理治中国等。

收藏单位：上海馆

04737

疯狂心理 （英）哈忒（B. Hart）著 李小峰 潘梓年译

北京：北京大学出版部，1923.4，208页，32开（新潮丛书 6）

本书运用弗洛伊德的心理分析理论，把疯狂现象归结为变态心理。共 12 章，内容包括：疯狂的历史、疯狂的心理学概念、疯狂的现象、分裂、心组、冲突、抑遏、被遏心组的表现、投射、疯狂底不合理、空想、冲突的重要。书前有樊际昌序、作者原序、再版原序、3 版原序、译者的话。书末附参考书目。

收藏单位：国家馆、湖南馆、吉林馆、山东馆、首都馆、天津馆

04738

疯狂心理 （英）哈忒（B. Hart）著 李小峰 潘梓年译

北京：北新书局，1923，206页，32开（北新丛书 1）

北京：北新书局，1927，2 版，206页，32开（北新丛书 1）

收藏单位：重庆馆、国家馆、吉林馆、南京馆、绍兴馆、浙江馆

04739

冯小青 潘光旦著

上海：新月书店，1927.9，144页，32开

上海：新月书店，1929，订正再版，144页，32开

本书就明万历年间扬州女子冯小青影恋而死事件，分析女子的性变态心理。第 1 部分为小青事考；第 2 部分为小青之分析，下分精神分析派之性发育观、自我恋、小青之影恋、小青之死与其自觉程度、小青自我恋之病源论、小青变态心理之余波；第 3 部分为余论。初版书前有叙言、闻一多的插图；再版书前除作者叙言外，收有再版附言。书末附《小青之作品》《女子作品与精神郁结》等。

收藏单位：东北师大馆、广东馆、广西馆、国家馆、近代史所、南京馆、上海馆、首都馆

04740

精神游戏法 心灵科学书局编

上海：心灵科学书局，1934.8，87页，36开

本书介绍借助于生理、心理作用的物理游戏 40 种。

收藏单位：国家馆

04741

科学的人灵交通记 （英）芬特莱（J. A. Findlay）著 世界新闻社译

外文题名：On the edge of the etheric

上海：世界新闻社，1933.11，198页，22开

本书作者企图论证灵魂是一种实有之物，人自身不过是掩盖在物质的躯体之内的灵魂。人死后，灵魂可以通过从灵媒身上借用某种分泌物再现。共 15 章，内容包括：序言、以太的宇宙、心与物、灵媒、降灵会、语音、例证、受教的夜晚、吾侪应知之事实、结论等。书前有作者自序、巴雷脱教授弁言，以及原书封面和各报评论的影印件。封面由刘肇隅题签。

收藏单位：重庆馆、广西馆、国家馆、江

西馆、南京馆、上海馆、绍兴馆、首都馆、天津馆、武大馆、浙江馆

**04742**

**灵力发显术**　天岸居士著

上海：心灵科学书局，1933，4版，28+71页，32开

本书分31章介绍幻术——灵力发显术。

收藏单位：国家馆

**04743**

**灵力发显术**　余萍客编

上海：中国心灵研究会，1922，99页，32开

上海：中国心灵研究会，1925，再版，99页，32开

收藏单位：上海馆

**04744**

**千里眼**　余萍客著

上海：中国心灵研究会，1929.10，90+20页，32开

本书讲述心灵感应幻术。共8章，内容包括：绪言、千里眼的实例、千里眼定义、千里眼的学理、与千里眼相关的现象、千里眼修养法、千里眼实地试验次序法、结论。书后附《中国心灵研究会会员之千里眼成绩》。

收藏单位：重庆馆、国家馆、上海馆

**04745**

**千里眼实验奇谈**　缪刀澄译

上海：国华书局，1920，10+186页，32开

本书讲述"天眼通"，即心灵感应的特异功能。内容包括：司惠登保详加一千里外远方之火灾、依天眼通而通冥界、小女梦中详知父船之遇难、催眠中之天眼通、睡游中之天眼通、由天眼通而发见体内之铜片等。

收藏单位：国家馆、首都馆

**04746**

**千里眼研究法**　鲍方洲编

上海：商务印书馆，1919，73页，32开

上海：商务印书馆，1920.4，再版，73页，32开

上海：商务印书馆，1921，3版，73页，32开

上海：商务印书馆，1923.6，4版，73页，32开

上海：商务印书馆，1928，5版，73页，32开

本书论述心灵幻术的千里眼学说。共3编，内容包括：事实（千里眼之意义及范围、公平的探究事实、读出密封内之书翰等）、学理（精神异状与千里眼、催眠状态与千里眼、暗示与千里眼等）、修养（身体上之修养、知力上之修养、感情上之修养、意志之修养）。

收藏单位：重庆馆、广东馆、国家馆、山东馆、上海馆、首都馆、天津馆、浙江馆

**04747**

**太灵道（又名，太灵道概观）**　天岸居士编

上海：心灵科学书局，1933，102+20，32开

本书介绍日本田中守平倡导的太灵道学说，认为有一种灵子，是一切物质和精神的根本。共7编，内容包括：太灵道论证学、灵理学、灵子人类生命说、灵子作用及灵能、太灵道觉谱、语训、问答等。

收藏单位：国家馆、南京馆、上海馆

**04748**

**心理奇谈**　胡聪编译

上海：激流书店，1941，再版，129页，36开（心理改造丛书）

上海：激流书店，1946.12，[再版]，129页，36开（心理改造丛书）

本书共4编，内容包括：病态心理面面观、心理卫生漫步、疗心术、自知之明等。

收藏单位：重庆馆、广东馆、国家馆、江西馆、南京馆、山东馆、上海馆、首都馆

**04749**

**心理无线电**　（美）辛克莱（U. Sinclair）著 秦仲实译

外文题名：Mental radio

上海：中华书局，1935.2，192页，32开

本书讲述心灵感应术。

收藏单位：重庆馆、广东馆、国家馆、湖南馆、吉林馆、江西馆、山东馆、上海馆、天津馆、浙江馆

04750

**心灵光　涤虑编译**

外文题名：New ways of seeing human aura

上海：中国心灵研究会，1931，40页，50开

　　本书作者认为人的内心情绪，由于"心灵光"的作用，可以从人体表面的活动和色彩上反映出来。全书以心理学和物理学方法抽述这种"心灵光"的产生和状态，共10章。

　　收藏单位：国家馆

04751

**心灵现象论　陈大齐著**

[北京]：学术讲演会，74页，18开（学术讲演录）

　　本书共5节，内容包括：绪论、自动作用、远隔知觉、远隔移动、结论。

　　收藏单位：重庆馆、首都馆、浙江馆

04752

**心灵学讲义　心灵科学书局编**

上海：心灵科学书局，1933，12+172页，32开

　　本书共9章，内容包括：心灵现象的内容、自动现象与心灵现象、实验的精神感应现象、自然的精神感应现象、交灵现象、心灵物理现象、心灵现象之解决等。

　　收藏单位：国家馆、南京馆、首都馆

04753

**妖怪学讲义录总论　（日）井上圆了著　蔡元培译**

上海：商务印书馆，1914.7，3版，198页，25开

上海：商务印书馆，1915，4版，198页，25开

上海：商务印书馆，1917，5版，198页，25开

上海：商务印书馆，1920，7版，198页，25开

上海：商务印书馆，1922，8版，198页，25开

上海：商务印书馆，1926，9版，198页，25开

　　本书分为定义篇、学科篇、关系篇、种类篇、历史篇、原因篇、说明篇等，共120节。从生理、心理、习惯、惊情、恐怖、复情、愿望、意志、嗅觉、触觉、味觉诸方面解释所谓"物怪""心怪""理怪"三种现象。

　　收藏单位：重庆馆、国家馆、河南馆、江西馆、山东馆、首都馆、浙江馆

04754

**自习成功灵力实验法　玄妙观主编译**

上海：新学书局，1936，3版，46页，32开

　　本书分30章讲述灵力幻术。封面、书脊书口题：灵力实验法。

　　收藏单位：国家馆

# 个性心理学（人格心理学）

04755

**安平之路　张梅庵编**

上海：商务印书馆，1925，18页，50开（平民职业小丛书）

　　本书共4篇，内容包括：空想不能成事实、不正当的行为是寻不到钱的、侥幸不能成功、职业是安平之路。

　　收藏单位：重庆馆

04756

**白手成家第一奇书　中国生计研究会编**

上海：大东书局，1923，3版，60页，22开

　　本书分上、下两编，上编为白手成家之秘诀，下编为白手成家之模范。

　　收藏单位：国家馆

04757

**百业致富全书　[英]泊劳克脱原著　吴公雄译**

上海：世界书局，1921.8，68页，22开

　　本书分上、下两篇。上篇包括：投机事业之界说、投机事业之预备、投机事业之资本、投机事业之地势、投机事业之时势、投机事业之区分、投机事业之方法、投机事业之利害等；下篇包括：交易所之投机、信托公司之

投机、各业之投机等。

收藏单位：江西馆

04758

**常识与成功**　苍德玉著

旅顺：农业进步社，1937，108页，32开（农业丛书7）

大连：农业进步社，1938，8版，108页，32开（农业丛书7）

　　本书内容包括：必死精神缺乏、努力是无形的资本、穷途打开策、发财秘诀卅条、研究是第一、农业的价值等。

收藏单位：国家馆、首都馆

04759

**成功的起点**　（美）威尔脱·匹顿（Walter B. Pitkin）著　戴圃青译

上海：正义书店，1947.5，116+98页，32开

　　本书译文与程鸥译本《四十成名》的后半部相同。

收藏单位：重庆馆、吉林馆、南京馆、首都馆

04760

**成功人鉴**　秦翰才编译

上海：商务印书馆，1928，86页，32开（职业修养丛书）

上海：商务印书馆，1931.7，再版，86页，32开（职业修养丛书）

上海：商务印书馆，1933.4，国难后1版，86页，32开（职业修养丛书）

上海：商务印书馆，1934，国难后2版，86页，32开（职业修养丛书）

上海：商务印书馆，1937.4，3版，86页，32开（职业修养丛书）

　　本书介绍桑戴克和福特等西方在事业上有成就的学者、经济家、工业家、发明家12人成功的事例。书前有编译者序。

收藏单位：重庆馆、广东馆、广西馆、贵州馆、国家馆、江西馆、南京馆、天津馆、浙江馆

04761

**成功之道**　马璧编著

重庆：正中书局，1943，65页，32开

重庆：正中书局，1943.4，4版，65页，32开

上海：正中书局，1947，沪1版，65页，32开

　　本书讲述成功者的人格修养、奋斗精神和成功的方法。共4章，内容包括：总论、成功人怎样修养人格、成功人怎样成就事业、国家富强需要许多成功人。

收藏单位：重庆馆、国家馆、湖南馆、南京馆、人大馆

04762

**成名与致富**（第一部　怎样开发你的富源与成功之路）　仲渊才编译

上海：激流书店，1941.8，[再版]，126页，32开

上海：激流书店，1941，再版，126页，32开

上海：激流书店，1946，再版，126页，32开

　　本书共4编，内容包括：一个先决条件、两个富源、造成胜利的八架机器、成功七步。

收藏单位：重庆馆、广东馆、国家馆、江西馆、南京馆、首都馆

04763

**成名与致富**（第二部　科学的知己知彼术及社交八锦囊与自我改造）　仲渊才编译

上海：激流书店，1940，146页，32开

上海：激流书店，1941.2，再版，146页，32开

上海：激流书店，1941.8，[再版]，150页，32开

上海：激流书店，1946，再版，146页，32开

上海：激流书店，1948，[再版]，146页，32开

　　本书共3编，内容包括：科学的知己知彼术、社交八锦囊、从个性上改造你自己。

收藏单位：重庆馆、广东馆、国家馆、江西馆、南京馆、上海馆

04764

**成人的兴趣**　（美）桑戴克（Edward L. Thorndike）著　陈礼江　喻任声译

外文题名：Adult interest

长沙：商务印书馆，1939.3，312页，32开（汉译世界名著）

长沙：商务印书馆，1940，再版，312页，32开（汉译世界名著）

本书论证 20—50 岁期间，人的兴趣和学习能力减少程度甚微。共 12 章，罗列大量实验数据和图表，讨论成人兴趣强度的变迁与年龄的关系。书末附录兴趣变迁资料、酬报次数的影响之资料、各种厌恶容忍力报告、青年成人及长年成人的好奇心与冒险的兴趣、成年教育适用的测验与记录等。

收藏单位：重庆馆、国家馆、南京馆、浙江馆

**04765**

**处世新法** （美）韦勃 （美）摩尔根（John J. B. Morgan）著 梁鸿铭编译

重庆：建国书店，1942，再版，238页，32开

重庆：建国书店，1945，再版，238页，32开

重庆：建国书店，1946，再版，238页，32开

重庆：建国书店，1947，再版，238页，32开（建国修养丛书）

本书从心理学的角度论述认识自己、认识环境、实现个人理想的方法。共 5 编，内容包括：认识自己的八个方法、怎样踏上成功之路、处世新法、健康之路十三讲、结婚准备课。著者"韦勃"原题：韦孛，著者"摩尔根"原题：摩根。

收藏单位：安徽馆、重庆馆、广西馆

**04766**

**处世新法** （美）韦勃 （美）摩尔根（John J. B. Morgan）著 梁鸿铭编译

重庆：建华图书出版社，1942.2，238页，32开

收藏单位：重庆馆、国家馆、吉林馆、南京馆

**04767**

**大器晚成〔一名，事业的返老还童术〕**（美）威尔脱·匹顿（Walter B. Pitkin）著 戴圃青译

外文题名：Life begins at forty

上海：辉煌社，1941.6，98页，32开

上海：辉煌社，1942，98页，32开

本书为《四十而立》的不同译本。

收藏单位：重庆馆、上海馆

**04768**

**大器晚成〔一名，事业的返老还童术〕**（美）威尔脱·匹顿（Walter B. Pitkin）著 希青译

外文题名：Life begins at forty

成都：慧协社，1942，86页，32开

本书讲述人到中年应有一个极大的转变，要重新确立新的人生观，成功失败皆在此阶段内。共 5 章，内容包括：老当益壮、忙中偷闲、生活艺术化、妇女们的人生是四十岁开始吗、苦海茫茫回头是岸。

收藏单位：广东馆、国家馆、南京馆

**04769**

**得胜与得赏** 杨绍唐著

南京：中国各大学基督徒学生联合会，1948.6，146页，32开

本书包含多篇有关得胜与得赏的文章。

收藏单位：山东馆

**04770**

**个性论** （美）桑戴克（Edward L. Thorndike）著 舒新城译

外文题名：Individuality

上海：中华书局，1922，43页，32开（教育丛书）

上海：中华书局，1923，3版，43页，32开（教育丛书）

上海：中华书局，1925.2，4版，43页，32开（教育丛书）

上海：中华书局，1926，5版，43页，32开（教育丛书）

上海：中华书局，1929，7版，43页，32开（教育丛书）

上海：中华书局，1932，8版，43页，32开（教育丛书）

香港：中华书局，1938，9版，43页，32开（教育丛书）

本书探讨个性差异的程度与原因。共 3

部分，内容包括：个性差异之本质、个性差异之原因、个性差异之旨趣。著者原题：桑代克。

收藏单位：重庆馆、广东馆、国家馆、河南馆、黑龙江馆、湖南馆、吉林馆、江西馆、南京馆、山西馆、首都馆、天津馆

**04771**

开源与节流　裴小楚编

重庆：国风书店，1945，171页，32开（成名与致富丛书1）

本书共8章，解释了开源节流的意义、原则、方法、应注意的事项，并列述开源节流而致富成名的事例，以及获得成功后的注意点。

收藏单位：重庆馆、南京馆

**04772**

开源与节流　裴小楚编

上海：慧协书店，1940，171页，32开（成名与致富丛书1）

收藏单位：重庆馆、国家馆、山东馆、首都馆、天津馆

**04773**

科学的知己知彼　余文博译

重庆：国风出版社，1942.5，113页，32开

本书与仲渊才编译的《成名与致富》一书的第2部分内容相同。共3编，内容包括：科学的知己知彼术、社交八锦囊、从个性上改造你自己。

收藏单位：重庆馆、国家馆、吉林馆、南京馆、首都馆

**04774**

理智训练　（美）摩尔根（John J. B. Morgan）（美）韦勃著　何景文译

外文题名：Making the most of your life

上海：东林书店，1946.9，125页，32开

本书即《现代名人成功之分析》之另一译本，仅翻译了论述智慧的部分。共8章，内容包括：情绪活用法、百无一失的判断方法、怎样克服和利用你的缺陷、怎样从别人的批评获益、怎样运用你的勇气、幽默的妙用等。

收藏单位：重庆馆、国家馆、上海馆

**04775**

理智训练　（美）摩尔根（John J. B. Morgan）（美）韦勃著　何景文译

上海：天下书店，1941，125页，32开

收藏单位：重庆馆

**04776**

理智训练　仲渊才　谈伦编译

上海：激流书店，1941.7，125页，32开

收藏单位：南京馆

**04777**

名人的成名术　（美）韦勃　（美）摩尔根（John J. B. Morgan）著　仲渊才译

外文题名：Making the most of your life

上海：正义书店，1947，125+131页，32开

本书即《现代名人成功之分析》另一译本。分析罗斯福、洛克菲勒、摩尔根、麦迪生、弗兰克林等人事业成功的原因，指出个人道德修养的重要。

收藏单位：广东馆、湖南馆、辽师大馆、南京馆、上海馆、首都馆

**04778**

能力培植十五讲　达尔·卡纳基等著　冯洪等译

上海：激流书店，1945，142页，25开

收藏单位：广东馆、广西馆、江西馆

**04779**

人格　唐文治著

上海：工业专门学校，1916.12，66页，32开

本书讲述人格修养的若干问题。内容包括：绪言、总义、子弟格、学生格、师友格、社会格、从政格、军人格。

收藏单位：浙江馆

**04780**

人格　唐文治著

中华民国圣道会，1927.3，124 页，32 开

收藏单位：国家馆、天津馆

04781

**人格** 唐文治著

出版者不详，81 页，16 开

收藏单位：上海馆

04782

**人格心理学** 朱道俊著

上海：商务印书馆，1947，173 页，32 开

上海：商务印书馆，1948.8，再版，173 页，32 开

本书共 7 章，内容包括：人格之意义、决定人格之因素、人格型、人格的测量、人格适应之机构、人格的统一和分裂、结论。

收藏单位：重庆馆、广东馆、国家馆、黑龙江馆、吉林馆、江西馆、南京馆、上海馆、首都馆、浙江馆

04783

**人类的行为（卷上）** 郭任远著

外文题名：Human behavior

上海：商务印书馆，1923.11，292 页，25 开（复旦大学心理学丛书 1）

上海：商务印书馆，1924，再版，292 页，25 开（复旦大学心理学丛书 1）

上海：商务印书馆，1926，3 版，292 页，25 开（复旦大学心理学丛书 1）

上海：商务印书馆，1927，4 版，292 页，25 开（复旦大学心理学丛书 1）

上海：商务印书馆，1929，5 版，292 页，25 开（复旦大学心理学丛书 1）

全书分上、下两卷，本卷论述行为的通性和行为主义的基本原理。共 9 章，内容包括：心理学的史略及其最近的趋势、心理学的目的范围和方法、行为的生理、刺激通论、行为通论、所谓"意识"的问题、行为的进化、动机等。

收藏单位：重庆馆、东北师大馆、广东馆、贵州馆、国家馆、江西馆、南京馆、山东馆、上海馆、首都馆

04784

**人生始于四十（一名，成功的起点）**（美）威尔脱·匹顿（Walter B. Pitkin）著 戴圃青译

上海：辉煌社，1941，116 页，32 开

上海：辉煌社，1941，再版，116 页，32 开

本书共 5 章，内容包括：四十岁开始踏上人生的征途、为什么四十以前不易成功、智者多长寿、四十以后的学习法、四十成功论。

收藏单位：广东馆、国家馆、首都馆

04785

**人生之型式** （德）斯普兰格（E. Spranger）著 （英）皮格士（P. J. Pigors）英译 董兆孚汉译

外文题名：Lebensformen: Geisteswissenschaftliche Psychologie und Ethik der Persönlichkeit

长沙：商务印书馆，1938.7，[18]+476 页，22 开

长沙：商务印书馆，1941.3，再版，[18]+476 页，22 开

上海：商务印书馆，1941，492 页，22 开

本书共 4 卷，第 1 卷哲学的基础，内容包括：两种心理学、精神科学之分析法与综合法、个人的精神活动、社会的精神活动、基本的精神法则、自我圈与对象层、提要；第 2 卷个性之理想上的基本型式，内容包括：理论之型、经济之型、艺术之型、社会之型、政治之型、宗教之型；第 3 卷道德学之推论，内容包括：道德问题、片面之道德学系统、公共道德与个人道德、价值之阶层组织、个人理想；第 4 卷精神结构之理解，内容包括：复合型式、历史地决定的型式、理解、生之律动。书前有英译本序。书末附录《人名释》。自英译本转译。

收藏单位：重庆馆、国家馆、湖南馆、吉林馆、江西馆、辽宁馆、南京馆、山东馆、首都馆、天津馆、中科图

04786

**如何创事业** 俊千编译

上海：奔流书店，1941，130 页，32 开

本书共 4 编，内容包括：创业的准备课

程、怎样进行创业、成功之门的锁钥、筹画资本的法门。附录《创业与修养》。

收藏单位：国家馆

**04787**

**生活的科学　（奥）安德娄（A. Adler）著　傅任敢译**

外文题名：Science of living

上海：商务印书馆，1936，17+188 页，32 开（汉译世界名著）

上海：商务印书馆，1937，再版，17+188 页，32 开（汉译世界名著）

本书阐述个性心理诸方面的问题。共 13 章，内容包括：生活的科学、自卑情结、自高情结、生活的方式、往事的回忆、态度与动作、梦与梦之解释、问题儿童及其教育、社会问题与社会适应、社会意识常识与自卑情结、恋爱与结婚、性欲与性欲问题、结论。书前有菲利浦·马莱的《作者及其作品》一文（代序）。

收藏单位：广东馆、广西馆、贵州馆、国家馆、湖南馆、吉林馆、上海馆、首都馆、天津馆、浙江馆

**04788**

**生路　（英）威尔斯（H. G. Wells）著　鲁继曾译**

外文题名：The anatomy of frustration

上海：商务印书馆，1937，[15]+230 页，32 开（汉译世界名著）

上海：商务印书馆，1938，再版，[15]+230 页，32 开（汉译世界名著）

本书作者就其本身的学识与经验，揭示了各种挫折和失败的原因，指出了补救的办法。共 25 章，内容包括：我们的著者和柏吞（Robert Burton）、由思想上的惶惑而来的挫败、永生、最广博的永生、人和民主的谬见等。书前录有斯梯尔（W. Steele）的警句、译者弁言、采自《旁观者》的代序、威尔斯所著各书分类表。

收藏单位：重庆馆、广东馆、贵州馆、国家馆、黑龙江馆、吉林馆、南京馆、首都馆、天津馆、浙江馆

**04789**

**胜读十年书　拓荒编著**

成都：经纬书局，1947.5，77 页，32 开

收藏单位：南京馆

**04790**

**实验致富术　中西印书馆编辑部选辑**

上海：中西印书馆，1924，112+70 页，32 开，精装

上海：中西印书馆，1931，2 版，112+70 页，32 开，精装

本书分两编：第 1 编为致富方法；第 2 编为上海著名人物成功史，列举了方椒伯、朱葆三、史量才、荣宗敬、虞洽卿等人的成功经历。

收藏单位：重庆馆、国家馆、上海馆、天津馆

**04791**

**士与贫　彭兆良著**

上海：世界书局，1929，82 页，32 开（成功丛书）

本书作者力图说明士不应当贫，分析士贫的原因，提出挽救的方法。共 5 章，内容包括：总论、中国贫士的生活、西儒与贫的生活——贫之失败者、续西儒与贫的生活——贫之胜利者、今后士与贫的问题——结论。

收藏单位：重庆馆、广东馆、广西馆、国家馆、湖南馆、吉林馆、绍兴馆、天津馆、浙江馆

**04792**

**世界伟人成功秘诀之分析　萧天石著**

武汉：拔提书店，1938，3 版，317 页，32 开

西安：拔提书店，1939，4 版，160 页，32 开

西安：拔提书店，1941，6 版，160 页，32 开

西安：拔提书店，1942，7 版，160 页，32 开

本书介绍中外名人孔子、孙中山、拿破仑、列宁等人的事迹。共 4 章，内容包括：持己之道、驭人秘诀、对事策略、处世之方。

收藏单位：重庆馆、广东馆、贵州馆、国家馆、吉林馆、江西馆、上海馆

**04793**

**世界伟人成功秘诀之分析　萧天石著**

南京：拔提书局，1947，[28]+384 页，32 开（青年丛书）

　　收藏单位：山东馆

**04794**

**世界伟人成功秘诀之分析　萧天石著**

成都：大江出版社，1942，增订 10 版，278 页，32 开（今古楼全书 丙部 1）

成都：大江出版社，1944，增订 12 版，280 页，32 开（今古楼全书 丙部 1）

　　收藏单位：安徽馆、国家馆、吉大馆、上海馆

**04795**

**世界伟人成功秘诀之分析　萧天石著**

南京：东海书店，1936.7，317 页，32 开

南京：东海书店，1936，2 版，318 页，32 开，精装

　　收藏单位：重庆馆、国家馆、南京馆、山东馆

**04796**

**世界伟人成功内幕**

苏州：科学书店，1943.6，150 页，32 开

苏州：科学书店，1944，3 版，150 页，32 开

　　本书叙述世界上一些名人对己、对人和处事的方法，内容包括：持己之道、驭人秘诀、事功策略、附录。

　　收藏单位：国家馆、近代史所、南京馆、浙江馆

**04797**

**四十成名　（美）威尔脱·匹顿（Walter B. Pitkin）著　程鸥译**

上海：铁流书店，1946，98 页，36 开

上海：铁流书店，1948，再版，98 页，36 开

　　本书即《四十而立》的不同译本。

　　收藏单位：重庆馆、吉林馆、辽宁馆、南京馆

**04798**

**四十而立　（美）威尔脱·匹顿（Walter B. Pitkin）著　谢济泽　胡尹民编译**

上海：国光书店，1946，再版，98 页，32 开

　　本书共 10 章，内容包括：导言、教育制度和四十而立、四十而立的成功人和五种职业原则、成人教育与四十岁后的努力学习、四十岁后的娱乐、利用暇时、四十以后的女性生活、新世界、新的分工、半工半读，结论。封面译者题：济泽，尹民编译。

　　收藏单位：安徽馆、上海馆、天津馆

**04799**

**四十而立　（美）威尔脱·匹顿（Walter B. Pitkin）著　谢济泽　胡尹民编译**

外文题名：Life begins at forty

上海：竞新印书馆，1941.2，98 页，26 开

　　收藏单位：江西馆

**04800**

**态度测量法　王征葵著**

外文题名：The measurement of attitude

上海：中华书局，1935.2，102 页，25 开

　　态度测量是用来测验重要的社会问题和审美与其他感情的价值的一种方法。本书共 6 章，内容包括：绪论、态度测量之理论、态度测量之方法、态度度基之建造、试验式态度度基举例、态度测量之功用等。书前有苏士栋及作者序。书末附参考择要、本书名词英汉对照。

　　收藏单位：重庆馆、东北师大馆、广东馆、国家馆、吉林馆、江西馆、辽宁馆、南京馆、山东馆、上海馆、首都馆、天津馆、浙江馆

**04801**

**唐宋以来三十四个历史人物心理特质的估计　林传鼎著**

外文题名：A historiometric study of thirty-four eminent Chinese based on biographical sketches

北京：辅仁大学心理系，1939.9，60+66 页，16 开（辅仁心理研究专刊）

　　本书以心理测验的方法研究唐宋以来 34

个历史人物在幼年期智慧行为的优异，品格型态，以及对人生的基本兴趣（指理论、经济、美术、社会、政治、宗教）的兼顾程度。共5章，内容包括：开宗明义、前人对于历史人物心理特质的研究、历史人物心理特质研究应有的规模、本研究材料的来源、实验的方法与结果。书末附录《唐宋以来三十四个历史人物的传记》。

收藏单位：广东馆、国家馆、吉林馆、首都馆

**04802**

**伟大人物的成功诀窍**

出版者不详，[1932—1949]，166页，25开

本书共27章，内容包括：伟大人物的成功诀窍、怎样说服人等。

收藏单位：江西馆

**04803**

**我见　秦万里著**

出版者不详，1946.3，50页，32开

收藏单位：南京馆

**04804**

**现代名人成功解剖　刘兴文编**

长春：国风书店，1941，238页，32开

本书为对世界名人成功途径的分析，指出个人事业上应注意的一些修养问题。共21章，内容包括：如何欣赏生活的趣味、你晓得你自己是要干什么么、胜过你的缺憾、捉住你的机会、利用别人的批评为进展的阶梯、如何养成成功的习惯、你能制服你的情绪么、要用你的脑筋、如何能有正确的决定、如何集中注意力、多做工作的代价、休息与消遣等。

收藏单位：首都馆

**04805**

**现代名人成功之分析　（美）韦勃　（美）摩尔根（John J. B. Morgan）著　曾宝葹译**

外文题名：Making the most of your life

上海：商务印书馆，1935，10+266页，18开

上海：商务印书馆，1935.7，再版，10+266页，18开

上海：商务印书馆，1938.5，6版，10+266页，18开

长沙：商务印书馆，1941，7版，10+266页，18开

本书分析罗斯福、洛克菲勒、摩尔根、麦迪生、弗兰克林等人事业成功的原因，指出个人道德修养的重要。共23章，内容包括：如何欣赏生活的游戏、你晓得你自己是要干什么么、胜过你的缺憾、捉住你的机会、利用别人的批评为进展的阶梯、如何养成成功的习惯、你能制服你的情绪么、坚持好问的态度等。

收藏单位：重庆馆、广东馆、国家馆、湖南馆、吉林馆、江西馆、南京馆、上海馆、首都馆、天津馆、浙江馆

**04806**

**信心的意义　查里孚科著　谢颂义译**

上海：广学会，1939，16页，50开

本书为法文书《灵性上的著作》中的一章。

收藏单位：山东馆

**04807**

**幸运与机会　杨叔和著**

重庆：大中出版社，1943.1，96页，32开（修养新书）

本书为读者提供"找寻幸运"及"追求机会"的参考资料。共8章，内容包括：金钱与人格、人定胜天、必须走的一条道路、怎样获取一笔巨款、机会在那里、锦上添花、否极泰来、一个合理的分配计划。书前有绪论。

收藏单位：重庆馆、国家馆、南京馆

**04808**

**性格类型学概观　阮镜清著**

重庆：中华书局，1944.9，渝1版，104页，32开

上海、重庆：中华书局，1946.9，再版，104页，32开

本书从心理学角度考察性格形成和发展的诸因素，以及培养优良性格的方法。共7章，内容包括：性格类型学底意义及其考察、生理观点的性格型、精神病观点的性格型、

精神分析观点的性格型、心理观点的性格型、文化价值观点的性格型、性格类型学底评价及其检讨。书前有序言。书后附奈柯二氏内外向诊断量表等。

收藏单位：重庆馆、国家馆、湖南馆、江西馆、辽宁馆、南京馆、上海馆、首都馆、天津馆

## 04809

**续常识与成功**　苍德玉著

大连：农业进步社，1938.11，89 页，32 开

本书共 12 部分，内容包括：奋斗的人生、忍耐到底、迎头赶、自力更生、责任心、得人的宝诀、失败之因、生活与工作、经济观念、名言名训、农民道、常识。

收藏单位：国家馆

## 04810

**寻找中的乐趣**　格尔非著　（加）季理斐 (Donald MacGillivray) 口译

上海：广学会，1924，47 页，64 开

收藏单位：山东馆

## 04811

**意见及信仰**　（法）黎朋 (G. Le Bon) 著　冯承钧译

上海：商务印书馆，1922.12，18+395 页，32 开（尚志学会丛书）

上海：商务印书馆，1929，再版，18+395 页，32 开（尚志学会丛书）

上海：商务印书馆，1933，国难后 1 版，18+395 页，32 开（尚志学会丛书）

本书讨论知识和理性范围之外的信仰问题。从心理学的角度分析产生信仰和意见的社会与个人的原因，提出信仰存在的根据。共 9 篇，内容包括：信仰问题及知识问题、意见及信仰之心理的地界、支配意见与信仰之各种论理、各种论理之冲突、个人之意见及信仰、群众之意见及信仰、意见及信仰之传布、信仰生活、信仰构成上及发生信仰之不自觉的现象上之试验考究。

收藏单位：重庆馆、东北师大馆、广东馆、广西馆、贵州馆、国家馆、黑龙江馆、湖南馆、吉大馆、江西馆、辽宁馆、南京馆、上海馆、首都馆、天津馆、浙江馆

## 04812

**欲的研究**　王逸民著

南京：天一书局，1932.9，136 页，32 开

本书介绍人类欲望的种类（生命欲、占有欲、求知欲、支配欲、创造欲），以及有关欲的研究。

收藏单位：国家馆、南京馆

## 04813

**怎样促进事业成功**　黄公望编

成都：经纬书局，1944，100 页，36 开

本书共 6 章，内容包括：事业的意义与认识、怎样奠定事业的基础、怎样预定事业的计划、事业进行中的必要条件、怎样来改进你的事业、失败与坚定。

收藏单位：重庆馆

## 04814

**致富教育**〔一名，商业新智识〕　春华原著
徐大风增订

上海：大风书社，1940.4，1 册，36 开

上海：大风书社，1941.5，再版，1 册，36 开

本书内容包括：为什么要研究商业新智识、怎样用人、做生意经商的秘诀、正确的观念、智力养成法、良好习惯的养成、怎样改造你的命运、怎样治事、说话的艺术等。

收藏单位：天津馆

## 04815

**致富锦囊**（原名，成功锦囊）　王立才译著

上海：开明书店，1915，再版，64 页，32 开（实业丛书 第 1 编）

上海：开明书店，1917，再版，64 页，32 开（实业丛书 第 1 编）

本书分为：成功论、成功必要之七大习惯、成功必要之资格、处世术与成功术、成功与成婚之关系、友谊与成功关系、乐天与成功之关系等章。

收藏单位：国家馆、南京馆、首都馆

04816

**致富锦囊（原名，成功锦囊）　王建善译**
出版者不详，97 页，25 开
　　　　收藏单位：广东馆

04817

**智慧增进　（美）摩尔根（John J. B. Morgan）
（美）韦勃著　何景文译**
上海：东林书店，1946.9，131 页，32 开
　　　　本书即《理智训练》一书改书名出版。
分 8 章，包括机智训练法、怎样养成集中注
意力的习惯、增强记忆力的六条法则、怎样
使你的脑子产生新思想、怎样读书最易生效、
兴趣的妙用、休息与消遣等。
　　　　收藏单位：重庆馆、国家馆、山东馆

04818

**智慧增进　（美）摩尔根（John J. B. Morgan）
（美）韦勃著　何景文译**
[上海]：激流书店，1946，131 页，32 开
　　　　收藏单位：广东馆

04819

**智能增进法　（日）深谷瑞辅著　娄子伦编译**
南平：天行社，1943.4，35 页，36 开（天行
丛刊复版 第 8 号）
南平：天行社，1943.11，蓉 1 版，38 页，36
开
　　　　本书阐明"天才可以人为"的观点，从
生理、心理、遗传、教育等原理出发，驳斥
了天才天赋的说法。共 8 部分，内容包括：天
才可以人为、天才必须刻苦努力、脑髓的解
剖、智能的发育和分期、智能的优劣和测定、
"观念"和"暗示"的力量、"遗传"和"教
育"的比较、天才应该怎样发挥才能等。
　　　　收藏单位：重庆馆

04820

**中外名人成功术**
重庆：经纬书局，1947，93 页，36 开
重庆：经纬书局，1948，再版，93 页，36 开
　　　　本书分 6 章，论述了成功的意义，指出了
成功的要素及训练，以及成功的条件、成功的

几种类型，还列举了世界名人成功的范例。
　　　　收藏单位：重庆馆

04821

**最近行为研究的两大趋势　吴襄著**
南京：国立中央大学出版组，[1934]，36 页，
16 开
　　　　本书主要论述"行为之生理的研究"，述
及内分泌与行为、青春腺与行为、肾上腺与
行为、脑下腺与行为等方面。
　　　　收藏单位：国家馆

# 应用心理学

04822

**普通应用心理　萧孝嵘著**
上海：商务印书馆，1937，237 页，25 开
　　　　本书共 4 部 21 章，内容包括：支配人类
行为的基本因素、增进自身效率的各种方法、
支配他人行为的各种方法、心理学在生活各
方面的特殊问题等。
　　　　收藏单位：重庆馆、广东馆、广西馆、贵
州馆、国家馆、黑龙江馆、湖南馆、江西馆、
南京馆、浙江馆

04823

**日常心理漫谈　（美）雅斯特罗（J. Jastrow）
著　曾宝蓀译**
外文题名：Keeping mentally fit: a guide to everyday
psychology
上海：生活书店，1934.7，447 页，32 开
上海：生活书店，1935.12，再版，447 页，32
开
上海：生活书店，1937，4 版，447 页，32 开
　　　　本书共 10 篇，内容包括：如何保持快乐、
如何培植儿童的心理、几个不易答覆的问题，
心智的巧妙、怪特的性情、美的神秘、游戏
的心理、人格的察看和批评、职业的选择和
保持、几个可以代表多数人的问题。
　　　　收藏单位：重庆馆、广东馆、贵州馆、国
家馆、黑龙江馆、南京馆、首都馆、天津馆、

*浙江馆*

04824

**实用心理学** （美）克伦（G. W. Crane）著
何清儒译
外文题名：Psychology applied
上海：商务印书馆，1937.3，363 页，22 开
上海：商务印书馆，1937，2 版，363 页，22 开
重庆：商务印书馆，1943.3，渝 1 版，298 页，32 开
重庆：商务印书馆，1944，渝 2 版，298 页，32 开
重庆：商务印书馆，1945，渝 3 版，298 页，32 开

　　本书从实用的角度论述加强记忆、增进效率、改进人格、精神治病、实用教育等。共 16 章，内容包括：促动人类的方法、学习与记忆的心理学、人类效率的增进、个人差别与两性差别、暗示对于行为的影响等。

　　收藏单位：重庆馆、广东馆、贵州馆、国家馆、黑龙江馆、湖南馆、南京馆、首都馆、天津馆

04825

**实用心理学要义** 郑康明编
上海：亚东图书馆，1924.11，64 页，32 开

　　本书简单地讲述了心理学的实用。共 4 章，内容包括：个性之判别、心理学在教育上之应用、心理学与医学、心理学与实业。书前有序论。

　　收藏单位：国家馆、南京馆、浙江馆

04826

**心理漫谈** （美）雅斯特罗（J. Jastrow）著
林语堂译
上海：东方图书公司，1939.11，271 页，32 开
上海：东方图书公司，1940，增订再版，271 页，32 开

　　本书为《日常心理漫谈》一书的不同译本。

　　收藏单位：国家馆、首都馆、天津馆

04827

**心理学的应用** 潘菽编著

上海：中华书局，1935.8，126 页，22 开

　　本书主要论述心理学在生活、工业、医学、法律及教育方面的应用。共 10 章，内容包括：心理学的走入应用的途径、工作与疲劳、工作的物质环境、工作的生理条件、如何使个人适合于他的职业等。书前有序。书末附参考书目举要。

　　收藏单位：重庆馆、广东馆、广西馆、国家馆、黑龙江馆、吉林馆、江西馆、辽宁馆、南京馆、山东馆、上海馆、天津馆、浙江馆

04828

**心理学在战争时之应用** 艾伟著
出版者不详，14 页，16 开

　　收藏单位：南京馆

04829

**心理训练** 林德华编著
上海：新月出版社，1932，307 页，32 开（青年修养丛书）

　　收藏单位：国家馆

04830

**应用心理学** （美）何林华（H. L. Hollingworth）（美）蒲分白（A. T. Poffenberger）著　庄泽宣译
外文题名：Applied psychology
上海：商务印书馆，1924.3，274 页，25 开，精装（现代教育名著 3）（大学丛书）
上海：商务印书馆，1926.8，再版，274 页，25 开，精装（现代教育名著 3）
上海：商务印书馆，1928.5，3 版，274 页，25 开
上海：商务印书馆，1928，4 版，274 页，25 开，精装
上海：商务印书馆，1933.8，国难后 1 版，274 页，25 开，精装（大学丛书）
上海：商务印书馆，1939，再版，274 页，25 开，精装（现代教育名著 3）（大学丛书）
重庆：商务印书馆，1943，渝 1 版，145 页，22 开（大学丛书）

　　本书主要论述人的生理机能、环境等对心理的影响，心理学与各种职业的关系。共 18 章，内容包括：效率与应用心理学、遗传

于成就上之影响、家族遗传、效率与学习、男女性及年龄之影响于效率等。书前有作者序。书后有英文索引。

收藏单位：重庆馆、东北师大馆、广东馆、贵州馆、国家馆、黑龙江馆、湖南馆、吉林馆、江西馆、南京馆、山东馆、山西馆、上海馆、首都馆、天津馆、浙江馆

# 题名首字汉语拼音检索表

**（按题名首字汉语拼音音序排列，对应页码为题名索引页码）**

# 题名索引

(按题名首字汉语拼音音序排列，题名尾部五位数码即该书的顺序号)

# F

## fa

## fan

## fang

## fei

## fen

## feng

# H

# L

## la

## lang

## lao

## li

# M

### ma

## S

# X

## xi

## xia

## xian